0-6歳

はじめて出会う
育児の百科

汐見稔幸
榊原洋一
中川信子

小学館

0〜12か月　発育見守りチャート

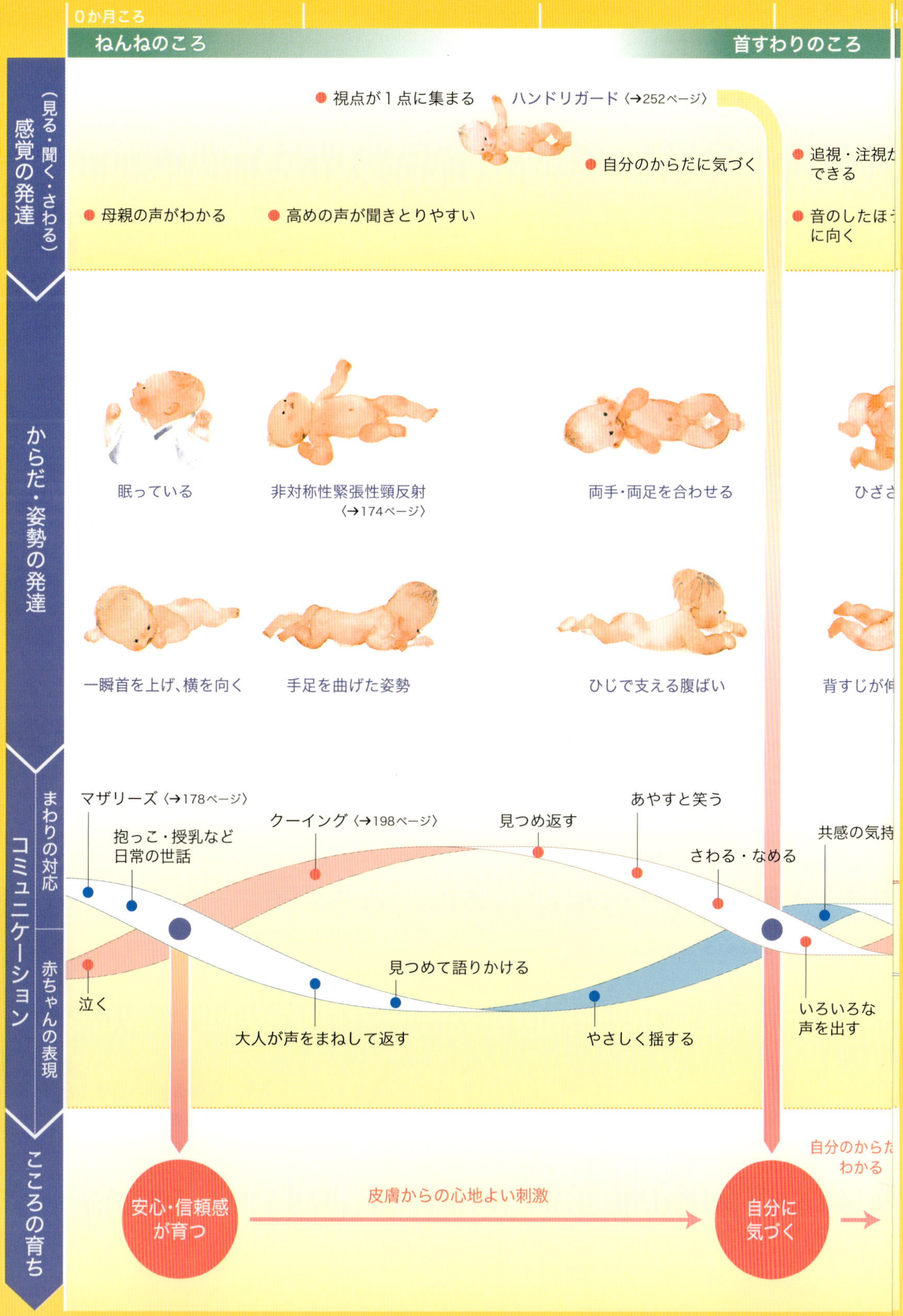

0か月ころ
ねんねのころ
首すわりのころ
（見る・聞く・さわる）感覚の発達
視点が１点に集まる
ハンドリガード〈→252ページ〉
自分のからだに気づく
追視・注視が
できる
母親の声がわかる
高めの声が聞きとりやすい
音のしたほう
に向く
からだ・姿勢の発達
眠っている
非対称性緊張性頸反射〈→174ページ〉
両手・両足を合わせる
一瞬首を上げ、横を向く
手足を曲げた姿勢
ひじで支える腹ばい
コミュニケーション
まわりの対応
赤ちゃんの表現
マザリーズ〈→178ページ〉
抱っこ・授乳など
日常の世話
クーイング〈→198ページ〉
見つめ返す
あやすと笑う
さわる・なめる
共感の気持
泣く
見つめて語りかける
大人が声をまねして返す
やさしく揺する
いろいろな
声を出す
こころの育ち
安心・信頼感が育つ
皮膚からの心地よい刺激
自分に気づく
自分のから
わかる

新生児のからだ

生まれたときの赤ちゃんは、
全身が胎脂《たいし》という脂肪に包まれ、
羊水でぬれている。
身長約 50 ㎝、体重 3 kg前後。
近くの物がぼんやり見え、
音も聞こえている。
オギャーと泣いて、肺呼吸を始める。

頭 生まれたときの頭囲は約30㎝。胎脂に包まれている〈➔125ページ〉。髪の毛はふさふさしていたり、ほとんど生えていなかったり、様々。狭い産道を通って生まれてくるので、頭の形は細長くなっていることが多い。赤ちゃんが産道を通るときにできた産瘤《さんりゅう》や頭血腫《ずけつしゅ》〈➔134・783 ページ〉というやわらかなこぶは、自然に消える。頭蓋骨《ずがいこつ》は、5 枚の平たい骨が組み合わさってできており、成長に合わせて頭が大きくなれるように、初めは合わせ目にすき間が開いている。頭頂のすき間が大泉門《だいせんもん》で、下には骨がなく、脈打ってぺこぺこしている〈➔135 ページ〉。

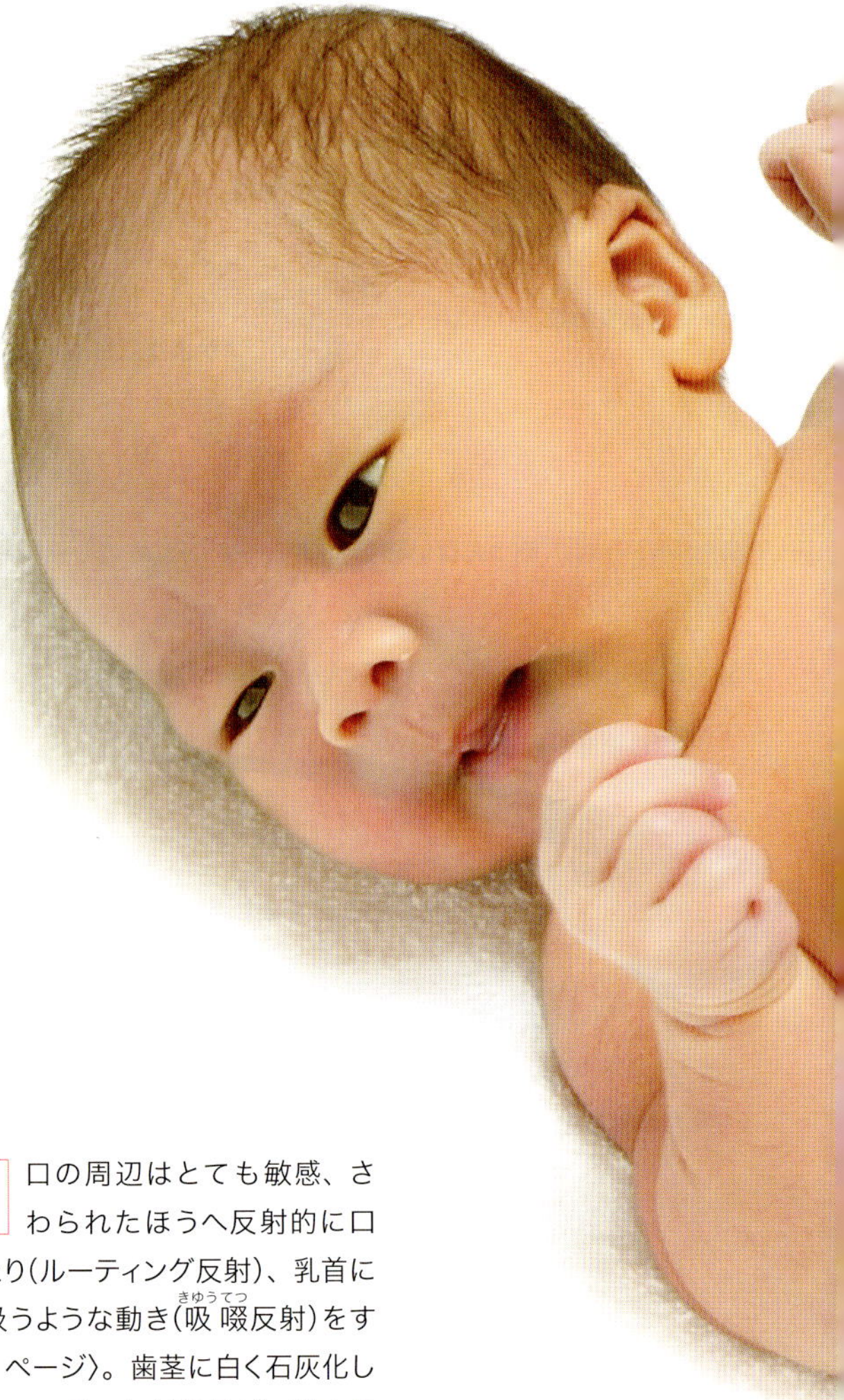

目 生まれてすぐにまぶたを開ける。近視で近くの物がぼんやりと見える。明るい光をまぶしがるようなこともある〈➔203 ・ 234 ページ〉。

耳 音は聞こえている〈➔128 ページ〉。心臓の音を聞かせると落ち着く。母親の声がするほうを向くが、どこから聞こえるかわかるようになるには音を聴く経験が必要〈➔234 ページ〉。

鼻 鼻と口につまっていた粘液は産道を通るときに絞られてくるが、吸引が必要になる場合もある。

口 口の周辺はとても敏感、さわられたほうへ反射的に口を動かしたり(ルーティング反射)、乳首に触れると吸うような動き(吸啜《きゅうてつ》反射)をする〈➔126 ページ〉。歯茎に白く石灰化した粒がついていることがあるが、基本的に歯は生えていない。

はじめて出会う

育児の百科

汐見稔幸
榊原洋一
中川信子

小学館

こどものころに　みた空は

工藤直子

ひとはみな
みえないポケットに
こどものころに　みた　空の　ひとひらを
ハンカチのように　おりたたんで
入れているんじゃなかろうか

そして
あおむいて　あくびして

目が　ぱちくりしたときやなんかに
はらりと　ハンカチが　ひろがり

そこから
あの日の風や　ひかりが
こぼれてくるんじゃなかろうか

「こどものじかん」というのは
「人間」のじかんを
はるかに　超えて　ひろがっているようにおもう
生まれるまえからあって
死んだあとまで　つづいているようにおもう

●監修のことば

子育てを応援する、新しい『育児の百科』の誕生

汐見稔幸◎教育学者

21世紀は、医学が発展し科学技術ももっと進歩して、育児はどんどん楽になるだろうと予想した人がいたとしても不思議ではないでしょう。実際に多くの人たちはそう期待したと思います。しかし、21世紀が幕を開けてみると、事態はそうスムーズに進みませんでした。「子育てがこんなに大変だったとは！」という実感をもつお母さんお父さんが、むしろ増えてきているといわれているのです。一体どうしたのでしょう。

現代社会の典型的なサラリーマン家庭をイメージしてみましょう。

出産して病院から戻って、さあ育児が始まりました。夫はしばらくは手伝ってくれていたけれど、すぐに仕事が中心の生活に戻り、新米母親の孤軍奮闘による育児生活がスタートします。

赤ちゃんとふたりっきりになると、心配なことが次から次へとお母さんを襲ってきます。便がなかなか固まらないけども、下痢じゃないのかしら？　色もときどき便らしくない色になるし、心配。目が見えているというけど、なかなか私のほうをじっと見てくれない。うちの子はちゃんと見えていないのじゃないかしら？　耳は聞こえているのかしら？　夜、しょっちゅう泣いておっぱいをせがむけど、いつまでこんなことが続くのかしら？　夜何度も起きなくてはならないので、そろそろからだが疲れてきた。友達の家の子は生後2か月でもう

夜はすやすやと寝ていたというけど、うちの子は全然だめ。どこかおかしいのかしら？　それとも私の接し方がいけないのかしら？　あせっちゃいけないとは思うけど、できない。だんだんいらいらが高じてきた。

　そろそろ少し大きくなってきたから外に出したいんだけど、まだ紫外線にあてたらいけないのかしら？　いつになったら出られるの？　最近、毎日ふたりっきりで息苦しくて、なんか、つらい。今日の晩ご飯の用意のために買い物に行きたいけど、子どもを連れて行っていいのかなあ？　店屋物ですましてしまおうと思うけど、そうすると夫に文句を言われそうだし……。このごろ泣き方が激しくなってきて、泣きやんでくれないことが多くなってきた。抱いてあやしていると、いい加減疲れるし、よけいにいらいらしてしまう。最近どうして泣いているのかわからないことが多くなった。わからないのは私が母親として未熟だから？

　こうした小さな育児懸念とでもいうべきことが、それこそ無限に出てくるのです。それをその日のうちに知人、実家の母、あるいは夫に相談してなんとか解決できれば、育児をそんなに負担に感じることはないのかもしれません。しかし、実際はほとんど解決しないままで、新しい心配ごとが次から次へと出てくるのです。そうすると母親のこころのなかでは、それらが堆積《たいせき》していつしか育児不安という形で発酵してきます。不安が強くなると、「子どもはだいじょうぶ」と、こころから思えなくて、ちょっとしたことが次々心配になってきます。そのため育児全般に対してますます神経質になって、楽しむより不安に感じることのほうが増えていきます。

　これが現代の育児なのです。これらの過程で、隣近所の人が毎日やってきて「今日はどう？」とよもやま話をしていってくれるとか、先輩ママが来て「そんなの気にすることないわよ、すぐに終わるから」と言ってくれるとか、母親を孤立させないような様々なサポートや配慮があれば、育児はずいぶんと楽になるでしょう。しかし、現実にはそのようなサポー

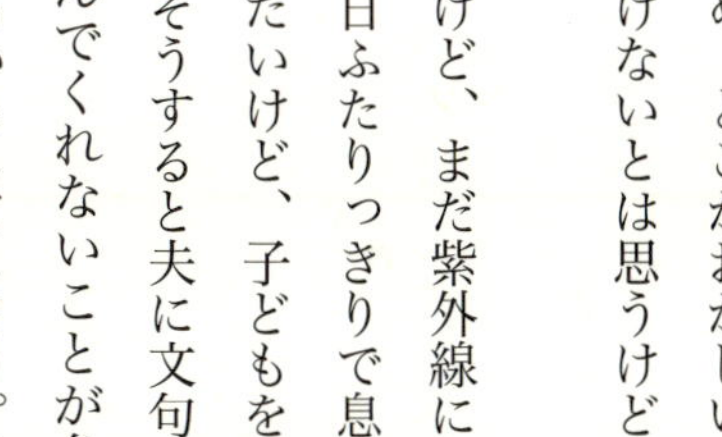

トや配慮がすぐにどこでも具体化されるとは期待できないでしょう。現代は、こうした孤立して神経質な育児をしなければならない親をしっかりとサポートすることが、何よりも求められている時代といえるのです。

これまでの育児書にはなかった三つの特徴

この『育児の百科』は、こうした環境で子育てをしている現代のお母さん、そしてお父さんの楽しい話相手になり、必要な相談役を務めるような本となるように編まれました。お母さんお父さんたちに語りかけているような本を、という思いでつくられたものです。

この百科には、これまでの育児書にはない特徴がいくつもあります。

特に大きな特徴は、大きな育児書としてはおそらく初めて、医師以外のメンバーが重要な役割を担いながら参加してつくられたということです。これまでの育児書は、ほぼ例外なしに小児科の医師が書いたものでした。その事情はよく理解できますが、医師の書くものですから、からだの育ちとその病理という問題が中心にならざるを得ません。しかし実際の育児は、子どものからだだけを育てているわけではありません。そのため医学以外のもろもろの知識や視点が必要になります。夫婦関係の問題だってそうですし、ことば育ての問題だってそうです。絵本の読み語りや遊びの問題も、親の強い関心事でしょう。そこで、この『育児の百科』は、医師と教育学の専門家と言語治療の専門家が協働し、できるだけ多様な角度からバランスよくアドバイスできるように工夫してつくられました。こうした試みは世界でも珍しいかもしれません。

もうひとつの特徴は、ひとつ目の特徴と関連していますが、各月齢、年齢の子どもの育ちの特徴と育児のポイントが、「からだ」と「ことば」と「こころ」の三つの視点から関連をもって論じられているということです。特に「ことば」と「こころ」が独自に取り上げられ

て論じられていることは、初めての試みでしょう。ことばの問題はからだの能力、脳の育ちなどと深く結びついています。と同時に、親子関係のあり方やこころの育ちとも密接に結びついています。ということは、子どものことばを豊かに育てたいと思って育児をすると、しっかりしたからだと豊かなこころを育てるという問題に必ずリンクしていくということです。それはからだというものを単に筋肉の力という角度からではなく、神経系やホルモン分泌のような生理的な角度、あるいは文化的なからだの形成という角度から考察していくと、やがてことばやこころの問題とリンクしてくるということでもあります。読者は、「こころ」から読んでも、「ことば」から読んでも、「からだ」から読んでも、いずれも他の領域に結びついていくという三位一体《さんみいったい》の構造のおもしろさを感じ取られるでしょう。

三つ目は、全体を通じて、子どもの利益を最優先させているということです。育児書というのは、育児をする大人、親のための本です。そのため、親の立場を優先させたり、子どものためと称して親に「正しい育児」を「教えてやる」という調子になったりしがちです。私たちはこのいずれの傾向にも陥らないように努力しました。どの月齢、年齢でも、子どもはみずから育とうとする力を豊かにもっているということを前提として、その育ちを実現するために親や社会が何をするべきかを示唆するという立場で書かれているはずです。もちろん、だからといって親の大変さを無視して「立派な親」になれと説いているわけでもありません。親の大変さに共感しながら、子どもの伸びようとする力をどう支えていくべきか、親と一緒に考えていこうというのが本書の立場です。

本書が、子育てを応援する育児百科の新しいあり方を切り開いていく嚆矢《こうし》となることを期待しています。

●監修のことば

重要なときを過ごしている赤ちゃんとあなたへ

榊原洋一◎小児科医

　私は小児科、特に小児神経学の臨床医として、病気の子どもを診《み》るとともに、乳児健診や発達健診で多数の病気の子どもと健康な子どもたちを見てきました。病気の子どもでも、健康な子どもでも、小児科医として経験を積めば積むほど、その育つ力の強さには圧倒されます。まわりの大人や、私のような小児科医が、手を貸さなくても、子どもたちはちゃんと自分のまわりから知識を吸収し、自分のものにしてしまいます。また逆に、どんなにまわりが子どもに影響を与えようといろいろな刺激を与えても、子どもは決してそれに圧倒されることもなく、自分の必要なものだけを身につけていっています。

　しかし、こうした子どもの強い育つ力は、誤解され続けてきました。中世のヨーロッパでは、子どもはただ〝からだの小さな大人〟と考えられてきました。子どもには子どもの世界があるのだ、ということに気づいた近代になっても、子どもは誤った見方をされていました。それは、「子どもは未熟で、無力で、受け身の存在である。だから、大人が守り、適切な世話をし、そして教えなくてはいけない」という見方です。読者の皆さんのなかには、「どこが誤った考えなの？」と不思議に思われる方も多いと思います。なぜなら、この考え方はいまでも大多数の大人が抱いている考え方なのです。確かに後半の「守り、世話をし、教えなくてはならない」という部分は間違いではありません。大人は、子どもたちの世話をし、よい環境を整備し、そして教えなくてはなりません。間違っているのは、前半なのです。じつは、子どもは赤ちゃんであっても、未熟ではなく、無力でもありません。受け身などころか、赤ちゃんほど能動的に自分のまわりに働きかけ、そこから情報を貪欲《どんよく》に吸収している存在はありません。

生まれたばかりの赤ちゃんは、すでに親の目元を見つめ、口元に注意を集中しています。口から発せられる音の意味を知ろうと、外国語を学ぶどんな優秀な学生より熱心に、つまり能動的に、まわりの大人のことばを聴いています。そして1年もすると、教えもしないのにその意味を理解するようになります。

運動発達についても同じです。赤ちゃんは自分では自分の手足を自由に動かすことのできない存在である、と思われています。かつて人の赤ちゃんのことを〝泣くことのできるにんじん〟と称した子どもの発達の専門家がいたそうです。でもいまでは、それは、私たち大人に赤ちゃんを理解するだけの観察眼がなかっただけのことであることがわかっています。確かに赤ちゃんには私たち大人のような細かく速い手足の運動はできません。でも、大人の基準からみれば、不器用でゆっくりですが、赤ちゃんは目の前にある興味のある物に、手を伸ばしたり、それを握ったりすることができるのです。

マニュアル育児の問題点

そうした誤解があったために、従来の育児書は、赤ちゃんや子どもを大人のコントロールした環境のなかで操作する、といった姿勢が強くにじみ出ていました。何もできないのだから、こちらがすべて用意してあげなくてはいけない、という姿勢が行き着くところは、マニュアルを作って指導するという姿勢です。大人はすべてを見通し、理解し、子どもは何もできず何もわからない。こうした育児観は、赤ちゃんだけでなく、赤ちゃんを生み育てている

親、特に母親に対しても拡張されていました。かくして、何も知らない親が、何もできず何もわからない子どもを育てている、という大前提で昔の育児書は書かれてきました。

マニュアルには、何をすればよいかだけ書かれています。なぜ、どうしてそうしなくてはいけないのかといったことは、できるだけ省略し短くするのが、よいマニュアルの条件です。子育てで忙しく、考える暇もないという親にとっては、マニュアルは便利です。でもマニュアルで子育てをした親は、じつは貴重な体験をするチャンスを逃しているのです。

貴重な体験とは、この世の中に生まれてきた赤ちゃんが、その生まれつきもっている力を最大限に生かして、この世の中の仕組みや、他人との関係の創《つく》り方について学習していく過程を、リアルタイムで追認するという体験です。じつはそれと同じ体験を、私たち大人も赤ちゃん時代にみんなやってきたのです。しかし、そうした自分自身の体験の記憶はありません。赤ちゃんの行動や反応を見ながら、赤ちゃんのからだや脳のなかで起こっていることを知ることは、私たちの記憶のかなたにある自分自身を追体験していることになるのです。

貴重な体験であるもうひとつの理由は、いま、あなたの前にいる自分の子どもは、今後あなたの一生を通じて、もっとも身近な他人であるということです。その緊密さや一緒にいる時間は、親や配偶者より長いかもしれません。そうした重要な他人との関係の基礎がつくられるのは、じつは子育てという行為のなかでなのです。前にも述べたように、子どもには自分で積極的に周囲にかかわりながら必要なものを取り入れていく力があります。ですから、親であるあなたがかかわらなくても、成長し生きていくことはできます。でも、子どもにとって、あなたがどんな存在になるかは、あなたのかかわり方で変わってくるのです。

本書を執筆し、監修するときにこころがけたことは、こうした重要なときを過ごしている赤ちゃんと親にとって、赤ちゃんのからだやこころ、そして親であるあなたとの間に起こる様々なことを、できるだけわかりやすく、それでいて、マニュアル育児書のように説明を省力せずに解説するということでした。その評価は読者の皆さんにゆだねるしかありませんが、結果として800ページを超える本になった、ということが、私たちのそうした姿勢を反映していると思います。

ここ2年間、私の机の上そしてかばんの中には、いつも本書の草稿や校正原稿がありました。インターネット・メールを開けると、編集者のどなたかのメールが必ずありました。こうして2年間、汐見稔幸さん、中川信子さんと、多数の編集者との、忙しくも実り多い時が過ぎてきました。締め切りに追われていたような時期も多々ありました。しかしいま、ほぼ出そろった最終稿を目の前にすると、なんだか青春時代を回顧するような、一抹の寂しさを覚えています。

マニュアルではなく、〝読む育児書〟として本書が受け入れられることを願いつつ、監修のことばを終わりたいと思います。

●監修のことば

親も子も、自分のペースで ゆっくり、楽しく、育っていこう

中川信子◎言語聴覚士

私は言語聴覚士（Speech-Language-Hearing Therapist　略してST）、ことばの障害の専門家です。平成9年に「言語聴覚士」の名称で国家資格が成立する前は、言語治療士・言語療法士・聴能言語士などとよばれていました。

STは失語症など成人の言語障害を対象とする医療機関にもっとも多く所属しています。病院では成人だけではなく、口蓋裂《こうがいれつ》や難聴など、ことばの障害をもつお子さんの指導・訓練にもあたります。子ども関係では、病院以外に、療育通園機関や相談センターに配置されている市区町村もありますし、保健センターなどの1歳6か月児健診、3歳児健診の事業にかかわるSTも次第に増えつつあります。学校の「きこえの教室」「ことばの教室」を担当する教員の仕事もSTの業務と重なる部分がたくさんあります。STは、医療・保健・福祉・教育の各分野に参加可能な「ことばの障害の専門家」なのです。

私は知的障害のあるお子さんたちとこころを分かち合いたい、コミュニケーションの手段である「ことば」のことを詳しく知りたい、という思いからSTになりました。成人の失語症の方の「言語訓練」を担当したこともありますが、主たる興味は一貫して、障害のある子どもたちのことばやコミュニケーションに向いていました。

1歳6か月児健診や3歳児健診のときに「ことばが遅い」「発達が遅い」と心配なお子さ

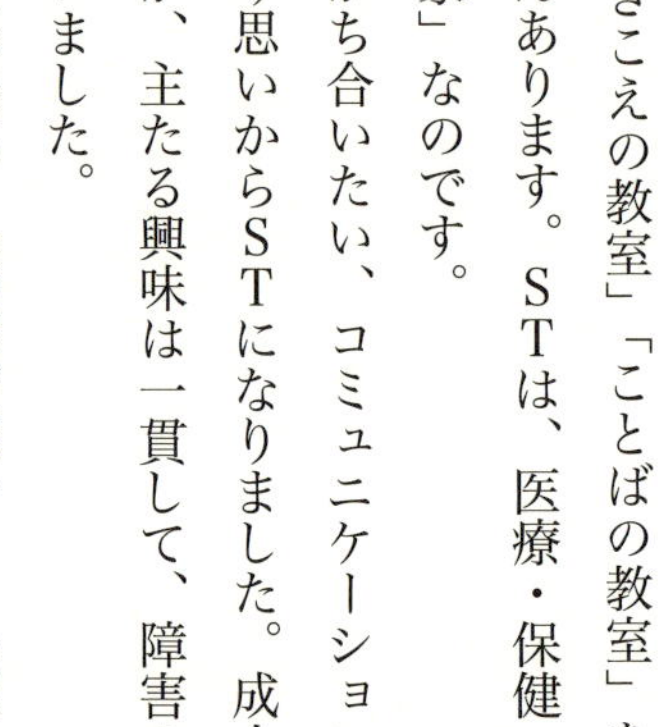

んやその親御さん、あるいは療育が必要と考えられるお子さんやその親御さんとお会いして個別に相談にのったり、生活のなかでできることをアドバイスしたり、必要に応じて検査や訓練的なかかわりを行うということを長年、ひっそりとやってきました。

〝障害〟があっても、歩みが遅くても、どの子もみんなお父さんお母さんの大切な子ども、社会全体の宝物であることに変わりありません。遅いなら遅いなりの、でこぼこならでこぼこなりの、その子らしい歩みの瞬間を共有できるSTという仕事が、私は大好きです。いつも〝障害〟の側、少数者の側に自分の身をおいてものごとを考えてきました。

日本の子どもの状況を変えるために

そんな私に、突然の難題が降りかかりました。0歳からの赤ちゃんのことばやコミュニケーションの発達について書いてほしいというのです。難題を持ちこんだのは、大学時代からの友人、汐見稔幸さんです。

私がお会いするのは、「ことばが遅い」「〝障害〟があるかもしれない」と心配なお子さんですから、たいてい、1歳6か月は過ぎています。0歳のお子さん、ましてや、遅れや〝障害〟のないお子さんと会うチャンスはほとんどありません。

おまけに私は、学者ではなく根っからの臨床家、実践家です。臨床家のなかでも、極めて感覚派といってもいいかもしれません。論文執筆とか研究には不熱心。自分の実感を大切に、「これは大事だ」と思ったことを裏づけてくれる理論を探す、というふうな仕事のしかたをしてきました。そういう立場からの本は何冊か書きましたが、自分が体験していないことを書くなどということは、とうていできそうに思えませんでした。

ですから汐見さんには「0歳の赤ちゃんのことは書けません」と返事をしたのですが、結局説き伏せられてしまいました。「日本の育児や子どもの状況を変える、とても大事な本にしたい。力を貸してください」というのが汐見さんの殺し文句でした。

育つのは子ども自身

私はことばやコミュニケーションを専門にする立場から、日本の子どものおかれている状況に大きな危機感を覚えています。子どもの気持ちをよく聞きとることなく、次々いろいろなことを「やらせよう」とする風潮が支配的だからです。こんな状態では、子どもたちの将来が心配です。

コミュニケーションは〝聞き合う関係〟〝対等な関係〟のなかで育ちます。

育つのは子ども自身で、親や大人はそれを見守り、支えるだけで十分です。

ことばやコミュニケーションは、自分にちょうどよい速度で、力をじっくり蓄えながら、失敗を重ねながら歩くことで、培われる力です。

そして、そんななかでこそ、こころのまぁるい、安定した人格の大人に育つのです。

療育の世界では、従来から①ほかの子と比べずに、その子らしい歩みを支える　②できたことをともに喜び、できないことには手立てを講じる　③親ひとりで抱えこまずに、いろいろな人に手助けしてもらう　ということが大切な原則とされてきました。

これらは、〝障害〟がある子どもにとってだけ大切なのではなく、すべての子どもにあてはまる大事な点でもあります。

いろいろな子のいろいろな歩みを伝えたい

冒険だけれど、やってみよう、その代わりに、と私は思いました。

従来、障害児教育や、療育の世界で大切にされてきたことを、広く一般の人たちに伝える役割を果たしたい、障害の可能性があったり、心配の多い育児をしているお母さんたちにも共通して読んでもらえる育児書になるように努力しよう、と。

その思いを編集スタッフの方たちが真摯《しんし》に受け止め、共有してくださり、ほんとうに、ゆったりした、あたたかい本になったと思います。

いろいろな子のいろいろな歩みがあってよいのです。ゆっくりでも確実に楽しみながら歩ければよいのです。足りないところは、別の人の力を借りて埋めればよいのです。いろいろな人が集まって出来上がっているのが、人間の社会なのですから。

そんな少数者の側からの視点や価値観に触れることで、百点満点の育児をめざして苦しくなっていた親御さんたちが、ちょっとほっとしてくださるとうれしいと思います。

「命の力」を信じて

STとして理論的な裏づけのあることだけを書くようこころがけましたが、求められた課題はあまりに広く深く、私自身の経験や知識を超えた部分まで大きく踏みこまざるを得ませんでした。大それたことを言いすぎてはいないかという不安もあります。

でも、共同監修者である汐見稔幸さん、榊原洋一さんと励まし合い、時に競い合い、楽しい緊張感のなかで、たくさんのことを知る機会をいただき、とても幸せでした。

三人それぞれに専門分野は違いますが、「子どもたちに幸せに育ってほしい」「子どもを育てる楽しさ、おもしろさをお母さんお父さんに伝えたい」という強い願いは共通していたと思います。子どもがもつ、神秘的な、すばらしい「命の力」「発達力」を感じ、子どもと一緒にいるいまのひとときを楽しんでくださる助けになればと思います。

日本では、子どものことばが心配なときSTが気軽に相談にのれる態勢がまだ不十分です。養成のあり方にも問題は山積しています。STが、多くの親子にとって、もっともっと役に立つ存在になるような努力を積み重ねていきたいと思っています。

この本の使い方

この本は、妊娠がわかったときから、お子さんが小学校に入学するまで使えます。

おなかの中の赤ちゃんから6歳までを、月齢・年齢によって22の区分に分けました。お子さんの月齢・年齢に合わせたページから読み始めてください。

月齢・年齢別解説記事の見つけ方

月齢・年齢ごとに左ページの端に赤色のつめ（下段参照）をつけました。月齢・年齢を見つけるときの手引きにしてください。

妊娠から出産までが最初の区切りです。

0歳代は、ひと月ごとに区切ってあります。

1歳代は、3か月ごとに区切りました。

2歳代は、6か月ごとに区切りを作りました。

3歳からは、幼稚園・保育園での集団保育のくくりを使って、年少児（3歳〜4歳）、年中児（4歳〜5歳）、年長児（5歳〜6歳）の3区分です。

解説項目

妊娠から出産までは、胎児の成長とお母さんのからだの変化に合わせて五つの時期に分け、それぞれの時期で

栄養分・水分摂取は、すべて母乳やミルクから

2か月〜3か月

からだの発達

赤ちゃんは、生後3か月目になっても、「目立たない2か月目」から続く体重倍増計画で、ぐんぐん体重を増やしています。2か月末の体重倍増計画終了時には、生まれたときの体重の約2倍、6kg近くになっています。でも、すでにこのころからひとりひとりの個性が出始め、食欲の差にも表れてきます。

倍増計画を早く完了しようと、あっという間に計画を達成してしまう赤ちゃんもいれば、そうやすやすとスローガンにだまされないぞ、と自分のペースで母乳やミルクを飲む赤ちゃんもいます。はやばやと8kg近い体重をクリアする赤ちゃんがいるかと思えば、お母さんやお父さんの腕に負担をかけないように、5kgくらいでのんびりとしている赤ちゃんもいます。健診に行って、わが子より大きな赤ちゃんを見てしょげてしまう親もいますが、大きいことがよいことではないのです。生まれたときに小さい赤ちゃんは、当然そのぶん、この時期も小さいのがふつうです。


栄養分・水分摂取は、すべて母乳やミルクから

8kg近くまで育った大きな赤ちゃんも、親思いの小さな赤ちゃんも、その体重の増加分はすべて母乳やミルクからもらっています。私たち大人のからだはこれ以上成長しませんから、食べ物から取る栄養は、体温維持や心臓や筋肉、脳を働かせるエネルギーを満たしていれば十分です。それどころかそれ以上取ると、ぜい肉となってしまいます。

ところが赤ちゃんは、からだや臓器を維持するための栄養分だけでは足りません。なにしろからだや臓器を建築中、あるいは増築中なのですから、からだをつくり上げるためのプラスアルファの栄養素やエネルギーが必要なのです。そしてそういった栄養素や水分のすべてを母乳やミルクから手に入れているのです。

3か月目の赤ちゃんに必要なエネルギー（カロリー）は、体重1kgあたり120キロカロリーと、人生のなかでいちばん多いのもうなずけます。「え、たった120キロカロリー？」と思われるかもしれません。でもこれは、体重1kgあたりなのです。もし体重が60kgの大人が3か月目の赤ちゃんと同じカロリーを取るとすると、1日に7200キロカロリーになってしまいます。これは、成人女性の必要カロリーの3倍強です。

臓器をつくるたんぱく質、脳をつくる脂質

カロリーだけでは十分ではありません。赤ちゃんが一生にわたって使っていかなければならない脳や筋肉、骨といった重要な臓器や器官の栄養も、母乳やミルクの中から取り入れなければならないのです。こうした重要な臓器をつくり上げる成分の中心は、なんといってもたんぱく質です。3か月目の赤ちゃんは体重1kgあたり2・4gものたんぱく質を取らなければなりません。これも、成人女性と比較すると体重あたりでは2倍くらいになります。

「脳」の発達

生まれたばかりの赤ちゃんの脳の重さは400gあります。大人の脳の重さは1200〜1400gですから、3分の1しかありません。でも体重は、赤ちゃんは大人の15〜20分の1ですから、からだ全体に占める脳の割合は、赤ちゃんは大人の5〜6倍もあることになります。取り入れた栄養素のうち、脳に回される部分が赤ちゃんの場合は大人よりもずっと多いことがわかります。

赤ちゃんの脳は、ただ大きさが大きくなって大人並みになるわけではありません。神経細胞が突起を伸ばして枝分かれし、ほかの神経細胞と結びつくことが必要です。また、電気的な信号が突起（神経線維）を高速度で伝わるためにミエリンと呼ばれる脂質（脂肪）で覆われる必要があります。また神経細胞同士で電気的な刺激を伝えるために、神経伝達物質といわれる物質がたくさんつくられます。

このように、赤ちゃん時代の脳が健やかに発達するためには、バランスの取れた栄養と、良質の生育環境が必要なのです。（榊原洋一）

このころの赤ちゃんは、からだや臓器を建築中。一生のうちで必要カロリーがいちばん多いときです。

臓器をつくるたんぱく質、脳をつくる脂質
「脳」の発達

224

225　2か月〜3か月　からだの発達

小見出しはページの上に出しました

解説項目

つめ

その月齢・年齢で知っておきたいトピックスをコラムの形で紹介しています

月齢・年齢と解説項目がわかります

小見出し

月齢・年齢扉について

「0か月〜1か月」の次が「1か月〜2か月」となっています。1か月が両方にあるのは、赤ちゃんの発育が、その月齢になった日を境に分けられるものではないからです。お子さんの発達に合わせてお読みください。

「からだとこころの変化」「おなかの中の赤ちゃん」「このころの生活」「心配なこと」「安心して過ごすために」という五つの項目から、必要なことについて解説してあります。

0歳代からの月齢・年齢別解説は、おもに次のような項目で解説してあります。

■**からだ・ことば・こころの発達**　からだは榊原洋一、ことばは中川信子、こころは汐見稔幸の各監修者による書き下ろし原稿です。

■**育ちのようす**　お世話をする大人に必要な情報、知っておくと役に立つ情報を幅広く集めました。

■**授乳（と食事）**　母乳やミルクの悩み、離乳食の始め方・作り方、食べない悩み、箸《はし》の持たせ方まで、時期別に食まわりのことがすべてわかります。

■**お世話と生活**　抱っこのしかた、寝かせ方、沐浴《もくよく》、おむつのあて方・はずし方など、イラストで解説します。

■**コミュニケーション**　ことばとこころを育てていくためのかかわり方を具体的に紹介します。

■**家族で育つ**　家族関係を築いていくための助け合い方を様々なケースとともに考えていきます。

■**遊び**　すぐにできる楽しい遊びを約100種類選びました。おすすめのおもちゃ・絵本も紹介しています。月齢別にせず、からだの発達に合わせて「ねんねのころ」「おすわりのころ」というようなページにしてあります。

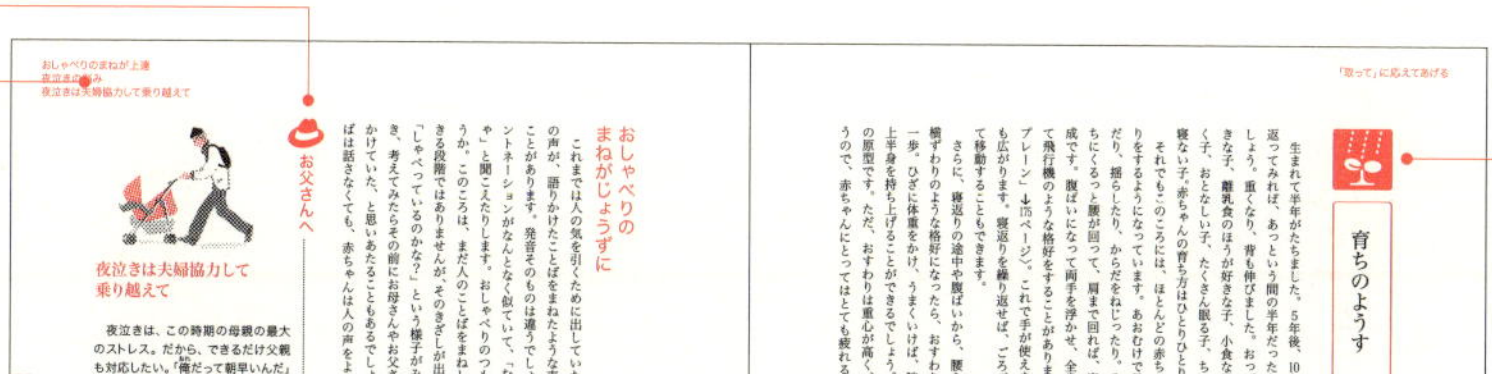

コラムタイトルもページの上に出しました

お父さんへコラムには マークをつけて、見つけやすくしました

解説項目ごとにマークを作りました

小見出しを読んでいくだけで、そのときどきの赤ちゃん（子ども）の様子がわかります

本文中に出てくるキーワードは、さらに詳しい情報を脚注で補いました

育ちのようす　授乳　授乳と食事　食事　お世話と生活　コミュニケーション　家族で育つ

テーマ特集

特に大切な子育てのテーマは、1ページ以上にまとめて詳しく解説をしています。複数の月齢や年齢にまたがるシリーズとしても読むことができ、そのテーマについて、月齢・年齢の枠を超えた幅広い視野をもてる内容になっています。テーマ特集は次の七つです。

■**からだ・こころと向き合う**　妊娠中から出産直後のお母さんのからだとこころの変化について考えました。

■**運動機能の発達プログラム**　赤ちゃん（子ども）のからだがどのように発達していくのかを、作業療法士の視点から機能を中心にイラストで解説します。

■**スモールステップで育っていく赤ちゃん（子ども）**　小さく生まれてゆっくり育つ赤ちゃんの育ちの特徴やかかわり方、育ちにくさをもった子どもの特徴とその対応などを、ていねいに時期を追って解説しました。

■**保育園・幼稚園生活**　入園手続きから園生活まで紹介しました。保育園・幼稚園の様子がよくわかります。

■**赤ちゃん（子ども）のためのアトピー知識**　食べ物、環境、ケアのしかた、気になることの最新情報をお届けします。

■**地域と出会う**　子育てで迷ったら相談できる、地域の相談先を網羅しました。

■**子どもと家族のSOS**　しつけと虐待の境界線、子どもを犯罪被害から守るには、など、現代の子どもを取り巻く状況に対応できる情報を載せました。

テーマ特集では、ページの右上にテーマを掲げてあります

署名コラム

〈→○ページ〉は、関連項目のリンク先表示です

テーマ特集は、ページ全体に薄い赤色をつけました

署名コラムについて

署名コラムは、大小のコラム、特集内コラムなど、様々なスタイルで登場します。いちばん大きな署名コラムは、臨床心理学者の河合隼雄さんの「祖父母との時間」（420 ～ 423ページ）です。

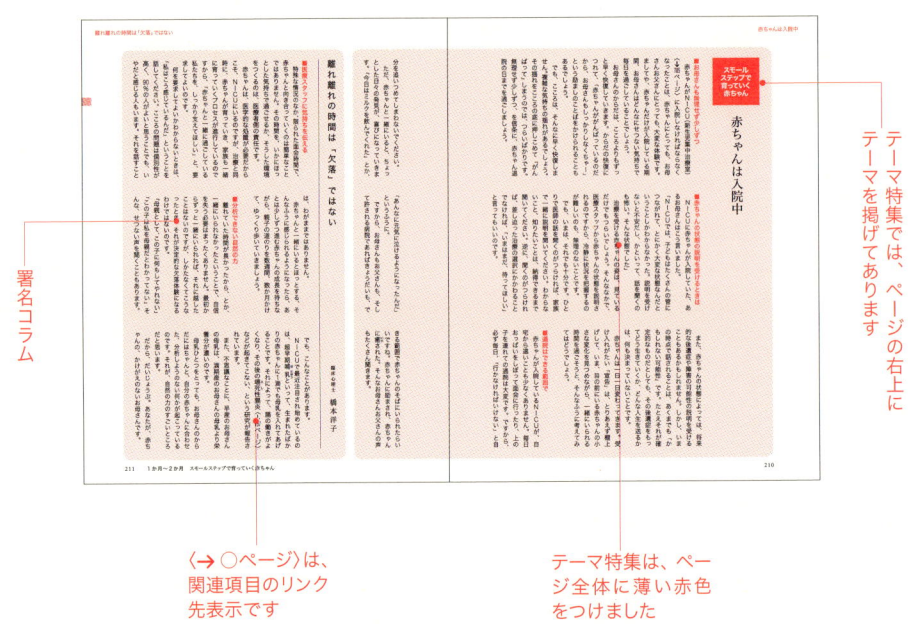

コラム

各界最前線で活躍中の専門家による署名コラム、月齢ごとのトピックスを数多く掲載しました。

巻末特集

■子育てを支援する制度とサービス　具体的な悩みから相談先がわかるように工夫した情報ページです。

■赤ちゃんと子どもの病気　症状別のホームケアから、小さく生まれた赤ちゃんの病気まで、赤ちゃんと子どもの病気のことがすべてわかります。

さくいん

五十音の総さくいんです。子育てのキーワードになることばをすべて集めています。様々な角度から解説している項目や内容が、どこに書かれているかを見つけられます。「運動機能の発達」と「ことばの育ち」「こころの育ち」については、テーマさくいんも用意しました。

妊娠から出産まで
0か月～1か月
1か月～2か月
2か月～3か月
3か月～4か月
4か月～5か月
5か月～6か月
6か月～7か月
7か月～8か月
8か月～9か月
9か月～10か月
10か月～11か月
11か月～1歳
1歳～1歳3か月
1歳3か月～1歳6か月
1歳6か月～1歳9か月
1歳9か月～2歳
2歳～2歳6か月
2歳6か月～3歳
年少児（3歳～4歳）
年中児（4歳～5歳）
年長児（5歳～6歳）

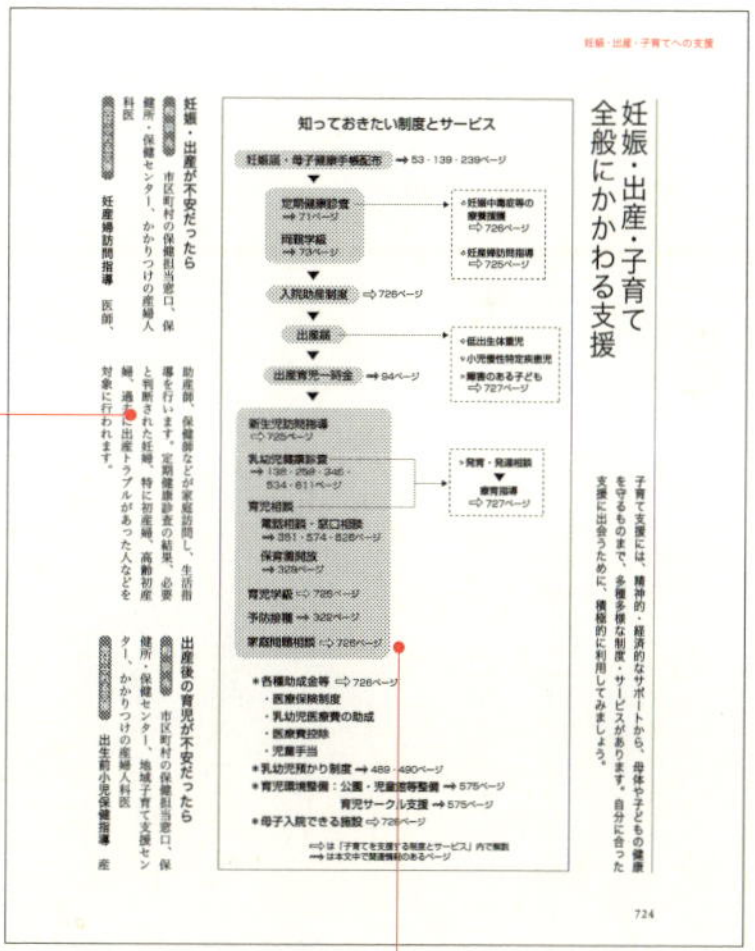

つめの使い方
月齢・年齢別解説記事には、左ページに月齢・年齢ごとの“つめ”がついています。上から下へ順を追って月齢・年齢が進んでいきます。月齢・年齢をすぐに見つけたいときには、この一覧をお使いください。

＊本書中の法律・制度などの情報は、いずれも平成27年11月時点のものです。

もくじ

妊娠から出産まで

1か月～2か月

4か月〜5か月

5か月〜6か月

6か月～7か月

7か月〜8か月

8か月～9か月

9か月～10か月

1歳〜1歳3か月

1歳3か月〜1歳6か月

1歳6か月〜1歳9か月

1歳9か月〜2歳

2歳〜2歳6か月

2歳6か月～3歳

年少児（3歳～4歳）

●テーマ特集もくじ

ご協力いただいた方々（五十音順・敬称略）

監修・執筆

榊原洋一　お茶の水女子大学理事・副学長　小児科医
汐見稔幸　白梅学園大学学長　東京大学名誉教授
中川信子　子どもの発達支援を考えるSTの会代表・言語聴覚士

執筆・取材協力

大伴　潔　東京学芸大学　特殊教育研究施設・教育診断部門助教授
河合隼雄　文化庁長官・臨床心理学者
木村　順　療育塾ドリームタイム主宰・作業療法士
菅原ますみ　お茶の水女子大学　文教育学部人間社会科学科助教授
竹内正人　葛飾赤十字産院　第二産科部長
土谷みち子　東横学園女子短期大学助教授
徳永桂子　「性の科学を考える」代表
中村柾子　立教女学院短期大学　非常勤講師
長坂典子　母子愛育会　総合母子保健センター研修部前部長
橋本洋子　山王教育研究所　臨床心理士
花山美奈子　東京都調布市子ども家庭支援センターすこやか施設長　臨床心理士
桝井喜洋子　NPO法人CAPセンター・JAPAN事務局長
舛森とも子　葛飾赤十字産院　看護部長
村上祥子　料理研究家・管理栄養士
室田洋子　聖徳大学　人文学部児童学科教授
山田　孝　東京都立保健科学大学　地域作業療法学分野・保健科学部作業療法学科教授

取材協力

井桁容子　東京家政大学　ナースリー・ルーム主任保育士
石川由喜夫　「あそびの会」主宰・ソーシャルワーカー
井上さく子　東京都目黒区立ひもんや保育園　主任保育士
岡本千草　保健師
加藤初枝　東京家政大学　ナースリー・ルーム管理栄養士
田中尚人　パパ'S絵本プロジェクト
松永静子　東京都中野区立白鷺保育園看護師・臨床育児保育研究会・赤ちゃん保育研究会事務局長
松本摩弥佳　超低出生体重児ノートサークル「VAVOO STREET」主宰
東京都大田区子ども家庭支援センター
CAP青い空
社会福祉法人　豊川保育園

＊執筆・取材協力の方々の肩書きは、執筆・取材当時のものを掲載しています。

装幀――堀渕伸治◎tee graphics
装画――おのでらえいこ

0-6歳

はじめて出会う

育児の百科

汐見稔幸
榊原洋一
中川信子

小学館

すべては大切なメッセージ

女の人って、大変だ。何か月も命をはぐくんで、想像を絶する瞬間に挑むんだから。赤ちゃんも大変だ、外の世界にいきなりワープして「オギャー」だもの。でも、おなかの中からのメッセージは、すべてそのときのため。からだの声に耳を澄まそう、「もうすぐだよ」の合図がくるまで。

妊娠から出産まで

それぞれの第一歩

産科医 竹内正人

医療の発展によって妊娠・出産は昔よりもずっと安全なものになり、お産でお母さんや赤ちゃんが亡くなることは著しく減りました。妊娠・出産は命をはぐくみ、授かるもの。昔の女性たちは皆、どこかで自分の命とも向き合いながら過ごしてきたのです。

その一方で、個人個人によって違う、とてもパーソナルなものであるはずの妊娠・出産を、それぞれの身体的特徴、生きてきた環境、価値観などの個体差に配慮せず、すべてパターン化して取り扱おうとしたのも医療です。

極端な言い方をすれば、医療により画一化された妊娠・出産は、子どもを安全に産むための作業であり、忍耐になってしまいました。ところが、妊娠・出産というのは、子どもを授かるということ以上に、人として、そして女性としての成熟をはぐくむ可能性に満ちた体験です。

実際、出産の聞き取り調査をすると、自分のからだの状態を最優先にした出産を体験した女性は、じつにいきいきとした表情で出産を語りますが、医療側の都合で生まされたと感じている女性は、たとえ赤ちゃんは元気であっても、出産体験を自分のものとして語ることはありません。

現在私は、妊娠・出産の質とその後の母子関係、虐待などとの関連を調べる長期的な追跡研究にかかわっていますが、50代以上の数人の方に模擬インタビューを実施したところ、その方々が皆、それまで長い間封印されていた出産体験を思い出し、涙にくれてしまう、というハプニングに遭遇しました。妊娠・出産という体験は、日常では意識はされていなくても、何かの折に鮮明によみがえり、その後の人生に影響を及ぼし続けるものなのでしょう。

妊娠・出産では、結果以上にそのプロセスが大切なのは間違いありません。お産は頭でするのではなく、からだの仕事です。知識をつけることも大切ですが、自分の肌で感じ、考え、選ぶことがより大切になります。

科学の進歩が明らかにした子宮の実力

生殖医療もテクノロジーが進んで、いまやクローンとか、非配偶者間の体外授精など、生命倫理が問われる段階になりました。ところが、いまだに人工子宮については、できる気配さえありません。これは、倫理の問題ではなく、純粋に子

宮以外の生命をはぐくむシステム、すなわち「試験管ベビー」の作製が技術的には困難だからです。

子宮を摘出した女性の卵巣から卵胞《らんぽう》を採取して受精させた受精卵は、第三者の子宮がなければ、育ちません。実際、現在の日本では認められていないのですが、「借り腹」という不妊治療法があります。

「第三者の子宮がなければ育たない」。これが意味することは、子宮は他人の受精卵をも着床させることができる、ということです。これは、免疫の一般常識からは考えられないことで、そのような臓器は男性には見あたりません。

科学の進歩は、ただの筋肉の塊と誤解されることさえあった子宮が、じつは驚くべき臓器であることを知らしめました。まずは、あなたの下腹に手をあてて、子宮の存在を改めて意識してみましょう。

妊娠子宮は、全身とコミュニケーションを図り、赤ちゃん、そして、お母さん自身を守るために機能します。たとえば、妊娠初期にお母さんが眠たくなる現象は、夫の遺伝子ももち生物学的には異物である受精卵が着床するときに見られる免疫反応が関係していると、最近になってわかってきました。

また、着床した受精卵は胎芽《たいが》となり妊娠性ホルモンを分泌させ、「つわり」を起こし、妊娠していることをいち早くお母さんに告げて生活の見直しを図らせます。さらには、赤ちゃんにとって摂取すると危険なものを、実力行使で食べさせないようにもするのです。また、お母さんが無理をしたり、精神的なストレスをためたりすると、子宮は収縮し、休息の指示を送ります。そして、赤ちゃんとの相互作用により、ベストの時期に陣痛を起こさせ、出産をつかさどるのです。

その一方、正期産に至る前でも、子宮内環境の悪化を察知した場合は、子宮は赤ちゃんをあえて体外へ送りだす決断を下します。それが、早期産（早産）の意味と考えられます。

自分のからだの感覚と赤ちゃんの力を信じよう

妊娠中の過ごし方で大切なことは、自分のからだに起こる変化をしっかりと見つめて感じ取ることです。その変化は、個々により、そして、同じお母さんでも妊娠ごとに違ってきますが、原則として、赤ちゃんが育っていく環境を整えるための適応反応です。

たとえば、妊娠中は動悸《どうき》がしたり、息苦しく感じることがありますが、この現象によりお母さんの心肺機能は徐々に鍛えられ、妊娠後期には約3kgの赤ちゃんに血液を供給できるからだになっていけるのです。いくら体力には自信のある男性でも、いきなり高地に行けば高山病になるように、妊娠後期の子宮をいきなり移植されたとしたら卒倒してしまうでしょう。

赤ちゃんは戦略的に、そして継続的に、適度な負荷をお母さんに与えているのです。

また、妊娠後半には胎動で夜眠れなくなるお母さんもいるのですが、これも、出産後の夜の授乳に対応するための準備

なのかもしれません。そうやって少しずつ、赤ちゃんとの生活リズムに合わせていくための変化が起こってくる状態が妊娠ともいえます。

「赤ちゃんは、その環境のなかで生き抜くためのベストの選択をしている」ことも知っておきましょう。

赤ちゃんはお母さんの子宮の中で、もっとも居心地のよい位置やからだの大きさなどを選択しています。ですから、逆《さか》子《ご》でも赤ちゃん側から見れば心配には及びません。また、小さめや、逆に大きめな赤ちゃんでも、それは、胎盤機能や、骨盤腔《くう》スペースなどの要因を総括した結果です。その大きさであるからこそ、子宮内で生き抜けるのです。そして、「ベストな状態」というのは、その子によって違うことを忘れてはいけません。

自分のからだの変化、そして赤ちゃんの選択は、あなたに特有なもの。まわりと比較して不安になる必要はないのです。妊娠中に変化し続ける自分のからだと、子どもの力を信じ、赤ちゃんのいる環境をよりよいものとするために、いま、自分ができることを考えてみましょう。

からだの変化やその時々で感じたことを、毎日ノートや母子手帳などに、あなたのことばで記録しておくことをお勧めします。「おなかがすいているのか、けって催促しているみたい。赤ちゃんのために○○を食べようかな」「しゃっくりがなかなか止まらないけど、おなかの赤ちゃんは苦しくないかな」とか、「今日は、まったく眠ることができなくてつら

かったな」など、書くことはなんでもよいのです。

そうやっておなかの赤ちゃんのことを考え、感じる時間が大切なのです。

妊娠は人を素直にさせる。妊娠・出産での「出会い」を大切に

人はだれでも急に親になれるものではありません。10か月の妊娠期間と、出産後の赤ちゃんがいる生活と対峙《たいじ》しながら、一歩一歩成長していくものです。妊娠・出産は自分を変える、とてもよいチャンスでもあります。妊娠は女性を不安にさせますが、とても素直な気持ちにもさせてくれるからです。

それまでは自分本位の生活を送っていても、「子どもが生まれるんだから、我慢しよう、気をつけよう」と、だれでもが自己犠牲を無条件に受け入れられる時期が妊娠期間なのです。そんな「妊婦と胎児」から「母と子」に育っていくための時間とプロセスをきちんと過ごすことができてこそ、親子として生き抜く力が備わっていくのではないでしょうか。

それは女性だけでなく、男性にとっても同じことです。妊娠中におなかをさわったり、おなかに語りかけたりして赤ちゃんを感じるだけでも、男性は「父親」に育っていくことができ、そこから、母親となる妻への理解や、思いやるこころがはぐくまれていくことでしょう。

妊娠・出産は人それぞれだといいましたが、子どもを授かる過程、そして、親になっていく過程も、人それぞれです。待ちに待った赤ちゃんをようやく授かったという人もいれば、望んでいなかったのに妊娠してしまったということもあるでしょう。でも、妊娠・出産という命をはぐくむ経験をとおして、いままで知らなかった新しい自分を発見したり、夫やパートナーとの関係を見直すなど、赤ちゃんを授かったことがきっかけとなったいろいろな出会いがそこにはあるはずです。

そのような、新しい出会いを大切にして、それぞれの第一歩を踏み出していきましょう。

妊娠2週〜12週

赤ちゃん発生期[★1]

からだとこころの変化

卵子と、億を数えるライバルを抜き去った精子が受精し、子宮内膜に着床しました。これが妊娠です。赤ちゃんはこのときから、「どんどん大きくなりたい」と、お母さんにサインを送り始めます。これを受けて、お母さんのからだには、つわり、眠気といった反応が出てきます。これは、赤ちゃんがお母さんの食べる物を選別し、安静にしてもらおうとお願いしている証拠です。まだ妊娠に気づかれないうちから、赤ちゃんはお母さんに働きかけるのです。

12週を過ぎれば、流産の心配はぐっと減ります。産科医たちが目安にしている12週までを、この本では「赤ちゃん発生期」と名付けました。生き抜いていける力を秘めた受精卵が、お母さんにサインを送りながら成長の足固めをする時期です。通常、妊娠15週（4か月）までを妊娠初期とよびますが、実際は13週になれば妊娠は安定期にはいったと考えてよいでしょう。

命の始まりの不思議

受精卵は奇跡の塊です。1回の射精で放出される精子の数は2億〜4億個ほどで、これらが一斉に膣《ちつ》内から子宮、卵管と動くうちに、次々と弱い仲間が脱落していきます。最後に卵子と出会える精子はたったの1個。一方、女の人が生まれたときからからだの中にあって卵子のもとになる「卵祖細胞」は、初潮のころで数十万個あるといわれます。つまり、精子と卵子は気の遠くなるような確率のなかで組み合わせが決まり、受精して命が始まったのです。

あなた自身はその奇跡のような確率からあなたの両親を選択して生まれてきたのです。そして、広い世の中で彼と出会いました。着床した受精卵はかけがえのないたったひとつの命であり、生き抜いていこうとする強い意志を、もうすでにもち合わせているのです。

つわりも意味のあること

精子と卵子が受精すると、受精卵は細胞分裂を繰り返しながら、だいたい1週間で卵管を通って子宮にたどり着きます。このとき子宮内膜は栄養をたっぷり蓄えたふかふかの布団のようになっており、受精卵は旅の終わりにこの布団に潜りこみます。これが「着床」ですが、遺伝子の異常などの理由で細胞分裂が進まないことも多く、ここに至るのは受精卵の2〜3割にすぎません。また、着床して初めて「妊娠」が成立するのであり、受精＝妊娠ではありません。着床せず、不要になった布団が体外に排出されるのが生理です。

着床した受精卵は子宮内膜に吸いついて栄養分を取りこみながら成長し、同時にからだの一部である胎盤も形成していきます。胎盤が完成し、お母さんからもらう物質の善し悪《あ》しを選別できるようになるまでは、赤ちゃんはダイレクトに栄養分を吸収しているのです。でも、まだまだか弱く、不安定な存在です。

この時期にお母さんのからだには、妊娠に伴う不快な症状（マイナー・トラブル）が出てくることが多いのです。胸がむかついて吐き気を覚えるつわりや、食べ物の好みの変化、頻尿、眠気、いらいら、基礎体温の高温期が続く熱っぽさなど、程度に個人差はありますが、なんらかの症状が出る人がほとんどです。お母さんにとっては妊娠の最初の関門ですが、赤ちゃんにしてみれば、お母さんには食べる物にふだん以上に気をつけて、なるべく静かに過ごしてほしい時期です。赤ちゃんの声に耳を傾け、食べたくない物は食べず、眠りたいときに眠る生活を送るのがいちばんです。

「おめでた」とはいうけれど

妊娠に至るまでの経緯は人それぞれです。切望していた人、予定外だった人。赤ちゃんのお父さんとの関係が不安定な人や、責任ある仕事を抱えた人もいることでしょう。妊娠の可能性がある女性の年齢を考えると、社会へ出てキャリアを積んでいく時期にあることが多いでしょう。妊娠は喜ばしいけれど、キャリアの中断、もしくはペースダウンを余儀なくされる不安が胸をよぎることもあるかもしれません。

その間にも赤ちゃんは爆発的に成長しています。不安定な状況と精神状態のために、おなかをたたく、強く押すなどの胎児虐待行為に走るケースも報告されています。

妊娠は継続するけれども、100%喜べないという事情もあって然《しか》りです。すべての状況を含めてそれが赤ちゃんが生まれてくる環境であり、あなたがその範囲でできる最良のことを選択していきましょう。

★1 ―― 妊娠期間は、最終月経の初日から数えて280日間が目安です。最終月経の初日を妊娠0週1日と数えます。最終月経が始まってからほぼ2週間後に排卵、さらに約1週間後に受精卵が子宮内に着床して、初めて妊娠成立ですから、0週、1週は、まだ排卵もされていない状態での妊娠期間です。この本では、赤ちゃんの実際の成長に合わせて、妊娠2週〜12週を“赤ちゃん発生期”、13週〜27週を“赤ちゃん発育期”、妊娠28週〜36週を“赤ちゃん成熟期”、37週から出産までを“赤ちゃん調整期”と名付けました。

おなかの中の赤ちゃん

第2週〜第12週

妊娠7週までは胎芽の時代

受精したときは妊娠2週。受精卵は0・1㎜、肉眼でやっと見えるくらいの大きさです。受精卵という1個の細胞が分裂して2個になり、2個から4個へ、4個から8個へと細胞分裂を繰り返しながら、約1週間後に子宮内膜に着床します。着床して初めて妊娠が成立したことになります。

妊娠6週の赤ちゃんは長い尾やえらのようなものがあり、まだヒトの形をしていないので胎芽とよばれています。

妊娠6～7週のころ、超音波で赤ちゃんを見ると、胎芽は胎嚢《たいのう》という袋の中にはいっています。胎芽の横に丸い輪がありますが、これが卵黄嚢。この時期の赤ちゃんは卵黄嚢から栄養をもらっています。

赤ちゃんは急速に成長し、えらの部分やしっぽがなくなっていきます。7週の終わりごろになると、頭と胴の区別がはっきりしてきます。手と足らしいものができ、心臓、肝臓、腎臓《じんぞう》、胃腸などの臓器もできてきます。脳や脊髄《せきずい》の神経細胞もつくられ、脳や目、耳の神経なども急速に発達します。胎盤や臍帯《さいたい》（へその緒《お》）のもとになる組織が発達し、羊水も少しずつたまり始めます。

こうして8週になるとヒトの形に近くなり、胎児とよばれるようになります。

35億年の進化を猛スピードで

妊娠8週になると、頭と胴、手足の区別もはっきりしてきて、さらに人間の赤ちゃんらしい姿へと成長します。手足の指も、互いにくっついていたのが指の形に分かれ、目にはまぶた、耳には耳たぶ、口には唇ができ、鼻も高くなり鼻の穴ができます。下顎《あご》や頬《ほお》も発達して、ずいぶん人間らしい顔つきになります。8週目くらいにはもう皮膚感覚が生じているといわれています。

男の子、女の子を区別する外性器は、妊娠11週の終わりごろにはできてきます。手のひらにのる小さな赤ちゃん。たった1個の細胞から約10週ですっかり人間らしくなりました。35億年の進化のあとを、あっという間に通り過ぎたのです。

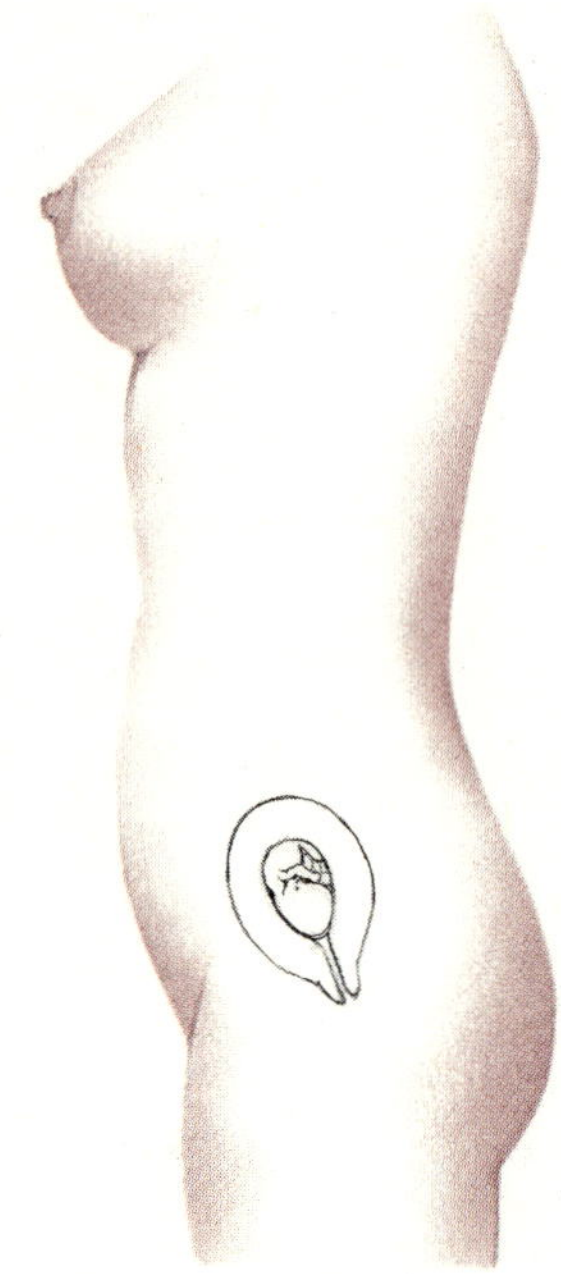

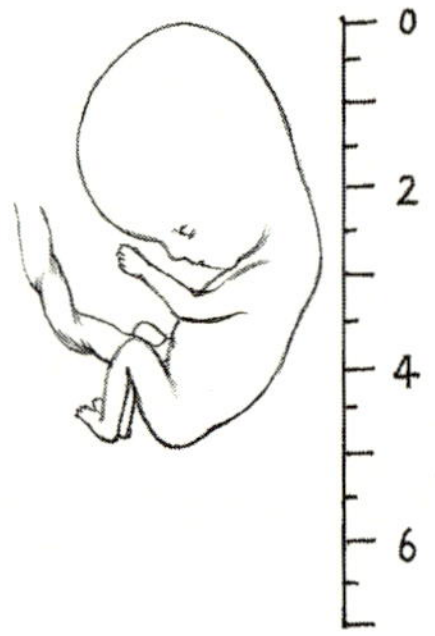

11 週の胎児

- 身長8〜9㎝
- 頭殿長 4.5 ㎝ぐらい
- 体重約 30g
- 3頭身。

皮膚はろう状で内臓が透けて見える
（注：頭殿長とは胎児の頭からおしりまでの長さのこと）

このころの生活

妊娠したことがわかる兆候を教えてください

毎月の生理が規則的にある人は、少し遅れると「赤ちゃんができたかもしれない」と思うことでしょう。基礎体温★1を記録している人は、生理の予定日になっても基礎体温が下がらず高温期が続けば、妊娠かもしれないと考えられます。

妊娠すると、からだにもいろいろな症状が表れます。早い人であれば「今月は少し遅れているな」と思うころに、胸がむかついたり吐いたりする「つわり」が表れるかもしれません。

そのほか、からだがだるくて疲れやすい、眠くてたまらない、トイレが近くなる、便秘になる、食べ物や飲み物の好みが変わる、乳房が張ってきて乳首が敏感になるなどの症状は、妊娠したときに見られる一般的な症状です。わけもなくいらいらして精神的に不安定になることもあります。

生理が止まり、こころもからだも、「いつもと違った感じ」がしたら妊娠していると考えられます。

妊娠検査薬はいつごろ試してみればいいですか

妊娠すると、赤ちゃん側の組織から、尿の中にhCG（ヒト絨毛《じゅうもう》性ゴナドトロピン）というホルモンが分泌されるようになりますが、妊娠検査薬はこのしくみを利用してつくられたものです。

最近の検査薬は感度が高くなり、ごく少量のホルモン・レベルにも反応し、妊娠3週でも陽性になる場合があります。妊娠3週というのは次の生理予定日より前で、受精卵のまわりに絨毛などの組織ができてくる時期です。

ところが実際には、精子と卵子がうまく出会い受精卵となっても、子宮内にうまく着床せず妊娠に至らないケースはよくあることです。その場合は予定の生理日を少し過ぎたころに出血することになり、検査薬を使っていなかったら、「今月は生理が少し遅れていつもとは違っていたけれど妊娠していなかったんだな」と、何事もなく通り過ぎるだけのことでしょう。それでからだに何か問題が起きるわけではありません。これを化学的流産(ケミカル・アボーション)といいます。「妊娠したかな」と思うときは、検査薬を早く使いたくなるものですが、時期が早すぎると、妊娠しているかどうかわからないのに陽性反応が出る、ということになってしまいます。そんなこともあるので、「検査

★1 ――基礎体温とは朝目覚めてすぐに測った体温のこと。排卵のある人は排卵日の前後を境に、低温期と高温期に分かれます。排卵が起きると黄体ホルモンの分泌が増えて体温が上昇し、受精すれば妊娠12週くらいまで高温期が続きます。妊娠していなければ約2週間で生理となり低温期にはいります。

薬を使うのは、生理が1週間以上遅れてから」を目安にするとよいでしょう。

初診では何を検査するのですか

生理が遅れたといっても、数日くらいではまだほんとうの妊娠かどうか診断することはできません。妊娠検査薬で確かめて病院へ行く場合も、生理が遅れて1週間くらいでは赤ちゃんが確認できないので「うまくいくかどうかわかりません」「子宮外妊娠かもしれません」などと不安になることを言われてしまう場合も多くあり、お勧めできません。生理予定日の2週間後くらいを目安に初診を受けるのがよいでしょう。

初診では、病院によって多少違いますが、尿での妊娠判定、問診、触診と内診、血圧や体重測定、超音波検査、病院によってはこのとき血液型などの検査のために採血する場合もあります。

問診では、生理やこれまでの妊娠・出産や中絶のこと、夫や家族のこと、かかったことのある病気、アレルギーのことなどについて聞かれます。

触診や内診では、子宮の位置や大きさ、形、やわらかさなどを診《み》ます。このとき内診台にのって診察を受けるので、タイトスカートやパンツよりも、フレアやギャザーのスカートのほうが便利です。

超音波検査で赤ちゃんを包んでいる胎嚢《たいのう》と心拍が見えれば、正常に妊娠して赤ちゃんが無事に育っていることがわかります。また超音波検査をすると、生理周期が不規則な人でも出産予定日★2を確認できます。

少量の出血がありました。流産したのでしょうか

受精卵が着床するとき、あるいは、次の生理の予定のころに出血することがあります。いつもの生理より量が少なく、色も薄いもので、妊娠の継続には影響のないものです。

少量の出血で激しい腹痛などがなければ、様子をみていてもだいじょうぶです。万が一この時期に流産になったとしても、その原因は、染色体などに異常がある場合など、避けられないものがほとんどなので、「あのときすぐに受診していれば」ということにはなりません。

気分が沈んだり、くよくよしたりします

妊娠・出産は、それまでのライフスタイルをがらりと変えてしまう大きな出来事です。ですから、喜ばしいこととはいえ、心理的な負担の多いイベントだともいえるのです。

気分が沈む、興味が失《う》せる、くよくよ悩む。この軽い憂うつ感を「妊娠うつ」といいますが、日本では約15%の妊婦さんに見られるといいます。妊娠が判明し

★2 —— 生理周期が28日と規則的な人は、最終月経の初日から数えて280日目(40週)が出産予定日。計算方法は、最終月経の初日の月から3を引き(引けないときは、9を足す)、日に7を足します。一方、周期不規則な人は赤ちゃんの大きさから予定日を決めることになります。ただし、この予定日はあくまでも目安。その前3週間とその後2週間以内であれば正期産になります。

た初期になりやすく、からだの変調に隠れて進行します。初めての妊娠で不安なこと、妊娠に対してパートナーの反応が否定的であること、不妊治療の達成により燃え尽きたような気持ちになるなど、様々な要因が憂うつ感に拍車をかけます。また、仕事をしている場合は続けるか辞めるか、周囲に妊娠を公表するか否か、悩ましい葛藤《かっとう》があります。婚外で妊娠した場合は、パートナーの反応が気になる、結婚するかしないか決定しなければならないといった、心理的なストレスが高じて憂うつ感を招くこともあります。

けれども、妊娠うつは出産までに消えるもの。産後うつ〈→186ページ〉との関連はありません。短期間の現象と割り切って、休みをとったり、カウンセリングを受けたりしながら消失を待ちましょう。

疲れやすく、いつも眠い感じがします

妊娠すると、たとえ休んでいるときでも、からだは赤ちゃんの生命を育てるために活動し続けています。妊娠していない人が山登りをするとき以上に働いているといってもよいくらいです。自覚症状はあまりないかもしれませんが、からだが赤ちゃんが育つ環境づくりを始めたからです。

疲れたり眠くなったりするのは、赤ちゃんからの「休め」のサインと受け止めましょう。胎盤が完成する15週（4か月目）くらいになると、からだも妊娠に慣れ安定してきます。それまでは、できるかぎり休み、たっぷり眠ることです。

母子手帳

正式には「母子健康手帳」といいます。妊娠がわかったら、住んでいる地域の市区町村の役所か保健所に妊娠届を提出しますが、そのとき母子手帳が交付されます。赤ちゃんひとりにつき1冊ですから、双子の場合は２冊になります。

妊娠中の経過や出産時の状態、誕生後の子どもの健診データや予防接種など、妊娠から子どもが就学するまでの大切な記録です。妊娠中は、定期健診〈→ 71 ページ〉のときは必ず持参しますが、外出のときも緊急時に備えて持って歩くようにしましょう。

胎動を感じた日や健診のとき質問したいことをメモする欄、保護者の記録欄など自由に書きこめるスペースもあります。きれいに使おうと思わず、そのときどきにあなたが感じたことを、あなたのことばで素直につづってみましょう。

きっと記念になるでしょう。

妊娠していないときと比べてトイレが近くなったと感じるかもしれませんが、これも妊娠初期によく見られる症状のひとつです。赤ちゃんは9週で約2㎝の大きさしかありませんが、膀胱《ぼうこう》に尿がたまって赤ちゃんを圧迫しないように、からだが少しでもよい環境をつくろうとしているのです。おっくうがらずにトイレに行くようにしてください。

おなかがすくとむかむかしたり、においに敏感になりました

妊娠がわかるころに表れるこのような症状を「つわり」といいます。実際に吐いてしまう人、朝起きがけに気分が悪くなる人、特定の食べ物だけを食べたくなる人、これまで好きだった物が大嫌いになる人など、症状やつらさは人によって様々です。

最近では、おなかの赤ちゃんが自分を守るために起こす作用ではないか、と考えられています。からだの要求は赤ちゃんからのサインという見方をすれば、「食べたくない物は食べない」「食べたいときに食べたい物を食べる」ということでよいわけです。

赤ちゃんはまだ小さいし、必要な栄養はこれまで母体に蓄えられているもので十分間に合っていますから、赤ちゃんへの栄養不足は起こりません。多くの場合、つわりの症状は12〜16週くらいでなくなりますが、★3水分も十分取れず、尿も出にくいようなときは、かかりつけの産科医に相談してください。

かぜにかかっても、市販薬を飲んではいけないのですか

かぜにかぎらず、妊娠中の薬については、かかりつけの産科医に相談して、メリットとデメリットを考えて飲むか飲まないかを判断するのが原則です。

かぜはひかないに越したことはありませんが、絶対にひかないようにするのも難しいことです。しかし、かぜそのものが赤ちゃんに影響することはまずありません。軽度であれば薬は飲まないで、十分な休養と睡眠をとって治すようにしましょう。

もし高熱、頭痛、嘔吐《おうと》など症状がひどく、食事や睡眠もとれずに体力に不安があるようであれば、かかりつけの産科医に相談し、処方してもらった薬を飲むようにしてください。市販薬は避けましょう。

妊娠に気づかずに市販薬を飲んでしまった場合には、飲んだ薬と時期を産科医に相談しましょう。飲んでしまったから何かが起こる、ということはまずありません。これまでのデータの蓄積から影響の可能性は非常に少ないということがわかっています。

もし、かかりつけの医師の答えに不安が残る場合は、★4ほかの産科医に相談してみてもよいでしょう。

★3—— 食べ物はもちろん、水さえも受けつけなくなることがあり、このような重症のつわりを妊娠悪阻(おそ)といいます。

★4—— 東京・虎の門病院「妊娠と薬の相談外来」電話で予約をとります。水曜日の午後のみです。完全予約制で、予約日に出向けば、産婦人科医に相談できます。電話での相談はできません。薬剤部医薬情報科受付電話 03・3588・1111 内線 3410 /月〜金 8:30〜11:30と14:00〜17:00 有料

お父さんへ

タバコ、お酒はやめなくてはいけませんか

タバコが健康によくないことはよく知られています。特に妊娠中の喫煙は、胎盤の血流も悪くさせ、その結果、赤ちゃんに必要な栄養や酸素を届けることができず、発育にも大きな影響を与えてしまいます。また、胎盤の機能も低下するので、早期剥離《はくり》などのトラ

父親になる実感はないけれど

「赤ちゃんができたの」と告げられたとき、夫はどう反応するものなのでしょう。それが青天のへきれきでも切望の末であっても、男はちょっと複雑な気分です。誇らしいけど照れくさく、うれしいけど背中が重い、「ああ、俺《おれ》もとうとう……」という一抹の切なさも感じたりします。

でも、妻のひと言には「生んでもいい?」という無意識の確認が含まれています。だから「あ、そう」なんて他人ごとみたいなリアクションはまずい。妻の気持ちを受け止めて喜びの気持ちをことばにし、協力して大事な生命を育てることを意思表明するべきです。

妊娠初期。夫はまだ気楽です。ところが、妻はからだもこころも、もっとも不安定な時期です。疲れやすく感情の起伏も激しく、人によってはつわりに苦しみます。妻の心身の健康を第一に考えましょう。喫煙や過度のお酒、薬など胎児に悪影響を与える危険についても夫からひと言注意を。もちろん夫自身も、家の中でタバコを吸うことはできるだけ避けるようにします。

この時期、やはり無理は禁物です。長時間のドライブは避ける、 階段の昇降時は手を支える、重い物は持たせないなどは常識。家事も進んで引き受けましょう。「ごみ出しは僕がやる」「洗い物するよ」と口に出さなければ、いたわりの気持ちは伝わりません。この時期を無事に過ごせば安定期にはいります。でも、それからが長く大変な毎日です。感動の対面はまだちょっと先の話——。

この時期のセックス

妊娠初期はおなかの痛みや張り、出血など、切迫流産の兆候がなければセックスはまったく問題ありません。もっとも、妻の心身状態は不安定だし流産の心配もあるし、夫としてはそんな心境になれないかもしれません。ここはふたりの気持ち次第です。いまはわずかな刺激でも出血しやすくなっているので、胎盤が完成する妊娠 15 週ごろまでは激しいセックスは控えます。妊娠期間中をとおしての注意点は、おなかを圧迫せず、手指を清潔にして感染を予防することです。

ブルや早産の原因になることもあります。

赤ちゃんと家族全員の健康のためにも、夫婦とも禁煙を実行したいものです。

アルコールも胎盤をとおして赤ちゃんの血液中にそのままはいってしまいます。乾杯で少し口をつける程度であれば問題はありませんが、原則は禁酒です。

妊娠していることは、いつごろ職場の人に言うべきでしょうか

妊婦だからと特に気を遣ってもらうつもりはないかもしれませんが、勤務先の側でも、妊娠中の仕事のことや産休や育児休業に伴う人員の配置など、いろいろな準備が必要です。出産予定日、産休の期間、産休後の育児休業制度を利用するのかどうか、妊娠中の勤務で配慮してほしいことなど、なるべく早めに上司や同僚に報告し、妊娠を気持ちよく受け止めてもらえるようにしたいものです。

勤務先によっては、妊娠中に勤務時間の変更ができたり、つわり休暇や通院時間の規定のあるところもあります。産休期間や育児休業制度も、企業独自で定めているところもあります。勤務先の就業規則で、妊娠、出産、育児についての規定がどうなっているのか確認しておきましょう。

仕事の内容によっては休憩時間をこまめにとったり、深夜や早朝にかかる交代勤務を制限したほうがよい場合もあります。かかりつけの医師と相談し、場合によっては「連絡カード」★5を活用して必要な措置を求めることもできます。

働く母親を支える法律

女性が働きながら安心して子どもを生み育てる権利は、労働基準法、男女雇用機会均等法、育児・介護休業法などの法律によって守られています。

たとえば、仕事の内容や労働環境が母体や胎児によくない影響を与えるような場合は、労働基準法によって、軽易の業務へ転換してもらうことができますし、時間外労働、休日労働、深夜労働をさせてはいけないことになっています。

また、男女雇用機会均等法では、妊娠や出産を理由に解雇してはならないこと、保健指導や健診を受けるための時間を確保できるようにしなければならないこと、医師から指導されたことを守ることができるよう、勤務時間の変更や勤務の軽減などをしなくてはならないことを定めています。

しかし、このような法律の多くは「みずから申し出た者」あるいは「本人から請求があったとき」としているので、職場環境や労働条件を改善してほしいときは、自分から積極的に求めることが大切です。

★5 ―― 正式名称は「母性健康管理指導事項連絡カード」。主治医が働く妊婦に必要だと判断した措置を使用者に連絡するためのもの。診断書と同様の意味があります。カードは母子手帳についているほか、厚生労働省のホームページからも入手できます。（http://www.mhlw.go.jp トップページの情報検索欄に名称を入力）

心配なこと

妊娠に気づかずレントゲンを撮ってしまいました

——社内の健康診断で胸部のレントゲンを撮りました。そのときは妊娠に気づいていなかったのですが、ちょうど排卵期あたりだったので、すでに妊娠していたかもしれません。おなかの赤ちゃんに悪い影響はないでしょうか

胸部のレントゲンを1枚撮ったくらいでは被曝《ひばく》量はごくわずか。まったく心配することはありません。以前は義務として妊婦さん全員が胸部レントゲン検査をしていた施設もあったくらいです。

がん検診などでバリウムを飲んで胃の透視をしたとしても、通常の検診では数枚撮る程度ですから問題にはならないでしょう。CTスキャンやMRIも、最近の機器はデジタル化されているので、問題になるような量を被曝することはまずありません。

妊娠に気づかず、精密検査などで長時間にわたり何枚も撮ったような場合は、どのくらいの線量で、どのように撮ったかを確認して医師に相談してください。

風疹《ふうしん》にかかったかもしれません

——近所で風疹にかかった子が何人かいます。もしかしたら病院の待合室などでうつされているかもしれないと思うと心配でたまりません

妊娠すると風疹抗体価を検査します。初期に風疹にかかると赤ちゃんに影響が出る場合があるからです。ほとんどの人は、過去に風疹にかかったことがあるか予防接種を受けているので、抗体をもっています。もし妊娠中に風疹にかかった人と接触して風疹ウイルスがはいっても、そのウイルスは抗体が抑えるし、おなかの赤ちゃんにも影響はありません。

検査で抗体価が一定以上に高く出て、感染が疑われたとしても、過去にかかったことがあってまた感染した場合には、赤ちゃんには影響がないとされています。また妊娠してから初めて感染した場合でも、精密検査である程度はかかった時期が推測できるなど、ウイルスが赤ちゃんへ影響するかどうかがわかるようになってきました。以前は抗体価が高いというだけでよけいな不安を抱えるケースがありましたが、評価方法が確立されてきたので、[★1]あいまいな不安はなくなりました。

もし抗体がない場合は感染する可能性もあるのですが、これまでかからなかった人が妊娠して突然かかる

★1—— 万が一、赤ちゃんに感染している可能性がある場合は、担当医師に十分な説明を受けましょう。ウイルス感染が、どの臓器の形成される時期だったかによって病気の表れ方も違い、心疾患、難聴、白内障などの症状が見られる可能性があります。なお、1979年4月2日～1987年10月1日に生まれた人は、風疹の予防接種未接種の可能性があります。できれば妊娠前に抗体検査を受け、風疹抗体をもっていない場合は予防接種を受けることをお勧めします。

という可能性は少ないでしょう。しかし、特に16週になるまでは気をつけるようにしてください。そして、出産後に予防接種を受けるようにしましょう。

そのほか、水ぼうそう、りんご病などの感染症も、妊娠する以前に感染したり予防接種で得られた抗体は一生有効です。おなかの赤ちゃんの状態も超音波で確認できるので、不必要に心配することはありません。

虫歯の治療をしたいのですが

――虫歯があることに気づきました。早いうちに治したいのですが、麻酔やレントゲンはだいじょうぶでしょうか。また治療中に気分が悪くなったりしないか、それも不安です

妊娠すると、ホルモンの影響で唾液《だえき》が変化することなどから、虫歯になる妊婦さんは少なくありません。歯の治療に使う麻酔は局所麻酔なので問題ないし、レントゲンも赤ちゃんに達することはありません。

赤ちゃんが生まれると歯の治療をするのは大変でしょうから、ぜひ妊娠中にすませてください。治療を始める時期は、いまの虫歯の症状にもよるので、かかりつけの産科医に相談し、歯科医にかかるときも必ず妊娠していることを伝えてください。一般的には、妊娠初期は使える薬もかぎられるし、妊婦さんの心身もまだ不安定なので、できれば5か月以降の安定期から8か月くらいがよいでしょう。

ペットを飼っていてもいいですか

――結婚する前から飼っているネコがいます。知人から、ペットから感染する病気もあるので気をつけるようにと言われて、不安になってしまいました。手放したほうがよいでしょうか

ペットに寄生するトキソプラズマという原虫が、赤ちゃんに影響するといわれたことがありましたが、実際にはそのようなケースはほとんどありません。感染しているかどうか心配であれば抗体を調べることもできますが、特に変わった症状がなければその必要はないでしょう。

もし最近になって飼い始めた人が、妊娠した前後に発熱したなど何か気になる症状が出たのなら、かかりつけの産科医に相談してみてください。

ひとり目が流産だと、ふたり目も流産しやすいのでしょうか

――最初の妊娠は12週で流産でした。先日妊娠したことがわかり、いま10週にはいったところです。今度の妊娠もまた流産するのではないかと思うと、毎日が不安でたまりません

流産の原因はなんだったのでしょうか。妊娠初期に、超音波で赤ちゃんの心拍が確認できない段階で流産したのであれば、今回の妊娠にはまず影響はありません。

そのような初期の流産は、ほとんどが染色体の異常など胎児側の原因によるもので、その確率は10％くらいの割合で起きてしまうものなのです。

赤ちゃんの心拍が確認できた場合の流産ですと、2回までは偶然の範囲ですが、3回以上になると習慣性流産といわれており、なんらかの原因があるとも考えられます。原因は、たとえば子宮の異常や、赤ちゃんを異物ととらえてしまう免疫疾患など、様々です。2回続けて初期流産を経験した場合は、医師に相談するとよいでしょう。免疫疾患が疑われる場合などは、次回の妊娠では症状を抑えながら妊娠を継続していく薬を処方されることがあります。

ひとり目は帝王切開。ふたり目もそうなりますか

——最初の出産は帝王切開でした。ふたり目はふつうに生みたいのですが、やはり帝王切開になってしまうのでしょうか

施設[★2]によって対応が違うので、今度の出産で経膣分《けいちつぶん》娩《べん》を希望するのであれば、まず、それが可能かどうか産院に確認してみましょう。

また、前回どんな理由で帝王切開になったのかにもよります。児頭骨盤不均衡といわれる、骨盤に赤ちゃんの大きさが合わないことが原因であった場合は、ふたり目の赤ちゃんはひとり目よりも大きくなりがちなので、今回も帝王切開の可能性が高いでしょう。それ以外の理由、たとえば逆子《さかご》だったり赤ちゃんの心音が下がった、などの場合は、いざというときに対応できるスタッフと設備のある規模の産院など、施設を選ぶことで、経膣分娩できる可能性は高いといえます。

パーマやヘアカラーをしてもいいですか

——妊娠中にパーマをかけたり、ヘアカラーをしても赤ちゃんに悪い影響はないでしょうか。また、するとしたら、いつごろがよいでしょうか

妊娠中だからあれもこれもしてはいけない、なんていうことはありません。おしゃれすることも、これまでどおり忘れないでください。

パーマやヘアカラーの薬液が皮膚から吸収される量は心配することはないくらいなのですが、美容師には妊娠していることを伝えたほうがよいでしょう。肌が敏感になっているので、念のために皮膚テストをしてもらうと安心できます。

座っていても長時間同じ姿勢でいるのはけっこう疲

★2—— 母体も胎児も妊娠経過が順調であれば、いつでも帝王切開が行える準備をとりながら、経膣自然分娩を試みる方法をとることができます。産婦人科医師、助産師などが24時間態勢で対応できることが必要なので、病院の規模やシステムにもよるでしょう。

れるものです。行くのなら体調のよいとき、行きつけの美容院で、すいている時間帯にするとよいでしょう。

高齢出産ですが、出生前診断は必要でしょうか

――39歳で初めての出産です。高齢出産はリスクが大きいと聞いています。なんらかの検査を受けたほうがよいのでしょうか

たとえば、ダウン症〈↓375ページ〉の発症率について調べたデータを見ると、高齢になるほど高くなっています。しかし、最近では超音波で細かいところまで赤ちゃんの姿形を見られるようになり、妊娠年齢と発症率の関係だけで心配することは意味がなくなりました。超音波で形態的な異常が指摘されなければ、40歳でもダウン症の発症率は約1200人にひとりです。

羊水検査などの出生前診断は、ある意味においては自分の子どもを選別する検査といえます。もし先天異常や染色体異常がわかったときにはどうするのかを夫婦で話し合い、考えたうえでの選択でないかぎり、決して軽い気持ちで受ける検査ではありません。

子どもへの気持ちは出会ってみなければわからないものです。人生の計画や幸せの価値基準が出産の前とあとでは大きく変わる人もいます。

高齢になると、卵子も高齢になり、受精卵も当然20代のころとは違ってきます。流産の確率が高まる傾向もあります。高齢出産ゆえのリスクはあるのですが、40歳過ぎて妊娠出産している人も多くいるわけですから、必要以上に心配するのは意味がありません。むしろ、若いころと比べて物質的にも精神的にも豊かになっているはず。そのことが、お産にも育児にも大きなメリットになるでしょう。

ふたり目を妊娠。上の子への授乳は続けられる？

――上の子は1歳になったばかりで、まだ授乳しています。妊娠したら授乳をやめたほうがよいのでしょうか。また、抱っこしていても、流産するのではないかと心配になります

授乳が原因で流産するという根拠はないので、医療関係者に断乳を勧められたとしても、無理にやめる必要はありません。ホルモンの影響でおっぱいの味も変わってくるし、出も少なくなってくるので、お子さんのほうも自然に卒乳できるでしょう。

抱っこする場合も、ソファに座って抱っこするなど下腹部に力がはいらないような工夫は必要ですが、抱っこが原因になるようなトラブルはありません。

上のお子さんの気持ちを考えると、授乳や抱っこを急にやめることのほうがむしろ問題です。いままでど

おりに接しながら、お母さんのおなかに赤ちゃんがいて、やがて生まれることを教えてください。おなかをさわらせてもいいですね。上のお子さんとの関係を大切にしながら、家族全員でおなかの赤ちゃんを迎える準備をしましょう。

自転車やバイクには、いつまで乗れますか

――駅まで遠いので自転車に乗れないと不便です。土日には夫と趣味のツーリングに出かけるのも楽しんでいます。妊娠がわかったとき、夫から自転車もバイクも乗らないように、と言われてしまいました。おなかの赤ちゃんにいけないのでしょうか

自転車もバイクも近距離で疲れない程度であれば問題はありません。アメリカでは妊婦用の自転車もあるくらいです。赤ちゃんは羊水で守られているので、ある程度の衝撃を受けてもだいじょうぶなものですが、転倒にはくれぐれも注意してください。

また、乗っているときに脳貧血などを起こすと大事故にもつながる危険があります。乗るなら十分体調に気をつけてください。やがておなかが大きくなってくるとバランスが取りにくくなります。そう感じるようになったら、やめたほうがよいでしょう。

赤ちゃんは無事に育っているでしょうか

――おなかの赤ちゃんが無事に育っているかどうか考え始めると、心配になって、夜もなかなか寝つけなくなってしまいます

妊娠した女性は、おなかの赤ちゃんを守るために、からだもこころも変化し始めます。無事かどうかと不安になるのも、ある意味で当然のことです。食べ物や環境に気をつけるなど、自分なりにできることはあるのですが、特に妊娠初期は運命にゆだねているところも大きいわけですから。

不安になるのはお母さんになり始めた大きな一歩です。「だいじょうぶかな、赤ちゃん」と、その思いを母子手帳やノートなどに記しておきませんか。子どもが大きくなり、子育てに悩んだときも、そのときの気持ちは、きっとあなたを励まし勇気づけてくれることでしょう。お子さんにとっても、お母さんのそんな思いは大切な宝物になるはずです。

いまは、赤ちゃんと自分のからだを信じて、ゆっくりした気持ちで毎日を過ごしてください。赤ちゃんがおなかの中で動くのが感じられるようになるのも、もうすぐです。

子宮外妊娠かもしれないと言われてしまいました

――妊娠検査薬で調べたところ、陽性反応が出ました。産婦人科では、もしかしたら子宮外妊娠の可能性もあると言われてしまいました

「子宮外妊娠の可能性」というのは、超音波で子宮の中に胎嚢《たいのう》（赤ちゃんの袋）がまだ見えない状態だからでしょう。妊娠6週くらいになれば、子宮外妊娠かそうでないかはだいたいわかります。その後に胎嚢が見えてくることが多いのですが、それまで様子をみよう、ということでしょう。

子宮外妊娠でもっとも多く見られるのは、受精卵が卵管の途中で着床してしまう卵管妊娠です。自覚症状がない人もいますが、妊娠5〜6週くらいから少量の出血が見られることも多いようです。

ほうっておくと卵管破裂を引き起こすこともあり、今後の妊娠にも差し支えます。出血や下腹部が痛むなどの症状があったときは早めに受診してください。

糖尿病の持病があります。出産にリスクがあるでしょうか

――遺伝性の糖尿病なので、妊娠するにあたってはいつも診てもらっている主治医に相談しました。妊娠できてうれしいものの、無事に赤ちゃんが育つか、出産のときどんなリスクがあるのかと、毎日心配でたまりません

糖尿病は妊娠によって悪化しやすく、以前は、糖尿病の女性が妊娠することは、あきらめなくてはならないほどでした。いまはよほど重症でないかぎり、食事療法とインスリン治療で血糖値をコントロールできるようになり、無事に出産している女性は多くいます。

主治医の先生から妊娠のOKが出たのですから、取り越し苦労をすることはありません。主治医と産科の医師からの指示を守って自己管理を行うことができれば、病気のない妊婦さんとなんら変わりなく元気な赤ちゃんを生むことができます。

糖尿病にかぎらず、心臓病や腎臓《じんぞう》病などの持病をもった人の妊娠出産は、昔に比べると安全にできるようになってきました。持病がある人が妊娠出産する場合は、持病を診ている主治医と産科の医師がうまく連絡を取り合い、持病の治療をしながら妊娠の経過を観察していくことになります。医師同士が連絡を取りやすいように、産科は主治医のいる病院を選ぶか、もし産科がない場合は、主治医に相談して紹介してもらうのがよいでしょう。

安心して過ごすために

第2週〜第12週

「つわり」は赤ちゃんからのサイン からだの要求に従って過ごしましょう

妊娠がわかるころには、ほとんどの人が「つわり」を経験します。

妊娠したというのは、自分の中で別の命を育てること。考えてみれば大変なことを始めようとしているわけですから、最初は慣れなくて体調が悪くなるのは当然のことかもしれません。いまは赤ちゃんにとって、これから生き抜いていくためにとても大切な時期です。

つわりがあるので、お母さんはからだを休めるし、食べやすい物しか受けつけないので結果的に節制することになります。さらにパートナーや家族は、苦しそうな様子をみて、何かと気遣ってもくれます。

腰に負担がかかるハイヒールや、滑りやすいスリッパは履かないようにしましょう。つわりがひどいときには、通勤途中で下車して休めるように通勤時間を多めにみると気持ちが楽になります。

12週になるころにはほとんどの人がつわりも治まってきます。それまでは、食べたい物を食べたいときに食べ、眠たいときに眠る、というようにからだの要求に応《こた》えて過ごしましょう。

まわりの人へ

妊娠は、からだとこころに様々な異変をもたらします。症状や程度に個人差があるので、出産経験があり「つわりなんか大したことなかった」という人には、そのつらさがわかりにくいかもしれません。まして男性であれば、想像するのは難しいものです。いつも二日酔いでむかむかして気分が悪い状態、といったら近いかもしれません。

いらいらしたり涙もろくなったりして情緒不安定にもなります。まわりの人は、からだもこころも不安定な状態であることをまず理解してあげてください。

働いている人は、仕事のこと、これからのことを考えていちばん悩む時期です。夫との気持ちのギャップがいちばん大きい時期でもあります。

じょうずに気分転換させてあげることも大切です。体調のよいときに、一緒に好きな映画を観たり、散歩をしながら話を聞いてあげるのもよいでしょう。

まだ初期流産の心配もあります。妊娠したことはごく内輪だけのことにしておいて、おめでたのニュースは12週以降にしてもよいかもしれません。

こんなときは必ず受診を

つわりの症状がひどくて、一日に何度も吐き、水分も受けつけないようなときはからだが衰弱してしまいます。

我慢しないで、かかりつけの産科医に相談しましょう。

からだ・こころと向き合う

自分らしい出産を考える

赤ちゃんを生む病院や産院を選ぶとき、「大きな病院だから」「近所の人がみんな行っているから」という理由だけで決めたり、里帰り出産をあたりまえのように予定してはいませんか。納得のいくよいお産は、前向きな育児のための第一歩。どこで生むか、どう生みたいのかを具体的に考え、自分で決めていくことが、とても大切なのです。

■20週ごろまでに病院を決めて

産婦人科の医院、総合病院、助産院と数あるなかからひとつに絞るためには、どういう出産をしたいか、自分のイメージをある程度つくっていく必要があります。まず「私はどういうお産をしたいのだろう」と、考えてみることから始めましょう。

「母乳で育てたいから、母子同室で」「助産師さんの介助で自然に生みたい」「上の子と一緒に入院できないかしら」などと、自分の志向を整理します。

大切なのは医師や助産師とお母さんとの人間関係です。産後の新生児健診や母乳の相談など、1年以上も足を運ぶ場所になるのです。「私と赤ちゃんを大切に診てくれる、雰囲気のよい病院」を探しましょう。初期の健診で何か所か回ってみるのもよいでしょう。ただし、継続的なつきあいをする点からも、20週くらいまでには1か所に決めることをお勧めします。

病院選びのひとつの目安に、立ち会い出産を認めているか否か、ということがあります。それぞれの施設の事情もありますが、話し合いによる対応の余地なしに、初めから立ち会い出産を認めない病院は、あまりお勧めできません。

■バースプランで意思の疎通を

バースプランとは、どういうお産をしたいかという計画案です。想像力を駆使して、陣痛と出産のときを思い描いてみましょう。少しでも心地よく過ごすために、ほんとうにそばにあるとよいもの、理想の環境

産院選びのポイント

施設によって出産に対する方針や母乳についての取り組み方なども違います。その特徴をよく知って、自分がどんなお産をしたいのか、どの産院なら実現できるのか検討しましょう。妊娠中から産後の母乳や育児相談まで、継続したサポート体制が整っている産院が安心です。

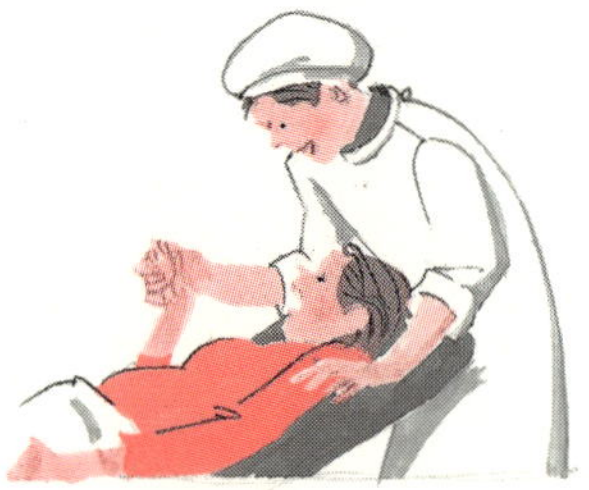

①立ち会い出産
夫が出産に付き添ってくれることで、リラックスできます。立ち会う場合、ともに両親学級へ参加します。

②分娩のスタイル
あおむけだけでなく、好きな姿勢で出産できるフリースタイル出産を取り入れている産院もあります。

などを具体的に考えてみてください。

　たとえば「北海道のトマトジュース」「子どものころから仲良しのテディベア」を陣痛室に持ちこみたい、というものでもよいのです。会陰《えいん》切開をできればしたくない、などの自然派宣言や、スマップの曲を聞いてがんばりたい、アロマオイルを焚《た》きたい、などというのもあるでしょう。

　妊婦さんにバースプランをたずねない施設でも、臆《おく》さずに自分の希望を病院側に伝えてみてください。

　そういう話し合いを通じて「自分に合った病院かどうか」もわかってきます。バースプランを介して、スタッフとコミュニケーションをとることが大切なのです。

■納得のいく出産体験を

　自分が納得のいくお産について細かいことまで病院に伝えていくことは、決してわがままではありません。お母さんが自分の意思を大切にし、育児にポジティブな気持ちではいっていくためのステップです。

　実際にお産が始まってみると、思い描いていたのとは違う進行になることも少なくありません。自然分娩《ぶんべん》のはずが帝王切開になったり、陣痛微弱で促進剤のお世話になったとしても、じっくりスタッフと話し合えて納得ができれば、それはその人にとって「よいお産」です。自分を否定することなく、育児という次のステージに前向きに移行できるからです。

■里帰りをするかどうか

　初めての出産だから、実家で産前産後を過ごしたいお母さんも多いでしょう。ゆったりと休息できる、育児のアドバイスをすぐに受けられるなど、里帰り出産にはメリットがあります。

　けれども、それまでかかっていた医療機関から健診のデータなど経過は引き継がれても、細かい心情的な経緯は伝わりません。転院先の医師には、自分自身でこれまでの経緯や心配なことを伝え、コミュニケーションをとる必要があります。

　里帰りせずに産後を乗り切るのは、目が回るほど大変でしょう。しかし、お父さんも家事育児に参加して、退院したその日から赤ちゃんの一挙手一投足を眺めて過ごすことは、父性をはぐくみます。協力して乗り切ることで、家族の絆《きずな》は深まっていきます。大切なのは、夫婦ふたりが協力して赤ちゃんを育てていくことです。

　里帰りして出産するかどうか、夫婦で話し合うことをお勧めします。

③出産後の赤ちゃんとの過ごし方
産後すぐにおなかにのせて自然に乳首を吸わせる早期母子接触〈→787ページ〉が注目されています。母子同室と別室の産院があります。

④母乳指導
母乳についての考え方や指導は、産院や助産師さんによって差があります。母乳指導がどのように行われるのか、聞いてみましょう。

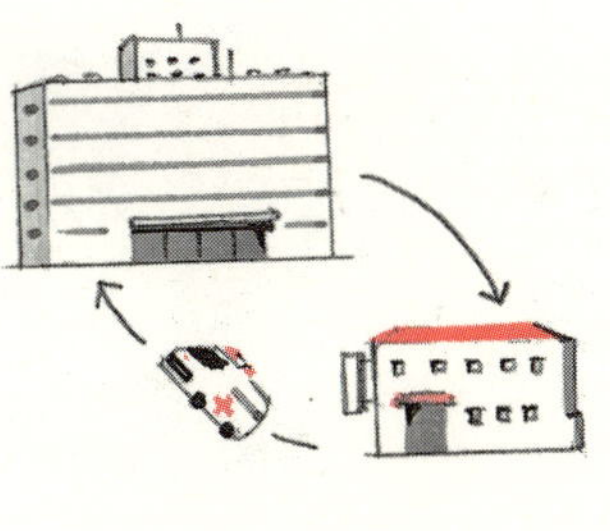

⑤いざというときの対応
設備の整った医療機関とのネットワーク体制があるかどうか、確認しておくと安心です。

★1 妊娠13週〜27週

赤ちゃん発育期

からだとこころの変化

流産の危険がぐっと少なくなり、こころもからだも妊娠という状態に慣れてくる時期です。まだそれほど赤ちゃんは大きくなっていませんし、出産もまだ先のことなので、いまのうちにできること、しておくとよいことを効率よくこなしていきましょう。

育児はもう始まっている

15週ころまでに胎盤も完成し、お母さんからもらう物を選別できるようになると、赤ちゃんもお母さんの食べる物について四の五の言わなくなります。こうしてつわりの症状が消えていくことが多いのです。初期のつらい時期を過ぎ、赤ちゃんの誕生を楽しみに待つ気持ちが生まれ、お母さんとしての自覚が自然に芽生えてくるのがこのころです。赤ちゃんも、こういう環境をつくろうとサインを送った甲斐《かい》がありました。

お母さん側には、タバコをやめる、ジャンクフードを好まなくなるといった変化が起きてきます。どんなに周囲に口うるさく言われても直らなかった習慣が、妊娠というビッグチャンスによって変えられることもあります。おなかの赤ちゃん第一の生活になるわけで、育児の第一歩はここから始まっているのです。

つわりや熱っぽいといった症状が治まってきて、胎動を感じ始めるまでにはまだ間がある13〜20週前後は、おなかが少し目立ってくる以外は表立った症状や変化はあまりありません。これはこれでお母さんには不安かもしれませんが、この時期の赤ちゃんは安定しており、変調をきたすことがほとんどないのです。

胎動の感じ方には個人差が

赤ちゃんが子宮の中で動く「胎動」は、早い人で17

週くらいから感じ始めます。けれども感じ方は人それぞれ〈↓69ページ〉で、腸の動きと間違うケースもあれば、お母さんが太っていたり、ものの感じ方が大ざっぱだったりで、それとわからないこともあります。

週数がたつのに胎動を感じられない、昨日は感じたのに今日は動かないというのが異変に直結するというわけではありません。赤ちゃん自身は8週ごろから動いており、動きにも個人差がありますので、あまり気にしすぎないようにしましょう。

おなかの大きさ、赤ちゃんの大きさ

ほとんどの人が胎動を感じる22～23週くらいまでは、どの赤ちゃんも大きさにそれほど違いはありません。そこから先が、動き方やからだの大きさ、ひいてはお母さんのおなかのふくらみ加減にも個人差が出てくるようになるのです。

お母さんはまわりと比べて自分のおなかが小さいと、赤ちゃんの発育が悪いのでは、と心配になるかもしれません。でも、赤ちゃんはお母さんの骨盤の大きさや、胎盤を通して受け取る栄養分の内容などから判断して、自分の大きさや胎動を決めているのです。「骨盤が小さい、骨格の華奢《きゃしゃ》なお母さんだから小さめでいこう」「胎盤から来る血液が少ないから運動をセーブしよう」というふうに。お母さんの状況を最大限に生かして健やかに育ち、元気に生まれ出てこようと考えているわけです。

いたずらに大きさにとらわれず、おなかにいて、お母さんのことをいちばんよくわかっているあなたの赤ちゃんを信頼しましょう。

おなかの張り、足のつり、かゆみ……

20週くらいから羊水も増え、おなかのふくらみが目立ってきて、お母さんは妊婦さんらしい体形になっていきます。それに伴い、おなかが張る、腰が痛い、足がむくんだりつったりという症状が出てきます。これらも、無理をしないでという赤ちゃんからお母さんへのお願いのサインなのです。そんなときは休めるときは休み、夫にマッサージしてもらって、妊婦さんの大変さを少しでも理解してもらいましょう。片方の足だけつる場合は子宮が偏っていることがあるので、寝る姿勢を変えると効果があるかもしれません。また体調がよいときは、適度な運動も有効です。

体質の急変に伴い、からだじゅうがかゆくなる人、便秘になる人もけっこうでてきます。症状がひどい場合は医師に相談し、必要ならば適切な薬を処方してもらうほか、妊婦さん同士おしゃべりをしたり、インターネットで悩み事を打ち明け合うのも、解決や気晴らしにつながります。

★1―― この本では、赤ちゃんの実際の成長に合わせて、妊娠13週～27週を"赤ちゃん発育期"と名付けました。産科医が安定期にはいる目安にするのが13週です。一般的には16週～27週を妊娠中期とよびます。

おなかの中の赤ちゃん

第13週〜第27週

内臓の基本形が完成します

13週になると各器官の形成期が終わり、内臓の基本的な形が完成します。その機能が徐々に発達すると同時に、へその緒《お》をとおして母体から栄養を取るようになった赤ちゃんは、ぐんぐん大きく育っていきます。

皮膚は厚みを増して内臓を保護するようになり、うぶ毛が生えてきます。脳の原形も完成し、本能的な欲求も感じるようになり、快不快もわかるようになります。

赤ちゃんを包んでいる卵膜も丈夫になり、羊水量も増えます。小さな赤ちゃんは羊水の中で、手をひらひらさせたり足をぶらぶらさせたりして自由に動き回っています。

16週くらいになると皮下脂肪がついてきて、皮膚も赤みを増してきます。髪の毛が生え、手や足の指に爪《つめ》ができてきます。内臓の働きもそれぞれに発達してきます。

赤ちゃんはこのころから口に触れた指をしゃぶっています。もうおっぱいを飲むときの練習をしているのかもしれません。

五感を感じる能力も発達しています

妊娠20週ごろには羊水量が増え、赤ちゃんはさらに活発になります。胎動もしっかり感じられるでしょう。まゆ毛やまつ毛が生え、まぶたも開くようになります。

腎《じん》機能が発達し、20週ごろから羊水の中におしっこをしますが、その羊水を飲んでも、腸でちゃんとろ過することができます。脳も発達し24週ごろには重さは約300g。生まれるころは約400gですが、すでに脳の命令でからだの動きをコントロールできるようになっています。

五感の発達も目覚ましいものです。聴覚はほぼ完成に近くなり、お母さんの血管を流れる血液の音や声、外の様々な音を聞いています。味覚や嗅覚《きゅうかく》も発達。羊水の味やにおいをどう感じるのでしょうか。なかでもいちばんゆっくり発達する視覚も、このころには光の明暗を感じるようになります。

上下のまぶたははっきり分かれ、鼻の穴も開通し、顔立ちがしっかりしてきます。手足も長くスマートになってきました。

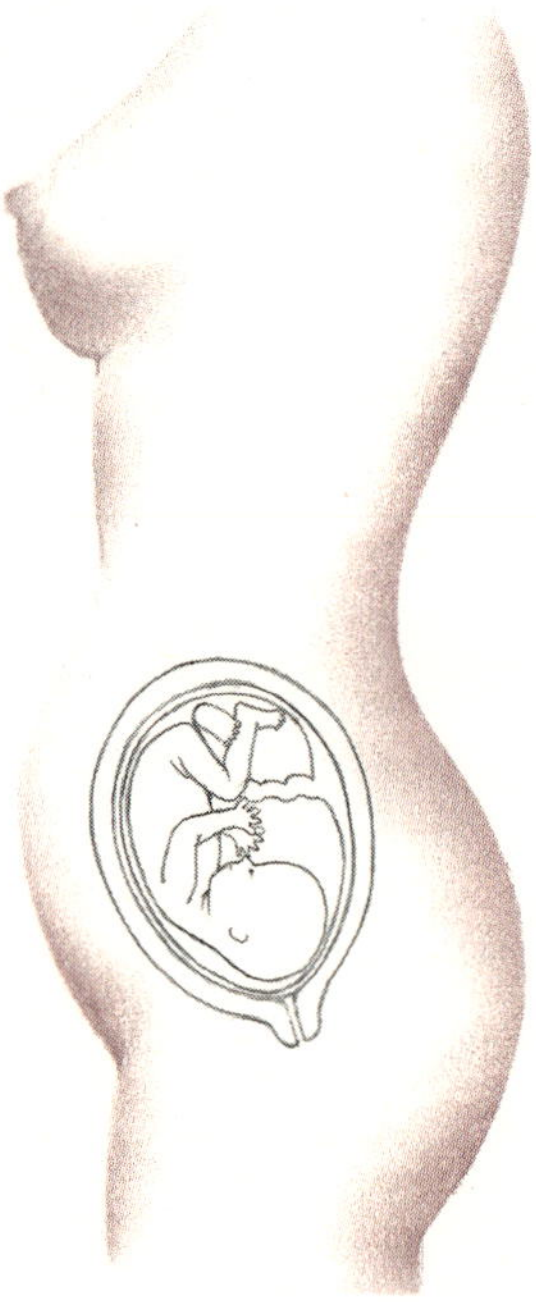

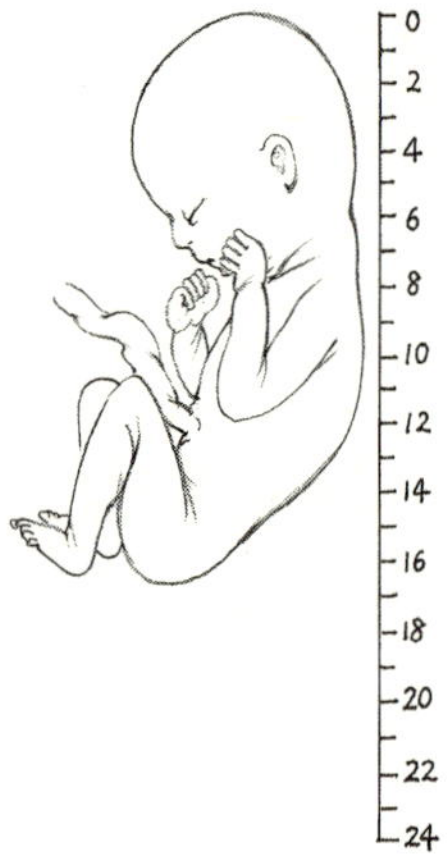

23週の胎児

- 身長約30㎝
- 大横径5.6㎝ぐらい
- 体重約550g
- やせていてしわが多い

（注：大横径とは頭蓋《ずがい》の左右の最大直径のこと）

このころの生活

マタニティ・ウエアや妊娠中の下着はいつから必要ですか

そろそろおなかも大きくなり始め、いままでの服ではウエストや胸回りも合わなくなってきたころでしょう。マタニティ・ウエアもおしゃれなデザインがたくさん出回っていますが、からだを締めつけない物であれば、マタニティ専用の物にこだわることはありません。夫の服を借りたり、産後も着られそうなゆったりめの一般の服から選んでもよいでしょう。

買う場合は、これからおなかがどんどん大きくなってくるので、おなかの部分が調節できるものを。リサイクル[★1]などを利用するのも賢い方法です。

ブラジャーやガードル、ショーツなどの下着は、できればマタニティ専用の物を用意しましょう。サイズの問題だけでなく、変化していくからだの負担を軽くしたり、冷えから守ってくれる働きがあるからです。ブラジャーは4か月ごろから、ガードルは5か月ごろから使い始める人が多いようです。あわてて何枚も買うことはありませんが、サイズは調整可能なものが多いので、売り場で相談するとむだなく選べます。

かつて、妊娠5か月目の戌《いぬ》[★2]の日に、安産を願ってさらしの腹帯《ふくたい》を巻いて祝う習わしがありました。いまではマタニティ・ガードルを使う妊婦さんが多いようですが、伸縮素材の腹巻タイプの腹帯も市販されています。好みでどれを使ってもよいでしょう。

また、昔ながらの腹帯も、通気性、吸湿性に優れ、おなかに合わせて巻いていくので気持ちのよいものです。産院に持参すれば、巻き方を教えてもらえます。

17週になってもまだ胎動を感じません

赤ちゃんは妊娠8週くらいから動いています。健診のとき、超音波で確かめているはずです。その動きがお母さんに感じられるようになる時期には個人差があります。16週で感じたという人もいますが、もしかしたら腸の動きをそう思ったのかもしれませんし、特に最初の妊娠では、これが胎動とはわかりにくいものです。超音波検査がなかったころは、22週になっても胎動を感じなかったときには病院へ、といわれましたが、いまは胎動の有無を赤ちゃんのトラブルという意味でとらえることはありません。

20週くらいになり、赤ちゃんがもっと大きくなって、足でけるなどの目立った動きをするようになると、「あ、キックされた」と、お母さんもはっきりとわか

★1―― 先輩ママなどから借りるなら生まれ月の近い人を探しましょう。季節が違うと、借りても着られなかったということになりかねません。

★2―― 戌の日とは十二支の11番目にあたり、12日に1度めぐってくる日。イヌは多産でお産が軽いことにちなんだものです。

るようになります。

まだ胎動を感じなくても、超音波の画像を見ると赤ちゃんが元気に動いていることがわかるでしょうから、心配ならば健診のときに相談してみましょう。

食欲を抑えることができません

赤ちゃんのぶんも食べなくては、というのは栄養状態がよくなかったころの妊婦さんの話。つわりも治まり、食欲が出てくるころですが、1日に必要なエネルギー[★3]量は妊娠前と比べてあまり違いません。初期ならプラス50キロカロリー、中期でプラス250キロカロリー程度（ご飯1杯半ぐらい）ですから、量はあまり増やさなくてもよいのです。

朝、昼、夜の食事をきちんと取り、毎食、ゆっくり時間をかけて食べるようにしましょう。時間をかけると少量でも満腹感が得られます。栄養のバランスを考え、良質のたんぱく質と野菜たっぷりのメニューを。油っこい物や甘い物は控えめにしましょう。

妊娠中の肥満はトラブルの原因にもなります。じっと家にいる生活だと、つい口さみしくなり間食も増えがちです。体調と相談しながら、趣味や散歩などじょうずに気分転換しながら過ごしましょう。

ひどい便秘に悩んでいます

妊娠すると黄体ホルモンが多く分泌されるようになりますが、このホルモンは腸の運動を抑える働きをもっています。また大きくなった子宮が大腸を圧迫することから、ふだんは便秘でない人も、妊娠中は便秘に悩まされることが多くなります。

対策としては、まず食物繊維がたっぷり含まれている食品を毎食取ること。ひじきやわかめなどの海藻、きのこ、豆類、さつまいも、プルーンなどを積極的に食べましょう。

朝起きたとき、冷たい水や牛乳を飲むと、胃腸が刺激されて便意が起こることもあります。

食事や生活の工夫をしても解消しない場合は、かかりつけの産科医に相談して便秘薬を処方してもらいましょう。ふだん使っている便秘薬があり、それがからだに合っているようであれば、薬を持参して相談してください。

漢方薬も使えますが、妊娠中の便秘だから漢方薬を、と考える必要はありません。

安定期のうちに旅行に行きたいのですが

おなかの赤ちゃんやお母さんのからだも安定している妊娠中期は、体調がよければ、夫婦で軽い旅行にでかけるのもよいでしょう。ゆったりしたスケジュールで、できれば2〜3日の滞在型が理想的です。

ドライブなら、急カーブの多い所は避け、1〜2時

★3── 1日に必要なのは18〜29歳の女性、身体活動レベルII（普通）で1950kcal、30〜49歳の女性で2000kcal（厚生労働省、2015年版の日本人の食事摂取基準より）

間ごとにトイレタイムと休憩をとるようにします。渋滞に巻きこまれないよう、交通情報を集めて出発時間の調整をするとよいでしょう。

温泉には、よく「妊婦ははいってはいけません」と表示してありますが、泉質が赤ちゃんやお母さんのからだに影響することはまずありません。しかし、熱いお湯でのぼせて脳貧血を起こしたり、洗い場で滑ったりしないようによく注意してください。ぬるめのお湯でリラックスできるようなら、温泉にはいるのもよいでしょう。

赤ちゃんが生まれるとしばらくは旅行どころではなくなります。いまのうちに、夫婦でゆっくりコミュニケーションの時間をもつのはよいことです。旅行の前には、念のために医師に相談しておくとよいでしょう。

おなかがひどくかゆくてたまりません

妊娠中は、ホルモンの影響で皮膚が変化してきます。また子宮が胆嚢《たんのう》を圧迫し、胆汁酸の分泌を悪くすることや、肝臓に負担がかかったりすることも関係しています。かゆみは3〜4人にひとりの妊婦さんが悩まされます。

おなかは下着のゴムがあたり汗もたまりやすい部分なので、その刺激もかゆみの原因になります。シャワーをまめに浴び、下着も刺激の少ないものに。かゆみが強い場合は、かきこわさないうちにかかりつけの産科医に相談して、かゆみ止めの塗り薬を処方してもらうとよいでしょう。

定期健診

受診して妊娠していることがわかったら、出産するまで定期的に通院して検査や保健指導を受けることになりますが、これを定期健診（定期健康診査）といいます。回数は病院によって多少の違いはありますが、一般的には、初期流産が起こりやすい妊娠10週までは2週間に1回、その後27週までは4週間に1回、28〜36週は2週間に1回、37週以降は1週間に1回となります。

健診の内容は、体重測定、尿検査、内診、血圧測定、胎児心音の検査、腹囲・子宮底の測定、むくみの検査、超音波検査など。さらに初期には、血液型や貧血の検査、梅毒血清反応検査、風疹《ふうしん》抗体検査、また必要に応じて各種の検査を行います。

健診を定期的に受けることで、万一のトラブルの兆候があったときも早めに対処することができます。おっくうがらずに受診するようにしましょう。

なお、妊娠前期に1回、後期に1回の健診が公費で受けられる市区町村が多いようです。受診票は母子手帳と一緒に交付されます。

かゆみだけでなく、かぶれや湿疹《しっしん》など肌のトラブルも起きやすくなっています。使っていた化粧品が合わなくなることもあるので、できるだけ低刺激のものを使うようにしてください。乳首などの色が濃くなり、かたくなるのも妊娠中の皮膚変化の特徴です。黒くなるのは赤ちゃんが見やすいように、かたくなるのは吸われても痛くないように、というからだの準備なのです。

妊娠中毒症にならないようにするにはどうしたらいいですか

妊娠すると、お母さんのからだは、赤ちゃんが育つ環境づくりのために、様々な対応を始めます。たとえば、赤ちゃんに血液を送るために全身の血管抵抗を下げ、血液を流れやすくします。すなわち妊娠初期には血圧は低下傾向を示します。ところがなんらかの理由で血管の内皮細胞が損傷すると、血管内の水分やたんぱく成分が血管の外へ漏出するようになり、むくみが生じたり、尿たんぱくが出たり、血圧も上昇してきます。いわゆる妊娠中毒症といわれる症状です。

中毒症になる直接的な原因はわかりませんが、そこにはある程度、体質的なものが影響するのではないかと考えられています。極端に太っている人、急激に体重が増えた人、高血圧の家系の人、双子などの多胎妊娠の人は、母体への負担もそれだけかかりやすいわけですから、特に気をつける必要があります。

以前は、妊娠中毒症には塩分と水分を制限するように指導されていたのですが、現在では、このような方法は効果がないことがわかってきました。といっても、ふだんでも塩分の取りすぎはよくないわけですから、1日10g程度までに抑えるようにしましょう。ただし、妊娠中毒症が発症した場合でも、以前は極端な塩分制限をしていましたが、7～8g程度の塩分は必要です。

また、水分を制限すると、逆にトラブルを起こすこともわかってきました。たとえむくみがあっても、喉《のど》の渇きに応じて水分は摂取するようにしましょう。

予防のためには、疲れたら休むこと、体重を必要以上に増やさないこと、薄味でバランスのよい食事など、母体への負担をできるだけ軽くするような生活をこころがけてください。

赤ちゃんが動く日と動かない日があります

おなかの赤ちゃんは、いつも同じように動いているわけではなく、かなり個人差もあります。

環境によっても動き方は違ってきます。酸素や栄養が十分なときは、それだけエネルギーを消費するように動くし、お母さんのからだの調子によって、ふだんより血流がよくないときは、エネルギーを温存するためにあまり動かなくなります。赤ちゃんの生きる知恵です。さらに26週くらいから羊水が急に増え始めるのでで、赤ちゃんが動くわりにお母さんが感じにくくなることもあります。

一般的に、これまでの経過が順調であるのなら、動きが少なくても、それで何かトラブルになることはまずありません。

何か運動を始めたいのですが

妊娠中だからとじっとしていることはありません。体調が安定してきたら、適度にからだを動かすことを心がけましょう。気分転換やストレス解消にもなるし、体重管理〈↓次ページ〉にも効果的です。また、体力や筋肉もついてお産をスムーズに進めるのにも役立ちます。

女性の背筋力が低下し続け、自分と子どもの体重を支えるためのぎりぎりの力しかなくなってきている、という報告もあります。産後の腰痛の重症化も、背筋力の低下と関係しています。

マタニティ・スポーツの代表的なものとしてマタニティ・スイミングやマタニティビクスがありますが、始めるにあたっては、必ずかかりつけの産科医に相談しましょう〈↓79ページ〉。

マタニティ・スポーツの教室に通うとほかの妊婦さんと知り合いになることができ、そのまま子育て友達になれるメリットもあります。もちろん特別に教室通いをしなくても、毎日30分～1時間くらいの散歩を日課にしても、よい運動になります。

母親学級や両親学級ではどんなことをするのですか

母親学級は、各市区町村の保健所や母子健康センター、病院や産院で行われています。細かいプログラムは母親学級ごとに違いますが、おもな内容は、お産のビデオや映画を観たり、妊婦体操や呼吸法の実技、栄養指導、さらに新生児実物大の人形を使っての沐浴《もくよく》実習などです。初めての出産や育児に必要なことばかりなので、ぜひとも受けるようにしたいものです。

病院や産院主催のものは、自分が診《み》てもらっている産科医から話を聞くことができるし、スタッフに親しむという利点があります。また、自治体で行われるものは、地域の友達を見つけるチャンスにもなるでしょう。同じ立場の妊婦さんが集まる場なので、ほかの妊婦さんの様子がわかったり、情報交換★4したりなど大いに活用しましょう。

最近は、父親も一緒に参加して、妊娠や出産、育児について学ぶ「両親学級」を開催する自治体も増え、お父さんのための沐浴講座やおなかに重りを入れたジャケットを着る妊婦体験などを行っているところもあります。

★4―― 母親学級などで友達をつくるきっかけづくりに、手作り名刺を用意して、さりげなく渡してみるという手も。

男の人も育児休業がとれるのでしょうか

育児休業とは、働いている女性とその夫は赤ちゃんが1歳（必要と認められる場合は1歳6か月）になるまでの間に休業できる制度です。父母ともに取得する場合は、それぞれが1年を超えない範囲内で、1歳2か月まで延長できます。専業主婦の夫も、赤ちゃんが1歳になるまで必要に応じて休業できます〈↓87・728ページ〉。

休業中の経済的な補償は勤め先の規定によりますが、賃金が支払われない・減額されたという場合には、雇用保険から給付金が支給されます。いくらでも人手が欲しい産後、赤ちゃんが自宅に戻るころや、お母さんと交代で育休をとるお父さんもいます。赤ちゃんと過ごす育休は、お父さんに一生に一度あるかないかの貴重な時間。期限があるので早めに申請してください。

双子だとわかりました。何に注意すればよいですか

双子を妊娠する確率は1000人につき9人といわれています。妊娠や出産、育児は大変でしょうが、うれしさは2倍あるいはそれ以上になることでしょう。

双子の場合、どうしてもおなかが大きくなるので母体への負担がかかります。それがそのまま妊娠中毒症や早産を招く原因になるというわけではありませんが、その可能性は単胎（ひとり）の妊娠より高いということは知っておいてください。予防するには、とにかく疲れたら無理しないで横になって休むこと。睡眠もたっぷり取りましょう。

食事は、おなかにふたりいるからといって、3人分も食べる必要はありません。ふつうの妊娠と同じように、カロリーオーバーに気をつけ、栄養バランスの取れた食生活をこころがけましょう。

双子は出産の時期が早まる傾向があり、そのピークは36～38週です。

体重が増えすぎないように気をつけたいのですが

妊娠中の体重増加は、妊娠中毒症や糖尿病になりやすいうえに、お産が長引いたり、産後の回復にも影響が出てくることがあります。

体重増加の目安は、妊娠前の体重が標準体重の人は8～12kg以内、太めの人は7～8kg以内、やせ気味の人は12～13kg以内、といったところです。

体重管理のポイントは、食生活と適度な運動です。

仕事を続けるつもりです。こころがけておくことはなんですか

つわりも治まり、初期流産の心配もなくなりました。

お父さんへ

通勤はだいじょうぶでしょうか。ラッシュ時は避けたいものです。少し早めに家を出る、ひと駅戻れば座れるなら戻るなど、できる工夫をいろいろ考えてみましょう。フレックスタイム制や時差出勤制度があれば、うまく活用してみてください〈↓56ページ〉。

妊娠すると集中力が落ちて作業能率が低下します。そんな自分に気分がいらいらすることがあるかもしれませんが、これは妊娠中の女性ならよくあること。夫との協力態勢をいまからつくっておきましょう。

あらしの前のふたりの時間

安定期は夫婦でゆっくり過ごすのによい時期です。食事やコンサート、ショッピング、映画、散歩などできるだけ一緒に行動して、水入らずの貴重な時間を楽しみましょう。妊娠中はどうしても家の中に閉じこもりがちなので、小旅行も格好の気分転換になります。

最近は、安定期にはいったのに「箱入りママ」にしてしまう夫も少なくないとか。妻が買い物や友達に会いに出かけようとすると「絶対だめ！　妊婦なんだから」と壊れもの扱いしてしまうのだとか。気持ちはわからないでもありません。転んで流産でもしたらと悪いほうに考えてしまうのでしょう。でも、妊娠中毒症を予防したりお産に必要な体力をつけるために、むしろ適度な運動と気分転換が必要だということを理解してください。

大切なのは妻のからだや気持ちに関心をもつこと。安定期でも妻は不安や緊張から解放されるわけではありません。夫の意識が赤ちゃんだけに向いていると妻は寂しいもの。仕事に出かけるときに「行ってくる。大事にしろよ」と軽く肩を抱く。これで気持ちは伝わります。それさえ抵抗のある人もいるでしょうが、せめてふだんの３割増しくらいは優しくしても罰《ばち》はあたりません。

もうすぐあわただしい日々が始まります。夫婦でのんびりするなんて、しばらくは無理。妊娠中に訪れる凪《なぎ》のような時間を共有し、生まれてくる子どものこと、今後の生活のあれこれを話してください。子どもが生まれてくるまで、あと半年——。

この時期のセックス

初期を過ぎると精神的にも安定して徐々に性欲が出てくる女性も少なくないとか。夫も妊娠前のようなセックスを望むかもしれませんが、妻の体調を考慮し、お互いの気持ちを尊重し合うことが大切です。あまり激しいセックスはやはり控えたい。そろそろおなかが出てくるので、おなかに負担のかからない方法を見つけることも必要です。セックスの途中でおなかが張ってきたら、すぐに中止します。それで張りが治まれば心配いりません。なお、この時期以降、乳首への刺激は子宮収縮を起こしやすいのでソフトに。

心配なこと

足がつります

——夜寝ているときや、何かの拍子に足を伸ばしたときなど、足の裏やふくらはぎがつることがあります。痛くてたまらないのですが、妊娠中によくあることでしょうか

体重が増えてきて、足の筋肉にも負担がかかっていること、また、大きくなったおなかに圧迫されて下半身の血流が悪くなることなどが原因で起きるものです。別名こむら返りともいい、妊娠中期くらいからよく見られる症状です。

予防法としては、いつも決まったほうだけつる場合は、いつもと反対側を下にして寝てみると起こりにくいかもしれません。血液の循環を促すために、お風呂でよく温まったり、足の疲れをとるマッサージをするのも効果的です。また、カルシウム不足も原因のひとつといわれているので、小魚類や牛乳などを積極的に取るようにしてください。

足がつったときは、足の指を甲のほうへ反らせ、軽く足全体のマッサージをして筋肉のストレッチをするとよくなります。妊娠そのものには影響はありませんから、心配はいりません。

動悸《どうき》や息切れがします

——ちょっとした坂道でも、呼吸が苦しくなることがあります。妊娠したらだれもがそうなるのでしょうか

息苦しさや動悸を感じる妊婦さんは多くいます。それは、子宮が大きくなるにつれ横隔膜《おうかくまく》を押し上げるので、肺が圧迫されることから、呼吸が苦しく感じられるのです。また、赤ちゃんが大きくなるにつれて血液量も増え、心臓の負担は大きくなります。立ち止まってしばらく休めば治まるのなら別に心配することはありません。

もし、しょっちゅうめまいがしたり、胸の痛みや脈が速くなるなどの症状がある場合は医師に相談してください。

立ちくらみします

——立ち上がったときなど、急に目の前が真っ白になってくらくらします。何かにつかまってしばらくじっとしていると治りますが、こういう状態は出産まで続くのでしょうか

妊娠中は自律神経★1が不安定になりやすく、また、子宮が大きくなるにつれ血液は子宮に集中するので、脳に行く血液が少なくなります。そのうえ、特に急に立ち上がったときは、脳の血流量が一時的に少なくなり、立ちくらみを起こすことがあります。

立つときは何かにつかまってゆっくり立つようにしてみるとずいぶん違います。睡眠不足、過労も避けて、あまり空腹になりすぎないように。それでもたびたび起きるようであれば、かかりつけの産科医に相談してみてください。

立ちくらみを脳貧血とよぶことから貧血と間違えがちですが、ほとんどの場合、直接の関係はありません。もし貧血になっていても、治療によってよくなるので心配することはありません。

ひどい腰痛です

——以前から腰痛もちだったうえ、妊娠したらますますひどくなり、立っているのもつらいときがあります。このままでは臨月になるころには起き上がれなくなってしまいそうです

そもそも腰痛になる原因は人間が二本足で歩くようになったからです。まして、大きなおなかを抱えて、からだのバランスが取りにくい妊婦さんは、腰痛が起こるのは当然だといえます。

さらに、分娩《ぶんべん》のときに赤ちゃんが通りやすいように、ホルモンの働きによって骨盤の関節も緩み始めています。妊娠中の腰痛は、赤ちゃんを生む準備のための副産物のようなものといえるでしょう。

痛みをやわらげるには、まず腹帯やマタニティ・ガードルで腰を支えること。靴はヒールのない安定感のよいものを。いすに座るときは背中を伸ばして深く腰かけ、ひざが直角になるようにします。ベッドならマットレスはかためのために、布団ならふかふかでないものを。台所での立ち仕事のときは、片足を低めの台にのせるなど、日常生活の工夫をしてみましょう。

「痛い、痛い」とじっとしていたらひどくなるばかりです。健診のときに妊婦体操や腰痛体操を教えてもらい、実行してみてください。完全に治るとはいえませんが、毎日続けることでかなりやわらげることはできます。

おりものが増えました

——おりものが多く、1日に2〜3回下着を替えないと気持ち悪いくらいです。ほかの妊婦さんもこんなに増えるのでしょうか

妊娠すると、ホルモンの影響で子宮頸管《けいかん》の分泌物が増加するために、だれでもおりものが増えるようになります。生理前にあるような白か薄いクリーム色のお

★1—— ホルモンをコントロールするのは脳の視床下部と下垂体。ここは自律神経をつかさどるところでもあるので、ホルモンバランスの変化に応じて指令を出すときに、自律神経にも影響を及ぼすのではないかと考えられます。

りものであれば、特に心配することはありません。

量が多くて不快になるようであれば、おりものシートや生理用のナプキンをあててみたらどうでしょう。タンポンは膣《ちつ》内によけいな細菌をもちこむ恐れがあるので使いません。

もし外陰部にかゆみがあり、おりものが黄色かったり白い粉チーズのような物が混じっているときは、カンジダ膣炎などの可能性もあります。その場合は治療が必要なので医師に相談してください。

おなかが小さいのでは

——妊娠24週ですが、まだそうおなかも大きくないし、人から妊娠しているようには見えないと言われます。おなかの赤ちゃんが育っていないのではないかと心配です

胎児は妊娠20週くらいまではほとんど個体差はありませんが、それ以降になると、遺伝的な要因やお母さんの子宮や骨盤の状態によって、大きさが違ってきます。遺伝的な要因といっても、胎児の発育に関しては父親の要因はあまり関係ありません。

パートナーが大柄な男性であっても、お母さんが小柄であれば、おなかの赤ちゃんも小さめになります。そうでないと、生まれるとき大変なことになってしまいます。それを赤ちゃんは知っているかのように、じつにうまく育ってくれます。

たとえば双子の場合、それぞれのスペースは制限されるので、小さめに育ちますが、これは妊娠を継続させるためには不可欠なことです。

おなかの赤ちゃんは、このように胎内環境に合わせて自分の大きさを調整する能力をもっています。経過が順調であれば、赤ちゃんが小さめであっても、特に心配することはないでしょう。

しみやそばかすが気になります

——妊娠してからそばかすが目立つようになりました。ふだん、どんなことに気をつけたらよいでしょうか。また、出産したら元に戻るのでしょうか

妊娠すると、ホルモンの影響でメラニン色素が増えて沈着しやすくなります。メラニン色素には皮膚を守る働きがあり、たとえば乳輪が黒ずんだりするのも授乳のための準備をしているからです。

色素沈着は紫外線にあたると、より濃くなります。外出や洗濯物を干すときなどは、日焼け止めクリームとファンデーションでガードをするとよいでしょう。外出のときは日傘や帽子も用意して紫外線対策をしましょう。

お産がすめば、色素は次第に目立たなくなります。

安心して過ごすために

第13週〜第27週

マタニティ・スポーツや旅行は無理のないように楽しみましょう

18週くらいになると胎動が感じられるようになります。お母さんもおなかの赤ちゃんの存在を実感でき、ますます愛《いと》しくなっていくことでしょう。

母親学級や両親学級はこの時期のうちに参加したいものです。お産や育児の知識を得るだけでなく、仲間づくりのチャンスにもなるので積極的に活用しましょう。

からだを動かすことが好きな人は、マタニティ・スイミングやマタニティビクスなどのスポーツを始めてみてもよいでしょう。体重管理やストレス解消になります。またお産に必要な体力をつけたり、肩こり、腰痛などのトラブルの解消にも役立つでしょう。とはいっても、疲れるほどやるのは禁物です。始める前にはかかりつけの産科医に必ず相談してください。

控えていた旅行もいまのうちならだいじょうぶ。出産するとしばらくは旅行などできなくなります。夫ともこれからのことをゆっくり話し合うことができます。無理のないスケジュールでふたりだけの時間を楽しみましょう。

妊娠線が心配な場合は、おなかが大きくなり始める5か月くらいからお風呂あがりに乳液などでおなかをマッサージすることで、ある程度予防できます。

まわりの人へ

ほとんどの妊婦さんは、この時期になるとつわりもなくなり、胎動が感じられるようになるころには、こころもからだも安定してきます。しかし、元気そうにみえても、ふだんよりも疲れやすいのは確かです。妊娠に伴う不快な症状もあります。

つらい症状を訴える声には、だまって耳を傾け、「大変ね、よくがんばっているね」のひと言を。

同じ週数でも妊婦さんによっておなかの大きさに差がでてきます。お母さんのからだに個人差があるのですから、赤ちゃんの大きさが違うのは当然のこと。「たくさん食べないから赤ちゃんが大きくならないんじゃないの」といった不用意なことばをかけないようにしましょう。

長時間立っていたり歩いたりするのはからだに負担になります。一緒に出かけるときは、妊婦さんの体調に合わせたゆっくりペースをこころがけてください。

こんなときは必ず病院へ

おなかが張ったり痛んだりしたら安静にして様子をみます。しばらくしても治まらないときは、かかりつけの産院に連絡してみましょう。

からだ・こころと向き合う

思いがけない早産

妊娠22週以降37週未満で赤ちゃんが生まれてしまうことを早産といいます。もし赤ちゃんが生まれたとしても、現在の医療技術によって育つ可能性がある、ぎりぎりのラインが22週です。34週を過ぎ、赤ちゃんの体重が1500gを超えていればトラブルの心配はほとんどありません。

なぜ早産になるのか。原因は様々ですが、早産という現象は、お母さんのからだが、「これ以上おなかの中に赤ちゃんがいると、大変なことになるから、もう外の世界へ出したほうがよい」と判断したもの、と考えることができます。

早産は決して望ましいことではありません。でも、万が一早産になったとしても、現代の医療技術は小さな赤ちゃんも育てることができるようになりました。

■早産になりやすい要因

次のような病気や症状のある人は、早産になりやすいので気をつけましょう。

子宮頸管《けいかん》無力症　赤ちゃんが大きくなってくると、その重みを支えきれずに子宮口が緩み、早産になることがあります。あらかじめわかっていれば、子宮頸管縫縮術という、頸管を縛る手術をします。

妊娠中毒症　妊娠中毒症になると赤ちゃんへの栄養や酸素が不足してくるので、赤ちゃんにとっては死活問題です。限界になると、赤ちゃんは外に出ないと生きていけなくなるため早産になるでしょう。妊娠7か月までに発症した場合は、症状が重くなることが多いので要注意です。尿たんぱく、血圧に気をつけましょう。

子宮の形態異常や筋腫《きんしゅ》がある　前もってわかっていると、外科的な治療をして妊娠に臨むこともありますが、気づかないまま妊娠することも多いでしょう。超音波で確認しながら妊娠経過を診ていきます。

多胎妊娠　単胎より平均2～3週早く生まれます。無理はしないようにしましょう。

そのほか、長時間の立ち仕事や肉体的に激しい仕事、強度のストレスなどが早産につながることもあるので、仕事量を減らすなどして予防しましょう。

疲れたときには、横向きに寝て、上になった足のひざを軽く曲げて倒すシムスの体位が楽です。

■**感染に気をつけて**

最近の研究によると、かつては原因不明とされていた早産のほとんどが子宮内感染によるものだとわかってきました。

先に挙げた早産になりやすい要因が特にない人にとって、早産を防ぐ確実な方法はこの感染から赤ちゃんを守ることです。

そのためには、まずは、適当な休息をとる、ストレスをためない、といったことに気をつけて。そして羊水への感染を減らすため、外陰部を清潔に保ったり、セックスのときはコンドームを使うと安心です。

■**早産の兆候**

早産のサインは、おなかの張りや痛み、出血、破水、おりものが急に増えることなどです。早産になるのかどうか自分で判断するのは難しいので、いつもと違う感じがしたら受診しましょう。

赤ちゃんが生き抜くためのベストの方法

産科医　竹内正人

赤ちゃんが予定よりもかなり早く生まれてしまったご両親は、さぞかしご心配なことでしょう。思いがけず早産になってしまったお母さんのなかには「あのとき、ああすれば防げたのでは」「私だけが臨月までおなかで育てられなかった」と、自分を責める方もいます。これは間違いです。

早産にはおもに、子宮頸管無力症で子宮口が開いてしまうものと、まだ生み月ではないのに陣痛がくる場合のふたとおりがあります。後者のケースについては、わかりやすい前兆などにも乏しく、ほとんど予測できません。お母さんの日常生活や行動と、早産との因果関係ははっきりしていません。つまりお母さんに原因があるわけではないのです。お母さんはまず、自身を責めることをやめ、いわれのない劣等感は払いのけてください。

ほかの赤ちゃんと比べると少し早めですが、あなたの赤ちゃんは「もう生まれたい」と判断して出てきたのです。

■**赤ちゃん自身の決断**

子宮の居心地をいちばんよくわかっているのは、そこで暮らしている赤ちゃんです。子宮内の感染など、なんらかの原因で住み心地が悪くなり、ここに居続けてはよくないと決めた赤ちゃんが、お母さんにサインを出します。これが破水や陣痛なのです。

このとき、お母さんのからだは破水と痛みや心配からストレスにさらされ、大量のアドレナリンが分泌されます。それが胎盤を経て赤ちゃんにも行きわたると、赤ちゃんの急激な成熟が促され、通常は34週くらいで完成する肺機能が、30週前の赤ちゃんにも備わって、生まれたときに産声を上げる子もいるほどです。自分が早々と外の世界へ出ることを察知して、奇跡のような急成長をやってのける。人間のからだは、ほんとうにすごいものです。

思いがけず早産にはなってしまったけれども、それは赤ちゃんが生き抜くために、ベストの方法を選んだ結果です。そして、お母さんも、小さな赤ちゃんも、そのときに向けてできるかぎりのことを、精一杯成し遂げました。お母さんお父さん、そしてまわりの人たちには、何よりもこのことを知ってほしいと思います。

赤ちゃん成熟期[1]

妊娠28週～36週

からだとこころの変化

どこから見ても妊婦さんらしい体形になってきました。お母さんのからだは大小のトラブルに向き合いながら、出産に向けた準備を本格的に始める時期です。赤ちゃんは生まれてもなんとかだいじょうぶなくらいに育っています。

赤ちゃんはリハーサル中

おなかの中で、赤ちゃんは目、鼻、耳などの器官を完成させていきます。30週くらいで初めて目を開け、31週ごろには羊水を肺の中にためこんでふくらませ、呼吸をする練習を開始します。超音波で泣く様子や指しゃぶりがわかることもあります。

おなかが大きくなるにつれて、腰が痛くなりやすく、胃や膀胱《ぼうこう》が圧迫されて食事やトイレは小刻みになってきます。また、子宮が収縮して日に何回もおなかの張りを感じます。これらはすべて、出産に向けて赤ちゃんが行っているリハーサルです。子宮収縮を繰り返しながら、いずれはゆっくり下がっていっておなかの外に出てくるわけです。また、出産をにらんで骨盤や背骨の関節が次第に緩むように指令を出すので、腰やその周辺が痛むことがあるのです。もちろん、「少しお休みしようよ」という赤ちゃんのメッセージでもありますから、しばしば横になってリラックスしましょう。そんな姿勢をとると、子宮にスムーズに血液が流れこみ、赤ちゃんにとっても楽なのです。

赤ちゃんが頭を上にしている「逆子《さかご》」は、28週前後で3人にひとりの割合といわれます。まだ羊水の中で好きに動ける赤ちゃんにとって、たまたま逆子が楽な姿勢だったのでしょう。出産までにほとんどの赤ちゃんは自然に頭が下になります。逆子体操が赤ちゃんの位置を動かすことはほとんどありません。逆子＝帝王切開とあわてないで、赤ちゃんの出方を待ちましょう。

早産、妊娠中毒症

お母さんのなかには、おなかの張りが頻繁に続くと早産に移行してしまわないかと心配でたまらなくなる人もいるでしょう。確かにお母さんの体質によっては子宮頸管《けいかん》が緩みやすく、切迫早産につながる恐れのある人はいます。痛みと出血がある、横になっても強い収縮や痛みが引かない場合など、同じおなかの張りでも「いつもと違う」と感じた場合は、念のため受診してください。

初めての妊娠では特に、おなかの張りと初期の陣痛との違いがわからず、戸惑うかもしれません。張りは赤ちゃんがお産の予行演習をしているのに対して、陣痛は赤ちゃんが生まれるのにベストな時期を選んでお母さんのからだに出すゴーサイン。張りならば薬や点滴で止められても、陣痛は止めることはできません。

早産には、お母さんの体質的なもののほか、妊娠中毒症〈↓72ページ〉や糖尿病などで子宮の環境が悪くなり、赤ちゃんが「もうこれまで」と判断して出てくるものがあります。このほか最近の研究では、子宮の感染により、からだが起こす様々な対抗措置が出産を誘発するという説が有力になってきました。

おなかの中で人間を育てることで、過度の負担がかかり、母体が悲鳴を上げている状態が妊娠中毒症です。ひと昔前は胎盤の毒で中毒になると脅されたものですが、胎盤から毒が出ることなどありません。おもに「高血圧・尿たんぱく・むくみ」の症状をさします。症状ですから早期に発見して軽度のうちから対応する必要があり、そのために妊婦健診で毎回、尿や足のむくみを調べ、血圧を測定するのです。軽度ならば安静にするのがベスト。「からだによいものを食べて、静かにしていてね」という赤ちゃんからのメッセージでもあるのです。

夫婦で楽しく誕生に備えて

いつ出産になり、赤ちゃんが出て来てもいいように、入院の支度や赤ちゃん用品をひととおりそろえておきましょう。おなかの赤ちゃんも家族の一員だと実感できて、出産に向けたこころの準備にもなります。

実用的な準備のほかに、夫とのスキンシップを通じて、夫にも「お父さん」に近づいてもらいましょう。一緒にお風呂にはいったり、食後にくつろいでいるときなどに、後ろからおなかをマッサージしてもらったり、なでながら語りかけをしてもらいます。胎動を手のひらにじかに感じることは、おなかに赤ちゃんのいないお父さんにとって大事なこと。ふたりが満ち足りた気持ちでいられるプレ・ファミリーの時間を大切にしてください。

★1 ── この本では、赤ちゃんの実際の成長に合わせて、妊娠28週〜36週を“赤ちゃん成熟期”と名付けました。一般的な妊娠後期です。34週を過ぎれば、赤ちゃんは成熟に達しているといえます。

おなかの中の赤ちゃん

第28週〜第36週

子宮がきゅうくつになってきます

28週になると体重も1000gを超え、皮下脂肪がついて丸みをおび、赤ちゃんらしい体つきになります。内臓の形や機能もほぼ大人に近い状態に。胎盤から酸素をもらっているので肺はまだ機能していませんが、誕生に備えて羊水を飲んで肺をふくらませる「呼吸様運動」をしています。

31週になると体重は1500g。筋肉や神経の働きも活発になり、皮膚のしわもなくなってきます。聴覚はさらに発達し、音の区別がつくようになります。大声やきつい調子の声を聞くと胎動が乱れるので不快なのではと考えられます。脳も発達し、快不快だけでなく、お母さんの喜びや感動、不安や悲しみをくみ取った反応をします。

28週ごろまでの赤ちゃんは、羊水の中で自由に動き回っていたので、頭が上になる逆子の姿勢になることもありました。しかし30週を過ぎると、ほとんどが頭が下になる頭位の姿勢に落ち着いてきます。

赤ちゃんは大きくなり、羊水も徐々に少なくなるので、子宮の中はかなりきゅうくつに。足やひざで子宮壁をけったり、手やひじをくっと出して、時にはお母さんを驚かせるでしょう。

外に出る準備をし始めています

32週ごろから、起きているときと眠っているときの区別もついてきます。お母さんが眠っていても、赤ちゃんが起きているときがあります。からだにはさらに皮下脂肪がつき、顔もふっくらしてきます。羊水の刺激から守る働きをしていた全身のうぶ毛が消えていき、手足の爪《つめ》や髪の毛が伸びていきます。男の子は睾丸《こうがん》がおなかから下り、内性器、外性器ともに完成します。

37週未満のお産は早産ですが、34週ごろになると、内臓などの機能も、誕生後の赤ちゃんとほとんど変わらないぐらいまでに育っています。脳の細胞の数も大人と同じになり、脳のしわも増えました。

赤ちゃんはいつ外に出ようか、そのタイミングを見計らっています。

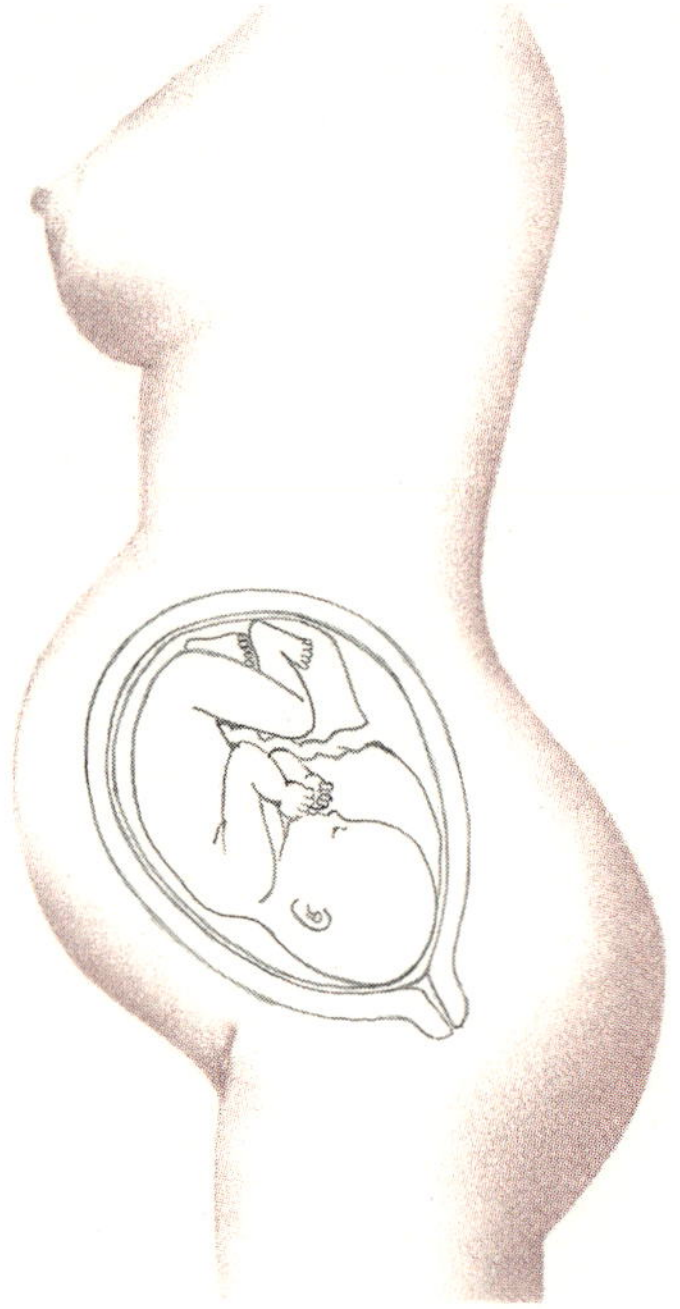

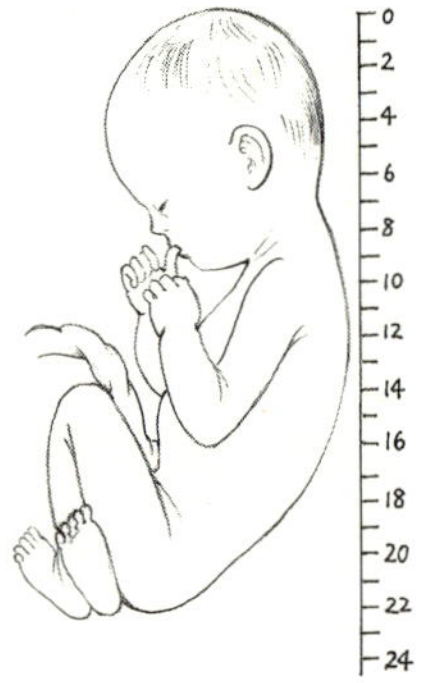

31週の赤ちゃん

- 身長約40㎝
- 体重約1500g
- 大横径8.0㎝ぐらい
- 骨格はほとんど完成。筋肉や神経の働きが活発になる

（注：大横径とは頭蓋《ずがい》の左右の最大直径のこと）

このころの生活

汗をかくようになりました。吹き出物もひどくて困っています

妊娠が進むにつれ、基礎代謝も上がっています。そのため汗もかきやすくなり、ふつうのときより2〜3割は汗かきになっています。冬はほかの人が寒がっていても暖かく感じるくらいでしょうし、夏であれば、暑さがちょっと大変かもしれませんが、冷房をじょうずに使うとよいでしょう。

汗をかいたら、こまめに着替える、シャワーを浴びる、ぬれおしぼりでふくなど、そのつどできる方法でさっぱりしましょう。

汗をかくとほこりなどで汚れがちになります。それが吹き出物の原因になっているのでしょう。予防法はこまめに洗顔することにつきます。洗顔のあとは化粧水で保湿し、肌荒れに気をつけてください。

一日中疲れた感じがします。夜も眠れません

体重もずいぶん重くなったことでしょう。考えてみると、それを支えているのですから、毎日、けっこう重労働をしていることになります。

また、大きくなったからだのせいで、寝苦しくなってくるし、出産のこと、生まれてくる赤ちゃんのこと、これからの生活のこと、いろいろ考えて頭の中がいっぱいになって寝つけないこともあるかもしれません。

赤ちゃんが生まれるとしばらくは昼も夜もない生活で夜中も授乳することになります。夜中に何度か目覚めることもあるのは、からだがその準備を始めているからです。

出産後は赤ちゃんのリズムに合わせて生活すると、あまり疲れずにすみます。赤ちゃんはいまからお母さんに自分のリズムを伝えているのです。

疲れた、と感じるのは、からだとおなかの赤ちゃんが、休んでほしいと訴えているのでしょう。ゆっくり休んで、それでも疲労感がとれないときは、健診のときなどに医師に相談してみてください。

ときどきおなかが張ります。陣痛につながることがありますか

おなかが張るというのは子宮の筋肉が収縮することで、おなかをさわるとかたくなっていることがわかります。

28週を過ぎると、1時間に4〜5回くらいおなかが張るのはよくあることで、生理的なものです。そうい

う張りであれば、静かに休んでいれば消えます。

陣痛も最初は単なるおなかの張りと区別しにくいものですが、おなかがしっかりかたくなり、規則的になって、10分間隔になってきたらほんとうの陣痛です。それ以前の不規則な痛みは「前駆陣痛」といって、これはお産の予行演習のようなものです。

おなかが張って、もし安静にしていても治まらず、さらに激しくなるようなときは何か異常のサインのこともあるので、産院に連絡して指示を仰いでください。

早産しないためにはどんなことに気をつけたらいいですか

22週から37週未満で赤ちゃんが生まれてしまうことを早産〈↓80ページ〉といいます。22週というのは、現在の医療技術によって外界で成長していけるとされるぎりぎりの週数です。34週を過ぎ、赤ちゃんの体重が1500gくらいになっていれば、生まれても大きなトラブルの心配はまずありません。

早産になりやすい原因として、子宮口が自然に開いてしまう子宮頸管《けいかん》無力症もありますが、早産の既往があることなどがあらかじめわかっていれば頸管を縛る手術★1をして予防することができます。

また、双子や三つ子などの多胎、妊娠中毒症や糖尿病などで、子宮内の環境が悪化した場合に早産になることがあります。これは、赤ちゃん側が生存のためには子宮にとどまるよりは早く出たほうがよいと判断している、と考えることができます。

できればもういつ生まれても安心というところまで、おなかの中で育ててあげたいものです。持病があったり双子など早産になる要因がある人は過労を避け、ふだんの体調管理に十分気をつけましょう。

さらに最近の研究では、これまで原因不明とされていた早産でも、そのほとんどが膣《ちつ》内からの感染によるものだとわかってきました。体調に気を配ったり、おりものの状態に気をつけ、セックスのときはコンドームを使うなどして、感染予防をこころがけてください。

転んでおなかをぶつけました。赤ちゃんはだいじょうぶでしょうか

大きくなったおなかのためバランスが取りにくくなるし、自然と反り気味の姿勢になるので足元が見えにくくなります。何かにこころを奪われて歩いていたりすると、ちょっとした段差に足をとられることもあるでしょう。

転んでも、おなかの赤ちゃんに影響することはほとんどありません。羊水に浮いている赤ちゃんは、頑丈な膜、さらに弾力性に富んだ筋肉でできた子宮、その上の脂肪層と筋力のある腹部でがっちりと守られています。救急車で運ばれるくらいの重傷でないかぎり、赤ちゃんはだいじょうぶなようにガードされているの

★1——子宮頸管を縛る手術を子宮頸管縫縮術といいます。術後は簡単な家事程度はできますが、早産にならないよう過労には気をつけましょう。

です。

出血したり破水したりしないかぎりまず心配はありませんが、気になるのであれば念のために受診して、赤ちゃんの安全を確認すれば安心できるでしょう。

逆《さか》子《ご》は直りますか

妊娠中期ごろの健診のときに「逆子ですね」と言われる妊婦さんは約3分の1くらいいます。そのころはまだ羊水の中で自由自在に動いているので、頭も上になったり下になったりしていて、健診のときたまたま逆子になっていることもあります。

やがて赤ちゃんのからだも大きくなるとそれまでのように大きな動きはできなくなり、頭を下にした姿勢に落ち着いてくるものです。

「逆子体操」をして直そうとする試みも、体操をしてもしなくても直る[★2]率は変わらないこともわかり、最近では必ずしも行われなくなってきました。また、おなかの外から赤ちゃんを回転させる「外回転術」という方法もありますが、行う産院もかぎられています。

いまは赤ちゃんが自由に動きながら、自分で落ち着くのを待つのがいちばんです。そのためには赤ちゃんが動きやすいように、腹帯やガードルをはずして、リラックスして楽な姿勢でいるようにしてみましょう。

お産が始まるころには、逆子は全体の3〜5％くらいになります。つまり、ほとんどの人は自然に直っているということです。

産前産後休暇と育児休業

女性労働者は、労働基準法によって、産前6週間、産後8週間の休暇をとることができます。多胎妊娠では産前14週間の休暇が認められています。事業所によっては、産前と産後の休暇を通算で取得できたり、産前産後8週ずつ、あるいは10週ずつなど独自の規定をつくったり、さらに長い休暇を認めているところもあります。

なお、第2子以降の出産のときに問題になるのが上の子の世話です。実家や身内に頼れない場合は公的なサポートを利用することもできるので、早めに自治体の保育担当窓口か福祉事務所に相談してみましょう。

産休のあとは、育児・介護休業法により、赤ちゃんが1歳になるまで（1歳を超えても休業が必要と認められる場合は1歳6か月になるまで）育児休業をとることができます。利用するのは父親でも母親でもかまいませんし、前半・後半と交替でとることも可能です。父母がともに育児休業をとる場合は、1歳2か月になるまで取得可能ですが、親ひとりあたりの取得上限は1年です。特例として、妻の出産後8週間以内に育児休業をとった父親は、再度の取得が認められています〈→74・728ページ〉。

また、子どもが3歳になるまでは短時間勤務制度やフレックスタイム制の措置がとれますし、小学校入学前であれば時間外労働の制限などの規定もあるので、必要に応じて申請することができます。

★2 ―― 逆子が直らないのは骨盤の形の関係、子宮筋腫（きんしゅ）や子宮の形態異常、胎盤の位置が低いなどの場合が考えられますが、赤ちゃんにとっては居心地がよいからわざわざその位置を選択しているのです。

赤ちゃんを迎える準備について教えてください

■赤ちゃんを守るベビースペース

まだ動き回ることができない赤ちゃんのよりどころとなる場所は、まずお母さんやお父さんの腕の中、そして布団の上でしょう。赤ちゃんが安心して過ごせるベビースペースを考えてください。ベッドや布団は目が届く所に置き、泣いたとき、異変があったときはすぐに対応できるようにしましょう。ただし、本棚や食器棚のそば、照明器具の真下など、落下物の危険がある場所は避けます。また、窓ぎわに近いと、夏の照り返しで暑くなったり、冬のすきま風で冷えたりします。ベビースペースは、エアコン、扇風機、暖房器具などの冷風や温風、熱風が直接あたらない所に確保します。直接あたると、肌が乾燥したりやけどをしたりして危険です。地域によっては、暖房機器がなくてもベビー用湯たんぽで十分かもしれません。逆に寒い土地では、大人が電気シーツを使うこともあるでしょうが、赤ちゃんには脱水症や皮膚の乾燥を招く恐れがあるので使わないほうがよいでしょう。

赤ちゃんを寝かせる場所は、ベビーベッドでも布団でもかまいません。ベッドはスペースを確保できるうえ、立ったままおむつ替えができるという利点があります。まくらは必要ありません。顎《あご》が下がって気管を圧迫したり、頭を自由に動かせなくなるからです。汗や溢乳《いつにゅう》〈「気がかりなこと」→155ページ〉が気になるときは、頭の下にタオルを敷けば十分です。

毛布
繊維のほこりや肌への刺激があるウール毛布にはカバーをします。綿毛布はウールより薄手ですが、気軽に洗濯ができます。

ベビーベッド
組み立て直すと小学生くらいまで使えるタイプもありますが、レンタルが経済的です。

敷き布団、マットレス
保温性、吸湿性が高い綿製品を選びましょう。万が一うつぶせになったときのことを考えると、かためのほうが窒息事故の防止になります〈「乳幼児突然死症候群」→296ページ〉。赤ちゃんは汗かきなので、布団類はこまめに干す必要があります。マットレスは持ち運びしやすいものがよいでしょう。

シーツ
汚れやすいので、2枚あると助かります。

防水シート、防水パッド
おしっこや汗、溢乳で敷き布団を汚さないようにするために。シーツの下に敷きます。

かけ布団、肌がけ布団
布団の下で動きやすく、赤ちゃんの力でもはぐことができる軽いものを。合成繊維製品が、軽くて保温性も高いようです。

タオルケット
暑い季節や、もう1枚薄いものが欲しいときに活躍します。アフガン(おくるみ)で代用できます。

■赤ちゃんのための衣類

新生児に着せる衣類の基本的コーディネートは「肌着＋ベビードレス」です。新生児期は体温調節機能が未熟なので、肌着やウエアで体温を調節する必要があり、大人より1枚多く着せるのが基本。また新陳代謝もさかんで、肌が乾燥しやすいので、素肌が露出しないよう足元も隠れるようなベビードレスを着せましょう。靴下は室内では不要です。寒い季節は肌着を重ね着します。たまに背中に手を入れてみて、汗をかいているようなら、1枚減らすなど調整しましょう。真夏は暑いので、肌着1枚でもだいじょうぶ。色つきや柄物の肌着を選べば、ホームウエアとして活用できます。

3か月ころになったら、体温調節もだいぶじょうずになるので、大人と同じ枚数に。短肌着＋カバーオールなどで、赤ちゃんの活発な動きを妨げないようにしましょう。6か月を過ぎたら、大人より1枚少ない薄着をこころがけましょう。

いずれにせよ、赤ちゃんが大きめか小さめかによって、そろえるべき衣類のサイズは変わってきます。先のサイズのものを購入することは控え、いまは産後すぐに必要な、ごく基本的なものを用意しておけばよいでしょう。

肌着

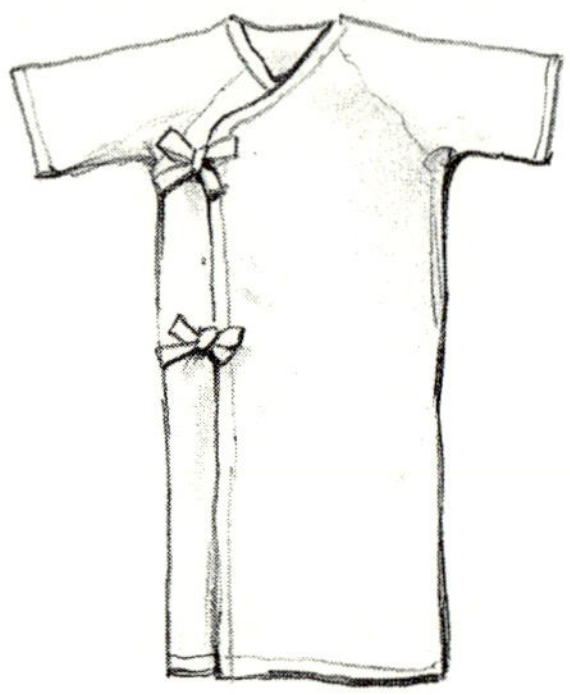

長肌着
丈が長い肌着です。寒い季節、短肌着の代わりにしたり、上に着せたりします。

短肌着
肌にじかに触れるので、綿100%のものを。前あわせのひもで、身ごろのゆとりを調節できます。

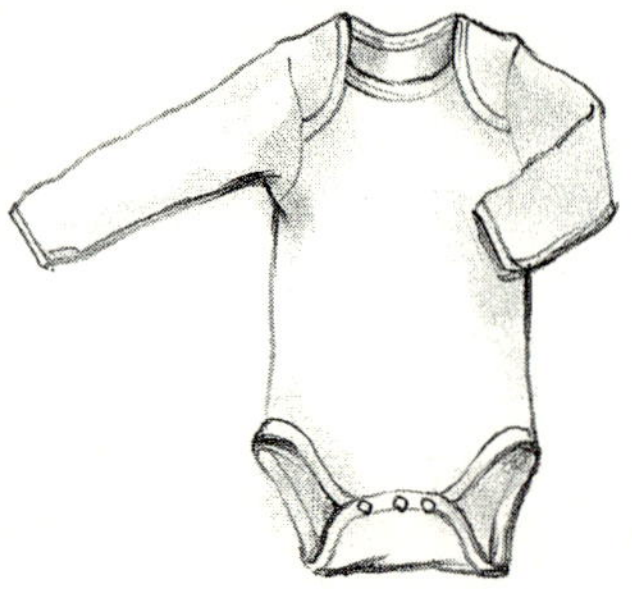

ボディスーツ
股部分にスナップがついて、めくり上がらずおなかが冷えないのが特徴。かぶりやあわせ、前開きタイプなどがあります。

コンビ肌着
短肌着より少しすそが長めで、股（また）部分にスナップがついたもの。足をばたつかせても、すそがめくり上がらないのが特徴。

ベビーウエア

プレオール
足が分かれていて、ツーウェイオールより丈が短め。夏生まれの赤ちゃん向きです。

ツーウェイオール
すそのスナップを留めるかはずすかで、ベビードレスとカバーオールのふたとおりに使えます。

ベビードレス
肌着だけでは寒そうなときに。すそが開いているので、おむつ交換が手早くすみます。

ベビー小物

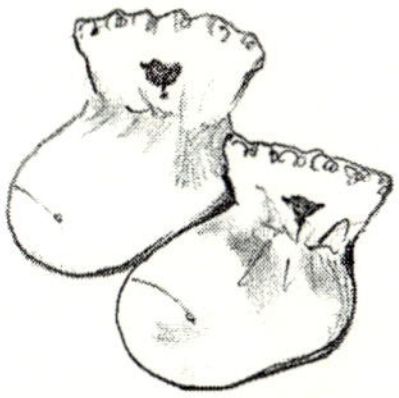

靴下
お出かけのときなどに履きます。足首のゴムが強すぎないものを選んで。

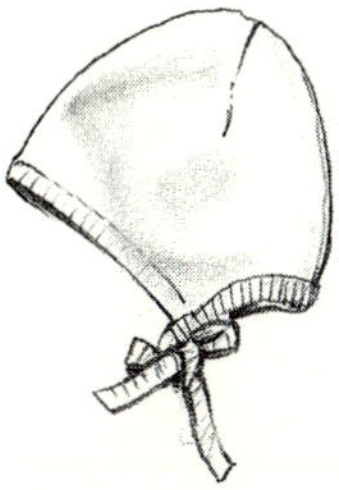

帽子
新生児期の帽子は、日よけというより、髪の毛の薄い赤ちゃんの頭を寒さや衝撃から守るためのものです。

ベスト
ウールで前開きのデザインを。ちょっと肌寒いときに、1枚あると役立ちます。

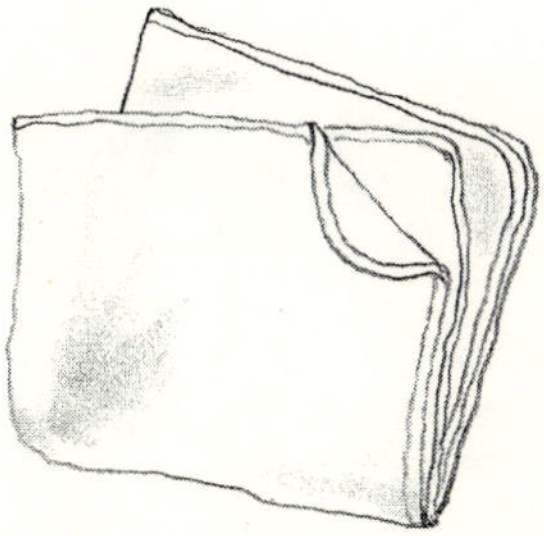

アフガン（おくるみ）
お出かけのときに全身をくるんだり、室内でも肌布団代わりにかけてあげられます。

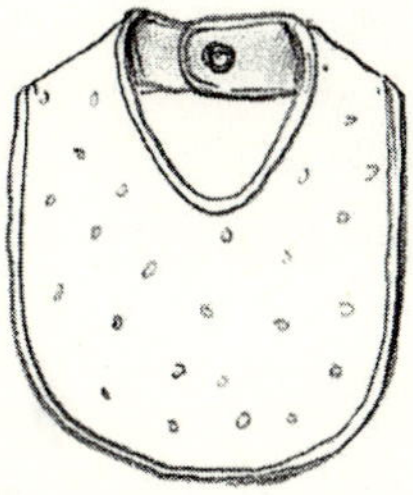

スタイ（よだれかけ）
新生児期はよだれは少ないですが、授乳時などにあると便利です。

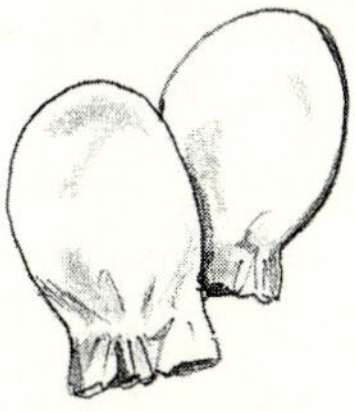

ミトン
お出かけのときの防寒や、顔などをかきむしらないためにつける場合も。

出産準備用品チェックリスト

ここに挙げた以外にも、たとえば車があればチャイルドシート（ベビーシート）は必需品です。赤ちゃん用体重計もあれば便利かもしれません。デリケートなお肌の赤ちゃんのために、ベビーローションなど、スキンケア用品も用意しておきたいですね。必要なものは生活スタイルや母乳の出具合、赤ちゃんの体質などによっても違います。赤ちゃんと暮らしてみて、買い足したりレンタルすればだいじょうぶ。まずはシンプルにスタートすることにしましょう。

授乳用品

□**哺乳《ほにゅう》びん**　中・小を各1本。母乳育児の人は水分補給や果汁用に小を。ミルク派の人は、飲む量が増えたら、大きなサイズもそろえて。
□**乳首**　Sサイズ。必要に応じて買い足します。
□**粉ミルク**　小1個。病院でサンプルをもらえることも。
□**びん洗いブラシ**　ガラスの哺乳びんにはナイロンブラシ、プラスチックならスポンジブラシを。
□**消毒用品**　消毒液につけおくタイプや、レンジでスチーム消毒するものなどがあります。
□**哺乳びんラック**　洗った哺乳びんをかけておけるもの。消毒容器がそのままラックになるものも。
□**調乳ポット**　調乳するのにちょうどよい温度を保つポット。お湯のはいった哺乳びんごと温めるタイプも。
□**ミルカー**　粉ミルクを調乳1回分ずつ計量して小分けができるケース。外出時にあると便利です。

インテリア

□**ベビーだんす**　どんどん増えるベビー服。専用たんすがあると、収納も取り出しも便利です。
□**ベビーラック**　リビングで赤ちゃんを寝かせたり、リクライニングを起こして、食事用いすに使えるものも。
□**整理かご**　こまごまとしたベビーグッズを収納。

お出かけ

□**抱っこひも**　退院時や1か月健診時にも活躍。
□**マザーズバッグ**　おむつや哺乳びんなど、ベビー小物を小分け収納できる機能を追求したバッグ。
□**おくるみ**　フードつきで、赤ちゃんをすっぽりくるめるものが便利。外出時の防寒用に。
□**哺乳びん保温ケース**　ミルク用のお湯を哺乳びんに入れて、そのまま保温して携帯できるケース。
□**ベビーカー**　最初はリクライニングが倒れてねんねで使えるもの(A型)を。小さいころは抱っこで過ごし、バギータイプ(B型)を購入しても。

ベビースペース

□**ベビーベッド**　あとのことも考えてレンタルにしても。

□**マットレス**　かたさや弾力性を確かめて。ベッドとの間にすき間ができない大きさのもの。

□**敷き布団**　（ベッドのときは不要）吸湿性のある、かための木綿わた。

□**かけ布団、肌がけ布団**　軽くて保温性のある合繊綿のもの。

□**シーツ**　マットレスや敷き布団を包みこめる大きさ。木綿製で洗濯に耐えるもの。

□**タオルケット**　バスタオルでも代用できます。

□**毛布**　ベビー用よりジュニア用のものにしておくと長く使えます。使うときは木綿のカバーをつけて。

□**ベッドガード**　ベッドの中で動いても、柵《さく》に頭をぶつけることを防ぎます。冷暖房の直風予防にも。

□**ベビーモニター**　泣き声をモニターできるので、ベッドや布団から離れても安心して家事ができます。

□**おもちゃ**　成長に応じて、赤ちゃんの興味や好みは変わります。発達段階に合わせて買い足して。

衣類

□**短肌着**　50cmサイズのものを3枚、60cmを1枚。綿100％の通気性のよいものを。ミルクや母乳をもどしたり、うんちで汚れたりしやすいので多めに。

□**コンビ肌着**　50〜70cmサイズを2枚。

□**長肌着**　秋から冬生まれなら2枚。コンビ肌着だけにするなら不要。

□**ボディスーツ**　かぶりタイプの肌着。海外製のものが多く、細身でからだにフィットするデザイン。股《また》ボタン付きでめくれ上がらず、おなかが出ません。

□**ベビードレス**　3〜4枚。シンプルなデザインで着脱しやすい。ツーウェイオールだけにするなら不要。

□**ツーウェイオール**　3〜4枚。ベビードレスにもカバーオール（股下《またした》スナップでズボン型になる）にもなるので便利。

□**プレオール、ベスト、帽子**　これらは季節に応じて。

おむつ

□**おむつ**　布おむつなら最低20組、紙おむつは新生児用を2〜3パック。布おむつの人も1パックは用意して。

□**おむつカバー**　布おむつだけの人は新生児用4〜5枚。成長に合わせて買い替えます。

□**おむつ用バケツ**　消臭剤つきや、うんちとおしっこ用に分けられる2層式タイプなどがあります。

□**紙おむつ用ごみ箱**　においを封じこめる密閉タイプが人気。容量をチェックして。

□**おむつライナー**　布おむつの上に敷くシートで、ゆるゆるうんちのあと始末が楽になります。

□**おむつ替えシート**　ふとんやカーペットを汚さないためにおしりの下に敷きます。外出時も便利。

沐浴《もくよく》・衛生用品

□**ベビーバス**　使用期間が短いので、レンタルを利用するのも賢い方法。バスルームの床に置くタイプのほかに、キッチンのシンクにはめこめるタイプなどがあります。

□**洗面器**　顔や頭を洗うときや、あがり湯用に。

□**バスチェア**　内湯にはいるころになると欲しい1品。お母さんがからだを洗う間に座らせておきます。

□**石けん**　低刺激性のベビー用ソープを。

□**沐浴剤**　お湯に溶かして、そのままからだが洗えるもの。すすぐ必要もなく、石けんは滑って不安だというときに。

□**沐浴布**　赤ちゃんのからだがくるめる大きさ。

□**ガーゼハンカチ**　顔やからだを洗う以外に授乳のときやよだれふきなど用途が多いので10枚以上。

□**湯温計**　慣れないうちはあると安心。

□**バスタオル**　吸水性のよい、やわらかいものを。

□**綿棒**　赤ちゃん用の細めのものを。

□**爪《つめ》切り**　赤ちゃん専用のもの。

□**体温計**　健康管理のために、ベビー用を用意しておくと安心。ごく短時間で測れるタイプが人気。

出産にかかる費用はどのくらい？生まれたあとはどうでしょうか

出産そのものにかかるのは分娩《ぶんべん》代と入院費ですが、金額は病院によってまちまちです。全般的にみて高い順に並べると、個人病院、民間の総合病院、市立や県立病院といった公的な病院になります。

分娩代は、時間によって変わりますし（特に深夜や休日は割高）、入院する部屋によっても入院費が違ってきます。また、遠距離への里帰り出産であれば、その交通費も計算に入れておきましょう。

産後★3は、赤ちゃんの成長に合わせて衣料を買い足したり、毎日使うおむつやこまごまとした育児用品も必要です。母乳が不足するようであれば粉ミルク代もかかります。さらに、赤ちゃんがいると洗濯の回数も増えるので、水道・光熱費などもこれまで以上になることでしょう。お宮参りや初節句などのお祝い行事にも、やり方次第ですが、それなりのお金がかかります。

妊娠出産でもらえるお金戻ってくるお金

妊娠から出産には様々な費用が発生しますが、はいってくるお金もあります〈↓726ページ〉。

まず、だれでももらえるのは「出産育児一時金」。これは健康保険（健康保険組合、共済組合、国民健康保険など）から下りるもので、1児ごとに最低40万4000円。「産科医療補償制度」〈↓727ページ〉に加入している病院、診療所、助産所などで出産した場合は42万円となります。自治体によっては付加給付金が加算される場合もあります。

原則として、出産する予定の病院窓口で手続きすると、行政から医療機関等へ直接支払われますが、直接支払制度への対応が遅れている一部の医療機関では保険組合への自己申請が必要です。

さらに、行政から中学校第3学年終了前までの子どもへ「児童手当」〈↓726ページ〉が給付されます。ただし、所得制限があります。子どもの年齢によって給付額が異なります。申請が遅れるとさかのぼって請求できないので、出産後すぐに役所で手続きします。平成22～23年度は「子ども手当」という名称でした。

ワーキングマザーの場合は、これらに加えて「出産手当金」と「育児休業給付金」があります。「出産手当金」は、出産による休職（出産日以前42日～出産翌日以降56日の範囲内）で収入がなくなったときに支給されるお金で、勤務先の健康保険に1年以上加入していることが基本条件。支給額は1日につき、休む前の標準報酬月額を日割り計算した額の3分の2です。産休中に賃金の支払いを受けている場合は、その合計が出産手当金より少なければ、差額が支給されます。出産手当金は、以前は退職後6か月以内に出産すればも

★3—— 多くの自治体では赤ちゃんにかかる医療費を助成する制度を設けています。受給者（保護者）の条件や助成の内容は自治体によって異なるので、詳細は自治体の担当課に問い合わせてください。

らえましたが、現在は産休後に復職する人に限定されています。

育児休業をとっている間にもらえるのが「育児休業給付金」。雇用保険に加入していて、育児休業にはいる前の2年間に「11日以上働いた月が12か月以上ある」ことが給付の条件です。給付額は、育休開始日～180日目までは月収の67％、181日目～最終日までは月収の50％で、上限額があります。育休中に賃金の支

お父さんへ

スキンシップで安心させて

妻は口に出して言わないでしょうが、妊娠も中期から後期になると相当につらいはず。たまにはマッサージでもしてあげましょう。

いまさらベタベタするのもなあ、とためらってしまうかもしれません。照れくさくて言い出せないかもしれません。でも、おなかに触れて胎動を確認したときなどがチャンス。「マッサージしてやろうか」と言ってみてください。妻は大喜びするはずです。夜中に足がつったら、寝ぼけ半分でもいいからさすってあげる。妻はマッサージもありがたいけれど、それ以上に夫の優しさ、そしてスキンシップがうれしいのです。

そして、究極のスキンシップといえばセックスです。女性は妊娠すると性欲が減退する場合もあるし、夫は夫でつい腰が引けてしまいがち。ペッティングだけでもいいんです。そこから妻は精神の安定を得ることができるのですから。

徐々に体形が変わってくる妻。見るからに動くのが大儀そう。運動不足になりがちなので、夫からも運動を勧めてください。家事も適度な運動です。ほどよく分担しましょう。

大きなおなかを眺めていると、のほほんと過ごしていた夫もようやく身が引き締まり、生まれてくる赤ちゃんのイメージもふくらんできます。「俺《おれ》に似てるといいなぁ」。口には出さないけれど、ひそかに願ってみる出産3か月前――。

この時期のセックス

おなかの張りがさらに気になってくる時期です。おなかが張りにくいのは、女性がシムスの体位（片ひざを曲げて横向きになる）をとり、男性が後ろから抱きしめる背面側臥位《そくがい》です。妊娠30週以降は子宮口がやわらかくなってくるので、あまり深く挿入すると子宮を刺激しすぎる可能性も。感染や膣《ちつ》内を傷つけることを防ぐため、手指の挿入もそろそろ控えましょう。

妊娠後期は前期よりも注意が必要です。というとしり込みしてしまうかもしれませんが、妻はスキンシップを望んでいます。互いにその気になれなければ抱きしめてじっとしているだけでもいい。インサートだけがセックスではありません。

払いを受けている場合は、賃金と給付金の合計が月収の8割を超えないよう調整されます。

いまから乳首マッサージをしておくとよいと聞きましたが

原則として妊娠中に乳首のマッサージを行う必要はありません。お母さんは、お風呂にはいったときに乳房や乳首を洗いながら、いずれ訪れる授乳生活のことを考えてください。これからは両の乳房が赤ちゃんに母乳をあげるという大仕事をするんだと、意識を高めていってください。

偏平乳頭、陥没乳頭の場合〈↓212ページ〉は、赤ちゃんに吸われることによって、飲みやすい形になっていきますが、健診のときに助産師さんに一応みてもらうようにしましょう。

里帰り出産で気をつけることは？

里帰り出産をすると決めたら、お産をする病院を早めに決め、予約をします。現在通っている病院の医師にも、里帰り出産することを伝えておきましょう。

帰るのは遅くとも35週[★4]までがよいのですが、妊婦さんの状態によっても違うので、いま診《み》てもらっている医師ともよく相談します。里帰り先で新生児用品の購入を予定している場合は、外出がからだの負担にならない週数で帰ることも頭に入れておきます。

出発前には、医師から転院先の医師あてに紹介状を書いてもらいます。また、里帰りしたあとも、すぐに受け入れ先の病院で健診を受け、スタッフとも積極的にコミュニケーションをとるようにしましょう。自宅に残った夫にもこまめに連絡を入れ、ふたりで出産の日を待ちましょう。

産院へ持っていく物は？

いつお産になってもよいように、入院に必要な物はバッグにひとまとめにしておきます。急に自分ひとりで入院となっても困らないように、絶対に必要な物を小さなバッグに、あとから家族に持ってきてほしい物は、わかりやすいところにまとめておき、その内容についてあらかじめ説明しておきましょう。

■入院時に必要な物

- 母子健康手帳、健康保険証、診察券、印鑑（これらはいつもひとまとめにしておきます）
- 現金（タクシー代や売店での買い物用に。病院によっては入院一時金が必要なところもあります）
- 筆記用具、アドレス帳、テレホンカード
- 秒針付きの時計（陣痛の間隔を計るのに便利）
- お産セット（お産パッド、T字帯、腰巻、産褥《さんじょく》ショーツなど。病院で用意してある場合もあるので確認を）
- ネグリジェ（前開きの物）、カーディガンかガウン

★4―― 里帰り出産で飛行機を利用する場合、出産予定日の4週間以内になると医師の診断書が必要になります。できればその前に帰りましょう。

心配なこと

妊娠線ができてしまいました

――おなかや太ももにみみずばれのような線がいくつもできてしまいました。出産しても消えないのでしょうか

急激におなかが大きくなったり太ったりすると皮膚も急に伸ばされ、皮下の組織が断裂して、そこが赤紫色になり妊娠線となって出るようになります。あまり歓迎したくないものですが、赤ちゃんが成長し、おなかにも赤ちゃんを守ってくれる脂肪がついたと考えることにしましょう。

一般的に、皮膚が厚くて弾力性がない肌質の人は妊娠線ができやすいようです。おなかが大きくなり始める妊娠5か月くらいから、お風呂あがりにクリームや乳液で保湿しマッサージをすることなどで、ある程度防ぐことはできるかもしれませんが、肌質によるものなのでしかたないといえるでしょう。

一度できてしまった妊娠線は消えませんが、産後2か月くらいで赤みがなくなり、半年もすれば白っぽくなって目立たなくなります。

パソコンや携帯電話はおなかの子に悪いのですか

――ＯＡ機器や携帯電話からの電磁波が気になります。赤ちゃんに影響はないのでしょうか

電磁波については、赤ちゃんに影響があるという証拠もないし、絶対にだいじょうぶ、とも言い切れません。電磁波は家庭の電化製品からも出ているものですし、現代では避けることができないものです。しかし、ふだん使っているくらいであれば微量なものですから、心配ないと考えてよいでしょう。

もし問題があるとすれば、長時間同じ姿勢をしておなかに負担がかかったり、血液の循環が悪くなったりすることです。1時間に1回は立って動き回るようにこころがけましょう。また、長時間パソコンを使う人のために電磁波を防止するエプロンもあります。

くしゃみをすると尿がもれます

――先日、くしゃみをした拍子に尿がもれてしまい、自分でも驚いてしまいました。これでは、外出するのもおっくうになってしまいます

妊娠後期になるとよくあることです。くしゃみだけでなく、笑ったときや、せきのときも起こります。おなかの重みのために尿道や肛門《こうもん》の括約筋《かつやくきん》が弱ってきているうえに、大きくなった子宮による腹圧が膀胱《ぼうこう》にかかり、尿がもれてしまうのです。情けないかもしれませんが、これも妊娠中にはよくあること、とおおらかに受け止めましょう。

　トイレは我慢せずにこまめに行くこと。何回もショーツを替えなくてはいけないくらいなら、生理用のナプキンを使うとよいでしょう。

　産後もしばらくは尿もれが続くかもしれませんが、産後に尿道や膣《ちつ》、肛門のまわりの筋肉を引き締める体操[*1]を行うことで治すことができます。

静脈瘤《りゅう》ができてしまいました

――ひざの裏やふくらはぎの血管が青く浮き出してきました。ところどころこぶのようにふくらんでいますが、産後は治るのでしょうか

　腹部の大静脈が妊娠で大きくなった子宮に圧迫されると、下半身の血液は大静脈に戻りにくくなります。そのうえ、ホルモンの影響で血管壁が緩み、下肢の静脈内に血液がたまり、こぶのようにふくらむのです。

　下半身がうっ血しないように、長時間立っているのを避けたり、寝るときやいすに座っているときはなるべく脚を高くする、冷やさないなど気をつけてみてください。静脈瘤用として足にかかる圧力が調節してあるストッキングも市販されているので、試してみてもよいでしょう。

　血行をよくするために入浴は効果的ですが、ふくらんだところを強くこすらないように気をつけてください。出産後は大部分の人は治ります。

抜け毛が増えました

――最近、髪の毛がよく抜けます。もともと髪は多くないほうなので、このまま薄くなってしまったらと思うと、気が気でなりません

　妊娠中や産後に髪が抜けたりまゆ毛が薄くなったりするのはよくあることです。反対に手足のむだ毛などが濃くなるという人もいます。

　赤ちゃんが生まれ、授乳が終わるころにはまた元どおりになるので、あまり心配しないようにしましょう。

　髪には食生活も影響するので、栄養のバランスに気をつけ、海藻類や緑黄色野菜を積極的に取るようにしましょう。

むくみが出るようになりました

――夕方になると足にむくみが出てパンパンにはれてしまいます。朝起きたときも、手がはれぼったくなっています

★1―― 立って、肛門を5秒くらいぎゅっと引き締めます。それを1日に何回でも繰り返しましょう。出産後〈「産後の尿もれ」→118ページ〉にも役立つので、台所に立ったときは必ず行うなど、いまのうちから習慣化しておくとよいでしょう。

妊娠後期になってくると、赤ちゃんにたくさんの血液を運ぶ目的のため、血管を通りやすくなるよう、血液中の水分が多くなります。また、水分を多く含んだ血液は細胞にも水分を行き渡らせます。そうすることで組織が伸びやすく、子宮口を開きやすくするのです。

むくみが出るのは、そのようなからだの変化や大きくなった子宮の圧迫によるものなので、尿たんぱくが多く出たり、血圧が上昇するといった妊娠中毒症の兆候がなければ、心配する必要はありません。疲れをためないように気をつけ、寝るときは、足を高くして寝るとよいでしょう。

頭痛と肩こりがひどくなってきました

――お産や育児のことを考えていると頭が痛くなることがあります。おまけに肩こりもますますひどくなり、つらくて何もやる気が起きません

たぶん、こころに不安があると起きる緊張性の頭痛ではないかと思われます。具体的にどんなことが心配なのか、まわりの人に話してみましょう。話すだけで気持ちもかなり楽になるものです。夫ともこれからのことなど、よく話し合ってみましょう。何か方法や対策が見つかれば、頭も軽くなるはずです。

肩がこるのは、大きくなったお乳を支えているからかもしれません。肩を上げたり下げたり回したりしてストレッチをすると、少しは楽になると思います。ゆっくりお風呂にはいり、たまには夫にマッサージを頼んでみてはどうでしょう。

難産は遺伝しますか

――母は私を生むとき難産で苦労したそうです。私も母もおしりが小さく小柄です。お産も遺伝するとしたら、私も難産になるのでしょうか

お母さんが何をもって難産だったとおっしゃっているのかよくわかりませんが、その原因が骨盤の大きさや形によるものであったのなら、骨格は遺伝するので、似たようなお産になる可能性はあります。また、おしりが大きくても骨盤が狭い人もいますから、おしりの大きさとは直接関係ないといえるでしょう。

お産の歴史を振り返ってみると、1960～70年代ころのお産というのは、かつての自宅での自然分娩《ぶんべん》から医療施設で管理されて出産するようになった時代にあたります。そのようなお産では、たぶん自分で生んだというよりも、生ませられたという気持ちが強かったのではないでしょうか。その結果、大変さばかりが印象に残り、「難産だった」という受け止め方をされているのかもしれません。

お産というのは、自分のからだの声に耳をすませ、からだと向き合うような身体的体験です。１９５０年代まではそのようなお産をしています。

お母さんがどんなお産だったか、もっと詳しく聞いてみるとよいかもしれませんね。お母さんがあなたをどんなふうにして生んだのか、そのときどう思ったのか。そんな話をゆっくり聞いてみると、これまで知らなかったお母さんの一面も発見でき、親と子としてさらに深くわかり合うことができるかもしれません。

前置胎盤と言われました

――妊娠初期から胎盤の位置が低いと言われていましたが、やはり前置胎盤と診断されました。無事に出産できるか不安でたまりません

胎盤の位置は受精卵が着床した位置で、ある程度は決まります。ふつうは子宮の上のほうについていますが、前置胎盤というのは、胎盤が子宮の入り口をふさぐ形でついている状態です。胎盤が完全に子宮口をふさいでいるもの（全前置胎盤）から、一部をふさいでいるもの（部分前置胎盤）、胎盤の下の縁が子宮口に少しかかっているもの（辺縁前置胎盤）があり、その程度によってお産の対応が異なるとされてきました。ただし、現在は前置胎盤であれば、陣痛前に予定帝王切開になると考えてください。

また、子宮口をふさぐほどではないのですが、胎盤が子宮口に近い位置にあるものを低置胎盤といい、この場合は状況に応じて判断されます。

前置胎盤だからといって赤ちゃんの成長に影響することはあまりありませんが、出血したときは急いで受診してください。

胎盤の位置には問題がなくても、おなかの張りや痛み、出血があるときは異常のサインです。切迫早産や早産、時には常位胎盤早期剥離《はくり》などが考えられます。

なかでも怖いのが、常位胎盤早期剥離です。胎盤は、赤ちゃんが生まれるまで酸素や栄養を運ばなくてはなりませんから、分娩のときは赤ちゃんが生まれてから胎盤がはがれるようになっています。ところが、赤ちゃんが出てくる前に胎盤がはがれてしまうと、赤ちゃんに酸素が届かなくなります。子宮内は大出血し、母子ともに危険な状態になります。とはいえ、起こる確率は全妊娠の０・５％以下と高いものではありませんし、通常は出血とともに激痛を伴い、すぐに異常に気がつきます。早く対応すれば大事に至ることは少ないので、心配しすぎないでください。

また、通常のお産では陣痛が始まって子宮口が全開に近くなったころに破水するのですが、それ以前に破水することがあり、これを前期破水〈↓104ページ〉といいます。妊娠週数にもよりますが、細菌感染を防ぐような処置が必要となるので、すぐに受診してください。

安心して過ごすために

第28週〜第36週

大きなおなかとうまくつきあうには「疲れたら休む」が基本です

28週からは2週間に1度の健診になります。おなかはますます大きくなり、姿勢も自然に反り気味になってきます。足元が見えにくいし、おなかも邪魔になるので急に動くことができません。日常生活の動作も、そのことを忘れないようにゆっくり行動するようにしましょう。

胃が押し上げられてくるので、ちょっと食べただけで胃がもたれる感じがします。食べられないときは、1日3食にこだわらず、1回の食事量を2回に分けるくらいのつもりで1日5〜6食にしてみましょう。

夕方になると手足にむくみが出る人も多くなりますが、ひと晩寝て朝起きたら取れているくらいならまずは心配いりません。

あおむけに寝ると苦しくなってきます。寝るときは横向きになると楽でしょう。お母さんが楽な姿勢が、赤ちゃんにも楽な姿勢なのです。

なお、里帰り出産を予定している人は早めに転院先の手配などを進め、遅くとも35週までには帰るようにしましょう。

入院準備品は産院の指示に従ってそろえます。入院に備えて、ごみ出しやこまごまとした連絡をメモにして夫に引き継いでおきましょう。

まわりの人へ

大きなおなかを抱えて、疲れやすくなります。また、お産が近くなると、陣痛や分《ぶん》娩《べん》への不安、母親になることや、生まれてくる赤ちゃんが健康かどうかなど、あれこれ考えてこころも不安定になりがちです。

集中力が途切れ、ぼんやりして、物をなくしたり約束を忘れたり。ふだんの生活のなかで、そんな失敗も増えるかもしれません。本人も自分を情けなく感じているはずですし、これまでしっかり者で通っている人ならなおさらのことです。失敗は責めないで。ジョークで笑い飛ばしてもらうと妊婦さんも気が楽でしょう。

出産や育児への不安も、静かに聞いてあげてください。話すだけでずいぶん落ち着くものです。また、親と同居の場合は特に赤ちゃんが生まれたあとのことも考えて、気楽に話し合えるような関係をつくっておきましょう。

こんなときは必ず病院へ

妊娠中毒症になりやすい時期です。体重が急に増加し、むくみがひどくなるようなときは受診しましょう。また、からだがだるくて疲れやすくなりますが、休んでもとれないくらいの疲労感があるときも、健診のときまで我慢しないで産科医に相談しましょう。

おなかの張りも多くなってきますが、休んでいても治まらなかったり、何度も続くようであれば早産につながることもあります。出血や激しい腹痛があったときは、すぐに受診してください。

★1 妊娠37週～出産

赤ちゃん調整期

からだとこころの変化

赤ちゃんはもう、いつ生まれてもよいまでに成長しました。これでひと安心です。臨月のお母さんには出産直前の様々な兆候が表れます。これらは、赤ちゃんがスムーズに生まれ出るために最後の総仕上げにかかっている証拠なのです。

赤ちゃんも安産めざして調整中

このころには赤ちゃんはもうあまり大きくならず、また羊水の量も8か月ごろをピークに減っていきます。出産が近づき胎児が下がってくると、胃の圧迫感が薄れて食欲が出てくることがあります。ただし、この時期に増えた体重はほとんどお母さんのお肉になってしまいます。お産に備えて体力をつけようと考えるなら、欲望のおもむくままに食べることなく、家事や散歩などでからだを動かしておくほうがよいでしょう。おなかの張りに気をつけて、体調と相談しながら、残り少ない優雅な時間を有効に使ってください。

お母さんと同様、赤ちゃんも窮屈な産道をなるべく早く楽に通り抜けて、みんなに会いたいと思っています。そのためにも、お母さんの恥骨の結合が緩んで骨盤が開きやすくなってほしいし、産道を滑らかにくぐり抜けたい。産道は急にはやわらかくなりませんから、子宮収縮や前駆陣痛で入念なリハーサルを繰り返します。腰が重い、恥骨や足の付け根が痛い、おりものが増える、少したつと消える〝陣痛もどき〟にしょっちゅう脅かされるといった症状も、赤ちゃんからの「一緒にがんばろうね」というコールなのです。

また、おなかが重くトイレも近いので、夜にぐっすり眠れなくなってきます。これは、出産後の、昼夜を問わず泣いたら世話をする生活に備えて、からだが準備していると考えましょう〈「細切れの睡眠パターン」↓146ページ〉。

生まれる日を決めるのは赤ちゃん

予定日が近づくと、夫や家族からはもちろん、友達やご近所の人に「まだ?」「いつ?」と聞かれたりして、落ち着かなくなります。予定日当日には、朝からそわそわする人も多いでしょう。

予定日を過ぎ、なかなか生まれる気配がないと、お母さんもまわりの人もたいそう気をもむことと思います。でも、予定日はあくまでも机の上で計算したデータ。その日にきっちり生まれるケースは全体の5%もありません。大人の都合で決めた日程を赤ちゃんは知りません。自分のカレンダーに従って、お母さんと自分にとってベストな日を選んで出てくるのです。

予定日を過ぎ、41週を過ぎると胎盤機能が落ちるから入院といわれ、陣痛を誘発〈「陣痛促進剤」↓110ページ〉して出産したり、または陣痛がこないから帝王切開を勧められる、といったこともあるかもしれません。

ただし、妊娠した女性なら、原則として必ず陣痛はきます。そして、その陣痛を待ってもよいのです。また、たとえ陣痛を誘発したとしても、それは現代の医療事情による対処ですから、「私は陣痛がこなかった」「自然分娩《ぶんべん》のつもりでがんばってきたのにだめだった」などと、お母さんが自分のからだに自信をなくす必要はありません。

周囲の心配に耳を傾けると同時に、胎児と胎盤の状態や自分の体調を冷静に把握し、そのうえで「陣痛を待ってみよう」「陣痛を誘発しよう」「帝王切開も考えてみよう」と、納得のいく選択をしてください。そのためにも、ふだんから夫やまわりの人と、どういうお産をしたいのか、予定日を過ぎたらどうするか、あれこれシミュレーションをしておくことが役に立ちます。

臨月に気をつける症状と病気

おなかの張りや前駆陣痛、微量の出血など、この時期はお母さんを不安にさせる要素に満ちています。基本的には、明らかにふだんと違う痛みや破水などの激烈な症状のほかは、しばらく冷静に様子をみることです。たとえ本物の陣痛でも、初めてのお産はゆっくり進行するものなので、落ち着いて。ただし、出血と痛みが同時にきたら、連絡して病院に向かいます。

最近の研究では、この時期には水ぼうそう(水痘《すいとう》)に気をつけるべきだということがわかってきました。赤ちゃんが産道を通るとき、お母さんが水ぼうそうにかかっていると感染してしまうことがあるのです。水ぼうそうは一度しかかかりませんから、かかったことのないお母さんは、感染する可能性のある場所には近づかないようにしましょう。

★1――臨月の赤ちゃんは、出産に向けて自分とお母さんとの調整をはかっていきます。この本では、赤ちゃんの立場に立って、臨月を“赤ちゃん調整期”と名付けました。

このころの生活

お産が近くなった合図は?

お産が近くなると、それを知らせるいろいろな症状が表れ始めます。

個人差はありますが、赤ちゃんが下がると胃のあたりがすっきりし、食事が進むようになります。赤ちゃんが骨盤の中にはいってくると以前のようには動けなくなるので、胎動も少なくなったと感じることでしょう。赤ちゃんの頭によって、恥骨や足の付け根が圧迫されるような感じがするかもしれません。トイレも近くなり、おりものも増えてきます。ときどきおなかが張ってかたくなることもあります。「陣痛かな」と思ってしまうかもしれませんが、間隔が不規則なうちはまだ本物の陣痛ではありません。

このようなサインの出方は人それぞれで、サインのない場合もあります。ここに挙げたような症状のいくつかを感じたら、こころの準備をしておきましょう。

お産の始まりはわかりますか

お産が始まるときのサインは、おしるし、破水、陣痛の三つ。どれが最初になるかは、お産によって違います。サインがあっても、すぐに生まれることはまずありませんから、落ち着いて対処しましょう。

「おしるし」というのは、少量の血が混じったおりもののこと。お産が近くなると子宮口が開き始めたり、子宮が収縮して卵膜が子宮から少しはがれ始めますが、そのとき少し出血します。このおしるしがあると数日以内に陣痛が始まるといわれていますが、そうでないことも。なお、おしるしがない人もいます。

あるいは「破水」といって、赤ちゃんを包んでいる卵膜が破れて羊水が外に流れ出すことがあります。ほとんどは、陣痛がピークに差しかかったら起こるものですが、陣痛が始まる前に破水することもあり、これを「前期破水」[★1]といいます。破水したらまもなく陣痛が始まることも多いでしょう。

陣痛は赤ちゃんを子宮の外に押し出すために子宮が収縮するときの痛みです。といっても、最初は痛みもそれほどではありません。子宮の筋肉がきゅーっと縮むと、いったん休んで、しばらくしたらまた縮んで、と繰り返します。次第に痛みが増して間隔も狭まってきますが、陣痛が10分おきになったら、お産が始まる本格的なサインです。

いつ入院したらいいですか

お産が始まるサインは必ずあるのですが、どんなサ

★1——前期破水から始まるお産は全出産の約2割。羊水の流れ出る量はいろいろなので、尿もれやおりものと区別しにくい場合もあります。

インが来るかはわかりません。おしるしがなくて陣痛が始まったり、破水とともにおしるしがあったり、それぞれです。

　陣痛があったと思っても、不規則で強くなったり弱くなったり、時に忘れたように遠のいてしまうこともあります（前駆陣痛）。前項にも書きましたが、「これは陣痛かしら」と迷うような痛みはほとんどの場合、本物の陣痛ではありません。痛みが規則的になって1時間に5〜6回くらいになり、だんだん強くなるようなら本物の陣痛ですから、入院の準備を始めましょう。入院のタイミングは産院までの距離にもよります。陣痛の間隔を計り、電話で指示を仰いでください。

　破水した場合は、ほとんどがそのまま陣痛が始まってお産になります。生理用ナプキンをあて、車でなるべく横になって病院へ行きます。

　また、出血や強い痛みがあったときは、何か異常があるかもしれませんから、病院に急いでください。

お産にかかる時間はどれくらいですか

　陣痛が始まると子宮口がだんだん開いていきますが、最初の4cmくらい開くまでがけっこう大変です。ちょうど風船をふくらませるとき、最初に息を強く吹きこまないとふくらまないのに似ています。それを過ぎると全開大の10cmまでは急激に進みます。全開大になるまでに、初めてのお産では10〜13時間、2度目以降になるとその半分の5〜6時間くらいだといわれています。

　その後、分娩室《ぶんべんしつ》にはいり、赤ちゃんが生まれるまで初産で30分〜2時間、その後しばらくして胎盤が出るまで5〜20分。お産全体にかかる時間は、初産婦さんで平均10〜15時間というのがおおまかな目安です。もちろん個人差が大きく、2時間という人もいれば20時間以上という人もいます。

陣痛を乗り切るには

　陣痛ということばがいかにも「痛い」という感じを抱かせてしまうのですが、陣痛とは、子宮の筋肉が、赤ちゃんを出口のほうに押し出そうとして起きる子宮の収縮のことです。

　陣痛がやって来ると、その後は必ずお休みがあります。いわば、引いては返す波のようなもの。陣痛の波が来たら、その波に逆らわず、身をゆだねる気持ちになることです。からだが緊張していると筋肉もかたくなり、よけいに痛みを感じてしまいます。

　痛みから気をそらすために、母親学級などで教えてもらった呼吸法★2を使うとよいかもしれません。助産師さんもその場で指導してくれるでしょう。

　陣痛のときは、横向きに寝ているほうが楽という人もいれば、立っていたほうがいいという人もいます。

★2 ——痛みへの不安や実際の痛みから気持ちをそらすのに呼吸法を知っておくと便利です。そんなものは面倒という人は深呼吸の練習を。「吸う」より「吐く」に意識を集中して呼吸すると、からだの緊張がとれてリラックスできます。

ひざをついて前かがみになるのもよいでしょう。いろいろな姿勢を取ってみたり、動いたりしながら、自分が楽な過ごし方をしましょう。じっと寝たままでいるよりも、できるだけ動いたほうが産道も広がりやすくなります。

陣痛のピークは子宮口が全開大に差しかかるころで、1時間程度です。ここまできたら赤ちゃんに会えるのももうすぐ。きっと乗り切れるはずです。

お父さんへ

“まだかコール”は軽く受け流す

出産予定日が迫ってきました。入院先、出産法や立ち会うかどうかなど分娩時の対応、退院後のことなどは決めてありますか。出産は予定どおりにはいきません。予定日に生まれる赤ちゃんはわずかです。早産の可能性も頭に入れてなるべく早く帰宅するのはもちろん、いざというときのための連絡先は常に教えておきましょう。それだけでも妻は安心します。ひとりのときに陣痛が始まったり前期破水〈→104ページ〉が起こった場合や、夫がやむを得ず駆けつけられない場合の対応についても、前もって相談して決めておきたいものです。

逆に、予定日を過ぎてもなかなか生まれてこないことも少なくありません。すると、やがて両親から「まだ？」という質問が目的の電話がかかってくるようになります。これが妻にとってはかなりのプレッシャー。両親との間に立って、適当に受け流し、妻に心理的負担を与えないようにするべきです。両親にとっても大事な孫ですから、ほかにもいろいろ細かな注文も多いはず。それが妻のストレスにならないよう、夫は実家との調整役を引き受けましょう。

さて、陣痛が始まります。特に初産の場合、妻は分娩が近づくにつれて極度の不安と緊張に襲われます。これから命がけの大仕事が始まるのですから、当然です。分娩に立ち会うかどうかは別として、入院するときや分娩室にはいるときは、ひと声かけてあげてください。「がんばれ」でも「だいじょうぶだよ」でもなんでもOK。あとは妻を信じて待つだけです。

初対面のわが子にどんな顔して会えばよいのかな？　妻にはなんと声をかけてやろう……。

この時期のセックス

いまにも生まれてきそうなおなかを見ていると、夫は素朴な疑問を感じます。一体いつまでセックスしてもだいじょうぶなのだろうか……。結論は、お産の直前まで可能。赤ちゃんが見ているのではと変な気分になる夫も多いようですが、胎教にも影響はないといわれています。

この時期は、基本的にいつ出産が始まってもいいわけです。ですから、体位に気をつかう必要もありません。出産に向けて、妻と赤ちゃんをいたわりながら、リラックスしたセックスをこころがけましょう。

赤ちゃんはどういうふうに出てくるのですか

人間のお産は他の動物と比べると大変だといわれていますが、その理由は、私たちが立って二足歩行をするようになったことで骨盤の形が変化したことと、赤ちゃんの頭が大きいことにあります。

骨盤の形には個人差がありますが、一般的に、骨盤の上のほう、つまり赤ちゃんから見ると産道の入り口にあたる所は横長で、出口は縦長という、ちょっと複雑な形になっています。一方、おなかの中の赤ちゃんは、通常は頭を下、足を上にした姿勢になっています。赤ちゃんのからだのなかでいちばん大きくてかたいのは頭ですから、産道をスムーズに進むには、頭から出ていくほうが都合がよいわけです。

お産が始まると、赤ちゃんは、からだがいちばん小さくなる形になって横向きになり、顎《あご》を引き、自分の頭のいちばん狭い所を骨盤の入り口の形に合わせてはいっていきます。そして、お母さんの骨盤のカーブに合わせて回りながら生まれてくるのです。

また、赤ちゃんの頭は5枚の骨が合わさってできていますが、産道を通るときには頭の継ぎ目が重なり合うことで、頭が細長くなります。赤ちゃんはどうすればうまく外に出ていけるのかを知っているかのような、じつにうまくできたしくみです。

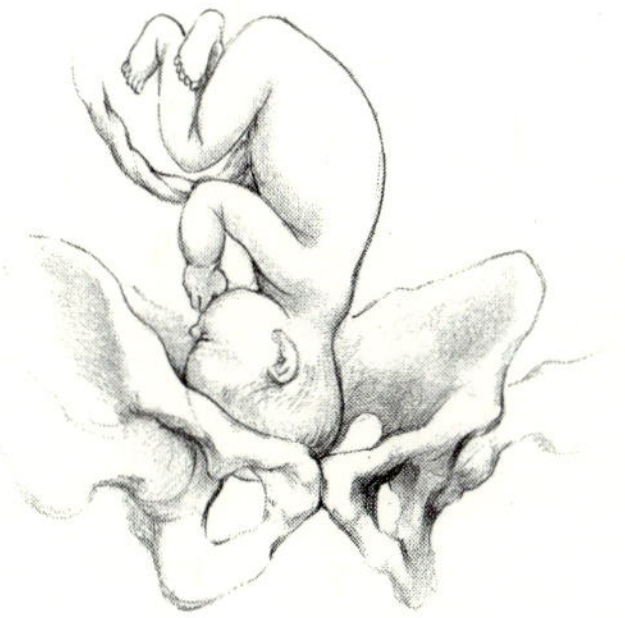

横長の楕円（だえん）になっている骨盤の入り口の形に合わせて、顎を引き、小さくなって横向きではいっていきます。

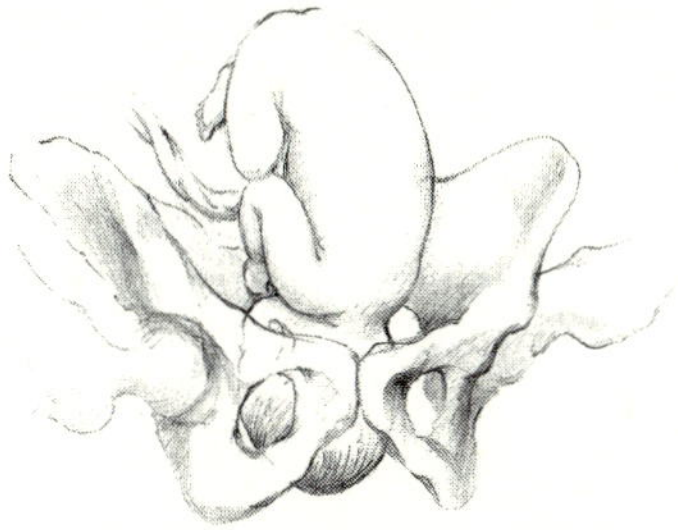

骨盤の中に頭を入れると90度回転し、横長の通り道に肩がうまくはいるよう自分で向きを合わせます。

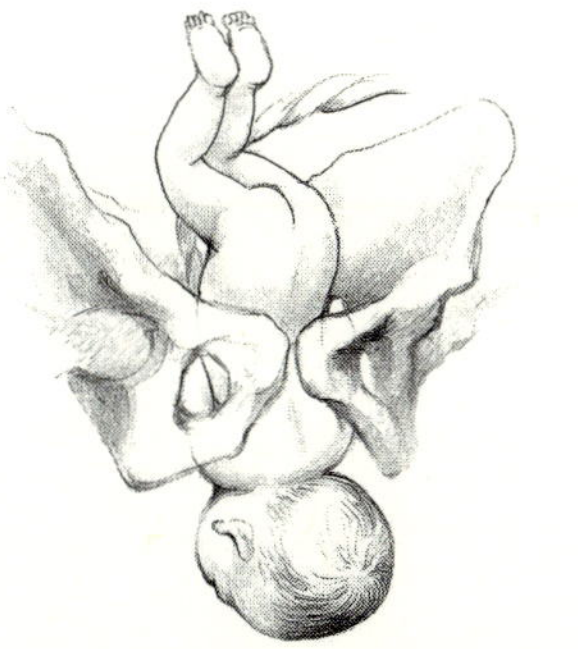

さらに進んで恥骨を通過するとき顎を上げ、頭を恥骨にあてて、てこの力で頭をぐいっと押し出します。

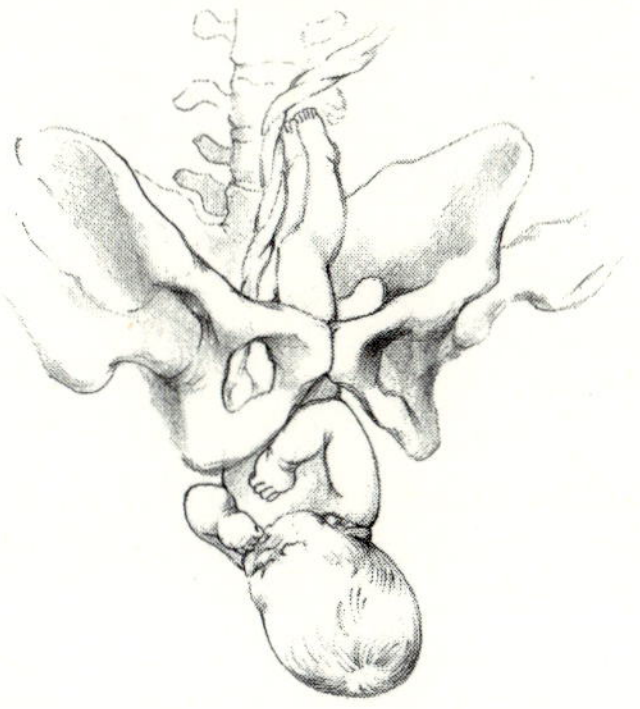

会陰（えいん）から頭が出ると、再び90度回転して横向きに。肩が片方ずつ、続いて胴体、足が出てきます。

お産の進み方はどんなふうですか

お産の進み方は人それぞれですが、基本的な流れを頭に入れておきましょう。知っておけば、無用な心配をしないですむこともきっと多いはずです。

■分娩第Ⅰ期

準備期　骨盤のあたりの圧迫感が次第に増してきて、生理痛のような鈍い痛みがおなかや腰にきます。陣痛は30分間隔くらいから始まり、だんだん15分、10分と間隔が短くなっていきますが、痛みはまだそう強くはありません。

このとき赤ちゃんは、顎を引き、自分の頭のいちばん狭い所がお母さんの骨盤にはまるような姿勢を取り、手足を縮め、からだを丸め、骨盤の入り口の形に合わせて横向きになっています

進行期　赤ちゃんは陣痛の波に合わせ、お母さんの背中側に向かってからだ全体を回転しながら少しずつ骨盤内を下りていきます。

痛みの場所や感じ方には個人差があり、人によって筋肉がつったり背中が痛んだり、吐き気を感じることもあります。陣痛の合間にはまだ歩くこともできます。

準備期
子宮口：0～3㎝
陣痛：8～10分間隔が20～30秒

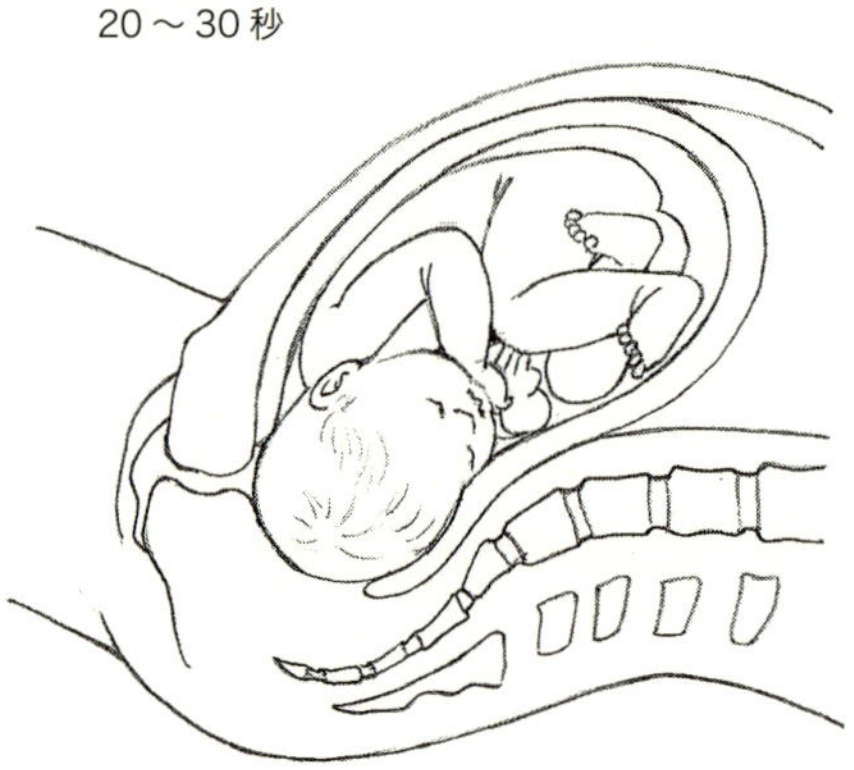

赤ちゃんは骨盤のカーブに合わせて、向きを少しずつ変えながら下りてきます。初めは、顎を胸につけるように屈曲して、産道通過の準備をします。

進行期
子宮口：4～7㎝
陣痛：5～6分間隔が30～40秒

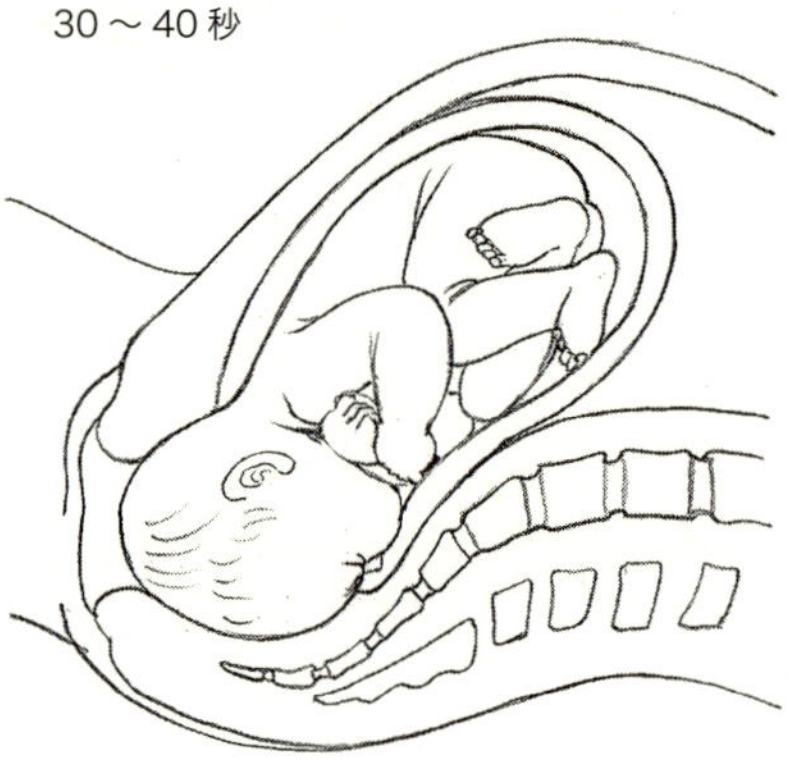

下降が始まると、赤ちゃんの頭は横向きから下向きに回旋します。

★3 ―― 膣口から陣痛の波に合わせて赤ちゃんの頭が見えたり隠れたりするようになることを「排臨」、赤ちゃんの頭が見えたままになる状態を「発露」といいます。頭が出たら、あっという間に誕生です。

極期　陣痛はひっきりなしにやってきて、腰痛もひどくなり、吐き気がすることもあります。ときどきいきみたくなりますが、まだいきまずに逃がします。子宮口が全開大（約10㎝）近くなったら分娩室に移動します。

赤ちゃんは骨盤のカーブに合わせて少しずつ向きを変えながら下りてきているところです。子宮口が全開大になるころには、始まりのときから90度回転し、お母さんの背中を向いています。その姿勢のまま、引いていた顎を徐々に胸から離し、出口に向かって頭から進んでいきます。

■分娩第Ⅱ期

子宮口が全開大になり、赤ちゃんの頭で卵膜が押されて破水します。子宮頸管《けいかん》、膣《ちつ》は、赤ちゃんが進むにつれて広がります。強いいきみが出てきたら、陣痛のリズムに合わせていきむようにします。赤ちゃん★3の頭が見えたままの状態になったら、いきむのはストップ。「ハッハッハッ」という短めの呼吸に切り替えます。

赤ちゃんは恥骨に後頭部をあて、それを軸にして、ぐっと顎を上げ、のけぞるような姿勢で膣から頭を出します。頭が出てきたら、再びからだを横向きにして肩を片方ずつ出し、胴体、足がするりと出てきます。

赤ちゃんの元気でかわいい産声が聞こえ、いよいよ対面です。鼻や口にはいっている羊水は、軽く吸引され、へ★4その緒《お》が切られます。

極期

子宮口：8～ 10㎝
陣痛：1～2分間隔が
40 ～ 60 秒

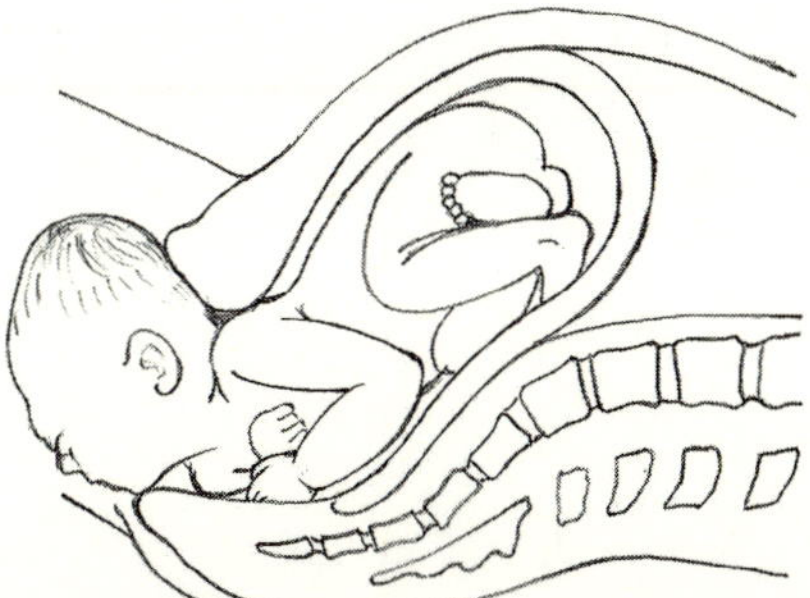

産道にはいった赤ちゃんは、90 度回旋します。このころから陣痛に合わせて赤ちゃんの頭が見え隠れし、やがて見えたままに。

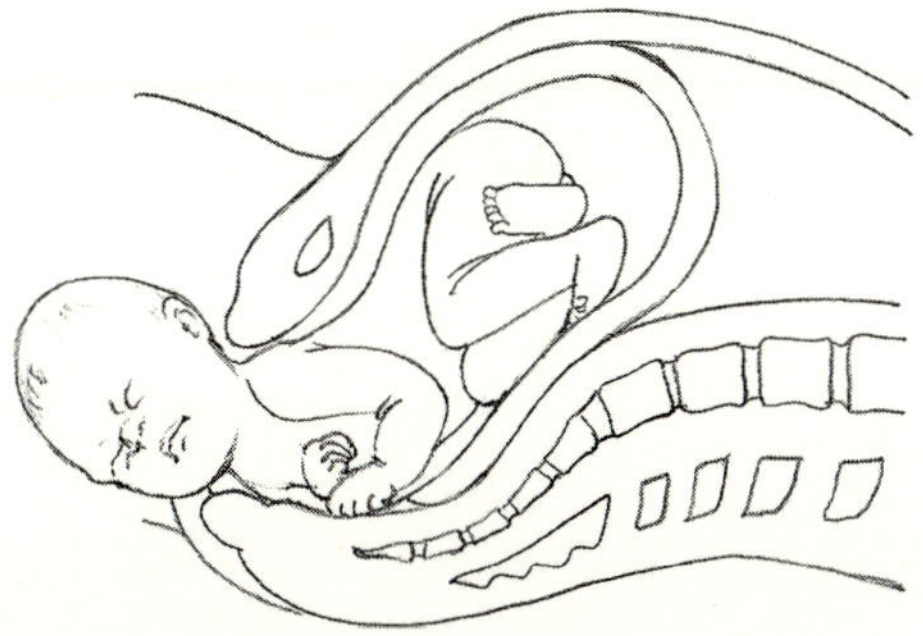

頭が出てくると、赤ちゃんは今度はからだを横向きにして肩を片方ずつ通します。それから胴体、足とスムーズに通り抜けて、元気な産声を聞かせてくれるでしょう。

★4 ――胎盤とへその緒を流れている血液「臍帯血（さいたいけつ）」は、赤血球や白血球などの血液のもとになる造血幹細胞を豊富に蓄えています。これを移植すると骨髄移植の代わりにもなることから、血液難病患者への治療法として注目されています。

陣痛促進剤

子宮収縮を強める薬剤です。陣痛が弱いままでお産が長引いたり、破水後になかなか陣痛が始まらない、あるいは予定日を過ぎてもお産にならず胎盤機能の低下が心配される場合などにも使われます。

この薬には、オキシトシンとプロスタグラディンという2種類の薬があり、産婦の状態によって選択されます。どちらもお母さんのからだの中で分泌されているホルモンと同じものが合成されているので、お母さんや赤ちゃんのからだに悪い影響を与えることはありません。

過去に、陣痛促進剤の誤った使用により子宮破裂を招いたり、胎児が酸素不足を起こすなどの事故があったことで、何かとマイナス・イメージの強い薬ですが、適切な量の使用と、分娩監視装置などで母子の観察を徹底することにより、より安全に使用されるようになっています。

薬の使用について何かわからないことや心配なことがあれば、医師に相談してください。

■分娩第Ⅲ期

再び子宮の収縮が始まり、医師や助産師の指示で軽くいきむと胎盤が出ます。

胎盤や卵膜が子宮に残っていないか、頸管や腟に裂傷がないかなどチェックし、会陰《えいん》切開をしたり裂傷のある場合は縫合します。産後2時間くらいは分娩室で様子をみます。

どんなときに帝王切開になりますか

あらかじめ予想されるのは次のようなときです。

①胎盤が子宮口にかかっている前置胎盤のとき
②逆子《さかご》や多胎で経腟分娩が難しいと判断されたとき
③重い妊娠中毒症で母体や胎児が危険なとき
④お母さんの骨盤が赤ちゃんの頭に比べて小さいとき
⑤赤ちゃんの機能がまだ未熟で、経腟分娩では負担が大きいとき

また経腟分娩を予定したお産でも、陣痛がなかなか強くならずに（微弱陣痛）お産が長引いて分娩が停止したり、胎盤の機能が低下して、赤ちゃんが低酸素状態になったりといった緊急事態のときは、急に帝王切開になることもあります。急な場合、家族に手術の同意を求められることがありますので、連絡がつくようにしておきましょう。

手術は通常下半身麻酔で行うので、産声も聞けます。手術後しばらくは傷が痛みますが、1〜2日目からは歩けます。抜糸、抜鉤《ばっく》（ホチキスのような金具で留めた場合）は約1週間後、退院は8〜12日後です。帝王切開はお母さんにとってはからだの回復がやや遅れま

すが、赤ちゃんにとっては負担の少ない方法です。次の妊娠までは1年くらい空ければよいでしょう。

出産のトラブルについて教えてください

お産には予期しなかったようなことが起きることもあります。そのときに応じて適切な処置が行われるので必要以上に心配することはありません。

■微弱陣痛

陣痛が最初から弱いままだったり、赤ちゃんが大きい場合などではお産の途中から弱まってしまうことがあります。

いずれにせよお産が長引くので、陣痛促進剤の点滴をすることがあります。赤ちゃんが元気な場合は、そのまま自然の経過を見ていてもよいのですが、心拍が下がってしまうような場合は、吸引分娩やかん子分娩、帝王切開などが行われます。

■児頭骨盤不均衡

赤ちゃんの頭がお母さんの骨盤より大きくて、産道を通過できないことをいいます。前もって児頭骨盤不均衡が疑われる場合はレントゲンを撮り、それが確認されれば陣痛がくる前に帝王切開になることがあります。

■回旋異常

赤ちゃんは狭い産道を、骨盤のカーブに合わせてからだの向きを変えながら通過します。回旋異常とは、この回旋がうまくいかない状態。お産が長引き、分娩が進行しないようなら、かん子分娩や吸引分娩、帝王切開となります。

■弛緩《しかん》出血

お産のあと、胎盤がはがれた所から出血しますが、子宮筋の収縮が悪いと出血が止まらず、大出血を起こしてしまうことがあります。多胎や大きな赤ちゃんで子宮への負担が重かったり、出産が長引き子宮の筋肉が疲労しているときに、起こりやすくなります。

このようなときは子宮収縮剤を注射したり腹部を冷やしたりマッサージをしたりして収縮を促します。出血が止まらない場合は輸血することもあります。

■胎児仮死

お産の途中で、なんらかの原因によって赤ちゃんへ酸素が届きにくくなり、赤ちゃんの心拍が異常に速くなったり遅くなったりする状態を胎児仮死といいます。へその緒が巻きついて赤ちゃんを強く圧迫をしたり、前置胎盤や常位胎盤早期剥離のとき、お産が長引いているときなどに起こりやすくなります。この状態が長く続くと赤ちゃんへの影響が心配されるので、お母さんに酸素を供給しながら吸引分娩やかん子分娩、あるいは帝王切開で赤ちゃんを早く外に出します。

産院で過ごす1週間★5のスケジュールを教えてください

出産当日

赤ちゃんと対面したら、そのまま2時間くらい分娩室で休みます。産後すぐに授乳したい場合は前もって伝えておきましょう。

からだに異常がなければ部屋へ行き、そのまま横になって休みます。母子同室のところは、経過が順調なら赤ちゃんと一緒になることも。出産後6時間くらいはベッドで休み、お産パッドの交換や消毒は、寝たまま看護師や助産師にしてもらいます。

2日目

子宮や悪露《おろ》の状態、体温、脈拍、排尿便の回数のチェックを受けます。これらは退院するまで毎日行われます。助産師に乳房の張りや乳首の状態を見てもらい、授乳のしかたを教えてもらいます。

軽い産褥《さんじょく》体操★6を始めましょう。異常がなければシャワーも使えます。

3日目

赤ちゃんのおむつ替え、おっぱいで忙しくなります。お乳もだいぶ張ってくるころですが、吸わせるほど出るようになります。初乳は栄養価が高く免疫物質もたくさん含むので、ぜひ飲ませてあげてください。

4日目

授乳や、おむつ替えにも少しずつ慣れてきます。赤ちゃんの皮膚が黄色くなりますが、新生児黄疸《おうだん》〈↓134・784ページ〉なのでまず心配いりません。お母さんがこの日まで排便がなければ、浣腸《かんちょう》か下剤が処方されるかもしれません。

5日目

沐浴《もくよく》や授乳、家族計画、必要な人には調乳の指導など、退院後の生活についての指導があります。

会陰切開した人は抜糸します。溶ける糸を使った場合は抜糸の必要はありません。

退院に備えて、赤ちゃんの服を用意します。わからないことや心配なことは、いまのうちに医師や助産師に聞いておきましょう。帰宅して赤ちゃんを寝かせる場所や生活のことなども、いまのうちに夫や家族に確認しておくと安心です。

6〜7日目

日課の産褥体操は欠かさないように。お母さんと赤ちゃんの退院診察をして心配がなければ、退院となります。

★5 —— 一般的なスケジュールは1週間をこのように過ごしますが、最近は母子ともに健康であれば5日間で退院、というように入院期間が短い産院も増えてきました。

★6 —— 出産翌日からベッドの上で始められるのが産褥体操（→117ページ）です。体調回復に効果的ですが、無理のない程度に行いましょう。

安心して過ごすために

第37週〜出産

お母さんのからだも赤ちゃんも生まれる準備を始めています

これから1週間に1度の健診になります。おなかの赤ちゃんも下がってきて、生まれる準備を始めます。計算上の予定日は40週ですが、37週過ぎたら、もういつお産になっても不思議ではありません。いよいよというときにあわてないようにこころの準備をしておきましょう。

入院のときに持っていくバッグをもう一度確認し、家族にもわかるようにしておきましょう。

臨月にはいると、お産の準備が進んでいることを知らせるサインがいろいろ表れます。たとえば、赤ちゃんが下りてくるので、胃のあたりがすっきりした感じになって食事が進むようになります。赤ちゃんの頭で膀胱《ぼうこう》が圧迫され、一日に何度もトイレに行くことになります。おりものも増え、恥骨や足の付け根に痛みを感じるようになることもあります。

予定日が近くなると、今日か明日かと気が気でないかもしれませんが、お産はこうしたサインを出しながら、ゆっくりやってくるのがふつうです。そして、お産がほんとうに始まるときは必ず合図があります。それは、おしるし、破水、陣痛の三つです。どれから始まるか、そのときにならないとわかりませんが、合図があっても実際に生まれるまで時間は十分にあります。しかし、その合図が、もしかして外出先だったり、自宅にひとりでいるときだったりするかもしれません。そんなときにはどうするかも、あらかじめ想定して考えておきましょう。

さあ、こころの準備はできましたか。必要なことはお母さんのからだと赤ちゃんがやってくれるのでだいじょうぶです。

まわりの人へ

臨月にはいると、さらにふくらんだおなかを抱えて、不快な症状も増えています。もうすぐ赤ちゃんに会えるという喜びの一方で、陣痛や出産への不安も大きくなっています。

もし予定日を過ぎても、「まだ生まれないの?」といったことばは、いたずらに不安をあおるだけです。ゆったりと見守って赤ちゃんの誕生を待ちましょう。

こんなときは必ず病院へ

入院のタイミングは、あらかじめかかりつけの産科医に相談しておきましょう。

ふつうは、陣痛が10分間隔になったら本格的にお産が始まるのですが、初めてであればおなかの張りと陣痛の区別もつきにくいかもしれません。わからないときは念のために診察を受けましょう。

破水したら数時間以内に陣痛が始まることも多いので入院します。また、おなかが急に痛んだり、生理時と同じくらいのおしるしではなさそうな出血があったときは、念のために病院へ。

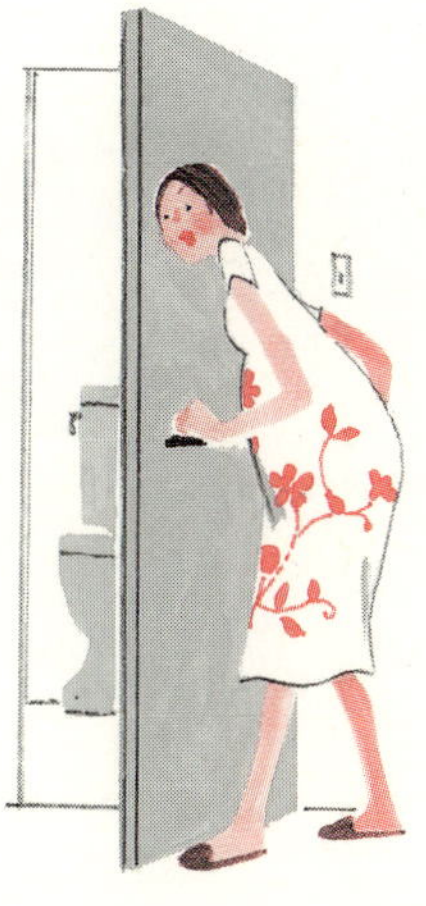

産後
からだとこころの変化

およそ280日の間、赤ちゃんをおなかの中で育て、最後に出産という未曾有《みぞう》の大仕事を終えることができました。けれども、お母さんのからだもこころも、機械のようにパチンと育児モードに切り替わるわけではありません。からだが妊娠前に戻るまでの6～8週間を産褥《さんじょく》期といいますが、この時期もまだお母さんのからだには、特別な配慮が必要です。

産後すぐに気をつけること

子宮は大きな内容物が外に出ていった直後から収縮を始めます。出産のあと、子宮内壁は胎盤がはがれたあとがむき出しになっており、収縮することでそこからの出血を最小限にします。けれどもうまく収縮が進まないと、弛緩《しかん》出血という大出血を起こし、時には命にかかわることもあります。出産後2時間ほど安静にして、綿密にチェックを受けるのはそのためです。

産後すぐから、悪露《おろ》といわれる子宮からの出血が見られます。これは、字面《じづら》はまがまがしいのですが、自然のことです。はがれて落ちた子宮内膜、胎盤があったあとや産道の傷跡からの分泌物などが悪露の正体です。出産直後ほど量も多く、赤い色をしています。産後すぐの悪露の分泌が極端に少ない場合も、逆に産後1か月以上たっても出続けているときも、子宮の回復が順調ではないことが疑われます。

また、分娩《ぶんべん》によって傷ついた産道から炎症が広がって発熱する産褥熱、尿路感染症から起こる腎盂腎炎《じんうじんえん》などで高熱を発する場合があります。これらは現在は、抗生剤の投与などで、命にかかわる病気ではなくなりました。このほか、母乳の分泌がよいお母さんが乳《にゅう》腺炎《せんえん》〈「乳腺炎にならないために」↓150ページ〉にか

かってしまい、発熱する場合もあります。

ごくまれに現れる病気に、足にできた血栓が肺の静脈に移動して肺機能を停止させる肺塞栓《はいそくせん》があります。帝王切開などで長い時間横になったままの人に起こることがあるので、許可が出たら早めに歩行を開始し、自力でトイレに行くなどしてみましょう。

産後も母体への配慮が必要

大きくなった子宮は、産後約12時間でおへそのあたりまで収縮し、その後はペースダウンして小さくなっていきます。だいたい1か月で元の大きさまで戻りますが、収縮するときに陣痛のようにおなかが痛むことがあります。後《こう》陣痛とよばれるもので、初産婦より経産婦のほうが痛みがひどいともいわれます。

さらに、会陰《えいん》切開をした傷、母乳の分泌がさかんなのに赤ちゃんがまだじょうずに飲んでくれずにみなぎる乳房、広がったり伸びたままの骨盤や靭帯《じんたい》……。出産のときにいきんだため、痔《じ》になってしまう人もいます。陣痛という激烈な痛みが去ったあとなので、見落としがちですが、産褥期のお母さんのからだもまだ、あちこち痛くてつらいものです。

世の中の男性や、出産体験など忘却のかなたのおばあちゃん世代は、「お産が終わったのだから、赤ちゃんのことだけ考えていればいいのよ」と気遣ってくれるかもしれません。けれども、人によっては妊娠中以上に体調がすぐれない場合もあります。

多くのお母さんが、産後すぐから、涙もろくなったり、これからの子育てに不安を感じて気分がふさぐマタニティ・ブルーズ〈↓186ページ〉を経験します。出産によるホルモン・バランスの激変が、原因のひとつです。このように、こころもからだもまだ本調子ではありません。まわりの人は、新米お母さんのこころとからだが悲鳴を上げていることを理解し、通り一遍の励ましや精神論で追いつめることのないよう、こころがけてください。

鉄分と水分を補給しよう

赤ちゃんをおなかの中で育てたあと、分娩のときに出血し、悪露にもまだ赤みがあります。この時期のお母さんは鉄分の補給を念頭におき、体力回復と授乳のために、バランスのよい食事を取ることをこころがけましょう。

いままで経験がなくても、出産後に便秘をする人は少なくありません。会陰切開の傷口が開きそうでいきめない、腟《ちつ》の近辺に違和感があって排便が怖いなどの心情的な原因もあります。いずれにしろ、授乳中でもあるので水分を多く取り、繊維質を多く含む食事を工夫するなどして、早めに解消を。便秘薬や漢方薬を服用するときは、授乳中であることを医師や薬局に伝え、相談してください。

心配なこと

お風呂はいつからはいれますか

――シャワーだけでは疲れがとれた気がしません。湯船にゆったりつかりたいのですが、お風呂はいつからはいれますか

産後の生活のしかたについては医師の間でも様々な考えがあり、産後の生活指導も産院によって違います。シャワーは入院中から使えますが、入浴は、退院後すぐにでもかまわないという医師もいれば、1か月健診後という医師もいます。産後はいつまでも寝床で安静にしているよりも、早期離床したほうがからだの回復を早めるという考え方から、入浴、家事、買い物などを退院後すぐからOKという医師もいるようです。

しかし、産後の体調はひとりひとり違います。お産がスムーズに進み元気いっぱいの人もいれば、そうでない人もいます。産道についた傷の回復具合も違います。そういう意味で、一般的には感染の予防のためにも、1か月健診をすませてからにしたほうが安心だといえます。

会《え》陰《いん》切開のあとが痛みます

――排尿したとき、会陰切開の傷にしみて痛みを感じます。また排便するときも、いきむと傷が開いてしまうのではと心配になります

会陰切開の縫合部は産後1週間でほぼ治り、退院時にもチェックをしているはずですが、排尿時の痛みがひどい場合は感染を起こしているとも考えられます。気になるなら、早めに医師に診《み》てもらいましょう。

産後、排便でいきむのは確かに怖いものですが、排便でいきんだくらいで傷口が開くことはありません。トイレを我慢していると膀胱炎《ぼうこうえん》や便秘になってしまうこともあります。怖がらずまめにトイレに行くようにしてください。

便秘で、痔《じ》がますますひどくなりました

――お産のときから痔になってしまいました。便秘のせいもあるのか、ますます痔がひどくなっているようです

妊娠後期は下半身が圧迫されて血流が悪くなったところに、お産のときのいきみで痔や脱肛《だっこう》になることがよくあります。また、産後は会陰切開の傷が心配でトイレを我慢して便秘になることも多く、それが痔を悪

化させることにもつながります。さらに、授乳で水分をたくさんとられることも一因です。

まずは食事内容を見直して、便秘をなくすようにすることが基本です。海藻類や豆など食物繊維の多い食材を欠かさずに取り、それでも解消しないときは薬も必要です。排便後はお湯で洗うと痛みもやわらぎます。それでも痔が治らないときは肛門科に相談してみてください。

体形はもう戻らないのでしょうか

——授乳しているせいか体重は戻りつつあるのですが、ウエストのくびれなど、体形は戻りません。元どおりにすることができるのでしょうか

体重は戻ったけれど、体形が戻らない、というのは産後の女性共通の悩みです。妊娠中に緩んだ筋肉は、努力なしには元に戻りません。産後1か月までは体調に合わせて産褥《さんじょく》体操を。1か月を過ぎたら、シェイプアップ体操を疲れない程度に毎日行いましょう。

いままでなんにもしなかったからもう手遅れ、ということはありません。産後半年くらいまでは、おなかの筋肉も元に戻ろうとする力があるので、腹筋を鍛えることで体形も取り戻せます。あきらめずに続けましょう。

① ②

出産後1日目〜1週間
妊娠出産で緩んだ腹、骨盤底を引き締め、腟（ちつ）、会陰、子宮を回復させる体操をします。①息を吸いながら両脚を肩幅まで開き、②吐きながら閉じる。つま先、ひざを伸ばして。5回。

① ②

1週間目〜1か月まで
腹筋と骨盤の緩みを回復する運動。①背中を床につけたまま、片ひざを両手で抱え、ゆっくり胸まで引き上げる。②ひざを抱えたまま首を起こして、頭をひざに近づける。左右5回ずつ。

① ②

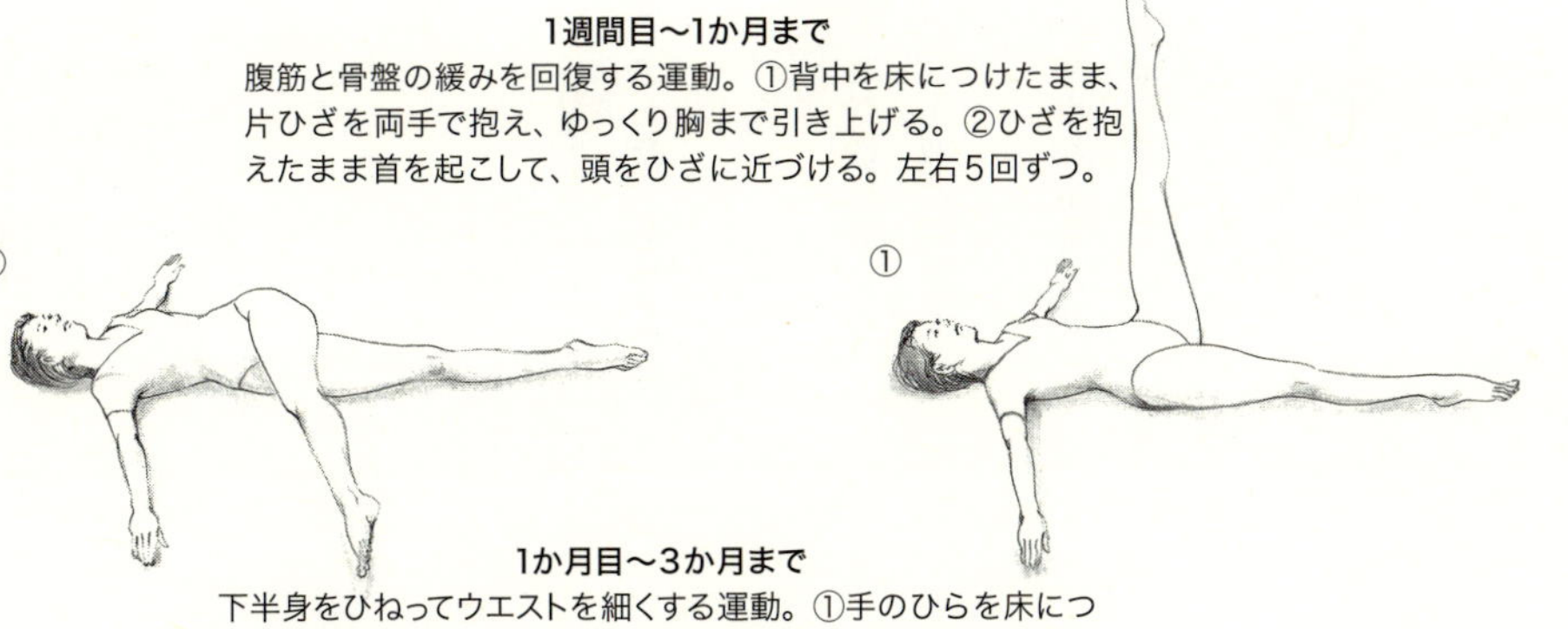

1か月目〜3か月まで
下半身をひねってウエストを細くする運動。①手のひらを床につけて腕を開き、両腕を伸ばし、片ひざを直角に上げる。②上げたひざを真横に倒し、床についたら元へ戻す。左右5回ずつ。

セックスはいつからできますか

——1か月健診でふつうの生活に戻ってよいと言われましたが、なかなかその気になれません。夫はそのことを不満に感じているようなので、悪いと思うのですが……

産後の性生活については、夫と妻の意識には大きな開きがあるようです。出産という大仕事をしてまだ1か月。毎日慣れない育児に追われ、夜中の授乳もあるため、なかなかその気になれないという妻と、いままでの禁欲的な生活から解放されたい夫。ふたりのこころとからだが出産を機にすれ違ったままになってしまいセックスレスになった、というカップルも少なくありません。そうならないためにも、夫婦なのですから、お互いに思いやりをもって話し合ってみましょう。

妻にとって産後の最初のセックスは、会陰切開の縫合のあとが痛まないか、膣《ちつ》が緩んではいないかといったからだの心配を伴います。確かにデリケートな部分ですから、痛みや違和感が多少残ることはあるようですが、心理的なものもかなり影響するし、夫の優しさ次第のところもあります。気になる膣の緩みも、弾力性に富んだ部分なので、1か月もすれば戻っています。

不安であれば、最初は挿入することにこだわらず、お互いの肌に触れ合うことから始めてみてはどうでしょう。心身がリラックスできると膣内も潤ってくるので、痛みを感じることもないでしょう。

しばらくの間は、隣で赤ちゃんが泣き出したりして、産前と同じように、というわけにはいかないかもしれませんが、セックスは夫婦のコミュニケーションのひとつとして大切にしたい、という思いがお互いにあれば、またふたりで楽しむことができるようになるはずです。

くしゃみや大笑いをすると尿がもれます

——産後すぐから、くしゃみをしたり声を出して笑ったりすると尿がもれるようになりました。もうこのまま治らないのでしょうか

妊娠・出産で子宮や膀胱《ぼうこう》などを支える骨盤底筋が緩み、尿道が締まりにくくなったために尿もれが起きることがあります。

尿もれを治すには、骨盤底筋を引き締める体操〈↓98ページ脚注〉が効果的です。やり方は、立っているときに肛門《こうもん》をぎゅっと何度も締めること。これならいつでもどこでもできますね。背筋も自然に伸びるので姿勢もよくなります。また、排尿を途中で止める訓練もお勧めです。

産後、抜け毛が増えて髪が薄くなりました

——産後、しばらくしてから抜け毛が増え始め、髪が薄くなったような気がします。このまま戻らないのでしょうか

産後のホルモンの変化によって、髪が抜けるという人は多くいます。慣れない育児へのストレスや睡眠不足も関係しているでしょう。特別な治療は必要ありませんが、シャンプーのあと、よくすすいでトリートメントをしっかりする、頭皮をマッサージして血行をよくするなど、髪の手入れに日ごろから気をつけましょう。

また、栄養バランスのよい食事を取るなど、ふだんの生活に気をつけていれば産後半年くらいで治まってくるでしょう。

命と命が出会うとき

臨床心理士　橋本洋子

■赤ちゃんの時間を一緒に生きる

子育てほど、創造的な仕事はありません。ひとりの存在が成長していくさまを、もっとも身近で見守る仕事なのですから。

でもそれは「お母さんなのだから、子育てが楽しいはずだ」ということでは決してありません。お母さんが子育てを楽しめるためには、赤ちゃんとお母さんが、しっかりと守られている環境が必要です。楽しい時間は「あっという間」に感じますよね。そんな「あっという間」と思える時間を過ごせることが、赤ちゃんに没頭していることであるし、赤ちゃんの時間を一緒に生きていることになると思います。それはお母さんがひとりで努力してつくるのではなく、まわりの人に守られてこそ、初めてできるものなのです。

ですから、これから子育てをしていくなかで、「楽しくない、つらい」と思ったときは、迷わずSOSを出してよいのです。お父さん、おじいちゃん、おばあちゃん、いろいろな地縁血縁を引っ張りこんで、助けてもらえばよいのです。現代では、地域社会の関係が崩れてきてしまい、近所の人が何くれとなく助けてくれるという環境ではなくなっています。でも、その代わりとなる、公共による子育て支援が、やっと少しずつ広がりつつあります。

そういうものをうまく使いながら、赤ちゃんとの時間を一緒に過ごしていけば、あとは赤ちゃんが教えてくれます。赤ちゃんは、決して守られているだけの、か弱い存在ではありません。“赤ちゃんを「育てる」力＝「母性」”を、お母さんからも、お父さんからも、赤ちゃんのまわりの人からもじょうずに引き出す力をもっています。ですから、赤ちゃんをみている自分を信じて、自信をもってよいのです。

子育てに自信がもてないというお母さん

の声もよく聞きます。でも、自信がないと言いながら、すごくきれいに赤ちゃんのお世話をして、赤ちゃんのこころに添って動いているお母さんはいっぱいいます。「自信」というと、とても自覚的なことばですが、そうではなくて、いつの間にかできていることなのでしょう。赤ちゃんと過ごす時間のなかで、それぞれユニークなお母さんとして育っていくのです。

■思いがけない状況に直面したら

現代の自然科学や医学は、大きな進歩を遂げました。しかし、人間も自然界の摂理のなかで生きる存在である以上、すべての人が、満期産で、病気も障害ももたない赤ちゃんを生むわけではありません。まだ生まれてくる準備が整わないうちに早産で生まれてくる赤ちゃんも、先天性の疾患や障害をもって生まれてくる赤ちゃんも、避けられず存在します。

ただその可能性を、とりあえず見ないことにして、「自分には（きっと）起こらないであろうこと」と思って、日ごろ生きている人が大部分なのだと思います。

ですから、それがいきなり自分の身に降りかかってくると、どうしてよいかわからなくなり、混乱してしまい、「お先真っ暗」という思いにさえなってしまうのは、むしろ自然なこころの動きだといえます。

ただ、周産期にかかわる仕事を続けてきた私が、ひとつ自信をもって言えることは、最初にどん底のように感じた、その思いがずっと続くわけではない、ということです。

思いがけない状況のなかで、お母さんは「なんで、どうして……」「あれが悪かったの？　これが悪かったの？」という、過去に向かっての原因探しと、「一体これから、この子はどうなるんだろう、私たちはどうなるんだろう」という、未来に向かっての不安で、気持ちが引き裂かれてしまいます。そうなると、抜けてしまうのは、いま、ここにいる自分、そして赤ちゃんへの目線です。

■ただ黙って聞いてくれる人を探して

いきなり「いまを見つめなさい」といっても、それは無理な話です。いまを見るためにはまず、過去の話をしっかり聞いてもらうことです。

思いがけないお産をしたお母さんは、ものすごく傷ついています。混乱している最中に、医療スタッフからも、いろいろなことを言われるし、「あのときこうしなければ、あのときこうしていれば……」は山ほどあります。だれだってそうですよね、つまずけば必ずそう考えます。そこをしっかり聞いてもらうのです。どうしようもなかった体験、山ほどある未来の不安など、堂々巡《どうどうめぐ》りに見える思いをそのまま話してしまうのです。

いろいろなことを話すときに、たいていの人は慰めたり励ましたりしてくれますよね。でも、そうしたことばをかけてもらっても、つらさが癒《い》えるわけではありません。「だいじょうぶよ、小さく生んで大きく育てれば」と言われてもしゃくにさわるし、「そんなに心配しなくてだいじょうぶよ」と言われて、心配が消えるわけでもありません。私がいう「聞いてもらう」というのは、そのまんまを聞いてもらうということです。ことばにできない沈黙さえも「聞いて」もらうことです。「いろいろ言いたくなるだろうけど、ただ黙って聞いて！　聞いて、私の気持ちを一緒に感じて！」と。

それは、私のような仕事をしている人でもいいし、まわりの人でもいいのです。「聞いて！」と言って、ほんとうに聞いてくれる人が、すぐに見つからないこともあるでしょう。「この人はだめだ」と思ったら、そこで自分のこころにふたをしてしまわず、また探すことです。

■いま、ここにいる赤ちゃんに出会う

不安は、ことばに出して話すことで、圧倒される不安から、抱えられる不安になっていきます。その一連のプロセスのなかで、同時に「いま」が見えてきます。私の仕事は、その「いま」に寄り添い、赤ちゃんとお母さんお父さんが出会っていく場所に、守り手として一緒にいることです。過去と未来に引き裂かれていた思いが、目の前の子どもに向けられていくとき、どんなに小さくても、どんな病気を抱えていても、ちゃんとわが子が見えてくる。そこがすごいなと思います。

そこからだって、乗り越えていかなければならないハードルはたくさんあるし、様々な思いに揺れるでしょう。でもいま、ここにいる赤ちゃんと、「命」と「命」として出会い、つながることができたとき、その子のもっているもの、たとえばとても小さく生まれてきた姿や、その子のもっている病気、障害の、まるごとそのままを、「その子」として受け入れる一歩を踏み出せます。

■「命」の原点を知っている強さ

前のページでも述べましたが、最初に知らされた段階で感じる、不安や悲しみ、「どうして自分が、自分の赤ちゃんが……」という思いは、ずっとそのままではありません。

思いがけない出産によって、それまでの価値基準はすべて壊されてしまったかもしれません。でも、そこから生まれてくるものの、その体験でこそ生まれてくるものが、確かにあるのです。私たちが外側から、押したり引っ張ったりするというお手伝いはできないけれど、自分でつかんでいかれるものが、きっとあります。

赤ちゃんが小さく生まれたことも、病気や障害をもって生まれたことも、マイナスだけではありません。ほんとうに祈るような気持ちで、「生きていてくれさえすればいい」と思った「命」の原点を、お母さんが、お父さんが知っている。それは、何ものにも代えられない財産です。これから先、あれができない、これができないと思うこともあるでしょう。でもふと、「生きていてくれさえすればいい」と思った原点に戻れる。それは、育児をしていくうえでの強みだと思いますし、誇ってよいことだと思います。

新人同士、よろしくね

赤ちゃんとお母さん、生まれて初めて顔を合わせたふたり。どちらも新人、だからちぐはぐ、かみ合わなくてあたりまえ。おむつなの？ もうおっぱい？ 抱っこかな？ あたふたしたってだいじょうぶ。赤ちゃんって寛大、ほら、もうあなたをじっと見つめてる。自分らしくしていればいい、きっとわかってくれるから。

0か月～1か月

0か月〜1か月

からだの発達

こんにちは、赤ちゃん。この世界へようこそ！

お母さんにとってはほんとうに長かった40週間でした。つわりやふたり分のからだの重さを乗り越えて、やっと赤ちゃん誕生です。お産のあとのからだの戻りや母乳の準備など、これから忙しい毎日が待っていますが、赤ちゃんをおなかの中に抱えた二人三脚の生活からは解放です。

ちょっぴり解放感を味わっているお母さんとは裏腹に、赤ちゃんは大変です。温かく居心地のよかった子宮の中から、まぶしくて騒音に満ちている世界に飛び出してきたのですから。まぶしくて、うるさいだけならまだよいのです。赤ちゃんはこれまでに経験したことのないたくさんの事柄を初めて体験し、身につけていかなければなりません。呼吸すること、口から母乳やミルクを飲むこと、自分の体温を保つこと、どれをとっても、お母さんの子宮の中ではまったくやったことのないレパートリーばかりなのです。

この世界は光と優しいお母さんの愛情に満たされています。でも、赤ちゃんを待ち受けているのはそうした優しさばかりではありません。子宮の中にはいなかったたくさんの細菌やウイルスが、赤ちゃんを待ち受けています。皮膚の表面からは、いやおうなしに水分が蒸発し、体内の水と体温を奪っていきます。

さあ、でもここで戸惑っていてもしかたがありません。この新しい世界へ飛びこみましょう。

最初の仕事は肺に空気を入れること

生まれたばかりの赤ちゃんは、まず最初に、これまで子宮の中で羊水を呼吸していた肺に、空気を入れなければなりません。赤ちゃんの最初の「オギャー」という産声は、羊水で満たされている肺に空気を飲みこんで、それを吐き出すときに出る声です。この肺に空気を入れる最初の作業がうまくいかない赤ちゃんもいます〈「新生児の呼吸障害」→782ページ〉。赤ちゃんの泣き声は、親への「泣きやませてよ」というサインですが、この最初の産声だけは例外なのです。

自分で体温調節を始める

呼吸は無事にスタートできました。次にやらなくてはいけないのが、体温調節です。子宮の内部は、お母さんのからだの中で、37度くらいに温度が調節されていました。

分娩《ぶんべん》室の温度は、暖めてあるとはいっても、体温より低く設定されています。赤ちゃん自身が自分で熱をつくらなければなりません。自然はうまくできていて、自分で体温を調節するのが初めての赤ちゃんのために、皮膚には胎脂《たいし》という白いべったりとしたラードのような脂肪がついて生まれてきます。これは赤ちゃんの皮膚から熱や水分が奪われるのを防ぎます。以前は生まれてすぐに産湯を使いましたが、最近はこうした胎脂の役割がわかってきたので、産湯はすぐには使いません。

赤ちゃんのからだにはもうひとつ工夫がされています。赤ちゃんには大人にはない褐色脂肪とよばれる、熱を効率よくつくりだす脂肪細胞が豊富にあって、体温の低下を防いでいます。

さて、呼吸と体温調節はなんとかうまくいきました。呼吸をしたり体温を保つためにはエネルギーが必要です。エネルギーは一体どこから手に入れるのでしょうか。

エネルギーをつくりだす

お母さんのおなかの中では、赤ちゃんが必要なエネルギーはすべて、胎盤を経由してお母さんの血液からもらっていました。エネルギーのもとはブドウ糖です。ブドウ糖を細胞内で分解して、その化学エネルギーを使っているのです。でも、へその緒《お》はその中の血液が赤ちゃんのからだに戻ったことを確認したら、すぐに切られてしまいます。そうです、これまでの赤ちゃんはお母さんに寄生して栄養をもらう「従属栄養動物」だったのです。それが、へその緒が切れた途端に、自分でエネルギーをつくりださなければならない「独立栄養動物」に変身したのです。でも、エネルギーはどこから取ればよいのでしょう。

答えは明確です。母乳（ミルク）です。母乳を飲み、それに含まれている糖分（乳糖）や脂肪を分解してブドウ糖や果糖に変え、それをエネルギー源とするのです。

オギャーという最初の産声。これは、羊水の代わりに空気を肺に飲みこみ、それを吐き出すときの泣き声です。呼吸が始まりました。

赤ちゃんは自然に備わっている力に導かれて、母乳を飲むことができるのです。

そのためにはまず、母乳から栄養分を吸収する消化管を動かさなければなりません。胎内にいるときにも、羊水を飲んでその練習をしていました。でもそれは、母乳を飲むことに比べたら簡単です。間違って肺のほうに羊水を飲みこんでも胎内なら平気です。なぜなら、もともと肺にも羊水がつまっているのですから。でもこの世界では、母乳は食道を通って胃、腸に行かなければなりません。

　生まれると、赤ちゃんの消化管は、母乳を受け入れる準備を始めます。まず腸が動いて、羊水の残りを腸の外に出します。このとき出されるのが、真っ黒い色をした胎便です。必要な消化液も少しずつ出始めます。

乳首を吸うのは難しい

　赤ちゃんにとっていちばん難しいのが、お母さんの乳首や哺乳《ほにゅう》びんの乳首から母乳やミルクを飲むことです。鼻で息をしながら乳首に吸いついて、肺に入れないように母乳を飲みこまなければなりません。これも、自然がちゃんと手伝ってくれます。生まれたばかりの赤ちゃんでも、頰《ほお》に何かがさわると顔をそちらに向けて、唇のそばに持ってくるという生まれつきの反射行動を起こします（ルーティング反射）。そして乳首が唇にあたると、それを口にふくみ吸い始めます（吸啜《きゅうてつ》反射）★1。こうして赤ちゃんは自然に備わっている力に導かれて、母乳を飲むことができるのです。

　もちろん、みんながこううまくいくわけではありません。お母さんのほうで授乳の準備ができなかったり、赤ちゃんがうまく吸いつけないなど、授乳にまつわるトラブルは子育ての最初にぶつかる難関であることが多いのです〈「気がかりなこと」↓154ページ〉。

　さあ、これで万事うまくいったでしょうか。いえいえ、まだやらなくてはならないことがあります。じつは、からだの中を流れる血液の道筋を大きく変える、幹線道路の架け替え工事のような仕事があるのです。

血管に開いていた穴が閉じ始める

　お母さんのおなかの中では、酸素も、胎盤からへその緒をとおしてもらっていました。肺には羊水がつまっていて、肺を通る血管はなんの仕事もしていなかったのです。ところが、「オギャー」と産声をあげて肺に空気がはいると、肺から取り入れた酸素を肺の血管が運ぶようになります。胎児のときには、肺を経由する血液はむだな動きをしているので、肺に

★1——「吸啜」は「きゅうせつ」とも読みます。

血液を送り出す肺動脈という大血管のスタート地点に大きな穴（動脈管）があいていて、そこから直接、左心房に戻る肺静脈に血液が送られていました。肺に血液を全部送るようになると、この穴はむしろ、ないほうがよいのです。そこで、生まれてすぐにこの穴が閉じ始め、数か月のちには完全に閉じてしまうのです。

こうした赤ちゃんの体内の仕事はお母さんには見えませんが、うまくいかないとトラブル（動脈管開存）となるのです〈↓786ページ〉。

生まれてすぐの赤ちゃんは、劇的に変化した環境に対応するために、全力投球です。元気な成熟児でも最初の1週間は体重が減ってしまいます。それは、体内の余分な水分が減るためだけでなく、こんな赤ちゃんの大奮闘も関係しているのです。

（榊原）

このころ気になる症状と病気

斜頸《しゃけい》〈「気がかりなこと」↓206ページ〉
乳児脂漏性湿疹《しろうせいしっしん》〈↓756ページ〉
陰嚢水腫《いんのうすいしゅ》〈↓777ページ〉
臍炎《さいえん》〈↓784ページ〉
新生児メレナ〈↓784ページ〉
新生児黄疸《おうだん》・母乳性黄疸〈↓784ページ〉
動脈管開存〈↓787ページ〉

0か月～1か月

ことばの発達

出産を終えたお母さんたちは、この時期、まるで天地がひっくり返ったような気分になるのがふつうです。それもそのはず、お母さん自身のからだの中の状態も、生活時間も、出産前とは激変するからです。

"未知の生き物"がやってきた

初めての赤ちゃんは、お母さんにとってもお父さんにとっても、まったくのところ"未知の生き物"。ことばで言ってくれないので、赤ちゃんが何を望んでいるのかわかりようもありませんし、言い聞かせてもじっとしていてくれません。途方に暮れてしまうとしても、ちっとも不思議なことではありません。

　赤ちゃんは赤くなったり、白くなったり、からだじゅうを縮めて「キュキュキュキュ」というような、なんとも不思議な音を出したりします。人間らしい気持ちの交流などというものにはほど遠く、自分のペースで、寝る、泣く、おっぱいやミルクを飲む、うんちやおしっこをする、ただそれだけの存在のように見えます。

　こんなにわがままでことばも通じない相手なのに、お母さんやお父さんは、途方に暮れたりもういやだと投げ出してしまったりせずに、一生懸命赤ちゃんの世話をします。

自分のなかにある子育ての力を信じて

　おっぱいやミルクを飲ませ、おむつを替え、お風呂に入れます。お湯の中にはいった赤ちゃんが口をすぼめて「ほーーー」というような顔をすると、思わず「気持ちいいねえ」と語りかけてしまいます。おむつを替えるときに、大きな声で泣けば「はいはい、いやだったね、急いで替えるから待っててね」と声をかけます。なんとかして、赤ちゃんが気持ちよくなるように、少なくとも泣きやんでくれるようにと、あらゆる手段を惜しみません。

　これは人間がみんなもっている能力で、人との交流、「コミュニケーション」を築きあげていく根本の力です。本能、といってよいかもしれません。子どもを健やかに育てあげ、子孫を残し、人類という種を次の世代につなげていこうとする無意識の力が、私たちをそういう振る舞いに駆り立てるのです。赤ちゃんを育てていくうえでは、こんなふうに理屈ではなく、自分のなかにある「なんとなくそうしてしまう」力を信頼することが、今後とも大事になってくるでしょう。

生後すぐから母親の声を聞き分ける

　さて、いままで、なんにもわかっていない、と思われていた生後まもない赤ちゃんですが、ほんとうは、驚くほどいろいろなことがわかっているらしいのです。

お母さんお父さんは、無意識のうちに赤ちゃんに声をかけ、一生懸命お世話をします。これは本能といってもよい子育ての力です。

この時期の赤ちゃんは、お母さんの声と、それ以外の人の声をちゃんと聞き分けられます。録音したお母さんの声と、それ以外の人の声とを聞かせたところ、お母さんの声を聞かせたときのほうが、乳首を吸う回数が明らかに増えるのです。

妊娠の後期（8か月目くらい）の赤ちゃんは、お母さんのおなかの中で、外界の音を聞けるといわれています。この時期になると、聴覚のしくみや、聞こえた音を耳から脳に送り届ける神経の働きが整ってくるからです。おなかの中で聞く外界の音は、お母さんのおなかの皮下脂肪や筋肉層や子宮壁や羊水にさえぎられるので、くぐもったような、はっきりしない音に違いありません。それでも、お母さんの声だけはいつも聞こえる身近な音です〈↓178ページ〉。

赤ちゃんは、妊娠後期からおなかの中でお母さんの声を聞いています。

ですから生まれたあと、音が羊水の中を通る代わりに空気を伝わってよりクリアに聞こえるようになると、すぐに声の違いを聞き分けることができるのです。

家族は相互関係のなかで成長する

赤ちゃんはまた、世話をしてもらうだけの受け身の存在ではありません。あの手この手で、大人からのかかわりをじょうずに引き出します。それだけではなく、大人に対していろいろなことをしてくれます。

赤ちゃんがおっぱいを飲むときの乳首への刺激によって、お母さんのために必要なホルモンがたくさん分泌されます。そのひとつ、オキシトシンは産後の出血を防ぎ、子宮の収縮を促しますし、もうひとつのプロラクチンはお母さんのこころやからだを鎮静化してくれます。

私たちは「赤ちゃんにおっぱいを飲ませてあげている」と思いがちですが、じつは「赤ちゃんにおっぱいを飲んでいただいて、ありがとう」なのかもしれません。

このことにかぎらず、育児においては「親が子どもにしてあげている」つもりが、じつは「親が子どもにしてもらっている」ということに気づくことが今後もたびたびあるでしょう。お母さんお父さんと赤ちゃんが、一方的に与えたり受けたりするのではなく、お互いに与え、そして受け取るという相互関係のなかで、家族は育っていきます。赤ちゃんが、やがて身につけていくはずのことばの力、コミュニケーションの力も、この相互関係のなかで育ちます。

授乳のときの見つめ合いはことばの基礎を築く

見え方のことにも触れておきましょう。この時期の赤ちゃんは20～30㎝くらいの距離のものがいちばんよく見えるらしいのです。そしてこの20～30㎝とは、お母さんの乳首にくっついて母乳を飲んでいるときの赤ちゃんの目とお母さんの目の距離とちょうど一致するのです。

おっぱいをやりながら、ミルクを飲ませながら、親子がちょうどよい距離で目と目で見つめ合うことは、これからの相互関係をつくるうえでとても大事です。

人形が相手なら、「大人が人形を見る」という一方的な関係でおしまいです。人形が見つめ返してくることはありません。でも、赤ちゃんの場合は、お母さんがじっと赤ちゃんを見つめると、赤ちゃんも見つめ返してきます。赤ちゃんがお母さんを見つめれば、今度はお母さんが赤ちゃんに視線を返します。ここには「見る――見られる」の関係が成り立っています。

「見る――見られる」見つめ合う関係をとおして、ことばの基礎となる相互関係を築くうえでとても大事なのが、授乳時間です。テレビを横目の授乳は、どうぞやめてください。もし、テレビがついているのなら、音を小さめにし、画面に夢中にならないようにして、赤ちゃんが目を合わせてきたら必ず視線を返してあげるようにしてください。

（中川）

0か月～1か月

こころの発達

「うわあ、まぶしーい！　なんだ、ここは？　ひやっとしていて、いままでと全然違うぞ。一体全体、ここはどこなんだ？」

もし赤ちゃんが話せたら、お母さんのおなかから出てきたときの感じを、こう表現するのではないでしょうか。

ところで赤ちゃんは、このように感じる〝こころ〟をもっているのでしょうか。これは、大変難しい質問です。昔は赤ちゃんを研究する方法がなかったために、赤ちゃんは無能な状態で生まれてきて、その後も長くその状態が続くと考えられていました。目も、生まれてしばらくは見えないと思われていました。

赤ちゃんにも〝こころ〟はある

しかし、最近はビデオやコンピュータ、あるいはその他の器具の発達により、赤ちゃんの行動をもっと細かく正確に観察できるようになりました。その結果、赤ちゃんはそれなりの知覚を備えて生まれ、〝こころの原型〟といえるものも備わっていると考えられるようになりました。

赤ちゃんはことばも話せませんし、感じ方も大人と同じではありません。でも、赤ちゃんは人間的な感情をもって大きくなると考えたほうがよいと思います。

本書の〝こころの発達〟の項では、赤ちゃんの気持ちやこころの働きを代弁して、お母さんやお父さんに伝えていきたいと思います。

外はなんて明るいんだろう。お母さんのおなかの中から出てきたばかりの赤ちゃんは、まぶしくてたまりません。

さて、さっそく産道から出てくるときの気持ちです。

「……くっ、苦しーい！　やった、やっと楽になった。でも、今度は自分で呼吸しなくちゃ。大変だあ！」

＊　＊

ぼくは、赤ちゃん。さっきお母さんのおなかから出てきたばかり。出てくるときはつらかったよ。あんなに苦しい思いをするとは、知らなかった。でも、スリルもあったよ。ぼくが泳いでいた所が破れて、明るいほうに向けて押し出されていったんだ。外に出る最後の所は、狭くて苦労したよ。

お母さんのからだから出ようとしたら、だれかがぼくを引っ張り出して、抱いてくれたんだ。びっくりしたのは、外がとても明るいこと。いままで、光なんて見たことなかったからね、しばらくはまぶしくてたまらなかった。それに、ちょっと寒い。ずっとお母さんの体温と同じ暖かさのなかで暮らしていたからね。でも、すぐに慣れてきた。

外の世界って、なんとなく不安定。いままでは水の中をいくら泳いでも、お母さんのおなかにとどまっていたのに、外の世界では下へ下へ落ちていくように感じる。それに、手も足もゆったりとしか動かせなかったのに、抵抗がなくなって簡単に動いてしまう。何もかも違う。これからどうなっちゃうんだろうって、思うんだ。

だから、ぼくが泣くのはあたりまえ。もちろん、最初のオギャーッというのは、違うよ。あれは、自分で呼吸するために、肺の羊水を追い出したとき、喉《のど》から出た音なんだ。これからは自分で息を吸わないと生きていけないんだね。息のしかたなんて教えてもらっていないけれど、なんとかできるから自分でも不思議。

生まれたあとは、不快なときや不安なときに泣くんだ。すべてが新しい体験だから、興味半分、不安半分。見えるという体験が始まるし、音もいっぱい聞こえてくる。大げさにいうと、からだ全体が違和感の真っただ中にある感じなんだ。

おなかがすいて泣く。お母さんが来てくれてうれしくなって、もっと泣く。それがこのころの赤ちゃんです。

おなかがすくのも新しい体験。いままでは、自分で栄養を補給する必要がなかったから、おなかがすかなかった。これからは、おっぱいを飲んで自分でおなかをいっぱいにしなくてはいけない。まず、においのするほうへ向いて吸ってみた。すると、おっぱいがおなかにはいってきた。

たいていのお母さんは、初めのうちはおっぱいの出がよくないから、ぼくたちは満腹にならない。おまけに吸うことは全身運動だから、ぼくたちは疲れてすぐ眠ってしまう。でも、満腹になっていないから、すぐ空腹感で目が覚めて泣く。泣かないと伝わらないからね。もちろん、ぼくにはまだ、おなかがすいているなんて、わからない。からだに不快な感じがあるだけだ。こんなふうにぼくたちは、空腹感や不快感や不安感を〝泣く〟という全身運動で表現するんだ。

ぼくが泣くのは、悲しいときとはかぎらないよ。このころは、何かを伝えるのに泣くという方法しかないからね。おなかがすいても泣き始めるし、お母さんが来てくれてうれしくなっても、泣くことがあるんだ。それから、泣くことは、ぼくたちの全身運動にもなっているし、ストレス発散でもあるんだよ。

まだはっきりと目が見えているわけじゃないけれど、ある距離の所だと、かなり見えるんだ。でも、見えている物がどのくらい離れているかは、よくわからない。大きさの違いがぼんやりとわかるくらい。

同じ大きさの物でも、近づいてくると大きく見え、離れると小さく見えるよね。でも、そういうことは、まだよくわからない。それがわかるのは、手を動かしてさわったと感じられるようになってから。遠くにある物は、同じように手を伸ばしてもさわれないから、不思議に思う。こうやってからだで確かめることで、遠くと近くの区別がついてくるんだ。ものごとは、からだをとおしてわかるようになるんだね。

移動すると、物の大きさが変わっていく。これも最初は理解できないんだ。だから、ぼくに見えている世界は、大人と同じとは思わないでほしい。抱っこして短い距離を移動してくれるだけでも、ぼくたちには新鮮な経験なんだよ。

生まれて1か月くらいまでは、遠くにある壁や外の風景と、それ以外の物の区別も十分にできないんだ。ひとつの物をじっと見ているなんてことは、できない。でも、がっかりしないでね。こんな段階から始まって、だんだん違いがわかってくるんだ。

自分と自分以外の物を区別することも、からだをとおして理解するんだ。たとえば、そばにあるガーゼに触れたとき、自分が確かにさわっているという感覚をもてるようになると、自分以外の物がわかってくるんだ。

お母さんのおなかから出てきたときは、うるさくてびっくりした。おなかの中では、お母さんの内臓の音が規則的に届いてくる。血液の流れる音も、かすかにシャーと聞こえてくるような感じ。

ところが外に出ると、シャーという音は聞こえなくなるし、訳のわからない音が不規則に聞こえてくる。このころは、大きな音がするとただびくっとするだけ。音の意味はわからないけれど、からだが勝手に反応するんだ。

ぼくは、びくっとしたくないから、大きな音は聞かないようにしている。頭の中でシャットアウトするのさ。

だから、いつもうるさい環境は、ぼくはいやだね。うるさい音が聞こえてきたら、からだが反応してしまって疲れるんだ。できるだけ聞かないようにするんだけど、そうすると人間の声もシャットアウトしてしまう危険性がある。

できるだけ、静かな環境で優しい声を聞かせてほしい。この声が聞こえたら抱いてくれるんだという因果関係がわかるにはまだ時間がかかるけれど、でも、優しい声が聞こえると、なんだか安心できるんだ。人間の声って、意味がわからなくても、リズムと抑揚があって、音楽みたいだからかな。この時期は、少し高めの声が気持ちいいな。

＊　＊

生まれて間もないころの、赤ちゃんのこころを感じていただけましたか。一日の大部分眠っているようでも、赤ちゃんは私たちが予想する以上の体験をしているのです。そして赤ちゃんは、無力で受け身なだけの存在ではありません。なにしろ、〝泣く〟ことでまわりの大人を動かし、大人からの働きかけを引き出しているのですから。赤ちゃんは、周囲からはいってくる情報を少しずつ処理しながら、人間らしい力を身につける練習を、着実に始めているのです。

（汐見）

育ちのようす

これまで羊水に浮かんで育ってきた赤ちゃんは、体重の約70％が水分という状態で生まれてきます。ヒトに必要な体内水分は体重の約60％ですから、赤ちゃんは、この少し多めの水分を汗やおしっこ、便と一緒にからだの外へ出さなくてはなりません。そのため生後数日はどんな赤ちゃんでも体重が減るもので、これを「生理的体重減少」といいます。母乳やミルクが足りなくて減るのではありません。満期産の場合、10日ほどで出生時の体重に戻り、それから少しずつ増えていき、1か月後には1kg前後重くなっています。

ただし、生まれたときの体重もその後の増え方も、ひとりひとり違います。小さく生まれた赤ちゃんは、元の体重に戻るまでにもっと長くかかります。ですから、「いまは○kgなければいけない」などと思いつめないでください。どうしても気になるなら、1週間～10日に1度くらい、体重計で量ってみてもよいでしょう。退院時より増えている、発育曲線★1に沿って伸びている、それならだいじょうぶです。授乳のたびに量る必要はありません。

頭のこぶは自然となくなる

生後1～2日の赤ちゃんの頭に、とがったこぶのようなものを発見することがあります。これは産瘤《さんりゅう》や頭血腫《ずけっしゅ》〈↓783ページ〉とよばれる新生児特有のこぶで、赤ちゃんが産道を通るときに、頭部が圧迫されてむくんだり（産瘤）、頭蓋骨《ずがいこつ》とそれを包む骨膜の間に出血してできたもの（頭血腫）です。ぶよぶよしていますが、さわっても痛がりません。また、出血といっても体内に吸収されるため、2～3週間で自然消滅し、1歳くらいまでには自然となくなります。頭もふつうに洗ってかまいません。

新生児黄疸《おうだん》と母乳性黄疸

赤ちゃんはお母さんのおなかの中で、大人と少し性質の異なる赤血球をつくり、それで効率よく酸素を得ていました。自分で肺に酸素を取りこめるようになったいま、胎児時代の赤血球はお役御免となり、どんどん壊されていきます。その過程でビリルビンという物質ができるのですが、赤ちゃんの肝臓は機能的に未発達なため、これを処理することができません。生後2～3日目に「新生児黄疸」〈↓784ページ〉という生理現象が起こるのはこのためです。黄疸は10日ほどで消えますが、母乳哺育《ほいく》の場合は「母乳性黄疸」〈↓784ページ〉といって2～4週間くらい、低出生体重児で生ま

★1――母子手帳には、厚生労働省の全国調査に基づいた発育曲線が記載されています。これは身長や体重の全国平均値をパーセンタイルという指数に置き換えたもの。パーセンタイル値3～97の帯が描く曲線に沿って伸びていれば、「順調に育っている」という目安になります。

れた赤ちゃんは1か月以上続くことがありますが心配する症状ではありません。母乳も欲しがるだけあげましょう。

肌がかさかさむけてくる

おなかの中で赤ちゃんの全身を保護していた皮膚は、空気に触れると乾燥して細かくむけ始めます。落《らく》屑《せつ》という現象で、生後2〜3日目から、1か月ほど続く現象で、そのままにしておきます。また、鼻の頭に黄色いぼつぼつができることもありますが、これも数週間できれいになります。

おへそがじくじくしていたら

へその緒《お》は、病院にいる間に自然にとれてしまうことが多いようです。昔は細菌感染を心配しましたが、衛生環境がよくなったいまは、それほど神経質にならなくてもよいでしょう。じくじく湿っていたら消毒用アルコールでそっとふき、1週間くらい清潔なガーゼをあてます。おむつにしみこんだおしっこで汚さないよう、おむつはおへその下まで。乾いたら何もしません。

頭のぺこぺこは発育のゆとり

頭のてっぺんがへこんで、ぺこぺこ脈打っているのは、大泉門《だいせんもん》。脳や骨の発育のために、ゆとりをとってある部分です。皮膚のすぐ下は脳なので、強く押さないように。湿疹《しっしん》ができやすいところですが、ふつうに洗ってあげましょう。

たいていの赤ちゃんはおしりが青い

おしりや背中、手足に出る青いあざは、★2蒙古斑《もうこはん》です。日本人の赤ちゃんの多くが蒙古斑をもって生まれますが、小学生になるころには消えています。濃さは赤ちゃんによって様々ですので、気にしないでください。ただし、海外ではこの蒙古斑を虐待によるあざだと誤解し、通報する場合があります。渡航する予定があるなら、医師に申し出て証明書を用意しておくとよいでしょう。

おしっこやうんち、気になること

おしっこは生後1日以内に出始めます。1日20回以上ちょっとずつ出すのは、まだ膀胱《ぼうこう》が小さく、尿をたくさんためておく力がないため。回数や量は赤ちゃんによって様々です。

また、いちばん最初のうんちは、胎便といわれるねっとりとした黒緑色の便です。これは、胎児時代に飲みこんだ羊水のかすや胆汁の色素などが固まって、便となって出たもの。母乳やミルクを飲み始めれば黄色っぽいうんちに変わるでしょう。

★2――東洋人の赤ちゃんに特有の蒙古斑は、おしりや背中、腰、太ももなどに出てくる青あざで、メラニン色素が集まってできています。

生まれた直後の赤ちゃんの腸内は無菌状態ですが、呼吸や授乳が始まると鼻や口からいろいろな菌がはいりこみ、腸内細菌叢《さいきんそう》を形成し始めます〈「腸にすむ細菌」↓次ページ〉。生後3〜4日目には、この細菌叢の働きによって母乳やミルクがこなれたうんちとなりますが、とてもやわらかく、酸っぱいようなにおいがします。回数も多いことから下痢ではないかと心配になるかもしれませんが、新生児ではこれがふつうなのです。1か月くらい水様便の赤ちゃんもいます。母乳哺育なら回数が多くやわらか、ミルク哺育なら、やや形があるかなという程度です。

「便に血が混じっている」（下痢気味で血が混じっているときは、細菌感染が疑われます。腸重積症《ちょうじゅうせきしょう》〈↓755ページ〉では鮮血が出ます）とか、「お米のとぎ汁のように真っ白だ」★3（先天性胆管閉鎖症《せんてんせいたんかんへいさしょう》、乳幼児嘔吐《にゅうようじおうと》下痢症《げりしょう》〈↓753ページ〉が疑われます）という以外は、黄色でも茶色でも黒色でも、やわらかくても、ころころしていても、気にする必要はありません。便の回数や形状は、母乳かミルクかによって、そして赤ちゃんの体質によっても異なるのです。2〜3日便が出ないこともあります。肛門《こうもん》が傷ついて血がにじむほどかたいうんちでないかぎり、様子をみましょう。

そのほか、女の子におりものが見られることがありますが、これは胎児時代に浴びていたお母さんのホルモンの影響です。自然と消えていきます。また、男の子では、睾丸《こうがん》に水がたまる陰嚢水腫《いんのうすいしゅ》〈↓777ページ〉になる赤ちゃんがいます。水は自然と体内に吸収されますが、鼠径《そけい》ヘルニア（脱腸）〈↓776ページ〉が疑われる場合もありますので、医師に相談してください。

平熱を知っておくとあわてない

赤ちゃんの体温★4は37度前後がふつうで、37・5度までは正常な範囲だといわれています。「熱があるのか

平熱は、数日間体温を測って平均値を出せばわかります。最近は、短時間で測れる耳温計を使う人も多いようです。

★3——うんちに白い粒々が混じっていることがありますが、これは母乳やミルクの脂肪分が固まってできたものです。特殊なものではありません。

しら」とあわてずにすむように、赤ちゃんの平熱を知っておくとよいでしょう。

平熱は、数日間、同じ時刻に、からだの同じ部位で（わきの下なら毎日わきの下、というように）、体温を測って平均値を出せばわかります。わきの下で体温を測るときは、汗をふき取り、体温計を45度の角度になるように挟んで、皮膚に密着させ、腕を下ろします。体温計がずれないように赤ちゃんの腕を固定しますが、このとき腕全体をぎゅっと押さえつけるといやがりますので、ひじを軽く押さえる程度に。これなら手が自由に動かせるので、それほどむずかりません。

体温は測る部位によっても時間帯によっても異なります。泣いたあとや、食べたり飲んだりしたあと、お風呂のあとは、高くなります。

腸にすむ細菌

私たちの腸には、ビフィズス菌、大腸菌、腸球菌など様々な細菌がすみついています。なかには、消化吸収を助けたり、体調を整えたりする善玉菌もいれば、健康によくない悪玉菌もいます。善玉菌の代表であるビフィズス菌は乳酸菌の一種。ビタミンB_1やB_2などをつくるほか、悪玉菌の動きを阻止したり、赤痢菌やコレラ菌などの腸内繁殖を防いだりもします。大腸菌は人体に欠かせない栄養素であるビタミンB_{12}やビタミンKをつくりますが、生後しばらくは腸内に少ないため、1か月健診でビタミンKシロップを飲ませます〈→139ページ〉。

寝ている間も赤ちゃんの脳は大忙し

これから数か月、赤ちゃんは昼と夜の区別なく、目を覚ましたり眠ったりの生活を送ります。これは赤ちゃんには睡眠リズムがまだなく、体内時計も夜に眠くなるように調整されてはいないため〈「赤ちゃんに体内時計はない」↓次ページ〉。しかも、大人ならば睡眠直後にぐっすり熟睡するノンレム睡眠にはいりますが、新生児期は眠りの60%くらいが「脳は起きていて、からだが寝ている」レム睡眠。うつらうつらとした浅い眠りです。

なぜ寝ている間も、赤ちゃんの脳は働き続けているのでしょうか。それは、赤ちゃんの脳や神経はこのレム睡眠中、外の世界に適応できるよう、調整を繰り返しているためと考えられています。お母さんの胎内から外に出て、これから生きていく環境に合うようにからだの調整をしなければならない。血圧や心拍、体温などに関係する自律神経を、繰り返し再調整しなければならない。なにしろ生まれて初めてのことなので、赤ちゃんの脳も大忙しです。

また、赤ちゃんが寝ているときの様子をみると、ときどき手足をぴくっとさせることがあります。これはレム睡眠時に起こる一過性の筋肉収縮で、大人にも見られる生理現象。けいれんではありません。

★4――ヒトは、からだを動かしたり、内臓を働かせて熱をつくり出すと同時に、皮膚や呼吸、排泄によって熱を放出し、体温を調節しています。赤ちゃんはまだこの調節機能が未発達なので、体温の変動が大きく、厚着をすると熱がこもり、体温が高くなってしまいます。

赤ちゃんに体内時計はない

地球上の生物はすべて、地球の自転に合わせた24時間周期の体内時計をもっているといわれます。この体内時計が､昼と夜のリズムを覚えていて、決まった時刻になると眠くなったり目が覚めたりするのです。これをサーカディアン・リズムといい、ふつうに生活していれば、たいていの人は夜に眠くなります。ところが赤ちゃんは、突然、昼夜の区別がある世界へ飛び出してきたのですから、まだ体内時計がないのです。子宮の外の暮らしに慣れて睡眠のリズムができるまでには、しばらく時間がかかります。

閉じたまぶたの下で目玉がきょろきょろしているのも、赤ちゃんのレム睡眠時にはよくある現象です。そもそもレム睡眠の「レム」とは、「急速眼球運動(rapid eye movement)」の英文の頭文字をとったもの。睡眠中も眼球が動いたり、口をもごもごさせたり、少し大きくなると寝言を言ったりします。

世話をする側としては赤ちゃんが眠ってくれればひと息つけるのですが、赤ちゃんも細切れ★5の睡眠で一生懸命適応力をつけているところです。まとめて眠ってくれるその日まで長い目で見守りましょう。

1か月健診を受ける前に

出生後初めての健康診査である1か月健診は、出産した病院で退院時に予約をとることが多いようです。赤ちゃんの健康状態を知り、今後の育児に適切なアド

■ 睡眠パターンの変化

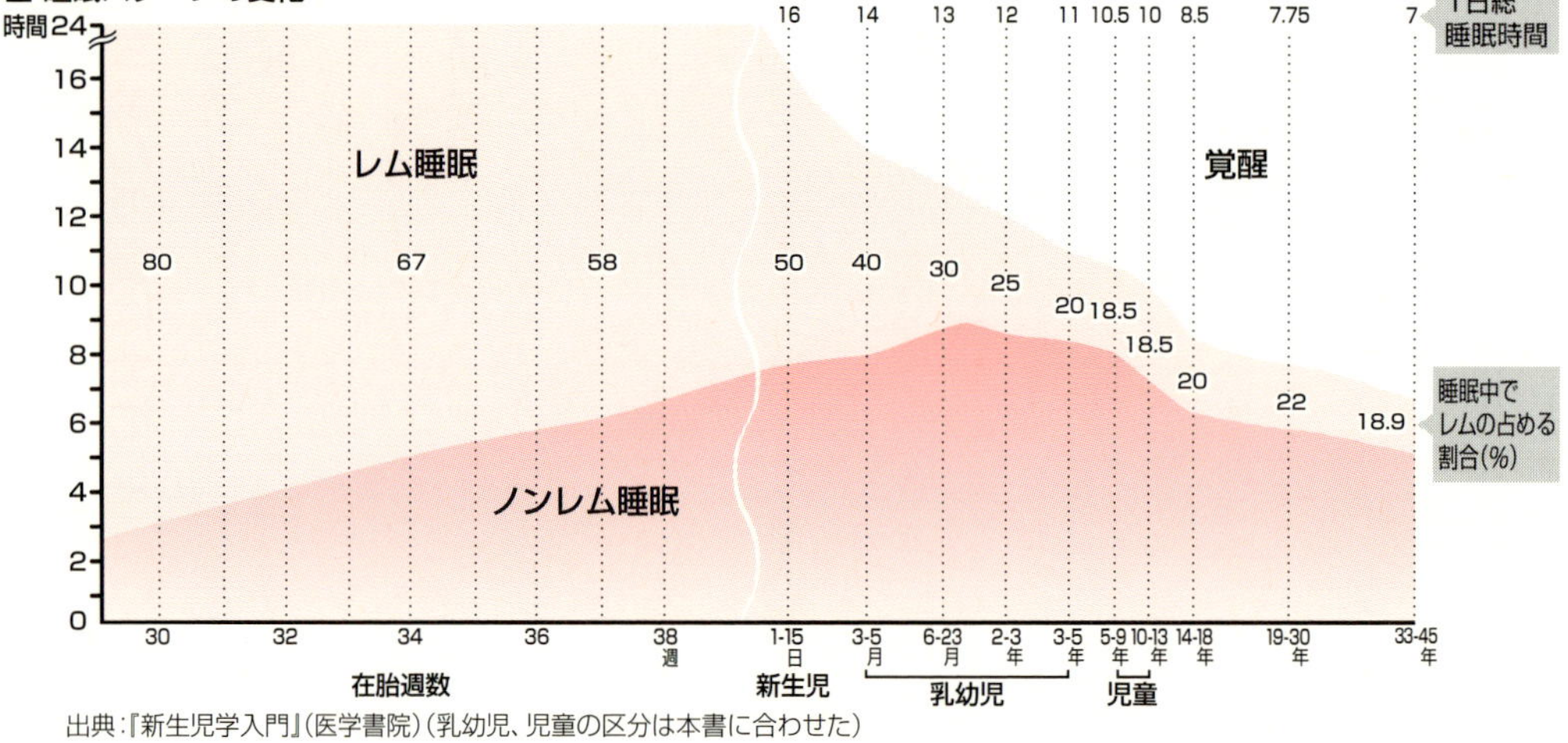

出典:『新生児学入門』(医学書院)(乳幼児、児童の区分は本書に合わせた)

新生児の眠りの50%くらいがレム睡眠。一日中寝ている胎児のときから睡眠パターンがつながっているのがわかります。

★5 ── 泣きぐずって、眠っているのか起きているのかわからない赤ちゃんもいます。まわりの人はぐっすり眠らせようと気をもみますが、本人は必要なだけ睡眠をとっています。子守唄を歌ったり、背中をトントンしたり、抱っこの姿勢を変えてみて、赤ちゃんが好む対応を探しましょう。

バイスを受けるためにも、定期的な健康診査はとても大切です。何か病気や異常があった場合は、早期発見、早期治療が可能になります。

また、赤ちゃんの健診とは別に、子宮の回復状態などを診《み》る、お母さん自身の健診も同じ日に行われます。

このころ赤ちゃんはまだ首がすわっていないので、お母さんひとりで赤ちゃんと荷物を抱えて病院へ行くのは大変でしょう。お父さんや、時間のとれる家族に付き添ってもらえると助かります。

■赤ちゃんの何を診るのか

1か月健診では、まず赤ちゃんの体重の増え方、斜《しゃ》頸《けい》〈「気がかりなこと」↓206ページ〉、股関節脱臼《こかんせつだっきゅう》〈↓779ページ〉の有無、母乳やミルクの過不足、手足の動かし方、皮膚の色つやを確認します。それから、心臓や呼吸の音を聴診し、心雑音〈↓236ページ〉の有無などを確認します。また腹部や頭部の触診で、おなかのしこりや大泉門の張り具合などを調べます。母子手帳には平熱やふだんの様子、湿疹《しっしん》のことなど、観察したことを記入しておきましょう。先天的な症状は生後まもなく病院で見つかっているかもしれませんが、その後の健康上の問題や育児不安など、気になることがあれば質問しましょう。

新生児の腸にはまだ細菌が少なく、ビタミンKがつくられにくいため、健診では予防的にビタミンKシロップを飲ませます〈「腸にすむ細菌」↓137ページ〉。

■母子手帳を活用しよう

母子手帳には、赤ちゃんの発育を保護者が記録しておくページがあります。たいていは、健診の月齢に見られる標準的な様子をチェックしたり、育児上の疑問点を書きこんだりできるようになっています。少しでも不安点があったら、メモをしておきましょう。健診では、医師と保健師が対応しますので、健康面と育児面どちらの疑問にも応じてもらえるはずです。帰ってから「あれも聞けばよかった」と悔やむことのないよう、事前に用意をしておきましょう。

乳幼児身体発育値の見方

母子手帳に載っている乳幼児身体発育値（パーセンタイル表）とは、乳幼児の身長と体重を10年ごとに厚生労働省が全国調査し、平均化したもの。平成14年の改訂後は、体重・身長ともに97パーセンタイルに近ければ、大柄な赤ちゃん、3パーセンタイルに近ければ、小柄な赤ちゃんということになっています。体重が97、身長が3に近い場合はずんぐり型。体重が3、身長が97に近ければひょろっとした赤ちゃんです。あくまでも目安であり、特に低出生体重児で生まれた赤ちゃんは、この表にこだわらないほうがよいでしょう〈→298ページ〉。

※このころ気がかりなことについては、206ページをご覧ください。

授乳

生まれてすぐの赤ちゃんをお母さんの胸の上にのせると、乳首を探すようなしぐさをします。そしてほんとうに自分で乳首を探し出し、ちゃんと吸いついてきます。お母さんは、赤ちゃんの吸う力が思いのほか強いことに驚くでしょう。このように、赤ちゃんは自分のからだに必要な栄養を取りこもうとする本能をもって生まれてくるのです〈「カンガルーケア」↓787ページ〉。

　赤ちゃんがたったいま、この世界に出てきたばかりなのと同じように、お母さんだって新米ほやほやです。ちゃんと授乳できるか、小さな赤ちゃんを大きく育てていくことができるのか、不安になるのはあたりまえ。そして、赤ちゃんも最初はじょうずに続けて母乳を飲めなくてあたりまえです。赤ちゃんの生まれながらの力を信じて、授乳をしてみましょう。

母乳か、ミルクか

　哺乳《ほにゅう》類である人間の赤ちゃんにとって、母乳は自然なエネルギーのもとです。栄養分を自分でからだに取り入れ始めたばかりの赤ちゃんには、消化しやすく吸収されやすい母乳の栄養素がぴったりなのです。赤ちゃんの成長に合わせて変化する母乳の成分には、免疫グロブリンをはじめ、赤ちゃんを感染症などから守る免疫物資が含まれています。また、お母さんとじかに肌を触れ合わせて授乳するのでスキンシップ効果が高く、お母さんの子宮収縮を促す、といった利点も挙げられます。母乳で育った子どもには、アトピーやぜんそくなどのアレルギーが少ないという説もあります。

　だからといって、人工栄養で育った赤ちゃんが病弱だったり、精神的に安定しないということはありません。粉ミルクは牛乳を主原料としており、長年の研究改良の結果、かぎりなく母乳に近いものになりました。免疫物質もお母さんのおなかにいた間に、胎盤をとおしてある程度もらっています。母乳でなくても、おむつ替えや抱っこなど日常のケアでスキンシップはたっぷりとれます。現代の日本では不衛生に作られたミルクで赤ちゃんが体調をくずすということも考えられません。つまり、母乳かミルクかといった選択が、その後の子どもの発達に大きな影響を及ぼすことはないのです。

　「育児のスタイルには流行はあっても正解はない」と言った人がいます。確かに母乳は赤ちゃんにとって最適な栄養ですが、なんらかの理由で母乳をあげられないときは、そのことにこだわってストレスを感じるほうが心配です。母乳で育てるということは、子育てによい作用を及ぼすたくさんの要素のひとつにすぎない、ということです。

初めて授乳するとき

出産直後にお母さんの胸にのせた場合でも、すべての赤ちゃんが乳首を探してうまく口にふくめるわけではありません。お母さんは、赤ちゃんが乳首を吸えるように手伝ってあげましょう。まだ乳汁《にゅうじゅう》がにじむ程度ですが、これが栄養価の高い〝初乳《しょにゅう》〟です。

授乳は、お母さんのからだの回復や、赤ちゃんの状態を見ながら始めましょう。問題がなければ、赤ちゃんが泣いたときに飲ませてみます。赤ちゃんがよく眠っている場合でも、授乳の間隔を6～8時間以上あけないほうがよいのです。これ以上飲まない時間が長くなりそうだったら、おむつを替えるなどして起こしましょう。赤ちゃんに乳首を吸われる刺激が母乳の分泌を促しますし、初めはうまくお乳を飲めない赤ちゃんでも、何回も吸うことによってじょうずになっていくのです。

母乳を飲ませる

■授乳の前にこんな習慣を

授乳の前にはおむつを替えて、赤ちゃんが気持ちよく母乳を飲めるようにします。おむつを替えた手を洗うことも忘れないで。赤ちゃんの肌を傷つけてしまわないよう、爪《つめ》も切っておきましょう。長く伸ばしてきれいにマニキュアをした爪はすてきですが、赤ちゃんのお世話には短い爪のほうが安心です。

授乳の前に、アルコールや消毒液を含んだ市販の清浄綿で乳首とそのまわりをふく必要はありません。ほこりなどが気になる場合は、お湯や水で湿らせたガーゼやタオルで軽くぬぐってください。

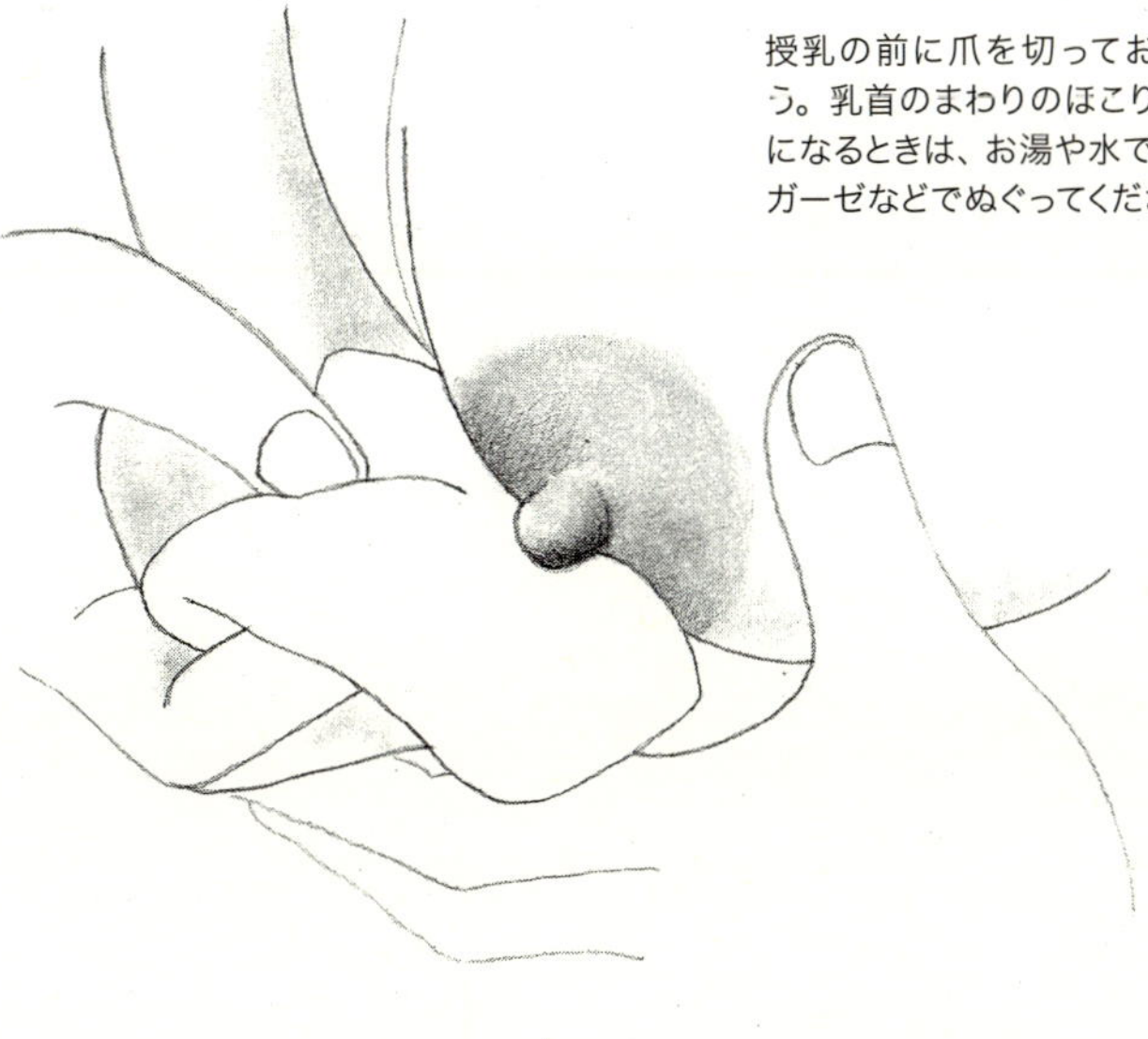

授乳の前に爪を切っておきましょう。乳首のまわりのほこりなどが気になるときは、お湯や水で湿らせたガーゼなどでぬぐってください。

かたいほど張った乳房は母性の象徴のようにいわれます。しかし、乳首を舌で巻きこみ、舌を波打つように動かして母乳を飲む赤ちゃんにとっては、よく伸びるやわらかい乳首と乳輪でなければ困るのです。乳房が張っている場合は、飲ませる前に軽く手でしぼってください。また、母乳の出が悪いからといって、乳房を温めたり、自分でもんだりするのもやめましょう。

■お母さんが楽な姿勢で授乳を

授乳するときは、母子ともに安定し、疲れない姿勢がいちばんです。お母さんは出産の疲れも残っているうえ、初産婦さんは首のすわっていない赤ちゃんを扱うのに慣れていません。日に何回も行う授乳ですから、お母さんが楽な、無理のない姿勢を取りましょう。

授乳時の抱き方は横抱きか逆抱き（フットボール抱き）が一般的です。お母さんが前かがみになると疲れるので、クッションを入れて赤ちゃんの位置を調整します。市販のU字型の授乳クッションをお母さんのおなかのまわりに固定し、その上で赤ちゃんを抱くと、安定がよく楽な姿勢が取れます。

■自律授乳の勧め

生まれてから1～3か月くらいまでの赤ちゃんは、よく泣き、眠りも浅いのが特徴です。初めのうちは、母乳の分泌も少ないうえ、赤ちゃんもじょうずに吸え

授乳はお母さんが楽にできる、無理のない姿勢で。横抱き（左）と逆抱き（右）。

ないので、わずかな量を飲んではすぐにおなかをすかせて泣くでしょう。お母さんは一日中、昼夜を問わずおっぱいをあげている、大変な時期です。でも、赤ちゃんに吸ってもらうことで母乳の出も少しずつよくなり、1回に飲む量も次第に増えてきます。

このように、赤ちゃんが欲しがるときに授乳する方法を「自律授乳」といいます。自律授乳を続けていくことで、授乳間隔にも一定のリズムが出てきます。

■深くふくませ、両方の乳房から飲ませる

母乳は乳輪の下にある乳管膨大部という出口を通って排出されます。そのため、赤ちゃんは乳首だけをくわえても、うまく飲むことができません。赤ちゃんが口を大きく開けたときを見計らって、乳輪まですっぽりとふくませるようにします。また、乳房で赤ちゃんの鼻をふさがないよう、指で鼻と乳房との間に空間をつくります。

母乳は長い時間飲ませればたくさん飲むとはかぎりません。むしろ片方5分くらい、長くても10分までで赤ちゃんのほっぺたを軽く挟んだり、お母さんの人さし指を赤ちゃんの口に入れたりして乳首から口をやわらかくはずし、もう片方の乳首をふくませるようにします。飲ませている間、空いているほうの乳房にわっと母乳がわいてきて、乳首から乳汁が出ることがあります。この、わっと満ちあふれる感じを「催乳《さいにゅう》感覚」といいます。このときに飲ませるのが赤ちゃんにとってもお母さんにとっても最良のタイミング。まんべんなく両方の乳房から飲んでもらうようにしましょう。

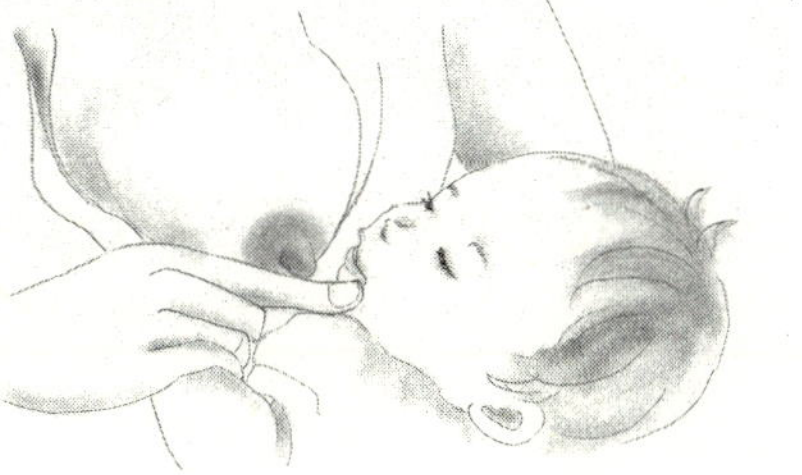

①赤ちゃんは、口元を指先でつつくと、ぱくんと口を開けます（ルーティング反射）。乳首を口に入れるときは、この反射を使うとスムーズです。下唇を内側に巻きこまないようにします。

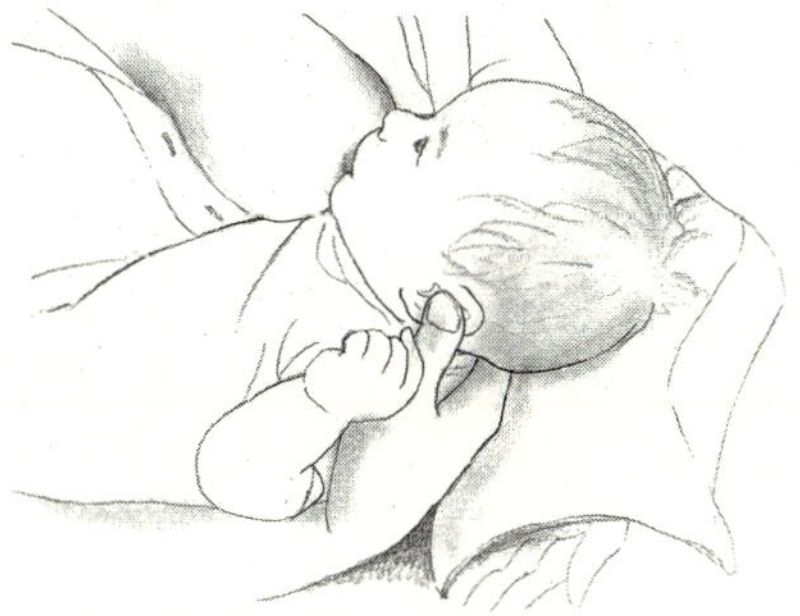

②乳首をふくませるときは、乳輪まですっぽりと。母乳は乳輪の内側にたまっています。鼻をふさがないように、乳房との間に指で空間をつくってあげましょう。

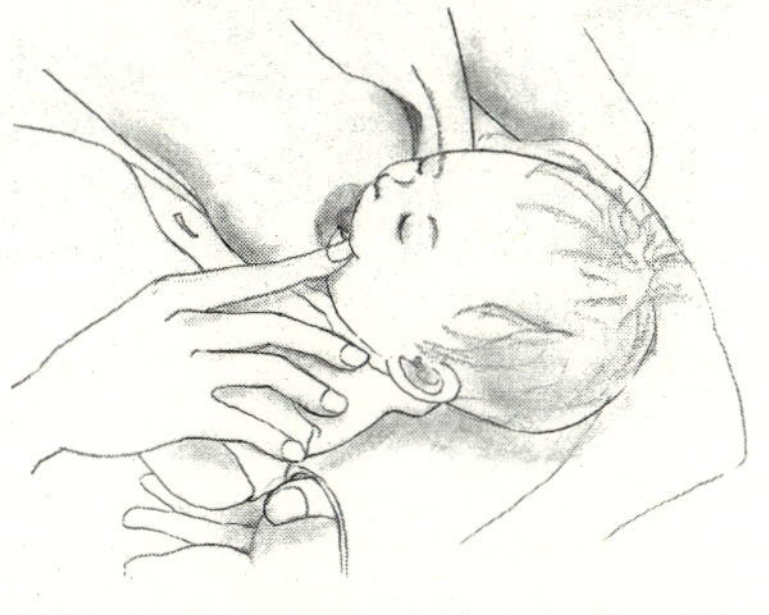

③離すときは、赤ちゃんの口に人さし指1本を入れて、中に空気を入れるとスポッと抜けます。

■げっぷのさせ方――うまくげっぷが出ないとき

まだ飲むことに慣れないうちは空気を飲みこむことも多いので、空気をげっぷ★1にして外に出してあげます。そのままにしておくと、寝ているときに空気と一緒にお乳も吐いてしまうことがあります。

じょうずに母乳を飲めるようになった赤ちゃんは、げっぷをせず、しばらくしてからおならをすることが多くなります。

赤ちゃんの背中がまっすぐになるように立てて抱き、背中を下から上へさすってげっぷを出します。あるいは、大人のひざの上に向こう向きで座らせ、横から抱きかかえながら前傾姿勢を取らせる、少しの間うつぶせにして背中をさするなど、いろいろ試してみてください。

赤ちゃんの背中がまっすぐになるように立て抱きをし、下から上へさすったりしてげっぷをさせます。

どうやってもげっぷがうまく出ないときもあります。その場合は、赤ちゃんを横向きに寝かせ、あおむけにならないように、巻いたタオルなどを背中に沿って置きます。こうすればお乳を吐いても、また少量口から垂れてきても、気管にはいってしまわずにすみます。

■授乳後の乳首のチェックと乳房の手入れ

赤ちゃんが満足して口を離したあと、すぐに乳首の形を観察してください。赤ちゃんがじょうずに吸ったときは、乳首が授乳前の形と変わらず、丸くなっています。

このとき、乳首がひどくつぶれたり、一部だけ極端にとがったりしていたら、赤ちゃんの抱き方を工夫してみてください。そのままにしておくと、乳房がかちかちになって痛みが出てくる乳汁うっ滞から、乳腺《にゅうせん》炎《えん》になる場合があります〈「乳腺炎にならないために」→150ページ〉。

赤ちゃんが飲むのを途中でやめ、眠ってしまったりすると、どのくらい飲んだのかがわからず、不安になることもあるかもしれません。目安は、ふうっと軽く、楽になった感じです。乳房もふんわりとやわらかさを取り戻してきますが、こうなっていれば、授乳を終了して問題ありません。このようなときは、しぼり出す必要はありません。やみくもにしぼると、分泌過多、ひいては乳腺炎を引き起こしやすくなります。

★1――げっぷで空気を吐き出すときに、一緒にミルクが出てしまうことは珍しくありません〈→155ページ〉

明らかにもっと飲んでほしいのに、あるいは片方を飲んだだけで赤ちゃんがやめてしまった場合は、軽くなったと思える程度に母乳をしぼっておいてください。

　母乳の出があまりよくないお母さんは「もったいない」と取っておきたくなるかもしれませんが、赤ちゃんにとっていちばんおいしいのは、乳首から直接飲む新鮮な母乳。しぼってしまうことで新しいお乳がわいてくるのですから、特別な事情がないかぎりは涙をのんで廃棄してください。

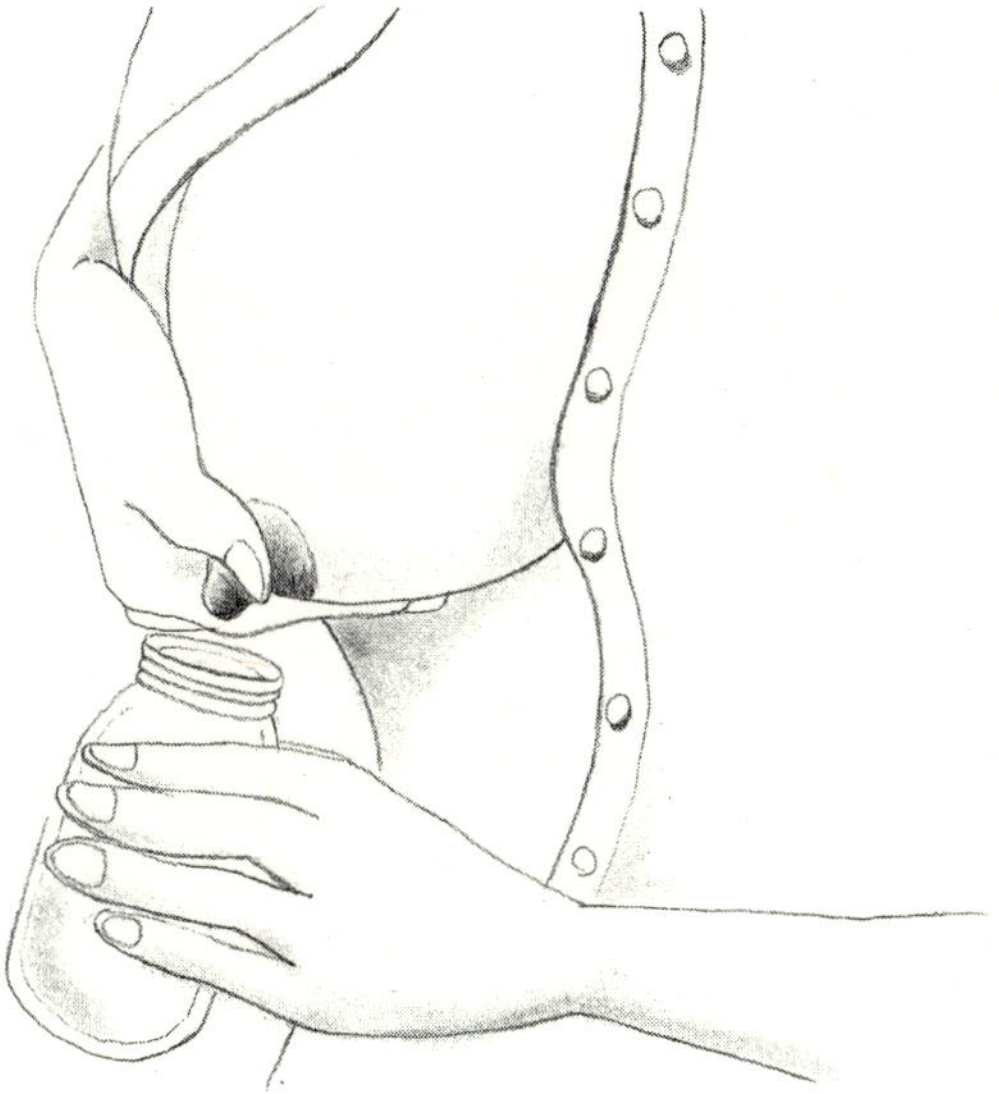

もっと飲んでほしいのに赤ちゃんがやめてしまった場合は、残った母乳をしぼっておきます。軽くなったと感じるくらいが目安です。

■赤ちゃんに吸ってもらうのがいちばん

母乳がよく出るようにするための近道は、乳管開通マッサージではなく、生後なるべく早い時期から授乳を始めることです。

　そしておなかをすかせて泣いたら乳首をふくませる（自律授乳）ことです。哺乳中の赤ちゃんの口や舌の動きは非常に複雑で、助産師やお母さん本人が乳首に施すマッサージなどではとても再現できるものではないからです。

　泣いたら飲ます、3時間以上あいたら飲ます、この繰り返しこそが最良の刺激。トラブルのときは専門機関に相談しながら、自律授乳を続けてください。

母乳をあげているお母さんの食事

授乳中は、出産の疲れを取り除いて体力を取り戻し、さらに母乳を出すために、お母さんの食事には気を遣う必要があります。ただひたすら栄養価の高い物を食べればよいのではなく、バランスのよい食事を適量取ることが大切です。妊娠中の体重管理から解放されて、なんでも好きなだけ食べられるわけではありません。

　とはいえ、実際は慣れない赤ちゃんの世話に追われて、3度の食事を時間どおりに取ることもままならない生活でしょう。手があいたら何か口にできるように、献立や食べ方を工夫しましょう。授乳中はカロリーを消費しますから、普段よりも2〜3割増しのエネルギー摂取が目安です。間食を取ったり、日に4〜5回に分けての食事でもかまいません。

ただし、脂っこい料理や甘い物を食べすぎると、乳管がつまりやすくなります。乳腺炎を起こしたり、乳腺炎がきっかけとなって母乳のつくられる量が減り、出にくくなることがありますので、注意してください。海藻類や根菜をたっぷり取り入れた和食メニューを中心に、まぐろや鶏のささ身などの良質なたんぱく質を多めに取るようにしましょう。

授乳中は水分を多く摂取しますが、糖分の多いジュース類や清涼飲料水、スポーツドリンク類を過度に飲むと、母乳が甘くなります。飲み慣れない味がすると赤ちゃんはてきめんにいやがって飲まなくなるので、お茶や無糖の炭酸水などのほうがよいでしょう。また、アルコール類は、母乳にそのまま出てしまいます。お母さんのストレス解消に飲むことはかまいませんが、飲んでしまったらその後の1〜2回分は授乳せず、母乳はしぼって捨ててください。

細切れの睡眠パターンもまた自然の摂理

妊娠の後期から、夜ぐっすりとは眠れなかったお母さんも多かったことでしょう。大きくなったおなかが重い、膀胱《ぼうこう》が子宮に圧迫されてトイレが近いなどで、すぐに目が覚めたり、眠りが浅かったりしたのではないでしょうか。これは、出産後の細切れの眠りに備えて、からだが準備態勢にはいっていたからなのです。

母乳であれ人工栄養であれ、出産後しばらくは以前のように夜7時間、8時間と続けて眠れないのがふつうです。赤ちゃんが約3時間間隔で目を覚ますのにつきあえるように、お母さんのからだも次第に慣らされていたというわけです。

よく眠ったあとに母乳の出がよくなることは当然です。けれども、よく眠ることができなくても、そういったからだの摂理によって、からだはしっかり母乳を生産しています。眠れるときに眠って英気を養えばよいのです。

ただし、睡眠不足がたたって熟睡し、授乳間隔があいたときには乳房が張っているはずです。飲ませる前にある程度しぼって、乳房と乳首をやわらかくします。

母乳を出すためのホルモンは、精神的な影響を受けやすいものです。悩みごとや不安は抱えこまず、夫をはじめ、まわりの人に聞いてもらいましょう。好きな音楽をかけるなどして、ゆったりとした気持ちで赤ちゃんと接するように工夫してみましょう。

母乳にミルクを足すとき

お母さんの乳房は透明で目盛りがついているわけではありませんから、赤ちゃんが飲んだ正確な量がわからず、不安になることも多いことでしょう。母乳が足りているかどうか、足りていないならミルクをどのくらい足したらよいのかを判断することが、両親にとって最初の関門かもしれません。

■母乳が足りているかどうかの目安

①一日中きげんが悪く、眠りも浅い

生後1か月くらいまでの赤ちゃんは、頻繁に泣いてはおっぱいを欲しがっているものです。ですから、短い時間でもぐっすり眠ったり、飲み終えたあと、皮膚の色もよく、手足をよく動かし、きげんがよければ、母乳は足りていると考えてよいでしょう。

けれども、退院後1週間たっても一日中ぐずぐず泣いていたり、ほとんど眠らない場合には、母乳不足の可能性があります。

②30分以上だらだら飲み続ける

赤ちゃんが30分以上もおっぱいに吸いつき、乳首を離すと泣くときや、自分から離しても不満足そうな様子が見られるときは、出ている量が少ないこともあります。

③おしっこやうんちの回数が極端に少ない

この時期の赤ちゃんは、個人差はありますが、おしっこは1日20回以上、うんちは1日2〜5回することがあります。生後1か月を過ぎると量が増え、回数が減っていきます。回数がそれらより極端に少なく、またうんちがかたい場合やまったく出ない場合には、母乳が足りなくて水分を取れていないということも考えられます。

④生後半月〜1か月で体重が増えない

赤ちゃんは生まれてすぐ一時体重が減り、1週間〜10日ほどで元に戻ります〈「生理的体重減少」↓134ページ〉。その後、体重は少しずつ増えていきますが、生後2週間くらいたつのに出生時より体重が少なかったり、増えていかないような場合は、母乳不足ということも考えられます。

WHO（世界保健機関）では母乳だけで育てている赤ちゃんの体重増加の目安は、1か月500gとしています。

ただし、赤ちゃんがお乳をじょうずに飲めるようになるまでには時間がかかります。お母さんも、産後の生活に慣れ体調が回復するまで、母乳の分泌が安定しません。また、小さく生まれた赤ちゃんは、標準体重で生まれた赤ちゃんに比べて、体重の増え方が緩やかなのが一般的です。

母乳不足かどうかの悩みは深刻なもの。心配な場合には、ためらわずに、医師や出産した病院・産院の母乳外来にかかってください。できれば妊娠中に、小児科医ばかりでなく、近所で評判のよい母乳外来や母乳指導をしてくれる窓口のこころあたりをつけておくとよいでしょう。

■混合栄養の進め方

明らかに母乳不足が疑われる場合、ミルクを足すのですが、基本的に母乳で育てたいか、あるいはミルク中心にするのかによって方法が変わってきます。

いずれは母乳だけ、もしくは母乳中心にしたいから、母乳がよく出るようになるまでミルクを足したい、という場合は、足し方に注意が必要です。まず母乳を飲ませたあと、ミルクをあげます〈「ミルクを飲ませる」↓151ページ〉。3時間くらいたって、赤ちゃんがおなかをすかせて泣き出すくらいの量にします。1時間で泣けばミルクが少なすぎます。3時間以上眠っていたら、次回は少し減らしましょう。赤ちゃんがよく飲むからといって、ミルクの量をどんどん増やしていかないこと。3時間間隔で1日8回以上お母さんが乳首を頻繁に吸われることで、母乳が出るようになってくるのです。3時間以上あいてしまったら、たまった母乳はしぼるようにします。

ミルク中心にする場合は、間隔にあまり神経質にならず、赤ちゃんが満足した様子で飲むのをやめたらよしとします。

母乳をあげることをためらうとき

たとえ母乳が出ていても、このままあげ続けてよいのかどうかと不安に思うときがあります。場合によっては授乳をやめたほうがよいこともあります。いくつかの例を挙げてみますが、心配なときや中止するときは、母乳外来などで専門家のアドバイスを聞きましょう。

■お母さんが病気のとき

お母さんが感染症や細菌性の病気にかかっている場合には、赤ちゃんへの感染を防ぐため、母乳をあげないことがあります。かぜで熱があるとか、軽い下痢をしているという程度でしたら、気にすることはありません。心配なら、医師や母乳の専門家に相談してみましょう。

体調が悪くて授乳がつらい場合は、無理をする必要はありません。ただし授乳を一時中止しても、母乳は次々とつくられているので、必ず時間ごとにしぼっておくようにしてください。乳腺炎や、分泌が減ってくることにつながる恐れがあるからです。

■薬を飲んでいるとき

ひと口に薬といっても、その種類は様々です。さらに、どれくらいの量をどれほどの期間飲み続けているかによっても、対応は違います。やめたいと思っても、お母さんのからだのために飲まなくてはいけないこともあるかもしれません。大切なのは、必ず医師や薬剤師に授乳中であることを伝えたうえで薬を処方してもらい、服用する習慣をつけることです。

■お酒やタバコがやめられないとき

タバコを吸ったあとに母乳をあげると、ニコチンなどの有害物質が母乳を通じて赤ちゃんのからだにはいります。また、そばで大人がタバコを吸うと、赤ちゃんも間接的に喫煙しているのと同じことです。お酒も、お母さんが飲んでから授乳すると、アルコールが母乳に出てしまいます。授乳中はタバコやお酒を控えたほうがよいでしょう。

お酒を飲んだあとは授乳を1～2回休んで母乳はしぼって捨てます。飲酒が毎日で量も多く、時間も長い場合や、どうしてもタバコをやめられない場合は、むしろ思い切ってミルクに切り替えてしまうほうが、お母さんもストレスがたまりませんし、赤ちゃんにとってもよいでしょう。

■ダイオキシンなど環境汚染の影響は？

近年、母乳に含まれるダイオキシンの問題がクローズアップされています。ミルクについても、牛乳を主原料としている以上、まったく危惧《きぐ》がないとはいえないでしょう。厚生労働省では、いまのところ赤ちゃんへの影響は見られないという判断をしています。粉ミルクのメーカーも、分析結果から同様の結論に達しています。

ダイオキシンにかぎらず、水にも大気にも「からだに悪い」物質がまったく含まれていないとは考えにくいのが、現在の日本の状況です。つまり、考えればきりがないのです。生まれたばかりの赤ちゃんのいる家庭では、必要以上に神経質になってしまうのはよくわかります。ですが、こういう世の中で赤ちゃんは育っていくのだと、気持ちを切り替えることも肝心なのではないでしょうか。

■授乳と次の妊娠の関係

まず、母乳が出ている間は妊娠しない、ということはありません。ホルモンの関係からなかなか生理がこないということはありますが、排卵することがあるので、家族計画に支障が出ないよう注意しましょう。授乳期間中に妊娠した場合でも、母乳をやめる必要はありません。

妊娠すると、ホルモンの作用で母乳は次第に出なくなり、赤ちゃんも徐々に吸わなくなり、自然に断乳となります。ただし、乳首を吸われることで腹痛が起こるようでしたら、ただちに授乳を中止してください。

乳腺炎にならないために

母乳がたっぷり出ていても、出が悪い場合でも、乳腺がつまり、乳腺炎を引き起こす危険性が常にあります。母乳はどんどん生産されるのに、出ていかないからつまって、炎症が起きて痛みや発熱などのトラブルが起きるのです。表現は不適切かもしれませんが、いわばおっぱいの便秘です。対策は、つくられるぶんだけ外に出すしかありません。すべての乳管につまりがないよう、しこりや痛みの有無に気を配り、飲ませるかしぼるかして早めにつまりを取り除くことが、有力な予防策です。

ほうっておくと、乳房は赤くはれて痛みをもち、あっという間に高熱が出ます。かたくしこった部分を冷やし、搾乳して乳首と乳輪を伸ばしやすくしてから赤ちゃんに飲んでもらいますが、うまくいかない場合は母乳外来や病院にかかりましょう。自分だけでなんとかしようとしないことです。

駆けこむ先によって、外科的処方をして授乳を禁じるところと、とにかく飲ませることを勧めるところと、指導が180度違うことがあります。できれば体験者の話などを事前に聞いておき、乳腺炎になった場合のこころづもりをもっておくとよいでしょう。

理想の母乳育児ができなかったお母さんへ

妊娠中から、もしかすると妊娠前から、母乳で育てる理想に燃えて準備していたのに、思ったほど出ないというお母さん。母乳は出たのだけれど、仕事を再開して続けられないお母さん。そのほか、なんらかの身体的、社会的事情で母乳育児ができないお母さん。それらは特別なケースではありませんし、自分を責めることはありません。また、そのことでいらだったり、気持ちが沈んでいるお母さんを、夫やまわりの人は理解してあげてください。

確かに母乳はすばらしいものです。でも「母乳をあげられないと母親失格」などということはないのです。いまの粉ミルクは母乳と比べても栄養的に遜色《そんしょく》のないものになりました。お父さんやおじいちゃん、おばあちゃんでも授乳できるという大きな利点も備えています。

ミルクを足したり、あるいはミルクだけで育てても、子どもの発育にはなんの問題もありません。両親は、自信をもって子育てをしていきましょう。

ミルクを飲ませる

■粉ミルクは安心してあげられる栄養

粉ミルクのおもな原料は牛乳です。牛乳のままでは乳児期の赤ちゃんに合わないので、母乳をお手本に、成分を調整して作られています。たんぱく質は母乳に含まれている成分に近く、脂肪分は植物性脂肪が使われており、母乳と同じように消化吸収されやすくなっています。また、ビタミンやミネラルなど、牛乳では不足しているものは加えてあり、余分なものは減らされています。つまり、いまでは母乳と粉ミルクの成分的な違いはほとんどなくなったといってよいのです。

かつては、「粉ミルクで育てると赤ちゃんは太る」といわれたことがありました。しかし、現在の粉ミルクは以前と比べて薄く作って飲ませるものになっていますので、指定された割合で調乳すれば粉ミルクが理由で太ることはありません。

アレルギーに関しても、それぞれのメーカーが様々な改良を重ね、配慮しています。さらに、一般の粉ミルクではアレルギーを起こしたり、体調をくずしてしまう赤ちゃんのために、特別な粉ミルクもあります。

いまや、粉ミルクだけで育てることになっても、心配することは何もありません。安心して飲ませてあげてください。

■メーカーによる違いはほとんどない

粉ミルクは、厚生労働省の定めた基準に基づいて作られているので、各メーカーの製品の成分に大差はありません。ただ、味は各メーカーで微妙に違っているようです。安売りをしていたからとか、贈られたからといった事情でメーカーを次々に替えていると、味の違いで飲まなくなることもあるようです。できるだけ同じものを飲ませたほうが、授乳トラブルを避けることができるでしょう。

アレルギーや代謝異常のある赤ちゃんには、成分を配慮して作られた粉ミルクがあります。必ず医師に相談して、指導を受けてから選んでください。

■哺乳びんや乳首の選び方

哺乳びんには、硬質ガラス製のものとポリプロピレンなど耐熱プラスチックでできたものとがあります。硬質ガラス製は熱に強くて傷つきにくく、洗いやすいのですが、重いのが難点です。一方、耐熱プラスチック製は軽くて持ち運びに便利ですが、傷つきやすく、使用回数がかさんでくると傷むのが欠点です。両者とも一長一短ありますから、たとえば自宅用とお出かけ用といったように使い分けるとよいでしょう。

いろいろな容量の哺乳びんが売られていますが、実際に赤ちゃんが生まれてみないとミルクを飲む量はわかりませんし、成長とともに量も増えていきます。離乳の進み具合によっても必要な哺乳びんの大きさと本数は違ってきます。生まれたばかりのころは中・小サイズを各1本用意しておけばよいでしょう。

乳首の素材や穴の形にはいくつか種類があります。穴には、S、M、Lといったサイズがあり、ミルクの出方が違います。飲みこむ量をうまく調節できない新生児期にはSサイズを、それ以降は赤ちゃんの飲み具合に合わせて穴の大きさや形を変えていきましょう。

赤ちゃんによって好みがありますから、最初からたくさん購入しないほうがよいでしょう。だんだん好みや相性がわかってきますから、その段階で数を増やしたり種類を考えたりすると、むだになりません。

■調乳のときに気をつけること

ミルクを作るときにいちばん気をつけなくてはいけないことは、ミルクの濃さ、つまり粉ミルクの分量に対するお湯の量です。必ずミルクの缶や箱に書いてあるとおりに付属のスプーンで正確に量り、哺乳びんの目盛りを見ながらお湯で溶きましょう。

調乳の温度も大切です。ミルクは熱湯と湯ざましで温度を調節しながら作りますが、いきなり哺乳びんに熱湯を入れて粉ミルクを溶くと、ミルクの中のビタミンが壊れてしまうことがあります。湯ざましと熱湯を哺乳びんで合わせて50～60度くらいにしてから、分量の粉ミルクを入れるという習慣をつけましょう。

温度は手のひらを上に向けて手首のやや下あたりにミルクを数滴たらしてチェックします。熱すぎたら、流水で冷ましてから飲ませましょう。温かく感じるくらいが適温とされますが、赤ちゃんによって好みがあるので、各家庭で調整してください。ミルクの飲みが悪いとき、温度が原因のこともあります。また、キャップをきつく締めすぎるとミルクの出が悪くなり、赤ちゃんがいやがるので気をつけましょう。

最近は、ミネラルウオーターで調乳する人がいます。けれども、粉ミルクは水道水で作ることを前提に栄養分が調整されているので、ミネラルウオーターに含まれる成分がミルクの中のミネラルを壊してしまうことがあります。また、ミネラル分の取りすぎとなり、ひどいときは脱水症状を起こす心配もあります。どうしても水道水に抵抗がある場合は、調乳用に成分を整えたミネラルウオーターを使ってください。

ミルクの成分は作ってから30分ほどで分解してしまうので、作りおきができません。両親や家族で交代するなどして、毎回飲ませる直前に作るようにしてください。調乳する前には、必ず手を洗いましょう。

湯ざましと熱湯を哺乳びんで合わせて50～60℃くらいにしてから粉ミルクを入れます。温度は手首のやや下あたりの肌に数滴たらしてみてチェックを。

ミルクのじょうずな与え方

赤ちゃんをひざの上で斜めに抱き、ひじの内側にガーゼなどをかけてから赤ちゃんの頭をのせ、ひじから手首、手のひらで赤ちゃんのからだを支えます。もう片方の手に哺乳びんを持ち、乳首をふくませてから哺乳びんを傾け、飲ませ始めます。

赤ちゃんがミルクと一緒に空気を吸いこまないようにするには、乳首の中がいつもミルクでいっぱいになっていないといけません。少しずつ哺乳びんを立てていって、空気がはいらないように工夫します。赤ちゃんを寝かせたままで飲ませるとむせやすいので、注意が必要です。

ミルクの授乳では母乳ほどスキンシップがなく、愛情の交流ができないなどという説に、根拠はありません。授乳中は赤ちゃんをしっかり抱っこして目を見つめ、安心させてあげましょう。驚かせない程度の声で語りかけるのもよいでしょう。ひたすらミルクを飲んでいる赤ちゃんの姿は、見ているだけで幸せな気持ちになるものです。ゆったりとした気持ちで、授乳のひとときを楽しんでください。

赤ちゃんが飲み終わるか、満足して乳首を離したら、母乳と同じようにげっぷをさせます〈「げっぷのさせ方」↓144ページ〉。

■量と間隔は赤ちゃんに合わせて

ミルクも母乳と同じく、赤ちゃんが欲しがるときに飲みたいだけあげるという原則は変わりません。だいたい15分くらいで飲み終わりますが、作ったミルクを全部飲まなくても、無理強いはいけません。逆に、十分な量なのにあっという間に飲み終えて不満そうにしている場合、乳首の穴の大きさを小さくするか、乳首の形を変えるなどしたほうがよい場合もあります。

粉ミルクは飲んだ量がはっきりわかるため、食の細い赤ちゃんの両親は心配になるかもしれません。しかし、赤ちゃんひとりひとりの飲む量には差がありますし、いつも同じ量を飲むわけでもありません。神経質にならず、赤ちゃんに合わせて飲ませましょう。

授乳中は赤ちゃんをしっかり抱いて目を見つめ、安心させてあげましょう。

気がかりなこと

Q おっぱいが張らず、母乳が足りているかと不安です。

A **張り具合と量は関係ありません。ちゃんと飲めている場合が多いものです。**

母乳を飲む赤ちゃんには、ぱんぱんに張りつめた乳房とかたくなった乳首まわりは、むしろ困りもの。張りがなくても、赤ちゃんの泣き声を聞いたときや、授乳間隔があいたときに、胸の奥のほうから母乳がぐっとわいてくる「催乳《さいにゅう》感覚」があれば、問題はありません。

生後100日くらいまでは、赤ちゃんがうまく飲めなくておっぱいが張りがちですが、徐々にタイミングが合ってくるにつれて張らなくなります。それを〝出なくなった〟と誤解する人も多いのですが、赤ちゃんが満足した様子で口を離すなら、ちゃんと飲めているはずです。おおらかな気持ちで飲ませてあげてください。

Q 乳首をいやがりますが、相性が悪いのでしょうか。

A **初めからじょうずには飲めません。乳首そのもののトラブルの可能性もあります。**

授乳の前に少し搾乳して、乳房をやわらかくしてから飲ませてみてください。アルコールやニコチン〈「お酒やタバコがやめられないとき」↓149ページ〉、香りの強い果物の風味などが母乳に出ていて、味をいやがっているということも考えられます。

乳首そのもののトラブルとして、陥没乳頭や偏平乳頭といった吸いつきにくい形状であることが疑われます。まず、産婦人科医や助産師、母乳外来などで相談してみてください。

いずれにしても、最初からじょうずに飲める赤ちゃんはほとんどいません。赤ちゃんが生後半月なら、お母さんもキャリアは半月。一緒に〝おっぱいじょうず〟になっていこう、という気持ちでおおらかに臨んでください。

Q 初乳〈↓141ページ〉をあげられませんでした。病弱な子どもになりはしないか、心配です。

A **初乳でなくても免疫物質は含まれています。赤ちゃんは自然と丈夫になっていくものです。**

初乳には、お母さんの免疫物質が高い濃度で含まれているため、できるだけ飲ませたほうがよいことは確かです。けれども、初乳のあとに出てくる母乳にも免疫物質はありますし、母乳をあまりあげられなくても、お母さんのおなかの中で胎盤を通して、ある程度は免疫をすでにもらっているのです。

初乳をあげられなかったからといって、重い病気にかかりやすくなるということはありません。

Q 哺乳《ほにゅう》びんをいやがります。どうすれば飲んでくれますか。

A **乳首の材質を変えてみたり、お母さん以外の人に飲ませてもらったりの試みを。**

お母さんの乳首に慣れている赤ちゃんが、哺乳びんの乳首をいやがってミルクを飲まないことは少なくありません。

まず、乳首の材質や形状をあれこれ試してみましょう。最近では、従来の乳首のほかに、お母さんの乳首の形状に近づけた形のものも登場してきています。子ども用のカップから飲ませたり、スプーンであげてみましょう。また、これまで母乳を飲ませてくれていたお母さん以外の人が飲ませたら、哺乳びんから飲んだという例もありました。

赤ちゃんの生命力を信じましょう。お母さんお父さんは腹をくくって、あの手この手で挑戦してみてください。

Q げっぷをさせるとミルクも吐き出してしまいます。

A 基本的にはよくあることです。哺乳びんのキャップの締め方など工夫してみましょう。

赤ちゃんの胃は入り口にあたる噴門が緩いので、げっぷで空気を吐き出すときに、一緒にミルクが出てしまうことは珍しくありません。肩に顎《あご》をのせてげっぷをさせていたら、吐いたミルクでお母さんの背中がびっしょり、などという話はしょっちゅうです。げっぷが出たあとでも、たらたらと口からお乳を出す溢乳《いつにゅう》も、この時期にはよく見られることで、心配はありません。

ミルクをあげるときに、赤ちゃんが空気をたくさん飲みこまないように、工夫しましょう。乳首の内部がいつもミルクで満たされているように、哺乳びんに角度をつけて飲ませるのがこつです。また、乳首のまわりのキャップをきつく締めすぎたり、乳首の穴が小さすぎたりすると、なかなかミルクが出てこないので、赤ちゃんはしょっちゅう乳首から口を離すことになります。吸いたててつぶれた乳首に空気が戻るのを待っているわけですが、これをさかんに繰り返すと空気を多めに飲みこんでしまうことになります。赤ちゃんの様子をよくみながら、調整してください。

Q 夜中の授乳がつらく、つい眠ってしまうこともあります。

A つらいでしょうが、がんばって。寝過ごして張ってしまった乳房のケアに注意を。

この時期の赤ちゃんは夜も昼も関係なくお乳を欲しがるので、お母さんにとってはいちばん大変な時期です。特に母乳の場合、いちばんよくても3時間おき、2時間ももたないというのもよくあることです。お母さんが授乳中にうとうとしても、あるいは人間ですからつい眠りこんでしまっても、だれがそのことを責められるでしょう。

母乳とミルクの混合栄養、またはミルクだけに移行することになってもかまわないというのなら、夜だけミルクにして少しでも長い時間続けて睡眠をとるようにしてください。粉ミルクは母乳と比べて消化に時間がかかるので、授乳間隔を多少長くすることができます。お父さんに代わってもらうということもできますね。

どうしても母乳を続けたいというときは、大変でしょうががんばって、3時間間隔で飲ませるようにしてください。寝過ごしてしまって、乳房が張っている場合は、少ししぼって赤ちゃんが飲みやすいかたさにしてから乳首をふくませます。まだ飲んでもらいたいのに残っている感じがしたら、忘れずにしぼっておきましょう。

お世話と生活

安定する抱っこのしかた

ひとりで起き上がれない赤ちゃんとの生活は、抱っこで相手をする時間が多くなります。どんなふうに抱けばよいのか、初めは不安もあるでしょう。赤ちゃんの姿勢が安定する抱き方があるので、試してください。

■首がすわるまでは「横抱き」で

腰よりも頭のほうを高くし、首を安定させる抱き方です（下のイラスト）。抱き上げるとき、赤ちゃんの首をがくんと倒さないように注意してください。赤ちゃんの胃はとっくり型。胃の入り口を高くすることで、おっぱいも飲みこみやすくなります。

抱く人がソファやいすなどに腰かけているときは、片手で頭を支えながら、おしりを太腿《ふともも》にのせます。頭をのせているひじの下や、赤ちゃんのおしりの下にクッションをあてると、高さが調節できて抱っこが楽になります。

また、あぐらをかいて抱っこするときは、片手で頭を支え、組んだ脚の上に赤ちゃんをのせます。

横抱きのしかた

①片手を赤ちゃんの首の下に入れ、もう一方の手をおしりの下に差し入れます。

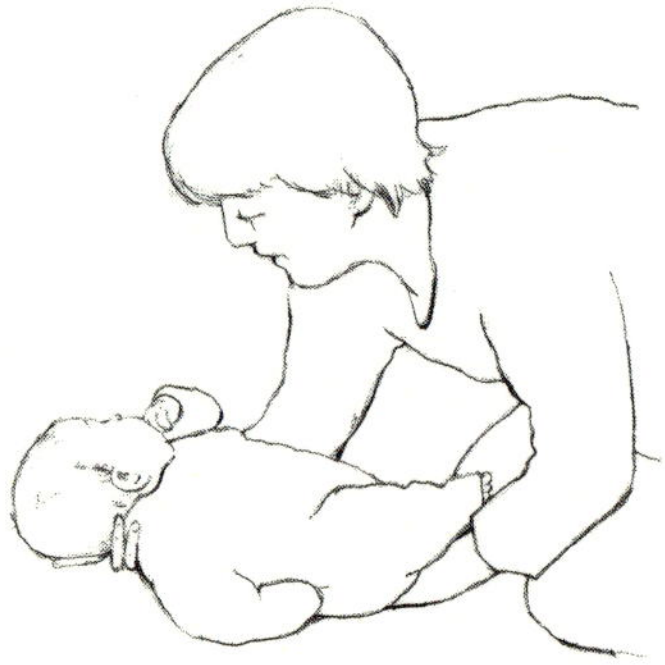

②ゆっくりと抱き上げ、胸元に引き寄せたら、赤ちゃんの頭をひじの内側や腕にのせて支えます。もう一方の手はしっかりおしりを支えてください。

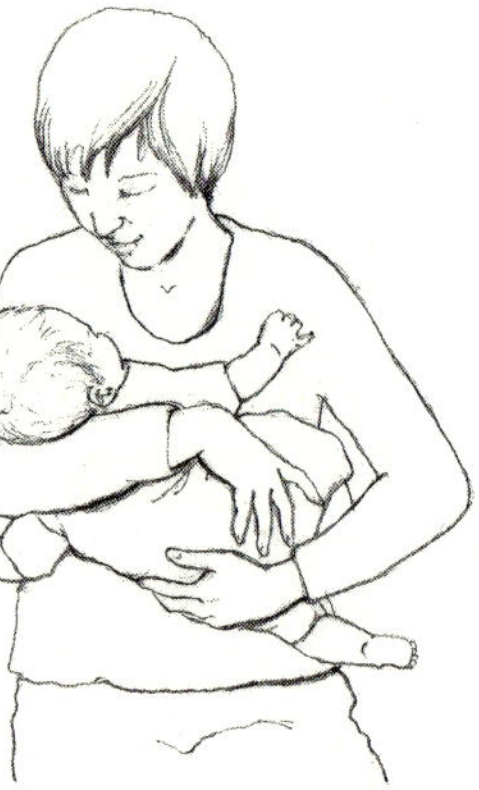

対面抱きのしかた

①片手で赤ちゃんの後頭部を支えて向き合い、もう一方の手でおしりを支えます。お母さんのからだを赤ちゃんのほうへ寄せ、ゆっくり抱き上げます。

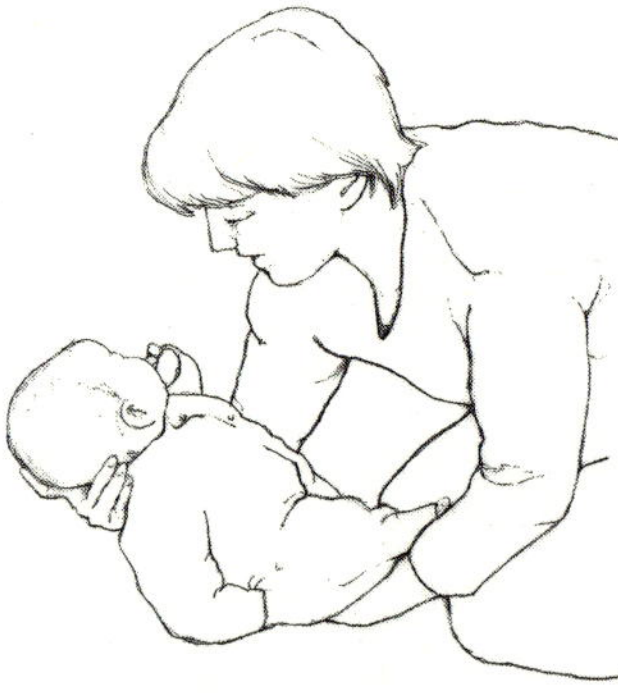

②後頭部を支えている腕に赤ちゃんの背中をもたせかけ、姿勢を安定させます。

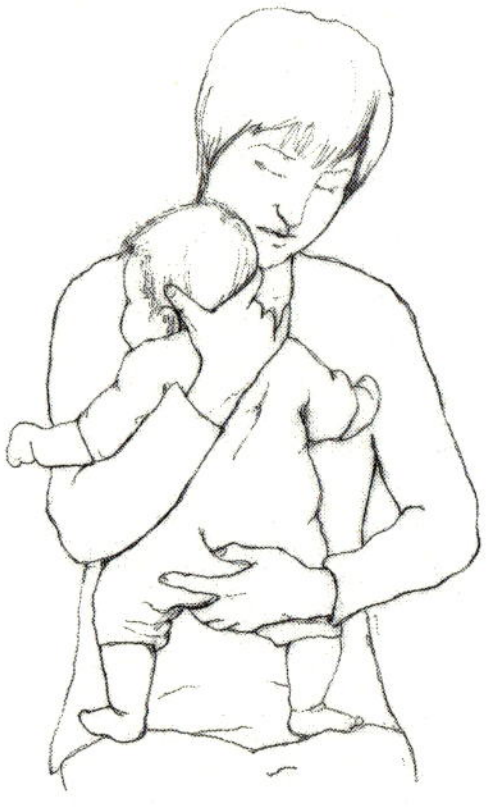

■あやすときは「対面抱き」で

新生児の視力は近くの物がぼんやり見える程度。あやしたり語りかけたりするときは、お互いの顔がよく見える「対面抱き」がよいでしょう（前ページイラスト）。向かい合って、視線を合わせるようにします。

床に腰を下ろして対面抱きするときは、抱く人がひざを立て、太腿の上に赤ちゃんをのせて手で支えます。

■寝かせるときはあおむけに

首がすわらず、寝返りもしないころの赤ちゃんは、マットや布団に鼻や口を押しつけたまま眠ってしまわないよう、あおむけに寝かせます（左イラスト）。うつぶせで寝かせると赤ちゃんの顔が見えにくく、万が一、窒息などの異変が起こっても気づかない場合が多いからです〈「乳幼児突然死症候群」↓296ページ〉。

じょうずな寝かせ方

赤ちゃんは生まれてから数か月間、一日の大半を細切れに眠るという生活を送ります。しかも睡眠時間全体の6割が、眠りの浅いレム睡眠状態です。からだは休んでいても脳が目覚めている状態なので、まわりのちょっとした変化も敏感に感じ取ってしまいます〈「寝ている間も赤ちゃんの脳は大忙し」↓137ページ〉。

布団に寝かせようとした途端に泣き出すのは、このレム睡眠が原因のひとつ。子守唄を歌う、背中やおしりを優しいリズムでたたく、頭をなでてあげる……どうすれば眠りにつきやすいか、いろいろ試してみましょう。

暑すぎないか、手足を自由に動かせるかどうか、衣類や布団の枚数も確かめてください。

あおむけの寝かせ方
横抱きにした赤ちゃんの頭を少しずつずらしていって、手のひらで支えます。そのままおしりのほうから布団に寝かせ、頭を静かに下ろし、支えていた手をゆっくり引き抜きます。

おむつの替え方

おむつ交換には、排泄《はいせつ》の始末をするという衛生面での必要性と、手をかけることで愛着関係が築かれるという意義があります。紙おむつか布おむつかで、愛着関係や成長の度合いに差が出ることはありません。タッチケアのひとつと考えて、語りかけながら交換しましょう。新生児の腸は母乳やミルクを飲むたびに動いて排泄を促します。「出たら替える」が原則ですが、授乳の前後や泣いたときもおむつを点検しましょう〈「おしっこやうんち、気になること」↓135ページ〉。

■おむつ替えグッズ〈↓93ページ〉

紙おむつ　初めは新生児用を。メーカーによって、素材やサイズに違いがあります。何種類か試して赤ちゃんに合うものを選びましょう。太腿にギャザーの跡がついたり、おなかまわりがきつくなってきたら、大きいサイズに移ります。サイズが合わないと、もれたり、ずれたりします。使用後、うんちはトイレに捨て、汚れている面を内側にして小さく丸め、テープで留めます。可燃ごみとして捨てるかどうかは、地域のごみ処理方法に従ってください。

布おむつ　1日に20回くらい替えるので、30～40組必要です。使用済みを回収して洗濯する、貸しおむつも便利です。

おむつ用ごみ箱　使用済み紙おむつのにおいを密閉する機能のついた専用ごみ箱。ひとつひとつビニールに包んだり、においがもれないようふたがしっかり密閉するしくみになっています。

おむつライナー、おむつネット　布おむつの上にのせて使います。おしっこを通し、うんちは残すので、うんちを捨てやすくなります。使い捨てタイプと洗濯できるタイプがあります。排泄の回数が多い新生児期には、あれば便利でしょう。

おむつカバー　布おむつと一緒に使います。新生児には、通気性がよくて一年中使えるウールが向いています。綿は肌ざわりも通気性もよく、どちらかというと夏向きです。いずれも撥水《はっすい》加工されたものがよいでしょう。ポリエステルはもっとも防水性が高く、早く乾きます。サイズが合わないと、もれたりずれたりの原因になるので、成長に合わせてサイズアップします。

ふた付きバケツ　使用済み布おむつの洗剤つけ置き用。

おしりふき　トイレに流せるタイプや携帯タイプもあります。洗浄綿を使うなら、皮膚への刺激が少ない消毒薬未使用のものを。冬は温めるとひんやりしません。

布おむつ用洗剤　できれば肌に優しい粉石けんを。合成洗剤なら蛍光剤がはいっていないものを使いましょう。すすぎはしっかりしてください。しみは、何回も洗濯するうちに薄くなります。漂白剤や柔軟剤は肌への刺激が強いので、使わないほうがよいでしょう。

男の子

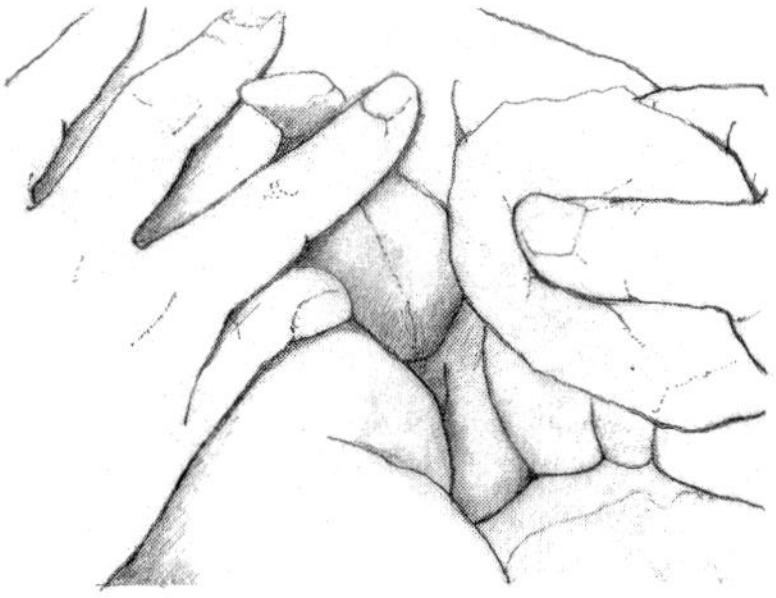

女の子

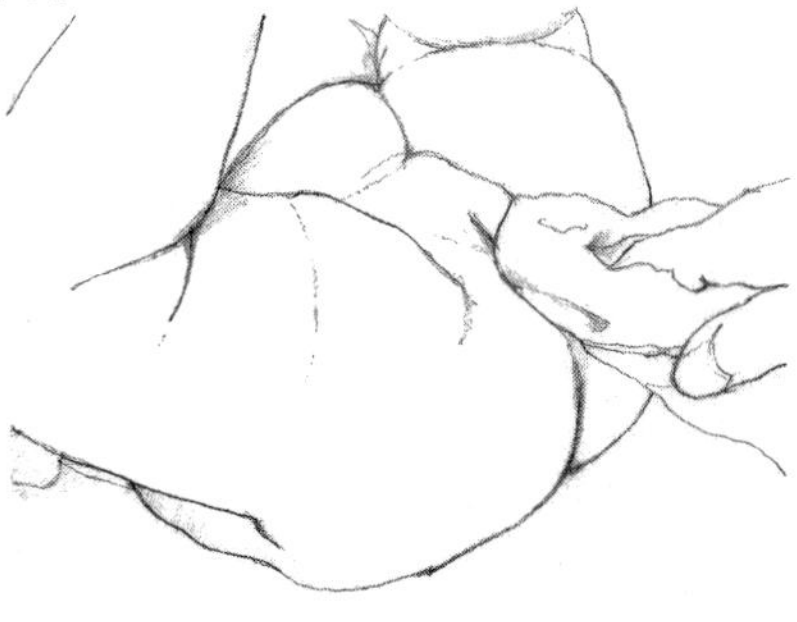

①おしりふきで汚れを取ります。男の子は後ろから前へ。陰茎の裏側や睾丸（こうがん）のしわの間についた汚れもふき取って（上図）。女の子は尿道や腟（ちつ）に雑菌が侵入するのを防ぐため、前から後ろへとふきます。外陰部の細部も優しくふいてあげて（下図）。

②おしりに水分を残すと、肌がふやけておむつかぶれの原因になります。おしりが赤くなっていたり、うんちがこびりついていたら、ぬるま湯に浸した布でふいてください。ペットボトルにぬるま湯を入れれば、ビデの要領で洗い流せます。

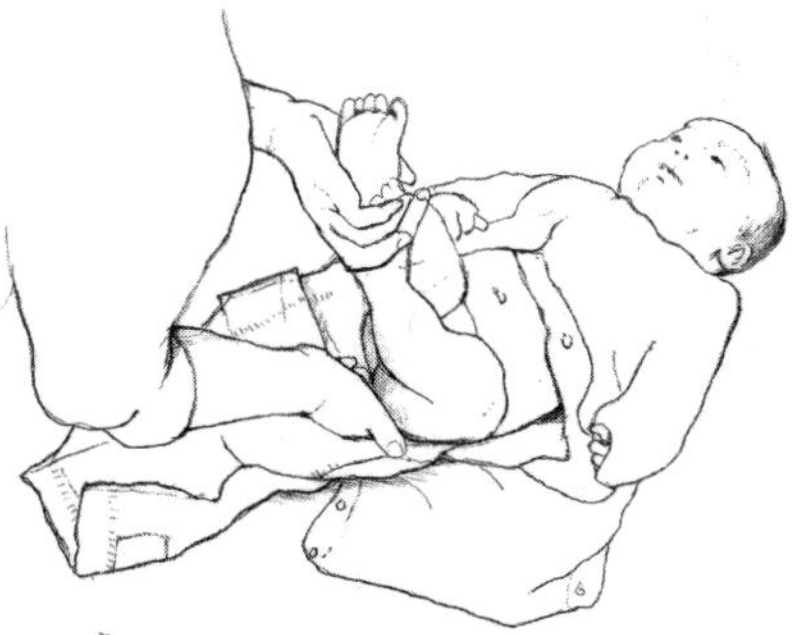

③きれいにしたら、おしりの下に片手を差し入れて持ち上げ、新しいおむつと交換します（上図）。両足をそろえて強く引っ張り上げると、股関節脱臼（こかんせつだっきゅう）を起こす場合があります。がに股（また）のように足裏を合わせてひざを外側に曲げながら、優しく持ち上げます（下図）。

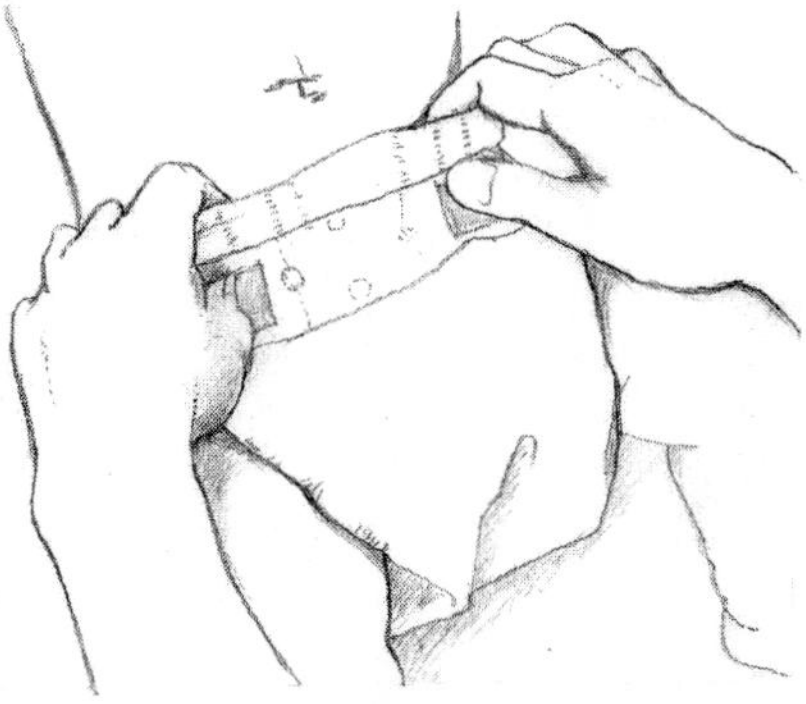

④ウエストまわりに指2本分の余裕をとり、おへそより下で留めます。赤ちゃんは腹式呼吸をしているのでおなかで留めると苦しくなるのです。最後に、脚を自由に動かせるかどうか確認しましょう。

■布おむつの洗い方

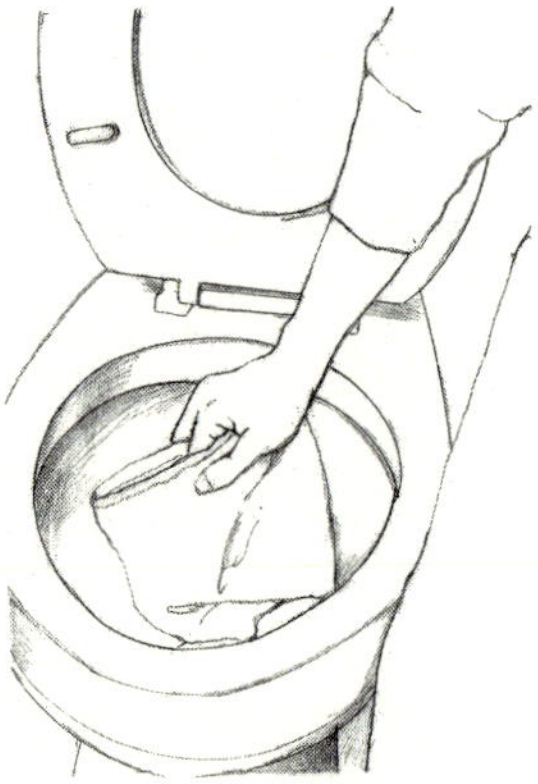

①おむつライナーを使っている場合ははずし、うんちをトイレの流水で洗い落とします。

②バケツに水と洗剤を入れておき、使用済み布おむつをつけ置きします。

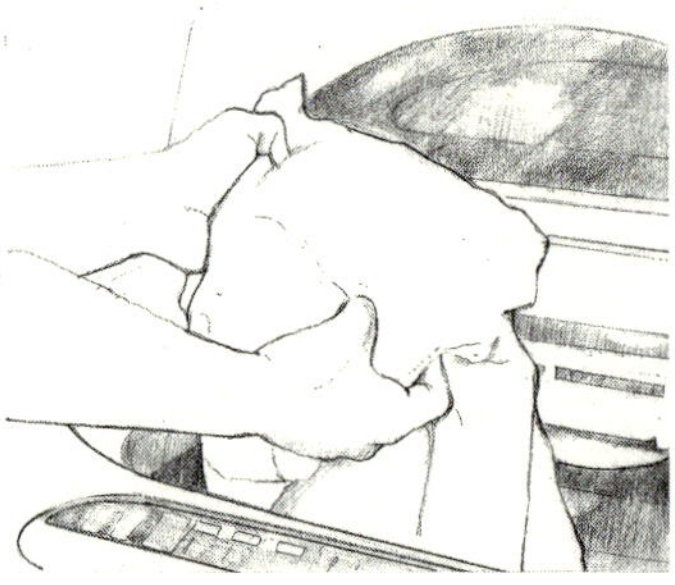

③１日分がたまったら、洗濯機で洗い、よくすすぎます。汚れがひどいときは、つけ置き洗剤ごと洗濯機で洗って十分にすすぎます。脱水したおむつのしわを伸ばして干し、日光でしっかり乾燥させます。外に干せないときは、殺菌と乾燥を兼ねて、高温でアイロンをかけましょう。

■布おむつのあて方

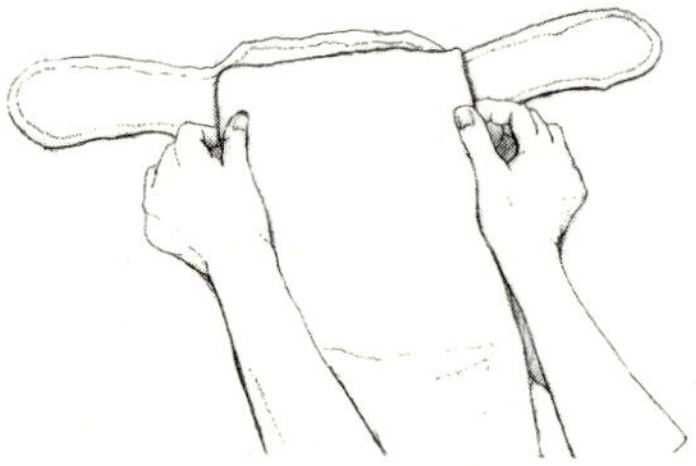

①縦ふたつに折ってから、さらに横にも折ります。カバーより1㎝くらい内側に。はみ出ると、汚れが服につくことがあります。

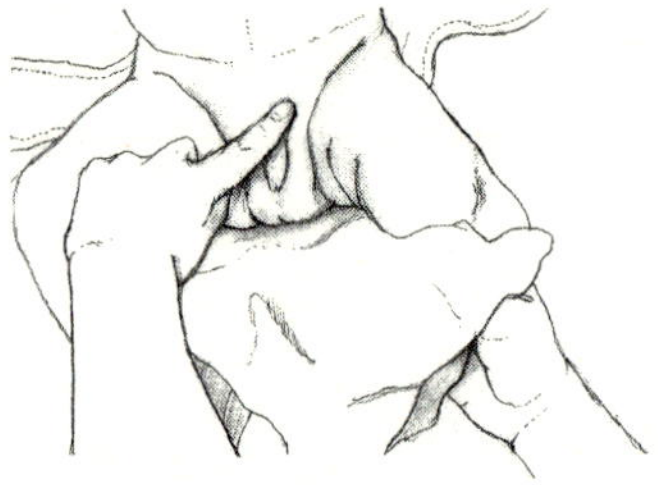

②脚の付け根がこすれて痛くならないよう、股にあたる部分にひだを寄せます。おちんちんを下に向けて軽く押さえておむつをあてると、横もれしにくくなります。

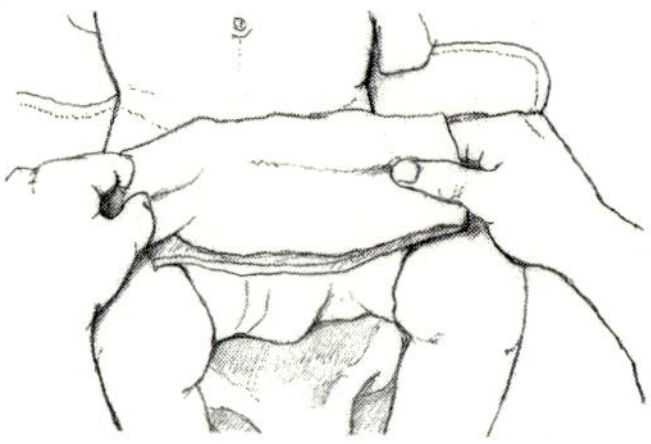

③片方だけ折り返して厚くします。男の子は前を、女の子は後ろを厚くして、おむつカバーの上にセット。おむつ替えのときは、おむつカバーが汚れていなければ、おむつだけを替えます。

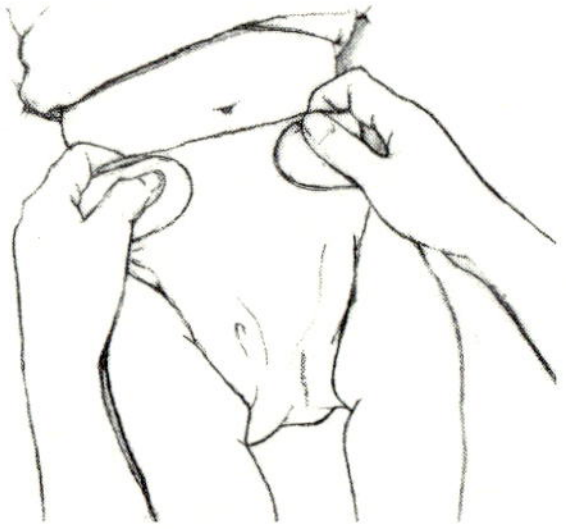

④赤ちゃんの腹式呼吸を妨げないよう、おむつカバーはウエストまわりに指2本分の余裕をとって、おへそより下で留めます。はみ出した部分はカバーの中に入れて整えて。脚を自由に動かせるか確認しましょう。

衣類の着せ方・脱がせ方

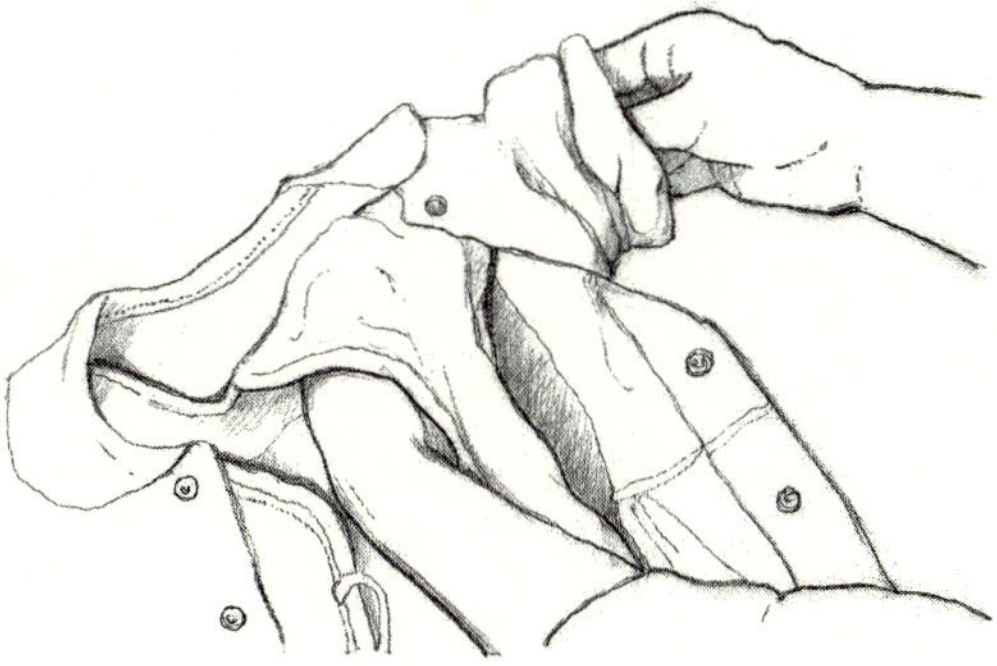

①着替え用の肌着とベビーウエアを広げて重ね、そでを通しておきます。

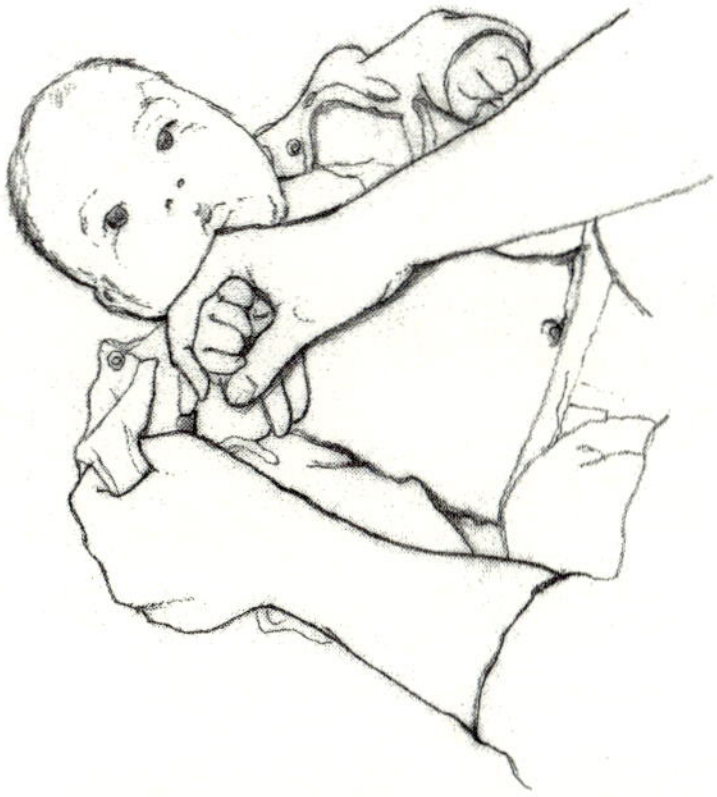

②着ている衣類のスナップやひもをすべてはずし、そでから腕を抜きます。

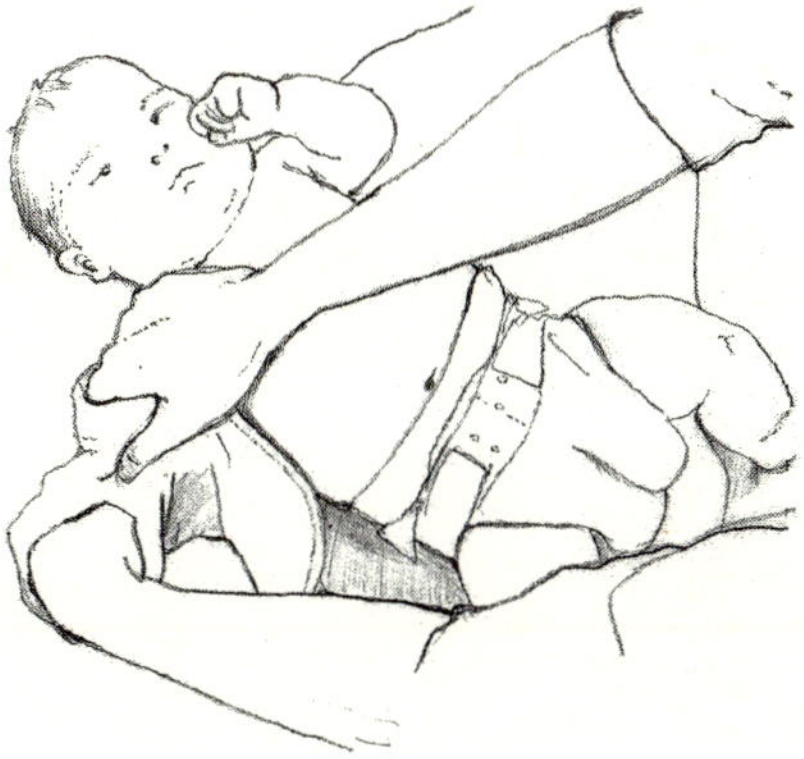

③❶の上に赤ちゃんを寝かせます。そで口から赤ちゃんの手を迎えにいくと、スムーズに腕が通ります。

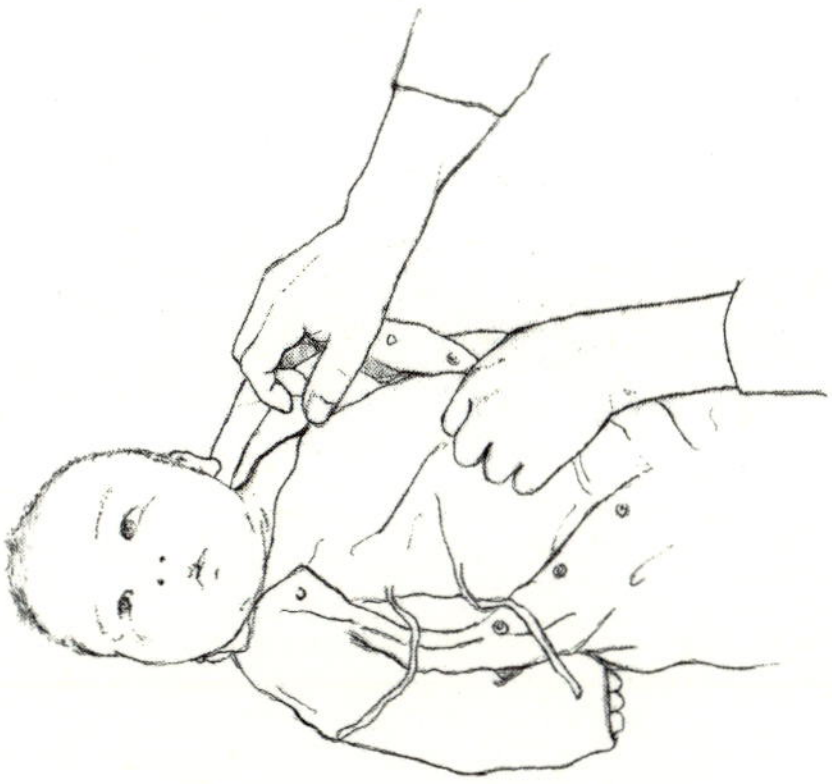

④肌着のひもやスナップを留めていきますが、前身ごろに少し余裕をもたせます。背中によったしわは、すそを引っ張って伸ばします。

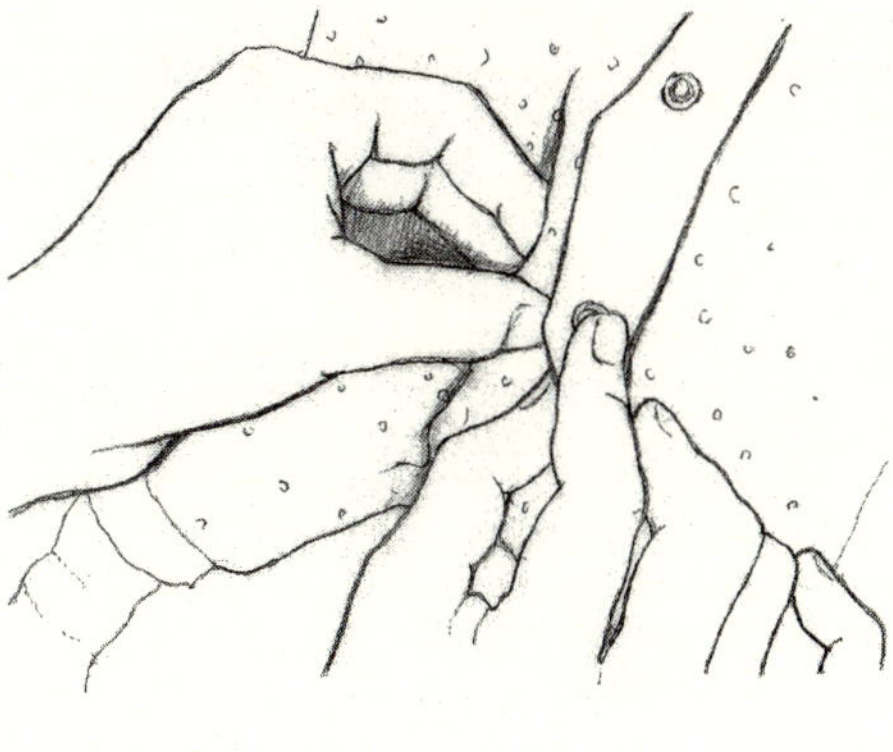

⑤すそにスナップがあれば留めます。裏側を反対の手でおさえて、赤ちゃんのからだに押しつけながら留めないように気をつけます。

ボディケアのポイント

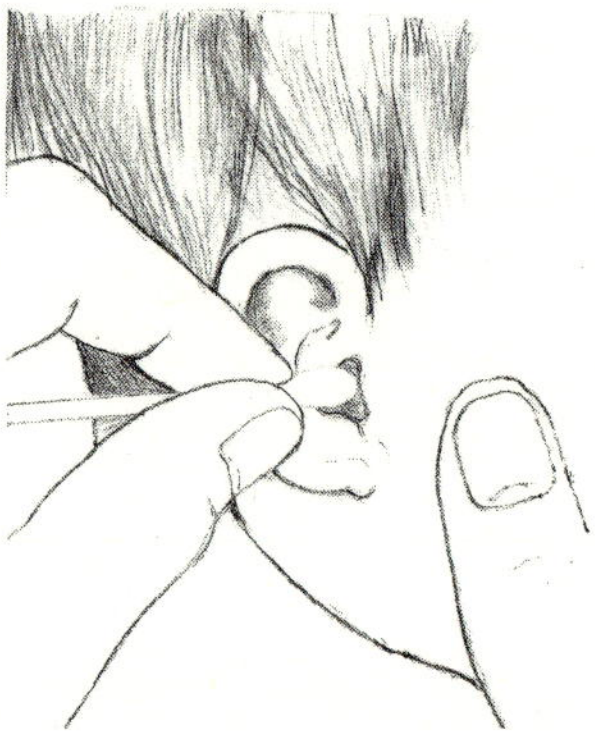

耳は、穴の入り口付近を綿棒できれいにします。頭を軽く押さえて。深く入れると鼓膜を傷つけることがあるので注意を。汚れが取りにくいときは綿棒にベビーオイルを少しつけて。お風呂あがりは汚れも落ちやすいでしょう。耳あかが気になるなら耳鼻科に相談を。

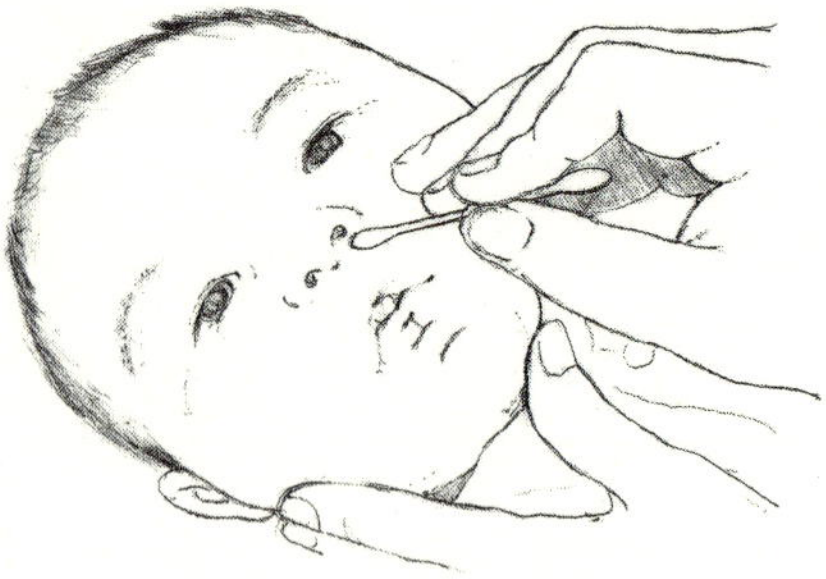

鼻は、入り口の見える部分だけ、綿棒で水分や汚れを取ります。鼻の中は、出血しやすいので、ソフトタッチで。皮脂がたまりやすい小鼻も、綿棒で軽くふいて。

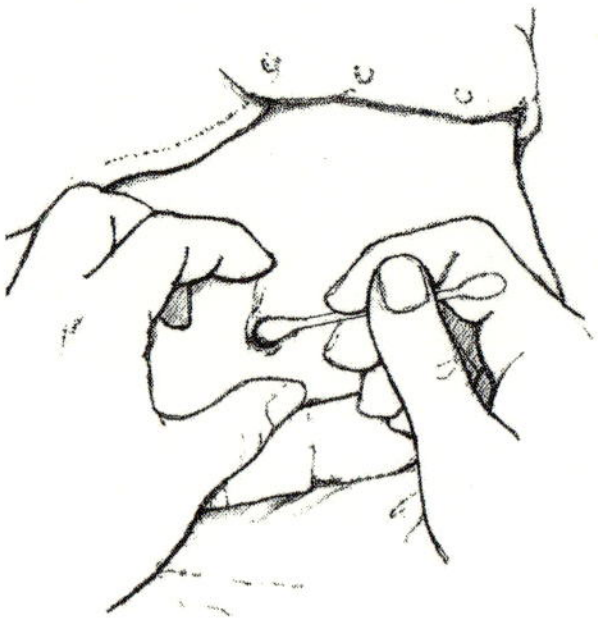

おへそは完全に乾くまで、消毒用アルコールをつけた綿棒やカット綿できれいにします。1週間くらい滅菌ガーゼをあて、乾いてきたら何もしません。化膿（かのう）したり、においが強いようなら、受診してください。

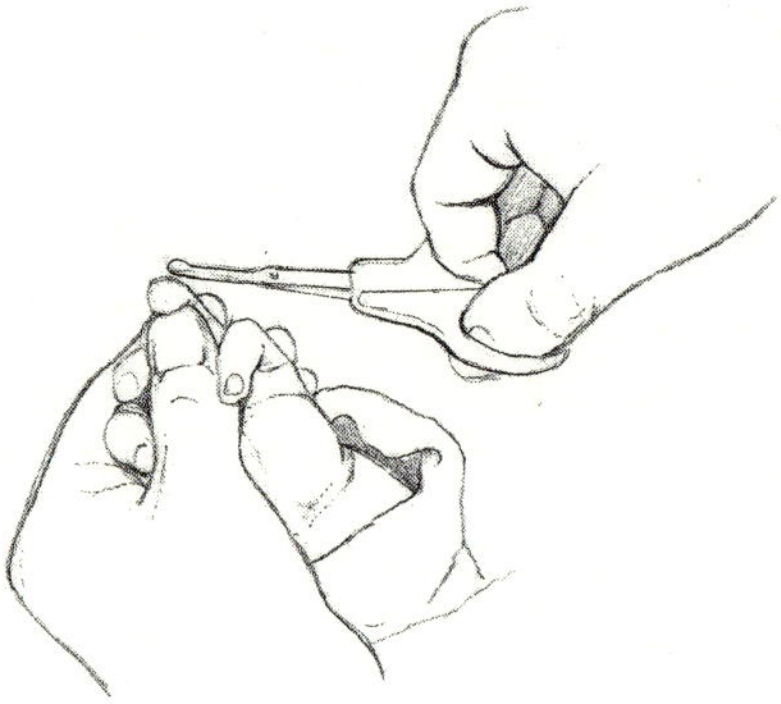

爪（つめ）は1週間に1〜2回、ベビー用爪切りで。動いて切りにくいときは、眠っているときに。長いままにしていると顔に引っかき傷をつけてしまいます。お母さんが手のひらを見る方向で切ると、深爪しません。

ボディケア・グッズ

ベビー用綿棒	赤ちゃんの耳や鼻にぴったりの細さ。奥に入れすぎないよう、途中が球状になったタイプもあります。
ベビーオイル	綿棒につけて使います。保湿用にも。
ベビー用ローション	かさついた肌の保湿に。
ベビー用爪切り	先端が丸くなったはさみです。
体温計	耳やわきの下で短時間に測れるタイプもあります。

季節別衣類のそろえ方

■春生まれ　まだ寒さの残る季節です。新生児期は、短肌着（またはボディスーツ）＋長肌着＋ベビードレスで、大人より1枚多めが目安。靴下は室内では履かせなくてもよいでしょう。3～4か月になったら、大人より1枚少なめに着せます。

■夏生まれ　梅雨明けまでは肌寒い日もあるので、衣服で温度調節を。基本は短肌着（またはボディスーツ）＋長肌着（またはベビードレス）で。よく汗をかくので、肌着は5枚以上あると安心です。暑ければクーラーをつけてかまいませんが、冷えすぎないように足を長肌着で覆い、冷気を直接あてないようにします。

■秋生まれ　朝晩と昼間の気温差が大きい時期です。衣類や寝具でこまめに温度調節をしてあげましょう。赤ちゃんの背中に手を入れてみて、汗をかいているなら1枚減らし、肌寒い日は、厚手の素材のものを着せるようにします、基本の着せ方は春と同様です。

■冬生まれ　暖房が行き届いているいまは、極端に厚着をさせる必要はありません。基本の着せ方は短肌着（またはボディスーツ）＋長肌着＋ベビードレスで、ベビードレスを厚手の綿やニット、フリースなど保温性のあるものにします。昼間、暖房をつけているなら、寝具は毛布1枚でだいじょうぶ。夜は暖房を切るか、低めの温度設定にして、かけ布団をプラスします。

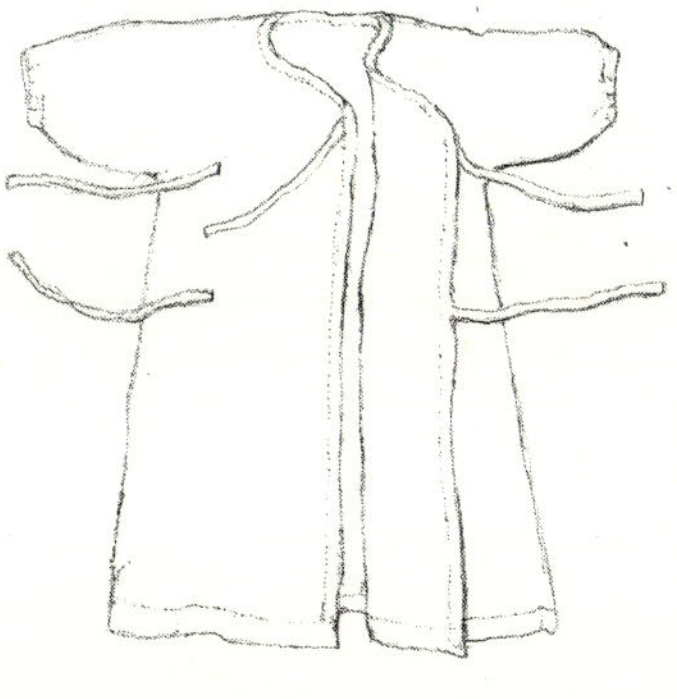

首がすわるまでの赤ちゃんは、あおむけで寝ているので、基本的に肌着、アウターとも前開きやあわせのものが便利です。

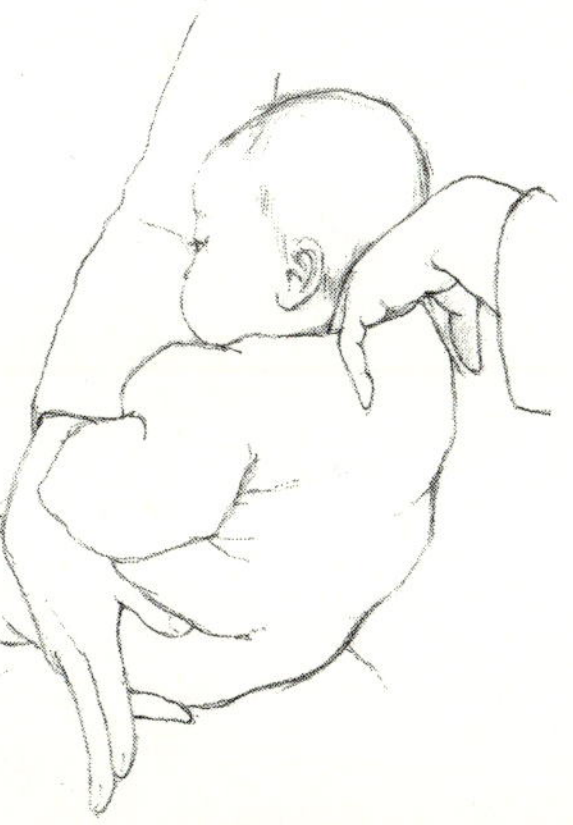

赤ちゃんの背中がじとっとしているなら着せすぎ。肌が冷たく感じれば、ベストやカーディガンをプラス。さわった感覚を大切にして。

夏は背中や後頭部にあせもができやすいので、吸湿性に優れた肌着を選ぶことが大切。ワッフルやリブ、ガーゼやパイルなどがお勧めです。

冬も室内なら厚着の必要はありません。外出時はおくるみや上着で包んで。建物の中は暖かいので、着脱しやすいものを選びましょう。

じょうずな沐浴のしかた

からだを洗って清潔にすることを「沐浴《もくよく》」といいます。新陳代謝が活発でおむつもしている赤ちゃんを、毎日の沐浴できれいにしてあげましょう。首がすわらず、肌も弱い生後1か月くらいは、ベビーバスが便利で安全、そして衛生的です。授乳直後を避けて、赤ちゃんのきげんや体調がいつもと変わりないことを確認したら、沐浴スタート。冬なら部屋を暖めておきましょう。お湯は、赤ちゃんの体温より少し高め、38度くらいが適温です。お母さんやお父さんの腕を指先からひじまでお湯につけてみて、大人のお風呂よりぬるめならだいじょうぶ。長湯は親子ともに疲れるので、10分間くらいですませます。

■こんなときはお風呂に入れない

きげんが悪くてぐずぐず言っている、元気がなくて、おっぱいの飲みが悪い、せきや下痢がひどい、熱(37・5度以上)がある――このようなときはお風呂に入れず、ふくだけですませましょう。まず、お湯で絞ったガーゼやタオルで、顔、頭、耳をきれいにします。次に服を脱がせながら、からだ全体をふいていきます。仕上げにタオルで湿り気を取って、着替えさせます。

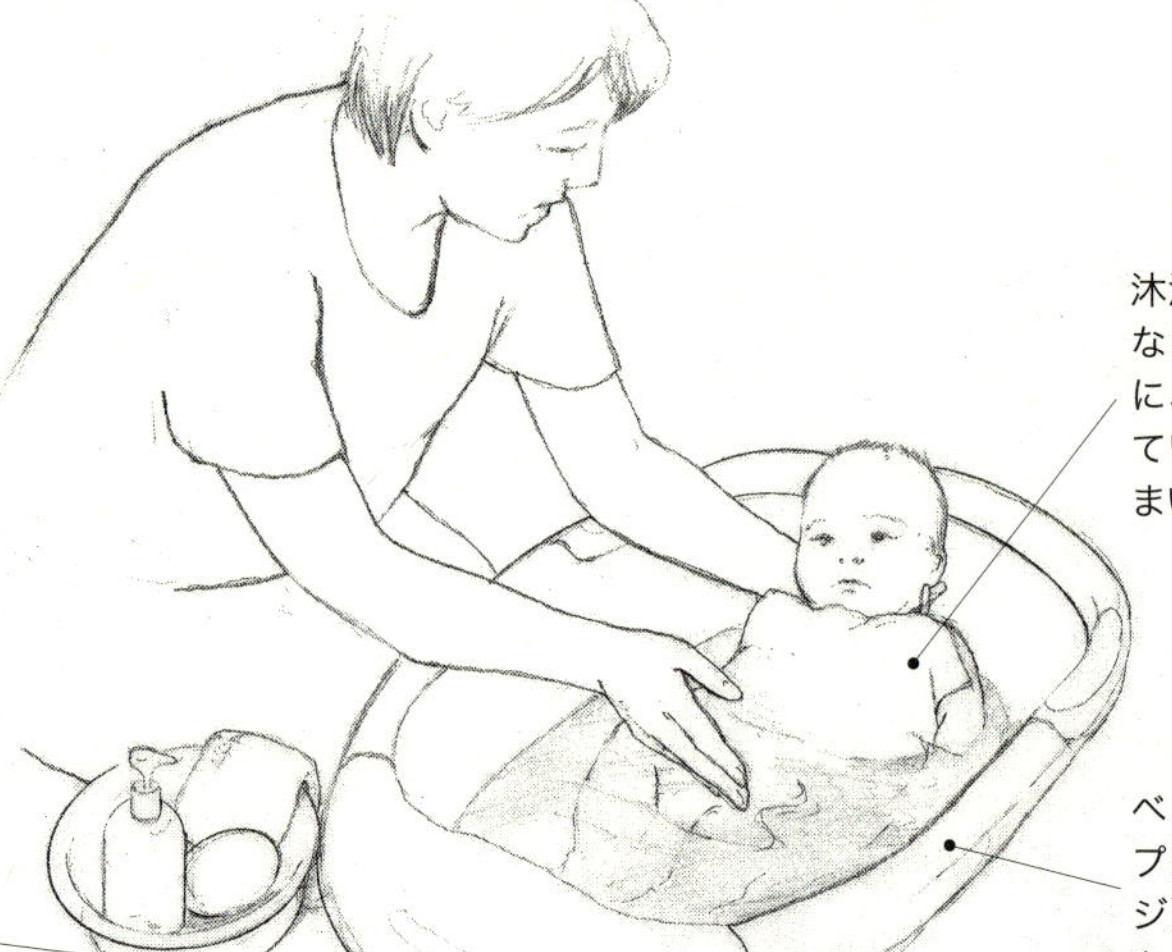

沐浴布は、赤ちゃんが裸になって不安がらないように、からだにかけます。着ていた短肌着を使ってもかまいません。

ベビーバスには様々なタイプがあります。〈→93ページ〉。レンタルを利用してもよいでしょう。

洗面器は、ベビーバスの外で洗顔させたいときに便利。

その他の沐浴グッズ

石けん	低刺激のベビー用を。
沐浴剤	石けんは滑って不安だというときに。お湯に混ぜるだけで、汗や汚れを落とせます。
ガーゼハンカチ	顔やからだを洗うために。
湯温計	適温かどうか、お湯の温度を測ります。
バスタオル	吸水性のよい、やわらかいものを。
哺乳(ほにゅう)びん	水を50ccほど入れておきます。

■沐浴のしかた

沐浴はお父さんと赤ちゃんが触れ合うチャンス。お父さんの日課にしてもらうのもよいでしょう。大きな手で支えられると、赤ちゃんも安心。お父さんが入れてお母さんがふくという連携もできます。

沐浴のたびに泣く赤ちゃんには、沐浴布や着ていた短肌着などを胴体にかけると、おさまることがあります。用心するあまりお母さんお父さんの手に力がはいって、痛くて泣く場合もあるので加減してください。耳の穴をふさごうとすると力がはいるので、ふさがなくてもかまいません。沐浴後、水分補給を。おなかがすいているようなら授乳してもかまいません。

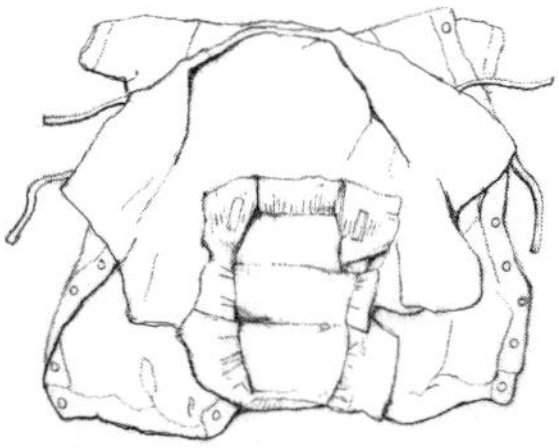

①肌着とベビーウエアを重ねてそでを通し、バスタオル、湯ざまし、新しいおむつも用意しておきます。

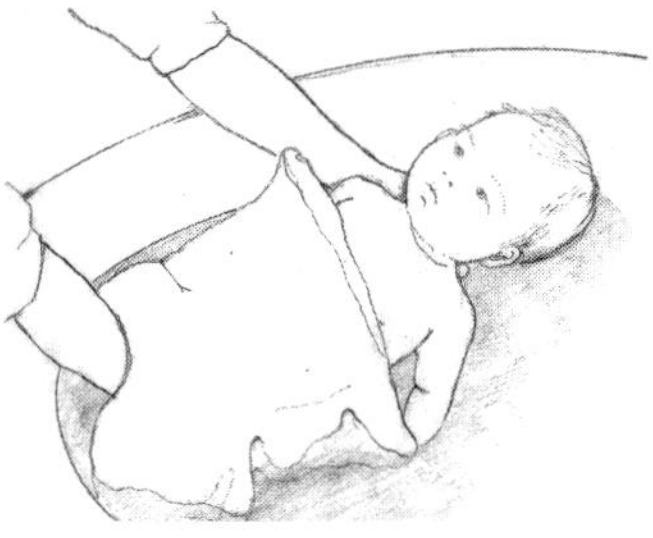

②ベビーバスにお湯をはり、温度を確かめます。赤ちゃんを裸にして沐浴布をかけ、頭と腰を支えながら、足からゆっくり入れます。

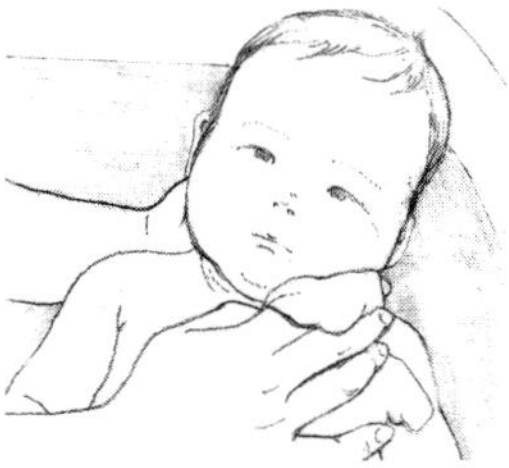

③お湯でぬらしたガーゼで、顔をていねいにふきます。次に石けんを泡立てて顔全体をなで、仕上げに絞ったガーゼで石けん分をふき取ります。

④もう一度石けんを泡立てて、頭全体を洗います。仕上げはお湯につけたガーゼですすぎます。

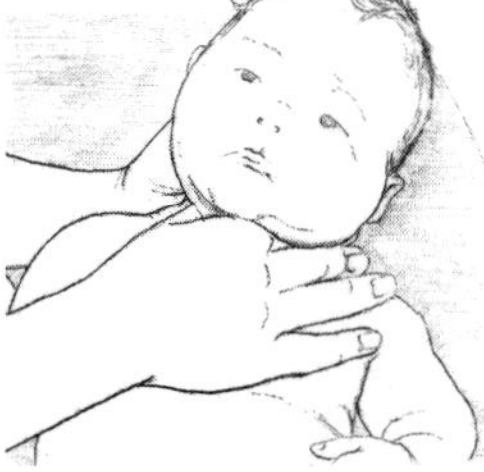

⑤再び泡立てた石けんを手につけ、からだと手足を洗います。首、わき、股、くびれた部分はていねいに。ガーゼで石けん分を洗い流します。

⑥あおむけのまま背中を洗ってもかまいませんが、赤ちゃんをうつぶせにして洗いたい場合は、片手でしっかり頭を支え、空いている手でからだの向きを返します。

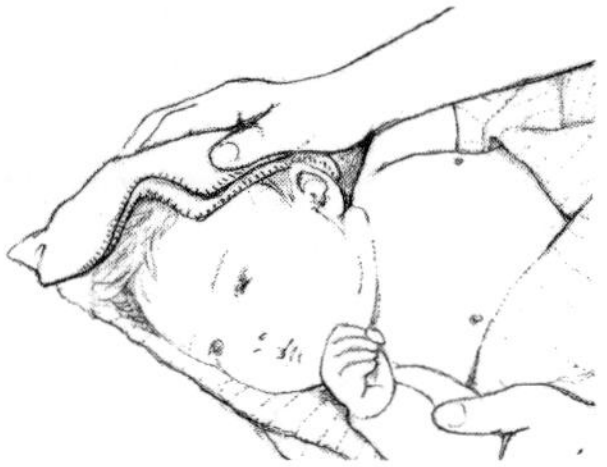

⑦赤ちゃんをお湯からあげてバスタオルにくるみます。優しく押さえながら全身の水分をふき取ったら、着替えの上に寝かせ、おむつをあてます。

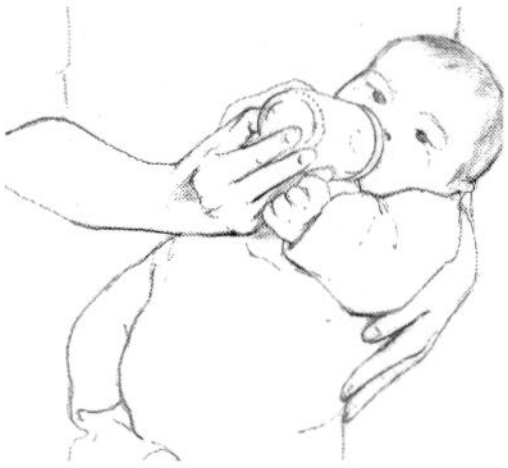

⑧服を着せて、水分補給を。おなかがすいているようなら、授乳してもかまいません。

環境づくり

新生児は自律神経の調整機能が未発達なので、寒暖の変化に体温も大きく左右されます。

■快適な室温と湿度

赤ちゃんの部屋の室温の目安は、夏なら26~28度、冬なら18~22度くらい。洋服の枚数や布団でも調節をして、エアコンなどの冷暖房器具に頼りすぎないようにしましょう。汗腺《かんせん》の数は、だいたい2歳くらいまでに決まるといわれています。エアコンで快適に保たれた環境ばかりにいると、体温調節ができず、自然の暑さや寒さに対抗できないようになってしまいます。

冬の空気の乾燥は、ウイルスの活動を活発にし、かぜの原因となります。加湿器を使って、適度な湿度を保ちましょう。湿度は60%くらいに保つのが理想です。赤ちゃんの肌荒れ防止にも役立ちます。

■冷暖房器具の使い方

エアコンや扇風機を使う場合は、風が赤ちゃんのからだに直接あたらないようにします。ベッドを置く場所や向きを工夫したり、ベッドガードを付けてもよいでしょう。

長時間、風にあたったままでいると、からだの表面温度だけが奪われ、逆に体内に熱がこもって、熱中症のような症状になることがあります。特に夜の就寝時は、タイマーなどを活用してください。

石油やガス、電気ストーブを使う場合は、1時間ごとに換気をしましょう。窓を2か所以上あけ、空気の通り道をつくり、部屋の中に新鮮な空気を取り入れます。

■ダニ・かび撃退のための掃除ポイント

暖かくて湿気もほどよくある赤ちゃんに快適な環境は、ダニやかびも繁殖しやすいもの。最近の住宅の気密性の高さも同様に、ダニやかびが繁殖しやすい条件のひとつになっています。

ダニ・かびを撃退するには、まず掃除を徹底すること。ほこりをためず、ダニがすみにくいすっきりとした環境を保ちましょう。赤ちゃんの部屋には、あれもこれも置いてあげたいと思うのが親ごころですが、物が少なくて片づいていると、掃除もしやすく、ほこりもたまりにくいのです。加湿器のタンク、エアコンのフィルターの掃除をまめに行いましょう。

赤ちゃんのベッドまわりのケアも、まめに行うようにします。カバーは週に1回は洗濯をし、布団はこまめに干しましょう。天気が悪い日が続くときのために、布団乾燥機もあると安心です。また、布団を干しただけでは、中にダニの死骸が残ってしまうことがあります。干した後に、布団に掃除機をかけてダニを吸い取りましょう。

■虫よけ対策

夏の虫よけに、蚊取り線香はあまりお勧めできません。やけども心配ですが、煙がアレルギーの原因になる赤ちゃんもいるからです。電気式の虫よけなら、煙はありませんが、マット式の場合は、誤飲が心配。赤ちゃんがいる部屋の虫よけは、リキッド式のものを、赤ちゃんの手が届かない高い位置にセットしましょう。シトロネラなど虫よけ効果のある天然アロマオイルをアロマポットで温め、香らせるのもよいでしょう。

皮膚に直接スプレーしたり塗ったりするタイプの虫よけ剤については、厚生労働省が「6か月未満の子どもには使用しない」というガイドラインを出しています。

新生児期の外気浴

抵抗力の弱い赤ちゃんを外気浴させる必要はありません。通院などで外出する場合は、短時間でも日焼け・寒さ対策を。直射日光があたる場所や寒い場所には、連れ出さないほうがよいでしょう。外の空気を吸ったほうがよいのは、むしろお母さん。窓を開けたりベランダに出たりして、気分転換を図りましょう〈「密室育児に注意」→352ページ〉。

新生児の事故

力が弱く、自由に動くこともできない赤ちゃんは、布団がずれたりベビーウエアが顔にかかったりするだけでも、息苦しくなります。できるだけ目の届く場所に寝かせ、ときどき様子を確かめましょう。

■窒息

布団　重いかけ布団やタオルケットが顔にかかると、危険です。顔までかけず、胸元くらいまでにしてください。かけ布団は軽く、敷き布団はかためのものを。

うつぶせ寝　鼻や口をふさいでしまう危険があるので、寝返りができるまではやめましょう〈「乳幼児突然死症候群」→296ページ〉。

添い寝　衣類や布団で、赤ちゃんの鼻や口をふさいでしまうことがあります。寝ている間、うっかり顔に布団をかけてしまわないよう気をつけてください。

ぬいぐるみ　まくら元に置いたぬいぐるみが倒れて、赤ちゃんの顔をふさいでしまうことがあります。そばには置かないようにします。

■落下

ベビーベッドやソファ　赤ちゃんから離れるときは、ソファや大人のベッドには寝かさないように。ベビーベッドには必ず柵《さく》をしてください。

落下物　食器棚や本棚の近くに赤ちゃんを寝かせると、落下してきた物でけがをすることがあります。照明器具、絵画、時計、ポスターの下も避けてください。

■脱水症

赤ちゃんは体重のわりに尿量や水分蒸発量が多いので、暑い季節は水分補給をこまめに。おっぱいや水分の飲みが極端に少なく肌にはりがない、激しい嘔吐《おうと》を繰り返す、丸一日おしっこがほとんど出ない場合は、重症な脱水状態です。すぐに受診してください〈「散歩に出かけるときは」➡261ページ〉。

■やけど

ストーブ、ファンヒーター　熱風が赤ちゃんに直接あたると、やけどをする危険があります。

ベビー用湯たんぽ、電気あんか　長時間触れていると、低温やけどを起こします。離して置いてください。カバー付きのプラスチック製湯たんぽでも、さらにタオルなどで包み、赤ちゃんの足元から30cm以上離します。

電気カーペット　寝かせたきりにしていると、背中が低温やけどを起こしたり、脱水症になることがありますので、使わないようにしてください。

ポット　調乳用の熱湯を入れたポットは倒れると危険です。赤ちゃんのそばでは使わないようにしてください。

■ペット

赤ちゃんの部屋には入れないほうがよいでしょう。毛や羽根がアレルギー反応を引き起こしたり、病原菌をうつすこともあります。

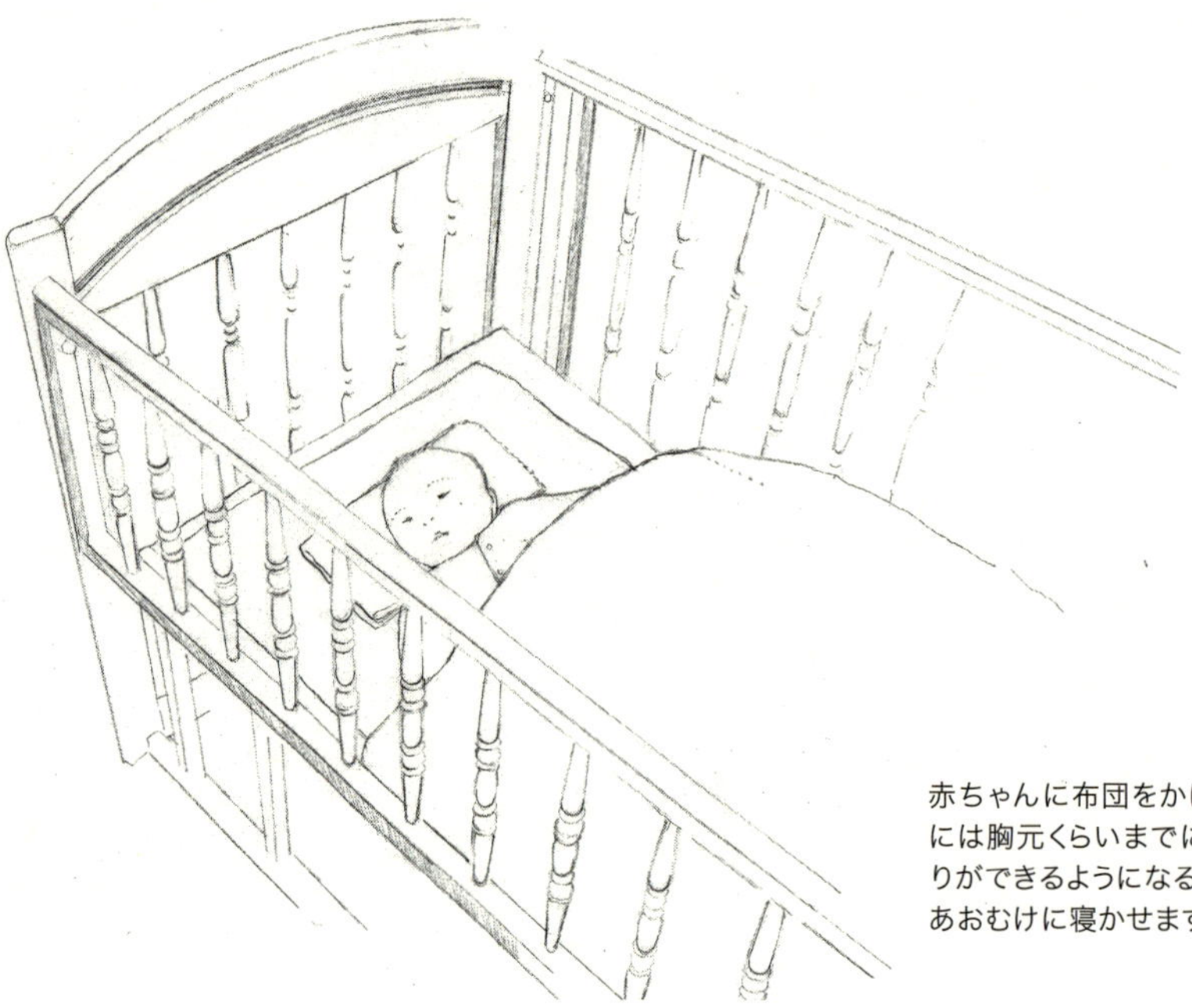

赤ちゃんに布団をかけるときには胸元くらいまでに。寝返りができるようになるまでは、あおむけに寝かせます。

赤ちゃんの成長を祝う行事

■お七夜《しちや》

生後7日目のお祝いで、昔はこの日に命名式をしました。名前が決まったら、いよいよ一般社会への仲間入り。すくすく育つ様子を見守りましょう。出生届を出すのは、生後14日以内です。

■お宮参り

男の子は生まれて30日目に、女の子は31日目に、神社へお参りする習わしです。昔は住んでいる土地の氏神様にお参りし、氏子の一員として認めてもらう、という意味がありました。最近は日にちにこだわらず、1か月健診後の陽気のよい日に出かける場合が多いようです。意味合いも、わが子の無事を感謝して幸せを祈願するという内容に変わってきています。キリスト教徒の洗礼、仏教徒のご授戒が、これにあたります。

■お食い初め《ぞ》

母乳やミルク以外の食べ物を初めて口にする儀式で、「一生食べる物に不自由しないように」との願いをこめて、生後100日目か120日目に行われます。箸《はし》ぞろえ、箸初め、食い初めなどともいわれます。

この機会に離乳食用の食器をそろえる家庭もあるでしょう。

正式なお食い初めは、「一汁三菜（お赤飯、お吸い物、尾頭付きの鯛《たい》や鯉《こい》、煮物、香の物）」「歯がための勝栗《かちぐり》や小石」などを添えます。お膳《ぜん》の物を少しずつ赤ちゃんの口へ運び、食事のまねごとをします。最後に歯がための小石にさわった箸を歯茎にあてます。

■初節句

赤ちゃんが初めて迎えるお節句で、女の子は3月3日、男の子は5月5日に、これからの成長を祈ります。

■初誕生

1歳のお誕生日祝いです。健康で力持ちの子どもに育ってほしいという願いから「立ち餅《もち》」「力餅」などといわれる餅をついて祝う習慣もあります。

●双子・三つ子を育てる
「人手」を確保し、個性に合わせた対応を

■まずは「人手」を確保する

　双子、三つ子といった、いわゆる「多胎児」を育てていくうえで、とにかく最初は赤ちゃんの世話の大変さに目が回る毎日が続くでしょう。授乳とおむつ替えとお風呂だけで、お母さんの一日が終わるといっても過言ではありません。まさに「怒濤《どとう》の日々」です。

　退院後、生活のリズムが整うまでは、何より欲しいのは「人手」です。おばあちゃんにいてもらう、お父さんに産休をとってもらうというように、育児や家事を支えてくれる人を探しておきたいところです。

　身内が無理な場合には、公的サービスを探してみましょう〈→489ページ〉。自治体によっては、多胎児を育てている家庭にホームヘルパーを派遣し、家事の代行や入浴のサポートを行っているところもあります。また、ベビーシッター費用の割引を民間の助成によって受けられる場合もあります。

　公的制度というと、医療費の助成や各種手当など、経済的な負担が中心になりますが、それを申請するのはもちろんのこと、まずはお母さんの育児を軽減してもらえる制度がないか、探してみましょう。

■先輩お母さんの授乳とお風呂は

　複数の赤ちゃんを同時に育てるお母さんが、大変だと感じる赤ちゃんの世話のツートップは、授乳とお風呂です。

　まずは授乳ですが、赤ちゃんにほぼ同時に授乳できると、赤ちゃんの生活時間が重なり、おのずと睡眠時間も一緒になるので、お母さんも少しは休む時間ができて楽だといわれます。

　でも、同時授乳は、やってみるとかなりの「わざ」を必要とします。新生児のうちは、ひとりを支えるのも大変だからです。両ひざに赤ちゃんをのせて、お母さんがからだをソファに深く倒し、赤ちゃんに両方のおっぱいを同時に吸わせるとか、ひとりはひざの上、ひとりはお母さんのひざの高さに積んだマットやクッションでからだを支えておっぱいを吸わせるというように、方法はいくつかありますが、やはり、ひとりのポジションが決まってから、もうひとりを手渡してくれる人がいないと難しいようです。

　新生児のうちは、多少授乳に時間差があっても、一日の大半を寝て過ごす赤ちゃんですから、常にどちらかが起きて泣いている、ということにはなりにくいようです。ですから、人手があるときに何度か同時授乳にトライして抱っこのこつをつかみ、赤ちゃんの首もすわり始めて、抱っこが少し楽になり、睡眠と覚醒《かくせい》がはっきりしてくるころまでに、同時に授乳できるようにするというのも、ひとつの方法です。

　お風呂は、湯あがりのタオル、着替えまでを準備万端整えて、ベビーバスを使ってひとりずつ入れる、という方法をとっているお母さんが多いようです。

　ベビーバスの場所と、もうひとりが寝て

いる場所が近いと安心なので、キッチンにマットを敷いてベビーバスを置き、すぐ隣の居間で着替えをさせるとか、脱衣所にベビーバスも着替えもすべてそろえるなど、それぞれ工夫しています。

また、入浴時間は、日中から夕方という人が多いようです。別居のお母さんやヘルパーさん、友人などに、手伝いに来てもらいやすい時間帯だからでしょう。

■似て非なる人格を育てるということ

複数の赤ちゃんを育てるということは、生活上の大変さもさることながら、同時に育っていく子どもを、どのように育てていくかという点でも、様々な思いがあることでしょう。多胎妊娠がわかったときから、分け隔てなく、どちらが長子だと意識させずに育てようとか、名前を呼ぶときにはこうしようなど、育児方針も考えたはず。

そんな親の思いを知ってか知らずか、同じ親が同時に、同じように育てても、いつしか違う性格、別々の個性をもった人格として成長するから不思議です。

日本では、戸籍の届け出上、長男（長女）、次男（次女）という形をつくらなければならず、どちらが長子かという世間の見方もまだ残っていることによって、親の思惑とは異なり、ひとりがお兄ちゃん（お姉ちゃん）らしく、ひとりが弟（妹）らしく育つこともあります。また、身長・体重の差や、からだの丈夫さの違いなどで、周囲の扱いも違ってきますから、そういう毎日の環境的要因も、育ちに影響を与える一因になるでしょう。また、子ども同士の相互関係のなかで、それぞれの役割的な形が決まっていくこともあります。

どんな子どもでも、まわりの影響を受けながら成長し、自己を形成していくという面では同じです。双子、三つ子といった運命のなかで、いろいろな影響を受けて、それぞれの個性ある人格として成長していくのだと考えてよいでしょう。

■愛は平等、扱いは不平等

そう考えれば、それぞれ別の個性をもって育っていく子どもたちに、まったく同じように対応する必要がないこともわかってきます。個性に合わせた対応が必要であることは、年齢差があるきょうだいと同じです。双子だと、平等ということに神経質になりがちですが、同じように愛情を注ぐためには、むしろ扱いは不平等になるということもあるのです。

体格に違いがあって、片やほうっておいてもすくすく育ち、片やかぜをひくといつも重くなる、というような場合も少なくありません。そうなると、日ごろはどうしても、病弱な子のほうに手をかけるでしょうが、そのことで、もうひとりに対して罪悪感をもつことはありません。

ちょっと余裕があるときは、たっぷり抱っこしてあげるとか、看病の間、ひとりで遊んでいたごほうびとして、台所でこっそりふたりでおやつを食べるとか、そういう不平等さで対応してもよいのです。

しかり方にしても、ちょっとしかってもすごく落ちこむ子と、けろっとしている子では、しかり方が違って当然です。また、同じことをされても、腹の立ち方が違うこともあるでしょう。でもそれを「こちらの子をかわいく思えない」と受け止めるのではなく、成長とともに変わっていく親子関係の過程と考えて、思いつめないことです。

多胎児の育児は、大変なこともたくさんあります。でも、多胎児をもたなければ知り得ない、たくさんの楽しさやだいご味もあります。そんな日々の育児のあれこれを、同じ多胎児をもつお母さんたちと分かち合うサークルもあります。ぜひ探して参加してみてください。

保育園生活

入園手続きと入園後のこころがまえ

私たちが「保育園」とよんでいる保育施設は、法律用語では「保育所」といいます。そして施設ごとに、保育内容や設備、雰囲気に、個性の違いを感じます。申し込む前に足を運んで、赤ちゃんも自分も安心して仲間入りできるような保育園を探しましょう〈「仕事を再開するときは」→246ページ、「保育園のこと」→262ページ〉。

■保育所の種類

認可保育所

保育室の広さ、園庭・調理室・避難路など諸設備、保育士の数、保育時間、保育内容について、国が定めた最低基準を満たしています。自治体が直営している公立保育所と、自治体が民間に委託している私立保育所があるものの、保育料は所得によって公私とも同一に決められています。

保育所と幼稚園を合体したような「認定こども園」(公私立)も年々増え、平成27年度は全国で2800園以上になっています。

一方、保育内容は公私で異なります。たとえば公立の場合、低月齢の赤ちゃんは保育しない・延長保育をしないところも多いのですが、私立には産休明けから受け入れ、延長保育をしているところがあります。

認可外保育所

国の認可を受けていない民間の保育施設で、ベビーホテルや事業所内保育所、駅型保育所などがあります。低月齢から預かる、延長保育がある、24時間保育や休日保育をするなど、「便利だな」と思う施設が多いのですが、保育料や保育内容、有資格保育士数、設備などは施設ごとに異なります。

認証保育所

国の認可外ではあるものの、自治体が基準を定め、助成している保育施設です。東京都の「認証保育所」、横浜市の「横浜保育室」など、名称は自治体によって異なります。設備や保育士の数は認可保育所に準じていますが、保育料や保育時間は自由設定で、手続きも直接保育所と行います。

また、駅前保育所を助成する自治体も出てきています。ただ、「駅前」とは「改札口から○分以内に設置」と定められていることからの呼称であり、必ずしも駅ビルの中に設置されているわけではありません。

これらのほか、公私にかかわらず、病児保育をしているところもごく少数ですがありますので、調べてみるとよいでしょう。

■入所条件

認可外保育所や認証保育所への入所は、基本的に利用者と施設経営者との直接契約で決まりますので、説明は省きます。認可保育所は自治体の直営(委託)のため、入所条件や申し込み方法に規定があります。

まず、赤ちゃんの月齢が入所する年の4月1日に受け入れ月齢に達しているかどうかで、入所可能かどうかが分かれます。同じ自治体内でも、保育所によって受け入れ月齢が違うことがありますので、希望の保育所について確かめておいてください。

また、優先的に入所できる条件もあります。赤ちゃんと同居している家族に仕事や健康、介護上の事情があり、日中の保育ができない。休職中だけれど、仕事復帰の予定がある。さらに保護者の仕事が正社員かパートタイマーかで優先順位が変わることもあるようです。惜しくも選考からもれてしまった場合、欠員が出るまで認可外保育所や家庭福祉員（保育ママさん）、ファミリー・サポート・センター、ベビーシッターさんの力を借りている家族もたくさんあるのが実情です。

■申し込み方法

認可保育所への入所申請書は福祉事務所や自治体の福祉窓口に用意されており、年間を通して申請を受け付けています。ただし、年度が変わる４月からの入所については、募集人数も多く希望者が集中するため、申請期間が別途決められています。就労証明書や源泉徴収票など自分でそろえる書類もあるので、締め切り日に注意して用意しましょう。

入所先希望欄には、通わせたい気持ちが伝わるよう、遠慮なく、希望する保育所から順に記入していきましょう。書類を提出したら、審査・選考ののち、内定通知が来ます。さらに面接・健康診断を経て、入所決定となるでしょう。どうか赤ちゃんと家族にとって、よい保育所とめぐり会えますように。

＊　＊

■入園して初めてわかることも

さて、ここからは、実際に入園してからのことに触れていきましょう。

やっと入園先が決まり、赤ちゃんを抱えながらこまごまとした準備に追われ、どうにか始まる保育園ライフ。けれども、通わせてみて初めて「これはちょっと違う」と感じることがあるかもしれません。そんなとき、お母さんお父さんはどうしたらよいのでしょうか。

小さな赤ちゃんが長い時間過ごすのですから、親としては保育施設に多くを求めるのは当然のことです。評判のよい園や、施設数の少ない地域は激戦区になり、希望どおりにはいれるのは、ほんのひと握り。第二希望、第三希望の園に決まり、通ってみて初めて、わが家と園の方針が合わない、担任の先生が経験が浅いなどの不満が出てきます。おむつかぶれがひどい。アレルギーに対処してくれない。自然にのびのび育てたいのに、早期教育重視の園だった……などということがないともかぎりません。

もし園での生活に不安を感じることが出てきたら、まずはコミュニケーションを密にとることが大事です。送り迎えのときに立ち話でも率直に不安を伝えたり、ほかのお母さんの意見を聞いたり、それとなく主任の保育士に相談したりして、冷静な判断ができるようにします。

親と保育士との間に信頼関係が生まれると、子どもが落ち着いてくることも、よくあります。そのような努力なしに何回転園しても、不平不満はつきまといます。

■「よい保育園」は最強の援軍

出産後も仕事を続けるためには、仕事上のスキルと同じくらい、保育園に対する信頼感や感謝の気持ちは必要不可欠なもの。不満を感じたまま働くことは、計り知れないマイナスになります。

評判を聞いて慎重に選んだ保育園といえども、通ってみるまで実態はわかりません。時には転園せざるを得ないこともあるという覚悟をしてください。

そして、両親がこころから信頼できる園に出会えたら、共働きの子育てに百万の援軍を得たも同然です。赤ちゃんが日中、家庭よりも長い時間を過ごす場所ですから、ほんとうに納得して預けたいものです。

運動機能の発達プログラム

発達の過程がわかると、赤ちゃんが天才に見える

赤ちゃんの運動機能の発達は目覚ましく、お母さんお父さんをとりこにする魅力に満ちています。ですからつい、次は何？次は何？　と、先へ先へと気持ちが向いてしまいがちです。そして、「○か月で○○」というような標準値までにできないと不安になったり、人より早くできることに価値を見いだしてしまいがちになります。

でも、発達というのは、ひとりひとりが自分のペースで進むもの。一見すると、あたりまえのように座って、はって、立てるようになる赤ちゃんですが、じつは毎日の生活や遊びのなかで、だれに教えられるのでもなく、少しずつ次のステップへの準備や練習を積み重ねているのです。そして、練習が十分にできたときに、きちんと次に進みます。

赤ちゃんに備わった、緻密《ちみつ》な発達のしくみがわかると、早い・遅いへのこだわりから解放され、赤ちゃんが天才に見えてくるに違いありません。

■頭ごろごろは首すわりの練習

生まれたばかりの赤ちゃんのあおむけの姿を見てみると、頭は常に左右どちらかを向き、真上を向くことはできません。また、原始的な反射でからだが動いて姿勢が決まり、左右対称の姿勢が取れません（非対称性緊張性頸《けい》反射＝イラスト①）。

それが、まわりの音や見える物に興味が広がり、そちらを向こうと頭を左右にごろごろ動かすうちに、正中位（真ん中）でも止められるようになります。さらに、手足の曲げ伸ばしを繰り返しながら、やがて曲げきるでも伸ばしきるでもない、中間の位置に手や腕を保てるようになります。

このように、自分のからだを真ん中の位置(正中位)に保てるようになることが、立て抱きにしても姿勢を維持できるという、いわゆる首すわりにもつながります。

ですからこの時期は、頭を自由に動かせる環境が大切です。向き癖を直そうと頭を固定しないほうがよいでしょう。ドーナツ

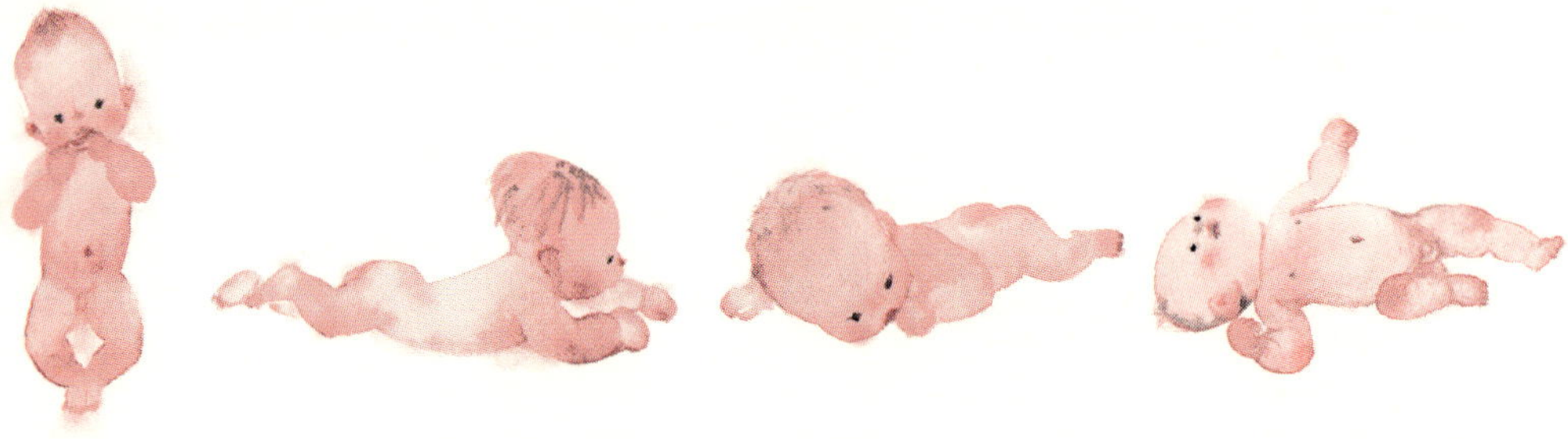

①非対称性緊張性頸反射（1か月ころ）　両手両足が一緒に動きます。

②保護的回旋（1か月ころ）一瞬首を上げ、横を向きます。

③ひじでからだを支え、頭も床から完全に離れます（3か月ころ）。

④頭が真上を向き、手足がからだの中心に集まってきます（3か月ころ）。

まくらも必要ありません〈↓206ページ〉。

■うつぶせの運動で筋肉が活性化

また、赤ちゃんの運動機能の発達には、うつぶせも様々な意義をもっています。

赤ちゃんをうつぶせにすると、呼吸するために、自分で首を回して、気道を確保します（保護的回旋＝イラスト②）。自分で回すことで、首の後ろの筋肉が働き始め、やがて首が持ち上げられるようになります。さらに背中にかけての筋肉が活性化され、からだの真横にあり、からだを支えることのできなかった両腕が前に出てきて、ひじでからだを支えて、背筋を伸ばす動きが出てきます（イラスト③）。

この一連の運動で、自分のからだを重力に逆らって保っておくという、首すわりに必要な脳の回路も活性化されます。

ただし、うつぶせは、やわらかい布団の上では窒息の危険もあります。うつぶせで遊ぶときには、畳や床など、かたい所に薄い敷き物を敷いて、「長時間うつぶせにしない」「うつぶせの赤ちゃんから目を離さない」という注意点を守ってください。

■寝返りはふたつの動きの合体から

からだを真ん中で保てるようになると、「見て楽しむ」視覚的な興味・関心が自分のからだに向いていきます。そして、手をじっと見つめたり、しゃぶったりといった、手と手、手と口の協調運動が始まります。そうして足と足も触れ合い、手足がからだの中心で出会うのです（イラスト④）。

赤ちゃんが自分の足の存在に気づくと、次第に足を持ち上げ、自分のひざにさわって遊び始めます。それに伴って足がもっと持ち上がり、さらにおしり、骨盤がきちんと持ち上がるようになってくると、自分の足を見ながら手で確かめるという、手と目と足の協調運動が出てきます。この姿勢（ボトムリフティング＝イラスト⑤）は重心が高くなり、転がりやすくなります。

一方、うつぶせでは、ひじで支えて背中から腰まで伸ばす姿勢を取れるようになります。また、ひじを床から離して弓なりにからだを反らせるような姿勢（エアプレーン＝イラスト⑥）も取れます。

ボトムリフティングで、手で足を持ってころりと横向きになり、そこから今度は、うつぶせのときにする、からだを伸ばす姿勢を取ろうとします。すると、寝返りができてしまう（イラスト⑦）というわけです。からだのひねりは、その後いちだんと発達していくのです。

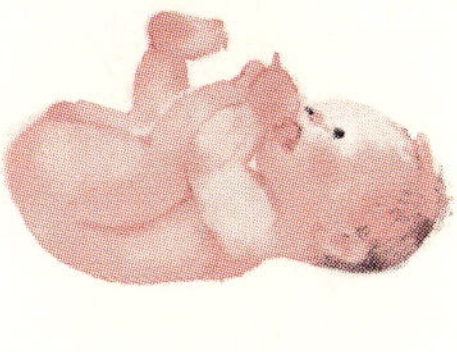

⑤ボトムリフティング（6か月ころ） 足、おしり、腰と順に上がります。

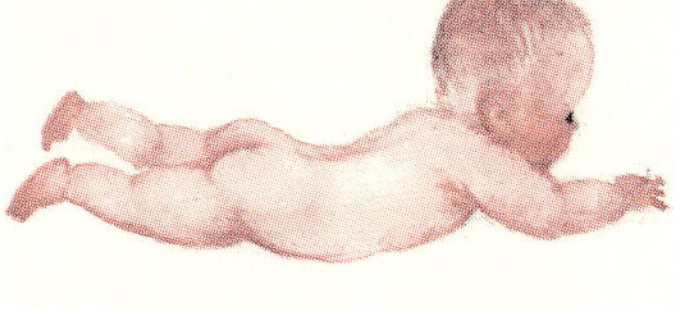

⑥エアプレーン（6か月ころ） ひじが上がり、からだが伸びます。

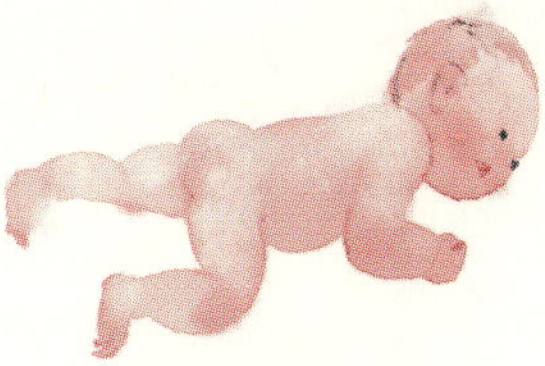

⑦寝返り（6か月ころ） ❺で横に倒れたからだを伸ばすと寝返りに。

子どもなりの一歩一歩を喜びに

スモールステップで育っていく赤ちゃん

■子どもの発達はすべてに意味がある

子どもの発達を見ていると、知的好奇心に引っ張られて、物に手を伸ばし、それに届く姿勢をつくり、その延長上に腹ばいの移動がある、というように、自分からチャレンジして育っていく力をもっていることがよくわかります。

その過程はじつに緻密《ちみつ》でむだがありません。からだの発達が脳を刺激して、知的な発達を促す→知的な発達によって新しいチャレンジをすることで、またからだが発達する→そこで手に入れた新しい世界が、さらに知的な発達につながる、というように、子どもの発達はすべてに意味があり、生命の不思議に満ちています。

■手助けが必要な子どもがいる

なかには、その成長の一歩一歩が、いわゆる「平均」よりも遅い子どももいます。周囲への知的な好奇心が弱く、発達の次のステージになかなか進めない子や、好奇心はあっても、次のステージに進もうと思ったときに、身体機能や能力がそれに追いつかないために、あきらめてしまう子どももいます。

このように、自然の発達のプロセスを獲得しにくい要因のある子どもには、まわりの大人がちょっと「お手伝い」して、チャレンジしていくきっかけをつくってあげることが必要なときもあるのです。

■手助けの目的は

子どもの発達のお手伝いといっても、それは「平均」に追いつかせるために、子どもに無理をさせることではありません。同じところにとどまったまま、次に進みたいのに進めない、進み方がわからない子どもに、「こうしたらもっと自由に動けるようになるよ。こうしたらもっと生きやすくなるよ」と、手を差し伸べ、次の一歩を出しやすくすることです。

「平均」というのは、それぞれ「マイペース」で進むひとりひとりの子どもたちを足して頭数で割っただけのもの。人間は、そんな数値で計れるような、無味乾燥でつまらないものではありません。

■だれにでもある発達のでこぼこ

出っ張ったところも、へこんだところもたくさんあって、そのひとつひとつのでこぼこが、その人を世界でたったひとりのその人たらしめる大切な個性なのです。

あなたの授かった赤ちゃんには、いつ、どんな花が咲くでしょう。春咲きでしょうか、冬咲きでしょうか。赤い花でしょうか、黄色い花でしょうか。みんなのこころを華やかにする大輪のバラでしょうか、みんなのこころをほっと優しくする小さなかすみ草でしょうか。

赤ちゃんの小さな一歩一歩が、いつかその子だけの花を咲かせます。親は、まわりの大人は、社会は、その一歩一歩を喜び、支えていく存在でありたいものです。

■ゆっくりめの赤ちゃんのサポート遊び

早産でとても小さく生まれてきたため、からだの機能の発育が遅めとか、脳になんらかの傷害があり、麻痺《まひ》が残っているなど、発達の次の段階に進みにくい要因をもつ赤ちゃんもいます。そんな赤ちゃんの、発達の「お手伝い」ができる遊びを紹介します。

子どもの発達をサポートするというと、「一日も早くできるように訓練する」という発想になりがちですが、決してそうではありません。子どもがその遊びに興味を示しているかどうかが、いちばん大切なことです。

首すわりのサポート

頭を左右にごろごろさせる遊びなど〈「ここですよ」「うつぶせで『よいしょ』」↓220・221ページ〉と、うつぶせで頭を持ち上げる遊びをしましょう（イラスト①、②）。

足への気づきのサポート

手首、足首に、鈴のような音の出る物をつけてあげます（イラスト③）。

寝返りのサポート

手や足を持って、寝返りの基礎になる、からだを丸めることと、からだを反らすことの両方の動きができるような遊びをしましょう（イラスト④〜⑥）。

首すわりのサポート

①うつぶせの姿勢が嫌いな赤ちゃんの場合は、抱っこしたまま、大人が少しずつからだを後ろに倒していきます。（赤ちゃん退院後から）

②うつぶせの状態で、赤ちゃんの頭の方向から胸のあたりまで手で支え、斜め前方向に少し浮かせてあげます。（月齢〈修正月齢〉3か月ぐらいから）

足への気づきのサポート

③手首、足首に、鈴のような音の出る物をつけてあげます。手や足をシャンシャンと合わせ、足への興味を誘います。（月齢〈修正月齢〉3か月ぐらいから）

寝返りのサポート

④うつぶせの形でしっかり支え、ブーンと飛行機のようにして、遊びましょう。（赤ちゃんの首がすわったら）

⑤赤ちゃんの手足をまとめて持ち、そのまま左右にゆらゆら揺らします。（月齢〈修正月齢〉5か月ぐらいから）

⑥自分で足が持てるように、おしりの下に手を入れて骨盤を持ち上げます。（月齢〈修正月齢〉5か月ぐらいから）

＊修正月齢…予定日より早く生まれた赤ちゃんの、出産予定日から数えた月齢

コミュニケーション

ぬいぐるみに熱心に話しかけてもむなしいものがありますが、赤ちゃんは、たとえ生後数時間ほどであっても、ことばをかけると手ごたえがあります。声をかけると、ぴくりと反応し、ごく一瞬見つめ返してくることもあるからです。寝てばかりのようにも感じられますが、きちんと一人前に働きかけてくるのです。

このことを、「おもしろい、なんてすごい」と、シンプルに楽しんでください。

「お母さんよ」の語りかけに価値がある

赤ちゃんはおなかの中にいるときから、外のいろいろな音を聞いていたようです。羊水を通して聞こえた音のなかでも、いつも聞こえてきたお母さんの声にはとりわけ慣れ親しんでいたらしいこともわかってきました。生まれたあとには、その声の主が、だれよりも頻繁に近づいては世話してくれることを次第に認識し、「この人は特別な、いい人だ」とわかってきます。

「生まれたての赤ちゃんに話しかけたって、何もわからない」どころか、ものの何時間かで赤ちゃんはお母さんと〝出会い〟、〝認識して〟いくのですから、語りかけのやりがいは十分あるはず。「こんにちは、やっと会えたね」「お母さんよ」と、一日何回も声をかけてあげましょう。

「お母さん語（マザリーズ）」が心地よい

「はーい、いまおむつを替えましょうね」。赤ちゃんに語りかけるお母さんの声には、無意識のうちに込められる独特の抑揚があります。この特徴のある声のかけ方を、「マザー（mother）」に「ese」をつけて、「マザリーズ（motherese）」といいます。「Japan（日本）」と「Japanese（日本の）」の関係と同じだと考えると、わかりやすいでしょう。

赤ちゃんは聞き慣れたお母さんの声が大好きで、よく反応しますが、マザリーズはお母さんの専売特許ではありません。どんなこわもてのおじさんでも、赤ちゃんに接するときは顔をくしゃくしゃにして「いい子でちゅねー」と、ふだんの話しことばとは違うトーンで話しかけます。マザリーズとは、人間が本能的に、赤ちゃんのストライクゾーンに投げる声音です。お父さんのマザリーズでも、もちろん喜びます。マザリーズには、いくつかの共通点があります。

■高いトーン

平均すると、150～500ヘルツほどの高めのトーンです。ピアノの鍵盤《けんばん》の真ん中の「ラ」の音が44

0ヘルツ。そして、世界共通で赤ちゃんの産声の高さもこのくらいです〈↓228ページ〉。

■大きい抑揚

「はい、はい、はい、どうしたのかなー（↗）」「まあ、そうなのー（↘）」と、一語一語に大仰な強弱をつけ、語尾を伸ばしてことばを強調させるような語りかけです。

■繰り返しと区切り

このとき、「はいはいはい」と気ぜわしく言う人は、あまりいません。無意識のうちに、ことばに区切りをつけ、繰り返して、赤ちゃんが聞き取りやすいように配慮しています。

ふだんよりも高めの声で、ゆっくりとしたリズムを刻むマザリーズは、音楽のよう。歌うように語りかけられ、世話してもらいながら、赤ちゃんは満ち足りた気持ちでまわりの環境を受け入れていくのです。

アレンジ自在な肉声がいちばん

小さな赤ちゃんに、どうやって語りかけたらよいのかわからないと思うかもしれません。また、標準語ではないから、悪声だから、あるいはクラシックのCDのほうが情緒によさそうだから、とテレビやステレオの音を流している家庭もあるでしょう。

けれども、訛《なま》りがあろうが話題がなかろうが、本能的に臨機応変に対応できる、人間の肉声に勝るものはありません。お母さんは赤ちゃんが静かにしていれば、ゆったりと抑えたトーンで「おねむかな？」とのぞきこみ、元気に泣いたり、ぱたぱた動いたりしていれば、少し早口で「おお、おお、元気だ元気だ」とたたみかけます。赤ちゃんの状態に合わせて、素早くアレンジすることができるのです。そのときどきで、ちょうどよい刺激を与えるなんて、機械にはできません。

語りかけることばは、見たまま「なんで泣くのかなー」でもいいし「今日の晩ご飯、どうしようかなー」でも、お父さんのおのろけでも、なんでもよいのです。できれば静かな所で、目を見つめて、語りかけてみましょう〈↓198ページ〉。赤ちゃんが見返してきたら「あらー、このお話おもしろいー？」、ぷいと向こうを向いたら「きみにはわかんなかったかー」。向こうを向いていても、赤ちゃんは必ず聞いています。

お母さんお父さんは新米さんですから、もちろん失敗を繰り返すでしょう。赤ちゃんが静かに過ごしたいときに、うるさいくらいに語りかけたり、いきなり抱き上げたりして泣かせてしまうこともよくあること。赤ちゃんとずっとつきあっていくうえで大切なのは、よく観察してその子の傾向をつかみ、失敗を何度も繰り返さないようにこころがけることです。

赤ちゃんと一緒に泣いたり笑ったりしながら、やりとりを楽しみましょう。赤ちゃんは日を追ってお母さんお父さんを認識し、大好きになっていきます。

家族で育つ

お父さんとお母さんが結婚して、子どもが生まれる。そこに、おじいちゃんやおばあちゃんが加わることもあって、それが「家族」だ――私たちは「家族」の姿をそんなふうに思いこんでいるかもしれません。

　けれども現実には、赤ちゃんとふたりという家族もあれば、兄弟姉妹や同居人が多い大家族もあります。また、〝血のつながり〟意識が強かった家族観が変わり、ステップ・ファミリー（再婚家族）、フォスター・ペアレント（里親）といった関係から「家族」を始める人も増えています。こうしてみると「家族」は、大人や子ども、様々な年齢や個性、能力、考え方をもったメンバーで構成されている、ひとつの〝チーム〟なのだと考えることができるのではないでしょうか。

　そもそも夫婦の成り立ちが、ふたりで新しいチームをつくるようなもの。赤ちゃんは、そこに加わった新しいメンバーです。この先、メンバーが増えることもあるだろうし、交替する事態が起こるかもしれません。「家族」の姿もチームごとに違います。けれども、とにかくいまはこの顔ぶれでスタートします。

　子どもの成長と同じように、「家族」も、らせんを描くように育ちます。伸びたと思っていたら、同じ所をぐるぐる回るばかり、成長していないように感じることもあるでしょう。つまずいたら助けを求めてください。「家族」で話し合い、補い合い、時にはサポーターの力を借りながら、少しずつ「家族」も育っていきます。

　そして、「家族」で話し合うときは、小さな新しいメンバーの意見も聞いてみましょう。赤ちゃんはまだことばにしないだけ。安心したような表情や気むずかしそうなしぐさで、「いいね」「いやだよ」と、ちゃんと答えてくれるのですから。

産後のからだに起こるホルモンの急激な変化

いざ、「家族」がスタートしたものの、なんとなく気分が乗らない、なぜだか寂しいといった症状に見舞われるお母さんはとても多いのです。分娩《ぶんべん》後の体内では、ホルモンの分泌が急激な変化を起こしています。

妊娠初期から赤ちゃんを守るために胎盤で分泌され続けていたホルモンは、分娩を機に産後1〜2日のうちに、いきなり分泌されなくなるのです。この生理的な変化に、理性はなかなかついていけません。しかもお母さんは、妊娠・出産という大役を果たしたその余韻に浸る間もなく、分娩台を下りた直後から、子育ての即戦力になることを要求されます。憂うつな気分になるのも無理はありません。

それでも産後1〜2週間すると、ホルモンの状態は妊娠前に戻ります。精神的にも安定してくるでしょう。うれしいような悲しいような理屈に合わない涙は乾き、理不尽ないらだちも次第に鎮まります。ただ、もし産後1か月、2か月と過ぎてもお母さんがひどく落ちこんでいたり、どうしてもやる気が出ないようだったり、ひどく自分を責めているようなときは、「産後うつ」という症状のことを考えてみてください。この症状は、本人よりも、家族やまわりの人が気づく場合が多いようです〈「マタニティ・ブルーズと産後うつ」↓186ページ〉。

3週間くらいは赤ちゃん第一主義で

子育ての強力なメンバーとして早くから活躍が期待されるお母さんですが、残念ながら、からだはそれほど融通がききません。分娩後の子宮内部は、胎盤がはがされ、傷ついています。また、子宮自体の収縮に伴い、後陣痛《こうじんつう》という月経痛のような痛みが数日続くお母さんもいます。このつらい痛みは鎮静剤でかわすことができますので、入院中なら医師に申し出て処方してもらってください。

通常、子宮が妊娠前の大きさに戻るには、約4週間かかるといわれます。その回復の目安となるのが悪露《おろ》というおりもの。これは子宮内膜の組織が血液と混じったもので、順調に回復していれば、産後の数日間は赤く、次第に褐色となり、3週間くらいで薄茶色へと薄まり、量も減っていきます。母乳を飲ませたあとは悪露が増えるようですが、これは子宮がよく収縮している証拠です。

以前は「産後3週間たったら床上げ」といわれました。いまではお母さんのからだの回復と、愛着関係の基礎づくりを考えて、「初めの3週間くらいは赤ちゃん第一主義で過ごしましょう」と、休養が勧められています。家事や仕事からお母さんを解放し、しばらく赤ちゃんのことに没頭させてあげましょう。

1か月健診までの過ごし方

お母さんが里帰り出産をした場合、そばにいないからといってお父さんがメンバーからはずされているわけではありません。赤ちゃんの名前を考える、出生届[★1]を提出する、自宅に戻ったときの準備をするなど、夫婦で打ち合わせをしなければならないことはたくさんあります。休みの日には顔を出して、ふたりで「家族」の運営について考える時間をもってください。

また、里帰りせずに赤ちゃんと一緒に自宅へ帰ってきたお母さんの場合は、からだが本調子になるまで、実家の母親や姑《しゅうとめ》に来てもらって助けてもらうのもよいでしょう。1日のうち何時間か[★2]産褥《さんじょく》期ヘルパーさんや家事代行ヘルパーさんなど、サポーターの力を借りるという手もあります。出産前、自治体の子育て推進課や地域子育て支援センターに問い合わせておけば、入院中に手配することもできるでしょう〈「子どもを預ける」↓489ページ〉。お父さんが休暇[★3]をとるなら、退院後にしてもらうと助かります。

お母さんお父さんは、「すでに私たちは仕事も生活も自分でできる大人。だから赤ちゃんひとりの世話くらい、なんとかなるはず」とお互いに思いこんでいるかもしれません。けれども仕事と同じように、子育てを続けていくうえでも、人の手を借りたほうがうまくいく場合があります。助けを求めることもひとつの能力、人間に備わっている社会的な能力です。赤ちゃんがメンバーに加わると、様々な場面で世間の手を借りることになるでしょう。そのように赤ちゃんは、「家族」の社会性も育ててくれるのです。

ところで、妊娠・出産で控えていたセックスを再開する場合は、しばらく、情熱的なコミュニケーションは控えてください。というのも、この時期の基礎体温は変動が大きく、いつ排卵が再開したかはっきりしません。そのため、だいじょうぶだと思っていたのに妊娠し、赤ちゃんが1歳にならないうちに次の出産となる可能性があるからです。また、「母乳をあげているから妊娠しにくい」というのは間違った俗説です。

産後の1か月健診では、子宮が回復しているか、会《え》陰《いん》縫合の経過は良好か、お母さんが健康体であるかどうか、医師が診断します。すべて順調であれば、セックスも仕事復帰も差し支えありません。ただし、「会陰切開の跡がつれて痛い」と感じる女性は多いものですし、しばらくはバルトリン腺《せん》からの粘液分泌が低調なため、挿入時に不快感を覚えるケースがあるようです〈↓118・205ページ〉。

そして、母体を気遣えば、次の妊娠は1年以上あとになるのが理想的です。どんなに避妊に気をつけていたとしても、時期としていちばん無難なのは、産後の月経が再開してから。いうまでもなく、お互いに相手

★1――出生日から2週間以内（国外で出生した場合は3か月以内）に、親の本籍地または住所地、赤ちゃんの出生地の市区町村役場に提出。

★2――“産褥”とは産婦が使う寝床のこと。子宮や卵巣の働きが元に戻るまでの6～8週間を“産褥期”といいます。生活は体調優先です。

★3――お父さんが育児休業をとるなら、お母さんと赤ちゃんの退院後か、里帰り出産から自宅に戻るころに。満1歳になる前日までとれます。

の気持ちを思いやることを最優先にしたいものです。

赤ちゃんとふたりでも お父さんへ

「家族」を始めるメンバーが、赤ちゃんとふたりという場合は、自治体の子育て推進課や福祉事務所に相談し、支援サービスやサポーターの協力をぜひ求めてください。世帯の所得額にもよりますが、★4児童扶養手当や児童育成手当が支給されるほか、医療費も助成され

現代のお父さんは大変

コミュニケーションがうまくいくかどうかで、夫婦関係が大きく影響されるような場面は、出産直後から登場します。特に産後はホルモン分泌の変調や慣れない育児のために、妻が情緒不安定になったように思えることもあるでしょう。

そんなとき、「何をしているんだ、おまえは！」などと絶対に言ってはいけません。まず、「どうしたの、だいじょうぶ？」「何かしてほしいことはある？」と、たずねてみましょう。

そのような声かけひとつで、夫への信頼感がぐっと増し、「ひとりでなくてよかった」と妻は思うのです。

つい「そんなの、男だからわからないよ」と口にしてしまいそうになったときには、「わからないから聞いているんだよ、言ってくれればやるからさ」とことばを添えましょう。

これをじょうずにやるには、夫にも知識が必要です。たとえば「おっぱいが足りないみたい」と妻が困っているとき、夫が口走った「えっ、もう出なくなったの？」というひと言でひどく傷ついたというケースがあります。

母乳が出るか出ないかは、精神的ストレスの影響も強いのです。それを知っていれば、「そんなときもあるらしいよ」とか「ミルクに替えてみようか？」とアドバイスすることもできるでしょう。

昔はそういう役割をしていたのが実母や近所の人でしたが、いまでは夫がしなければならない場合も多いのです。自分が体験していない役目を引き受けるわけですから、現代の夫は大変です。

いまの育児はふたりでやることが多いのですから、お父さんも基礎的なことはきちんと勉強しておきましょう。　　（汐見稔幸）

★4――児童扶養手当は母子の、児童育成手当は母子と父子の、ひとり親家庭に支給されます。貸付金制度もあるので自治体の窓口で相談を。

ます〈↓730ページ〉。また、一定期間、ホームヘルパーさんを派遣する地域もあるようです。

とかく世間は、型にはめたようなひとり親家庭像を描くもの。「手当をもらっているなら、慎ましく暮らしなさい」「生まれてきた子がかわいそう」「ひとりで育てられるの？」、そんな陰口を耳にすることがあるかもしれません。けれども、どんな事情であれ、赤ちゃんはみんな人が愛し合って生まれてくるのです。そのことだけは、赤ちゃんにもしっかり伝えていかなくてはなりません。「生まれてきてはいけなかったんだ」などと思わせてはいけません。

応援してくれる人、味方になってくれる人は大勢います。私たちは社会という、大きなネットワークのなかで生きています。ひとり親家庭だと、負い目を感じるお母さんやお父さんは多いのですが、社会の手、まわりの人の力を借りながら、正々堂々あなたらしく、赤ちゃんとふたりの家族を育ててください。

お兄ちゃん、お姉ちゃんを時には優先

赤ちゃんより少し年上のお兄ちゃんお姉ちゃんがいる場合は、細やかな気遣いが必要です。年上の子はすでに、「自分がうれしそうにしていると、お母さんやお父さんは喜ぶんだ」ということを知っています。そのため、産院でお母さんに抱っこされた赤ちゃんと対面したときも、うれしそうな素振りを見せたかもしれません。けれども、年上の子たちにとって、これはとてもショックな場面です。ついこの間まで、お母さんの腕を独占していたのは自分だったのですから。まわりの人のまなざしも赤ちゃんに集中するため、年上の子たちが主役の座から引きずり降ろされた気分になるのも無理はありません。

ですから、むしろふきげんそうにしているほうが自然なのだと考えてください。「いやだな」という感情を、まったく口にしたり表情に出さない子のほうが心配です。もしかすると、大人の期待に添うよう、一生懸命我慢しているのかもしれません。なかには感情を爆発させる子もいますが、情緒的には自然なこと。まわりの人は、一斉に赤ちゃんへ視線を向けることなく、年上の子たちを気遣いましょう。

赤ちゃんが生まれたその日から、年上の子を「家族」の大人メンバーに仲間入りさせるという作戦もあります。「お母さんやお父さんと一緒にこの家族を運営していこう」と提案するのです。意見を取り入れ、家庭内の簡単な仕事をもたせます。ただ、まだ甘えたい気持ちが強い年ごろですから、できなかった、やらなかったからといって突き放さないように気をつけます。上の子が親を求めたときには、赤ちゃんをちょっとの間待たせても、ぎゅっと抱きしめてあげましょう。

もし、出産前後にどうしても上の子の面倒がみられ

ないという場合は、一時保育★5の利用を検討してください<「子どもを預ける」 →489ページ >。そのほか、自宅にベビーシッターさんを呼ぶという作戦もあるでしょう。いずれにしても気をつけたいのは、「邪魔だから預ける」のではないということをきちんと説明することです。「あなたをひとりにしておくのはとっても心配。保育士さん(あるいはベビーシッターさん)と一緒のほうが安全だし、楽しいだろうから」など、子どものこころを傷つけない理由を、ことばに出して伝えてあげましょう。

自分を出す・聞く・合意するで夫婦はうまくいく

赤ちゃんが生まれて、妻が夫にしてほしいことナンバーワンはなんでしょうか。お風呂に入れること? それとも、おむつを替えること? ところが、意外にも答えは「家事」なのです。

妻にしてみれば、育児疲れと睡眠不足のところに「靴下はどこ?」「食事はまだ?」などと言われれば、「自分のことは自分でやって!」「たまにはご飯をつくって!」と反撃したくもなるでしょう。

子どもが生まれる前から夫婦で、「それぞれの状況下で、自分でできることは自分でやり、一緒に子どもを育てよう」という気持ちを確認しておくことが大切です。日本の夫婦の場合、こころのなかで思い合うことを美徳とする傾向がありますが、恥ずかしがらずに話し合い、コミュニケーションをとってください。

これまで違う生活をしてきた人間が一緒に暮らしているのですから、お互いを出せば出すほどけんかも増えるでしょう。言いすぎたり、気まずくなったりもするでしょう。それでもやはり言っておいてよかった、と思うときがきっとあります。

そして最終的にはお互いが譲り合い、合意点を見つける。そうなると夫婦はうまくいくでしょう。

そのためには「自分を出す」「相手の話を聞く」「合意する」という3段階のステップを踏むことをこころがけるとよいのです。

自分の気持ちは伝えません、相手の意見も聞きませんでは合意点も見つかりません。

じょうずにけんかをする。そうすることによって、一緒に何かをした、一緒に同じ問題を考えた、という連帯感が生まれ、絆《きずな》が生まれます。

子どもが大きくなると、子どもの前で本人のことを議論するのが難しくなります。そうなったときこそ、積み上げてきた夫婦のコミュニケーションの機微が役に立つのです。

★5――昼間に預かるショートステイ、夕方に保育園や学童保育へ迎えに行って夜預かるトワイライトステイなど一時保育にもいろいろあります。

からだ・こころと向き合う

マタニティ・ブルーズと産後うつ

■うつは〝こころのかぜ〟

子育てに明け暮れているお母さんは、赤ちゃんはかわいいと思う一方で、慢性的な睡眠不足や疲労感、時間に追われる焦燥感、産後の体調不良を感じるなど、こころの不調を抱えて悩むものです。それを「産後だからしかたない」と本人もまわりの人も考えがちですが、際限なく落ちこむ、喜びや興味が失せるなど、以前とはかなり違う変化が続けば、うつ病が疑われます。

うつ病は意外と発生率の高い病気であり、一生の間にうつ病を経験する人は約10%いるといわれています。しかも女性の罹患《りかん》率は男性の2倍。それほど女性にとって、うつは身近な存在であり、だれが発症しても不思議はないため、精神保健の世界では〝うつはこころのかぜ〟とよばれているほどです。〝かぜ〟といわれるくらいですから、治癒もするし、予防策も対処法もあります。安心してください。

ところで産後になぜうつが起こるのか、決定的な要因は明らかになっていません。ただ、妊娠・出産期はホルモンのバランスが急激に変化して、体調をくずしやすい時期です。しかも、結婚や退職、引っ越しなどのライフ・イベンツ（人生における重大な出来事）によるストレスが生じやすく、これらが重なり合って、抑うつ状態を引き起こしやすくなるのではないかと考えられています。

■軽症は「マタニティ・ブルーズ」

「マタニティ・ブルーズ」とよばれている出産後の軽症うつ（一般的にはマタニティ・ブルーとよばれることもあります）は、短期間で消失します。マタニティ・ブルーズに陥った経験があるというお母さんは、経産婦のうち約2割いるといっても過言ではありません。早い人で産後2〜3日目から始まりますが、里帰り出産して自宅に戻ってから始まる人もいるようです。

初回産のお母さんや、もともと心配性で気分が落ちこみやすいお母さんは、怒濤《どとう》のように押し寄せる育児の現実を前に、助けてくれる人が少ないと感じただけでもマタニティ・ブルーズになりかねません。左ページのチェックリストで三つ以上の項目にあてはまったら、マタニティ・ブルーズに陥っている可能性があるので、次のことをこころがけてください。

リラクゼーション

とにかく休む。思いっきりリラックスする。ごろごろする。無理をしない。日なたでのんびりするのも効果的。リラックスは、うつ病の基本的な対処法です。

相談できる人に連絡する

自分の感情を出せる人に電話をしてみる。むやみに「がんばって」と励ましたり、「そんなことじゃだめじゃないの」とあなたを否定したりする人、しがらみがある人に会うのは避けたほうがよいでしょう。黙ってあなたの話を聞いてくれる人に連絡してみましょう。

SOSを出す

積極的にSOSを出しましょう。わだかまりなくつきあえるなら、実母や妹に来てもらう。夫に頼む。もし、あなたの身内が頼りにならないなら、お金を出してでも人の手を借りる〈↓489ページ〉。家事か育児か、抱えこんでいるものをひとつでも軽くしなければ、実際には休めないものです。自分を休ませる態勢を整えてください。

軽いマタニティ・ブルーズでも、ほうっておけばうつ病に移行する可能性があります。早いうちに手を打ちましょう。

■重症は「産後うつ」

マタニティ・ブルーズより重症なのが、「産後うつ」です。「産後うつ」とは、左のチェックリストで症状が五つ以上あり、それが2週間以上にわたって朝も夜も持続する状態をいいますが、「産後うつ」の持続期間は通常のうつ病より短いようです。月《げつ》経前不機嫌性障害《けいぜんふきげんせいしょうがい》（月経が始まる前に決まって起こる、こころの不調）や流産の経験があるなど出産前からの要因や、サポート不足がつらいなど様々なストレスが発症に関連しているといわれています。

特徴としては、本人にまったく非はないのに、「私のせいだ」「私がいけなかった、ごめんなさい」など、自責感・罪悪感が非常に強いこと。もともとこのような感情を抱きやすい人は、気をつけてください。重症になると、何をすればよいか決められない、医者に行くべきかどうか判断できない、「助けて」さえ言えないなど、自分から行動を起こすことができなくなります。当然、赤ちゃんの世話もできなくなります。

そんな場合は、次のことをこころがけてください。

SOSを出す

予防策にもなります。すぐに実行してください。まず、「もうだめ。これ以上はできない」とまわりの人に訴えます。さらに、家事や育児の負担を少しでも軽くしてもらい、自分がリラックスできる時間、肩の力を抜くリフレッシュタイムを確保するのです。「赤ちゃんのためにも、自分の健康を取り戻さなくてはいけない」と考えてみましょう。

専門科を頼る

産後うつになると、自分では何もできなくなります。予防策としては、あらかじめ「私が落ちこんできたら、赤ちゃんも危ない。必ず医者に連れていって！」と家族や友人に頼んでおく、そして産科でも精神科

産後うつチェックリスト

この1週間を振り返ってみましょう。「ほとんど毎日、朝から夜まで一日中そうだった」というものがいくつありますか。（／は、いずれかひとつでもあれば、チェックします）

- □ほとんど一日中ゆううつだった
- □何に対しても興味や喜びがわかない
- □極端に体重（食欲）が減った／極端に体重（食欲）が増えた
- □眠れない／いくら眠っても足りない
- □気持ちがあせっていた／いらいらした
- □疲れた／やる気が出なかった
- □「価値のない人間だ」と自分を責めた
- □集中できない／考えがまとまらない／どうすればよいかわからない
- □生きていてもしかたないと思った

あてはまる項目が三つあれば要注意、五つ以上あって2週間以上その状態が続いているとしたら、産後うつの可能性があります。本文中の予防策や対処法を参考にしてください。

でもよいので、あなたが行きやすい専門科を訪ねます。どちらも産後のお母さんのメンタルヘルスをよくこころえています。「どうしても気分がすぐれない」と相談してみてください。地域の保健センターも力になってくれます。早めに相談してください。

通院・入院

日本にはまだ少ないのですが、母子ともに入院できる病院もあります。入院しなくても、通院してカウンセリングを続けたり、投薬によって健康を取り戻すことができるでしょう。母乳保育中で薬を飲む場合は、必ず専門医の診断に従ってください。

通院の際は赤ちゃんを安心して頼める人が必要です。近くの保育園や地域子育て支援センターにたずねてみましょう。緊急一時保育など、お母さんの健康状態に配慮して優先的に預かってくれる子育て支援を教えてくれます〈↓489ページ〉。

■ストレス回避のために

密室に閉じこめられたり、プライベートな時間がもてなくなったりすると、私たちのこころはバランスをくずします。閉鎖的な子育て空間も同じ。ひとりでお茶を飲む、ひとりでお風呂にはいる、友達に電話するなど、ほっとできる時間を少しでももちましょう。お母さんが働いている場合、就労時間がリフレッシュタイムの役割をしてくれることもあるようです。

また、周囲にどれだけ使える手段があるかをリストアップしてみてください。利用できるサービスは何か、頼みやすい人、話をよく聞いてくれる人はだれか——。こころにためこんだものを吐き出せるようになると、うつ状態はどんどんよくなっていきます。

「あの人がいる」「いざというときは連絡して、と言ってくれた」、そう思うだけで気持ちが楽になります。まわりの人、特にパートナーであるお父さんは、いつでもこころの窓を開けておいてください。「仕事中でもかまわない、メールか電話をしろよ」と言ってくれた、それだけで、たくさんのお母さんや赤ちゃんが救われているのです。

こころがバランスを失うとき

発達心理学者　菅原ますみ

■だれもが子育てしづらい時代

いまのお母さんたちは、だれもが「子育ては大変だ」と痛感する時代に生きています。ヒト以外の哺《ほ》乳《にゅう》類がある程度成熟して生まれてくるのに比べて、ヒトの赤ちゃんは〝体外胎児〟といわれるくらい、身体的・運動的に未熟な状態で生まれてきます。私たち大人は、赤ちゃんが自分で歩いたり話したりできるようになる1歳6か月くらいまでは、〝生命維持装置〟としてそれこそ24時間稼動し続けなくてはなりません。それをお母さんひとりでやらざるを得ない状況にあるのが、現代です。

社会は農耕型から工業・商業型へと変わり、生活様式や家族の形態も多様化しています。妊娠・出産・子育てをめぐるコミュニティ・サポートが希薄になり、行政は新たな子育て支援ネットワークを構築中。まだ行き届いた状態にはなっていません。ひとりで生命維持装置に徹すること自体が無理なのに、サポートが少ない、支援ネットワークがまだ工事中では、「子育てが楽しいと思えない」お母さんが多いのも不思議ではありません。

さらに私たちは少子化社会で育っていますから、お母さんもお父さんも赤ちゃんに直接かかわった経験が少なく、乳幼児の発達のプロセスや個人差を知りません。つまり、ヒトの育ち方も育て方もよく知らないまま、ぶっつけ本番で子育てしているようなものなのです。

■こころのバランスをチェック

子育ての現実は想像以上です。夜泣きがどんなに悩ましいか、用意した離乳食を吐き出されたらどんな思いをするか。かわいいはずなのに怒りが沸騰してしまう。同時に、激情してしまった自分にショックを受ける。これが多子社会なら、赤ちゃんも見慣れているので、何があっても「ああ、来た来た」と受け止められたかもしれません。

思わず、わーっと子どもをしかってしまった。けれども、ひと晩たったら仕切り直して、「ごめんね、仲良くしようね」、そう子どもに言えていれば、だいじょうぶ。つらいときもあるけれど、基本的にはかわいいし楽しい、それならこころのバランスは取れています。

ところが、子どもの存在自体がうとましく思えてしまう、子育てが楽しくない、たたいてしまう、泣き疲れて眠る子どもの寝顔だけは許せる、そういう精神状態にあるとしたら……自力でこころを健康なラインまで戻すのは難しいかもしれません。過度のストレスが子どもへの虐待という形をとることもありますが、自分自身のなかにためて、うつ状態になってしまうこともあります。

■メンタルヘルスを大切に

うつ病の背景には、ストレスだけではなく、境遇の変化もあります。新居に引っ越す、昇進する、結婚する、赤ちゃんが生まれる。どれも一見ポジティブに見える境遇の変化です。けれども、私たちは新しい環境に適応しようと、たくさんのエネルギーを使います。このエネルギーがうまく回らなくて、こころのバランスをくずすこともあるのです。

また、子どもの個性が育てにくさを感じさせる場合があります。乱暴で落ち着きのない子、ひとりで遊べない子、よく泣く子をもったお母さんと、穏やかでよく眠ってくれる子をもったお母さんとでは、子育てストレスのレベルが違ってくるかもしれません〈「イージー・チャイルドとディフィカルト・チャイルド」→350ページ〉。扱いにくい子をもったお母さんは、「子育てがへたね」と思われたり、自分で思いこんだり、不利な条件がいくつも重なっているといえるでしょう。

子どもの人数や出産年齢もストレスに関係します。双子が生まれて、上の子はまだ2歳といったケース。長い不妊治療の成果で高齢出産したものの、年下のお母さんたちのように「わからない」とは軽々しく言えないケース。ほんとうに人それぞれ、大変な状況を抱えているのです。

それでも、すぐに「だれか助けて」と言える人はなんとか乗り越えていけるでしょう。でも、うつになりやすい人には、がんばり屋さんが多いのです。SOSを出すことに抵抗感があるため、我慢し続けてしまったり、「うまくいかないのは私のせい」と考えてしまう認知メカニズムをもっていたりします。ひとりでがんばりすぎないで、少し勇気を出して、〝助けられじょうず〟になりましょう。

お母さんは、子どもの元気のもと。だからこそ、自分自身のメンタルヘルスを大切にしていただきたいのです。

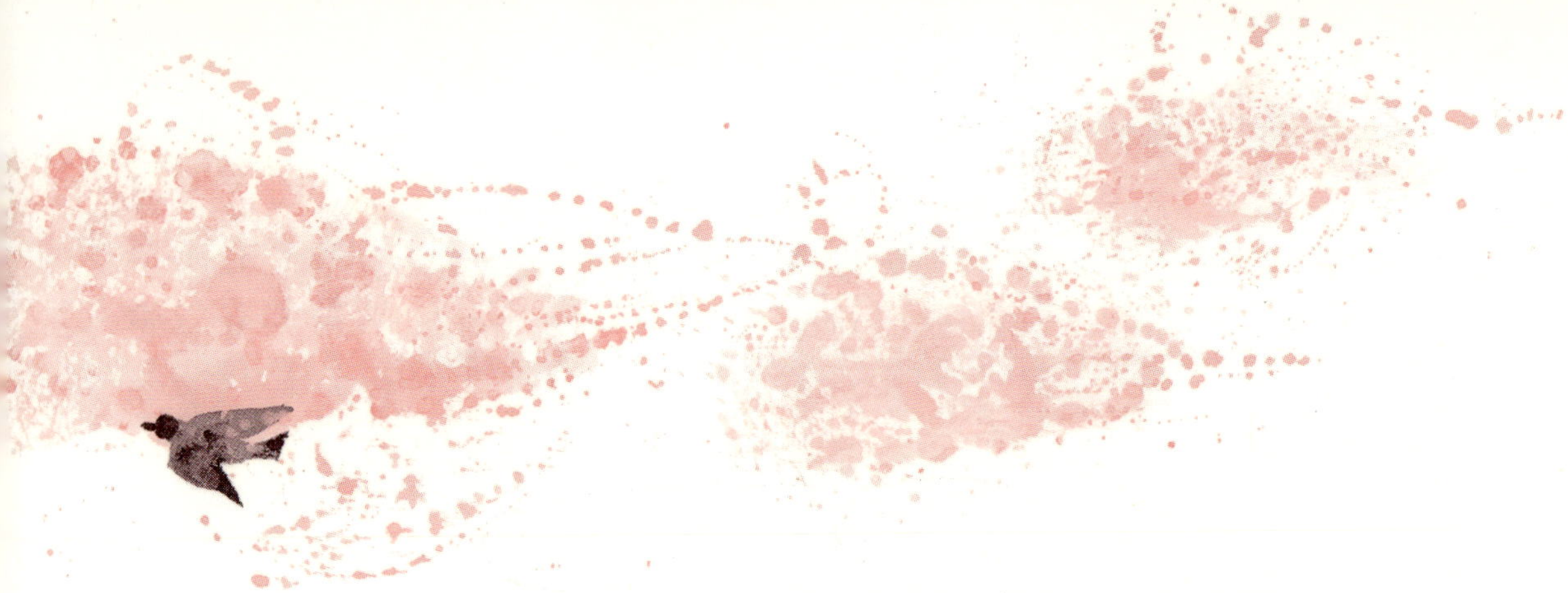

がんばりすぎたら、ひと息ふた息

お母さんを泣かせる赤ちゃんは将来有望。苦労をかけたぶん、お母さんを大切にする子になるんだって。それに案外たくましい。「ごめんね、もう少しで優しくなれるから」ってひと息ついても、待ってくれる。がんばっているって、わかっている。泣いたりぐずったりしながら待っている。

1か月～2か月

からだの発達

1か月〜2か月

　生後2か月目は乳児ライフ1年間のなかでは、いちばん目立たない地味なときです。なにしろこの世界に誕生した先月は、いろいろ派手なことばかりでしたからね。赤ちゃんのからだも、ライフスタイルの変化も。そして、なんといってもこれまでおなかの中に赤ちゃんを入れていたお母さんにとっては、出産は人生の一大イベントだったのです。

　2か月目にはいると、からだのほうは一応新しい環境に慣れ、自分で呼吸をし、ミルクを飲んでお母さんから半独立を果たしました。最初はうまく飲めなかった母乳やミルクもこのころになると、なんとかじょうずに飲めるようになり、空腹になれば、泣いてお母さんを呼ぶことも自然にできるようになりました。

　まったく無菌状態だった腸の中にも、ビフィズス菌がすみつき、赤ちゃんの腸管に病原細菌がはいってくるのを阻止するだけでなく、ヒトが自分でつくることのできないビタミンKをつくってくれるようになりました〈「腸にすむ細菌」↓137ページ〉。つまり、共生契約が成立したわけです。

パフォーマンスはまだまだ先

　と、こんな具合に、2か月目の赤ちゃんも、けっこう立派にやっているわけです。でも、この時期の赤ちゃんは、前の月のがんばりがあまりにも目覚ましかったのと、親を喜ばせる芸がまだないために目立たないのです。

　親を喜ばせる芸ってなんのこと？　それは赤ちゃんの発達の一里塚である、いろいろなパフォーマンスのことです。お母さんやお父さんが赤ちゃんに声をかけるとにっこり笑う「社会的笑い」は、2か月目の赤ちゃんにはまだありません。赤ちゃんを抱き上げようとしても、まだ首がすわっていません。自分の意思でからだを動かす随意運動も、このころにできるのは、目の前にある物を目で追うことだけです。それだって、見つめられた親はそれなりにうれしいけれど、まだパフォーマンスというほどではありません。

　自分で寝返りもできないので、赤ちゃんはただ天井を見て寝ているだけ。動きもほとんどなく、あまり〝観客受け〟しないのです。観客（親）受けする大わざの寝返りや最初の一歩はまだまだ先のことです。

わざの準備は着々と進んでいる

　これまでこの時期の赤ちゃんの動きは、「原始反射」とよばれる生まれつきの手足の反射運動しかないと思われていました。原始反射で有名なのはモロー反射や手掌《しゅしょう》把握反射です。モロー反射は、赤ちゃんの頭が急に後ろに曲がったり、びっくりしたときに両腕を広げ、何かに抱きつくような動きです。手掌把握反射は、手のひらに何かがさわると無意識に握り締める反射です。ヒトに近いサルの赤ちゃんでは、この手掌把握反射で母ザルの毛にしがみついて自分でぶら下がって母乳を飲みます。ヒトの赤ちゃんはぶら下がることはできませんし、その必要もありません。両手が自由に使える人間は、お母さんが赤ちゃんを優しく抱き上げてくれますからね。

　ところが最近の赤ちゃんの研究で、この時期の赤ちゃんは手足をでたらめに動かしているのではなく、リズミカルに一定のパターンで動かしていることがわかりました。この動きには一般運動（ジェネラル・ムーブメント）という名前がつけられています。この一般運動のパターンは、生後2か月を境にがらりと変わることを研究者は見いだしました。そしてこの観客受けしない2か月目の赤ちゃんのからだの中で、将来の大わざに向けて大きな変化が起こっている、といわれています。

　チョウは大変身の羽化の前にサナギとして長い時間を過ごします。サナギは外から見れば、この2か月目の赤ちゃんと同じく見栄えのしないものです。ところがあのサナギの中で

まだ天井を見て寝ているだけの赤ちゃんですが、目の前の物を目で追えるようになりました。お母さんの顔をじっと見つめてくれます。

左右に動くおもちゃを目で追って見ることができるようになります。

チョウは大変身をします。2か月目の赤ちゃんは、サナギのように直後の大変身はしません、でも〝大増身〟をしているのです。大増身？　そうです、うまく飲めるようになった母乳やミルクをぐんぐん飲んで、体重と身長を増やしているのです。

人生でもっとも体重が増加するとき

生まれてからの3か月間は、ヒトの人生のなかでもっとも体重増加が著しい時期です。「うーん、私の妊娠中のほうがすごかったわ。10か月で10kgも太ったもの」。いえいえ、2か月目の赤ちゃんにはかないません。この時期の赤ちゃんは1日に25～30g体重が増えていきます。元の体重が3kg前後ですから、増加率は大変なものです。3か月で元の体重の2倍になるのです。なんにも芸はできない、動けないといいながら、倍増計画に従って体重をひそかに増やしていたのです。そして赤ちゃんの脳の中では、一般運動のパターンを変化させる一大事業も進行中です。

このように2か月目は、乳児ライフのなかでもっとも目立たないように見えながら、からだの中では大プロジェクトが進行しているのです。

「追視」が始まる

でもそうした秘密主義の2か月目の赤ちゃんも、目の動きだけは隠せません。生まれたばかりの赤ちゃんも、人の顔をよく見つめます。特に目元と口元をよく見つめます。でも、顔が目の前から動くとそれを追って見ることは苦手でした。ところがこのころになると、左右にずうっと顔やおもちゃを追って見ることができます。

目の前にいる人の表情をまねることも

それどころか、このころの赤ちゃんは、目の前にいる人の顔の表情をまねることもできるのです。赤ちゃんと20～30cmの距離で顔を見合わせてください。赤ちゃんと目が合ったら、大きく口を開けたり、舌を出して見せてあげてください。しばらくそうしていると、不思議なことが起こります。なんと赤ちゃんも口を開けたり、舌を出したりするのです。

赤ちゃんの模倣とよばれるこの現象は、私たち大人のまねのように即座にいつでもやるものではありません。でも、偶然に起こる確率よりずっと高い確率で、まねをします。この模倣のすごいところは、この時期の赤ちゃんは、目の前に出ているピンクの物（舌）がなんであるかまだわかりませんし、自分にもそれ（舌）があることさえ知らないというところです。それなのにどうしてできるのでしょうか。じつはこの赤ちゃんの能力のからくりはまだわかっていないのです。

外出することもなく、自分で動くこともないこの時期の赤ちゃんは、かぜ〈↓747ページ〉などのうつる病気をもらってくることも少ないし、赤ちゃんの死因の第1位である「事故」もあまりありません。血液の中には、お母さんから胎盤を経由してもらった免疫グロブリンがあり、感染症に対する抵抗力をもらっています。隠れた大プロジェクトは、こうして順調に進むのです。（榊原）

このころ気になる症状と病気

おむつかぶれ〈↓204ページ〉
頭の変形〈↓206ページ〉
鵞《が》口瘡《こうそう》〈↓206ページ〉
胃食道逆流〈↓752ページ〉
腸重積症〈↓755ページ〉
あざ〈↓759ページ〉

おしゃぶりの効果は？

おしゃぶりは、英語ではパシファイアー（pacifier）といいます。パシファイ（pacify）は、「鎮める」という意味です。赤ちゃんがストレスを感じたときに、指しゃぶりをして自分を落ち着かせる様子を昔の人もちゃんと観察していました。そして本物の指の代わりになる物を、しゃぶりやすい素材で作ってあげたらどうかと考え、作り出したのです。効果は抜群でした。どんな理由で泣いていても、おしゃぶりを与えると、泣いている時間が短くなることがわかっています。

なぜ親指をしゃぶることが多いのかはわかっていませんが、皮膚の感覚をつかさどる脳の感覚野といわれる部分は、親指にあたる部分が大きく、また唇の感覚をつかさどる部分と隣り合っていることがわかっています。何か脳科学的な理由があるのかもしれません。

おしゃぶりをしていると、歯並びが悪くなるという懸念を表明する人がいますが、よほど長い期間でなければあまり心配しなくてよいようです。眠りながらおしゃぶりをしていると中耳炎〈→769ページ〉が増えるという報告がある一方、乳幼児突然死症候群〈→296ページ〉が減るというデータもあります。（榊原洋一）

1か月〜2か月

ことばの発達

赤ちゃんのいる暮らしも1か月を過ぎたこの時期、お母さんは慢性的寝不足でしょう。以前のように長い時間続けて寝られる日が果たして戻ってくるのかしら、と心配になってしまいます。だいじょうぶ。いまに、だんだんまとめて寝てくれるようになりますよ。

赤ちゃんが生まれるまでは、近所で火事があろうが、目覚まし時計をふたつかけようが、目も覚まさずに〝爆睡〟する（眠りこける）ので有名だった人でも、赤ちゃんが「フニャッ」と小さな声を立てただけで、はっと目を覚まします。これも、幼いものの生命を守り、育てるために、動物としての人間に与えられた貴重な能力のひとつです。目を覚ますことのできる自分に感動してください。

泣くことも脳の発達を促す

さて、赤ちゃんが泣きます。お母さんが、からだとこころに余裕のあるときなら、「はいはい、どうしたの？」と優しく応じてあげることができますが、寝不足で、身もこころもくたくたになっているときには、「うるさいなあ！」とか「ちょっとは続けて寝てよ！」と怒りたくなります。怒れば黙ってくれるのなら、話は簡単なのですが……。

このように、時とすると「うるさい」と感じられる泣きですが、じつは、これも将来の「ことば」への立派な準備になっているのです。

泣くのは赤ちゃんの仕事です。泣くときには全身が動きます。その動きが刺激（感覚情報）となって脳に送りこまれ、脳の発達が促されていくのです。

ことばを話せるようになるためには、脳の中の「ことばを聞いて理解する」「ことばを話す」ための場所が活動してくれるようになる必要があります。元気に泣くことは「脳の中の配線工事」を進めます。この「脳の中の配線工事」は、この先、ことばを話す、計算する、考える、覚える、といったすべての知的な力の下準備になっているのです。

うんともすんとも言わずにおとなしく寝てばかりいる赤ちゃんは、周囲の大人にとっては楽ですが、むしろ、進んで抱き上げたり、声をかけたり、積極的にかかわってあげたほうがよいかもしれません。

泣きながら、話すための呼吸法を習得中

「呼吸」というのは、吐く息（呼気）と吸う息（吸気）を合わせたもののことです。ことばを話すときには呼吸のなかでも吐く息のほうを用いますが、その際、息の出し方の強さや長さを調整する必要があります。

「泣き声を出す」とき、赤ちゃんは息（肺の中の空気）を吐き出しています。息を吐き出し切ると、新たにたくさんの酸素を含んだ空気を吸いこむことができます。たくさん泣けば、血液の循環も、肺の中での酸素と炭酸ガスの交換もさかんになります。

赤ちゃんは泣いているだけのように見えますが、じつは、ことばを話せるようになるために「呼気＋吸気」の調整練習をしているのかもしれません。

赤ちゃんが泣くと脳の発達が促され、「脳の中の配線工事」が進みます。ことばを話したり計算したりするための準備をしているのです。

この時期の口や喉《のど》は、液体しか受けつけない

この月齢の赤ちゃんは、まだおっぱいやミルクや湯ざましなどの液体しか飲みません。流動食や半固形物を食べるときには、舌を使って「もぐもぐごっくん」する必要がありますが、この時期の赤ちゃんの舌はとても大きくて、口の中をいっぱいにしているため、十分に動かせません。舌ばかりでなく、口や喉も、液体を吸って飲みこむのに適したつくり（構造）になっています。

ことばを話すためには、口の中で舌が自由に動けるだけのスペースが必要なのですが、それも無理な相談です。この時期の赤ちゃんの口の中の構造はチンパンジーによく似ていますが、あと1～2か月たつと、急激に人間特有の形に変化し始めます〈↓255ページ〉。

この時期の赤ちゃんの舌はとても大きくて、口の中で十分に動かせません。そのため、まだ液体しか飲めないのです。

「叫び声」から「クーイング」へ

生後1か月ころの赤ちゃんが声を出すのは泣くときがほとんどで、それも、動物の鳴き声によく似た、「叫び声」（叫喚＝crying）といわれる音です。叫び声は、音の出し方の特徴からいって、「ことば」に使われることはありません。

このころから、だんだんに叫び声（泣き声）とは明らかに違う「アー」とか「クー」というような音を出すことが始まります。これは「クーイング」（cooing）といわれます。ハトが「クークー」いう、という意味からきています。このクーイングは叫び声とは違って、将来「ことば」につながるような発声のしかたになっています。

静かな環境で、肉声で語りかけよう

赤ちゃんは、前の月に引き続いて、目や耳やからだ全体で外界をとらえ、学ぼうとしています。赤ちゃんが受け取れる限度を超えてうるさい音、絶え間ない視覚刺激、安定できない環境は望ましくありません。長時間のテレビのつけっ放しはやめましょう。

静かな環境のなかで、肉声で語りかけ、授乳の時間には目と目を合わせて、気持ちの交流を楽しみましょう。

赤ちゃんはおっぱいやミルクをぐいぐい飲み続けるわけではありません。ある一定のリズムでお休みをしています。ある研究者は、平均して25秒吸って14秒休む、というサイクルを繰り返している、といっています。赤ちゃんが吸うのをお休みしている時間、不思議なことに、お母さんは決まって、赤ちゃんのからだを優しく揺すってあげているのです。そして、揺すられるのが止まってしばらくすると、赤ちゃんはまた吸い始めます。赤ちゃんはこのように「おっぱいやミルクを飲んだり休んだりする」リズムによって、お母さんからの「揺する」というかかわりを引き出します。やりとり（相互交渉）のひとつの形ともいえるでしょう。

赤ちゃんがせっかく誘いかけてくれているのですから、お母さんの側がそれを読み取り、敏感に反応してあげることが大事です〈↓217ページ〉。こういう相互交渉が、ことばのやりとりにつながっていくからです。

（中川）

授乳の時間には、目と目を合わせて、気持ちの交流を楽しみましょう。

1か月～2か月

こころの発達

この時期、わたしはまだ一日の半分以上眠っていることが多いの。なんだかすぐ眠くなる。というより、起きているときでも、はっきりと〝起きている〟という感じじゃない。すぐ眠ってしまうし、眠りもそんなに深くない。だから、またすぐ起きてしまう。おなかの中のような安心感がないから、起きたときはだれかにすぐ安心させてもらいたくなる。だから、わたしが泣いたら、できるだけすぐにそばに来て抱いてほしい。

まだ少しずつしかおっぱいを飲めないから、一生懸命に飲むんだけど、疲れてすぐ眠くなるの。しばらくすると、またおなかがすくから、起きて泣く。少し飲んで、また眠る。その繰り返しが多いの。こんな状態だから、正直いってお母さんは大変よね。いつもわたしのことに、気をつけていなければならないんだもの。

でも、だいぶ人間の社会というのに慣れてきたわ。お母さんの声やお父さんの声と、テレビでしゃべっている人の声が区別できるようになってきたし、外の自動車の音なんかは全然違うんだってよくわかってきた。とはいっても、わたしはまだ、自動車の音がこれ、電車の音がこれ、風の音がこれ、なんて区別はまったくできません。そういうことは、これから覚えていくの。

この時期になると、いろいろな刺激に敏感になって、外の世界はおもしろいって思えるようになるの。人の声がすると、だれかなと思って、そっちを向くことが多くなってきたのが、お母さんにもわかるでしょう。あおむけで寝かされているときは、首を左右に動かせるの。だからきょろきょろすることが多くなる。でも、何にでも顔を向けるのではなくて、特に人の声がするほうに向けるのね。気分のいいときに、お母さんやお父さんが声をかけてくれると、すごくうれしい。

それから、最初はわからなかったけど、わたしに話しかけるときって、お母さんもお父さんも、声が高くて、ゆっくりリズムをつけて話してくれるのね。そのことが少しわかってきたわ。すごいでしょう、わたしの学習能力。でも、まだ自分ではあまり動けないの。だから、お母さんやお父さんがそばに来てくれて、ゆったりと子守唄を歌ってくれるのが、大好きってこと、忘れないでね。

窓際で外気浴をさせてあげると、赤ちゃんは五感が刺激されてごきげんになります。

このころのわたしたちの特徴は、視覚や聴覚や触覚の機能がまだきちんと分かれていないで、それらを一緒にしたような知覚が働くということよ。

たとえばこんな実験があったんですって。ある人が、わたしと同じ月齢の赤ちゃんに目隠しをして、ふだんと違うざらざらした乳首でミルクをあげたの。赤ちゃんは、ざらざらしたものがどういうもので、それを口に入れるとどういう感じなのか、まったく知らない。ミルクを飲ませてから、ざらざらの乳首とふつうの乳首を並べておいて目隠しをとったの。すると赤ちゃんは、ざらざらの乳首を見るようになったっていうの。不思議でしょ。

これはつまり、わたしたちの触覚や視覚や聴覚などの働きが十分に分かれていなくて、感覚器官が一緒になって直感的に判断するからだといわれているの。

D・スターンというお医者さんは、こういう知覚を「無様式知覚」とよんで、機能がきちんと分かれる以前の知覚といっているわ。難しいことはわからないけど、大事なことは、このころのわたしたちの判断は、感覚器官がきちんと分かれて働いていない、直感的なものなんだけど、それでもかなり正確に判断しているということ。「見た」「聞いた」と、分けて判断するということではなく、からだ全体で判断しているということ。

この考えは、あたっていると思うの。わたしもそうだから。だから、ときどき窓の外の景色を見せてくれるとか、散歩に連れて行ってくれるとか、いい体験をさせてわたしたちの五感を刺激してほしいな。

＊　＊

この時期、お母さんお父さんに知っておいてほしいのは、少しずつですが、それぞれの赤ちゃんに個人差が出てくることです。そのなかでもお母さんたちを困らせるのは、ちょっと過敏体質の赤ちゃんでしょう。

赤ちゃんが快適な状況を探そう

たとえば、抱っこされるときでも、ある姿勢で抱っこされないと不安で大泣きする、泣いたのでおっぱいを飲ませようとしてもどうしたわけか飲んでくれない、無理に飲ませようとするともっと泣く、じゃあとベッドに置くとさらに激しく泣く、一体どうすればいいの！　というような赤ちゃんですね。

　こういうタイプの赤ちゃんは、どこの国にも一定の割合でいて、専門的にも「手のかかる子」（「ディフィカルト・チャイルド」↓350ページ）といわれてきました。理由はまだよくわかりませんが、生まれつき不安傾向が強いのです。それでは、こういう赤ちゃんの場合、まわりの大人はどのように応《こた》えていったらよいのでしょう。

　何よりも避けたいのは、まだ幼いからよくわからないはずだと考えて、赤ちゃんが泣いても気遣わずに乱暴に対応すること。これだけは、やめてください。

　〝0か月〜1か月〟の〝こころの発達〟〈↓130ページ〉でも書きましたが、赤ちゃんのこころはすでに育ち始めています。できるだけ赤ちゃんが泣かなくてもすむリズムであやしたり、抱き方の角度や姿勢などを工夫しましょう。赤ちゃんが気持ちよくいられる状況を発見してやることが、まわりの大人の務めです。

　やがて赤ちゃんも器用になってきて、別のリズムや姿勢でも平気になります。それまでは、無視されたという感情が赤ちゃんのこころに残らないような配慮が必要です。

〝眠り〟への切り替えには不安が伴う

　もう少し大きくなると、眠るときに何かを手離せない赤ちゃんが多くなります。大人から見たら不思議なことに見えるでしょうが、赤ちゃんにとっては、何かを握って眠るのは大切なことなのです。親の与える安心感の代用として、そういうものを握って眠るのではないか、といわれています。

　眠くなると赤ちゃんがぐずることでもわかるように、眠るということは、赤ちゃんにとって大変なことです。なにしろ、目覚めているときとは異なる世界にはいって、からだのリズムやからだの中のいろいろなつながりを、全部切り替えることなのです。その切り替えがスムーズにいかない赤ちゃんがたくさんいるのです。

（汐見）

赤ちゃんのお気に入りの抱き方やあやし方を見つけて、赤ちゃんが気持ちよくいられる工夫をしましょう。

育ちのようす

この1か月で体重は1kg近く増え、身長は2～3㎝伸びるでしょう。また、出生時に無菌だった腸には、口や肛門《こうもん》からビフィズス菌や大腸菌などがはいりこみ、腸内細菌として増殖、赤ちゃんと共生し始めています。赤ちゃんのからだは、様々な腸内細菌の働きによって、私たちと同じ食生活ができるよう調整されていくのです。このころの腸内にはビフィズス菌が多いため、うんちはスクランブルエッグ状。すえたようなにおいもします。ミルクを飲んでいる赤ちゃんの便はやや水分が少なめですが、母乳でも大きな違いはありません。母乳でもミルクでも、やわらかいときもあれば、かたいときもあるでしょう〈「おしっこやうんち、気になること」↓135ページ〉。

　このころの赤ちゃんをうつぶせにすると、顎《あご》をつけたまま顔★1を左右に動かすことがあります。なかには、一瞬、顔を持ち上げる赤ちゃんもいるようです。運動機能の発達は、脳から下のほうへ、中心から末端のほうへと、徐々に進んでいきます。顔を持ち上げることができるのは、首を自分の意思で動かそうとしているからです。まだ手足の運動機能は発達していません。なかにはうつぶせで両ひじを宙に浮かせたまま顔を上げる赤ちゃんもいます。

　ある程度首を動かせても、この時期はまだ完全には首がすわっていないので、立て抱きにしても首を支えなければ頭は揺れてしまいます。この「首がすわる」とは、自分で頭を自由に動かすことができる状態のこと。完全に首がすわるのは生後3か月の半ばくらいから、といわれています〈「首がすわる赤ちゃんが増えてくる」↓251ページ〉。

夕方のぐずり泣き

寝たいときに寝て、起きたいときに起きている赤ちゃんですが、2か月に近づくにつれ、昼間目を覚ましている時間の合計が少し長くなるかもしれません。けれども、昼夜の睡眠のリズムはまだできていません。このころも「脳は起きていて、からだが寝ている」というレム睡眠が優勢です〈「寝ている間も赤ちゃんの脳は大忙し」↓137ページ〉。

　レム睡眠のとき、赤ちゃんはからだをごそごそ動かしたり、目を薄く開けたり、声を出したりします。まるでぐずっているように見えますが、このころの寝ぐずりはレム睡眠時に多いもの。眠っていないわけではありません。レム睡眠の間は、音に敏感に反応し、大きな音がするとびくっとしたりします。まわりがうるさいから起きる、というよりも、突然の音に目を覚ますようです。

★1――赤ちゃんの成長は重力との闘いといってもよいくらいです。重力に逆らって顔を上げる、からだを起こす、足で立つ。大変な作業を積み重ねて大きくなっていくのです。

早い子では新生児のころから、毎日夕方や夜になるとぐずる赤ちゃんがいますが、これは夜泣きではありません。本格的な夜泣きで悩まされるのは半年くらいあとから。夜泣きのピークは8～10か月くらいです。

急にどこかが痛そうに泣き出して何をしても治まらない、というのがコリックといわれる、欧米で多い原因不明のぐずり泣きです。日本には少ないといわれています〈「日本人に少ないコリック」↓227ページ〉。何日か続くことがありますが、心配はいりません。

ただ、激しく泣いたと思ったらぐったりしたり、ということを繰り返したり、ミルクを頻繁に吐く、熱がある、顔色が悪くなっていく、といった様子がみられたら、何か病気を疑ったほうがよいでしょう。赤ちゃんの様子が「ふだんとは違う」と感じ、お母さんやお父さんが心配になるような赤ちゃんの泣きには注意してください。

目の前の物がぼんやり見える

このころの赤ちゃんは遠くの物をはっきり見ることはできません。視野は中心部しかよく見えない状態で、中心部でも近くの物が、薄暗く、ぼんやりと見えるくらいです。また、目の前で物をゆっくり動かすと、顔の中心から左右[★2]50度くらいの角度までなら追うことができるでしょう。つまり、真正面に見える近くの物なら目で少し追えるけれども、それが視野の端まで動いてしまうと見えなくなるのです。網膜は黄斑部《おうはんぶ》とよばれる真ん中から発達し、月齢が進むにつれて周辺部も発達していきます。さらに赤ちゃん自身に好奇心が芽生えて、完全な追視ができるようになっていくのでは

からだをまとめて ぎゅっと抱っこ

力を入れて抱いたら泣かれそうと、赤ちゃんをこわごわ抱っこするお母さんやお父さんは多いのですが、赤ちゃんは、ぎゅっと胸にくっつけて抱いてあげたほうが体勢も気持ちも安定します。

手足をばたつかせ、のけぞって泣かれると、「抱っこが嫌いみたい」とお母さんたちは思うようです。赤ちゃんの首をしっかり支え、手足をそっと縮めて、羊水の中で過ごしていたころのように、からだ全体をまとめるようにして抱っこしてみてください。「だいじょうぶだよ」と優しく声もかけてください。

もちろん、呼吸が苦しくなるほど強く抱いたり、ベビーウエアが赤ちゃんのからだにくいこむようではいけません。からだがのけぞり過ぎるように感じたら、小児科の先生に相談しましょう。

ぎゅっと抱けば「この人が守ってくれるんだ」と実感できます。抱っこが嫌いな赤ちゃんなんていないのでは？　赤ちゃんそれぞれに安心する体勢があるので、いろいろ試してみてください。　（土谷みち子）

★2――顔を中心として左右の端から端まで180度の追視が、途切れなくできるようになるのは4～5か月ころになります。

ないかと考えられます〈「見え方や聞こえ方はゆっくりレベルアップ」↓234ページ〉。

おむつかぶれを防ぐために

一日中おむつをあてている赤ちゃんは、おむつかぶれを起こすことがあります。おむつの中はおしっこやうんちで湿った状態になっているため、皮膚がむれてふやけ、おむつに刺激されると傷つきやすいのです。おむつかぶれは、尿に含まれるアンモニアや便の中の酵素がこうした皮膚を刺激して炎症を起こしたもので、接触性皮膚炎（かぶれ）の一種です。

おむつがあたるところが赤くなり、やがて炎症を起こして赤いぶつぶつ（丘疹《きゅうしん》）ができ始めます。さわると痛がりますが、症状が軽いうちなら、おしりを清潔にしておけばよくなるでしょう。おむつ替えのときにはやわらかい素材のぬれタオルやガーゼ、ぬれティッシュなどでおしりを優しくふいてあげます。入浴時には石けんを泡立てて、お母さんの手でおしりを優しく洗い、よく洗い流しましょう。おむつはおしりがよく乾いてからあてるようにします。

ひどくなると水疱《すいほう》ができてじくじくしたり、ただれたようになります。こうなってしまうと、おしっこやうんちのたびに赤ちゃんは痛がって泣きます。受診して軟膏《なんこう》などを処方してもらいましょう。なお、おむつかぶれはカンジダ皮膚炎〈↓757ページ〉と似ているので、なかなかよくならないときは受診しましょう。

おむつは、おしっこやうんちのたびに替えましょう。そのつどやわらかい素材のぬれタオルやガーゼ、ぬれティッシュなどでおしりを優しくふきます。

大人と一緒の入浴

1か月を過ぎたら大人と一緒のお風呂[★3]に入れることができますが、不安であれば、無理をすることはありません。首がすわる3～4か月くらいまではベビーバスを利用するのもよいでしょう。

一緒にはいるときはお湯のきれいな一番風呂に。お風呂に入れる人と、お風呂の外で赤ちゃんを引き取る人のふたりがいるとよいでしょう。一緒にはいる人は、あらかじめ自分のからだを洗っておきます。

ひとりで入れる場合は、脱衣所にバスタオルや着替えを用意しておき、赤ちゃんを座布団などに寝かせて、赤ちゃんの様子を気にかけながら手早く自分のからだを洗い、そのあと赤ちゃんと一緒に入浴します。

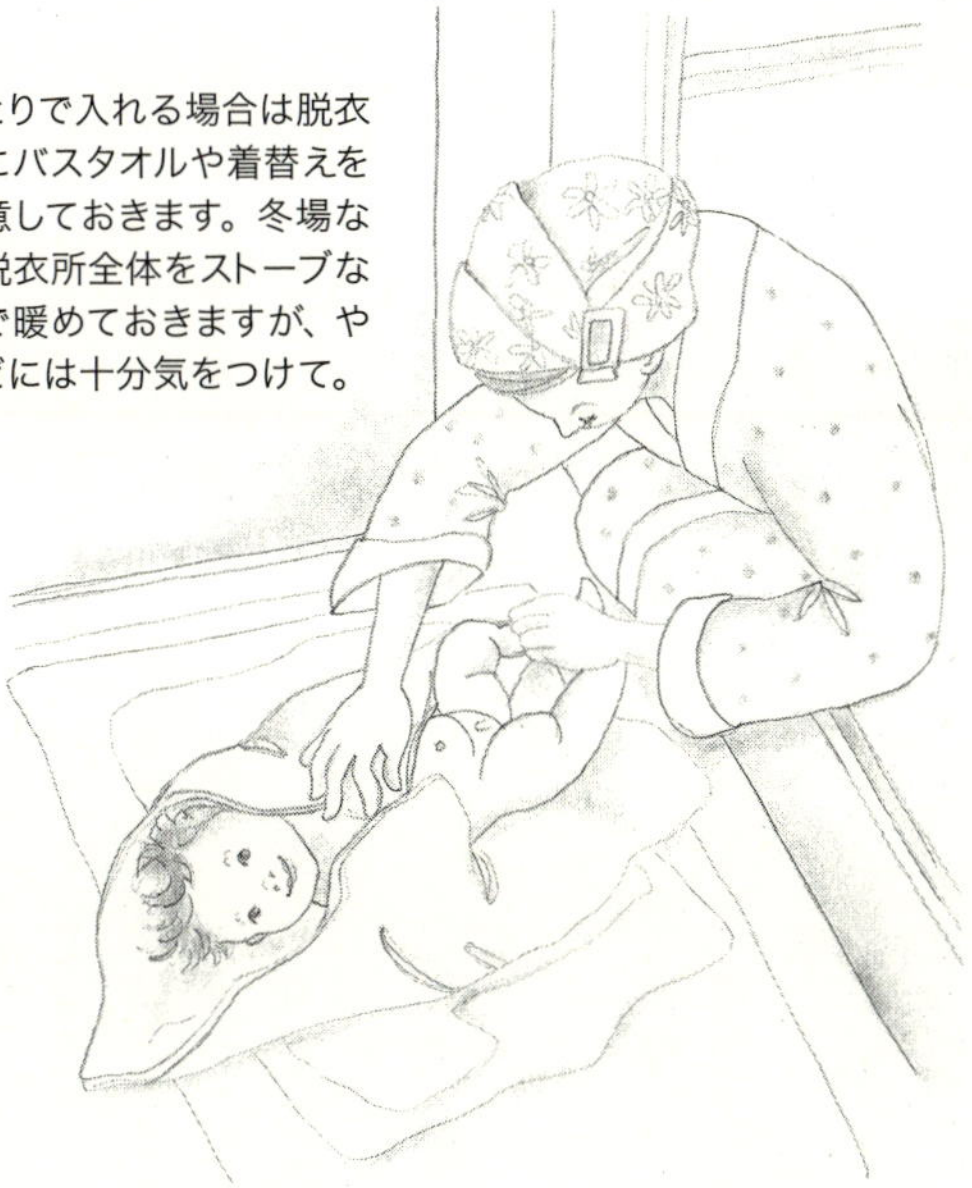

ひとりで入れる場合は脱衣所にバスタオルや着替えを用意しておきます。冬場なら脱衣所全体をストーブなどで暖めておきますが、やけどには十分気をつけて。

お父さんへ

どうする?
産後のセックス

育児に奮闘する妻を眺めつつ、だんだん気になってくるのがセックスのこと。そろそろよいのだろうか……。

結論は、悪露《おろ》がなくなれば、セックスは再開してもだいじょうぶです。（出産以来、妻は疲れているし、その気にならないかもしれない。間があいたので言い出しにくいし、母親になった妻とセックスというのも、なんか気恥ずかしい。が、久しぶりにしたい気もある。ここはひとつ、酔った勢いで）……というアプローチは最悪です。

産後はお互いのタイミングが大切です。妻がその気になれないのなら、最初はただ抱きしめ、優しくタッチするだけでもよいのです。セックスが妊娠前と同じようにはいかない場合もあります。かといって、疎遠のままにしておくと、やがてセックスレスに慣れてしまい、夫婦の危機の原因にもなりかねません。

産後のセックスは、夫がじょうずにリードしてください。セックスライフが新しいステージにはいったと考え、夫婦の新たな形を見つけていきたいものです。

★3――湯温は40℃くらい、ぬるめのお風呂に。長湯はやめましょう。お風呂のあとは、湯ざましや授乳で水分補給してください。

気がかりなこと

Q 決まった方向に顔を向けているせいか、頭の形がいびつです。

A 寝かせる向きや、ベッドの位置をときどき変えてみましょう。

赤ちゃんの頭は、お母さんのおなかにいるころから、すでにいびつになっています。さらに、生まれてくるとき、狭い産道で圧力がかかったり、頭を通りやすくするために5枚の頭骨が変形したりするのです。それがまだ元に戻っていないところに、たとえばベビーベッドの片側が壁だったりすると、赤ちゃんも退屈するのでしょうか、何か動いたり聞こえたりする方向へいつも顔を向けるようになります。

できればときどき、赤ちゃんの寝かせる向きを変えたり、ベッドの位置を変えたり、ベッドの反対側から相手をしたりしてみてください。ドーナツまくらでは頭が固定されてしまい、好きな方向へと顔を向けられないので、好奇心の強い赤ちゃんにはあまりうれしくありません。使わなくてもよいでしょう。

6か月を過ぎておすわりをしたり、立っちをして過ごすようになると、頭が圧迫される時間が減るので自然に治っていきます。多少の変形が残っても病的なものではありませんし、脳や知能の発達にも影響はありません。それに髪の毛が伸びてくれば目立たなくなります。

Q いつも頭が同じほうを向くので反対向きにしようとしたら、首筋にしこりがあるのに気づきました。

A 生後3週間くらいまではだんだん大きくなりますが、その後小さくなっていき、1年ほどで消えます。

これは、同じ方向を向く癖とは違い、首の筋肉にしこりができるために筋肉が縮んで、首が斜めに向くものです。筋性斜頸《きんせいしゃけい》といいますが、なぜしこりができるかはわかっていません。90%は1年くらいで消えます。受診して経過をみていきましょう。万一、その後も残るようなら、筋肉の腱《けん》を切る手術をします。マッサージをしてはいけません。

斜頸の赤ちゃんは、いつもしこりのない側を向いてしまうので、顔が天井を向くようにバスタオルなどを束ねて半身にさしこんであげましょう。こうすることで頭の変形を防ぎます。

Q 新生児の便は緑色っぽいと聞きましたが、白っぽいときがあります。

A 便の色も回数も、赤ちゃんそれぞれ。真っ白でなければ心配ありません。

新生児期の便の色は、緑色ばかりでなく、黄色がかった茶色だったり、様々です。ミルクを飲んでいる赤ちゃんは、白っぽい便になることもあります。また、便の中に白い粒々があるのは、母乳やミルクに含まれるたんぱく質や脂肪が固まったもの。形や回数も赤ちゃんそれぞれです。

ただし、便に血が混ざっていたり、真っ白だという場合は、感染症や肝疾患の疑いもありますので、受診して医師の診断を仰ぎましょう。

Q 頬《ほお》の内側に白いかすがついています。育児書を見ると鵞口瘡《がこうそう》とありますが……。

A 赤ちゃんの多くに見られるもので、大部分はほうっておいても自然となくなります。

鵞口瘡はカンジダというかびの一種で、お母さんの産道でもらうことがあります。昔は栄養が足りない赤ちゃんにできるといわれましたが、健康で元気な赤ちゃんにもよく見られるものです。自然に消えることが多いので、無理にふき取らず、ほうっておきましょう。赤くただれていたり、授乳のときに痛がるようなら受診しましょう。赤ちゃんが抗生物質を服用しているときは副作用かもしれないので、医師に相談してください。

Q　夫の帰宅を待って22時過ぎに沐浴《もくよく》させていますが、問題ないですか。

A　いまはまだだいじょうぶですが、遅寝遅起きの習慣がつかないよう少しずつ早くしましょう。

赤ちゃんの沐浴を昼間にというのは、気温が一定している、赤ちゃんに昼と夜のリズムを教えてあげるなどの理由からです。いまの住居は暖房設備も整っているので、夜に入れてもだいじょうぶです。お父さんの協力を得るためにも、夜10時くらいまでならお父さんの帰りを待ってお風呂に入れるのもよいでしょう。でも、睡眠のリズムが出来上がる1歳になるまでにはお風呂の時間を早くして、夜9時ごろには寝かせましょう。お風呂の時間が遅くなると寝る時間も遅くなり、遅寝遅起きが習慣になる心配があるので注意しましょう。

Q　おむつがぬれても泣きません。おむつはずしにも影響しますか。

A　泣かないからといって、おむつはずしが遅れることはありません。泣かなくても替えてあげてください。

紙おむつは吸収してからの不快感がないように作られているので、汚れても泣かない赤ちゃんも多いようです。でも、泣かないからといって、おむつを替えないと、むれてかぶれる〈↓204ページ〉心配があるので、ときどき確認しましょう。いまの紙おむつは、ぬれると表面にマークやラインが浮き出るしくみのものがほとんどです。それを目安におむつ替えをしましょう。また、ぬれて泣かなくても、おむつはずしが遅くなることはありません。布おむつに比べて、紙のほうがおむつが取れにくいという説に根拠はありません。

Q　顔や頭にひっかき傷が絶えません。帽子やミトンを着けたほうがよい？

A　爪《つめ》を短く切ってあげることをこころがけて。使うならば、寝る前だけにしましょう。

赤ちゃんはよく手足を動かします。からだに対して手足がまだ短いので、顔や頭にあたって傷になりがちですが、手で触れることでいろいろなものを覚えていきます。いつもミトンを着けて覆ってしまうのはお勧めできません。爪を短く切るなどして対応しましょう。

また、かゆみが強くて手を顔に持っていくのは、体温が上がる、寝る前が多いようです。どうしてもミトンを使いたいときは、寝る前だけにしましょう。

Q　ミルクは欲しがるままに与えてもよいのでしょうか。

A　ミルクの場合も母乳と同じ方針でかまいません。

母乳の場合は、欲しがるときいつでもあげますが、ミルクの場合も基本的には母乳と同じでかまいません。いったんおなかがいっぱいになってから、空腹になるまでの時間には個人差（1～4時間）がありますので、自分の子どものパターンを覚えましょう。また、空腹以外の理由で泣くこともありますから、赤ちゃんの泣き声を聞き分けられるようになれば、迷うことも少なくなります。

保育園生活

産休明けの入園準備

■入園前のこころの準備

保育園も決まり、お母さんは仕事再開と入園の準備であわただしくなってきます。産休明けから働くお母さんは、妊娠・出産前から続けていた仕事に戻るケースがほとんどでしょう。けれども、これまでどおりのワーキング・ウーマン生活には、まず戻れないものと思ってください。「赤ちゃんにものすごく時間をとられる」ということを、あらためて覚悟しましょう。

朝、保育園に連れて行く担当、夕方のお迎え担当は決まりましたか。熱が出て登園できないとき、お迎えに間に合わないときのシミュレーションは完璧《かんぺき》ですか。

赤ちゃん連れで帰宅してからの段取りも頭のなかでなぞっておいたほうが、微調整や修正ができてあとあと楽です。時には家具の配置替えや、乾燥機つき洗濯機など新しい電化製品の導入も視野に入れて、入念に準備してください。

最後に、赤ちゃんを預けて働くこころがまえはできていますか。両親がよく話し合って準備をしたのなら、まわりがなんと言おうと聞き流しましょう。赤ちゃんはちっとも「かわいそう」ではなく、両親以外の育ての親、自宅以外の育ちの場を得て、豊かに健やかに成長していくのです。

■入園前のグッズの準備

小さな赤ちゃんの世話をしながら必要なものを整えることは、相当な労力を要するもの。お父さんがお休みの日など人手があるときにあらかじめ準備を進めないと、あとで大変な思いをします。

園によって違いはありますが、一般的に最低限必要なものは以下のとおりです。

●着替えやおむつを入れるバッグ

大きくて丈夫なもの。赤ちゃんを抱っこして洗濯物でふくらんだバッグを運ぶのは重労働なので、大きな布製のリュックタイプのものが便利。バギーで送迎するなら、ハンドルにバッグを引っ掛ける丈夫なSカンを探しておきます。

●布おむつの場合は、おむつとカバーを多めに用意（貸しおむつを利用する園もあります）

●紙おむつでも、うんちのときのおしりふきには布おむつやガーゼが必要な園も

●授乳&食事用エプロンかスタイ

●ガーゼやタオルはとにかくたくさん

●着替え、パジャマ

吸湿性の高い素材のもの。装飾の少ない、脱ぎ着させやすいシンプルなデザイン。オールインワンタイプはだめという園も。

●敷き布団とかけ布団、タオルケット

布団は園によっては備え付けですが、カバーは必要。タオルケットは夏用です。

●連絡用ノートやファイル

■母乳育児を続けたい場合

せっかく母乳で育てているのだから、離れていても母乳を飲ませたい。ミルクはいやがって飲まない。なんであれ哺乳《ほにゅう》びん

からは飲もうとしない……。まだおっぱいやミルクだけで生きている赤ちゃんの栄養については、心配や要求は尽きません。

母乳に関しては、しぼって冷凍保存し、飲ませるときに湯せんできる専用母乳バッグがあります。昼休みにトイレや休憩室で母乳をしぼって保存用のビニールバッグにため、バッグを勤務先の冷凍庫に保管。お迎えのときにクーラーバッグで保育園に持って行き、園で飲ませるときに湯せんしてもらっている人もたくさんいます。まず、保育園に母乳哺育を続けたい旨を相談してみましょう。この方法だと赤ちゃんを完全母乳で育てることができますが、かなり大変です。職場では十分な量をしぼれないこともあるでしょうし、生活が激変して母乳の出が悪くなったりもします。ただでさえ仕事復帰で緊張が高まっているのですから、過度のこだわりや無理はマイナスです。少しでもしぼれれば御の字、くらいの気持ちで、当初は帰宅後にたっぷり飲ませることができれば十分としましょう。

哺乳びんの乳首をいやがる赤ちゃんもいますが、お母さんの乳首に近づけた形の製品もあります。いずれにせよ、保育園にあらかじめ伝えておくことです。お母さん以外の人が飲ませたら抵抗なく飲むことも珍しくありません〈「哺乳びんや乳首の選び方」→151ページ、「気がかりなこと」→154ページ〉。なによりも、保育士さんたちは百戦錬磨。ミルクや哺乳びん嫌いの赤ちゃんには慣れていますから、泣いても嫌がってもうまく扱ってくれるものです。

■二大関門！「手作り」と「記名」

入園準備のなかでもお母さんお父さん泣かせなのが、高校時代以来かもしれないミシンワーク、そして果てしない「お名前書き」。この二大仕事です。急に言われてあわてないように、少しずつこなすか、代行してくれる人やお店に頼んでおきます。

何よりも布団のカバーが大物です。ベビー布団といえど、かけ・敷き合わせると何mもの布がいります。毎週末に持ち帰って洗い、月曜日にかぶせる、の繰り返しですから、ファスナーやスナップ、ボタンで着脱できるように仕立てなければなりません。そのほか、ふつうのフェイスタオルを食事用のエプロンにしたり、3歳になったら通園バッグやお弁当袋・箸《はし》袋・コップ袋なども用意するように言われます。

布を買うと仕立ててくれるお店もありますが、3月など需要の多いときは非常に混み合います。縫い物が苦手、時間がないという人は、早めに申し込むか、洋裁が得意な人を見つけて依頼しましょう。

保育園にはシャツやズボンなどの着替えを最低でも4～5組用意しておきます。そのすべて、小さな靴下の両方に至るまで、名前を書かなくてはなりません。サイズ表示のタグに小さく書くと、見にくいので、すそや身ごろの裏に大きく記入してほしいと言われてしまったりします。

親類にお下がりを回すとか、フリーマーケットで売りたい人や、マジックで服に直接書きこむのには抵抗がある人もいるでしょう。その場合は幅1㎝くらいのアイロンで貼《は》り付けるネームテープを活用するという手もあります。

いずれにせよ、小さな服にびっくりするほど何回もわが子の名前を書くことになります。ひと晩で終わらせようと思わないほうがよいでしょう。

さらに、紙おむつにもひとつひとつ記名しなくてはなりません。子どもごとにサイズが違いますし、使用済みおむつは自宅に持ち帰るのが原則だからです。入園後も、時間のあるときに紙おむつ1袋分をまとめて記名しておくことをお勧めします。毎日補充するものなので、朝のあわただしいときにさらにあわてなくてすむでしょう。

スモールステップで育っていく赤ちゃん

赤ちゃんは入院中

■お母さんも無理せず少しずつ

赤ちゃんがNICU（新生児集中治療室）〈↓785ページ〉に入院しなければならなくなったことは、赤ちゃんにとっても、お母さんお父さんにとっても、大変な体験です。ましてや、赤ちゃんだけが入院している期間、お母さんはどんなにせつない気持ちで毎日を過ごしていることでしょう。

お母さんのからだは、こころよりもずっと早く快復していきます。からだの快復につれて、「赤ちゃんががんばっているのだから、お母さんもしっかりしなくちゃ！」という励ましのことばをかけられることもあるでしょう。

でも、こころは、そんなに早く快復しません。複雑な気持ちの揺れがあるでしょう。その揺れをこころの底に押しこめて「がんばって」しまうのでは、つらいばかりです。無理せず少しずつ、を信条に、赤ちゃん退院の日までを過ごしましょう。

■赤ちゃんの状態の説明を受けるときは

NICUに赤ちゃんが入院していた、あるお母さんはこう言いました。

「NICUでは、子どもはたくさんの管につながれて、とにかく大変な状態なんだということしかわからなかった。説明を受けないと不安だし、かといって、話を聞くのも怖い。そんな状態でした」

治療を受ける赤ちゃんの姿は、見ているだけでもつらいでしょう。そんななかで、医療スタッフから赤ちゃんの状態を説明されるのですから、冷静に状況を把握するのが難しいのも、無理のないことです。

でも、いまは、それでも十分です。ひとりで医師の話を聞くのがつらければ、家族で一緒に説明を聞いてください。わからないこと、知りたいことは、納得できるまで聞いてください。逆に、聞くのがつらければ、差し迫った治療の選択にかかわることでなければ、「いまはまだ、待ってほしい」と言ってもいいのです。

また、赤ちゃんの状態によっては、将来的な後遺症や障害の可能性の説明を受けることもあるかもしれません。しかし、いまの時点で話されることは、あくまでも「かもしれない可能性」です。たとえそれが確定的なものだとしても、その後遺症をもってどう生きていくか、どんな人生を送るかは、何も決まっていないことです。

赤ちゃんは一日一日変わってきます。受け入れがたい「宣告」は、とりあえず棚上げして、いま、目の前にいる赤ちゃんの小さな変化を見つめながら、一緒にいられる時間を過ごそうと、そんなふうに考えてみてはどうでしょう。

■通院はできる範囲で

赤ちゃんが入院しているNICUが、自宅から遠いことも少なくありません。毎日おっぱいをしぼって面会に行ったり、上の子を連れての通院は大変です。ですから、必ず毎日、「行かなければいけない」と自分を追いつめてしまわないでください。

ただ、赤ちゃんと一緒にいると、ちょっとした日々の発見が、喜びになっていきます。「今日はミルクを飲んでくれた」とか、「あんなに元気に泣けるようになったんだ」というふうに。

ですから、お母さんもお父さんも、そして許される病院であればきょうだいも、できる範囲で赤ちゃんのそばにいられたらいいですね。赤ちゃんに励まされ、赤ちゃんに癒《いや》された。そんなお母さんお父さんの声もたくさん聞きます。

離れ離れの時間は「欠落」ではない

臨床心理士　橋本洋子

■医療スタッフに気持ちを伝える

特殊な情況のなか、限られた面会時間で、赤ちゃんと向き合っていくのは簡単なことではありません。その時間を、いかにほっとした気持ちで過ごせるか、そうした環境をつくるのは、医療者側の責任です。

赤ちゃんは、医学的な処置が必要だからこそ、NICUにいるのですが、治療と同時に、赤ちゃんが育っていき、家族も一緒に育っていくプロセスが進行しているのですから、「赤ちゃんと一緒に過ごしている私たちを、しっかり支えてほしい」と、要求してよいのです。

何を要求してよいかわからないときは、「私はこう感じているんだ」ということを話してください。こころの問題は個別性が高く、90％の人がよいと思うことでも、いやだと感じる人もいます。それを話すことは、わがままではありません。

赤ちゃんと一緒にいるとほっとする、そんなふうに感じられるようになったら、あとは少しずつ進む赤ちゃんの成長を待ちながら、親子の道のりを数週間、数か月かけて、ゆっくり歩いていきましょう。

■分析できない自然の力

離れていた時間が長かったから、とか、一緒にいられなかったということで、自信を失う必要はまったくありません。最初からずっと一緒にいられれば、それに越したことはないのですが、しかたなくてこうなったとき、それが決定的な欠落体験になるわけではないのです。

「母親として、この子に何もしてやれない」「この子は私を母親だとわかってない」そんな、せつない声を聞くこともあります。

でも、こんなことがあります。

NICUで最近注目され始めているのは、超早期哺乳《ほにゅう》といって、生まれたばかりの赤ちゃんに1滴でも母乳を入れてあげることです。それによって、腸の働きがよくなり、その後の壊死《えし》性腸炎〈↓787ページ〉などが起きてこない、という研究が報告されています。

また、不思議なことに、早産のお母さんの母乳は、満期産のお母さんの母乳より栄養分が濃いのです。

母乳ひとつをとっても、お母さんのからだにはちゃんと、自分の赤ちゃんに合わせた、分析しようのない何かが起こっているのです。それが、自然の力のすごいところだと思います。

だから、だいじょうぶ。あなたが、赤ちゃんの、かけがえのないお母さんです。

授乳

赤ちゃんは、おっぱいやミルクだけで日一日と大きくなっていきます。でも、お母さんは心配がつきません。母乳は足りているかしら、赤ちゃんの飲み方はこれでいいのかしら、と。

ひとりで抱えこまず、ひとつずつ解消していきましょう。

母乳が足りているかどうかの不安

赤ちゃんの体重があまり増えないと、すぐに母乳不足が疑われてしまいます。母乳哺育《ほいく》中のお母さんからは、乳房が小さい、張らない、乳汁《にゅうじゅう》がにじんでこない、飲み終えてもまたすぐ泣く、といった相談が数多く寄せられます。

■小さい、やわらかい……は吸いやすい

乳房が小さめで、ぱんぱんに張ることがなくても、母乳の出のよし悪《あ》しにはあまり関係がありません。赤ちゃんにとっては、乳輪まで深くくわえやすく、やわらかくてよく伸びる乳首が何より都合がよいのです。かたく張った乳房はむしろ困りもの。また、小さめの乳房は、母乳をためておけませんから、赤ちゃんが飲んでいるのはいつも出来たてほやほやの〝産直母乳〟ということになって、とてもおいしいのです。「小胸さん」も自信をもってください。

■飲み方、泣き声、おしっこの量も判断材料

母乳が足りているかどうかは、飲み方と赤ちゃんの様子を目安に判断します。判断材料は、飲ませる回数は1日8回以上あるか、赤ちゃんが唇を外に向かってめくれるように開き、乳輪の部分まで深くくわえているか〈↓143ページ〉、飲み終えたら、満足そうな様子ですーっと眠りにはいり、顔色や肌の色つやが健康的で泣き声も大きいか、などです。たっぷりとおしっこをしているかどうかも、一応の目安になります。

母乳をしっかり飲んできげんはよくても、体重がさほど増えない子もいます。日ごとの体重増加に一喜一憂するより、全体の感じが元気そうかどうかを第一の基準に考えましょう。

お母さんのトラブル 陥没乳頭と偏平乳頭

ふつう、乳頭とよばれる乳首の部分は乳輪から飛び出ていますが、乳輪に火山の火口のようにめりこんでいるものを陥没乳頭といいます。また、乳首の付け根から先端までの高さがほとんどなく、乳輪と乳首の境界があいまいなものを偏平乳頭といいます。いずれも

比較的赤ちゃんが母乳を飲みづらいので、特別なケアが必要です。乳頭が極端に小さい・大きいというケースも飲ませ方に工夫がいります。どの場合も、母乳育児をはなからあきらめてしまわないことが肝心です。

■最良の対処法は、飲んでもらうこと

陥没乳頭・偏平乳頭の唯一最良の対処法は、「赤ちゃんに飲んでもらう」ことと「自律授乳」です。

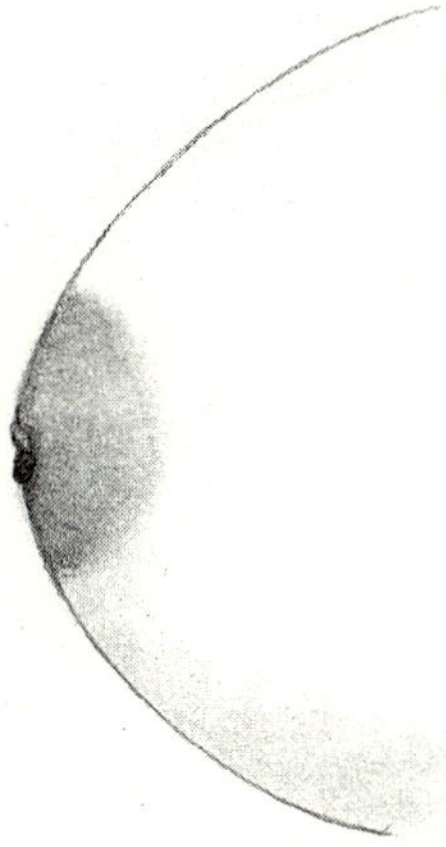

陥没乳頭とは、乳首が、乳輪に火山の火口のようにめりこんでいるものです。何度も吸われることで形が整ってくると、排乳口が大きくて母乳がよく出るおっぱいになることが多いものです。

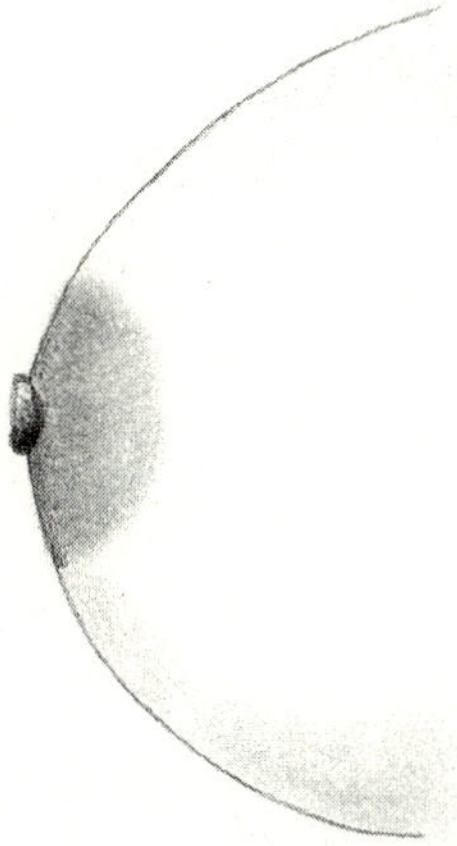

偏平乳頭とは、乳首の付け根から先端までの高さがほとんどなく、乳輪と乳首の境界があいまいなものです。赤ちゃんに吸ってもらうことがいちばんの対処法です。

出産後なるべく早く、まだ乳房が張っていなくて乳頭と乳輪がやわらかいうちに、赤ちゃんに吸わせましょう。吸いつきにくくても、赤ちゃんが大きな口を開け、なるべく深くくわえてくれたらしめたもの。出産直後から試みられればベストです。

■乳頭が小さい・大きい場合も根気が大事

小さめの乳頭でも、同様に乳輪まで深くくわえさせることを根気強く繰り返します。母乳の出がよくなるにつれ、乳頭が大きくなることもあります。

反対に大きい乳頭は、赤ちゃんが小さいうちは大変でも、だんだん口が大きく開くようになればじょうずに飲めます。どんな形状でも、必ず事前に母乳をしぼって乳頭の伸びをよくして、間隔が3時間おきになるように自律授乳を続けます。

吸いつくはずの所が見つかりにくい陥没乳頭や偏平乳頭でも、赤ちゃんは懸命に探して、少しでも飲もうとがんばります。お母さんは「あ、吸ってくれるんだ」といういとおしさをよりどころにして、何回でもトライしてください。

■陥没乳頭は、第1子で治す

陥没乳頭の場合、赤ちゃんに何度も吸いつかれながら、引っこんでいる乳頭を引っ張り出すのですから、

お母さんは相当痛い思いをすることでしょう。なんとか通常に近い形状になり、支障なく授乳できるようになるまで、早くても3か月はかかりますが、形さえ整ってくれれば、排乳口が大きくて母乳がよく出るおっぱいになるケースが多いものです。

第1子のときこそ踏ん張りどきです。子どもをふたり、3人と抱えて陥没乳頭と格闘することはじつに大変なので、「次の子のときに」とあと回しにしないことです。

■マッサージや吸引器は、かえってマイナス

これは陥没乳頭の人だけでなく、どのお母さんにもいえるのですが、妊娠中からマッサージや吸引器、ブレストシールドなどで乳頭を引っ張り出す必要はありません。器具では赤ちゃんの口の中の動きに遠く及びませんし、かえって乳頭を傷つけたり、乳腺《にゅうせん》の発達を抑えたりしかねないのです。

それよりも肝心なのは、お父さんなどの産後のサポートです。お母さんは、3時間おきの自律授乳で昼夜の区別なく起こされることに加えて、陥没した乳頭を引っ張り出されながらの授乳ですから、負担はかなりのもの。できれば、授乳と自分の体調維持だけに集中させてあげたいところです。周囲の人は、お母さんと赤ちゃんのがんばりを支えてあげてください。

赤ちゃんのトラブル 舌小帯《ぜつしょうたい》短縮症

赤ちゃんが30分でも40分でもおっぱいに吸いついている、一日何回も飲ませているのに体重が増えない、何度も乳腺炎になるなどの場合、赤ちゃんは舌小帯短縮症（萎縮《いしゅく》症、強直《きょうちょく》症）かもしれません。

舌の裏側の真ん中で縦にぴんと張っていて、横から見ると水かきのような膜に見えるひだを、舌小帯とい

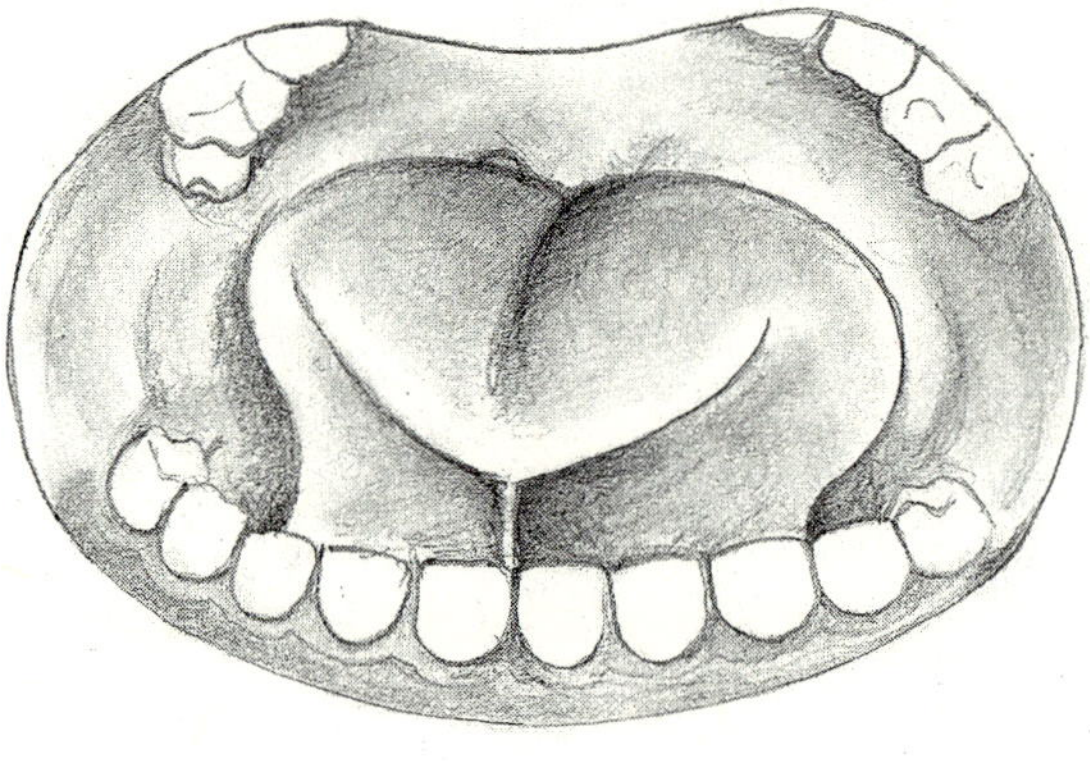

生まれつき舌小帯が短かったり、舌の先端までついていたりすると、舌を前に突き出したときに、つれて先端がハート型になります。

★1 —— 哺乳障害、咀嚼障害や、4〜5歳になっても舌足らずな幼児語が残る発音障害が見られます。舌が上がりにくいため、サ行、タ行、ラ行がつっかえたり、言いにくかったりしますが、舌小帯進展術という手術で治ります。

います。この舌小帯が短かったり、舌の先端までついていたりすると、舌を前に出すと、つれてハート型になったり、口の外に出なかったりして、母乳やミルクがじょうずに飲めません。もう少し大きくなると、赤ちゃんが本能的に舌小帯の緊張をほぐそうとして指を舌の下に入れるしぐさをしたりします。

この舌小帯短縮症は、たいていは成長に従って改善されますが、程度によってはこのあとも咀嚼《そしゃく》障害、発音障害につながることもあります。抱き方や飲ませ方を工夫しながら、それでも授乳に時間がかかるなどの状況が続く場合は、小児科医や口腔《こうくう》外科医など専門医に★1相談してください。

初めて出会う食事

発達・臨床心理学者　室田洋子

赤ちゃんがお母さんに抱っこされておっぱいを飲んでいるとき、お父さんが恐る恐るミルクをあげているとき、その赤ちゃんがもらっているものはなんでしょう。栄養分、免疫力、水分など、身体的に必要なものであることはすぐに思い至るでしょう。

■丸ごとすべてを肯定する気持ち

でも、それよりも大切なものを、赤ちゃんは父母の腕のなかで受け取っているのです。それは、授乳という行為を通じて小さな乳児でさえも全身で感じ取る、基本的《ベーシック》信頼感《トラスト》……自分はここで絶対的に受け入れられているのだ、という感覚です。

腕のなかの赤ちゃんがただコクコクとお乳やミルクを飲んでいるだけで、お母さんやお父さんは「よく飲むね。えらいね」「目を開けていてもつぶっていても、なんてかわいらしいんだろう」と見入ってしまいます。赤ちゃんの初めての〝食事〟は、この揺るぎない肯定感に守られて、ゆっくりとスタートするのです。飲み終わって、寝息を立て始めるころには、赤ちゃんはおなかもこころも満足しきっていることでしょう。

■食べることはうれしいこと

この安心感が、赤ちゃんの食事の大切な第一歩です。お母さんお父さんから、無条件で全面的に受け入れられている感覚が、今度は赤ちゃんが、与えられる食事を受け入れるこころがまえにつながっていきます。

赤ちゃんは、お母さんお父さんが用意してくれる食べ物なら、おっぱいやミルクのように、いつも自分にとってよいものに違いないと感じ、信頼するようになるのです。家族みんなの温かいまなざしに包まれて、食べる（飲む）ことは心地よい、うれしいことだという感覚が刷りこまれるのです。

特別なことは何もありません。赤ちゃんがお母さんのおなかで育ち、この世に生を受けて、いま、腕のなかにいることがよいのです。いま、お乳やミルクを飲み、げっぷをさせてもらい、寝ついたりあくびをしたりする、そのすべてをおもしろがればよいのです。このように赤ちゃんは口から栄養分を取りこみ、また、からだ全体に備わったアンテナで自分に向けられた愛情をとらえ、こころの根っこを固めていきます。

コミュニケーション

赤ちゃんは新生児を〝卒業〟しましたが、引き続き、なるべく目を合わせて、高めの声でゆっくり語りかけてください。早い子では、1か月を過ぎてしばらくすると、泣き声以外の声を出し始めます。このかすかな「天使のお話」を、大人は聞き逃さず、そのまま赤ちゃんにまねして返してあげましょう。赤ちゃんは、手や足、ほっぺなどをさわられるのも、抱っこされて優しく揺すられるのも大好き。皮膚への刺激やからだの位置が変わる刺激が、昼夜休まず行われている、赤ちゃんの脳の中の配線工事★1〈↓196・254ページ〉をどんどん進めていきます。

かわいいおしゃべりをまねて、返す

眠っているか、泣いているか、飲んでいるかだった赤ちゃんも、少しずつ起きている時間が長くなり、落ち着いたきげんのよい様子を示し始めます。そういうときに、「アーウ」「クー」などといった、ゆったりとくつろいでいるような声を出すことがあります〈「クーイング」↓198ページ〉。お母さんは、「あら！　声を出したわ」とばたばたとお父さんに報告に行ってしまうのではなく、その場で「アウアウなのねー」と、同じトーンで赤ちゃんに返してあげましょう〈「モニタリング」↓535ページ〉。物まねのように完璧《かんぺき》にコピーする必要はありません。ただ「あなたがお話ししてくれたことをきっかけに、私もお返ししたくなったのよ」ということが、赤ちゃんに伝わればよいのです。

赤ちゃんはだんだんと「声を出したら、お母さんもなんか言ったよ。おもしろいな」と感じ始めます。「もっと違う声でいっぱいおしゃべりしたら、大好きなお母さんお父さんもお話ししてくれて、もっとおもしろいに違いない」と、頭のどこかでちゃんと理解するのです。

赤ちゃんのことばをただなぞって返すだけでも、立派な「初めての会話」です。赤ちゃんの声がよく聞き取れる、雑音の少ないところで、時間の許すかぎりおしゃべりを堪能《たんのう》してください。

きげんのよいときにタッチや抱っこを

お母さんは寝不足が続く毎日で、赤ちゃんが泣いてさえいなければやれやれでしょう。よく寝てくれる赤ちゃんや、起きていてもおとなしい赤ちゃんはほんとうに親孝行ですが、あえて大人からタッチや抱っこをしてあげてもよいでしょう。赤ちゃんの脳内配線工事のためには、ことばをまねすることと合わせて、から

★1――脳の中の配線工事は、この先の、すべての知的な力の下準備。ことばを話す、計算する、考える、覚える、などに関連しています。

だへの刺激もとても大切だからです。

　赤ちゃんがきげんよく目を覚ましているときなどに、小さな手や足、ほっぺたなどを、声をかけながらさわってみましょう。精巧にできている指の関節や、ちゃんと半月のついた爪《つめ》、すべすべの首筋、産毛に覆われた耳。赤ちゃんはなんとも気持ちのよい手ざわりに満ちています。大人の指をつかませて「おお、強いね、痛いくらいだね」と、思いのほかしっかりつかまってくる感触を体験してください。

　このころの赤ちゃんは、まだ寝返りもできず、寝かされたままだとからだの位置や姿勢がほとんど変わりません。からだが傾くことで、三半規管を通じて脳に刺激が伝わるので、抱っこはよい〝成長剤〟です。

　落ち着いているときに抱き上げる、そっと優しく揺するなどで、赤ちゃんはとてもうれしそうな表情を浮かべます。「泣きもしないでおとなしくしているんだから、そっとしておこう」というときもあってよいのですが、洗濯物を抱えて通り過ぎるときに「あら、起きてたのねえ」と声をかけてあげる、タオルケットがずれているのをかけ直しながら、ついでに胸もとをトントンするなど、ちょっとしたことでも、赤ちゃんにはうれしい刺激になります。

　〝手をかける〟というのは、なにもベビー服を全部手作りするとか、細かく生育日記をつけるようなことではありません。文字どおり、手を使って赤ちゃんに触れ、赤ちゃんのからだを動かして、心地よい刺激を与えることなのです。

反応してくれる大人が最良のおもちゃ

　ベビーベッドの上のオルゴールメリーや赤ちゃんの傍らのガラガラが役に立つのは、もう少し先のこと。このころの赤ちゃんはまだガーゼもつかめませんし、特定のおもちゃを喜ぶわけでもありません。

　赤ちゃんは何より、お母さんをはじめとする人間の顔をじっと見つめ、声に耳を澄ませています。「どんな働きかけを…」と難しく考えず、赤ちゃんの反応に気持ちのまま合わせていけばよいのです。赤ちゃんが声を出したら、それをまねて返し、相手をしてほしそうに顔を見ていたら、くすぐったり、おなかを優しく突っついたり。おむつを替えるとき、締めつけがなくなって解放された足を赤ちゃんがぱたぱた動かしたら、「気持ちいいよねえー」と語りかけながら、足首をそっと持って、伸ばしたり縮めたり。赤ちゃんからのきっかけで、反応してみせることが、もっと人とかかわりたいと思う気持ちを育てます。

　この時期には、なんのおもちゃも、情操教育のCDもいりません。大人が、赤ちゃんにとって唯一最良のおもちゃなのです。

ねんねのころの遊び

赤ちゃんと遊ぶというと、お母さんお父さんはとても大変なことのように思いがちです。でも、抱き上げてあやすこと、ミルクやおっぱいを飲ませながら見つめ合うこと、そんな、なんでもない生活のひとこまが、じつは赤ちゃんにとって、またとない遊びのチャンスになっています。

赤ちゃんが遊びをとおして自分のなかに育てる力は、おおむね次のように分けて考えることができます。

- 元気なからだをつくりあげる
- 器用に動かせる手をつくる
- 見る力・聞く力・話す力を育てる
- こころが育ち、知力が向上する
- 人と気持ちを分かち合い、社会の一員になっていく

でも忘れないでください。いちばん大事なことは親子で楽しい時間を一緒に過ごすこと。赤ちゃんのことをかわいいなと思えること。それが、遊びの大切な役割です。いろいろな能力が育つのは、遊びの副産物にすぎません。

遊びが育てる五つの力

- からだ
- 手
- 見る・聞く・話す
- こころ・知力
- コミュニケーション

抱っこで すきすき

赤ちゃんがぐずったときや、お母さんに余裕があるときに、「どうしたの」などと語りかけながら、抱っこしましょう。

からだの向きや位置が変わることは、将来自分でからだの姿勢を保つことへの準備につながります。聞き慣れた声を聞くことで気持ちが落ち着き、音を聞き分ける力が育ちます。

見つめて おいしいね！

授乳のときに抱っこして、目と目を合わせて、「おっぱいおいしいね」「ミルク飲もうね」など、声をかけましょう。

ミルクだよ
はい、どうぞ
おっぱい
ごくごく
おいしいねー

「おっぱい」など同じことばを何度も聞くことで、ことばになじみます。抱っこして肌が触れ合い、ちょうど焦点が合う距離で見つめ合うことで、信頼関係の基礎がつくられます。

子守唄で ねんね

横抱きしてそっと揺すったり、添い寝して、おなかをトントンたたきながら、リズムに合わせて子守唄を歌います。

ねーんねーん
ころりーよ～
トン、トン、トン……

からだで拍子を、耳でリズムを、同時に体験でき、メロディーや音の高さの聞き分けの準備が進みます。ゆったりした「揺れ」の刺激が、こころの安定につながっていきます。

おしり さっぱり

おむつ替えのときに「気持ちいいね」「あんよ曲げて」などと声をかけながら、手足を曲げたり伸ばしたりします。

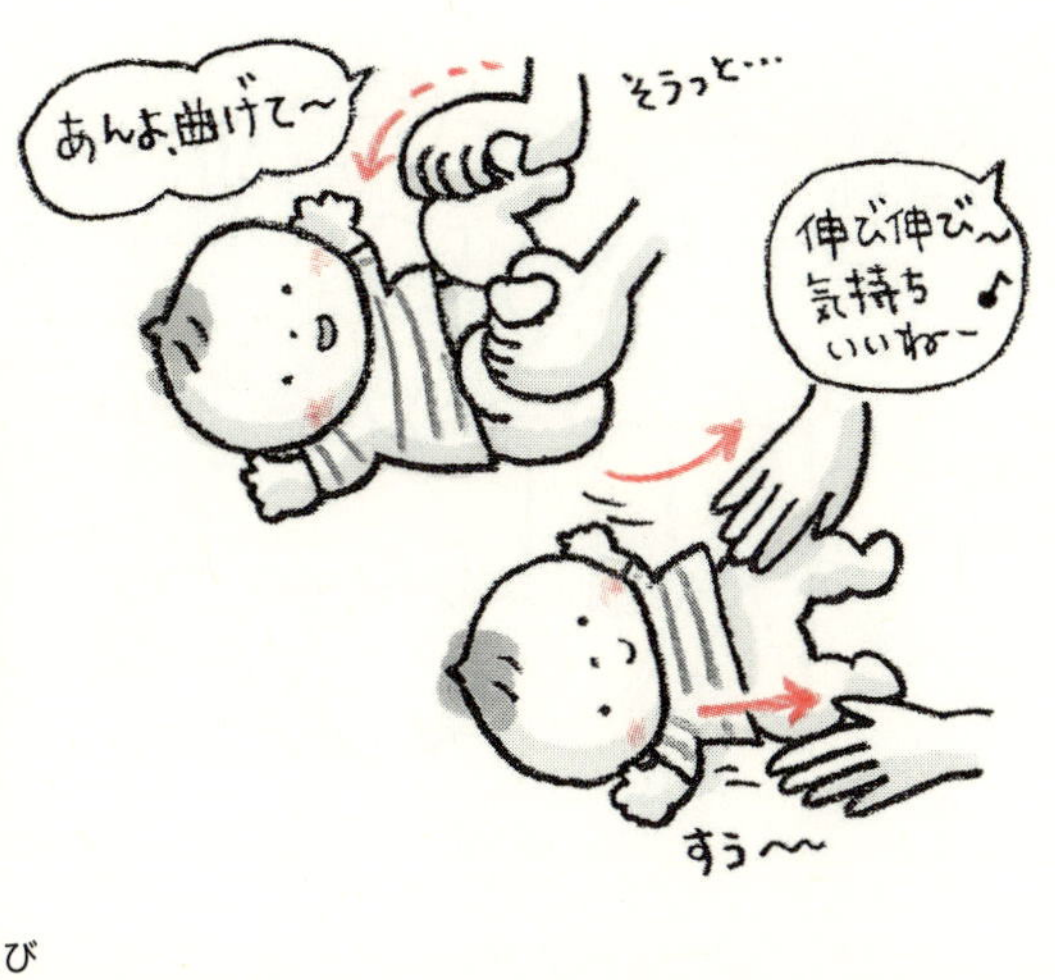
あんよ曲げて～
そうっと…
伸び伸び～
気持ち
いいねー
すう～

手足の動きの感覚が、脳に送りこまれ、将来、自分のからだの動きを把握することにつながります。声を聞きながら、手足をやさしく動かしてもらうことで、心地よさを感じます。

ほっぺた つんつん

「ほっぺた」「おはな」など声をかけながら、頬《ほお》や鼻などを軽くつついてみましょう。歌を歌いながらやれば、もっと楽しくできます。

① ここは とうちゃん
にんどころ
右頬をつつく。

② ここは かーちゃん
にんどころ
左頬をつつく。

③ ここは じーちゃん
にんどころ
おでこをつつく。

④ だいどう だいどう
顔のまわりを
手のひらで２回なでる。

⑤ こちょこちょ～～
わきの下をくすぐる。

「ここは　ばーちゃんにんどころ」で顎〈あご〉をつついたり、「ここは　ねーちゃんにんどころ」で鼻をつついたりと、歌詞やつつくところをいろいろに変えて遊んでみましょう。

楽しそうな声と一緒に、からだをさわられることによって、自分のからだのいろいろな場所に気づきます。自然に「ほっぺた」「おはな」などのことばを語りかけられる遊びです。

ここはとうちゃんにんどころ

わらべうた

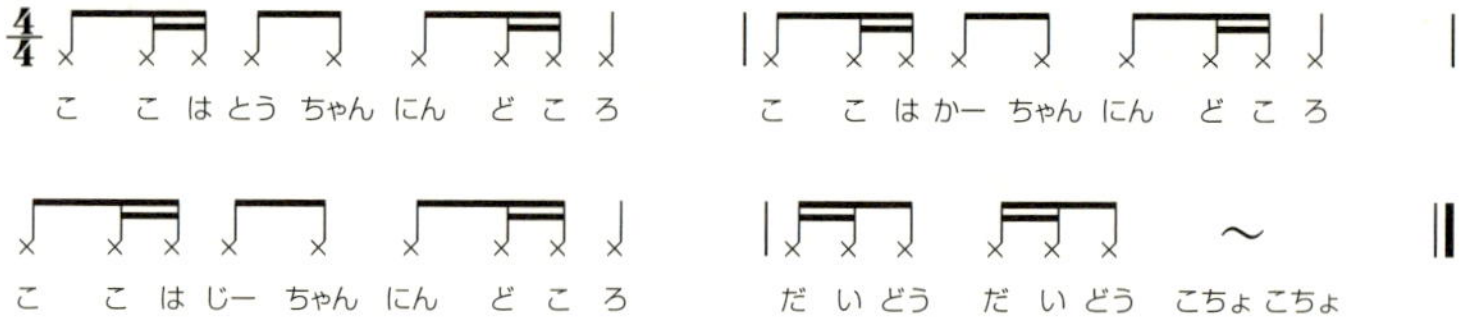
4/4
こ こ は とう ちゃん にん ど こ ろ
こ こ は かー ちゃん にん ど こ ろ
こ こ は じー ちゃん にん ど こ ろ
だ い どう だ い どう こちょ こちょ

ここですよ

首が自由に動かせる環境で、ガラガラを目から20～30cmのところで振り、ゆっくり右や左に動かしてみましょう。

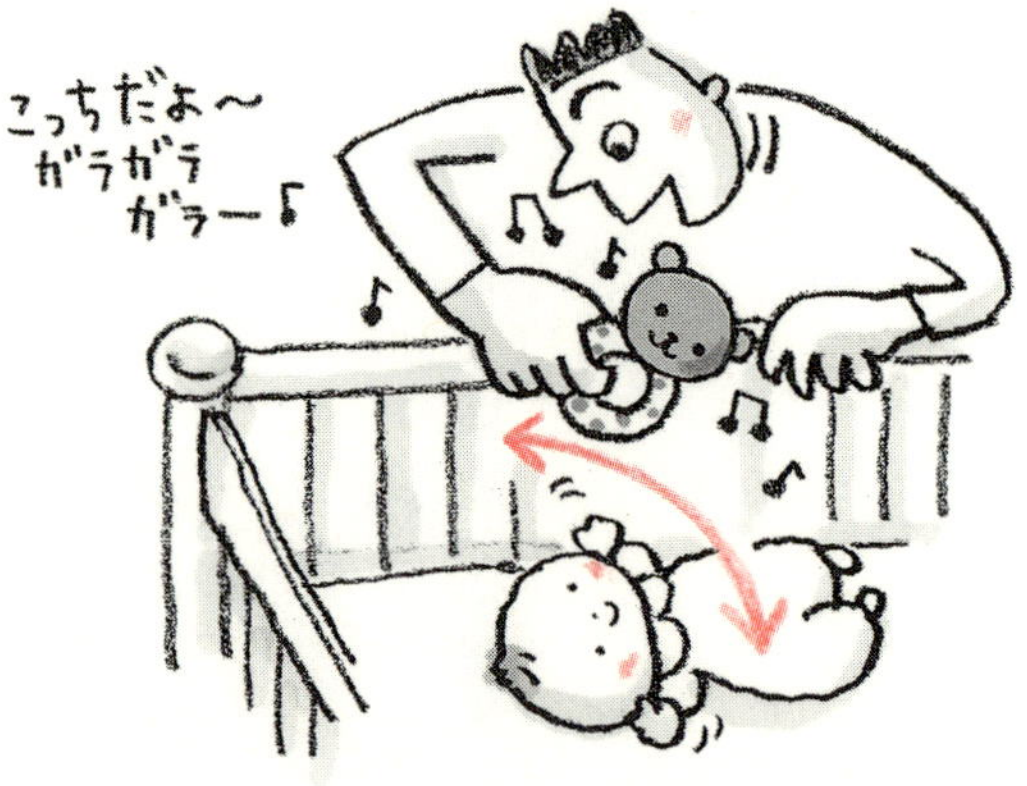
こっちだよ～
ガラガラ
ガラー♪

ふかふかの布団や、頭が沈みこんでしまうようなまくらは、自由な首の動きを邪魔してしまいます。床に毛布１～２枚を敷いた程度のかたさが最適です。

ちょうど焦点が合う距離のガラガラを追視して首を左右に動かすことが、首すわりを促します。動きと音による視覚と聴覚への刺激が、まわりの世界への好奇心を広げていきます。

マークは、その遊びをとおして、赤ちゃんのなかに育つ力のうちの代表的なものを表しています。

うつぶせで「よいしょ」

うつぶせにすると、赤ちゃんは自分で首を左右に動かします。赤ちゃんから目を離さず、長時間そのままにしないようにしましょう。

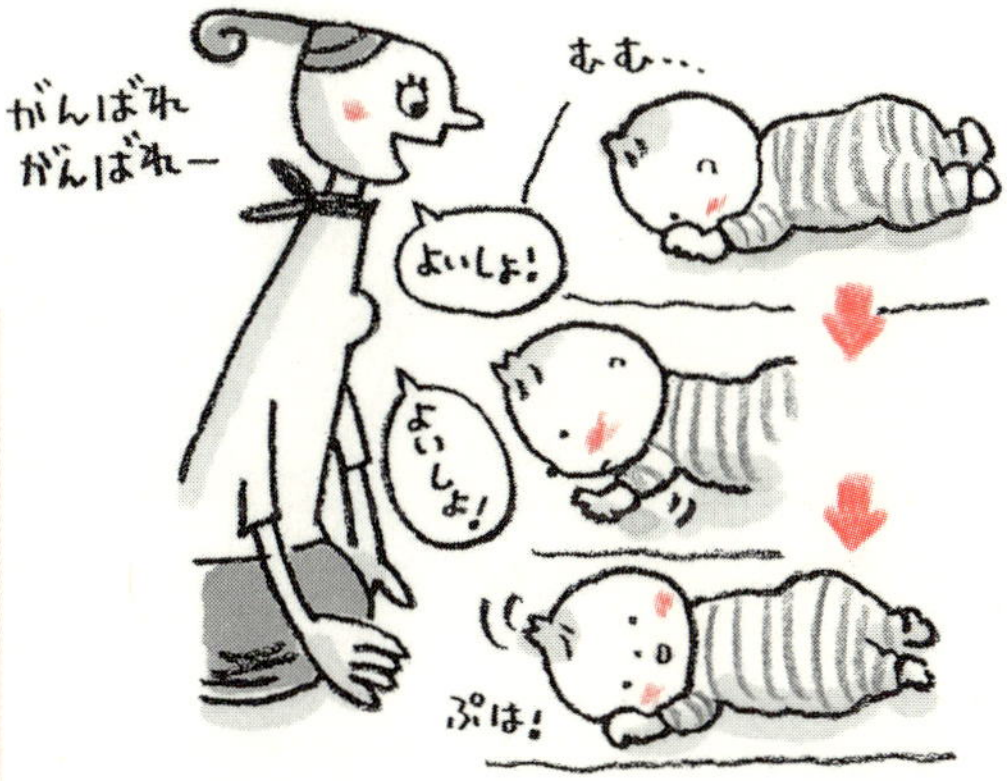

ふかふかの布団は窒息の原因にもなるので禁物。床に毛布1～2枚を敷いた上で行いましょう。

うつぶせで首を動かすことで、首の後ろや肩の筋肉が動き始め、首を持ち上げたり、首すわりへとつながります。首すわりが遅めの赤ちゃんにも試してほしい遊びです。

せっせっせっ

赤ちゃんの手を握って、「せっせっせーのよいよいよい」などと声をかけながら、手を左右に揺らします。

調子のよいリズムを聞いて、心地よい気分になります。肩や首などのからだ全体が動かされると同時に、「握られる」感覚が将来、物を「さわり分ける」機能の発達につながります。

お話 なあに?

きげんがよいときに赤ちゃんが「アー、クー」などの声を出すようになったら、「アークーなの」とまねして返します。

返ってきた声を聞いて、改めて自分がどんな声を出しているのかがわかります。声を出すと反応が返ってくることが、人への興味を育て、コミュニケーションを進めます。

さわって　リンリン

赤ちゃんが腕をばたばたしたときに手が触れる範囲で、ベッドサイドなどに、さわると音が出る鈴などをつるします。

←リボン

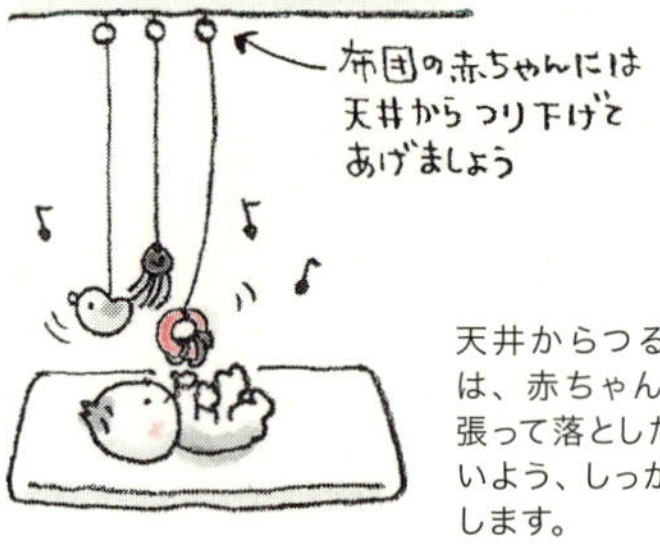
布団の赤ちゃんには
天井からつり下げて
あげましょう

天井からつるすときは、赤ちゃんが引っ張って落としたりしないよう、しっかり固定します。

リンリン♪って
なったねー

布製のガラガラなどをリボンに通して、ベッドサイドに渡します。

音が聞こえるときと聞こえないときとの違いに気づきます。自分の手足が動いた拍子に音が出てびっくりしますが、これが腕や手の動きに気づくことへとつながります。

この時期におすすめのおもちゃ

- 振るときれいな音がするガラガラ
- 色のコントラストがはっきりしているモビール
- ゆっくり回ってきれいな音楽が鳴るメリー（きれいな音だと、その音について、語りかけることができます）
- ベッドサイドなどに渡せる、さわって音の鳴る物がついたチェーン状のおもちゃ
- ねんねの姿勢で、手が届く位置におもちゃがぶらさがっているベビージム

「0歳からの絵本」については364ページをご覧ください

♪カチャ
カチャ♪

2か月〜3か月

この笑顔に会いたくて

ごきげんなおった？　もう泣いていない？　のぞきこんだら、あら、笑った！　この前までは「うふふ」程度、それが「わ〜い！」くらいの大きな笑顔。「ママありがとう、またお願い、ニコッ」。お母さんやっていてよかったな。

2か月～3か月

からだの発達

赤ちゃんは、生後3か月目になっても、「目立たない2か月目」から続く体重倍増計画で、ぐんぐん体重を増やしています。2か月末の体重倍増計画終了時には、生まれたときの体重の約2倍、6kg近くになっています。でも、すでにこのころからひとりひとりの個性が出始め、食欲の差にも表れてきます。

倍増計画を早く完了しようと、あっという間に計画を達成してしまう赤ちゃんもいれば、そうやすやすとスローガンにだまされないぞ、と自分のペースで母乳やミルクを飲む赤ちゃんもいます。はやばやと8kg近い体重をクリアする赤ちゃんがいるかと思えば、お母さんやお父さんの腕に負担をかけないように、5kgくらいでのんびりとしている赤ちゃんもいます。健診に行って、わが子より大きな赤ちゃんを見てしょげてしまう親もいますが、大きいことがよいことではないのです。生まれたときに小さい赤ちゃんは、当然そのぶん、この時期も小さいのがふつうです。

栄養分・水分摂取は、すべて母乳やミルクから

8kg近くまで育った大きな赤ちゃんも、親思いの小さな赤ちゃんも、その体重の増加分はすべて母乳やミルクからもらっています。私たち大人のからだはこれ以上成長しませんから、食べ物から取る栄養は、体温維持や心臓や筋肉、脳を働かせるエネルギーを満たしていれば十分です。それどころかそれ以上取ると、ぜい肉となってしまいます。

ところが赤ちゃんは、からだや臓器を維持するための栄養分だけでは足りません。なにしろからだや臓器を建築中、あるいは増築中なのですから、からだをつくり上げるためのプラスアルファの栄養素やエネルギーが必要なのです。そしてそういった栄養素や水分のすべてを母乳やミルクから手に入れているのです。

3か月目の赤ちゃんに必要なエネルギー（カロリー）は、体重1kgあたり120キロカロリーと、人生のなかでいちばん多いのもうなずけます。「え、たった120キロカロリー？」と思われるかもしれません。でもこれは、体重1kgあたりなのです。もし体重が60kgの大人が3か月目の赤ちゃんと同じカロリーを取るとすると、1日に7200キロカ

ロリーになってしまいます。これは、成人女性の必要カロリーの3倍強です。

臓器をつくるたんぱく質、脳をつくる脂質

カロリーだけでは十分ではありません。赤ちゃんが一生にわたって使っていかなければならない脳や筋肉、骨といった重要な臓器や器官の栄養も、母乳やミルクの中から取り入れなければならないのです。こうした重要な臓器をつくり上げる成分の中心は、なんといってもたんぱく質です。3か月目の赤ちゃんは体重1kgあたり2・4gものたんぱく質を取らなければなりません。これも、成人女性と比較すると体重あたりでは2倍くらいになります。

このころの赤ちゃんは、からだや臓器を建築中。一生のうちで必要カロリーがいちばん多いときです。

「脳」の発達

生まれたばかりの赤ちゃんの脳の重さは400gあります。大人の脳の重さは1200〜1400gですから、3分の1しかありません。でも体重は、赤ちゃんは大人の15〜20分の1ですから、からだ全体に占める脳の割合は、赤ちゃんは大人の5〜6倍もあることになります。取り入れた栄養素のうち、脳に回される部分が赤ちゃんの場合は大人よりもずっと多いことがわかります。

赤ちゃんの脳は、ただ大きさが大きくなって大人並みになるわけではありません。神経細胞が突起を伸ばして枝分かれし、ほかの神経細胞と結びつくことが必要です。また、電気的な信号が突起（神経線維）を高速度で伝わるためにミエリンとよばれる脂質（脂肪）で覆われる必要があります。また神経細胞同士で電気的な刺激を伝えるために、神経伝達物質といわれる物質がたくさんつくられます。

このように、赤ちゃん時代の脳が健やかに発達するためには、バランスの取れた栄養と、良質の生育環境が必要なのです。（榊原洋一）

また、脳の重要な成分である脂質も欠かせません。成人女性では、食事のカロリーに占める適正な脂質は20〜25%です。ダイエット中の大人は、脂質を抑えた食事を取ります。一方、赤ちゃんでは、45%が適正であるとされています。私たち大人が、母乳やミルクだけで赤ちゃん並みに栄養を取ったら、大人のふつうの食事に比べてカロリーで3倍、脂質の比率で2倍にもなるのです。3か月で体重が2倍とはいかなくても、赤ちゃんのような体形になることは請け合いなのです。

お世話する一方だった子育てに、ごほうびが……。赤ちゃんのすばらしい笑顔に「うちの子は世界一」と思わずにはいられません。

母乳はスーパー食品だが、ミルクでも安心

このように母乳は、からだを建築中の赤ちゃんに必要な栄養素がバランスよく含まれたスーパー食品です。昔は、いろいろな理由でお母さんの母乳が出ないと、一大事でした。ヤギ乳や牛乳をあげたり、おかゆなどをあげたりしていましたが、ヤギやウシと人間の赤ちゃんは違います。そのために重い栄養障害になったり、へたをすると命取りになったのです。いまは粉ミルクがたやすく手にはいる時代です。現在市販されているミルクは、長年の研究と努力で母乳に成分を近づけてあります。そのために、母乳が出なかったり、なんらかの理由で母乳があげられなくても、ふつうに赤ちゃんを育てることができます。

自然が用意してくれた母乳をできるだけあげたいものですが、母乳が出なかったり不足気味のお母さんも、安心してミルクで育ててください。

感情が発達し、よく笑い、よく泣く

親は、このころになると子育てに少し慣れてきます。赤ちゃんもずっとうまく母乳やミルクが飲めるようになり、初めての子育てに臨む緊張も少しずつほぐれ、自信が出てきます。そしてうれしいことに、世話をする一方だった子育てに、ごほうびが出始めます。そうです、あやしてあげたり、からだをくすぐったりしてあげると、赤ちゃんがすばらしい笑顔で応《こた》えてくれるのです〈「社会的笑い」→242ページ〉。赤ちゃん

も、この世界で生きていくことに自信がついてくるのでしょう。これには、どんなに気むずかしい人でもひとたまりもありません。「うちの子は、なんてかわいいんだ」「世界一だ」と、世界中の親が信じ始めるのもこのころです。

ところが、うまい話には裏があるのです。赤ちゃんが笑うということは、赤ちゃんの感情が発達してきたあかしです。そして、感情には当然、起伏があります。よく笑うということは、よく泣くということでもあるのです。

日本人に少ないコリック

このころの赤ちゃんのなかには、夕方になると、おなかでも痛いのかと思いたくなるような苦しそうな声で、足を折り曲げて泣く子がいます。いわゆるコリック（臍疝痛《さいせんつう》ともいいます）です。欧米の赤ちゃんの調査では3人にひとりは経験するといわれています。腸内にガスがたまって苦しいのではないかといわれていますが、ほんとうのところはよくわかりません。整腸薬を飲ませたらあまり泣かなくなったとか、抱き上げてあげるとよい、ともいわれます。コリックは欧米のどの医学書にも書いてありますが、日本では悩んでいる親は少ないようなのです。そこで、日本でもコリックがあるのかどうか、調査が行われたことがありました。すると、欧米ほどではありませんが、子どもが長く泣く（1日3時間以上、週に3日以上）時期が、生後1～3か月ころに見られることがわかりました。この時期の育児相談で、赤ちゃんの泣きに悩んでいる母親がそれほど多くないのは、赤ちゃんは泣くものだという暗黙の了解があるため、あまり気にならないのかもしれません。あるいは里帰り出産などで、周囲に育児の援助者がいることが関係しているのかもしれません。アメリカの調査結果でも、シングルペアレント（ひとり親家庭）の母親のほうが、赤ちゃんのコリックで悩むことが多いことがわかっています。

お隣の韓国でも、コリックが存在するかどうかの調査が行われましたが、韓国にはないという驚くべき結果が出ました。コリックはもしかすると、子育ての習慣によって見られる文化的な現象なのかもしれません。

ともあれ、3か月目の赤ちゃんの泣き声は、体重が増加したことに伴い、大きな耳障りなものになっています。こころをとろけさせるような笑い顔も、親に泣き声を我慢してもらうための自然のからくりなのかもしれません。

（榊原）

このころ気になる症状と病気

心雑音〈↓236ページ〉
便秘〈↓258・737ページ〉
乳幼児突然死症候群（SIDS）〈↓296ページ〉
リンパ節がはれた〈↓738ページ〉
幽門狭窄《きょうさく》症〈↓755ページ〉

2か月〜3か月

ことばの発達

早い赤ちゃんでは、この時期、だんだん夜にまとめて眠ってくれるようになりますが、一方、まだまだ細切れにしか眠ってくれない赤ちゃんもいます。そういうときは、目覚めているときに抱き上げてあやしたり語りかけたりしてかかわりを増やす、夜は部屋を暗くして静かにする、といったことを試してみましょう。それでもやっぱりよく寝てくれないとしたら、あきらめたほうがよいでしょう。それは子どもの生理的な「たち」だからです。お母さんお父さんに耐える力、待つ力を育ててくれているのだと前向きに考えてみましょう。

喉《のど》の構造が変化、唇や舌の働きも進化

さて、2か月ころになると、きげんよく目覚めているとき、つまり、おなかがいっぱいで、おむつもぬれていない、暑すぎも寒すぎもせず、衣服がきつかったりもしないときに、いままでの叫びのような泣き声とは明らかに違う声を出すことがあります。子音を含んでいて「ウックンウックン」とか「ウグウグ」と聞こえるような「クーイング」〈↓198ページ〉や、「アー」とか「オー」と聞こえる母音に近い音です。

これは、赤ちゃんが着々と進歩・成長しているしるしです。すべての地球上の生物は、38億年の昔に海の中で生まれた生命に源を発し、少しずつ進化を続けて今日の姿になりました。「個体発生は系統発生を繰り返す」といわれますが、ひとりの赤ちゃんのなかでもその進化の歴史が実際に起きているのです。

ひとつは「喉」の構造が、イヌやサルに近い形から、人間の大人に近い形に変化してきて、意図的な声が出しやすくなってきていること、もうひとつは、ことばを話すことにかかわる脳の働きや、それと連動する唇や舌の働きが、より進化した、人類特有のものに整えられつつあるということです。

泣き声の音の高さに幅が出る

泣き声にも変化が表れてきます。

生まれたばかりの赤ちゃんは、万国共通で、男女を問わず400〜500ヘルツの間のかん高い声で泣きます。ヘルツ(Hz)は音の高さを表す単位で、ピアノの真ん中の「ラ」の音が440ヘルツです。時報の「ピッピッピッ・ポーン」の

低いほう（ピッピッピッの音）はだいたい「ラ」の周辺の高さの音です。

ところが、生後1か月から2か月ころになると、泣き声の音の高さは200～400ヘルツと幅が出てきます。

これは、からだが大きくなるにつれて首も太くなり、首（喉）にセットされている声帯のサイズも大きくなることとも関係がありそうです。サイズの小さなウクレレに比べて、大きなギターのほうが音域が広いことと、ちょっと似ています。

肺活量が増え、泣き方にも余裕が

泣き声だけでなく、泣き方にも変化が見られます。新生児は、1秒に1回の割合で規則的に泣き、声を出している時間とお休み時間（息を吸っている時間）が2対1の割合です。ところが2か月ころになると2～3秒続けて声を出せるようになります。「オギャー、オギャー、オギャー」とせわしく泣いていたのが、「オギャーーー、オギャーーー、オギャーーー」と余裕が出てきます。これは、からだの成長とともに肺が大きくなり、肺活量が増し、一度にまとめてたくさんの息を吸ったり吐いたりできるようになるためです。

あなたの赤ちゃんのこういう変化は、同じ時期に出産した「お産仲間」の家でも、また地球の裏側の赤ちゃんの家でも、ほぼ共通して起きています。赤ちゃんは、人類共通の遺伝子が命じる工程表に従って淡々と、着実に、歩み続けているからです。

世話をしてもらってさえいれば、赤ちゃんはみずから成長を続けてくれます。〝百点満点育児〟をめざすあまり、一生懸命になりすぎないで。赤ちゃんの底力を信頼しましょう。

音を「聴く」ことに注意を向け始める

さて、聴く力も、注意を向ける力も進歩を続けています。

赤ちゃんがベッドの中できげんよく手足をばたばた動かして遊んでいるとき、ほかの人に何か音を立ててもらってください。音がすると、ぴたっと手足の動きが止まり、しばらくすると、またばたばた遊びが始まります。動きが止まって静

きげんよく手足をばたばたさせている赤ちゃんは、音がすると、ぴたっと動きが止まります。音を「聴いている」のです。

かになるのは、聞こえた音を電気信号に変えて脳に送りこみ、確認する作業をするためだと考えられます。「音が聞こえている」だけではなく、「音を聴いている」証拠です。

この時期の赤ちゃんは、音を処理する脳の能力がまだ限られているので、一日中絶え間なく音が聞こえている状況は避けたいものです。テレビやビデオや音楽のかけっ放しはやめて、音のｏｎとｏｆｆのめりはりをつけた暮らしをこころがけましょう。

「刺激が多いほうがことばが伸びるのではないか」と思うお母さんお父さんも多いのですが、何十年も前、テレビもラジオもない時代に、山奥の一軒家で育った人でも、何不自由なくことばを使える大人になったのです。コミュニケーションやことばの発達にとっては「適切な刺激」が大事なのであって、量的に多すぎる刺激はかえって害になりかねません。気をつけましょう。

司令塔・脳の働きはどんどん高度に

さて、ここまでお話ししてきたこと、つまり、呼吸に関連する胸やおなかの筋肉などを調整したり、声帯を動かすように命令して声を出したり、音を聴いて処理したり、これらすべての働きを最終的に調整している司令塔が「脳」です。生まれたばかりの赤ちゃんが、2か月たって、こんなにいろいろ変化してきたというのは、それだけ脳の働きが高度になってきている、ということの表れでもあります。（中川）

2か月〜3か月

こころの発達

この時期になるとお母さんは、ぼくのことをだいぶしっかりしてきたと思えるんじゃないかな。夜も長い時間眠れるようになってきたしね。お母さんも、ぼくの抱き方もおっぱいの飲ませ方もうまくなってきた。

ぼくもようやく、この世に生まれてきたんだという感じをもてるようになってきた。まわりのことが少しずつわかり始めて、この世界に安心感をもてるようになったからじゃないかな。

お母さんが話しかけてくれると、なんだかうれしくなって、つい声が出てしまう。不思議だよね、何か〝音〟を出したくなってしまうんだ。少しずつ出し方がわかって、自然に出るようになったんだ。

赤ちゃんにほほえみが生まれ、
それを見てまわりの人が喜び、
"つながり"ができ始めます。

ぼくが声を出すと、お母さんやお父さんは大声をあげて喜んでくれる。それで、「ぼくが声を出す」「お母さんたちが喜ぶ」という、リズムみたいなものがぼくの身についてきたのだと思う。

ぼくのうれしい表情を、大人は「ほほえみ」とよぶみたい。うれしいとどうしてほほえむのか、それはぼくにもわからない。ぼくのなかで〝うれしい〟という感情がわくと、顔の筋肉が信号を受け取って変化する。それをほほえんでいるっていっているんじゃないかな。自然にそうなっちゃうんだ。

ぼくがほほえんだときの、お母さんやおばあちゃんの喜びようといったら、すごい。気持ちがいいから自然にそういう表情をしているんだけど、ほほえんだ途端に、お母さんたちはうるさいくらいはしゃぐんだから。ぼくには、お母さんたちが喜んでいるのは、自分がほほえんだからだ、ということはわからない。でも、そのときのお母さんの声や表情が、ぼくはうれしいんだ。悪い気はしないよ。

この様子をはたから見たら、〝ぼくのほほえみ→お母さんの笑顔→ぼくの喜びとほほえみ〟という関係ができたように見えるかもしれない。でも、正直いって、そんなはっきりしたものじゃない。つながりができ始めた、という程度かな。それに、お母さんたちとのほほえみの交流といっても、まだまだ短時間。ぼくはまだ、ひとつのことに集中できるほど、意識がはっきりしているわけじゃないんだ。

だけど、ぼくは自分の声を聞くことができるから、これは赤ちゃんは立派に“お話”しています。お母さんたちのリズムのまねをして、声のようなものを出しているのです。

ぼくの声だって少しわかってきたんだ。コミュニケーションも、だいぶうまくできるようになってきた気がする。

でも、たいていの場合お母さんたちは、ぼくが「お話」をしていることに気づいてくれないみたい。この前、いとこのAちゃんが来たんだけど、ぼくの顔のそばに耳をもってきて「話」を聞いてくれたよ。Aちゃんが、ぼくがなんか「話して」いるってお母さんに言ったのに、お母さんたら笑っているだけだった。ぼくは、ことばなんか全然まだわからないけど、気分のいいときはお母さんたちのリズムをまねして、喉《のど》から声らしいものを出すんだよ。今度聞いてね。

ぼくの目も、よく見てほしいんだ。目の動きが、ずいぶんスムーズになってきたでしょう。ゆっくりだったら、動く物を目で追いかけることもできるようになってきた。だいぶ首がしっかりしてきたから、首の動きと合わせて追いかけることができるんだ。そうなると、まわりの物をもっと見たくなる。いままで気がつかなかった物まで、気がつくようになってきた。

お父さんが指をぼくの前に差し出したから、なんだろうと思って反射的につかんでみた。ぼくもちょっとだけ器用になったから、お父さんの指くらいの太さの物なら、手に持たせてくれたら握れるんだ。ガラガラなんかも好きだよ。でもすぐあきちゃうけどね。

いまはまだ、ぼくの注意がそんなに長く続かないことを、よく知っていてほしいんだ。同じ物をじっと見続けることなんて、まだできない。そういうことは、大きくなった人間が何かに関心をもつからできるんで、このころのぼくらは、見えているほとんどの物が何であるかわからないんだ。だからすぐに気が移る。それに、しばらくすると疲れて眠たくなる。

でも起きている間は、いろいろな物に関心をもてるようになったことが、自分でもうれしいね。生きているのが、おもしろくなってきた感じだもの。

気が移りやすいからって、だめだと思わないでね。それがいまのぼくらなんだ。ぼくらが興味をもった物を一緒に見てくれて、ことばをかけてくれると、すごくうれしいよ。

＊　＊

声や音のするほうに顔を向けるようになり、こちらの働きかけに、短時間ですが反応するようになってきます。応答的な反応が少しできるようになって、育っているなと感じさせてくれるのです。

周囲の物へ興味が広がっていく

３か月ころになると、視力や聴力がしっかりしてきて、それらを頭の中で統合する力も少しずつついてくるため、それまでよりも注意を向けるさまがはっきりしてくるのがわかります。

当然、親にとってかわいさが増してきます。赤ちゃんのこころのなかに、それに応じて周囲の物に対する興味が広がっていくのが確認できます。外に連れ出すと、周囲の物に目を光らせているように感じることがあります。珍しくてしかたがないのでしょう。できたら赤ちゃんが興味をもっている物を察して、「あれは、○○よ」と、ことばで確認してあげるとよいですね〈↓274ページ〉。赤ちゃんは親が見ているほうを見るとはかぎりませんが、親のほうを見ることができるようになってきます。赤ちゃんの興味に気づいて確認してあげているうちに、コミュニケーションの力が身についていくのです。

（汐見）

外に連れて行くと、周囲の物が珍しくてしかたないというように、注意を向けるようになります。「あれは○○ね」と語りかけましょう。

育ちのようす

抱っこに授乳におむつ交換で明け暮れた赤ちゃんとの生活に少しリズムが出来てきます。このころは人生のなかでもいちばん体重が増える時期、2か月末には生まれたときの2倍くらいの重さになります。母乳やミルクをよく飲む赤ちゃんならさらに重くなるでしょうし、小食の赤ちゃんでも抱いた感じがしっかりとしてくるでしょう。寝返りもまだなので、扱いやすい時期といえるかもしれません。とはいえ、赤ちゃんは相変わらず、飲んだり寝たり、泣いたりしながら、からだづくりを続けています。

　からだが大きくなるにつれ胃も大きくなるので、おっぱいをたっぷり飲んでいれば授乳間隔があき、まとめて寝る時間も少し長くなります。睡眠は2～3時間ずつの細切れで、1日の合計が15～16時間くらい。なかには朝まで起きない赤ちゃんもいるようですが、たいていの子は、まだひと晩じゅうずっとは眠らないでしょう。おなかがすいたから泣く、昼間より室内が暗いので泣く。けれども、そんな状態も次第に、おっぱいを飲んだらすぐ寝る、というパターンに変化していくでしょう。

　このころ赤ちゃんの泣きは、それほど頑固ではありません。いくらなだめても泣きやまない、頑固な夜泣きのピークは8～10か月。そのころはより複雑な感情が育ち、さびしいな、そばにいてほしいな、そっちのほうがいいなといった、自己主張が出てくるからです。いまはまだ、おなかがすいた、痛いよ、不快なの、眠いよ、といった単純な理由[★1]で泣いています。

　この時期、あやしても長時間泣いているとしたら、からだのどこかが痛い、気持ちが悪いなど、生理的な不調が起きている可能性も考慮しましょう。

見え方や聞こえ方はゆっくりレベルアップ

追視がじょうずになります。これは、真正面しか見ることができなかった網膜が発達し、少しずつ視野が広がり、赤ちゃんの好奇心も育ってきたためです。2か月の半ばには、視野の端まで目で物を追うようになるでしょう。

　赤ちゃんは人の目元や口元をよく見ていて、特に目に対して強い反応を見せるといわれます。ですから、視線を合わせながらの語りかけは、赤ちゃんにとってインパクトがあること。優しく見つめながら声をかけてあげましょう。

　そして、自分のまわりを見渡せるようになるのは3か月くらいから。いまはまだ遠近感もありません。もう少し月齢が進むと、遠くにある物にも届くと思って

★1――「泣き」の理由は不安感や不快感ばかりではありません。全身運動のひとつでもあり、泣くことで脳の神経も刺激されるので、あまり神経質にならずに対応しましょう。

手を伸ばしたりしますが、距離感はこれから遊びのなかで自然と身についていきます。また、人が見ている物を一緒に見るようになる「共同注意」〈↓406・411ページ〉ができるのは、8〜10か月になってからです。

音の聞こえ方も、大人とは違います。音が神経を伝わって脳に達するスピードを調べてみると、大人で秒速50〜60m。対して、生まれたばかりの赤ちゃんでは秒速20mと、ゆっくり。大人の約3分の1のスピードでしか、脳に伝わっていないのです。ことばや音を細かく聞き分ける能力は、これから学習していきます。音の伝わるスピードが大人と同じレベルになるのは、4歳ぐらいだといわれています。

手を見ていたら、からだ発見の第一歩

この時期は、生まれながらの反射運動が薄れていき、自分のしたいようにからだを動かす随意運動が現れてくるころです。ハンドリガード〈↓252ページ〉とよばれる、自分の手を見つめる行動もそのひとつ。これはなんだろう、なんで動くんだろう、最初は自分の手とはわからない。けれども感覚と動きから、こうすると動く、ということが、だんだんわかっていきます。赤ちゃんが自分のからだを知り、自分で動かせることを発見する第一歩ともいえるでしょう。

早い子では、2か月でも手を見つめることがあるようです。ただし、いつも見ているというわけではなく、

お父さんへ

うんちおむつに挑戦

「おむつ交換は得意」というお父さんが増えてきましたが、「うんちはなぁ」としりごみする人も、まだ多いようです。敬遠する理由は、におい。もちろん「赤ちゃんのうんちはいいにおい」と感じられたらすごい。でも、正直に言って、確かにくさいときもあります。おむつを開いた瞬間に思わずあとずさりしたくなったりするかもしれません。ふいているうちにうんちが爪《つめ》の間にはいったりすることもあります。それでも、ぜひうんちおむつに挑戦してほしいのです。赤ちゃんには、手の大きさや感触、「お母さんとやり方が違うぞ」という感じが伝わります。それも大切な、からだとの対話。成長してから効いてきます。うんちおむつ替えは父と子の関係づくりの根っこになります。だから、すすんで引き受けましょう。赤ちゃんは「なんだ、へただな」と思うかもしれませんが、お父さんにうんちを取ってもらったことをからだがきっと覚えているはずです。

たまたま調子がよいときに見た、というくらい。どうしても見たくて、そうしているわけではありません。ハンドリガードがはっきりしてくるのは、3〜4か月ころになるでしょう。

声を出したり、にっこりしたり

「ア、ア」と赤ちゃんが喉《のど》だけを使って出す声をクーイング〈→198ページ〉といいます。喃語《なんご》の一種で、何も応《こた》えないでいると、わりと長い間、声を出し続けているようです。「声をかけてね、かまってね」と催促しているようにも思えますが、なぜクーイングをするのかは、わかっていません。自分の声を聞いているのかもしれません。というのも、手を見て「自分のからだだ、動かせる」と認識していくハンドリガードと同じように、発声の際の喉の感覚から「自分の声だ、声が出せる」と確認しているようにも見えるからです。

さらに、だれかが声をかけることでクーイングがやむことから、声を出すと何かが起こる、だれかが来てくれるという、因果関係を学んでいるようにも思えます。ただ、このころの喃語はクーイングだけ。唇や舌を使って「ババ」「ダダ」「ママ」などと発音するバブリングは出ません。哺乳《ほにゅう》のために必要となる口の動きが、ようやくできるようになってきた段階だからです。喉や口の構造は、大人のように複雑な声を出せるところまで発達していないのです。

また、新生児のころのあいまいな笑いとは違う、ほほえみ（社会的な笑い）〈→242ページ〉が出るように

心雑音

心臓の上に聴診器をあてたときに、正常な音以外のものが聞こえることを「心雑音」といいます。「赤ちゃんに心雑音がある」といわれることはわりあい多いものです。お母さんは心臓の異常を疑って心配になりますが、心雑音は心臓が正常な子どもの約半数にあるといわれます。これは機能性心雑音とよばれ、特に問題はありません。

先天的な心疾患があるケースは非常にまれですが、心雑音から発見される先天性心疾患の代表が「心室中隔《しんしつちゅうかく》欠損症《けつそんしょう》」〈→781ページ〉と「心房中隔欠損症」です。簡単にいうと、心臓の壁に生まれつき穴が空いていて、この穴を通じて左右の心室の血液が混ざってしまう病気です。重症であれば手術をしますが、穴が小さい場合は数年のうちに自然にふさがることも多く、しばらく様子をみます。

なります。あやしたり、目を合わせて語りかけたりすると、にっこりすることがあるでしょう。感情が育ってきている証拠です。泣かれて苦労する場面も多いでしょうが、赤ちゃんと過ごすひとときがこれまで以上に楽しみになっていきます。

赤ちゃんが吐いたら

赤ちゃんは、ちょっとしたことでよく吐きます。母乳やミルクを飲みすぎたり、姿勢を変えたときに吐いたりしますが、赤ちゃんはまだ胃の入り口の締まりが不十分なので、胃の中のものが逆流しやすいのです。

母乳やミルクを飲んだあとに口の端からだらだらと流れるように吐くのは溢乳《いつにゅう》〈↓144・155ページ〉です。授乳後のげっぷとともに、飲んだものをかなりの量、吐いてしまうこともあります。いずれの場合も、吐いてもきげんがよく、元気があり、食欲も落ちず、体重の増え方も順調ならまったく心配いりません。

嘔吐《おうと》と下痢《げり》を繰り返すときは、感染力の強いロタウイルスなどによる乳幼児嘔吐下痢症〈↓753ページ〉の可能性もありますので、受診しましょう。冬から春先に流行します。

快い刺激をあげよう

皮膚は、いわば自分とまわりの世界とを区別する境界線。赤ちゃんは、お母さんやお父さんになでられたり、さわられたりすることで、自分のからだの境界線を知覚し、全身のイメージ（ボディ・イメージ）をつかんでいきます〈↓397・582ページ〉。

お風呂あがりや着替えのとき、かぜをひかさないようにと手早く脱ぎ着させているかもしれませんが、室温がさほど低くなければ、赤ちゃんを裸にしたままタッチケア★2をしましょう。

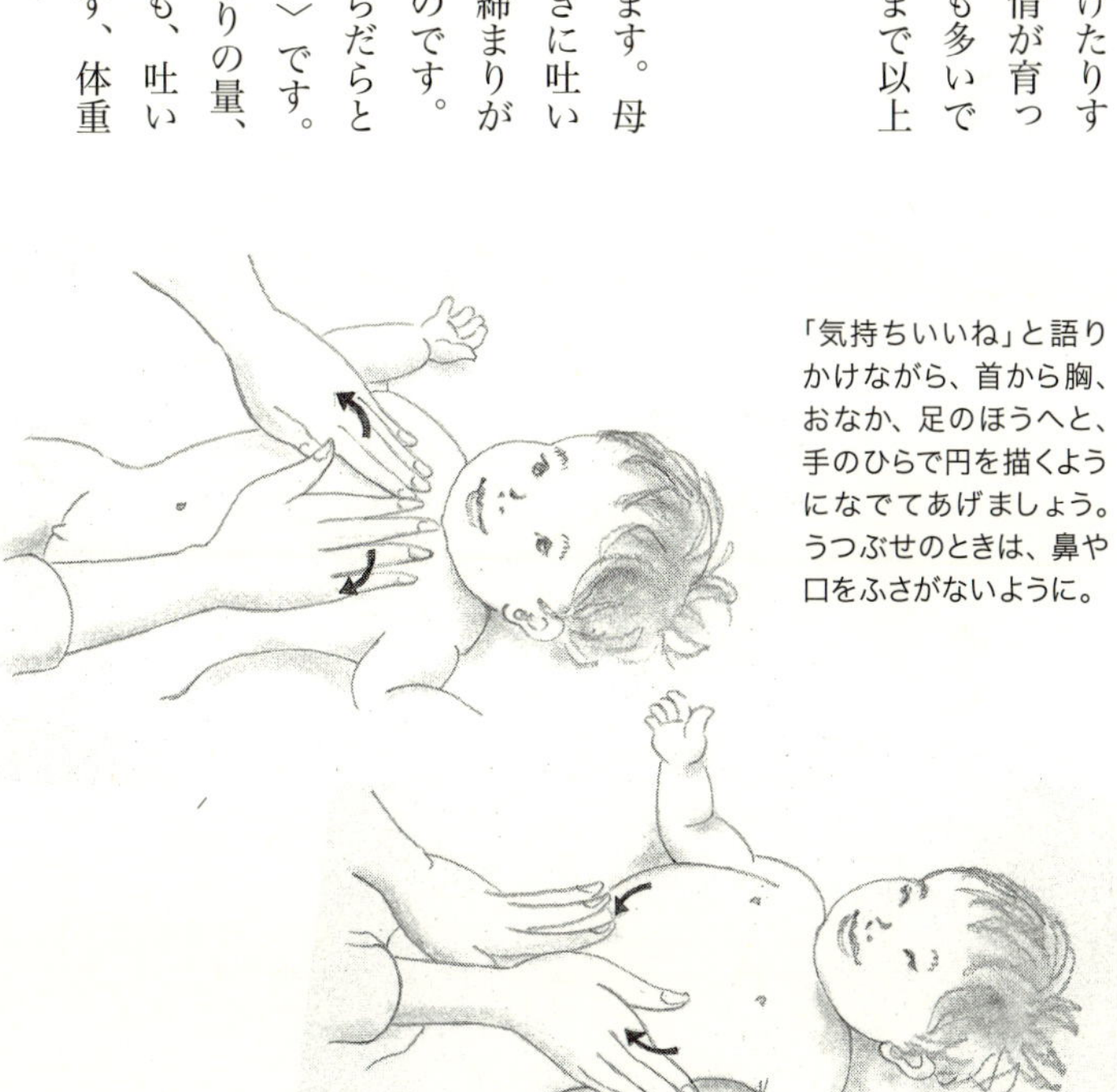

「気持ちいいね」と語りかけながら、首から胸、おなか、足のほうへと、手のひらで円を描くようになでてあげましょう。うつぶせのときは、鼻や口をふさがないように。

★2――タッチケアのお手本は、タッチセラピーという医療行為。親子が肌で触れ合うことで癒（いや）し合い、触覚刺激を与えることで五感の発達を促す作用があるといわれています。

「いい子、いい子」と頭をなでて、「くすぐったいね、気持ちいいね」などと声をかけながら、首から胸、おなか、足のほうへと、手のひらで円を描くようになでていきます。さらに思い切ってうつぶせにし、赤ちゃんの鼻や口が布団でふさがれていないことを確認してから、肩から下へと、マッサージするようになでてみてください。意外なところにほくろを見つけたり、あせもを発見したり、赤ちゃんが思わずにこっとする感じやすい部分、かゆいのか痛いのか赤ちゃんが不快に感じている部分がわかるかもしれません。なでるだけでなく、音楽をかけてリズムをとりながら手足を動かすとか、くすぐったりしてもよいでしょう。赤ちゃんが喜んでいるのなら、どんなやり方でもよいのです。ひとときの触れ合いを楽しんでください。

ただし、タッチケアだからといって、デリケートな赤ちゃんの肌に自己流でアロマオイル[★3]を使用するのはお勧めしません。肌にトラブルがない赤ちゃんなら、ベビーローションやベビーオイルを塗りながらなでてもよいでしょう。お母さんの爪《つめ》は短くしておきます。

タッチケアは、皮膚から取り入れる刺激のひとつです。触覚入力ともよばれる皮膚からはいった刺激は、脳に伝わります。とはいえ、それほど難しく考えずに遊びのひとつとして、お風呂あがりやおむつ交換、着替えのときなど、時間があれば試してみてください〈↓216ページ〉。

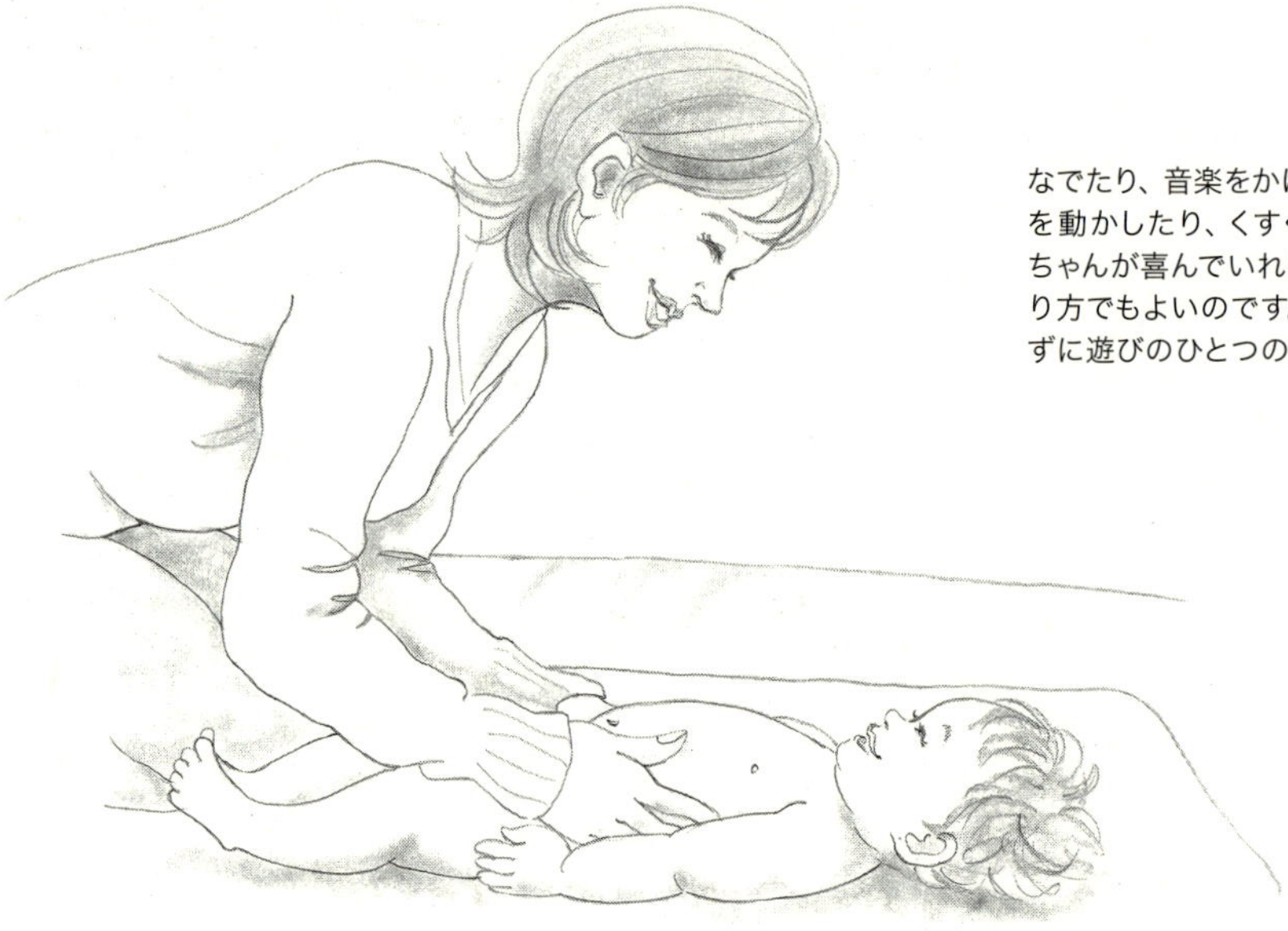

なでたり、音楽をかけながら手足を動かしたり、くすぐったり。赤ちゃんが喜んでいれば、どんなやり方でもよいのです。難しく考えずに遊びのひとつのつもりで。

★3——アロマオイルは使わなくてもよいものですが、どうしても使ってみたいなら、無添加の植物性オイルで、赤ちゃん用にブレンドされたものにしましょう。初めて使うときには、赤ちゃんのひざの裏に少しだけつけて、5分ぐらい様子をみてからにします。

気がかりなこと

Q ベビーマッサージをするとき、指輪ははずすべきでしょうか。

A 指輪や腕時計ははずして。爪も短めにするようこころがけましょう。

マッサージをする手が赤ちゃんの肌に密着するので、たとえ少しでも、異物は不快になります。デリケートな肌を傷つけるのを防ぐためにも、ばんそうこうや指輪、腕時計などははずしてマッサージしましょう。はずしたあとは、万が一の誤飲を防ぐためにも、すぐに赤ちゃんの手の届かない所に保管します。また、お母さんの爪が伸びていると、赤ちゃんのやわらかい肌を傷つけることがあります。赤ちゃんの素肌に触れることが多いいまの時期には、いつもより短めに切っておくようにしましょう。

Q 鼻がつまっていて苦しそうです。吸い取ってあげたほうがよいのでしょうか。

A 授乳のときに苦しそうなら、取ってあげましょう。やりすぎにも注意してください。

赤ちゃんの鼻腔《びくう》はまだ狭いので、よく鼻づまりを起こします。授乳に影響がなければそのままでだいじょうぶですが、苦しそうで授乳もままならないようなら、市販の鼻水吸い器などで吸ってあげましょう〈↓345ページ〉。でも完全にきれいにしようと思ってはいけません。繰り返し強く吸うと、鼻粘膜が刺激されて、さらに鼻水の分泌が多くなってしまいます。

Q いわゆる「赤ちゃんことば」は、話すのが気恥ずかしいのですが……。

A 無理して使う必要はありません。自然に語りかけましょう。

赤ちゃんに語りかけることばはなんでもよいのです。無理せず自然がいちばん。でも、赤ちゃんことばは聞き取りやすくて言いやすく、ことばの発達を促すにはお勧めです〈↓452・505ページ〉。また、なぜか赤ちゃんを見ると、多くの人が自然に声のトーンが高くなり、ゆっくり語りかけることが多くなります。赤ちゃんもそういう声を好むようです。これを「マザリーズ」とよびます〈↓178ページ〉。ただし、この話し方でなければいけないというわけではありません。赤ちゃんの表情を見ながら、目と目を合わせて語りかけてあげてください。

Q 引っ越したら、母子手帳も変わるのですか。また、海外に住む場合はどうしたらよいのでしょう。

A 国内ならそのまま使っていてだいじょうぶ。海外赴任の際は外国語表記のものを入手しておくと安心です。

母子健康手帳は母子保健法に基づき、各自治体ごとに作成・交付されますので、表紙のデザインやサイズ、後半の内容は自治体ごとに若干異なります。しかし、前半の育児の記録部は全国統一の内容を入れるように定められています。多少の表記の違いはあっても内容は変わりませんので、引っ越しても特に変更の必要はありません。海外赴任の場合は、育児の記録部分を翻訳した手帳を入手しておくと安心。詳しくは各自治体か母子保健事業団（電話０３・３４９９・３１２０）へ問い合わせを。英語、ハングル、中国語、タイ語、タガログ語、ポルトガル語、インドネシア語、スペイン語の８か国のものがあります。専門用語がすべて外国語で書かれていて役立ちます。

スモールステップで育っていく赤ちゃん

赤ちゃん退院後

■新生活は、「ふつう」でよい

赤ちゃんの退院おめでとうございます。これからいよいよ、本格的な育児が始まります。今日まで、病院でがんばっていた赤ちゃん、そして病院に通い続けてがんばったお母さんお父さん。これからは、ずっと一緒の生活です。

とはいえ、医師や看護師が常に近くにいる環境にいた赤ちゃんを、これからは家族でみなければならないのです。喜びとともに、不安もいっぱいでしょう。

でも、退院できたということは、「もうふつうに生活できますよ」と、医療スタッフからお墨付きをもらったということです。「赤ちゃん用品の消毒はどの程度すればよいの?」「ほこりがたつといけないし、布団よりベッドにすべき?」「部屋の温度や湿度はどうやって調整したらよいの?」「赤ちゃんに着せる洋服の枚数って、何を目安に決めればよいの?」など、様々なことに対して「だいじょうぶかしら」と不安になるかもしれませんが、基本的な生活や赤ちゃんの世話については、特別に慎重にしなければならないことはありません。気を遣いすぎて、お母さんが疲れてしまうことのないようにしてください。

地域の保健所、保健センターなどには、在宅治療の続く赤ちゃんに対する訪問看護や、お母さんの育児の相談にのってくれる保健師の家庭訪問などの制度もあります。肉親が遠隔地で近くに頼れる人もいない、という場合には、そういうサービスを利用する方法もあります。

■呼吸器系の病気には注意して

赤ちゃんの健康については、これから1年ぐらい、注意深く育てる気持ちでいるとよいでしょう。

小さく生まれたという理由だけで、重《じゅう》篤《とく》な病気になりやすかったり、からだが弱かったり、ということはありません。心配しすぎることはありませんが、退院して数か月は人込みには連れていかないとか、かぜをひいた子どもと一緒にさせない、というぐらいの予防は必要です。

そして、「様子がおかしいな」と思ったら、早めに診察を受けるとよいでしょう。また、家庭内はぜひ禁煙スペースにしてください。

入院中、呼吸管理の期間が長かった赤ちゃんは、特に呼吸器系の病気に注意が必要になります。たとえば、かぜ〈↓747ページ〉をひくと、気管支炎〈↓749ページ〉や肺炎〈↓750ページ〉にかかりやすい、ということがあります。熱がなくても、鼻水やせきが続いて、きげんが悪く笑わなくなり、おっぱい(ミルク)を飲まないようなときには、早めに診察を受けましょう。

また、生まれたときの状態や、その後の入院中の治療の経過によっては、退院後も服薬治療が続いたり、赤ちゃんによっては、呼吸管理(在宅酸素療法など)が必要な場合もあります。そういう赤ちゃんの注意点については、退院時の面談で、納得できるまで、医師に説明してもらいましょう。

生まれたときに、超低出生体重児〈↓786ページ〉だったなど、ハイリスクだった赤ちゃんも、再入院するほどのトラブルは退院後2か月ぐらいまでが多く、そこを乗り切って最初の1年を過ぎると、ほとんどの場合見違えるほど丈夫な子になります。

■お母さんの直感を大切に

赤ちゃんの健康状態や発育については、入院していた病院が、退院後もフォローアップをしてくれると思います。でも、新生児の入院施設が整っているような病院は、「ちょっとかぜ気味かな」くらいで行くには大きすぎたり、遠すぎたりということもあるでしょう。

退院時に、担当医から自宅の近くの小児科医を紹介してもらい、日ごろから気軽に相談にいける「かかりつけのお医者さん」をつくっておくと安心です。

「赤ちゃんの様子の変化にちゃんと気づけるかしら」「病院に行かなければならないタイミングを、自分で判断できるかしら」という不安の声もよく聞きます。でも、いつも赤ちゃんと一緒にいるお母さんの「何かおかしい」という直感は、当たっていることが多いのです。

あえて目安をあげるとすれば、熱が何度以上とか、便の回数が何回以上とか、そういう数値的なものではなく、赤ちゃんのきげんや全身の様子です。呼吸が苦しそうとか、顔色が悪くてつらそうだとか、あやしても笑わずにずっときげんが悪くぐずっているというような場合には、夜間でも、入院していた病院に電話をして様子を伝えて指示を仰ぐか、夜間救急の小児科の当番医（地域の広報紙に載っています）に連れていってください。

■いよいよお父さんの出番

赤ちゃんが退院してくると、お母さんは、わが子と一緒にいられるという喜びとともに、がんばって生きていてくれたこの子をしっかり育てなければ、という責任感を抱えこみます。

退院して数か月は、ちょっとぐずるだけで「具合が悪いのではないか」と心配になり、逆にすやすや寝ていても「息をしているか」と何度も確認する、それほどの緊張感のなかで子育てをしています。

そうやって、身を削るようにして赤ちゃんを育てているお母さんを守るのは、お父さんの役目です。もちろん、毎日仕事に出かけ、一家の家計を支えているのは、大変なこと。でも、どちらが大変か、という比較ほど不毛なことはありません。

家事を手伝うとか、子育てを手伝うという、分担作業的発想ではなく、ぜひ、こんなにかわいい赤ちゃんの成長を見逃さないよう、赤ちゃんとたくさんかかわってあげてください。そして、お母さんが話す赤ちゃんの様子や不安を、しっかり聞いてあげてください。それが、子育ての緊張を分かち合い、お母さんを楽にすること、つまりお母さんを守ることになるのです。

仕事から帰って、くたくたのときもあるでしょう。そんなときは、たったひと言のことばでもよいのです。「お帰りなさい」と言われたら、「ただいま。きみも一日お疲れさま」と。そのひと言で、お母さんはきっと明日も、全身全霊で赤ちゃんを守り育てていけることでしょう。

コミュニケーション

かわいらしい「アーアー」というおしゃべりが、さらにはっきりと声らしい声になってきます。赤ちゃんはどんどんいろいろな音を出そうと試み、お母さんがそれを聞いてはまねして返すことが、引き続き、赤ちゃん相手の楽しい遊びになります。

万国共通の産声から母語へ★1

日本でも中国でもアメリカでも、お母さんは赤ちゃんが出す様々な声のなかで、それぞれ〝日本語っぽい〟〝中国語っぽい〟〝英語っぽい〟音をよく拾い上げてはまねしていることがわかってきています。

万国共通の同じ産声を上げるのに、次第にどの子も育った国の、育った家庭のことばを自然に話す分かれ道が、ここにあります。

お母さんお父さんが、様々なトーンのバリエーションを繰り出すことができる母語で、赤ちゃんのおしゃべりを優しくまねしてください。もちろん、方言がはいっていてよいのです。毎日赤ちゃんが繰り出してくる、新手の音を素早くすくい上げ、いたく感心しながら返してあげましょう。

「社会的笑い」を楽しんで

これまでも赤ちゃんは新生児微笑、生理的微笑などとよばれる反射現象として、うっすらほほえむことがありました。このころからはそれが、大人が声をかけたり気持ちよく揺すったりするとにっこりする「社会的笑い」になります。こころもとろけるような微笑です。赤ちゃんも、大人の疲労とストレスが限界に近いことを察知して、切り札を出してきたのでしょうか。

「アワワワ」と言ったら笑った、抱いて左右にゆっくりスイングしたらにっこりした、とパターンを追って赤ちゃん相手に奮闘するのは、大人にとっても最高の遊び、最良の刺激。大いに時間を費やし、両親で赤ちゃんを取りっこしてください。

両親の母語が異なるとき

両親で母語が違う家庭では、それぞれの生まれ育った土地の、もっとも自然に口から出る言語で語りかけてください。そのほうが、トーンを変えたり言い回しにバリエーションをもたせたりという、赤ちゃんの様子や状況を瞬時に判断して切り替える、血の通った語りかけに適しているからです。子どもが混乱する心配はありません。子どもをバイリンガルにしたいからと、一方的に語学のCDを聞かせる効果は疑問視されています。むしろ両親以外でも、英語（あるいはほかの外国語）を母語とする人に語りかけてもらうほうが効果的です。

★1——人間が生まれ育っていく間に初めて聞いて、そのまま覚えて日常的に話していることばをいいます。たとえば、外国籍であっても、日本で生まれ育ち、日本語を話す人の母語は日本語ですし、イヌイット語を話すアメリカ人の母語は、イヌイット語です。

お母さんのアカペラを

このころの赤ちゃんは、音のするもの、特に人間の声には敏感に反応しますから、テレビがつけっぱなしだったり、大音量でステレオから音楽が流れてきたりすると、そちらに注意を集中します。でも、喜んで見ているのではなく、反射的に「注意を縛りつけられている」状態。あまりに大音響だと、自衛策として、どんな音に対しても反応が鈍くなることもあります。

食事の支度中にぐずられると困るというなら、テレビに釘《くぎ》づけにさせるより、赤ちゃんをベビーラックなどに座らせて、台所で語りかけながらの作業はどうでしょう。「今日は焼き魚。おいしそうだよ、早く一緒に食べたいねえ」と、実況中継してあげましょう。

また、このころから赤ちゃんは、歌ってもらうのが大好きになってきます。「では赤ちゃん用のクラシックCDを」と考えないで、ハスキーでも音痴でも、お母さんが顔を見ながら歌って聞かせてあげましょう。

CDなどの演奏されたものは、歌声に伴奏、和音、様々な楽器と、赤ちゃんには一度に聞こえる音が多すぎます。生活音が低く響く程度の空間に流れる、お母さんの歌。できればリズムやメロディーが単調なわらべ歌を、繰り返し口ずさむのがよいでしょう。「〇〇ちゃん、〇〇ちゃん、どこですかー?」などのシンプルな自作フレーズがいくつかあれば、言うことなし。

おむつを替えながら、お風呂でからだを洗いながら、赤ちゃんの手足をリズムにのせて動かしつつ、歌って聞かせましょう。

音痴は遺伝しない!?

「赤ちゃんに歌を歌ってあげましょう」と言われると、「私は音痴だから、かえって赤ちゃんのためにならない」と、しりごみする人がいます。また、自分が音痴だと思っている人は、必ずと言ってよいほど「母親が音痴だったから」と言うそうです。

けれども、ごく一部を除き、音痴というのは声帯を動かす筋肉がうまく働かず、音程をとることがうまくいっていない状態なので、鍛錬によって治ることが多いのです。遺伝することはありません。

むしろ、音痴なお母さんが、子どもに音(歌)を聞かせることが少なかったために、音の高低を体感する機会に恵まれずに、音痴の再生産がなされるという悪循環が疑われます。お母さんは意を決して歌ってあげてください。どうしても自信がなければ、抑揚を大きくつけて、「歌うように語りかける」ということから始めてみましょう。赤ちゃんはお母さんの声や歌を待っています。

家族で育つ

「女性には生まれつき母性がある」「女性には母性本能があるから子育てができるのだ」――世間ではよくそんなふうにいわれます。確かに、妊娠・出産という生命誕生の神秘をいざとなればひとりで請け負い、自己犠牲とも思える愛情をひたむきに赤ちゃんへ注ぐ母親の姿を見れば、努力とか才能といったことばでは物足りない、神々しさや超人的なパワーを女性に感じるのもうなずけます。

しかし、この説は少し間違っているのです。母性は生まれながらに備わった本能ですが、女性だけに備わったものではありません。ですから、「人間には生まれつき母性がある」「人間には母性本能があるから子育てもできるのだ」と言い替えたほうがよいでしょう。そうです、男性にも母性[★1]はありますし、女性にも父性[★2]はあります。つまり、ひとりの人間のなかに、母性的な面もあれば父性的な面もあるのです。

小さな男の子が「ぼく、赤ちゃんにミルクを飲ませてあげる」と言って、お母さんのように赤ちゃんを扱う、それは幼い母性がくすぐられての言動かもしれません。お父さんが赤ちゃんを抱っこしたらにっこり笑った、そのとき無性に頬《ほお》ずりをしたくなった、それも内なる母性につき動かされてのことかもしれません。

赤ちゃんとの生活に慣れてくると、どうして泣いているのか、ミルクなのか、おむつなのか、次第に勘が働くようになります。けれども、それは経験の積み重ねから身についたもの、母性の有無とは関係がありません。出産経験のない男の保育士さんに赤ちゃんの世話ができるように、お父さんも赤ちゃんとかかわるうちに、そうあたふたすることなく面倒をみられるようになっていくものでしょう。

ただ、いくら「子育ては母性より経験」とはいえ、始終怒ったように泣く子や、「いいかげんにして！」と言いたくなってしまうほど訴えが多い子には、どうしても手を焼きます。世話をするほうは大変ですが、赤ちゃんの気質がわかってくると、だんだんその子に合った対応がとれるようになります。赤ちゃんは「お母さんを困らせよう」として泣いているわけではありません。泣いたら声をかけてぎゅっと抱っこする、それを繰り返すうちに、「安心できる人だ」「わかってくれる人だ」と理解できるようになっていきます〈「イージー・チャイルドとディフィカルト・チャイルド」↓350ページ〉。

両親はそろっていたほうがよいのか

赤ちゃんとふたりの「家族」の場合、時として「自

★1――母性には「包みこむ・支える・育てる」といったプラス評価の側面と、「包みこんで放さない・のみこむ」などマイナス評価の側面があるといわれます。

分ひとりで母性や父性を発揮しなければならないのではないか」と悩むことがあるかもしれません。母親役と父親役の両方をこなさなければならないのか、子どものこころを考えたら、両親そろっていたほうがよいのではないだろうか——答えは、「それほど無理をすることはない」です。

もちろん、赤ちゃんを見守る大人に常にお母さんとお父さんがいて、ふたりが手を取り合って対応してくれるなら、それに越したことはありません。また、いまはお互いパートナーとしてどこかかみ合わないような状態にあったとしても、軌道修正のチャンスが訪れたときに力を合わせればよいのです。

すでに親がひとりという場合、「お父さんをつくってあげなければ」「やっぱり母親の愛情がなければ」などと思いつめることもあるでしょう。でも、赤ちゃんは、その人のなかにある母性や父性を自然と感じとっています。お母さんやお父さんはありのままで、すでに母性や父性を発揮しているのです。

また、子どもは親だけから人生を学ぶわけではありません。親戚《しんせき》のおじさん、保育所や学校の先生から父性を感じることもあるだろうし、保育士さんや友達のお母さんから母性を感じることもあります。

赤ちゃんは、こちらから用意するまでもなく、みずから適切な人を求めて、まわりの人から臨機応変に母性や父性を手に入れているのです。

赤ちゃんのこころを最優先に

ぜひ知っておいていただきたいのは、2歳くらいまでの子育てで重要なのは、「とにかく、こころのことが最優先だ」ということです。その「こころ」にまず播《ま》いてほしいのは、信頼感の種。お母さんやお父さんに抱っこされるとすごく安心できる、ちゃんと甘えられる、そういう信頼感の種を、「こころ」に播いてほしいのです。

生後2か月くらいの赤ちゃんはいま、ぼんやりと「自分」を感じているところ。これからだんだん、まわりの人や物の存在に気づき、「自分」とのかかわり合いを理解していくでしょう。赤ちゃんはだれかに甘えながら、「この人は自分が出したサインに対して応《こた》えてくれる人だ」という因果関係を知り、繰り返し応えてもらうことによって、信頼感を深めていきます。甘えられる側は、赤ちゃんから送られてくるサインやシグナルを、「おしっこが出たよって泣いたんだ」「抱っこしてよって手を動かしたんだ」「これは私に何かしてほしくて合図を送ってきたんだ」と想像して、応えていきます。それはいってみれば大人の勝手な解釈なのですが、いまの時期はそれで十分なのです。「何があっても信じられる」という感覚は、このような、生活のなかでの触れ合いやかかわり合いによって芽生

★2——父性には、善と悪、親と子など「分割する・区別する」、「秩序を遂行する・規範を示す」といったプラス評価の側面と、「権威的・支配的になる」といったマイナス評価の側面があるといわれます。

えるのです。

　働いているお母さんお父さんも、時間の許すかぎり、このやりとりをていねいにしていきましょう。やがてこの信頼感をベースにして、お母さんやお父さんがそばにいなくても、ひとりでやれる力、生きていくために必要な力、つまり自立する力を、赤ちゃん自身が身につけていきます。ですからしばらくは、赤ちゃんの頭をよくすることより、こころのほうに目を向けていただきたいのです。

仕事を再開するときは

　出産によって産休をとっていたお母さんの場合、もっとも早くて産後6週間を過ぎ、なおかつ本人が復帰を望み、医師からも「その仕事をしても支障がない」と太鼓判を押されれば、仕事に戻ることができます。また通常でも8週間たてば産休が明け、職場に戻れます（労働基準法）。ただ、会社の規定によって産休の長さは異なりますので、担当部署に確かめてください。

　からだの回復経過は人それぞれ違います。夜の授乳で睡眠不足になっていたり、育児や家事をがんばりすぎて、体調をくずしていたりする場合もあるでしょう。仕事再開の時期は慎重に判断を〈↓728ページ〉。

　また、自宅外へ出勤となると、赤ちゃんをだれに預けるかが懸案です。昼間自宅にだれもいない、職場に託児施設がない、そういう場合は保育所★3を探します〈↓172ページ〉。すでに申請し、入所が承諾されていればそこに、空き★4を待っている状態ならば、つなぎとして民間★5の保育施設を検討する、家庭福祉員の自宅へ預

育児書と同じ赤ちゃんはいない

　親なら一度は、「うちの子は育児書とは違う」という思いをいだくもの。「月齢が低いころは寝ていることが多い」と解説されているのに、泣いてばかりで寝つかない。「ひと月で体重が1kg増える」と書かれているけれど、それほど増えていない。「1日に何回もうんちをする」とあるのに、出ない日もある。「個人差があります」の差って、どのくらい？　考えれば考えるほど疑問だらけです。育児書は、「同じ月齢の赤ちゃん全体をみた場合、平均するとだいたいこのくらいになる」という目安で書かれています。一般論であって、そうならなければいけないという決まりごとを書いているのではありません。赤ちゃんは生まれながらに、自分自身で伸びようとする力をもっていますが、伸び方はひとりひとり違うのです。生まれたときの状況や気質にも、育ち方は影響されます。

　育児書どおりに育つ赤ちゃんは、どこにもいないのです。　（汐見稔幸）

★3――人員配置や設備面で厚生労働省の基準を満たし、知事から児童福祉法に基づく設置認可を受けているのが認可保育所です。保育料は公立も私立も同一基準です。入所を希望する場合は、事前に市区町村に申し込みます。保育所は児童福祉法による法律用語で、保育園は通称です。

ける保育ママサービスを利用する、自宅にベビーシッターさんを呼ぶなど、赤ちゃんを安心して預けられる環境を模索しましょう。どの保育施設にしろ事前に必ず下見をし、送り迎えや緊急時の引き取りも頭に入れ、家族で対策会議を開いてください〈↓172・489ページ〉。

おじいちゃんやおばあちゃんを有力なサポーターとしてあてにする場合もありますが、孫育てに生活時間を費やすことができなかったり、引き受けてみたものの体力的に続かなかったりなど、必ずしもこちらの都合どおりになるとはかぎりません。もし、手を借りることになったら、「ありがとう」のひと言を忘れない、預けられて困っていないか、負担になっていないかたずねるなど、たとえ肉親であっても気遣いを忘れないようにしましょう。

低月齢の赤ちゃんは人見知りをしないため、人に預けやすいのですが、預けることに後ろめたさを感じるお母さんは多いようです。まわりの人から、「保育園へ入れるなんてかわいそう」といわれるかもしれません。けれども、長い目で見れば、「仕事をもっていてよかったね」という声をかけられるときがきます。

まず、親が仕事をしている間、赤ちゃんをどのような状態にしてあげるのがよいのか、赤ちゃんの立場で考えてみてください。3歳未満の子どもをもつお母さんが働きに出ることと、児童期の問題行動や親子関係の善し悪《あ》しは関連しない、という研究結果もあります。

仕事に自分の可能性を求め、「家族」も大切にするというお母さんやお父さんの自立的な生き方は、子どもにもいつかきっと理解されるはずです。

3歳児神話

「3歳までは母親の手で育てたほうがよい」「3歳まで母親が育てた子は、その後の成長が順調だ」という"3歳児神話"を聞くことがあります。おそらく「子どもの成長には母性が欠かせない」と主張する、母子密着型育児の考え方から生まれたのでしょう。しかし、母親以外の人は育児能力が劣っているのか、子育てには向かないのかというと、そんなことはないのです。母性は経験から身につくものですが、その語感から「母親だけに備わっている性質のこと」と誤解されがちです。そのため、「育児性」と言い替えてはどうか、という議論も出てきています。

泣いている赤ちゃんに対する感受性は、男女の性差によって違いがあるのかどうか――海外で、泣いている赤ちゃんへの反応を実験的に調べたところ、父親と母親との間に差はほとんどなかったといいます。母親のなかには、母性的な行動が苦手な人もいますし、他人の手を借りたほうが、よい親子関係を結べる人もいるでしょう。日ごろ赤ちゃんと過ごす時間の少ない父親にも、赤ちゃんは十分愛着を感じています。絆《きずな》は一緒に過ごす時間の「長さ」ではなく、こころの交流の「質」で形成されるのです。

（榊原洋一）

★5――園の保育の質は十分確認しましょう。自治体の基準を満たした認定（認証）保育園もあります。認可外保育所は、行政の認可を受けていない民間運営の保育所で、事業所内託児施設やベビーホテルなど。直接各施設へ申し込みます。認可外の園の情報も役所の窓口で得られます。

★4――認可保育所へ入所させたい場合、すでに新年度の定員に達しているときは、転園などにより人数があくまで、自宅待機となります。

どこかだれかに似ている不思議

終業ベルの鳴らない毎日、残業手当もない子育て。赤ちゃんとゆったり向き合うどころじゃない。でもよーく見て。目の中の瞳、髪の生え際、耳たぶの形……ひとつひとつがだれかみたい。指の長さはだれに似ている？　泣き方は？ お母さんの小さいころに似ていない？　まわりの人に聞いてみて。

3か月〜4か月

3か月〜4か月

からだの発達

赤ちゃんはこれまでの3か月間、この世界へのデビューと、体重倍増計画で、体力をつけることに専念してきました。目で物や人を見たり、笑い顔や泣き声で親にサインを送ったりできるようになりましたが、なによりも体力をつけることが第一、という3か月でした。そのために、からだを動かすことは、手足をリズミカルに動かす「一般運動」（ジェネラル・ムーブメント）と、まわりをよく眺めてこの世界の様子を探る「追視」くらいに控えてきました。そしてエネルギーは、母乳やミルクを飲んでそれを消化することと、からだをつくり上げることに絞って投資してきました。おかげで、体重も2倍くらいになり、存在感のある赤ちゃんになることができました。

でも、このままからだだけを大きくし、エネルギーを蓄えているだけではいけません。いまは身の回りの世話は、お母さんお父さんがすべてやってくれます。しかしいずれは、自分でふつうの食べ物を食べ、自分で動き回らなければ、この世界では一人前とは認めてもらえないのです。栄養から環境まで、すべてお任せでよかった子宮内から、この世界への第一段階の適応は一応成功しました。次は、自分で歩き、手を使って自分でなんでもするようになることを期待されているのです。

体重増加率はなだらかに

そのために、4か月目にはいると赤ちゃんは大きな方針転換を図ります。温存してきたエネルギーと体力を使って、この世界に積極的に働きかける方針に大きく転換するのです。

方針転換の効果はいろいろなところに表れてきます。まず、体重への「エネルギー優先振り分け方針」に変化が出ます。体重の発育曲線（左ページ）を見てください。この世に生まれてからの3か月間は、人生でもっとも体重増加率の大きいときである、と前に説明したとおり、体重の発育曲線は、強い右上がりのカーブを描いています。ところが4か月のころを境に、この強い右上がりが、ややなだらかになってきているのがわかるでしょう。そうです、体重増加は相変わらずですが、3か月までのような勢いはなくなってきます。その代わりに、赤ちゃんはこの世界へ積極的にかかわり始めます。

首がすわる赤ちゃんが増えてくる

その第一が首のすわりが完成することです。個人差はありますが、生後平均3か月半で、赤ちゃんの首がすわります。いや、うちの子はもっと早く2か月くらいだった、とおっしゃる方もいるかもしれません。でも、たぶんそれは、「首のすわり」の意味を違った意味に理解されているのでしょう。首がすわるというのは、「赤ちゃんを立て抱きにしたときに、首が前後左右にぐらりと垂れずに胴体の上にちゃんとのっている状態」のことをいうのではないのです。英語で首のすわりはヘッド・コントロールといい、「からだが地面に対してどんな角度になっても、顔を地面に対して垂直に保つことのできる能力がある」ことを、首がすわるというのです。

首のすわりの検査は、引き起こし反応といって、赤ちゃんの両手を持って、あおむけ寝の状態から赤ちゃんの上半身を引き起こしておすわりの姿勢まで持ってきます。このときに、頭が後ろに残らずに、からだの軸についてくることができれば首のすわりが完成したといいます。首のすわった赤ちゃんは、わきの下で抱えて、赤ちゃんの胴体を床に対してどのような角度にしても、顔を床に対して垂直に保つことができます。

首のすわりのもつ意味はなんでしょうか。それは、うつぶせの姿勢で、床より高くなった目で、この三次元の世界を立体的に見ることができるということです。これまで赤ちゃんは、自分の顔の上にくる物や人の顔しか見ることができませ

■乳児身体発育曲線（平成22年調査）

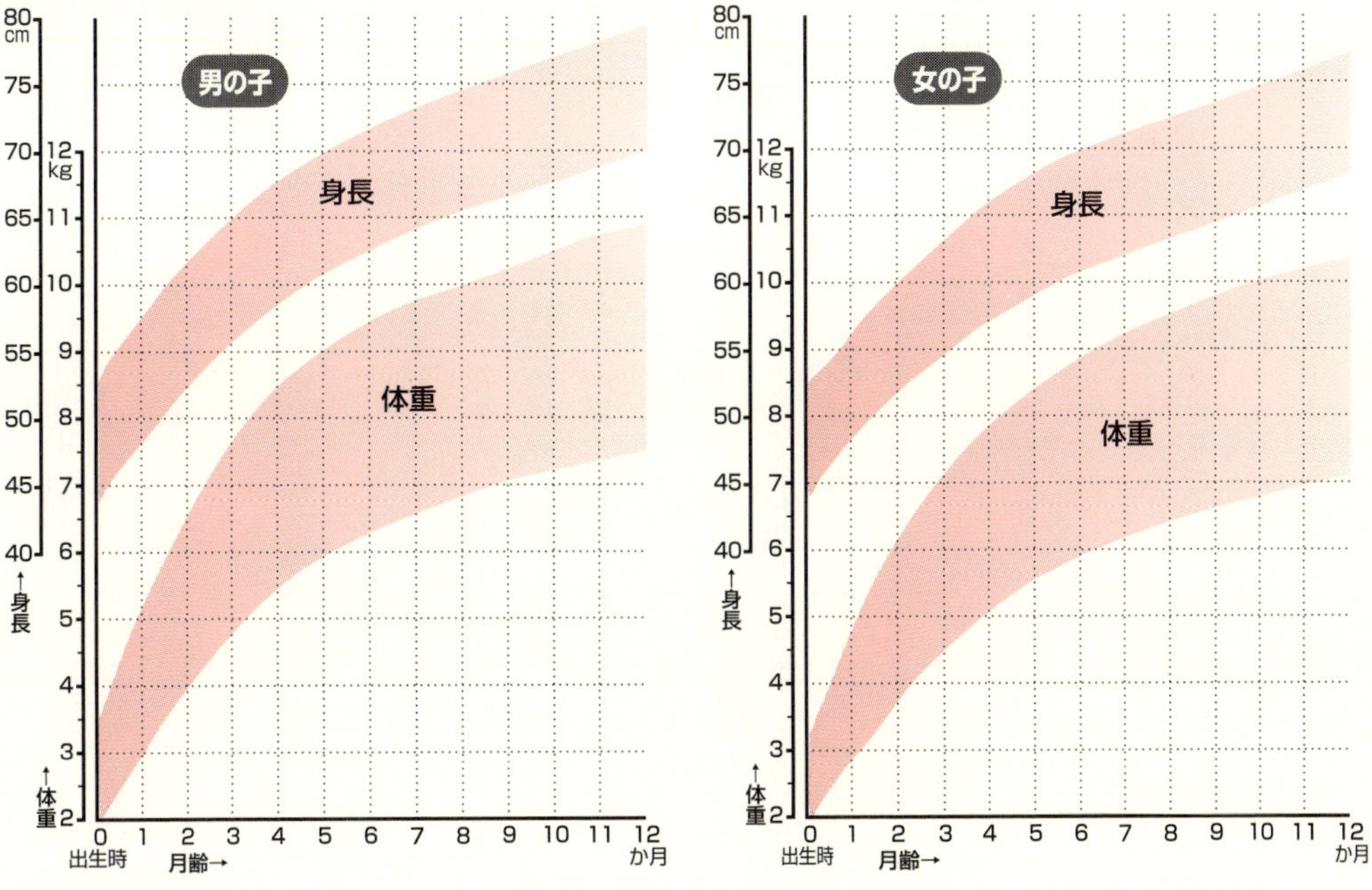

んでした。でも首がすわると、うつぶせの姿勢や立て抱きにされた状態で、自分のまわりの世界を眺めることができるのです。

自分に「からだ」があることに気づく

首がすわるころ、赤ちゃんはこの世界を知るもうひとつの事業に取りかかります。自分の目の前に出ている自分の手を眺め始めるのです。目の前にある手を眺めるなんて、そんなに意味があることなのか、と思われるかもしれません。でも自分の手を見つめるこの「ハンドリガード」という行為は、自分にからだがあるということを、赤ちゃんが知るきっかけになるのです。

自分の手を見つめる行為がきっかけとなって、赤ちゃんは自分の意思で自分のからだを動かせることを知るのです。

赤ちゃんはある日、目の前にふたつある、なんだかわからない肌色のモノに気がつきます。そのうちに、そのモノはただあるだけではなく、よく動くことにも気づくのです。そしてさらにしばらくすると、そのモノが動くときには、なんだかよくわからないが、独特の感覚があることに気づき、その感覚とモノの動きの間に関係があることに思いあたるのです。

皆さんにはもう、この「モノ」が手であり、独特の感覚が「手を動かす」感覚であることがおわかりですね。こうして、赤ちゃんは自分の意思で自分のからだを動かすことができることを知るのです。そして目に見える物を手でさわり、さらにそれを口に持ってくるという行為を繰り返して、この世界を成り立たせている物の性質を学んでいくのです。

「随意運動」は頭から足に向かって発達する

首がすわり、好きな方向を見ることや、自分のからだの一部である手を動かすことを「随意運動」といいます。赤ちゃんの随意運動のレパートリーは、脳の成熟とともにどんどん増えていきますが、でたらめに増えていくのではないのです。

随意運動の発達にはルールがあります。それは、頭に近いところから足先に向かって随意運動が可能な部分が広がっていく、というルールです。

　まず、いちばん頭に近い（というより頭の一部である）目の動きが可能になり、追視は2か月ころにできるようになります。次が首のすわりです。そして手の動きがコントロールできるようになると、ハンドリガードや手でおもちゃを握る動きが可能になります。足先まで随意運動が可能になると歩けるようになるわけですが、まだそれは先の話です。

　この時期の赤ちゃんは、動物のなかでヒトを特徴づける手の随意運動のもっとも初歩の段階にまで来ているのです。こうした随意運動を支えるように、からだの中でも準備が進んでいます。脳からの電気的な信号が神経線維を通って手足に伝わるスピードは、新生児では毎秒20ｍです。大人の50〜60ｍに比べると遅いのですが、4歳ころまでにスピードが急速に速くなり、毎秒40ｍと大人並みになります。

（榊原）

このころ気になる症状と病気

首すわりの遅れ〈↓259ページ脚注2〉
アトピー性皮膚炎〈↓264ページ〉
おむつの赤い着色〈↓297ページ〉
初めての下痢〈↓736ページ〉

3か月〜4か月
ことばの発達

まだまだ手はかかりますが、赤ちゃんは日ごとにかわいさを増します。赤ちゃんがいる暮らしの楽しさは、これからが本番です。

脳の働きと筋肉の力で首がすわる

「からだの発達」の項でも触れられていますが、3か月ころの大きな変化のひとつは首のすわりです。

首がすわるのは、脳からの命令が首のあたりまで届くようになった証拠で、大脳をはじめとする中枢神経系の順調な発達を示しています。「脳」というと、ふつうは「〝脳みそ〟＝大脳」のことだけを考えてしまいますが、頭蓋骨《ずがいこつ》の中におさまっている脳は、視床・視床下部・中脳・橋《きょう》・延髄からなる「脳幹」、帯状回《たいじょうかい》・扁桃核《へんとうかく》・海馬《かいば》などからなる「大脳辺縁系」、そして俗に〝脳みそ〟といわれる「大脳」とで成り立っています。この三つの部分と「脊髄《せきずい》」とをひっくるめて「中枢神経系」といいます。

いままでは、地球の重力のなすがまま、横たわってしかいられなかった赤ちゃんが、首から上だけとはいえ、脳を働かせ、自分の筋肉の力を用いて、重力に打ち勝ち始めたのです（抗重力姿勢）。立ち上がり、歩き、走ることができるようになるための第一歩です。

立ち上がり、自由になった前足（手）を使って道具を使うようになったことが、人間の脳を発達させ、考えたり話したりという知的な働きを進めました。赤ちゃんも同じ道をたどろうとしています。

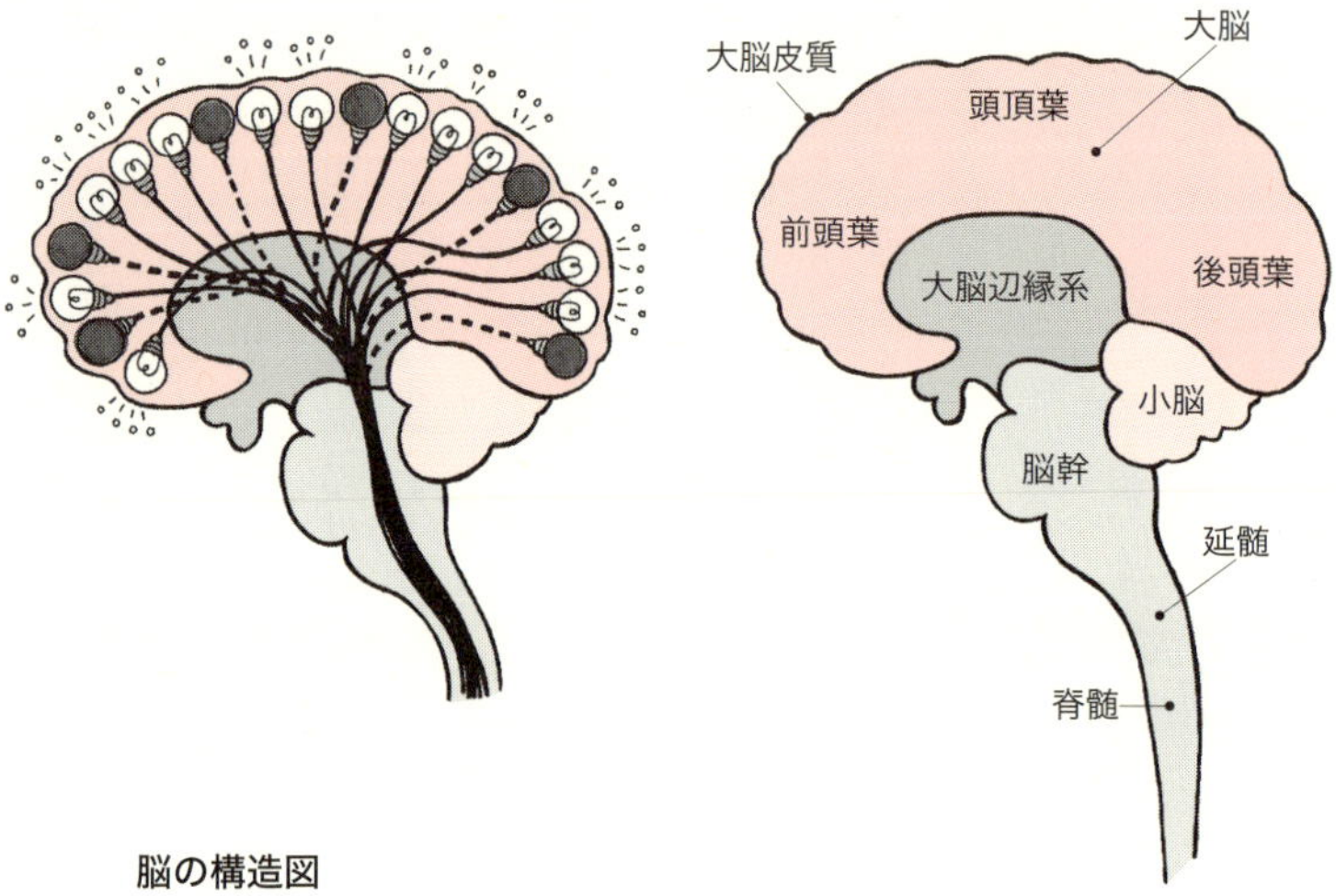

脳の構造図

大脳の中にぎっしり並んでいる脳細胞は、電気のスイッチや豆電球にたとえられます。からだのどこかを動かしたり何か考えようとすると、スイッチがはいり、豆電球はからだじゅうから送られてくる刺激を受け取ると、ちかちかと点滅します。神経線維は、電線に相当します。

じっと見つめたり、目で追い始めたり

首が自分の思いどおりに動かせるようになると、何か音がしたり、だれかの声がしたりしたときに、そっちのほうに首を向けて何の音なのかを確かめられます。支えてもらって座ったときにも、首がぐらぐらしないので、安心してまわりを見回すことができます。

視野のはじっこでとらえた物のうち、興味をひかれた物に焦点を合わせて、しばらくの間じっと見ることができるようになります。

動く物を目で追うこと（追視）も上達します。最初は水平（横）方向、次に垂直（縦）方向に追えるようになります。斜め方向を追えるようになるのはまだ先です。おもしろいことに、絵を描くようになって最初に描く線は水平方向、次に垂直方向です。斜めの線はあとにならないと描けるようになりません。

目の焦点が合わせられるのは、目の中のレンズにあたる水

晶体の厚みを調節する小さな筋肉の働きが調整可能になったからですし、追視ができるのは、眼球の位置を変えるための6組の筋肉群（動眼筋）を脳の命令どおりに操れるようになったからです。固定焦点カメラがピント合わせ可能なカメラにレベルアップし、固定位置画像が自由にレンズ方向を変えられるようになった、というわけです。

赤ちゃんは、まだ、ほかの場所まで自分のからだを運んでいくことができません。でも、いろいろな物を目でとらえることができるようになってきたので、興味をかき立てられているところです。

この時期、テレビやビデオなどのちらちらした明るすぎる刺激は、赤ちゃんにとっては強すぎる可能性があります。テレビ・ビデオはなるべく消して、赤ちゃんが何に興味をもっているか、よく観察し、その物について語りかけたり、その物を少し近くに動かしてあげたり、その物の近くに連れて行ってあげたりしましょう〈↓274ページ〉。

喉《のど》の奥が広がり、声に変化が

喉や口の中でも工事が進行中です。生まれたばかりのころは、喉の奥のほうが下に垂れ下がり、上顎《うわあご》（口蓋《こうがい》）は小さいのです。これは、おっぱいやミルクを飲みこむときに間違って気管や肺のほうにはいらないという利点があるものの、ネコなどの哺乳《ほにゅう》類の口の構造に近いため、泣き声もなんとなく動物の鳴き声に近い印象を与えていました。

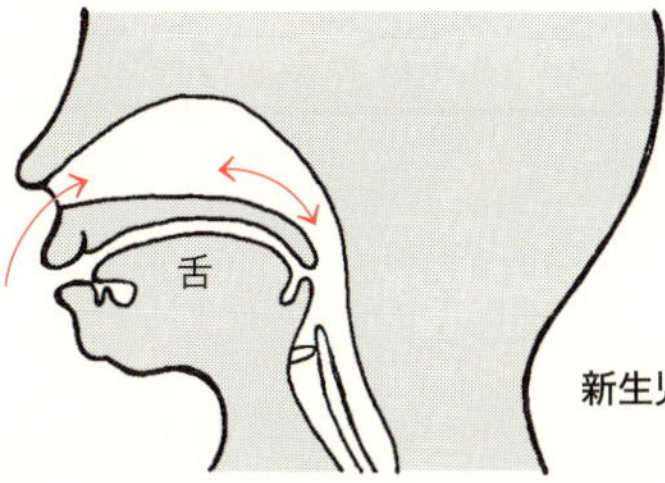

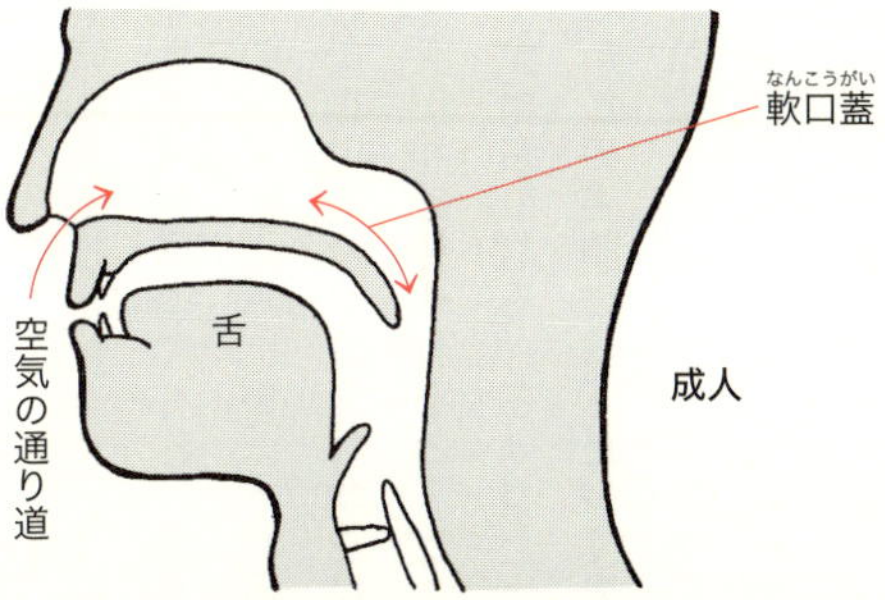

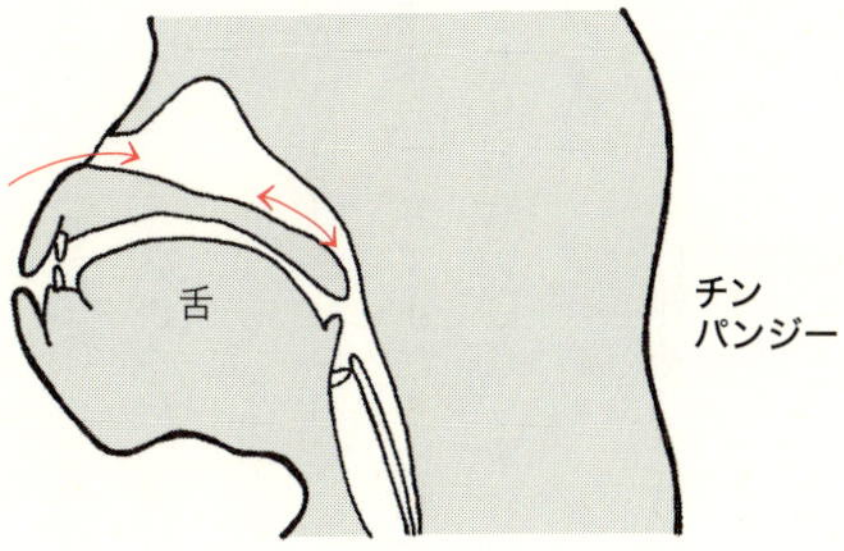

口の中の様子

新生児の上顎の奥のほう（軟口蓋）は垂れ下がっています。この状態はヒトの成人よりもチンパンジーに近く、口の中は舌でいっぱい（上図）です。生後3か月くらいになると、骨格が短期間に成長し、喉の奥のほうが広がるので、ようやく人間らしい声を出せるようになります。

3か月ころになり、頭のサイズ全体も大きくなるにつれ、上顎の位置がだんだん上がり、喉の奥のほうも広がります。口の中いっぱいを占めていた舌は、生まれたあとも大きさがあまり変わらないので、口の中で相対的に小さくなってきます。

　このため、赤ちゃんの出す声にも変化が表れます。この時期にきげんのよい赤ちゃんをあやしたりくすぐったりすると、「ハッハッハ」に近い声が出るようになるのです。いままでは、笑うときにも「アググ」とか「ウククク」という喉の奥からのくぐもり声しか出せなかったことからみると、これは大進歩です。喉の奥が開いた「ハッハッハ」という笑い声のような発声方法は、ことばを話すときに必要な発声の方法だからです。

笑いにあふれた暮らしが大切

　最後は笑いの効用についてです。「ヒトは、遺伝子を次の世代に伝えるために、赤ちゃんをかわいがり、世話するように決められている。そして、赤ちゃんはそのための手段として笑うのである」。理屈をつければそういうことになるのかもしれませんが、赤ちゃんの笑いは、これはもう、文句なしにかわいい。その笑顔を見たくて、笑い声をもう一度聞きたくて、大人はしっかり目を合わせ、百面相をして見せ、抱き上げて揺らし、いろいろな声を出して赤ちゃんをあやすのです。目から、耳から、からだからの刺激が脳に送りこまれ、赤ちゃんの脳はますます発達を続けていくことになります。

　赤ちゃんとの暮らしが楽しいこと、笑いにあふれていること。それが、コミュニケーションやことば、そして知力の発達にとって、いちばん大切なことなのです。（中川）

3か月〜4か月

こころの発達

わたしは、この世に生まれてきたことを、うれしく思えるようになってきたの。たとえば、お母さんやお父さんは、よくわたしをひざの上におすわりさせてくれる。頭や背中を寄りかからせてくれるから、らくちんよ。すると、見える物が違ってくる。寝ているときは見えなかった物を自分の好きなように見ることができる。そこにある物が何か、わたしにはさっぱりわからないけれど、お母さんやお父さんが笑いかけてくれると、この世に生まれてきてよかったなって気持ちになる。ちょっと大げさかもしれないけど、それがわたしの笑顔の意味だって思ってほしい。
　このころから、お母さんやお父さんの声かけがあるとうれしくなって、わたしも声みたいなものを出したくなる。うま

く声にならないことが多いけれども、うれしいから、からだが反応するのよ。よく見て、気づいてほしい。

部屋の中のおひさまのあたる所でひなたぼっこをさせてくれると、気持ちよくてすごくうれしい。きつい日差しはまだ疲れるけれど、おひさまにあたって暖かくなると気持ちがいいんだ。毎日少しでもいいからやってね。そのとき、裸にしてからだじゅうさわってくれると、もっと気持ちいい。からだじゅうの神経が、働きをよくする練習になるから、刺激してくれてありがとう、と言ってるのかな。

うつぶせに寝て頭を上げる練習もさせてね。わたしたちは重力に逆らって頭を持ち上げるのって大変だけど、しばらくの間ならだいじょうぶ。それと、これまでどおり、ときどきおひざで抱っこして。そのほうが好きな物が見られるし、お母さんと似た姿勢ができるじゃない。

不思議なもので、いままでよりもお母さんやお父さんが話しかけてくれているのがよくわかる。それに自分で首を動かしたり目を動かしたりして、見たいと思う物に目を向けることもずっとじょうずになった。ときどき、わたしが見ている物をお母さんも一緒に見て「あれが好きなの？　あれはお花というのよ」なんて言ってくれる。わたしには何を言っているのかわからないけど、でも気持ちがいい。リズムが合うっていうのかな、からだの動作やことばかけのタイミングが、わたしとお母さんとで一致している感じなの。それがうれしい。いままでだって、そういうリズムが一致していると気持ちがよかった。お母さんやお父さんも、わたしとリズムを合わせるのがうまくなっているから、たぶんわたしもうまくなっているのだと思う。

ことばって、こういうからだの微妙な動きのリズムが同調していくと身についていくのかな。わたしはまだ手足がうまく動かせないのに、寝ているときに、お母さんが話しかけながら抱っこのそぶりを見せてくれると、うれしくって思わず手足を動かしてしまうの。

＊　＊

このころになると、外の世界がどうなっているのか、ようやくわかり始めます。

外界への関心が芽生える時期

人と物をしっかり区別でき、物を物としてとらえ始めます。対象をじっと見ること（注視）ができるようになったのは、これはなんだろうという関心が芽生えてきたからです。自分が関心のある世界とそうでない世界を区別し始めているのでしょう。これからの時期に大切なのは、人とのコミュニケーションを丹念に重ねることです。ときどき、屋外に連れ出して、赤ちゃんに自然環境を体験させながら、たくさんコミュニケーションしましょう。まわりの人間や外界に対して、関心が芽生えてくる時期なのです。

（汐見）

育ちのようす

3か月の初めに体重は出生時の2倍近くになりますが、個人差が大きいものです。

親ならば、体重[★1]の増減で悩むのはあたりまえのこと。しかし小児科医が診《み》た場合、病的なほど体重が増えた、あるいは減った（増えない）というケースは実際にはほとんどないのです。

太めの赤ちゃんもいますが、乳児期の肥満〈↓458ページ〉が原因で成人病になることもありません。新生児期に比べれば、赤ちゃんはおっぱいの飲み方がじょうずになり、お母さんやお父さんも授乳に慣れてきたはずです。自信をもってだいじょうぶ、そろそろ育児に余裕が出てきたのではないでしょうか。この先、首がすわれば、抱っこもおんぶも安心です。お母さんお父さんも、少しは楽になるでしょう。

ただ、なかにはスモールステップで育てたい赤ちゃんもいます。首すわりの時期はあくまでも目安[★2]。まわりの人は、赤ちゃんひとりひとりの様子をみながら、あせらず接してあげましょう。

便秘がちな赤ちゃんは

便秘というのは、うんちの回数が少ないことではなく、うんちの水分が少ないことをいいます。胃腸に消化吸収力がついてきたこのころの赤ちゃんは、繊維質が少なく、かすが残りにくい母乳やミルクをほとんど体内に吸収してしまいます。そのため、うんちの水分や量が少なくなることがあります。

これまでよりうんちがかたい、毎日出ない、そういう場合もあるでしょう。それでも3〜4日に1回排便があり、きげんがよいなら特に心配はありません。4か月にはいったころの赤ちゃんなら、果汁、特にみかんジュースを与えてみてください〈↓300ページ〉。うんちが出なくて肛門《こうもん》が切れたり、痛がったり、4〜5日以上排便がない場合は、マルツエキス[★3]（麦芽糖）を水に溶かして飲ませてみましょう。市販のベビー用浣《かん》腸《ちょう》薬を使用するのも一案です。

便秘がちな赤ちゃんは、肛門を刺激するとうんちが出ることもあります。オリーブオイルに浸した綿棒を2㎝くらい肛門に入れて、出口を広げるように軽く動かします。強く動かしたり、毎日刺激すると肛門が切れることもあるので注意しましょう。

1週間近くもうんちが出ない、おなかが張っている、顔色が悪い、元気がない、母乳やミルクを欲しがらない、悪臭のあるおならが出るというような場合は、医師と相談してください。1日に数滴、ミルクや水に混ぜて飲ませる緩下《かんげ》剤（うんちをやわらかくする薬）を処方してくれるでしょう。おなかのマッサージも赤ち

★1―― 生まれてから3か月間の体重を平均すると、1日約30gずつ重くなった計算になりますが、あくまでも赤ちゃん全体をみて均等に割った数字。母子手帳のパーセンタイル表の帯の中にはいっていて、少しずつでも増加しているなら順調に育っているといえます。

ゃんへのタッチケアになるという意味もありますので、試みてもよいでしょう。

うんちの回数は、大人でも毎日出る人もいれば、３～４日に1度という人がいます。赤ちゃんはもっと幅が大きく、飲んだら出る子もいれば、いつも便秘がちという子もいるのです。ほとんどの場合は心配いりませんが、まれに先天的な疾患によって便秘をすることがあります。1週間以上の便秘が何度も起こる、痛そうに泣く、嘔吐《おうと》する、顔が真っ青になるような症状があれば、病院へ行きましょう〈↓737ページ〉。

夜の連続睡眠時間が長くなる

赤ちゃんは、睡眠時間が次第に長くなり、しかも夜にまとまって寝るようになります。そのため授乳も昼間中心となり、夜は間隔があくようになります。もうひと月たつと、さらに睡眠にリズムができてくるでしょう〈「寝ている間に成長する」↓294ページ〉。

しかし、赤ちゃんの睡眠パターンはひとりひとり異なります。よく寝てくれる赤ちゃんもいれば、眠りが浅く、細切れに眠るのが好きな赤ちゃんもいるのです。いずれにしても赤ちゃんが寝不足になることはありません。赤ちゃんに昼夜の区別がつくまで、もうしばらくおつきあいしましょう。

３か月健診を受ける前に

赤ちゃんの健康診査は、市区町村が1歳6か月児と3歳児に実施するように法律で定められています。また、1歳までに2回程度健診が受けられる地域★4が多いようです。たとえば「3か月健診」の場合、大きく分けて次のふたつのポイントを診《み》ます。

予防接種

３か月のころ、四種混合（ジフテリア、百日ぜき、破傷風、ポリオ〈小児麻痺《まひ》〉）の予防接種の案内通知が市区町村の役所から届くでしょう。はがきや手紙でくる地域が多いようですが、自治体によって方法は異なります。広報紙上での告知のみ、1年間の予防接種日程表が家庭に配布される、母子手帳の交付時に予診票をわたされるなど、直接通知されない地域なら、日程は自分で調べておく必要があります。特に引っ越した場合は、転居先の通知方法を必ず確認しておきましょう。

予防接種には、定期接種と任意接種とがあります。定期接種は、健康を守るために国が接種を勧めて実施するもの（勧奨接種）で、種類と接種対象年齢（月齢）が定められています。定められた期間内に「受けるように努力してください」ということで、「受けても受けなくてもいい」ということではありません。前述の四種混合のほか、麻疹《ましん》（はしか）、風疹などがあります。国が定めた期間に接種すれば、原則として無料です。

一方、任意接種は子どもの健康状態や流行状況などをみて、親が受けるか受けないかを決める予防接種で、費用は自己負担となります。自治体から通知はきません。ロタウイルスやおたふくかぜなどです。〈→322ページ〉。

★2――統計上は約9割の赤ちゃんは4か月になると首がすわってきますが、抱くときの姿勢や頭の大きさによっては多少頭がふらつきます。

★3――マルツエキスは市販薬です。そのほか、白湯（さゆ）に砂糖を５％程度の割合で溶かした砂糖水を飲ませると、便秘が改善することも。

★4――健康診査の時期は、自治体によって様々です。赤ちゃんの生まれ月に合わせて、市区町村から通知が送られます。

①発達の基本的なこと……母乳やミルクは飲めているか、体重は増えているか。
②トラブルの早期発見……赤ちゃんに生まれつきの形態異常や障害がある場合、はっきり診断できるようになるのが3か月ころです。3か月健診で発見されれば、その後のケアや指導を早く始めることができます。たとえば、心臓の雑音〈↓236ページ〉には、動脈管が閉まるとき音が出るタイプのものがあります。生後すぐでは聞こえにくいので、新生児室では見逃されるケースもあるのです。このようなケースはめったにありませんが、この時期、健診は必ず受けるようにしましょう。

もともと病気がある赤ちゃんは別ですが、いまの日本では、おっぱいの飲み方が悪いからとか、小食だからということで、そうそう簡単に栄養失調にはなりません。健診にはいろいろな赤ちゃんが集まります。からだの大きな赤ちゃんを見れば「うちの子はおっぱいが足りないのではないか」と不安になります。けれども、なかには太りすぎではないかと気にしている赤ちゃんもいれば、たくさん飲んでいても体重が少ない赤ちゃんもいるのです。

体重の増え方は、ひとりひとり違います。月齢ごとに区切りよく考えることもできません。健診で「体重が少なめ」と言われたとしても、「栄養が足りていない」と言われたわけではありません。体重のことはそんなに心配せず、神経質にならないほうがよいのです。

お父さんへ

親子の散歩で地域探検

仕事が早く終わった夕方や休日などは、ぜひ赤ちゃんと散歩に出かけたいもの。抱っこでもベビーカーでもいいから、近所をゆっくり回ってみましょう。父と子の時間を過ごすだけではなく、自分たちの住む地域を改めて探検する、子どもを育てる環境として眺めてみるという目的もあります。

朝から晩まで仕事に出かけているお父さんは、ちょっとした公園や公共施設、おむつを売っている店、小児科などがどこにあるか、案外知らないものです。お母さんから情報を得て、自分の目で確認しましょう。この病院には駐車場があるとか、夜間の救急にも対応しているとかチェックしておけば、いざというときにあわてずにすみます。

赤ちゃんを連れて散歩していると、いろいろな人が話しかけてきます。近所づきあいは苦手かもしれませんが、赤ちゃんがいれば話題に事欠きません。「こんにちは」と自分から積極的にあいさつしてみましょう。地域の人との関係づくりは子育てするうえでとても大切です。

散歩に出かけるときは

ダイナミックな遊びは、もう少しからだがしっかりするまで待ちますが、天気がよければ、A型ベビーカーで散歩に出かけてもよいでしょう。風を肌で感じたり、光を浴びたり、虫や鳥の鳴き声を聞いたり、緑や花の香りがしたり、散歩は赤ちゃんにとって新しい発見がいっぱい。からだとこころの成長にも役立ち、家にこもりがちなお母さんのリフレッシュにもなります。

ただ、赤ちゃんは肌が弱いので、日焼けや虫刺されから肌のトラブルを起こすことも。特に紫外線が強い季節は、ベビー用の日焼け止めクリームで事前のケアをしましょう〈↓459ページ〉。家に帰ったら、手足や顔をぬれタオルでふいてあげます。さらに、「喉《のど》が渇いた」と言えない赤ちゃんのために、母乳やミルクで水分補給を忘れずに。

ふだんの生活では、特に水分不足になることはありませんが、お出かけのときにかぎらず、夏の暑い日、寝汗をかいたとき、入浴後など、たくさん汗をかいたと思ったら、水分補給をこころがけましょう。極端に尿の量が減ったり、きげんや顔色が悪い、皮膚が乾燥してきたなどの症状が見られたら、脱水症★5の心配があります。そんなときは、必ず受診しましょう。

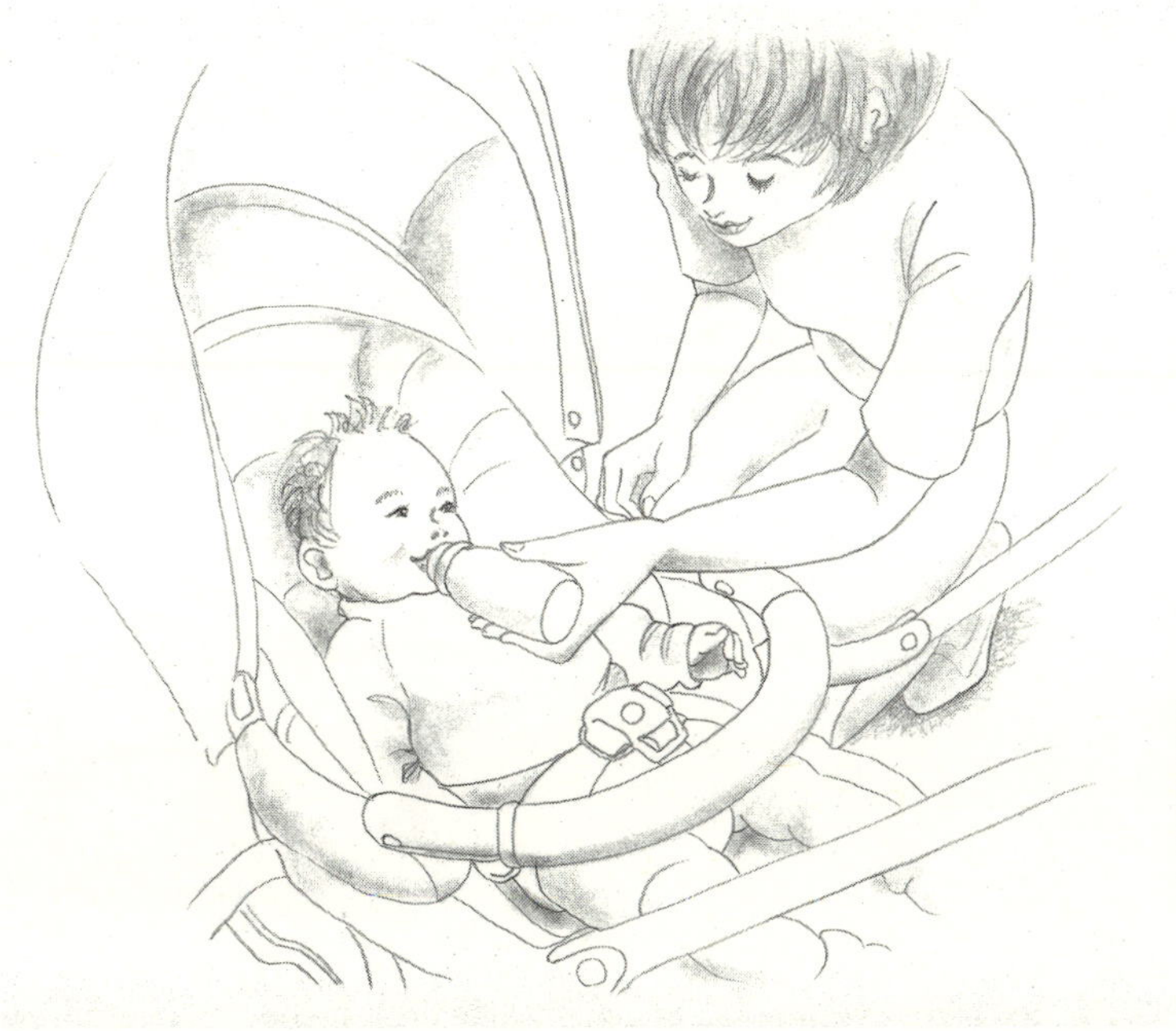

お出かけのときにはベビー用の日焼け止めクリームで日焼け対策を忘れずに。汗ふき用のぬれタオルや、脱水予防のため、ミルクを持って出ると安心です。

★5 —— 人間のからだは大部分が水分です。生まれたばかりの赤ちゃんは体重の70%が水分で、3～5歳ごろまでに大人と同じ55～60%に減少します。つまり、赤ちゃんは大人に比べて体重あたりの水分量が多く、体液を調節する腎〈じん〉機能も未発達で、脱水症を起こしやすいのです。

保育園のこと

産休をとって仕事を休んでいたお母さんで、そろそろ赤ちゃんを保育園に預けてまた働き始める人もいるでしょう。保育園探しの際に気をつけてほしいのは、0歳児から預かることをうたい文句にしていても「6か月以上」などと月齢制限がつくことがある点です。園によっては柔軟に対応してくれる場合もあるので、情報収集と交渉をしなやかに続けましょう。

預ける形態は、保育園のほか、ベビーホテルなどの施設保育、保育ママさんやベビーシッターなどの個別保育もあります〈↓246・490ページ〉。いずれにせよ、何か所かの施設や個人を候補にあげ、必ず赤ちゃんが過ごす現場に足を運んで、実際に保育をしてくれる人たちと話をすることが大切です。

また、預け始めは赤ちゃんが体調をくずしがちで、へたをすると月の半分も通えなかったりします。仕事を再開する当初は助走期間と思って、仕事のやり方を考えておき、また保育園に預けられない場合の二重保育の算段をしておきましょう。自治体によっては、病児保育を引き受ける保育園もあります。

「こんなに小さいのに、預けるなんてかわいそう」とためらうのならば、仕事の再開は延期すべきです。後ろめたい気持ちはだれにでもあるもの。けれども〝お母さん〟であること以外の目標があってこそ決断したはずなのですから、中途半端な気持ちではだれにとっても不幸です。仕事に向かう自分に自信と誇りがなければ、しばらく続く「朝の泣き別れ」にも耐えられません。再び働こうというお母さんの最大の準備は、自分の気持ちをしっかり固めることです。

車内放置は厳禁！

車を炎天下に駐車すると、車内温度は2〜3分で50度を超してしまいます。体温より高い温度のなかにいると、大量に汗をかいて脱水症状を起こし、熱中症になる心配があります。スーパーやコンビニに出かけて駐車するときは、たとえ赤ちゃんが寝ていても、必ず車から降ろしてください。

また、帰省などのロングドライブでは、後部座席のチャイルドシートに座っている赤ちゃんに冷房が届かず、蒸し風呂のようになっていることもあります。まめにドライブインにはいり、車から降ろしてあげて、水分補給をこまめに行いましょう。

万一、熱中症になってしまったときには、急激に冷やしてはいけません。乳幼児用イオン飲料や水を飲ませて、水分補給を行い、体温と同じくらいのぬるま湯で絞ったタオルでからだをふいてあげると、気化熱で少しずつからだが冷えていきます。また首筋やわきなどの脈どころを集中的に冷やしてあげると、冷えた血液が体内に流れ、体内から冷えて効率的です。

スモールステップで育っていく赤ちゃん

おっぱいは足りている？

■ミルクも母乳に負けていない

赤ちゃんにとって母乳が理想的な栄養だということは、お母さんはすでに、十分すぎるほど聞いていることでしょう。初めてわが子を腕に抱いて授乳できた瞬間の幸せも、だれより感じているでしょう。だからこそ、これまでずっと、あざができるほどおっぱいをしぼり続けてきたはずです。

とはいえ、NICU（新生児集中治療室）に入院していた赤ちゃんを実際に母乳だけで育てていくには、不利な条件が多いのも事実です。

離れていた間、赤ちゃんにおっぱいを十分に吸ってもらえなかったことで、母乳の出が悪くなってしまうお母さんもいます。また、なかには、お乳を吸うこと、飲みこむことがうまくできない赤ちゃん、すぐ疲れてしまう赤ちゃんもいます。ですから、母乳だけで育てていけなくなっても、自分を責めないでほしいのです。

現在、ミルクの成分は母乳に限りなく近くなっていますので、十分に栄養を満たすことができます。ミルクでも、抱っこして目と目を合わせて授乳すれば、赤ちゃんとお母さんとの関係もしっかり築けます。

■母乳を続けるこつは「自律授乳」

それでもやはり、できるだけ母乳で育てたい、そう思うお母さんにとって、赤ちゃんの退院は、入院中にミルクと混合になっていた赤ちゃんでも、母乳育児に戻せるチャンスです。それは、赤ちゃんがおっぱいを欲しがったら吸わせる、「自律授乳」ができるからです。

授乳間隔を決めず、赤ちゃんがおっぱいを欲しがったときに好きなだけあげましょう。授乳回数が多く、間隔があかないからといって、おっぱいが足りていないとはかぎりません。それが赤ちゃんのペース。それに、たくさん吸われると、お母さんのからだも「おっぱいをつくらなきゃ」と判断して、たくさんつくるようになるのです。

■毎回の哺乳《ほにゅう》量に一喜一憂しないで

おっぱいが足りているか心配になると、飲んだ量を確認したくなります。でも、入院中の習慣で毎回体重を量るのは気にしすぎ。体重を量るのは、多くて1日1回。体重の増えを比較するのは、1週間ごと。それでやってみましょう。おしっこ、うんちがふつうに出ていればだいじょうぶです。

自律授乳を1か月ぐらい続けても、おっぱいが足りていないのではないかと不安な場合、試しに一度、授乳前のおっぱいをしぼってみると、どのくらい出ているかわかります。しぼった母乳の量×1日の授乳回数で、赤ちゃんの哺乳量も推測できます。3kgの赤ちゃんで550ミリリットルぐらいあれば、足りていると考えてよいでしょう。

また、退院後の健診で、ミルクとの併用を勧められた場合も、おっぱいを吸わせる回数は減らさず、まずおっぱいを吸わせて、その後ミルクを追加するというような工夫をするとよいでしょう。

赤ちゃんのためのアトピー知識

アトピー性皮膚炎を正しく理解しよう

世界の先進国でアトピー性皮膚炎が増えています。日本も例外ではありません。2003年の厚生労働省の調査では、乳幼児や学童の約1割にアトピー性皮膚炎のあることがわかりました。乳幼児の発症率は10年前の約2倍でした。

理由は明らかではありませんが、環境悪化の影響などが考えられています。最近は思春期や大人になってから発病し、重症になってしまう人も少なくありません。でも、いまも昔もアトピー性皮膚炎は基本的に子どもの病気で、多くは10～15歳ころまでに自然によくなっていきます。むしろ問題は、情報が多すぎるために、お母さんお父さんが自己判断で正しい治療から子どもを遠ざけてしまうことです。

正しい知識をもって日ごろのケアを続ければ、アトピー性皮膚炎は決して怖い病気ではありません。子どものアトピー性皮膚炎とは気長につきあっていきたいものです。

■自己診断は禁物

いつも赤ちゃんに触れているお母さんは、肌の状態の変化に敏感です。肌が赤い、ざらざらしている、湿疹《しっしん》ができている、そんな症状に気づくと、「アトピーじゃないかしら」と心配になるのも無理はありません。でも、ちょっと待ってください。

赤ちゃんの肌はきめが細かく、一見弾力があるように見えます。生後2～3か月ころまでは皮脂分泌《ひしぶんぴつ》がさかんなのですが、その後は皮脂が少なくなっていきます。皮脂は性ホルモンの量に比例して分泌されるため、乳幼児の皮脂の量は20代の女性のわずか4分の1しかありません。健康な子どもでも肌は乾燥していて敏感なので、汗や細菌などの影響を受けやすいのです。

ですから、少しくらい肌が赤かったり荒れていたりしても心配するほどのことはないかもしれません。これから解説する症状がみられると思ったら、小児科か皮膚科を受診してください。受診前にチェックしておくべきことは、お母さんお父さんと、家族内にアレルギー体質があるか、離乳食が始まっていれば特定の食品にこころあたりがあるか、いつごろから湿疹が始まったか、全身の状態はどうか、ペットを飼っているなどの住環境はどうか、などです。これまでに使った薬があれば持っていきましょう。

■3か月健診で診断される子も

「ああ、これはアトピー性皮膚炎ですね」と初診でいわれたとします。3か月健診などで指摘されることもあるでしょう。医師のことばは絶対に思えて、悲観的に考えてしまうかもしれません。でも、赤ちゃんのアトピー性皮膚炎は専門医でも診断がとても難しいのです。一見したところでは、乳児湿疹や脂漏《しろう》性湿疹〈→756ページ〉などと区別がつきにくいからです。

日本皮膚科学会によるアトピー性皮膚炎の定義は「よくなったり悪くなったりを繰

受診前にチェックすること

① お母さん、お父さん、家族内にアレルギー体質があるか

② 特定の食品にこころあたりがあるか

③ いつごろから湿疹が始まったか

④ 全身の状態は

⑤ ペットの有無

⑥ これまで使った薬

り返す、かゆみのある湿疹をおもな病変とする病気。患者の多くはアトピー素因をもつ」というものです。アトピー素因についてはあとで説明しますが、ここでのポイントは〝よくなったり悪くなったりを繰り返す〟という点です。

つまり、赤ちゃんをひと目見ただけではアトピー性皮膚炎という診断はつけられないのです。よほどの重症例を除けば、すぐに本格的な治療を始めることもありません。あわてず、少なくとも数か月は経過を冷静に見守ってください。よりはっきり診断できるのは2歳以降といわれています。

■乳児期の症状は顔と頭が中心

湿疹のできやすい部位が年齢によって変わっていくのが、アトピー性皮膚炎の大きな特徴です。

乳児期には顔と頭の症状が目立ちます。頬《ほお》や目のまわり、額などに小さなぶつぶつができ、それがやがて水疱《すいほう》になってじくじくしてきて赤くなります。頭は大泉門《だいせんもん》のあたりや髪の毛の生えぎわに、脂っぽい黄色のかさぶたのようなものがついたりします。同じような湿疹が、胸、おなか、背中、手足に広がることもあります。わきの下やひじの裏側、太ももの付け根などが症状の出やすい部位です。

かゆみの強い病気なので、赤ちゃんは顔やからだを布団や衣服にこすりつけたり、指でひっかいたりします。口のまわりはよだれや食べこぼしのため、じくじくした状態が長く続きます。いちばんの特徴は耳切れです。耳たぶの付け根がただれて切れたような状態になります。これが診断の決め手になることも少なくありません。

■原因はまだはっきりわかっていない

赤ちゃんがアトピー性皮膚炎と診断されると、原因を知りたくなるでしょう。でも、アトピー性皮膚炎の原因は「これ」とひとつに決めることはできません。多くの因子が関係していると考えられています。

「アトピー」ということばはもともと同じ家族・家系に起こる「奇妙なアレルギー病」を意味していました。気管支ぜんそく〈↓772ページ〉、アレルギー性鼻炎〈↓774ページ〉、一部のじんま疹〈↓759ページ〉、消化器アレルギー、そしてアトピー性皮膚炎はすべてアトピー性疾患です。ところが、アトピーの名がついているこの皮膚病がいちばん〝アレルギーらしくない〟のです。

現在までにわかっているこの病気の特徴は、①湿疹が繰り返して起こり、治りにくい、②かゆみが強く、かくことによって悪化する、③子どもに多く、大人になるにしたがって症状が軽くなる傾向がある、④年齢によって症状に特徴がある、⑤生活環境のなかに病気を悪化させる要因がある、⑥アレルギーに関係する免疫グロブリンE（ＩｇＥ）という抗体が増加している、というものです。

このように特徴は挙げられるものの、原因はまだよくわかっていません。そのため、医師によってアレルギーや食事を重視する人もいれば、皮膚の生理学的な異常を優先して考える人もいますし、ダニなどの影響を強調する人もいます。

もっとも、この病気になる人が遺伝的な体質をもっていることは間違いありません。アトピー体質というのは大きくふたつに分けて考えることができます。ひとつはアレルギー、もうひとつは乾燥しやすく刺激に弱い肌（アトピック・ドライスキン）をもっているという素因です。もともとこうした体質をもっているところに、ダニ、ハウスダスト（ほこり）などの環境要因や食事などの条件が重なって発症するというのが現在の一般的な考え方です。

■遺伝性は強くない

親のどちらかやきょうだいなどにアレルギーがあれば、その体質が赤ちゃんに遺伝することがあります。でも、家族にアレルギー体質があるからといって赤ちゃんが必ずアトピー性皮膚炎になるとはかぎりません。逆に、親がアレルギーをもっていなくてもアトピー性皮膚炎になる子もいます。

あるデータによると、両親ともアトピー性皮膚炎でない場合で子どもが発症する率は10％、両親のどちらかがアトピー性皮膚炎である場合の子どもの発症率は20％、両親ともアトピー性皮膚炎であっても子どもに発症する率は30～40％です。

自分の家系にアトピー性皮膚炎があって赤ちゃんに発症すると、罪の意識を感じる親も少なくありませんが、遺伝の影響はそう強くはないのです。

■食物アレルギーとの関係は証明が困難

アレルギーを起こす原因は、生活環境のなかにある場合と、食べ物にある場合があります。食べ物が原因で起きるアレルギーが食物アレルギー〈↓774ページ〉で、近年その増加が問題になっています。特に乳児は腸の機能がまだ発達していないために食物アレルギーを起こすことが多いのですが、成長とともに軽くなるか治ってしまうのが大半です。ただし、特定の食べ物をとるとじんま疹、むくみ、呼吸困難などの全身症状（アナフィラキシー・ショック）を起こす赤ちゃんもいるので、その場合は厳重な除去食療法（食材の制限）が行われます。

特定の食べ物に反応する抗体は2～3歳を境として成長とともに低くなっていくことが多いので、いまの時期はそう神経質にならなくてもだいじょうぶ。それでなくて

親のアトピー性皮膚炎の有無と子どもの発症率

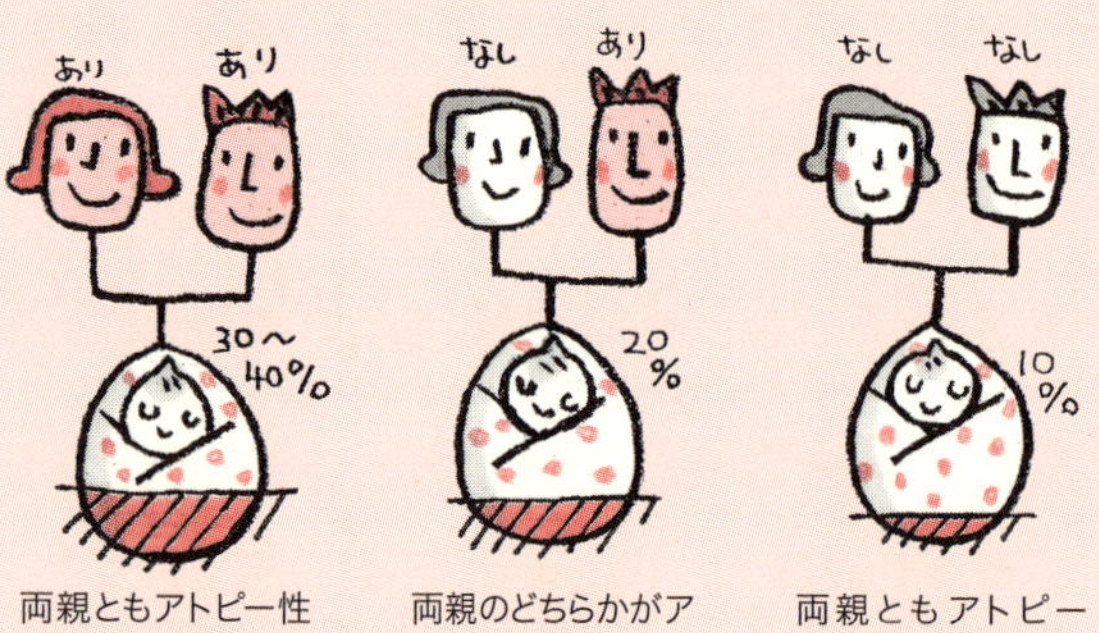

両親ともアトピー性皮膚炎の場合→子どもの発症率 30～40%

両親のどちらかがアトピー性皮膚炎の場合→子どもの発症率 20%

両親ともアトピー性皮膚炎ではない場合→子どもの発症率 10%

も、離乳食を食べ始める時期の赤ちゃんはいろいろな症状を出すことがあります。それをアトピー性皮膚炎と勝手に判断して、医師の指示なしに除去食を始めるのは大いに問題があります。また、妊娠中、授乳中に食事制限をした母親としなかった母親とで赤ちゃんのアトピー性皮膚炎発症率の差はなかった、という実験データも発表されています。

一般には、母乳で育った子のほうがアトピー性皮膚炎がやや少ないというデータがあります。ただ、まれに母乳からはいる卵などの抗原が影響を与えることもあり、赤ちゃんが母乳を飲んだあとに湿疹が悪化するような場合は、粉ミルクに変えることも考慮します。このあたりは医師とよく相談のうえで決めてください。

■ダニ、ハウスダスト対策は可能な範囲で

環境にある、アレルギーを引き起こす原因として考えられるのがダニやハウスダスト（ほこり）です。特に気管支ぜんそくの原因とされています。ダニが最もアレルギーを引き起こしやすいといわれ、アトピー性皮膚炎を悪化させる因子としても注目されていますが、その影響は子どもよりも大人に対して強いようです。

ただし、ダニがアトピー性皮膚炎を発症させるわけではありません。最近の研究では、皮膚を守る機能が弱まり慢性的に皮膚に炎症を起こしていることが、ダニのもつアレルギーを引き起こす物質の侵入を容易にし、からだに抗体をつくるとともに、炎症を悪化させるのではないかと考えられています。逆に、炎症がよくなれば、ダニの多い少ないはあまり関係ないともいえるのです。

とはいっても、アトピー性皮膚炎の子どもの場合、ダニ、かび、花粉、ペットの毛、これらが入りまじったハウスダストなどを身の回りから遠ざけたほうが無難です。ダニはほこりの中にいますから、こまめにほこりを取り除いておく、カーペットやぬいぐるみ、毛のあるペットは遠ざけ、床には掃除機をかけてぞうきんがけをする、暖房機・冷房機をよく掃除するといったことが必要です。布団はこまめに干して日光消毒するか、防ダニグッズを使ってもよいでしょう。カーテンは年に2回は洗濯します。室内の通気をよくすることも大事です。ダニは高温多湿を好みますから、室内の温度を20～25度、湿度を50～60％以下にしておけば、ダニの増殖率は落ちます。

ただし、ダニやハウスダスト対策ですべてが解決するわけではありません。あまり神経質にならず、無理のない範囲で実行すればよいでしょう。

■バリア機能が弱いと〝ガラスの皮膚〟に

次に、アトピー体質のもうひとつの素因である「アトピック・ドライスキン」について考えてみましょう。

1990年代の前半までアトピー性皮膚炎は、ほぼアレルギーの病気と理解されてきました。近年、皮膚を守っている「バリア機能」が弱くなることが、発症の原因のひとつとして注目されてきています。多くの皮膚科専門医は、発症に大きな影響を与えているのは、アレルギーよりも、汗をかいたり皮膚が何かに触れたといった単純な外部からの刺激だと考えています。

皮膚はふつう、たとえまわりの空気が非常に乾燥していても、水分が簡単には失われない性質をもっています。ところが、アトピー性皮膚炎の子どもは、こうした水分保持のメカニズムが壊れていて、湿疹のないところもいつも乾燥肌になっています。ですから、外部からの刺激に弱く、かゆみも起こしやすいのです。これが皮膚バリア機能が低くなっている状態です。

湿疹ができやすいのは、汗をかきやすか

ったり刺激を受けやすいところであることにも注目してください。季節や気温、湿度の変化、汗やほこりなどの要素によって症状が軽くなったり重くなったりするのも、外部刺激が影響を与えているからです。

湿疹ができやすいのは、汗をかきやすかったり、外部刺激の影響をうけやすいところです。

■ステロイドの副作用を誤解しがち

中程度以上の症状のアトピー性皮膚炎の治療にいちばん有効なのは、ステロイド外用薬を患部に塗ることです。ステロイド外用薬は症状に応じて5段階の強さがあり、炎症が起きている場所、程度、年齢などを考えて適切なランクのものが使われます。乳幼児の場合は、大人よりも弱めの薬が選ばれます。

いっとき、メディアを中心に「ステロイドは怖い」というイメージが広がり、ステロイドの使用を拒否する人が増えました。いまでは誤解は解けたものの、ステロイド外用薬になんとなく抵抗をもっている人もまだ少なくありません。

どんな薬でもそうですが、ステロイドにも確かに副作用はあります。ただし、それは間違った使い方をした場合の話です。

ステロイドは別名「副腎《ふくじん》皮質《ひしつ》ホルモン」とよばれ、腎臓のすぐ上の副腎から分泌されるホルモンと同じ働きをする薬です。からだにとって必要不可欠のホルモンで、炎症や免疫の働きを抑える強い効果があり、いろいろな病気に使われています。効果の高い薬ほど、その裏返しで副作用もあります。でも、ここが重要なのですが、副作用はステロイドを「大量に」「長期間」「注射や飲み薬として」摂取した場合にだけ起こるものなのです。

アトピー性皮膚炎では基本的に塗り薬としてしか使われません。ですから、飲み薬などに比べ、全身性の副作用ははるかに少ないのです。塗り薬で考えられる副作用は、皮膚が萎縮《いしゅく》して薄くなる、毛細血管が広がる、細菌感染を悪化させるなどですが、ステロイド外用薬は期間限定で使うのでまず心配ないと考えてよいでしょう。もし副作用が表れても、皮膚炎が治まってステロイド外用薬を塗らなくなれば自然によくなります。

■指示どおり正しく塗ってこそ効果が

塗り薬の最大の欠点は、「塗らなければ効かない」ということです。あたりまえだと思われるでしょうが、この当然のことをやっていないために「ステロイドは効果がない」と思いこむ人がとても多いのです。赤ちゃんは自分で薬を塗れません。アトピー性皮膚炎の子どもをもつ親の最大の役割は、薬をきちんと塗ってあげることなのです。

ステロイド外用薬の塗り方のポイントは次のとおりです。

回数は最低1日2回、基本的に朝と入浴後です。使用量の目安は、塗る部分が薄く光って見える程度。ステロイド外用薬は炎症のある部分にだけ塗り広げます。強くすりこむのは厳禁です。広い範囲に塗るには手のひらを使います。まぶたには、人さし指と親指の先で塗り合わせてアイシャドーの要領で広げます。

「ステロイドは怖い」という先入観のために、量や回数を少なめにしてしまう人がいます。大切な赤ちゃんの肌ですから、お母

ステロイド外用薬の塗り方

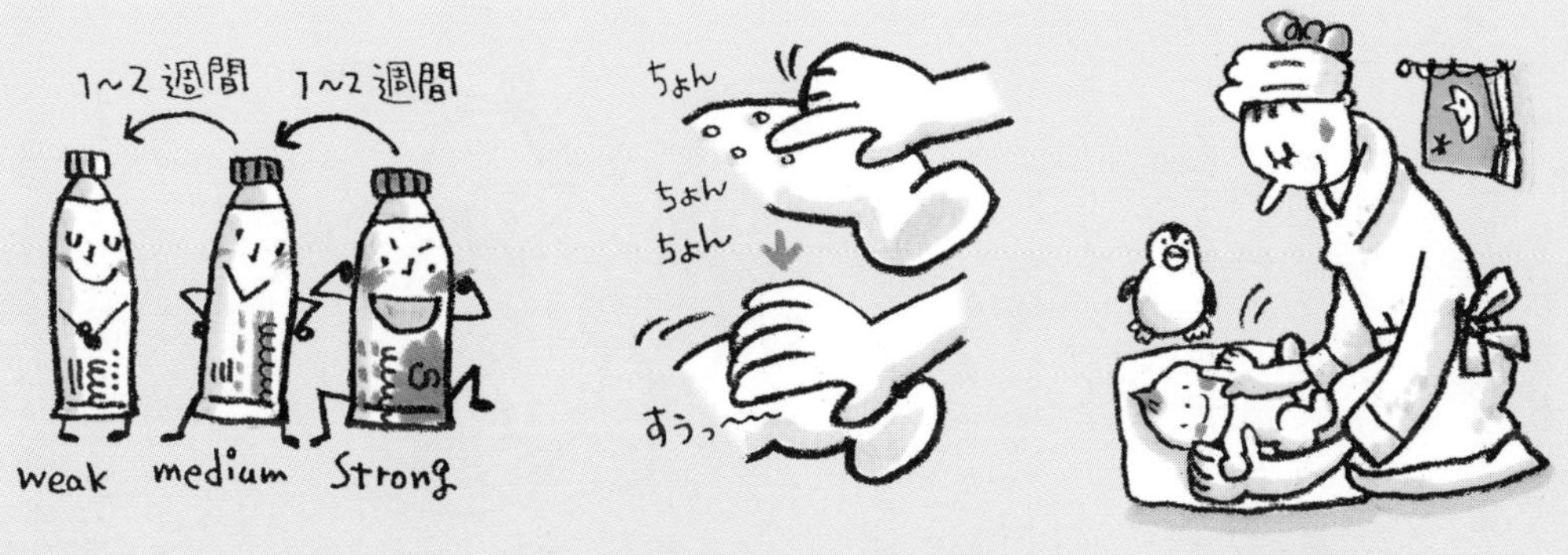

① ステロイド外用薬は、朝、入浴後、の1日2回塗ります。

② 軟膏（なんこう）を人さし指の先にとり、患部にちょんちょんと置いて、覆うように広げます。

③ 十分な量が塗られていれば、最初の薬から次へのランクダウンは1～2週間が目安。

さんが神経質になるのも無理はありませんが、これが間違いのもとです。ステロイド外用薬は、炎症が起きているときに適切な強さのものを短期間使い、症状が治まるのに応じて少しずつランクを下げていくのが正しい使い方です（ランクダウンといいます）。最初の薬から次へのランクダウンは1～2週間が目安です。でも、最初に十分な量が塗られていないと炎症が治まらないのでランクダウンできません。指示された量より少なめにしたりすると、それだけ治りも悪くなり、結果として長期間だらだらと使い続けてしまうことにつながります。

もっともいけないのは、症状が十分によくなっていないのに自己判断でステロイドの使用を中止してしまうことです。それによって症状は悪化します。これをリバウンド現象（薬をやめたことによる症状の悪化）と勘違いしてステロイドを怖がる人がいますが、症状悪化は薬のせいではなく「急に中止した」からなのです。

なお、ステロイド外用薬は赤ちゃんが少しくらいなめても食べても、まったく問題ありません。

■非ステロイド剤なら安心か？

ステロイドの副作用への不安から、非ステロイド系消炎外用薬を求める人も少なくありません。でも、非ステロイド系消炎外用薬ならほんとうに安心なのでしょうか。

じつは、その効果はステロイド外用薬に比べて明らかに弱いことがわかっています。しかも、消炎作用が弱いので長期間だらだらと使うことになり、その結果、接触皮膚炎（かぶれ）を起こしてしまうことも多いのです。それどころか非ステロイド系消炎外用薬をアトピー性皮膚炎に使うと、炎症をかえって悪化させることもあるとの報告もあります。このあたりの判断は難しいところですが、少なくともアトピー性皮膚炎の専門家は非ステロイド系消炎外用薬は積極的には使いません。

また、細菌の感染によってアトピー性皮膚炎が急に悪化したように見えることがあります。湿疹ができていると、そこに黄色ブドウ球菌などの細菌が感染しやすくなります。湿疹が突然ひどくなり、黄色い膿《うみ》のような液が出ているときは、とびひを起こしている可能性があります。その場合は、医師の診察を受けたうえで適切な抗生物質を処方してもらいましょう。

問題があるのは、民間療法などで行われるイソジン消毒です。イソジンは殺菌剤ですが、細菌だけではなく皮膚の細胞にも障害を与えます。とびひの治療で部分的にイソジンを塗ることはありますが、アトピー性皮膚炎の治療に使うことはありません。

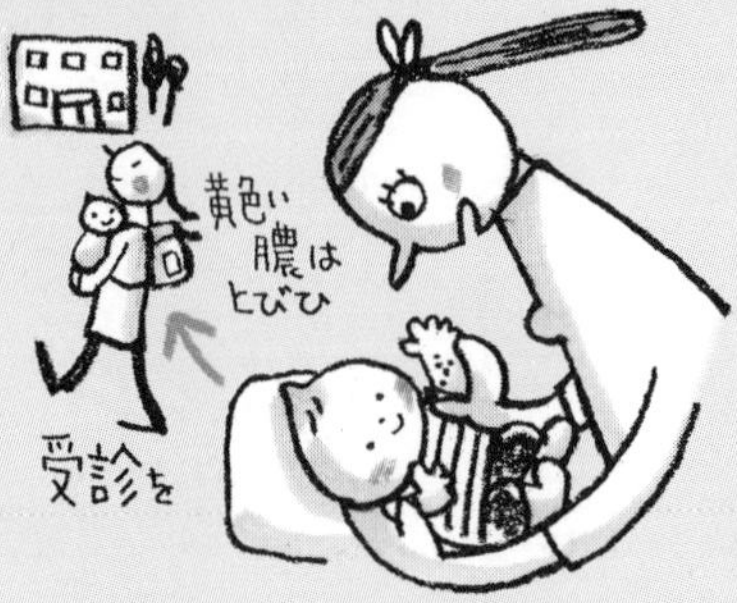

湿疹が突然ひどくなり、黄色い膿のような液が出ているときは、とびひを起こしている可能性があります。

■スキンケアは、れっきとした「治療」

治療というと薬だけをイメージするかもしれませんが、日常のスキンケアもとても大切です。スキンケアということばには〝女性の肌のお手入れ〟といったイメージがありますが、アトピー性皮膚炎の場合、皮膚のバリア機能を補うためのれっきとした治療と位置づけられています。

アトピー性皮膚炎の原因として肌の乾燥、バリア機能の低下による影響が強いことを示す次のような現象があります。赤ちゃんの症状を見れば気づくと思いますが、全身の症状がひどい子でも、紙おむつで包まれている部分と鼻にはまず湿疹はできません（おむつかぶれ〈↓204ページ〉とアトピー性皮膚炎とは別物です）。つまり、乾燥しない部分にはアトピー性皮膚炎はできにくいのです。でも、さすがに全身をおむつで覆うわけにはいきません。だから、代わりにスキンケアをするのです。

スキンケアの最終目標は、ステロイド外用薬などの薬を使わなくても、皮膚をよい状態に保てるようにすることです。乳幼児はバリア機能を担当する角層が薄いので大人に比べて乾燥しやすく、外からの刺激に敏感なのでスキンケアが特に大切になります。スキンケアには「清潔」と「保湿」というふたつの側面があります。

■皮膚を清潔に保つ

前にも触れましたが、アトピー性皮膚炎を悪化させる大きな原因が汗です。厚生労働省の全国調査（２００３年）によると、ある小学校で、症状のある児童10人に8週間、昼休みに5分間シャワーを浴びさせたところ、10人中9人は症状が軽くなりました。汗がたまりやすい場所には皮膚炎ができやすく、かゆみも強くなり、細菌感染も起きやすいので、皮膚を清潔に保つことが欠かせません。

清潔にするというと、まるで皮膚を滅菌消毒するように、たとえば薬用石けんを使えばよいと安易に考えがちです。でも、薬用石けんは成分がかえって刺激になり症状を悪化させたり、かぶれ（接触皮膚炎）を起こすこともあります。

■入浴は1日1回で十分

アトピー性皮膚炎の赤ちゃんのスキンケアは、1日1回入浴して、ふつうの、または低刺激性の石けんやシャンプーを使うことで十分です。赤ちゃんを1日2回以上お風呂に入れることもあるようですが、アトピー性皮膚炎の子ではかえって症状を悪くしている可能性もあります。洗いすぎ、洗浄剤の使いすぎは、脂をなくしてしまい皮膚の乾燥を強くするからです。炎症がひどい場合は入浴は控えましょう。石けんやシャンプーなど洗浄剤の種類にはあまり神経質になる必要はありません。それどころか欧米では、洗浄剤は必要ないとの主張もあります。

入浴の際のお湯の温度は37～38度にします。乳幼児は大人よりもお湯の温度を高いと感じるので、大人がぬるすぎると感じる

入浴するときの注意

① 大人がぬるすぎると感じるくらいの温度（37 〜 38 度）が適温。長湯は禁物です。

② 石けんやシャンプーを手で泡立てながら優しくなでるように手で洗います。洗いすぎないようにします。

③ よく洗い流して、タオルで押さえて水分をふき取ります。

くらいでちょうどよいのです。湯温が高すぎると乾燥肌になりやすく、温まりすぎるとかゆみも強くなります。もちろん長湯は禁物です。

洗い方の注意としては、まず強くこすることは角層をはがしてしまうので絶対にやめましょう。石けんやシャンプーを手で泡立てながら優しくなでるように洗います。洗うときはお母さんの手かガーゼタオルを使います。大切なのは、石けんやシャンプーがからだや髪に残らないようによく洗い流すこと。入浴後は、タオルで押さえるようにして水分をふき取ります。このときも、ごしごしこすらないように。

特に顔に湿疹のある子どもの場合は、朝起きたあとや外から帰ってきたときは、顔の汚れを十分に落としてあげましょう。ぬれたタオルでふくだけでも効果があります。

■皮膚を乾燥から守る

清潔さとともに、乾燥しやすい乳幼児の肌は保湿が大切です。軽い湿疹ならスキンケアだけでよくなることもあります。特に、入浴後の保湿は重要です。ただでさえ少ない皮脂が入浴によってさらに流されてしまっているので、これを補う必要があるのです。お風呂からあがったら、皮膚が乾ききらないうちに、軟膏《なんこう》、クリーム、ローション、乳液などの保湿薬（エモリエント剤）を塗るようにしましょう。お母さんがお風呂あがりや洗顔後に化粧水や乳液を使うのと同じです。保湿薬を使うときも強くすりこまないことがポイントです。

保湿薬にはいろいろな種類がありますので、主治医とよく相談して決めてください。一般に使われる保湿薬は、「ヘパリン類似物質」「亜鉛華軟膏」「アズノール軟膏」「白色ワセリン」「尿素製剤」などです。

お母さんが自分の肌に塗ってみて使用感を確かめてみる、あるいは季節や温度・湿度によって使い分けることも必要です。保湿効果がいちばん高いのは軟膏です。湿度の低い冬は軟膏が向いているし、湿度が高く汗をかきやすい夏はクリームあるいはローションタイプのものが使いやすいでしょう。女性が化粧品を選ぶのと基本的に違いはありません。

■保湿薬が先、ステロイドがあと

ステロイド外用薬を使っている場合は保湿薬とどちらを先に塗ればいいのかも気になります。まず、保湿薬を全体に塗ってから炎症のある場所だけにステロイド外用薬を使います。この順序が逆になるとステロイド外用薬が分散して効果が半減してしまうので注意したいところです。

保湿薬を塗る回数に基準はありませんが、最低でも1日数回は使ったほうが効果的です。皮膚に残っている感じがなくなったら塗り、薬を皮膚表面から常に絶やさないようにこころがけましょう。特に赤ちゃんは、抱っこされているお母さんの洋服に皮膚をこすりつけたり、自分の手で顔などをよくさわったりします。薬が短時間でとれてしまうこともあるので、こまめに塗る必要があります。

また、授乳や食事のあとや、よだれがたれているときは、口のまわりを優しくなでるようにふき取り、そのつど保湿をするようにしましょう。おむつを替えるときも、おしりをふいたら保湿薬を塗ります。

なお、スキンケアには紫外線から肌を守るという意味もあります。最近は皮膚がんと紫外線の関係もいわれており、赤ちゃんを強い紫外線に長時間あてることは危険です。特に、顔に湿疹がある場合は避けてください。

■症状悪化の原因は〝ひっかく〟行為

アトピー性皮膚炎の症状でいちばんつら

寝ている間は手袋をさせて、自分でひっかけないようにします。

暖房は控えめに。なるべく薄着を習慣づけましょう。

いのは「かゆみ」です。かゆみはバリア機能の異常によって強くなります。かゆいので肌をひっかく、その刺激がまた湿疹を悪化させる、するとさらにかゆみが強くなるという悪循環があります。この悪循環を断ち切ることができればアトピー性皮膚炎の治療の半分以上は成功したといわれます。

乳児の皮膚炎が頬に多いのは、まだ手が自由に動かせないので、顔を動かして頬を布団などにこすりつけるからです。自分の手でかくことができる月齢になると、かいている部位に湿疹が広がっていきます。寝ている間は手袋をさせるなど、気をつけてあげましょう。

また、急に暖かい環境にはいるとかゆみが増します。健康な子でも、からだが温まれば血の巡りがよくなり肌がかゆくなります。眠っているときも体温が上がります。必要以上に暖房を強くしたり、厚着をさせたりしないように注意してください。

■肌着や寝具は肌に優しい木綿を

子どもの皮膚に直接触れる肌着や寝具は、化学繊維やウール、麻など刺激になる素材ではなく、木綿製の肌に優しいものが適しています。木綿でも染色や加工されているものは避けましょう。肌着はゆったりしたサイズのものを選びます。新しい肌着は使用前に水洗いします。肌が縫い目の刺激を受けないように肌着を裏返しにして着せるといったアイディアもあります。

　衣類などを洗濯するときは、肌の刺激になる界面活性剤の含有量の少ない洗剤を選ぶとともに、洗剤や柔軟剤が残らないように十分すすぎましょう。

　また、アトピー性皮膚炎の赤ちゃんはかゆくて顔などをお母さんの衣服にこすりつけますから、皮膚に刺激を与えるような物は身につけないようにします。

信頼できる医師の見つけ方

■何科を受診するか

　健診などでアトピー性皮膚炎が疑われた場合、または気になる症状があって病院を受診する場合、何科で診てもらえばよいのか迷うこともあるでしょう。結論をいえば、肌が赤い、荒れている、じくじくしているという程度の症状なら、小児科でも皮膚科でもアレルギー科でも対応できますが、明らかに症状がひどい場合は皮膚科を受診することをお勧めします。

　目の前の医師がアトピー性皮膚炎のことをよく知っているかどうかを判断するこつがあります。まず、乳児期の赤ちゃんをひと目見たときに「アトピー性皮膚炎かどうかまだわからないので様子をみましょう」といわれたら、そのドクターを信頼してよいでしょう。乳児期は専門医でも他の湿疹と見分けがつきにくいからです。

　幼児期以降であれば、逆にひと目で「アトピー性皮膚炎ですね」と診断されたらその医師は専門家でしょう。アトピー性皮膚炎は「目で見てわかる病気」だからです。

■定期的な通院が大事

　受診して不安に思うことがあれば、納得できるまで医師に聞いてください。それにきちんと答えてくれるのがよい医師です。信頼できるドクターを見つけることが子どもにとって最上のケアですし、信頼できる医師に出会えればお母さん自身が精神的に安定して、子どもにもよい影響を与えます。場合によってはセカンド・オピニオンを求めて医師を替えることも必要です。ただし、よい医師を見つけたら定期的に通院し、症状が悪化することがあっても診察を継続することが大事です。

コミュニケーション

あやすと、はっきりとにっこり笑うようになった赤ちゃんは、家族の太陽です。首がすわり、からだがしっかりしてきて、自分から見たい物を目で追ったり、声のするほうを見て人を探したり、びっくりするほどいろいろなことができるようになります。お母さんのことをはっきり認識し、そして、お母さんよりもっと低くて大きな声を出す「男の人」もいるらしいとわかっています。お父さんの出番です。

　時間の許すかぎり、赤ちゃんのことを見つめてください。赤ちゃんの興味の移り変わりや、してほしいことが、じっと見ているだけでわかってきます。それをくみ取って、ことばをかけることが大切です。

赤ちゃんが見ている物をことばで補う

　首がすわって視野が開けてくるとともに、見たい物に焦点を合わせることができるようになってきます。そして、首を巡らせ、まだあまりじょうずではありませんが、目でも物を追うこと〈「追視」↓254ページ〉が始まります。この時期の赤ちゃんは、自分の視界が日一日と広がっていくことがおもしろくてたまらないのでしょう。何かを、ひたすら見つめています。

　お母さんはそういう赤ちゃんを、よく観察してください。興味のある対象がすぐに移り変わる赤ちゃんもいれば、ひとつの物をじーっと穴の開くほど見つめる赤ちゃんもいるでしょう。赤ちゃんがぬいぐるみを見ていたら「クマちゃんよ」とことばをかけ、お散歩で飛行機の音に驚いたら「お空に飛んでるの、見える?」と指さして。

　意味はわからなくても赤ちゃんはちゃんと聞いていて、こころの奥深くのポケットに、こういうやりとりをしまっているのです。1歳を過ぎて本格的にことばが出るころに、このポケットにはいっているものが役に立ってきます。

　早い子では、大人の視線をたどり、同じ物を見つめたりすることもあります。これは高度な芸当です。「お父さんがドアからはいってきたねえ」「これは、あなたのお洋服よ」と、ふたりが一緒に見た物を、ことばでなぞってあげましょう。

代わりばんこに声を出して"会話"を楽しもう

　このころになると、赤ちゃんの口の中のつくりはだいぶ大人に近づいてきて〈↓255ページ〉、それまでの少しくぐもったような発声が、はっきりした明るい「アー」になってきます。同時に、笑い声をはっきり立てるようになり、かわいらしさもひとしおです。

お母さんがのぞきこむと「さあ、おしゃべりしようよ」とばかりに、「アババババ」「ンパッンパッ」と音を繰り返す★1喃語《なんご》が出ます。赤ちゃんが少し休んで間があいたら、今度はお母さんがまねをして「アバババ」「ンパパパ」。代わりばんこの発声で、会話もどきを楽しんでください。

もっともっと大人と遊んでいたい赤ちゃんは、足をばたばたしたり、声を出したりして、自分に関心を向けさせる作戦に出ることも。姿は見えなくても、声のするほうに耳を澄ましたり、首を向けたりします。声がする、だれかがいる、という因果関係がわかり始めているのです。

「まねさせよう」と思わないで

赤ちゃんがいろいろな声（音）を出すからといって、お母さんは自分が出す声やことばをまねさせようなどと思うのはよくありません。赤ちゃんがタオルをつかんで遊んでいるのに、ガラガラを持たせて「ほーら、音がするよ、振ってごらん」と誘導するのも、赤ちゃんにはうれしくないことです。赤ちゃんの関心がガラガラにいっているな、と感じたときに、「どんな音がするかなー」「大きな音が出るかなー」と、渡してあげればよいのです。

〝教育的指導〟や、「きちんとした日本語で語りかけよう」という理屈っぽい気負いは、赤ちゃんには迷惑です。けれども、お母さんが感覚的に楽しんでいるときは、うきうきした気持ちは赤ちゃんにも伝わります。抱っこしたまま「ララ〜」とステップを踏んだり、庭の花壇を一緒にのぞきこんだりするとき、赤ちゃん

何か語りかけなくては、などと難しく考えず、歌ってあげるのでも十分。お母さんのうきうきした気持ちは、赤ちゃんにも伝わり、ふんわりした気分を共有できます。

★1――これまで、おっぱいを飲みこむためだけだった上顎（うわあご）や喉（のど）の奥が広がり、声の質が変わり人間らしい音になって、唇を使った音が出てきます。

とふんわりとした気分を分かち合えているのです。「この子はいま、私の歌を聞きたいだろうか」などと考えすぎず、わらべ歌や好きなアーティストの歌、時には英語の歌でも、お母さんがのりのりで歌ってあげるとよいでしょう。

指しゃぶりは気にせず、でも、手をかけて

赤ちゃんは自分に手があることを発見し、おもちゃやガーゼをつかみます。次は、手や指をじーっと見つめ〈「ハンドリガード」→252ページ〉、調べるために口に持っていきます。少し前はこぶしをなめる程度だったのが、このころからは、おもに親指を好んでチュッチュと吸っています。口に何かはいっていて、それを好きなだけしゃぶっていられる擬似授乳ともいうべき状態は、赤ちゃんにはとても心地よいもの。無理にやめさせる必要はありません。

「指しゃぶりをさかんにする子は、手がかからない」といわれることがあります。逆にいうと、おとなしく「指をくわえ」ながら寝入ってしまう赤ちゃんは、ともすれば手をかける頻度が低くなりがち、ということなのかもしれません。きげんよく指しゃぶりをしてはいても、お母さんに顔をのぞきこまれるのはうれしいものです。「○○ちゃんのお指はどんな味かなあ」と声をかけてあげましょう。

「あれ、欲しいな」の気持ちを高めてあげる

赤ちゃんが寝転がっているときや、うつぶせで頭を持ち上げているとき、視界におもちゃがはいると注目し、手を伸ばすようになってきます。まだ、うまくさわったりつかんだりはできませんが、見ている大人がさっさと「欲しいのね、はいはい」と手渡してあげることは、赤ちゃんのささやかな達成感の芽を摘んでしまうことになりかねません。

「赤いおしゃぶりだね、なめてみたいね」と、ほんの少し近づけてあげたり、さわれるかさわれないかくらいの所に置いてみましょう。赤ちゃんの肩や腕を「がんばれ、がんばれ」と優しくトントンたたくのも、緊

携帯電話は控えめに

子育て中の家族にとって携帯電話は便利な道具ですが、固定電話に比べ、かけるほうにも遠慮がありません。赤ちゃんが大人のほうを見てコミュニケーションしようとしているときに携帯電話が鳴ると、お母さんやお父さんの注意は瞬時に電話に向いてしまい、赤ちゃんは突然ほうり出されたような気持ちになります。赤ちゃんが目覚めているとき、特に食事のときや遊びの時間、子ども連れの外出時には、電源を切るかマナーモードにし、こちらの都合でかけ直すようにこころがけたいものです。

張がほぐれていいですね。
おしゃぶりにさわりたい、近づいた、つかんだ……。一部始終を見ていたお母さんは、ここで、「やった、取れたね」と赤ちゃんのうれしい気持ち★2を共有します。

いつも大人が取ってあげると、赤ちゃんはつまらなくなってしまいます。また、欲しい物にぐっと手を伸ばすしぐさは、やがて始まる、寝返りやはいはいのときに必要な姿勢につながっていきます。

お父さんへ

お父さんだからできる遊び

赤ちゃんがかわいく笑うようになったら、お父さんの出番です。「どんなに一生懸命に相手をしようとしても、妻にはかなわない」「僕が抱っこしても、お母さんのほうを見ている」と言うお父さん、それは圧倒的な場数の違いです。なにせ赤ちゃんは妊娠中からお母さんの声を聞いて育ち、日中も一緒に過ごしているのですから、同じ土俵で張り合おうというのが、どだい無理な話です。

初めは、赤ちゃんが笑わなくても、泣いても、気にせずに泰然と相手をしていてください。おろおろしたり、腹を立てたりすると、たちまち赤ちゃんに見抜かれてしまいます。

お母さんが信頼して赤ちゃんを任せている人かどうか、赤ちゃんにはよくわかります。お父さんと半日も一緒に遊んでいれば、赤ちゃんは、「いつもとは違う低い太い声だけど、悪い人ではないらしい」「大きな手で、がっちり抱っこしてくれるぞ。これはこれで楽しいな」と思うようになります。お父さんは自信をもって、赤ちゃんをゆっくり揺すったり、渋い低音で歌って聞かせたりしてください。

ふつうに立て抱きにしているだけでも、お母さんのときとは違う視界が開けて、赤ちゃんはお父さんの抱っこがすぐに大好きになることでしょう。語りかけながら抱いているだけで、赤ちゃんにとっては楽しい遊びのひとときです。

「何を語りかけたらよいのかわからない」「赤ちゃんことばは照れくさくってどうも」という人もいるでしょう。そういうときは、お母さんがするように、赤ちゃんの出す声をただまねてみてください。「へえ、アーって言えるのか」「お父さんとハモろうか」など、お父さんことばでかまわないのです。

★2――赤ちゃんの行動や気持ちを大人が代わりにことばにしてあげること（パラレルトーク）〈→535ページ〉は、赤ちゃんのこころに届く語りかけです。

首すわりのころの遊び

遊びが育てるのは、おおむね次のような力です。

- 元気なからだをつくりあげる
- 器用に動かせる手をつくる
- 見る力・聞く力・話す力を育てる
- こころが育ち、知力が向上する
- 人と気持ちを分かち合い、社会の一員になっていく

表情が出てきて、あやす張り合いのあるこの時期、大人がひざの上でゆらゆらさせたり、こちょこちょ遊びをしたりすることが、丈夫なからだづくりにつながります。

腕や手を自分の意思で動かせるようになってくると、ガラガラやおきあがりこぼしなど昔ながらのおもちゃの出番。手で振ったり押したりすると、音や動きが楽しめます。

新しいことを学んでいく前向きな気持ちは、そばに大好きな人の笑顔があり、安心した気持ちでいられることが欠かせない条件。どんなことをしたら赤ちゃんが注目し、うれしそうな顔をしてくれるか、いろいろ試してみましょう。

遊びが育てる五つの力

- からだ
- 手
- 見る・聞く・話す
- こころ・知力
- コミュニケーション

まっすぐ 抱っこ

これまでの横抱きから立て抱きの姿勢に変えて、歩いたり、軽く揺らしたりしてみましょう。視野も広がります。

お花ちゃん きれいね～
スタンドさん こんにちは～

立て抱き姿勢や、縦向きでの揺れはからだをしっかりさせ、バランスを取るためのよい経験です。高い位置だと視野も広がり、両眼で物を見る働きが促されていきます。

おもちゃは どこだ?

赤ちゃんをうつぶせにして、目の前におもちゃを置きます。おもちゃが気になって、自分で首を持ち上げようとします。

もしもし
アヒルさんですよー

おもしろそうな物に目の焦点の距離を合わせ、よく見ようとします。首を持ち上げることは背すじを伸ばす姿勢づくりの練習になり、この働きが寝返り、おすわりへとつながります。

おきあがりこぼし コロン

うつぶせにした赤ちゃんの視野にはいり、手が届くところに、おきあがりこぼしを置きます。赤ちゃんは注目し、手を伸ばしてさわろうとします。

いい音ね
コロン♪ コロン♪
おてて届くかな?
♪コロン♫ コロン

見える→興味をもつ→その方向に手を伸ばすという動作が育つ基礎となります。たまたま手が触れて音が鳴ると、うれしくて、「またやりたい」という挑戦の気持ちが育ちます。

いないいない ばあ

「いないいない」と「ばあ」のタイミングや声の調子をいろいろに変化させて、赤ちゃんが注目するように工夫しましょう。あきたら、やめるようにします。

ばあ!
いない いない…

顔が見える・見えないの変化にひきつけられます。「ばあ」は赤ちゃんが発音しやすく覚えやすい音。親しい人の顔が消えてもまた現れるのに驚くと同時にうれしい気持ちになります。

たかい たかい

赤ちゃんが声を出して笑う様子を観察しながら、勢いを加減してやります。からだをかたくしたり、表情がこわばったら「いやよ」のサイン。

上下方向への動きが、赤ちゃんのからだの位置や姿勢への感覚を高めます。ちょっとしたスリルがあるため、遊んでくれる大人と、気持ちのうえでの結びつきが深まります。

おひざで ゆーらゆーら

ひざの上に向かい合って座らせ、わきの下を支えて、からだを揺らします。しっかり支えて、目を離さないように注意しましょう。

頭やからだの軸が崩れても元に戻せる働きが、おすわりの姿勢の基礎になります。そして、おすわりの姿勢の安定することが、腕や手の自由な動きにつながっていきます。

こちょ こちょ こちょ

手のひらや首元、わきの下、おなか、足の裏など、さわられたら喜びそうなところを探して、「こちょこちょ」とくすぐります。

ほかの人にさわられることで自分のからだの部位を意識し、自分から動こうとする力が芽生えます。親しい人と笑い合える関係は気持ちの安定を促し、外界への好奇心を育てます。

マークは、その遊びをとおして、赤ちゃんのなかに育つ力のうちの代表的なものを表しています。

マラカス　リンリン

「ガラガラ」「リンリン」など声をかけながら、赤ちゃんがちょうど握れるくらいの、振ると音が出るおもちゃを持たせます。

握り、振ることで、脳に刺激が送りこまれ、さらに活動が活発になります。「振り回すと音が出る」という関係を理解していきます。繰り返しが多くなじみやすい擬音語にも親しめます。

カチカチ　できる?

積み木や大きめのブロックなどを両手に持たせます。赤ちゃんは自分で、目の前でおもちゃを打ち合わせて遊びます。

姿勢が安定してきて腕や手の動きが自由になってきます。からだの中心線上にある目の前でおもちゃを合わせることで、両手の協応や、右脳と左脳を合わせて使う力が育ちます。

ぎっこん ばったん

赤ちゃんの両手を持ち、ゆっくり起き上がったり、元のあおむけ姿勢に戻るのを手伝ってあげます。無理に続けたり繰り返したりは、しないようにします。

首も遅れず起き上がれるように、首やからだ全体に自然と力がはいります。この力が寝返り・おすわりにつながります。姿勢づくりの遊びなので、ゆっくり動くことが大切です。

お散歩に 出かけよう

そろそろ外気浴が楽しめるころです。ベビーカーに乗せたり、抱っこして、外に連れて行きましょう。

視野が広がり、日ごろ見慣れない物が見えたり、いつもとは違う音が聞こえたり、興味をかきたてられます。ベビーカーの揺れや勢いも刺激となり、元気なからだづくりにつながります。

この時期におすすめのおもちゃ

- 赤ちゃんがちょうど握れるくらいのガラガラ（手のひら全体で扱えるようなサイズ）など音の出るおもちゃ
- おきあがりこぼし
- 赤ちゃんの手が届くところに置けるつるし玩具《がんぐ》やベビージム
- 赤ちゃんが握りやすい、やわらかい立方体やボール、ぬいぐるみなど

「0歳からの絵本」については364・430ページをご覧ください

4か月〜5か月

ただいま人気、ねじれ現象

赤ちゃんって体操の選手みたい。足をつかんで顔まで持ち上げて。そうかと思うと腰をひねって、からだねじって、どうなっちゃうの。まねしてみたら、案外気持ちいいかも？　さあ、お父さんお兄ちゃんも、ご一緒に！　すごいでしょう、教えなくてもできるようになっていく。

からだの発達

4か月～5か月

首がすわり、自由になった手で物にさわり、積極的にかかわり始めた赤ちゃん。5か月目にはいると、また大きな変換の時を迎えます。

手に続いて足も"味わう"

そのきざしは、あおむけになって遊んでいる赤ちゃんをじっと観察しているとわかります。ハンドリガード〈↓252ページ〉で、自分の手の存在とその働きに気づいた赤ちゃんは、いろいろな物を果敢につかんで、口に運びます。手に持ったあらゆる物を赤ちゃんは味わい尽くして、あおむけに寝ているときにたまたま視界にはいる手以外のからだの部分も、探索の対象にします。

手以外で目に見えるからだの部分って何、と首をかしげる方もいるでしょう。あおむけになって遊んでいるこの月齢の赤ちゃんがいる方は、観察してみてください。答えはすぐにわかります。そうです、赤ちゃんは何かの拍子に手にさわった自分の足を、腰を浮かせて引き寄せ、かぶりつくのです。大人にはとてもまねのできないこうした芸当ができるのは、赤ちゃんの胴体が短いことがいちばんの理由です。

足を高く上に上げ、腰を浮かせた姿勢はこの時期の赤ちゃんが好んで取る姿勢です。ところが、こうした姿勢で重心が高くなると、からだが横倒しになりやすいのです。こうしてあおむけの姿勢ばかりだった赤ちゃんは、腰を持ち上げて下半身だけひねるすべを覚えるのです。

ねじれ状態から寝返りへ

さて、これで皆さんは、大きな変換の時が何を意味しているのかおわかりでしょう。そうです、赤ちゃんはこのころから、寝返りを身につけ始めるのです。

先ほどの腰を浮かしてひねることができるようになった赤ちゃんは、しばらくの間、下半身だけ先に寝返りしたねじれ状態を何度も経験します。でも、この下半身だけねじれた状態は決して居心地のよいものではありません。最初はねじれを元に戻してあおむけに戻っていた赤ちゃんは、これもまた何かの拍子に、下半身を元に戻すのではなく、上半身をねじれと同じ方向にねじることで、この居心地の悪いねじれ状態から脱出することができることに気づくのです。そして気づいてみたら、うつぶせの状態になっていたのです。うつぶせの姿勢で、まだ高さは低いのですが、赤ちゃんは三次元的な世界を見ることができます。また、床などに置かれたおもちゃなどの物を眺めることもできます。

寝返りは「移動運動」の始まり

でも、たかが寝返りを「大きな変換の時」とよぶのは大げさだ、と思っている方がまだ多いのではないでしょうか。じつは寝返りが大きな変換であるのは、寝返り運動こそがヒトの赤ちゃんが初めて自分の意思で行った「移動運動」だからなのです。ヒトを含めた動物のいちばんの特徴は、自ら移動できるということです。もちろん例外もありますが、寝返り運動でヒトの赤ちゃんは初めて、自分で移動できるようになるのです。さらに高等な運動手段であるはいはいができるようになるまで、赤ちゃんは寝返りを利用して自分の好きな所に移動します。

この移動能力の獲得は、赤ちゃんにとっては喜ばしいことですが、親にとっては子育ての第2段階にはいったことを意味します。泣き声はうるさいし、授乳やおむつの世話は大変でしたが、これまでの子育てはそれでもまだ楽だったのです。なにしろ相手は自分では動くことができませんから、布団やベッドに寝かせておけば、そこから別の所へ行ってしまう心配はありませんでした。ところが、寝返りを覚えた赤ちゃんは、ごろごろと好きな所へ移動してしまうのです。まさに、赤ちゃんから目を離すことができない時期に突入したのです。

この時期の赤ちゃんは、口で様々な物を味わって探索します。「足を味わう」のもそのひとつです。

赤ちゃん事故に十分気をつけて

このころから、赤ちゃんの事故が起き始めます。寝返りで転がっていってやけどをしたり、転落してしまう、あるいはベッドの柵《さく》に挟まってしまう、という事故は、赤ちゃんの移動能力が間接的にかかわっています。

いまでも南米のインディオの間などで行われている子育ての方法に、「スウォードリング」〈↓337ページ〉という方法があります。これは赤ちゃんを布でミイラのようにぐるぐる巻きにして、自由に動けないようにしてしまう方法です。一日の大部分をこのぐるぐる巻き状態で過ごしても、発達に影響は出ないことがわかっていますが、このスウォードリングは、かつては日本を含めた世界中で行われていた育児法です。世界中で行われていたからには、なんらかの利点があるからだ、と考えるのが自然です。ある動物行動学者は、このぐるぐる巻きの利点のひとつとして、赤ちゃんが勝手に移動しないことを挙げています。現代の日本のようには生活環境が清潔で安全ではなかった時代や土地では、勝手に動かないことが、赤ちゃんにとってはいちばん安全だったのです。

果汁や味噌汁などの味に慣れさせて、
離乳の準備を始めましょう。

母乳やミルク以外の味にチャレンジ

4～5か月の赤ちゃんは、そろそろ体重増加の速度が遅くなり始めます。赤ちゃんはすでに乳首から母乳やミルクを飲む技術のベテランになっていますから、栄養を取ることに関しては少し余裕ができてきます。こうした余裕を利用して、離乳の準備をして、母乳（ミルク）以外の水分で、ほかの味に慣れさせることができるようになります。果汁や味噌汁《みそしる》をあげるのは、そうした初めての味の冒険です。

赤ちゃんは、目の前にある様々な物には興味津々でさわったり、なめてみたりしますが、いったん口の中にはいった物の味には慎重です。大部分の赤ちゃんは、母乳（ミルク）以外の味に対して極めて保守的です。甘い味はよいのですが、酸っぱい味や苦い味は嫌って飲もうとしないことが多いのです。これも、変な物を食べないように仕組まれた一種の本能です。

音や声のする方向に振り向く

このころの赤ちゃんは、三次元の世界に参加するために必要な能力を少しずつ身につけ始めます。視力は、生まれたばかりの赤ちゃんは白黒がわかる程度でしたが、この時期になると色や細かいものの輪郭まで、はっきり見分けることができます。聴力は生まれたときからすでに敏感で、まわりの音や声を聴いていましたが、4〜5か月になると音の方向がわかるようになり、声をかけられるとそちらを振り向くことが可能になっています。

音や声がするほうを振り向くという動作は、私たち大人にはあたりまえの行為ですが、視覚と聴覚というふたつの異なった感覚を脳の中で関連づける作業が必要です。こうした作業は、大脳の連合野《れんごうや》という部分で行われますが、この連合野の発達は赤ちゃんの知的発達にとって欠かすことのできない重要な出来事なのです。（榊原）

このころ気になる症状と病気

嘔吐《おうと》〈↓735ページ〉
いちご状血管腫《けつかんしゅ》（あざ）〈↓760ページ〉
呼んでも振り返らない（難聴）〈↓771ページ〉
股関節脱臼《こかんせつだっきゅう》〈↓780ページ〉

4か月〜5か月

ことばの発達

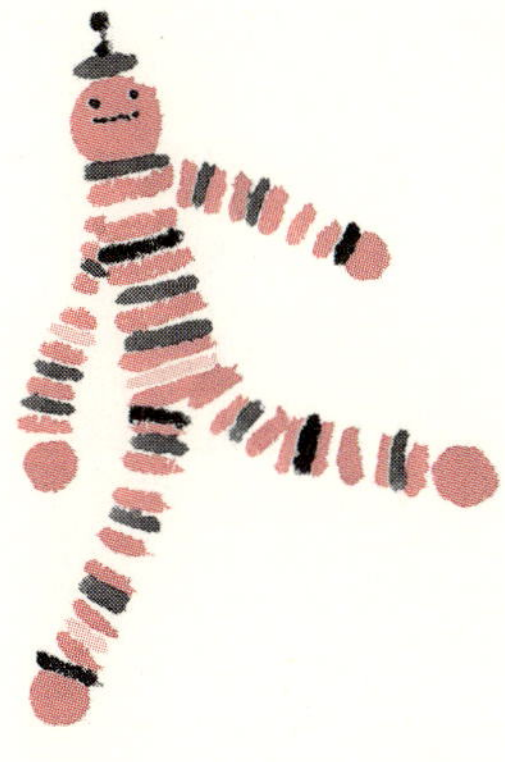

ゆっくりと成長した赤ちゃんでも、この月のおしまいまでには首がすわり、それとともに目の使い方がじょうずになります。

追視の範囲が180度に広がる

ちょっとおもしろい実験をしてみましょうか。あおむけに寝ている赤ちゃんの真上、目から30cmくらいの高さでお気に入りのガラガラなどを見せて注意をひき、それをゆっくり真横に動かします。再び顔の真上まで戻し、次に反対側の真横まで動かします。たぶん、視線を途切れさせることなく両方の目で追い続けられるでしょう。180度の追視です。

大脳は左半球と右半球とに分かれていて、脳梁《のうりょう》という渡り廊下でつながっています。両目を使ってじっと見ることと、両手をからだの前で合わせることとは、ほぼ同じ時期にできるようになる動作ですが、これは、脳の左半球と右半球とが協力して働けるようになったこと（両側性統合）を示しています。

顔やからだの真ん中のことを正中線《せいちゅうせん》といいますが、正中線を横切って左右に視線を動かして、追視の範囲が１８０度に及ぶこと、目の前で両手を合わせたり、足の指をなめたりして遊べるようになることは、そういう意味で喜ぶべき成長なのです。

興味をひかれた物に手を伸ばす

目をコントロールできるようになるので、見えた物のうちで興味をひかれる物に手を伸ばし、さわったり取ったりしたくなります。ちょっと前だと、「おや、おもしろそうだな」と思っても、眼球運動をコントロールできずに視線が勝手にはずれてしまい、見続けるための注意力も続かず、手を伸ばそうにも生まれつきの反射（非対称性緊張性頸《けい》反射＝ＡＴＮＲ〈↓174ページ〉）が邪魔をして目的の方向には手を伸ばせなかったのです。

子どもの手の届くところにガラガラなどの音の出るおもちゃを置いたり、天井やベッドの柵《さく》からつるしておいてあげたりすると、さかんに手を伸ばしてさわろうとします。見えるから、さわろうとするのです。これは脳の中で目と手を連携させる配線ができてきた証拠で、数年後の文字を書くという行動につながっていきます。

早くから訓練をすればするほど早くじょうずになる、というものでもありませんが、赤ちゃんのそばに、思わずさわりたくなるような物を用意してあげることで、赤ちゃんの興味をかき立て、手を動かすチャンスをつくるのは決して悪いことではありません。さわったら揺れたとか、手に持って振っ

音の出るおもちゃなどに、手を伸ばしてさわろうとします。赤ちゃんの興味をかき立てるものを用意してあげるのもよいことです。

たら音が出たとか、自分の行為の結果が見えたり（視覚的フィードバック）聞こえたり（聴覚的フィードバック）することが一種のごほうびになって、さらに赤ちゃんのやる気や興味を育てますし、こうしたらこうなったと、ものごとの因果関係を理解していくうえでもプラスになります。

　手を伸ばしておもちゃに届くと、それを握りこみ口に運ぶことが多いでしょう。手でさわったり目で見たりするよりも、口で調べるのがいちばん確実な方法なのです。おもちゃやガラガラも、握ろうと思って握るとか、離そうと思って離すというほど思いどおりにはできません。べつに握りたくもないのにガラガラを握りこんでしまって赤ちゃん本人がちょっと困惑気味だったり、手をばたばたさせた拍子に物が遠い所に飛んでいってしまってびっくりしたりと、ユーモラスな場面に出会うことが多くなります。

「食べちゃうぞー」のような遊びのなかでも、親子の「応答」が育ち、将来の会話能力の基礎づくりになります。

親子のやりとりが会話能力の基礎

　食べてしまいたいほどかわいい笑顔も相変わらず楽しめます。実際にほっぺたや手などを「あむあむあむ」と軽くかじるまねをしているお母さんも少なくないでしょう。お父さんがやることもあるかもしれません。

　こういう「食べちゃうぞー」遊びは皮膚からの触覚刺激となって、赤ちゃんの気持ちや脳の働きを活性化しますから、赤ちゃんは思わず「キャキャ」と笑います。大人は赤ちゃんの笑顔を見たい、笑い声を聞きたいと思って、ことばの間隔や声の調子、かじるまねのしかたやかじる場所を変えながら「食べちゃうぞー」遊びを繰り返します。こんなありふれた生活のひとこまのなかでも、親子の「応答」「やりとり」が育ち、将来の会話能力の基礎づくりになっています。

音への反応もはっきりしてくる

　音への反応もはっきりしてきます。首が動かせるようになるため、おもちゃの音、ドアの開閉の音、お母さんの声などに気づいて振り向きます。後ろのほうから聞こえるオルゴールの音に、半分くらいの赤ちゃんは振り向くようになります。ほとんど全員が振り向くのはまだ先で、6～7か月ころです。音への反応も、早くからはっきり反応する子と、のんびり屋さんと、赤ちゃんそれぞれです。音への反応の早い子が一流の音楽家になると決まったわけでもありませんし、のんびり屋さんはのんびりのペースでいきましょう。赤ちゃん本来のペースを変えることもできませんからね。

　赤ちゃんはまた、さかんに声を出すようになります。喉《のど》の奥のほうがだんだん広がってくることと歩調を合わせて、「ウックン、ウックン、グゥー」「アウー」「ンンー」、時として「ブゥー」など唇を使う音も出します。ごきげんのよいときと、ごきげんななめのときの声の調子は明らかに違ってきます。感情を声で表現できるのです。

スプーンを使うときは上半身を起こして

　離乳食の準備のために、お茶やジュースをスプーンで飲ませ始めているお母さんお父さんに、お願いがあります。赤ちゃんを上に向かせて流しこむようにすると、飲みこみにくいうえに、むせやすくなります。赤ちゃんの上半身がまっすぐになるようにしっかり支え、スプーンを唇にあてて、赤ちゃんが自分から「飲みこむ」動き（嚥下《えんげ》）ができるようにつきあってあげてください。この時期はまだ舌の勝手な前後運動が残っているので、せっかく口にはいった液体が流れ出てしまうこともよくあります。

（中川）

4か月～5か月

こころの発達

この間おばあちゃんが久しぶりにやってきて「あら、しばらく見ないうちに顔立ちがしっかりしてきたわね」って言っていた。そう、もうぼくは、自分の意思で物を見て、何をしてほしいか、何をしてほしくないか、からだで表現できるようになってきた。からだを自分の意思で動かせることも多くなってきた。「自分」といえる部分が、少し育ってきたんだ。

　みんながベッドにいろいろな物を置いてくれる。ぼくにはそれが何かわからないから、まずさわってみようとする。ここが、いままでと違うところ。なんだろうと思うと、つかんでみたくなるんだ。でもどういうものかわからないから、すべて口に持っていく。

　ぼくにとって、口でなめたりかんだりするのが、物を確かめるいちばんの方法なんだ。目や耳では、まだ何なのか判断などできない。もちろん、ことばもまだわからない。だからなんでも口に持っていく。そうやって、これはなんだろうと確かめているんだ。口ざわりのいい物は少し長い時間なめさせてもらう。だって、気持ちがいいんだもの。

　このごろ、ぼくにはお母さんやお父さんがしゃべっていることばの意味が少しだけわかってきた。

「ケンちゃん、抱っこしようか」という音（ことば）が聞こえると、いつも抱っこしてもらえるんだ。「たかい、たかーい」と聞こえると、上に上げてくれる。ぼくの名前をお母さんが呼ぶと、あれ、どこから聞こえてきたのかなと探すこともある。世の中の音のなかから、ぼくに関係のある音とそうでない音が区別できるようになってきたから、だんだん楽しくなってきた。

　手足がある程度自由に動かせるようになってきたから、ともかく自分で欲しい物は欲しいという行動ができるようになってきたのがうれしい。なんか世界の中心が自分になっていくような感じだね。でも、注意というのがそんなに持続するわけじゃないから、まだそんなに長く同じ物に関心を向けることはできないんだ。そこは期待しすぎないでね。

　そろそろおもちゃが欲しい。この間お父さんが買ってきてくれたおもちゃは、ちょっと小さいから口にはいってしまうんだ。ぼくには、ともかく口がいちばん頼りになる判断器官なんだから、なんでも口に持っていく。だから小さいのはだめ。口の中にはいっちゃうんだから（→296ページ）。苦しいよ。

　ガラガラも好き。まだうまくつかめないけれど、つかませてくれたとき、振ると音がする。あまりいい音と思わないけど、自分で振ったとき音がするというのはいいな。そういうときは、全身でうれしさを表現しているの、わかるかな。

　この間おじいちゃんが、ベッドに固定して、ぼくの頭の上のほうに引っ張るところがいくつかぶら下がっているおもちゃをつけてくれたんだけど、これもいいよ。引っ張ると音がするし、適当な手応《てごた》えもあるし。でも、初め、引っ張ったら

「たかい、たかーい」と聞こえると上に上げてくれること、赤ちゃんはわかっています。

音がするという関係がわからなかったんだ。たまたま手が引っかかったら音がしたし、同じことを何度も経験しているうちに、どうやら引っ張ったら音がするらしいということがわかってきた。このときは自分でも自分のことをすごいと思った。発見したんだから。というのは冗談だとしても、試行錯誤が始まったんだと思ってほしい。これはスゴーイと思ってほしいんだ。ぼくとしては、目の前に何かある、引っ張ってみよう、あれ？　音がした、もう一度やってみよう、ということになるから、楽しいんだ、こういうの。

　それと、この間お母さんが、ぼくをおんぶしてくれたんだ。ぼくはもう首がしっかりしているからおんぶされても平気。もちろん抱きつくなんてことはまだできないけれど、おんぶされると、お母さんの温かみが伝わってきて、とっても落ち着くんだ。ときどき、短い時間でいいから、おんぶしてくれるとうれしいな。

　裸んぼになって、こちょこちょされるのも、気持ちいい。くすぐったいけれど、肌をこすってもらうって、なんか気持ちいいんだ。きっと刺激されると神経にいろいろな電気が走って、それが快感になっているのだと思う。長くやられると疲れるけど、ちょっとの時間なら、こちょこちょ〈↓280ページ〉もいいね。

＊　＊

　この時期は、育ちの速さが加速化されるだけでなく、五感の働きが赤ちゃんの頭の中で総合されてきます。

お母さんの温かみが伝わってくるおんぶは、赤ちゃんも安心できて落ち着きます。

遊びを楽しむ様子がみられる

　4か月期になると、いかにも生まれたてという時期を脱出して、乳児らしくなってきたということを実感するでしょう。たとえば、目で見ている物と手でさわっている物が同じ物だということが、赤ちゃん自身にどんどんわかってくるのです。その結果、行動が合理化されて、大人から見ていても、赤ちゃんの行動の意味がわかりやすくなってきます。

　それをある面から見ると、意思がはっきりしてきたというふうに見えますし、ある面から見ると、遊びが発生してきたとも見えます。遊びというのは、何かに意識を集中して、その〝何か〟自体を楽しむ活動のことなのです。つまり、遊べるためには、赤ちゃんが何かに関心を集中させることがある程度必要なのですが、それが始まるのです。そんな赤ちゃんの様子をみていて楽しくないわけがありません。

大人が見ると、赤ちゃんに、そうしたことを楽しむ意思のようなものが芽生えてきたように見えるかもしれません。あるいは、期待や予測のようなことができるようになってきたようにも見えます。しかし、それはまだまだこれから先の発達課題です。

刺激が欲しいとか、寝ていたいとか、赤ちゃんは大人にサインを送ってきています。

赤ちゃんに応じていく

この時期から、わが子がしっかりしてきたということで、あれこれ刺激を与えてあげなくては、と考えるお母さんお父さんがいるかもしれません。でも、赤ちゃんは、刺激が欲しいとか、いまはじっと眺めていたいとか、寝ていたいとか、自分からサインを送ってきているのです。それは赤ちゃんの様子をみていればわかることです。手足を動かして喜んでいるようならば、抱いてくれというサインかもしれませんし、窓の外をじっと見ていれば、いまじっと見ているからほうっておいてというサインかもしれません。大人はそうした赤ちゃんの欲求のサインに応じて行動すればよいのです。

赤ちゃんがじっと目を合わせることができるようになって、母親のほうを見つめているということがあれば、親は「ほうら、お母さんよ。今日はごきげんさんですね」などと語りかければよいのです。それを見て赤ちゃんが反応すれば、また会話を続けるのです。

幼い子が自分でやりたいといっていないことをあれこれさせようとしたり、欲しいといっていない刺激をあれこれ与えようとしても、関係に無理が生じるでしょう。コミュニケーションがうまくいかなくなり、そうすると、かわいくない、ということにもなりかねません。赤ちゃんに応じていく、という原則で育児をしているかぎり、赤ちゃんってなんてかわいいんだろうとだれもが感じるものです。それだけの力を、赤ちゃんはもっています。

（汐見）

育ちのようす

このころから体重は、１か月に５００gずつ重くなる程度です。これまでと比べれば、ずいぶんなだらかな増加といえるでしょう。母乳やミルクを飲む量が減ったように思えることもあります。

離乳食が始まると、うんちは色もにおいも大人の便に近づきます。赤ちゃんでも生まれたときからちゃんと消化酵素が出ているので、母乳[★1]やミルク以外の食べ物が腸にはいっても対応できますが、歯が生えていないので、かたい物の消化は難しいでしょう。

首がすわる赤ちゃんもだいぶ多くなります。首がすわれば、背中におんぶも、前抱っこもだいじょうぶ。一緒のお出かけが楽になります。おんぶしながら家事もできるし、ベビーラックに寝かせておけば、手が離せないときのお母さんは助かります。このようにおんぶやラックで視界が広がり、両手が自由になった赤ちゃんは、手を伸ばしてなんでもつかもうとします。

あおむけに寝かせていても、両手の探索行動は活発です。腰を浮かせ、自分の足をつかみ、時にはそのまま足を口に持っていくことがあります。そうしているうち、何かの拍子にころんと横に転がります。赤ちゃんは何回もこれを繰り返すうちに、やがてこつをつかんで、寝返りをするようになっていくのです。

また、腹ばいにすると顔を起こします。このとき赤ちゃんの視界は大きく変わります。奥行きを知ったり、物を立体的に感じたり、あおむけに寝ていたとき以上に、高さを感じることができるのです。色や細かい輪郭も見ていますから、手にした物と遠くに見える物とを見比べて、距離の違いも体感していきます。少し難しくいうと、空間認知[★2]の作業が始まったのです。音のする方向がわかるので、近くで声をかけると、顔を向けるようにもなります。

寝ている間に成長する

睡眠時間の合計は以前と同じくらいですが、少しずつまとめて眠るようになります。睡眠リズムができてきて、夜中に起きない赤ちゃんもいるでしょう。赤ちゃんは、睡眠直後、大脳を休ませる深い眠り、つまりノンレム睡眠〈↓137ページ〉にはいります。

「寝る子は育つ」といわれるように、このノンレム睡眠時に脳の下垂体から分泌されるのが、成長ホルモンです。成長ホルモンには、骨や筋肉の成長を促したり、代謝活動をよくしたり、新しい細胞をつくり出す働きがあります。成長ホルモンはノンレム睡眠時に分泌されるため、成長はぐっすり眠っている間に促されるのです。

レム睡眠は、目が覚める前や朝方に移行していきま

★１――母乳やミルク以外の食べ物を取るようになると、腸には大腸菌が増えてきます。大腸菌なんて不潔、と思うかもしれませんが、人体に欠かせないビタミンB_2やビタミンＫを腸内で合成する、なくてはならない大切な細菌です。食べ物を消化吸収する手助けもしてくれます。

す。からだの調整ができてきて、だんだん一人前になってきたのです。

遠くに出かけるときには

お正月やお盆に帰省したり、家族旅行に出かけたりと、赤ちゃんと一緒に遠出することもあるでしょう。帰省はできればラッシュの時期を避けたいところですが、お父さんの仕事の都合なのでやむを得ない場合は、早めに航空券や新幹線などの切符を手配しましょう。列車は禁煙車両の指定席を確保できれば理想的です。自由席で万一座れないと、疲れて大変なのはもちろん、まわりの人にも気をもませてしまいます。外の景色を見せたいからと窓側を希望する人も多いようですが、親しい間柄の人と同席する場合以外は、ぐずったときにすぐに席を立てるように、通路側を取るのがマナーです。また、いちばん前や後ろの席は、比較的スペースがあり、荷物を置いたりするのにも便利です。

■授乳・おむつ替えは多目的室を利用して

新幹線には、車両にもよりますが、ひとり～4人用の個室があります。赤ちゃんが泣いても、周囲に気を遣わなくてすむので気が楽です。また、JRをはじめ、長距離列車の多くは、多目的室というフリースペースが設けられています。本来、車いすの乗客がそのままはいれるように配慮されたものですが、あいているときは、おむつ替えや授乳用に借りられます。使用するときは車掌さんに声をかけて鍵《かぎ》を開けてもらいます。多目的室の近くの席を取るとさらに安心。とはいえ、共用スペースなので、用がすんだら、すぐに席に戻るようにしましょう。

■急な病気に備えて母子手帳・保険証を持参

人込みや長距離の移動や慣れない環境での生活で、赤ちゃんが体調をくずすこともしばしば。帰省や旅行先でも、すぐに病院に行けるように、母子手帳と健康保険証は忘れずに持参しましょう。もし、すでにかかりつけのお医者さんがいて、ふだん処方してもらっている薬があるなら、名前や種類などを控えておくと安心です。お盆やお正月の時期は、休診する医院・病院も多いので、帰省前にかかりつけ医に相談をして、あらかじめ薬を処方してもらって持参する手もあります。

寝返りのころの安全対策

赤ちゃんの動きが日に日に活発になっていきます。寝ていると思ってひとりきりにしておくと、目を覚まして遊んでいることもあります。赤ちゃんが寝ている場所の周辺の物は片づけておきましょう。この月齢の時期には、ベビーベッドの柵《さく》とマットレスの間のすき間に頭がはいったり、よだれかけのひもが首に巻きついたりして窒息する事故も起きています。

★2——手を伸ばすとそこにある物を取ることができ、さわった感じはどうだ、というような、からだを動かすプロセスや結果を確認する脳の作業をいいます。初期の知能は視覚と触覚の共同作業で進むといわれます。「見る—さわる」体験をたくさんさせてあげてください。

赤ちゃんは、昨日までできなかったことが急にできるようになるものです。寝返りできないからとベッドの柵を下げたままにしていると、ベッドから転落することもあります。十分、気をつけてください。

じょうずに寝返りできるようになると、ごろごろ転がりながら移動するようになります。ポットや炊飯器、使ったあとのアイロン、ストーブなど、ぶつかって危ない物がないか、赤ちゃんのいる部屋を点検しましょう。たんすの上の花びんや置物なども、転がり落ちることがないよう、片づけておきます。

手にふれる物はなんでもつかんで、口に入れるようになります〈次項〉。タバコ、医薬品、クリップ、ボタンや硬貨など、口に入れて飲んだり吸いこんだりすると危険な物は、手の届きそうな所にはいっさい置かないようにしてください。

なんでも口に持っていく

ベビーラックに座らせれば、テーブルに置いた物を手のひら全体でぎゅっと握り、ぐちゃぐちゃこねたり、たたいたり、なめたりして遊びます。手の届く所に好きなおもちゃを置いてあげましょう。手と目の動きに一体感ができてきたいま、赤ちゃんの動きはますます積極的になっていきます。

ただ、手にした物は口に持っていくことが多いので、安全[★3]には特に注意してください。

このころは手と目だけでなく、口でも物を確かめます。そのように五感を動員した感触が脳に刺激を与え、記憶されていくのです。

乳幼児突然死症候群（SIDS）

それまで元気だった赤ちゃんが睡眠中に突然呼吸がなくなり、死亡してしまう病気です。事故ではありません。生後４か月をピークとして生後６か月までにその80％が発生します。出生1万人に対して約４人の頻度で起こり、日本での発症率は欧米よりかなり低くなっています。

うつぶせ寝が突然死症候群の危険因子であることが、明らかになっています。ほかに、同室での喫煙・人工栄養・部屋の温度などが危険因子として挙げられていますが、人工栄養を要因にしているのは日本だけです。母乳で授乳する場合、添い寝をすることが多く、赤ちゃんに異変があってもすぐに気がつくことができるので、統計をとると母乳育児に比べ、ミルク育児のほうが発生件数が多くなっているのではないかと思われます。

最近は、部屋の温度や厚着との関連に注目している研究者が増えています。高体温の状態にある赤ちゃんは、体温を正常に保つための方法として、熱の産生をなるべく抑えて眠りを深くし筋肉の緊張を低くさせます。これが呼吸を抑制して低酸素状態をつくるのではないかという仮説です。

リスクを少しでも減らすためには、赤ちゃんから目を離すときには、うつぶせ寝にすることは避けたほうがよいでしょう。

★3――赤ちゃんの喉〈のど〉の大きさから考えて、直径32mm以下の物は飲みこんでしまう危険があります。十分注意しましょう。

気がかりなこと

Q でべそが気になります。へこませる方法がありますか。

A 自然にへこみますが、1歳を過ぎたら治療をすることも。

でべそとは、おへその内側の腸壁の欠損部（かつて、へその緒につながる血管が通っていた）に腸管などの内臓がはいりこんだ状態、「臍《さい》ヘルニア」のことです。新生児の10人にひとりくらいはでべそで、低出生体重児の赤ちゃんならもっと多くの割合で見られます。

おへその内側には筋肉がなく、すき間（臍輪《さいりん》）があいています。泣いておなかに力がはいると、おなかの中の圧力が上がり、その結果、腸管がその臍輪へはいりこみ、おへそが押されてでべそとなります。生後1〜2か月ごろもっともはれたように見えますが、6か月くらいになるとほとんどの赤ちゃんが治っています。そのころには腹筋が発達し、臍輪が狭くなって、腸管がはいりこめなくなるからです。たいてい自然にへこむので、ほうっておきます。ただ、1歳を過ぎても臍輪が大きい場合は、手術をすることもあります。医師に相談してください。

Q おむつに赤っぽいしみがつきます。血尿ではないかと心配です。

A おむつの赤い着色にはいろいろな原因が考えられます。

おむつの赤い着色から血尿を連想するお母さんお父さんは多いのですが、たいていは心配のないものです。

たとえば赤ちゃんがかぜをひいた場合、せきを止めるためにアスベリンという薬が処方されます。これを飲んでいると、尿は赤みを帯びます。また、何も薬を飲んでいなくても、尿には尿酸という物質が含まれていて、乾燥するとオレンジ色の結晶となります。それが布おむつに残ったために、赤色やオレンジ色に染まって見えることがあるのです。紙おむつの場合、乾燥する前に捨ててしまうので気づかないかもしれません。気にしなくてもよいものです。

Q フルタイムで仕事をしているため、「泣いたら抱っこ」ができません。愛着関係は築けるでしょうか。

A 時間より質です。赤ちゃんはお母さんの愛情をちゃんと感じています。

赤ちゃんが泣いたら声をかけよう、おむつをチェックしよう、おっぱいをあげよう、抱っこしよう、というのは、赤ちゃんのそばにいる人が臨機応変な対応をしましょう、ということであって、お母さんひとりに課せられた義務ではありません。

赤ちゃんはいろいろな人の愛情を感じながら、「世の中には味方になってくれる人がいる。だいじょうぶだ、自分でやっていこう」と成長していくのです。そのなかにはもちろん、大好きなお母さんの愛情もたっぷり含まれています。

なぜお母さんが大好きかというと、このように「愛着関係はだいじょうぶだろうか」などと、長い目で自分のことを見てくれている、考えてくれている人だとわかるからでしょう。大切なのは時間の長さではなく、この気持ちなのです。お母さんは帰宅後の忙しく短い時間でも、抱きしめたり、目を合わせてにっこりしたり、声をかけ合ったりしているはず。愛着関係は意識してつくるものではなく、自然にはぐくまれるものなのです。

スモールステップで育っていく赤ちゃん

発育が気になる

■発育が気になるのは自然な親心

赤ちゃんを育てていくなかで、この時期いちばん気になるのが、身長や体重の増加が順調だろうか、という点でしょう。特に、小さく生まれた赤ちゃんにとって、身長、体重の増加は、元気に成長しているあかしとして、もっともわかりやすいものですから、そこに気持ちが向くのは当然です。

また、一日も早く、通常の身体発育曲線に追いついてくれたらと願う気持ちもよくわかります。自分の子だけ見ていた時期は、小さいながらも順調に伸びていることに喜びを感じていたのに、同じ月齢のほかの子を見た途端、現実の差を見せつけられ、落ちこんでしまうお母さんは多いようです。

小さく生まれたのだから、その子なりに大きくなっていけばよいし、いつか必ず標準の範囲に追いつくのだと理解しているつもりでも、公園でのあいさつ代わりに交わされる「いま何か月?」という会話はつらいものです。また、事情を知っている親類や知人などからの「大きくなった?」「何kgになった?」ということばもプレッシャーになることがあるでしょう。

■低出生体重児用の発育曲線を参考に

低出生体重児の発育は、修正月齢で考えても、すぐには一般の発育曲線のなかにはいってきません。その範囲にはいってくるのは、1500g以上で生まれた赤ちゃんだとおよそ12か月、もっと小さい赤ちゃんだと2歳くらいまでかかります。また、慢性肺障害〈↓790ページ〉で長く呼吸管理を受けていた子はさらに時間がかかり、5～6歳になって一般の発育曲線の範囲に追いつく例もあります。

小さく生まれた赤ちゃんの発育は、一般の赤ちゃんより緩やかですから、低出生体重児用の発育曲線(左ページ)を参考にしましょう。また、この曲線も平均値の線ですから、線より下でも、線と同じようなカーブで上昇していれば、心配いりません。

■発達のしくみを知って見通しを立てる

身長、体重の発育と同じように、首すわり、寝返り、はいはいなど、運動機能の発達も気になるところでしょう。これらも、生まれたときに未熟性が強いほど、追いつくのは遅くなります。「○か月には○○ができる」といういわゆる発達の標準値は、もう見ないと決めてしまうほうが楽です。

でも、何か指針がないと不安です。そこで知っておくとよいのが、発達のしくみです〈「運動機能の発達プログラム」↓174・348・478ページ〉。寝返りひとつとっても、赤ちゃんは自分で「練習」を重ねています。「平均」より遅くても、ちゃんと次のステップへの行動が出ていればだいじょうぶ。先の見通しが立つと不安が減るでしょう。

運動機能の発達とからだの発育は無関係ではありません。寝返りなどのひとつひとつの過程は、確かに脳の中枢神経系の発達と密接に関連していますが、じつは筋力の問題も大きいのです。からだが小さく筋肉の発達が不十分な赤ちゃんの発達がゆっくりになるのは、しかたのないことです。

ただ、意欲があってもからだの機能がついていかない状態が続くと、赤ちゃん自身が「あきらめて」しまい、さらに次のステップに進みにくくなることもあるので、ちょっとした手助けをするとよい場合もあります〈↓177・349ページ〉。

■成長日記をつけてみよう

心配なことは、ひとつ解決しても次々と出てくるでしょう。そんな時期をどう過ごすかについて、ある低出生体重児のお母さんはこう話しています。

「よその子どもと比べまい、この子ひとりの成長、昨日よりできるようになったことに目を向けようと決心しました。そのために成長日記をつけ、毎日写真を撮っていました。つらくなったら、生まれたころの写真や日記を見ると、授かったことのありがたさという原点に戻れました。生きるか死ぬかだったことを考えると、いまが幸せでなりません。ふつうなら、あたりまえのことと見過ごしてしまうかもしれない一歩一歩の子どもの成長に、いちいち気づけて、いちいち喜べる。振り返ればそれは、密度の濃い、充実した育児の足跡です」

■ 出生後の体重発育曲線

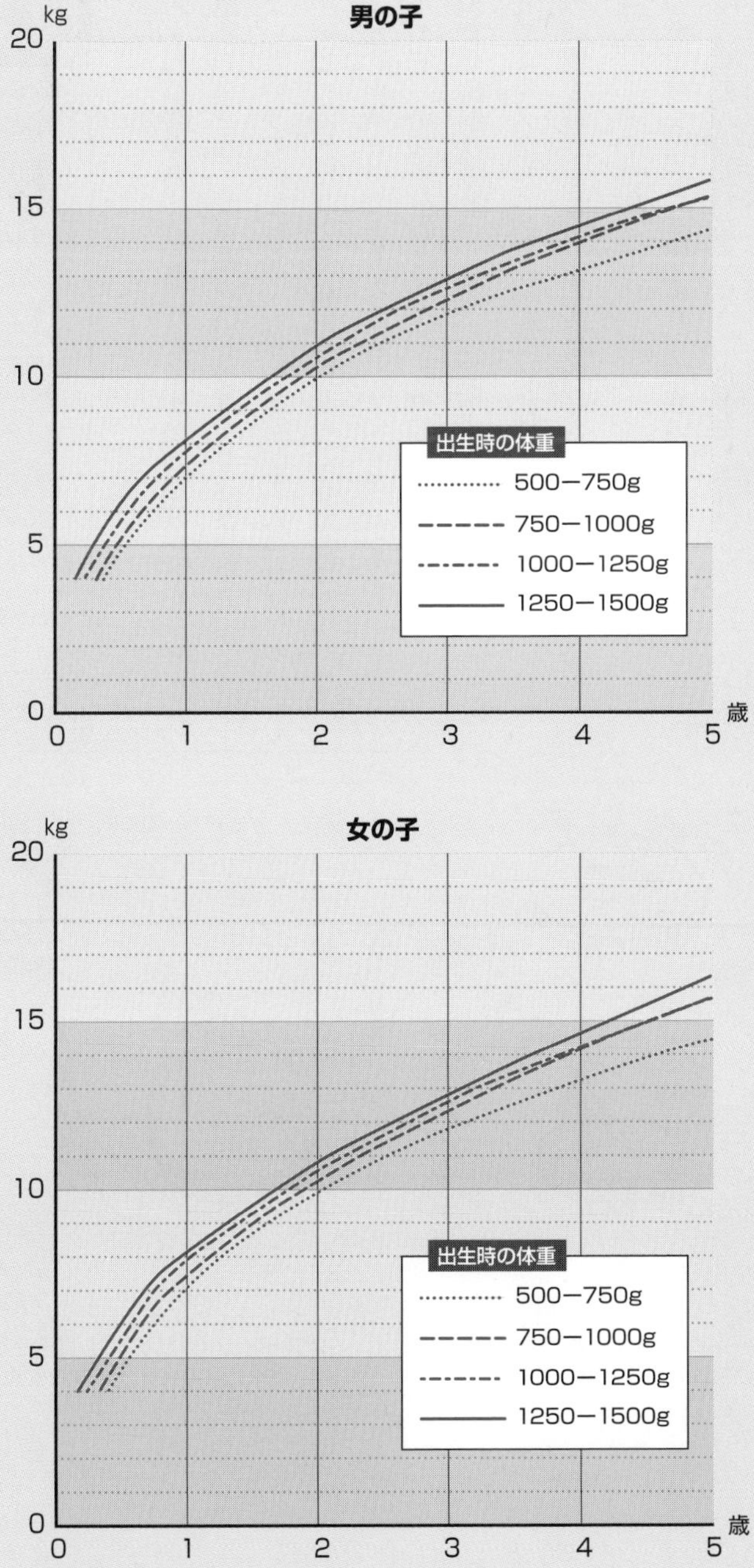

出典：平成四年度　厚生省心身障害研究班
ハイリスク児の総合的ケアシステムに関する研究

授乳と食事

大人と同じ物を食べるようになるまでの過渡期として、離乳の小さな一歩を踏み出してみましょう。早ければよいというものではなく、赤ちゃんが大人の食べる様子をじっと見たり、見ながら口をもぐもぐさせたり、よだれが増えてきたりしたら、よいタイミングだといえます。赤ちゃんのほうからちゃんと、始めどきを教えてくれるのです。

母乳やミルクをしっかり飲んでいれば、栄養的にはなんの問題もありません。大切なのは、栄養面で堅苦しく考えず、食の体験をひとつ増やしてあげるくらいの気持ちでいくことです。また、家族の食卓に赤ちゃんも座らせて、大人が楽しそうに食事をしているご飯どきの雰囲気を一緒に味わうのもお勧めです。

新しい味と出会う

「最初は果汁を飲ませましょう」という指導をよく耳にします。これは、「この世には母乳やミルクのほかにもいろいろな味があるんだよ」と教えることが主目的で、栄養補給はあくまでも副次的なものです。

果汁は必ず与えなければならないということはありません。かつて、牛乳を高温で殺菌したものが母乳の

スプーンに果汁を取り、赤ちゃんの舌にのせて少しずつふくませます。

フルーツはスプーンの背で押して果汁を出し、最初は水で倍に薄めます。

スプーンと小皿だけで、しぼる手間なく、簡単に100％果汁が作れます。

代用品であった時代に、ビタミンCが熱で破壊されてしまうため、みかんやりんごの果汁で補っていたことの名残なのです。お母さんの母乳はもちろん、近年の粉ミルクにもビタミンはしっかり添加されていますから、果汁で補う必要はなくなっています。

むしろ、季節感のある果物を大人が喜んで味わっていることのお相伴をしながら、赤ちゃんが新しい味をまたひとつ覚えていくことに意義があります。生ものですし、ほんの少しの量でいいのですから、お母さんお父さんが食べるときに、スプーンの背で実を押して果汁を出し、水で倍に薄めたものをあげてみましょう。

野菜をゆでたゆで汁にも、細かい繊維やうまみがいっぱい。サラダにするじゃがいもやにんじんをゆでているとき、または味噌汁《みそしる》の上澄みを、おちょこなどに取り分けて飲ませます。味をつけていないだしだけでも、赤ちゃんへの味の紹介には十分です。

スプーンやコップと出会う

生まれてこのかた、乳首だけをくわえて栄養を摂取してきた赤ちゃんにとって、スプーンを口に入れられるのは大きな驚きです。びくんとからだをかたくする子や泣いていやがる子もいます。無理強いは禁物です。「今日は気分がのらなかったのね」と、気楽に撤退してください。じょうずにこくんと飲み下すことができたら、いっぱいほめてあげましょう。赤ちゃんにもことばのニュアンスは伝わります。

口に入れた物を舌で器用に押し返して出してしまう赤ちゃんも多いのです。単にスプーンに慣れていないのと、母乳やミルク以外の味がいやだという両方の場合があります。この時期には珍しくないことなので、これも鷹揚《おうよう》に構えてください。

果汁やスープをスプーンで飲むのに慣れてきたら、コップの底にほんの少し入れて、飲ませてあげるのもよいでしょう。

取り分け野菜スープ

ゆで野菜を作るときの、あくを取り除いた煮汁や、味噌汁・カレー・シチューの味つけをする前の上澄みを取り分ければ、それだけで立派な野菜スープです。

電子レンジ離乳食

手軽に、ちょっとだけ、そして短時間でしっかり加熱できる電子レンジは、離乳食作りの強い味方です。ごくふつうのレンジで、スプーンのおけいこを始めた赤ちゃんにあげられる天然のだし、とろとろがゆ、根菜類のやわらか煮が、「チン」で出来上がり。少量の調理はなべを焦がしやすいものですが、電子レンジならその心配もないし、煮沸消毒代わりに殺菌作用を活用する人もいるくらいですから衛生面でも安心。

さて、和風だしは、世界に誇る日本のコンソメスープです。赤ちゃんが最初に触れる味としても最適。大人のだしを倍に薄めた味が赤ちゃん用です。電子レンジで30秒ですから、必要なときに必要なだけ作ってあげましょう。

冷ましてスプーンで飲ませたり、味噌汁や煮物で味をつける前のじゃがいもや大根をつぶしてのばすときに使ってください。

和風だし

■材料

昆布3cm角、かつおぶし0.5g、水100cc

■作り方

①耐熱容器に水100ccと、3cm角の昆布、かつおぶし0.5g(親指、人さし指、中指でひとつまみした量)を入れ、ラップか、大きさの合う小皿でふたをします。

②電子レンジで30秒加熱し、すぐ取り出します。

③茶こしでこします。

④冷ましてから、スプーンや哺乳〈ほにゅう〉びんで赤ちゃんにあげましょう。

おかゆ

電子レンジなら、少量のおかゆ作りも簡単。洗ったお米がすぐ炊けて短時間で出来上がり。

■材料

10倍がゆの場合（離乳食初期用）：米大さじ3弱（約40g）、湯2カップ

4倍がゆの場合（離乳食中期・後期用）：米 1/2 カップ、湯2カップ

（○倍というのは、米に対する水の量です。たとえば、米1カップに水1カップで炊くとふつうのご飯ですが、水を4倍にすれば4倍がゆ、10倍にすれば10倍がゆとなります。）

❶

①耐熱ボウルに洗った米を入れ、湯を勢いよく注いで米の下まで水分が行き渡るようにします。

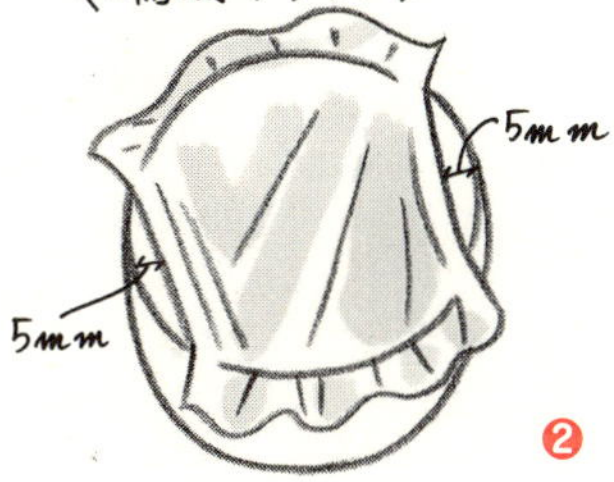

❷

②ボウルにラップをします。このとき、左右の端が5mmずつ開くように、ラップにしわを寄せます（端開けラップ）。

❸

③電子レンジ 600Wで強7分（500Wで強8分20秒）加熱します。沸騰してきたら、すかさず弱（150〜200W）に切り替えて12分加熱します。弱のキーがない場合は、解凍キーを使用します。

❹

④取り出して、5分蒸らします。

❺

⑤つぶつぶが残っていたら、食器の内側にスプーンを押しつけてつぶしてから、赤ちゃんにあげましょう。

電子レンジは機種によってW数に違いがあり、調理の過熱時間が異なります。また、オーブンなどを併用した多機能電子レンジは、単機能のものより熱の伝わり方が弱い場合があります。自宅の電子レンジの癖を覚えて微調整してください。（調理指導／村上祥子）

＊月齢が進むにつれて水の量を減らしていけば、10倍がゆからやわらかご飯まで応用が利きます。

コミュニケーション

赤ちゃんが毎日「昨日よりかわいいぞ」という記録を更新しているのは、表情が豊かになってくるからです。声に感情をこめ、要求し、精一杯手を伸ばして物をつかもうとしてきます。お母さんお父さんは、赤ちゃんが何に耳を澄ませ、何を見つめて、脳の中にどんな刺激を取りこんでいるかを想像してみてください。

もうしっかりと家族の声を聞き分け、ますます相手をしてもらいたがります。家事の合間、出勤のときに、ちょこちょこと声をかけてあげましょう。

赤ちゃんの呼びかけにきちんと応《こた》える

生活音や家族の声によく反応し、「だれかが近くにいる」ことを察知して「アー」と声を出します。お母さんお父さんは、このかわいい〝呼びかけ〟にはいそいそと反応することが大切です。近くで返事を聞いた赤ちゃんは、声のするほうを見るので、注意がこちらに向いたときに優しい高めの声で「どうしたの」と語りかけてください。「声を出したらお母さん（お父さん）が来て、遊んでくれた」と、赤ちゃんは次第に理解します。要求が通ったうれしい経験でいっそう声を出すようになり、豊かなことばにつながっていくのです。

お母さんお父さんも、相手をすると赤ちゃんがうれしそうに声をあげて笑うので、呼びかけにはますます応えたくなります。バリエーションに富んだ声を次々と繰り出してくるので、まねして返すのが大変なほど。思わず笑ってしまいますね。コミュニケーションが密になり、親子の関係が深まる楽しい時期です。

「ちょこちょこ語りかけ」が刺激的

忙しいお母さんは、つい「家事が一段落したら遊んであげよう」と考えがちですが、なかなか区切りがつかないもの。まとまった時間をとって、じっくり相手ができれば何よりですが、もっと気軽に考えてみるのもよいでしょう。洗濯物を抱えてベランダに行く途中に、ベッドやラックに立ち寄って、少しおしゃべり。赤ちゃんのそばで掃除や片づけをしながら、ちょっと目があって「元気かなー?」。赤ちゃんの側からすれば、ひとりで静かにしているところにお母さんのミニフレーズが差し挟まれて、また静かになって……と、けっこう刺激的で飽きないはずです。

赤ちゃんに語りかけるのがあまり得意ではないと思っている人ほど、赤ちゃんが向こう向きのときや、おもちゃを夢中でなめているときに、急に呼びかけてびつくりさせてしまいがち。まず、自分が赤ちゃんの視野にはいって、意識がこちらに向くのを待ってから声をかけましょう。

手と手、手と口、いろんな動作を体験させて

大人がいくら「こうするのよ、いい、見ててね」と「ちょち、ちょち、あわわ……」とやってみせても、赤ちゃんが手を打ち合わせられるようにはなりません。それよりも、お母さんお父さんが赤ちゃんをひざにのせて、両手を持って、歌いながらトントンと手を合わせたり、「かいぐりかいぐり」とこぶしをぐるぐる回してあげましょう。赤ちゃんは自分のからだでありながら、いままで曲げたことのない腕の形や、スムーズにこぶしが口に届く動きを経験します。腕が伸びる感覚、指先が触れ合う感覚は新鮮で、赤ちゃんの脳をびんびん刺激します。怖がらない程度、いやがらない程度に繰り返してあげてください。からだを動かすことが好きな子は、「もっと。もう1回！」のサインを出してくるはずです。

こういう動作をしたら、こういう結果になる〈「視覚的・聴覚的フィードバック」↓289ページ〉という、この経験の積み重ねは、次々と脳に蓄えられていきます。こういう結果が欲しいからこうしてみよう、という意図が育つ回路の工事が進んでいくのです。

やっと届きそうな所におもちゃを

興味のある物に手を伸ばし、さわったり、しっかりつかんだりがじょうずになってきます。腹ばいにさせると首を持ち上げてあたりをうかがい、手近な物をさわりたがります。お母さんお父さんは、赤ちゃんの手がやっと届くくらいの範囲に、口に持っていっても危険のないおもちゃやぬいぐるみを配置して、見ていましょう。赤ちゃんの見つめている物を実況中継するのもいいですね。

赤ちゃんが物を口に持っていったら、危なくないかぎりは、そのままなめさせながら、「おいしいのかな？」「あれ、ぽいしちゃったんだね」とことばをかけてあげましょう。

赤ちゃんをひざの上にのせて、トントンと手を合わせたり、こぶしをぐるぐる回してあげたり。新しい動きは新鮮で、脳も刺激されます。

おいしくない顔って最高!

「うわっ、こりゃなんだ?」「おいしくないよぉ」。赤ちゃんって正直、ことばの代わりにいろいろな表情で答えてくれる。「苦手だな」「困ったな」、そういうときの顔、思わず笑っちゃう。けれど、とても大事だから覚えておいて。調子が悪いとき、何かあったとき、顔つきから気づくこともあるんです。

5か月〜6か月

5か月～6か月

からだの発達

さあ、寝返りという変則的な方法ではありますが、赤ちゃんは自分の意思で移動する方法を身につけました。母乳やミルクを飲む方法も一応マスターしました。声をかけるとにっこり笑ってそちらを振り向くようになり、ますます人間らしくなってきました。

「手伸ばし」ができるようになる

自分の意思で移動するという積極的な〝攻めの姿勢〟を身につけた赤ちゃんは、移動行動以外にもまわりの大人に積極的に自分の意思を伝える方法を手に入れ始めます。そのひとつが手伸ばし（リーチング）とよばれる行動です〈後述〉。ハンドリガード〈↓252ページ〉に気づいた赤ちゃんは、さかんにいろいろな物や自分のからだにさわって、自分の手の働きを確認しながら、物の性質を学習していきます。物の大きさや色、重さ、感触などについて実際にさわりながら知識を増やしていきますが、物と自分の距離や方向についても学んでいきます。

高度なコミュニケーションのスタートのとき

最初は、方向や距離感がわからず1回ではうまくつかめなかった物でも、次第に方向や距離感を間違えずに1回でつかめるようになっていきます。この物に手を伸ばす行為を「リーチング」とよんでいますが、5～6か月のころになると、このリーチングという行為は、実際に物をつかむだけでなく、まわりの大人に「自分はそれを取りたい」という意思表示（手さし）をすることに使われるようになります。実際に手が届かなくても、そちらに手をさし示すことによって、赤ちゃんはまわりの大人に自分の意思を示すことができるのです。専門家の間で難しい議論はあるのですが、このリーチングがさらに洗練されて、物や人をさし示す指さし（ポインティング）のもとになっているという考えもあります〈↓388ページ〉。

さらに、この時期の赤ちゃんを細かく観察すると、8～9か月前後になって現れる「共同注意」という行動の萌芽《ほうが》が見られます〈↓389・406ページ〉。共同注意とは赤ちゃんがまわりの大人と視線を共有して同じ物（人）を見ることをいいます。この共同注意こそ、他人の気持ちを理解するという、ヒトとチンパンジーなどのごく一部の霊長類にしか備わっていない能力です。このころの赤ちゃんでもすでに、自分の欲しい物をリーチングで示し、それをまわりの大人が見ているかどうか確認するという、高等なコミュニケーションの芽生えがあるのです。

抗体が底をつき、感染症にかかりやすい

　このように移動能力の獲得や、まわりへの働きかけなど、発達パワー爆発といったこの時期の赤ちゃんにも、弱点がひとつあります。胎内にいるときに、からだを細菌やウイルスから守る抗体を胎盤を通じてお母さんからもらっていましたが、それが次第に底をつき、感染症〈↓761ページ〉にかかりやすくなっているのです。さらに、首がすわり、からだが大きくなってきたことで、外出の機会が増え、人込みの中に出かけることが多くなり、感染の機会も増していきます。そしてご自慢の愛くるしい笑い顔をだれにでもサービスしているおかげで、親以外の人に抱かれたり、頬《ほお》ずりされたりする機会も急に増えます。そうした理由で、そろそろ生まれて初めてのかぜや、下痢あるいは突発性発疹《ほっしん》といったありふれた感染症にかかる赤ちゃんが出るのがこの時期です。

　でも心配はいりません。お母さんからもらった抗体が底をついたころから、自分自身で抗体をどんどんつくるようになります。もともともっていた抗体が少なくなる時期だから、赤ちゃんをできるだけ家の中において外に出さないでおく、というのは賢い方針のように聞こえますが、実際はそうではありません。じつは、外界の細菌やウイルスは、赤ちゃん自身が抗体をつくることを促す重要な因子になるからです。早い時期から保育園などに通っている赤ちゃんは、細菌やウイルスにも早くからさらされるのですが、そのため抗体が早くからつくられ、結果として抵抗力がつくのです。またアトピー性皮膚炎〈↓264ページ〉やぜんそくなどのアレルギーの病気〈↓772ページ〉は、小さいときから細菌やウイルスにさらされていた子どものほうがかかりにくいという、興味ある結果も出ています。あまり箱入り息子、箱入り娘にしないほうが、将来強い子に育つのです。

外出の機会が増え、親以外の人に抱かれたり頬ずりされたりすることが多くなるのもこの時期です。

予防接種は時期を考えて

こうした赤ちゃんの抵抗力を増すために行われるのが、予防接種です。予防接種については322ページで詳しく説明していますので、ここでは6か月までにすませたほうがよい予防接種について説明します。

麻疹《ましん》（はしか）や風疹《ふうしん》のワクチン接種は、弱らせた生きたウイルスを赤ちゃんの体内に入れ軽くかからせて免疫をつけるために行います。お母さんからもらった抗体は底をつきかけていますが、麻疹や風疹などの、一度かかると終生免疫がつくウイルス感染症に対しては、弱いながらも抗体がまだ働いています。ですから5〜6か月のこの時期に接種をしても、その抗体で撃退されてうまくつかない可能性があります。そのため麻疹、風疹、おたふくかぜ、水ぼうそう（水痘《すいとう》）のワクチンは、1歳以降になって完全にお母さんからもらった抗体がなくなってから接種することになっているのです。

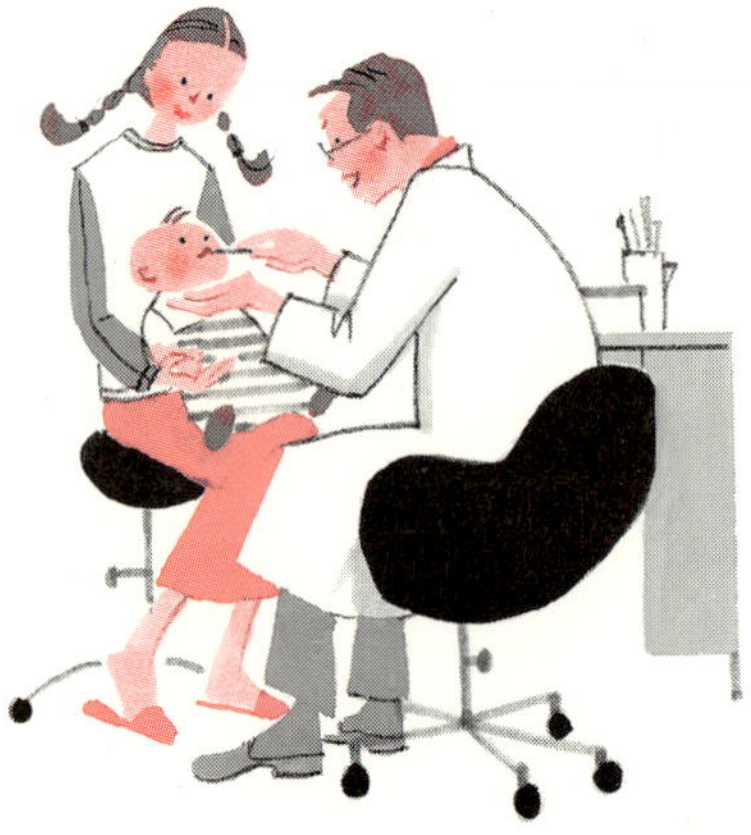

四種混合ワクチンは、接種通知が来たら忘れずに受けましょう。

四種混合ワクチンはぜひ接種を

では、この時期に行っておいたほうがよいワクチンはなんでしょうか。それは、四種混合ワクチン（定期接種）です。これは百日ぜき、ジフテリア、破傷風、ポリオのワクチンで、生後3か月ころから始められます。ポリオ以外の三つの感染症は、ウイルスではなく細菌によって起こります。また細菌による感染症は終生免疫がつきにくく、母親から抗体をあまりもらっていないので、この時期でも容易にかかってしまうのです。細菌感染症には抗生物質〈↓676ページ〉が効きますが、特に百日ぜき〈↓767ページ〉は6か月以下の赤ちゃんがかかると、重い肺炎を引き起こして現代医療を尽くしてでも命取りになったり、後遺症が残ることがあるのです。こんなに早くから注射をするなんてかわいそうとお思いでしょうが、こころを鬼にしてでも受けさせたいものです。

ポリオウイルスは現在、世界の一部にしか生き残っていません。日本国内でこの病気にかかる心配はほとんどありません。でも、現代は国際化の時代です。日本国内にいても、たくさんの外国の人がやってきていますし、子どもでも海外旅行をする機会が増えました。万が一かかれば、手足に麻《ま》痺《ひ》が残ったりする重い後遺症の残る可能性があります。ポリオの予防接種は以前はポリオ単独の接種でしたが、平成24年11月から、三種混合ワクチンに加えられて四種混合ワクチンとなりました。

そろそろ離乳食の準備を

最初に書いたように、この時期になると赤ちゃんは母乳やミルク飲みの達人になっています。このまま母乳やミルクだけでいければ便利なのですが、離乳食〈↓324ページ〉を増やし、卒乳に向けた準備を開始しなくてはなりません。離乳食は少なくとも日に1回、多い赤ちゃんでは2回食まで進んでください。まだ歯は生えていませんから、歯茎でつぶせるかたさに調理してください。家で作った離乳食が、子どもに合わせたかたさや味つけができていちばんよいのですが、びん詰や缶詰、あるいはレトルト食品の離乳食が市販されています。親が忙しいときや外出時には、そうした離乳食を利用しましょう。手作りの離乳食に劣ることはありません。（榊原）

このころ気になる症状と病気

初めてのかぜ〈↓316・747ページ〉
カンジダ皮膚炎〈↓757ページ〉
突発性発疹《ほっしん》〈↓761ページ〉
中耳炎〈↓769ページ〉
尿路感染症〈↓775ページ〉
鼠径《そけい》ヘルニア〈↓776ページ〉

5か月〜6か月

ことばの発達

この月の最大のトピックは離乳食の開始でしょう。離乳食というと、一般には「おっぱいやミルクから卒業して、固形物を食べるようにする過程」と思われています。早く進めようとしたり、たくさん食べさせようとしがちですが、離乳食は「どんなふうにどのくらいの量を食べさせるか」よりは、「『食べるための動き』をどうやって赤ちゃんからじょうずに引き出していくか」を考えながら進めていくのが正解です。

離乳食は赤ちゃんに合わせたペースで進めて

食べ物を飲みこんだり、かんだりするときには舌や唇や顎《あご》を使いますが、これらの器官はことばを話すための器官でもあります。離乳食の進め方を失敗すると、口いっぱいに頬《ほお》張って丸飲みしたり、かむのがじょうずにできなくなったりします。このことは、食事のうえでの問題だけでなく、結果的に「発音がはっきりしない」という心配を引き起こす場合がないとはいえないのです。あまりびくびくする必要はありませんが、子どもによく聞きながら、つまり、子どもの様子をよくみながら、ゆっくりしたペースで進めるに越したことはありません。

いままでの赤ちゃんは、口や喉《のど》の構造上、飲むことと呼吸とが同時にできたので、おっぱいやミルクを喉から食道へとどんどん送り、流しこむだけでよかったのです。飲みこむときにも乳首をくわえた口は開けたままでした。

けれども、4か月、5か月になり、喉や口の中の広さや形が変化するにつれ、いままでと同じ飲み方ではミルクが気管にはいってしまう恐れが出てきました。そのため、気管の入り口にしっかりふたをする必要が生じてきたのです。

口を閉じ気管にふたをする飲みこみ方が「ごっくん」という嚥下《えんげ》です。時期がくれば自然にできるようになる動きであるとはいえ、大人がそれをじょうずに手伝ってあげることも必要です。さらさらした液体はむせやすいので、とろみのあるもの、どろっとしたもので「ごっくん」の練習を始めます。

赤ちゃんは2か月目くらいから自分の指をしゃぶり始めていて、4か月ころにはおもちゃやガラガラを手で持って口に運び、さかんになめていましたね。自分の足の指もしゃぶっていました。これは、物を食べるための準備として、乳首以外の物が口にはいってくることに慣れるための練習だったのかもしれないのです。赤ちゃんはえらいですね。

赤ちゃんの声や音を繰り返す

コミュニケーションを育てるうえで、この時期からずっとあとまで引き続いて大事なポイントは、赤ちゃんの出す声や音をまねて返すことです。赤ちゃんが「アウアウ」と言ったら大人も同じくらいの高さの、こころもち高めの声で「アウアウ」と返し、赤ちゃんが「オエーックン」と言ったら「オエーックン」とまねます。

まねるといっても、主として日本語を使っている大人は、すでに日本語以外の音は発音できなくなっています。赤ちゃんが英語ふうの発音で「fungi《フンギー》」と言ったとしても、大人は仮名文字で書き表せる「フンギー」という音で返すほかありません。まわりの大人がこんなふうに自分の出したあいまいな音を、より日本語らしい音に近づけて返してくれるのを聞きながら、赤ちゃんは自然と日本語に使われる音（音韻体系）を身につけていきます。

赤ちゃんが声を出しても大人が反応してくれないで黙っていると、赤ちゃんはだんだん声を出さなくなります。一方、赤ちゃんが声を出したときに、大人がすぐそれをまねて返すと、赤ちゃんはもっとさかんに声を出すようになりますし、自分で声を出したあと1秒間ほど黙って、大人からの返事を待っているらしい様子もみられるようになります。これは自分が話し終わったら口を閉じ、相手が話しだすのを待つ、ということばのやりとりの原型です。

決まりきった遊びを好む

「いないいないばあ」〈↓279ページ〉とか「たかいたかい」〈↓280ページ〉とか、いつもやっているわらべ歌や簡単な手遊びなど、決まりきった遊びが好きになります。記憶する力も少しずつついてきて「たかいたかいしようか？」と言うと、からだをばたばたさせて喜んだりします。

記憶力という点では、哺乳《ほにゅう》びんを見るとがばっと吸いつくだけでなく、とてもうれしそうな顔をして、「オーオー」と声を出したりしますし、お母さんとそれ以外の人の区別もしっかりついてきます。お母さんにはうれしいことですが、「違いがわかる」だけの知恵がついてきたということは、この先、人見知りをするようにもなるということです。よいことばかりではありません。

赤ちゃんから呼びかけられたら返事をして

ちょっと離れた所にいる人に向けて声を出し、呼びかけて注意を向けさせようという行動も始まります。そんなときに「はいはい、ここにいますよ」など、なんでもないことでいいですから返事をしてあげると、身も世もないような様子でばたばたと喜んでくれたりします。赤ちゃんからの発声には労力を惜しまず応《こた》えてあげましょう。

手は、前の月から引き続き、だんだんじょうずに使えるようになってはくるものの、まだまだ未熟です。握ったおもちゃを自分から離すことはできませんし、ひとつ持っているところにもうひとつ差し出すと、もともと持っていたほうを落としてしまいます。おもしろいからやってごらんなさい。積み木を手から手に持ち替えるような難しいことは、まだまだできません。

（中川）

「いないいないばあ」や「たかいたかい」など、いつもの決まった遊びを喜ぶ時期です。記憶する力も少しずつついてきます。

こころの発達

5か月〜6か月

わたしは、もうすぐ寝返りができるの。いとこのBちゃんは4か月で寝返りできたけど、わたしはBちゃんよりからだが重いんだもの。そう簡単に寝返りなんてできないわ。

　からだの軽い筋肉質タイプの子は、いつの間にか寝返りができるようになる。でも、わたしみたいに重い赤ちゃんは、できるようになるまで少しかかるの。ただ、できそうになってくると、わたしのなかに意欲が出てくる。〝意欲〟というのは、できそうだということが本人にわかってから、出てくるのよ。わたしはいま、それを実感している。

　お母さんに支えてもらったり、ベビーラックに座らせてもらって遊ぶのも好きになったわ。座って遊ぶと、手を好きな所に持っていけるから、うれしい。うれしいと、何かを手に持ってばたばた動かすから、すぐにわかるでしょ。

　遊びはまだ大して続けられないけど、遊び道具は用意してほしいの。ガラガラやくしゃくしゃに丸めた宣伝ちらしなんかいいわ。はいはいできるようになったら、さわると反応するようなおもちゃを床に置いてくれると、うれしいな。さわると、音がして楽しめる。「これは何？」という気持ちと「やった」という気持ちが味わえるの。そこがいいのね。

　わたしたちは、人に言われたことではなく、自分でしたいことができればできるほど、自分が自分の人生の主人公だと感じられるの。そんなことをたくさん体験できると、人間としての自信になる。自分からするという原則がどれほど大事なことか、よく知っていてほしいの。

　わたしはもう、人と物をはっきりと区別できるの。そして、自分のまわりにある物に、どんどん興味が出てきている。家の中はわかってきたので、今度は外に連れ出してほしい。

　外の世界は、行くたびに微妙な変化があるから、無限の働きかけをしてくれるの。だから、何回行っても飽きない。

　外は、まず、風が吹いていて気持ちがいいでしょ。自然の色やにおいは、人間が何万年もかかって適応してきたものだから、気持ちがいいのよ。それで、家の中にいるよりも行動的になれるし、解放感も味わえるわ。できたら、日に2〜3時間は外に連れ出してほしい。静かで、自然があって、落ち着いた場所がいいの。

＊＊

5か月ともなると、大人のことばをあたかも聞いているような瞬間があったり、欲しい物に手を差しのべるようなしぐさをし始めます。こちらが笑わせようとすると、実際に笑ってくれることも増えてきます。大人とのコミュニケーションがずいぶん活発になったことを、実感するでしょう。

赤ちゃんは、ワーッと興奮して、すぐに安心できる遊びが大好きです。その経験を親と共有することで愛着関係も深まります。

“因果関係”を理解する力が育つ

赤ちゃんのこころのなかに、安心できる時間と空間が増えてきたということと、こういうことがあると次はこうなるという、初歩的な因果関係を理解する力が育ち始めたのでしょう。まだほんの初歩ですが、ことばになったり認識力になったりする力が、たくさん芽生え始めているのです。

したがってこの時期には、からだや表情やことばでのコミュニケーションを、赤ちゃんとたくさん楽しんでほしいと思います。「たかいたかい」でも「いないいないばあ」でもよいのです。因果関係が赤ちゃんにもよくわかる、単純な“からだ遊び”がよいでしょう〈↓339・359ページ〉。

興奮が高まって、あとですぐ治まるような遊びが、この時期の赤ちゃんは大好きです。興奮を共有し最後には安心させてくれる人が親だということも、赤ちゃんにはうれしいのです。こういう経験の共有が、親子の愛着関係を深めていくのです。

また、赤ちゃんの発する喃語《なんご》のような声を、模倣してあげましょう。「あらそう、ウックンなの」などとうなずきながら、応答してあげてほしいですね。赤ちゃんは、親の模倣を聞いて、自分の発声を少しずつ理解していくのです。（汐見）

育ちのようす

　からだつきがしっかりしてきて動きも活発になります。泣いたり笑ったり、感情も豊かに表わせるようになりました。寝かせておいてもじっとしてはいられず、あおむけのまま布団の上をずり上がったり、時には腰を回したり、持ち上げて左右に振ったり。何かの拍子に寝返ることもあるでしょう。運動機能の発達段階は腰まできています。からだを起こす準備ができてきたのです。これまで赤ちゃんの運動はからだの中心軸から見て、左右対称の動きがほとんどでした。これから左右非対称の運動ができるようになると、寝返りもするようになります。

　また、このころは、離乳食〈↓324ページ〉を楽しんでいる赤ちゃんも増えているでしょう。炭水化物を消化する唾液《だえき》や膵液《すいえき》、たんぱく質を分解するペプシン、脂肪を吸収しやすくする胆汁、そして十二指腸液など、消化酵素は、もう大人と同じくらいそろっています。

　咀嚼《そしゃく》と飲みこみがじょうずにできないというだけで、おなかの準備は着々と整いつつあります。うんちに食べ物がそのままの形で出てくることもありますが、歯が生えそろっていないので、十分かめなかっただけ。心配はいりません。ニンジンは消化しにくいので、よく煮こんだほうがよいでしょう。

　胃が大きくなって1回に食べられる量が増えるので、昼間にまとめて食べて飲んで、夜は起きずに寝てくれる赤ちゃんもいます。昼と夜の区別がつき、昼寝と夜の就寝という、細切れではなくまとめて眠る睡眠のリズムもできてくるでしょう。一日の流れがつかめるようになったら、育児に余裕も出てきます。

初めてのかぜ、初めての熱

　このころは、お母さんから胎盤を通じてもらった免疫抗体がもっとも少なくなるうえ、外出する機会も増えるので、感染症にかかるケースが多くなります。初めてのかぜ★1、初めての発熱を経験するかもしれません。突発性発疹《とっぱつせいほっしん》★2〈↓761ページ〉や、病気による下痢《げり》になることもあります。

熱は続くときが要注意

　赤ちゃんが熱を出すと、親としてはとても心配になりますが、熱の高さと感染の程度には、あまり関連はありません。高い低いよりも、3〜4日以上続く熱のほうが心配です。突発性発疹なら高い熱は出ますが、一時的なもの。もし尿路感染であれば、いつまでも微熱が続きます。

　せきや鼻水と一緒に熱が出れば、かぜだとお母さんやお父さんにも見当がつくでしょうが、原因不明の熱が続くときには医者に診せましょう。

★1――かぜは予防も大切です。かぜをひきやすい子どもには過保護になってしまい厚着をさせがちですが、そうするとよけいに体温調節機能が発達しません。なるべく薄着をさせ、皮膚を鍛えます。少し年齢が上がったら、外から帰ってきたらうがいや手洗いを励行させましょう。

★2――6か月〜2歳くらいの乳幼児がよくかかる感染症です。高熱のわりに元気できげんがよく、熱が下がると全身に細かい発疹が出ます。

6か月までの発熱は、医者に診《み》せるのが原則です。なぜなら、せきをしたり熱があれば、まずかぜだと思われますが、腎盂腎炎《じんうじんえん》〈「尿路感染症」↓775ページ〉や肺炎〈↓750ページ〉、気管支炎〈↓749ページ〉などが隠れている可能性も否定できないからです。また、ほかに症状がないのに熱だけ上がった場合は、中耳炎《ちゅうじえん》〈↓769ページ〉や尿路感染が疑われます。中耳炎は繰り返すことが多く、鼓膜が破れて一時的な軽い難聴になることもあります。尿路感染はほうっておくと水腎症《すいじんしょう》を起こし、腎臓に障害を起こすことがあるので注意が必要です。

初めての熱は親をあわてさせるものですが、正しい知識があれば、対処できます。乳幼児突然死症候群（SIDS）〈↓296ページ〉のおそれも、これからは少なくなります。不安要因が少しでも減ってくれるのは、ありがたいことです。

視線は人とかかわる第一歩

赤ちゃんは抱っこされるのが大好きですし、名前を呼ばれると、とても喜びます。このころは、赤ちゃんの目を見つめるとじっと見つめ返し、視線を合わせながら、人の表情に注目するようにもなります。ただ、視線を合わせはしても、こちらの視線をたどって一緒に何かを見るのは、もう少し先になります。

多くの哺乳《ほにゅう》動物にとって、視線を合わせるという行為は、敵対感情があるという意思表示です。敵対感情抜きで視線を合わせるのは、チンパンジーなどの一部の類人猿と人間だけ。なぜだかわかりませんが、ヒトには「ヒトが好き」という生まれつきの感情があるようです。

受診時のポイント

医師と患者には相性もあり、よい医師の判断基準は難しいものですが、以下の受診の基本を知っておくと、診断・治療がスムーズにいき、お互いにメリットがあります。

①母子手帳・健康保険証は必ず持参する。
②赤ちゃんには着脱の簡単な服を着せ、診察前に食べたり飲んだりさせない。
③どんな症状がいつから始まり、どう変化しているか要点を簡潔に伝える。その際、メモを渡すのではなく口頭で説明する。
④診察中、特に聴診中は心音や呼吸音が聞きづらくなるので、医師に話しかけない。
⑤薬の処方理由や使い方、夜間・休日に急変した場合の対応、次にいつ受診すればよいかなど疑問に思ったことはその場で聞く。
⑥診療終了時刻ぎりぎりの受診は避ける。
⑦感染症の可能性がある場合は、ほかの子にうつさないために、病院に電話をかけていつ受診すればよいかたずねる。
⑧病院には子どものふだんの様子を知っている人が連れていくのが基本。だれかに付き添いを頼むときは経過を書いたメモを渡しておく。

（榊原洋一）

人見知りはまだ少ないので、きげんがよいときの赤ちゃんは出かけた先でも人気者になるでしょう。

おすわりのころの衣類

離乳食が本格的になると、衣類★3が汚れやすくなり、着替えがたくさん必要になります。汚れたものだけ着替えられるように、トレーナーとズボンのように上下分かれたセパレートタイプを中心に買い足していきましょう。また、おすわりのとき、足元に洋服のもたつきがあると動きにくいので、足が出るロンパースを選ぶのもよいでしょう。

動きも活発になってくるので、できるだけ軽装にします。寒い季節は薄地の服で重ね着をさせ、暑いようなら上着を脱がせるなど、細かく温度調節してあげましょう。さっと羽織れるベストも、あると便利です。ウールはちくちくすることもあるので、綿の重ね着のほうがお勧めです。

公園の砂場や芝生などに座って遊べるようになっていたら、洋服の上からすっぽりかぶせられる砂場着を着せるとよいでしょう。帰宅前に、砂場着だけを脱がせればよいので、洗濯物の数が減らせます。

このころのおすわりはまだ不安定ですから、転がらないように注意して。また、砂などを口に入れないように気をつけてあげましょう。

このころから上下に分かれたセパレートの服が便利になりますが、動いたときにおなかや背中が出ないように、中につなぎのボディースーツを1枚着せておくと安心です。

★3——よだれの多い赤ちゃんは、スタイを何枚か用意しておくとよいでしょう。スタイの代わりにバンダナを巻いてもおしゃれです。

気がかりなこと

Q 湿疹《しっしん》が出ているときに日焼け止めクリームや虫よけの塗布剤を使ってもよいでしょうか。

A 塗り薬の併用は避けましょう。ほかの方法でトラブル対策を考えて。

肌にトラブルが出ているときは、市販のクリームや薬はつけないほうがよいでしょう。もちろん、皮膚科や小児科で処方された治療用の薬を塗っている場合も同様で、併用は避けます。

日よけには服装を工夫し、虫よけは、超音波を発する器具など肌に塗らない防虫アイテムを見つけましょう。また、出かける時間帯や場所を考えることも大切です。日焼けを避けるなら、紫外線の強い時間帯は、児童館などの屋内で遊びます。

なお、湿疹などのトラブルの有無にかかわらず、スプレーや塗布するタイプの虫よけ剤は、「6か月未満の子どもには使用しない」「6か月以上2歳未満の子どもは1日1回の使用」など、厚生労働省からガイドラインが出されています。

Q 赤ちゃんの寝室で虫よけマットを使ってもだいじょうぶですか。

A だいじょうぶです。誤飲予防に手の届かない位置にセットします。

スプレー式の虫よけは、ガスがからだによくないので、赤ちゃんがいる部屋では使わないようにしますが、虫よけマットはだいじょうぶでしょう。ただし、マット式は誤飲ややけどの心配があるので、赤ちゃんの手が届かない高い所に置いてください。できればリキッドタイプを選びましょう。

また、植物由来のアロマオイルで虫よけする方法もあります。シトロネラなど虫よけ効果のある精油を選び、アロマポットで温めるだけ。香りも優しいので、赤ちゃんがいる部屋の虫よけにお勧めです。

虫刺され〈↓760ページ〉はかき崩してとびひ〈↓758ページ〉になることもあるので、刺されないように予防することは大切です。

Q 絵本はいつごろから読んであげればよいのでしょうか？

A 厚紙の絵本を見せてあげたいころです。

まだ「ことば」を話さない赤ちゃんも、お母さんやお父さんの声をしっかり聞いています。絵本を読んであげるのは、生まれてまもなくからでもかまいません。語りかけのきっかけにもなるでしょう。

また、5～6か月くらいになると、赤ちゃんは文節の中から単語を切り分けて理解できるようになってきます。知っている物がわかりやすく描いてある絵本で、物の名前が自然に耳にはいるようにしてあげるのもよいでしょう。赤ちゃんは「読む」より、なめたりかじったりしながら本を楽しむので、厚紙の絵本がお勧めです。

地域の保健センターなどでの乳幼児健診の際に、絵本をプレゼントしてもらった人も多いと思います。これはNPOのブックスタート支援センターが運動を推進し、実施する自治体をバックアップしている「ブックスタート」という活動です。赤ちゃんと絵本の時間をもつきっかけをつくるとともに、ことばかけの大切さや、読み聞かせのポイントなどをアドバイスしてもらえます。500地域以上の自治体が実施しており、その数は増え続けています。

●医者へのじょうずなかかり方

ホームドクターを見つける

■小児救急医療の現状を知る

親にとって子育て中のいちばんの心配は、なんといっても夜間・休日の急病です。赤ちゃんや子どもは症状の変化が早くて大きいため、さっきまで元気だったのに、あっという間に重症になることも珍しくありません。小児救急でもっとも重要とされるのは初期救急、つまり、重症か軽症かの判断です。これは小児科医でも難しいことがあり、素人《しろうと》である親にしてみれば、大きな病院へ連れていったほうが安心という心理が働きます。でも困ったことに、大きな病院だからといって、いざというときに頼りになるとはかぎりません。

近年、「小児救急医療の危機」がさけばれています。救急車の受け入れ先が見つからなかったり、医師の不手際で子どもが死に至る不幸な事故も起こっているのが現実です。原因は、まず小児科医のマンパワーが不足していること。小児科は人手も手間もかかる不採算部門であるため、小児科を廃止する病院もあとを絶ちません。

地域ごとに小児の軽症患者にも対応する初期救急医療への取り組みが始まっていますが、万全のシステムが整うのは残念ながらまだ先のことでしょう。

■救急医療システムはこう利用する

では、子どもを守るために親はどうすればよいのでしょう。ポイントは、小児救急医療の現状を理解したうえで、これをじょうずに利用することです。

まず、重症の場合（けいれんが長く続いた、呼吸がおかしい、激しい腹痛や頭痛がある、ぐったりとして意識がない、出血が激しいなど）は昼夜を問わず、すぐに救急車を呼びます。受け入れ先は救急隊員が探しますが、病院を指定することもできます。救急車を呼ぶとき、気が動転して、わかりきったことが口から出てこないことがあります。そこで電話口に救急カードを用意しておくとよいでしょう。自宅の電話番号、住所、家までの目印や道順を書いておきます。119番に電話をすると、まず「火災ですか、救急ですか」と聞かれますので、「救急です」と答えます。

夜間・休日に発症し、重症か軽症か判断がつかないときは、地域に小児初期救急をしている施設があればそちらに向かいます。なければ、一般の救急外来を受診します。救急外来に小児科医がいるとはかぎりませんが、多くの救急病院では、外来で判断に迷う場合は小児科医に連絡がいく体制になっています。時間外の診察はまず電話を入れてから病院へ。その際、小児科医がいるかどうかも確認しましょう。

問題は軽症のときです。というのも、小児救急を利用する9割以上が軽症患者なのです。「夜のほうが待ち時間が短くてすむ」という勝手な都合で、軽症なのにあえて夜間に行く親もいます。こうした利用者が数少ない小児救急病院に集中すると、重症患者が受け入れられなかったり医療事故が起きたりする原因になります。

つまり、不必要な受診をしないことも大切なのです。子どもが〝ほんとうに〟重症のとき、多数の軽症患者のために受け入れてもらえないとしたら、納得できるでしょうか。親ひとりひとりの自覚が、小児救急医療を整備していくともいえるのです。

■近所のホームドクターを見つける

むやみに受診しないためには、赤ちゃんが生まれたら早いうちに、どんなことでも相談できる近所のホームドクター（かかりつけ医）を見つけておく必要があります。遠くても車で30分以内の範囲で探しましょう。

総合病院は待ち時間が長く、曜日によって担当医が変わるので、ホームドクターとしては近くの開業医のほうが頼りになります。望ましいのは小児科専門医です。もし地域に専門医がおらず、複数の診療科を掲げた医院を選ぶなら「内科・小児科」より「小児科・内科」です。開業医の看板には自分の専門が最初に書いてあるからです。「内科・小児科」しかなければ、子どもの患者が多いクリニックを選びましょう。

ホームドクターの手っ取り早い見つけ方は、地元の「口コミ」。近所に住む、なるべく多くのお母さん仲間から情報を集めてください。ただし、実際に自分の目で確認することも必要です。夜間・休日の対応も確認しておきます。ほかに夜間・休日用の病院も、地域の広報紙やホームページなどでチェックしておきましょう。医院・病院の電話番号や診察時間を紙に書いて電話のそばに貼《は》っておけば、いざというときにあわてずにすみます。

ホームドクターを決めたら、健康診断を受けたり、予防接種のこと、子育て全般のことを相談するなどふだんから子どもの健康状態や体質を知っておいてもらいます。そうやってデータが蓄積されるので、病気のときはその子に合った適切な治療をしてくれるはずです。

親もまた、ホームドクターに日ごろから子どもの病気やからだについて相談することで、子どもを健康に育てる方法を学びます。この程度なら家で様子をみてもだいじょうぶという判断がだんだんできるようになり、必要以上に小児科へ行くこともなくなります。そういう意味でもホームドクターをもつことが大切なのです。

ふだんからのコミュニケーションができていれば、ほんとうに困っているときは融通もきかせてくれるでしょう。緊急の場合も、まずはホームドクターに連絡しましょう。重症で手に負えないと判断すれば、適切な病院を紹介してくれます。

■よい小児科医をどう見分ける？

目安にすぎませんが、良心的な医師かどうかを判断するには次のようなポイントがあります。院内が清潔、子どもが飽きないよう待合室におもちゃや絵本を置いてある、よくある病気についてのパンフレットをくれる、予防接種日を設けて感染症を防いでいる、親向けの講演会などを行っている、電話相談にも応じる、紹介状を気安く書いてくれる、など。

逆に、こんな医師は早めに変えたほうがよいかもしれません。やたらに子どもや親をしかる、治療の説明をしない、質問にていねいに答えない、前医を悪く言う、薬を山のように処方したり、むやみに注射する、など。

実際に受診してみて、治療経過が思わしくなく、医師の治療や説明、対応に大きな不安があるときは、ほかの医師の診察を受けること（セカンド・オピニオン）をお勧めします。

赤ちゃんを感染症から守る

●予防接種の基礎知識

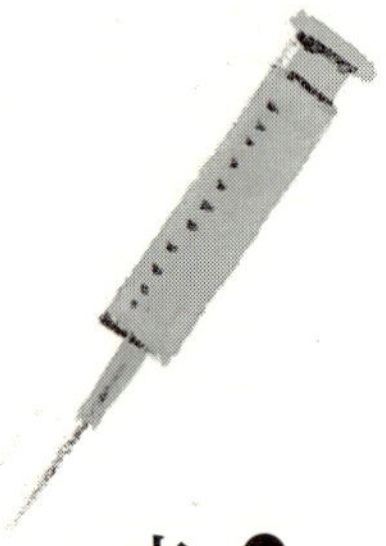

予防接種の制度には、国が接種を勧めて実施する定期接種（勧奨接種）と、受けるかどうかを親が決める任意接種のふたとおりがあります〈↓259ページ〉。また定期接種は、日時が指定される集団接種と、都合のよいときにかかりつけ医で受けられる個別接種に分かれます。予防接種は、まず日程の決まっている集団接種を確認してから、個別接種のものは、接種年齢を確認しながら全体の予定を立てましょう〈↓310・468ページ〉。「標準接種時期」とは、抗体がつきやすくなるなど、医学的な実情に照らして最善の接種時期のことです。

■四種混合は早めに

生後3か月くらいから受けられるのが、四種混合（ジフテリア、百日ぜき、破傷風、ポリオ）と、BCGの予防接種です。四種混合は生後1年までに4回のうち3回まですんでいるのが理想的だといわれています。なかでも百日ぜき〈↓767ページ〉は、6か月までの赤ちゃんがかかると重病化しやすく、場合によっては命にかかわることもあるからです。

予防接種に使われるワクチンは、ウイルスや細菌の力を弱めたり、働かないようにして体内に入れるのですが、ごくまれに副反応が出る子もいます〈後述〉。そのため国内のある地域で、百日ぜきの予防接種を取りやめたことがありました。でもその結果、百日ぜきが大流行し、何人もの赤ちゃんの呼吸が止まり、気管内送管で人工呼吸をするという事態を引き起こしました。副反応を心配して接種を受けないと、その病気にかかって重い後遺症が残る危険性が高まることも知っておきましょう。

ポリオのワクチンは、以前は単独接種でしたが、平成24年11月から三種混合に加えられ、四種混合となりました。ポリオ単独で接種したことがある場合は、その後の接種対応が異なるため、小児科医に相談してください。

■ポリオと麻疹《ましん》は人間が媒介

1歳を過ぎたら、次は麻疹《ましん》（はしか）・風疹《ふうしん》混合〈↓762・763ページ〉を接種しましょう。麻疹は、数ある感染症のなかでも、ポリオと並んで極めて特殊な部類です。たとえば、日本脳炎やマラリアは蚊に刺されて感染するように、動物が媒介となりますが、ポリオと麻疹の媒介は人間だけ。人間からうつります。赤ちゃんが外出する機会が増えてくると、うつる可能性も高くなります。

■副反応を気にするか、しないか

副反応には、接種した部分が赤くはれる程度のものから、ごくまれですが、熱性けいれんや脳炎を起こす例もあります。けれども、麻疹を例にとると、現在、世界では毎年、約３０００万人が感染しており、約１００万人が命を落としています。麻疹の予防接種をしなかったころの日本では、毎年４０００人くらいが亡くなっていました。最近は勧奨接種になったことから親の考えで接種しない子もいて、毎年１００人ほどが亡くなっています。

　接種率が80％をきると感染症が広まる、といわれています。予防接種を受けることで、わが子が感染症から守られることはもちろん、他人にうつさない、感染を広げない、という効果もあります。

■こんなときは相談を

　予防接種を受ける前には、熱がないか、下痢《げり》をしていないかなど赤ちゃんの様子に気をつけましょう。特に次のような場合は事前に小児科医に相談してください。

①急性疾患にかかっている
②皮膚疾患がひどい
③過去にけいれん、てんかんを起こした
④アレルギーの既往症がある

　④は、生ワクチンが変性したり汚染されたりしないように添加された物質や、ワクチンを培養する過程で使用した成分の残留物によるアレルギーを心配してのもの。アレルギー体質だとアナフィラキシー・ショックという急激な反応を起こすことがあります。意識障害や血圧低下などの全身症状を、30分以内に示します。初めて予防接種をする赤ちゃんは、アレルギーがあるかないかわからないかもしれませんが、親が幼いころ予防接種で強い反応が出たことがある場合や、赤ちゃんがアレルギー体質の場合は、相談してください。アレルギーの原因物質を使用しないワクチンもあります。

■乳幼児の予防接種スケジュール　●赤線は予防接種を受けることができる時期、濃い部分は標準接種時期（本文参照）

	種類	3か月 6か月 9か月 1歳 1歳6か月 2歳 3歳 4歳 5歳 6歳	受ける時期・回数
定期（勧奨）接種（ほとんどの自治体で無料）	ヒブ（インフルエンザ菌b型）		生後7か月未満に開始し、27日以上の間隔で3回、さらに7～13か月あけて4回目。開始が遅れた場合は回数が異なる
	肺炎球菌（13価結合型）		生後7か月未満に開始し、27日以上の間隔で3回、さらに生後12～15か月で4回目。開始が遅れたり、7価での接種回がある場合は異なる
	四種混合（DPT-IPV）		1歳までに20日以上の間隔で3回、さらに6か月以上あけて4回目。三種混合やポリオで開始した場合は異なる
	BCG		1歳未満に1回。標準的には5～8か月未満で。集団接種が多い
	麻疹・風疹混合（MR）		1歳の早い時期に1回目、小学校入学前の1年間で2回目
	水ぼうそう（水痘）		生後12～15か月に1回目、3か月以上あけて2回目。2014年から定期接種に
	日本脳炎		第1期は標準的には3～5歳未満で3回、第2期は9～13歳未満で1回
任意接種（自費）	B型肝炎 水平感染予防 母子感染予防		水平感染予防は4週間隔で2回、3回目は初回から20～24週後。母子感染予防は健康保険適用で、生直後、その1か月後、その5か月後の3回。
	ロタウイルス 1価 5価		1価での接種は生後6～24週までに2回、5価での接種は生後6～32週までに3回。ともに初回は生後15週未満を推奨
	おたふくかぜ		1歳以上。予防効果を確実にするには2回（1歳を過ぎたら早期に1回、小学校入学前の1年間で2回目を推奨）
	インフルエンザ		毎年10月、11月などに2～4週あけて2回

授乳と食事

赤ちゃんの消化能力に合わせて、少しずつ口に入れる食べ物の種類を増やしていくのが離乳食。早くからいろいろ食べられるようにすることではありません。

母乳やミルクが短時間で飲めるようになる

離乳食で少しずつ、重湯に近いおかゆやパンがゆを食べさせていくと、「おっぱいを飲む時間が短くなってきて心配」という相談が寄せられます。この時期の赤ちゃんは、飲む力（吸啜力《きゅうてつ》）が強くなっているので、飲み始めて5分ほどで必要量を飲みきります。そのあと、さっさと乳首を放す子もいれば、遊び飲みを楽しむ子も出てきます。母乳には離乳食の消化を助ける働きがあるので、離乳食を始めても引き続き、満足するまで飲ませてください。

ミルクの赤ちゃんも飲むのが早くなります。この時期は離乳食の栄養価や熱量は考えなくてよいので、飲みきることのできる量をあげましょう。離乳を進めようとミルクをあえて減らしたり、反対に離乳が進まないからとミルクの量を増やしたり、勝手に濃度を調節しないでください。

かたさの目安は「プレーンヨーグルト」

赤ちゃんは生まれながらに吸いつくことはできても、かむことは学習なしには身につきません。発達に応じたかたさのものを口にしながら、きちんとかんで飲みこめる子になっていくのです。

初めは、おかゆでも野菜でも、スプーンを傾けるととろとろっと落ちるプレーンヨーグルトくらいのかたさにします。おかゆはご飯を10倍の水で炊く「10倍がゆ」〈→303ページ〉、野菜はあくの少ないじゃがいも、にんじん、大根などの根菜類を、やわらかくゆでてすりつぶします。このときのゆで汁は、スープやつぶすときの水分として活用できます。

離乳食のたびに1〜2さじぶんを作るのは大変ですから、大人のぶんから取り分けたり、すり鉢で大人のご飯をお湯やスープでのばしながらすりつぶしたものでかまいません。ほかにも、サラダやつけ合わせにする野菜をゆでた段階で、味つけの前に赤ちゃんのぶんだけ別にしたり、味噌汁《みそしる》の実に根菜類のほか、豆腐や麩《ふ》など「取り出してすりつぶしやすい」ものを考えて入れたりしておくと重宝します。

味に鋭敏な赤ちゃんには、素材そのものの味だけで十分、味つけは不要です。ソースや薬味も、大人だけのお楽しみにしておきましょう。

＊レシピ中のミルクとは、粉ミルクを赤ちゃんに合わせた分量のお湯で溶いた物です。

初期の取り分け離乳食

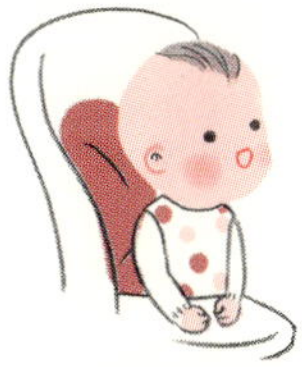

煮こみハンバーグ

■材料（大人2人＋赤ちゃん用）
豚ひき肉200g、玉ねぎ1/4個、パン粉1/2カップ、ミルク大さじ2、溶き卵1/2個分、A（トマトジュース1/2カップ、ケチャップ大さじ1、ウスターソース大さじ1/2、固形スープの素1/2個、湯1/4カップ）、じゃがいも大 1 個、にんじん1/2本、ミルク1/2カップ

■作り方
①玉ねぎはみじん切りにして油で炒めて冷まし、パン粉はミルクに浸しておきます。
②❶とひき肉、溶き卵、塩小さじ1/4をよく混ぜ合わせてこね、2等分して小判型にします。
③フライパンに油大さじ１を熱し、❷の両面をしっかり焼き、A を加えて煮こみます。
④ミルクでじゃがいもとにんじんを煮て、（ここで離乳食用を取り分けます※）塩少々で味つけします。

肉じゃが

■材料（大人2人＋赤ちゃん用）
豚肉200ｇ、じゃがいも大2～3個、にんじん1/2本、玉ねぎ1/4～1/2個、干ししいたけ３枚

■作り方
①干ししいたけはもどして薄切りにします。
②豚肉・じゃがいも・にんじんはひと口大に、玉ねぎは薄切りにします。
③鍋に材料としいたけのもどし汁1カップを入れ、あくを取りながら煮ます。ここで離乳食用を取り分けます※。
④酒・しょうゆ各大さじ2、砂糖大さじ１を入れて煮こみます。

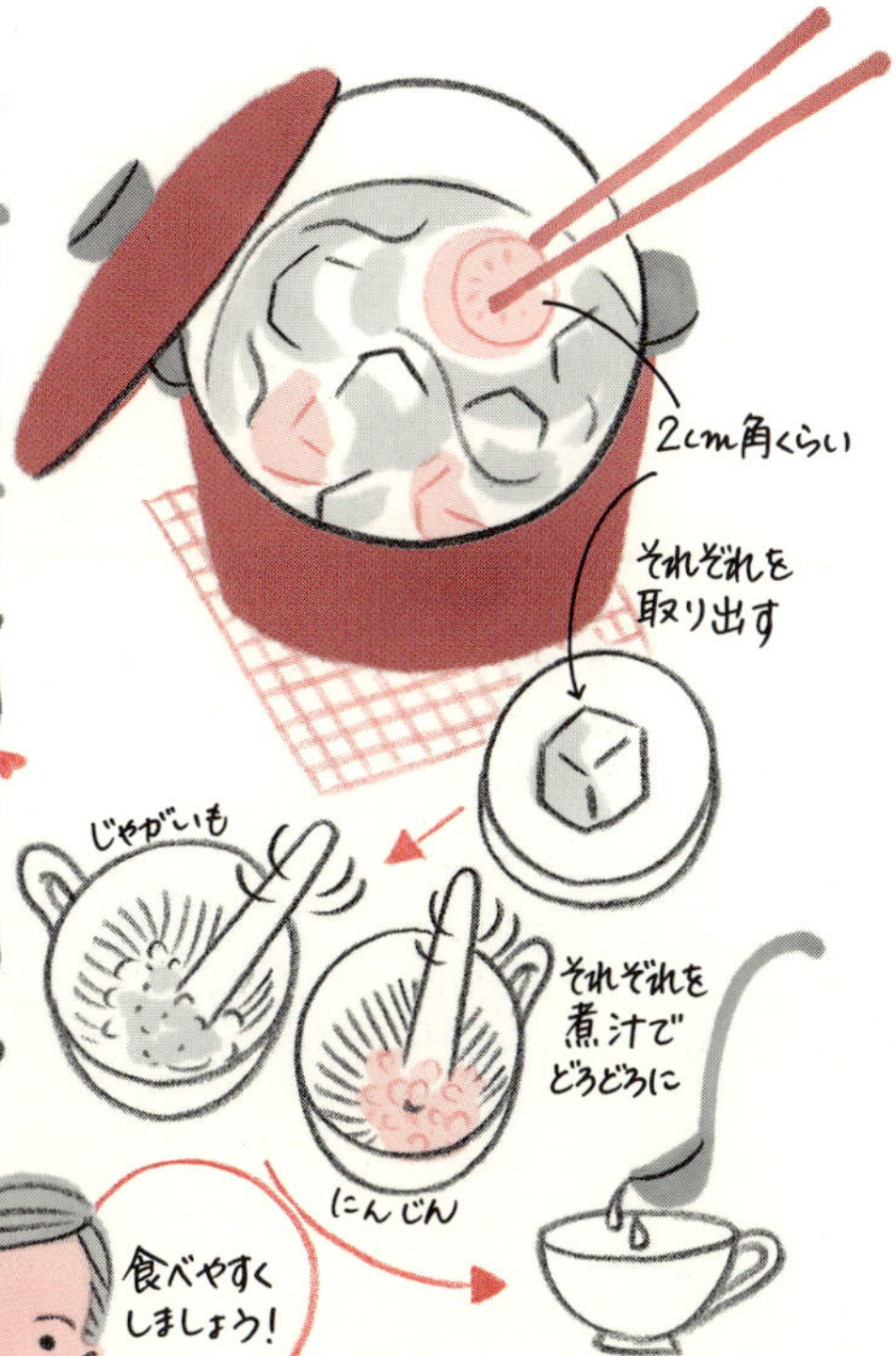

※初期離乳食用取り分け
上記❹でやわらかくなったじゃがいも・にんじん15～20gを塩を入れる前に取り出し、それぞれすりつぶして煮汁でどろどろにのばします。両方の野菜を別々に食べさせましょう。
＊このあと、中期、後期の取り分けも同じ献立から紹介します〈→382・416ページ〉。

※初期離乳食用取り分け
上記❸でやわらかくなったじゃがいも・にんじんを15～20g取り出し、それぞれすりつぶして煮汁でどろどろにのばします。両方の野菜を別々に食べさせましょう。

電子レンジ離乳食

根菜チン！の勧め

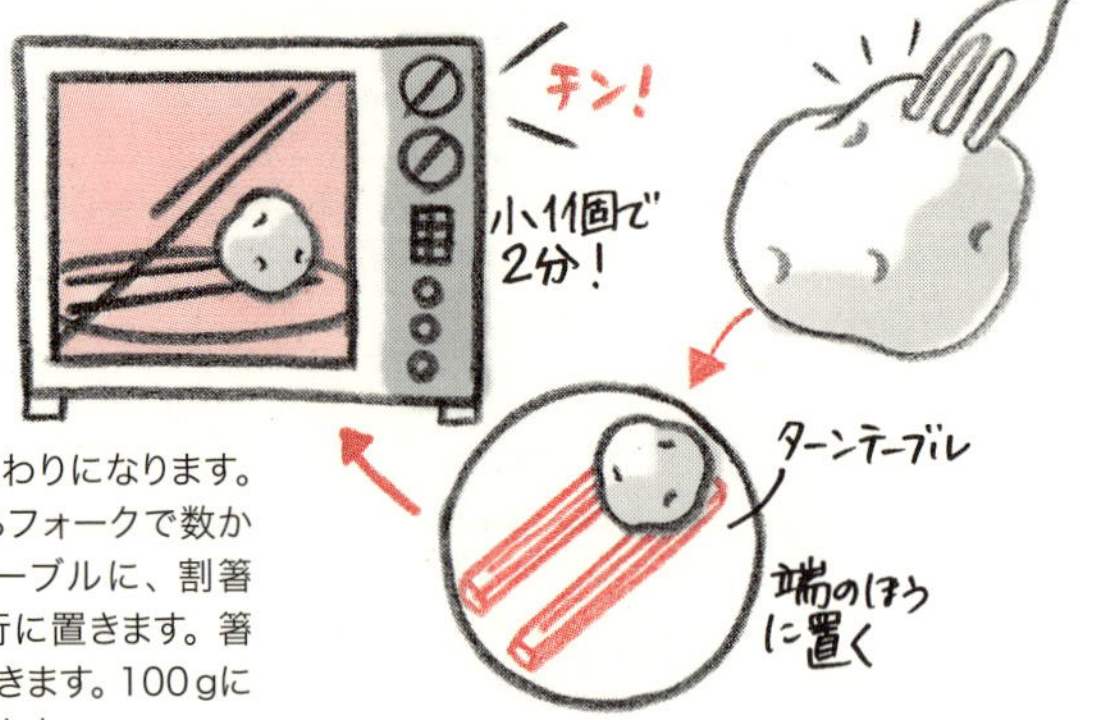

■じゃがいも
じゃがいもは皮がラップの代わりになります。洗って芽を取り、皮の上からフォークで数か所穴をあけます。ターンテーブルに、割箸〈わりばし〉2膳〈ぜん〉を平行に置きます。箸の端のほうにじゃがいもを置きます。100gにつき、600Wで強2分加熱します。

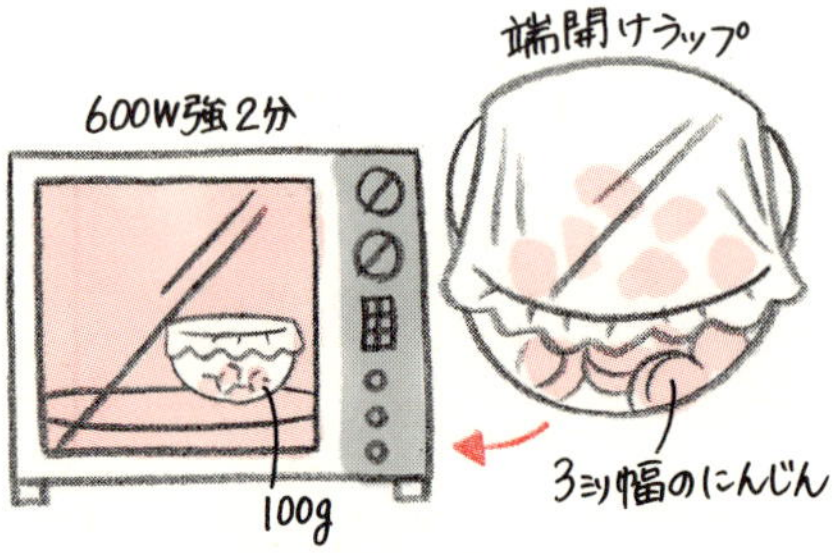

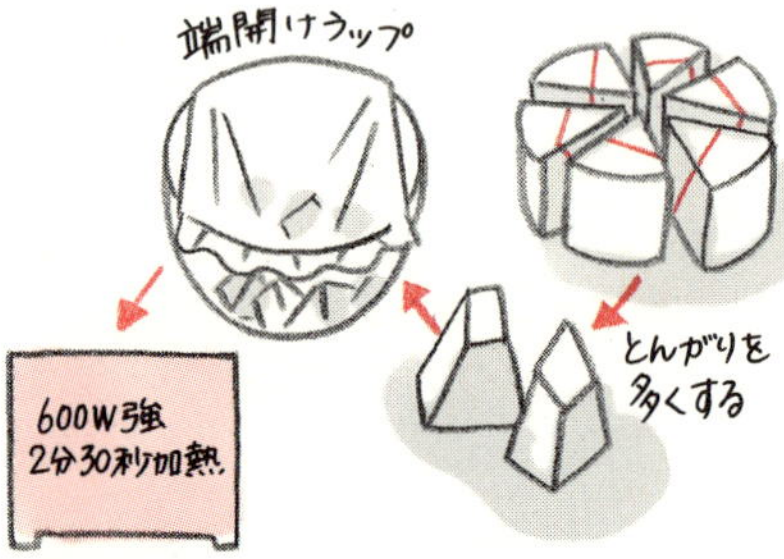

■にんじん
適当な大きさに切り、100gにつき、水大さじ1を加えて耐熱ボウルに入れ、端開けラップをします。ターンテーブルの端にのせて加熱します。100gにつき、600Wで強2分が目安。

＊調理時間は目安です。機種や量によって異なりますので、微調整してください。（調理指導／村上祥子）

■大根
電子レンジはとがった部分から加熱していく性質があるので、イラストのようにとんがりを多くした形に切ると、熱が早く通ります。大根を12等分にして耐熱ボウルに入れ、両端を5㎜ずつ開ける端開けラップをします。ターンテーブルの端にのせて加熱します。100gにつき、600Wで強2分30秒が目安。水を加えないことがポイントです。

電子レンジは、離乳食はもちろん、ふだんの食事作りに役立つすぐれもの。短時間に一気に火が通る理由は、食材・食品に含まれている水分を電磁波で揺り動かし、熱を生み出すからです。電磁波は内部まで素早く届くのです。

　便利な電子レンジですが、じょうずに使いこなすにはいくつかのルールとテクニックがあります。しっかりマスターして、レンジ使いの達人になりましょう。

■ターンテーブルの端に置く

　食材や食品を電子レンジにかけるとき、案外多くの人がターンテーブルの真ん中に置いています。でも、じつはこの中央がいちばん熱があたりにくく、加熱むらができやすいのです。

　ターンテーブルの端に置くのがよいのです。ここだと、むらなく火が通ります。複数を置く場合は、真ん中をあけて、リング状に端にぐるりと置くと、均一に熱が伝わります。

■火の通りの異なるものの同時加熱は

　電子レンジの熱は上からあたります。ですから、かたいもの、水分の少ないものなど、火の通りにくいものを上に置くようにします。たとえば、肉と野菜を一緒に加熱するときは、野菜の上に肉を置きます。青菜をレンジでゆでるときは、やわらかい葉を下に、かたい茎を上に置いてください。

■下側にも火が伝わりやすくするには

食材や耐熱の器をターンテーブルに直接置かず、割箸《わりばし》を並べた上に置くと、熱の通り道ができて、上だけでなく下側にもよく伝わります。

食材や器の大きさや個数によって、割箸を2～3膳《ぜん》分、割らずに平行に並べます。このやり方だと裏返したり、混ぜたりしなくても均一に加熱できます。ターンテーブルのないレンジでも、割箸を使ったほうがむらなく熱が通ります。

■食材は角を多く切る

電磁波はとがった部分から先にあたります。ですから、輪切りよりも乱切りにして、角を多くつくるようにすると、調理時間が短くてすみます〈↓右ページ〉。

■ラップをかけるか、かけないか

しっとり仕上げたいか、パリッと仕上げたいかで、ラップをかける場合とかけない場合とがあります。

煮物や汁物にはラップをかけますが、このとき蒸気の通り道をつくっておくと、仕上がりがよく、ラップもはずしやすくなります。器の両端を5㎜程度開ける、〝端開けラップ〟にしましょう〈↓右ページ〉。

ラップをかけないのは、揚げ物をあたためるときや、食感をパリッとさせたいとき。また、汁気を煮つめて仕上げるときや、汁物でもシチューなど噴きこぼれやすい料理にはラップはかけません。

■水分の少ない料理は

食材に含まれる水分を電磁波で揺り動かして熱を生み出す電子レンジですが、煮物でも、少ない煮汁だけで、水を加えなくても作ることができます。ただし、水分が少ないと対流が起こりにくいので、ひと工夫。材料に直接クッキングシートをかぶせ、落としぶた代わりに使います。このとき、シートが浮き上がってこないように、器の大きさに近い小皿をのせます。そして、〝端開けラップ〟をして加熱します。

■この時期の食材アドバイス

5～6か月の離乳食初期は、あくの少ないいも類や根菜をだしでのばしたり、どろどろ状のものを飲みこむ時期です。

おかゆ（粒々はすりつぶす）〈作り方↓303ページ〉

パンがゆ（粉ミルクでたくたに煮て、すりつぶす）

めん類（だしや豆乳でくたくたに煮て、すりつぶす）

じゃがいも・さつまいも・里いも・にんじん・大根・かぼちゃ・玉ねぎ・豆腐（汁の実か含め煮をすりつぶす）

小松菜（汁の実をすりつぶすか、煮浸しを刻む）

ブロッコリー・カリフラワー（ゆでて、すりつぶす）

果物（すりおろすか、すりつぶす）

たんぱく質（豆腐・白身魚のすりつぶし、ヨーグルト）

■離乳食に向かない食材

香りの強いピーマンや三つ葉

あくの強い野菜（ほうれん草は小松菜よりあくが強いので、もう少しあとで試しましょう。ベビーフードならだいじょうぶです）

保育園で離乳食を見学しよう

●量やかたさを〝実感〟

離乳食のことをもっと知りたい、離乳食の〝現場〟をこの目で見たい、と思ったとき、ごく身近にお手本があるのをご存じですか。それは、保育園や認定こども園です。

■育児支援はすべてのお母さんに

国を挙げての少子化対策として1999年に「新エンゼルプラン」が打ち出され、2003年には「次世代育成支援対策推進法」が成立しました。お母さんが仕事をしている・いないにかかわらず、国や都道府県・市区町村、また事業主が子育てを支援して、少子化に歯止めをかけるのがねらいです。お母さんだけで子どもを育てるのは無理だ、と国が認めているのです。

いまや保育園は、ワーキングマザーや在園児のためだけの施設ではありません。園庭をお母さんと乳幼児に開放しているところや、園のイベントに地域の親子連れも出かけられるところはたくさんあります。離乳食のことも親切にアドバイスしてくれるでしょう。

■お散歩気分で保育園をのぞいてみよう

電話で予約をして、という手続きがおっくうなときは、天気のよい日にでも自宅の近くの保育園を赤ちゃんと一緒にのぞきに行くのはどうでしょう。入り口にバギーがいくつも置いてあったら、小さな赤ちゃんも通っている証拠。垣根越しに保育士さんに見学をお願いしてみましょう。そのときに赤ちゃんを抱っこしていたほうが、話も早いですし、不審者かと警戒されることもありません。保育園は門扉をしっかり閉めて施錠していますから、初めのコンタクトは垣根越しです。

■調理と保育のプロに学ぶ

0歳児の食事風景を見学できたら、どんな物をどのくらい食べているのか、そして保育士さんが赤ちゃんにどう声かけしているのかにも注目して、参考にしてみましょう。もし食事が残ったら、ほんのちょっぴり指先でつぶして、かたさを実感してください。さらにできれば、その月の乳児食メニューを、壁の献立表などから調べてみましょう。離乳食を作るヒントになります。お願いすれば、献立表を分けてもらえるかもしれません。

そこまで積極的になれなくても、静かに見ているだけで、参考になることはいっぱいあるでしょう。

ところで、保育園や認定こども園では地域のお母さんの育児支援を大切に考えていますが、保育士さんたちは、在園児の世話と、保護者のお母さんたちの支援の両方をがんばっていることを忘れないでください。通常の保育を妨げたりせず、またアンケートなどに答えることで、感謝の意を伝えましょう。あなたの意見が育児支援をいっそう充実させていくことにもなります。

スモールステップで育っていく赤ちゃん

早産児の離乳食の進め方

■お母さんに余裕ができたら離乳食開始

離乳食は、母乳やミルクだけでは、発育に必要な栄養を十分に得るのが難しくなってくるこれからの時期に向けて、少しずつ、いろいろな味に慣れ、同時に口をもぐもぐさせて食べ物をつぶして飲みこむことを練習するための段階的な食事です。

ですから、小さく生まれた赤ちゃんも、予定日から数えた修正月齢5か月ぐらいから、おかゆや野菜のペーストなどの最初のひとさじを始めるとよいでしょう。

でもこれはあくまでも目安。修正月齢よりも、赤ちゃんが母乳やミルクをじょうずに飲めるようになり、授乳が安定してきてお母さんにも少し余裕が出て、「そろそろ離乳食も始めてみようかしら」と思える時期、というほうが現実的かもしれません。

■赤ちゃんの側のタイミングは

そろそろ離乳食かな、というときには、お母さんがおいしそうに食事をするのを、赤ちゃんに見せてみましょう。

そんなとき、赤ちゃんがお母さんの口元をじっと見つめていたり、口をもぐもぐ動かしていたりしたら、離乳食スタートのチャンスです。お母さんの食べるのをじっと見ているときに、「○○ちゃんも食べる?」などと声をかけながら、用意しておいたおかゆをひとさじ食べさせてみると、スムーズにごっくんしてくれることが多いようです。離乳食の第一の目的は、「慣らすこと」ですので、口に入れて飲みこめたら、まずは大成功です。

■進め方はふつうの赤ちゃんと同じ

離乳食の進め方は、小さく生まれた赤ちゃんでも特別変わったことはありません。

食物アレルギー〈↓774ページ〉やアトピー〈↓264ページ〉についても、早産との因果関係は特にありません。赤ちゃんは、初めての食材を食べたり、その日の体調によって、うんちが緩くなったり、湿疹《しっしん》が出ることもありますが、ほとんどの場合は一過性です。新しい食材は、一度にたくさんあげずにひとさじずつ様子をみましょう。体調がよくないときは離乳食を休みます。

■モデルプランは気にしない

開始後1週間で何口とか、何か月で何回食というような、細かいモデルプランを気にする必要はありません。この時期どんな物が食べられるのかな、次はどのくらいのかたさのものをあげればよいのかな、ということの参考として、離乳食の情報を使ってください。

離乳食をうまく進めるこつは、あせらないことです。やってみて、拒絶があったら1週間ほど休む(あるいは一段階前に戻る)という繰り返しで、ゆっくりゆっくり慣らしていきましょう。離乳食が完了するのは1歳半ごろ、大人と同じような食事ができるようになるのは3歳ごろ。まだまだずっと先でよいのです。

コミュニケーション

寝返りができる赤ちゃんが増えてきます。早い赤ちゃんだと、ちょっとの間ならおすわりができるかもしれません。離乳食の準備で、母乳やミルク以外の味への挑戦が始まります。また、記憶力や集中力が出てきて、はっきりと目的をもって手を伸ばしたり、声を出したりするようにもなります。もう、だれにも「寝てばかりで何もわからない」などとは言わせません。よその赤ちゃんより早いとか遅いとかに一喜一憂することなく、赤ちゃんと過ごす時間を楽しみましょう。

呼びかけられたら気移りする前に呼応して

赤ちゃんにはだいぶ記憶力がついてきます。哺乳《ほにゅう》びんを見ると、それが何かがわかるので、ミルク欲しさに泣いたりします。顔をよく覚えているので、大好きな人がアップで現れたり消えたりする「いないいないばあ」に大喜びします。

これまでの「声をあげてお願いしたら、要求は通るんだ」という経験から、赤ちゃんは「声を出して注意をひく」ことを始めます。なんとなくお母さんの気配を感じて声をあげていたのが、もっとはっきり「大人を振り向かせよう、相手をしてもらおう」という意図をもって、「ブバババー」と言うのです。お母さんは赤ちゃんの視界にしっかりはいって、「なあに、ブババですか？」と呼びかけに応じて来たのだということを伝えましょう。これまでに引き続き、呼ばれたら、家事や電話の途中のちょっとの間でもよいので、その場で呼応してください。あとで駆けつけても、赤ちゃんはもう、ほかのことに気移りしています。

語りかけどきはふと舞い降りてくる

記憶力と並んで、赤ちゃんは「物を見続ける」「欲しい物に手を伸ばす」などの、集中を持続させる力をつけつつあります。大人なら、「好きなことは三度の飯を抜いてでも」とたやすいことですが、移り気な赤ちゃんにとって、集中を続けることは偉大な進歩です。

けれどもまだ未分化な力なので、集中は、見る、聞く、さわるのいずれかに限られます。おもちゃに没入して、手と口でそれを調べているときには何も聞こえませんし、意識して赤ちゃんの視界にはいるようにしても、大人と目を合わせません。興味のある物に集中するのはとても大事なことですから、「さあ、この子と遊ぼう」と思っても、声をかけるタイミングをよくはかってください。

何かに集中するぞというとき、赤ちゃんは大きく息を吸いこみます。ガラガラをなめ、タオルを引っ張る合間に、ふと息を止めて間《ま》を取るのです。そんなふうに、よそに行っていた意識が地上に舞い降りてくる感じのときが、語りかけどき。ねんねの赤ちゃんのころからの、高めの声・短めのフレーズで語りかけて、喃《なん》語《ご》をまねて返しましょう。

食べることとしゃべることはつながっている

離乳食には、赤ちゃんが様々な味を知り、スプーンの感触に親しむことのほかに、いとおしい気持ちや信頼感を親子でやりとりする時間という、大切な意味があります。栄養を与え、嚥《えん》下《げ》や咀《そ》嚼《しゃく》のわざを向上させようときりきりするのは、ことばの数を増やそうとやっきになって語りかけることと同じです。赤ちゃんが「バッブー」と言ったらまねして返すように、「お母さんがくれるのなら悪いものではないだろう」と口を開けたところに、スープやおかゆをひとさじ、ふたさじ。赤ちゃんの「食べてみよう」という気持ちに合わせていく努力を忘れないでください。

このころはまだ、離乳食のお試し期間ですから、口をむーっと結んだままで、ひとさじも受け入れなくても、大勢に影響はありません。口から出してしまっても、「おや、べーってしたね。まだ早かったかな」と語りかけながら、未練をもたずに撤収しましょう。片腕に抱っこしながら「あーん」とするのも、赤ちゃんがゆったり安心できる授乳状態に近くていいですね。

この先も続く離乳食の期間は、舌[★1]や唇が複雑に動いてことばを発することができるようになるための練習期間でもあります。食べることとしゃべることとは、密接につながっています。赤ちゃんに合わせながら無理なく楽しく離乳食を進めることは、人とかかわりたいというこころと、きちんと発声できる機能の両方をはぐくんでいるのです。

離乳食は、赤ちゃんの「食べてみよう」という気持ちを大切にして。いやがったら、無理強いしないで次の機会に譲ります。

★1 —— 食べることで、舌が前後運動だけでなく、波打つようななめらかな動きもできるようになります。それがやがて、舌の前や後ろをもち上げて発音するような発声を可能にします。

いっぱい泣いて、いいんだよ

赤ちゃんは泣かせたらいけないって、思いこんでいない？ それでずっと抱っこ、ずっとおんぶ。でも、それがいちばんの方法かな？ 赤ちゃんだって動きたい！ さわりたい！ 楽しみたい！ だからごろごろさせて、おすわりさせて。「じょうずねぇ」って声をかけていれば、涙なんか乾いちゃう。

6か月～7か月

6か月〜7か月

からだの発達

さあ、生後7か月目にはいりました。この時期の赤ちゃんのからだの最大の発達はおすわりです。

おすわりができるようになる

寝返りで腰から上のからだの動きを自分の意思でコントロールすることができた赤ちゃんは、次のプロジェクトに進みます。このプロジェクトの目的はふたつです。

ひとつは、からだの重心をさらに高く持っていくことです。これまでのところ、赤ちゃんの重心の最高到達点は、腹ばいの姿勢での頭の位置でした。これをもっと高く持ち上げようというのが第一の目的です。もうひとつは、手の自由な使用です。あおむけの姿勢で手を使って物を持ったり操作したりすることが不便なことは、私たち大人でもわかります。手は疲れるし、へたに手を離すと物が顔の上に落ちてきて危険です。

答えを聞けば簡単なことですが、こうしたふたつの目標を一度に達成するためには、どんなプロジェクトを組めばよいでしょうか。そうです、おすわりができるようになればよいのです。

おすわりの姿勢を取ることで、重心は一気に高くなります。もともと赤ちゃんは胴長ですから、おすわりによる重心の上昇率は大人の比ではありません。じつは、おすわりから立位までの高低差よりも、腹ばいの姿勢からおすわりまでの高低差のほうが、赤ちゃんでは大きいのです。老人が転ぶとよく骨折などの大けがに結びつくのに、よく転ぶよちよち歩きの赤ちゃんに骨折が少ないのは、骨がやわらかいこともひとつの理由ですが、それ以上に大きいのは、足が短いために落下する距離が短いことなのです。

視界が広がり、様々な"実験"を始める

こうして高い重心を獲得した赤ちゃんは、高みからまわりを見回すことができるようになります。それは、赤ちゃんの目に映る世界が広がることを意味しています。高い山に登れば視界が広がるのと同じ原理です。これまでにない広い世界を目にした赤ちゃんは、おすわりによって自由になった手を使って、視界にはいる様々な物にさわったり、握ったり、な

めたりして、この世の中の様子としくみを学習していきます。握っていた手を離すと、物が落ちることも発見します。ガリレオやニュートンが行った実験を赤ちゃんはすでにやっているのです。ガリレオやニュートンはその意味づけをしただけ、なんて言ったらしかられてしまいますが、赤ちゃんは大の実験好きなのです。

しかしこの実験好きが、この時期の赤ちゃんの親をはらはらさせる原因になります。実験には失敗がつきものです。でもこの時期の赤ちゃんの実験の失敗は、時に大きなけがや命にかかわることになるので、厄介なのです。この時期の赤ちゃんの死亡原因の第1位は、残念なことに家庭での事故です。ベッドやいす、あるいは階段からの転落、浴槽や洗濯機での溺水《できすい》、タバコや薬品、あるいは水銀電池の誤飲〈↓745ページ〉、電気ポットや加湿器でのやけど〈↓741ページ〉、ビー玉など小物による窒息など、この時期の赤ちゃんが好奇心から様々な実験をしている際に起きてしまう事故は枚挙にいとまがありません。

いつでも赤ちゃんを見ているわけにはいきませんから、この時期のお母さんお父さんの仕事は、赤ちゃんの生活環境を安全なものにすることに尽きます。赤ちゃんの目線まで姿勢を低くして、赤ちゃんの好奇心を刺激する物のなかに、そうした事故の引き金になるような物や場所がないか、点検してみましょう。

目で確認しながら、手を伸ばしたりさわったり

さて、おすわりができるようになった赤ちゃんは、目の前にあるおもちゃや人のからだにさかんに手を伸ばしてさわる、という探索行動を繰り返します。試行錯誤を繰り返すうちに、距離感なども正確につかめるようになり、ねらった物に正確に手を伸ばし、握ることができるようになります。そんなことは3～4か月の赤ちゃんでもできたじゃないか、と思われる方がいると思いますが、じつは6～7か月の赤ちゃんがおもちゃに手を伸ばして握るのと、3～4か月の赤ちゃんが同じことをするのとでは、まったくそのやり方が違うのです。

おすわりができるようになった赤ちゃんは、広い視界と自由に動く手を使って、「実験」を繰り返します。

3～4か月の赤ちゃんは、おもちゃがあるとそれを見て手を伸ばしますが、おもちゃが手に触れることが刺激となって、手が反射的に握っているのです。ところが、この時期の赤ちゃんは、手を伸ばすのも握るのも目で確認してやっているのです。

大した違いがないと思われるかもしれません。でも、手を伸ばす、握るという動作をおもちゃと手先を監視しながら行えることによって、初めてできるようになることがあるのです。それは、手に握ったおもちゃを反対側の手に持ち替える動作です。両方の手におもちゃがさわっている状態から、片方の手を離し、同時に反対側の手を握り締める、こうした大人にはあたりまえの動作がこの時期になって初めて可能になります。一見、単純な動作ですが、左右の手の細かい共同作業で道具を使ったり、細かい手作業を行うことができるのは、こうした基本的な動作が可能になって初めてできることなのです。ヒトがヒトである所以《ゆえん》のひとつである手の使用が、この時期から急速に発達していくのです。

物に手が届かないと大人にサインを出す

このように、目に映ったおもちゃなどの物に手を伸ばす行為を「リーチング」〈↓308ページ〉といっていますが、リーチングには、物をじょうずにつかむこと以外に重要な働きがあります。重心が高くなって視野が広がった赤ちゃんは、目の前の物だけでなく、自分の手の届かない遠い所にある物も視界にはいってきます。すると、赤ちゃんは手が届かないことなどおかまいなしに、そちらに手を伸ばしてそれにさわろうとします。いくら伸ばしても手にさわらないのであきらめるしかないのですが、まわりに大人がいると事態は変わってきます。一生懸命手を伸ばしている赤ちゃんを見て、その先にある物に気づいた大人は、その物を赤ちゃんのところに持ってきてあげたり、赤ちゃんをその物にさわれるように抱き上げて移動させてあげたりします。そして、そうした手助けをしながら「何が欲しいの？　どれ？　ああ、ワンちゃんのぬいぐるみね」と赤ちゃんに語りかけるのです。

こうした経験を繰り返すうちに、赤ちゃんは何か目にはいる物でさわりたい物があれば、そちらに手を伸ばして「アウアウ」と声を出せばお母さん（お父さん）が手伝ってくれる、ということに気づくのです。これが、人間の重要なコミュニケーションの手段である指さし行動（ポインティング〈↓388ページ〉の起源だという考えがあります。

親は夜泣きに悩まされる時期

このころから赤ちゃんは、夜泣きでお母さんやお父さんを悩ませ始めます。夜泣きがなぜ起こるのか、まだよくわかっていません。記憶力がついてきて、寝ている間に夢を見るのではないかという説があります。自分のベッドや布団で眠りについた場合には夜泣きは起こりにくいが、別の場所で眠ってしまい気づいたら自分のベッドにいた、という場合に夜泣きが多いという報告もあります。

ひと晩に5回も6回も夜泣きをするという赤ちゃんもいて、お母さんやお父さんの寝不足の原因になりがちです。添い寝したり乳首をふくませたり、抱き上げたりするだけで再び寝てくれる素直な夜泣きもありますが、いったんしっかり目を覚ましてからでないと眠らない赤ちゃんや、家の外に連れ出さないと泣きやまない赤ちゃんもいます。

「スウォードリング」〈↓286ページ〉といって、赤ちゃんをタオルでぐるぐる巻きにしたり、「ウェッジング」といって赤ちゃんをベッドの隅に寝かせたりすると、よく眠るといわれていますので、試してみてください。親は自分が疲れるだけでなく、近所への気兼ねで気疲れしやすいものです。お母さんだけ、あるいは夫婦だけで抱えこまないことが重要です。明けない夜がないように、終わらない夜泣きはありません。

（榊原）

このころ気になる症状と病気

夜泣き〈↓343ページ〉
斜視〈↓345・769ページ〉
熱性けいれん〈↓734ページ〉
あせも〈↓757ページ〉
水ぼうそう（水痘《すいとう》）〈↓762ページ〉

ことばの発達

6か月～7か月

この月から次の月にかけてできるようになる「おすわり」と、すでにできるようになっている「寝返り」とを組み合わせて、赤ちゃんは世界を広げていきます。

寝返り・おすわりができるのは、脳からつながっている電線（神経）の配線工事が順調に腰までつながった、ということを表しています〈「脳の働きと筋肉の力で首がすわる」↓253ページ〉。まずその点がうれしい進歩。

腰という字は、からだを意味する「にくづき（月）」と「要」とで成り立っていますね。かなめの腰が決まらないと、次なる移動手段の「はいはい」がじょうずにできるようになりません。はいはいで積み重ねる力は、立つ、歩くという動きの基礎。発達は順々に全部つながっていますから、しっかり歩けるようになるためには、いまのおすわりの時期には十分におすわりを経験させてあげる必要があります。

“おすわり初心者”にはゆらゆらさせよ

おすわりが大事だ、と聞くと、支えてでもおすわりさせたくなりますね。でもほんとうに大事なのは形だけ座っているということではなく、自力で倒れずに座っていられるという中身。これをちょっと難しいことばで「座位姿勢の保持」といいます。

おすわりの初心者である赤ちゃんは、大事な脳がはいっている頭を倒れたはずみにゴチンとしないように、片手または両手をつっかい棒代わりに床について上体を支えます。目の前におもしろそうなガラガラがあって、さわりたいな、取りたいなと思っても、手の支えをはずすと倒れてしまいそう。残念。遊べないや。

もう少したって、背骨をまっすぐに保ち、自力でおすわりの姿勢が取れるようになると、両手を使っておもちゃを持ち、遊べるようになります。このことが赤ちゃんの「自分で遊ぶっておもしろいな」という気持ちを育て、知的な発達をさらに進めることにつながります。

やっとのことで手で支えずにおすわりできても、最初のうちはゆらゆらして倒れてしまいそう。でも、ゆらゆらしながら、どうやったらうまくバランスが取れるのかを勉強中です。「かわいい子にはゆらゆらさせよ」です。倒れてもいいように、まわりにクッションや座布団を並べておいてあげましょう。

順番を飛ばしてどんどん先に進むことではなく、この時期に獲得するべき力、ゆらゆらしながらも自分でバランスを取って座ろうとする力をしっかり育てましょう。

赤ちゃんは、驚くべき根気で、一日中、寝返り――おすわりの練習を繰り返します。やめろと言ってもむだです。赤ちゃんは、生まれるときにもらってきた、自分の工程表に従ってやっているからです。

寝返りは、「あおむけ――腹ばい――おすわり」「おすわり――腹ばい――あおむけ」という姿勢と姿勢の間をつなぐために使われます。赤ちゃんはあおむけから腹筋の力で直接おすわりの姿勢にはなれないので、必ずいったん腹ばい姿勢を

人見知りが始まる赤ちゃんもいますが、そういうお年ごろと考えて軽くやり過ごしましょう。

取り、床に手をつき、徐々に上体を起こしておすわりの姿勢になります。寝返りはおすわりを支える大事な能力です。

記憶力がついて、人見知りが始まることも

この時期、赤ちゃんには記憶する力もだいぶついてきます。いちばん慣れ親しんだ人（多くの場合はお母さんですが）とそれ以外の人を区別できます。見慣れない人に対して不安そうにする、いわゆる人見知りが始まることもあります。人見知りは2歳とか3歳近くまで持ち越す子もいる一方、全然人見知りをしない赤ちゃんもいます。でも、育て方のせいで人見知りになるとかならないとかいうことは、ないようです。そういう年ごろなんだ、と考えて軽くやり過ごしてください。いつの間にか解消しているでしょう。それに親しい人とそうでない人を見分けられるのは、それだけ知恵がついたということで、喜ぶべきことです。

「いないいないばあ」を楽しんで

親しい人が「消える――出てくる」というちょっとした危機感がおもしろいためでしょうか、この時期の赤ちゃんは「いないいないばあ」遊びが大好きです。大人がハンカチや洋服やカーテンや手のひらで顔を隠して「いないいないいない……」とやると、期待に満ちて息をつめて「ばあ！」と出てくるのを待っていてくれます。繰り返し繰り返しやってもあきません。「いないいない」の言い方や「ばあ！」と出るタイミング〈↓279・359・468ページ〉をいろいろ変化させながら、楽しみましょう。

ここにも、子どもとのかかわり方の大事な法則があります。「子どもが好む遊びは、その時期の子どもの発達に必要で、かつ、効果的な遊びだ」ということです。5歳の子に、お願いだから「いないいないばあ」につきあって、と頼んでも、いやな顔をされるか、せいぜい1回か2回つきあってくれるのが関の山です。成長してしまうと全然おもしろいと思えなくなるのです。

赤ちゃんが喜んでいるかどうかが鍵《かぎ》

どんな遊びであれ、赤ちゃんが喜んで笑ってくれるかどうかをよく見ながら遊ぶのがこつです。興味がそれてしまったら、むりやり続けることはありません。赤ちゃんが楽しんでいるときには、その情報が脳までちゃんと届けられ、記憶されやすいからです。

「おつむてんてん」などの〝芸当〟も大好きです。大人がうっかり「ハクション！」とくしゃみをしたりすると、期待のまなざしで待ちかまえます。繰り返し繰り返し、何度でもやって見せてほしいのです。繰り返してもらって、脳の中にある記憶の引き出しにちゃんとしまいこむためです。

歌を聞くのも大好きです。どの部分が赤ちゃんに受けているのかよく見ながら、なるべくならCDやテープではなく肉声で歌ってあげましょう。

（中川）

6か月〜7か月

こころの発達

ぼくね、このごろわかってきたことがあるんだ。ぼくのおなかがすいていたり、おむつがぬれていたりするとき、お母さんたちにはそれがわかるでしょう。いつも、どうしてわかるのかなって、不思議だった。おなかがすいた、だから泣いてお母さんに知らせよう、なんて、意図的に泣いていたのじゃないんだ。「おなかがすく→不快感→泣く」という命令系統が、ぼくたちには生まれつき入力されている。だから不快状態になると、自動的に泣く。

　でも泣いていると、いつもお母さんやお父さんが来て、おっぱいを飲ませてくれたり、おむつを替えてくれたりして、気持ちのいい状態にしてくれる。そのうえ、抱っこして揺すってくれて、子守唄も歌ってくれる。いつもそういう関係が、ぼくとお母さんの間にはあったんだ。それがわかってきた。難しくいうと、因果関係がわかってきたんだね。

　だからこのごろ、泣くことを、お母さんやお父さんを呼ぶために使うようにしているんだ。お母さんが来てくれないときは、もっと大きな声で泣くことにした。抱っこしてほしいときも、早く来てよって大声で泣く。それを聞いたお母さんが駆け寄ってくれると、すごくうれしい。来てくれないことが続くと、泣く意欲さえなくしてしまうんだ。

　いまは寝返りでごろごろ移動だけれど、これからぼくはおすわりがじょうずになっていくよ。人間は何か新しいことができるようになったり、できそうだなと感じるようになると、それをしたくてたまらなくなる。おすわりすると、いままでより高い位置から見ることができて、うれしくてたまらない。

　ぼくはこのごろ、夕方になるとぐずることが多くなった。夕方って、からだのモードが切り替えられないのか、適応するのが難しいんだ。昼間は明るいから、からだは行動的なモードになっている。それも、いままでよりもうんと活動的になっているんだ。

　でも夕方になって少しずつ暗くなってくると、気分がどこか不安になるんだ。たぶん、活発な行動がもうできないという残念さも原因だと思う。あるいは暗闇《くらやみ》がくるという不安があるのかもね。夜になってほしくないという気分になっているのだろうね。気持ちはまだ活発モード。でも、そろそろからだをお眠りモードに切り替えなければならない。そこで、ぼくの小さなこころは悩む。この不安定さが、ぐずりの原因だと思うんだけど……。

ある日お母さんが、ぼくをベビーラックに座らせて、ご飯を作り始めた。ぼくはもっと遊んでいたいから、おもしろくない。ぐずっているのに、お母さんたら「ちょっと待っててね」と言ったきり台所から出てこない。ぼくはますますぐずっちゃった。そのとき、ちょうどお父さんが帰ってきて、「おやおや、どうした？　きげんが悪いね」って言ってくれた。ぼく、それだけでうれしくなって、にこにこ。だって、お父さんはきっとぼくをいすから出して、「たかいたかい」をしてくれるに決まってる。

お母さんはそれを見て、「私が相手しても大して喜ばないのに、お父さんがちょっと声かけるだけで、こんなに喜ぶなんて」だって。お母さんったら、わかってないね。お父さんはぼくと遊んでくれる。お母さんはあんまり遊んでくれないじゃない。ぼくはもう、お父さんに対する期待とお母さんに対する期待を、使い分け始めてるんだ。

＊　＊

赤ちゃんから目を離すことが少しずつできなくなります。おすわりがじょうずになると、両手が自由に使えますし、相手をしてくれといわんばかりの泣き方をしたり、夕方になるとぐずったりと、いろいろな方法で自分を表現し始めます。

相手をしなければいけない時間が増える

お母さんお父さんとしてはひと安心ですが、昼間起きている時間が長いだけ、相手をしなければならない時間も増えてきます。起きているのにほうっておくと、当然赤ちゃんのきげんは悪くなります。家事や仕事をしながら、「いないいないばあ」のような遊びをするなど、丹念なかかわりが大事になります。赤ちゃんがひとりで遊んでくれるおもちゃを用意したり、背中におんぶして用事を片づけるなどの工夫も必要になってきます。

泣くことの意味を感じ始める

この時期、赤ちゃんのコミュニケーション能力が新たなレベルに達して、自分が泣くことの意味を感じ始めるといわれています。本能的であった泣くという行為を、親を呼ぶ手段として使い始めるのです。泣く代わりに「ママー」と言えばことばになるわけですから、この時期はことばが出てくる一歩手前といえます。泣けば親が来てくれることを覚え、その記憶能力の発達が人に向けられると、知っている人と知らない人の区別につながり、知らない人への不安、すなわち人見知りも始まります。

（汐見）

育ちのようす

生まれて半年がたちました。５年後、10年後に振り返ってみれば、あっという間の半年だったと感じるでしょう。重くなり、背も伸びました。おっぱいが大好きな子、離乳食のほうが好きな子、小食な子、よく泣く子、おとなしい子、たくさん眠る子、ちょっとしか寝ない子。赤ちゃんの育ち方はひとりひとり違います。

それでもこのころには、ほとんどの赤ちゃんが寝返りをするようになっています。あおむけで足をつかんだり、揺らしたり、からだをねじったり。そうするうちにくるっと腰が回って、肩まで回れば、寝返りの完成です。腹ばいになって両手を浮かせ、全身をそらせて飛行機のような格好をすることがあります〈「エアプレーン」↓175ページ〉。これで手が使えます。視界も広がります。寝返りを繰り返せば、ごろごろ転がって移動することもできます。

さらに、寝返りの途中や腹ばいから、腰をひねった横ずわりのような格好になったら、おすわりまでもう一歩。ひざに体重をかけ、うまくいけば、腕を使って上半身を持ち上げることができるでしょう。おすわりの原型です。ただ、おすわりは重心が高く、背筋も使うので、赤ちゃんにとってはとても疲れる姿勢です。ですから初めのころは、両手を床につかないと、上半身を支えていられないかもしれません〈「運動機能の発達プログラム」↓348ページ〉。

からだの動きは、左右対称から非対称へ。重心の移動は、低いところから高いところへ。運動機能が腰や腕のほうまで発達し、重心をより高く移動させるところまできています。

ただし、このような成長ぶりには、体格と同様、個人差があります。ゆっくり進むのが好きな赤ちゃんもいれば、スモールステップで育てたい赤ちゃんもいます。まだできない、まだ小さいという視点で接してしまうと、赤ちゃんが気の毒です。

「取って」のシグナルには応《こた》えてあげる

寝返りで腹ばいになったときや、おすわりで両手が自由になると、しきりに手を伸ばすのがこの時期です。さらに届かない物のほうへ一生懸命手を伸ばし、「取って」というようなしぐさもするでしょう。手でさし示しながら、「ア、ア、ア」と声を出す、手さし（リーチング）もあります。赤ちゃんの「届かないから取って」というシグナルには応えてあげてください。このやりとりを繰り返していくうちに、赤ちゃんは「そばにいる人が自分の代わりに物を取ってくれるんだ」ということを理解していきます。

おしゃべりのまねがじょうずに

これまでは人の気を引くために出していた赤ちゃんの声が、語りかけたことばをまねたような声色になることがあります。発音そのものは違うでしょうが、イントネーションがなんとなく似ていて、「むにゃむにゃ」と聞こえたりします。おしゃべりのつもりでしょうか。このころは、まだ人のことばをまねして発音できる段階ではありませんが、そのきざしが出てきます。「しゃべっているのかな？」という様子がみられたとき、考えてみたらその前にお母さんやお父さんが語りかけていた、と思いあたることもあるでしょう。ことばは話さなくても、赤ちゃんは人の声をよく聞いて、自分のなかに取りこんでいます。どんどん語りかけてあげましょう。

夜泣きの悩み

頑固な夜泣きに振り回される時期にはいりました。夜泣きとは、いったん眠った赤ちゃんが特に理由なしに夜に目を覚まして泣く状態。この夜泣きに比べれば、2～3か月ごろの泣きなんてかわいいものです。あのころはからだも小さく、声もいまほど大きくはなかったでしょう。

この先10か月くらいまでが、夜泣きのピークです。4か月くらいからだんだんまとめて寝るようになって、やれやれと思っていたら夜泣きが始まった、というパターンが多いようです。

お父さんへ

夜泣きは夫婦協力して乗り越えて

夜泣きは、この時期の母親の最大のストレス。だから、できるだけ父親も対応したい。「俺《おれ》だって朝早いんだ」と思うかもしれませんが、睡眠時間は母親のほうがはるかに短いのです。

背中をトントンしたりして歌を歌いながら近所をひと回りすれば、外気と振動の心地よさでぱたんと眠ることも。ただし、「泣きやませよう」と思うと赤ちゃんはなかなか泣きやみません。「ほらブーブだよ」「お月さまがきれいだね」と話しながら、赤ちゃんとの夜の散歩を楽しむ。そんな余裕をもちたいですね。

夜泣きは、原因も対策も、これという定説はありません。でも一時的なものだし、ある部分の感受性が突出して鋭い子に夜泣きが多いとの説も。そう考えれば将来が楽しみでもあります。

夫婦のどちらが疲れているかで、その日の当番を決めたり、泣きやませる工夫を話し合ったりと、子育ての最初の壁を夫婦で乗り越える努力がこの時期にできれば、妻のストレスはぐっと減ります。

夜泣きの原因にはいろいろな説があり、ひとつは記憶力がつき、昼間起きていたときに受けた刺激を覚えていて、それが夢に出てくるから泣く、というもの。寝る前に興奮しすぎても、夜泣きがひどくなるようです。しかし、ほんとうの原因が解明されていないのがつらいところ。いろいろな方法を試して乗り切るしかありません。とりあえずは抱っこして落ち着かせますが、外国では布などにくるんであげることもあるようです。また、ベッドの端に寝かせたほうが精神的に安定してぐっすり眠る、という話も聞きます。

泣き始めたときに、おっぱいや水などをあげると、乳首を吸いながら再び寝てしまうこともあります。おしゃぶりをくわえさせてみてもよいでしょう。

あるいは、テレビの〝砂嵐〟（番組が放送されていないときのシャーという音）や水道の水を流す音を聞かせるとおとなしくなるという赤ちゃんもいます。からだをさわられると安心するので、背中をトントンしたり、全身マッサージをするのも効果があるかもしれません。それでも泣きやまない[★1]ときは、電気をつけて、一度完全に起こしてしまい、しばらく相手をしてまた寝る、という手もあります。

泣き始めのときなら、おっぱいをあげてみたり、おしゃぶりをくわえさせてみて。泣きやませようと思いつめず、割り切ってつきあってあげましょう。

★1――不思議なことに、泣きやませようとすればするほど、かえって火がついたように泣く場合があります。できればご近所に事情を話しておき、「しばらく泣かせておこう」くらいの気持ちで。ひと晩中抱っこして過ごすことがないようにしたいものです。

6～7か月健診では

6～7か月健診では、寝返りやおすわりなどのからだの発達を診《み》るのがおもな観察ポイントです。ただし、発達には個人差があることは前に書いたとおりです。

健診時に赤ちゃんのきげんが悪いと寝返りをしてくれないこともあるので、そのようなときは自宅での様子をお母さんが説明しましょう。

また、この時期には斜視〈↓769ページ〉の診察ができるようになります。人間の目は右目で見る像と、左目で見る像が多少違っているのですが、それがひとつに見えるように脳が分析します〈↓441・528ページ〉。その分析してまとめる力に問題があると、左右の視線が、見ようとする物のほうに一致しません。これが斜視です。6か月より前では両眼視ができていないために斜視★2のように見えることも多いものですが、この時期には診断がつくようになるのです。

指令を出す力には異常がなくても、一方の目に近視や遠視、乱視があると、脳にはいってくる映像が左右で違ってきます。その場合、脳はよく見えるほうの映像を採用するので、採用されなかったほうの目が斜視になります。目は使わないでいると視力が落ちてしまい、弱視になることがあります。眼科医の指導のもとで弱いほうの目を意識的に使う訓練をすれば、弱視や斜視になるのを防ぐことができます。

6か月になると、お母さんのおなかにいたときにもらった免疫がそろそろ切れてきます。健診では感染症に対する指導も行われます。

鼻水・鼻づまりになったら

乳幼児は鼻孔が狭く、ちょっとした気温や湿度の変化で鼻水・鼻づまりを起こします。鼻がつまると眠っているときに苦しくなったり、母乳やミルクが飲みにくくなってしまいます。

赤ちゃんはまだ自分で鼻をかめないので、蒸しタオルの湯気を鼻に近づけたり、加湿器で部屋の湿度を上げて対応します。つまった鼻汁を吸い取る市販の器具も有効です。綿棒で鼻そうじをしてあげるのもよいのですが、粘膜を傷つけないよう十分に注意しましょう。

鼻水がだんだん止まらなくなったり、黄色っぽくどろどろの鼻水が出て、くしゃみ、発熱などがあるときは、かぜ〈→747 ページ〉や麻疹《ましん》（はしか）〈→762 ページ〉などが考えられます。熱がなくても、鼻水・鼻づまりが長く続くときは受診したほうが安心です。幼児期以降ではアレルギー性鼻炎〈→774 ページ〉にかかったために鼻水・鼻づまりを起こしていることがあります。

★2 ――偽内斜視、乳児斜視〈→769ページ〉といって、左右の視線がずれているように見えます。月齢が低いころの赤ちゃんによく見られます。

赤ちゃん撮影のこつ

■高感度フィルムは赤ちゃん撮影に最適

家庭用コンパクトカメラは、明るさに応じて自動的に発光するものがほとんどです。フラッシュをたくと全体に明るい写真が撮れますが、自然光がはいる所ではフラッシュをオフにして自然光だけで撮っても、雰囲気のよい写真になるでしょう。また、窓やベランダを背景にすると、逆光で顔が真っ黒になってしまいます。このようなときは少し横から撮影するか、オートフラッシュでなくフラッシュをオンにして撮るときれいに撮れます。

フィルムは感度が高いほど手ぶれやピントに強く、明るさも感知するので、室内の撮影向き。高感度フィルムは、よく動く赤ちゃんの撮影に適しています。

■ストロボオフとフォーカスロックを使って

デジタルカメラでの撮影も、ストロボオフで自然光を活用するのがお勧めです。さらに使いこなしたいのが、フォーカスロック機能です。これはシャッターを半押しにして被写体にピントをあて、構図を変えてもピントが合ったままになる機能。うつぶせの赤ちゃんを、低い位置から手前のシーツをぼかしながら撮影するなど、雰囲気のある写真を試してください。

■保存や応用、公開が断然楽なデジタルカメラ

デジタルカメラ写真は保存がとても手軽です。データは自分のパソコンに保存でき、日付やテーマ別など、整理のしかたも自由に設定可能。CD―Rなどにバックアップを取れるうえ、ウェブ上に写真を保存すれば、どこからでもアクセスできるサービスもあります。

また、シールやポストカード、カレンダーなど、様々な物にプリントができ、写真の加工が自由自在なのも魅力。さらに、メールの送受信や、ウェブ上にアップすることも簡単なので、孫の顔がなかなか見られない遠方の祖父母にも喜ばれるでしょう。

■ビデオ撮影は見やすい画面づくりを

動きの激しい赤ちゃんを追いかけながら撮影すると、画面がぶれがちですが、カメラを持つひじをテーブルやソファのひじかけなどに固定させると、手ぶれがかなり解消されます。ねんねの赤ちゃんを撮るときは、ベッドにビデオを固定させ、ローアングルから撮影し、液晶画面で構図を確認する手もあります。

さらに、あとから見やすいように、次のシーンに移るときには1回オフにするか、ゆっくりと移ります。ズームは多用せず、使うならゆっくりと行うのがポイント。「○月○日、おすわりをしました」など、記録になるコメントを声で入れておくとよいでしょう。

保育園生活

「食う寝る遊ぶ」の一日

■保育園の一日はおやつから

保育園は、登園からお迎えが来て帰るまでが長丁場。起きている時間にかぎれば、自宅よりも長く園で過ごす子どもがほとんどです。運動会や発表会の前を除けば、「食う寝る遊ぶ」に時間を費やします。

朝、出勤前のお母さんお父さんに連れられて子どもたちがやってきます。小さいうちは、おむつと着替え、月曜日の朝は布団のカバーもあるので、どこのおうちのバッグもぱんぱん。布団を週末に持ち帰ったときは、相当な大荷物になります。自転車や徒歩通園だとつらいところです。

1歳児あるいは2歳児までの「赤ちゃん組」には、9時半ごろに朝のおやつが出ます。ビスケットや果物に牛乳といった軽い物を、並んで食べることで、園生活のエンジンがかかります。自分のお皿が空っぽになったら、当然のように隣のお友達のお皿に手を出す子も。

おやつのあとにおむつ替えやトイレをすませて、散歩に出発。天気がよい日には、散歩や園庭での外遊びは大切な活動メニューです。赤ちゃんはおんぶで、よちよち歩きの子たちは、カラフルな散歩用の特大乳母車に鈴なりになって出かけます。みんな手すりをしっかりつかんで外を見るので、真ん中のほうはぽっかりあいています。

おそろいの帽子は保育園児のあかし。道行く人も思わず目を細めて見ています。

■お昼寝してね

散歩の目的地は近くの公園や広場、森や林。保育士さんが背負ったリュックはタオルや着替え、おむつ、ばんそうこうに水筒にカメラでふくらんでいます。

園に帰れば、配膳室からいいにおいがお出迎え。手洗い、着替えをひとりですませ、ゴム式でかぶれるようになっているエプロンもつけて「おなかすいたよ」と待っている子も。「いただきます」のあとは、手づかみ食べの赤ちゃん、スプーンの1歳児、お箸《はし》に挑戦の2歳児がそろって、それっとばかりに手と口を動かしています。にぎやかな部屋が、しばしシーンとなるほど。

「ごちそうさま」をして、食べこぼしをきれいにお掃除したら、布団を敷きます。先生が絵本や紙芝居を読み、カーテンを引いて、ねんねの態勢にはいります。

昼寝の間にも、先生は連絡帳を書いたり誕生生カードを作ったり、仕事が山ほどあるのです。無理強いはしないけれども、お昼寝してもらいたいというのが本音です。

早い子はお昼寝明けに、通常は5～6時、延長保育の子は夜の7時過ぎまでの間、自由に遊びながらお迎えを待ちます。朝よりちょっとしわの寄ったスーツで、手を振り振り来るお母さんお父さんに、おもちゃをほうり投げて駆け寄る子ども。「お迎えのあの一瞬で、明日もがんばろうという気になるわ」と、働くお母さんは思うのです。

運動機能の
発達プログラム

重心移動を応用して、おすわり、はいはい、伝い歩きへ

■スタートは重心の移動を覚えること

赤ちゃんが、寝返りをうち、うつぶせの姿勢を取れるようになると、本格的な「移動」へのチャレンジが始まります。うつぶせで、からだをひじで支えられるようになると、目の前の興味ある物を取りたくなります。でも、両ひじでからだを支えているうちは手を伸ばせません。そこで、重心を片方のひじに移し、からだを傾けて、空いたほうの手を伸ばすのです。伸ばした手の側のひざを少し前に出すと安定するということも、からだで覚えます（リーチング〈↓308ページ〉）。

一度手を伸ばして届かないと、手を伸ばした側のひじとひざに体重をのせ替え、反対側のひざを前に出してバランスを取り、手を伸ばす。この繰り返しで、腹ばいで移動できるようになります（イラスト①）。

■おすわりは重心移動と手のつっぱりで

うつぶせで、重心の移動ができるようになるころ、もうひとつできるようになるのが、両手を前に伸ばして、手のひらで床を押して、上半身を反らすという姿勢です。そして、この両方の動作を組み合わせると、おすわりができるのです。うつぶせでおもちゃに手を伸ばした姿勢のときに、その手のひらで床を押すと、からだが起き上がります。そこで、ひじをついていた側の腕も伸ばすと、横すわりの姿勢になるのです（イラスト②）。まだ腰はひねったまま。体重を支えているのも骨盤ではなく手です。

■からだのひねりを戻す動作がポイント

横すわりから、おすわりへのプロセスと、横すわりから四つんばいへのプロセスは、じつはどちらも、からだのひねりを元に戻す動きです。

腕で床を押して、骨盤を固定してからだを正面に戻せばおすわりです。一方、腕に体重をのせたまま、両ひざに体重をのせてからだのひねりを戻すと、イヌのおすわりの姿勢になります。これでおしりが上がると四つんばいの姿勢です（イラスト③）。

四つんばいになっても、最初はまだ移動できません。両手、両ひざの四つの支点でからだを支えているから、動けないのです。この時期の赤ちゃんがよくやるのが、四つんばい姿勢のまま、前後にからだを揺らす動き（ロッキング）。そんな動きをしながら、重心を移動させる準備をしています。

すでに赤ちゃんは、腹ばい移動のときに重心の移動を経験しています。おもちゃがあれば手を伸ばしたくなって、左手、左ひざに重心を移し、右ひざを少し前に出して、3点でからだを支えて右手を伸ばします（イラスト④）。この動きが交互になると、四つんばい移動ができるようになります。

■つかまり立ちは重心移動の応用

四つんばい移動ができるようになると、テーブルや台がある所まで移動して、その上が気になり、そこに手をかけてからだを

起こします。そこで重心移動の応用です。片方のひざに重心をかけ、空いたほうの足の裏をつきます。今度は足の裏に重心をかけ、もう一方の足も足の裏で立ちます。これでつかまり立ちができるのです（イラスト⑤）。つかまり立ちから伝い歩きも、重心移動の応用です（イラスト⑥）。ここまでくれば、最初の一歩ももうすぐです。

■ゆっくりめの赤ちゃんのサポート遊び

腹ばい移動をサポート

うつぶせで、手を伸ばしてぎりぎり届かないぐらいの所で、好きなおもちゃを動かして誘ってあげましょう。

おすわりをサポート

壁によりかかり、立てたひざの上に赤ちゃんを座らせます。からだのどこを支えると楽しそうか見てください（イラストⒶ）。

はいはいをサポート

腕をしっかり床につけ、体重をのせることができる姿勢を経験させましょう（イラストⒷ）。また、胸をしっかり支えて前に倒します。反射的に手が前に出て、からだを支えようとする反応（パラシュート反射〈→404ページ〉）を促します（イラストⒸ）。

重心移動の連続で、伝い歩きへ

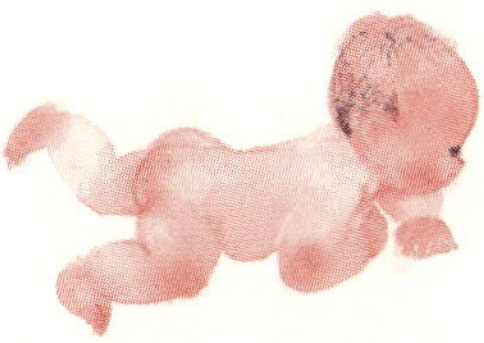

①（7か月ころ）
重心を片ひじに移し、反対の手を伸ばす→伸ばした側に重心を移し、反対側のひざを前に出す。

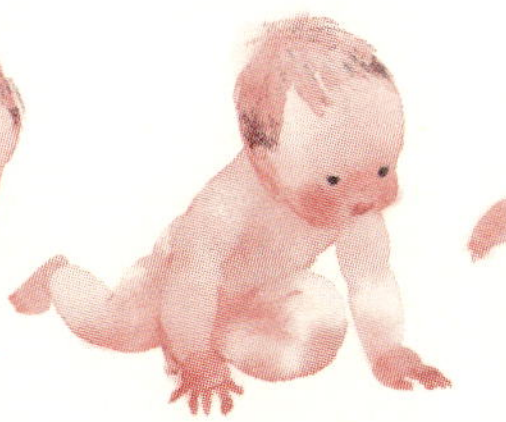

②（7か月ころ）
伸ばした手のひらで床を押す→もう一方の腕も伸ばし、両手で床を押して、上半身を反らす。

③（8か月ころ）
両手でからだを支え、ひざに重心を移す→腰が上がる。

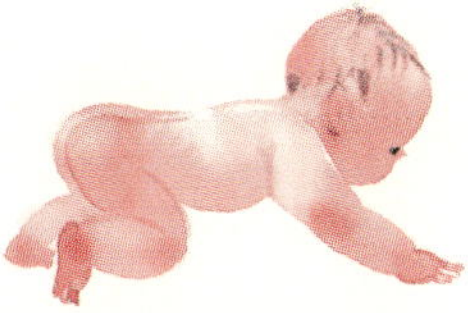

④（9か月ころ）
腹ばいの重心移動を四つんばいで応用し、はいはいへ。

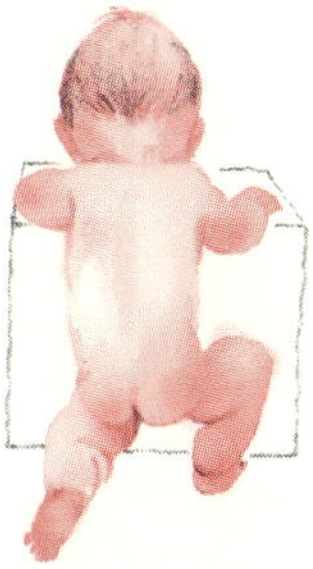

⑤（10か月ころ）
台に手をつく→左側に重心を移して右足の裏をつく→右足の裏に重心を移して左足の裏をつく。

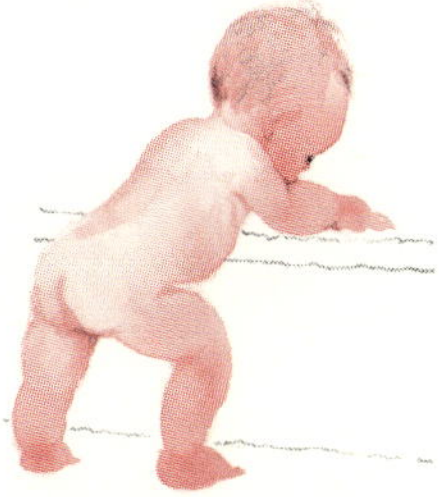

⑥（10か月ころ）
左側に重心を移し、右足を横にずらす→右足に重心をかけ、右手をずらす→左手、左足をずらす。

ゆっくりめの赤ちゃんのサポート遊び

Ⓐぐらっと揺れて元に戻るのが楽しい遊びです。支える場所の好みを探してあげましょう（わきの下、胸、腰など）。

Ⓑ胸からおなかまでを支えながら、手とひざはしっかり床に押しつける感じで体重をのせてあげてください。

Ⓒ子どもを後ろから抱っこして、胸をしっかり支えて前に倒します。怖がるほどの速度をつけず、とっさに手が出る程度に。

家族で育つ

初めて胸に抱き上げたころは、ただただ「生まれてくれてありがとう」と思えた赤ちゃん。それが顔つきもからだつきもしっかりしてくるにつれ、「家族」の赤ちゃんへの期待は少しずつふくらんでいきます。どういう働きかけをすればうまく育つのか。たくさん刺激を与えれば、才能豊かな子に育つのではないか——なぜだか大人は、「働きかければ子どもはよく伸びる」という〝働きかけ神話〟に、とりつかれてしまうのです。

赤ちゃんの笑顔にこちらも思わずにこっとした、それも立派な対応のひとつです。赤ちゃんがいちばん欲しいと思っている、愛情という刺激になっているのです。ところが、「そんなのは最低限すること。それだけでは、私たちは親としての仕事を果たしていない」と思うお母さんやお父さんは案外多いようです。

これまでてきぱきと仕事をこなし、次々と新しい提案をして評価を高めるという、積極的なスタイルで人生を切り開いてきた大人たちにとって、子育てはとても受動的なものに感じるらしいのです。赤ちゃんのすることを待ってから対応するというのでは、まどろっこしくてしかたがない。もっとあれこれ働きかけたほうが絶対伸びるはず。そういう感覚は、とりわけ日本人には多いようです。

赤ちゃんからお年寄りまで、ひとつ屋根の下に大勢の「家族」で暮らしていた時代は、子どもたちへの期待も分散していました。けれども現代は少子化社会。ひとりの赤ちゃんに、おじいちゃん、おばあちゃん、お父さん、お母さん、みんなの期待がかかります。

お母さんやお父さんも自分の子ども時代を振り返ってみると、周囲の過大な期待に息苦しい思いをしたという記憶がないでしょうか。

「ことばが出れば、コミュニケーション能力が高くなる。だからがんばってことばを育ててやらなくちゃ」。働きかけ神話はこれと同じ発想です。けれども、ことばが身についたらコミュニケーション能力が高くなるのではなく、コミュニケーション能力が高まったから、ことばが身につくのです。ですから、まずは赤ちゃんと一緒に笑ったり、やりとりをしながら、赤ちゃんが自分でやろうとする気持ちの下地づくりをすることから始めましょう。赤ちゃんに必要なのは、無心な愛情という刺激★1なのです〈「『楽しく通える教室』を選ぼう」↓512ページ〉。

イージー・チャイルドとディフィカルト・チャイルド

赤ちゃんのなかには、あまり泣かない子もいれば、反対に何をしても泣きやまない子がいます。手のかか

★1——赤ちゃんが声を出したら応じる。笑ったら、こちらもにっこりする。絵本を読む。手をとって歌を歌う。どれも十分な刺激になります。

らない赤ちゃんを「イージー・チャイルド」といいますが、おとなしく目立たないため、「この子には個性がないのだろうか？」と思われたりもします。物静かで落ち着いている、それがイージー・チャイルドの個性です。

反対に、「どうしてこんなに泣くのだろうか」という赤ちゃんとめぐり会ったお母さんやお父さんは、ほんとうに大変です。このような赤ちゃんは、育て方が間違ったために泣きやすくなっているのではなく、生まれながらにもっている気質によってむずかっているのです。いわゆる「疳《かん》の虫が強い子」とか、「ディフィカルト・チャイルド」とよばれる気むずかしいタイプの赤ちゃんです〈「子どもの気質、親の気質」↓487ページ〉。

このような違いは生後1～2か月でも見られます。寝ても覚めてもぐずり続ける赤ちゃんは、4～5か月くらいから泣き方が強くなり、やがて夜泣きが激しくなるなど、気むずかしさがとてもはっきりしてきます。いくらお母さんががんばっても、赤ちゃんの気質が正反対になることはないので、「ディフィカルト・チャイルド」を授かったらサポーターの力を借りましょう。たとえば、散歩がてら、近くの保育園の園庭へ寄ってみる。保育士さんに、気むずかしい赤ちゃんを扱うこつを聞いてみるのです〈「地元の子育て支援を活用する」↓574ページ〉。電話やインターネットの育児相談も利用してください。話をするだけでも、肩の荷が少し軽くなります。

また、赤ちゃんを家族に預けてひとりになる時間を

つきない育児不安

子育て中の親が不安になる原因は、「泣き」のほかに、授乳や離乳がうまくいかない、寝返りをしない、体重が増えない、アレルギーがあるなど、赤ちゃん本人に関する悩みが多いようですが、乳児健診や育児相談で耳にしたひと言が、育児不安をつくり出す場合もあるようです。

健診で、「体重が足りない」「よくこんなになるまでほうっておいたわね」と言われた。あるいは「泣くたびに抱くと抱き癖がつく」「布おむつのほうが早くはずれる」「生まれてすぐに赤ちゃんと触れ合わなければ愛着関係を結べない」という話を聞いた……育児にひとつの方法しか認めない、断定的なもの言いは、ことばが足りないものであったり、科学的な根拠のない情報であったり、事実とは違っていることが判明しています。そのようなことを言われたら、聞き流して、自分を責めてはいけません。　（榊原洋一）

つくりましょう。「いま私が息抜きすることは、赤ちゃんのためにもなるのだ」と考えて、プライベート・タイムを確保するのです。パートナーや親があてにならなければ、お金を使ってでも赤ちゃんを預けるようにします。お母さんは今日までの子育てで、とても疲れているはず。「私さえ我慢すれば」「私がもっとがんばれば」と踏んばるばかりでは、毎日が楽しいはずがありません。思いきって、助けを求めましょう。

　これが「イージー・チャイルド」の場合、おとなしくて扱いやすいため、つい手をかける機会が少なくなります。静かにしているからといってほうりっぱなしにせず、語りかけたり、抱っこしたり、五感を刺激する遊び★2に巻きこんで、こちらから働きかけてコミュニケーションをとるようにしましょう〈「おすわりのころの遊び」→360ページ〉。

　物静かでも気むずかしくても、お母さんやお父さんは悩むかもしれません。けれども、こんなに泣いた子が、こんなにおとなしかった子が、将来どんな若者になるのか、楽しみではありませんか。この大変だった日々のことを話したら、どんな答えが返ってくるでしょう。その日まで、たくさんの思い出をつくってあげてください。

密室育児に注意

熱はない、おむつは替えた、おっぱいも飲む、これ以上何を求めているの、と聞きたくなるくらい泣き続ける赤ちゃんとの生活は、大変疲れるものです。

　アメリカには「泣き」が原因で、生後6か月くらいの赤ちゃんにも体罰など身体的な虐待をする大人がいるという報告があります。引き金は「泣き」、環境要因は「親子が密室状態になること」。隣の家まで60mくらい離れているため、他人の目が届かない。そのため広さはあっても家庭は密室化しているという、アメリカならではの住環境が一因です。その虐待のなかでもっとも多いのが、「シェイク・ベビー・シンドローム（揺さぶられっこ症候群）」だといいます。日本でも話題になりましたが、抱っこしてやさしくゆらゆらあやすぶんには問題ありません。それを、「泣き声がうるさいから」と怒りにまかせて胸ぐらをつかみ、激しくからだを揺さぶってしまう。赤ちゃんが泣きやんだときには頭蓋内出血《ずがいないしゅっけつ》を起こし、死亡していたケースもあります。

　日本でも虐待が増えているといわれますが、相談する人が増えたのか、虐待件数そのものが増えたのか、はっきりとしたデータはありません。ですから、相談件数だけから「母親の母性が薄れたために、最近では虐待が多くなったのだ」という説を検証することはできないのです。また、児童相談所が対応した問題の内容を見れば、お母さんだけが虐待をしているのではないこともわかります。ただ、「家族」の形態が多様化

★2——抱っこでゆっくり揺らす遊びは、ボディ・イメージもはぐくみます。赤ちゃんの笑顔を確かめながら、無理強いしないであやしましょう。

して子育てにかかわる人手が少なくなってきたこと、住宅の機密性が高いため家庭と社会が遮断されていること、近隣とのつきあいが少ないことが、密室育児を引き起こしているという見方はあるかもしれません〈「しつけと虐待の境界線」↓628ページ〉。

最近ではプライバシーの侵害を気にして、他人の生活に干渉しない傾向もあります。「あのうちのお母さん、大変だな」と思っても、積極的に手を貸してくれる人は少ないかもしれません。ですから、お父さんは時間をできるだけ確保して、赤ちゃんにつきあってください。赤ちゃんとの密室度が高いお母さんは、とにかく複数の目のある場所へ出かけましょう。目的などなくてもかまいません。そして、だれかに相談し、SOSを出すのです。

これはお母さんだけが気をつけることではなく、密室育児にならないよう、「家族」やまわりの人みんなに考えてほしい問題です。

上の子、下の子、かわいさに違いがあるのは

赤ちゃんが生まれると、同じ「家族」のメンバーなのにどういうわけかかわいいと思える子と、あまりかわいいとは思えない子が出てくる場合があります。子どもの気質も関係するのでしょうが、なかには「お父さんに似ているからかわいくない」なんて思ってしまうお母さんもいるようです。

ことばがしゃべれる上の子は、そのことばによって反感を買ってしまったり、逆に親の期待に沿うことを

お母さんには友達も大切

夫と妻が一緒になって子育てをする、という意識が夫婦に必要なのは言うまでもないことですが、もうひとつ、お母さんに大切なのは、「友達」の存在です。それも、お互いの悩みや不安を言い合える親しい友達です。いつでも夫に相談ができて、解決できればよいのですが、感情がすれ違うときもあるでしょう。苦しいこと、つらいことをためこんでいると、ストレスがたまります。

見栄を張り合ったり、陰で悪口を言い合ったりするのではない、自分の弱点も打ち明けられる友達。チャンスはどこにあるかわかりません。健診や児童館で知り合うこともあるでしょう。ただ、初めは気が合ったのに、息苦しい関係になっていく場合もあります。そのときは何か理由をつけて、距離をおいてよいのです。

飾らず、ありのままの自分で接していれば、波長の合う友達がまた現れます。友達が必要なのは、あなただけではないからです。　（汐見稔幸）

言って信頼を得たりもするでしょう。下の小さな赤ちゃんは、まだことばをしゃべらず無邪気に見えるからかわいいと思えたり、反対に始終ただ泣くばかりだから憎らしいと思われたりもするでしょう。

無条件にどの子もかわいい、それが理想です。けれども親子とはいえ、相性もあります。いまはどうしても合わない、お互いそういう時期なのかもしれません。それでも、気に食わないからといって、その子をないがしろにしてはいけません。栄養や健康、衛生に気をつけてあげるのはもちろん、お母さんお父さんには、考えてあげなければいけないことがあります。

赤ちゃんより年上の子や、スモールステップで育つきょうだいがいるという子は、大人の期待を読み取って、何かあっても我慢してしまうことが多いものです。どこかで気持ちを爆発させれば救われるのですが、「お兄ちゃんだからわかるでしょ」「お姉ちゃんだから我慢できるね」という期待に縛られるあまり、ほんとうの自分の気持ちを封じこめてしまうのです。

我慢を我慢とも感じなくなるまで放置すると、思春期を迎えるころ、とてつもない虚《むな》しさに襲われる危険性もあります。

子どもが言うことを聞いてくれると都合がよいので、我慢していることに大人は気づきにくいものです。

無心になれる時間をつくって、子どもを我慢の殻から引き出してあげましょう。新聞紙を丸めてちゃんばらごっこをする、じゃんけんに負けたほうを思いっきりくすぐる、そんな他愛のない遊びに誘って、「すごく、おかしい」「もっとやりたい」という感覚を取り戻すのです。無邪気[★3]になれる時間は、正直な自分の気持ちと向かい合う時間になります。何を感じているか、何が好きなのか。「ぼく、こんなことが好きだったんだ」という肯定的な感情をもたせる、自分の気持ちに気づかせる。「我慢させているかもしれない」と思ったら、さっそく実行してください〈「しっぽ取り」など↓634ページ〉。

怒りをこころにためこまないで

夫婦げんかは子どもの前でするな、とよくいわれます。確かに、絶えず怒鳴り合っている両親の姿を見せることは、赤ちゃんや子どもの精神衛生上、よいとはいえないでしょう。けれども、怒りをためながら淡々と毎日を過ごしている、そういうお母さんやお父さんの姿も、子どもには不気味に映るようです。赤ちゃんのように小さな子どもでも、その冷たい空気は感じるものです。

私たちはだれでも、こころのなかに攻撃性を秘めています。食べ物を得るため攻撃をしかけて獲物を捕る、縄張りを守るために攻める、ヒトはそうやって、現在まで生き延びてきました。攻撃性は、生存に必要なエ

★3——子どもと無邪気に遊ぶ時間は、お母さんやお父さんにとっても、自分の子ども時代を思い出し、正直な気持ちに返る時間になります。

ネルギーの源でもあるのです。ですから、時にはこの性質が表に噴出してもしかたがないこと。日本人の場合、感情をあらわにしないことが美徳とされ、怒りも内側にためてしまいがちです。特に、我慢する能力の高い人は怒りを表に出さないため、なかなかまわりの人に気づいてもらえません。しかし、ためこまれた怒りはいつか恨みに変わります。恨みに変わる前に吐き出しましょう。

目の前でけんかをしていなくても、赤ちゃんは険悪なムードに気づきます。むしろ、けんかはしたけれど合意点に到達した、仲直りしたと、はっきりわかったほうが安堵《あんど》するでしょう。また、もう少し大きくなると、「わたしがいい子じゃないから、お母さんたちはけんかするんだ」と、自分のせいにすることもあります。子どもは自分の理解を超えた出来事に遭遇すると、自分に納得できるストーリーをつくって受け入れようとします。つじつま合わせをするのです。さらにそのストーリーは、「自分がこうだったら、よい状況になったはずだ」という内容に偏りやすいといいます。

そんな抑うつ状態が続けば、のちに問題行動を起こさないともかぎりません。

自分が思っていることを口にしたら、相手の言い分もきちんと聞く、そして合意点を見つけて怒りを引きずらない、そして気分を替えて赤ちゃんを安心させてあげてください。ののしり合うのではなく、議論にしていく、けんかとはいえ、上質なものにしていく努力は大切です。

ちょっとそこまで 赤ちゃんと

ちょっと買い物、ちょっとお散歩、赤ちゃんと出かけるといろんな人が声をかけてくるでしょう。ひとりで歩いている女性には声をかけにくいものですが、赤ちゃん連れ、子ども連れだとわかると、こちらが黙っていても話しかけられたり、のぞきこまれたりします。赤ちゃんとお母さんがセットになっている様子が、どこか人を安心させる雰囲気をかもし出すからでしょうか。

「泣いて迷惑をかけるから、外に出したくない」と思っているお母さん、赤ちゃんの仕事は泣くことだとみんなわかっています。店先で、道端で、いろいろな人を赤ちゃんに会わせてあげてください。抱っこしてもらったり、頭をなでてもらったり。泣いてもよいのです、「よく泣く赤ちゃんだなあ。お母さんは大変だなあ」と、世の中の人にも子育ての大変さを知ってもらうのです。これが、赤ちゃんをいろいろな人の手を借りて育てていく初めの一歩にもなります。　（土谷みち子）

スモールステップで育っていく赤ちゃん

お母さん友達をつくって

■お母さんの気持ち

「公園に遊びに行くと、『何か月？』があいさつがわり。とりあえず修正月齢（→177ページ）で答えるけれど、そうすると、『じゃあ同じ学年ね』と続きます。

ほんとうは早生まれで生まれちゃったから、学年はひとつ上になるんだけれど、その過程をいちいち説明する空気でもないし、ほんとうの誕生日で答えると明らかに小さいから（修正だって小さいのに）、結局説明しなければならない。学年を誤解されたままなのも、うそをついているみたいで気がひける。だからなかなか近所でこころを割って話をできる友達ができません」

「うちの子は多動気味で動きが激しく、公園を走り回っていると、露骨にいやな顔をされたり、『危ないからこっちいらっしゃい』と自分の子どもを避難させたり。結局、そういうお母さんたちに遠慮して、夕方、人がいなくなってから公園に行くようになりました」

■悩んでいるのは自分だけじゃない

早産でとても小さく生まれたとか、発達に遅れがあるとか、どこかが「標準」の枠組みからはずれていることで、なかなか近所のお母さんたちと打ち解けられないことは、確かにあります。

社会にはいろいろな人がいますから、時にはこころない仕打ちや思いやりのないことばに傷つくこともあるでしょう。そういう人にわかってもらおうと直接ぶつかっていくと、こちらがさらに傷ついてしまうだけかもしれません。「ああ、こういう人なんだな」と割り切る覚悟も必要です。

一方で、自分自身が神経質になってしまい、相手が何気なく言ったことばに過剰に反応してしまうこともあります。反応してしまうこと自体はしかたのないことですし、そのことで自分を責める必要はありませんが、「相手もうちの事情は知らなかったんだし……」と気持ちを切り替えることができる柔軟性はもっておきたいところです。

発達に関しては、ふつうに成長している子でも、たとえば夜泣きがひどくて毎晩つらい思いをしているとか、食事を全然食べてくれないとかで、じつは人知れずすごく悩んでいるお母さんもいるのです。「悩んでいるのは絶対に自分だけじゃない、ひとりだけじゃない」のですから、こころの扉を自分から閉じてしまうのはやめましょう。

確かに、自分と同じような悩みをもっている人は近くにいないかもしれません。でも、相談相手としては物足りないかもしれないけれど、子どもの長所も弱点も、その子の個性としてつきあってくれる人はきっといます。むしろ、ちょっとばかり個性の強い子どもをもったおかげで、あたり障りのない友達関係ではなく、数は少ないけれど、「ほんとうに信頼できる友達に出会えた」というお母さんは多いものです。

無理して隠そうとするのでもなく、がんばってわかってもらおうと気負うのでもなく、さらりと自然体で、「うちの子はこういう子なのよ」という話ができたらすてきですね。

■同じ悩みをもつ仲間に出会える場所

地域のなかで、気楽に楽しく生活していくために必要なのが、同じ悩みを打ち明け合える友達の存在です。

どんなに気の合う、よい友達に出会えたとしても、同じ悩みをもつ者同士にしかわかり合えないこともあります。だからこそ、自治体の健康課や保健所のような公的相談機関は、こうしたお母さんたちの交流の場をつくっていかなければなりません。

でも実際には、自治体がとっている支援態勢は、あまりに地域格差がありすぎて、相談に行ったのにきちんとした対応が受けられないという地域があるのも現実です。それでも少しずつ、その必要性は認識されてきています。

ですからまず、保健センターや子育て支援センターに、同じような子どもをもったお母さんたちと知り合いたいと、相談してみましょう。同じタイプの子どもばかりの集まりとはかぎらないけれど、ちょっと手のかかる子どもをもったお母さんたちの集まりに出会えることもあります。さらに、子どもの状態がはっきりしてくれば、療育機関なども紹介してもらえるでしょう。

行政があてにできない場合は、医療関係から探してみる方法もあります。NICU(新生児集中治療室)に入院していた場合にはその病院に、あるいは、発達的な遅れがあとからわかってこれから病院を探す場合は、小児神経科、小児科発達外来がある病院に相談に行ってみるとよいでしょう。

また、そういう病院自体、どこにあるかわからないという場合、インターネットで検索すると、子どもの病気や障害によって、様々な「親の会」を探すことができます。

情報を得るにも、仲間と出会うにも、親の会は頼りになる存在です。また、親が個人でつくっている、子どもの成長記録のホームページや、会報が中心の活動をしているサークルの紹介なども、見つけることができます。

■力になってくれる人は必ずいる

「公園で仲良くなった友達も、うちの子どもの発達の遅れがはっきりしてくるうちに、ひとり、ふたりと疎遠になっていきました。でも、それでも一緒にいてくれる人は、子どもの気になる行動などを本で調べてくれたり、客観的に子どもを観察して意見を聞かせてくれたり、一緒に悩んでくれています。また、家族だけだと弱気になってしまうようなファミリーレストランなども、『私たちが一緒に面倒みるから』と誘ってくれます。

すべての人に温かく見守ってもらうことはできないけれど、理解して力になってくれる人も絶対いると思います」

「NICUに子どもが入院しているころは、自分の子どものことだけで必死で、同じ時間、同じ場所で授乳しているお母さんたちと話をして、友達になろうということさえ、考えられませんでした。

でも、自分の思いをだれにも話せないのはほんとうに苦しい。それで、低出生体重児を生んだお母さんと文通したいと育児雑誌の文通コーナーに投稿したのがきっかけで、友達を見つけることができました。子どもについての深い話はその友達とできる、と思うだけで、近所の友達とも楽につきあえるようになった気がします」

先輩お母さんたちが話してくれた体験です。

コミュニケーション

おすわりの姿勢が安定していくのは、赤ちゃんにとって大きな出来事。見るものはなんでも目新しく、注意力がついてきた耳は音にますます反応します。

遊びや歌にお気に入りができて、いかにも期待をこめて待っている様子がよくわかります。からだを使った遊びや、ことばのまねでたっぷりとかかわってあげることにより、赤ちゃんは、自分もほかの人のことも大好きな人間へと成長していくのです。

おすわりは、そっとひと押し、優しくひと声

赤ちゃんの背骨や腰がだいぶしっかりして、支えなしに座っていられる時間が長くなってきます。視界は広がるし、手は自在に使えるし、おすわりが少しずつじょうずになってきた赤ちゃんはうれしくてたまりません。まだ自分では、うつぶせの姿勢からおすわりにうまく移行できなくても、一生懸命からだを起こそうとしていたら、お母さんは見守りながらサポートしてあげましょう。

ウンウン起き上がろうとしている赤ちゃんを、いつも抱き上げて座らせるばかりでは意欲が育ちませんし、やみくもに「がんばれっ」と声をかけても、集中を乱します。最後のひと押しをそれとわからないように手伝ったり、「やったー」「残念、がんばったね」と、しぐさがひと段落したところで赤ちゃんの気持ちに沿ったことばをかけてあげます。じょうずにおすわりすることと同じくらい、座りたいからがんばるこころが大切です。

「繰り返し遊び」につきあって

おすわりが安定してくると、集中力や注意力がますます出てきて、好奇心が高まります。お母さんが「ひとり遊びを始めてくれたわ」とほっとして、用事を片づけにかかる気持ちはよくわかります。しかし、赤ちゃんはアンテナをびんびんに張った、かかわるとおも

このころは「いないいないばあ」が大好き。単純な繰り返しがお気に入りです。

しろい〝相棒〟に成長しています。しかたなくひとりで遊んでいないか、きちんと見極めてください。

「いないいないばあ」や、「いっぽんばし　こちょこちょ」などの繰り返しのある単純な遊びがお気に入りです。自分のことばをまねしてもらっていることがよくわかって大喜びするほか、お母さんの声のトーンをなんとなくまねしようとすることも。赤ちゃんとやりとりするときは、間合いを取りながら交互にしましょう。「ばあ！」と顔を出す、赤ちゃんが笑い、催促する、また「いないいない……」。時にはトーンを変え、顔を隠す時間を長くして変化をつけて。ことばのかけ合いでも同様に、声を出す、次に相手のことばを聞くというキャッチボールが、人とかかわっていくための根っこの経験になります。

歌うような語りかけが好き

このころはまた、お母さんお父さんの歌うような語りかけに赤ちゃんはよく反応します。赤ちゃんが「一緒に遊んでほしい」とオーラを出しているときは、「だーれのボールだ、〇〇ちゃんのボールだ」と元気にひとふし。おねむなら、ゆっくりと静かな声で「ねんね、ねんね、もうねんね」。赤ちゃんのこころにしみこんでいきます。いくらプロの演奏でも、ＣＤやテレビではこの微調整はできません。音楽の演奏には和音、合唱、複数の楽器の音があるので、赤ちゃんには、ハーモニーの美しさはまだわかりません。お母さんお父さんのアカペラに勝るものはないのです。

人見知りには個人差が

そろそろ人見知りが始まるかもしれません。これは、赤ちゃんが人の顔の目鼻の配置までしっかり記憶しているというすてきな発達のしるし。思いっきり別格扱いされているお母さんは、喜んでください。

お母さんとの関係に不安感があるから人見知りが激しいとか、逆に全然人見知りをしないのは記憶力が悪いのではないか、などと気に病む必要はありません。どの赤ちゃんも、お母さんと知らないおばさんを見分けるものですし、そこから先にどう反応するかは、まったくの個人差。さらに、ごきげんなときやおねむのときなど、状況によっても毎回結果は違います。1歳、2歳と大きくなるにつれ、知らない人が来た途端に泣きわめいたりはしなくなります。

思えば大人でも、初対面の人は苦手という人はいますよね。人見知りしたら「お母さんがわかるのね」、まったくしなかったら「だれにでも抱っこしてもらえるね」と、おおらかに構えましょう。

おすわりのころの遊び

この時期、手は体重を支えるための「前足」の役割から少しだけ解放されて、ガラガラを持ったり、タオルを引っ張ったり、外界に働きかける手段へと変身を始めます。

また、おすわりをすると周囲180度が見渡せるようになり、興味あるものがたくさん目にはいって、「あれはなんだろう?」「あれにさわってみたいな」という気持ちや、外界への好奇心が育ち始めます。

遊びをとおして育つ力は、おおむね次の五つです。

- 元気なからだをつくりあげる
- 器用に動かせる手をつくる
- 見る力・聞く力・話す力を育てる
- こころが育ち、知力が向上する
- 人と気持ちを分かち合い、社会の一員になっていく

けれども、能力の向上は副産物。赤ちゃんとの遊びの最大の効用は、毎日の生活が笑顔あふれる楽しいものになり、赤ちゃんをかわいいと思える、そんな気持ちのゆとりです。

遊びが育てる五つの力

- からだ
- 手
- 見る・聞く・話す
- こころ・知力
- コミュニケーション

おくちで ぺろぺろ

なめてもだいじょうぶな、清潔で安全なおもちゃを持たせます。赤ちゃんは眺めたり、口に入れたりして遊びます。

手をなめることから一段進んだ遊びで、目で見た大きさから口との距離を判断し、近づけ方を調整します。いろいろな物が口に触れることで口周辺の触覚や動きが高まります。

マークは、その遊びをとおして、赤ちゃんのなかに育つ力のうちの代表的なものを表しています。

何が 出てくる?

絵のようにハンカチやチェーンを引っ張り出して遊びます。一見散らかし放題の遊びですが、ここから今度は「入れる」「合わせる」遊びへ興味は広がります。

興味ある遊びがおすわり姿勢を保たせます。つかんで離す動きや、目と手の協応動作も育てます。いろいろな物が出てくる不思議さは「またやりたい」気持ちを育てます。

穴に ポトン

握っていた物を目的のところに落とす遊びです。丸や四角の穴、大小のある穴を開けると、形や大きさの識別遊びへと発展させていくことができます。

目的の場所で手を意識的に開く動作で、目と手の協応も進みます。落とすすと音がする楽しさや、見えていた物が見えなくなる不思議を、何度でも味わい、楽しみます。

はい、どうぞ

おもちゃなど身の回りの物を、赤ちゃんに渡したり受け取ったりします。自然にあいさつのことばが交わせ、受け渡しや代わりばんこが楽しい遊びです。

相手のほうに手を伸ばし、相手の手のところで自分の指を緩めて手を離すなど、いくつかの動作を組み合わせて応用します。物を使ったやりとりは、会話の基礎でもあります。

シーツの ゆりかご

大人ふたりが大きな布やシーツの両端を持ち、上に赤ちゃんを寝かせて左右にゆったりと揺らします。赤ちゃんの表情やしぐさで揺らし方を調節します。

揺れる動きはバランス感覚を育てます。「ゆーらゆーら」などの声で安心すると、からだの力が抜けてリラックスできます。リラックスは将来手先を細かく動かすときに欠かせません。

ゆらゆら ボート

赤ちゃんをひざに座らせ、両足を床につけてひざ小僧を支え、楽しいことばをかけながら前後や左右に揺らします。安定してきたら支えを緩めていきます。

背すじをまっすぐ伸ばして座る能力は、傾いてもすぐに立ち直る姿勢調整の働きに支えられています。そのため、この遊びは安定したおすわり姿勢の獲得につながります。

「こんにちは」「バイバイ」

ぬいぐるみを使って、「こんにちは」「バイバイ」などのあいさつごっこをします。よく使うあいさつのことばを繰り返す遊びです。

日常では、あいさつは繰り返すとしてもせいぜい数回ですが、遊びのなかでならいくらでも繰り返し聞けます。おじぎやバイバイのジェスチャーをまねることにもつながります。

マークは、その遊びをとおして、赤ちゃんのなかに育つ力のうちの代表的なものを表しています。

あれ、どこかな？

遊んでいたおもちゃを、赤ちゃんの目の前で大人の手の中に隠してしまいます。じらしすぎないようにしましょう。

ぴょこぴょこ
かえるくん
だよ〜〜
あれ？
どこかな？
?!

手を伸ばして相手の手のひらを開こうとする能動的・自発的な手の動きを引き出します。「見えなくなってもなくなったわけではない」という「物の永続性の理解」にもつながります。

チョチチョチ アワワ

繰り返しが多く、赤ちゃんにとって、聞き取りやすく言いやすい音を多く含んでいるので、覚えやすい歌遊びです。

① チョチ チョチ
からだの前で手を合わせる。

② アワワ
手を口へ持っていく。

③ かいぐり かいぐり
かいぐりをする。

④ とっとのめ
片手でもう片方の手のひらをさす。

⑤ おつむてんてん
手を頭に持っていく。

⑥ ひじぽんぽん
片手でひじをたたく。

いろいろな手の動きをバランスよく含んだ手遊びです。始まりから終わりまでの流れがはっきりしているため、終わるとまたやりたいというそぶりを見せてくれたりします。

てあそびうた

チョ チ チョ チ ア ワ ワ かい ぐ り かい ぐ り
とっ と の め おつ ー む てん てん ひ じ ぽん ぽん

紙を くしゃくしゃ

紙を丸めたり、破ったり、ふわふわ飛ばします。くしゃくしゃ、ビリビリなどの擬態語・擬音語を大人が口で表現して聞かせましょう。

次は ビリビリ ビリ〜〜
くしゃくしゃ できたね

紙は扱い方次第でどのようにも形を変えるので、手や指のいろいろな動きが引き出されます。擬音語がつくので、紙を破いたり丸めたりすると音が出ることに気づきます。

段ボールカー ドライブ

空き箱の中に赤ちゃんがはいり、大人が「ブッブー」と前から引っ張ったり、後ろから押したりして動かします。喜ぶ速度や距離を計りながら遊びましょう。

ブッブ〜
行くよー!!
ORAN

動く、止まる、加速度などを通じて、自分のからだの向きや重力とからだの関係などを理解します。「行くよ」などの声かけで動くことを予測し、期待して待つ気持ちが生まれます。

ほかにおすすめの遊び・おもちゃ

- 歌遊び（『ぞうさん』『せっせっせ』『どんぐりころころ』など）
- 部品がはずれず、なめても安全で、飲みこめないサイズのおもちゃ
- ころころと転がって、追視ができるおもちゃやボール
- いろいろしかけがついたベビーボード
- おすわりの姿勢でたたけて、音の出る太鼓やタンバリン
- やりとり遊びに使えるぬいぐるみ
- 大きなパーツの積み木

おすすめの絵本

大きな絵や写真のついた絵本

- 『いないいないばあ』（童心社）
- 『くだもの』（福音館書店）
- 『くつくつあるけ』（福音館書店）
- 『あがりめ　さがりめ』（こぐま社）
- 『はねはねはねちゃん』（福音館書店）
- 『じゃあじゃあびりびり』（偕成社）
- 『やさい』（福音館書店）
- 『めがきらきら』『はながぴくぴく』（小学館）など

「0歳からの絵本」については430ページもご覧ください

7か月～8か月

進め、前へ後ろへ、明日へ

泣いてる泣いてる、遠くのおもちゃが欲しいのかな。よく見ると、あれ？　さっきいた位置とずれている。ずるずるって前進したんだね。はいはいの始まりだ。でも、「おいでおいで」で今度は後退。いいのいいの、あせらずに。いま赤ちゃんがめざしているのは、明日の方向だから。

7か月〜8か月

からだの発達

おすわりができるようになった赤ちゃんは、ますますさかんに動くようになります。すでに赤ちゃんにはおすわりによって可能になった高い視点があり、自由に動かすことのできる手という、世界を探索するために必要な道具が操れるようになっています。でもそれだけでは、尽きることのない赤ちゃんの好奇心は満たされないのです。

遠くの物に手を伸ばすことで、はいはいへ

高くなった視線によって、赤ちゃんはいままで以上に遠くまで見通せるようになります。手で自分の好きな物にさわることの味をしめた赤ちゃんにとって、遠くに見える物は大きな魅力に違いありません。最初は手でさわろうとしますが、遠近感を身につけると、遠くの物には手が届かないことがわかります。手を伸ばしても届かないので、赤ちゃんの好奇心は満たされません。そして伸ばした手にからだが引きずられるように、おすわりの姿勢から上体が前のめりになり、気がつくとはいはいの姿勢になっています。

もちろん、最初のはいはいの姿勢にたどり着くシナリオはこれだけではありません。寝返りをしてうつぶせの状態から、目の前にある物をめがけて匍匐《ほふく》前進を繰り返すうちに、ひざと手のひらで体重を支えるようになる赤ちゃんもいます。

最初のはいはいは、足よりも手が推進の原動力となることが多いようです。運動発達は頭に近いところから成熟していくルールがありますが、はいはいも例外ではありません。

はいはいができるために必要なことは、手足にからだを前に押し出すだけの力が十分にあることと、左右交互に手足を屈伸する能力です。最初のうちは足を同時に屈伸してしまい、効率よく前進できないこともあります〈↓348・369ページ〉。

はいはいは運動発達の重要な通過点

はいはいは、赤ちゃんにとって初めての効率的に前進する運動です。ヒト以外の哺乳《ほにゅう》動物は、いわゆる四つんばいで移動しますから、ヒトの赤ちゃんにとってもこのはいはいは、運動発達のうえで重要な通過点であることは間違いありません。なかにはたくさんはいはいをすることが、その後の立っ

て歩く二足歩行の土台になっていると考える人もいます。

はいはいをしなくても、時期がくれば歩く

でも、なかにはまったくはいはいをしない赤ちゃんもいるのです。はいはいをしない赤ちゃんのなかに、おすわりの姿勢のまま、床の上でおしりを滑らせて移動するタイプがあります。おしりを引きずる（shuffle＝引きずるの意）ことから「シャッフラー」とか「シャッフリング・ベビー」とよばれるこうした赤ちゃんは、うつぶせの姿勢を嫌ったり、立て抱きにして足を床につけたときに足で床をぴょんぴょんとけらないなどの特徴があります。

シャッフラーの赤ちゃんは、おすわりの姿勢のまま移動を続け、赤ちゃんが歩き始める平均的な時期をかなり過ぎてから、はいはいを経過せずにやおら立ち上がって歩き始めます。どうしてはいはいを嫌うのか、まだその理由はわかりませんが、こうした赤ちゃんがいるということは、はいはいをすることが、ヒトが歩くために必須のことではないことを示しています。たくさんはいはいさせようと意気ごんでいるお母さんお父さんにはちょっと水をかけるようですが、べつにはいはいしなくても、時期がくれば歩くようになるのです。

転落や浴槽でおぼれる事故、誤飲が増える

とはいっても、はいはいは極めて効率的な移動方法です。遠くに見えるあれはなんだろうと、赤ちゃんは持ち前の好奇心とはいはいする能力をフルに利用して、家の中をくまなく探検します。

赤ちゃんをインフォメーション・シーカー（情報追跡人）と定義する研究者がいますが、なにしろ初めて見る物に赤ちゃんは大変な関心を示し、その性質を知ろうとします。家の中をはいはいで移動しながら、それこそ手当たり次第にさわったり、握ったり、あるいはなめてみたりします。この時期の赤ちゃんの死亡原因のトップが事故であることは述べました〈↓335ページ〉が、はいはいが始まると、事故の内容も異なってきます。階段や縁側からの転落や、浴槽での溺水《できすい》といった事故が増えてきます。

はいはいを始めた赤ちゃんに転落などの事故が起きないよう、家の中を点検しましょう。

またこのころから赤ちゃんは、親指とほかの指の間に小さな物を挟んでつまむことができるようになってきます。この「ピンセットつまみ」という指の使い方ができるのは、人間と一部の類人猿だけです。指先を使って道具を細かく操作するという人間の特技が、このころからできるようになってきているのです。将来は鉛筆を握ったり、箸《はし》を使ったりするために必要な「ピンセットつまみ」の初歩技術を使って、赤ちゃんは小さな物でもつまめるようになります。ただ問題はその先です。それが何であるのかまだわからない赤ちゃんは、律儀にみな口に持っていってしまうのです。

さあ、親も赤ちゃんと一緒に家の中をはいはいで巡ってみましょう。思わぬところに赤ちゃんの気をひくような危険が待ちかまえていることがわかります〈↓376ページ〉。

人見知りが強くなり、特定の大人に近寄る

はいはいで自分の好きな所に移動できるということは、自分の好きな人のそばに行くことができるということです。それまでは抱っこをしたり、あやしてくれたりした人にはだれにでも笑顔で応《こた》えていましたが、このころにはいわゆる人見知りが強くなってきています。そして、見知らぬ人が視界にはいると、さかんに自分をいつも世話してくれる大人を探し、そちらに向かってはいはいで近寄っていくことができるようになります。特定の大人のそばにいようとするこういった「愛着行動」〈↓432ページ〉は、赤ちゃんが身につける人間関係の第一歩です。

初めての歯が生える

7〜8か月のころ、特記すべき身体上の変化は、初めての歯が生えてくることです。乳歯の生え方の順番はだいたい決まっていて、下の真ん中の歯（門歯）がまず生え、次いで上の門歯という順になります。最初の歯が生えるのは平均して7〜8か月ですが、個人差があり、1歳過ぎまで生えない赤ちゃんもいます。

歯が生えるころは、歯茎がむずがゆかったりするようで、よだれが増えたり、しきりにおもちゃなどにかみつきたがります。「歯がため」と称する、かみついてもよいおもちゃを与えてみるのもよいでしょう。また、原因不明の微熱が出たりすることもありますが、これも歯が生えることと関係していると考えられています〈↓375ページ〉。

（榊原）

このころ気になる症状と病気

急性喉頭炎《こうとうえん》（クループ症候群）〈↓752ページ〉
虫刺され〈↓760ページ〉

7か月～8か月

ことばの発達

さて、背中をまっすぐにして、しっかり座っていられるようになった赤ちゃんの世界は大きく広がります。もう、ゆらゆら倒れそうになりませんから、手をつっかい棒にしなくてすみます。首を回してあちこち見回しても、倒れません。ひっくり返る心配がなくなると、世の中がよく見えること、よく見えること。あれ、部屋の隅にあるあれは何？　あれ、窓でひらひらしているあれは何？　おもしろそうだな、行ってみたいな、さわってみたいな。そうやって、知りたい気持ち、わかりたい気持ちがどんどんふくらんでいきます。

はいはいの準備が始まる

そこで赤ちゃんが始めるのは、はいはいの準備です。おなかだけを床につけ、足も肩も持ち上げて、飛行機のような姿勢。疲れるでしょうに、一日中でも練習を続けます。ここで背筋や肩のあたりの筋肉をしっかり鍛えておくことが大切です。なぜかというと、手先を細かく動かせるようになるためには、腕がしっかり支えられることが必要で、そのためには腕の付け根である肩や、肩を支える背筋がしっかりしていなければならないからです。

赤ちゃんは筋肉のつき方の勉強をしたわけでもないのに、必要な場所をちゃんと順番に自分で鍛えているのです。テレビやビデオをつけると、ついテレビの前に座りっきりになってしまいます。テレビのスイッチを切り、部屋の中に大好きなおもちゃや、さわってもよい品物をいくつか散らばしておいて、思わずはいはいしたくなるように仕向けましょう。

いままで、すべてを大人に頼っていた赤ちゃんが、自分で座り、自分で目的地まで行き、目当ての物を手に入れるようになりました。危なくて目が離せないともいえますが、赤ちゃんが着々と自立への道を進んでいることは喜ぶべきことです。

声を出して意図的に大人を動かす

とはいえ、まだまだ行きたい所にすぐに行けるわけではありません。欲しい物がすぐに手にはいるわけではありません。そこで赤ちゃんは、声を出して大人を動かすということを意識的にやり始めます。意図的発声です。

離乳食を食べさせるときは、「あーん」「おいしいね」などの声かけを必ずつけましょう。

欲しい物のほうを見て「アッアッ」と声を出したり、倒れてしまったびんとお母さんを見て「アーア」みたいな声を出したりします。「あーあ」と赤ちゃんの出した音をまねし、「あーあ、倒れちゃったねえ」とことばをつけ加えてあげると、一生懸命聞いています。まだ、自分ではまねできませんが、音の聞こえ方を脳に記憶させています。じつによく聞いていますからご用心、ご用心。

あれはなんだろう、これは困った、それを欲しいな。いろんなことに赤ちゃんはこころを動かします。それに応《こた》えてくれたり、願いをかなえてくれたり、わかってくれたりする大人が身近にいるからこそ、赤ちゃんは願いを声に出し、この人に伝えよう、わかってもらおうとするようになるのです。意欲満々、興味津々の赤ちゃんと、それに応じる大人。その相互関係のなかで、ことばやコミュニケーションの力は育っていきます。ことばやコミュニケーションの獲得に、「教える——覚える」「刺激——反応」といった単純な図式は、じつはあまりあてはまらないのです。

原始反射から自由意思へ。歯が生え、舌を使う

おすわりの状態で両手が使えるようになると同時に、手の動きも以前より器用になり、両手にひとつずつ積み木を持ったり、持ち替えたりできるようになります。まだ、素早くはできません。

ちょうど同じ時期に、口の周辺でも変化があります。唇の横に何かが触れるとそちらのほうに顔を向け口を開いていく探索反射とか、唇の真ん中に触れるものがあるとそれをチュウチュウ吸う吸啜《きゅうてつ》反射のような原始反射は影をひそめます。本能的・反射的な生物から、自分の意思で自分のからだを動かして生きる生物へと進化中です。

原始反射が消えるのと歩調を合わせるかのように、下の前歯が生え始めます。前歯が生える時期には顎《あご》のサイズも大きくなり、口の中のスペースが格段と広がります。そのため、食べ物を舌でつぶしたり舌の真ん中をくぼませたりして、口の中の食べ物を喉《のど》のほうに送りこんでごっくんと飲みこむ「嚥下《えんげ》」の働きが以前より練習しやすくなります。

手を自分の思いどおりに動かせるようになってきて、小さなおにぎりやお菓子、フォークやスプーンを持ちたがる赤ち

ゃんもいます。やりたがるときがチャンス。汚れることを覚悟して、自分で持たせてみましょう。

離乳食をじょうずに食べさせるには

離乳食の食べさせ方にもいくつかのこつがあります。赤ちゃんが自分から唇をスプーンにかぶせてじょうずに取りこむ動きを引き出すようにします。

ひと口の量も大切です。ひと口の量があんまり多いと、口の中がいっぱいで、舌の動くすき間がなく「舌でつぶす」ことができず、結果として丸飲みせざるを得なくなってしまいます。赤ちゃんが目を白黒させて丸飲みしたりしない程度に、ひと口の量を見極めましょう。

食べさせるときには「あーん」「おいしいね」などの声かけを必ずつけてくださいね。「ほうれん草」とか「トマト」などの食材名を語りかけるのもよいでしょう。

離乳食を食べさせるとき、大人はほかのことはできません。文庫本なんか読めません。どうせかかりきりになるのなら、語りかけ、赤ちゃんの表情をよく見て、楽しい食事の時間にしましょう。テレビは消してください。

話をするときにも口や舌を使います。口や舌が動かしやすくなるので、「マンマンマン」「トアトア」みたいに同じ音を繰り返すおしゃべり（反復喃語《なんご》）がさかんになります。意味のあることばを言う日に備えての舌のウォーミングアップです。

（中川）

こころの発達

7か月～8か月

わたしはいま、はいはいに挑戦しているの。はいはいって、簡単なように見えるけど、ほんとうはすごく難しいのよ。

だって、からだの重さがおなかのところに全部かぶさってくるのに、それを足と手で支えて、しかも手と足を順序よく動かしてからだ全体を前に進めないといけないんだもの。からだのどこの部分にどう力を入れて、どういう順番で手と足を動かしたら前に進むのか、さっぱりわからない。

初めのうちは、手足をばたばたさせていただけ。でも考えてみてね。だれにも教えてもらってないのに、ばたばたすれば前に進むかもしれないって思って、自分で試しているのよ。自分でも偉いと思う。でもばたばたするだけじゃ、まったく前に進めないの。

すぐに、足や手を床につけて動かさなければ進まないことがわかってきた。それで足を床について動かしてみた。そうすると今度は、前に進まないで後ろに下がっちゃう。難しい。大人だって、前に進むつもりで足を動かしたのに後ろに下がってしまったら、びっくりするでしょ。

でも、だめだと思わないでどんどんやらせてね。だんだん要領がわかってくるから。両腕でからだを支えて手首を上げたら、進みやすくなることもわかってきたの。お母さんが後ろからわたしの足を手で支えてくれたから、足の動かし方も少しずつわかってきたの。

それにしても、わたしのやる気ってすごいと思わない？お父さんが「汗をかくほど必死で前に行こうとしているよ。こんなに必死になること、俺《おれ》たちにはもうないよな」と感心していたけれど、そうかもしれないわね。いまはとにかくからだを動かしたくてたまらない。いまのわたしたちを見ていたら、だれだって元気が出てくるかもしれないわね。

ちょっと気になるのは、わたしたちがはいはいで進めるようになると、お母さんたちが「こっちへいらっしゃい！」って、うるさく言うようになったこと。

この前も、わたしがたんすのほうに行きたくってはいはいしていたら、お母さんが「こっちへおいで！　ほらほら、こっちこっち」って誘うものだから、なんだかそちらに行かなくてはいけないのかなと思って、向きを変えちゃった。

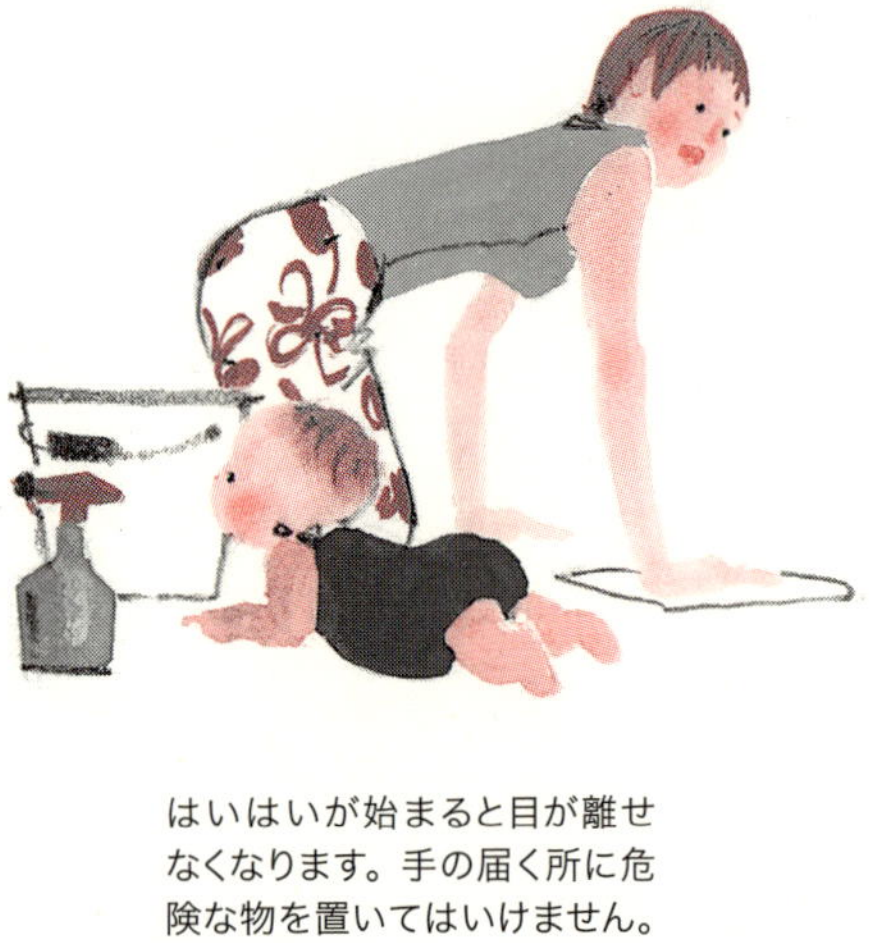

はいはいが始まると目が離せなくなります。手の届く所に危険な物を置いてはいけません。

わたしたちは、お母さんやお父さんが強く誘うと、そうしなければいけないんじゃないかと感じるの。お母さんの期待というか、顔つきに敏感なのよ。

でも、もう少しわたしたちの好きなようにさせて。危なくないように見守ってくれるのはうれしいけど、初めからコースを決めないでほしい。そうでないと、自分の好きなようにしてはいけないのかと、感じてしまうの。

床に物をいくつか置いて、わたしたちの目標をつくってほしいけど、どこに行くかはわたしたちに任せてほしい。

それはそうと、わたし、だんだん器用になってきたでしょう。物をつまみたいと思っても、いままではつかんでいたの。でも、少しできるようになった。小さい物なら指先でつまめるわよ。何かができるようになると、その力をもっともっと使いたくなる。だから、指先でつまめるような、小さな出っ張りのあるおもちゃを用意してね。でも、口にはいるような小さなのはだめよ。

＊＊

7か月から8か月ころにかけては、はいはいが始まって生活が様変わりします。大人にとっては目が離せなくなるのですが、赤ちゃんにとっては、わくわくするような探検体験です。

はいはいは、赤ちゃんの意思を尊重して

はいはいは、赤ちゃんが初めて自分で決めて行う行動ですから、たんに運動機能を鍛えるということ以上に、いろいろな意味があります。できれば、赤ちゃんがはいはいしやすいような環境を、意識的に用意してやってほしいものです。

赤ちゃんにとって、環境のもつ意味は大変大きく、はいはいを始める場合も例外ではありません。広すぎる空間は、まるで体育館でひとりで練習するような頼りない気分を与えるでしょうし、狭すぎる空間は、初めからはいはいの意欲をそいでしまうでしょう。ちょっと努力すれば目標に到達できる、ちょうどよい距離や広さを見つけてあげてください。

また、親がいつも相手をしなくても、適当な物を配置しておくと、それを目標に動こうとします。そのほうが、赤ちゃん自身の意思と選択能力が育ちます。親にとっても、いちいち相手をする煩わしさから解放されます。ただし、そういうときでも、優しく見守ることは忘れないでください。

また、ことばで赤ちゃんの行為を励ましたり確認することも忘れないでください。赤ちゃんは、印象に残った行為や物に同じことばが添えられると、記憶しやすく模倣もやりやすくなります。

ただし、はいはいにも個人差が大きく、あまりやりたがらない子もいます。だからといって問題があるわけではありません。はっきりしたデータはありませんが、はいはいが得意だからからだが丈夫になるとか、運動神経がよくなるという因果関係もないようです。

赤ちゃんに気持ちのよい空間づくり

環境の影響についてもう少し述べますと、たとえばベッドの上の天井が高いと、赤ちゃんによっては相当広い空間にほうり出されている感覚をもつかもしれません。ぐずって眠ってくれないときなど、天井から優しい色のカーテンを斜めに垂らしてあげると、空間が狭くなり、安心感が生まれて眠りやすくなります。

また、騒音が大きい環境も問題です。まわりがあまりにうるさいときは、赤ちゃんはそれを聞くまいとして防衛反応を起こします。そのため、まわりとコミュニケーションする意欲に問題が生じる可能性が出てきます。そういうときは、窓に防音を施すなどして、静かな環境を用意してあげてください。そして、親の優しい応答が、何より大事な環境であることを忘れないようにしましょう。

（汐見）

育ちのようす

外出の機会が増え、公園などでお母さんにも赤ちゃんにも、顔見知りが増えてきます。様々な親子と出会うことでしょう。

月齢が進むにつれて、発達の個人差はますます広がります。たとえば、首すわりの場合、早い子と遅い子との差は2～3か月程度でした。けれども、歩き出す時期は、早い子だと8か月、マイペースな子なら1歳半くらいですから、10か月近くもの差になります。ただし、早ければ運動神経がよい子だというわけではありません。発達も個性ですから、「7か月になるのにおすわりもはいはいもしない」などと、あせったり、気にしすぎたり、むりやり練習させるのはやめましょう。その子にちょうどよい時期がくるまで、穏やかに見守ってあげてください。

いまは親指とほかの指で物をつかむピンセットつまみを活用していますが、手先の動きが発達すると、やがて5本の指を別々に動かせるようになります。

そして、つかんだ物をなめる、という行為も続きます。なぜ物を口へ持っていくのでしょうか。それは、口が人間のからだのなかでいちばん敏感な器官で[★1]、生まれたころから非常に細かい運動ができるため（ちなみに、もっとも鈍感なのは背中です）。脳の中での対応面積を見ても、いちばん広いのが口、次が手で、これは大人でも変わりません。唇や舌、口内での刺激に対応する神経の数が多いため、なめれば微妙な凹凸までわかるのです。赤ちゃんは目で見て、手でさわって、口でなめて、それぞれの感じ方を頭の中で一緒にして、物のイメージをつくりあげていきます。

お母さんやお父さんが、「おもちゃをなめたら汚い」「床に落ちた物を口に入れたらだめ」と言うのは、マナーを知っている大人だから。教育上よくないとか行儀が悪いとか、そういう視点からいけないと思うのです。けれども、ふつうの生活のなかにある雑菌くらいは、口にしてもだいじょうぶ。すでに体内には様々な雑菌が共生していますし、雑菌によって抵抗力もつきます。

待てるのはまだ2秒間くらい

「マ」「バ」「パ」「ダ」など、唇と舌を使って発音するバブリングが増え、少しずつまわりの人のまねも始まります。大げさなくらいの身ぶり手ぶりで語りかけてあげると、赤ちゃんにもわかりやすく、コミュニケーションがとりやすくなるでしょう。

また、持ったり、振ったり、自分の働きかけによって、物が変化するということが、なんとなくわかって

★1――試しに目をつぶって、だれかに指を何本か唇にあててもらってください。同じように背中にもあててもらいます。唇と背中、どちらが正確でしたか？

きます。原因があって結果が出る、そういった因果関係に気づくのです。自分がした行為の結果を覚えているので、次にはどんな結果になるのか、期待もします。作業記憶という記憶力がついてきたのです。

けれども、何かをしてから結果が出るまでには、多少の時間がかかります。その間、待たなくてはなりません。7〜8か月のころ、待っていられる時間は、2秒くらい。1歳では10秒くらいといわれています〈↓467ページ〉。案外短いので、すぐに結果がわかる遊びでないと、気持ちがそれてしまいます。

授乳後、離乳食後に歯を磨く

初めての小さな歯は、下の前歯から。早い子ではそろそろ生え始めます。歯が生える前後には、よだれが多くなったり、夜、少しきげんが悪くなる子もいるようです。歯茎から歯が出てくるときの刺激のせいか、微熱が出ることもあります。

歯の表面はかたいエナメル質で、下の象牙《ぞうげ》質を守っています。ところが乳歯のエナメル質はきめが荒く、母乳やミルク、離乳食のかすが残りやすいのです。歯がない赤ちゃんの口の中に虫歯菌はいませんが、乳歯が生えると、大人の口からスプーンなどを介してはいりこみ、かすにくっついて歯を溶かします。これが虫歯です。「どうせ永久歯に生え替わるのだから」と放置してしまうと、歯並びを悪くする原因になりかねません。永久歯は乳歯の歯根をめざして生えてきます。虫歯で乳歯が抜けると永久歯は目標を失い、でたらめな場所に生えてきてしまいます。

歯が生えたら、お手入れを始めましょう。かといって神経質にごしごし磨くと、エナメル質はすり減り、やわらかい歯茎も傷つけてしまいます。乳歯時代にふさわしい洗い方、磨き方があります〈↓376・381ページ〉。授乳や離乳食のあとは、気持ちよく、きれいにしてあげましょう。

ところで乳歯は1本生えたからといって、次々と生えてくるものではありません。0歳代に生えなくても、1歳3か月までに生え始めればよいのです。歯が生えないという病気はほとんどありません〈「よだれは歯を守っている」↓397ページ〉。

ダウン症の赤ちゃん

ダウン症の多くは、21番染色体が3本あることにより起こるものです。特有の顔つき、低身長などの特徴が見られます。先天性心疾患〈→780ページ〉などを伴っていることも多く、医学的なケアが必要な場合もあります。運動機能〈→174・348ページ〉や知的な発達に遅れが見られますが、気持ちが穏やかな子が多く、その子に合ったペースでゆっくり育てていく〈→727・730ページ〉ことで、将来的に社会で自立して生活していくことは十分可能です〈→特集「スモールステップで育っていく赤ちゃん（子ども）」〉。

歯が生えたら、お手入れ開始。授乳や食事のあとに、歯についたかすをガーゼでふき取ります。ごしごしこすりすぎないように注意しましょう。エナメル質をすり減らしてしまったり、歯茎を傷つけたりしてしまいます。

はいはいのころの安全対策

はいはいができるようになると、赤ちゃんの行動範囲も広がります。指先も器用になって、いたずらも始まり、目[★2]が離せなくなる時期です。起きている事故の大部分はちょっとした気配りで防げるといわれています。家の中をもう一度見直してみてください。

■自由に動ける赤ちゃんスペースを

はいはいは赤ちゃんにとってもよい運動になるし、広い所を自由に動き回ることは新しい経験にもなります。家具の配置などを工夫して、ある程度のスペースをつくり、ベビーフェンスなどで仕切って、はいはいできるスペースをつくってあげましょう。

はいはいしていって、家具類に頭や顔をぶつけることもあります。角がとがっている所は、クッションテープやガムテープなどで保護しておきましょう。

■小さな物や誤飲に気をつけて

指先が器用になってくるので、小さな物でも楽につまめるようになってきます。ボタン、クリップ、ヘアピン、豆などを飲みこんだり〈↓745ページ〉、鼻や耳の穴につめるといった事故を起こすこともあります。タバコや灰皿、洗剤や薬品、化粧品など、口にしたり飲んだりすると危険な物も手の届かない所に置きまし

★2 ――赤ちゃんに「これはだめ！」ときつく注意しても理解できません。大人ができることは、事故を未然に防ぐ気配りです。

ょう。ひねって開けるタイプの薬びん・化粧びんは赤ちゃんにも扱いやすく、開けてしまうことがあります。

小さくなくても、スプーン、フォーク、鉛筆など、先のとがった物を持たせたままにしてはいけません。そのまま持ってはいはいしたりすると危険です。

■転落事故

はいはいするようになると、階段や段差のある所から落ちることもあります。階段には上下の2か所に柵《さく》を取り付け、閉め忘れのないようにしましょう。

段差のある所や縁側で、歩行器に乗っていて落ちたり、ベビーカーから転落する事故も起きています。歩行器を使うなら段差のない所で〈→390ページ〉、ベビーカーに乗せるときは必ずベルトを着用します。

■やけど

冬は特に、暖房器具によるやけどに気をつけましょう。ヒーターの温風の出口に手を入れたり、ストーブをさわったりしないよう、暖房器具には必ず柵《さく》を。

床の上に置いてあるポットや炊飯器も危険です。ポットをひっくり返してお湯をこぼしたり、炊飯器の蒸気の噴き出し口に手や顔を近づけてやけどをしてしまうこともあります。テーブルクロスの端を引っ張って、上にのせてあったコーヒーや味噌汁《みそしる》などが落ち、やけどをすることもあります。テーブルクロスは使わないようにし、熱い物はテーブルの中央に置くようにしましょう。

アイロンの置き忘れも事故につながることがよくあります。電話がかかってきたときなど、ついそのままにすることがないようにしてください。

■落下物

炊飯器やトースター、電話機などのコードを引っ張って、頭の上に落としてしまうことがあります。余分なコードは巻き取るか、手にふれないようにしましょう。卓上こんろなどのガス管にも注意してください。たんすなどの上の花びんや置時計なども、つかまり立ちしようとしたときに揺らして落ちてくることもあります。高い所に置く物は、位置に配慮しましょう。

■おぼれる

赤ちゃんは10cmほどの水深でもおぼれてしまいます。バケツや洗面器の底をのぞいて見ているうちに顔がつかってしまうこともあるので、使い終わったバケツや洗面器の水は必ず捨てておきます。

一緒に入浴中、着替えを取りに行ったり電話に出たりしてちょっと目を離したすきに、浴槽[★3]に転落しておぼれる事故も起きています。浴室には、絶対にひとりにしないでください。

★3 ——浴槽の高さが床から50㎝以上あれば、2歳未満の転落はいくらか防げるといわれます。それでも、浴室に鍵〈かぎ〉をかけておく、浴槽にはは丈夫なふたをしておくなど、ふだんからの注意が大切です。

■このころに多い事故と予防法

誤飲　タバコと灰皿、薬、ボタン電池などは手の届かない所に。空き缶を灰皿代わりにするのは厳禁。化粧品や洗剤などを出したままにしてはいけません〈→745ページ〉。

やけど　ポットや炊飯器は床に置かず、コードは垂らさないこと。テーブルクロスは引っ張ると危ないので使わないか、固定します。ライターは出したままにせず、電気あんかや湯たんぽは離して使います。〈→168ページ〉

おぼれる　お風呂場にはいらないよう、いつもドアを閉め、湯は抜いておく。トイレもドアを閉め、便器はふたをする。口と鼻をふさぐ量の水でおぼれることを覚えておいて。

落下や転倒　ベビーベッドから離れるときは柵を忘れずに。階段にはフェンスを。ベランダにはよじ登れるような物を置かないようにします。
その他　コンセントにはカバーを。

薬の種類と使い方

■内服薬（飲み薬）

水薬（シロップ）　薬のボトルを静かに振り、目盛りどおりに1回分の量を別の容器に移します。赤ちゃんの場合、スポイトや哺《ほ》乳《にゅう》びんの乳首、小さなスプーンなどを利用して少量ずつ流しこみます。甘すぎていやがる場合は、そのつど飲みきれる量の水で少し薄めてOK。保存は冷蔵庫で2週間が目安です。

粉薬・顆粒《かりゅう》・ドライシロップ　粉薬は、赤ちゃんの場合は飲みやすいように少量の水で練って指の腹ですくい、上顎《うわあご》や頬《ほお》の内側にすりつけます。そのあとで水を飲ませます。乳児用イオン飲料やヨーグルトにまぜてもOK。薬によってはグレープフルーツジュースと一緒に飲むと副作用を起こしたり、牛乳と一緒に飲むと吸収が邪魔される場合があります。

　最近では、飲みやすいゼリー状のオブラートも発売されています。

　甘味や香りをつけてある顆粒やドライシロップ（細かい粒状）は水に溶かして飲みますが、そのままなめてもかまいません。

■外用薬

塗り薬　多くは皮膚病の治療に使われます。まず患部と、塗る人の手を清潔に。薬は一度、指先や手の甲に少量とり、患部に少しずつ置いて薄く伸ばします。ほとんどの薬はなめてしまっても害はありません。

貼《は》り薬（貼付薬《ちょうふやく》）　冷湿布や温湿布、局所鎮痛薬、気管支拡張薬などに使われます。睡眠中にせきが出るときなど胸に手軽に貼れるので便利。効果が強すぎればすぐにはがせるメリットも。ただ、月齢の低い子や肌の弱い子には使えない場合もあります。

座薬　解熱鎮痛薬や吐き気止め、抗けいれん薬などによくある形です。成分が直腸から直接吸収されるので、短時間で効果が表れます。そのぶん、使い方には注意が必要。特に2種類の座薬を使う場合や時間をおいてもう一度使う場合は、その間隔について医師の指示をしっかり守りましょう。

　医師から半量での使用を指示された場合は手を清潔にし、フィルムごとカッターなどで斜めに切ります。子どもをあおむけに寝かせて足を上げ、肛門《こうもん》に素早く挿入したあと30秒は親指で肛門を押さえておきます。赤ちゃんの場合、直後にうんちをすると便と一緒に座薬が出てしまうこともあります。10分以上たったら一度おむつの中を確認して。保管は、冷蔵庫で半年が限度。

■点眼薬　開いている目か、下まぶたの裏側、目頭のくぼみの部分に1～2滴垂らします。いやがる赤ちゃんには、睡眠中にそっとまぶたを開いて滴下します。容器の先をまつ毛につけないように。開封後は、光を遮断する袋のまま冷蔵庫へ。

■点鼻薬　鼻の中に滴下したりスプレーして鼻粘膜から薬を吸収させます。乳幼児は、頭を後ろに傾けて、口で息をさせながら使うとよいでしょう。

■点耳薬　中耳炎《ちゅうじえん》などの治療で、炎症を抑えたり殺菌するために使用。子どもの頭を横向きにして寝かせ、耳の穴の壁に沿うように垂らします。赤ちゃんは冷たいといやがるので人肌に温めて。10分ほど安静に。

授乳と食事

　少し前まで抱っこされておっぱいやミルクを飲んでいた赤ちゃんが、気がつけばエプロンを着けて食事をしています。赤ちゃんはスプーンから食べることに慣れてきましたか。ヨーグルトくらいのかたさにしたおかゆや野菜を、じょうずに飲みこんでいますか。

　赤ちゃんの体調や慣れ具合をみながら、そろそろ離乳食を1日2回にしてみましょう。少しずついろいろな物が食べられるようになってきたとはいえ、まだ栄養のほとんどは母乳やミルクから取っています。離乳食をあまり食べなくても、また、食べる食材に偏りがあっても、赤ちゃんのからだにすぐに悪い影響が出るわけではありません。お母さんやお父さんは引き続き、気軽な気持ちで、赤ちゃんとのご飯タイムを楽しんでください。

じょうずに飲みこめるようなら、2回食へ

　離乳食の回数を1回増やそうかというとき、どうしても赤ちゃんの食べる量に目がいってしまいがちです。でも、量が進むかどうかよりも「じょうず」に飲みこめるかどうかに注目してください。どろどろの1回食をあげ始めて1か月以上がたち、赤ちゃんが唇を閉じてこぼさずにごっくんできているようなら、1日2回の中期離乳食に移行してみます。反対に、なかなか飲みこまないとか、ほとんどをだらだらとこぼしてしまうようなときは、もう少し1回食で様子をみたほうがよいでしょう。

　離乳食を始めると、次々と新しい物を食べさせたくなり、早く次のステップに進みたくなる家庭がけっこうあります。けれども、消化能力がまだまだ未熟な赤ちゃんに能力以上の物を食べさせることが、アトピーやアレルギーの一因かもしれないという説もあるくらいです。ほかの子と比べてあせったりせず、じっくりとステップを踏んでいきましょう。

舌の動きがことばにつながっていく

　生後半年を過ぎ、そろそろ歯が生えてくるころです。それに伴い、歯と歯茎は上下とも高さが出てきます。すると口の中が広くなり、舌をじょうずに上下に動かせるようになってきます。

　赤ちゃんはもぐもぐの動きを舌、顎《あご》、唇や顔の筋肉に連動させて繰り返しながら、ことばを発するときのための練習をひそかに積んでいるのです。逆にいえば、喜んで食べるからと、やわらかすぎるものばかりあげていると、月齢が進んでもかむことを嫌って丸飲みに

する習慣がついてしまいがち。ことばの獲得にもよい影響を与えません。

2回目の食事タイムを、お母さんや家族の夕ご飯に合わせて、大人がもぐもぐかむところを見せながら一緒に、というのもひとつの手です。お母さんが作った〝力作〟を前に「さあ食べなさい、ちゃんともぐもぐしなさいね」と凝視されているより、食卓の雰囲気ごと食べるほうが、赤ちゃんもうれしいことでしょう。

なお、歯が生えてきたら、歯磨きの習慣をつけていくために、大人が食後にガーゼでふいてあげるとよいでしょう。大人の人さし指をガーゼでくるむようにして、歯の付け根から先に向けてそっとこする程度で十分です〈↓376ページ〉。歯ブラシは奥歯が生えてから使います。

母乳、ミルクは欲しがるだけ飲ませる

2回食になっても、赤ちゃんはまだ栄養の半分以上は飲み慣れた母乳やミルクから取っています。離乳食と母乳・ミルクを組み合わせて1日2回あげるほかは、これまでどおり母乳やミルクを欲しがるだけあげてください。離乳食の前、あるいは食べ終わってからのどちらでもかまいません。特に母乳には、離乳食の消化を促す酵素が含まれているので、食事とセットで与えるぐらいに考えて、飲ませてあげましょう。

■舌で押し出すのは成長のしるし

口にはいる物を反射的に飲みこんでいた時期と違って、このころの赤ちゃんは食べ物やスプーンを舌で押し出すことが珍しくありません。お母さんにしてみれば、ふさわしい食材を選び、ちょうどよい味つけやかたさ〈↓次ページ〉にしたのに、とがっかりしてしまうかもしれません。味や舌ざわりの違いがわかるようになってきた、成長のあかしと考えましょう。この時期はまだ「好き嫌い」はありませんし、舌を自由に動かせることを楽しんでいるきらいもあります。

■あきらめないことで幼児食がスムーズに

大切なのは、「好きではないみたい」と、食べさせる大人がすぐにあきらめてしまわないことです。つぶし方や温度を変えたり、ゆるめるときにお湯ではなく、だしやミルクを使うなど、まだまだ工夫の余地はあります。ここで踏ん張ったほうが、このあとの1歳代、2歳代以降の幼児食が格段に楽になるのです。「苦手かな」ぐらいに受け止め、赤ちゃんが食べたらたくさんほめてあげましょう。

食事時間は20～30分が目安。赤ちゃんの食が細いとどうしても1時間くらいねばってしまいがちですが、長引く食事は親も子も疲れてしまいます。食べなければさっさと切り上げ、次のときまで空腹感を募らせるほうが、めりはりのある食生活につながります。

中期の 取り分け 離乳食

肉じゃが

しいたけのもどし汁で煮てやわらかくなった、じゃがいも、にんじんを各25g取り出し、それぞれスプーンの背でつぶします。両方の野菜を別々に食べさせましょう。

＊肉じゃが、煮こみハンバーグとも取り分ける前までの作り方は、325ページ。

煮こみハンバーグ

①ハンバーグは、肉だんご1個分だけタネを取り分けてフライパンで焼き、トマトジュースだけでやわらかく煮こんで粗くつぶします。

②ミルクで煮てやわらかくなった、じゃがいも、にんじん各25gを、塩を入れる前に取り出し、5㎜角くらいに刻みます。両方の野菜を別々に食べさせましょう。

＊レシピ中のミルクとは、粉ミルクを赤ちゃんに合わせた分量のお湯で溶いた物です。

■この時期の食材アドバイス

7〜8か月の離乳食中期は、やわらかい絹ごし豆腐やプリンくらいの舌でつぶせるかたさのものに挑戦します。

雑炊、ドリア、パンのミルク煮

めん類、パスタ類のくたくた煮（ゆでたら、5〜10㎜に刻む。スープ煮は7か月から、クリーム煮は8か月から）

いも類（煮つぶし、スイートポテト、8か月からやわらか煮）

にんじん・大根・かぼちゃ・かぶ・ブロッコリー・カリフラワー（含め煮、スープ煮をつぶす）

きゅうり（みじん切りにしてサラダ、甘酢和《あ》え）

小松菜・ほうれん草（お浸し、なべ物。8か月から、みじん切りにして和え物）

カレイやヒラメなどの白身魚（ほぐし煮、トマト煮。8か月からクリーム煮）

アジ、サケなどの赤身魚（ほぐし煮、あんかけ、トマト煮）

鶏レバー（すりつぶして味噌《みそ》煮、すりつぶしてシチュー）

果物（粗おろし）

全卵（8か月から、卵とじ、いり卵）

鶏肉（8か月から、そぼろ、煮こみうどんなど）

電子レンジ離乳食

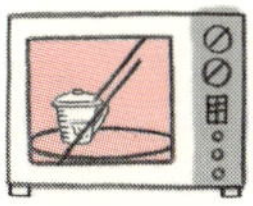

茶わん蒸し

■材料
だし〈→302ページ〉150cc（しょうゆを1〜2滴垂らしておく）、卵1個、具（やわらかくゆでたじゃがいも・にんじん・大根、電子レンジで加熱してほぐした白身魚など）

❶

①だしと溶き卵を混ぜて、茶こしでこしておきます。

❷

②具を入れ、コーヒーカップなど2個に、❶を入れてラップをぴったりかぶせます。

❸

③10㎝角くらいのアルミホイルを2枚用意し、カップのふちから外側へ2㎝かぶせるくらいを残し、丸く切ります。中央を直径3〜4㎝ほどくりぬいて、❷の器にかぶせる（お弁当用のアルミカップを使うと、簡単です）。

❹

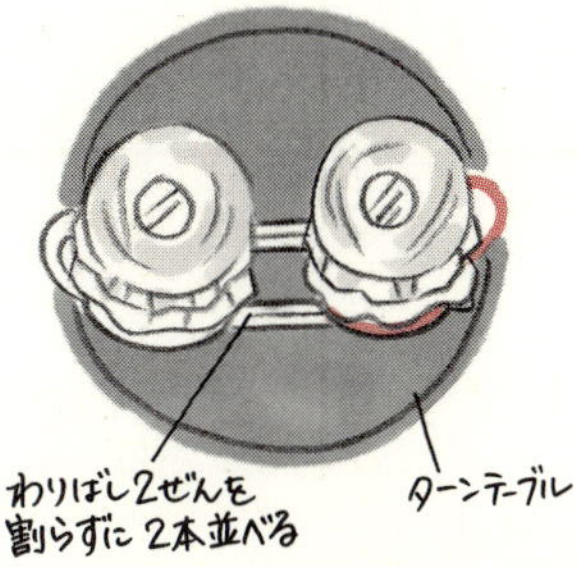

④ターンテーブルの上に割箸を2膳置き、❸の器をのせます。

❺

⑤レンジ600W強で約1分加熱します。

❻

⑥ホイルの穴からのぞいて、卵液がかたまっていないときは、さらに30秒〜1分加熱します。

❼

⑦ラップを取り、十分冷ましてから食べさせましょう。

＊調理時間は目安です。機種や量によって異なりますので、微調整してください。
＊卵アレルギーがない赤ちゃんにお勧めのレシピです。（調理指導／村上祥子）

コミュニケーション

赤ちゃんはもう、ことばには意味があることや、話し手の気持ちによって声音が変わることを知っています。そればかりか、自分でも気持ちをことばにのせて訴え、はっきりと喜びや怒りの表情を示します。「なんで泣いているの」の時期を脱しつつあり、これから赤ちゃんとのつきあいは、よりいっそう楽しくなります。

はいはいを始めると、家中のものを口に入れるので目が離せませんが、これも赤ちゃんにとっては大事な調べごと。危なくないかぎりは見守りましょう。

お願いサインに反応を

これまでもお母さんを呼ぶために声を出していましたが、その声音にバリエーションが出てきます。

■困っている「取ってちょうだい」サイン

手にしたおもちゃを落として「アーア」。落ちた物とお母さんを交互に見比べながらのSOSです。拾ってあげると、またわざと落とすかもしれません。

■甘えた「来てちょうだい」サイン

いかにも愛らしいトーンで「お料理するより、遊んでよ」というふうにお母さんを見て訴えます。手が離せなくても、目は合わせて「じゃがいもをむいたら遊ぼうね」。お願いは聞こえているよ、と伝えます。

おもちゃを落として「取ってちょうだい」コールを発信。「あら、落ちちゃったね」などと声をかけて拾ってあげます。

■手のかからない子にも配慮を

お願いやSOSに応じてもらう経験は、赤ちゃんに大きな達成感と自信をもたらします。でも、この発信が大きい子ばかりでなく、控えめで、あきらめのよい子もいます。ひとりでよく遊ぶ、手のかからないおとなしい子の場合、ちょっとした「お願い」にも反応してあげようという、大人側の気配りがあるとよいでしょう。

楽しい体験がことばを育てる

早く赤ちゃんのかわいい片言が聞きたいですね。それには絵本やカードで物の名前を教えるよりも、赤ちゃんとかかわって遊ぶのがいちばん。赤ちゃんは楽しかった状況や興味のあるもので遊んだ記憶とともに脳にことばをしみこませ、それが自然と口をついて出てきます。

赤ちゃんがする「まね遊び」

自分でタオルを顔にかけたりどけたりして「いないいないばあ！」。お母さんと代わりばんこに。

やりもらい遊び

お気に入りの歯がためや、おやつの赤ちゃんせんべいなどを「ちょうだい」「どうぞ」。

ジェスチャーをプラスする

赤ちゃんが眠そうにしたら、お母さんは合わせた手を横に倒して「ねんね？」。離乳食をよく食べたら、お母さんが自分の頬《ほお》を指でつつき「おいしい」。

「ちょうだい」「どうぞ」のやりもらい遊びが大好き。繰り返しつきあってあげましょう。

赤ちゃんの意思を尊重する

■はいはいの集中を妨げない

「あれはなんだ、なめて調べなきゃ」と思うからこそ、赤ちゃんは何かに猛然とはいはいしていくわけです。向かっているおもちゃを大人が先回りして手渡してしまうのは、とても〝もったいない〟こと。赤ちゃんがいま、何にこころを奪われているかを出発点にして、チャレンジする様子を見守ってください。

■集中がうまく持続できないときのサポート

興味があるのにそこまでうまく行けないために、集中が途切れてしまい、あきらめがちな子の場合は、ねらっている物を少し近づけてあげる、取れたらほめるなどを、さりげなく繰り返してあげましょう。

■口での〝探索〟も応援する

赤ちゃんは、まだ記憶の貯蓄額が少なくて、目で見ただけでは皆目、物の見当がつきません。なめたりしゃぶったりして確かめれば「やっぱりこういう感じか」と気がすみます。危険な物はあらかじめ手の届かない場所に移したうえで、舌ざわりの悪い物やまずい物も口に入れて「うえーっ」と吐き出すのも大切な経験です。ここはぐっと我慢して、せめてひとかじりくらいはさせてみましょう。

8か月〜9か月

世の中は赤ちゃんとあなたを待っている

赤ちゃんとなら、目的のないお出かけもすてき。「葉っぱ、きれいねぇ」「ワンワン、来たよ」。雨の日は抱っこでお散歩、「傘だよ、くるくる、目が回る?」。あなたの赤ちゃんを世の中に紹介してね。そして一生懸命お母さんしているあなた自身も。緑も風も太陽も、そしてみんなが待っている。

8か月〜9か月

からだの発達

はいはいができるようになり、興味を感じた物や人に自由に近づき、さわったりなめたり、あるいは持ったりすることができるようになった赤ちゃんですが、まだ十分にできないことがあります。それは、まわりの大人に自分の意思をうまく伝えることです。もちろん泣き声や笑い顔で、自分の気持ちを表すことはできますが、まだ細かく伝えることはできません。いずれはことばによってそうした細かい意思の伝達が可能になるのですが、それにはまだしばらく待たなくてはなりません。そこで、手足の運動をかなり細かくコントロールできるようになった赤ちゃんは、ことばの代わりにからだの動きを利用して意思を伝える方法を身につけ始めます。

人さし指による魔法のコミュニケーション

遠くにある物を取りたいときにいちばん簡単な方法は、そこまではいはいで移動することです。この時期の赤ちゃんにはそれができる能力があります。でも、取りたい物が、あまりにも遠すぎたり、高い所にのっていたりした場合には、自分には届かないことが赤ちゃんにも理解できます。むなしく手を伸ばしたりする試みを続けるうちに、赤ちゃんはどれには手が届き、どれには手が届かないか、目測でわかるようになります。届かないことがわかっても、赤ちゃんの好奇心は衰えません。

そこで赤ちゃんは、一生懸命に伸ばした手の人さし指を物のほうへ向かって伸ばします。するとどうでしょう。赤ちゃんのそばにいる大人が、そちらのほうを見るではありませんか。そうした大人の行動に気づいた赤ちゃんは、しきりにこの魔法の方法を使うようになります。そばにない物や人に近づきたいときには、そちらに手を伸ばして人さし指を伸ばせばよいのです。するとまわりの大人が、魔法にかかったように、赤ちゃんが指さすほうを見るのです。

同時に赤ちゃんは、まわりの大人がそうやって指をさしているときには、きっとその先に赤ちゃんの好きな物や人があるということに気がつきます。こうして赤ちゃんとまわりの大人は、人さし指がさし示す方向にある物や人を仲立ちとして、お互いの意思を確認するという方法を身につけるのです。

「共同注意」はことばへの入り口

このように赤ちゃんと大人が指さし（ポインティング）をして、その指の先にある物や人を見つめる行為を「共同注意」〈↓406ページ〉といいます。じつは、このなにげない行動に、ことばによるコミュニケーションの萌芽《ほうが》が隠されているのです。

大人が指さしをすると、赤ちゃんはその指の先にある物を見たあとに、大人の顔を見返し、その視線が指さしの方向にあることを確認します。これを「参照」行為〈↓392ページ〉といいます。逆に赤ちゃんが何かを指さしして「あれは何？」「あれを取って」「なんか変な物があるよ」と訴えるとき、ちゃんと大人がそれを見ていてくれるか確認するために、参照をします。こうして、ことばが出なくても、顔、視線、そして指さしを組み合わせて、赤ちゃんは自分の意思を伝え、大人の意思をくみ取ることができるようになります。そして、大人が指さししながら、その物の名前を言えば、赤ちゃんはすぐにそれが指さしの先にある物の名前であることを察するのです。

赤ちゃんの興味は垂直方向へも

赤ちゃんをはいはいへと誘った好奇心は、赤ちゃんを水平方向だけでなく、垂直方向へも誘います。大人の生活空間である家の中は、すべての三次元方向が、大人の背丈に合わせて作られています。はいはいが楽にできるようになった赤ちゃんが自由に使える空間は、まだ家の底の部分だけです。頭上高く天井まで伸びている世界に赤ちゃんが好奇心に誘われて、冒険をしない理由はありません。いつだって、お母さんやお父さんの顔はあのずっと高い所にあるのです。

まず手始めに、現在の赤ちゃんにとってもっとも重心が高いおすわりの姿勢で、手を上に伸ばし、いすや低いテーブルの上の物をさわります。でも、その姿勢で腰を浮かせることはまだできません。赤ちゃんが目線より上の世界に近づくきっかけは、はいはいをして移動していった先に低いテーブル

赤ちゃんはことばが出なくても、顔、視線、指さしを組み合わせて、自分の意思を伝え、大人の意思をくみ取れるようになります。

やソファなどの家具があったときです。はいはいの要領で机やソファに手を伸ばし、前に進む感覚で、えいっ、と足を踏ん張ると、手を支えにした上半身が、足の力で、机やソファの上まで押し上げられるのです。

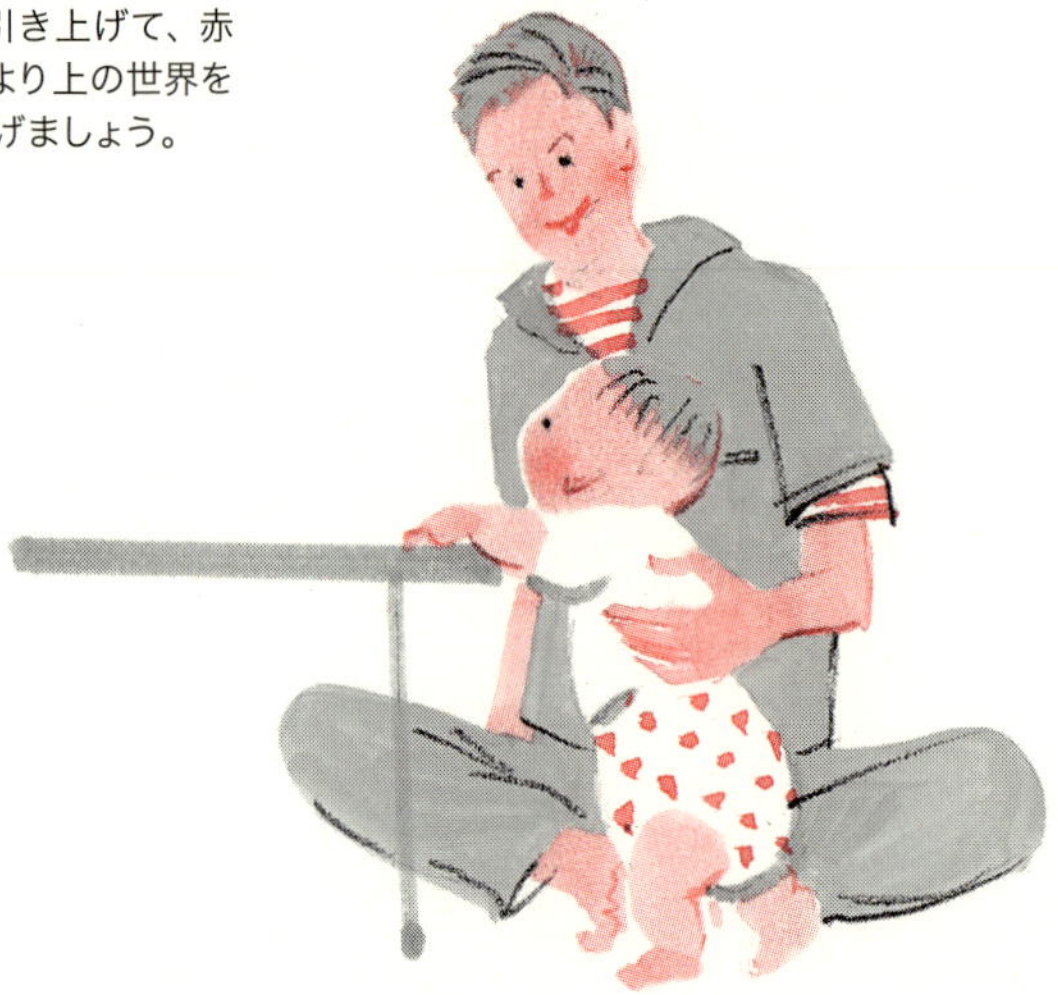

赤ちゃんがはいはいをしてきて机やソファに手を伸ばしたら、そっと引き上げて、赤ちゃんの目線より上の世界をのぞかせてあげましょう。

そばにお母さんやお父さんがいれば、そんな赤ちゃんの様子をみて手助けしてくれることもあります。赤ちゃんをそっと引き上げて、ソファなどに寄りかからせてくれるのです。赤ちゃんが上の世界にあこがれを抱くのと同じように、親は子どもが上の世界に近づいてきてくれることをこころ待ちにしているのです。

歩行器を使うなら親の目の届く範囲で

なかには赤ちゃんが立ち上がるのが待てなくて、歩行器に赤ちゃんを入れて立たせようという親も現れます。歩行器にはいった赤ちゃんは、高い視線を保ったまま移動できるので、大喜びです。でも歩行器は、自分で転んだときに手が前に出る反射（パラシュート反射〈↓404ページ〉）がまだできない赤ちゃんにとって、転倒や転落事故を起こしやすくするという危険を伴っています。アメリカではそのために販売が禁止されていますので、もしどうしても使いたいときは、親の目の届く所だけにしましょう。

前月と同様、この時期の赤ちゃんは事故にあいやすいことがわかっています。机の上にある物に手を伸ばしてさわったり、上から垂れ下がってきている電気コードを引っ張ったりして、けがややけど〈↓741ページ〉を負うことがありますから、床面だけでなく、赤ちゃんの手が届く「上の世界」の安全にも気をつけましょう。

脳のシナプスは生涯でいちばん多いとき

この時期の赤ちゃんは、好奇心の塊です。いろいろな物にさわり、自分で家の中を探検し、また指さしなどの方法で大人とコミュニケーションも始めます。こうした好奇心の源は赤ちゃんの脳ですが、その脳の中でも急速な変化が起こっています。赤ちゃんが新しいことを経験して覚えるためには、赤ちゃんの脳の神経細胞同士が、お互いに突起を伸ばして、電気的な信号のやりとりをしなくてはなりません。この神経細胞同士が手を取り合うように接している部分を「シナプス」とよんでいますが、この時期の赤ちゃんの脳には、一生涯でいちばんたくさんシナプスがあります。つまり、いちばん密に神経細胞同士が結ばれているのです。そして好奇心によってたくさんの経験を身につけていく過程で、そのシナプスのうち、よく使われて働きがスムーズなものだけが残されるのです。（榊原）

このころ気になる症状と病気

でべそ（臍《さい》ヘルニア）〈↓297ページ〉
食物アレルギー〈↓774ページ〉

ことばの発達

8か月〜9か月

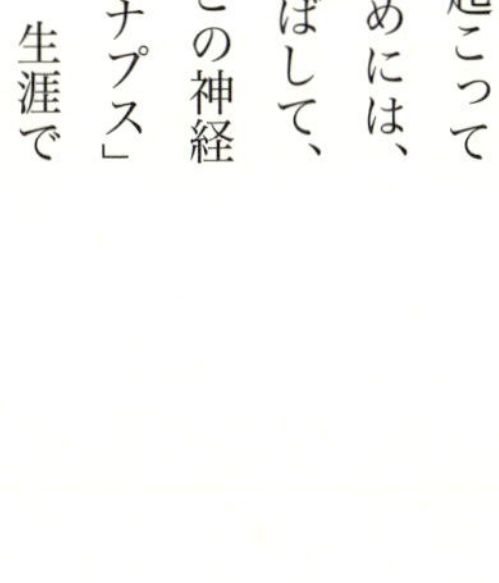

このころの赤ちゃんは、まだ「ママ」とか「マンマ」などのような意味のあることばは言いませんが、行動を見ていると「なんでもわかっている」と思える場面がたびたびです。

わかるのが先、言えるのはあと

ことばの発達にはいくつかの大事な法則があります。「言語理解は言語表出に先行する」、つまり「わかるのが先、言えるのはそれよりあと」というのも、その法則のうちで重要なもののひとつです。私たちが外国語を学ぶときのことを考えてみましょうか。ヒアリングはだいじょうぶだけれど、話すほうは苦手……。そんな状態です。

「わかることを増やす」。それがこの時期、いちばん大切なことです。「わかる」ことを支えるいろいろな力があります。

「人見知り」は成長発達のあかし

そろそろ始まっているかもしれない「人見知り」を例に、考えてみましょう。「人見知り」が始まって困ってしまうと思いがちですが、これがじつは喜ぶべきこと。

なぜなら「人見知り」ができるのは「見る力」「区別する力」「同じかどうか判断する力」「覚えている力」がついているからなのです。ちょっと難しくいうと、視覚的な「認知」（わかる）と「弁別」（違いを判断する）、そしてその基礎になる「記憶」（覚えている）の力が成立してきた証拠です。

まず、ある人の顔を見て、「ママじゃない」とわかるのはなぜでしょう。「顔が違うから」。それはそのとおりなのですが、ママもおばあちゃんも、目がふたつ、まゆ毛がふたつ、鼻が中心にひとつ、口は下のほうにひとつ。こういった顔の部分の配置は共通しています。それを見分けるために、どんな力が必要なのでしょうか。

まず顔を「見る」ことができる。これは目が見えているからです。視力障害があれば見えません。目からはいってきた情報が脳まで伝えられて、視覚的な「認知」が成り立ちます。

次に、顔の部品の配置を見るだけでなく、その配置がママのそれとは微妙に違っていることを「見てとる」「見分ける」のですが、これを「弁別」といいます。

「○○とは違う」と見分けるためには、判断の基本となる「○○（何か）」を自分のなかにもっていなければなりません。自分のなかにあるものと比べる働きを「参照」といいます。照らし合わせることですね。

「参照」ということばは「辞書を参照する」というようなときに使われます。つまり、すでに記載されているものや、メモリーの中にはいっているものと照らし合わせることが「参照」であり「弁別」の基礎なのです。

脳の中に「辞書」、つまりすでに書きこまれた事項（この場合は「お母さんの顔」）がなければ、その「何か」と「同じ」とも「違う」とも判断できません。

脳の中の記憶の引き出しにだいぶたくさんのことがたまってきたからこそ、その記憶と「参照」「弁別」し、「人見知り」が出てきた、というわけです。

「人見知り」は、こころの発達という面からのとらえ方もありますし、すべての赤ちゃんが人見知りをするとはかぎりません。また、人見知りをしないからいけない、というわけではありません。

ことばの意味もわかってくる

さて、「人見知り」を視覚的な例として説明しましたが、同じようなことが聴覚的にも成り立っています。

何度も聞いたことのあることばは脳の中に記憶されていて、再びそのことばを聞くと、そのことばの意味が脳の中の辞書から取り出されます。

ことばの意味がわかってきて、「ママ、どこ？」と聞くと、お母さんのほうを振り返る様子も見られます。

たとえば「お風呂よ」と言うと、お風呂場のほうにはいはいして行ったりするのはこの例です。ただし、ほんとうに「聴覚的な理解」「言語理解」なのかどうかを知るにはちょっとした注意が必要です。

ふつうの生活のなかでは「お風呂よ」と言いながら、たんすの引き出しから着替えを出し、バスタオルを準備しています。これは、ことばかけと同時に視覚的な手がかりも与えていることになっています。

そこで、あえて、部屋の真ん中で子どもの目をじっと見ながら「お風呂だよ」と言ってみます。ちょっと不自然ですけれどね。こんなふうに「ことばだけ」で、ほかの手がかりなしでも「わかる」ようになってくるのが9か月前後のこの時期で、言語理解が進んできた証拠です。

「ママ、どこ？」と聞くとお母さんのほうを振り返ったり、「だめ！」というと手を引っこめて「ウェーン」と泣いたり、ということも見られます。

様々な能力が一斉に開花

同じころ、急激にいろいろなことができるようになってきます。まるで桜の花が一斉に開花するようです。

遊びながらさかんに声を出します。

鈴のついたリングを振って、「ほら、音がするよ」と言っているかのように、大人に視線を送ったりもします。そんなときに「シャンシャンシャンって。鈴の音ね。きれいな音ね」と応《こた》えてあげることが「シャンシャン」とか「鈴」とか「きれいな音」ということばを覚えるためのチャンスになっているのです。

まだじょうずではありませんが、親指とほかの指を向かい合わせて物をつまむことができるようになってきます〈ピンセットつまみ↓368・402ページ〉。脳の中の指を動かす部分の配線工事が進んできていることの表れです。

（中川）

8か月〜9か月

こころの発達

ぼくね、このごろ、見えたり聞こえたりするものの意味が、少しわかってきた。

お母さんが来て「さあ、おむつを替えようね」と言ったらおむつを替えてくれる。ぼくには「おむつ」ということばが、合図になっているんだ。そういうときぼくは、「おむつを替えてくれるんだ」とわかって、手と足をばたばたさせる。ばたばたさせているときって、たいていぼくはうれしがっている。そんなときは、抱き上げてほしい。

抱いてくれると、いろいろな物がよく見えて、うれしい。だって、外にある物が少しわかるようになってきたんだ。特にぼくが好きなのは、自動車のように動くもの。女の子は、きれいな色の物が好きみたいだね。景色のなかから関心のある物を見つけるのが、ずいぶんじょうずになってきたよ。

大人は、見えている物を全部知っているから、逆に何かを見つけるのが大変かもしれない。でもぼくたちは知っている物が少ないから、広い風景のなかから知っている物を見つけるのが早い。見つかると、ぼくうれしくなって、指でさすことにしている。こうやると、お母さんもお父さんも見せてくれようとするから、ぼくはもっとうれしくなるんだ。

物や音がわかってくると、人のこともわかってくる。

お母さんがぼくに何か話すとき、ゆっくり首を振ってくれる。すると、ぼくも首を振りたくなるんだ。お母さんと一緒にいると安心する。

きっと、〝アタッチメント（愛着）〟ができてきたからなんだろうね。ある人やある物が一緒にいると安心することを、その人や物と「アタッチメントができてきた」というんだって。

それとこのごろ、お母さんやお父さんとほかの人の違いがよくわかってきた。すると不思議だね。ほかの人に少し不安を感じるようになったんだ。

こういうのを〝人見知り（8か月不安）〟っていうんだって。この間、ひげを生やしたおじさんに抱かれたら、怖くなって大泣きしちゃった。お母さんやお父さんに似た人なら、安心なんだけどな。

ぼく、指しゃぶりをするんだ。指をしゃぶるって、気持ちいいんだよ。でも最近は、しゃぶり始めるとお母さんが指を握ってくれるようになった。そうしてくれると安心で気持ちいいから、だんだん指を口に持って行かなくなった。

こんなこともあったよ。ボール遊びをしていたら、ボールがなくなっちゃった。はいはいして探したら、いすの下にあった。見つけると、うれしい。お父さんが「この前まで、ボールを探しに行こうとしなかったけど、いまは探すんだね」と言っていた。なくなってもどこかにあるということが、わかってきたんだ。あるはずだと思って探したらほんとうにあった、それがすごくうれしい。

＊＊

8か月になると、コミュニケーション能力も身体能力も、どんどん伸びているのが手にとるようにわかります。はいはいなどで移動してどんどん活動的になり、からだの筋肉もフルに使うようになって、脳細胞の活性化が一段と進み、成長の速さが増すのでしょう。

“親がいなくて不安”は発達段階のひとつ

行動力の発達に応じて、知的な発達も著しくなります。それに応じてこころも急速に発達していきます。

アタッチメントというのは、特定の人間や物がそばにあると、不安が解消され安心できるというこころの働きです。特定の毛布がないと眠れないというのは、毛布との間にアタッチメントができたことを意味します。

アタッチメントは、赤ちゃんとのていねいなかかわりを通じて形成されていくものです。赤ちゃんが段階を追って発達すると、身近な人間がそばにいないとき不安になって泣いたりします。やがて知的見通しが育ってきますと、親がそばにいなくてもだいじょうぶだということが予見でき、長い時間平気で遊べるようになります。この時期は、親がいなくなると不安になるのが自然なのです。

ただし、ここでも個人差が大きいということは念頭においてください。人見知りをほとんどしないからといって、感情の発達に問題が生じるかというと、そうではありません。それほど単純ではないのです。むしろ赤ちゃんの性格によるでしょう。

この時期は、赤ちゃんから目が離せなくなります。危険のない環境をじょうずにつくり、育ってきた好奇心や行動力、コミュニケーションの欲求を満たしてあげてください。人生のイメージは、この時期からつくられ始めるのです。（汐見）

親がそばにいないと不安で泣くのも、自然なことなのです。

育ちのようす

睡眠パターンとしては、夜にまとめて眠り、昼寝もするという時期になりました。覚醒《かくせい》のリズムを整えて、十分な睡眠を取らせたいところですが、そう神経質に考えなくても、知能や発育に影響はありません。昼寝をしない赤ちゃんもいます。海外の保育園では、本人のリズムで眠りたいときに昼寝をさせているところもあります。

脳の中枢ではもともと、1日の時間調整が24時間よりやや長めに設定されています。私たちが朝起きて夜眠るという24時間周期を習慣にできるのは、毎朝同じような時刻に太陽の光を感じることで、夜の間に分泌されるメラトニンというホルモンがそのつど抑えられるためです〈「わが家に合った生活リズムを」↓474ページ〉。生後数か月間、昼夜の区別なく赤ちゃんが眠るのは、この時間調整がじょうずにできていないからです。赤ちゃん時代の睡眠リズムがいつまでも優勢な子は、1歳を過ぎても夜眠くならず、朝は寝坊気味になるようです。

また、生後8～10か月は夜泣きのピーク。もう少し月齢が進んでから激しくなることもあります。原因は医学的に解明されていないものの、赤ちゃん本人は半分寝ぼけていることがわかっています。いつか夜泣きをしなくなる日がくるとはいえ、毎晩つきあう親は大変です。ひとりで抱えこまず、夫婦や家族で対応しましょう〈「夜泣きの悩み」↓343ページ〉。

両手が一緒に動く

赤ちゃんはみんなマイペース。はいはいが好きな子、連続寝返りでごろごろ移動する子、おすわりのままからだを揺すって進みたがる子、抱っこで連れていってもらうのがいちばんな子。どの子も自分がもっとも得意とする方法で行動範囲を広げているでしょう。

向こうが気になるから、からだを動かして移動する。届かない所の物が欲しいから、指さして取ってもらう。赤ちゃんは、ことばの代わりに様々なからだの動きで、気持ちを表しています。なかでも手の動きには、ずいぶん自分の意思がはいってきたように感じられるのではないでしょうか。

いまは右手も左手も同じように不器用でしょう。なぜなら、この時期はまだ両手が共同運動してしまい、右と左で別々の動作をすることができないからです。利き手[★1]は多因子遺伝によって、生まれつき決まっています。乳児のころは、右手と左手の運動に大きな差は見られませんが、年齢が進むにつれ、左右の動きは分化していきます。早い子ではスプーンを持ったり、ボールを投げたりができ始める2歳ごろから、さらに4

★1 ——利き手とは、何かをするときに使いやすい手のことです。無理に直そうとするとストレスが高まるのでやめましょう〈→「左利きをどう考える」604ページ〉。

～5歳になれば、利き手がはっきりするようです。左右で違う動きができるのは7～8歳ころといわれています。

よだれは歯を守っている

歯が生え始めたころはよだれが特に目立ちます。けれども、赤ちゃんだからよだれが多いわけではないのです。よだれ、つまり唾液《だえき》の量は、大人も赤ちゃんも同じ。1日に1リットル以上が自律神経の働きによって分泌されています。ただ大人の場合は、羞恥心《しゅうちしん》や不快感から、口を閉じて飲みこんでいるだけ。赤ちゃんは口のまわりに意識が働かないため、よだれを飲みこもうなどと考えません。ですから、無意識のうちに飲みこんでいる子は見た目によだれが少なく、飲みこまない子は多く見えるのです。大きくなって羞恥心が芽生えてくると、口元も締まってくるでしょう。

唾液をはじめ体液は、血液からつくられています。血液にはナトリウムやカリウムなど電解質や、酵素、糖など、様々な成分が含まれており、カルシウムも常に一定量混ざっています。そのため唾液にもカルシウムが含まれており、そのカルシウムが沈着・石灰化して歯を内側から大きくしています。また、歯の表面のエナメル質は非常にかたい組織ですが、すぐ下はやわらかく、虫歯の影響を受けやすい部分。ここに唾液から溶け出したカルシウムがはいりこめば、ごく初期の虫歯なら削ったりしなくても治るのです。ですから、唾液の分泌は大切なこと、よだれが多いように見えても悪いことではありません。

唾液を分泌させるには食べ物をよくかめばよいのですが、歯が生えそろっていないいまは、まだ無理。代わりに、かんでも安全なおもちゃ[★2]を与えましょう。

人見知りの出方はそれぞれ

生後6か月くらいまでは、親であろうと他人であろうと、分けへだてなく愛想よくしていたのに、次第に身近な人にしか笑顔を見せなくなります。知っている人か見知らぬ人か、いつも世話をしてくれる人か違う人かという、人の認知と区別ができるようになるからです。いわゆる「人見知り」です。

人見知り[★3]はお母さんやお父さんとの愛着関係ができ

ボディ・イメージ

ヒトは、視覚や聴覚、触覚のほか、平衡感覚、前庭感覚とよばれる感覚からはいってくる情報によって、自分のからだの輪郭、動かし方、感じ方を理解していきます。これを「ボディ・イメージ」といいます〈→582ページ〉。

月齢が低かったころは、なでてもらったり、自分でさわったりなめたりしながら、ボディ・イメージを習得していました。これからは様々な探索行動や移動運動によって、スムーズにからだを動かしたり、危険を避けて行動したりするための新たなボディ・イメージをつかんでいきます。

★2 ――おもちゃは安全基準（ST）マークがついたものがよいのですが、発達段階が上のクラス向きのおもちゃは、低月齢の赤ちゃんには危険な場合もあります。

たために起こるもの。この人となら安全でいられる、安心できる、人見知りによってそれを確認しているともいえるでしょう。大人にとっては困ったことかもしれませんが、慣れていない人との区別ができるほど知的に成長したなんて、すばらしいことです。

しかし、あまり人見知りをしない赤ちゃんもいます。そのような子は成長していないのかというと、そうではありません。人見知りの出方が強い子と弱い子がいるのです。強い子は火がついたように泣いてお母さんやお父さんにしがみつくでしょうし、弱い子は泣かないまでも親の様子をみます。人見知りしない子はいないのです。

旅行に出かける

ホテルなどの予約をするときに、赤ちゃん連れであることを必ず伝えましょう。ベビーベッドが借りられるか、部屋で食事ができるか、離乳食メニューがあるか、家族風呂があるかなどを細かく確認します。事前にわかれば、荷物を減らしたり対応を考えたりできます。夜泣きの心配があるようなら、角部屋や離れの部屋などをリクエストしましょう。

海外旅行は治安が安定している国が原則で、日本との温度差が少ない所が安心。時差も少ないほうが楽です。赤ちゃん連れの旅行は、1か所滞在型でゆったり過ごすのがいちばんです。フリーズドライやびん詰の離乳食を持参すると役に立ちます。

人見知りと自閉症スペクトラム

人見知りの出方は赤ちゃんによって強弱がありますが、なかにはお母さんやお父さんの第六感によって「おかしいな」と感じる赤ちゃんもいます。そのような赤ちゃんは、まわりの人への関心が薄い、視線を合わさない、欲しい物があっても喃語《なんご》を使わない、抱っこなど肌の接触をいやがる、というような傾向があります。

お母さんやお父さんが「どうしたのかな？」と思う場面が5～6か月くらいからあり、月齢が進んでも人見知りしないことが多いようです。自閉症スペクトラム〈→681ページ〉の疑いのある赤ちゃんですが、独断で決めつけず、医師に相談してください。

療育的なサポートもありますし、自閉症そのものについての研究も進んでいるので、昔とは考え方も接し方も違います。

★3 ――人見知りはどちらかというと消極的な愛着行動、はいはいなどで追いすがるあと追いは積極的な愛着行動です。

気がかりなこと

Q 海水浴にはいつごろから連れていってよいのですか。

A できれば1歳過ぎから。砂浜にいる時間は短く、日焼け対策を徹底して。

海辺の日差しは紫外線が強く、赤ちゃんにはまだお勧めできません。朝夕に砂浜を散歩する程度ならよいのですが、日中に海水浴をするなら、赤ちゃんはベビーシッターさんなどに預けましょう。

赤ちゃんも一緒に海にはいるのなら、1歳過ぎぐらいから。それでも砂浜にいる時間は30分までをめどに。パラソルを差していても照り返しが強いので、長居しないようにしましょう。赤ちゃんは皮膚が薄く、紫外線の影響を受けやすいのです。できれば水着だけでなく、上にTシャツを着せたり、日焼け止めを塗るなど、日焼け対策は徹底しましょう。帽子もお忘れなく。

Q 飛行機の離発着時には、赤ちゃんも耳が痛くなるのでしょうか。

A 何かをなめたり飲んでいると少し楽になるので、あらかじめ準備しておきましょう。

耳が痛くなるかならないかは個人差がありますが、おとなしく眠っていたのに、目覚めて泣き出すくらい、痛みを感じる子は多いようです。大人ならあくびをすると少し楽になりますが、赤ちゃんには無理な話。気圧差によるこの耳の痛みをやわらげるには、おしゃぶりをくわえさせたり、何か水分を飲ませるのが効果的です。機内であめをもらえることもありますが、小さい赤ちゃんは飲みこむ心配があるので、断りましょう。

風邪をひいていると、喉や鼻の炎症が耳管に及び、耳管の通りが悪くなっています。こんなときには気圧の影響で耳が痛くなりやすいので、注意しましょう。

Q 仕事復帰で保育園に預けます。母乳はやめなければいけませんか。

A 無理にやめる必要はありません。1歳半くらいまでは、出るのなら飲ませ続けてよいのです。

母乳をやめる必要はまったくありません。むしろお子さんにとって、慣れない集団生活が始まるわけですから、帰宅後は授乳タイムで親子がほっとくつろぎたいところです。日中は乳をしぼって冷凍しておき、保育園で飲ませてもらうこともできます。しぼらなくても、夜の授乳をしっかりしていれば、母乳の分泌が悪くなることもありません。ただ、日中、お母さんがおっぱいが張って痛むようなら、軽くしぼったり、圧抜き（左イラスト）ができるとよいでしょう。1歳半を過ぎて食事でしっかり栄養が取れるようになって、母乳の出が悪くなってきたころに、卒乳を考えましょう。

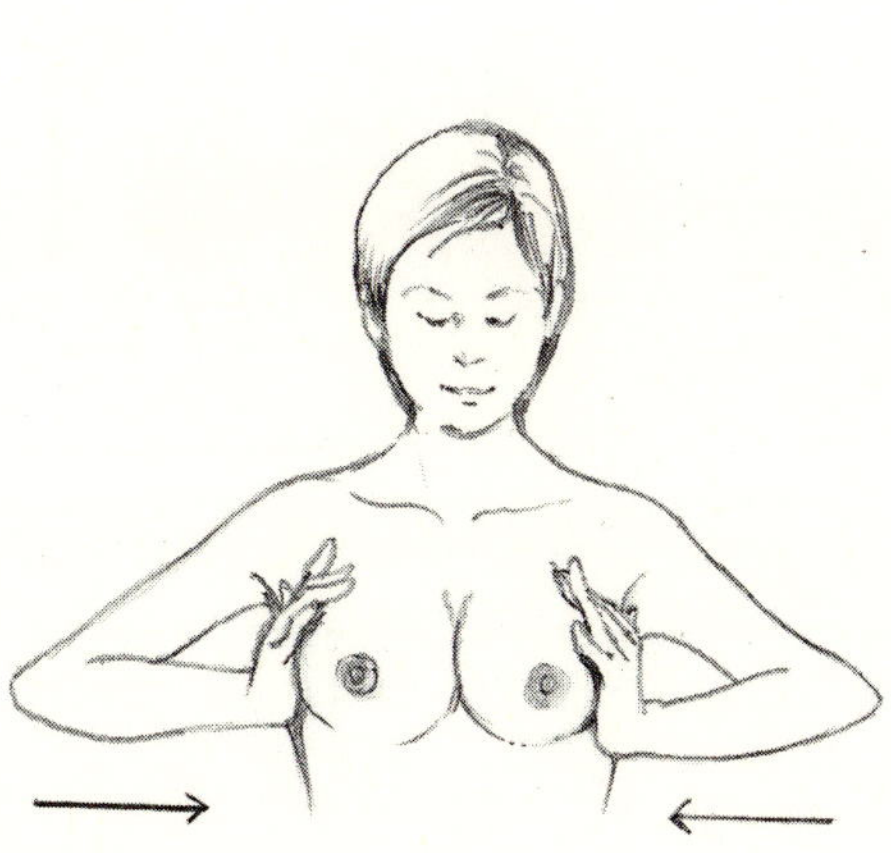

「こんにちは!」を言いに行こう

おうちの外に連れ出そう。お買い物に連れて行こう。近所のおばあちゃん、小さなお兄ちゃんお姉ちゃん、お店のおばちゃん、みんなに会わせて、みんなに「よろしく」。「抱っこさせて」って言われたら、どうぞどうぞとお願いしちゃう。お母さんのお仕事、みんなに分けてあげよう。

9か月〜10か月

9か月〜10か月

からだの発達

この時期の赤ちゃんは、はいはいでさかんにはい回り、経験を増やしながら、ときどきできるようになったつかまり立ちで上の世界を探っています。お母さんやお父さんの顔のある上の世界のほうに、よりおもしろそうな秘密があるとでも思っているようです。部屋の隅っこや座卓のまわり、あるいはソファのそばは、そうした上の世界を探るのに絶好の場所です。特に背の低い座卓やソファの座席は、赤ちゃんのつかまり立ちの練習場です。

体重を足の裏で支える経験をする

ソファの座席にもたれかかって、つかまり立ちをしている赤ちゃんは、これまでにほとんどの四足動物がやらなかったことに着手しています。それは、自分の体重のほとんどを、ふたつの足の裏で支えるということです。そしてヒトの足は、そうした仕事をするのに好都合なように進化しているのです。ウマのひづめは中指の爪《つめ》が変化したものです。ですからウマは指先だけを地面につけて走っているのです。ひづめのないイヌも、じつは足の指の上に立っています。後ろ足で立つ動物だけに見られるかかとの発達は、ヒトの赤ちゃんにもちゃんと用意されています。つかまり立ちをしている赤ちゃんはまだ手を離すことはできませんが、今後一生、体重を支えていく運命にあるかかとは、初めてその重みを経験するのです。

親指と人さし指で小さな物をつまむ

変化は足だけではありません。手にも大きな変化が起こっています。ヒトを含めた霊長類の手は、木の上で生活をするのに適した独特の構造をもっています。足にかかとがあるように、ヒトをはじめとする霊長類の親指は、ほかの指との間に物を挟むことができるように進化しています。そのために、木にぶら下がったり木の実をもいだりすることができるのです。おすわりやつかまり立ちができ、からだを支えるのは下半身の仕事となったこの時期の赤ちゃんは、親指と人さし指で小さな物をつまむことができるようになります（ピンセットつまみ）。これまでは、手のひらや指全体でつかむことが多く、細かい物をつまむことはじょうずではなかったのです。

すでに「指さし」という特殊な使い方ができるようになっていた人さし指が、親指と共同して小さな物をつまむことに挑戦しています。

　このことは、動物のなかでほぼ唯一道具を使う、ヒトという特別な立場を確保するために必須の能力です。最近では、遺伝子がヒトと2％しか違わないチンパンジーも、手で道具を使うことがわかっています。でもその細かさでは、ヒトの右に出るものはいません。石を細かく削って矢じりを作ったり、斧《おの》を作ったりすることができたからこそ、狩猟や農耕を始めることができたのです。まだ1歳にもならない赤ちゃんの手に、ヒトの200万年の歴史が刻まれているのです。

　この細かい動きのできる手は、赤ちゃんの好奇心の命ずるままに、床の上や座卓の上にある小さな物をうまくつまみます。でも、そこからまれに厄介なことが起こることもあります。指先でつまんだ小さな物を、口に入れてしまうのです。タバコや錠剤あるいはボタン電池の誤飲〈↓745ページ〉は、手先の器用になった赤ちゃんだけにできる困った〝特技〟です。

動き回って世界を知る

　この時期の赤ちゃんは、月面探索機あるいは深海探索艇のようです。自由に家の中をはいはいで動き回り、ピンセットつまみで細かな物もいじくりまわして探検します。月面探索機も深海探索艇も、自由に「動き回れる」ことが重要です。月面の石や深海の生物をよく知るためには、一地点だけのサンプルでは不十分なのです。前述したように、危険で不適当なサンプルを入手しないよう、気をつけましょう。

　アメリカの発達心理学者が、赤ちゃんにとって動き回ることにどんな意味があるのか、おもしろい実験をしました。まだ、はいはいで動き回れない赤ちゃんを、自分の意思で自由に動き回れる装置に乗せて一定期間育ててみたのです。すると、早い時期から装置に乗って動き回った赤ちゃんのほうが、

つかまり立ちをしながら、自分の体重のほとんどをふたつの足の裏で支えるようになります。からだの重みをかかとが初めて経験するのです。

まわりの世界の理解（認知能力）が勝っていたのです。もちろん、装置に乗らなかった赤ちゃんもすぐにあとで追いつき、最終的な認知能力に差は出ないのですが、この時期の赤ちゃんにとって、動き回ることはまさに学術探検旅行だということがわかります。

バランスをくずしたら、腕が前に伸びる

手先だけでなく、手と腕全体にも変化があります。つかまり立ちをしていて、うっかりからだのバランスをくずしてしまい、そのまま倒れてしまえば、重い頭の持ち主である赤ちゃんは顔や頭にけがをしてしまいます。そうしたことを防ぐために、脳の中に特別な回路ができ、働き始めます。この回路の働きは、もし赤ちゃんの目に映った床や地面が急に近づいてきたら、手を広げて腕を前に伸ばすというものです。「パラシュート反射」とよばれるこの反射的な動きは、赤ちゃんがひとり立ちできるようになる約1か月前にできるようになります。この反射を使って医師は、赤ちゃんの脳の中で、ひとり立ち、そしてその先にあるひとり歩きができるようにちゃんと準備ができているかどうかを調べます。

いよいよ本格的な離乳食に

5か月くらいから少しずつ練習していた、母乳やミルク以外の味慣らしは卒業し、本格的な離乳食期にはいります。すでに半年近く練習していたので、やわらかな物なら固形の食べ物も食べられるようになります。7か月ころから生え始めた歯も、門歯（前歯）の上下4本がそろう赤ちゃんもいます。母乳を飲んでいる赤ちゃんでは、時にその歯でお母さんの乳首をかんでしまうので、そろそろ母乳やミルクを卒業してもよいのではないか、と考えるお母さんもいます。栄養のうえではまだ母乳やミルクでもいけるのですが、卒乳して離乳食だけになる赤ちゃんもいます〈↓456ページ〉。

他人を見分ける力がついてくる

共同注意〈↓406・411ページ〉などで、まわりの大人との気持ちの共有ができるようになってきた赤ちゃんは、同時に、自分の身近にいない知らない人に対して警戒心を抱くようになります。これは赤ちゃんのこころの発達に伴う進歩なのですが、近所の人や、赤ちゃんに好かれたいおばあちゃん、おじいちゃんにとってはあまりうれしくないものです。他人を見分ける力がついてきたあかしであることを、周囲で理解してあげることです。

（榊原）

このころ気になる症状と病気

指しゃぶり〈↓412ページ〉
喘鳴《ぜんめい》（ゼーゼー）〈「細気管支炎」「ぜんそく様気管支炎」↓750ページ、「急性喉頭炎」↓751ページ、「気管支ぜんそく」↓772ページ、「異物を飲みこんだ」↓745ページ〉

9か月～10か月

ことばの発達

赤ちゃんは、着々と進歩を続けます。特にこの時期は大きな大きな変化の連続です。

からだの面では、つかまり立ちが始まり視野が広がることで、外界への興味もいっそうふくらみます。

大人の動作のまねができる

「パチパチ（拍手）」とか「バイバイ」とか「にぎにぎ（手を握りこむ）」などの動作をまねられるようになるのは、とても大事な変化です。「バイバイ」「にぎにぎ」なんて、私たち大人にとっては、鼻歌まじりにできる簡単な動作ですが、赤ちゃんにとっては難しい！　私たち大人が、初めて見る複雑なダンスのステップを覚えてまねるのと似ているかもしれません。

「にぎにぎ」の「まね」をするためには、相手の動作に注目（注意を向ける・眼球を固定して注視・認知）し、それに興味をもち、それと同じ動作をしようと考え（意欲）、その動作をするためにはからだのどの部分をどう動かせばよいか、すでに貯蔵されている記憶と照らし合わせ、脳の命令どおりにからだを動かすなど、脳とからだの間を結ぶ複雑な神経回路が順調に働いていることが必要です。

生まれて以来、おっぱいやミルクを飲んだり、首をめぐらしてまわりを見たり、寝返りやおすわりの練習をしたり、手や足をしゃぶったりしつつ、神経回路の工事を毎日こつこつと積み重ねて、やっとここまで来たのです。

まねてみせてくれるかどうかは雰囲気次第

もう少し大きくなると「やってごらん」という指示に従ってまねることもできるようになりますが、この月齢の赤ちゃんは気が向かなければ「まね」をしてはくれません。赤ちゃんの「やる気」だけが頼りです。

何が「やる気」をかき立てるかというと、それ（たとえば「にぎにぎ」）への興味、それをやってみせてくれている人のことが大好きだという気持ち、それをやってみたいと思えるような楽しい雰囲気、などです。

さて、「ママ」とか「マンマ」などのことばを言うのも、その基本のしくみは「まね」（模倣）です。まわりの大人が話していることば（音）に聴覚的注意を向け、音を聞き分け、それと同じ音をまねる。どんなにたくさんことばを聞かせても、まねしようという気持ちにならなければ、赤ちゃんはことばを言えるようにはなりません。

どうしたら「まねしよう」という気持ち、興味や意欲が育つのでしょうか。それは、「赤ちゃんに合わせて」「赤ちゃんのすることを一緒にする」というかかわり方にかかっています。自分の思っていること、興味をひかれていることに一緒につきあってくれる人の存在が、「〜したい」「〜してみよう」という意欲を育てていくのです。

赤ちゃんと大人が同時に見る「共同注意」

もうひとつ大事なことは、「指さし（ポインティング）」です。抱っこされた赤ちゃんが「ア、ア」と指さす先に、ぬいぐるみのワンちゃんがいます。「指でさす」という動作が「あそこ　みて」「ワンワン　いるよ」、あるいは「ワンワン　とって」を意味します。

「指さし」は指で示した先にある物を、相手に見てもらおうとするものです。

赤ちゃんが指さしをするとき、赤ちゃんの視線も必ずその目的物のほうに向けられています。赤ちゃんが「ア、ア」と声を出し、指さしをすると、大人はたぶん、無意識にその指の先の方向に視線を向けるでしょう。ここで、赤ちゃんと大人は同じ物を同時に見ることになります。これを「視覚的共同注意」といいます。

「共同注意（joint attention）」〈↓411ページ〉は「ことばを覚える」ための基礎条件です。

「共同注意」とは、どんなことでしょう。たとえば食事のときのにんじん。大人はにんじんをフォークで刺して「にんじんさんだよ」と声をかけます。このとき、赤ちゃんがにんじんを見ていれば「にんじん」の形と色と「にんじん」という音とが、目と耳から脳に向かって送りこまれ、「にんじん」という記憶の引き出しにしまうことができます。

赤ちゃんがテーブルの上のコップに気をとられているのに、大人が「にんじんだよ」と声をかければ、目からはコップの形、耳からは「にんじん」という音がはいってきてしまうの

赤ちゃんが「指さし」をするときは、指の先にある物を相手に見てもらいたいのです。

で、赤ちゃんはコップのことをにんじんと覚えてしまう可能性もあります（もっとも、日常生活のなかでこういう「注目のすれ違い」はとても多いのに、赤ちゃんは案外とんちんかんな覚え方はしないものなのだそうです。不思議なことです）〈↓516ページ〉。

大人が赤ちゃんの興味に合わせていく

さて、赤ちゃんと大人が同じ物を見る（視覚的に共有する）、同じことばを聞く（聴覚的に共有する）ことは、ことばを覚えていくうえでとても大事なことなのです。何度も繰り返しますが、そのためには、大人のペースに子どもを引きこむのではなく、子どもが興味をもっている物、子どもが見ている物、子どもが指さしている物に大人がつきあっていくことが大切です。「マンマンマン」とか「パッパッパ」とか「トアトアトア」のような繰り返し音の喃語《なんご》（反復喃語）を含めた〝ムニャムニャおしゃべり〟も、引き続きさかんです。

いろいろなことがわかってきているとはいえ、まだ意味のあることばは言えません。口や唇や舌が脳の命令どおりに動くほどには、まだ発達が進んでいないからです。でも、「その日」はもうすぐそこです。

「その日」のためにも、赤ちゃんが指さして「ア、ア」と言ったら「ワンワンね」とか「お花、咲いてるね」とか「雨ね。雨、降ってきたね」と、根気よく応《こた》えてあげましょう。

（中川）

9か月〜10か月

こころの発達

このごろ、お母さんがわたしに何をしてほしがっているか、少しわかってきたの。人のこころが、ちょっとだけど、わかるようになってきたのね。

この間、こんなことがあった。

わたしがおすわりしていたら、目の前の飾り棚にきれいな色の物が見えた。手に取ってみたくなったから、はいはいして近づいて行ったの。そして棚の取っ手をつかんで立っちして、片手を伸ばしてみた。でも、すぐぐらついてしりもちついちゃった。そのあとも何回もやってみたんだけど、手が届かなくて、うまく取れなかった。

そのとき、お母さんがわたしのことを、気づいてくれたの。やったあ、これでだいじょうぶ。きっとお母さんが取ってく

れる。

わたしはそう思ったんだけど、違っていたの。お母さんは、「あっ、これはだめなのよ」と言って、どこかに隠しちゃったんだ。

ええっ、どうしてだめなの？　わたし、さわってみたかったのに！

そう思ったわたしは、さかんに取ってほしいってポーズをしたんだけど、お母さんはさわらせてくれなかった。きっと、さわって汚されたらまずいと思ったのね。そのときは、正直いって悔しかった。

だけど、この出来事をよく考えてみたら、わたしがお母さんの気持ちをある程度わかってきたということよね。

お母さんが取ってくれると思っていた。↓ところが取ってくれなかった。↓きっとお母さんはわたしにさわらせまいとしているんだ。

これまでは、希望どおりにしてくれないと、ワーッて泣くだけで、お母さんの気持ちを察するなんてことはできなかった。でもいまは、たぶんお母さんはこう思ってるんだろうと、ある程度わかるんだ。

もちろんお母さんも、わたしが何を望んでいたか、察していたんでしょうね。わたしもある程度お母さんのこころがわかるし、なんかうれしいわね。いままでとちょっと違った関係よ、これ。

お母さんが指さした物をわたしが見るというのも、同じ行動。お母さんが「あれを見なさい」と言っている、お母さんのこころの中身が感じられるから、そっちを見る。それがあたっていると、わたしもうれしいの。

服を着るときも、お母さんが「着てほしい」と思っているのが、よくわかるようになってきたの。だから、わたしのほうから手を出したり、つっこんだりするようになったの。お母さんは「おりこうさんになったのね」なんて言ってくれるけど、聞きわけがよくなったわけじゃなくて、人の期待が読めるようになってきたの。でも、まだ遊んでいたいときに、「服を替えようね」なんて言われると、拒否するけどね。

つまり、だいぶ知恵がついてきたということかな。

名前を呼ばれたときも、自分が呼ばれているってこと、だいたいわかるの。だから、この人が呼んだのかなってその人の顔を見たり、手を上げたりすることができるようになってきたの。

＊　＊

この時期は、赤ちゃんのこころが大きく飛躍する時期です。特に、他者の気持ちを感じ取ることが、少しずつできるようになっていきます。コミュニケーション能力が飛躍的に伸びるのです。

相手と自分のこころの同一性が感じられる

たとえば、親がある物を指さしたとします。そのとき赤ちゃんは、親が何かに注意を促していることはもちろん、何に向かって注意を促しているかということも、感じ取れるようになるのです。親のこころのなかを感じ取れるようになってきたということです。

赤ちゃんが注意を向けた対象と、親が注意を促した対象が同じかどうか、それはわかりません。しかし、人間がだれかと関係をつくるとき、「私とこの人は同じ物を見ているのだ、同じことをこころに描いているのだ」と感じることを前提にしなければ、対話は生じません。

「はい、どうぞ」「ありがとう」という遊びをとおして、相手の意図を察する力が育ちます。

こうした、同じことを思い描いているのだと感じるこころの働き、つまり相手と自分のこころの同一性を感じ取る働きを、難しくいうと「間主観性」といいます。主観と主観をつなぐこころの働きということです。9か月から10か月ころの赤ちゃんのこころの成長で著しいのは、この「間主観性」が芽吹いてくることだといってよいでしょう。

遊びながら、こころの基礎力を蓄える

したがってこの時期の育児では、赤ちゃんが大人の意図を読んで遊ぶような遊びが大切です。

たとえば「やりもらい遊び」。親と赤ちゃんが向き合って座り、何か遊び道具をやりとりして遊ぶものです。

「あら、お母さんにマンマくれるの？　ありがとう」と大げさにもらう動作をし、「じゃあ今度はお母さんがあげるね。はい、どうぞ」と言いながら、その遊び道具を赤ちゃんに渡してあげます。赤ちゃんは「ありがとう」というようにぴょこんと頭を下げて受け取り、そのあとまたお母さんにあげるということを繰り返します。

赤ちゃんが大人の意図を察し、それが自分のやろうとしていることと同じだと感じ、相手の意図にのる遊びです。あたっているからうれしくなって、何度も繰り返します。この遊びを通じて、コミュニケーションの基礎能力が高まっていきます。間主観性は、人とかかわるためのこころの基礎力なのです。

（汐見）

育ちのようす

自分とまわりとの関係がわかってきた赤ちゃんは、新しい世界への好奇心と親から離れる不安の間で揺れながらも、次のステップへと活動を始めます。はいはいが得意な赤ちゃんは、お母さんやお父さんのあとを追いかけて、不安を解消しようとするでしょう。追いかけて抱っこされることで、赤ちゃんは自分とその人との信頼関係を何度でも確かめます。また、つかまり立ちをして視界が広がり、目にする空間に奥行きが出ると、まわりの世界への好奇心がさらに刺激されます。このように様々な経験を原動力にして、赤ちゃんは大人と一緒の生活ができるまでに成長していくのです。

運動能力と姿勢反射

ところで、赤ちゃんにも運動能力の個人差はあるようです。運動能力が高いとは、からだをじょうずに動かせるということ。遺伝的な要因にも左右されます。ただし、運動能力が高いということと、早い時期から運動ができるようになることとは異なります。人より早くつかまり立ちや伝い歩きをするようになったとしても、運動能力が発達していることにはなりません。時期が早かっただけで、じょうずにはできていないかもしれないからです。また、体重が大きめの赤ちゃんは運動面の発達がゆっくり、細めの赤ちゃんは少し早めという傾向もあります。

また、モロー反射〈↓193ページ〉など、生まれて数か月の間に見られた原始反射のほとんどは大脳の働きによって抑えられていき、寝返りができるころには目立たなくなっています。一方で、その原始反射に置き換わるようにして、次第に現れてくる反射もあります。姿勢反射とよばれる、日常生活で私たちが無意識のうちにとっさにしている反応です。歩く、走るなどの運動がスムーズにできるように、生まれつき準備されているものです。

転びそうになったとき、両腕をぱっと広げる反応は、パラシュート降下する人が、着地寸前に足を開いて構える様子から命名され、それが手（上肢）にも拡大されてパラシュート反射[★1]とよばれています。おすわりのとき、腕を前に出して上体を支えていたのが、横へ倒れそうになったときにからだの側面に腕を伸ばせるようになると、両手の支えなしでおすわりができるといわれます。これからは、頭がのけぞってひっくり返りそうになっても、後ろに手を出せるようになるでしょう。

ほかにも、からだが押されると足を出して体重を支えるホッピング反射、ふらついたとき頭を正常な位置に戻そうとする迷路性起立反射など、様々な姿勢反射に助けられて、赤ちゃんのからだは自由に、スムーズ

★1――パラシュート反射が〈→404ページ〉見られるのは立っているときばかりではありません。座っているときも、前後左右から急に押されると腕が出るはずです。

に動くようになっていきます。

姿勢反射の多くは生涯持続します。その働きをみると、日常空間で起こる様々な危険から私たちの脳やからだを守るために、進化の歴史が用意してくれた贈り物のようにも思えます。

他人の気持ちを理解するプログラム

ポインティング（指さし）〈↓406ページ〉のときに、親の視線を確認するような動作をすることがあります。親と一緒にいるときに何かを見つけると、親の顔を見て「ア、ア、ア」と言う。あるいは、親が何かを見ていることに気づき、親の視線の先を見る。そんな動作です。

この、人が見ている物と同じ物を見るという行為を、共同注意（ジョイント・アテンション）といいます。共同注意はこのくらいの月齢くらいから発達していくように、赤ちゃんにプログラムされているのです。この共同注意を何度も何度も経験して、赤ちゃんは他人の気持ちを理解するようになっていきます。

あと追いは安心したいから

あと追いは人見知りの延長で、お母さんお父さん以外の人への強い拒否感・不安感や、安心したいという気持ちから起きる行動です。人見知りが視線をそらしたり泣いたりという消極的な愛着行動だとすれば、あと追いは積極的な愛着行動です。「あっちへ行く。ついていかなくては」とわかるほど[★2]成長した証拠でもあ

お父さんへ

父親ネットワークの勧め

赤ちゃんが生まれると、お母さんたちは同じ月齢の子の母親同士のネットワークをつくります。必要から生まれる生活の知恵ですが、これはお父さんにも必要。父親同士の仲間をつくり、親子ぐるみのつきあいをしてはいかが？　父親同士、共感できることも多いし、育児談義のなかで母親とは違った視点からの発見もあります。父親学級や公園、お母さんが企画したホームパーティーなど知り合うチャンスはいくらでもあります。そんなつきあいが発展して父の会をつくってもよいし、子どもを連れてキャンプなどに出かけるのも楽しい。子どもの社会性を養うために、大人のつきあいを見せていくことも必要です。

ただし、これは仕事の関係ではありません。間違っても名刺交換なんて野暮《やぼ》なまねはしないでください。もし、あなたがシングル・ファザーなら、このネットワークはなおのこと強い味方になります。シングル・ファザーをサポートするための情報などももたらしてくれるはずです。

★2―― 個人差はありますが、1歳を過ぎるころになれば、お母さんがいまは見えなくても近くにいるということを理解できるようになっていきます。

ります。足元にまとわりつかれて、わずらわしいな、危ないな、と思うときもあるでしょうが、追いかけてきたら抱きとめてあげましょう。抱き癖がつくことはありません。不安を取り除いてくれると信じて追いかけた人に拒絶されたら、赤ちゃんはどう感じるでしょう。手が離せないときは声をかけながら気持ちをそらし、時間を稼ぎますが、最後にはしっかり抱き上げてください。

指しゃぶりはいずれ治まる

指しゃぶりは赤ちゃんの専売特許。生物が本来もっている反射行動のようなもので、お母さんの胎内にいるときからすでに始まっていました。口の感覚はかなり早くから発達しており、これまでも赤ちゃんはそばにある物をまず口で確かめました。たまたま自分の指が触れると吸い始め、やがて習慣になり、指を吸うことで気持ちが落ち着きます。指しゃぶりをする子のほとんどは乳児期に始まり、1〜2歳がもっともさかんで、多くは3歳[★3]までにはやめてしまいます。

指をしゃぶる原因は様々ですが、母乳やミルクが足りないことへの不満や、もっと抱っこしてほしい、遊んでほしいという要求の表れなどが考えられます。保育園などへの通園が始まったことによるストレスということもあるでしょう。

指しゃぶり自体は病気ではないので、無理にやめさせる必要はありません。ほかに気がまぎれるようになるといつの間にか指をしゃぶらなくなりますから、興味のありそうなことを一緒に探して遊んであげましょう。

こころの発達見通し

こころの発達は、ふたつの波が交互にやってくる「見通し図」（下図）でとらえることができます。

第一の波は生後から2歳半くらいまでの、〈感情・意欲〉といった人間性を豊かに育てる波です。次に入れ替わるのが、〈知識・行動〉の波。旺盛《おうせい》な好奇心を原動力に知識を増やし、自分自身で確かめたり行動したりします。2歳後半から4歳くらいまでの子どもがそれです。2歳半くらいまでは「自分は大切な存在」なのだと、こころにしっかり根付かせるのが最優先。知識をつめこもうとしなくても、やがて知りたがりの時期がやってきます。

ふたつの波は同時にやってくることはなく、どちらかがリードして次の波を育て、より高次な能力を獲得していきます。専門的には、リードする波を「主導的な系」とよびます。

子どもを無理な方向に駆り立てることなく、「これから変わっていくのが楽しみ」とゆったり受け止めるには、見通しをもつことが大事なポイントです。

（汐見稔幸）

■能力・感情などの発達

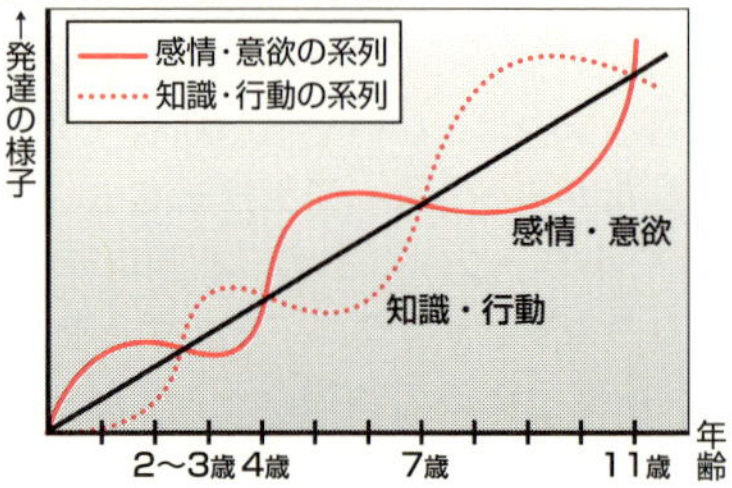

★3―― 大きくなってからの指しゃぶりは、時間をもて余している、不安があるなど、赤ちゃん時代と少し意味合いが変わってきます。歯並びにも影響するので、気を配ってください。

保育園生活

価値ある縦割り保育

■年齢の違う子が群れて遊ぶ

保育園のクラス分けは、4月1日時点の年齢によって決まります。多くの保育園では年齢ごとに1クラス、または4～5歳児は2クラスで、在園児の年齢に幅があります。

通常はクラス単位で過ごしますが、朝の登園時間帯や、昼寝明けから園庭で自由に遊ぶときは、小さな赤ちゃんから小学校にはいる前の子どもまでが一緒にいることが多いのです。

きょうだいや家の近い子が結びつきの核になって、年の離れた子どもたちが一緒に遊び始めます。小さな子はお兄さんお姉さんに教わりながら、大きな子はちびさんに簡単な作業を任せて、平和な時間が流れる……はずが、そうはうまくいきません。せっかく捕まえたトカゲをちびさんが逃がした、年長のちょっと元気の余る子が赤ちゃんのおもちゃを取り上げた。泣き声が起こっても、危ないことさえなければ、保育士はじっと見守っています。

■仲裁も自分たちで

自分より小さな子を泣かせたり、力ずくでおもちゃを取り上げたりするのはいけないことだと、大きな子たちはよくわかっています。家ではすぐに弟や妹に手を出す子でも、園ではかなりがんばって我慢できます。園児の間でいさかいが起きたら、必ず子どもたち同士集まって事の成り行きを検証し、判決を下し、和解にまでもっていく様子は、じつに見物《みもの》です。

「おもちゃを全部ひとりで取ったらずるいよ。ひとつなら選んでいいから」と、大きい子に言われて、わんぱくな2歳児も案外おとなしく裁定に従います。先生そっくりの口調で「じゃあ、○○ちゃんにごめんねしようか」と女の子に促され、大きな男の子がぶっきらぼうに謝って、何事もなかったようにまた遊び始めるのです。

■お世話係は年長さんの勲章

いちばん年長の5歳児クラスの子が、0歳や1歳の赤ちゃんを、昼寝の前後にお世話するプログラムを組む園も少なくありません。女の子はもちろん、男の子や弟妹のいない子も、ここぞとばかりに張り切って、パジャマを出したり、背中をトントンしてあげたり大活躍。赤ちゃんたちも、見慣れたお兄さんお姉さんがクラスに来てくれて大喜びです。保育士も心得たもので、年長さんの様子をみて、無理のないお手伝いをどんどん頼んでいます。

2歳くらいの組と年中、年長さんが一緒に散歩にいくこともあります。小さい子を道の内側にしてしっかり手をつなぎ、近くの公園まで車に気をつけながら歩いたり、着いた先でブランコを押してあげたり。小さいとはいえ人間ですから、気の合う組み合わせが誕生することも。子育て支援で保育園に来ていた1歳児があまりにも園児になついたので、お母さんが仕事を見つけて子どもを入園させたという話があるほどです。

授乳と食事

離乳食はそろそろ後期、回数も1日3回に増えてきます。離乳の進み方も、赤ちゃんによって大きなばらつきが出ているのがふつうです。

舌と歯茎を使えるようになったら、3回食に

絹ごし豆腐くらいのかたさのものを、もぐもぐと口を動かしてちゃんと飲みこむようなら、かむ段階に移ります。2回の食事がだいたい食べられて、種類も増え、生活パターンに定着していれば、回数は3回に。2回食を始めて3か月くらいが目安になりますが、食べる量や月齢にあまりこだわることはありません。

赤ちゃんは次第に舌を左右に動かして、口にはいった食べ物を端（歯茎）のほうに寄せられるようになります。歯茎でつぶして飲みこむので、中期よりもかためで大きなものでも平気ですし、まだ歯が生えていなくてもだいじょうぶ。乳歯が何本あるかよりも、舌や口をじょうずに使っているかどうかがポイントです。

かたさの目安は「バナナ」

離乳食の中期から後期にかけて、口の能力に応じたかたさの食べ物をあげることが、かむ力を育てます。歯茎でかみつぶすこの時期は、スプーンでつぶせるバナナくらいのかたさで、7㎜～1㎝角くらいの大きさがよいでしょう。根菜類をさいの目切りに刻むと、かえって火の通りが悪いので、大きめにゆでたものをフォークで粗くつぶすほうが効率的です。

離乳をどんどん進めたいとか、手間がかかるからと大きめ、かための塊を食べさせると、赤ちゃんはいやがって出すか、丸飲みにする癖がついてしまいます。反対にいつまでもどろどろに近いものをあげるのも、同様にかむ体験を奪うことになります。口にはいった食べ物の大きさやかたさを探り、どのくらいかんでつぶせば飲みこめるか、赤ちゃんの口、舌、歯と歯茎は総力をあげて判断しているのです。このトレーニングが、幼児期にかけてのかむ力のもとになります。お母さんはあせらず、赤ちゃんの口元をよく見ながらいろいろな食べ物をあげてください。

遊び食べは成長のあかし

1日3回ご飯を食べる赤ちゃんは、立派に家族の一員として食卓を囲むメンバーになりました。少しずつ、最低限の家庭の決まり〝テーブル憲法〟を伝えていきましょう。ご飯は必ず食卓で、決まった場所に座っていただく、食事時はテレビを消すといった基本的なことを、習慣として身につけてもらいます。

けれども、このころに見られる、食べ物をぐちゃぐちゃといじる「遊び食べ」は、一過性なので大目に見てください。赤ちゃんはおもちゃも食べ物も、手でさわって、なめて確かめたい時期です。食事どきには床に新聞紙やレジャーシートを敷く、そばに赤ちゃん用・食卓用・床用の3枚の布巾《ふきん》を用意するなどで対処しましょう。遊びながらもよく食べているならよいのですが、食事時間は30分くらいが目安ですから、食べることより遊ぶほうに気がいっているなら、さっさと「ごちそうさま」をしてもかまいません。

「食べ物を投げたら撤収」などの決まりをつくるときは、だれが食べさせていても必ず守り、赤ちゃんには声を荒げずにその都度言って聞かせましょう。

手づかみ食べが大好き スプーンやコップもひとりで使う

だんだん「自分で」食べたがるようになります。離乳食とは、大人と同じものを食べるまでの過渡期であると同時に、食べることの楽しさを知って、自分で食べる意欲を育てるのも目的ですから、これは歓迎すべきこと。スプーンを持たせてあげたり、にんじんやパンの耳などを手に持って食べさせてみましょう。食が細い赤ちゃんでも、やわらかいうどんやよく煮た根菜類を手づかみさせたら食べることもあります。

コップの底に1cmほど、お茶やスープを入れて飲むのもお勧めです。大人が手を添えるのをいやがったら、こぼしたり浴びたりも覚悟でひとりでやらせ、じょうずに飲めたら、思い切りほめてあげましょう。

母乳、ミルクと フォローアップミルク

離乳食が進んでくると、食後の母乳やミルクの量が減ってくることがありますが、体重が増えるか、きげんよく健康そうな様子であれば心配ありません。また、よく食べていても母乳は変わらず飲むというのもよくあること。やはり様子に問題がないようなら、卒乳まで赤ちゃんのペースで母乳を飲ませてください。

ミルクの赤ちゃんで、離乳食が進んだらミルクを飲まなくなったという場合、まだ食事の栄養だけでは不足ですから、コップやストローで気分を変えてみてください。ミルクをいやがる1歳未満の赤ちゃんにはフォローアップミルクがよいでしょう。鉄分やビタミンの量を調整してありますし、牛乳はごくまれに鉄欠乏性貧血症を引き起こすことがあるからです。

フォローアップミルクは、時期が来たらミルクからも、母乳からも、切り替えなくてはいけないというものではありません。赤ちゃんが飲んでくれるなら、これまでのミルクでかまいませんし、母乳を続けてよいのです。離乳食作りに粉ミルクやスキムミルクを用いるのは問題ありません。

＊レシピ中のミルクとは、粉ミルクを赤ちゃんに合わせた分量のお湯で溶いた物です。

後期の取り分け離乳食

肉じゃが

調味料を加えた5分後に赤ちゃんのぶんだけ材料を取り出し、湯を足して薄味でやわらかく煮てから細かく切ります。水溶き片栗粉で薄いとろみをつけます。

煮こみハンバーグ

①ハンバーグは調味料を半量にして煮こみ、赤ちゃんのぶんだけ取り出して小さく切ります。その後、大人用には調味料の残り半量を加えます。
②ミルクで煮てやわらかくなった、じゃがいも、にんじん各40gを塩を入れる前に取り出し、小さく切ります。野菜は別々に食べさせましょう。

＊肉じゃが、煮こみハンバーグとも取り分ける前までの作り方は、325ページ

電子レンジ離乳食

簡単里いもそぼろ煮

①湯飲み、マグカップなど小さめの耐熱容器に豚か鶏のひき肉大さじ1、冷凍の里いも2個、水大さじ1、しょうゆ・砂糖各小さじ1/2を入れます。
②クッキングシートでぴったりサイズの落としぶた（紙）を作り、真ん中を箸（はし）で破って穴をあけて材料を覆います。
③ラップをふんわりかけ、電子レンジ強で3分加熱。取り出して、里いものやわらかさを確かめ、よければスプーンで小さくつぶします。必要ならさらに加熱を。
＊調理時間は目安です。機種や量によって異なりますので、微調整してください。（調理指導／村上祥子）

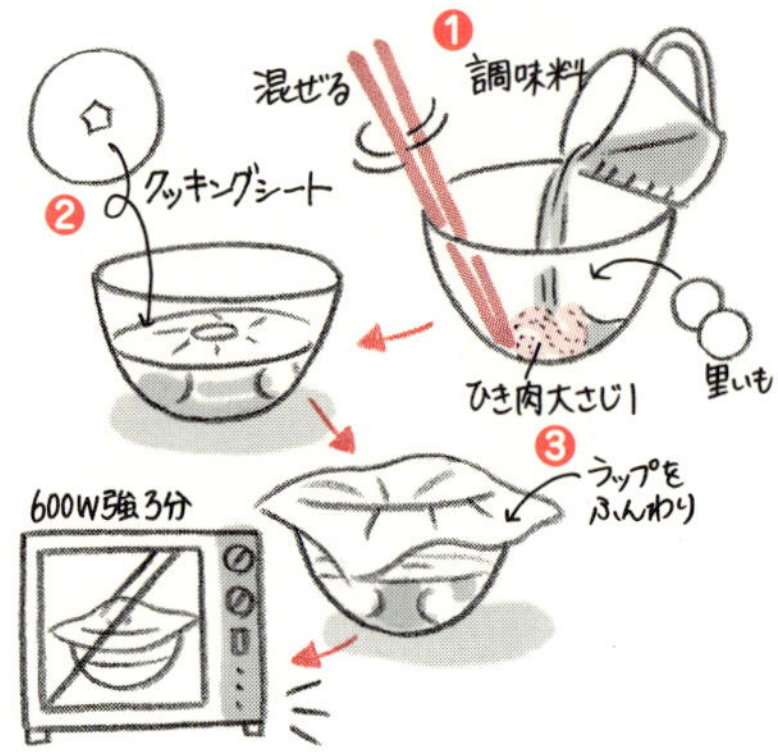

■この時期の食材アドバイス

9〜10か月の離乳食後期は、歯茎でつぶせるかたさのものに挑戦します。

かためのおかゆ、軟飯、ドリア、トマトリゾット
フレンチトースト
めん・パスタ（クリーム煮、グラタン）
いも類の焼きマッシュ
にんじん・大根・かぼちゃ・かぶ・ブロッコリー・カリフラワー（やわらか煮、グラッセ、サラダ、グラタン、ソテー）
きゅうり（粗刻みのサラダ）
小松菜・ほうれん草（お浸し、和《あ》え物、ソテー）
白身魚（蒸す、焼く、ムニエル、刺身は1〜2切れ小皿にのせ、ラップして電子レンジ強で30秒。軽くほぐして食べさせます）
赤身魚（焼く、揚げる、ムニエル）
青魚（煮る、焼く、揚げる、ムニエル）
スティックチーズ
鶏レバー（ソテー、コロッケ）
鶏肉・豚肉・牛肉（そぼろ煮、オムレツ、シチュー、ハンバーグ、シューマイ、水ぎょうざ）
全卵（ポーチドエッグ、厚焼き、目玉焼き、ゆで卵サラダ）

気がかりなこと

Q　たまには外食して息抜きしたいのですが、離乳食のことを考えるとためらいます。

A　ベビーフードをじょうずに活用しましょう。

　赤ちゃんがおすわりできるようになったら、ファミリーレストランや気取らないお店の個室などで家族やお母さん仲間と外食もできますね。お母さんも赤ちゃんも気分転換したいこんな機会には、ベビーフードを活用しましょう。薄味で素材が安心な大人の料理から、少しだけ取り分けてもよいでしょう。

　ベビーフードやエプロンのほか、湯ざましをポットに入れて持っていけば、取り分けメニューをゆるめる際や、手や顔をふくのにも便利です。使い慣れたスプーンやフォーク、ウェットティッシュかおしぼりも忘れずに。新聞紙持参で、ベビーチェアや、畳なら赤ちゃんの下にじかに敷けばひと安心です。

　外食は赤ちゃんにとって環境の激変です。突然ぐずりだしたりしたら、食事はきっぱりとあきらめる勇気ももっておいてください。赤ちゃん連れで外食する以上、こういう結末も予定に入れておく必要があります。

Q　離乳食を一生懸命作っても、ほとんど食べてくれません。ほとほといやになってきました。

A　おなかがすくように工夫して、「なんかちょうだい」という気持ちをつくりましょう。

　とにかく食べない、おっぱいしか飲まない、食事に時間がかかる……。赤ちゃんも個性を発揮するこの時期は、食が細い子、母乳大好きっ子のお母さんは、悩みがつきないでしょう。

　まず「食べさせ」たい、食べて「くれない」と考えないことです。3回食になかなか進めなくても、1回だけの日があっても、ひと口でも「食べてもらおう」として取りすがるより、食べないのならすっぱり切り上げ、「ごちそうさま」をしておしまいだという〝テーブル憲法〟を発動することも大切です。空腹になる、空腹を満たす、そのめりはりのある繰り返しが食事の基本です。次の食事や授乳の間隔をあけ、散歩や外遊びでからだを動かし、おなかをすかせて「なんかちょうだい」という気持ちをつくる工夫をしましょう。

　1日3回、赤ちゃんのためだけに何種類ものおかずを作るのは大変です。ふつうの大人のおかずから取り分ければ、残されてもおもちゃにされても、怖い顔つきをしないですみます。

Q　わが家は夜型で、最初の離乳食が午前11時。2回目が2時、3回目が9時ころですが、問題ありますか。

A　朝の8時9時に朝食を取ることを習慣づけたいものです。

　3回食に進んだら、大人と一緒に規則正しく朝昼晩と食べたいものです。特に朝食を8時9時に取る習慣は、朝型の生活リズムが身について、排便や睡眠にもよい影響を与えるだけでなく、この先、園や小学校など集団生活で求められる社会性の基礎ともなります。お母さんお父さんも、朝型人間になるよいチャンスと思って、赤ちゃんにつきあってあげてください。

家族で育つ

人事異動や転勤、引っ越しで、それまでの職種や生活環境、人間関係が変わると、私たちはストレスを感じます。新しい状況に適応しようとすると、通常以上のエネルギーが必要となるからです。そのようなときは、食事の支度や掃除、洗濯など、いわゆる家事に手が回らなくても、しかたがないと割り切れるでしょう。赤ちゃんが「家族」に加わったときも同じです。「ずっと家にいるのだから時間があるだろう」と想像していたかもしれませんが、実際はそううまくいきません。この新しいメンバーは予想外のときに泣くし、ことばも通じない。おまけに24時間世話をやかなければならないのですから。

私たちはだれでも、「こうしなければいけない」という自分なりの決め事に縛られているところがあります。「ハンカチにはアイロンをかけなければいけない」「食事は手作りしなくてはならない」「1日1回は排便しなければならない」など、いろいろあるでしょう。ところが、だれかと一緒に生活し始めると、私たちはそれぞれ違う生活環境で育ってきた人間同士なのだと改めて意識するようになります。それで意見がぶつかることもありますが、「そういうやり方もあるんだ」「そんなふうに考えてもいいんだ」と受け止めていけば、自分の世界はもっと広がります。「疲れているときは食事を買ってくればいいんだ」「うんちなんて毎日出なくてもいいんだ」など、赤ちゃんが「家族」に加わることで、思いもしなかったことを学びます。そこで工夫したことが、生活の知恵になっていくのです。

子育てに点数はない

お母さんやお父さんは、試験を受けて、合格したから親になったわけではありません。何をどうしたらよいかわからない、いわば素人《しろうと》のまま、プロの技や勘が求められる子育ての世界へ押し出されたようなもの。自信をなくしたり、想像と現実は違って混乱したりするのも、しかたのないことです。では、たくさん生めば子育てがじょうずになるかというと、要領はよくなっても、大変さはやはり同じでしょう。赤ちゃんはひとりひとり、気質も個性も育ち方も違うからです。

子育てに点数はないけれど、「家族」がよい感じだと思えたときは、うまくいっているときです。「よくやっているね、えらいね」、そんなひと言にほっとすることもあります。お母さんに、お父さんに、そして明日出会う子育て仲間に、ひと声かけてみませんか。

職場へ戻るとき

育児休業[★1]していたけれど、職場復帰する日が近づい

★1 ―― 育児休業は、職場に規定がなくても、申請すれば男女ともにとることのできる、法的制度です。ただ、期間制限があります〈→74・728ページ〉。夫婦で働いている場合は、お母さんが育児休業をとり、休業明けに合わせて、今度はお父さんが休業にはいることもできます。夫婦の両方が育児休業をとる場合、子どもが1歳2か月になるまで取得できますが、親ひとりあたりの上限は1年です〈→87ページ〉。

ているお母さん。また、退社したけれど、新たに仕事を始めようと思っているお母さん。赤ちゃんを預ける場所は見つかりましたか。子どもを預けるとき激しく泣かれると、なんだか親として悪いことをしているように感じるもの。保育園から後ろ髪を引かれるような思いで職場へ向かうお母さんやお父さんもいます。

けれども、長い時間一緒にいれば、よい子育てができるのでしょうか。監視するような親の視線を浴びながら家に閉じこもっているよりも、同年齢・異年齢の子どもたちとかかわったり、親とは別の人からの愛情を注がれることで、赤ちゃんの社会性が育つ場合もあります。

赤ちゃんがどういう状態で毎日を過ごすのがよいのか、「家族」で考えてみましょう。赤ちゃんが望んでいることは何か、家族として望むことは何か。赤ちゃんは、だれとも会わずにお母さんとずっと家にいることが楽しいのだろうか。もし、お母さんが社会からとり残されているような気持ちになっていたとしたら、どうしたらよいのか。お父さんは「仕事だから」という理由で、赤ちゃんと過ごす時間をいつもあきらめなくてはならないのか。

お母さんやお父さんは、赤ちゃんを預けることによって、親子のつながりを再認識するチャンスを手に入れます。仕事から帰ったら、たとえ短い時間でも、子どもと過ごすかけがえのないひとときを大事にする、少しくらい家事をほったらかしても、きちんと向かい合い一緒に遊ぶ。時間の長短より、つながりの質が大切なのです〈「子どもを預ける」→489ページ〉。

子育てを
不得意科目と感じたら

「社会人としては優秀だけれど、子育ては不得意科目なのかなあ」と感じられるお母さんがいます。決して、育児放棄しているとか、子どもを邪険に扱っているわけではないのですが、「小さな子どもが苦手なのかな」「離乳食を作るよりも、企画を立てるとか、営業で出歩くほうが得意なのかな」と感じられる人のことです。

けれども、お母さんだから育児も家事も得意でなければいけないという決まりはないでしょう。料理が苦手かもしれないけれど、なんとかがんばって食事を作るところに意味があります。小さな子どもとからだを使って遊ぶのは不得意だけど、絵本だけは毎晩子どもと読んでいる、そんなふうに努力するところがすばらしいのです。そのがんばりがわかるから、やがて親への感謝の気持ちも生まれるのです。「苦手だから、嫌いだから、やらない」ではなく、不得意にどう向かい合っているか。そこが人間性の分かれ目です。

（花山美奈子）

祖父母との時間

人生の味を豊かに

お話　河合隼雄
（臨床心理学者）

むかしむかしあるところに、おじいさんとおばあさんがいました……昔話の多くは、こんな調子で始まります。お人よしのおじいさん、優しいおばあさん、意地悪じいさん、欲張りばあさん、いろいろ登場しますが、おじいさんおばあさんが出てくる、そこからもう「いつもと違うことが起こるぞ」という、子どもたちの期待は高まります。

赤ちゃんや子どもたちを見守ってくれているのは、お母さんお父さんだけではありません。祖父母もそうですし、ご近所のおじいちゃんやおばあちゃんもいます。

子どもたちの世界とおじいちゃんおばあちゃんの世界が交わるとき、どんな触れ合いが生まれるのでしょうか。

物語を生きている

子どもは何か食べるとき、「このパンにはこのくらい栄養があって、食べたら体重がこうなる」など理屈で考えていません。「ものすごくおいしいもん、食べてる」と思ったり、「いやでたまらんもん、食べさせられている」と感じたりしています。

そして、いま自分が体験したことは何なのか、子どもなりに理解したくて、「魔法使いにおいしいお菓子をもらった」とか、「悪者に葉っぱを食べさせられた」とか、頭の中で物語をつくって納得しているのです。事実と空想が混じり合ってもなんの不思議もない、そこが子どもたちの世界の不思議です。

釣りに行って魚を釣れば、「こんなん釣ったぞ！」と、両手を広げて少々オーバーに表現します。それを見た友達も、「すごーい！」と素直に感心する。ところが「20cmの鯛《たい》を釣ったよ」と冷静に報告しても、確かにそれは客観的な事実でしょうが、「ふうん、だれそれは30cmのを釣ってたよ」と、そっけない反応が返ってきたりして、感動も感心も生まれないでしょう。

〝物語〟というこころのなかの玉手箱には、生きている間に出会う様々な喜びや悲しみがつづられていきます。

こんなこともあります。大きなテーブルを持ち上げようとした。けれど、子どもの力ではびくともしない。そこへお父さんがやって来て、軽々と動かしてしまった。子どもの目には、巨人が岩を動かしている場面が繰り広げられているのと一緒です。それで思わず興奮して、お父さんの足にしがみつく。そのとき子どもは、巨人の足に食らいついている自分の、〝物語〟を生きているのです。難しく言えば、〝内的体験〟を実感しているのです。〝物語〟は、絵本のなかだけではなく、ふだんの生活にもたくさん息づいています。たとえば、どうして子どもは理屈に合わないことばかりするのか、それは〝物語〟の世界を生きているからなのです。そして、おじいちゃんやおばあちゃんは、そういう世界へすんなりはいっていける引き出しをいくつももっているのです。

人生を散々やってきたから

おじいちゃんやおばあちゃんはいろいろな人生を経験していますから、〝内的体験〟の引き出しも豊富にもっています。花咲かじいさんにもなろうと思えば、サンタクロースにもなれる。子どもと一緒に物語のなかで過ごすことができる。なぜなら、いろいろな子どもを見てきて、それぞれの〝内的体験〟と同調できる引き出しがたくさんあるからなのです。

子どもたちは、大昔から連綿とつながっている時間と、未来に向かって刻々と進む時間とのはざまに生まれてきています。そういうことがよくわかっている。だから、おじいちゃんやおばあちゃんは子どもたちのことを、人生の道のりや時代の変化のなかに置いて考えることができるのです。

そういう人生の奥行きがお年寄りにはあるということを、いまの人は忘れすぎていないでしょうか。それどころか、「おばあちゃんはやたらと甘やかす」と、なにか子育てを邪魔する存在のように考えている節も、あるのではないでしょうか。

多くの親は、「じょうずに子育てすれば、必ずいい子に育つはず」と思っているようです。「一から十まで、自分の力で育てるのだ」と思いこんでもいるようです。しかし、それは錯覚。そうやっても子どもは育ちません。

子どもをモノのように作ることはできないのです。いろいろな要素がはいって、多様性がはぐくまれて、初めて人間が出来上がります。ですから、「じょうずに子育てすれば、いい子が育つ」と考えるよりも、プラスもマイナスも体験させながら、「この子はどんなふうに成長していくんやろう」と、距離を置いて見守っているほうがうまくいくのです。

親はややもすると、「子どもにはむだな苦労をさせずに、勉強させることだ」と思いがちです。しかし、人生にはどうしても邪魔や横やりがはいるもの。苦労も体験してこそ、成長していくのです。

よしよし、まあまあ

「もういっぺん読んで！」

絵本を読むと、子どもは必ずこう言います。親はときどきうるさく感じてしまいますが、おじいちゃんやおばあちゃんなら、何回でも読める。「現役引退しているから、暇なんだよ」と考えたら大違い。〝お年寄り〟だからこそ、何回でも読めるのです。

親には、「いますぐ、いい子になってほしい」というあせりがあります。また、絵本を読むばかりでなく、「あれもこれもしてほしい」という欲張りな望みもあります。どうしても〝いまのこと〟に縛られてしまう年代ですから、しかたないのでしょう。さらに、若いときには理詰めになりがちです。それで「こうやればできるのに、なんでできないの！」と、子どもを責めることもしばしばです。

その点、〝お年寄り〟になると、子どもに対する責任感が薄くなるぶん、無条件に愛情を注ぐこともできます。無条件にかわいがるということは、子どもにとって非常にプラスになるのです。

「よしよし、ええ子やな」という気持ちが、心の底からわいてきて、少しくらいの悪さもまったく気にならない。子どもが何をしようと「よしよし」「まあまあ」と受けとめることができる。そういう人生の奥行きを感じるということは、子どもにもお母さんお父さんにも、大変プラスになると思います。

親に子どもへの強い責任感があるのは当然でしょう。でも、時には、ぱっと無条件になれるといい。硬軟両面があれば、子どもは救われます。おじいちゃんやおばあちゃんは、親の忘れがちな一面を助けてくれる存在なのです。

ガツンがガツンじゃない

おじいちゃんとおばあちゃんには、「無条件に孫が好き」という面と、「妙に頑固」な面とがあります。たとえば、「12月になるまで靴下を履くな」といった、独特な人生観をもっていたりします。それがまた、よいのです。

子どもは大きくなったら、時には頑固

な人間にも出会います。ぶつかってもなかなか変わらないものにも、きっと出会います。〝お年寄り〟の妙な頑固さは、そのときの練習にもなるのです。

ただ、頑固なことを言っても、そこには愛情があります。孫を突き放しているわけじゃない、嫌いだからむちゃを言っているのでもない、愛情があるから言っているのです。それでガツンと言われても、子どもは自分を否定されたとは思わないのです。

親にしてみれば、「おじいちゃんが、また古臭いことを言っている」とあきれるかもしれません。けれども、よく見ていたらわかります。年寄りの頑固さを、子どもはうまく避けたり、じょうずにいなしたりしています。

「人間っていうのは、いろいろな面があるんだな」と、子どもなりに覚えていくのです。「子どもはああやって人間を勉強していくのだな」と見ていればよい。人は、ぶつかり合いながら愛し合っているのですから。

天から降ってきたみたい

子どもにとっていちばん大切なのは、お母さんとお父さん。これは絶対確実です。それが生きる土台になっています。

そんな子どもたちでも、おじいちゃんやおばあちゃんに会うとほっとするのは、親とは「味が違う」から。

お母さんお父さんは、子どもを近視眼的に見てしまいます。親だからあたりまえといえばあたりまえですし、そうでないと困るとも言えます。でも、四六時中近くにいてじっと見られていたら、子どもも息がつまるでしょう。そこが親子関係の難しいところです。

おじいちゃんとおばあちゃんの存在が子どもにとって救いなのは、親よりもちょっと距離があるからでしょう。

親と子、そこにもうひとつ違う世代がはいってくると、人間関係の「味が変わる」のです。親子や夫婦だったらけんかになることが、「おばあちゃんが言うなら、しゃあないわあ」と納得する。天から降ってきた〝おぼし召し〟みたいなものです。言うことが少々見当違いだったりしますが、そこがまたよいのです。「おじいちゃんたら、訳わからんわあ」のひとことで、丸くおさまることもあるでしょう。

その場の「味が豊かになる」のです。

こころでつながる

子どもの人生にいろいろな味を加えるためにも、お母さんやお父さんは、子どもと祖父母世代の接触を増やしてあげたいものです。時代とともに、交流がどんどん少なくなっているのが、とても残念です。

ただ、ひとつ気をつけてほしいことがあります。おじいちゃんおばあちゃんの、「無条件なかわいがりよう」はよいことですが、それが物質面で過剰に出てくると、ちょっと困ります。

むちゃくちゃおもちゃをあげたり、小遣いをわっさわっさ握らせたりするのは、子どもの人生の味を人工的にしかねません。いまのおじいちゃんおばあちゃんは、物をあげたがる人が多いものです。昔は物がなくて不幸だった、だからたくさんあることが幸福の条件のように思ってしまうのでしょう。

孫を「無条件でかわいがる」ためには、物ではなく、こころでつながっていることが大切なのです。

コミュニケーション

はいはい、つかまり立ち、小さな物をつまむなど、何にでも挑戦していく赤ちゃん。お母さんお父さんはますますもって目が離せませんが、それでよいのです。発見したおもしろそうなことを、赤ちゃんは大好きな人たちに教えたくてたまりません。赤ちゃんの指さすほうを「一緒に」見ること、赤ちゃんと「おんなじ」しぐさをまねし合うことは、いずれことばを発して、人とかかわっていくための大事な準備です。

「こっち見て」のサインをキャッチしよう

赤ちゃんはますます大人の動作やことばに興味をもち、一生懸命まねしようとします。大好きなお母さんお父さんと同じことをして、わかり合いたいと思うのです。この時期の大きな特徴として、動作のあとに大人のほうを振り返り、共感を確認します。

この一瞬の「こっち見てサイン」を大人は見落とさず、はっきり応《こた》えてあげましょう。それが、これから先、ことばが出てくるための大事なポイントになっていくのです。

■まねしたあとの「じょうずでしょ」

お母さんがガラガラを振ると、赤ちゃんも、できるかどうかはともかく、同じように振って音を出そうとします。そのあと「じょうずだったでしょ、見てくれた？」とお母さんを見返ります。そのときに視線を合わせ、さらに「すごい、できたね」と声かけをします。

■ひとり遊びの「こんなのあったよ」

赤ちゃんがきげんよく遊んでいるとき、視野の隅で見守ってみましょう。何かおもしろい物を見つけたときや、ボールをうまく転がせたとき、赤ちゃんは離れた所のお母さんを探して「いまの見た？」とばかりに得意気にします。このサインは一瞬のことですが、ここで目が合って「すごいのあったねー」と反応すると、わかってもらえた満足感に浸れます。

「あ、ほんとだ、飛行機が飛んでるね」と、赤ちゃんの指さした方向を一緒に見てあげましょう。

指さしをする赤ちゃんの興味と集中に寄りそう★1

多少距離のある物を指さすことが始まります。お母さんは、その物のほうを向いて、赤ちゃんの思いが伝わっていることを伝えてください。

■取ってあげられなくても、視線を向ける

距離のある物を声を上げて指さすのはことばの前段階に近く、「遠くて取れないけど、どうしても欲しいの」という気持ちの表れです。取ってもらう、あるいは「いまお料理してるから、待ってね」と反応があったという体験を重ねて、「気持ちを伝えるのはよいことなのだ」と赤ちゃんが実感していくのです。

■一緒に見て話題にする

飛行機を指さしたら「お空に飛んでるね」と、一緒に見上げて指さします。

■指さしを〝勉強〟に使わない

赤ちゃんが一生懸命声を出しながら指さすときは、ものすごく集中しています。お母さんお父さんは、ぜひその世界にはいりこんでください。でも、チャンス到来とばかりに「そう、これワンちゃんね、ワンちゃんよ、言ってごらん」と、興味をむりやり深めようとしても、大人主導型では効果は大してないものです。「こんなのあったよ」「ねえ、とって」「ぼく（わたし）、これ知ってるよ」など、指さしにこめられた「ことば」に寄り添い、気持ちを返してあげましょう。

おもちゃとしての絵本

このころの赤ちゃんは、はっきりした色使いでシンプルな絵や形が出てくる絵本が見やすいようです。また、短い繰り返しのフレーズや、擬音語・擬態語などを喜びます。

絵本というと、どうしても文学的に考えてしまうお母さんは「まだ無理だ」「破かれたくない」と思いがち。でも、お母さんお父さんのひざの上で読んでもらうと、絵を見つめたり、本と大人を交互に見たりする赤ちゃんはたくさんいます。

大人と一緒にページをめくると、新しい絵が視界に飛びこんできて、赤ちゃんは興味をひかれます。そのうちにひとりでめくったり、お気に入りのページを開いたりし始めます。このころの赤ちゃんにとって、絵本は読むものではなく、積み木、ぬいぐるみ、ベビージムなどと同じ、遊びの道具なのです。

ことばを教えよう、本好きの子どもにしようと肩に力を入れるより、「ほらね、おもしろいよ」と一緒に楽しむことから始めましょう。

★1――赤ちゃんの指さしの方向を見ることは、ふたりで同じものに注意を向けること（＝共同注意）です。しかも、赤ちゃんが興味を示している物を一緒に見る関係で声をかけることで、ことばが浸透していきます。

はいはいのころの遊び

赤ちゃんはうつぶせ、あおむけ、おすわりを組み合わせて応用し、はいはいという移動手段を手に入れました。おすわりで得られる高い広い視界から目新しいものを見つけ、それに近づき、さわったりなめたりできるようになったのです。見るだけではなく、さわってなめて確かめることで、脳の中の引き出しに記憶をたくさんしまいこみます。赤ちゃんが毎日どんどん賢くなるのは、そのためです。

遊びによって赤ちゃんのなかに育つ力はおおむね五つに分けて考えることができます。

- 元気なからだをつくりあげる
- 器用に動かせる手をつくる
- 見る力・聞く力・話す力を育てる
- こころが育ち、知力が向上する
- 人と気持ちを分かち合い、社会の一員になっていく

自分から遊びを見つけられるようになってきた赤ちゃんですが、まだまだ大人のじょうずな手助けは必要です。

遊びが育てる五つの力

- からだ
- 手
- 見る・聞く・話す
- こころ・知力
- コミュニケーション

おいで　おいで

赤ちゃんから少し離れて、目線より高い位置で、お気に入りのおもちゃなどを振り、「ここまでおいで」と誘います。

目線より少し高い位置に視線を上げると望ましいはいはいの姿勢になり、移動しやすくなります。姿勢を支えられるようになった肩や腕や手は、器用な手が育つための基礎になります。

マークは、その遊びをとおして、赤ちゃんのなかに育つ力のうちの代表的なものを表しています。

はいはい 鬼ごっこ

大人もはいはいしながら「待て待て」と鬼ごっこをします。逃げたり追いかけたり、何かの下をくぐったり、丸めた布団を乗り越えたりと発展していけます。

待て、待て〜〜!

たくさんはいはいすることで上半身の安定がもたらされます。「逃げる」「追いかける」の繰り返しが、「追われることを期待して逃げる」という相互的な遊びに発展します。

シール ペタペタ

赤ちゃんのからだにシールを貼《は》ると、それを見つけて自分ではがして遊びます。慣れたら、手は届くけれど見えにくい肩、腰、首すじなどにも貼りましょう。

←3cm→ くらいの シール

ここにペタリ!
こっちもペッタン!
お!

赤ちゃんがシールを口に入れたり、誤って飲みこまないように注意しましょう。かぶれやすい場合やアトピーがあるときはやめておきます。

皮膚に何かが触れる感じをとおして自分のからだの存在、ボディ・イメージを意識できます。まだ不器用ですが、指先を使ってシールをはがすときに目と手を一緒に使います。

ゆらゆら 手押し車

赤ちゃんの手を肩幅に開き、手首の上に肩がくるように、からだを水平に支えます。様子をみて支える部分を替えたり、からだを揺らしたりしてみましょう。

まっすぐに なってますか〜?
では揺らしまーす
ゆーら♪ ゆーら♪

頭が前を向き、手の指が開いていることが大切です。手に体重がかかりすぎないよう注意して、支える位置は、肩の下→胸の下→おなか→骨盤→太ももとずらしていきましょう。

背すじを伸ばし頭を持ち上げる姿勢は、安定して立つための基礎。腕、肩で上半身の体重を受け止めたり、手のひら全体で体重を受け止めることは、指の器用さを育てる準備です。

肩車

大人の肩に座らせ、手をつなぐか頭にしがみつかせます。不安がないようにしっかり支え、落とさないように注意します。

しがみつくという能動的な手の使い方ができ、高い位置でバランスを取る緊張感と高揚感もあります。赤ちゃんの表情を見た大人がほほえみを返すことで、感情交流も生まれます。

のぼって　おりて

布団の下に丸めたタオルを敷くなどして、乗り越えてはいはいできるところを作ります。反対側からおもちゃを見せて「ここまでおいで」と誘ってみましょう。

安定平面だけでなく、乗り越える障害物があったり、でこぼこや斜面、ふわふわのマットの上をはうことでボディ・イメージが育ち、自分のからだの使いこなし方が広がってきます。

お水で　パシャパシャ

暑い季節には、庭やベランダに小さなプールやたらいを用意し、水遊びを楽しみましょう。長時間直射日光を浴びないよう注意し、目を離さないようにします。

冷たい水の感覚を皮膚全体で感じます。手のひらで水面をたたくことは、日常ではあまり体験できない動きと感触。大人が一緒に楽しむことで、水は怖いものではないと知ります。

マークは、その遊びをとおして、赤ちゃんのなかに育つ力のうちの代表的なものを表しています。

飛行機 ブーン

大人があおむけに寝て、足に赤ちゃんをうつぶせに乗せ、手を持って飛行機のまねをします。恐怖心をもつと遊べなくなるので、様子をみながら切りあげます。

重力に打ち勝ち頭を持ち上げ背すじを伸ばす姿勢づくりが、スムーズなはいはい→立つ→歩く、へつながります。「少し怖くても信頼できる大人となら平気」という経験ができます。

ひげじいさん

軽快な歌とリズムで、楽しいコミュニケーションがとれます。歌を覚えたり、お母さんを注視したりします。赤ちゃんのテンポに合わせてやってみましょう。

こぶしを上下交互に打ち合わせる。

①の動作のあと、こぶしを重ねて顎〈あご〉の下に。

①の動作のあと、こぶしを頬〈ほお〉に。

①の動作のあと、こぶしを鼻に。

①の動作のあと、手でめがねの形をつくる。

①の動作のあと、手を上にあげる。

ひらひらさせながら、手を下へ。

両手をひざに。

歌が終わったら一緒に「ばんざい」をする。

おすわりの姿勢で楽しいことをすると背骨が伸びます。手を握る・開くの変換運動や、ひらひらさせる手首の動きが、スプーンを持ったり、文字を書くときの動きにつながります。

くぐって はいはい

部屋にたらした布や、テーブルの下、段ボールの筒のトンネルなどをくぐって遊びます。反対側から声をかけたり、おもちゃの音を聞かせるのも楽しいでしょう。

せまい空間にからだをくぐらせることができるボディ・イメージは、身辺自立にもつながっていきます。シャツを着たりズボンを脱ぐのと共通した、からだの使いこなしが体験できます。

ポトン コトン

スリットのはいった筒や箱に、メダルやプレートを入れて遊びます。大きさや形に合わせて、どの穴にはいるかを探します。誤飲しないよう気をつけます。

目で見て、目的の形に合わせて手を動かす目と手の協応動作が進みます。プレートが中にコトンと落ちる音が「ごほうび」となって、さらに穴に注目、自発的行動の意欲が増します。

ほかにおすすめの遊び・おもちゃ

- 歌遊び（『あがり目さがり目』『シャボン玉』『赤い鳥小鳥』など）
- ままごと用のコップやスプーン、食べ物のおもちゃ（食べるまねができる）
- 裏生地の端切れなど、肌ざわりのよい布（手や顔にかけて感触を楽しむ）
- 型はめ遊び
- 音が出る太鼓や木琴など（ばちを持ったまま歩かないように注意）
- 積み重ねられるコップ
- 自分で押して楽しめる汽車や車

おすすめの絵本

- 『いいおかお』（童心社）
- 『がたん ごとん がたん ごとん』（福音館書店）
- 『ふぁーすとぶっく名作シリーズ』（小学館）
- 『もこ もこもこ』（文研出版）
- 『たまごのあかちゃん』（福音館書店）
- 『このあかちゃんだあれ？』（小学館）
- 『おいしいな』『だ～れだ だれだ！』パッチン絵本（小学館）など

「0歳からの絵本」については364ページもご覧ください

10か月〜11か月

くっつき虫、追いかけ隊

赤ちゃんはお母さんの大ファンだ。それならお父さんは、赤ちゃんにとってスターかな。だからくっつきます、追いかけます。「この人だ」ってわかっている。ちゃんと自分のお母さんに、お父さんに、しがみつく。人気者は忙しい。スケジュールも乱れがち。でも、ファンのためならがんばれる。

10か月〜11か月

からだの発達

10か月を過ぎた赤ちゃんをひと言で表現するとすれば、それは「高さへの挑戦」ということになるでしょう。

「高さ」「上の世界」への挑戦

自分の意思で自由に動くこと、つまり随意運動が可能なからだの部分は、赤ちゃんの頭に近い所から徐々に、からだの下のほうにおりてきました。はいはいができる赤ちゃんは、手からひざまでを自分の意思で操ることができるから、はいはいができるのです。赤ちゃんにとっての最初の1年の最後のほうは、この随意運動が足首にまで及び、赤ちゃんが大人の住む世界である「上の世界」に挑戦する時期なのです。

いすや壁でからだを支えて「つかまり立ち」をマスターした赤ちゃんは、まだ不安定な上半身を手で支えながら、2本ある足のひとつをそろそろとずらして移動させるとともに、動かした足に重心を移すことを始めます（伝い歩き）。このころの赤ちゃんの足を観察すると、短い足の指で一生懸命床をつかむようにしていることがわかります。さわりたいおもちゃや、抱っこしてもらいたい親のそばに行こうという気持ちが、不安定さからくる不安に打ち勝つから、こうした挑戦が行われるのです。そうして首尾よくおもちゃに手が届くと、最初は安心してそこにおすわりをしておもちゃで遊びます。

ところが、あるとき、手にしたおもちゃで早く遊びたい赤ちゃんは、つい我を忘れておもちゃを両手で持って遊び始めます。遊びながら、赤ちゃんは自分が何も支えなしで立っていることに突然気づくのです。

わが子が何も支えなしで立っているのを見た親は一様に驚き、そして喜びます。そしてほとんどの親はそれをことばに表すのです。

「○○ちゃん、立っちできたじゃない」

「わーすごい。おじょうずね」

「愛着行動」が「立っち」という偉業を導く

どんな赤ちゃんも自分の世話をしてくれる大人を見分け、その人のそばにいたいという気持ちをもっています。この自分の好きな大人との距離をできるだけ小さくしようという行動を「愛着行動」といいます。この時期の赤ちゃんは、他人と自分の世話をしてくれる人をはっきり区別します。そして自分の好きな人が、優しいことばをかけてくれることがとてもうれしいのです。どんなにうれしいかといえば、多少怖いことであっても、その優しいことばをかけてもらいたいがためにやってしまうほどです。

声をかけてもらえるだけではありません。うまく支えなしで立ってみせると、声をかけてもらえるほかに、大好きな抱っこをしてもらえるのです。

こうして、ヒトの赤ちゃんは不安定で、時には転んでしまうことも恐れずに、支えなしに二本足で立つという他の動物には成し遂げられなかった偉業を達成するのです。もちろんこの偉業は、赤ちゃんの意思だけでできるものではありません。足の裏という極めて狭い面積の上に、からだ全体の重心を維持するという細かな仕事をしなくてはなりません。立ち上がった状態の赤ちゃんのからだは、1本の棒ではありません。足首、ひざ、股《また》、そして脊椎《せきつい》と、たくさんの関節と動く部分から成り立っています。それらが脳の働きで微妙に調節され、結果として、重心を足の裏という狭い部分の上に維持するのです。

転んでもけがをしないように工夫を

それだけではありません。万が一転んだときのための準備もできています。先に述べたパラシュート反射〈↓404ページ〉によって、たとえ転んでも手が前に出て、大事な顔や頭から床に激突しないしくみが完成しています。それでも、大人に比べて頭でっかちの体形をしている赤ちゃんは、転ぶと頭を打ちやすいことには変わりありません。ひとり立ちし始めたら、親は、赤ちゃんが転んでも机や壁の角で頭を傷つけないようにしてあげましょう。かたい角をカバーするためのクッションも市販されています。

好きな人に優しいことばをかけてもらい、抱っこをしてもらえるうれしさで、赤ちゃんは「立っち」に挑戦するのです。

からだの平衡を保つ働きは、もっぱら小脳という部分で行われます〈「脳の構造図」↓254ページ〉。小脳の働きの発達も、赤ちゃんがひとり立ちするためには必須です。ただ、大人並みの小脳の働きが可能になるのはまだ先です。それをカバーするために、赤ちゃんは両足を開いてできるだけ底面積を広く取るようにしています。

ことばはまだでも、からだを使って意思表示

大人の世界に近づいた赤ちゃんは、ただ近づくだけでなく、さかんに大人とコミュニケーションをとろうとします。ことばの発達で詳しく述べますが〈↓452ページ〉、最初の意味のあることばをしゃべるのはもう少し先で、平均して11か月です。コミュニケーションの手段はことばだけではありません。おすわりや立っちの姿勢で大人の世界に近づいた赤ちゃんは、自由になった手を使って様々なサインを親に送り始めます。「バイバイ」や「ばんざい」、「おつむてんてん」などの意味のある動作ができるようになるのが、この時期の赤ちゃんです。まだことばが話せなくても、赤ちゃんにもできる簡単な動き（ジェスチャー）を親が繰り返し示すと、最初はそれをまねて行い、そのうちにそうしたからだの動きを使って自分の意思をある程度伝えることができる（ベビーサイン）こともわかっています。

こうしたコミュニケーションの手段のなかで、赤ちゃんにとっていちばん便利なのが指さしです。指さしをすると、まわりの大人がそちらを向き、それを取ってくれたり、そちらに連れて行ってくれることを赤ちゃんは知っています。また、指さしをすると大人が何かしゃべることにも気がつきます。そのうちに、ある物を指さすと、いつも同じことをしゃべるのに赤ちゃんは気づき、物に名前があることを知ることにつながっていきます。

こうしたコミュニケーションの手段を獲得するに従い、それまで赤ちゃんのコミュニケーションの手段としていちばん多用されていた「泣く」ことが、次第に減ってきます。3か月ころに比べると、このころの赤ちゃんの泣く回数は3分の2に減ってきていることがわかっています。泣かずに、自分の意思を伝える方法を身につけてきたのです。

多くの赤ちゃんが卒乳〈↓484ページ〉を迎え、3度の食事とおやつで必要な栄養を取るようになっています。体重は生まれたときの約3倍、身長は約1・5倍となり、そろそろ抱っこをするのがつらくなるころです。

（榊原）

このころ気になる症状と病気

水いぼ〈↓757ページ〉

10か月〜11か月

ことばの発達

この月くらいになると、早い子では「ママ」とか「マンマ」とか、ことばをひとつふたつ言い始めますが、まだ言わない子のほうが多いでしょう。「早くことばを言わないかな」と待ち遠しい時期です。待つまでの間、「ことば」について勉強しておきましょう。

これまでの生活経験すべてがことばの準備

「早くことばを言わないかな」というときの「ことば」は、口に出して言うことば、音声言語（speech）のことです。たとえば、「コップ」では、k（子音）、o（母音）、p（子音）、u（母音）、合わせて4種類の子音と母音を順番につくりだして「ことば（音声言語）」を口から発します。

違う音を続けて言うのは、大仕事。肺から吐き出す息の力を用いて声帯を震わせ、振動音（声の元）をつくる。それとうまくタイミングを合わせて唇や舌の形を連続的に変えていくことができるようになって初めてできるわざです。おっぱいやミルクを飲む、離乳食を食べる、バブバブおしゃべりをする……。いままでやってきたすべてのことが、練習としてここにつながってきます。

さて、コップを見て「コップ」と言えるためには、それが「コップ」である、と知っている必要があります。これが、言語（language）といわれるもので、「頭で考えることの中身」ともいえるでしょう。

たとえば、私たちが突然なじみのない国に連れて行かれ、いままでに見たこともない茶色い容器にはいったどろりとした液体を押しつけられ、なんだかわからないことをワイワイガヤガヤと言われたとします。その茶色い容器は何に使うのか、何でできているのか、なんという名前なのか、さっぱりわかりませんね。でも、周囲の人たちが、その容器を口に運んで中の液体を飲んでいるのを見れば、これは飲み物のはいった容器なんだな、とわかります。その次の日に同じ物を渡されたときには、「これは飲み物のはいった容器だ。中身は飲んでもだいじょうぶだ」とわかるはずです。

記憶の引き出しの豊かさが発語を導く

「わかるのが先で、言えるのはあと」〈↓391ページ〉です。

「ことば（言えることば――音声言語）が言える」ようになるためには、そのものを何度も見たり聞いたり、さわったり味わったりして、記憶の引き出しに入れておく必要があります。「言えることば」は「知っている事柄」「わかっている事柄」に支えられているからです。

そのために大事なのが、自分のからだを使って、転んだりぶつかったり、食べたりなめたり、見たり聞いたり、いろいろなことを経験しておくこと。

まだお話をしない赤ちゃん時代から、おむつを替えるたびに「おむつを替えるよ」「あんよを上げて」とか「ほらほら、ばたばたしないで」「はい、気持ちよくなったね」と語りかけたり、食事のときに「コップだよ」「クマさんの絵のコップね」などと語りかけるのは、「ことばの経験」を積むために不可欠です。

まだお話をしないときから、語りかけることは、「ことばの経験」を積むために大切なことです。

大人の反応がとても重要

speech そして language とみてきましたが、「ことば」にとってはとても大事な条件がもうひとつあります。それは、コミュニケーション意欲。「この人に、このことを伝えたい！」という気持ちのことです。

テーブルの上にあるコップを見つけます。『あ、コップだ！ 見つけた』と思っても、お母さんは、おうちにいるときでも携帯電話でメールを打つのに大忙し、ぼく（私）のことちっとも見ていてくれないんだ。ぼくが『あ、コップ（見つけた）』って知らせても、どうせ、お返事はしてくれないもんな」と、赤ちゃんが最初からあきらめてしまっているような場合があります。コミュニケーション意欲が弱っているのです。こんな場合はどんなに「知って」いても「わかって」いても「言おう」という気持ちになれず、「ことばを言わない」ことになってしまいます。そして、どんどんひとり遊びにはいりこんで、ことばが遅れることすらあります。

逆にいえば、「見つけた！」とか「言いたい！」という気持ちを受け止めてくれる大人がまわりにいること、たとえば「アーアー」とパンのほうに手を伸ばしたときには「はいはい、パンパン欲しいね、おなかすいたね、いまあげますよ」と言ってくれたり、パンをひと口食べてにこーっとしたときに「パンパンおいしかったの、おいしおいしね」と言ってくれたり、空を指さして「アー」と言ったときに、一緒にそちらを見てくれて「あ、ヘリコプター飛んでるね、ブーンって」

と言ってくれる人がそばにいてくれれば、もっとわかってもらおう、もっと伝えようという気持ちがふくらんでいくわけです。

「子どもに合わせた受け応《こた》え」はまだまだ大切です。

ジェスチャーとことばをセットにして

この時期の赤ちゃんは、「わかっていること」「言いたいこと」はだいぶたくさんあるのに、「音声を続けてつくりだす」発音（構音）の機能がそれについていきません。でもジェスチャーでならいろいろ言えます。「イヤイヤ」の代わりに首を振るとか、「おばあちゃんのほうにおいで」と手を差し伸べられると「やだ、いかない」と言う代わりにお母さんにしがみつくとか、欲しいお菓子を指さして「アッアッ」と言うとか。

こういう身ぶり・ジェスチャーや表情、ささやかな発声を全部、広い意味での「ことば」、コミュニケーションの手段として認めてもらえると、赤ちゃんは気をよくして、もっと、もっと「お話」をしてくれるようになります。赤ちゃんとのコミュニケーションにサインや身ぶりを大いに使おうという考え方は、このあとしばらくの間、とても大事です。

ジェスチャーはするけれども無言、というのではなく、「おいしいね」（とほっぺたを軽くたたく）など、ジェスチャーとことば（speech）をセットにして使うことを意識しましょう。

（中川）

10か月～11か月

こころの発達

鏡って不思議！　初めて見たときは、鏡の向こうにいるのが何か、わからなかった。

その次には、鏡の向こうにも人がいて部屋があると思い始めたんだ。いつも大人に抱かれた赤ちゃんがいるな、とも思っていた。でも、毎日見せられていると、鏡の向こうに見えている物が、ぼくのまわりに見えている物と、ちょっと違うことがわかってきたんだ。生まれて6か月ころだったかな。

そのころ、鏡の向こうで動いている人にさわってみようと、手を伸ばした。そうしたら、冷たいガラスみたいなものに触れただけだった。じゃあ、鏡って、テレビと同じような物？　ほんとうの人じゃないの？

注意して見ていたら、ぼくが手を出すと鏡の向こうの赤ちゃんも同じところに手をもってくるんだ。

鏡を見るとき、ぼくはいつもお母さんやお父さんに抱かれているんだけど、鏡の向こうにいるのも、いつもぼくのお母さんやお父さんなんだ。いったいどうなっているのかな。お母さんやお父さんがふたりもいるの？

だけど、お母さんやお父さんがふたりいるわけじゃないって、すぐわかった。だって、お父さんがしゃべると鏡のお父さんもしゃべっているし、お母さんが手を上げると鏡のお母さんも手を上げるんだ。鏡のお母さんやお父さんは、まねばかりしている。だから、こっちのお母さんやお父さんがほんとうのお母さんやお父さんで、鏡のお母さんやお父さんはまねをしているお母さんやお父さん。

ぼくのときも、そうなんだ。ぼくが手を上げると、鏡の中にいる赤ちゃんも手を上げる。そうだとすると、鏡のところで手を上げている赤ちゃんは、「鏡のぼく」ということになるのかしら。よくわからなくなってきちゃった。

鏡の前にいると、お母さんはいつも「ほうら、鏡にウツッテいる」って言うの。「映っている」って、どういう意味かわからない。鏡の前に来ると「鏡のぼく」が現れるということかしら。

「鏡のぼく」が現れているというのは、ぼくが「映っている」ということになるの？　だとするとぼくの顔も「映っている」わけでしょう。ぼくのまねをしている「鏡のぼく」の顔が、ぼくの「映っている」顔だとしたら、ぼくと同じ顔ということになるの？

うーん、よくわからない。あれがぼくの顔？　でもきっとそうなんだね。鏡に映っているのはぼくの顔なんだ。

＊＊

赤ちゃんは、鏡の中の自分を見たとき、それをどう理解していくのでしょうか。この問題は人間の発達のメカニズムを知るうえで、大変興味ある事柄です。

鏡に映る自分の姿を見て、赤ちゃんは次第に自分という存在を意識するようになります。

姿を映して自分に気づく

フランスの有名な精神分析学者であるラカンという人は、生後6か月ごろから1歳半ころの時期の赤ちゃんを「鏡像段階」にあると定義しました。鏡に映る自分の姿を見て、赤ちゃんは次第に「自分」という存在を意識していくのですが、その自分のイメージ（姿）を通じて自我をも発達させていくというのです。

一般に人間は、鏡やそれに類似するものに自分の姿を映すことでしか、自分の顔や表情を知ることができません。つまり自分の姿を自分で知るには、鏡というものが不可欠なのです。写真やビデオは鏡と同じ働きをするものと考えられます。

身近な人をとおして自分を理解する

同じように、人が自分の性格や人柄を知るには、そのための別の鏡を必要とします。その鏡とは、身近にいる親しい人です。身近で大切な人という鏡をとおして、人は自分の性格や人柄を知っていくのです。

人間は通常、自分の行動やことばを他人がどう評価するかを気にしています。赤ちゃんだって同じです。たとえば母親が、赤ちゃんの行動を「よく我慢できたわね。おりこうさん」とポジティブに評価すると、その子は、「自分は、我慢のできる子なんだ」と、自分についてのポジティブ・イメージをつくります。逆に「あなたはどうして落ち着きがないの」と言われ続けると、自分は「落ち着きのない子」かもしれないというネガティブ・イメージをつくります。

こういうことの積み重ねを通じて、人は次第次第に自分という人間の性格や人柄を理解していくのです。ですから、ことばが通じるようになってきたこの時期あたりから、赤ちゃんをネガティブにとらえるようなことばは、慎むべきです。

鏡に映った自分を見て自分の姿を知るようになる時期を経て、他者という鏡に映る自分を理解しながら、自分という人間のことを少しずつ知っていく、これが人間の自己認識の基本プロセスです。1歳前のこの時期からこのプロセスが始まるのです。

しかし、鏡に映る姿を見るのとは違って、自分の性格や個性を理解していくプロセスは、ずっと複雑で時間もかかります。その手がかりとして子どもは、自分に対する身近な人の態度を、少しずつイメージとして記憶し、蓄えていくのです。

やがてそうした身近な人のイメージがこころのなかでいつも働くようになります。こころのなかのお母さんお父さんが行動にブレーキをかけたり、励ましたりするようになるのです。そのため、このこころのなかの「身近な親しい人」の集合を「もうひとりの自分」とよぶこともあります。「もうひとりの自分」は考えるときの相談相手になります。

こうして子どもは社会で認められた行動が無理なくできるようになっていくのです。鏡を見て自分の姿を知ることは、こうした「もうひとりの自分」づくりへの第一歩なのです。

（汐見）

育ちのようす

赤ちゃんの様子をみていると、ことばを話さないだけで、全部わかっているみたいだなと思うことがありませんか。いなくなるのがわかるから、あとを追う。しかられそうだとわかるから、泣き顔になる。毎日の積み重ねから、いろいろなことを学んできた赤ちゃんです。話しかけてくれる人の表情を見て、その裏には感情があるんだということも察し始めています。

　また、このころの赤ちゃんはいたずらざかり。とはいえ、本人はいたずらをしているつもりがありません。注意のつもりで「だめ！」と声を上げたり、思わずきつくしかってしまう場面があるかもしれませんが、しつけをするには時期が早すぎます。なぜしかられるのかを理解できるのは、「こんなことをしたら人はどう感じるか」「そんなことをしたら恥ずかしい」と意識できる4歳過ぎ、自我がもっと育ってからです。

　生後10か月前後には足首の発達が進むので、身近な物につかまりながら両足で踏ん張って立ち上がる赤ちゃんも多いでしょう。伝い歩きを始める赤ちゃんもいますが、うっかり手を離してしまい、どこにもつかまらずに数秒立っていられるようになれば、ひとり立ちの始まり。高さや奥行きのある三次元の世界で生活していくためには、何はともあれひとりで「立つ」ことが大きな前進です。足首の関節を操作してバランスを取るようになれば、自分の力で立ち上がって腰[★1]を下ろすという動作もできるでしょう。危なっかしく見えても、行動のひとつひとつが運動や知能の発達に欠かせない練習になっています。早く早くとせかしたり、危ないからだめと取り上げないで、励ましながらこの練習期間を見守ってください。

　からだの動きや言語に近い発声で気持ちを表すことができてきたためか、赤ちゃんの泣く回数は減ってい

■ 月齢による「泣き」の違い

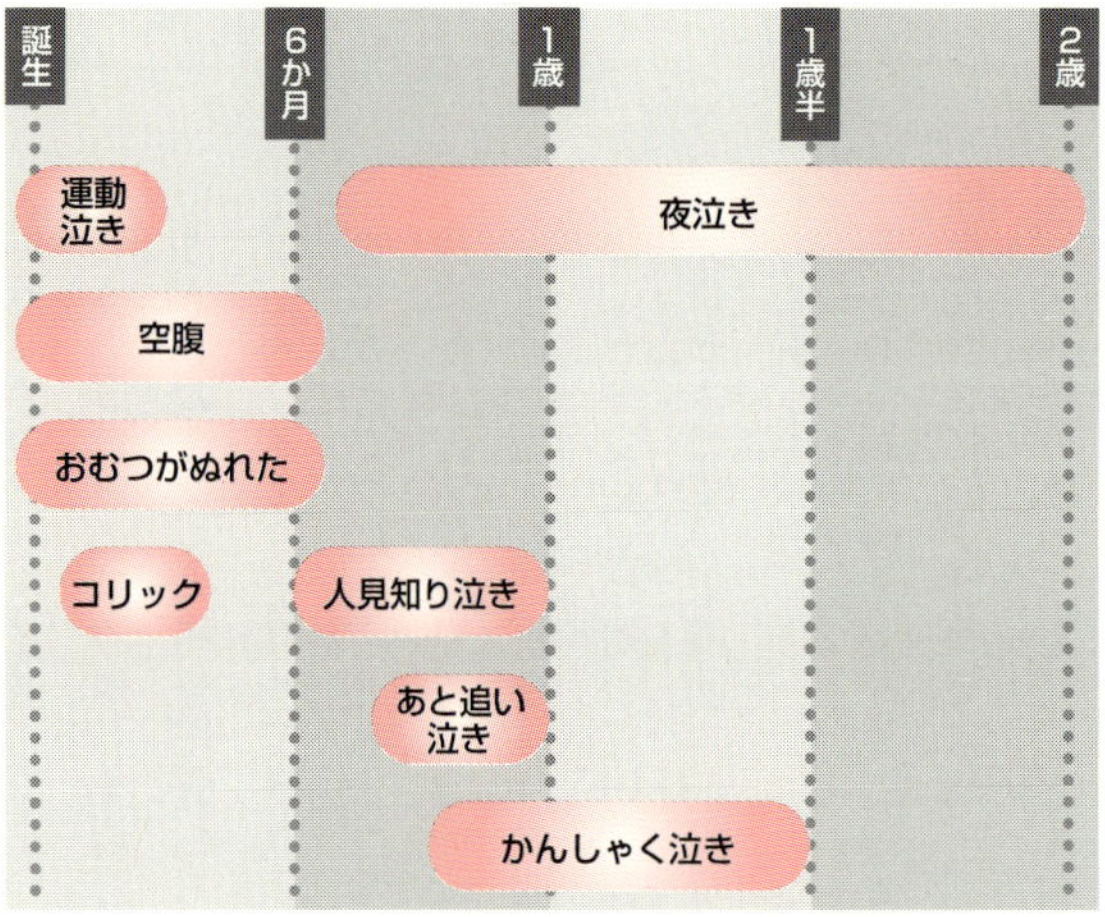

赤ちゃんにとっての「泣き」はストレス発散の効果もあるようで、泣いたときの涙を調べるとストレスを下げるホルモン値が高くなっていたというデータもあります。

★1 —— 赤ちゃんにとって「立つ」ことも偉業ですが、腰を下ろすことも、バランス感覚や重心移動が必要となる、難しい作業です。立ち始めのころ、どすんと腰を落としてしまうのはそのためです。

きます。6か月くらいまでは、空腹・眠い・痛いなど生理的な理由で泣き、さらに夕方にはコリックでと、よく泣いていました。そのころに比べれば泣き声は大きくなったものの、いまではあと追いや人見知り、寝ぐずり、かんしゃくを起こしてと、だいぶ見当がつく「泣き」になったのではないでしょうか。

夜泣きは「泣き」のなかでも最難関のひとつですが、これはサインというより半覚醒《はんかくせい》(半分目が覚めている)というからだの状態。2歳過ぎくらいには必ず治まるといわれています。子育てがじょうずかへたかで続くものではないので、ふだんからご近所に「うちの子はよく泣いて」などとアピールしておき、少しでも気持ちを軽くしましょう。

まだ近視。立体を感じる練習中

胎内にいるときから聞く能力が備わっているといわれる耳の機能に比べれば、生後しばらくの間、赤ちゃんの目の機能は不完全です。0か月のころは中心視野で、あたりがぼんやり白黒に見える程度、1か月くらいから明暗を感じ、追視ができる3〜4か月ごろに色がわかるようになります。しかし、これだけではまだ大人と同じように物を見ていることにはなりません。

私たちはふだん、目だけではなく、脳でも物を見ているのです。近くにある物を立体的に感じられるのは、★2左右それぞれの眼球に映った像を視神経が伝え、脳で分析して、ひとつの印象にまとめて知覚するため。このような目の機能を両眼視といいます。生後10か月ころには両眼視で物を見るようになってはいますが、まだ近視。ただ、乳児期に視力を測定するのは難しく、視力検査ができるようになるのは3歳ごろ。そのころ1・0までの視力が出ていることがわかっています。いま赤ちゃんは、おもちゃをつかんで眺めるとか、つかまり立ちしながら、空間の奥行きを発見して、物を立体的に感じる練習をしているのです。

聴力は育っている?

音は、鼓膜の振動を聴神経が脳に伝え、脳で聞いているものです。個人差がありますが、生後3か月ころは音のするほうへ顔を向け、4か月ころ周囲の音に関心を示し、名前を呼ぶと振り向くことがあります。そして8か月ころからは、声をかけただけで振り向くようになっているでしょう。もちろん、何かに夢中になったり、気をとられていれば、反応しないこともあります。振り向かなくても、電話や目覚まし時計の大きな音、ドアをバタンと閉める強い音に反応したり、目の動きや表情に変化があればだいじょうぶです。聴性脳幹反応という、内耳から脳幹までどのくらいの速さで音が伝わっているかを調べる検査によると、聞こえ方が大人と同じレベルになるのは4歳くらいといわれ

★2——指を1本顔の前に立て、左右片方ずつの眼で見てみると、微妙に見え方が違います。この左右の像を脳でまとめているのが両眼視です。

ます〈↓234ページ「見え方や聞こえ方はゆっくりレベルアップ」〉。

赤ちゃんがことばを獲得するためには、まわりの人の音声を脳で聞くことが基本です。耳からことばがはいっていくので、ちゃんと聞きとるためにも、耳を健康にしておきましょう。赤ちゃんの場合、鼻や喉《のど》に通じている耳管が大人より短く、免疫力も弱いため、中耳炎《ちゅうじえん》〈↓676・769ページ〉にもかかりやすくなっています。中耳炎は、かぜなどの細菌に感染した喉が炎症を起こし、その炎症が中耳に及ぶもの。ですから、お風呂やプールで耳に水がはいっただけでは中耳炎にはなりません。かぜをひいた乳幼児の4人にひとりは中耳炎だというデータもあるので、かぜや原因がわからない熱を出したときは、病院で鼓膜も診《み》てもらいましょう。聞こえ方が不安なときは、小児科医や市区町村の保健センターに相談し、乳児の聴力検査ができる病院を紹介してもらってください。

つかまり立ち期の空間づくり

はいはい、つかまり立ちができるようになると、あっという間に行動範囲が広がります。手も自由に使えるようになるので、いままで以上に身近に危険な物を置かないように注意しましょう。気になる物があれば、すぐそこへ向かい、手につかんで口に入れてしまいます。誤飲〈↓745ページ〉や窒息事故のもとになる、あめ玉、タバコ、硬貨などは、赤ちゃんの手が届く1m以下の高さの所には置かないようにしましょう。

また、高い所によじ登ることはできても、降りられないころです。ソファやいすに座らせたまま目を離すと、急に立ち上がって転落する事故も多いので、気をつけましょう。階段のある家では転落防止の柵《さく》を取り付けて。玄関など段差がある所も、落ちないような対策が必要です。風呂場も縁につかまり立ちし、乗り出

行動に高さが出てくるこの時期は、危険な物は手の届かない所へ。垂れ下がっているテーブルクロスは、つかんで立ち上がろうとして危険なので、はずしましょう。

して転落する危険があります。お湯をはったままだと、おぼれることがありますので、お風呂のお湯は必ず抜いておくようにします。

そのほか、ストーブやヒーターなど、さわるとやけど〈↓741ページ〉するなど危ない物は、近づけないようにする工夫を。危険な物の判断ができず、ことばで注意しても理解できないので、周囲が未然に事故を防ぐ空間づくりをすることが大事です。

ヘアカットに挑戦

髪の毛の伸び方の早い・遅いや、濃い[★3]・薄いは、かなり個人差があります。生まれたときからふさふさの赤ちゃんもいれば、1歳のお誕生日近くになっても、まだ薄いままの赤ちゃんもいます。特に女の子の場合、こんなに髪の毛がなくてだいじょうぶだろうかと心配になるものですが、大きくなるとふつうに生えそろってきますので、心配しなくてよいでしょう。

ただ、そろそろ髪の毛が伸びてきて、前髪が目にかかったり、後ろのえり足が暑苦しそうに感じる子もいるかもしれません。髪の毛が目にかかると、視野が狭くなります。前髪が目にかかるようなら、はさみで切りましょう。できれば、お父さんに協力してもらって、ふたりがかりで行うほうが無難です。赤ちゃんはじっとしていないので、切る部分の髪の毛を必ずつかんで、はさみを入れましょう。髪の毛の多い赤ちゃんなら、すきばさみなども使って、全体を薄くしてあげると、頭が涼しくなってよいかもしれません。かみそりは肌に見えない傷をつけることがあるので、家庭ではまだ使わないようにしましょう。切った髪の毛を受け止めるビニール製のケープも市販されています。

なかには赤ちゃんにパーマをかけたり、ヘアカラーをしたいお母さんもいるかもしれませんが、発達過程の赤ちゃんは頭皮も弱いので、パーマ液やカラー液は刺激が強すぎます。親子で一緒におしゃれを楽しむのはすてきなことですが、パーマやヘアカラーは、子どものからだの成長が無事に完了する時期まで待たなくてはなりません。

使うのは、はさみだけ。かみそりは肌に目に見えない傷をつけることがあります。じっとしていないので、切る部分の髪を必ずつかんで、はさみを入れましょう。

★3——赤ちゃんの髪の毛は細くてやわらかいため、どうしても薄いように見えてしまいます。

コミュニケーション

早い子は伝い歩きを始め、「ママ」「パパ」と言う子も出てきます。赤ちゃんは1歳過ぎくらいまでに、急速に〝人間〟に近づくのです。成長した瞬間を見逃さないために、赤ちゃんを見守っていきましょう。

赤ちゃんの興味に注意を払いながら、引き続きことばの遊び、からだを使う遊びに時間を割いてください。

赤ちゃんの「伝えたい」を解読

これまでやりとりを重ねて、赤ちゃんの頭の中には、たくさんの「わかること」が積もってきました。いよいよ、自分の要求や喜びをことばにして、大人にわかってもらおうという段階です。赤ちゃんが何を訴えているのか、真剣に解読しましょう。

■ジェスチャー（ベビーサイン）を読み取る

お母さんが「よく食べるのね」と言うと、ほっぺたに手をやる「オイチイ」のしぐさ。すかさず「おいしいの、いい子ね」。玄関で自分の靴を振っていたら「お散歩行きたい？」。

気持ちが伝わって、したいことに近づける格別の満足感を、赤ちゃんは味わいます。

玄関で靴を振っていたら、「お散歩行きたい？」というように声に出して反応しましょう。

■いやいやの主張にも、忍の一字でおつきあい

自分の欲しいものとお母さんがくれるものが違う。いまは昼寝したくない。スリッパを取り上げないで。自己主張が出てきた赤ちゃんはいやいやをし、かんしゃくを起こします。お母さんはかっとなる前に「いやいやなのね」と、ともかく不満はわかった旨を赤ちゃんに伝えましょう。状況が許すかぎりは、赤ちゃんが求めるものを根気強くたずねてあげてください。

赤ちゃんのことばを引き出す話し方のこつ

頭の中にたまった「わかること」の山からジェスチャーへ、そして意味のあることばを発するまであと一歩。赤ちゃんの興味に合わせていくことはずっと同じですが、ことばの選び方や並べ方で工夫できることも

あります。

■赤ちゃんことば[★1]を積極的に使う

「ご飯」→「マンマ」、「お茶を飲む」→「チャーチャ、ゴクゴクしよう」というふうに、聞き取りやすく、親しみやすい赤ちゃんことばをどんどん使ってください〈↓505ページ〉。きちんとしたことばは、あとからいくらでも理解します。まず、ことばのやりとりはやさしい、楽しいと、赤ちゃんに感じてほしいのです。

■短い文にメインの単語ひとつ

「ワンワンが来た」「さあ、おんもへ行こう」など、赤ちゃんがよく知っている単語がひとつ含まれる短い文で語りかけます。赤ちゃんが集中できる文の長さも、ちょうどそのくらいです。

■難しすぎると興味をなくす

「ほら、早くお洋服着ないと遅れちゃうのよ。急いで」などと、矢継ぎ早に指示をしたり、長い文章を一気に話したりすると、赤ちゃんの処理能力を超えてしまい、回線がパンクします。これでは、お母さんの気持ちに応えたくても応えられませんし、自分にとって難しすぎるものには、興味を失ってしまいます。あせる気持ちは笑顔の後ろに隠して、「クック、はこうね」「ガタンゴトン、のるよ」でいきましょう。

テレビ育児より実体験を

動き回って目が離せなくなる時期、ちょっと目を離しただけで危険な物に手を伸ばしたり、お風呂場に転落しそうになったり、お母さんも大変です。どうしても目を離さなければならないような時間には、ビデオに頼るのもしかたがないときもあるでしょう。けれども、狭い所にはいずりこんで泣き叫んだり、転んだりぶつかったりなどの体験を繰り返すことでしか、からだの幅の感覚や危険回避のノウハウを脳に積み重ねることはできません。

大人に見守られて、おもしろい物に突進し、隅々まで探索して回る豊かさを、赤ちゃんにたっぷり経験させてあげてください。

大人に見守られて、家中を探策するなかで、「そこは狭いね」「しっかりつかまって」といったことばかけが意味をもってきます。

★1 ――赤ちゃんことばは、喃語（なんご）で発音してきた音が多く含まれています。赤ちゃんの音の処理能力に合った、言語発達的にもとても望ましいことばです。

らせんでぐるぐる

この前までできていたのに。もう少しでできるところだったのに……お母さんは一生懸命、それでがっかり。だけどね、お母さんの力が足りなかったわけじゃない。次のステップ踏み出す前は、だれでも少し足踏みをする。赤ちゃんはらせんで育つ、同じ所をぐるぐるしながら準備している。

11か月～1歳

11か月〜1歳

からだの発達

最初の1年、その最後のひと月にはいりました。さかんにつかまり立ちをしていた赤ちゃんが、人間としての偉大な一歩を踏み出すときが近づいています。最初の一歩は、いつ踏み出されるか予想できません。すでに足は体重を支えるのに十分な強さをもっていますし、伝い歩きで足を交互に出す経験も積んでいます。万が一バランスを崩したときにも、パラシュート反射〈↓404ページ〉で、無意識のうちに両腕が前に伸び、大事な頭や顔を直接床に打ちつけないようになっています。

最初の一歩は突然やってくる

では、最初の一歩のきっかけになるのはなんでしょうか。

赤ちゃんのこころのなかにはいって調べてみましょう。いま赤ちゃんは、座卓のふちにつかまって、そろそろとテーブルの端まで伝い歩きをしています。座卓の端には、大好きなぬいぐるみが置いてあるので、それを取ろうと移動しているのです。さあ、座卓の端までたどり着きました。そーっと手を伸ばして、大好きなクマのぬいぐるみを手に取りました。このクマのぬいぐるみは、やわらかくて顔をつけると気持ちがよいのです。赤ちゃんは、クマに頬《ほお》ずりするために両手で持ち上げ、顔をくっつけました。当然、手は座卓のふちから離れます。でも赤ちゃんは、やわらかなクマのぬいぐるみの感触に夢中で、そんなことには気づいていません。

そのときです。ちょっと隣の部屋に行っていたお母さんがこちらに戻ってきました。クマのぬいぐるみ以上に大好きなお母さんです。抱っこしてもらおうと、赤ちゃんはぬいぐるみを置くことも忘れて、お母さんのほうへ行こうと、足を踏み出しました。

「まあ、○○ちゃん、あんよできたじゃない!」。お母さんが満面に笑みを浮かべて、赤ちゃんのほうに近づいてきました。赤ちゃんは最初、何が起きたのかわかりませんでした。でも、手を伸ばして近づいてくるお母さんの顔と、ぬいぐるみのクマの顔を見た途端に気がつきました。なんと座卓のふちから離れて、お母さんのほうに歩いてしまったのです。急に、怖くなって腰が引け、赤ちゃんはしりもちをついてしまいました。

ひとりひとりに用意された偶然のシナリオ

最初の一歩は、多くの場合、赤ちゃんが「よし、最初の一歩を踏み出すぞ」と意識して出るものではないようです。いま紹介したように、何かに夢中になってふと気がついたら足が出ていた、といったシナリオが多いようです。もちろん、ひとりひとりシナリオは違います。しりもちをつかずに、そのままお母さんの広げた腕の中に倒れこむ赤ちゃんもいるでしょうし、手に何も持っていない場合もあるでしょう。お母さんやお父さんに呼ばれて、座卓の端からお母さんお父さんのほうに行こうとして足が出てしまった、ということもあるでしょう。

「ひとり歩き」は相当な緊張感を伴う

ここに、足が「出てしまった」と書きましたが、最初の一歩は赤ちゃんにとって心理学的には大きなストレスなのです。なにしろ不安定ですから、いつ倒れるかわからないのです。伝い歩きでは、ちゃんとからだを支える物にしっかりとつかまっていられます。ひとり立ちをしているときには、手でつかまるところはありませんが、両足で床をしっかりとつかまえています。ひとり立ちをしている赤ちゃんの足をよく観察すると、そのことがよくわかります。足を幅広く開いて、底面積を最大にしようとしているだけでなく、足の指に力を入れて曲げ、まるで床をつかもうとしているような形をしています。

ところが独歩、つまりひとり歩きは、手も足も何かをつかんでいることができません。足は交互に踏み出すので、底面積を広く保ったままでいることはできないのです。

自分が初めて歩いたときのことを覚えている大人はいないと思います。でも、初めて補助輪なしの自転車に乗ったとき、あるいは初めてスキーやスノーボードで滑ったときのことは、いまでも思い出すことができるでしょう。赤ちゃんもそんな気持ちなのです。いや、もっと緊張が強いでしょう。むしろバンジージャンプをするとき、あるいはスカイダイビングに初めて挑戦するときの大人の気持ちに近いのではないでしょうか。

でも、そんなに怖いことを赤ちゃんはなぜあえてやるので

ひとり立ちをしている赤ちゃんの足は、まるで床をつかもうとしているような形をしています。

赤ちゃんも、おだてにのりやすいのです。歩き始めた赤ちゃんを励ますために、どんどんほめてあげましょう。

しょうか。じつは、それは人間の赤ちゃんの発達の大きななぞなのです。人間の運動発達を研究するために、イヌやネコなどの動物が使われます。動物愛護の立場からは非難されるかもしれませんが、イヌやネコの脳に直接電極を入れて、脳の活動と運動の関係を研究します。ところが、立って歩く（立位歩行といいます）しくみは、そうした動物ではわからないのです。説明はいりませんね。イヌやネコは、立位歩行しないからです。まだことばが話せない赤ちゃんに赤ちゃんの気持ちを聞いてみるわけにもいきません。大人のまねをしているのかもしれません。真偽のほどははっきりしませんが、オオカミに育てられた少年や少女は保護されたときに四つんばいで移動していた、とあります。

ほめて、おだてて、歩いてもらおう

さて、自分が「歩けてしまう」ことに気づいてからは、赤ちゃんは意識的に歩こうとするようになります。でも、怖いことをするわけですから、赤ちゃんにはあえてそれをする動機が必要です。そしてその動機は、おもちゃなどの物や、お母さんお父さんのそばに行きたい、というものです。決して、ちょっと部屋の端まで散歩に行こうかとか、暇だから歩いてみようというものではありません。

しかし、これだけでは赤ちゃんの動機の説明にはならないのです。なぜなら、おもちゃやお母さんお父さんのそばに行きたいだけなら、もっと安全で、しかも速い方法があるのです。そうです、ほとんどの赤ちゃんは、とても素早くはいはいで移動できるのです。なぜ、わざわざ安全で手早い方法を使わずに、転ぶ危険を冒してまで立って歩いて行こうとするのでしょうか。

　お母さんやお父さんの励ましがある、ということはひとつの解答でしょう。はいはいでお母さんお父さんのそばに行ったときに比べて、歩いて行ったときは、賞賛の程度が違います。「まあ、すごいわね」「よし、よくやったね」と笑顔で迎えてくれるし、そのあとも抱き上げていろいろほめてくれます。危なっかしい歩き方で、親の胸に倒れこむようにしたあとの赤ちゃんの顔をよく見ると、ほんとうに満足げです。誇らしげといっていいような表情をしています。社会的な動物である人間は、他人からの賞賛やおだてにのりやすいものです。そうした人間の性質は、歩き始めた赤ちゃんにもあるのです。さあ、歩き始めの赤ちゃんのいる人は、どんどんおだててあげましょう。楽しみがこれからの人は準備万端で待ちましょう。

（榊原）

このころ気になる症状と病気

大泉門《だいせんもん》が閉じない〈↓456ページ〉
肥満〈↓458ページ〉

11か月〜1歳

ことばの発達

　赤ちゃんは、まわりの大人の話すことをよく聞いていて、ところどころ抑揚やことばの長さがよく似た音を出してみせます。「いないいないばあ」の「ばあ」のところをまねたり、「バイバイ」をそれらしくまねたりということが見られても、自分から言うことはまだできません。

〝ムニャムニャおしゃべり〟につきあって

ムニャムニャしたおしゃべりは、まだまださかんです。おもちゃの車を持っている赤ちゃんのそばでよく耳をすますと、気のせいか「ブー」みたいに聞こえる音が混じってはいるものの、まだ〝それらしい〟といったレベルであって、

「車のことを『ブー』って言ったわ！」と確信して喜べるほどではありません。

「ア！」と見つけたものを指さし、大人がちゃんとそれを見ているかどうか振り返って確かめたりすることも見られます。「ねえ、ちゃんと一緒に見てくれた？」というわけです。なるべくつきあってあげましょう。

とはいえ、どんなに忙しいときでも、子どもが「ア！」と言いさえすれば、いつでもどこでも何をしていても、すべてに優先して応《こた》えてあげる必要があるということではありません。大人の側の事情が許す範囲でかまわないのです。だって子どもが一日のなかで「ア！」と言う回数はとても多いのですから。

意味のあることばを言い始める子も

この月の終わりころ、つまり1歳の誕生日を迎えるころに「ママ」とか「マンマ」など、意味のあることば（有意味語）を言い始める赤ちゃんが多いでしょう。多いとはいっても全員ではありません。

「意味のあることば」を初めて言うようになった時期を調べた研究があります。それによると「ママ」あるいは「パパ」など、はっきり意味をもった最初のことばを25％の赤ちゃんが言うようになるのは10か月の終わりころ、1歳1か月を過ぎたころに75％の子が、そして1歳2か月か1歳3か月ころになると90％の子が言うようになります。

つまり、多くの子が初めてのことば（初語《しょご》）を言うのは、1歳1か月過ぎなのです。

「ママ、パパ以外に3語言う」という項目では、25％の子が言うのが1歳から1歳1か月ころ、1歳3か月ころでは75％の子が、1歳4か月ころになると90％の子が言えるようになることになっています。

でも1歳3か月になっても意味のあることばを言わない子、1歳4か月で「ママ、パパ以外に3語」言わない子はそれぞれ10％います。

意味のあることばを言うようになるのに、もっともっとあとまでかかる子も、決して珍しくはありません。「終わりよければ、すべてよし」。ことばが遅めの子をもつお母さんお父さんは、話し始める日を楽しみに待ちましょう。

繰り返しのあることばがわかりやすい

自分からことばを言えるようになる途中では、何度も聞かせてもらって、覚える練習が必要です。

大人「おちゃちゃ、ね」
赤ちゃん「チャ」
大人「そ、おちゃちゃ」
赤ちゃん「チャ」
大人「そう。おちゃちゃ、おいしいね」
赤ちゃん「チャ」

といった具合です。

「クック」「トントン」のように繰り返すことばは、記憶力の未熟な赤ちゃんにも聞き取りやすいようです。

大人でも「ボリギャノエチェフリンスコヴァ」などの、初めて聞くなじみのない名前を一度では覚えられません。何回も何回も繰り返し聞くと、「ボリギャノ」とか「リンスコヴァ」というところを部分的に覚え、次第に全部を覚えられるようになります。脳の中の回路に「ボリギャノ……」を記憶するための場所が確保されてきたからです。

赤ちゃんの記憶力は未熟なので、音節数の少ない短い単語であっても、何度も何度も聞いてしっかり覚えこむ必要があります。

車のことを「ブーブ」、イヌのことを「ワンワン」、靴下のことを「タータ」、靴のことを「クック」、洋服のことを「おべべ」、「おいしいね」と言うところを「おいしおいし、ね」など、赤ちゃんに対する話しかけでは2回重ねて言うことが多いですね。大人は無意識にやっていることですが、そのほうが赤ちゃんには聞き取りやすく、覚えやすいのだろうと思われます。

同じような理由から、「トントン」とか「ポンポン」とか「ぴょんぴょん」など、繰り返しが含まれている擬声語・擬態語をなるべく多く使ってあげようというのも、赤ちゃんの聞く力を配慮してのことです。

初めてのことばはバラエティ豊か

赤ちゃんが初めのころに言える音はmの音のはいったマ行、pの音のはいったパ行、そして、bの音のはいったバ行がほとんどです。いずれも唇を使う単純な音です。そのほかにチャチュチョやタ行、カ行などもあります。

確かにマ行、パ行は言いやすい音ではありますが、初めて言えるようになることばは「ママ」「パパ」とはかぎりません。お母さんが自分のことを「お母さん」と呼ばせようとしていた家庭で、初めてのことばが「カア」だった子もいますし、ママやパパよりもずっとなじみのないことばのはずなのに「アッカ」（あかり）を最初に言った子とか、「バイバイ」が初めてのことばだった、という子もいて、初めてのことばはとてもバラエティに富んでいます。

（中川）

11か月～1歳

こころの発達

このごろお母さんから「だめよ」とよく言われるの。以前に比べると、ずいぶん活発に動けるようになったから、かえって危なっかしく見えるのね。もうすぐ歩くことができると思うと、それを試したくて、からだがどんどん動いてしまうの。

おすわりしているときは手で何かをつかんで遊んでいるし、はいはいするといろんな所に行くし、何かを探すような目つきであちこち見るようになったでしょう。いまは、何もかもおもしろそうに思えるのよ。特に、お母さんが一緒に遊んでくれると、すごく楽しい。

この前おじいちゃんが、カーテンの陰に隠れてから、「ばあ」と言いながら顔を出す遊びをしてくれた。この遊びって、すごく楽しいの。だってわたしの予想があたるんだもの。前からずっと好きなのよ。おじいちゃんが隠れるでしょう。でも、そこにいるってことはわかっている。「出てくる。絶対出てくる」と思いながら見ていると、やっぱり出てきたの。出てくるとき「ばあ」って言うに違いないと思っていたら、そのとおりに「ばあ」って言う。ぜんぶ、あたるのよ。わたしって、すごいでしょ。

それから、お母さんがよくやってくれる「待て、待て」っていう遊びも大好き。わたしがはいはいをしていると、同じようにはいはいして追いかけてくる遊びなの。

わたしが逃げると、お母さんが追いかけてくるだろうなと予想する。実際に逃げてみる。予想どおり「待て、待て」と言いながら追いかけてくる。わたしは、うれしくなって声が出ちゃう。もっと逃げると、お母さんはもっと追いかけてくるはず。そう思って逃げてみると、ほらまた追いかけてきた。すごく楽しい！

それと、このごろ「やりもらい遊び」をよくやってもらうので、道具をどこに置けばいいか少しわかってきたのよ。スプーンを見つけたら、カップの中に入れたくなるの。だって、スプーンってカップに入れて使うんでしょう。

わたしがスプーンをお母さんに渡したら、「あら、拾ってくれたの。ありがとう」って言ってくれた。なぜだかわからないけど、すごくうれしかった。だって、わたしがしたことで、お母さんがうれしそうにしてくれるんだもの。役に立つってことが、少しわかってきたのかもね。

でもこの間、同じことをしたのにお母さんは知らんぷり。

こんなときって、いやな気分ね。わたしにもそういう気持ちがあることを、知っていてほしい。

＊　＊

この時期の赤ちゃんには、少しずつ予想できる力が育ち、その力を使った遊びをとても喜びます。

イメージする力が育っている

この時期の赤ちゃんは「いないないばあ」で遊んでいるとき、隠れた人が出てくるシーンを、頭の中につくっています。

赤ちゃんは、カーテンに隠れた人は、ひょっとしたらいなくなってしまうかもしれないと、不安を感じています。しかし、隠れてもまた出てくることを何度も体験して、いくぶん安心しながらその行為を見ることができるようになります。しかし、絶対的に安心しているわけではなく、「また出てくる、出てくるに決まっている」と「予想」し「期待」して待っています。そして実際に出てくるのを見て「ほら出てきた、よかった」という気持ちになるのです。

だからあれほど、キャッキャと喜ぶのです。この喜びは二重です。予想どおりだったという喜びと、いなくならなくてよかったという喜びです。

こうした遊びを通じて、赤ちゃんはイメージする能力を蓄えていきます。イメージする能力は、「いないないばあ」遊びのような、強く感情をこめる行為をするときに生まれるものです。ですから、多少面倒でしょうが、こうした遊びに根気よくつきあってあげましょう。

こうした遊びを続けることで、赤ちゃんは次第に、親が少し離れていても安心していられるようになっていきます。

「いないないばあ」が
大好きな時期です。

赤ちゃんの予想と期待に応《こた》えてあげる

ふだんからも、赤ちゃんの訴えにていねいに応えていることが前提です。それができていないと、赤ちゃんは、親がいなくなるのではないかという不安が強くなり、ひとりで長くいることができません。お母さんが隣の部屋にいてもしばらくひとりで遊べるようであれば、こころはうまく育っているのだと思ってよいでしょう。

このころから赤ちゃんは、大人の反応を期待し喜ぶ行動が少しずつ出てきます。ですからこの時期、赤ちゃんとていねいにつきあってあげることが、赤ちゃんのこころの安定をつくりあげていくのです。

（汐見）

育ちのようす

これから1か月後、通常分娩《ぶんべん》で生まれた赤ちゃんの体重は生まれたときの約3倍になっています。太め・細めなど体格の違いはあっても、月齢の低いころから比べれば、赤ちゃんの顔も大きくなっています。頭が大きくなるためのゆとりぶんとして開いていた大泉門《だいせんもん》★1が、閉じた赤ちゃんもいます。ただし、大泉門の下には骨がないので、閉じたかどうか確かめたいからといって強く押してはいけません。自然に任せましょう〈「頭のぺこぺこは発育のゆとり」→135ページ〉。1歳半ころには、ほとんどの赤ちゃんの大泉門が閉じていますが、個人差があります。

トイレ・トレーニングはまだまだ先

どの赤ちゃんもずいぶんしっかりした印象になっているでしょう。手離しでひとり立ちができれば、「早く歩かないかな」と思うのが親ごころ、ひとり歩きをすれば「おむつはずしの練習をしようかしら」と思うのも親ごころです。尿意は新生児のころからあるのですが、小さいころはその感覚がなんなのかわからず、おしりがぬれた違和感によって泣きました。「おしっこが出そう、うんちが出そう。だからこそトイレでしなくちゃ」と赤ちゃん自身が自覚し、トレーニングしやすくなる時期は、平均して2歳6か月くらいのようです。

ひとり歩きするのは、早い子で10か月、ほとんどの赤ちゃんが歩くのが1歳6か月ごろということからも、トイレへ行かせたり、おまるにまたがらせたりするのは、11か月では早いかもしれません。自分でズボンを脱ぎ着できるのもまだ先です。赤ちゃんは育つ力をもって生まれてきます。いつ歩くか、いつおむつがとれるか、機が熟す時期はひとりひとり違うもの。あせらずにその時が来るのを待ちましょう〈「おむつはずし」→618ページ〉。

大泉門のほかにも乳児時代にさよならするかのように、このあと消えたり少なくなっていくものがあります。生まれつき顔にあったサーモンパッチ（赤あざ）は次第に薄くなっていきますし、生後1か月ころに出てくることの多いいちご状血管腫《けつかんしゅ》も、大きな形状でなければ自然と消えていきます〈「あざ」→759ページ〉。

離乳完了は1歳6か月ころ

お誕生日が近づくころから夜泣きがひどくなる赤ちゃんもいますが、日中に泣く回数は減ります。うんちは離乳食の影響で、形状もにおいも大人の便に近づい

★1――脳は生まれてから成長するので赤ちゃんの頭蓋骨はやわらかく、五つの骨がお互いにくっつくまではすき間があります。1歳半でまだ開いている子もいますが、全体の発育に問題がなければ心配いりません。医師は大泉門を診（み）て脱水症状がないかどうか確認することがあります。

ているでしょうし、回数も、飲んでは出してという状態だったころに比べれば、ぐっと少なくなったと思います。また、腎臓《じんぞう》の働きが整ってきたため、おしっこは新生児のころより濃くなっています。回数には個人差がありますが、1日15回前後に減り、2〜3歳ころには1日10回ほどになるでしょう。ただ、その回数のなかには、眠っているとき無意識にしてしまうおしっこの数もはいっています。この、いわゆるおねしょは、4歳くらいまで続くようです。

離乳が完了に近づくと、授乳回数が減ります。1日3回食事を取り、食後に母乳やミルクを飲まなくなってきたら、卒乳の時期が近づいているのかもしれません。以前の母子手帳には、1歳ころの様子をみる項目に、〝離乳〟が完了しているか未完了か、〝断乳〟が完了しているか未完了か、を記入する欄がありました。けれども、実際に赤ちゃんをみた場合、1日3回の食事が定着するのは1歳3か月〜1歳6か月ころ。そのため、現在の母子手帳は改訂され、断乳の項目もなくなりました〈「卒乳と断乳」↓484ページ〉。離乳★2を完了させる時期が見直されて1歳6か月ころになり、母乳を飲んでいるかどうかは個人の記録として残すのみになりました。1歳を過ぎたら絶対に母乳をやめなければならないという理由はなくなったのです。生後11か月くらいなら、無理に授乳をやめて食事だけにする必要はありません。

時には様子をみることも

1歳前後になると、「マンマ」とか「パパ」とか、意味があることばに近い声を出すようになる赤ちゃんもいるようです。成長したな、と思う反面、食事はま

初めての靴選び

歩き始めのころは、ずり足で歩くことが多いので、革素材で、靴底と歩行面との摩擦が少ないものを選びましょう。バランスを取るためには足の指先で地面を感じられる、やわらかくて軽いものがお勧めです。サイズはぴったりのものを選びます。大きめの靴は、中で足の指が遊んでしまい、歩きにくいのです。素足に近い状態をつくってあげましょう。

外で歩くことに慣れ、しっかり歩けるようになったら、靴底が厚く、かかとがかたく、足首をしっかり支えるようなタイプに替えていきます。

足はすぐに大きくなるので、2〜3か月に1回はサイズチェンジが必要です。歩くのが好きな子が、靴を履いたあとに抱っこをせがむようなら、サイズが合っていない可能性があります。

靴を買うときは、必ず履いて歩かせてみて、歩きやすいかどうかを確認してから。お下がりの靴は靴底が削れていて歩きにくいので、お勧めできません。正しい靴選びは子どもの足の健康を守る秘訣《ひけつ》。からだのゆがみ予防のためにも、きちんと選びたいものです。

★2——あくまでも目安であり、このときまでになんとかしなければならないというものではありません。味覚の基礎をつくる時期なので、あせらずゆっくり進めましょう。

だ手づかみで食べますし、おむつもしています。お誕生日を迎えれば成長が1段階進むような気持ちについなってしまうものですが、1歳になったからといって、急にできるものはありません。予想とは違っていたとしても、それであたりまえ、この先の子育てにもそんな場面はほんとうにたくさん出てきます。

初めて赤ちゃんの顔を見たあの日から、お母さんお父さんにはいろいろなことがあった12か月でした。気むずかしい子、手がかからない子、いろいろいます。夫婦でお互いの考えがすれ違ったこともあるでしょう。心配や悩みは尽きないもの。「様子をみる」とはあいまいな表現ですが、子育てしていく間には、ひと呼吸おいて様子をみることが、時には必要かもしれません。これまでどおり温かいまなざしで、育っていく様子を見守っていってあげてください。

このころの肥満

肥満はかつては成人にしか関係のないものと考えられていました。しかし近年は、社会環境や栄養状態の向上に比例するように、肥満の子どもたちが増えてきています。

いろいろな病気が原因となって起こる症候性肥満はともかく、子どもの肥満のほとんどは肥満以外に病気のない単純性肥満で、特に赤ちゃんのうちは、太めであっても肥満であることはまずありません。どうしても気になるなら、乳児の肥満を判定するカウプ指数[★3]で計算してみましょう。カウプ指数22以上が肥満とされています。

いまの月齢で太めでも、離乳食の内容に注意していれば、成長するに従って身長とのバランスが取れてくるので心配はありません。ただ、体重の増加率が母子手帳の成長曲線の流れを大きく上回る場合は、はいはいにつきあって一緒に遊んであげましょう。運動量も増え、四六時中おやつをあげてご機嫌をとるようなことも避けることができます。

保育園への入園準備

育休明けに仕事再開を考えているお母さんは、保育園入園の準備を始めるころでしょう。保育園や個人の預け先をいくつか候補に挙げ、それぞれ実際に出向いて比較しながら決定してください〈→262ページ〉。また、通園を機に母乳をやめるかどうかは、赤ちゃんの様子や月齢を考えて決めます。心配な場合は、母乳外来などで相談するとよいでしょう。

赤ちゃんに、保育園に行くことを話してあげてください。「お母さんはあなたが大好き、お仕事も大好き。保育園の先生やお兄ちゃんお姉ちゃんたちもいっぱいかわいがってくれるからね。お仕事しているかっこいいお母さんを見てね」。お話ししながら、お母さんも「よし、がんばるぞ！」という気持ちを高めましょう。

★3―― カウプ指数＝体重（g）÷身長（cm）の2乗×10。この指数が乳児は22以上、幼児は20以上が肥満とされます〈→610ページ〉。3か月未満では体重増加率が著しいため、この数式は適用されません。

気がかりなこと

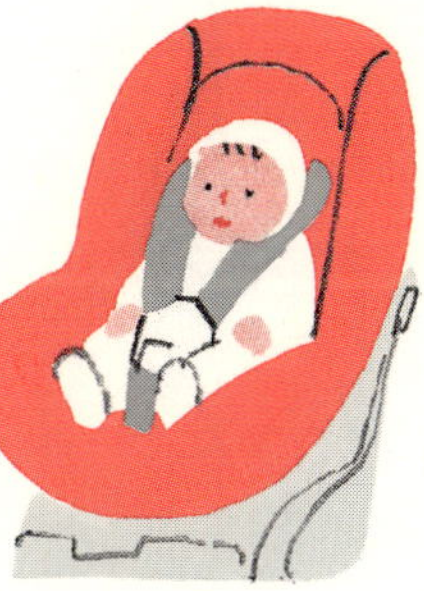

Q 大人用の日焼け止めクリームを赤ちゃんに塗っても問題ありませんか。

A 少量をつけて日差しを浴びてみて、肌の反応を確かめましょう。

低刺激・無香料など、成分的に赤ちゃんにも使えるものならだいじょうぶでしょうが、原則としてはベビー用のものを使います。また、ベビー用のものを使っていても、まれに日焼け止めクリームに負けて、かぶれる子もいます。

いきなり海などに出かけて全身に塗るのではなく、最初は近所に出かけるときに、腕の裏などに少量つけてみて日差しを浴びてみましょう。クリームと太陽光とが反応してかぶれることもあるので、部屋の中だけで試しても意味がありません。かぶれないかどうか様子をみてから使ってください。

Q ベビーベッドが狭くなってきたのでフローリングに布団を敷いて寝かせたいのですが。

A できれば畳の部屋にしましょう。フローリングの場合は吸湿マットを敷きます。

フローリングは、畳と比べて通気性が悪いので、湿気が抜けずにむれてしまうことが考えられます。布団が湿ってしまう可能性もあります。そうなると、かびの心配もあり、あまりお勧めできません。畳の部屋がない場合には、フローリングに専用の吸湿マットを敷いてから、布団を敷くほうがよいでしょう。また、畳や床のほこりやダニにも気をつけたいものです。掃除はまめに、できれば掃除機だけでなく、雑巾《ぞうきん》がけもしてほしいところです。換気もこころがけましょう。

Q 車のチャイルドシートで背中によく汗をかきます。

A 汗をかいたら、からだをまめにふいて。むれを防ぐメッシュシートを活用する方法もあります。

汗をそのままにしておくと、あせも〈↓757ページ〉の原因になりがちです。ベビーカーやチャイルドシートはベルトでしっかり固定されるので、通気も悪く、クッションでむれるため汗をかきやすいようです。対策は、基本的なことですが、まめに汗をふいてあげることと、着替えを用意しておくことです。ぬらしたタオルを用意しておき、おでこや背中をふいてあげましょう。汗をかいたら上だけでも着替えられるように、ボディスーツのようなつなぎの服でなく、上下セパレートの服を着せておくと便利です。

サンシェードで日よけをしたり、背中の部分に保冷機能のあるシートを敷いたり、メッシュのシートを挟んで通気をよくしてあげるのも効果的です。

Q こたつやホットカーペットの上で昼寝をさせてもだいじょうぶですか。

A うつ熱や低温やけどの心配があるので、必ず布団に移します。

赤ちゃんは体温調節が苦手なため、こたつや電気毛布で寝ると、からだに熱がこもってしまう、うつ熱の症状を起こすことがあります。また、ホットカーペットの上で寝るのも、低温やけどの心配があるのでやめましょう。こたつやホットカーペットの上で寝ついたときには、必ずベッドや布団に移動してあげましょう。

赤ちゃんのためのアトピー知識

食事制限は医師と相談を

●1歳ころの留意点

1歳ころになると、アトピー性皮膚炎は軽くなったり、よくなったりすることが多いのですが、なかには症状の続く子がいます。また、湿疹《しっしん》のできやすい部位は年齢によって変わっていきます。

■この時期の湿疹は乾燥が強くなってくる

1〜10歳くらいまでの湿疹は、水気がなくなって乾燥が強くなってくるのが特徴です。額や目のまわり、口のまわりが赤くなり、かさかさにむけた皮がつきます。額は皮膚がごわごわと厚くなります。手足の関節の裏側などにも、乾燥した鳥肌のような湿疹ができます。

口の両端が裂けたり、耳が切れたりする症状もこの時期に見られます。口のまわりが乾燥するため舌でなめまわし、それが刺激になって湿疹ができることも少なくありません。これは「舌なめずり皮膚炎」とよばれる症状です。また、素足でズック靴などを履いていると、足の裏の薄い皮が細かくむける「ズック靴皮膚炎」が見られることもあります。

■食物アレルギーに過剰に反応しないこと

何かを食べたら症状が悪化したように感じられる場合、お母さんは食物アレルギー〈↓774ページ〉が気になってしまいます。育児相談などでもアトピー性皮膚炎と食事の関係に質問が集中するのが現実です。

一般に抗原（原因となる食物）を調べるためには、IgE-RASTという血液検査を行います。前にも書きました〈↓266ページ〉が、食べ物に対するIgE抗体は2〜3歳を境として成長とともに低くなっていくことが多いので、いま調べてもあまり意味がありません。また、IgE-RAST検査で陽性に出ても、その食物を食べて実際にアレルギーを起こすのは4人にひとりだけ。アトピー性皮膚炎と食物との関係をはっきり証明するのは、とても難しいのです。

アトピー性皮膚炎で除去食療法が行われるのは、特定の食べ物と症状悪化に明らかな因果関係がある場合、しかも中等症および重症で日常生活に支障がある場合にかぎられます。何かを食べると必ず湿疹ができるときは、まず食事日記をつけ、その日記を参考に医師と相談のうえで、一時期その食べ物をやめてみるという方法は考えてもよいでしょう。

欧米の研究では、食事制限によっていっとき効果があっても、長い目で見ると、食事は幼児期にアトピー性皮膚炎が起こる確率に関係ないという結果が出ています。いきすぎた食事制限は子どものからだの成長や脳の発達を阻害するので、最近は小児科・皮膚科とも除去食には慎重な医師が増えています。検査結果はあくまでも参考程度にし、性急に判断するのは避けましょう。

■保育園の給食体制をチェック

医師との相談により、しばらくこの食品をとるのをやめてみましょうと指示された場合で、これから保育園入園の予定があるなら、園の給食が除去食に対応してくれるかどうかを事前に確認しておきましょう。最近では対応してくれる保育園も増えてきていますが、事情が許さない場合はお弁当を持参することになります。

■ふだんから爪《つめ》はこまめに切る

かゆいところをかく。これは人間にとって自然な行為で、完全にやめさせることはできません。でも、かくことが症状を悪化させているのは間違いのないところですから、ある程度の対策は必要です。特に、顔の湿疹が重症になると目のまわりを強くひっかき、白内障や網膜裂孔などを起こす危険もあります。最近は幼児や小児にもこうした目の合併症が見られます。

　これを防ぐためにはまず、子どもの爪をこまめに切り、爪先をヤスリで丸く磨いておきます。耐えきれなくてかいてしまっても、皮膚に傷がつかないようにしておくのです。伸びた爪の間には細菌がたくさんいますので、感染を防ぐためにも爪はいつも短くしておきましょう。

　幼児期のアトピー性皮膚炎については、624ページを参照してください。

新しい治療薬――タクロリムス軟《なん》膏《こう》

アトピー性皮膚炎の治療薬としてもっとも注目を集めているのが、日本で開発され1999年に発売された免疫調整外用薬タクロリムス軟膏（成人用）です。

　その有効性は多くの医師が認めるところで、長年のアトピー性皮膚炎がきれいによくなった患者も少なくありません。特に顔面のアトピー性皮膚炎には大きな効果を発揮します。

　日本で行われた顔面症状に対する試験では、ステロイド外用薬の中程度の強さのものの改善率36％に比べ、タクロリムス軟膏は86％という高い数字を示しました。とはいえ、症状が強い場合にはステロイド外用薬のほうが有効です。ですから、炎症が強い時期には期間限定でステロイドを使い、そのあとで、よい状態をキープするためにタクロリムス軟膏を塗るという方法が一般的になりつつあります。

■副作用が少なく、使い勝手がよい

　効果もさることながら、タクロリムス軟膏の大きなメリットは、ステロイド外用薬を長く使ったときに起こる皮膚の萎縮《いしゅく》などの副作用がないことです。また、ステロイドは使用する強さのランクを正しく調節するには皮膚科専門医でなければ難しいともいわれますが、この薬は塗る回数や部位にあまり神経質になる必要がないという使い勝手のよさがあり、それが評価される理由のひとつとなっています。

　2003年秋、日本でも小児用タクロリムス軟膏（適用は2～15歳）が発売されました。ただし、新薬はある程度の安全性が保証されるまで10年はかかるので、まだ手放しで評価することはできません。でも、この薬の登場によって、中等症以上のアトピー性皮膚炎の治療が大きく変わりつつあるのです。

スモールステップで育っていく赤ちゃん

脳のしくみと知的発達の関係

■脳は下から上への積み上げ構造

誕生日を前にして、そろそろ赤ちゃんの知的な発達が気になるお母さんお父さんもいることでしょう。これまで、からだの発育も、おすわりやはいはいといった運動機能も、ゆっくりマイペースだった赤ちゃんの場合は特に、一抹の不安をもって、知的な発達、なかでも「ことばが出るかどうか」に気をもんでいるかもしれません。

しかし、「ことばが出るかどうか」に注意を向けるより、「ことばが出る準備ができたかな」ということを見るほうが理にかなっています。まず脳のしくみと知的な発達の関係をみていきましょう。

図1　脳の積み上げ構造

脳は下から順に育っていきます。

脳の構造は、お正月のお供え餅《もち》をイメージするとわかりやすいでしょう（図1）。いちばん下のお餅が脳幹で、これはからだの動きや生命の働きをつかさどるところ。その上が大脳辺縁系で、こころの働きをつかさどるところ。いちばん上が大脳皮質で、知力やことばを働かせるところです。下のお餅がなければ、上のお餅はのせられないし、小さなお餅の上に大きなお餅をのせようとすると、バランスをくずしてしまいます。つまり脳は、下から順に育っていくものなのです。

脳の中には膨大な量の神経が通っています。その神経を束ねているのが脳幹で、そこから大脳辺縁系を通り、大脳皮質の脳細胞につながっています。脳細胞の数は140億ほど。これを豆電球と電線にたとえると、1本1本の電線に電気が通り、脳細胞という豆電球にひとつひとつ明かりがつくようになることが「発達」です〈↓254ページ〉。

神経の配線工事のうち、生まれたばかりのときに出来上がっているのは生命を維持するために必要な、おっぱいを飲む、おしっこをするというような部分だけ。ほかの部分は、電球や電線は準備されているものの、まだ接続工事がすんでいません。

■赤ちゃんの発達は中心から末端へ

配線工事は、中心から末端へ、という順で進んでいきます。発達のおおもとになるのは、脳幹です。

脳幹で束ねられた神経は、からだじゅうのあらゆる場所につながっていて、配線工事を待っています。生まれたときからもっている生命維持の働きや、本能の動き、さらに抱っこなど外部からの脳幹への刺激により、からだの中心である首、背骨から、肩→腕→手、腰→足というように、末端に向かって配線工事が進みます。同時にからだの刺激が脳幹に伝わり、脳の中の配線工事が豆電球に向かって進みます。そして、首すわり、寝返り、おすわりというように、自分のからだを自由に動かせるようになっていくのです。

二番目の大脳辺縁系は、こころの元締めです。大脳辺縁系は、脳幹から大脳皮質への電気の流れにかかわってきます。工事がスムーズに進むには、電線が通っている大脳辺縁系の部分が安定し、よい状態にあることが大事。つまり、おいしい、うれしい、楽しい、ほっとするといった気持ちの安定感が、電気の流れをよくするのです。

最後が、知力やことばの力を受け持つ大脳皮質です。からだの働きの配線工事が進み、自由に動かせる部分が増えていくのに伴って、物やまわりの世界に注意を向ける力が育ち、見たり聞いたりさわったりして認知する力が育ち、好奇心が引き金となって外界の様々な刺激を受けて、さらに脳の配線工事が進みます。ここでも大脳辺縁系は大切です。「好きこそもののじょうずなれ」というように、おもしろい、楽しい、好きなものについては大脳辺縁系を電気がスムーズに流れていきます。

■もちまえの資質に合ったビルを建てよう

ことばの発達を脳のお供え餅イメージ構造図にあてはめたのが、「ことばのビル」（図2）です。1、2階が「からだの脳」（脳幹）に、3階が「こころの脳」（大脳辺縁系）に、4階より上が「知力・ことばの脳」（大脳皮質）に、対応しています。

「ことばが言える」というのは、ビルの最上階部分。そこだけにとらわれ、気をもんでも、しかたがないのです。それよりは、下の階からじっくりと、壊れにくい、手抜きのないビルをつくりましょう。

子どももって生まれた資質に合わせて、小さい子なら小さいビルでよいし、ゆっくりの子どもなら、ゆっくり工事を進めればよいのです。小さいころの1年、2年の発達の差は、そのときだけを見れば、とてつもなく大きなものに感じ、せつなくなってしまうこともあるでしょう。でも、人よりゆっくりでも、自分の歩幅で無理なく歩いていく子どもが、結局は、こころ豊かな、愛すべき人間に成長していきます。

図2 ことばのビル

『ことばをはぐくむ』ぶどう社より

ビルは、下の階からじっくり、ていねいに建てましょう。ビルが小さくても、工事がゆっくりでも、その子なりのペースが大切です。

SOS、出している?

「くやしいなぁ」「つらいよぉ」、わかってほしいから涙が出る。それはことばにならないSOS。だれにも言えないのは苦しいよ。ひとりで我慢させないで。「どうせむだだもん」なんて、あきらめさせないで。困ったとき「助けて」って言える子に。お母さんも同じ、SOS、ちゃんと出している?

1歳～1歳3か月

からだの発達

1歳〜1歳3か月

お誕生日おめでとう。とうとう1歳の誕生日がきましたね。お母さんお父さん、ご苦労さまでした。やっと1年がたちました。きっとおふたりにとって人生のなかでいちばん長い1年だったのではないでしょうか。もしかすると夜泣きで眠れない夜など、この夜は決して明けないのではないかなんて思ったかもしれません。でも、赤ちゃんはちゃんと1歳になりました。

乳児を〝卒業〟しましたので、ここからは「子ども」とよんでいくことにします。

人間の特徴をほぼ身につけた存在に

生まれたばかりの赤ちゃんは、ただ母乳やミルクを飲んで、泣くだけという、人間らしさのあまりないサルのような存在（失礼！）でしたが、いまは個人差はあるものの、たいていの子どもは手で細かな物をつまむことができるし、早い子ではすでに「マンマ」「ママ」など意味のあることばを使うことができるようになっています。

人間と他の動物との違いはたくさんありますが、ことばを使う、手を器用に使って道具を使用する、立って歩く、この三つが特に際立っています。早い子どもはすでに伝い歩きやひとり立ちを卒業して、最初の一歩を踏み出しているかもしれません。まだ歩き始めていない子どもでも、つかまり立ちや伝い歩きなど、立って歩くことへの準備は着々と進んでいます。サルのようだった赤ちゃんは、知らないうちにちゃんと人間の特徴をほぼすべて身につけた存在になっているではありませんか。

それだけではありません。母乳やミルクを飲むことしかできなかった赤ちゃんが、まだ手づかみとはいえ自分で食べ物をつかんで食べることができるようになっています。目の前にある物はなんでも好奇の目で見つめていただけなのに、いまではいつも身の回りにいる人と初めて見る人を区別して、人見知りもできるようになっています。まだことばで自分の意思を言うことはできませんが、これまでは泣きと笑いで感情や苦痛を表現するだけだったのに、表情や簡単な雑作、指さしで自分の意思を伝えることも可能になっています。

病原菌への抵抗力が育っている

まったく無菌状態で生まれてきた赤ちゃんですが、皮膚や消化管、あるいは気道の粘膜を通じてすでにたくさんの種類の細菌やウイルスと「初めての出会い」もすませています。からだの中には、赤ちゃんを病原菌から守る免疫機能が育っています。自然の感染だけではなく、予防接種で抵抗力を高めています。1歳までにたいていの子どもは、ポリオと結核の予防接種（BCG）をすませています〈↓322ページ〉。なかにはB型肝炎の予防接種をすませている子どももいるかもしれません。腸の中にはビフィズス菌や大腸菌がすんでいて、病原性のある細菌と張り合って、結果的にそうした細菌による下痢を防いでいます。

誕生以来、からだじゅうに血液を送り続けてきた心臓や老廃物をこして尿中に排泄《はいせつ》する腎臓も、まだ大人並みの働きではありませんが、からだの中の環境を一定に保つ仕事を順調に続けてきました。生まれたばかりのときには、まだ軟骨の成分が多くてやわらかかった骨も、長く太くなるだけでなく、カルシウムがついてますますかたくなってきました。最後に完成する手の骨は、生まれたばかりではレントゲンにもほとんど写りませんが、1歳にもなればかたい部分が写るようになります。

脳はサイズが大きくなるだけではなく、細かな構造にも発達の影響が出てきています。神経細胞から伸び出した突起（軸索《じくさく》）を覆って、電気的な信号が伝わりやすくする働きをしているミエリンも、脳の一部を除いては完成に近づいています。そのおかげで、新生児では秒速20mくらいだった神経を信号が伝わるスピードも、30mくらいにまで速くなっています。もっとも、大人並みの秒速50～60mになるのはまだ先のことです。

記憶できる時間が10秒くらいまで伸びてくる

まだまだ機能的には不十分ですが、自分の身の回りとここのなかに起こったことを一時的に記憶しておく短期記憶（ワーキング・メモリー）の働きが急速に発達するのも、このころです。生後7～8か月では数秒であったワーキング・メモリーの記憶保持時間は、1歳で10秒くらいまで伸びてき

1歳のお誕生日、おめでとう!

ます。たった10秒と思われるかもしれませんが、ワーキング・メモリーが10秒間あるということは、難しくいうと「10秒前の自分と現在の自分が連続した存在であることがわかるために必須の機能」なのです。自分が自分であるという「自我」意識はこのワーキング・メモリーと密接に関係しています。

　月齢が低いうちは、「いないいないばあ」をするときに、「いないいない」と「ばあ」の間を少しずつ離していくと、そのうちに「いないいないいないばあ」の効果がなくなってきます。「いないいないいないばあ」で赤ちゃんが喜ぶのは「いないいないない」と言われたあと「いつになったら『ばあ』がくるかな」という期待感と、それが満たされることとの組み合わせなのです。ワーキング・メモリーがあるから、「さあそろそろ『ばあ』がくるぞ」と、待っていることができるのです。

ワーキング・メモリーのおかげで、「『ばあ』がいつくるかな」と期待して待つようになります。

ワーキング・メモリーの中枢は、前頭葉であるといわれています。前頭葉は、直接刺激がはいる視覚野《しかくや》や、直接からだを動かす運動野《うんどうや》といわれる脳の部分に比べて成熟が遅いのですが、1歳になるとそうした高度の脳機能をつかさどる部分の成熟が進んでくるのです。

麻疹《ましん》の予防接種はなるべく早めに

　1歳を迎えたことはおめでたいことですが、まだまだ先は長いのです。気を引き締めなくてはなりません。

　1歳の誕生日を迎えた子どものお母さんお父さんに真っ先にやってほしいことは、予防接種です。これまでは麻疹（はしか）の予防接種は1歳3か月以降に行うことが多かったのですが、現在は1歳になったらすぐにやったほうがよいことがわかっています〈↓322・762ページ〉。麻疹は世界中でまだ年間に１００万人の子どもの命を奪っています。日本でも毎年約１００人が麻疹で命を落としています。麻疹は予防接種で防げるのですから、今後ぜひ１００人をゼロに近づけてほしいものです。

　もうひとつやってほしいことは、家の中の安全確認です。つかまり立ち、ひとり立ち、ひとり歩きができるようになり、転倒による事故が急に増加します。乳児の死亡原因のトップは家庭での事故〈↓335ページ〉であることを思い出して、改めて気を引き締めましょう。

高く広がる子どもの世界

赤ちゃんを卒業したということには、いろいろな意味があります。第一に、まだよちよち歩きとはいえ、活動範囲を大幅に広げた「子ども」は、より積極的に自分の住んでいる世界の探検旅行に出かけます。すでにはいはいで予備的な調査は終わっていますが、自分の身の回りに広がる世界を、より高い視点で見ることができるようになります。

このころには、ふたつの目で自分のまわりにある世界を立体的に見ることに慣れ、まだ不安定な立位（立っている姿勢）を、視覚の助けで安定的なものにしています。

こんな実験があります。この時期の子どもに、前後に移動できる壁に向かって立ってもらい、急に壁を子どものほうに近づけると、子どもはしりもちをついてしまいます。これは、壁が急にそばに近づいてきたのでびっくりしたのではなく、目に見える光景でからだを安定化していることによる現象です。つまり、ふつう、子どもにとって目の前の壁が近づいてくるということは、自分が前に倒れかかっているということを意味するからです。急いで姿勢を立て直そうと重心を後ろにずらした結果、しりもちをつくことになるのです。からだの安定が視覚に助けられていることがよくわかります。

（榊原）

1歳～1歳3か月

ことばの発達

「ことば（意味のあることば――有意味語）を言うようになった子ども」と、「まだことばを言わない子ども」とに、はっきり分かれてくる時期です。

話し始める時期も、ことばの増え方も様々

初めてのことばが言えるようになってから、30語ないし50語のことばが言えるようになるのは、おおかたの子で10か月から1歳半過ぎころにあたりますが、この時期は、ことばの数の増え方はゆっくりで、一度言ったのに言わなくなることもたびたびです。

話し始める時期もいろいろなら、ことばの増え方もいろいろです。

ことばが順調に増えていく子ども、ふたつ三つ言えるだけで足踏みしている子ども、誕生日前から話し始めたのにあとが続かない子どもなどなど、十人十色といったありさまです。細かいことに一喜一憂することはありません。「終わりよければ、すべてよし」とこころのなかで唱えて、子どもとの「楽しい生活」をいままで以上に大切にしてください。

赤ちゃんがいちばん早くわかるようになることばは、「バイバイ」「ちょうだい」など、大人とのかかわりで聞くことばやあいさつです。

「わかる」から「言える」まで約半年

「わかるのが先、言えるのはあと」〈↓391・435ページ〉は、このあともずっと続きます。ある研究者がお母さんにたずねて調査したところ、50％の赤ちゃんが「マンマ」ということばの意味がわかるようになるのは9か月なのに、50％の赤ちゃんが「マンマ」と言えるようになるのは12か月、同じく、50％の赤ちゃんは「バイバイ」を10か月のときにすでにわかるのに、言えるのは1歳4か月でした。こんなふうに、わかっていることばでも、それを言えるようになるには、だいたい半年くらいかかるらしいのです。

赤ちゃんが最初にわかるようになることば50語の内容を調べてみると、マンマ、ブーブー、ワンワン、ニャンニャン、クック（靴）などの名詞が3分の1を占めます。でも、いちばん早くわかるようになるのは、名詞ではなく「バイバイ」「（いないいない）ばあ」「ちょうだい」「だめ」など、大人とのかかわりのなかで自然に聞いていることばやあいさつなのです。

このことから、「たびたび聞かせてもらわないとわかるようにならないし、言えるようにならない」「ことばは人との関係のなかで身につけていく」ことがわかります。

わかるようにはなったけれども、自分からは言えない。なんともじれったいこの時期、子どもは自分から身ぶり・ジェスチャーや指さしを使って、自分の言いたいことを表現しようとします。これはしばらくの間続くでしょう。「お口で言ってごらん」は御法度《ごはっと》です。子どもだって、口で言いたいのはやまやまなのに、まだ言えないだけなのですから。何を言いたいのかわかるかぎりは、大人が代わりに言ってあげましょう。ほっぺたをトントンしている子どもの代わりに「おいしいね」と。

ことばの理解をとおして全世界を手に入れる

さて、「ことばがわかる」「有意味語が言える」ためにはどのような能力が必要なのか、考えてみたことがありますか。

簡単にいうと、「一定の人や事柄を、ある一定の音で代表させることができる能力」「目の前になくても、その『意味』を理解できる能力」が必要なのですが、これをもう少しわかりやすく説明しましょう。

オレンジ色の皮に包まれていて、中身が小さな房に分かれている甘酸っぱい果物は「みかん」。いま、お母さんに食べさせてもらっているのも「みかん」だけれど、スーパーで袋詰めになって置いてあるのも全部「みかん」だし、さっき玄関でころころっと転がったのも「みかん」だし、いまのこの瞬間、四国や和歌山の山の斜面の木からぶら下がっているのも、やっぱり「みかん」。

「みかん」と言われて、こたつの上のみかんに目をやる子どもは、いま目の前にあるこの「みかん」だけでなく、目の前にない、日本中、世界中のみかん全部を「み・か・ん」という音のつながりで表す（表象）ということがわかり、「ことば」とはそういうものなんだ、という大法則を身につけたということです。

からだはまだまだ小さな赤ちゃんサイズだけれど、脳を通じて、ことばをとおして、全世界を手に入れた、あるいは、全世界を手に入れるための鍵《かぎ》を手に入れた画期的瞬間ということになります。やっぱり、子どもはえらい。

「目の前にいる青いTシャツを着て髪をゴムでまとめている、私（ぼく）の大好きなこの女の人は『ママ』だけど、この人が赤いワンピースを着て、髪を短くしたって、やっぱり同じ『ママ』よ。たとえ、ドアの向こう側で姿が見えなくても、騒ぐことはないわ。だって、『ママ』（の表象・概念）はちゃんと、私のこころ（脳）のなかにいるんだもの」

つい数か月前までは、おもちゃを隠して見えなくすると、そのおもちゃはなくなってしまったと思って忘れてしまっていた赤ちゃんが、いまは「見えなくても、それはどこかにあるはずだ」とわかっていて、捜そうとしたり出してほしくてぐずったりします。だんだんだましがきかなくなり、扱いが難しくなるので困ってしまいますが、それは、知恵がついてきた証拠。脳が、順調に進化の過程をたどっていることを表しているのです。

（中川）

1歳〜1歳3か月

こころの発達

1年間でこれだけ進歩するって、すごいことだよね。お母さんやお父さんは、この1年間でどれだけ成長した？ ぼくは何もできなかったところから、あっという間にいろいろなことができるようになったよ。

いま気になっているのは、お母さんが、大きくなったからってときどきぼくに無理をさせちゃうこと。

この間、お昼寝していたとき、お母さんが近所のスーパーにお買い物に出かけちゃった。短い時間だからだいじょうぶだろうと思ったんだろうね。でもね、ぼく、その間に目が覚めちゃったんだ。

ふだんは目が覚めると、気配を察してお母さんが来てくれる。「汗かいているわね」って、下着を替えてくれたりする。

でも、このときは来てくれなかった。ぼく、心配して家の中を探し回った。でもいないの。心細くなっちゃって、大きな声で泣いちゃった。それも、できるだけドアに近い所に行って泣いたの。お母さんが外にいたら泣き声を聞きつけて帰ってくるかもしれないと思ってね。でも、帰ってきてくれないんだ。

泣くとどんどん悲しくなってくる。泣かないで我慢していると、悲しさは止まってしまうけど、泣いていると悲しさもどんどん大きくなっていくの。そのうち、ぼく、泣き疲れてその場で寝てしまったみたい。

お母さんは、帰ってきてドアを開けたらぼくが寝ていたので、びっくりしたみたい。「ごめんね、ごめんね」ってさかんに謝っていた。お母さんにすがりついたら、また悲しくなって大泣きしちゃった。

お母さんは、ぼくが1歳になったからだいじょうぶと思ったのだろうけど、1歳くらいの子どもにとって、目が覚めたときにだれもいないことがどれだけ不安か、よく考えてほしい。でも、それからお母さんは、ぼくを絶対にひとりにしないよう気を遣うようになったから、これはこれでよかったのかなと思うの。

この間、保育園の「一時預かり」で、何人かのお友達と遊んだの。その間にお母さんはどこかに出かけたらしいけど、このほうがひとりで留守番するより、ずっとよかった。だって、優しい保育士さんが遊んでくれるんだもの。

1歳を超えると、どことなくしっかりしてきたという印象がもてます。行動に一貫性が出てきたからでしょう。あるいは、何をしたいのかわかるようになったからかもしれません。子どもの行動と動機が、一致してきたのです。

＊＊

子どもは実体験でしか鍛えられない

だからといって、子どもだけで長くほうり出しておくのはまだ無理だということも、よくわきまえておく必要があります。子どもは、親という安心できる存在がそばにいるからこそ、安心して行動できるのです。

子どもだけをほうり出しておくべきではないのは、テレビやビデオの視聴時にもいえることです。

この時期、子どもの行動は活発になり、目が離せなくなってきます。ずっとつきあっていると、これまで以上に疲れます。そこで、テレビやビデオを子どもに長く見せることになりがちです。でも、この時期の子どもにテレビやビデオを長時間見せるのは、原則として避けるべきです。

2歳ぐらいまで、発達のうえでもっとも大事なことは、周囲の物を目で見て感じ取り、手で触れて感じ取り、さらに鼻でも感じ取ること。そして、そういう感覚を総動員して外界をしっかりと認識していくことです。

もうひとつ大切なのは、人とかかわるときの基本的技術を身につけることです。どちらも実体験抜きには、達成できません。

いくらテレビやビデオを見ても、こうした体験を積むことにはなりません。現代文明が生み出した便利なテレビも、子どもの認識力やコミュニケーション能力を鍛えることはできないのです。テレビやビデオが100％だめだとはいいませんが、あまりにも長い時間、子どもだけで見せて、テレビに子守役を頼むのは避けるべきです。この時期の子どもはまだまだ、親の手助けのなかで育っていくのです。

（汐見）

目で見て、手で触れて、鼻でも感じてこそ、周囲のものを認識する力がつくのです。

育ちのようす

生まれてから立ち上がるまでの過程を見ると、体重を支える面積は次第に狭くなり、重心はだんだん高くなるという変化があります。あおむけや腹ばいで過ごしていた時期は、背中やおなか、さらに手足を動員して体重を支えることができました。それに比べ、子どもの足の裏の狭さはどうでしょう。小さな面積に全体重がかかるということは、とても不安定な状態になるということです。それでも立とうとするのは、寝返りやはいはいで移動するときに消耗する体力と比較して、2本足で移動するほうがはるかに効率的だと生まれながらに知っているからなのです。

1歳前後には、ひとりで歩く子もいれば、伝い歩きでなかなか手を離せない子もいます。はいはいで満足している子もいるかもしれません。

このように成長過程に出てくる個人差は、生まれつきの気質や個性にも左右されています。活発に動き回ったり、喃語《なんご》がさかんだったりという行動的な個性もありますが、表情が控えめだったり、怖がりだったり、常におくてという、おとなしい個性もあるのです。やる気や好奇心の表れにも、個性が影響しています。1歳前後からは自我も育つため、ひとりひとりの気質や個性があらゆる場面で目につくようになります。

わが家に合った生活リズムを

伝い歩きやひとり歩きなどの移動手段を身につけてきて、好奇心でいっぱいの時期です。天気のよい日はお散歩気分で、近所や公園へ出かけましょう。いまはまだお友達と遊びたいという行動はとりませんが、ほかの子がいれば関心を示すでしょう。このとき、お母さんやお父さんが「仲良く遊べるかしら」と心配そうな顔をしていると、その表情を読んだ子どもは不安になってしまいます。親が「楽しそうだね。遊んでみようか」という態度をとっていれば、子どもにも伝わっていきます。

また、1歳を過ぎても夜泣きが続く子、始まる子もいますし、夜なかなか寝つかないタイプの子もいます。寝つかない子に困ってしまったら、眠ってほしい時刻に家中の電気を消して、家族で布団にはいってみてください。早い時刻から寝ることができない家族は、子どもにわからないよう別の部屋を明るくして、そこで過ごします。そして朝は、カーテンを開けて部屋の中を明るくしてから、声をかけて起こします。夜眠って朝起きるというリズムがある程度ついてくるまで、これをしばらく続けてみてください。

睡眠のリズムは、脳の松果体《しょうかたい》から出るメラトニンというホルモンの分泌量によって調整されています。メラトニンはあたりが暗くなると分泌され、目が光を感じると抑えられ、「もう夜じゃない、朝なのだ」とからだに判断をさせます。生後数か月間は、24時間周期の生活用にからだが調整★1されていませんでした〈↓396ページ〉。けれども、これからは家族と本格的な共同生活を送り、一般社会にも参加し始めます。毎日をどのように過ごすか、食事やお風呂の時刻、昼寝をするタイプかどうかも含めて、わが家に合った生活のリズムを考えてみてください。

チャレンジする気持ちを応援しよう

子どもの様子をみていると、意味は不明ながらも話しているかのように声を出していることがあります。これは、しゃべりたいという前向きな気持ちが出ている証拠。発声できる音を使って、会話のまねをしているのです。1歳代はことばをためこみ、おしゃべりに備えている時期。「あんよはどこ?」「おめめはどこ?」とからだの部分を聞いたときに指さすことができれば、ことばにできないだけで、理解しています。理解しているからおしゃべりをしてみたくなっているのです〈「『わかる』から『言える』まで約半年」↓470ページ、「わかるけど言えないこの時期のサポート」↓492ページ〉。

また、ひとり歩きを始めるときには、からだの準備ができていることと同時に、「あのおもちゃが欲しい」「お母さんやお父さんのそばに行きたい」という動機も必要になります。歩いては転び、転んでは歩くのを繰り返す行動の裏には、したい、やってみたいという気持ちも大きく働いています。

歩きたい、しゃべりたい。子どもはチャレンジしたい気持ちでいっぱいです。できたとき思いっきりほめてあげれば、次のステップへの励みにもなります。

ひとり歩きのころの注意点

ひとり歩きをするようになると、行動範囲もますます広がります。1歳児は、統計的にみて、一生のなかでもっとも事故の多い年齢ですが、なかでもこの時期に多いのが転倒や転落事故です。

歩行がまだ安定していないので、ちょっとした段差にもつまずいて転んでしまいます。テーブルの角やドア、柱など、ぶつかったときの衝撃をやわらげるためのクッションテープなどを取り付けておきましょう。

玄関や階段から落ちて、けがをすることもあります。転落の危険のある場所にはひとりで行けないよう柵《さく》をつけておきます。また、ベランダや窓からの転落事故も増えます。プランターなど踏み台になるような物がないか点検してください。

ドアや窓の開閉で指や足を挟むこともあります。開

★1 —— 本来ヒトの体内時計は25時間くらいの周期です。それを、明るさ暗さを認識することによって24時間周期に調節していく必要があります。

閉するときは子どものいる位置を確認し、すき間には指を入れて遊ばないようガードをつけましょう。

なんでもさわりたがる子どもにとって、家の中でも特に台所や洗面所は危険がいっぱいです。こんろにかけたフライパンやなべの取っ手、まな板の上の包丁、洗面台のかみそり、化粧品、洗剤など、子どもがさわって危険な物は手の届かない所に置き、子どもが取り出せない場所に毎回片づけるようにしましょう。

また浴槽の残り湯、水を張ったバケツや洗面器で溺《でき》水《すい》や溺死する事故も起きています。浴室には勝手に出入りできないよう鍵《かぎ》をかけ、浴槽の水は抜く習慣をつけましょう。水遊びが大好きな時期ですが、どんなに浅いプールでも目を離さないようにしてください。

「甘え」と「甘やかし」は違う

「甘え」というと大人はあまりよい印象をもちませんが、赤ちゃんや子どもにとっては、こころを安定させるために起こす自然な行動です。この行動は、たいてい信頼できる相手に向かいます。

これに対して「甘やかし」とは、本人だけでできるはずのことを親がさせなかったり、他人に迷惑がかかるとわかっていながら勝手をさせること、わがままさせることをいいます。ただし、本当のわがままが出るのはもっと大きくなってから。2歳くらいまでは、自分が「やりたい」と主張することが最優先、まわりの人の迷惑になることかどうかは、残念ながらまだ理解できません。ですから、2歳くらいまでの子について「わがままだな」と感じることがあったら、甘える気持ちが強い子なんだな、というふうに考え直したほうがよいでしょう。「わがままを直さなくては」とあせる必要はないでしょう。

自分のこともまわりの世界のこともまだきちんと理解していない時期のこころは、まず、無邪気に甘えることから育ち始めます。自分★2がやりたいと思っていることを素直に表現し、同時に、「これはだめよ」と言われれば受け入れ、ある程度我慢もします。ところが両親が始終けんかをしているなど、常に緊張した空気を感じながら育った子どもは、甘えにくくなってしまいます。それがつらくて泣くこともあるし、無邪気に甘えることを遠慮するようにもなります。こころは、育つ前に萎縮《いしゅく》してしまうでしょう。

子どもは、「まだ小さくて何もわからない」から甘えているのではありません。「自分という存在やほかの人とのかかわりに少しずつ気づいている」から甘えるのです。十分に甘えて満足すれば、こころも安定し、自分を取り戻すことができます。ですから、まわりの人の接し方が、子どもの育ちにはとても大切になるのです。たったいまも、子どものこころが育っていることを忘れないようにしたいものです。

★2 ——自己主張する力と自制する力、ふたつの力をコントロールしながら、私たちは自我を保っています。

気がかりなこと

Q 伝い歩きしている子どもの足を見たら、がに股《また》でびっくり。ちゃんと歩けるでしょうか。

A 子どもの足はO脚からX脚へ、それから大人の足に近づきます。

くるぶしをくっつけて立ったとき、ひざの間が大人の指3本分以上開くのがO脚、いわゆるがに股です。一方、ひざをくっつけて立ったときに、くるぶしの間が大人の指3本分以上開くのをX脚といいます。

2歳ごろまで子どもの足はO脚気味。2〜5歳になると、今度はX脚気味になります。これは、子どもの足がまっすぐ伸びてきたために起こる、一時的な変化です。成長過程ではふつうに見られ、歩行にも支障はなく、やがて、ひざもくるぶしもくっつくようになります。寝るときに脚をなでてあげるだけでもよいという医師もいます。

O脚は1歳半ばごろまで、X脚は就学前くらいまで様子をみますが、心配なときは整形外科を受診してください。程度が強い場合は、装具で矯正することもあります。

Q 生まれつきおとなしい子です。手がかからないのはよいのですが、思春期に反動がくると聞きました。

A イージー・チャイルドもひとつの個性。温かいまなざしを忘れずに。

手がかからない子、あまり泣かない子、ぐっすり眠ってくれる子などは、イージー・チャイルドといって、おっとりしていて、おおらかで、聞きわけがよいという個性があります〈↓350ページ〉。こういう子どもには、つい大人は「ああしなさい」「こうしては」と指示を出したり、世話をやくつもりで先回りして子どもの気持ちに介入してしまったりします。

こうなると、やがて「いい子」が「大人の都合のいい子」になってしまいます。そうならないために、まず子どもの気持ちを察して、代弁してあげるという関係を大切にしましょう。〝子先親後〟の関係が大切なのです。そして「甘えたい」「泣きたい」「いたずらもしたい」といった自分自身の気持ちをことばで言うようになったら、喜んで受け止めてあげましょう。親子の間で、自分が出せるような人間関係をつくり出していくことです。

思春期を迎えると、だれもが反抗的になりますが、子どもが気持ちを自由に出せるという関係のなかで育てば、一過性ですむことが多くなります。

Q 食べ物をぐちゃぐちゃにするのが、どうしても許せません。

A 食事もまだ遊び感覚です。少量ずつあげたり、さっと片づける工夫をしましょう。

せっかく用意した食事で遊ばれると、がっかりしますね。片づけも大変です。でも残念ながら、1歳前後の子どもを「食べ物で遊ぶな」としかったところで、理解できないのです。「おなかがすいた、何か食べよう」と、自分の状況と食べ物を関連づけられるようになるのは2歳を過ぎてから。「自分流で好きなように食べたい」のも、1歳過ぎの特徴です〈↓483ページ〉。

一緒に食事をして食べ方のお手本を見せながら、少しずつ食べさせてみましょう。食事は30分ほどを目安にして、遊び食べが始まったなと思ったら、さっと片づけてしまってもよいのです。

運動機能の発達プログラム

ひとり歩きを始めると、次は垂直方向に興味をもつ

■好奇心がひとり歩きを促す

赤ちゃんは、見えない所には何があるのだろうという好奇心によって、より不安定な姿勢にチャレンジし、さらに、あのおもちゃの所まで行きたいという気持ちから、移動を覚えていきます。でも、腹ばいでも四つんばいでも移動はできるのに、なぜ、不安定な独歩をめざすのでしょう。

ひとつは、姿勢も移動も、初期のものほどエネルギー効率が悪く、大量に体力を消耗するという点が挙げられます。いちばん合理的な移動方法が直立二足歩行＝独歩だと、本能でわかっているのでしょう。

とはいえ、歩き始めの赤ちゃんは、強い好奇心とチャレンジ精神に導かれ、最初の一歩を踏み出すように見受けられます。

■歩き始めた子どもが、次にめざすもの

感動的な一歩を踏み出した子どもですが、そのチャレンジ精神は、とどまるところを知りません。自分で歩き回れるようになると、お母さんお父さんは、その「ちょろちょろ」ぶりに振り回され、大変な時期に突入します。では、歩き始めた子どもが次にめざしているのはなんでしょうか。それは、「歩行の安定」です。

歩き始めの子どもは、四つの条件がそろった場所でしか歩けません。すなわち、水平で傾斜がない面、かたい面、でこぼこのない平らな面、どこに一歩を出してもだいじょうぶな自由空間、の四つです。このあとは、これらの条件抜きの所に、子どもはチャレンジしていくのです。

家の中なら、マットやクッション、布団の上。外なら、坂道、やわらかい砂場、芝生、でこぼこのある砂利道、歩道と車道を仕切る縁石の上、階段……。危なっかしい場所ばかりを好んで歩くように見える子どもほど、努力家なのかもしれません。

歩きが安定することは、次の「走り」につながります。そして「走り」のスピードが出てくることが、ジャンプにつながるのです。子どもの「ちょろちょろ」は、こんなにも合理的な発達の過程として、子どものなかに組みこまれているのです。

■公園の遊具で自分で遊ぶ、という節目

より歩行が安定してきて、悪条件の所もじょうぶに歩けるようになったころ、これまでは水平移動にしか興味をもたなかった子どもが、今度は垂直方向に興味をもち始めます。いすがあったら、のりたがる。溝があったら、はいりたがる。穴があったら、潜りたがる。このころの子どもは、生理的多動期といえるほど落ち着きがありません。それを追いかけて、けがをしないように見守り、必要に応じて手を貸すのは体力のいる仕事ですが、発達の過程としては、とても望ましい子どもの行動なのだと理解しておいてください。

運動機能の発達の視点で考えたとき、公園に行ってブランコに乗れる、滑り台に登って滑り降りられる、ジャングルジムに潜

りこんだり登ったりして遊べるというのは、ひとり歩きというひとつの節目に対して、次の大きな節目に相当します。監視は必要ですが、だいたい3歳ぐらいには、自力で公園の遊具で遊べるようになります。

■自分のからだのイメージが出来上がる

公園の遊具で楽しく遊べるための機能としては、歩行の安定とともに、少し別の角度から考えた機能が必要になります。それが、「ボディ・イメージ」〈→397・582ページ〉です。自分のからだの輪郭、サイズがわかることで、頭やからだをぶつけないように潜ったり、またいだりができます。手足の動きの力加減がわかることで、よじ登ったり、ぶら下がったりすることができます。

また、姿勢もボディ・イメージの条件です。自分のからだがいま、どちらに傾いているのか、どちらの方向に動いているのかのイメージがないと、ブランコの揺れや滑り台の加速度への反応ができません。

子どもたちは、毎日の遊びと生活のなかで、このような感覚も身につけ、次第に器用な動きをマスターしていくのです。

歩行の安定へのチャレンジ

布団の上が大好き

砂利道を歩く

土管をくぐる

ソファにのぼる

垂直方向への興味

ジャングルジムをよじ登り、またぎ、くぐる。

保育園生活

育休明けの入園準備

育児休暇もあとわずか。職場復帰および子どもの保育園デビューの日が近づきました。会社によって育児休暇期間に幅があり、また両親の側にも入園させやすい4月から仕事を再開するなど事情があり、入園月齢にばらつきがあります〈「仕事を再開するときは」↓246ページ〉。

ここでは1歳前後に保育園にはいる子どもを想定しています。

■グッズの準備

入園に際して準備する品々やこころがまえなどは、産休明けのケースと変わりません〈↓208ページ〉。1歳のお誕生日を過ぎている子どもの場合は、以下のものがリストに加わります。

靴、上履き

まだ歩けなくても、お散歩に行くときに履きます。マジックテープやチャックつきで簡単に履かせられるものを選びましょう。スリッポンタイプの場合は、簡単に脱げないかどうか確認してください。子どもはぬかるみや水たまりが大好き。惜しげもなく靴を泥んこにしてくれます。長靴も含めて2~3足用意しましょう。

着替えにはズボン、短パンを

短いジャンパースカートに重ね履きパンツスタイルはかわいらしいのですが、外遊びには少々不向き。園によってはズボン推奨のところもあります。汚れてもかまわない、おしりやひざの部分をごしごし洗っても抜けないボトムをたくさんそろえておきましょう。

〝お昼寝の友〟はOK?

1歳くらいになると、お気に入りの毛布やハンドタオルがしっかりある子もいます。それがないとお昼寝できないというときなどは、持ちこんでよいかどうか保育園に相談してみてもよいでしょう。ただ、大好きなぬいぐるみやおもちゃなどを家から持って行くことはできません。

■保育園では3食

保育園では、1歳前後の離乳完了期に見合った素材ややわらかさの食事とおやつが出ます。0歳児、1歳児のクラスでは、登園後すぐに朝のおやつ、昼ご飯、お昼寝明けに午後のおやつ、と3回食べることになります。

これまで自宅で離乳食とおやつを食べていたのが、同じくらいの子どもと一緒に、規則正しく決まった時間に食べることになります。子どもによっては、自宅の慣れたいすでないからと最初は少ししか食べないこともありますし、反対に食が細かったのがまわりにつられてぱくぱく食べることもあります。また、1歳児にはお茶や牛乳をコップで出す園が多く、たちまちコップでじょうずに飲めるようになることもあるでしょう。

食に関しては、入園をにらんであえて準備をすることはほとんどありません。仮に好き嫌いがあったとしても、入園までの短期間に仕込み直そうとするのは無理な話です。むしろ入園後の変化をおもしろがってやろう、くらいの気持ちでゆったり臨んでください。

保育園の幼児食は、専門家が作るだけあって、よく考えられたおいしそうなものが出てきます。仕事が始まって忙しく、余裕のないお母さんには「園でしっかり食べさせてもらっている」ことが、とてもありがたく感じられることでしょう。でも、だからといって、朝食や夕食をおろそかにしてもよい、ということにはなりません。

■「朝の大泣き」が親を育てる

まだ人見知りが少ない赤ちゃん時代に産休明けから預けるのと、お誕生前後の育休明けから預けるのとで大きく違うのは、朝の別れで泣かれることでしょう。1年の間、赤ちゃんべったりだったお母さんお父さんも、後ろ髪を引かれ、わが身が千切られるような思いに陥ります。預けて働く覚悟をどんなに固めた人でも、気持ちは揺れ、子どもに対する後ろめたさ、申しわけなさを感じずにはいられません。

その痛みや迷いがあるからこそ、仕事が終われば走るようにして園に駆けつけ、わが子を力いっぱい抱きしめるのです。子どもに気持ちを残している、ということがとても大切なことで、その思いは確実に子どもに伝わっていきます。待っている子どもはもちろん、お母さんお父さんもまた、親としてひと回り大きくなっていきます。

いつかは必ず泣かなくなるもの

子どもによっては1年以上朝の大泣きを続けることも。けれども「卒園まで続いた子どもはいない」と、保育士や園長先生は口をそろえます。

またよく言われるのが「お母さんの後ろ姿をわんわん泣きながら見送っていても、見えなくなると泣きやんで遊び始める」ということ。

バイバイ代わりに涙で見送るのが、自分の務めだと儀式化しているようにも感じられます。

逃げ去らずに事情を話す

わんわん泣かれてしがみつかれるのはつらいもの。引き離し、逃げるようにして保育園を離れたくなりますが、毎日必ず子どもに話して聞かせてください。「聞いてちょうだい、ママはこれからお仕事に行くの。お仕事したらここに帰ってくるから、それまで先生と待っていてね」「お仕事しながら、○○ちゃんどうしてるかなあって考えるからね」。

子どもは泣き叫んでいても、ちゃんと聞いています。納得はしないまでも、お母さんの話を理解しているものです。

■親の不安や動揺も一因

子どもを保育士に託すとき、その人個人や園全体にお母さんが信頼感を抱いているかどうか、子どもはじつに鋭敏に感じ取ります。

希望の園ではない不安、子どもが園に慣れないことへの不信感、そして「ここに預けてまで働いてよいのだろうか」という揺らぎ。そんな気持ちを抱きながら自分を手放している親を見透かすように、子どももこれからの数時間を「受け入れるものか」と涙で抗議するのかもしれません。

日数がたっても泣き別れが治まらず、親の側にも思うところがある場合は、まず園に率直に相談してみましょう。コミュニケーションがとれたことで案外引っかかりが消え、信頼感が芽生えて、事態が好転することもあるものです。

話し合いがうまくいかない、不信感がぬぐえないなどの場合は、しばらく登園を控えるか、思い切って転園する、という考え方もあります〈↓173ページ〉。

授乳と食事

お誕生日を迎え、大人と一緒に食事をし、ついにおっぱいとさよならする日も近づきました。呼び名も、「赤ちゃん」から「幼児」に変わります。

離乳食は完了期になり、食事とおやつで必要な栄養をほぼ賄《まかな》うようになります。3度の食事は一緒にしても、まだ、大人とまったく同じ物を食べるわけではありません。きちんとかめる力をつけるためにも、引き続き気をつけてあげましょう。

かみつぶせるようになったら離乳完了期の食事に

1歳のお誕生日ごろには、上下の前歯が生えそろい、最初の奥歯が顔を出しかける子どももいます。歯茎でしっかりかんで、つぶしてから飲みこんでいるか、丸飲みや口にためこんだままにしていないかを見てください。口が左右に動いていれば、かみつぶしているとわかります。丸飲みや、ためこみ食べは習慣になるので、食べ物のかたさや大きさを少し前の段階まで戻すなどして、かめるようにもっていってください。

奥歯が生えそろうまではじょうずにすりつぶすことはできませんが、かみつぶしているようなら完了期の食事に移ります。栄養をほとんど食事から取るほか、歩いたり走ったりで運動量が飛躍的に増えるので、おやつを1～2回とるようにします。まだ胃が小さくて消化能力も十分ではないので、おやつも合わせて小刻みに食事をすると考えます。大人の考えるおやつ（甘い物、味の濃いスナック菓子など）をこのころから覚えさせることは避け、決まった場所で食べるなどの基本的なマナーを根気よく教えましょう。

かたさの目安は「肉団子」

1歳代の食事は「離乳食にかぎりなく近い幼児食」。肉や野菜の頑固な繊維は苦手ですから、薄切り肉や菜っ葉のお浸し、ほぐれにくいかまぼこなどは口から出してしまいます。やわらかい肉団子、削《そ》ぎ切りの鶏ささ身、ゆで時間を長めにした菜っ葉などを工夫しましょう。ご飯もまだ軟飯が適しています。1歳過ぎでは固定的な嗜好《しこう》というより、まだその日の気分で〝好き嫌い〟をするので、調理法や味つけで手を替え品を替え、いろいろな味を体験させてあげましょう。子どもだからと、〝子どもの好きそうな〟から揚げ、ハンバーグ、ケチャップ味のものばかり出すのは、様々な食べ物、特に世界的にも評価の高い和食と出会う機会を、子どもから奪い取ることになります。

大きさは、そろそろ「ひと口大」を卒業です。大きめの塊を、自分の前歯でかみ取り、適当な大きさを探らせます。この、かみ切るときに唇や前歯でかたさや大きさを判断し、どのくらいかむかという指令が脳から下る、という一連の流れが、咀嚼《そしゃく》能力です。ひと口分をフォークに刺してあげれば、まわりを汚すことなく食べますが、それでは、かむ総合能力はなかなか育ちません。

食べたい物を自分で食べたい

お誕生を過ぎたころから、自分の意思がはっきりしてきます。食べさせてもらうより、手づかみやスプーンで自分で食べたい、にんじんよりお父さんの枝豆が欲しいよ、お母さんがコップに手を添えたから気分が悪い、もう遊びたい……。食べ物をおもちゃにする遊び食べも続きます。食事どきが苦痛になってしまうお母さんもいることでしょう。とりあえず、手の込んだ幼児食ではなく、引き続き取り分けテクニックを駆使して、見た目は大人と同じでどれも少しやわらかくうす味のメニューにします。

食の細い子どもには、ご飯もおかずも器にほんの少しずつ盛りつけます。空っぽになったら、そしておかわりしたら、お母さんお父さんはびっくりして大いにほめましょう。スプーンの先にこっそりおかずをのせてあげて、子どもがじょうずに口に運んだときも同様です。また、お父さんなどほかの人に食べさせてもらったり、ピクニック気分で外で食べるなど、気分を変えるのもアイディアです。

食べたり食べなかったりを繰り返す「むら食べ」もこのころの特徴です。ご飯を食べないからと、子どもが喜ぶ甘いお菓子をあげると、そこでおなかいっぱいになって、ご飯どきにまた食べない、という悪循環に陥ります。元気がよければ「むら食べ」を気にすることはありません。

軟飯のおにぎり、肉団子のあんかけ、野菜スープの実など、手づかみ食べをすると目を覆うばかりの光景が出現するかもしれません。お母さんはため息をつきたくなりますが、熱心に食べているかぎりは「この子

「自分で食べる」を尊重してあげましょう。手づかみ食べのビギナーには、きゅうり、ゆでたにんじんや大根をスティック状に切ったものがお勧め。

はこういう流儀なんだ」と思ってください。自分でコップを持って牛乳やお茶を飲むのも、ほめてあげたいことですから、底に1㎝ほど注いであげては飲み干す、を繰り返させて、よい気分にさせてあげましょう。そして、だいたい30分ぐらい経過して、食べるより遊ぶほうに比重が移っているときは、わが家の〝テーブル憲法〟発動です。「ごちそうさま」をして、目の前でお皿を下げてしまいましょう。

「卒乳記念日」は成長のステップ

子どもの離乳食の進み具合や、母乳とのかかわり方を見ていると、「おっぱいが命綱」という感じが薄れてきたことがわかります。無意識に、おっぱいから遠ざかり出すのです。お母さんのほうでもこれを受け、あるいは母乳外来などのアドバイスを踏まえて、そろそろ卒乳しようかと考えるかもしれません。

卒乳は、しっかり歩けて、離乳食を3回食べていることが条件です。体調を崩しやすく、また外遊びで発散するのもままならない、梅雨時や寒さが厳しいときは避けたほうがいいでしょう。子どもの様子を見て日取りを決め、1か月前くらいから毎日子どもに「もう大きくなったから、○月○日におっぱいとバイバイね」と話して聞かせます。

いよいよ当日。朝に最後の母乳を「これでおしまいよ」といいながらこころゆくまで飲ませます。そのあと、両方の乳房に大きく「へのへのもへじ」や「アンパンマン」など、子どもの目にもはっきり顔とわかる

卒乳と断乳

どちらも似た意味のことばのように聞こえますが、卒乳と断乳は、その背景にある考え方に大きな差があることばです。

赤ちゃんの栄養状態が現在ほどよくなかった時代には、赤ちゃんをうまく離乳させることは、いま以上に切実な課題でした。1歳を過ぎてもおっぱいをしゃぶらせておくと、虫歯になりやすいことなどもあり、短期間で母乳をやめて離乳食のみにすることが推奨されてきました。このような母乳のやめ方(断乳)は、現在でも実際に行われています。

卒乳は最近作られたことばです。母乳育児のよさが再評価され、本人が欲するのなら母乳はずっと与えてよいという考えに基づき、母親がリードして行う印象の強い断乳の代わりに使われるようになったのです。この、断乳・卒乳は、おむつが取れることを、親が主導権を握った「おむつはずし」ではなく子ども自身の発達に重きをおいた「おむつはずれ」と言い換えたことと似ています。

私はそうした「主導権」「自主性」は程度の問題であり、要は親子で共同ですることだと思っています。そして、こうしたことばには歴史的な意味があるとは思いますが、あまり言葉使いにこだわらなくてもよいのではないかと思っています。

（榊原洋一）

顔の絵を描きます。子どもが次におっぱいを求めてお母さんのシャツをめくったり、お母さんが目の前でブラジャーをはずすと……驚いた子どもの表情を、おうちの人はぜひ記録しておいてください。生まれた瞬間、歩いた瞬間があるように、おっぱいとさよならした瞬間もあるのです。

笑ったり飛びすさったり、大泣きしたりと反応はいろいろですが、よくいって聞かせると、ほとんどの子どもがすっぱりやめられます。1日2日はぐずっても、お父さんとからだを使って遊ぶなどしているうちに、卒乳してしまいます。

子どもを驚かさず、「もうおしまいだから、おっぱいが出ないのよ」といいきかせて納得させる方法を選んでも、子どものペースに合わせて自然に卒乳を待ってもいいでしょう。あとは、お母さんが乳腺炎にならないように、普段以上に食べものに気をつけて、〈「乳腺炎にならないために」↓150ページ〉母乳外来に相談しながら乗り切ってください。

自我の芽生えを受け入れて

発達・臨床心理学者　室田洋子

乳児のころはスプーンでちょっとつつけば口を大きく開けて、離乳食をきれいに食べてくれた赤ちゃんも、1歳を過ぎると変化が表れます。おなかいっぱいなときや食べたくない物には「いやいや」し、一度口に入れたのに、むにゅーと出すことも起こります。意思表示の始まりです。

ここで「この前まではおりこうだったのに」といら立つか、「意思が出てきたわ」と喜ぶかの違いは大きいのです。母乳をたっぷり飲み、離乳食もよく食べてくれる赤ちゃんに、お母さんは大きな達成感を覚えますが、ともすればこれが「私がいないとこの子は生きていけない」という感覚にすり替わっていきます。夫の協力が得られず、近所に知り合いもなく、孤立したお母さんの不安と不満に満ちた状態は母子密着の入り口です。

■「追いかけっこ食」にご用心

こうして、自分の思うとおりの物を用意したぶんだけ食べさせなければ「育ちそこなう」という強迫感から、ひとさじだけでもという「追いかけっこ食」が始まります。

1歳児にも1歳児なりの意思があります。食べたくない物を強制され、ひとりで食べるとこぼすからとスプーンを取りあげられれば、不快になるのは当然です。やがては食への興味も、自立心も閉ざされ、お母さんに手厚く世話されるだけの受け身の子どもになっていきます。

子どもはお母さんだけでは育てられません。密室を出て、育児支援の様々なサービスを受けて社会とつながる一方で、夫婦共同で子育てに取り組んでください。養育者の不安が軽くなると、子どもも目に見えて生き生きしてくるものなのです。

家族で育つ

「家族」に子どもが加わって、1年が過ぎました。メンバーは、みんな元気ですか。お母さんが疲れたときの補欠候補は見つけてありますか。

4～5歳くらいまで、子どもは身辺自立★1の修業中です。ことばを話し、ひとりで歩くようになって、これからはなんでもどんどんできていくように思えます。けれども、よく見ていると、ほとんどできるようになっていたことをなぜかやめて、以前やっていたことにこだわったり、まったく違うことに挑戦したり、想像を超えた修業ぶりです。しかも、どう見ても手間がかかりそうなのに「自分でやる」と言ってきかないため、手を焼きます。お母さんお父さんも、親として大人として、一歩奥の深い子育て段階にはいりました。

ぎこちないながらも少しずつ成長していく子どもの姿は、見ていてほほえましいものですが、寝ても覚めても子育てでは息がつまります。子どもとふたり家族や、大人の手が足りない家族は、「社会」という大きなネットワークのなかからサポーターや相談役を探しましょう。子育ては本来、世の中の大人が力を合わせて取り組むべきもの。お母さんひとりが子育てマシンになってしまわないよう、注意しなければなりません。

子育ては、過去と和解するチャンスもくれる

子どもをもつと、子どもがいるのは喜ばしいことだ、すばらしいことだと、だれでも思うようになります。けれども、男性にも女性にも、子どもをもつことで、言い表しようのない寂しさを覚えるという一面があるのです。

まだまだ自分の役目は終わっていない、これからだ、けれどもいつか次の世代にバトンタッチするときがやってくる。そのバトンを渡す相手が、目の前にいるのです。日に日に成長していく子どもに比べ、体力・知力ともに衰えていく自分……喜んでよいはずなのに、置き去りにされるような気持ちに陥ってしまうことがあるのです。特にお母さんは子どもと過ごす時間が長いぶん、このような焦燥感、寂寥《せきりょう》感に見舞われがちだといわれます。

また、子育てによって、お母さんお父さん自身の子ども時代、あるいは子どもだったころの親子関係や友達関係、そのころ感じた悲しさやマイナス感情がよみがえることもあります。たとえば、「あなたがちゃんとやっていれば、こんなことにはならなかったのよ」と実母にきつく言われた、そのときの悲しさや悔しさを思い出して、負の感情が再燃する、などです。

そういうときは、「子どものころは言えなかった気

★1 ――食事をする。靴を履く。衣服の脱ぎ着をする。顔を洗う。歯を磨く。基本的な生活のことを自分でするのが身辺自立です。

持ちをことばにするチャンスだ」と考えてみてください。思い切って、「あのときは悲しかった」と親の前で口にしてみましょう。そこから新たな対話が生まれ、親子関係を再編成できるでしょう。さらに、自分が親となって初めて、「あのころは、お母さんもお父さんも大変だったんだ」と気づく場合もあります。それを素直にことばにすれば、過去のわだかまりが解けるのではないでしょうか。子育ては私たちに、自分の過去と和解するチャンスもつくってくれるのです。

子どもの気質、親の気質

2歳くらいまでは、こころのことを最優先し、「自分には味方になってくれる人がいる、ここはいい世界なんだ」という基本的な信頼感（ベーシック・トラスト）や愛着関係を根付かせる時期ですが、子育て経験が豊富な人の話を聞くとわかるように、親が同じ態度で接しているつもりでも、子どもの反応はひとりひとり違います。ストレスに弱い、苦痛を感じやすい、泣きやすい、怖がりといった気質[★2]の子どもとは、親とはいえ、愛着関係を築きにくいと感じることがあるようです。

このように「手がかからない子か、扱いにくい子かは、気質にもよる」というときの〝気質〟とは、なんでしょうか。それは、感情や行動に反映される、先天的・遺伝的な資質傾向のこと。その人の性格を形づくるひとつの要素でもあります。けれども気質は潜在的なものであって、この先この子がどんな性格になるかは、育つ環境や周囲の人からの働きかけによって変わ

ひとりでがんばらない子育てを

ひとりでがんばりすぎてしまうお母さんが、多いですね。「育てにくい子だな」と悩んでいても、「私の育て方が悪いんじゃないか」と思ってがんばり続ける。だれにも相談しないから、「ほんとだ、ちょっと心配だね。専門家と話したほうがいいかもしれない」と共感してもらったこともない。子どもがかなり大きくなってから、ようやくカウンセリングに行ったりするのですが、そのころにはお母さんは疲れ果てていて、「もっと早く来れば、もっと早く対応できたのに」と言われるケースもたくさんあります。

いきなりカウンセラーを訪ねることに抵抗があるなら、保育園や保健センターにSOSを出してよいのです。いま保育園は行政の指導によって、地域の子育て支援にも積極的にかかわるようになっています。在園児でなくても、近くの保育園に連絡して「うちの子、心配ないでしょうか？」と相談したり、「育てにくい子なんです」と、打ち明けるとよいでしょう。保育園が取り組む地域の子育て支援は、「子どものからだとこころのことをみんなでみてあげよう」という雰囲気になっています。　（土谷みち子）

★2——気質とは、生まれつきその人に備わっている資質のこと。そこに経験や環境要因が加わって、やがて個性として花開いていきます。

っていきます。また、子どもだけでなく、お母さんやお父さんにもそれぞれの気質があります。

たとえば、何事も細かく管理することで精神的な安定を得る気質の親は、「いまはおやつを食べさせる時間ではない」「いまはおもちゃで遊ぶより絵本を読むべきだ」などと子どもの行動をコントロールするため、無意識のうちに子どもの甘えや働きかけを拒否しがちです。それが続くと、子どもは、親との間に距離をおくことが愛情を得るいちばんの近道なのだと思うようになります。また、親が気分に左右されやすい気質の場合、かわいがったり突き放したりするため、子どもは用心深く過敏になって、絶えず甘えたり反抗したりすることで、「私（ぼく）に関心をもって」というシグナルを送るようです。

「愛着関係を築きましょう」と言うのは簡単ですが、親と子、それぞれの気質によっても、築きやすさ、愛着行為のパターンは異なりますし、たとえそのような気質を互いにもっていても、年齢や働きかけによって関係は変化するものです。さらに、人間ですから、親子とはいえ相性もあるでしょう。でも、「やりにくいな」とこちらが思っていても、子どもが「甘えたい」という態度を表に出せていて、しかもその甘えが親に受け入れられていれば、基本的な信頼感はこころのなかに根を張っています。また、この信頼感は、子どもにお金や物を与えれば植えつけられるというものでないことは、だれもがよくわかっていることです。

活発な子も静かな子も見守って

ひとり歩きが進むと、これまで以上にいろいろな物が目にはいり、手に取れるので、探索活動が活発になります。何を口にするかわからないし、散らかされても困るので、つい大人は「だめ」を連呼しがち。けれども、このころの子どもは、お母さんやお父さんに嫌われたくないという気持ちが強く、期待に応《こた》えるように行動します。先回りして「これは危ないからだめ、あれは汚いからやめようね」などと注意ばかり与えていると、親の言うなりの子どもにはなるかもしれませんが、せっかく芽生えた好奇心や「自分でやろう」とする積極性を奪ってしまいかねません。危険が目に見えていたり、人の迷惑にならないかぎり、自発的にやっていることは黙認し、困っているときにさりげなく手助けすることができれば理想的でしょう。

また、なかにはあまり積極的に動き回らない子や、静かにしているほうが好きという子もいます。そういう子どもには、「これはどう？　あれがいいんじゃない？」と先回りせずに、何かに取り組むまで見守るようにしましょう。そして、やってみたいことが見つかったようなら、その好奇心を深めるためにも、口出ししない環境をつくってあげてください。

地域と出会う

子どもを預ける

■預ける前に考えておきたいこと

子どもを預ける背景には、様々な事情があるでしょう。仕事を続ける親は、なんらかの形で子育てサポーターの力を借りる必要があります。

また、子どもとふたりっきりの日常生活に疲れきってしまい、「とにかく子どもを預けてプライベートタイムを確保したほうがよい」というようなケースもあります。

保育の専門家に預ければ、子どもは親がいない間も安全に過ごせるほか、「世の中には、お母さんやお父さん以外にも自分を大切にしてくれる人がいるんだ」という、「社会」の愛情を味わうチャンスを得ます。親も同じくらいの月齢のほかの子どもの成長ぶりを見たり、子育てのプロのアドバイスを受けることもできるでしょう。

子どもを預けることを後ろめたく思う必要はありません。だれにどのように預ければ「家族」としてうまく育っていけるか、送り迎えや緊急時の対策も含め、家族みんなで考えてください〈↓722ページ〉。

■一時的にお願いする

行政が指導している子育て支援は、自治体によって名称や条件、定員、保育料、利用期間などが異なります。預かる場所は、認可保育所や自治体指定の保育室。

市区町村の役所の子育て推進課、子育て育成課、保育サービス課などへ問い合わせてください。

一時保育

保護者の事情で週に何回か、日中子どもをみられない場合に利用します。自治体によっては、宿泊型や夕方から夜間にかけて預かる保育サービスもあります。

緊急一時保育

入院・死亡・失踪《しっそう》など保護者に生じた突発的な事情により、赤ちゃんや子どもの世話ができなくなった緊急時に利用します。

休日保育

保護者が休日の日中も仕事があり、子どもをみられない場合に利用します。条件を設けている場合が多いようです。

リフレッシュ保育

名称は自治体によって様々ですが、「育児の負担から解放されたい」「自分の時間をもちたい」など、保護者の私的な理由によって、赤ちゃんや子どもを一時的に預ける場合に利用します。また、「子どもに集団生活を体験させてみたい」という理由から利用することもあるようです。

■自宅でみてもらう

子どもの食事はこちらで用意しておくなど、事業主体によって援助の範囲は異なります。

産褥期《さんじょくき》ヘルパー

産後間もない母親と新生児のために自治体が行っているサポートです。家族が少なく人手がない、お母さんの体調が悪い、双子以上の赤ちゃんが生まれたという場合、ヘルパーさんが自宅で家事・育児を援助するほか、相談にものってくれます。役所や保健センターに問い合わせてください。

ベビーシッター

民間事業者が商業的に運営している保育サービスなので、自分で事業者を探し、適切な人材を派遣してもらいます。お母さんの体調がすぐれないときや在宅で仕事をしている家庭にも対応、保護者が働いていなければいけないという制限はありません。

■サポーター宅でみてもらう

自治体が民間事業者と委託契約しているシステムや、商業的に運営しているサービスもあります。利便性だけで決めずに、内容や相性を確かめて契約を結びましょう。

ファミリー・サポート・センター

様々な理由を受け入れてくれる、育児のこころ強い味方です。自治体がセンター（窓口）となり、必ずセンターをとおして利用します。お願いしたい人と援助したい人が事前に会員登録しておき、センターで調整。打ち合わせのあと、依頼を受けた援助会員宅で預かります。

保育サポーター

㈶21世紀職業財団の「サポーター養成講座」を修了して登録した保育サポーターと、個人契約を結びます。時間帯・保育料は個々に異なり、サポーター宅で預かります。

家庭保育室

自治体が委託契約した家庭や保育室などで、赤ちゃんを預かります。預け先が見つからない、保育園の入園待機中の場合など、役所に問い合わせてみてください。

保育ママ（家庭福祉員）

自治体による制度で、家庭福祉員とよばれる保育経験者が乳幼児を預かるサポートです。同じ「保育ママ」の名称で、非営利団体や民間事業者が運営している場合もあります。

■親しい人の世話になる

いざというとき、親しい人が預かってくれるかもしれません。都合をたずねて、快諾されたらお願いしてみましょう。

育児仲間

0歳児では難しいでしょうが、ある程度大きくなったら、時には友達と交替で預け合うことも考えてみましょう。子どもの引き取り時刻を守る、負担になっていないかたずねる、次はこちらが預かるなど、けじめと気遣いは忘れずに。

おじいちゃんおばあちゃん

「孫はかわいいものだから」と、祖父母が孫の面倒をみるのはあたりまえのように思っていたところ、「頼られても困る」とはっきり告げられてショックを受けた、という話を聞きます。祖父母世代は、むしろこちらが手を貸すべき年齢へと差しかかっています。かねてより計画していた人生設計もあるでしょう。そう思えばお願いのしかたもおのずと違ってくるはずです。

また、預かってくれたとしても、育児方針が自分たちと異なっていた場合には、衝突することがあります。「子育ての主体はお母さんとお父さんにある」という考え方を祖父母が受け入れてくれるようなら、この預かり関係はうまくいくでしょう。

親しい仲とはいえ、預かってもらったらお礼のひと言はもちろん、負担になっていないか、たずねる気遣いは大切です。

■保育園や幼稚園に通園する

公立・私立の保育園〈↓172・208・246・262・458・480ページ〉や幼稚園〈↓588ページ〉、認定こども園〈↓172・588ページ〉がありますが、設備、定員、保育料、時間帯、保育年齢は様々です〈↓648ページ〉。体験保育や園庭開放に親子で参加し、子どもが共感できそうな園かどうか、確かめてみましょう。

子育て支援から家族支援へ

臨床発達心理士　土谷みち子

■信頼と責任で預ける、預かる

ひとりになる時間が少しでも欲しい。仕事をもちたい。介護を必要としている家族がいる。いろいろな理由から、だれかに子どもをみてもらいたいと思っているお母さんやお父さんはたくさんいます。でも、赤ちゃんや子どもは、まだひとりでは生きていくことのできない小さな生命体です。預けるほうにも預かるほうにも、ためらいが生じるのは当然でしょう。

もし、お母さんやお父さんが預けることになんのためらいも抵抗も感じていないとしたら、預かる側はちょっと不安になってしまいます。子どもと一緒にいることによる疲労が蓄積しすぎている、精神的な幼さを抱えている、子どもへの責任を放棄している、などの心配があるからです。

また、預かる側に親の仕事の大変さや現状を理解し、「親子を支えるのだ」という信念を感じられなければ、お母さんやお父さんは子どもを託したいとは思わないでしょう。預ける側と預かる側、その両方が信頼と責任を感じてこそ、託された赤ちゃんや子どもはすくすく育っていけるのです。

■悩み多き、少子化世代の子育て

住環境が整い、プライバシーと個性が尊重され、他人の生活にかかわらない代わりに孤立する。生活レベルを保つため、教育費のかかる子どもはひとりかふたりでよい。いまのお母さんやお父さんは、そういう少子化時代に育っています。そのため、赤ちゃんにさわったことがない、小さな子どもの扱い方がまったくわからない、というところから子育てがスタートしていきます。子育て体験に乏しい世代なのです。

さらに、不況で生活不安に悩まされている、企業戦士だった親の影響で父親のモデル像を描けない、子育てしていると自分のやりたいことができない、そういう気持ちでいるお母さんお父さんも増えています。

確かに子どもを預ければ、仕事もできるし、気持ちに余裕ももてるでしょう。けれども、保育士さんや支援サービスに依存するあまり、子育ての先頭に立つのは親であるということを忘れないでください。

■家族で育つために

最近は、保育園での子どもの様子に関心が薄い、帰宅後の子育てが苦痛だ、そんなため息が、保育者や親から聞かれます。また、子どもは子どもで、家に帰ることを極端にいやがる、あるいはその逆で、家庭の中だけで過ごしたい、という子もいるようです。

保育士さんたちは「預かることがほんとうの子育て支援になっているのだろうか」「親として成長するためのプロセスを奪っているのではないか」「どこまで家庭の問題に介入すべきか」と迷いながら、いま預かっている子どもと保護者のために力を尽くしています。「子どもを預ける」ことで、密閉されていた「家族」に保育の専門家のまなざしが注がれます。そのまなざしは、子どもの成長を一緒に見守ってくれる力となり、親子関係を見直す機会となり、「家族」が育つためのエネルギーとなります。

ですから、お母さんお父さんは、保育士さんの助言に耳を傾けてください。子育て支援は「家族」への支援なのだと受け止めて、便利だから預けるのではなく、自分や「家族」の風通しをよくしてみてください。家族でいることが充実してくるはずです。

コミュニケーション

脳の貯金箱にたまっていたことばの山から、ついに「ママ」「バイバイ」などの初語《しょご》が出始めました。ことばの早い・遅いや増え方には個人差があります。昨日言えた単語を今日は言わない、ということもふつうです。ほかの子と比べたり、伸び方が遅いと気に病んだりする必要はありません。かわいい片言のおしゃべりが聞ける時期はあっという間。二度と味わえない珠玉の時間を、家族みんなで楽しんでください。

わかるけど言えないこの時期のサポート

子どもはびっくりするほどたくさんのことばを、頭の中では理解しています。声の調子から、怒っているのか喜んでいるのか、質問されているのかもわかっています。でも、なかなか適切に口には出せません。じれったい気持ちをうまくサポートしてあげましょう。

■子どもの注意が向いている物の名前を言う

子どもが見つめていたり、持って示す物の名前を「ああ、ボールね」「ネコちゃんだよ」と、代わりに言います。まねして繰り返したら「そうそう、じょうずだね」とほめてあげます。

■「チガウヨー」にも辛抱強く

お母さんが想像して「これが欲しいの？」と手渡したけれど、はずれだったときも、めげずに「こっち？これだった？」と二の手、三の手を打ってください。お母さんが「一生懸命わかろうとしている」ことが伝われば、子どもの「お母さんともっとかかわりたい、ことばを話したい」という気持ちは高まってきます。

■「お口で言ってごらん」は禁句

言えなくて指さすから、大人が代わりにことばを補う時期なのです。ですから、「お口で言ってごらん」は避けたいもの。ことばを増やそうとしても、かかわり合う意欲を萎《な》えさせてしまって逆効果です。「これはワンワンよ、言ってごらん、ワ・ン・ワ・ン」といった強要もやめましょう。

ことばの根っこを伸ばす

大人とのかかわりあいのなかで、ことばの根っこがどんどん伸びていく時期です。

■子どもの〝催促オーラ〟に即応する

「絵本読んで」「棚の上のあれ取って」「手遊びを聞かせて」。子どもから要求が出たら、極力その場でかなえてあげましょう。無言で物をにゅっと手渡すのではなく、「はい、ウサちゃんだよ」とことばを補ってください。

■静かな環境で自然な語りかけを
ひとつの音に集中するのがやっとです。音楽や人声の少ないほうが、聞こうとすることばに集中できます。代名詞（これ、それ）ではなく、「コップを、取ってきて」。短い文で、子どもがことばを理解しやすいように、文と文の間はあけましょう。

不自然にならない程度にゆっくり、大きめの声で。

注意！　ことばの催促、ことばの先回り

言わないほうがよいことば、しないほうがよい働きかけもあります。

■危ないときは気をそらして
危ない物に向かって行ったら、毅然《きぜん》とした声で「だめ」と言います。「危ないのがわからないの」「だめだって言ってるでしょ」というような、さも子どもが悪いかのような言い方は、できるだけ避けましょう。声を聞くのが楽しいと思っているところに、水を差すことになってしまいます。危ないときは無理にやめさせるより、抱っこして場所を移すか、別の遊びに巻きこむなどで気をそらすのがいちばんです。

■「パパにも言って」「これなーんだ」もやめよう
子どもがことばを話したとき、うれしさのあまり「パパにも言ってあげて」と何度も強制してはいけません。また、物を指さし、「これなーんだ」も、単なる試験で、ことばの強要です。自分から話そうという意欲をそぐことになってしまいます。

■察しがよすぎても、ことばは伸びない
子どもが指さしをするなど、はっきり意思を示す前に、まわりが察知してなんでも取ってあげると、ことばを介して要求を通じさせる経験ができません。ほどよく「ものわかりが悪い」親でいることです。

何かを取ってほしそうにしていたら、応じてあげましょう。そのとき、「はい、ウサちゃんだよ」とことばを補ってあげます。

歩き始めのころの遊び

歩けるようになると目の位置が高くなり、一挙に視界が広がります。興味をひかれるものが見えたら、自分で近づいていって、見たりさわったりできます。そのことが探索する力・興味・好奇心をさらに育てていきます。

この本では、遊びをとおして子どもが自分のなかに育てていく力をおもに次の五つに分けて考えています。

- 元気なからだをつくりあげる
- 器用に動かせる手をつくる
- 見る力・聞く力・話す力を育てる
- こころが育ち、知力が向上する
- 人と気持ちを分かち合い、社会の一員になっていく

見る力・聞く力が身につき、手や指もだいぶじょうずに動かせるようになるので、遊びの幅も広がります。操作して遊ぶおもちゃやミニカーなどで、ひとりで遊ぶこともできるようになります。けれども、「人とかかわる」遊びがまだまだ大切な時期でもあるのです。

遊びが育てる五つの力

- からだ
- 手
- 見る・聞く・話す
- こころ・知力
- コミュニケーション

あんよは じょうず

「おいちに」「あんよはじょうず」などの声をかけながら、手を支えて歩きます。大人は手を引きすぎないように、子どものペースに合わせて手を添えます。

これまでは左右への重心移動だったのが、前後への重心移動も体験することになり、立った状態でからだのバランスを取る練習ができます。視野とともに、興味も広がります。

まねっこ動物

『アイアイ』『ぞうさんのあくび』など、動物の歌に合わせて動物になりきり、動きや鳴き声をまねします。ウマなどの四つんばい歩きもこの時期、逆に新鮮です。

歌ってくれる人の顔を見ながら歌を注意深く聴き、発音できそうな部分をまねるようになります。「おもしろいね」「大きな声だね」などと笑い合うことで、こころの交流が生まれます。

おきがえ ごっこ

抱っこで向かい合い、大人の洋服のファスナーを上げたり下げたり。月齢が進むと、大きめのボタンのはめはずしも楽しめます。

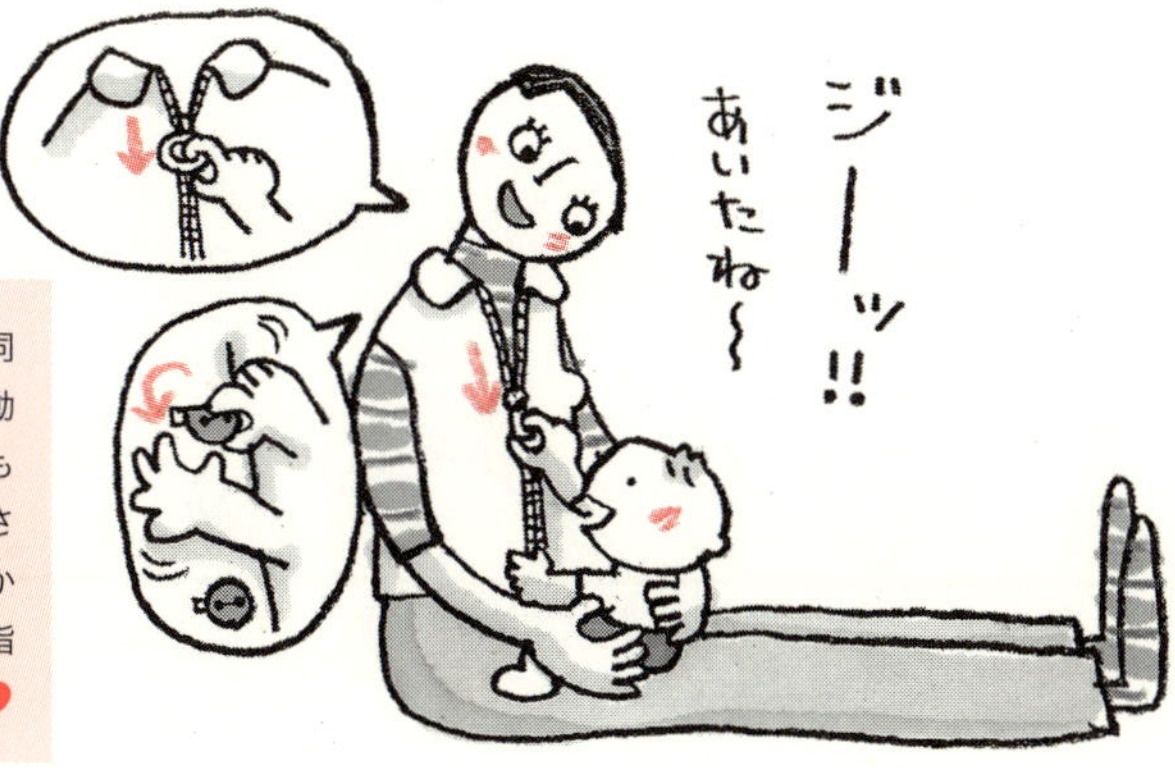

指先の動きが促されると同時に、目と手が協応して動きます。色や形、向きにも注目するようになります。さわって大きさや感触を確かめ、体験を重ね、器用な指先をつくります。

歩こう 歩こう

砂利道、どろんこ道、坂道、草むらなど、いろいろな所を歩いてみましょう。途中で虫探しなどをしても、「おもしろい」という気持ちを分かち合えます。

立った状態でのからだのバランスが鍛えられ、前後への重心移動もスムーズになってきます。しっかり歩けるようになるための準備です。屋外に出ると視界が広がり、興味も広がります。

粘土遊び

小麦粉に水を加えるだけで簡単に作れる小麦粘土で遊びましょう。口に入れても安全です。大人が「丸める」「伸ばす」などの見本を示すと、興味をもちます。

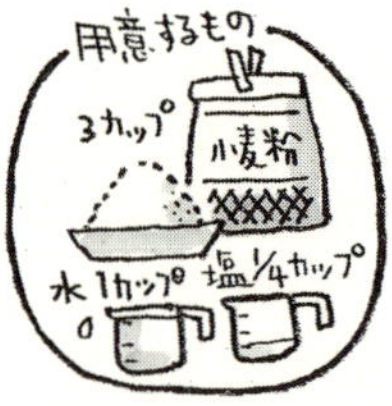

ボールに水1カップと塩1/4カップを入れて溶かす。

小麦粉をボールに入れて、少しずつ❷を加えてこねる。

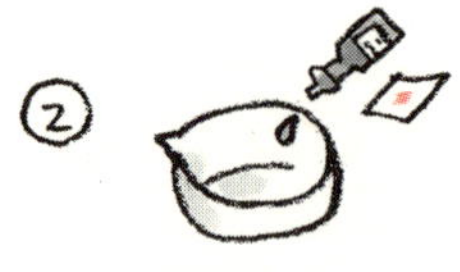

色や香りをつけたいときは、食紅やエッセンスを入れる。

好みのかたさになったら出来上がり。

粘土をこねるときの感触が気持ちよく、手や指先の力加減で粘土の形が自由に変わることを理解します。感触や、できた形を「おもしろいね」と親子で共感することができます。

じょうろで ジャージャー

じょうろを使った水遊びで、いつもとは違った水の感触が楽しめます。食紅で作った色水をペットボトルなどに入れて遊んでもおもしろいでしょう。

牛乳パックを切って底に小さな穴をいくつかあけ、取っ手をつければ手作りシャワーができます。

じょうろを傾けた位置で手を固定する練習になり、手の力の入れ具合もふだんと違った体験ができます。形が変わり、シャワーのように細かく出る水に興味をもち、注目します。

ストトンの トン!

ひざを立てた状態で、子どもをひざの上に座らせ、「トン」でひざを伸ばして落とします。距離や落下速度を加減して、いやがったらやめるようにします。

落下で上下の位置の変化を体験し、バランス感覚のセンサーから上下動の動きの情報が脳に送られます。落下を期待して待ち、将来起こることの予測をするようになります。

マークは、その遊びをとおして、子どものなかに育つ力のうちの代表的なものを表しています。

ずいずい ずっころばし

歌い継がれている手遊び歌です。歌のリズムにのって、「一緒にする遊び」の楽しさが体験できます。

ずいずい ずっころばし
ごまみそ ずい

てあそびうた

ずいずい ずっころばし ごまみそ ずい ちゃつぼに おわれて
トッピン シャン ぬけたら ドンドコショ たわらの
ねずみが こめくって チュウ チュウチュウ チュウ おっとさんが
よんでも おっかさんが よんでも いきーっこ なーーし よ
いど の まわりで おちゃわん かいたの だーれ

手をすぼめる、指でさしていくなどの手の動きを体験します。指が順に手を移動するので、「この次」を予測したり、「順番」を期待したり、「交代」を理解するようになります。

積み木 ガラガラ

積んである積み木を崩して遊びます。砂場でも、作ってある形を崩すなど、壊す遊びを楽しむ時期です。

そう〜〜っと・・
わあー すごいね!
えい!
ガラガラ

手で積む、払うという動きを体験します。音をたてて崩れるのがうれしく、高かった物が低くなる(縦方向の物が平面になる)ことで高低の概念が育つための基礎的経験になります。

シール遊び

シール貼《は》りも大好きな遊びです。大きな魚や木の絵を描いたところに丸いシールを貼ると、うろこや木の実に見立てて遊ぶことができます。

目と指先を使う遊びです。親指と人さし指で、物をつまむことができるようになります。シールを台紙からはがすには、よく見ることも必要で、目と手の協応も進んでいきます。

ブランコ ゆらゆら

ひざの上に子どもを抱っこして、一緒にブランコに乗ります。「ゆーらゆーら」など、ブランコの揺れる様子を声に出して語りかけましょう。

視界の微妙な変化を体験、揺れの刺激がはいることで、脳の機能が活性化します。気持ちよい速度の揺れでこころが安定し、大好きな人のひざの上にいることが安心感につながります。

ほかにおすすめの遊び・おもちゃ

- 歌遊び（『アイアイ』『お馬』『おつかいありさん』『このこ　どこのこ』など）
- 吹くと音が鳴ったり、たたくと音が出るおもちゃ
- 穴にブロックや棒、メダルを落とすおもちゃ
- ミニカーより大きい自動車や汽車、飛行機
- ごっこ遊びやまねっこ遊びに使える料理器具や家庭用品
- ファスナーやボタンのついた布絵本
- ぬいぐるみや、ぬいぐるみ用の布団
- 簡単なジグソーパズル

おすすめの絵本

- 『きんぎょがにげた』（福音館書店）
- 『のせて　のせて』（童心社）
- 『おててがでたよ』（福音館書店）
- 『すきすきラッキー』（小学館）
- 『はらぺこあおむし』（偕成社）
- 『したく』（文化出版局）
- 『こんにちは』くまくんの絵本（福音館書店）など

「1歳からの絵本」については546ページもご覧ください

1歳3か月〜1歳6か月

ワンワンがいっぱい

覚えたてのことばは不思議だらけ。イヌ見て「ワンワン」、これはおりこう。だけど、ネコに「ワンワン」、ウサギも「ワンワン」……どうしてか。でも、いいの、いいの。「言えるんだよ」「知っているんだよ」、それが自慢なお年ごろ。ね、得意げな顔でしょ。ワンワンの次は何を教えてくれるのかな。

1歳3か月～1歳6か月

からだの発達

歩き始めの子どもの歩行の姿勢は、ハイガードとよばれる独特のスタイルです。これは、両腕を頭の位置くらいまで上前方に上げて、半分ばんざいをしたような姿勢です。「ハイ」は高いという意味、「ガード」は守るという意味ですが、これは、転んでもすぐに手が前に出る「パラシュート反射」〈↓404ページ〉の準備の姿勢なのです。

このように、転んでも大切な頭を打たずにすむように準備しながら、子どもは一歩一歩、歩ける距離を伸ばしていきます。そして次第に、はいはいに代わって立位歩行が主要移動手段になっていきます。歩幅も最初は小さく、また、安定するために足を左右に広げて歩きます。子ども（赤ちゃん）の足はみな、いわゆるがに股《また》（O脚）〈↓477ページ〉ですが、これもこの時期の子どもにとってはむしろ好都合なのです。

よちよち歩きでも、段差では立ち止まる知恵が

最近の家はバリアフリーで段差が少なくなりましたが、よちよち歩きの子どもには、段差は大変な障壁です。でもたいていの子どもは、教えもしないのに、段差がある所に来ると立ち止まり、進むべきかどうか思案します。じつは、こうしたまわりの様子を判断する力は、赤ちゃんがはいはいをし始める7～8か月で身についているのです。

このことは、はいはいできるようになったばかりの赤ちゃんを、床から1mくらいの高さに渡した厚いガラス板の上で、心拍を計りながらはいはいさせてみるとわかります。ガラス板は長さの半分が透明で、残り半分には床と同じ模様が描かれています。その模様側の端に赤ちゃんを座らせ、反対側からお母さんが呼ぶと、赤ちゃんは喜んではいはいを始めます。でも、床の模様がなくなり、透明な部分に差し掛かると、そこで止まってしまうのです。お母さんが再び呼ぶと、そろそろと透明なガラス板の上をはいはいしますが、赤ちゃんの心拍は速くなります。

「高い所は怖い」と理解している不思議

これは、赤ちゃんがすでに高さというものを理解している証拠なのです。この実験は「視覚の断崖《だんがい》」とよばれる有名な実験で、それまで実際に高い所から落ちた経験のない赤ちゃ

んでも、「高い所は怖い」ということを正しく理解しているとわかります。こうした理解をどのようにして身につけるのでしょうか。赤ちゃんは生まれてから7〜8か月の間、まわりの様子を観察しながら、高い所から物が落ちるという法則を自分で見いだしているのです。

進むか戻るかは個性が反映

ですから、よちよち歩きの段階のたいていの子どもは、初めての場所でも段差がある所まで来ると、いったん立ち止まって考えます。そこから先の行動は、子どもの個性が反映されます。思い切りのよい子どもは、そのまま突き進むことを選びます。うまくいけば、ちょっとバランスをくずすくらいで着地成功です。でも最初は転ぶことのほうが多いでしょう。

慎重な子どももいます。慎重派の子どもは、段差の所でしばらく観察したあと、引き返すか、あるいはそこでそっとはいはいの姿勢になって、より安定した姿勢で難所を切り抜けます。

いずれにせよ子どもは自分で歩き回りながら、家の中の様子を探検し、知識を深めていきます。この時期の子どもはそうした冒険心に富んでいますから、はいはいで動き回っていたとき以上に事故には注意してください。立って歩くようになった子どもには、事故の種類がひとつ増えます。

それは、哺乳《ほにゅう》類のなかでもヒトや背の高いキリンなどの動物にしか見られない、転んで頭を打つという事故です。子どもの頭は胴体に対して大きく重いので、たとえハイガードで準備していても、転んだ拍子に頭を打ってしまうのです。いすやテーブル、あるいはテレビなどの角で頭を打つと、思わぬ大けがになることがありますから、角張ったところを弾力のあるシートで覆うなどの安全対策も必要です。

浴槽への転落事故もこの時期によく見られます。高さの低い浴槽では、中をのぞこうとした赤ちゃんが重い頭から転落し、おぼれるという痛ましい事故もあります。風呂場や洗濯機のある部屋は子どもがはいれないようにしましょう。

歩き始めの子どもは、ハイガードとよばれる姿勢で歩きます。転んでも大切な頭を打たないように準備しているのです。

低いながらも、積み木で塔を作れるようになります。細かい運動のコントロールができるようになったおかげです。

道具を使う才能が花開く

足だけではなく、手の使い方もさらにうまくなってきます。親指と人さし指で小さな物、たとえば干しぶどうをつまんで、自分でコップの中から出すことなどもできるようになります。少しずつ歩く範囲を広げながら、家中のつまめる物や引っ張れる物はなんでもつまみ、引っ張り回します。ヒトがほかの哺乳動物と違う点のひとつである「道具を使う」という能力がこの時期に花開きます。いまではチンパンジーなどにも備わっていることがわかっている能力ですが、それでもやはりヒトのそれは際立っています。最近のおもちゃには、指先が器用になったこのころの子どもの気持ちを満たすようにできているものがあります。こうして器用になった手先を使って、子どもはさかんにまわりの大人や年上のきょうだいのまねをします。

クレヨンや色鉛筆を持たせると、紙にぐるぐると描きなぐることもできます。チンパンジーもクレヨンで器用に描くことができますが、出来上がった作品はこの1歳3か月ころのヒトの子どもと同レベルです。この時期の子どもに積み木を与えると、積み木の上にもう1個の積み木を重ねて、低いながら「塔」を作ることができるようになります。手に持った積み木をきちんともうひとつの積み木の上に置けるのです。これは単純なことのように見えますが、距離感や手を離すタイミングなど、細かい運動のコントロールができなければ不可能な動作です。

前にも書いたように、近年のチンパンジーやゴリラなどの類人猿の研究で、道具を使うことができるのはヒトだけであるという従来の通念は、もはや正しくないことがわかりました〈↓368ページ〉。チンパンジーは、木の穴の奥にいるアリを捕まえて食べるために、細い木の枝を使ってアリを「釣る」ことができることがわかっています。また、人間に飼育されているチンパンジーは、高い所にあるバナナを取るために、長い棒や踏み台を使うことができます。また、野生のチンパンジーでも、木の実のかたい殻を割るために、石を使うことができます。

でもヒトは自然物に手を加えて加工し、決して自然には存在しない道具を作り出すことができます。そしてそうした「手を加えて変化させる、加工する」といった技能は、出来合いのおもちゃで遊ぶだけでなく、積み木を自分の好みに合わせて積み上げるといった〝創造的な〟動作のなかで培われていくのです。

手先が器用に使えるようになった子どもは、そうした創造性を発揮することによって、外界への自由なかかわり方を身につけていくのです。

（榊原）

1歳3か月〜1歳6か月

ことばの発達

このあたりから2歳半ころまでの間、言えることばの数の個人差はさらに大きく広がります。早い子は早いし、遅い子はゆっくりです。ことばの早い子のほうが勉強好きになるとはかぎりませんし、ことば数の多い子に幸せな人生が約束されているわけでもありません。あせらず、自分のペースでいくのを見守りましょう。

大人とは違う、もののとらえ方

ことばが増えていく途中には、おもしろいことがいろいろ起こります。

ひとつは、イヌもネコも、パンダもキリンもゾウも、どれを見てもみんな「ワンワン」と言ったりすること。「ワンワン＝イヌ」と思いこんでいる大人はちょっと面食らいます。間違って覚えたら大変！　とばかりに、やっきになって「ワンワンじゃなくて、キリン」とか「あれは、ニャンニャンよ」と言い直そうとしますが、子どもは、あくまで「ワンワン」と主張します。

子どもがものをとらえるやり方は、私たち大人とは違います。

ある子どもは電灯がついたときに「ツイタ」と言い、そのうちについていない電灯も、小窓から漏れる光も、夕日も「ツイタ」と言ったそうです。

こういう状態を「過大般用」とか「過般化」といったりします。数少ない手もちのことばをいろいろなものにあてはめる、という意味です。

ネコを「ワンワン」と言うこともあります。数少ない手もちのことばをいろいろなものにあてはめているのです。

最初は1ジャンル1語がふつう

こんなふうに考えてみてはどうでしょう。

子どもの頭の中のことばの「動物関係」引き出しは、最初は1個だけ。その引き出しに貼《は》ってあるラベルが「ワンワン」だとすると、動物はみんな「ワンワン」と名づけられてしまいます。

引き出しがふたつに区切られると「ワンワン」と「チュンチュン」が区別できるようになり、四つになると「ワンワン」「チュンチュン」「ニャンニャン」「ガオー」が区別されるようになります。

やがて引き出しの数がさらに増えると、動物のジャンルではワンワン、ニャンニャン、ウサちゃん、パンダ、キリン、ゾウ、ライオン、ゴリラ、ネズミ、ワニ、カバ、なんでもござれ。

他のジャンルでも同じようなことが起こります。「乗り物関係」ではトラック、ダンプカー、ワゴン、パトカー、ショベルカーなどへと広がりますし、「食べ物関係」はなんでもかんでも「マンマ」1語ですませていたのが、ラーメン、ジュース、アイスなどなど、細かい違いがわかり、言えるようになるわけです。

ことばの増える中身も子どもそれぞれです。

ブーブとかワンワンとか、名詞が増えていく子どももいれば、「ドージョ」とか「バイバイ」とか「(コンニチ)ワァ」「トーダイ（ちょうだい）」といったあいさつや、かかわりのことば、あるいは「オイチ（おいしい）」、「ナイ」「アッタァ」など、状態を表すことばのほうがどんどん増える子どももいます。

赤ちゃんことばはどんどん使おう

「ワンワンとかブーブとか、赤ちゃんことばを使ったほうがいいいか、最初から大人のことばでイヌと自動車と言ったほうがいいのか」と、心配になるお母さんお父さんも少なくありません。

このことは前にもちょっと触れましたが、結論をいうと「赤ちゃんことばは、子どもにとって聞き取りやすく、言いやすい音。ことばの発達を促すためにはおすすめ」です〈「繰り返しのあることばがわかりやすい ➔452ページ〉。

赤ちゃんことばは、クツシタ（k-u-ts-u-sh-i-t-a）を「タータ（t-a-t-a）」、ジドウシャ（j-i-d-o-u-sh-a）を「ブーブ（b-u-b-u）」、オカアサン（o-k-a-a-s-a-n）を「カーカ（k-a-k-a）」といった具合に、難しい音をやさしくて言いやすい音に取り替え、それを繰り返しています。これは、子どもにとって聞き取りやすく、言いやすい音なのです。

「赤ちゃんことばを使っていると、大きくなっても赤ちゃんことばのままで、お友達に笑われるんじゃないか」と心配するお母さんもいますが、それは取り越し苦労というもの。小学生になって、イヌのことをワンワンと言っている子は、まずいません。からだとこころの成長に合わせて、いつの間にか本人も周囲も、自然に大人のことばに切り替えることができるのです。

先のことを心配して、いまの楽しさをつぶしてしまうなんてつまりません。いまは、「チュルチュル、アッチッチだからフウフウしようね、フウフウ」と言いながら、お昼のうどんを楽しくおいしくいただこうではありませんか。

赤ちゃんことばは、子どもに聞きやすく言いやすい音。ことばの発達を促すにはおすすめです。

同じことばを何度でも聞きたい

子どもによってはお気に入りの本ができて、持ってきてはお母さんの手に押し付けて、「ヨンデ」というそぶりを見せるかもしれません。

ストーリーのある本についていくのはまだ難しく、単純な果物の絵本や自動車の絵本といったものがせいぜい。お母さんお父さんはすっかり読み飽きてうんざりしているかもしれませんが、子どもは何度でも繰り返し、同じことばを聞き、そのことばを確かめ、確実に身につけていきたいのです。

それに何より、大好きな人を独り占めして、その人の声で大好きな本を読んでもらう、この幸せな一瞬ときたらたまりません。

「ことばを覚える」ためだけに、本を読むのは邪道というもの。子どものこれからの一生の宝物になるかもしれない時間をいま過ごしている、そう思いたいですね。

とはいうものの、同じ本ばかりで飽き飽きだというお嘆きもよくわかります。ここは辛抱辛抱。

絵本には見向きもせず、もっぱらごそごそ動き回って遊ぶ子どももいます。それはそれで、その子のやり方。動き回るのにつきあってあげましょう。

（中川）

1歳3か月～1歳6か月

こころの発達

この年ごろの子どもが何かするとき、そのことがよいことか悪いことか、わかっているのでしょうか。いいえ、わかってはいません。特にこの時期の子どもはそうです。子どもは、自分の行動に対して親がどういう反応をするかを見て、やってもよいことか、いけないことかを判断するのです。親が「だめ！」と大きな声を出すと、子どもは「いけないことなのかな」と躊躇《ちゅうちょ》します。親が黙ってほほえんでいると、「これはやってもいいことらしい」と安心してやり続けます。

こういうやり方で、大人は子どもの行動をじょうずにコントロールしているのです。「よい」か「だめ」かを親が示してやらなければ、子どもたちには、やってよいこととそうでないことを判断する力がついていきません。

子どもの個性に合わせて、親の反応を工夫する

さて、親の禁止や命令は、この年齢の子どもにも効果があるのでしょうか。それともこうした禁止のことばが増えると、神経質な子どもに育ってしまうのでしょうか。

結論は、と問われれば、きつく言いすぎるのはよくないけれども、ある程度の禁止語はしかたがない、と答えることになります。

ただ、そのやり方は、子どものタイプや育ち方によって工夫したほうがよいでしょう。たとえば注意したとき、比較的聞き分けのよい子もいれば、そうでない子もいて、個人差がかなりあります。

この差が生まれる理由のひとつは、子どもたちの性格の違いです。大胆派の子どもは、親の制止があっても自分の好奇心を満たすまでやり続けようとします。慎重派の子どもは、ちょっとした制止でやめてしまいます。こういうとき、大胆派の子どもに対して、言い方が多少きつくなるのはしかたないことでしょう。大胆派、慎重派というのはひとつの分け方ですが、いずれにしても、子どもの性格に合わせて反応するようにしたいものです。

大切なのは、子どもの希望をかなえてあげること

もうひとつ、親の制止に対する子どもの反応が違ってくる原因は、それまでの育て方のなかで親に対しての〝アタッチメント（愛着）〟〈↓394・395ページ〉が形成されているかどうかです。

子どもが親を信頼している、つまり、アタッチメントを形成していると、強く禁止や制止をしなくても、親の態度をくみ取って、意図をうまく察することができるようになります。

しかし、アタッチメントの形成が不十分だと、子どもは、強い制止や禁止がなければ、行動のよし悪《あ》しを判断できません。

ただ、忘れないでほしいのは、子どもの行動を制止することよりも、子どもの希望をかなえてやることのほうが大切だということ。子どもが何をしたがっているのかを感じ取って、できるだけ危険のない状態でそれをやらせてあげましょう。

そして、「いたずらは困るけれども、〝いたずらごころ〟はつぶさない」という対応をこころがけたいものです。たとえば、トイレで、トイレットペーパーを全部引き出してしまっても、頭ごなしにしからず「あらあら。だめよ、こんなことしちゃ」と元に戻してやればよいのです。子どもは「あれ、ママはだめと言っているけれど、そんなに怖い顔していないな。じゃあ、いまは我慢するけれど、またやってみよう」と納得するでしょう。また、〝いたずらごころ〟を容認してくれる親に強い信頼感を抱くようになります。こういう関係の積み重ねで、アタッチメントは形成されていくのです。

（汐見）

育ちのようす

このころの子どもの動きには思わずほほえんでしまうかわいらしさがあります。それは、動作がぎこちなく、いかにも初心者という感じがするからでしょう。ぎこちないのは、片手だけですむところを両手が同時に出る、あるいはおじぎをするとき腰だけでなくひざも一緒に曲がるなど、からだの違う部分が同じ動きをしてしまうことがひとつの理由です。また、ボールの投げ方を見ても、上半身をねじるとか、足を踏み出したりせずに、腕の力だけで投げています。つまり、ひとつの動作をするにあたって、ほかの部分が協力しないこともあるのです。このように、このころの子どもは、からだの動かし方がパターン化していて、その時々にいちばん適切な動作がまだとれずにいます。

スムーズに行動するために必要な運動神経の回路は、子どもが全身を使って動いたり遊んだりしていくうちにつながっていきます。どんなふうにからだを使えばよいのか、お手本になるのはそばにいるお母さんやお父さん。「バイバイ」や「おててパチパチ」「おつむてんてん」のまねを何回もしたり、絵本を何回読んでもらっても飽きたりしないのは、繰り返し体験しながらからだの動きやことばの使い方を習得しているからです。クレヨンでなぐり描きするのも、だれかが紙に何か書いているまね。電話ごっこが好きなのも、電話をかけている人のまね。

人まねというとオリジナリティがないように聞こえますが、生活に必要な動きを身につけたり、ことばをじょうずに使っていくための第一歩として、とても大切な作業なのです。

記憶をためて次の段階へ

1歳代の前半くらいから、子どもは物にイメージを抱くようになります。たとえば絵本に動物が出てくると「ワンワン」と言う。イチゴの絵を見ると食べるふりをする。お母さんがその絵本を読むたびに「ワンワン」と言っていた、イチゴが出てくるたびに「パクッ」という口の格好をした、そういう記憶がイメージとして残っていて、つもり遊び、見立て遊びができるようになっていくのです。

いつも話しかけてくれたり世話をしてくれる人の顔を記憶できるようになるのが生後5〜6か月。このような記憶は、わりと長い期間にわたって保存されるものなので、〝長期記憶〟[★1]とよばれます。

それとは別に、新生児のころからあるのではないかと考えられているのが、無意識のうちにからだで覚えてしまう記憶＝〝手続き記憶〟です。私たちは、いつも出入りしている扉を開けるとき、「このドアは押す

★1 —— 長期記憶にはこのほか、“意味記憶”や“エピソード（出来事）記憶”というものがあります。意味記憶は単語や地理的な場所、顔の表情や身ぶりから判断される意味を記憶するもので、生後5〜6か月から働くといわれています。エピソード記憶が働くのはもっとあとです。

と開くのか、引けばよいのか」といちいち悩んだりはしません。無意識のうちに自然な行動をとっているでしょう。新生児がお母さんの声がするほうに顔を向けるのは、出生後数日で「この声がする」と「おっぱいが飲める」という手続きを記憶したのではないかと思われます。

　このように様々な記憶の働きを借りて、子どもも成長していきます。見立て遊びの延長にあるのが、おままごとや鬼ごっこです。人のすることをまねしながら記憶にすりこんでいるので、やがて自分でもできるようになるのでしょう。いま自分が何をしているのか、次にどうすればよいのか、その判断ができるようになると、自我も次の段階へ育っていくのです。

生活習慣もまねごとから

　あいさつ、洗顔、歯磨き、トイレ、着替え、片づけなど、私たちが生活していくうえで、身につけていかなければならない習慣はたくさんあります。まだ赤ちゃんだから、まだ小さいからと、やらせなくてよいのか、あるいはいつから教えればよいのか、迷うときがあります。

　ひとり歩きが不安定なころに「トイレへ行こう」と促しても難しいでしょうし、指先の動きが不器用なころに「ボタンをはめなさい」と要求しても無理でしょう。けれども、自分からやりたそうにしていることなら、やらせてもよいのです。たとえば、食事のときにスプーンを使いたがったら、持たせてみる。ただし、

お父さんへ

性差より個性を大事に

　男の子は父親を、女の子は母親を手本にして、性差を意識していきます。それは、人格形成にも影響します。ただ、父親が「男は強くなければ」と過度に思いこんでいると、男の子に強さばかりを求めます。父親は同性の子に思い入れが強く、優しいお父さんでも男らしさにこだわる傾向があります。

　逆に、女の子にはその裏返しで、自分の女性観を押しつけがち。でも、子どもの気質は生来のもの。個性と父親の求める「らしさ」がくい違うと、父子関係がぎくしゃくしてしまう場合もあります。

　特に「男らしさ」は社会の最大公約数的な基準で見た性差にすぎず、これを強要すると個性の芽を摘んでしまうことにもなりかねません。幼児期には男の子だってままごとをしたい。スカートだってはいてみたい。もしかしたら、化粧もしてみたい？　それはともかく、幼児期は男女の差を意識しすぎず、子どもの個性を肯定的に考えてあげましょう。

指先でスプーンをつかめるようになっていても、口の中にスプーンがまっすぐはいらなかったり、こぼしてしまうほうが多いでしょう。いまは無理に「こうしなさい」と言う時期ではありません。スプーンの使い方を教えるなら、手や腕をスムーズに動かすことができて、唇でスプーンの食べ物をこそげ取れるようになる2歳ころにしましょう〈↓538・548・593ページ〉。手洗いや歯磨きも、大人が手助けしてまねさせることから始めます。

掃除や食器洗いなど、家事をまねするようにもなりますが、邪魔になっても少し我慢して。子どもがまねをしたら、たくさんほめてください。しかるのは、危険なこと、してはいけないことをしたときです。なぜやってはいけないのかも、きちんと伝えましょう。

このころの衣服

動きが活発になり、汗をかいたり汚したりすることも多くなります。素材は、ざぶざぶ洗え、汗を吸い取りやすい綿がいちばん。つなぎのものより、シャツとズボンというように上下組み合わせたほうが脱ぎ着しやすいし、動きも楽です。

ズボンはボタンやホックのないゴムだけのものを。シャツは丸首かポロシャツ。気温に応じてベストやトレーナー、コットンセーターなどの組み合わせができます。女の子はスカートもはけるようになりますが、スカートのときは、パンツタイプのおむつの上に、オーバーパンツかスパッツやタイツをはかせるとよいでしょう。

綿素材の衣服がいちばん。ズボンやスカートのウエストは、ボタンやホックのないゴム入りのものに。スカートの下にはオーバーパンツやタイツをはかせます。

気がかりなこと

Q まだ母乳をあげています。そろそろやめたほうがよいのでしょうか。

A 食事を食べて、体重も増えているなら、そのうち卒乳していきます。

食事の習慣が定着するのは1歳6か月ころというデータがあります。まだ母乳を飲んでいる子がいても、おかしくありません。ただ、母乳だけでまったく食べない、やせてきたという場合は、医師や保健師さんに相談してください。食事も取っているし体重も増えているなら、おっぱいから離れるのが名残惜しいのでしょう。入眠儀式のように、夜寝る前だけおっぱいや哺乳《ほにゅう》びんのお世話になる子もいます。気がすむまで飲ませ、自分から卒乳していくのを待ってもよいのです。お母さん主導で母乳をやめる方法を選ぶなら、①子どもが離乳食を3回食べていること、②体調のよいとき、③よい気候のとき、などの条件がありますね〈↓484ページ〉。

Q 親として、子どもとどのくらい遊んであげればよいのかわかりません。

A 一生懸命になりすぎないように。よいおもちゃを選べば、ひとり遊びもしてくれます。

一生懸命になりすぎると、一日に外遊びを何時間させ、絵本を何十分読み聞かせ、しっかり昼寝もさせて……と、まるで子育てスケジュールをこなすことが親の務めであるかのように思ってしまうものです。ひとり遊びも、じつは大切なのです。自分で考え、自分のペースで遊ぶことが子どもを育てるからです。そのためには「よいおもちゃ」が必要です。

よいおもちゃの条件のひとつは、お母さんやお父さんもやりたくなる、おもしろいと思えることです。そうじゃなかったら、子どもが夢中になれるはずがありません。また、そういうおもちゃは子どもが成長するにつれて新しい発見、新しい遊びに展開するので、いつまでも飽きることがありません。積み木など、素朴なおもちゃにそういうものが多くあります。

もちろん、身近な物を遊び道具にする方法もあります。菓子缶のふたにマグネット（磁石）をくっつけたりはずしたりや、シール貼《は》りも喜びますし、お母さんと一緒なら、人形を使って「やりもらい遊び」をするとか、ペットボトルをピンに見立てたボウリング遊び、じょうろを使った水遊びもできますね〈↓494ページ〉。

Q 仕事がある日は実家に子どもを預けていますが、甘やかしすぎるのが気になります。

A こちらの都合だけで、預けていませんか。話し合ってみましょう。

祖父母は子育て経験者ですから、気持ちにゆとりがあります。そのゆとりがよいほうへ働くと、お母さんたちのやり方を見守りながら、子どもを無条件に受け入れてくれる存在になります。でも、お菓子を与えすぎるとか、せがまれるままテレビを見せているとしたら、孫の世話に疲れているためかもしれません。預ける時間を控えるなどして、祖父母の体調や生活を思いやる余裕をもちたいものです。

おやつや物の与えすぎに困っているなら話し合うことも必要です。そのとき、一緒に過ごしてくれるだけで、子どもにとっては貴重な体験になっていると感謝を伝えることを忘れずに〈↓420・490ページ〉。

●おけいこ、習いごとの基礎知識

「楽しく通える教室」を選ぼう

■教室へ通うのはなぜ？

子どもの成長を見守っていると、わが子が天才に見えることがあります。音楽の才能があるかもしれない、運動のセンスがあるみたい、勉強が好きかもしれない……どんな才能があるのか確かめたい、伸ばしたい、そういう親ごころから教室通いがスタートするケースは多いようです。

早くから習いごとを始めれば、それだけ早く才能を発見できる、能力が伸びる、という〝錯覚〟もあるでしょう。けれども、手先を器用に操作したり、からだをスムーズに動かしたりするには、ある程度運動神経が発達するまで時期を待たなければなりません〈↓638・699ページ〉。

また、「一緒に遊べる同年齢の子どもが近所にいない」「友達が習いごとを始めた」など、子ども側の事情から教室探しをする場合もあります。さらに、お母さん自身の「外へ出たい」「子育て仲間が欲しい」「自分を変えたい」という強い動機から、教室通いを始めるケースも増えています〈↓575ページ〉。

おけいこや習いごとを始めるとしたら何に気をつけたらよいのでしょうか。

■教室選びのポイント

子どもの年齢、始める動機にかかわらず、気をつけたいことがあります。

週の半分以上を教室通いに費やさない

子どもは毎日の繰り返しのなかで、生活上必要となる習慣を身につけていきます。ですから、月曜はスイミング、火曜は英語、水曜は……と日替わりメニューのように教室通いをしていると、基本的な生活習慣とは何なのか、わからなくなってしまいます。行動派のお母さんには退屈に思えるかもしれませんが、赤ちゃんや子どもが教室へ通う特別な日は、〝たまに〟でよいのです。

レベルの高さや刺激の強さで選ばない

日本に初めて導入された教育システムであるとか、才能を伸ばすために独自に開発した教材を使用するとか、有名な先生が講師であるとか、「ほかにはない」という感覚に私たちは惹《ひ》かれるものです。けれども、ほんとうに子どもが楽しめるだろうか、続けるために強制することにならないだろうかと考えてみてください。「教えよう、覚えさせよう」として働きかけたものが身につくには、半年から1年間くらいの反復期間が必要だといわれます。

先生を見る

親の思いを理解してくれる、一緒に悩んで一緒に笑ってくれる、そういう先生にめぐり会えたら幸せです。「それじゃだめよ」「これまで何をしていたの」などと親や子どもを非難する先生、あるいは「任せてくれればだいじょうぶ」「まったく心配ありません」などと親の心配を一笑に付す先生は、ほんとうに考えてくれているのか疑わしいものです。親子に共感してくれる先生とは、習いごとを離れたところでも深く長いおつきあいができるでしょう。

■いつから、どのように

「大脳が急速に発達する0~3歳の間に能力を開発しよう」と考えるのが、早期教育の発想です。けれども、3歳までに与えた刺激が永続するかどうかは実証されていません。効果は二の次、子どもが楽しく通えることを第一に考えましょう。

文字

3~4歳ごろから文字に興味をもつ子は多くなります。習うなら、「興味をもってくれたらよい」くらいの姿勢で。読み書きの強制は学習意欲を失わせます。

数

3歳くらいで物が「3個ある」ことがわかり、就学前には1から10くらいまでの数字を言えます。なかには10よりもっと先まで言える子もいますが、計算となると難しいようです。ただし、早くから計算ができたからといって算数の達人になるわけではないので、あせりは禁物です。

英語

年齢を問わず、日々英語漬けになるくらいの情報量を浴び続けなければ、英語を理解し、話せるようにはならないといわれます。ですから、即効力を求めるよりも、むしろ日本語とは違う語感や教室の雰囲気を楽しむくらいのゆとりが欲しいものです。

運動

からだを使った遊びの教室なら0歳から参加できます。ベビー・スイミングやマッサージを取り入れた体操教室がさかんなのは、赤ちゃんの扱い方がわからないという、少子化社会に育ったお母さんお父さんが増えているためかもしれません。「赤ちゃんをうつぶせにするのが怖くて」「お風呂と着替え以外は裸にしないから」「同年齢の子どもたちを目にするチャンスになる」「情報交換や育児相談の場になる」など、様々な理由から通うこともあるようです。

音楽

ピアノやヴァイオリンなど、楽器を扱い、繰り返し練習する意欲が必要となるおけいこは、指先までの運動神経がある程度発達する5~6歳からがスムーズにいくようです。初めは能力開発というよりも、音楽に親しむ、リズムに興じるなど、親子共通の趣味をひとつもつくらいの気持ちでスタートしてもよいのではないでしょうか。

■やめどきを知る

子どもが教室通いをいやがったり、様子が変だなと感じたときは、ひと呼吸おきましょう。型にはめられるのを嫌うタイプの子は、集団行動型の教室は苦手かもしれません。進級やクラス替えのある教室は、最初は親にその気がなくても、「もっとがんばれ」と言いたくなってくるものです。

親にことばでうまく説明できない子どもは、不快に感じていることをからだで伝えます。おなかが痛い、気持ちが悪い、あちこちかゆい……。

それは、からだからのサインです。思い切って休む、または退会することも考えてみてください。たとえ子どもの希望で始めたものであっても、続けられるかどうかを子どもが予測するのは無理ですし、「やりたいと言ったのはあなたでしょ」と責任を負わせるのは大人げない行為です。お母さんお父さんの期待を感じ、自分の本心を押し殺している場合もあります。

お母さんにとっては仲間とおしゃべりできる楽しいひとときでも、子どもには苦痛を伴う時間になっているかもしれません。逆に、子どもは喜んでいるけれど、お母さんが場になじめない、見栄を張らないと続かないというケースもあるでしょう。

やめる理由は、率直に「子どもがいやがっているので」、あるいは「経済的な事情で」「祖父母の反対で」など何かのせいにしてもよいのです。「すみません」とひと言、深々と頭を下げるだけでも伝わります。

コミュニケーション

ことばの量や増え方には依然個人差はありますが、話しことばをぐんぐん獲得する、楽しいときです。大人は、ことばの若木がすくすくと伸びていく手伝いをしましょう。といっても、子どもが何を言いたいのかをくみ取って、かかわりをもつという基本は、赤ちゃん時代から変わりません。そして、やりとりする喜びをしぼませないためにも、「やめなさい」と言うのは、ぐっと我慢してください。

子どもの関心に合わせよう

同じことを言われるのでも、よその人よりしっかり家族と認識しているお母さんお父さんの言うことのほうが、子どもにはよくわかります。毎日ことばの数が増えていく子どもとかかわるには、これまで以上に、子どもが、どこに、どのくらい注意を向けているか、見極めることが大切になってきます。

■的確な答えをことばで返そう

子どもが全身を〝疑問文〟にして見つめてくるときは、「これは車よ」「電池が切れちゃったのね」と、きちんとことばで回答します。聞きたいときが覚えどき。ことばが伸びる最良のきっかけとなります。

■まだまだシャワートークは禁物

ずいぶんよくわかるようになってきたからと、大人に話すように長い文を早口で言っていませんか。短い文をゆっくり言ってもらわないと、子どもにはまだ伝わりません。「これは、○○ちゃんのお帽子。それから、お靴。これから、お散歩に行こうね」。間を入れることも忘れないで。

■新語は1文に1語

新しいことばを使うときは、一度に1語だけにし、あとは子どもにおなじみの単語で補います。

■置き去りコミュニケーションはつまらない

子どもの新しいことばやかわいい表現を聞くと、うれしくなって「△△ですって」と大人同士で話題にしたくなるもの。でもその前に、必ず「へえ、△△なの」と子ども本人に応答しましょう。自分のことばを取りざたされるだけでは、子どもは声を出したり聞いたりすることは楽しいという経験ができません。

赤ちゃんことばや擬音語で楽しく話そう

子どもと一緒にことばで遊ぶいまの時期に、大人も子どもも楽しめる小さな工夫を紹介しましょう。

赤ちゃんことば

マザリーズ〈↓178ページ〉で赤ちゃんことばをたくさん語りかけてあげましょう。子どもにとって聞き慣れた高めの声はわかりやすく、安心感に浸れます。

お風呂

きれいにごしごし洗いながら、からだの部位の名前を歌うように言ってみましょう〈↓582ページ〉。

擬音語、擬態語

遊びのときに横から言い添えることばも豊かになります。水遊びで「パチャパチャ」、動物ごっこで「ウォー、ニャーニャー」など。

間違いを直すときに気をつけたいこと

どんどんことばを覚えてほしい、間違って覚えたら大変、と思うあまり、最初はおもしろがっていた言い間違いが気になり始め、つい直したくなるもの。でも、子どもにもプライドがありますから、頭ごなしは考えものです。ちょっとだけ気を遣ってあげましょう。

■何を言ってもまず「そうね」

子どもはまだはっきり言えることばが少なく、手持ちの語彙《ごい》を使い回してしのごうとします〈↓504ページ〉。走るのはなんでも「クルマ」、動物はすべて「ワンワン」。そこでお母さんは「そうね、ゾウさんね」と、一度肯定してから、正しいことばでさり気なく言い直してあげましょう。

■否定的なニュアンスは避ける

声のトーンで大人の気持ちを敏感に察しますから、「違うでしょ」「電車のご本取ってきてって言ったのに」といった言い方をされると、気落ちした顔をします。そういうことが何度も重なれば、声を出すことや人とかかわることに、消極的になってしまいます。

■質問の雨は逆効果

ことばが遅いと、周囲は意図して教えこみたくなります。でも、「これは何?」「どっちが黄色のお花かな」と、遅れを取り戻せとばかりについて回ったりするのは、逆効果です。自分の関心が向いていないときの質問は苦痛でしかなく、こころにしみこみません。日に日に黙りこみ、これまで覚えたことばも言わなくなります。

子どもをじっくり観察し、いま、こころひかれているものについて、ゆっくりお話しする。遊びたそうにしているときには、たっぷり相手をする。これでよいのです。ことばが遅くてもあとからわき出るように話し出す子、本の虫になった子はたくさんいます。

子どもにしみこむ「ことばかけ」

言語聴覚士　大伴　潔

■「注意の共有」が関心を育てる

ことばは、コミュニケーション、発音・発声、言語の知識、の三つの要素から成り立っています。表情やしぐさなどを含めたコミュニケーションに音（発声）がのっかり、「これは○○」という記憶と結びついて、ことばになるのです。

コミュニケーションは、授乳時の視線や動作のやりとりからすでに始まっていると考えられます。また、赤ちゃんの声がすると、「ん?」とか「なあに?」と、親は無意識に応《こた》えています。一方、赤ちゃんのほうも、期待した返事がないと、もう一度声を出すとか、違ったパターンの声を出すことで、コミュニケーションをとろうとしています。

コミュニケーションがさらに進むと、物を介しての赤ちゃんと親の関係も成立するようになります〈「三項関係」＝「共同注意」→406ページ〉。赤ちゃんが取ろうとしている物に対し、「これ?　はい」と渡す。初めは受け取るだけで満足していた赤ちゃんも、次第に物と親との関係も理解するようになります。たとえば、親が赤ちゃんの視野にある物を指さし、赤ちゃんがそれを見る。見たあとで再び親を見てにっこりほほえむというように。ことばのキャッチボールは、こうした共同注意の対象があって進行していきます。

アメリカの研究者、トマセロは、14～23か月の子どもを対象に、子どもにとって初めて見るような物を何個か前に置き、物の名前の理解度を実験しました。子どもが注意を向けている物に対して「これはランプだよ」と声をかけたグループと、別の物を見ているときに、「これはランプだよ」と声をかけたグループでは、前者のほうが理解度が高いという結果が出ました。子どもの注意に合わせてことばかけをすることの大切さがわかります〈→552ページ〉。

では、子どもが別の物を見ているとき、「ランプだよ」と言ったら、子どもはそのとき見ていた物を「ランプ」だと思ってしまわないのでしょうか。これが不思議なことに、そうはならないのです。

そこからわかることは、子どもは大人の注意の方向に敏感だということです。大人の視線、感情表現をしっかり感じ取っているから、間違ったマッチングをしないのではないかと推測できます。

■関心、必要性、言いやすさが鍵《かぎ》

子どもが最初に口に出すことばからも、子どものことばがどのように育っていくかがわかります。

子どもの初語《しょご》の統計を見ると、ワンワン、ブーブ、マンマ、ママ、ナイ、イヤなどが多いのですが、それは、子どもの関心と必要性、プラス言いやすさが大きな要因になっているのです。

動物や車は、子どもが興味をもちやすい対象ですし、ママ、マンマは生きていくうえで必要性の高いものです。さらに、認知的発達のレベルとして、「ナイ」（テーブルの上の物を手でえい！　とはらうと、それがなくなるおもしろさ）、「イヤ」（自己主張のいちばん最初）も、お母さんと子どもが情緒を共有しやすいことばでしょう。

そして幼児語は、音の繰り返しが多く、これまで喃語《なんご》の時期に発音してきた音のなかで簡単に言えることばです。また、ブーッと走るからブーブだし、ワンワンと鳴くからワンワンというように、擬音語、擬態語が多く、イメージと結びつきやすく覚えやすいことばです。

何をさしても「ア」だったり、「自動車」が「ブーブ」や「シャ」であっても、立派なことばです。子どもが発音できる音のなかでの表現なのです。それで思う存分、意思が伝わる楽しさを経験させてあげれば、子どもはどんどんと、ことばの引き出しを増やしていきます。

■ことばかけが苦手なお母さんなら

子どものことばがなかなか出てこないとあせっているお母さんのなかには、「私が無口で、あまり話しかけてやらないから」と、責任を感じている人も多いようです。

確かに、冗舌なお母さんの子どもはよくしゃべるということも多いようですが、そういう環境もさることながら、子ども自身の個人差もあります。

子どもへのことばかけは、タイミングが大切です。私は無口だ、ことばかけは苦手だ、と思うお母さんは、「どんなことばかけをすればよいだろう」と考えこむ前に、子どものシグナルをキャッチして、反応を返すところから始めてみましょう。

子どもの視線とか声などの小さなシグナルや、こっちに近寄ってくるといった行動を物への関心や親への愛情と受け取りましょう。そして、抱っこしてひざにのせるとか、好きなおもちゃを「はい、どうぞ」と手渡すといった動作で返すこと。そこに、自然なことばも添えればよいのです。長い文章や難しい言い回しは必要ありません。

それと、感情表現豊かであること。子どもとの生活のなかで「おいしいねえ！」「わあ、びっくりした！」「かわいいねえ」といった感情を一緒に共有し、それをことばで表現してあげましょう。慣れないうちは、ちょっと照れくさいかもしれませんが、やってみると、案外お母さん自身のストレス発散にもなりますよ。

■自分の世界に没頭しがちな子には

自分から発信することが少なく、親の働きかけにもなかなかのってこない子もいます。そういう子の場合、お母さんは自分が空回りしているような気持ちになってしまいます。そうなると、本来おもしろいはずの遊びが、「この遊びができるようにしなきゃ！」と負担になってしまい、コミュニケーションがますます難しくなってしまいます。

同じ月齢のよその子はもうおままごとができるから、うちの子もこれで遊ばせようというのではなく、見立て遊びがまだ難しいなら、その必要のない遊び、からだを使った遊びで楽しさを共有するところから始めましょう。

くすぐり遊びでもよいでしょう。また、シャボン玉を吹いてやると、まずはシャボン玉に興味をもち、それから、それを作っているお母さんの存在にも気づきます。吹かないでいると、「もっと吹け」というような要求をしてきたりする、それがことばかけの最適なタイミングになります。「もっとやる？」と、そこからシャボン玉への注意の共有が始まります。

ボールも、ころころ転がすやりとりはできないとしても、子どもがボールをとんでもない方向に投げてしまったら、それに対して、「あららら、大変！」とお母さんがあたふたと四つんばいで追いかけると、その反応がおもしろくて、また〝あさって〟の方向に投げたりします。そんなふうにやりとりに発展する遊びもあるのです。

1歳6か月〜1歳9か月

冒険家のお供をしよう

よちよち、とことこ、小さな冒険家は東へ西へ。これからあと追いするのはお母さん。どこで転ぶかわからない、何か発見あるかもしれない。一緒に喜ぶ、一緒に驚く、一緒に泣いちゃう。共感してくれる人がいる、だから振り返る。大きくなっても振り返ってね、お母さんを。

からだの発達

1歳6か月〜1歳9か月

1歳を過ぎて、二本足で立って歩けるようになると、人としての基本的な運動能力は一応完成します。一応といったのは、1歳を過ぎて自分の足で堂々と、でもほんとうはよちよちと歩いている子どもを見て、人としての運動能力が完成したと思う人はいないからです。

日本では1歳までの子どもを「乳児」とよびます。母乳あるいは人工乳からおもな栄養を得ているこの時期の子どもを乳児とは、うまくよんだものだと思います。英語ではこの乳児の時期の子どものことを「インファント」とよんでいます。このインファントということばは、ラテン語からきていますが、その意味は「話さない」という意味です。ことばをしゃべることを〝人の基準〟とするとは、ヨーロッパ文化の特徴がよく出ていますね。

さて1歳を過ぎると、日本では「幼児」とよばれますが、英語ではこのよちよち歩きの子どもたちに、「トドラー」という名前をつけてよんでいます。語源となったトドル（toddle）はよちよち歩くという意味です。子ども服のサイズ表示で目にすることもあるでしょう。

トドラーちゃんは、高い視線でまわりを見渡し、あちこちをよちよち歩き回ります。最初は、転んでもいいように手を前に出して歩く「ハイガード」〈↓500ページ〉の姿勢ですが、次第に手の位置が低くなり、最終的にはあまり手を上げずに歩き回れるようになります。

足はO脚で、左右に広く足をつくのに最適

またトドラーちゃんたちは、前後の歩幅が狭く、左右に広い足のつき方をします。足跡を見れば、その特徴は明らかです。これはまだ不安定なバランスを取る機能（平衡機能といいます）を補うために、底面積を大きくしているのです。この時期の子どもたちの足は生理的なO脚〈↓477ページ〉で、そして幅の広い足のつき方が自然にできるようになっています。

二本足でよちよちながらあまり転ばずに歩けるようになったトドラーちゃんたちは、ここで大きな自由を手に入れます。それは、靴を履いて家の外に出ることができる、という自由です。家の中と外との違いはいろいろありますが、まず最初

にトドラーちゃんたちが乗り越えなければならないのが、家の床と本物の地面との違いです。いまでこそ都会ではほとんどの道路が舗装されてしまって平らですが、本物の地面は床に比べると、でこぼこだらけです。私たち大人の歩行を分析すると、足を地面から上げる高さを、地面の状態に合わせて微妙に調節しています。目隠しをして舗装道路から砂利の道に出れば、きっとつまずいてしまうでしょう。

しりもちを繰り返しながら足の上げ方を学ぶ

私たちは自分の歩く場所を目で見て、足の上げ方を調節しているのです。そしてそうした調節ができるのは、それまでの経験の積み重ねがあるからです。ところがトドラーちゃんたちにはそうした経験がありません。ちょっとでも盛り上がった地面に足をついてしまえば、そのままバランスがくずれてしりもちをついてしまいます。砂利の道などでは、一歩一歩足をつくたびにバランスの再調整をしなくてはなりません。トドラーちゃんたちは、しりもちをつきながら、地面の種類とそこに適した足の上げ方を身につけていきます。

本物の地面は確かに厄介なものですが、同時にトドラーちゃんたちにとっては尽きない興味の源泉でもあります。家の中では決して経験できないいろいろなことが、地面の上にはあります。雑草や、その下を歩き回るアリやトカゲに出会うことができるのです。

水たまりも、この時期の子どもにとっては大変興味深いものです。家の中には水たまりはありませんから、そこに映る自分の姿はとてもおもしろいのです。でもなんといっても水たまりのおもしろさは、その中を歩くことにあります。水面に映った自分の姿がばらばらになる様子や波紋が丸く同心円を描くところは、見ていて飽きません。

水たまりはトドラーちゃんたちにとって尽きない興味の源泉です。目にも耳にも楽しいことばかりです。

地面を歩く経験を積むことで、バランス感覚が向上します。階段を上ったりボールをけったりできるようになってきます。

目に見えることだけではありません。ピチャピチャ、あるいはビチャビチャと、足を下ろすたびに出てくる音も楽しいものです。でもそれ以上にトドラーちゃんにとって痛快なのは、そうやって楽しく遊んでいると、すぐにお母さんやお父さんが駆けつけてきて抱き上げてくれることでしょう。

外歩きは大きなインパクト

外の世界で経験できるのは、こうした地面の上のものばかりではありません。見慣れない他人がたくさん歩いていますし、イヌやネコといった動き回るものも外にはたくさんいます。上を眺めれば、まぶしい太陽や雲が見えますし、それをさえぎる木々も見えます。大きな音で頭上を過ぎていく自動車も、驚異です。

こうした外の世界の経験がこの時期のトドラーちゃんたちにとって大きなインパクトを与えていることは、もっと大きくなって絵が描けるようになったときにわかります。女の子に自由に絵を描かせると、自分を含めた人物と、太陽、草花、木、そしてチョウチョウを描くことが多く、男の子は断然、自動車です。こうしたアイテムはまさに、外に出たトドラーちゃんたちが初めて目にするものです。

でこぼこの地面をうまく歩く経験を積むうちに、トドラーちゃんたちのバランス感覚はみるみる上達します。1歳半くらいまでに、たいていの子どもが後ろ向きに歩くことができるようになります。階段を上ったり、ボールをけったりすることもできるようになってきます。階段を上るためには、重心の上への移動をバランスをくずさずにやらなければなりません。ボールをけるためには、片足で立ちながら、もう一方の足をけり上げるという不安定な運動ができるようにならなければなりません。こうした大わざを、でこぼこ地面を歩きながら身につけていくのです。現代の都市には、子どもたちにとってこうした大きな経験ができる〝裸の地面〟が少なくなっていて気がかりです。自然環境は子どもの発達のためにも重要なのです。

1歳6か月児健診を受けよう

この時期の子どものからだとこころの発達を点検するのが、「1歳6か月児健康診査」（1歳半健診）です。1歳半までには大部分の子どもが歩けるようになっていますし、ほとんどの子どもが意味のあることばをひとつ以上しゃべるようになっています。予防接種も予定どおり進んでいれば、ポリオ、BCG、三種混合そして麻疹《ましん》（はしか）が終わっている時期です〈↓322ページ〉。からだやことばの発達が順調かどうかだけでなく、予防接種がきちんと行われているのかという点についても、この時期は非常に重要なチェックポイントなのです。そんな意味で1歳6か月児健診〈↓529ページ〉はとても重要な機会です。必ず受けるようにしたいものです。

（榊原）

1歳6か月〜1歳9か月

ことばの発達

「発達には個人差がある」「発達の早い子もいれば、遅い子もいる」「いらぬ心配はしないほうがよい」とはよくいわれることです。が、一方では「この年齢ではこういうことができる」という〝標準〟も相変わらず幅をきかせていて、お母さんやお父さんを惑わせます。

特に、ことばが遅めだと、知能とか将来の学力とかのことまで考えて取り越し苦労をする場合も少なくありません。

ことばの発達の〝標準〟って？

1歳6か月を過ぎたころに、各市区町村では「1歳6か月児健康診査」が行われます。この健診も〝標準〟とか、早いとか遅いとかの心配の種をつくり出してもいます。

でも実際問題として、何がこの年齢での〝標準〟や〝平均値〟なのかを改めて考えてみると、じつははっきりしたことはわかっていないのです。なぜなら、個人差がとても大きいからです。

「デンバー発達判定法」という簡単な検査の項目などを参考に、ことばの発達の個人差の例を挙げてみます。

この時期は、早い・遅いの幅が1年もある

「ママ・パパなど意味のあることば（有意味語）をひとつ言う」のは、9か月過ぎに25％程度、1歳0か月では半分の子が、1歳3か月でほぼ75％の子が、1歳5か月を過ぎると90％以上の子が言うようになります。早い・遅いの幅は8か月以上です。

「ママ・パパ以外に3語言う」では、1歳1か月過ぎに言い始める子が25％いて、1歳8か月半ばで90％の子が言っています。早い・遅いの差は7～8か月程度です。

また「ネコ」「トリ」「イヌ」「ウマ」「人間」の五つの絵のうちのひとつの名前が答えられるようになるのは、1歳6か月で25％、1歳8か月で50％、2歳4か月になると90％と、早い子と遅い子とでは開きは10か月ほどになります。

ちなみに「お名前は？」と聞かれて名字と名前の両方を言えるのは、2歳5か月では25％、2歳9か月で50％、3歳1か月で75％、3歳4か月で90％との報告もあります。3年保育で幼稚園や保育園にはいるための入園面接のときに、名前を言えない子がいるのも、無理からぬことです。

75％の子ができるようになる時期を〝標準〟と決めつけられるとすると、それよりゆっくり育とうとする子はつらいですね。

そんなわけで、この時期「言えることばの数」が多いか少ないか、同じくらいの子と比べて早いか遅いかに、こだわる必要はありません。健診が迫っているからといって、むりやりことばを教えるのは逆効果です。

大人の言うことがよくわかり、ことばだけでなく、ジェスチャーとか表情を含めてコミュニケーションがスムーズにできていれば、そのうちおいおい「言えることば」のほうもついてくるはずです。

ことばの力はからだを動かす力と関連

さて、ことばの力は、からだを動かす力と大いに関連しています。

ひとりで立って歩けるようになるまでは、頭の中のコンピュータは「じょうずに歩く」というプログラムを覚えたりそれを実行させたりするので大わらわで、ものごとを考えたり、ことばを話したりするほうまで手が回らないのです。

しかし、おすわりで鍛えた上半身の安定に支えられ、立ち上がり、足を交互に前に出して重心移動をしながら歩く練習をしっかりやるうちに、いちいち考えなくても足が自動的に前に出て、からだのバランスを取れるようになってきます。

自動運転モードに切り替わるわけです。

すると、それまで一生懸命に働いていた脳の中のコンピュータは、今度は「考える」とか「話す」とかいう方面に専念できるようになります。その大きな切り替えの時期がだいたい1歳半ころ、というわけです。

物の名前に興味をもつとき

〝標準〟にはあまりこだわらないとしても、この時期、子どもは「物には名前がある」ということに目覚めます。歩いて自由に移動できるようになったことも幸いして、あっちにちょこちょこ歩いて行っては洗濯物をつまみ上げて「コレハ?」、こっちにごそごそ来てはネギのしっぽを見つけだして「ナニ?」、あるいは無言でその物を指さして「?」という顔をしてみせることがとても多くなります。

子どもから「ナニ?」と言ってくるのは、本人がそれに興味をもち、学習の準備ができているときですから、「パパの靴下だよ」とか「ネギ。おネギのしっぽのとこ」などと応じてあげましょう。「ほら、こっち見てごらん、これが靴下。わかった?」とむりやり教えるよりもずっと効率がよいはずです。

わかっていることばの数、言えることばの数とともに、このころから2歳半くらいまでの間にどんどん増えるので、「爆発的増加」と表現されることもあります。

（中川）

物には名前があることに目覚める時期です。興味をもって「ナニ?」と言ってきたら、応じてあげましょう。

1歳6か月〜1歳9か月

こころの発達

子どもは、お母さんがしていることをいっぱい見てきました。たとえば、水道の前でお母さんが手でごちょごちょする、すると水がザーッと出てくる。ガス台の取っ手をカチャリと回す、すると炎が出てくる。たんすを開けると、中からいろいろな物が出てくる、冷蔵庫も同じ。子どもにとっては、すべてがまるで魔法、不思議そのものです。

「私も出してみたいな」。子どもは、ずっとそう思って見てきました。つまり、一種の観察学習をしていたのです。ですから、自分で移動していすの上に上ることができるようになると、お母さんがしていることをまねしたくてたまらなくなるのです。

子どもがなんとか蛇口をひねって、初めて自分の力で水を出したときのことを想像してみてください。

「確か、お母さんはこんなふうにしていたな。うまく回せないな……。あれっ、ちょっと動いた気がする。あっ、回ったぞ。水が出てきた。やったあ！」

きっと、こんな気持ちでしょう。大人がしていたことを、生まれて初めて、自力でやりきったのです。大満足に違いありません。

「水」や「穴」や「ひも」が大好き

こうして子どもたちは、好奇心をどんどん発達させ、身についてきた器用さと行動能力を駆使して、いろいろな物を探索していきます。これはなんだろう、あれはなんだろうと、見る物さわる物すべてを、自分で確かめてみたくなるのです。

この時期の子どもは、自分がいちばん頼りにしているからだの器官を使って、物を判断しようとします。最初はなんでも口に持っていって、どんな物か確かめます。やがて、口以外に手や目や耳なども、物を判断する器官として機能を発揮し始めます。ゆくゆくは、目で見ただけで痛い物かやわらかい物かがわかるようになっていくでしょう。こうした活動を探索活動とよんでいます。

この時期に、だれもが好んで探索するものがあります。「水」は、ほとんどの子どもが好きなものです。意外なものでは「穴」。ふすまや障子を破ってよく穴をあけますし、穴をのぞきこむのも大好きです。「ひも」のように、細長い物でもよく遊びます。からみにくい安全なひもを用意してあげると、ぐるぐる巻きにしたり曲げてみたり、いろいろな遊びを考え出します。たんすがあれば引き出しを開けようとしますし、冷蔵庫の中身を全部出そうとしたり、流しの下の扉を開けて物を引き出したり……。子どもにとって、お母さんがいつも使っている物は、探索活動の興味深い対象なのです。

探索活動をたっぷりと

こうした行為を、単純に「いたずら」と見るのは間違っています。子どもにとっては、自分のまわりの世界を懸命に確かめている、真剣な行為なのです。この時期はできるだけ大目に見て、むしろ探索活動しやすい環境をつくってあげましょう。壊れやすい物や危険な物を片づければ、あとは台所で遊ぼうがベランダで遊ぼうが、あまり神経質にならないでおおらかに見守ってあげましょう。洗面所での水遊びが過ぎて床がぬれたとしたら、「もうここまでね。あとはお風呂でしてね」というように、子どもが納得する対応を考えてほしいと思います。

探索活動が十分に保障されると、子どものなかに何が育っていくでしょうか。まず、知的好奇心が育つことでしょう。興味をもったものにチャレンジしていくという自主性も育つはずです。実際、この時期に探索活動を十分した子は、大きくなって自主性が豊かだという調査結果があります。

見落とされがちですが、探索活動によって自分で活動できるようになった子どもは、「なんでも親にしてもらわなくても自分でできる、ぼくはすごいぞ」という感覚が育っていきます。自己有能感です。これがのちの自信の原点になります。このように、探索活動はじつに大切な活動なのです。（汐見）

ふすまや障子を破って穴をあけるのも、穴をのぞきこむのも大好きなこのころです。

育ちのようす

「危ない！」「少しはじっとして！」そんな声を上げたくなる時期に差しかかりました。ほとんどの子どもがひとり歩きできるようになる1歳6か月くらいから、階段の上り下りやジャンプもできるようになる2歳6か月ころまでは、生理的多動期ともよばれる時期。自由度が高くなるにつれ、動き回る度合いが強くなっていきます。落ち着きがないように見えますが、それでふつう。動き回ることで、運動機能を急激に発達させているのです。はいはいでの移動や伝い歩きに比べて、ひとりで立って歩くほうが体力の消耗が少ないため、そのぶん余ったエネルギーを動き回ることに費やしているのかもしれません。飛び出し、転倒といった事故が増えます。ベランダに出ていたら鍵《かぎ》をかけられてしまった、勝手に窓の鍵をあけて手すりによじ登っていた、知らないうちに浴室にはいってお風呂をのぞいていた、というケースもあります。注意してください〈「ひとり歩きのころの注意点」→475ページ〉。

　家の中でさえじっとしていないのですから、外の広い世界に出ればなおさらのこと、動きが加速するでしょう。外歩きの経験が浅いころは、ちょっとした段差につまずいたり、よろけたりします。じょうずにバランスが取れないので、すぐ転びます。たいていそれで泣いて、抱っこしてもらうことになるでしょう。怖がりの子なら、しばらく抱っこをせがむかもしれません。けれども、そのままで満足するわけもなく、再び歩き出し、また転びます。

　安定したひとり歩きを身につけるまでは、でこぼこのない平面を歩いたほうが安全です。それでも、このころから2歳くらいの子どもになると、わざと段差のある所を進んだり、砂利道を選んで歩いたり、水たまりにはいったりするようになるでしょう。不安定な平面や、坂道のような水平面ではない所を歩くことによって、どんな道でも安定して歩けるようになっていくのです。「じっとしていてね」が通じるのはもっとあと、4歳近くからになります。

視力の発達に大切な時期

　両眼視の機能は2歳前後にほぼ完成します。1歳代はその両眼視で物を見て、視力を伸ばしているところ。生後2か月で約0・02だった視力は、3〜5歳で1・0まで伸び、小学校に通うころ定着します。そして、この目の機能が周囲からもっとも影響を受けやすい時期を迎えるのが、1歳6か月ころといわれます。影響を受けやすいということは、よい影響はもちろん、悪い影響も受け入れてしまうということ。左右の視力に大きな差が出ると、視力が弱いほうの機能は低下します。

たとえば、片目の視線がずれる、斜視とよばれる状態があります。この場合、常にずれていないほうの目で物を見ようとするので、あまり使わないほうの目の機能が弱くなってしまいます。小さいころは、目の焦点が合っていないかのように見える「偽斜視」が多いものですが、気になる場合は、子どもに懐中電灯の明かりを見せてください。両眼とも瞳孔《どうこう》の真ん中で光が反射していれば心配ありません。片目しか反射しない場合は斜視の可能性があるので、1歳を過ぎていたら早めに眼科を受診しましょう。テレビを見るときいつも目を細めたり、首をかしげたり、極端に近づく癖があるなら、視力に問題があるのかもしれません。子どもから訴え出ることは少ないので、ふだんの様子をみてください〈「6～7か月健診では」↓345ページ、「斜視」↓769ページ〉。

健診は“指導型”から“子育て支援型”に

日本では、出産前に母子手帳を配布し、1歳6か月（1歳6か月以上2歳未満）と3歳（3歳以上4歳未満）には健康診査を受けるよう法律で定められています。このように母子手帳と健康診査を組み合わせて活用している国は、世界中を見ても日本だけ。日本の乳幼児死亡率がとても低く、子どもたちが健康でいられるのは、このように有意義なシステムが確立していることも関係しているのでしょう。

集団健診には、小児科医・歯科医など専門医や、栄養士・保健師といった専門家がそろうため、病気や体質、生活習慣について、専門的なアドバイスを受けられるという利点があります。ふだんから気になっていること、育児上の悩みなども相談してみてください。

また、最近の集団健診は、従来の“指導型”から“子育て支援型”に変わり、お母さんやお父さんの悩みをできるだけ解決できるよう、サポートする姿勢が見られます。自治体主催の子育て教室、お出かけマップ、育児サークルやイベントなどの地域情報を手に入れるチャンスでもあります。3歳児健診〈↓611ページ〉まで1年以上あくので、ぜひ受けましょう。

友達づくり

1歳くらいの子どもは友達といても並行遊び★1で、友達の存在より持っているおもちゃへの興味が強く、取り合いになったりします。これが友達との最初の交流なのですが、取られて泣いたり、たたかれたり、お母さんお父さんは気をもむでしょう。けれども、子どもはおもちゃで遊びたかっただけ。相手の子が嫌いだから意地悪しているのではありません〈↓556ページ〉。

取られてばかりの子どもを見ている親はつらいのですが、こういうやりとり、いざこざから、子どもはト

★1―― 隣に並んではいるものの、やっている遊びはまったく別々、そういう状態を「並行（平行）遊び」といいます。そこから物をやりとりする交流が生まれ、さらに相手の存在を意識するようになると、物を何かに見立てて遊ぶ「見立て遊び」「ごっこ遊び」を一緒にやるようになります。

ラブルの避け方や、人づきあいのこつを学んでいきます。2歳を過ぎれば、お互いのまねをしたり、おもちゃを交代で使いながら、喜びや我慢の共感体験を深めるようになります。「おもちゃを取られちゃうから、公園へ行くのはやめようね」と言っていると、外の世界は怖いんだ、悪いんだという印象を子どもに与えてしまいます。できれば親同士、たとえ初めて顔を合わせた者同士でも、「ごめんなさいね」「ありがとう」「また遊んでね」と声をかけ合う。それが、今度はお母さん自身の友達づくりへと発展していくでしょう。

1歳6か月児健診を受ける前に

事前に配布される問診票と、母子手帳を忘れずに持参します。問診票にはあらかじめ、ふだんの様子や気になることを記入しておいてください。

身長・体重・胸囲・頭囲などの測定は、これ以前の健診と同じです。1歳6か月児健診では、保健師が絵本を見せて、子どもの指さしを見たり、日常での様子をたずねます。

また、乳歯が何本か生えているころなので、歯科健診では、歯並びはどうか、虫歯があるかを調べます。虫歯予防のために歯にフッ素を塗布する場合もあるようです。

一般健康診査では小児科医が、からだの発育状況、栄養状況、脊柱《せきちゆう》や胸部の異常の有無、皮膚疾患の有無、運動面・言語面・精神面での発達状況、予防接種をしているかどうかなどを調べます。聴診器で心音を聞いたり、腹部を触診したり、内科的な診察も行います。病気ではないかと不安に思っていることや、生活習慣上の自立・社会性の発達についても、遠慮なくたずねてみてください。

さらに、栄養士による食事やおやつの食べさせ方の指導や相談、歯科衛生士による歯磨きアドバイスもあります。

睡眠・遊び・癖といった生活上のことや、子どもの心理面で気になっていることがあれば、医師や保健師にたずねましょう。お母さん自身の悩みも相談してみてください。より専門的なアドバイスが必要な場合は、適切な機関を紹介してくれます。

気がかりなこと

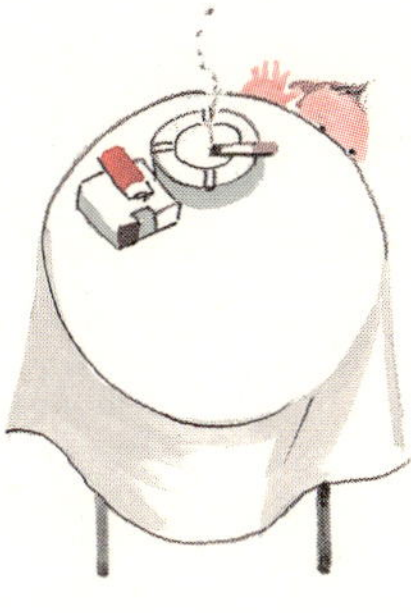

Q 内気な子で、友達と遊べません。背中を押して輪に入れても、戻ってきてしまいます。

A 友達遊びはしないけれど、関心はあるでしょう。親の不安も感じています。

1歳代はまだ並行遊びの段階。思い思いに遊んでいる時期です。同年齢の子どもとのかかわりがあるとしたら、相手の持っているおもちゃに興味を示し、ちゃっかり借りてしまう、取られて泣いてしまう、そのような「物」を介しての交流です。

お母さんお父さんは、社交性のある子になってほしい、積極的な子になってほしい、そう願って背中を押すのでしょう。けれども、この時期はまだ友達とかかわって遊ぶことのできない年齢です。それを無理して仲間に入れようとすると、「どうしたのかしら、うちの子は」という不安が顔色に出ます。すると、そういう親の気持ちを子どもは敏感に察して、不安をもつようになります。悪循環ですね。

子どもにも様々なタイプがあって、2歳を過ぎても警戒心が強く、新しい環境に慣れるまで時間がかかる子もいますし、ひとり静かに空想の世界に浸っていたい子もいます。

引っこみ思案な子どもは、自分のイメージのなかでみんなと遊んでいます。無理に背中を押さず、ひとり遊びも大切にして、近くにいて頼ってきたら応《こた》えているようにしていると、やがて必ず友達遊びの楽しさに目覚める時期がきます。ぴりぴり神経質にならず、見守りましょう。

Q 子どもがタバコを口に入れようとしました。よく言い聞かせていたつもりなのですが……。

A 誤飲事故が増えています。手が届かない所に置くなど、予防をこころがけてください。

家庭内での誤飲事故が増えています。なかでもタバコは群を抜いて多く、次いで錠剤など医薬品、電池や硬貨、防虫剤、香水など。しかも、このような事故は大人が近くにいながら発生しているのです。

万一、タバコや薬を食べてしまったら吐かせて病院へ連絡しますが、灯油や洗剤など吐かせてはいけないものもあります〈「異物を飲みこんだ」↓745ページ〉。きつくしかっても理解できる年齢ではありません。大人のほうで気をつけるべきなのです。子どもがいすによじ登っても手が届かない高さの所に置く、鍵《かぎ》がかかる場所にしまうなど、十分な予防をしてください。

4歳くらいまでの幼児の死亡原因を見ると、溺水《できすい》、窒息、交通事故など不慮の事故がトップです。痛ましい結果にならないよう、注意しましょう〈「ひとり歩きのころの注意点」↓475ページ〉。

Q 自分が暴力を受けて育ったため、同じように子どもを虐待するのではないかと不安です。

A 親の成育歴は、虐待に至る決定的な要因ではありません。

乳幼児への虐待が社会問題化している現代、子どもへの虐待を少しでも防ごうと、様々な要因について追究されています。そのひとつが〝虐待の世代間連鎖〟という考え方、つまり「子どものころ虐待された経験のある親は、自分の子どもを虐待する傾向があるのではないだろうか」という推論です。気の毒なことに、それで不安に駆られているお母さんお父さんは多いのです。ところが、児童相談所が対応した昨今の事例を分析したところ、「虐待の世代間連鎖や望まない出産が決定的な要因となって、実際に虐待に至っているケースは少ない」ということがわかってきました〈「しつけと虐待の境界線」↓628ページ〉。

むしろ、子育てに協力してくれる人が少なく、社会とのつながりが薄い家庭のなかなど、外から目が届かないところで重大な危険が生じているようです。子どもの自己主張が強くなる2歳前後は、親のいらいらも高まる時期。サポーターの手を借りたり、地域の子育て支援センターに相談したり、気の許せる友人にメールや電話をするなど、だれかと連絡や交流を取り続けましょう。虐待や、その不安について考え、助け合う自助グループも全国各地で活動中です。アプローチしてみてください〈↓726・730ページ〉。

Q 「3歳くらいまでは動物と同じ、たたかないとからだで覚えない」と夫は言うのですが……。

A たたかれて身につくのは、「どうすれば痛さ怖さから逃げられるか」と考えることだけです。

しつけるためには、たたいてでも教えたほうがよいとか、ことばが理解できないうちはたたいてしかったほうがわかりやすいという声を聞くことがあります。けれども、たとえルールやことばが理解できないくらい小さな子どもでも、「痛い」「怖い」ということは感じるでしょう。そうなると、なぜいけないのか理解するより前に、痛みや恐怖から逃れるためにはどうすればよいか、怒る人がいないところではやってもよいのか、と考えるようになります。

「言うことを聞かせたい」と思いながらたたいたり、けったり、暴言を吐くのは、しつけではありません。お父さんのなかにも、「これはしつけだから」と殴る人がいるようですが、すぐにやめてください〈↓628・688ページ〉。

Q ひとり歩きに慣れてきたので、トイレを教えたいのですが。

A 「おしっこやうんちが出そう」と自覚できるようになるまで待ってみてもよいでしょう。

トイレまで歩いていけるし、ズボンもなんとか脱げる。お母さんたちは「私たちの次の仕事はトイレ・トレーニングね」と張り切っているかもしれません。けれども、それほどあせらなくても、おむつを取りやすくなる時期がきます。

まず、「おしっこやうんちが出そう」という自覚がなければ、ただ「おしっこしてみようね」とトイレへ連れて行ってもできません。たまたま出たとしても定着しないでしょう。おしっこの間隔が2〜3時間くらいあいたころが、ひとつの目安です。そして出る前に、「しちゃっていいのかな、どうしようかな」というような様子がみられるようになったら、脳に「おしっこがたまった」という指令が伝わるようになったと考えられます。おまるやトイレに誘導するチャンスです〈↓618ページ〉。

おむつはずしの年齢にこだわって早くからスタートしても、結局あと始末に追われて疲れてしまったり、しかり続けることになりかねません。「うまくいかなくてもよい」というおおらかな気持ちで始めてください。保育園に子どもを通わせているお母さんたちは、「保育士さんがいつの間にかおむつを取ってくれていた」と言います。保育園ではどのようにおむつはずしをしているのか、園庭開放や体験保育の際、保育士さんにアドバイスしてもらうのもよいでしょう。

保育園生活

連帯感が支える子育て

■連絡帳は〝家宝〟

0歳から2歳までのクラスでは特に、家庭での様子と園での様子を交互に伝え合う必要性が高いことから、連絡帳が欠かせません。自宅では晩ご飯の進み具合や就寝・起床時刻、体調で気になることなどを書きこみ、登園時に渡します。降園時にまた受け取りますが、園でのおやつや昼ご飯の様子、昼寝の長さのほかに「本日のトピック」が書いてあると、親はうれしいもの。「みんなの声援を受けて、はいはいでベランダを行ったり来たりしました」「昨日読んだ絵本を今日もせがまれました」。帰宅後、着替えもせずに真っ先に連絡帳を開く、というお母さんはたくさんいます。

疲れて眠くて家事もたまっているけれど、なんとかがんばって、家での様子も毎日書きます。朝、時間と闘いながら書くことも。その甲斐《かい》あって、赤ちゃん時代に何を食べたのか、何時にうんちをしたのかまで、24時間の記録が残っているのです。2年分の連絡帳を製本した人、災害用持ち出し袋に入れてあるという人もいます。

■大変だからこそ連帯感

子どもを保育園に通わせている家庭の多くは共働きで、ほんとうに毎日ばたばたと暮らしています。そして、何も言わずとも大変さを共有できるからでしょう、次第に父母同士が家族ぐるみで、仲良くつきあうようになります。

休日に複数の家族でお出かけしたり、ご飯を食べに行ったり。子どもたちは、保育園とはまた違った場所で、毎日顔を合わせている友達と過ごす時間に大はしゃぎ。またお母さんたちも、職種は違っても同じワーキングマザー同士、話が弾みます。

保育園で親子ともに仲良しを見つけることは、現実的にも非常に有意義です。保育園に預ければ、朝からお迎えまで労働時間が確保できるはずですが、けっこう預けられない〝突発事態〟が起こるもの。そういうとき、実家やベビーシッター以外にも、この父母仲間の輪が威力を発揮します。

■保育SOSはこんなとき

子どもの病気や園の事情で預かってもらえないケースは、じつは少なくありません。前もって日程がわかっている場合は、早めに調整しておきましょう。

●病気、感染症による登園禁止

子どもの発熱や嘔吐《おうと》などによる「引き取りコール」が、勤務先にほんとうに頻繁にはいります。また、麻疹《ましん》（はしか）や水ぼうそう（水痘《すいとう》）など、元気になっても指定期間は登園できない病気もあります。

●土曜日の急な出勤

土曜日は半日だけ預かる園、延長保育をしない園、土曜保育を登録している子ども以外は受け入れない園も。

●予防接種をしたあとの時間帯（園による）

●入園式、卒園式のあとの時間帯（〃）

●年度末の3月30～31日（公立に多い）

スモールステップで育っていく子ども

●1歳6か月児健診
ことばの遅れが気になるとき

■健診でのチェックはその子本人のため

1歳6か月児健診から3歳児健診の間ぐらいの時期、ことばがどれくらい出ているか、というのは、子どもの発達の決め手にはなりません。教科書的に言えば、1歳6か月では単語がいくつか言えて指さしができるというのが目安ですが、特に知的な発達の遅れがなくても、ことばが出ない子はかなりいます。

3歳を過ぎてから、それまでの遅れを一気に取り戻す子もいるので、いまの時点の「何歳ぐらいの発達年齢」という検査で、何かがわかるわけではありません。

とはいっても、ことばが出ない子のなかには、将来的に専門的療育が必要になる子もいないわけではありません。そういう子は、2～3歳のときから、その子に応じた適切な対応をしていくことが効果的なので、1歳6か月児健診には、ことばや知的な発達のチェックがあり、「様子をみましょう」と言われるケースも出てきます。

■情報過多で心配ばかり増やさないで

お母さんにとっては「では、うちの子はどうなの」という点がいちばん気になるところでしょう。「様子をみましょう」は、確定的なことは何もわからない言い方なので、不安になる気持ちはよくわかります。

その結果、ことばが遅い原因をあれこれ探してしまったり、自分の子育てのせいにして落ちこんでしまうこともあるでしょう。でも、本来、発達にはでこぼこがあるものです。だれだって、得手不得手があるように、歩き始めが遅い子も、なかなか身長が伸びない子も、そして、ことばが出るのが遅い子もいます。

いまの時代は情報があふれていますから、情報を仕入れすぎると心配ばかり増えてしまいます。たとえば、自閉症スペクトラム〈→681ページ〉の特徴として、「ひとつのおもちゃや物にこだわる」「人の手を引っ張って自分の欲しい物を取らせる」「パニックのような大きなかんしゃくを起こす」などと書いてある本を読むと、「うちの子に全部あてはまる！」と悩んでしまいがちです。おなかが痛いとき、病気事典を読むと、重大な病気の症状にあてはまると思ってしまうのと同じです。

でもこれらは、通常発達の子の多くにも表れる行動です。幼児はみな未発達で、脳の配線の工事中。細かい「気になる行動」を探して不安になるのはやめましょう。

■いまは継続的に見守る時期

ことばの遅れが将来的にも療育を必要とする、なんらかの障害にかかわるものかどうかは、専門家がその違いをきちんと見分けなければならない問題です。それを見分けるには、現在の細かい行動やことばの数だけではなく、その子の全体の発達を、継続的に長い目で見守っていく必要があります。だから、「様子をみましょう」という、あいまいな表現になってしまうのです。

将来的に、いまの悩みは杞憂《きゆう》に終わる子

どもがほとんどでしょう。ただ、障害の名前がつく・つかないにかかわらず、現在の状態に対してすべきことは、じつは同じなのです。

それはずばり、「ふつうの子育て」を、ていねいにすることです。多くの子どもは、少しぐらい遅寝遅起きが続いて生活のリズムが崩れても、ビデオばかり見ていて外遊びが不足していても、それなりに育っていきます。でも、そういう一歩一歩を大切にしてあげないと前に進めない子もいます。

ですから、ふつうの子育てを大事にしながら、子どもが成長するのを楽しみに待ちましょう。それでもうまく育たない、という場合に、初めて障害がらみの判断をすればよいのです。

■よく寝て、よく遊び、楽しい生活を

「様子をみましょう」の間、どんなことをすればよいでしょう。

まず基本になることは、早寝早起きをして生活のリズムを整え、からだをいっぱい動かして遊ぶことです。「寝る子は育つ」「よく遊び、よく学べ」とは、よくいったもの。規則正しい生活によって、脳の電線のおおもと（脳幹）がしっかり目覚め、からだを動かすことで刺激を受け、その結果、ことばや知的な発達にかかわる電線のいちばん先（大脳皮質）まで、電気が通りやすくなるのです（→254・462ページ）。

そのうえで、子どもと毎日楽しくかかわり合って生活することが、結局は子どものことばの発達によい影響を与えます。

■ことばを育てる運動遊び

子どもが喜び、脳の電気の流れがよくなる遊びには、大きく分けて、次の五つのパターンがあります。

回転　たとえば、子どもを抱えてぐるぐる回してあげます。

加速度　代表的なのは滑り台。滑るときに「シューッ！」と音をつけて滑らせてあげましょう。

揺れ　ブランコが代表的。子どもの足を持って逆さにして、時計の振り子のように揺らしてあげるのも楽しいものです。

上下の揺れ　「たかいたかい」とか、おんぶして走るなどです。

さわる　追いかけて「こちょこちょ！」といった遊びは、からだもいっぱい動かせます。

■ことばの力を伸ばす話し方

毎日の生活のなかで、話したい、伝えたい気持ちを育てる、話し方があります。ことばが出るころによいものを四つ挙げます。

ミラリング　子どもの動作をそのまま、まねします。自分がやったことに反応が返ってくるのが楽しくて、それが、またやってみようという気持ちにつながります。

モニタリング　子どもが「ア、ア」と言ったら「ア、ア」と、声や音をそのまま、まねします。「これでいいんだ」という自信で、次々に声を出すようになります。

パラレルトーク　子どもの行動や気持ちを大人が代わりにことばに表します。転んで泣いたら「痛かったねえ」というように、代わりに言ってあげると安心します。

セルフトーク　大人が自分の気持ちや行動をことばにします。「おなかがすいたな。おやつにしようかな」というように。

＊

これらは、じつは日ごろから無意識にやっていることばかりではないでしょうか。つまり、それで十分なのです。

あとは、楽しく笑って過ごし、3か月刻みぐらいの成長を追ってみて、ことばが増えたとか、フォークが使えるようになったとか、何かできることが増えているかを見ていきましょう。

食事

1日3食のパターンが定着し、寝る前や夜中の母乳（ミルク）も完全にやめる離乳は、1歳6か月ごろまでに完了することが多いようです。このころになると、ぷっくりとした「赤ちゃん体型」から、背丈がこころもちすらりとして、からだつきも締まった「幼児体型」に変わっていく子どもが多いのです。母乳ばかり飲んで離乳が進まなかったのが、おっぱいとさよならした途端にうそのような食欲を発揮することもあります。

朝昼晩のご飯と、1〜2回のおやつからなる幼児食が始まりました。歯の生え方と、かむ実力に配慮しながら、様々な食材や味つけを体験させて、食べることの楽しさを存分に分かち合いましょう。

幼児食も引き続き工夫を

1歳半くらいで、上下4本ずつの前歯がそろい、犬歯（糸切り歯）を飛ばして手前の奥歯（第一乳臼歯《にゅうきゅうし》）が生えてきます。この初めての奥歯が上下左右1本ずつ合計4本、ゆっくりゆっくり生えそろっていくにつれて、咀嚼《そしゃく》能力も向上していくのです。

けれども、この歯は奥歯としては小さく、また子どもが歯にかける力もさほど強くはありませんから、第一乳臼歯で細かくすりつぶすというわけにはいきません。せいぜい、かみつぶす程度です。犬歯が生え、最後にいちばん奥の第二乳臼歯が4本すべて出てきて乳歯20本すべてそろうのが3歳くらいです。これでようやくかみ合わせが完成し、大人に近い食事が取れるようになります。つまり、家族の一員として3食を食べてはいても、子どもの咀嚼能力はまだまだ不十分なのです。大人よりやわらかめにし、ひと口大よりやや大きめのひとかけにするなどの工夫を施した幼児食が必要なのは、そのためです。

かむ力がつくから、離乳食が終わったからといって、大人の食べ物をそのまま与えていては、子どもは口から出したり、いつまでも飲みこめなかったり、丸飲みする癖がついたりします。ここで手を抜くと、あとで2倍も3倍も面倒なことになりますから、もう少しの間、子どもの食事にひと手間かけてあげましょう。

薄味、和風食で豊かな食体験を

幼児食の味つけは大人の半分くらいの濃さで十分です。大人のおかずから取り分けるときにお湯か薄めのだしで少し余計に煮こんでみましょう。味噌汁《みそしる》や和《あ》え物のしょうゆなどは、だし汁を差して薄める「だし割り作戦」がよいでしょう。風味をそこねることなく、手軽に薄味バージョンになります。

子どもは本来、刺激的でわかりやすい濃い味が大好きです。濃い味に慣れると、薄味はたちまち物足りなくなります。毎日、様々な食材と初対面するこの時期に、煮合わせる物によって変わる大根の風味、にんじんそのものの甘みといった微細で豊かな味の違いに気づくことは大切です。

また、3歳までの味の記憶は子どもの脳にしまいこまれ、いずれはそこに回帰するといいます。欧米風の塩分・脂肪分過多の嗜好《しこう》が刷りこまれると、大人になり、さらに年をとったときの健康が心配です。子どもの食事は、だしのうまみをベースにした日本の「ふつうの」ご飯、つまり、和食主体だけれど日本人向けにアレンジした洋風・中華風のおかずも食卓にのる〝和風食〟を中心に考えましょう。ご飯と味噌汁、魚か肉の主菜に煮物やお浸し、サラダなどの副菜。それぞれをだしをさすなどして薄味に、長めにゆでて少しやわらかめにしたものなどで十分です。

おやつは3度の食事の補助役

離乳は完了したといっても、まだ一度にたくさん食べられないので、食事と食事の間におやつをあげます。あくまでも3度の食事が基本ですから、おやつは次の食事に響かない時間と量を考慮しましょう。朝ご飯、10時のおやつ、昼ご飯、お昼寝、3時のおやつ、夕ご飯、というのが、2回おやつのパターンでしょうか。ただし、必ずあげなければならないとか、3食のほかにおやつも食べないと栄養が不足するということはありません。3度の食事をじつによく平らげ、間食の必要があまりない子どももいます。よく遊び、きげんよく過ごして体重も増えているようなら問題ありません。

子どものおやつは、大人にとっての嗜好品というニュアンスとは違います。3度の食事だけでは補いきれない栄養や熱量を取る「軽めの食事」。あくまでも食事の補助（補食）です。大人ふうにケーキやドーナツ、ジュースなどを用意して、「食事をあまり食べないからせめておやつで栄養を取らせよう」とするのは本末転倒ですし、味覚のトレーニングの点からも、虫歯の予防からも、よいことはありません。

補食としてのおやつは、ご飯に影響が出ないように与える時間と量を考えましょう。ふだんの食事にはなかなか登場させられないけれども、子どもに経験させたい食材（チーズ、さつまいも、小豆、白玉粉など）を用いたものなどもお勧めです。

おやつを手作りできれば理想的ですが、3度の幼児食にもまだ手がかかります。手作りおやつはたまに実現できればいい、くらいに気軽に考えましょう。それよりも、おやつも補食としてのご飯ですから、いつもと同じ場所で、きちんと座ったまま、テレビも消しておもちゃも片づけていただく、という最低限の〝テーブル憲法〟は守ってください。

手づかみ食べはスプーンの予行演習

2歳くらいまでは手づかみ食べが食事の中心です。確かにぱっと見は見苦しく、お行儀も悪いので、きれい好きのお母さんにとっては見守ること、我慢することが多大なストレスになることでしょう。

けれども、自分で自分の食欲を満たす、自分の食べたい物を見つけて口に運ぶ（からだに取りこむ）という行為は、自立への大きな第一歩。ここで、汚すから、こぼすからと大人が手を出し、スプーンで口に入れてあげる方式に逆戻りしたら、せっかくの自立の芽を摘んでしまうことになります。

また、食べ物を手でつかんで大きさやかたさをざっと把握し、口に持っていって前歯でかみ取るという一連の行為を繰り返すことは、知らず知らず、スプーンやフォークを使う最良のトレーニングになっているのです。手づかみ食べをこころゆくまで行った子どもは、いざスプーンを使うようになったら上達が早いのです。

大人が躍起になって誘導しなくても、子どもは食事をしながら食卓をよく見ています。自分用に用意してあるスプーン類、お母さんたちが使っているフォーク、ナイフ、ときには箸《はし》にも興味がいきます。スプーンを片手でつかんで、残った手でやはり手づかみ食べしながら、本人は立派に道具で食事をしている気になっています。お母さんがそっとスプーンにおかずをのせ、あるいは危なくないフォークにハンバーグのひと切れを刺しておけば、それを自分で食べることができるでしょう。そのタイミングを逃さずに、大げさすぎるほどほめてあげてください。

手づかみでも食べていればよいのですが、30分くらいたって遊び始めたときは「ごちそうさま」。声を荒げず、怖い顔もせず、これがわが家の決まりだからと、子どもの目の前で何度も自然に繰り返し、けじめを示しましょう。

「好き嫌い」を決めつけないで

食べられる物が増えてくると、食材や料理によっていくらでも食べる、逆に絶対に受けつけないといった好き嫌いが出てきます。栄養のバランスよく、作った物は残さず食べさせたいのですが、自我の出てきた子どもははっきり「いや」と言うようになってきます。無理強いしても怒鳴っても逆効果です。

1歳半ころの子どもは味はよくわかりますが、まだ嗜好は固まっていません。「いや」をするのは、その食べ物が嫌いなのではなく、食べ慣れていなくて警戒しているのです。おっぱいやミルクの味ならちびさんだってベテランですが、2回や3回、ピーマンだ、にんじんだと出てきたところで、古いつきあいとは思えません。味覚が敏感なだけに、ピーマンはなんだか苦い、にんじんは、つーんとくさい、と顔をしかめるのです。

　ここで、忙しいお母さん、食べてほしいお母さんは「これは嫌いなのね」と決めつけ、好むものをあげるようになります。けれども、あきらめるのは早いのです。にんじんはきんぴらで、かみ切れなかったほうれん草はよくゆでて短く切ってバター炒《いた》めでリベンジです。お母さんの嫌いな食材に至っては、はなから食卓に上りません。本格的な好き嫌いはまだ始まらないこの時期の「好き嫌いもどき」は、お母さんの好き嫌いも大いに影響しているのです。

その場で大人がお手本を

子どもの意思を大切に尊重することと、子どもの要求に「巻きこまれる」こととは違います。遊び食べを許し、よく食べる物だけ出し続けるような食事は正しくありません。

　保育園の育児支援事業に参加したお母さんは、在園の1歳児たちがエプロンをしてひとりで一生懸命に食事をしている姿を見て、わが家とは違うととても感心しますが、保育園ではそれがあたりまえになっているから、そうできるだけ。考え方は家庭でも同じです。

■「いただきます」からの5分が勝負

　安定したふつうの子どもが、ほどよい空腹の状態で食卓につくと、5〜10分ほどで食事はおしまいです。この5分間の集中が勝負の時間です。おもちゃは片づけ、テレビを消し、ちびさんもお母さんも決まった席に座って「いただきます」。手づかみもしますが、自分で食べようとするこころを尊重し、たまたまうまくスプーンで食べられたら「そうね」とことばをかけます。「いやいや」したときは「おいしいよ」「食べる?」と声をかけ、おいしそうに食べる姿を見せるのです。どれもふつうの親子のかかわりです。遊びだすなど食事への集中が途切れてきたら「ごちそうさま」をして片づけます。食事もおやつも、そのたびにテーブルで、器からいただくようにします。

　1歳児はその場でお手本を示すと、素直に望ましい行動を身につけていきます。食べるときは「座って」「スプーンで」といえば、そうするのです。お母さんは落ち着いた明るい気持ちでいて、自分が、いつも子どもが見ているモデルであることにこころを留めてください。1歳児は家族の行動をそのまま取り入れるものだと覚えておきましょう。

発達・臨床心理学者　室田　洋子

コミュニケーション

ことばの早い・遅いは、月齢が進むにつれてばらつきが大きくなり、子どもひとりひとりの違いもわかるようになってきます。いくら「個人差だ」「いつの間にかおしゃべりするようになる」となだめられ続けても、1歳6か月児健診を経て、〝ゆっくりさん〟のおうちでは気がもめることでしょう。

だからといって、急ぐ必要はありません。大切なのは、子どもがいま、何に気をひかれているかを丁寧に追うこと。そして、声を出してお母さんたちとかかわることはほんとうに楽しい、と子どもに心底思ってもらうことです。ふだんの接し方を一度振り返ってみましょう。

子どもと同じ物を見つめるところから

しっかり歩けるようになると、脳は歩行のバランスに配慮しなくてもよくなります。そのぶん、子どもはぐっと集中して、まわりの世界についてあれこれ探索活動にはいれるようになるので、これまで以上にいろいろな物に興味を示します。気まぐれな移り気にもつきあい、「これなあに?」「あれを見て」と命令したり誘導したりしないようにしましょう。

■話を聞かない子には「同時通訳作戦」

大人がいくら「あっ、ネコよ」「いま、にんじん切ってるの」と〝実況中継〟しても子どもが聞かないときは、その子は別のことに集中しているのです。無理に聞かせようとしてもだめです。子どもが空を見上げているときに「青いお空。白い雲があるよ」と、見えている物をことばにする〝同時通訳〟スタイルが子どもにはうれしく、ことばも豊かになります。

■気まぐれに引っ張り回されよう

まだ長い時間集中できないので、イヌ→車→絵本→積み木……と興味がどんどん移っていくのがわかります。集中力のない子になりはしないかと心配して、元の物に注意を引き戻したりするのは逆効果。子どもの好きにさせ、お母さんも次々と同じ対象に興味をもってつきあうことが、子どもには大切な経験です。

■修正、命令、悪い評価は御法度《ごはっと》

子どもの前で「この子はことばが遅くて」「何をしゃべってるんだかわからないのよ」と、否定的な見解を口にしていませんか。あるいは、発音や文法のかわいらしい過ちを「そうじゃないでしょ」と頭ごなしに修正したり、命令口調で言い直させたりしてはいませんか。子どもは、受け入れられていないことを敏感に察し、そういうことが続いていくとかかわりが苦手な子どもになってしまいます。

■静かな環境、わかりやすい話し方

引き続き、雑音の少ない環境で、短い文をゆっくり話してあげてください。「ウサちゃんのコップ、○○ちゃんのコップ、コップでお水をごっくんね」とことばを繰り返し、リズミカルに聞かせるのが効果的です。お母さんがあまり早口にならないように注意しながら、子どものことばが増えるのを待ちましょう。

様々な生活体験から遊びが生まれる

このころから子どもは、お母さんお父さんや保育園の先生など、慣れ親しんだ大人のすることをよく見て、同じようにしたがります。また、自分に関連したことや身の回りのことに親しみをもっているので、子ども本人を主人公にした語り聞かせも喜びます。

■「ごっこ遊び」★1が大好き

大人がしていることを見て、自分の遊びに取り入れることに興味をもちます。たとえば、お母さんのお手伝いをしてキャベツをちぎったあとで、ままごとセットで野菜を切り、盛りつけるというふうに。先生になりきって人形を寝かしつける、お母さんと自分で、八百屋さんとお客さんになって買い物ごっこをするなどの遊びは、社会のなかでみんなが役割を担っているという経験の一端になります。

■ファンタジーより自分が主人公

まだ架空の出来事の理解は難しいので、子どもが実際に先ごろ体験したことや、いかにもそうなりそうなストーリーでお話をつくると、熱心に耳を傾けます。旅行の写真を見ながらお話しすると、食い入るように引きこまれます。

お気に入りの話や場面を何度も繰り返しせがむかもしれません。大好きなお母さんの声で、気になることばやフレーズを何回も聞いて、納得してから口に出したいのです。「モッカイ、モッカイ（もう一回、もう一回）」は、話しことばへのラストスパート。根気よくつきあいましょう。

■アクションつきの歌を好む

リズムがあって、わかりやすいことばが繰り返されるわらべ歌や手遊び歌を、自分でもまねして歌おうとします。手遊びも、手首から先だけより、腕も足も使ったオーバーアクションのものを好むようになるかもしれません。〝歌って踊れるママ〟をめざすのも、運動不足やストレス解消になります。

★1――動作をまねること、動作の意味がわかることに加え、「野菜を切って」「盛りつけ」「はい、どうぞと渡す」というような、連続した動作ができるようになることが、「ワンワン、いた」というように、ことばをふたつ、つなげて話す2語文を話し始める時期ともかかわりがあるらしいことがわかってきています。

1歳6か月ころからの遊び

歩くのがじょうずになるのと並行して、手や指の細かい動きもさらに発達してきます。小さなボタンを親指と人さし指でつまみ上げたり、積み木を重ねたりできます。

積み木をただ並べるだけでなく、電車の「つもり」で並べたりも、し始めます。このころにままごと遊びを楽しめるようになるのは、何かの「つもり」ができるほどに、子どもの思考や言語の力が発達したからです。

「遊び」は子どものなかに次の五つの力を育てます。

- 元気なからだをつくりあげる
- 器用に動かせる手をつくる
- 見る力・聞く力・話す力を育てる
- こころが育ち、知力が向上する
- 人と気持ちを分かち合い、社会の一員になっていく

どんな遊びであれ、子どもが好む遊びは、子どもにこれらの力をつけていきます。「遊ばせる」と思わずに「一緒に楽しく遊ぶ」ことをこころがけましょう。

遊びが育てる五つの力

- からだ
- 手
- 見る・聞く・話す
- こころ・知力
- コミュニケーション

お絵描き じょうず

大人が描いた輪かくの絵の中を塗りつぶしたり、模造紙などの大きな紙を床に広げて、自由に絵を描いたりします。太めのクレヨンや筆記用具がおすすめです。

わあ、じょうずね
お母さんのお顔かな?
大人の描いた絵にぬりえ

肩から腕が十分動かせるようになると、手先も細かく動かせるようになります。手や腕の動き次第で線が引けると気づく楽しさや、できたものについて大人と話す楽しさもあります。

マークは、その遊びをとおして、子どものなかに育つ力のうちの代表的なものを表しています。

わたしの おうち

大きめのダンボール箱にシートを貼《は》ったり、窓やドアをつけたりして、家に見立て、中にはいって遊びます。

ごめんくださーい!

自分のからだがどのくらいの大きさなのかという、ボディ・イメージをつかみます。狭い所にはいることで、子どもは「自分の領分」にいると感じて、気持ちが落ち着きます。

トコトコ 手押し車

子どもの胸からおなかあたりを支えて持ち上げて、前進します。手は肩幅、からだは床に水平です。無理に前進する必要はなく、子どものペースに合わせます。

トコトコ
トコトコ

安定して立つためには、うつぶせで頭を持ち上げ、背すじをまっすぐ伸ばす姿勢の経験が大切です。手のひら全体で体重を受け止めるのは、器用な指を育てる準備になります。

がんばれ ヨイショ!

イラストのような姿勢で、子どもはひざを深く曲げ、大人の指を握ります。最初は大人が引き起こし、次第に子どもが自力で起き上がれるようにしましょう。

いいですか〜?
引っ張りますよ〜!

腹筋をつける体操ではなく、姿勢づくりの遊びなので、ゆっくりと行います。

腹筋の働きを活発にすると同時に、背筋も使う運動です。持続して力を入れ続ける経験が、姿勢や歩行の安定につながります。大人からの声かけが、励みになります。

ままごと遊び

ぬいぐるみを赤ちゃんに見立ててトントン寝かせたり、おもちゃを使ってお料理のまねをしたり、お母さんになったつもりでままごとをして遊びます。

手を使った遊びが器用な手を育てます。「ふり」ができるのは「ことば」の力が育っている証拠で、「役割行動」から社会性も育ちます。人の行動を観察・再現するためには、記憶力も必要です。

じょうずに 積めるかな？

積み木を積み上げて遊びます。積めたときには喜びの表情を見逃さず、一緒に喜びましょう。

下の積み木に触れないように手の位置や力加減を調整しながら、注意深く積んでいきます。目と手の協応の練習にもなり、また、世界を立体的にとらえる助けにもなります。

マークは、その遊びをとおして、子どものなかに育つ力のうちの代表的なものを表しています。

スタンプ ペタペタ

綿を丸めて布で包んだり、きゅうり・オクラなどの野菜を切ってスタンプにします。水彩絵の具を水で溶いてスタンプ台にして、紙に押して遊びます。

手を使って、注目しながらいろいろな形を作ったり、様々な形に気づいていきます。白い紙に模様がつくのがおもしろく、やりたい気持ちをかなえてくれる大人の存在をうれしく感じます。♪♥

滑り台 ビューン

自分で座って滑れるようになります。無理強いは禁物ですが、このころになると、大好きな人に励まされるとがんばろうという気持ちになることもあります。

最初は腹ばいで足のほうから滑ることで感覚を覚えます。座った姿勢を保てず後頭部を打つことがないよう大人が補助しましょう。

上体のバランスがしっかりすると、速度に負けず滑ることができます。手すりにしっかりつかまり速度調整できるようになり、加速度による刺激や視野の変化も体験できます。

かくれんぼ

「もういいかい」「まあだだよ」のルール理解はまだ難しいかもしれませんが、出てくるときに「いたぁ！」とか「ばあ」などの声をかけましょう。

自在に歩いて隠れられるようになり、「見えなくてもなくなったわけでない」と理解できるので楽しいゲームになります。からだを隠そうとすることでボディ・イメージが育ちます。

げんこつ山の たぬきさん

年齢にかかわらず楽しめる、手遊び歌です。向かい合って座り、顔を見合わせながら遊びましょう。全部はできなくても、注目してまねしようとします。

① げんこつやまのたぬきさん

げんこつを上下７回たたき合わせる。

② おっぱいのんで

手を軽く振りながらおっぱいを飲む動作をする。

③ ねんねして

両手を右肩で合わせ、寝る動作をする。

④ だっこして おんぶして

抱きまねとおんぶするまねをする。

⑤ また、あし…

両手でこぶしを作って、かいぐりをする。

⑥ た！

向かい合って、じゃんけんをする。

握りこぶしを交互に上下させたり、手を開いたり閉じたりと、より高度な手の動きが含まれています。楽しい音楽にのって、一連の動作が無理なく流れ、一生懸命注目します。

てあそびうた

げん こ つ や ま の た ぬ き さ ん おっ ぱ い の ん で
ね ん ね し て だっ こ し て おん ぶ し て ま た あ し た

ほかにおすすめの遊び・おもちゃ

- 歌遊び（『むっくりくまさん』『握手でこんにちは』『大きなくりの木の下で』など）
- ○△□などの簡単な型はめパズル
- ままごとややりとり遊びに使えるぬいぐるみや身近な生活用品のおもちゃ
- 三角巾《さんかくきん》やぬいぐるみの布団、お弁当の包みなどに使える布
- 大きめの連結ブロック
- 握りの太い水性クレヨン、マーカー
- 水遊び道具や砂場用おもちゃ
- 粘土と粘土用ののし棒やへら

おすすめの絵本

- 『しろくまちゃんのほっとけーき』（こぐま社）
- 『いやだいやだ』『ねないこだれだ』（福音館書店）
- 『へんてこライオンがいっぱい』（小学館）
- 『ねんねんネコのねるとこは』（評論社）

など

「1歳からの絵本」については498ページもご覧ください

1歳9か月〜2歳

とりあえず、イヤ！

「これにしよう」「イヤ！」「やってあげる」「イヤ！」。すばらしい自己主張。海よりも深く空よりも広いこころで、「イヤ！」って言える子に育てたお母さんお父さんもすばらしい。コミュニケーションの力、育っています。

1歳9か月～2歳

からだの発達

さてトドラーちゃん〈↓520ページ〉は、よちよち歩きでいろいろな所を歩き回ります。靴を履かせてもらって外に出れば、室内にはない、いろいろな物や人、動物を見たりさわったりすることもできます。好奇心につき動かされて、歩き回ったり、よじ登ったりしながら、トドラーちゃんたちの足取りは、少しずつ安定したものになってきます。

こうした好奇心につき動かされた行動は、歩行という大きな運動だけでなく、手先の細かい動きもより正確かつ機敏なものにしていきます。

大人が思う以上に優秀な赤ちゃんの観察力

ところで、私たち大人は「赤ちゃんはこの世の中のことをあまり知らない」と思っていますが、じつは極めて細かく現実の世界を観察していることがわかっています。

こんな実験があります。ゆっくり回転しているT字型の棒の前に、1歳前の赤ちゃんを座らせます。すると赤ちゃんは棒に興味をもってそれをつかもうと手を出します。しかしT字型の棒はゆっくり回転しているので、赤ちゃんの手が近づくまでの間に違う所へ移動していってしまいます。つかみ損ねた赤ちゃんは、どうするでしょうか。なんと数回失敗する間に赤ちゃんは、回転する棒の性質を理解し、棒が移動してくる場所に前もって手を出してつかむようになる、ということが報告されているのです。

精密なロボットでさえ難しい作業も楽々

2歳前のこの時期になると、子どもの手の動きは、こうした緻密《ちみつ》な観察力に負けないくらい計算されたものになってきます。

ピンセットつまみ〈↓402ページ〉で小さなボーロなどをつかむことができるようになっていた指先は、手先の細かい運動の正確なコントロールが要求される積み木重ねも、四つの積み木で塔を作れるレベルになっています。精密なコンピュータで制御されたロボットでさえ難しい作業を、楽々とこなすのです。

遊びの場面だけではありません。この時期の子どもは、スプーンを使って食事をすることができるようになります。これもロボットにとっては、大変な作業です。スプーンの先端の動きを目で観察しながら、スプーンの柄を握った手を通じて感じるおかゆやスープの抵抗感を総合し、どの方向にどのくらい動かせばよいのかを子どもの脳は計算しています。

小さなボーロをつまむ運動も精密なコントロールが必要ですが、指先で直接ボーロの質感を感じることができます。それに対し、スプーンの先には神経が通っていませんから、スプーンの柄から感じる抵抗感だけが頼りなのです。

服を着ることはまだできませんが、ズボンを下ろしたり、ボタンはずしの必要のない服なら自分で脱ぐこともできます。こうした日常生活の様々な行為を自分でできるようになっていくのです。そのような行為のお手本は、たいていの場合、まわりにいる大人です。この時期の子どものおもちゃの定番は、大人が日常生活で使う道具や器具です。電話機、テレビ、食器、調理器具など、なんでも子どもにとって好奇心の的になります。

脳のシナプスはいまが人生最高に密度が高い

さて、こうして様々な日常活動で元気よく動き回るトドラーちゃんのからだを点検してみましょう。最初の1年間で、約3倍、つまり6kg近く増加した体重も、この1年間（1～2歳）にはたったの2kg程度しか増えません。身長も約10cmと、最初の1年の約25cmに比べて半分以下の増加です。

脳についても同様です。急速な脳の発達で、最初の1年間に頭囲は約1・4倍になります（33cmから45cmほどに増加）。頭囲が1・4倍になると、体積は1・4の3乗、つまり約2・7倍になるという、とてつもないスピードです。しかし1～2歳の間には頭囲は平均して2cmしか増えず、脳の体積にしても10％前後しか増えません。でも、1～2歳のトドラーちゃんの脳の発達は大したことはない、なんて思わないでください。子どもの脳の神経細胞同士の連絡をしているシナプスとよばれる連絡網は、この時期が、人生のなかでいちばん密度が高いことがわかっています。自由に歩き回りながら、いろいろなものを直接見たりさわったりした経験が、そのシナプスのつながりとして脳に刻みこまれているのです。

大人が日常生活で使う道具や器具がおもちゃになる時期です。電話機や食器など、なんでも好奇心の的になります。

栄養バランスに留意し、歯磨きの習慣づけを

一部の子どもはまだ母乳やミルクを少しは飲んでいますが、大部分は普通食を食べるようになっています。ほぼ完全栄養食といってよい母乳やミルクとは違うので、子どもの栄養は、何を食べるかで大きく変わってきます。現代の日本では摂取する食物の絶対量が不足することはありませんが、栄養素のバランスがくずれることは起こり得ます。子どもの食べたもののカロリー計算をする必要はありませんが、栄養バランスに留意しましょう。厚生労働省発表の六つの基礎食品（肉類、乳製品、緑黄色野菜、その他の野菜、穀類〈米、めん、パン、いも〉、油脂）から必ずひとつずつ取る、などの工夫が必要です。

乳児期と異なり、からだを動かすために消費するエネルギーが増えたこの時期の子どもは、大人のような3度の食事だけでは、必要な栄養が十分には取れません。不足分は間食（おやつ）で補う必要があります。大人の間食は、時として肥満の原因になりますが、トドラーちゃんにはおやつが必要であることを覚えておきましょう。

平均して生後7か月から少しずつ生えてきた乳歯も、早い子どもでは上下10本ずつ生えそろいます。臼歯《きゅうし》（奥歯）も生え、固形の食べ物もかみ砕き、すりつぶして食べることができます。様々な食べ物を食べることができるようになるわけですが、それだけ虫歯にもなりやすいので、毎食後、歯磨きをする習慣をつけたいものです。大人の行動のまねをしたい年ごろですので、自分で歯ブラシを使うことも可能になります。そのうえで大人が仕上げ磨きをするようにしましょう。

（榊原）

食べ物の種類が増えると、虫歯になりやすくなります。毎食後、歯磨きをする習慣をつけましょう。仕上げ磨きも忘れずに。

1歳9か月〜2歳

ことばの発達

多くの子どもで2歳前後に起こる進歩は「ことばをふたつつなげて話せるようになる」ということです。2語文ともいいます。

2語文を話すのは一大事業

ジュースが欲しいときには、ジュースを見ながら、あるいは指さしながら「トーダイ（ちょーだい）」と言ったり、冷蔵庫の前で「アーン、ジュッチュー」とか言っていたのが「ジューチュ、ちょーだい」と言えるようになります。その前から「ちょーだい」も「ジューチュ」も言えていたのですから、そのふたつをつなげて「ジューチュ、ちょーだい」と言うのは簡単なことだと大人は思いがちですが、どうしてどうして。これは、子どもが事もなげに成し遂げる〝大事業〟のひとつなのです。

ふたつのことばをつなげて言えるということは、その国の国語の文法構造の基礎が獲得でき、主語と述語との関係が理解できたということを表しています。

文法がわかり、ことばをつなげられるようになると、「あ、ワンワン」だけだったのが、「ワンワン、きた」とか「ワンワン、ないてる」とか「ワンワン、かぁいい（かわいい）」と変化させ、自分が感じていること、考えていることを、相手に正確に伝えることができるようになります。伝わらないもどかしさにめげることが少なくなりますし、大人のほうも、子どもの考えていることがわかって、とても楽になります。

ことばの広がりが考えの世界も広げていく

そして、子どもの〝考え〟の世界も、ことばの広がりとともに大きく広がります。

「ママ、ねんね」と子どもが言います。

寝かしつけているうちに自分のほうが寝入ってしまったお母さんのことをお父さんに言いつけている場面なら、「ママったら、ねんねしているよ」の意味です。でも、「さあお昼寝ですよ、寝なさい」と言って、台所の片づけに行ってしまったお母さんを呼び戻すための「ママ、ねんね」なら、「ママ、（ぼくと一緒に）ねんねして」という意味です。

ウサギちゃんがねんねしている絵本を見ながら言った「マ

マ、ねんね」であれば「ママ、（ウサギちゃんが）ねんねしてるよ」の意味になります。

大人の行動を見て、ことばを覚える

なぜ、子どもは急に文法を理解するようになるのでしょうか。簡単なことのように思えますが、その理由とメカニズムはまだわかっていません。「まわりで話されていることばを聞いているうちに、自然に覚えた」というのがたぶん、いちばん当たっているでしょう。

「まわりで話されていることばを聞いて自然に覚える」ことを証明したトマセロという人のおもしろい実験があります。

子どもは大人のそばにいて、ことばを聞き、一緒に生活を経験するなかで、自然にことばを身につけていきます。

ちょうど2歳の子どもの目を見ながら、大人が「トーマを捜そう」と言います。「トーマ」は仮につけた名前です。そして大人は置いてあるバケツのふたを次々に開けていきます。ひとつ目、ふたつ目のバケツを開けたときには大人は不満そうな声を出します。三つ目のバケツを開けたときには興奮した様子で中にあった物を取り出して、子どもに渡します。

そのあと、五つの物を見せて子どもに「トーマを持ってきて」と言うと、子どもはさっきの三つ目のバケツにはいっていた物を間違えずに持って来てくれるのです。そして「これはなーに？」と聞くと「トーマ」と答えられるのです。

大人が「これがトーマだよ」と教えたわけではないのに、「トーマ」という音と「それを見つけたときの大人の興奮した様子」を結びつけて、子どもは「これはトーマだ」と考えたに違いありません。

子どもは大人の行動を見て、ことばを覚えていくのです。

体験がことばの獲得をあと押しする

また、こんな実験もあります。同じ2歳ちょうどの子どもたちをふたつのグループに分けます。ひとつのグループにはナットとボルトを渡して「これはナットだよ」と教えてから実際にナットを回してもらいます。もうひとつのグループの子には「これはナットです」と実物を示して、ことばで教えるだけにします。

そのあとでナットとボルトを見せて、どっちがナットなのかたずねるのですが、実際にナットを回してみたグループのほうは正しく答えられたのに対し、口頭で教えられただけのグループのほうは正答率が低い、という結果が出たそうです。

実際にからだを使って経験したもののほうがよく覚えられる、というわけです。

テレビを消して、一緒に生活体験を

昔の人は「子どもからは目を離すな、手をかけよ」と言い伝えてきました。子どもは大人のそばにいて、ことばを聞き、一緒にいろいろなことを体験するなかで、自然にことばを身につけていく。そんな「あたりまえ」のことがだんだんできにくくなっている昨今です。

子どもにはテレビを見せ放題にして、その間に家事をはかどらせる……。そんなことが決して珍しくなくなってしまいました。確かに、日中、お母さんだけで子どもの世話をし、家事をするのはとても大変です。周囲からの応援がもっと必要であるということについては、まったくそのとおりです。

でも、にもかかわらず、少々の犠牲を払ってでも、ちょっとは大変でも、なるべく〝一緒に〟〝生活を経験する〟ということを取り入れていただければな、と思います。買い物、洗濯物の取りこみ、ごみ捨て、食事、歯磨き……。ことばは「読み聞かせ」や「語りかけ」をとおして覚えるだけではなく、こんな毎日の生活のひとこまのなかで身につけていくものなのですから。

（中川）

1歳9か月～2歳

こころの発達

人間は、あることができるようになると、その力を使ってあれこれ試してみたくなります。たとえば、それまでつかめなかった物が指先だけでつかめるようになると、いろいろな物を指先でつまもうとします。

たとえば、積み木を積み上げるにはバランスについての予想がある程度できなければなりませんし、指の動きが不安定でもいけません。こう置くべきだというイメージができたら、そのとおりに腕や指を動かして、しかも実際の動きを見て微調整しながら腕と指をコントロールさせねばなりません。これは相当高度な能力で、脳の様々な部分の働きを同時に調整しながら行わなければなりません（これを協応といいます）。こういうことが、この時期にかなり可能になってくるのです。

子どもはその新しく身につけた能力を、いろいろなものに応用しようとします。すると、よけいにいたずらが増えるように見えるものです。

何度でも試したい時期

この時期の子どもの探索活動は、身についた能力を試そうとして様々なものに挑む側面が強くなってきます。どんどん挑戦させてください。

たとえば、からだがしっかりしてきて、両足で跳び上がることができるようになってきます。すると、家の中でもドンドンと跳び上がろうとします。子どもは「ほら、ぼく、跳び上がれるんだ。見て、見て」と思っているのです。それに対して「うるさいからやめなさい」と言ったのでは、なんにもなりません。アパートなどで下の階に迷惑かと思ったら、座布団を敷いて、跳び上がってもよい場所をつくってあげましょう。じょうずだね、と励ましてあげてください。

スプーンでテーブルをたたいて遊ぶときもそうです。行儀が悪いということでやめさせたくなりますが、子どもからすれば、たたいて音が出せるようになったことがおもしろくてしかたないのです。それをむげにやめさせるのはいかがなものかなと思います。しばらくさせてみて、それから、もうやめて食べようね、というような働きかけが欲しいと思います。

階段を手をつないで降りていると、最後の1段で立ち止まって両足をそろえ、やおら「イチ、ニー、サン」と飛び降りることがあります。これも、身についてきた能力を使ってみたくてしかたないのです。うまく飛び降りられると、また戻ってもう一度やろうとすることもよくあります。できたことがうれしくて、何度も試したいのです。そういうときも時間が許すかぎり、「じゃあ、もう一度ね」と、子どもに挑ませてください。こういうことを繰り返しながら、子どもは、からだの器用さと自己有能感をはぐくんでいくのです。

子どもの発達メカニズムがよくわかる

からだが器用に動かせるようになると、あれこれさわったり持ち上げたりつまんでみたり、まわりの世界に対する接し方が多様化していきます。周囲の世界に対する興味や関心も多様化していきます。道を歩いていても、手で取れる草花は取ってみたいという気になります。背が届く所にある物も、取ろうとします。こうして、からだの成長がこころの成長につながっていくのです。

この時期は、子どもが発達していくメカニズムがよくわかります。行動パターンが次第に高度化し、また多様化していくことがよく見えます。

そのときもっている行動パターンを用いて、ある行動をすることを「同化」といいます。しかし、同化で挑んでもどうしてもできない行為がたくさんあります。たとえば、階段を飛び降りるとき、1段ならばもうできる、でも、2段はまだ怖くてできないような場合です。そういうときにも、子ども

階段の最後の1段を飛び降りられるようになったら、何度でも試したいのが子どもごころです。

はどんどん同化で挑んでいきます。すでに身についている1段を飛び降りる行動パターンを使って、2段にも挑戦するわけです。するといつの間にか、子どもの心身の働きが、挑んだことができるような新しいレベルに到達します。脳内の神経の結びつきが進んで、行動パターンが増えたり高度化したりするのです。こうして、子どもの行動パターンが高度化していくことを「調節」といいます。

子どもの行動は、同化から調節、そして新しい同化、また調節ということを繰り返して、次第次第に器用になっていくのです。これが発達のメカニズムなのです。ですから、この時期も、あれこれ子どもが挑みやすい環境を用意して、自由に挑むことを励ましてやってください。そうしてこそ発達するのです。

基本的信頼感を育てることが大切

でも、この時期の子どもは、失敗して大泣きするような幼さも残しています。そういうときに大人が「もう大きくなってきたのだから」と、無理に背伸びさせるような態度をとるのは感心しません。まだまだ子どもは、大人の大きな保護を求めています。アタッチメント〈↓394・395ページ〉がかなり形成されて、親や保育士さんへの親密感は豊かに育っていますが、そうであればあるほど、何かあればいつでも助けてもらえるのだという感覚が、子どもにとって大切なのです。

たとえば、何かに失敗して痛くて泣いているとき、必ずすぐ駆け寄って「どうしたの。痛いの痛いの、飛んでいけー」くらいの対応はしてあげましょう。そのとき、そっと抱きしめてあげて、愛を感じさせることが大事です。夜泣くときなども同じです。

こうして子どもは、生まれてから2年間、何かあっても必ず助けてもらえるという体験を繰り返し、重要な他者というのはこころから信頼できるんだという感覚を身につけていきます。これをある人は「基本的信頼感」といっていますが、この感覚が身につくことが、最初の2年間ぐらいで、もっとも大事なことなのです。この感覚は、子どもが何かに挑もうとしているときに、それを温かいまなざしで見つめてくれ、失敗したら「だいじょうぶ」と慰めてくれる、そういう関係のなかで育っていきます。

（汐見）

育ちのようす

このころの子どもは、「自分がするんだ」という実感が欲しくて、なんでもやりたがるでしょう。けれども、思うのとできるのとは別。うまくできないと、腹を立てる。お母さんやお父さんが手伝おうとすると、泣く。失敗が目に見えているから止めるのに、怒って抗議する……自立が進んだように見えても、実際はこのような〝かんしゃく〟や〝きかんぼう〟に悩まされる毎日です。「恥ずかしい」という感情が芽生えてくるのは2歳6か月ごろ。それまでは、気のすむまで、何度でもやり直させるほかありません。あるいは、本人に気づかれないように手伝ったり、よほど危険でないかぎり、手を出さずに見守っておくことでしょう。

　いずれにしても、「やっぱりできないじゃない」「だからやめておきなさいと言ったでしょ」などと突き放さず、子どもの言動を肯定的に受け止めてあげてください。「いつでも好きなときにお母さんやお父さんの腕のなかに戻れるんだ」という基本的な信頼感が、親子にはこの先もずっと必要なのです。

　また、1歳9か月くらいになると多くの子どもが、鏡に映った姿を自分だと認識するようになります。自分の顔、自分のからだ、そして自分という人間がわかって、しかもほかの人との区別がつくので、人の心情についても考え始めます。以前は、お母さんが悲しい顔をしていると自分まで泣いてしまうという状態でした。それが、悲しいのは自分ではない、相手だと気づいて、同情したり慰めたりもします。また、その人の好みを察知することもできるので、自分の思いどおりにしたいときには、相手の顔色をうかがいながら、気を引くような言動を見せることがあります。

ほかの子とおもちゃを取り合うことも

　子どもの遊び方にも変化が見られます。積み木を自動車の代わりにして動かす、ままごと道具のみかんを食べるまねをするなど、代用品を使った見立て遊び、ごっこ遊びをするようになります。それがもう少し進むと、人形やぬいぐるみを擬人化し、だれかのふりをさせて遊ぶようにもなっていきます。3歳前の子どもは集団で遊ばせても、まだひとりひとり自分の世界に浸っている状態。同じ積み木を見ても、ひとりはバスだと思っているし、別の子はケーキだと思っている、という具合。しかも「自分がするんだ」という思いが強い時期なので、一緒にいてもわが道を行く遊び方、並行遊び〈→529ページ〉をしている段階です。

　それでも次第に、ほかの子どもの行動に関心を示したり、相手の動作につられて行動したりするようになるでしょう。初めはおもちゃの取り合いといった、物を介して偶然に生じる交流です。けれども、もう少し年齢が進むと、物やことばをやりとりし、互いに協調するような交流へと発展します。いまは一見けんかをしているような光景が繰り返されますが、やがて相手の気持ちを読み取るようになり、仲間との遊びを楽しむ段階へと進んでいきます。

生活習慣は大人がお手本

自分では何もできないように見えた赤ちゃんが、2年もたつと、ずいぶん子どもらしく見えてきました。コミュニケーションもとれるので、生活習慣づくりや習いごとをいろいろ始めたくなるでしょう。

「ありがとう」や「バイバイ」など動作によるあいさつの習慣は、まわりの人の行動を見ているので、1歳前後から自然と身につくようです。また、歯磨きや手洗いは、大人が手助けしながら、1歳代に習慣づける家庭が多いようです。絵本の読み聞かせはもっと早く、0歳代から。さらにテレビやビデオを0歳代から見せる家庭も多いようですが、ことばやコミュニケーション能力を伸ばすためには、お母さんやお父さんとの実際の会話が大切です〈↓553ページ〉。

昼寝の時間帯や長さは、子どもによってまちまち。まったくしない子、すぐ起きてしまう子、いろいろ[★1]です。早寝早起きの習慣は、家庭環境の影響が大きいでしょう。

この時期の習いごとは親が主導権を握って始めますが、子どものためにするのであれば、その子がやりた

乗り物酔い

田舎へ帰省したり、家族旅行などのロングドライブで、乗り物酔いをする子もいるでしょう。タクシーやバスなど、独特のにおいが苦手という場合もあるようです。

乗り物酔いは、平衡感覚をつかさどる三半規管や自律神経に関係します。この機能はある程度、訓練で鍛えられます。日ごろから、ブランコなどからだが揺れて三半規管を刺激する遊具で遊んでみましょう。

また、空腹もよくないので、乗り物に乗る前に、軽く食事をしておくのも大切。ただし食べすぎは禁物です。睡眠不足もよくないので、前の日は十分に睡眠をとります。苦手な乗り物でも、眠ってしまえばだいじょうぶなことも多いので、お昼寝のタイミングなどを合わせて、乗り物に乗ったら、すぐに寝つけるような配慮をするのも効果的です。

もちろん、子ども用の酔い止めの薬もありますので安心してください。飲み薬に抵抗があるなら、手首のつぼを刺激する酔い止めバンドなども薬局などで手にはいります。

★1――ヒトの体温は午後から夕方にかけていちばん高くなり、夜眠くなるころから下がり始めます。これがずれると遅くまで体温が高い状態が続き、なかなか寝つかなくなります。

がっているものかどうか観察してください。生後3か月くらいの赤ちゃんでさえ、自分で気に入った刺激を選択するといいます。子どもが求めているものかどうか客観的に見て、時にはきっぱりやめる勇気も必要です〈『楽しく通える教室』を選ぼう」↓512ページ〉。

発熱のときのホームケア

赤ちゃんのころの平熱を知っていたお母さんも、このころにはもう一度測り直してみましょう。平熱には個人差がありますが、健康な状態のときの体温の目安は、新生児・乳児では36・7～37・5度だったのが、幼児では36・6～37・3度といくぶんか低くなってきます。一般に午後になると少し高めになり、大泣きしたあとや運動後、食後も上がります。厚着や布団のかけすぎ、室温が高すぎるときも、病気でなくても体温が上がります。ほかに症状がないようなら、薄着をさせて部屋の風通しをよくし、水分を与えましょう。

38度以上の発熱がある場合は、かぜ〈↓747ページ〉をはじめとしてなんらかの病気を疑いますが、夜間の発熱でも全身状態がよい場合は、受診は翌朝まで待ってもだいじょうぶ。万一、顔色が真っ青だったり、ぐったりしていたり、呼吸の様子がおかしく小鼻をひくひくさせているような場合は、夜中でも病院に連れていきましょう。

受診前のホームケアとしては、氷まくらで頭を冷やしてあげましょう。39度以上の高熱があるときは、氷を入れたビニール袋をタオルに包み、首筋やわきの下、ももの付け根など動脈の通っている部分にあてて冷やすのも効果があります。汗をかいたら、ぬれタオルで手早くからだをふいて着替えさせます。これには、気化熱によって体温を少し下げる効果もあります。汗をたくさんかかせて熱を下げようと、厚着をさせたり布団を多めにかけたりする人がいますが、これは逆効果。かえって熱がこもり、体温が下がりにくくなります。

食事は消化のよいものにし、食欲がなければ無理に食べさせなくてもかまいません。脱水症を防ぐために、水、番茶、果汁など水分[★2]を十分に補給しましょう。

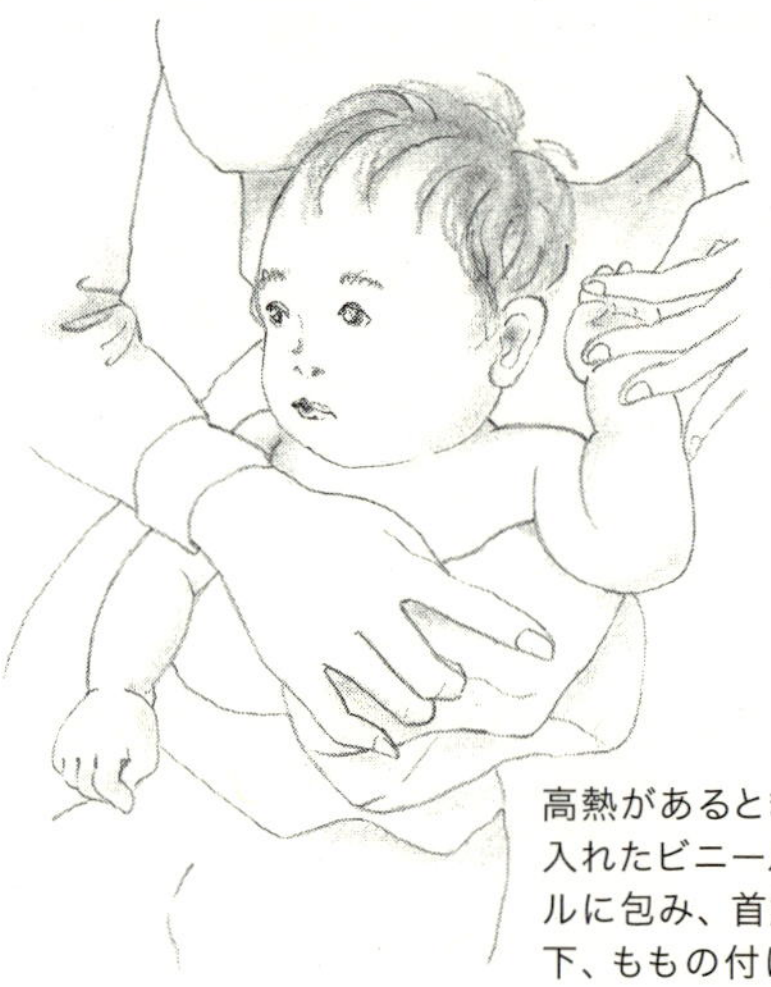

高熱があるときは、氷を入れたビニール袋をタオルに包み、首筋、わきの下、ももの付け根などにあてて冷やします。

★2――果汁やアルカリイオン飲料を飲ませる場合は、乳幼児用を選びましょう。大人用は糖質が多く、赤ちゃんや子どものからだに負担となります。

気がかりなこと

Q 夜泣きが激しくなりました。泣きながら歩き回ったりします。ストレスがあるのでしょうか。

A 夜泣きというより、幼児期によく見られる睡眠障害かもしれません。心配のないものです。

夜泣きは1歳を過ぎれば治まってくるものですが、2歳過ぎまで続く子どももいます。一方、夢間遊行症《むかんゆうこうしょう》（夢遊症《むゆうしょう》）や夜驚《やきょう》症《しょう》という、子どもによく見られる睡眠障害があります。夢間遊行症は睡眠中に突然起き上がり、昼間のように部屋の中を動き回ったりするもの。夜驚症は、ぐっすり寝ていたと思ったら汗びっしょりになって泣き叫び、パニックを起こしたようになります。どちらも10分くらい続いて、再び眠りにはいります。

お母さんお父さんは、ストレスがたまっているのではないかとか、精密検査をしたほうがよいのではないかと心配しますが、成長に従い、自然と治まっていくものです。本人は寝ぼけた状態ですし、何をしたのか覚えていないのがふつうです。睡眠不足になることもありません。

Q 土踏まずがないと転びやすいと聞きました。はだしで遊ばせたほうがよいのでしょうか。

A 土踏まずの形成にかぎらず、全身を動かす機会が子ども時代には必要です。

土踏まずには、からだのバランスを取ったり、前に進む力を強化するなど、姿勢や歩行に関係する働きがあります。乳児のころは土踏まずがない偏平足のように見えることがありますが、これは足の裏に脂肪がついているため。足底部の筋肉や靭帯《じんたい》がしっかりしてくる2歳ころから、土踏まずのアーチは高くなっていきます。

偏平足とは、後ろから見ると左右のかかとがそれぞれ外側に反り返っている状態です。そのため、転びやすく、長く歩くのをいやがるといいます。つま先立ちさせると土踏まずができますが、土踏まずの有無にかかわらず、かかと部分のしっかりした靴を選び、かかとが外側に反るのを防いでください。

ただ、からだのバランスを取っているのは、土踏まずだけではありません。斜面やでこぼこの地面を歩いたり、からだを揺らしたり、ジャンプしたりなど、全身を使って遊んでいるうちに、自分のからだのサイズや動かし方、バランスの取り方を覚えていくのです〈「ボディ・イメージ」↓397・582ページ〉。

Q 活発で行動的な子ですが、友達を押したり、たたいたりするので、意地悪しているように見られます。

A 意地悪をしている意識はない年齢ですが、たたいたり、かんだりするようなら注意を。

だれの物であろうとかまわずおもちゃを取ったり、友達を押しのけて自分の遊び場所を確保したり、「やりたい」という気持ちが行動に直結する子どもは、いじめっ子のように見えてしまいます。こうした子どもをもった親は頭を下げて回らねばならないことが多く、ため息をつく日々でしょう。この年齢では「意地悪してやろう」と意識的にやっているわけではないのです。しかし相手の親にしてみればよい気持ちではないはずですから「子ども同士のことだから」

とあまり放置しすぎず、適切に、親同士コミュニケーションをとるとよいでしょう。

また、相手の子どもの気持ちも受け止めて、「悲しんでるね」「困っているね」と自分の子どもに伝えてみてください。それでどうするかは、子ども自身が答えを探るものです。

子どもたちは遊びのなかで生まれるいろいろな出来事から、人間関係を学んでいきます。泣いたり泣かれたりするうちに、「同じなんだね」という共感も芽生えていくでしょう。ただ、友達を乱暴にたたいたり、かみついたりするのはいけません。その場で厳しく、びしっと注意しましょう。

Q　順番が守れません。しつけをしていないと思われそうで、つい大声でしかってしまいます。

A　もう少し大きくなって予測ができるようになるまでは、順番ということがわからないものです。

ひとつの物を代わりばんこに使ったり、「貸して」「待ってね」が通じるようになるのは、3歳を過ぎないと無理です。順番を守れるようになるのは4歳過ぎです。「待っていれば、きっと自分の番がくる」と理解するためには、ある程度先のことが予測できなければなりません。経験も大切です。親が一緒に待って、「もう少しだよ」「ほら、順番がきた」など声をかけながら、ルールがあることを教えていきましょう。

Q　出勤前の忙しい時間、早く着替えさせたいのに自分でやりたがるので困ります。

A　自分でできることを増やしているところ。その意欲を受け止めて。

子どもは自分で何かができるようになると、その力を使いたくてしかたなくなるものです。なんでも「自分で、自分で」となります。時間がかかるのですが、これをきちんと保障してやることで、子どもがぐーんと育つのです。特に2～3歳ころ、この傾向が強くなります。

ここは親としては、我慢のしどきですね。

衣服は、ボタンやファスナーがついているデザインのものをやめて、丸首のトレーナーやゴムのはいったズボンから好きなものを選べるようにしておき、さりげなく手伝うだけにしてはどうでしょうか。前後が逆になっていたり、よじれたまま着ていても、この際、目をつぶります。左右逆に靴を履くこともしばしばですが、保育園で脱いだあと、そっと入れ替えておけばよいでしょう。

「いや！」「（自分で）する！」が始まったら、「～したいの？」「～しようか」とたずねて、子どもに選ぶ機会を与えましょう。ことばによる返答がなくても、身ぶりで子どもは自分の気持ちを表します。それを受け止めて、「～したいんだね」「～が好きなんだね」などことばにしていくと、「わかってくれたんだ」と納得するようです。とはいえ、同じような日々がまだしばらく続きますが、4歳を越えるとおさまっていくものです。

Q　男の子と女の子を育てています。区別していないのに、なんとなく育ち方に違いがあるような気がします。

A　集団で見た場合、傾向としては違いがあるようです。

生まれつきの性差は多少あるようです。男の子のほうが行動量が多く、よく泣く。発達のペースも微妙に違い、ことばが出るのも遅め。笑うのは女の子のほうが多く、おしゃべり。立体や動くおもちゃなどに興味をもつのは男の子で、女の子は人との関係に関心があるとか、お話づくりが好きなようだという意見もあります〈「男の子らしさ、女の子らしさ」→587ページ〉。

けれどもそれは、男の子の集団と女の子の集団を統計的に見た場合にそのような傾向があるという話で、ひとりひとりの個性は男女の性差なく存在します。

もう少し大きくなって、ごっこ遊びをするようになると、お父さんやお母さんの〝まね〟をそれぞれの性にそってやるようになります。私たち大人がつくっている社会のなかでの性差イメージが、子どもに反映している場面も出てくるでしょう。大人の言動が与える影響は計り知れません。男の子であれ、女の子であれ、自分らしい生き方が得られる社会にしていきたいものです〈↓509ページ〉。

Q 食事のときも遊ぶときも落ち着きがなく、集中しません。多動でしょうか。

A じっとしていられない、好奇心旺盛《おうせい》な年ごろです。

1～2歳の子どもに「おとなしくしていなさい」と言っても、難しいものです。いろいろできるようになってきたので、あれこれ試してみたい。けれども、自己抑制力がまだ弱いため、自分にブレーキをかけられない。気になることがいっぱいあるから、食事だろうが座っていられない。集中しないのは、興味をひく物ではないからでしょう。ADHD（注意欠陥多動性障害）を心配しているようですが、この時期の診断はとても難しいことを知っておいてください。〈「ADHD」↓680ページ〉。

食事のときは、少しでも座って食べることができたら「ちゃんと座って食べたの、えらいね」とほめ、それを少しずつ長くしていく。一緒に食卓につくことも大切です。子どもには「ちゃんと食べなさい」と言いながら、大人が忙しそうにうろうろしていたのでは、落ち着こうにも落ち着けません。また、テーブル越しに「ちゃんとごっくんしたかな」など、じーっと見つめられては、監視されているようで食べ物も喉《のど》を通らないでしょう。

さもなければ、思い切って立ったまま食べさせるのも一案です。3歳過ぎたら、立ったまま食べてよいと言ってもやらないでしょう。みんなの模倣をしたくなる時期にはいり、自分だけ違うことをするなんてできなくなるからです。

Q バギーに立ち上がって転倒、頭を打ちました。すぐ泣きましたが、だいじょうぶでしょうか。

A 意識がしっかりしていて、その後も元気で食欲があればだいじょうぶです。

頭を打った場合、まず意識があるかどうかが重要です。意識がない、けいれんを起こしている、そのようなときは揺すったり、顔をたたいたりしてはいけません。顔色が悪くて反応が鈍くなったり、目つきがおかしい場合も、すぐに救急車を呼びましょう。救急車が来るまでは、吐いた物が喉につまらないよう、横向きに寝かせます。頭を少し後ろに反らせ、気道も確保します。

頭を打ったけれどすぐ泣いた、吐いたけれど一度だけ、その後は元気というなら、2～3日様子をみてください。こぶは氷のうや冷たいタオルで冷やします。頭皮にできた浅い傷の出血なら、清潔なタオルで押さえて止血します。ただ、何回も吐く、ぐったりしてきた、からだの動かし方がいつもと違う、そのような症状が出てきたら検査ができる病院へ。ぶつけたところの痛みが増し、はれてきた場合は、骨折をしている可能性もあります。

転倒事故は、自分で転ぶ場合だけではありません。バギーに乗せるときはベルトを締めて、立ち上がらないようにしてください。自転車の補助いすに座らせたまま、買い物などでその場を離れてはいけません。必ずおろして連れて行きましょう。そのほか、遊具や遊んでいる子との衝突・転倒にも注意を。小さいころの歩行器をあまりお勧めできない理由も、転倒のきっかけになるからです〈↓390ページ〉。

スモールステップで育っていく子ども

口《こう》腔《くう》器官の異常とことば

■発音を気にするのは4歳過ぎでよい

「オタアタン、ジューチュ、チベタイネ！　オイチイネ！」（お母さん、ジュース冷たいね！　おいしいね！）

お話を始めた子どものかわいい「赤ちゃんことば」は、聞く人を思わず笑顔にさせてくれる、すてきな魅力に満ちています。

子どもは、聞き取りやすい音、発音が簡単な音から順に、発音を覚えていきます。ですから、カ行やサ行が夕行になったり、サ行がシャ行になったり、シャ行がチャ行になったりします。ラ行などは、6歳近くまでダ行で発音する子もいます（「ラッパ」を「ダッパ」など）。

段階的に発音を覚えていくなかで、間違った発音のしかたが習慣になってしまい、ほとんどの子が正しく発音できる年齢になっても発音できない場合、「構音障害」といって、発音の練習をする教室に通ったりする場合があります。しかし、これらの発音を気にするとしたら、早くても4歳過ぎからで十分です。まずは、大人も赤ちゃんことばを使って、いましかできない会話を楽しんでください。

赤ちゃんことばは魔法のことば。だって、赤ちゃんことばを使って、きつくしかったりなんてできないのですから。

■口腔器官の異常がある場合の経過観察

とはいえ、口唇裂《こうしんれつ》や口蓋裂《こうがいれつ》で生まれた子どものお母さんお父さんにとっては、子どもの発音は、ずっと気にしてきた心配事でしょう。ですから、ことばが出始めると、ついつい発音に敏感になり、「やっぱりうまく話せない……」と現実以上に深刻に受け止めてしまうこともあるようです。

4歳ぐらいまでは、発音が未熟な時期ですから、ラッパやハーモニカを吹くことなどを遊びに取り入れつつ、病院などで経過を見てもらいましょう。

発音には、音によって、練習にもっとも適した時期があります。また、子どもが自分で自分の発音を気にし始める時期というのもあります。ですから、一概に「○歳から始める」というものではありません。

発音の練習が必要な場合には、基本的には、経過観察を継続的に行っている病院が、適切な時期に「ことばの訓練」などを勧めてくれると思いますので、その時期から始めればよいでしょう。自治体などにも相談窓口があります〈↓574・727・730ページ〉。

また、口唇口蓋裂の親の会もありますので、そこで悩みを相談したり情報を集めることも、役に立つでしょう。

また、舌小帯《ぜっしょうたい》〈↓214ページ〉という、舌の下面にある粘膜のひだが舌の先のほうまで達していると、舌の正常な動きを妨げ、発音に影響が出る場合があります。場合によっては手術が必要になりますが、実際には乳幼児の舌小帯は比較的前方に位置していることが多く、たいていはそのうちに、問題のない状態に落ち着きます。

一般的には、舌を前に出したとき、舌の

先がハート型にへこむほどだと手術が必要といわれますが、舌小帯の状態によって違いがありますので、気になる場合には、口腔外科医や言語の専門家のいる病院に相談して、手術の必要性を含めて経過を観察していくとよいでしょう。

■この時期に見つかる口腔器官の異常

一方、子どもがことばを話すようになって、その発音によって口腔器官の異常が初めて見つかることもあります。

粘膜下口蓋裂は、口蓋の筋肉や骨がきちんとついていない状態で、その上の粘膜はついているため、見た目ではわかりにくいのですが、一般の口蓋裂と同じように、息が鼻にもれてしまいます。

軟口蓋麻痺《まひ》は、軟口蓋（上顎《うわあご》の奥3分の1ぐらいのやわらかい部分）の動きが悪くなり、それによって鼻に息や食べ物が抜けてしまいます。

どちらも、鼻に息がもれてしまう特徴があるので、子どもの発音が、特定の音だけでなく、全体としてフガフガした印象の話し方をする場合には、4歳を過ぎるのを待たずに、一度、言語の専門家がいる病院や相談所に、相談に行くとよいでしょう。

■発音よりも大切なもの

子ども同士というのは、意外にめちゃくちゃな発音をしてもわかってくれるものです。特に3歳代ぐらいまでは、聞こえ方自体も大ざっぱということもあって、許容度が広くて、日本語のひらがなでは書き表わせないような音であっても、聞き取ることができるのです。そして、何よりハートでわかりあえる部分が大きいのです。

一方では、「なんて言ってるかわかんないよ」などとストレートなことばが返ってくることもあるかもしれません。でも、そんなときに、子ども以上にお母さんが傷ついてしまわないでください。たとえ発音がじょうずでなかったり、唇に傷があったりしても、そのすべてを含めて、「あなたは私の大事なかわいい子どもなのよ」という親子関係をつくっておきたい時期です。

手術をして、発音の練習をして、それでも完全には発音がきれいにならない人もいます。でも、何度聞き直されても自分の気持ちをしっかり伝えようという気持ちの強さをもっていると、相手に伝わります。そういう「気持ちの強い子」に育っていくためにも、発音の練習よりもまず、自分の思いを伝えようとする子どもとじっくり向き合い、ことばが伝わる喜びをたくさん経験させてあげてほしいのです。

■言い直しをさせず、話をさえぎらない

毎日の生活のなかで、特に意識して、お母さんお父さんがゆっくり話したり、正しい発音をこころがける必要はありません。子どもと話すときには、自然に子ども向けの話し方になっているものですから、それで十分です。

ただ、子どもが話している途中でさえぎらないこと、子どもに「言い直し」をさせないことの2点だけ気をつけてください。

いまは、できるだけ子どもの話の中身に応じて対応したい時期です。「発音できない」とか、「ことばが通じない」という経験は、なるべくなら少ないほうがよいからです。

ことばが出始めたころと同じように、前後の脈絡や子どもの表情などから、子どもの言いたいことを察して会話してください。また、ガラガラと音をたててうがいをする、よくかんで食べることは、生活のなかで舌や唇の使い方を覚えることにつながります。ことば探しやしりとり遊び、一緒に歌を歌うことなどは、遊びのなかでの、自然な発音の練習になります。

コミュニケーション

2歳近くになると、「ワンワン、きた」のように、ふたつの単語をつなげた2語文が出始めます。「テレビ、見ない」などと否定形を使い始める子もいます。ことばを自由自在に組み合わせて、言いたいことを言えるようになり始めるのです。子どものことばをまず「うん、そうだね」と肯定すること、しっかりと聞いてあげたり話しかけて、生活体験を共有することが相変わらず大切です。ひとりでビデオを見ていても、絵本をめくっていても、生きたことばの獲得にはつながりにくいものです。

返事をすること、かけ声をかけること

アウアウおしゃべりに始まった赤ちゃんとのコミュニケーションですが、本物の会話を楽しめるようになりました。自分は○○という名前、一緒にいる時間が長いこの人は「ママ」、ママの次におなじみのあの人は「パパ」とわかっていて、おしゃべりしたい意思をはっきりともって呼びかけてきます。

遊びながら、「よいしょよいしょ」など一緒に調子のよいかけ声をかけることもとても喜びます。

■「ママ」「はーい」の繰り返しがうれしい

忙しいのに一日何回も「ママ、ママ」と呼ばれて、余裕のないときは大変ですね。でも、子どもは必ず反応してもらえると信じて連呼しますから、家事をしながらできるかぎり「はーい」と答えましょう。手が離せないときは「はいはい、いまね、お料理アチチなのよ」と、要求に応《こた》えられない事情を説明します。

■「せーの」「行くぞ」のかけ声マジック

お母さんお父さんと一緒に遊ぶときは、動作の前にかけ声をかけると、子どものわくわくは大きくなります。ボールを持って「さあ投げるよ、取ってね、それ、ポーン」とか、かけっこの体勢になって「よーい、ドン！」。お互いを意識し合って声をかけて動作にはいりながら、人とかかわるうえで大切な、間合いを計って息を合わせることを学んでいくのです。

■楽しい「お水がジャージャー」

相変わらず擬音語・擬態語も好きです。お母さんによっては「水はジャージャー、泡はぶくぶく」といった決まりきった連想に不満を抱くかもしれませんが、擬音語・擬態語はことばへの興味をいざなうためにとても有効なのです。生活のなかでの遊びとことば遊びの楽しさが連動して初めて、子ども独特の豊かな語彙《ごい》世界が広がっていきます。

生活体験がことばを育てる

大人と一緒にからだを使って経験しなければ、場面ごとに適した単語を引っ張り出して自在に使いこなせるようにはなりません。だからといって毎日イベントを用意したり、幼児教室に通う必要はなく、お母さんが用事をするかたわらに子どもがいればよいのです。

■「まねっこ遊び」はあこがれの表れ

子どもは大人のしぐさや表情をじっと見ていて、同じことをやろうとします。お母さんが頭にバンダナをしていたら、小さなハンカチで同じにすると男の子でも喜びます。おもちゃではなく本物の携帯電話を持ちたがり、お父さんの上着を羽織って大得意。ことばを覚え、つなげていく時期ですから、場面に合わせて「かっこいいね、パパのお洋服ね」と声をかけましょう。

■過去や未来のことを言うのはすごいこと

記憶力がついてきて、目の前のことだけでなく「ワンワン、こわい」など、散歩中の恐怖体験をつぶやいたりします。自分の気持ちを、語彙を総動員して伝えようとしているときは、言わんとするところをくみ取って「ああ、大きなワンワンいたね、○○ちゃん遊ぼうって言ったんだよ」と、子どもの言ったことを少しふくらませて返します。いま起きていることではなくても、子どもの関心事を題材に会話するのは、ことばを伸ばすチャンスなのです。

■批評や訂正はしない

子どもの記憶違いや認識の間違い、不完全な発音や文法を指摘して直す必要はありません。間違いはいつしか、自分で直していきます。子どもには自由に話させ、それを受け止め、大人は文や単語を何度もはっきり聞かせてあげればよいのです。「お靴が〝取れた〟の？　じゃあ、履きましょう。お靴、〝脱げちゃった〟んだね」というふうに。

テレビ・ビデオは一緒に見る

テレビやビデオを見れば、確かにある程度ことばは覚えますが、一連の音のつながりが、鮮やかなイラスト（映像）とくっついて一方的に頭にはいってきます。子どもが、もう一度聞きたいなと思っても、場面は移っていきます。家事をこなしたいからと子どもを画面に釘《くぎ》付けにしておくと、子どもはその間、生活体験をすることができません。忙しくても、家事をしながらでも、できるだけ子どもが見ている場面は一緒に視聴し「あ、ゾウさんだね。この間動物園で見たねえ」と、ことばを横から添えましょう。どんなに〝教育上よい〟プログラムでも、1回の視聴はなるべく30分くらいにとどめたいものです。

家族で育つ

ことばを話し、自分から行動するようになった子どもは、もう自分の人生を歩き始めています。お母さんお父さん、そして「家族」のメンバーやまわりの人の力があったからこそ、ここまで育ったのです。これからは一歩下がって、「ねえ、見て」「ねえ、助けて」と、子どもが振り返ったときに応《こた》えてあげてください。子どもはいちばん信頼している人に、「ほんとうだね」「困ったね」と認めてほしくて振り返るのです。

2歳を目前にして、本格的な幼児期に突入したとはいえ、大人の役目が終わったわけではありません。手のかけ方、距離のとり方が、赤ちゃん時代とはちょっと違ってくるだけ。子どもはその子なりに成長しているのですが、知識豊富な大人はつい、子どもの先頭に立って道筋をつけてやるのが役目だと考えてしまいます。子どもが振り返ったときには、「家族」がちゃんといる。そう信じてもらえるように大人たちはいま、こころがけるべきなのです。

子どもの目線で見る大切さ

自己主張が激しくなるころは、感情や意欲も強くなる時期〈「こころの発達見通し」→412ページ〉です。実力より気持ちのほうが前に出るため、「自分でやる」と言い張ったり、大人のまねをして物を操作しようとしたり。けれども、まだからだの動かし方がスムーズにいかないので、物をたたいたりぶつけたり、乱暴しているように見えてしまいます。

少し前までは、なんでも口に持っていき、なめて「これは何か」を確かめていたでしょう。2歳前後の子どもにとって、落とす・たたく・破る、それがいちばん簡単で、すぐにできる物の確かめ方なのです。私たち大人はこれまでの経験から「物は大切に扱わないと壊れる」と知っているので、怒らずにはいられません。けれども、好奇心のほうが強く、世の中のことや物のしくみについての知識や経験も少ない子どもですから、大きな音を出してはいけないとか、乱暴に扱ってはいけない、という判断ができません。まだ大人のように注意深く行動できないのです。

「もう少し優しくさわってね」と注意している間はよいのですが、何度も同じことを繰り返されれば腹も立ちます。そういうときは大声や手をあげる前にひと呼吸し、動機を想像してみてください。「どうしてたたくのだろう、音がして楽しいのかな」「どうして黄色の服にこだわるのだろう、あの子のラッキーカラーなのかな」、あれこれ想像してみると、声のかけ方が違ってきます。子どもと同じ目線で、[★1]「好きなんだね、これ」と共感できそうな部分を探してみる。それから

★1——自分の物に愛着を抱くのは、お母さんお父さんへの愛着を応用しているから。「なぜ?」と首をかしげたくなる、意外なお気に入りも。

注意してはどうでしょう。子どもにとっても、「怒られるからやめる」のでは根本を理解したことにはなりません。どう対処したらよいのか、考える時間をあげてください。

要領よくやれる方法があるのに、わざわざ一から全部やろうとしたり、同じ失敗を何度も繰り返したり、子どもの行動はなんだかとても人間らしいもの。子どもの目線を追ってください。その子のおもしろさ、興味の方向性が見えてきます。

子どもと自分の弱点を受け入れよう

友達遊びが増えてよその子に目がいくようになると、子どもの弱点を意識しがちです。ほかの子ができて、うちの子ができないと、自分の子育て能力が劣っているように感じ、つい「もっとがんばれ」と言ってしまう。2歳代でこれが続くと、子どもは大人の評価が気になって自我[★2]を出せず、依存性が高くなりがちです。子どもの弱点は両親から引き継いだものかもしれませんし、親の苦手意識からやらせる機会が少なく、子どもが経験不足になっていた分野かもしれません。

まず、お母さんお父さん自身が自分の弱点を認めましょう。足りない部分は人の力を借りて補います。子どもの遊び相手になるのが苦手なら、保育士さんや友達の力を借り、厳しすぎる面があると気づいたなら、「家族」のメンバーやまわりの人にフォローしてもらう。「弱点も私の一部だ」と受け入れることができたときに、私たちは息苦しさから解放されるのです。

親の気になるところがその子らしさ

子育てをしていると、「この子はこのままでは困る。どうにかしなくては」と、親として気になるところが出てきます。けれども、お母さんお父さんがマイナスだと思っているところに、じつはその子らしさが秘められているのです。「めそめそしてやられっぱなしな子」は「優しくて人に譲ることができる子」、「強情であまのじゃくな子」は「信念をもっていて、たやすくなびかない子」、そんなふうに考えることもできるでしょう。育児の当事者だから、どうしてもマイナスに感じてしまうのです。

人が自分らしさをつくり上げるまでには時間がかかります。いろいろやってみるうちに、ちょうどよい自分が形成されていくのです。ですからいまは、子どもを否定するのではなく、気になっているところがこれからどんなふうに磨かれていくか、楽しみにしていましょう。

「生まれてよかった」「ここにいてよかった」と子どもがいつも思っていられる、そういう「家族」でいることこそ大切なのです。　　（土谷みち子）

★2 ── 自我を出せない子、人見知りが強い子は、抱きしめたり添い寝をしたり、からだごと触れ合う機会を増やして、たっぷり甘えさせて。

世間と向き合う

1 ごつごつした肌ざわり

お母さんに抱っこされ、顔をぺたっとつけて眠る赤ちゃんはほんとうに気持ちよさそうです。子どもは母親との触れ合いで、女性のやわらかいからだを認識していきます。でも、いつもふわふわしたものに触れているだけでは触覚が発達しません。

父親も日常的に子育てにかかわることが当然という時代になりました。出産に立ち会い、育児休暇をとっての主夫業、仕事を休んで入園式に出席。優しいお父さんが増えるのは、悪いことではありません。

しかし、「男も育児に参加しよう」「お父さんも子育てを手伝おう」などと、妻のアシスタントのような気持ちでは、父親ならではの力が発揮できません。

母親には子どもを自分の分身だと錯覚する傾向があります。客観的になれない、必要以上にこまごまと指示を出す、などはそのためです。

妻を手伝うという感覚でいるかぎり、父親も子どもに対して女性的なかかわり方しかできなくなってしまうでしょう。実際、最近はまるでお母さんがふたりいるような家庭も見受けられます。

育児に関して父親と母親の役割は同じくらい大切です。父親のアプローチは、本来母親とは違うものであるはずです。父親が育児に主体的にかかわってこそ、母親が見せてくれる日常生活とは違った人生を子どもは学びとることができるのです。

常に「ものわかりのよい父親」でいる必要はありません。男親は頑固で、子どもにとって理不尽な存在として、いざというとき子どもの前に立ちはだからなくてはなりません。また、時にはあえて負の体験をさせなければなりません。

乳児期には「生の喜びと危険を教える」、幼児期以降は「世界への向き合い方と価値観を伝える」。男の育児のコンセプトはこの2点に集約されます。

男親たるもの、己の持てる父性を無骨にも最大限に発揮しようではありませんか。男の自覚に目覚め、過保護・過干渉を退け、人生という荒野を見渡すがごとき広い視野で見守る。

わが子の一生に一度しかない子ども時代。父親だからこそ、いま、子どもの人生に伝えられるものがあるはずです。

父親は子どもと肌をたくさん触れ合って、母親とは違う力強い皮膚感覚も覚えさせてください。抱っこやおんぶ、肩車もいい。頬ずりもいっぱいしてあげましょう。「ひげが痛い」と赤ちゃんに顔をしかめられるかもしれませんが、かまうことはありません。

乳幼児期の父親の子育てで大事なのは、からだを触れ合う遊びをたくさんすることです。スキンシップは発達に欠かせません。子どもは楽しい気分で肌を触れ合わせるとこころが満たされます。ごつごつした肌ざわりをぜひ体感させましょう。

2 少しくらい乱暴でいい

子どもは本能的に多少手荒に扱われることを喜びます。だから、ちょっと乱暴で怖い父親との接触が大好き。ダイナミックな「たかいたかい」や「お馬さん」、「おすもうごっこ」、足にからだを乗っけての「飛行機」〈↓429ページ〉など、昔ながらの父と子の遊びを楽しみましょう。筋肉や運動能力の発達にも役立ちます。ただし、子どもがいやがったり怖がったら無理強いしないことが大切です。

次はお風呂。コミュニケーションを育て、母親の負担を軽くするためにも、入浴は父親が引き受けたいものです。仕事で疲れた日は面倒だけど、子どもが一緒にお風呂にはいってくれるなんてほんの一時期のこと。束《つか》の間《ま》の楽しみです。

おすわりができるようになったら、洗髪は座らせたままで。シャワーでなく洗面器のお湯で手早く流します。初めは驚きますが、さっと乾いたタオルで顔をふけば、泣く暇もありません。「がんばったな」というひと言も忘れずに。慣れたら、お湯をかけているときは口から息を吐くことを教えましょう。

幼児期ともなれば、「浴槽にタオルを入れない」「あがるときは絞ったタオルで水気を取りバスタオルでふく」といった入浴のルールも教えたいものです。

3 自分で歩いていくんだぞ

父親の役割は、子どもの自立をサポートすること。それは、離乳食から始まります。

休日は父親の出番。いつもの倍の量の離乳食を用意して、床に新聞紙を敷き、スプーンを持たせて好きに食べさせましょう。たぶん、ものすごいことになります。

顔中べとべと、うまく食べられないことにじれて、食べ物をほうり投げるかもしれません。ときどきは食べ物を口に入れてあげます。お母さんは汚れるのをいやがるかもしれませんが、あと片づけを責任もってやることを約束して、聞こえないふりをしましょう。

これは手と口の連係プレーを学ぶとともに、自分の食べる物は自分の手でという、大げさにいえば生きていく原則を教えることでもあります。

少し大きくなれば、手先を使う訓練を始めます。小さいボタンをはめたり、はずしたりして着替える。食事は箸《はし》を使わせる。ひもの結び方を教える。積み木遊びも手先の訓練を兼ねた創造的な遊びです。

家事を手伝わせるのもいい。洗車の手伝いで水を運ぶ、ぞうきんを絞る、キャンプに出かけるときは自分の荷物を入れるリュックを与える、など。子どもは興味津々。そういうことをしてみたくてしかたがないんです。

3歳になったらはさみも使わせましょう。家事労働は人生のエッセンスですから、基本的な生活能力を養うことにもつながります。

そして、天気のよい休日はどんどん散歩に連れ出しましょう。ベビーカーは必要最小限にします。ちょっとした距離なら自分の足で歩かせることが大切です。

4 あえてスロー育児

着替えなどがうまくできず悪戦苦闘している子どもを見ると、お母さんはつい手伝ってしまいます。でも、お父さんは手を出さずに見守りましょう。忙しい母親は子どもに「早くしなさい！」と言いがちですが、父親は子どもをせかしてはいけません。早く成長させることが必ずしもよいとはかぎらないのです。食べ物をうまくかめない子の増加が問題となっていますが、背景に「急ぎすぎ離乳」があるとも考えられています。同様に、子どもの発達段階を前倒しする、いわゆる早期教育にも少々問題ありです。

スピードと効率ばかりが優先される世の中の風潮を、子育てにまでもちこんではいけません。いつか歪《ゆが》みが出てきます。子どもの成長には多くのむだや繰り返し、試行錯誤が必要です。

子育てのポイントは子どもの発達段階に応じていくことにあります。だから、お父さんはあえてスロー育児を――。

5 尊敬を教える

すごい。かなわない。他者への尊敬の念を教えることも重要です。まずは「お父さん、すごい」と思わせることから。自分の得意分野で勝負しましょう。スポーツ、公園遊び、ゲーム、けん玉、日曜大工などなんでもOK。焼き魚をきれいに食べるわざなんかでもいい。もし失敗してかっこ悪い姿を見せてしまったら、陰でこっそり練習して名誉挽回《ばんかい》です。

男の料理というアピールもできます。休日は「今日はお父さんが夕飯を作るから、おまえも手伝え」と宣言しましょう。メニューは無難なところでカレーあたり。子どもと会話しながら楽しく買い物し、料理は子どもにもたくさん手伝わせます。父と子の共同作業に意味があるからです。玉ねぎを切ると涙が出てくることを体験させましょう。切り方なんかふぞろいでいい。「男の料理は豪快なのだ」と、もっともらしく言い聞かせましょう。

指示はわざと命令口調で。ふだん父親に命令されることも少ない子どもは必死でがんばって乗り越えようとします。「お父さんってかっこいいんだ……」と思ってくれるかもしれません。仕上げに意外な隠し味なんかも入れたりして、お母さんの料理とは違うことをさらりと見せましょう。

　さあ、いよいよ楽しい夕食の時間です。「お母さん、このじゃがいもは僕が切ったんだよ」と子どもは得意満面。「君が作ってくれたカレーはおいしいね」とほめてやれば天にも昇る気持ちです。

　それから、忘れがちなことがもうひとつ。ときどきは、お母さんにも〃かっこいい〃と思ってもらえるように行動してみては。

6 ツボをおさえてしかる

父親はいつ子どもをしかればいいのか。なかなか難しい問題です。幼児期くらいまでの原則は次の三つではないでしょうか。危険をわからせるとき、道具で相手をたたくなど他人に危害を加えたとき、他人を差別したとき、です。これ以外はあまりくどくど言わない。

　細かい小言はお母さんに任せましょう。

　しかるときは目を見て、その場でばしっとしかる。内容がわかるようにしかる。くどくど言わない。しかったあとは「よし、わかったな！」と切り換え、にこっと笑うめりはり、そのあと思いきり遊んであげるというフォローも大切です。

　両親が一緒にしかるのはタブーです。子どもは逃げ場をなくしてしまいます。母親がしかっているときは、父親は一歩引いて弁護側に回ることも、時には必要です。

7 大人の世界を見せてやる

休日は散歩にかぎります。道端に落ちている小石や葉っぱ、虫の死骸《しがい》、松ぼっくりなど何にでも興味津々。そうやって自然の肌ざわりを覚えていきます。「汚い」なんて言わずに、好きなようにさせましょう。

　四季折々、公園や遊歩道などに果実や木の実が実っています。ぜひ一度、その味を体験させてください。いまの子は「渋い」「苦い」という味覚をなかなか体験できません。味覚や臭覚を発達させないと、害のあるものから身を守ることができません。「負の体験」も必要です。

お父さんの腕の見せどころは公園です。自由奔放に男の遊びを教えてあげましょう。子どもは危ないことが大好き。身の程も知らずになんでもやりたがります。「危ない！」と止めてしまうのは簡単。でも、致命的なけがをしないかぎり、多少危ないことにも挑戦させるべきです。見ている親が手に汗握るけれど、ここはぐっと我慢。もちろん十分な注意と余裕が必要です。ただ、少しのけがは危険を見極める力をつけるために、むしろ必要なレッスンです。この危険に満ちた世界を体感させることも、男親の務めです。

公園は子どもの社交場です。お年寄りやイヌの散歩をする人など、他人との交流もよい体験です。父親はよその子とも一緒に遊び、社会性を態度で示します。

公園で汗をかいたら仕上げは銭湯です。広い湯船は楽しいし、背中の流しっこも最高のスキンシップです。子どもはたくさんの裸に目をきょろきょろ。大きなお風呂に見知らぬ人たちとはいることで、世の中にはいろいろな人がいることを身をもって知るでしょう。

子どもと一日遊ぶと大人はくたくた。でも、子どもが「今日はおもしろかったね」なんて言ってくれたら、疲れも一気に吹き飛びます。

子どもは、父親と一緒の、なんの変哲もない日曜の情景をずっと覚えていたりするものです。

8 ルールと抜け道を教える

社会のルールは小さいうちから教えましょう。たとえば、きょうだいや友達とおやつを分けるときは、じゃんけんで勝った人から好きなものを選ぶ。トランプやオセロなどゲームをとおして駆け引きも覚えさせたいものです。世の中には、いじわる、ひっかけ、運、どんでん返しもあると。

子ども同士でおもちゃの取り合いやけんかになったときは、親は先回りせず、様子をみます。悔しい思いをしたり、たたかれて泣くのも経験。そこから思いやりや譲り合う気持ちも芽生えます。

ただ、ルールに縛られる融通のきかない人間になるのも困りもの。場合によっては抜け道があることも教えます。

ときには、子どもの最大のルール「○○しちゃいけません」という母親の言いつけから解放してあげる。

たとえば、散歩の途中でアイスやコロッケを買って歩きながら食べる。子どもは「歩きながら食べちゃだめ」とか「手を洗わなきゃ」と母親そっくりの口調で責めるかもしれません。

そんなときは、「言いつけを守るのは大事だけど、どっちでもいいときもあるんだ。細かいことは気にするな」とひと言。落とした食べ物だってパクッと口に入れて見せ、「だいじょうぶ。死にはしない」と平然と笑い飛ばしましょう。

そうそう、「お母さんには内緒だぞ」とウインクして口止めするのも忘れずに。父と子の楽しい秘密がひとつできました。

9 妻に自由時間を

お母さんの育児は毎日が戦争のようです。仕事が山のようにあって、自分だけの時間をもつ余裕などありません。そんなお母さんの愚痴を聞くことも父親の役目です。「そうか」「それは大変だな」と相づちを打つだけでいい。聞いてもらっ

ただけで案外すっきりするものです。

休日は父親が全面的に育児を引き受けましょう。育児の苦労を実感できるはずです。「今日は僕が子どもをみるから、ゆっくり買い物にでも行ってくれば」と妻に自由時間をプレゼントしてください。


お母さんを送り出したら、子どもとお父さんの時間が始まります。男の育児というと、家族全員そろって遊んだり出かけることと誤解している人もいるかもしれません。それも必要ですが、父と子だけで過ごしたり外出することも意味のあることです。


子どもが行きたい所に連れていくのもいいし、「お母さんのいない間に自転車に乗れるようになろう」なんていう目標をたてて、実行するのもいい。

お父さんの趣味や用事につきあわせたってかまいません。散歩するだけでもいい。ふたりで話をしながらゆっくりと並んで歩く時間が貴重なのです。

もちろん歩くときには、子どもを車道と反対側にするのは常識です。つないだ手を離してひとりで歩かせるときは、親は必ず後ろからついていくようにします。親が前を歩いていては子どもの様子に目を配ることができません。


一日の締めくくりに、お母さんと待ち合わせての外食はいかがですか。「子どものことが気になって買い物どころじゃなかったわ」なんて妻は憎まれ口をたたくかもしれませんが、その表情はどこかすっきりしているはず。だめ押しに、子どもに「今日のお母さん、きれいだね」くらいのことを言わせる裏わざも使ってみては。

10 子どもを「社会」で育てる

かつて子どもは地域が育てるものでした。でも、いつの間にかその役割は、親だけに集中するようになりました。その弊害はここで挙げるまでもありません。こんな時代だからこそ、父親が率先して、世間と向き合うこころがまえを子どもに手ほどきしてやりたいものです。

つねに家族だけで行動するのではなく、子どもが親以外の大人と過ごす時間もつくりましょう。

たとえば、気の合う家族同士で一緒に山や海などに遊びに行ってはいかが？子どもは子ども同士で遊び、大人はビール片手に雑談する。数家族が集まれば、大きい子も小さい子も混じって遊びます。年長の子は下の子を気遣い、小さな子は年上の子どもを見て多くのことを覚えていきます。あるいは、気の合う友人や近所の知り合い、お父さんお母さん仲間に頼んで、時にはわが子を預かってもらうのもいい。

子どもは親から離れるのが不安です。でも、勇気を出してほかの大人と過ごした時間は、彼らにとって新鮮な体験だし、自信にもなります。

もちろん一方通行ではだめ。がき大将のようによその子も引き連れて遊びましょう。悪いことをしたら、だれでも遠慮なくしかる。めざすは「おせっかいなおじさん」です。江戸時代のご隠居さんではないけれど、以前は地域にいつもぶらぶらしている主《ぬし》のような大人がいました。ちょっと怖いけど、子どもに絶大な人気があった。子どもは親よりも他人から多くのことを学びます。自分の子さえよければいい。それでは父親失格です。子どもたちに子ども時代を目一杯味わわせてやるために、社会とのクッション役を買って出たいものです。

地域と出会う

地元の子育て支援を活用する

相談したくても助けを求めたくても、近所には知り合いがだれもいない。孤立無援のように感じるときもあるでしょう。けれども、自治体が主体となった様々な支援システムが、地域に浸透しつつあります。民間企業による地域支援や、子育て仲間による自主活動も、心強い味方になります。

ただ、自分にフィットするサービスや仲間とめぐり会うまでには、多少時間がかかるかもしれません。それでも、ふだん着でつきあえるところが地元の魅力。ぜひ活用しましょう〈「子育てを支援する制度とサービス」↓722ページ〉。

■相談したいとき

子育てや家庭内の悩みは、親しい人にも打ち明けにくいものです。市区町村のサポートを利用してみてください。電話で相談する場合、「匿名希望です」と告げれば、氏名や住所、電話番号を問われることはありません。

どこに連絡すればよいのかわからない場合は、役所の保育課や児童課など、子育て支援事業を担当している窓口を訪れるか電話をし、「子どものからだのことで相談したいのですが、どこを訪ねればよいでしょうか」「家庭の問題について相談したいのですが、窓口はどこですか」などと問い合わせてください。

地域子育て支援センター

「子育て家庭支援センター」などの名称で、地域に密着したサポートをしています。たとえば、乳幼児から18歳未満の幅広い年齢層の子どもと家庭のあらゆる相談に応じ、専門機関やサポーターを紹介する、地域情報を提供する、講座を開催して交流を図る、といった活動をしています。地域によっては、ファミリーサポートセンターを運営している場合もあるようです。

保健所・保健センター

自治体によっては保健事業部に組みこまれています。保健師が常駐し、両親学級や乳幼児健診を実施、定期予防接種の通知をするほか、心身の発達が気がかりな子どもの療育相談、育児不安や薬物・アルコール依存など親の問題にも対応、専門的にサポートします。

通所施設

ことばの遅れ、発育、行動などに気がかりがある子どもの相談に応じます。必要があれば療育指導もします。

女性センター・男女共同参画センター

結婚・妊娠・出産・性についての悩み、母子家庭・夫婦関係・家庭内暴力など家庭に関する問題、セクハラや職場環境など働くお母さんの悩み、女性をめぐる様々な問題についてカウンセリングをしています。

福祉事務所

自治体によっては福祉事業部に組みこまれています。ひとり親家庭へのホームヘルプ、家庭内トラブルによる母子緊急一時避難、生活保護策、心身に問題を抱えた子どもと家庭の支援など、福祉的なサポートと相談に応じています。

児童相談所

全国指定都市に設置が義務づけられている、児童福祉行政の第一線機関です。18歳未満の子どもに関するあらゆる問題について、家庭や保育所からの相談に応じ、アドバイスをします。必要なら子どもを一時保護する、入所措置をとる場合もあります。

保育所

日常的な保育業務のほか、保育上の相談にのる、情報を提供するなど、来所者への子育て支援活動も義務づけられています。

■出会いたいとき

「子育て仲間と出会いたい」「子どもの遊び友達をつくりたい」「自宅以外で遊ばせたい」という目的で、遊びの会やサークルに参加する親子も大勢います。雨の日も遊べる、気軽に休めるといった、解放感や気楽さから参加することも多いようです。

児童館

親子が自由に過ごせるファミリールームを設けたり、遊びのプログラムを組んだり、保護者向けの講演会を開くなど、地域の交流広場・情報交換の場となっています。

図書館

小さな子どもと保護者専用の児童室を設け、絵本や児童書、図鑑などの閲覧ができるようになっています。本の読み聞かせ会を開催しているところも増えています。

地域子育て支援センター

「遊びの広場」のような名称で、施設内を開放しているセンターもあります。親子遊びや自由遊びに保育士や心理士が加わって、必要とあればアドバイスをする、心理や保育を専攻する学生がサポーターとなり、子どもと一緒に遊ぶといった試みをしているセンターもあります。

親子遊び教室

「子育てをしている間に視野が狭くなった」「子どもとのかかわり方を考えたい、自分を変えたい」、そのような動機で出かける場所を探しているお母さんはたくさんいます。児童館や地域子育て支援センターが開催している親子向けプログラム、民間企業が地域支援の一環として運営している親子遊び教室などへ出かけてみましょう。親子体操、おやつ作りやお店屋さんごっこ、季節を楽しむ行事など、施設ごとに工夫を凝らしたプログラムがあります。

また、子どもを遊ばせる傍ら、保護者向けの勉強会や講習会が催されるところもあります。子育てへの視点を変えるチャンスになるかもしれません。

■つくりたいとき

「子どもを外遊びさせるサークルをつくりたい」「同じ悩みを抱える親たちとネットワークをつくりたい」、そのような思いから自主的に活動しているグループがあります。次のような手順でスタートします。

まず、グループの名前と活動目的を決めます。参加者を募る場合は、自治体の広報誌や育児雑誌などに投稿する、ちらしを作って児童館や地域子育て支援センターに置かせてもらう、最近ではインターネットの育児サイトの掲示板を利用するグループもあるようです。そして、参加希望者がある程度そろったら、活動日や活動場所などを話し合います。会報や回覧ノート、メーリングリストを作るグループもあります。

さらに、グループの活動目的が仲間同士の子育て支援であれば、地域によって条件が異なりますが、社会教育団体として自治体の社会教育係などに申請することができます。集会室など施設利用時の優遇や助成金もあるので、検討するのもよいでしょう。

あなたが参加する側であれば、募集告知のなかに、営利目的の業者による勧誘が紛れこんでいないともかぎりません。トラブルに巻きこまれないよう、参加を決める前に気になる点を確認してください。

自分の人生、始めてる

「ねぇ、見て見て〜」が出たら一人前。「自分でできるんだ、もうだいじょうぶだね」、そんなふうに認めてほしくて言っている。ここまでよく育てました、お母さんお父さんに拍手です！　さあ、これからは子育て第2章、どんなストーリーになるのかな。主人公は子ども自身、わき役を楽しみましょう。

2歳〜2歳6か月

2歳～2歳6か月

からだの発達

ついに2回目の誕生日を迎えました。もう外見的にも、赤ちゃん時代を卒業です。この時期の子どもたちは自分の意思で動き回り、また自分の意思を簡単な言葉で語ることができるようになっています。もちろん、まだまだ日常生活すべてにおいて保護者に頼り切っていますが、自立的な行動が目立ってきます。

親が見えていれば、離れて行動できる

靴を履いて家の外の経験を積みながら、これまで世界のすべてだった家庭の外に、未知の物、場所そして人がいることを知っています。まだ人見知りはあるものの、親や家族以外の人とかかわることもできるようになっています。親（多くは母親ですが）にくっついて行動していたトドラーちゃんたち〈↓520ページ〉も、歩行が安定するにつれ、親を離れて行動することが多くなってきます。親が自分の視界内にいれば、自分から興味のある物や場所、あるいは他人に向かって、親から離れて歩いていくようになります。でも親が自分のことをどこかでちゃんと見守っているという安心感があるから、こうしたことができるのです。急に親が見えなくなると、不安になって泣き出したりします。

両足ジャンプや上手投げも可能に

歩き回ることによって、歩行が安定するだけでなく、足の筋力もついてきます。大部分の子どもがこの時期の終わりころまでには、両足でジャンプすることができるようになります。元気な子どもは、ソファやいすの上からジャンプして親をはらはらさせます。早い子どもでは、短時間ですが片足で立つこともでき、大部分の子どもは階段を上ることもできるようになり、滑り台などで自分で遊びます。公園や園庭で介助なしに遊ぶことができます。

しかしこうした能力が、時に転落などの痛ましい事件につながることも忘れてはなりません。ベランダに置いてあったプランターにのって外を見ていて転落したり、洗濯かごの上にのって洗濯機の中に転落する事故も報告されています。

ボールを投げるときは、これまでは下手投げしかできませんでしたが、教えれば上手投げもできるようになります。上

手投げは、腕を大きく上げ、それを振り下ろすという、からだ全体のバランスの調整を要する運動です。それだけ子どもが立位での生活に慣れてきたということのあかしです。

歩行が安定し、足の筋力がついてきます。両足でジャンプしたり、ひとりで階段を上ったりできるようになる時期です。

積み木重ねは八つくらいまで記録を更新

腕や手の細かい運動にも磨きがかかります。積み木を重ねる遊びでは、これまでの四つ重ねの記録はこの時期に八つにまで更新されます。積み木を重ねるのは、単純に八つの積み木を上に重ねていけばできるものではありません。八つの積み木の重心が、いちばん下の積み木の底面の上にこなければ安定した状態にはなりません。もちろん子どもたちは重心の概念のことなど知りませんが、毎日の遊びのなかの試行錯誤の結果、安定した積み木の条件は子どもの脳の中の記憶（手続き記憶）として蓄えられています。

細かい手先の運動は、ヒトだけでなくサルやチンパンジーなどの類人猿の特技です。哺《ほ》乳《にゅう》類のなかで、パンダなどの例外を除いて親指が他の4本の指と向き合って物をつまんだりできるのは、霊長類だけです。積み木を重ねたり、干しぶどうをつまんだりできるのは、この親指の働きがあるからです。試しに親指を使わずに小さな物をつまんでみてください。親指の大事さがすぐわかると思います。

机や壁の落書きは大目に見て

この時期にはこの手先の器用な運動のなかに、霊長類のなかでもヒトとチンパンジーなどの類人猿にしか見られない特徴的な運動が加わります。それはお絵描きです。もともと大人のまねをするという基本的な特質をもっているこの時期の子どもは、教えなくとも大人のやることをまねようとします。

色鉛筆やクレヨンを渡すと、紙の上にとどまらず、机や壁、家具などの上に、絵を描き始めます。賃貸住宅に住んでいる家族にとっては、これは喜ばしいことというより頭痛の種ですが……。まだ私たち大人が握るような握り方ではなく、クレヨンや鉛筆をわしづかみにして描きます。ニホンザルの指先はヒトと同じくらい器用ですが、鉛筆やクレヨンを渡してもかじってしまうだけで、決してお絵描きはしません。ただチンパンジーだけが、なぐり描きをしたり、線の上をなぞって描くことが報告されています。

ヒトの2歳児は、チンパンジーのはるかに先を行っています。まだ丸は描けませんが、単になぐり描きをするのではなく、大人のまねをして直線を描くことができます。なんでもないことのようですが、これは物の形を二次元（つまり紙の上）に写し取るという作業の第一歩。実際に目に見えるものを紙の上に写し取る、という極めて高度の抽象作業は脳のなせるわざですが、その芽生えがこの時期にすでにあるのです。机や壁の落書きはちょっと大目に見てあげたいですね。

小児科の出番が増えてくる

保育園に預けられている子も、家の中にいる子も、自立的に動くことができるようになったことによって、家族以外の人との交流が増えます。まだ人見知りをする子どもも多いのですが、ほかの子どもに関心をもち、同じ場所で遊ぶことができます。こうした交流のなかから社会性が育っていくのですが、厄介なこともあります。それは感染症〈↓761ページ〉をもらってくる機会が増えるということです。予定どおりに予防接種〈↓322ページ〉が行われていれば、麻疹《ましん》（はしか）〈↓762ページ〉や風疹《ふうしん》〈↓763ページ〉、百日ぜき〈↓767ページ〉などの感染からは守られていますが、ふつうのかぜ〈↓747ページ〉やウイルス性の下痢〈↓736ページ〉、あるいは任意接種になっている水ぼうそう（水痘《すいとう》）〈↓762ページ〉、あるいはとびひ（伝染性膿痂疹《のうかしん》）〈↓758ページ〉などをもらってくることが多くなります。ふつうのかぜを起こすウイルスはたくさんあるので、かぜには何度もかかります。

また耳の構造上、中耳炎〈↓769ページ〉が多いのも、この時期の子どもの特徴です。化膿性中耳炎だけではなく、ただ中耳に水のたまる滲出《しんしゅつ》性中耳炎〈↓770ページ〉もこの時期多く見られ、一時的な聴力低下が起こることがあります。

夜間の突然の発熱や、下痢、嘔吐《おうと》など小児科医の出番が増える時期です。できるだけ家の中で過ごさせたい、というのが正直な親ごころかもしれませんが、こうやって感染症にかかりながら免疫をつけて強くなっていくのです。また、最近の研究ではこうした感染症にある程度かかっているほうが、ぜんそくやアトピー性皮膚炎〈↓264・460・624ページ〉などになりにくいこともわかってきました。子どもは風の子、という先人の知恵は正しいのです。

（榊原）

2歳〜2歳6か月

ことばの発達

すでにペラペラにお話しできる子もいれば、単語がぽつぽつ、という子もいる時期です。

三つの行動が見られれば安心

言えることばが少なくても、

1　大人の話しかける簡単なことがわかる。

「お風呂だよ」と言えばお風呂場のほうに行き、「お出かけするよ」と言えば、玄関のほうに行く、など、「言語理解」ができているように見える。

2　耳が聞こえている。

ことばを覚える入り口は耳ですから、外の音がちゃんと聞こえている必要があります。チャイムの音や、外を通る車の音で「アッ？」と言ったり、あれっ？　という顔でお母さんを見たりする。

3　大人を頼りにしているふうがある。

転んで痛いときには「ウェー」と泣きながらお母さんに慰めてもらいに来たり、背が届かない棚の上に欲しい物があるときには「アッ、アッ」と言いながら、あるいは指さしながら大人の顔を見て「取ってほしい」とからだじゅうで伝えようとする。

などの行動が見られれば、「ことばの種」は子どものなかでちゃんと育っていると思われます。

まわりの人も「女の子なのに遅いねえ」などと言わないようにしてあげてください。

簡単なことなら「やりとり」（会話）ができるようになります。でも、会話相手（大人）がじょうずに返事をしてあげないと、長続きしません。先生役の人がどんな球でもじょうずに打ち返してくれると長続きするテニスのラリーと同じです。

質問攻撃には少しずつ変化させた返答を

「これ、なあに？」攻撃にも悩まされるようになります。できるだけ応じてあげましょう。「これ、なあに？」「おみかんよ」「ふーん……。これなに？」「おみかんよ、おいしそうでしょ？」「これなあに？」「おみかんよ、あとで食べようね」「うん……。これなあに？」「おみかんよ。八百屋さんで買っ

背中、おへそ、口といった、からだの部分の名前を覚えられます。「前向いて」「後ろ」のようなことばも使ってみましょう。

てきたの」と、少しずつ形を変えて返事をすれば、文章の形や、新しい単語を織りこむことができます。

もっとあとになると「あとっていつ？」とか「どこの八百屋さん？」「ミイちゃん（妹）も一緒に行ったの？」など、別の形の質問をできるようになりますが、いまはまだ単純な質問がほとんどでしょう。

少し長い文章でも最後まで聞いて理解できるようになり、言い聞かせができるようになるので、ちょっと楽になります。「お帽子かぶろうね。寒いから」とか「コップ、ママにちょうだい、落ちちゃうから」などがわかります。

自分のからだをとおして世界を勉強中

お風呂にはいるときに「ごしごし、背中」とか「おへそに石けんつけて……」など、からだの名前を言いながら洗ってあげることは、いままでもやっていたかもしれません。このころになると、からだの部分の名前を覚えられます。また、「前向いて」とか「後ろ」とかのことばも使うチャンスです。「『自分のからだが、空中に、どんなふうに存在しているのか』がしっかりわかること」（ボディ・イメージ）は、この世の中に安定して暮らしていくために大切な能力です。手・足・背中・肩などの大きな部分をマスターし、目・耳・口などの特徴的な部分の名前を覚え、今度はまゆ毛とか爪《つめ》とか髪の毛とか舌とかひざとか、ちょっとマイナーなところにも興味が出てきます。

もちろん、からだの部分の名前を知るだけでなく、からだを思いどおりに動かせるようになるためには、元気に遊ぶことが引き続き大事なことは言うまでもありません。子どもは自分のからだをとおして、世界を学んでいきます。テレビ漬けはやめましょう。

注意の向け方は未熟で、一度にひとつのことを処理するのがやっとです。立ち上がるときは「立ち上がること」に全身全霊を傾けてしまいます。他のことには注意が向かず、コップをひじで払い落とすなんて日常茶飯事。

「いっぱい」とか「もう」とか「あと」とか「ちょっと」などの副詞が使えるようになる子もいます「もう、やらない」とか「ちょっと、ちょうだい」など、言えることのニュアンスが正確に伝わるようになります。

遊びが仕事の子どもたち

さて、「遊びは子どものお仕事」「遊びは子どものお勉強」です。ままごと遊びなどで、自分が経験したことを、時間系列に沿って再現することができるようになる時期と前後して、ふたつのことばをつなげて言えるようになるとの研究があります。

「おなべに野菜を入れて、まぜまぜし、お皿に盛りつける」とか、「お人形さんにお布団をかけてトントンして寝かしつけ、しばらくしてから『オハヨ！』と起こしてお出かけに」とかいった遊びをするなかで、ふたつの事柄の「関係」をとらえているらしいのです。

それまで子どもたちのなかで、ひとつずつのことばがばらばらに散乱していたのですが、この時期、ことば同士、物同士の「関係」が突然わかるようになってきます。子どもにとっての世界は急激に整理された意味あるものに転換し、混乱が減ってきます。まだまだわからずやさんですが、「ことばが通じる」ぶんだけ少し楽になってきます。

部屋中にままごと道具を散乱させている子ども。この散らかりのなかで、頭を使い、ことばや2語文の勉強をしているのだと考えてあげてください。時間の許すかぎり、ままごと遊びにつきあってあげましょう。

（中川）

ままごと遊びをしながら、子どもはことばや事柄の“関係”をとらえていくようになるのです。

2歳～2歳6か月

こころの発達

知的な育ちが著しい時期です。そのなかで、親にもわかりやすく、またその後の育ちに深く関連するのは、ものごとをある基準で分けられるようになったことでしょう。「大きい」と「小さい」、「高い」と「低い」、「重い」と「軽い」などに分けることが、それにあたります。

人間がものごとを「認識」していくには、世の中に存在するものをすべてなんらかの基準で分けていかなければなりません。そして、分け方を発見することが、学問につながるのです。たとえば、医者の基本的な仕事は、一連の症状を、これは「かぜ」これは「百日ぜき」などと分類することです。それが的確でないと間違った治療をしてしまいます。その意味で、分けるというのは、人間の学問の出発であり、文化の基本です。

このように人間がものごとをある基準で分けていくことを「分析」といいます。分析しなければものごとはのっぺらぼうのままで、うまく認識できませんし、その様子を人に伝えることもできません。

“わかる”は“分ける”ができてこそ

私たちが何かを詳しく知ることを「わかる（分かる）」というのは、このようにものごとを「分ける」ことからきています。複雑なものをうまく分けることができれば、よりわかりやすく具体的に見えてくるのです。

子どもたちは、そういう「分ける」という営みをこの時期から本格的に身につけ始めるのです。そう思って、子どものことばをよく観察してほしいし、その分類に根気よくつきあってほしいのです。

直感的な認識力が強い時期

ただし、2歳代前半の時期は、こうして「分けて」知る前の、「分けない」で知ることが、強く残っている時期でもあります。

たとえば、保育所に行っている子は、2歳代になると、自分の靴箱の場所をほとんど間違えません。それどころか「これはケンちゃんの」「ここがマミちゃんの」などと、ほかの子どもの靴箱も間違えずに覚えています。すごいなと感心するばかりですが、じつは子どもたちは、左から5番目とか端から3番目などと認識しているわけではないのです。またある子は、車の助手席に乗っている間に、「あれはアコード」「あれはマークⅡ《ツー》」と車種をほとんど間違えることなく言えるようになりました。「どうしてわかるの」と聞いても「うーん、どうしてかな」とはっきりしません。

こういう認識のしかたを「直感的な認識」といっておきます。2歳代の子どもは、じつはこの直感的認識の力が大変高い時期だといえるように思えます。

この時期、子どもたちのこころの世界では、このように、分けてわかっていく世界と、分けないでぱっとわかる世界とが、せめぎ合っているのかもしれません。いずれにしてもこの時期は、直感的な認識が強く働くので、お母さんやお父さんが、「うちの子は天才じゃないか」と錯覚してしまいがちです。この時期に早期教育〈↓512ページ〉を受けさせたくなるのは、やり方によっては、子どもが見事に読み書きの力を身につけていくように見えるからです。

実際には、この時期の直感的な認識力は、やがて消えていくか、形を変えていくようです。先に紹介した、車の名前を見事に言いあてた2歳児は、4歳になったときにたずねられ、「わかるわけないじゃん」と答えたのでみんながっかりしたといいます。でも、これが自然なのです。

体験でこそ、分類・分析の力が身につく

子どもたちに具体的で多様な体験が大事なのは、この時期の分類、分析は体験的に学んでいくしかないからです。「大きい」と思っていた物が、もっと大きな物が現れると「小さい」物になることは、具体的な体験でしかわかりません。さらに、三つあると「大きい」「小さい」「中くらい」というように分類しなければなりませんし、物の形状によっては「長い」「短い」、「太い」「細い」、「重い」「軽い」、「厚い」「薄い」というようにいい方を変えねばならないことも覚えなければなりません。こういうことを、具体的な体験をせずに身につけていくことは不可能です。

もちろん、2歳代の前半にこれらをすべて身につける必要はありません。じっくりと身につけていけばよいのですが、親は、生活と遊びのなかで、機を見て「大きいおうちね」「薄っぺらいお菓子だったね」などと、ことばを添えてあげてほしいのです。こうして子どものこころは、世の中を「分けて」考える力を身につけていきます。

（汐見）

育ちのようす

いすを見たら上りたがる、水たまりがあればはいりたがる、トンネルを見つけたらくぐりたがる、ジャンプができるようになると、訳もなくぴょんぴょん飛び跳ねる。砂利道のようなでこぼこした所や、車道と歩道を区切る縁石の上、階段わきのスロープなど、わざわざ不安定な場所を歩きたがったりするのが2歳代です。転ばないか、落ちないか、お母さんやお父さんははらはらするでしょう。安全で、人に迷惑をかける場所でなければ、どんどん経験させていいのです。

また、ダイナミックに遊んでもらうのも大好きな時期です。「たかいたかい」や「ぶんぶん回し」など、1歳6か月を過ぎたころから何度でもせがむようになります。からだを使った遊びは脳を刺激し、平衡感覚を養ったり、運動機能を発達させたり、自分のからだの動かし方をイメージすることにも関係していきます。

そして、このような遊びやからだの動かし方は本来、体操教室などに通わせなくとも、日常生活のなかで子どもが自然と獲得していくものです。家の中で走り回っている、落ち着きなく飛び跳ねている、そういうときは平衡感覚を刺激してくれるダイナミックな運動を、脳やからだが要求しているときかもしれません。公園や散歩に出かけて、思いっきり活動させましょう。

少しずつ生活のなかでの自立を

自分でいろいろなことができると思っている時期なので、外から帰ったら手を洗う、遊んだらおもちゃを片づける、食後に自分の食器を流しまで運ぶ、そういった生活のなかでの自立を促してもよいころです。食事のとき箸《はし》を使わせるかどうかは、その子次第。3歳ごろから使えるようになりますが、初めはスプーンやフォークも用意して、好きなものを使わせてみましょう〈↓592ページ〉。箸を持ったまま歩き回ると転んだ拍子に刺さらないともかぎらないので、持たせるときはいすに座らせること。子どもの動作はぎこちなく、まどろっこしいので、つい親は手を出してしまいがちですが、子どもが実行しているときはぐっと我慢して見守りましょう。

お風呂で頭やからだをきれいに洗う、歯磨きをする、衣服を脱ぎ着する、トイレやおまるに行く、このような習慣にはまだ大人の手助けが必要かもしれません。それでもやる気が見えたら、ぜひやらせてください。おむつがとれたかとれないかは、お母さんお父さんの話題に上ることが多くなりますが、機が熟すときが必ずくるので、あせらずに手助けを続けましょう〈「おむつはずし」↓618ページ〉。

男の子らしさ、女の子らしさ

2歳の誕生日を迎え、いよいよ本格的な幼児時代に突入すると、お母さんやお父さんのほうに「女の子だから」「男の子だから」という考えが強まるようです。衣服の色や身につける物、いただいたり買い与えたりするおもちゃの種類、そんなところにも性差の影響はうかがえます。女の子が人形で遊んでいるぶんには安心だけれど、男の子が人形に夢中になっていると心配になる。「男の子のくせにめそめそしないの！」とか、「女の子なのに怪獣が好きなの？」など、まわりの人の感じ方、接し方にも、〝らしさ〟の影響が見られます。

1〜2歳の子どもは、まだ性別を意識しません。ところが3歳以降、男の子はブルー系統、女の子はピンクを中心とした色のものを選ぶといわれます。それまで自分のまわりに集められていた色から、男の子らしい色、女の子らしい色を、なんとなく感じるようになるのでしょう。3〜5歳は、好みや個性が現れてくる時期。そのときにお母さんやお父さんが男女の違いを意識しすぎて、枠にはめてしまうことにもなりかねません。せっかくの興味や関心の芽を摘んでしまうことにもなりかねません。

男の子だから泣いてはいけないのではなく、たとえばおもちゃが欲しくて泣いているなら「今日は買わない約束だったね」、女の子だからお行儀よくしなければいけないのではなく、「みんなが使う場所では静かにするのよ」など、性別のせいにしないで、理由を説

お父さんへ

お父さん、もっと肩車を！

父と子の遊びの基本は、からだを使うこと。母親との優しい触れ合いとはちょっと違う。だからこそ意味があるのです。特に勧めたいのが、肩車。最近、子どもを肩車する父親の姿を見なくなりましたが、肩車はお父さんの特権です。ぜひ見直してください。

肩車は視線が高くなるので、子どもは自分が大きくなった気になって大喜び。ただ、「お父さんは絶対に落とさない」という安心感がないと怖がるかもしれません。だから、ふだんからスキンシップで子どもとの親密な関係をつくっておきたいものです。お父さんへの信頼感があれば、子どもは肩車が病みつきになります。

ひとつだけ忠告を。ひとたびその楽しさに味をしめると、容赦のない「肩車して」攻撃が始まります。正直、しんどいこともあります。でも、なんだかうれしい疲れです。肩車をせがまれるのは、ほんの一時期。その様子を写真やビデオに撮っておきましょう。子どもは目を輝かせ、心底楽しそうな表情をしているはず。父と子の一生の宝物です。

明してみてください。

現代は、家庭でも職場でも性差なく仕事を分担し、協力し合う社会です。将来どんな方面に子どもの個性が伸びるかわかりません。「育児は女の仕事」「男は外で稼いでくるもの」なんて決めつけずに、まずお母さんお父さん自身が〝自分らしさ〟に基づいた生活を送ることが大切でしょう。「男らしさ」「女らしさ」で子どもを性差の枠にはめこむこともできるし、「自分らしさ」を尊重して個性を解放することもできる、それが〝らしさ〟のマジックです。

幼稚園を選ぶ

生まれ月によって、未就園児クラス（2歳児または3歳児）に通わせるか、3年保育の3歳児クラスに入れるか、幼稚園選びを考え始める時期★1です。未就園児クラスは幼稚園によって、月1回程度のものから週2〜3回程度のものまでいろいろあります。3年保育を行っているのは、多くは私立幼稚園ですが、自治体によっては公立幼稚園もあります。近年は、認定こども園という選択肢もあります。

園選びの基準は人によって様々ですが、立地（自宅からの距離）、教育方針、保育内容、近所の評判、友達の有無、通園方法、給食かお弁当か、などが決め手になっているようです。

教育方針は大きく分けると、のびのび自由遊び中心の園と、遊びを大切にしながらもカリキュラムを設けて全員で取り組む時間をもっている園とがあります。同じのびのび保育でも、自由に遊ばせながら社会性や創意工夫のこころを育てようという方針の園もあれば、野外活動や生き物と触れ合うなど遊びをとおしていろいろな体験をさせようという園もあります。カリキュラムに特色を出している園も多く、体育、音楽、絵画、習字、茶道などを取り入れているところがあります。家庭の方針や子どもの性格なども考え併せながら、いくつか見学★2して選ぶとよいでしょう。子どもが楽しく通えるかどうかが、いちばんのポイントです。

徒歩通園には、送り迎えの時間が親子の会話を楽しむ密度の濃い時間になるという利点や、園の様子がよくわかるというよさがありますし、下にきょうだいがいたり同居の祖父母が療養中などという場合は、バス通園や給食のある園だと助かるということもあるでしょう。ただし、幼児期は突然の発熱などで迎えに行かなければならないこともあり、あまりに遠い園だと負担が大きくなります。

また、私立幼稚園では、通常の保育のあとに預かり保育★3（延長保育ともいいます）を実施しているところが増えています。料金や時間、予約方法、保育内容などを確認してみましょう。

3年保育か2年保育かは、考え方次第。状況に応じて選択しましょう〈↓648ページ〉。

★1——願書受け付け・入園面接は11月1日が多いようですが、9月〜10月の地域もあります。

★2——いつでも見学を受け入れている園と、見学日を設定している園があります。いずれの場合も保育の妨げにならないようにしましょう。

★3——文部科学省の指導により、幼稚園も積極的に地域の子育て支援にかかわるようになりました。預かり保育はその一例です。

気がかりなこと

Q 急に仕上げ磨きをいやがるようになりました。虫歯にならないでしょうか。

A いちばん奥の第二乳臼《にゅうきゅう》歯《し》が生えるころです。ほめながら、歯磨き習慣の定着を。

乳歯は3歳くらいまでにほとんど出そろいます。いちばん奥に生えてくる第二乳臼歯は、溝が深く形も複雑で、虫歯になりやすい部分です。おやつを口にするようになっていればなおのこと、仕上げ磨きをしたいところです〈→612ページ〉。

ただ、「自分でやる」という意欲をそがないためにも、お母さんお父さんは過剰な手出しをせず、子どもが自分で磨いたことをほめ、「奥歯は自分では見えないから、手伝わせてね」などと言い聞かせてやってみてください。口は、食べ物以外の物がはいると、かなりの異物感を感じるうえ、前歯のあたりは特に刺激を感じやすいため、いやがる子どもが多いようです。奥歯から磨き始めて、前歯を最後にするとよいでしょう。「よく磨けていたよ」と、子どもの自尊心をくすぐることも忘れずに。

また虫歯予防として、お菓子をだらだら食べさせない、水代わりにジュースを飲ませない、食後は自分で歯磨きをする、といった生活習慣を定着させたいものです。

Q キャラクター物が大好きで絵本もそればかり。違う本も読ませたいのですが。

A こだわりが強い時期です。気がすむまで読めば、安心してほかのことに関心が移っていきます。

2歳代はこだわりが強く、絵本も繰り返し「読んで、読んで」とせがんだり、キャラクター物など特定の物に執着します。これは発達段階のひとつ。やがてほかのことへと関心が移っていくので、本人の気がすむまで読んであげてください。

また、寝る前に〝赤ちゃん本〟をねだる子も少なくないようです。「もう大きいのに、こんな本はおかしいよ」などと言わず、リクエストに応じてください〈「ストーリーのある絵本を楽しめるようになる」↓631ページ〉。

ただ、「へえ、こういうのもあるんだ」と、別の世界の扉を開けるきっかけづくりをすることも大切です。子どもの手の届く場所にほかの絵本を置いておくなど、偏りすぎない環境を用意してあげるとよいでしょう。それには図書館がうってつけ。5冊10冊とどんどん借りて、反応を見ましょう。お母さんが読んであげたい本を、子どもが喜ぶとはかぎりません。受けた、はずしたと一喜一憂しながら、子どもがお気に入りの1冊を探しあてるのを楽しみましょう。

Q 友達の髪の毛を引っ張るのでしかりますが、どこ吹く風。おまけに頭をなでて「いい子、いい子」します。

A まだ相手の気持ちを想像できない年ごろです。対応の変化を楽しんでいるのかもしれません。

「髪の毛を引っ張ったら痛いでしょ」とことばで言われても、ぴんときていないのでしょう。2歳くらいではまだ、相手の立場に立って考えたり、気持ちを想像したりできないのです。友達の髪の毛を引っ張ると、お母さんは怖い顔をする。次に「いい子、いい子」と頭をなでると、ほめられる。一連の動作とともに変化するお母さんの対応を、ひょっとすると楽しんでいるのかもしれません。

友達にいたずらしたら、抱き上げて別の場所に連れて行ったり、興味をひきそうな物を手渡したりしてみましょう。髪の毛を引っ張ることが一種の遊びになっているので、別の楽しみを提示すればやらなくなるだろうという作戦です。もちろん、「引っ張らないのよ」と繰り返し教えることも必要。けれども、それがほんとうにわかるまでには時間がかかると思ってください。

Q 「いや」「だめ」の連発に、かーっとなってしかってしまいます。大人げなく、自己嫌悪です。

A 自分を責めないように。ことばが使えるようになると、ずいぶん変わります。

お母さんお父さんも人間ですから、頭に血が上ることもあるでしょう。みんなそうなのですから、自分だけがおかしいのだと責めないでください。ただ、人は感情的になればなるほど、無理を言うもの。その無理を押しつけられるので、子どもはますます反抗的になるのです。しかりつけたくなったときは、とりあえずそばから離れ、深呼吸をして、気持ちを切り替えてみてください〈↓630ページ〉。

年齢が進めば、かんしゃくもだいぶ治まります。からだでじたばたしなくても、「お母さんなんか嫌い」「だって、○○なんだもん」など、ことばで表現できるようになるからです。いらいらやマイナス感情をことばで解消できるようになると、反発行動は急激に減っていきます。

それを大人は、「口答えするようになった」「屁理屈《へりくつ》を言う」などととらえがちですが、そうではなく、ずいぶん成長したと考えられます。いまは、小さな子が寄ってきて自分の物を取ろうとしたときには、突き飛ばしているかもしれません。もう少しして、ことばが出てくると、「貸さないもん」とか「あっちへ行って」など、口で相手を退けることができ、自分の手を使わなくてすむようになるわけです。それでも、感情が高まれば、泣いて騒ぐこともあるでしょう。とっさにことばにできなくて、涙とからだを使って表現する場面が、この先もまだあります。

Q 野菜嫌いでビタミン不足が気になります。サプリメントで補ってよいでしょうか。

A 子ども向けではありません。調理法や盛りつけを工夫して、自然の物から栄養を取りましょう。

食事に慣れ、おやつなども口にするようになると、好き嫌いが出てきます。せっかく作った野菜料理を食べてくれない、食べてもほんのちょっと。そんなことが続くと、栄養は足りているだろうか、健康に悪いのではないだろうか、と心配になるかもしれません。特に、これまでなんでも食べていた子どもが好き嫌いを言うようになると、子育てに失敗しているような気分になるものです。

好き嫌いは、自己主張や自分の意思を伝えられるようになったという発達の一面でもあります。また、食べ物以外への興味が強くなると、食べる量が減ることもあるようです。

サプリメントの注意事項を読んでみてください。「お子様の手の届かない所に保管してください」と書いてありませんか。サプリメントはあくまでも機能食品であり、積極的に子どもに食べさせる物ではありません。元気で顔色もよいなら、多少好き嫌いがあっても食が細くても、心配しなくてよいのです。調理のしかたや盛りつけを工夫し、少しずつでよいですから、3度の食事で栄養を取るようにしましょう〈↓594ページ〉。

保育園生活

保育園からの贈り物

■季節感を子どもと楽しむ

働きながらの子育ては、毎日ばたばたと気ぜわしいもの。そんななか、お節句、七夕、お月見、いも掘り、クリスマスにお正月と、季節の行事に接することができるありがたさが、保育園にはあります。「落ち葉で焼きいもパーティー」なんていう、マンション住まいでは考えられない体験も。温かい、豊かな時間を過ごすわが子に、気持ちが潤います。

プール、夏祭り、運動会、発表会。ビッグイベントの間を縫って、毎月お誕生会が開かれます。おうちでもらうプレゼントと、保育園で先生から受け取る手作りのカード。どちらも子どもにとって宝物です。

■手遊びやわらべ歌を楽しむ

保育園からの帰り道や、寝る前に、子どもが回らない口で何か歌っています。手のひらや指を使って動物を作ったり、簡単なストーリーを織りこんだりする手遊び歌を習ってくるのです。しぐさや、つたないことばがいっそうかわいらしく、早めに迎えに行けたときなど、お母さんは先生から完成形を教わったりします。

園長や保育士が年配のおばあちゃん先生だったりすると、手遊び歌やわらべ歌の浸透率が急上昇。競って先生に手のひらを差し出し、指で「まる」を描いてもらって、にっこりし合う。子どもが欲しいのはモノではないのです。

■おむつはずしから箸《はし》使いまで

赤ちゃん時代から保育園に入れて助かったベストワンは、おむつはずしでしょう。保育士は場数が違いますから、ジャーッと漏らされても、鼻先でうんちをされても、淡々としたもの。忙しくほかの子の世話もしながら、ちゃんと30分間隔でおまるに座らせています。日中のおむつはこうして順調にはずれるのですが、帰宅後や週末に親と過ごすと、紙おむつ生活に逆戻り、ということも。これではいけません。

小さな1歳児もきちんと座って食事ができますし、外から帰ったら手を洗う、お話は手をひざに置いて静かに聞く、といった基本的な生活習慣から、箸の持ち方までも、保育園生活で身につきます。毎日、たくさんの友達と一緒に繰り返すことで、自然とできるようになるのでしょう。

かみつく、たたくなどの問題行動があっても、保育士は感情的に怒ったりしません。じっと目を見て気持ちを引き出し、言って聞かせて、ことばだけで反省を促します。

小さなうちから年齢に応じてしかり、しつけをしてくれるのは、忙しくて余裕のない親にとって、ありがたいことこの上なしです。「赤ちゃんのときからお母さんと離れるなんてかわいそう」どころか、何人ものあったかいスーパーママ（パパ）に囲まれて、保育園っ子はすくすく大きくなるのです。

食事

ちびちゃん呼ばわり、赤ちゃん扱いが何より心外な2歳児。自分専用のスプーンやフォークを使って、自分のいすで、ひとりで食べようとします。箸《はし》に挑戦する子もいます。牛乳をコップに注ぐのも、大人の皿から刺身をひと切れ取るようなときも、大人が手を出すと大いに抗議します。

乳歯が生えそろっても幼児食

だいたい1歳半くらいで、2本あるうちの手前の奥歯（第一乳臼歯《にゅうきゅうし》）が上下左右4本生えます。次に前歯とのすき間に犬歯が、2歳を過ぎるくらいでいちばん奥の歯（第二乳臼歯）が生えてきます。個人差はありますが、乳歯の最後の4本が、2歳から3歳にかけてそろってきます。こうして、上下の乳歯計20本が調い、完全なかみ合わせになります。

歯はそろっていきますが、まだ顎《あご》の力は弱く、かみ合わせも練習段階なので、引き続きかたさと大きさ、そして味覚育てのために薄味にする配慮が必要です。肉でも野菜でも、食材の繊維に気をつけ、それを断ち切るように切って大人よりややわらかめに調理する、この原則が続きます。

使いやすい食器を調える

2歳を過ぎると、スプーンやフォークをじょうずに使って片手で食べられる子が増えてきます。けれども、夢中になってしまうと、手づかみ食べが復活するのもよくあること。逆行したとがっかりしないで、子どもの食べる意欲を歓迎しましょう。大人のまねをして箸を使いたがったら、短めの割箸を専用に持たせます。軽くて角がしっかりしているので、案外じょうずに使えます。お母さんが、そろそろ持てそうだと感じたときも、箸使いにチャレンジさせてかまいません（イラスト参照）。ただし、本人に興味がないうちから箸を強要するのは、意欲や好奇心をそぐ結果になります。

茶わんや皿も子ども専用のものを用意します。愛らしい絵のついた、離乳食用の食器セットから、安定性を考えて陶器のものにすっぱり切り替えるのもお勧めです。陶製は割れて危険と思うかもしれませんが、食事中の子どもの手が届く範囲で、食器がこなごなになることはあまり考えられません。逆に、投げたり落としたりしたら割れることを、小さなうちから目の前で教えることは大切です。

子どもはスプーンですくうときやフォークで刺すときに、食べ物を食器のふちに押しつけるようにして目的を達しています。ボウル状の皿よりも、底とふちの角度が直角に近いほうが、自分で食べるのには都合がよいようです。手づかみ食べのときは、ふちのない平らな皿が向いています。

食事の「困ったちゃん」には訳がある

遊び食べ、偏食、小食に早食いと、幼児期の食事に関するお母さんの悩みは尽きることがありません。自分の子どもだけが特別だと思わず、ひとりで悩まないで、保育園など子育て支援機関の電話相談や講習会などを積極的に利用しましょう〈↓328・574ページ〉。

最後の奥歯がそろったかそろわないかという、このころの子どもにとって、大人向きにゆでたほうれん草や、炒《いた》めた薄切り肉、こしが強く長いスパゲッティなどは想像以上に食べづらいのです。そこへお母さんお父さんからの「食べてちょうだい」プレッシャーがかかると、申しわけ程度にもそもそ食べる、という結果になります。子どもの食欲を引き出す工夫と同時に、もう一度、食べ物のかたさや大きさの面での食べやすさ、かみやすさを見直してみましょう。

むら食べには大らかな気持ちで

2歳児の特徴に、日によって食欲や嗜好《しこう》が変わる「むら食べ」があります。もりもり食べる日があれば、心配になるくらい何も食べなかったり。ある日は野菜、

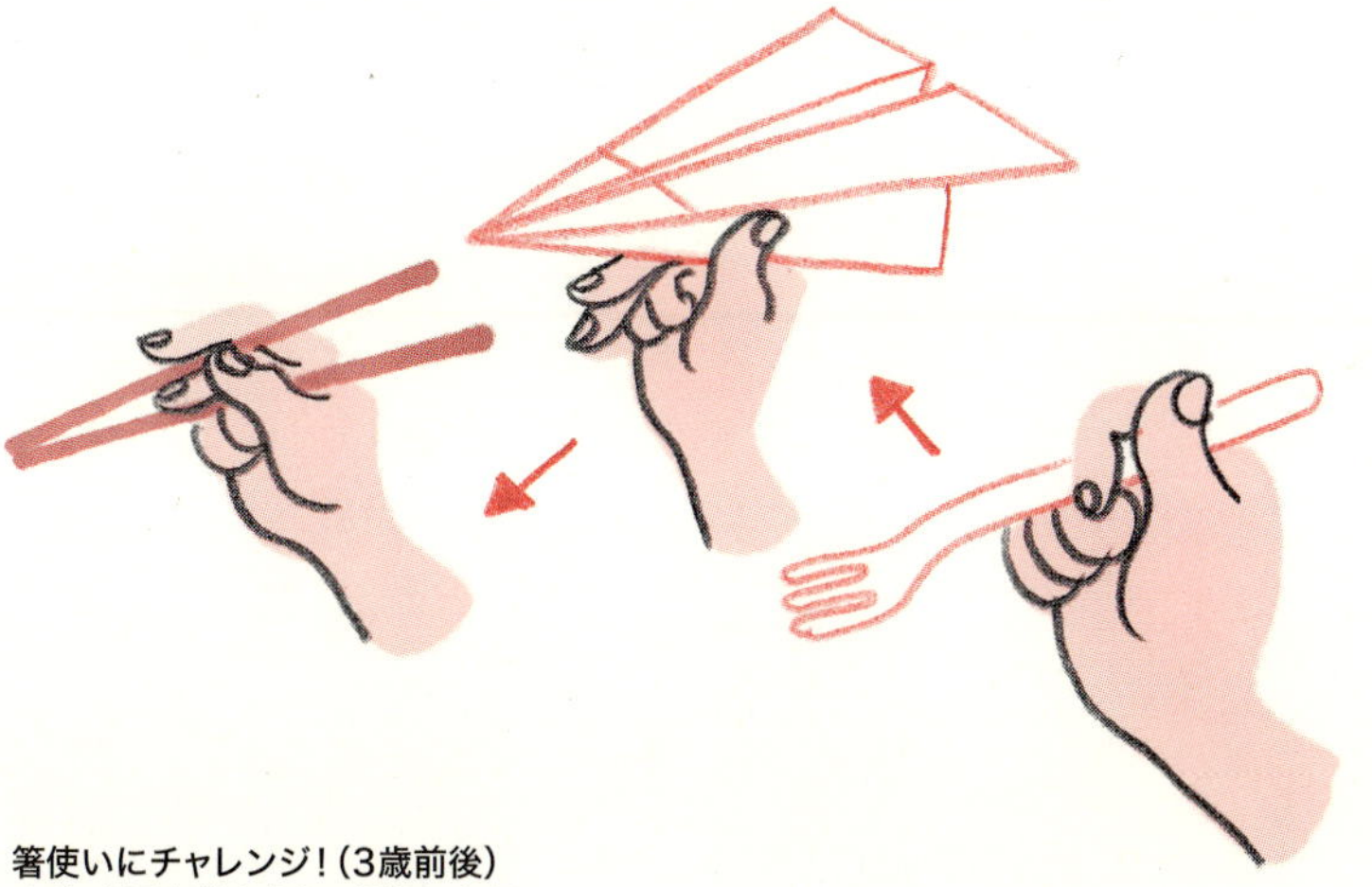

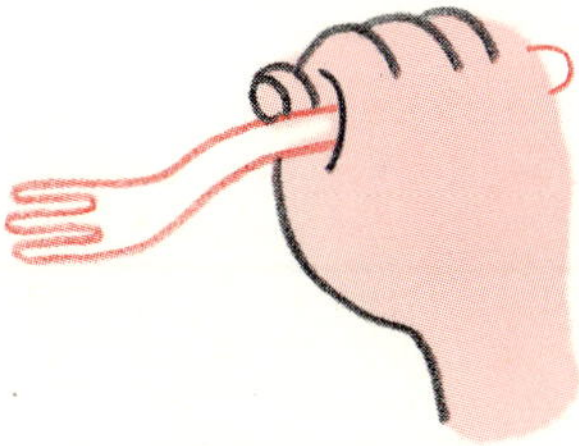

フォークの突き刺し持ち
スプーンに続き、フォークを持てるようになります。手のひらをグーにしてフォークを上から握り、突き刺して使います。

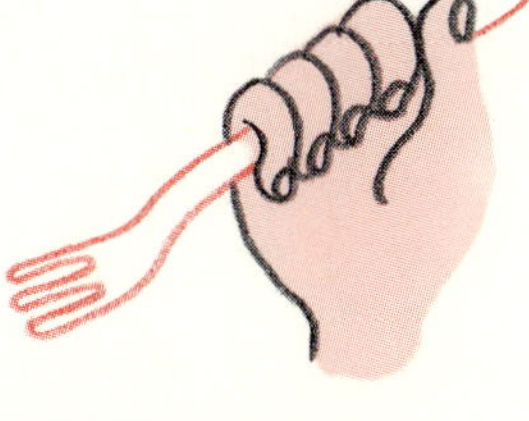

箸使いにチャレンジ！(3歳前後)
まず、紙飛行機を作り、親指と人さし指で胴体を持って飛ばします。胴体を中指のわきで支える指使いは、箸を持つときと同じです。紙飛行機の応用で、親指と人さし指で箸を持たせて中指を添えます。さらに、親指と人さし指の付け根にできた小さな輪の中にもう1本箸を入れて、中指と薬指の間へ通してください。練習していくうちに、じょうずになります。

スプーンやフォークの鉛筆持ち
2歳半くらいになると、親指・中指・人さし指の3本だけでスプーンやフォークの柄を握れるようになります。箸を使うときの指先の動きに近づきました。

フォークの下握り持ち
手のひらをグーにして下から握るように持ちます。箸を使うときの腕の形と同じになりました。

別の日は肉、さらに牛乳ばかりという日もあるでしょう。むら食べはこの時期の特徴ととらえ、いっそ、じゃがいもばかり、肉ばかりを旺盛《おうせい》な食欲でどんどん平らげていくことをおもしろがってみるくらいの気持ちで受け止めましょう。1週間や1か月単位で見てみると、トータルではバランスの取れた食生活だったりするのです。

偏食は反抗期に始まる

2歳過ぎから、第一反抗期が始まります。いままで夜も日も明けないくらいべったりと頼っていたお母さんお父さんが、自分とは別個の人格であると気づき、それを確かめるために「いや！」と言い、「自分で！」と親の手を払いのけるのです。当然、食卓でも自己主張の連続。食器の並べ方にこだわり、コップの色に文句を言い、大人の「～しなさい」には「いや！」と即答です。これまで喜んで食べていた物にまでそっぽを向かれると、長く続く期間ではないとわかっていても、お母さんはへとへとになってしまいますね。

2歳ぐらいではまだ、食べ物の好き嫌いは固定的なものではなく、食べ慣れない味を警戒していたり、食材がいやだというより、食べにくさがいやだったりするものです。食べて「くれない」子どもに困り果てた大人が、怒って半ばむりやり食べさせると、子どもは食べはしますが、食べることは楽しいことだと思えなくなるでしょう。また「この子はこれが嫌いだから」と折れてしまい、その食べ物を食べさせる工夫をやめれば、偏食の始まりです。もともと食の細い子どもの場合、確実に食べさせることに力がはいりがちになるので、好むおかずばかりを出すようになります。おうちのご飯を食べている間はそれでよくても、友達の家に招かれたとき、保育園・幼稚園や小学校の給食が始まったとき、偏食の子どもは大変苦労します。

その渦中ではお母さんも頭に血が上ることも多いでしょうが、反抗期は一過性のもの。要は、肩に力を入れすぎないで食事を調え、食べなかったら淡々と引き、けれども静かに闘志を燃やして工夫し再挑戦する、この繰り返しです。

料理じょうずより「ほめじょうず」になろう

2歳を過ぎると、ことばが遅めの子どもでも、大人が話していることはよくわかっています。自分の話題だと、なおさら敏感です。お母さんお父さんや、まわりの人は、子どもの前で「この子はピーマンが嫌いだね」「このごろお魚を食べなくなって困ったわ」などと話さないことです。子どもはことばではっきり聞くことによって「私はピーマンが嫌いなんだ」と自分で認定してしまうのです。「いままで苦手だった大根の煮たのを食べたのよ、えらいねえ」と、ポジティブなもっていき方で、子どもに暗示と自信を与えるほうがずっとよいことは言うまでもありません。

また「ほうれん草を食べると、強くなるんだよ」「きゅうりがお口でカリコリいう音、聞きたいな」「玉ねぎって甘いよ、お母さんは大好き」など、味つけ同様、バリエーション豊かな声かけも効果的です。

腕によりをかけて作ることも大事ですが、作り手の過度の気合は無言の圧力となって子どもに伝わります。おいしい物を食べた満足感以上に、ほめられた高揚感、楽しい食卓の雰囲気が、食べることの好きな子どもを育てるのです。

電子レンジおやつ

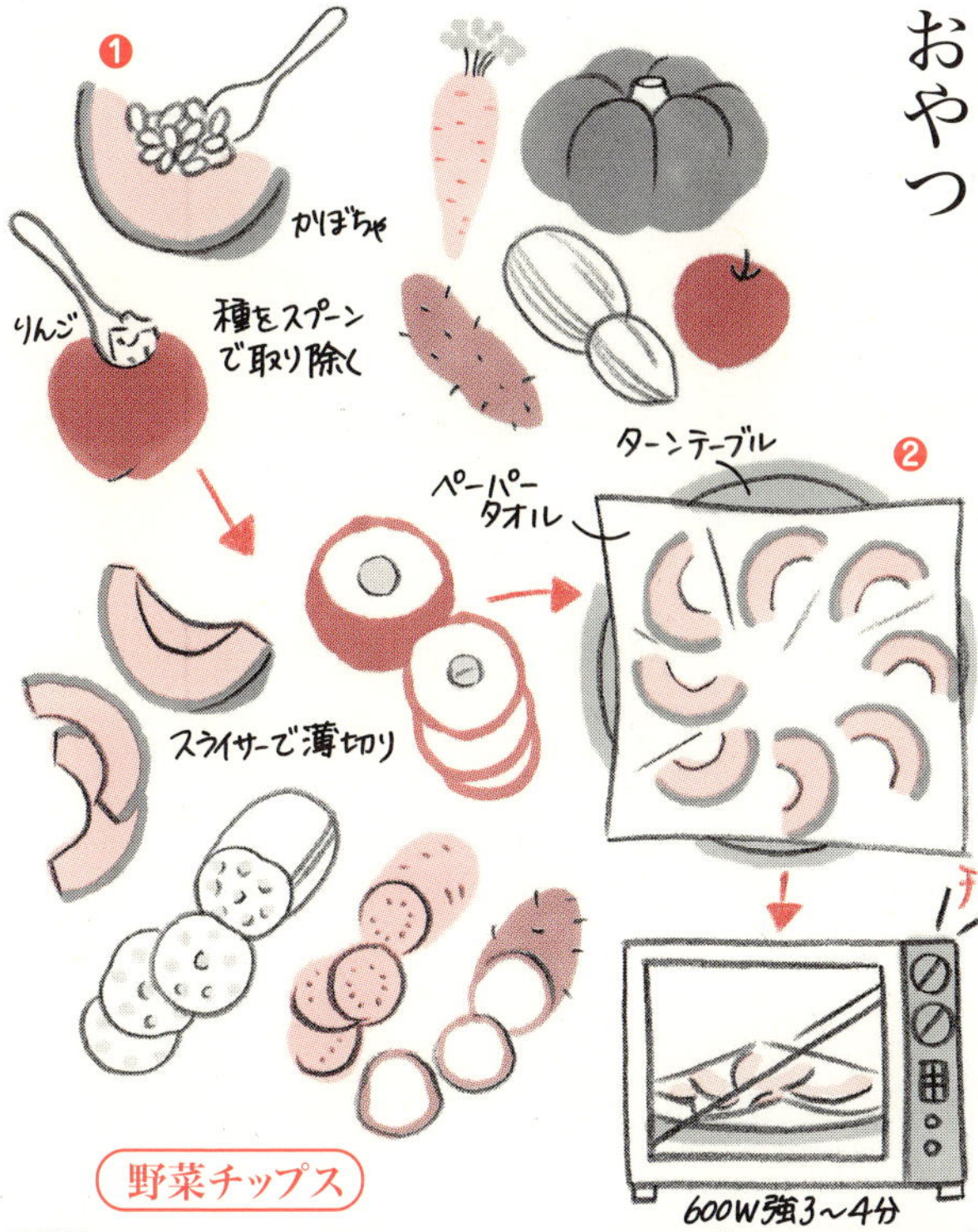

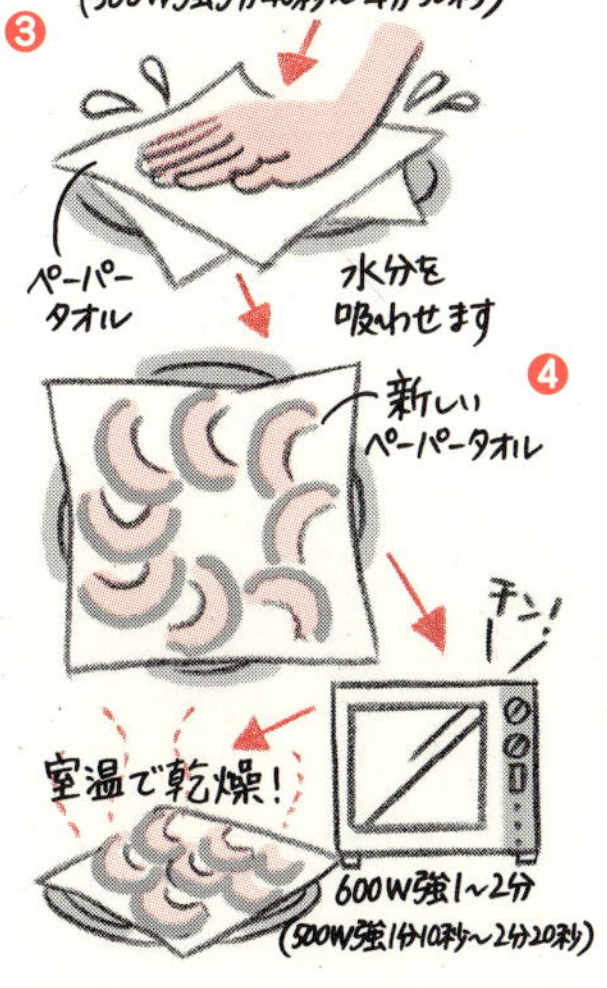

野菜チップス

■材料
さつまいも、かぼちゃ、れんこん、にんじん、りんごなど（1人分で50gが目安）

■作り方
①野菜は種があるものは除き、りんごはスプーンやペティナイフで芯（しん）をくりぬいておきます。皮をつけたままスライサーで2～3㎜厚さに切ります。
②ターンテーブルにペーパータオルを敷き、❶を重ならないように並べます。ラップなしで、電子レンジ600Wで強3～4分（500 Wで3分40秒～4分50秒）加熱します。
③取り出して、上からペーパータオルをかぶせるように押さえ、水分をふき取ります。ターンテーブルの水気もふきます。
④ターンテーブルに新しいペーパータオルを敷き、❸の野菜を並べ、600W強で1～2分（500Wで1分10 秒から2分20秒）加熱します。焦げないように、見ながら調整してください。取り出して、室温で乾燥させます。

＊1～2切れからできます。
＊調理時間は目安です。機種や量によって異なりますので、微調整してください。（調理指導／村上祥子）

コミュニケーション

「じーじ（おじいちゃん）、きた」など、ふたつの単語を合わせて使う2語文を話す子が増え始め、単語や文法をものすごい勢いで獲得していきます。「これ、なあに？」攻撃も雨あられと向けられます。質問にどう答えようかと気負うよりも、まだ生まれて2年とちょっとの〝初心者〟とのやりとりを楽しみましょう。ことばを聞いたり言ったりすることは、なんておもしろいのだろう、と子どもに思わせることが肝心です。

会話をつなげるこつ

子どものことばを豊かにするのに、ある話題について会話を交わすのはとても大事なことです。人と同じ物に注意を払って会話することは、先々、集団保育や学校、そして社会で他人とうまく折り合うための、大切な準備なのです。

■「こころのなかのことば」を引き出して

「ブーブ」と言っておもちゃを差し出してきたら、「青いのと、赤いのと、いっぱいあるね」と、ことばをふくらませて返してあげましょう。形容詞や数の概念などは遊びのなかで自然に身につけることで、生きた使い方を体得していきます。新しいことばもどんどん交ぜてください。「ブーブ、どれが速いかな」「お父さんの車、大好きだよね」。子どもがいま話題にしたいことに焦点を合わせて、遊びに応用したり、身近な事柄を例に出します。話題が「うさちゃん」だったら、「そうそう、お母さん、いい物を思い出したわ」とウサギが出てくる絵本を持ち出す、というふうに、連想ゲームを楽しむ気分でつきあいましょう。

■思い出のトレースを楽しんで

記憶力がついてくるので、唐突に、「あかちゃん、いいこいいこ」などと口走ったりします。昨日、いとこの赤ちゃんと遊んだことを思い出しているのです。「赤ちゃん、かわいかったね」と応じると、「あかちゃん、バイバイ」……バイバイしたけど、また会いたいな、と言っているのでしょう。「赤ちゃんのおうちに、また行こうか」「うん、あかちゃんいく。だっこ」。

一度にいろいろなことを思い出して話をすることはまだ無理ですが、何か楽しかったことを思い出して、子どもがことばにしたとき、じょうずにフォローしてあげると、やりとりが弾みます。

大人の簡単な指示に従うことができる

これまで、ことばのやりとりの主人公は子どもでしたが、十分に受け入れられていると確信できていれば、大人の言うことに従えるまでに成長してきています。けれども依然、子どもの興味や集中に合わせることが大切なので、安定していて大人に気持ちが向いているときに限定して、「ごみを、ごみ箱にぽいってできるかな」と、試しに指示を出してみましょう。でも、理解できているとわかって大人のほうが舞い上がり、矢継ぎ早に命じてばかりいると、子どもは人とかかわるのをてきめんにいやがり始めますので、ご用心を。

ことばの修正には細やかな配慮を

ずいぶん口が達者になり、言うこともよくわかっているからと、ことばかけの配慮をつい怠りがちになります。まだ2歳ちょっとの、多くはおむつもまだ取れていない、〝ビッグベビー〟だということを思い出してください。

■補足、修正はさりげなく

「あ、くのもすだ」と間違えて言ったら、「ほんとだ、クモの巣だね、クモさんもいるね」とさりげなく直し、ことばの繰り返しで補足をしましょう。また、言うことが聞き取れなかったときは「ごめんね、よく聞いていなかったの、いまなんて言った？」と、大人の側が〝悪者〟になってください。間違っても「なんだかよく聞こえなかったわ、もう一回ちゃんと言って」などと言わないように気をつけましょう。

■赤ちゃん発音を楽しんで

この時期、「じぇんじぇん、ないよ」とか「ちゅまんないなあ」など、赤ちゃんぽい発音が残っていてもまったく心配ありません。まだ赤ちゃんの部分が残っていてくれたことを大いに楽しんでください。

ひとり遊びも独り言も大事

子どもが集中してひとりで遊んでいるときには、しばらくの間、声をかけずに見守ってあげることも大事なことです。このころになると、子どもにも少しずつ自分だけのイメージの世界ができてきます。途中でお母さんに何度も声をかけられると、集中力が途絶えたり、いま考えていることが混乱してしまったりすることがあります。

このころの子どもは、遊びながら、ぶつぶつと独り言を言っていることがありますが、これは頭の中だけで整理できないことを口に出して確認しているのです。だから、いちいち答えなくてもだいじょうぶ。ただ、あまり長い時間ひとりで遊ぶのはまだ無理ですから、ころ合いを見計らってお母さんが会話に加わってあげましょう。

2歳ころからの遊び

歩くことも達者になって、探索したり、お話ししたり、遊びの幅も広がり始め、楽しくなってきます。

この時期も、遊びによって子どものなかに育つ力はおおむね次の五つに分けて考えることができます。

- 元気なからだをつくりあげる
- 器用に動かせる手をつくる
- 見る力・聞く力・話す力を育てる
- こころが育ち、知力が向上する
- 人と気持ちを分かち合い、社会の一員になっていく

完全に自己中心の世界に住む「ガンコちゃん」の時期なので、遊ぶときにも「自分のやり方」をあくまで貫こうとします。遊びはしつけの時間ではありませんから、大人の考える〝正しい〟遊び方を押しつけることなく、できるだけ子どものやり方につきあってあげましょう。この時期に、自分の言いぶんにじっくり耳を傾けてもらえたという経験が、自分で自分を抑えていく力の基礎になるからです。

遊びが育てる五つの力

- からだ
- 手
- 見る・聞く・話す
- こころ・知力
- コミュニケーション

おばけだぞー

大人が布をかぶり、おばけ役になって追いかけっこをします。つかまえたら「ばぁ」と顔を見せ、抱きしめて、おばけ役を子どもと交替します。

後方を注意して走ることで、バランスを取って走る力がつきます。ほんとうは怖くないお母さんとわかっていても「怖いおばけ」をイメージし、ルールを理解して遊べるようになります。

ひも通し

動物の形などに切った段ボールに穴を空けて、先端を固めたひもや毛糸を通します。ストローを短く切ったものや、段ボールの断面にひもを通しても遊べます。

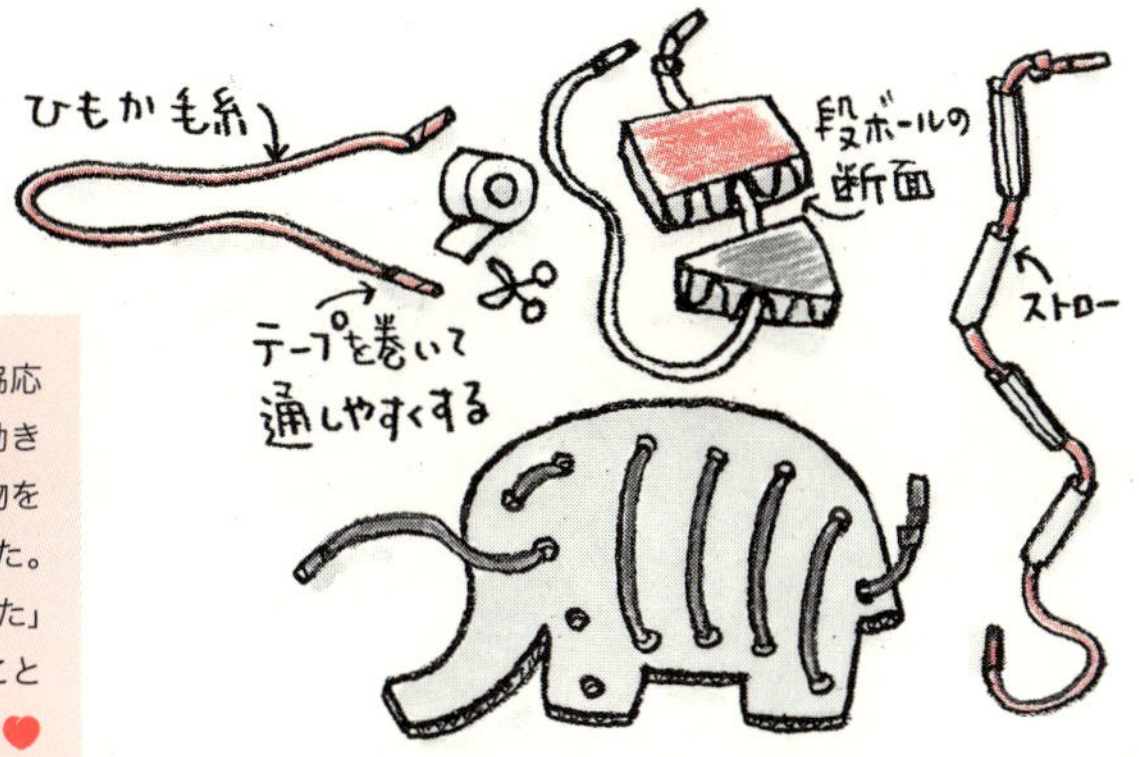

目と手の協応や両手の協応が進み、細かい指先の動きもできるようになって、「物を作る手」に育ってきました。集中する力も育ち、「できた」という成就感も味わうことができます。

お店屋さん ごっこ

八百屋さん、おもちゃ屋さんなどお店を作り、お店屋さんになったりお客さんになって遊びます。お母さんになった「つもり」で、人形の世話なども楽しみます。

ストーリーをもつのは難しいですが、「つもり」でイメージをもって遊べるようになります。会話のやりとりは、「おいしい」「かたい」など多くの形容詞を覚えるチャンスでもあります。

お外で 発見！

路地裏、坂道、でこぼこ道などを、子どものペースで歩きながら、草を抜いたり、花をながめたり、虫を見つけたりと、目と手を使って遊びましょう。

「枝」「石」など家にない物の名前を知り、「きれい」「かわいい」と思う気持ちや言語表現を知ってまわりと共有できます。広い視野のなかで興味ある物を選び、注目する力もさらに育ちます。

いもむし　ごーろごろ

床に寝転がり横にごろごろ転がります。「ごーろごろ」のことばのリズムが楽しく、少し目が回っているときでも、お母さんやお父さんが見えると安心します。

背すじの軸を中心にからだを回転させる経験は、なめらかなからだの動きが育つ基礎に。「ごろごろ」は母音が共通で子音が変化。難しいら行の発音も楽しさのなかで聞き慣れます。

引き出しに　お片づけ

取りこんだ洗濯物などを、お母さんと一緒に引き出しにしまいます。じょうずにできたら、「ありがとう」「助かったわ」と感謝の気持ちを伝えましょう。

手元をよく見て、両手で洗濯物を持ち、引き出しに積み重ねて入れ、手を開いて引き抜く。この一連の動きが器用な手へとつながります。「自分のことは自分で」の意識も育てます。

ほかにおすすめの遊び・おもちゃ

- 隠されたおもちゃなどを見つける宝物探し
- 水遊び（ペットボトルに穴をあけてシャワーにしたり、水の中で手をついてワニになって歩いたり）
- どろんこ遊び（感触を楽しむ）
- はねつき・豆まき・お月見・いも掘りなどの伝統遊び・季節遊び
- 歌遊び（『手をたたきましょう』『むすんでひらいて』『お弁当箱のうた』など）
- 三輪車などの乗って走れるおもちゃ
- ままごとセット
- 大きめのブロックや積み木

おすすめの絵本

- 『どうぶつのおかあさん』（福音館書店）
- 『まんまるパンダところころパンダ』（小学館）
- 『ずかん・じどうしゃ』（福音館書店）
- 『14ひきのあさごはん』（童心社）
- 『ねえ　とうさん』（小学館）
- 『おおきなかぶ』（福音館書店）
- 『どうすればいいのかな？』（福音館書店）など

「2歳の絵本」については634ページもご覧ください

2歳6か月〜3歳

なあにちゃんに降参

お母さんは歩く辞書。「これなあに」、それはリモコン。さっき教えました。「これなあに」、それはリモコン、いま教えました。「ねえ、これ……」、いじってみたいのね。危なくなければやらせてみよう。知りたい、やりたい、お願い。お母さんはいろいろな「なあに」を知っている。

2歳6か月〜3歳

からだの発達

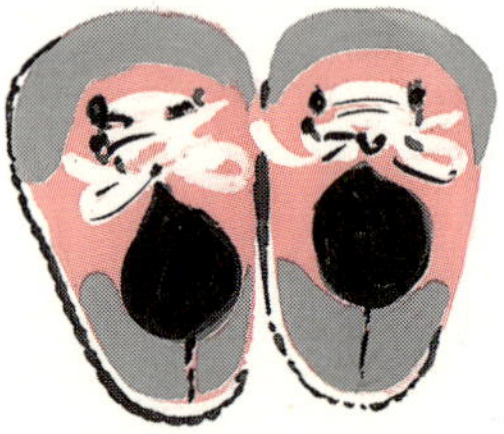

英語では2歳児のことを「テリブル・ツー」、つまり「恐るべき2歳代」とよぶことがあります。2歳代の子どもは、自分で自由に歩き回り、自分の欲しいものを取ることができます。また基本的な意思はことばで表すこともできます。でもそれだけでは「テリブル」の理由にはなりません。

「やりたいけれどできない」から「自立」へ

自己主張がさかんな2歳代ですが、実際の生活はまだ親に完全に依存しています。食事、排泄《はいせつ》、衣服の着替えといった日常生活はすべて親がかりの状態です。自分でなんでもやりたいけれど、まだ自分だけでは何もできない。自己主張はするものの、親が手助けしてくれなければ何もできない。それが2歳代の特徴です。そのギャップは子どもにとっても、またそうした子どもの世話をする親にとってもストレスの多いものです。子どもにとっても、親にとっても「テリブル」なのは、そうしたストレスが大きいからです。

2歳代後半は、その「テリブル・ツー」の子どもが、3歳に限りなく近づいていく時期です。

では3歳とはどんな年齢なのでしょうか。ことわざに「三つ子の魂百まで」というのがあります。ことばどおりに解釈すれば、3歳になるとその人の基本的な性格が決まる、といった意味になるのでしょうか。また、「3歳児神話」〈↓247ページ〉ということばもあります。これには、3歳までに基本的な人としての骨格が出来上がるという意味と、そういった重要な時期だから3歳までは母親が育てるべきだ、というふたつの意味があります。両者とも、現在の発達心理学や小児科学によって、あまり科学的な根拠がないことがわかっていますが、3歳になると人間として基本的なことが一応できるようになるからこそ、そうしたことばが生まれてきたのでしょう。

多くの子がトイレ・トレーニングを卒業

この時期の子どもの発達のなかでいちばん目覚ましいことは、排泄の自立でしょう。つまりトイレ・トレーニング〈「おむつはずし」↓618ページ〉が、多くの子どもで完成するのです。だいたい7〜8割の子どもが、おしっこを教えることができるようになります。排泄の自立は、トイレ・トレーニングを開始する時期にかかわらず、だいたい2歳6か月～3歳であることが多くの調査でわかっています。自分からトイレに行ったり、ズボンやパンツを自分で脱いだりができるようになる子どももいます。自分で自分の排泄の始末ができるということは、世話をする大人にとって、子どもが「自立した」と強く感じることになるのでしょう。

手足の発達も著しい

恐るべき2歳児も、前半はトドラーちゃん〈↓520ページ〉でした。でも3歳に近づきつつある自立した子どもたちは、走ったり、つま先歩きをしたり、片足でぴょんぴょん跳んだりすることができます。公園では自分で滑り台に上って、滑ってくることができます。また三輪車にも乗れるようになり、早い子どもではペダルをこぐこともできます。これまでは1段1段、いったん両足をそろえて上らなければならなかった階段も、足を交互に出して上ることができるようになります。

手はどうでしょうか。まず腕の力がつき、短時間なら物にぶら下がっていることができます。低い鉄棒やうんていでも少しだけ遊ぶことができます。ブランコに立ってこぐことができるようになるのも、手の握力がついてきたからこそです。

手先の器用さも上達します。クレヨンや鉛筆で丸を描くだけでなく、早い子は人の顔のような輪郭を描くようになります。指の微妙な動きが必要なはさみも、まだじょうずではないものの使えるようになり、紙や布を切って喜びます。

帽子をかぶる、靴を脱ぐ、服を脱ぐなどの動作も可能になり、「テリブル・ツー」らしく、なんでも自分でしたがります。早い子どもでは、箸《はし》を使ってご飯を食べようとします。まわりからほめられると、歯磨きも自分でやろうとするようになります。

なんでも自分でやりたがる

このように3歳に近づくと、まだ不完全ながら子どもは日常生活の様々な行動の様式を覚え、その多くは親の助けを借りながらも、自立してできるようになります。また多くの子どもたちが、困難さを伴う行動を自分からやろうとします。

7～8割の子どもが、おしっこを教えることができるようになります。トイレ・トレーニングはそろそろ卒業です。

よく考えればこれは不思議なことです。食事をするのも、服を着るのも、親にしてもらったほうが楽です。ところが、困難であっても自分でやりたいという本能的な欲求が、子どもにはあるのです。うまくできないので親が手助けをしようとしても、断固として自分でやろうとするのです。自立に向けてのプログラムを、自然が子どもの脳の中に仕組んだのだ、と考えるしかありません。

3歳児健診では基本的な機能を診る

3歳児健診は、こうした人としてのもっとも基本的な機能がうまく発達しているかどうかを診るためのものです〈↓611ページ〉。医療機関によっては、もっと年長の子どもに対しても健診を行うことがありますが、行政（市区町村）が行う健診は3歳児健診が最後です。3歳児健診では、身長・体重の測定、一般診察、運動能力、ことばの発達などを調べますが、その要点は次のようなことです。

*手を使わずに階段を上れるか
*クレヨンで丸が描けるか
*衣服の着脱を自分でしたがるか
*自分の名前が言えるか
*歯磨きや手洗いができるか
*視力に問題はないか
*耳はちゃんと聞こえているか
*どんな遊びをしているか

この健診を終えると、幼児期前半を卒業です。

（榊原）

左利きをどう考える

左利きを科学的に厳密に定義するのはけっこう難しいのです。「簡単じゃない。字を書くのに左手のほうが楽にできることよ」「左手のほうが、右手より器用なことだよ」。

でも、字を書くことのできない人では、どうやって左利きだとわかるのでしょうか。

右利きのバイオリニストの左手の弦を押さえる動作と、弓を持つ手のどちらが器用といえる?

左利きは、ある特定の日常動作を行うときに、左手を使うほうが右手を使うより使いやすい人のこと、といったあいまいな定義になってしまうのです。

左利きの人は人口の15％前後で、民族や文化によって差はありません。生まれつき決まっていて、ある程度遺伝が関係しているといわれます。

さて、生まれたばかりで左利きだとわかるでしょうか。いいえ、まだ手足を器用に使うことのできない乳児では、利き手はわかりません。ピンセットつまみ〈→402ページ〉などの器用な運動が可能になるころから、利き手が明らかになってきます。左利きを右利きに変えようと、無理強いして子どもに心理的なストレスを加えることはよくない、といわれています。

（榊原洋一）

2歳6か月〜3歳

ことばの発達

「からだの発達」の項で「テリブル・ツー」という英語が紹介されましたが、日本では、2歳児は「はちゃめちゃ世代」とか「困ったちゃん」とか「頑固ちゃん」とよばれることがあります。自分のやりたいことははっきりわかっているのに、相手の言いぶんを聞き入れるとか、相手の立場を思いやることなど、まだ、全然できないからです。ひと言でいえば「ジコチュー」、自己中心的ということですね。

大人の側の堪忍袋の大きさや度量の大きさを試されるような場面も、しばしばです。

でも、じつは私たちはみんな、そういう思いをくぐり抜けて、親としての成長、人間としての成長を遂げていくものなのです。よく言うでしょう、「試練が大きいほど、人間としても成長できる」と。

〝反対虫〟が大活躍

ことばの面では〝反対虫〟が大活躍します。「トイレ行こう」「行かない」、「お顔洗うよ」「やだ、洗わない」、「お洋服着よう」「着ない」などなど。

親離れしようとする力が出てきて、親の思いどおりにはならないぞ！　とがんばるために頑固に反対する、という行動が出てくるのです。いじらしいですね。

以前は「やだ、洗う、ない」なんて言っていたのに、動詞を正しく活用させて否定形で答えているのは成長のしるしだ、とでも考えてやり過ごすのも一計です。

身につけ、確かめるプロセスに執着

ことばの面でも行動の面でも、ものごとに徹底的にこだわる、というのも2歳児の特徴です。

お気に入りの本を何度でも何度でも「読んで読んで」と言います。わざと間違えて読むと「違う！」と怒ったりします。「全部覚えているのに、なんで私に読ませるの」と怒り出すお母さんもいますね。

赤ちゃんがやるような単純な「いないいないばあ」遊びを何十回も大人にやらせ、何十回でも大爆笑できますし、同じことの繰り返しに飽きた大人がバリエーションをつけようものなら、怒ったり泣いたり、それは大変です。

同じことを何回も何回も確かめ、繰り返して、知識として身につけていく。身につけたはずの知識を何度も何度も確かめる。そのプロセス自体が喜びでもある。それが2歳児のすばらしさです。

大人はほとほといやになることもあるでしょうが、可能な範囲でつきあってあげましょう。台風と同じです。避けようのない大風と大雨。やり過ごさないかぎり、青空の3歳児時代にはなれないのですから。

ことばで気持ちを理解できるようになる

困った場面も多い代わりに、ことばで気持ちをわかり合えるようになり、いろいろなこともよくわかってきて、いっそうかわいさの増す2歳代後半です。

ことばの早い子、遅い子、活発な子、内気な子、とてもバラエティに富んでいるのは相変わらずです。

子どもの興味の在り方によってかなり違うのですが、大きい——小さい、長い——短いなど、ちょっと抽象的なことに興味をもつ子も出てきます。赤・青・黄・緑などの色が区別できるようになったり、鉛筆やクレヨンの持ち方はじょうずではなくても、大人のまねをして、丸を描いたりするようにもなります。

わざと言わせたり試したりするのは避けて

自分の名前が発音しやすい音で、しかも、音節数が少なければ言えるようになるかもしれませんが、名字、名前とも、4音節以上のものだと、まだ難しいでしょう。名前を言えるようになると大人はうれしくなって、ついつい「お名前は?」と聞いて言わせたくなりますが、あまりやり過ぎると、答えてくれなくなる子もいますからご用心。

わざと言わせたり、やらせたり、試したりすることは極力避けたいものです。

時間の流れがだいぶわかってくるとはいえ、大人の頭のなかの整理具合とは大違い。過去のことはみんな「昨日」だったりしますし、「明日、新幹線に乗ろうね」と言うと、いますぐに乗るのかと思って、大泣きしたりもします。

音の取り違えもまだまだ多く見られます。「お片づけ」を「おとこき」などとまるで違う発音で言ったりするので、大人は面食らいますが、やっきになって直そうとしなくても、大人になるまでには必ず正しいことばを覚えますから、だいじょうぶ。さりげなく正しいことばを返してあげればよいでしょう。「うん、片づけようね」という具合です。

「なぜ」「どうして」と、次から次に質問する子もいます。ことばのやりとりを楽しむ、という気分でつきあいましょう。「なぜ」が出るということは、「○○だから、△△しようね」と説得が通じることにもつながるのです。

発音もまだはっきりしなくてあたりまえ。4歳6か月くらいまでに日本語の基本的な音が身についていけばよいのですから、時間はまだ十分あります。

「なぜ」「どうして」には気軽につきあう

3歳近くなると「なぜ（なんで）」「どうして」の質問攻めを始める子もいます。

「これ、なあに」
「ゆでたまごだよ」
「ゆでたばご、なんで、ここにあるの」
「朝ご飯に食べようと思ったからよ」
「なんで、朝ご飯、ゆでたばごなの」
「おいしいからよ」
「ゆでたばご、なんで、おいしいの」

という具合にエンドレスに続きます。「正しい答え」を示して教えよう、と思うよりは、ことばのやりとりを楽しむ、という気分で軽くつきあいましょう。

もうやめにしたいと思うときは「お母さん、よくわからないわ」と降参するのも手ですし、「さあ、どうしてだろうね。○○ちゃんはどうしてだと思う」とたずね返すと一生懸命考えてくれたりもします。

「なぜ」「どうして」が出てくるようになると「○○だから、△△しようね」など、理由をつけての説得が通じるようになり、だいぶ楽になってきます。

（中川）

2歳6か月〜3歳
こころの発達

2歳ぐらいまでに、子どもは大きくふたつの基本的な信頼感を身につけ始めています。ひとつは「他者への信頼感」です。夜でも外にいてもおなかがすいたら満腹にさせてくれ、いたずらや探索行動を温かく見守ってくれ、痛い思いをしたらすぐに飛んできて「痛いの痛いの、飛んでいけー」と優しく接してくれる。こうしたことを通じて、子どもは「自分はいつでも助けてもらえるのだ」「いつでも自分の味方になってくれる人がいるのだ」という感情を身につけます。これが他者への「基本的信頼感」〈↓555ページ〉です。

もうひとつは、はいはいを始めて以降、興味を感じた物をさわったり振ったりなめたりする探索行動を、温かく見守ってもらった経験から発生する「自分への基本的な信頼感」です。「私はやろうとすればなんでもできるんだ、水でも遊べるし、砂でも遊べるんだ」、こういう自己への信頼感です。この感情は、他者への信頼感と表裏一体のものです。人間は他者に支えてもらってこそ、自分を肯定できるのです。自分を信頼できる人は他者も信頼できる、という事情がよくわかります。

内面の充実と外界への適応力は交互に発達

2歳児は、この信頼感や自分に対する自信を武器にして、今度は外の世界を探検する新たな旅に出発するのです。

一般に人間の発達には、こうした法則性があるようです。つまり、ある時期は感情や安心感など自分の内面が発達していきます。次の時期には、充実した内面を土台に、外の世界に向かって行動力や認識力などが発達していきます。しばらくするとまた感情や安心感がさらに高度に発達し、その次には再びそれを土台にして外への適応力が発達する、という具合です。

もちろん、内面の充実も外の世界に対する適応力も、常に同時に伸びているのですが、時期によってどちらかがより多く発達し、それが交替で現れるようなのです。

2歳の後半ごろというのは、この交替が起こる時期だといえます〈「こころの発達見通し」↓412ページ〉。内的感情が育つ時期から、外的適応力を充実させる時期に移行するわけです。しかし、この移行は、スムーズに進むわけではありません。それまでの心身のバランスがいったんくずれるわけですから、たいていぎこちなく進みます。そのぎこちなさが「反抗」になるのです。反抗期と一般にいわれている時期は、こうした交替期だと考えて間違いないでしょう。

「自分でやる！」が出てくる

子どもからすると、お母さんやお父さん、場合によっては保育士さんとの充実した関係が築けて、こころの基地がだいぶ形づくられてきた、次はその基地を土台にして外の世界を自分で試してみたい、こういう外的行動への欲求が高まってくる時期です。

たとえば、それまで靴はお母さんやお父さんに履かせてもらいました。しかしこの時期には、自分で履きたい、そう思い始めるのです。そこで、お母さんが靴を履かせようとすると、急に怒り出して「自分でやる！」と言い張ります。けれども、なかなかうまく履けない。それでいらいらする。これが2歳後半児の最大の特徴かもしれません。

「自分でやる！」は温かく見守りましょう。

そういうときに、親が「あらあら、〝自分でやる！〟が始まったのね、じゃあしかたない、じっくり待ってあげよう」と、試行錯誤しているわが子を温かく見守ってやれば、問題はないのです。そうではなく、「だめ！　まだ自分で履けないでしょう。お母さんが履かせたほうが早いの」などと対応してしまうと、さあ、大変です。子どもによってはかんしゃくを起こして、靴をほうり投げてしまうことにもなりかねません。

甘えの欲求と自立の欲求が交替して出る

発達的にみれば内的充実と外的充実の交替期には、だれもが多少反抗的になるのですが、親や大人の対応次第では、その表れ方に差が出てくると考えてよいでしょう。

「私のこと、もう少し信頼して、じっと見ていて」

そう子どもは訴えているのです。

3歳前後になると、自分で歯を磨くと言っていたのに、しばらくすると「お母さん、磨いて」などと甘えてくることがあります。こういうときには「何言っているの、昨日は自分で磨くって言ったじゃないの」などとしからないでください。この時期は「自立」の欲求と「甘え」の欲求が交替して出てくる時期で、それを繰り返しながら、少しずつ「自立」部分が増えていくのです。子どもの発育を観察する楽しみが、増えた気がしませんか。

（汐見）

育ちのようす

　3歳に近づくと、ぐんと背が伸びた感じがします。第二臼歯《きゅうし》が生え、乳歯が20本近くそろう子どもも出てきます。なんでも食べられるので、「太っているのは食べすぎかな?」と思う場合があるかもしれませんが、活発に運動し、子どもらしい生活を送っている3歳以下の乳幼児には、肥満の心配はありません。もし3歳以降、急激に太りだして体重の成長曲線を上回るようになった場合は、食生活や運動量を見直してください。肥満かどうかは、身長と体重の関係で考えます。カウプ指数とよばれる指標では、「体重(g)÷身長(㎝)の2乗×10」で計算し、値が20以上なら肥満と判断します。

　反対に、好き嫌いがあってあまり食べない、しかもほっそりしている子どもがいます。このような場合にも親は悩みますが、体重が極度に減少して成長曲線を下回った場合はともかく、ふだんの様子が元気なら、無理強いせずに食事を終わらせましょう。栄養バランスやマナーに気を遣うことも大切ですが、こだわりすぎると、食べることが苦痛になります。楽しい雰囲気で食卓を囲みましょう〈↓594ページ〉。

　親の手を借りたほうが楽なことを、わざわざ自分でやりたがる傾向は、ふだんのからだの動かし方にも見られます。砂利道や坂道を歩きたがる、溝や敷石をジャンプで飛び越えようとする、段ボール箱のような狭い場所に潜りこみたがるなど、制約がある空間を楽しむのです。お母さんのそばをちょっと離れてみる冒険家も現れるでしょう。

　このような行動は、まるで自分に課題を出し、クリアしようとしているかのようです。先が読めるお母さんお父さんは、子どもがかんしゃくを起こさないように、泣かないようにと予防線を張ります。けれども、子どもにはもともとチャレンジする力と、間違いや失敗をみずから修正していく力があります。転んでも立ち上がり、歩けるようになるのも、舌足らずな赤ちゃんことばが正しい発音になっていくのも、子ども自身が絶えず自己修正を繰り返しているからなのです。

おむつはずしのタイミング 七つの目安

　地球上を見ても、トイレという決められた場所で、自発的に排泄《はいせつ》をしている動物は、ヒトだけです。赤ちゃんにおむつをさせたのは、「部屋を汚されたくない」と思った大人の勝手。また、「排泄は決まった場所でしなければならない」という文化的、社会的な規制をつくったのも大人です。赤ちゃんが望んだわけではありません。ですから、「2歳になったからもうおむつはやめよう」と宣言したところで、なぜそうしなければいけないのかは、わからないでしょう。

2歳代後半には、恥や誇りといった感情が芽生えてきます。トイレ・トレーニングの成功率が2歳6か月ころから上がるのは、そういった情緒面での育ちも含めて、適切な時期だからでしょう。始めるのは、心身ともに準備ができてからがよいようです。

アメリカの小児科学会では、おむつはずしに適した時期を年齢で決めず、子どもの個性や発達のスピード

3歳児健診を受ける前に

３歳以上４歳未満の子どもを対象とした３歳児健診は、法律で定められている乳幼児健康診査の最後のものです。母子手帳と事前に配布される問診票を持参しますが、これまでの健診と同様、あらかじめ、ふだんの様子や気になることを記入しておいてください。

身長・体重などの身体測定、運動面・言語面・精神面での発達状況、予防接種の指導、小児科医による問診や診察は、1歳６か月健診と同じです。

これまでの健診と違うのは、目と耳の健診が加わることでしょう。両耳の高度な難聴は３歳以前に発見される場合が多いのですが、片耳の難聴や音域によって聞き取りにくくなる難聴などは、子どもからの訴えも少なく、気づきにくいものです。早期発見して聴力や言語発達面の向上を図るため、母子保健法によって平成２年から３歳児健診で聴力検査を実施することが決定されました。

また、斜視ではないか、物を見るとき目を細めていないかなど、目の見え方も調べます。３歳を過ぎると簡単なことばによるコミュニケーションができるので、視力・聴力検査が可能になります。精密な検査が必要な場合は専門医での検査を勧められますので、健診後、受診してください。

そのほか、歯科医による歯の健診や歯科衛生士による歯磨き指導、腎《じん》疾患・糖尿病を早期発見するために検尿を行う自治体もあります。保健師による育児相談、栄養士による食事の相談、なかには心理士が発達の相談にのる自治体もあるようです。自己主張が強く、手をやく時期でもあるので、気がかりなこと、心配なことを相談してください。会場に来ているお母さんの多くが、同じような悩みをもっていることでしょう。ちょっと声をかけあうだけでも、息抜きになるはずです。

を考慮するよう推奨しています。タイミングの目安は七つあります。

・親のまねができるか
・おもちゃや本の片づけができるか
・親の言うなりにならず、意思表示ができるか
・トイレに興味があるか
・ひとりで歩いたり座ったりできるか
・おしっこやうんちが出そうだと人に伝えられるか
・ズボンやパンツを脱ぎ着できるか

完全におむつがとれると本人も気持ちよいでしょうし、お母さんやお父さんの手間が減り、経済的にも助かります。何よりも自立への道が一歩進んだように感じられるでしょうが、そのことばかり考えていると、逆におむつがとれないのは悪いことだと親のほうが思いこんでしまいかねません。遅かれ早かれ、「おしっこやうんちはトイレでするものだ」という意識が芽生えて、本人をその気にさせます。しばらくは失敗を繰り返して親の手をわずらわせますが、その子にとっては時期が早いのかもしれませんし、納得していないのかもしれません。失敗をとがめて強くしかったり、脅したりしても、効果はないでしょう〈「おむつはずし」↓618ページ〉。

歯磨きのこつ

乳歯は3歳までに20本生えそろいます。歯磨きに勝る虫歯予防はないので、自分で磨く習慣をつけさせましょう。とはいえ、子どもは歯磨きのまねをしている段階です。お母さんお父さんが仕上げ磨きをしてくだ

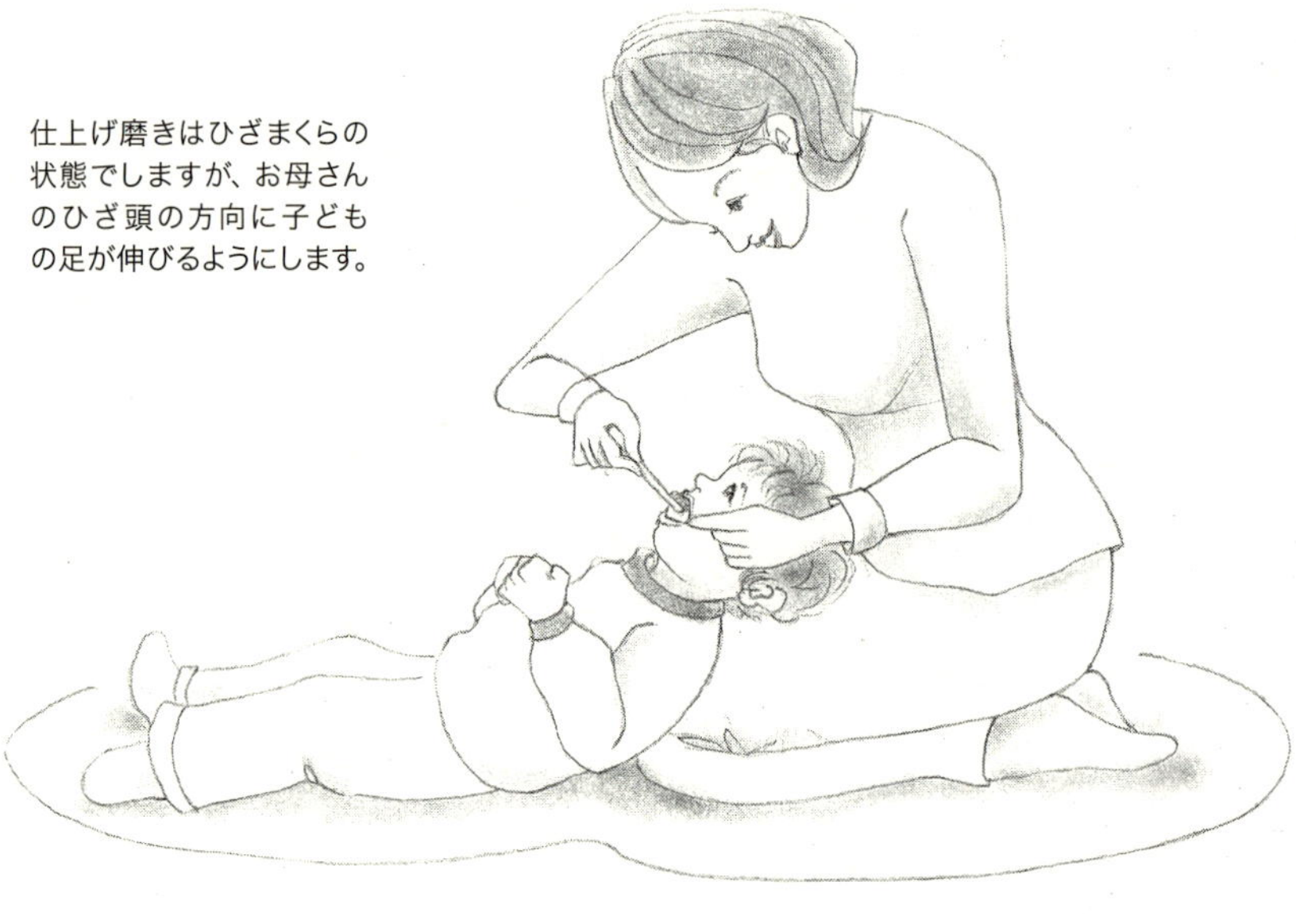

仕上げ磨きはひざまくらの状態でしますが、お母さんのひざ頭の方向に子どもの足が伸びるようにします。

★1 —— 歩き回らないよう、いすに腰かけさせて磨かせる方法もあります。うがいの練習は、まずぶくぶくうがいから。口に水を含み、ぶくぶくしているところを見せましょう。「ぶくぶく、ぺっ」と声を出しながらやってみせると、遊び感覚でまねをします。

さい。子どもをあおむけに寝かせたら、歯ブラシを鉛筆のように持ち、口の端から歯列に沿って差し入れます。歯茎《はぐき》を傷つけないよう優しく小刻みに動かし、3分を目安に磨きます。歯磨き剤は飲みこんでも害はないのですが、うがいができてからでもよいでしょう。

★1 歯ブラシを口に入れたまま歩き回ると、転んだ拍子に口の中や喉《のど》を傷つけてしまうかもしれません。磨き終わるまでうろうろしないよう注意してください。

お父さんへ

絵本で子どもと会話しよう

父親にとって子どもと過ごす時間は貴重です。子どもとまっすぐに向き合い、父親の存在をしっかり感じてもらいたい。でも、いざふたりきりになると何を話せばよいのか……。そんな人も多いはず。ずばり、絵本がお勧めです。

何しろ、子どもと家の中でくっつける空間は、せいぜいお風呂。テレビゲームでは会話がない。そう考えると、やはり絵本は父と子の絶好のコミュニケーション・ツールです。

本選びも父親ならではの視点で。母親の本選びは物や色の名前を覚えるため、情緒を豊かにさせるためと、目的を考えがちです。すると、似たような本がそろうことになってしまいます。お父さんは、この本を読んで子どもをどうしようと考えず、読んでいる時間を楽しもうという観点で選んでほしいのです。

生命や自然を題材にしたもの、ナンセンスものなどなんでもよいので、自分がピンときた本を選びます。はずれもあるかもしれませんが、その本を選んだ気持ちは必ず子どもに伝わります。そしてたまには一緒に本屋に行って、子ども自身に選ばせてください。

夜。まくらを並べて父と子の絵本タイムです。絵本は寝かせる道具のように考えられていますが、おもしろかったら眠れなくなるはず。「ねえ、もう1回読んで」と子どもにせがまれる父親の幸せ。たまには夜更かしもよいものです。

絵本を読むのは苦手だなあという人もいるでしょうが、正確に読む必要はありません。へただけど面白いと思ってもらえればいいのです。ストーリーも勝手につくり替える。怖い話や深刻な場面では、男の低音ですごみをきかせて子どもに緊張感を与える。同じ本を何度読んでも子どもはどきどきしながらその場面をこころ待ちにします。

絵本にかぎらず家庭には濃厚な時間がたくさんあります。子どもと楽しむ絵本は男の価値観を変えるきっかけにもなり得ます。月に1度は仕事帰りの一杯をぐっとこらえ、絵本を買って早く家に帰ってみませんか。

(パパ's 絵本プロジェクト・田中尚人)

気がかりなこと

Q ふたり目が生まれてから、上の子がだだをこねてお手上げ状態。おむつはずしも失敗しています。

A 赤ちゃん返りは上の子のこころが発信しているSOS。ふたりだけで過ごす時間、出かける機会を。

赤ちゃんが生まれて初めて、子どもはきょうだいができた現実を目のあたりにします。小さな赤ちゃんは遊び相手にならないし、お母さんはいつも忙しそう。「おっぱいをあげてからね」「赤ちゃんが寝ているから静かにしてね」と言われて我慢しなければならないうえ、優先順位が変わったような気がして納得できないものです〈「お兄ちゃん、お姉ちゃんを時には優先」↓184ページ〉。

ここで「もうすぐ3歳なのに、わからないの？」「お姉ちゃんのくせに、わがままね」「そんなことをするお兄ちゃんはいません」など人格を否定するようなしかり方をしていると、ますますだだをこねたり、すねたり、いじけたりするでしょう。わざとトイレに行かない、おっぱいを飲みたがる、保育園へ行きたくないと泣く、歩くのをいやがり、ベビーカーに乗ると言う、抱っこをせがむ、「赤ちゃんなんて捨てちゃえ」と暴言を吐く、友達に乱暴する、など、いろいろな表現で「こっちを向いて」のSOSを発信します。

こういうことは、ある意味で避けられないことです。ここはひと言いいたいところをぐっとこらえ、赤ちゃんがおとなしくしている間やお父さんが家にいる間、上の子とふたりだけで過ごす時間をつくってください。自分が親を独占している時間が欲しいのです。満足すれば、「赤ちゃん、泣いているよ。おむつ替えなくていいの？」など、下の子への気遣いも芽生えるでしょう。

おむつはずしが振り出しに戻ってしまったら、いったん休んで、本人の意欲が戻るまで待ってもよいのです〈↓618ページ〉。

Q 朝、子どもの布団が鼻血で真っ赤になっていてびっくり。だいじょうぶでしょうか。

A たいていは心配のないものですが、出血が止まらなかったり、続くときには病院へ。

幼児期から学童期にかけて、子どもはよく鼻血を出します。鼻の入り口の粘膜に集まっている毛細血管は破れやすく、アレルギーや鼻ほじり、のぼせなどで、すぐに出血するからです。

鼻血が出ているときは、脱脂綿やガーゼをつめ、小鼻を人さし指で5分くらい押さえます。子どもが自分でできるようなら、親指と人さし指で鼻をつまませ、奥へ押すようにして口で呼吸させます。冷たいタオルで鼻を冷やしてもよいでしょう。

このとき、顔をややうつむかせ、寝ているときはからだを横向きにさせます。そうすることで鼻血が喉《のど》へ流れこまなくなります。首の後ろをたたいたり、顔を上に向かせたりしてはいけません。出血が止まったら、しばらくは鼻をかんだり、指を入れたりさせないように。

いつまでもだらだら止まらない、しょっちゅう鼻血が出る、そのようなときは耳鼻《じび》咽喉科《いんこうか》を受診してください。

Q 夫が単身赴任中で子どもとふたりっきり。私を甘くみているのか言うことを聞きません。自信喪失です。

A ひとりでよくやっています。頼る人がいなくて全部抱えこんでいるのかも。

世の中のお母さんたちは、「私ががんばらなくちゃ」と思わざるを得ない状況で、ほんとうによくやっています。子育てに失敗は許されないというプレッシャーから、つい口うるさくなってしまう。ところが成長してきた子どもは、自分の好みを主張する。当然、ぶつかります。

そういうときは、少し子どもと距離をとってみることが大切です。子どものやることなすことに、あれこれ口出しするのを少し慎むのです。納得のいくまでさせて、そのうえで時間だから、とやめさせる。子どもは自分が認められている、信頼されていると感じると、親の言うことも少しは聞こうという気になります。逆はだめなのです。

子どもはまだまだお母さんお父さんを頼っています。泣いて、甘えて、すねる。親が頼れる存在だから、そんなふうにぶつかってくるのです。「保育園ではいい子なのに、家ではやりたい放題。まるで王様みたい」と嘆くお母さんもいます。子どもは甘えられる人と甘えにくい人の使い分けをしてバランスを取っているのです。相手によって甘え方も変えています。お母さん自身にも、甘えられる人、頼れる人がいるといいですね。

夫に連絡して、「こうなの、ああなの、大変なのよ」と愚痴をこぼしましょう。友人に電話するのもよいでしょう。いっそのこと、子どもに甘えてみてはどうでしょうか。「今日はお掃除をお願いしようかな」「お皿洗い、やってほしいなあ」「ご飯炊くから、おにぎり作ってね」、ことばにするだけでも気分は変わります。完璧《かんぺき》な母を休む日も必要です。

Q いまだに人見知りが激しく、怖がりです。もっと強くなってほしいのですが。

A 子どもに背伸びをさせていませんか。少し前の対応に引き返してもよいのです。

人見知りの強い子は、性格的にそうなっていることもありますので、無理に変えようとしないことが大切です。引っこみ思案、恥ずかしがりはよくある性格です。それをあまり「だめだ」「強くなれ」と言っていると、よけいに自信のない子どもになって逆効果になります。ここは、もう一度、0歳代、1歳代の対応に引き返して、存分に遊ばせ、いたずらさせる。それを温かく見守って、最後は抱っこする。そうやって自信をはぐくみ直しましょう。

これからの子育てでも様々な場面にぶつかるでしょう。そのときは、この方法を思い出して、いつでも引き返してください。

Q 食べこぼす、箸《はし》は使えない。どうすればきちんと食事できるようになるのでしょうか。

A 自分から座る、自分で食べる、大人のまねをする。それができてから、マナーです。

食事のしつけというと、正しいマナーを教えることだと思いがちです。でも、幼児期ならまず自分からいすに座る、「いただきます」を言う、そしてフォークや箸を使って自分で食べる。お母さんのなすがまま、「お口あーん。はい、ごっくん」とひな鳥のように過ごすのではなく、自発的にやる。そこからスタートです。

ただ、ここまでできるには、おなかがすいていなければなりません。おやつで満腹になっていては食卓につく気分になれないでしょう。また、1～2歳代は、じっとしているより遊ぶほうが好きな年ごろ。座っている時間の短さや、食べ物を粗末にしたのではない食べこぼしは、大目に見てあげたいものです。フォークや箸の持ち方は、急いでもだめで、自分で使ってみたくなる時期を待ちます〈↓654ページ〉。

子どもは大人をとおして、生活や社会のルールを学びます。食事をしながら本や漫画を読む、携帯電話を使う、大人がそのような〝ながら食べ〟をしていれば、「好きなことをしながら食べていいんだな」と思うでしょう。逆に、マナーや栄養摂取にこだわりすぎれば、楽しい雰囲気が薄れ、食べる意欲も失います。食卓を小言や教育の場にしないことも大切なのです。

「もうすぐご飯よ、座ってね」「お箸を用意してくれる?」など食前から声をかけ、おなかがすいたな、食べたいなという気持ちを高めましょう。食事中はできたことをほめ、「ごちそうさま」を言ったら食器を下げさせる。食べ方のマナーは、それができてからです。

Q 公園の遊具や図書館の本は「みんなの物だから大切に」と教えても、わかってくれません。

A **大勢の人と一緒にこの社会で暮らしていることを教えましょう。**

私たちは大勢の人といろいろな空間や物を共有しながら生活しています。みんなで使う物、みんなで楽しむ物だから、大切にしなくてはならないのです。「騒いだら怒られるよ」「独り占めしたら嫌われるわよ」「もう来ないでって言われてしまうよ」「禁止って書いてあるでしょう」では、だれかに何か言われるからだめなのだと教えていることになってしまいます。

いまはまだ理解できなくても、「みんなが使う所だから静かにしようね」「みんなで使う物だから大事にしようね」など、公衆マナーの基本をきちんと話してきかせましょう。

公園の花を摘まない、公共の場では騒がない、ごみは決められた場所に捨てる、お店の品物を無断で持ち帰ってはいけない、図書館の本は大切に扱うなどは、2〜3歳からでも、大人の助言があれば実行に移せます。借りた物は返す、順番を守る、席を譲るなどは、大人が態度で示すことで次第にわかっていくでしょう。

Q よく「ほめて育てよう」といいますが、しからずにほめるだけでしつけができるか疑問です。

A **タイミングを間違えずにしかることが大切です。**

目的を達成したときや、一生懸命やったときにほめられると、大人でもうれしいもの。見守っていたほうも、「えらい、よくやったね」と、思わずほめことばを口にしているでしょう。

そうではなく、言うことを聞かせたいがために意図的に「ほめてあげる」のでは、子どもを評価しているのと同じこと。お手伝いをしてくれたとき、「100点よ、ほめてあげる」「30点くらいかな、これじゃ、ほめてあげられない」と言っているのと同じことなのです。こういう言い方をしていると、しつけのことでも、「お母さんが気に入るように100点を取らなくちゃ」、あるいは「ぼく、0点でもいい」となりかねません。ほめてあげればよいわけではないのです。

また、自分はもちろん、他人の命や健康、人権を損ねるような危険を冒したときには、厳しくしからなければなりません。車道に飛び出した、他人を傷つけた、火で遊んだ、そのような場合は、なぜいけないのか、説明と一緒にしかります。次に守れたときには、自然とほめているはずです〈『しつけ』と『ほめる』はセットで」↓684ページ〉。

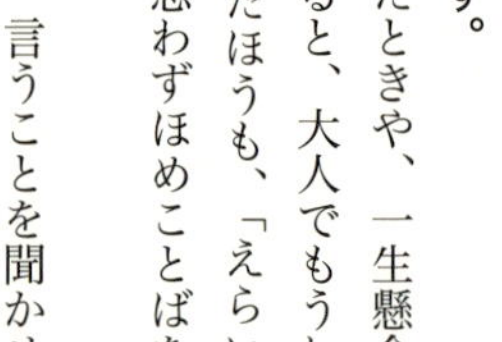

からだ探検——3歳から語りかける「性」

3歳から5歳くらいの子どもは、性に対してわだかまりがありません。率直な質問で、ある日、不意打ちをくらわせてきたら、「来た、来た」とうれしく思ってください。性について親子で語り合う、始まりのときなのです。

なんでもオープンに語り合う家庭では、子どもは、親を相談相手と思って育ちます。性の悩みや被害に遭遇したときも、ひとりで抱えこまずに、信頼できる人に相談して乗り越えていきます。ただ、性について学んでこなかった大人ほど、子どもにどう答えてよいか戸惑ったり、あいまいにごまかそうとしたりすることが多いようです。

性は人間の存在と切り離せないこと。「知りたい」という子どもの好奇心は、科学的な姿勢です。大人も、できるかぎり科学的に、ユーモアを交えて語りかけていくことが大切です。絵本を手がかりにしてもよいし、わからないことはこれから親子で一緒に学んでもよいのです。

（回答「性の科学を考える」徳永桂子）

Q 性器をいじったり、性器に対する質問をしてきます。うまく説明できないのですが……

A 3歳くらいから、からだのこと、性器のことを少しずつ教えておきましょう。

性器への関心は、どんな子にも芽生えます。さわると気持ちがいい、という発見もすでにしているかもしれません。タブー視せず、お風呂や就寝前に、性器は大切な場所であること、その役割や生殖のしくみについて徐々に話していきます。

・男の子の「精巣」はからだの外側についています。涼しい場所で「精子」やからだを大きくするホルモンをつくるためです。「精巣」は大切な働きをする場所なので、けったり、パンチしたり、ぎゅっと握ったりしないでね。

・赤ちゃんは、おなかの中にある「子宮」という袋で育ち、膣《ちつ》を通って生まれてきます。膣は、瞳のようにいつも湿り気があって清潔な場所です。赤ちゃんが生まれるときは開きますが、生まれると閉じます。

お風呂は「からだ探検」のグッドタイミング。子どもの興味にそって、早め早めに教えます。どんな質問が飛び出すか、楽しみながら語りかけていきましょう。

Q 性的ないやがらせや犯罪から子どもの身を守るためには、どのように教えたらよいでしょう。

A 他人が侵してはいけないプライベートゾーンがあることを教えてください。

知識があれば身を守れる、ということを覚えておいてください。性的暴力の加害者は巧みに近寄り、侵入してきます。もしそのとき、子どもがからだや性に関する単語を知っているなど、知識を身につけている様子がみられると、「親に報告されてしまう」と恐れて手を引っこめる——これが加害者心理なのです。

親は子どもに、「口・胸・性器」は、自分だけの大切な場所（プライベートゾーン）で、だれかから不快なさわられ方をしたら、「いや」と言ってよいこと、「逃げる」こと、あったことを「大人に話す」ことを教えておく必要があります。そして、自分で自分を守る力は、子どもだってもっている、と教えてください〈↓688ページ〉。

＊

※参考になる本や絵本……『メグさんの性教育読本』（ビデオドック）、『なぜなのママ？』『なぜなのパパ？』（ともにアーニ出版）、『ぼくどこからきたの？』（河出書房新社）、『性の絵本』全5巻（大月書店）など。

●おむつはずし

「おしっこ間隔2時間」になったら、開始時期

■大脳皮質の発達が第一条件

おむつがはずれるとはどういうことかというと、子ども自身がおしっこがたまったことがわかる→いまはおしっこをしてはいけないと我慢できる→トイレに行っておしっこをする、という流れができることをいいます。それにはまず、本人がおしっこがたまったことを感じられなければいけません。膀胱《ぼうこう》におしっこがたまると、神経を通って、脳まで「おしっこがたまった」という信号が送られます。このとき、大脳皮質が発達していないと、信号が届いてもたまったことが理解できません。つまり大脳皮質があるレベルまで発達していることが、おむつはずしの第一歩といえます。

大脳皮質の発達の目安は、立って、歩けることと、大人の言っていることがわかるようになることです。発語していなくても、大人が言うことを理解し、意思の疎通ができるようになっていればだいじょうぶ。さらに、膀胱が発達し、おしっこをためられるようになり、おしっこの間隔が2時間くらいになってきたころ。これらの条件がそろってから、おむつはずしを開始します。

発達には個人差がありますので、子どもの様子をみて、そろそろかなという時期を見つけてください。その時期が来ていないうちに、あまり早く始めても、時間ばかりがかかって親子ともに疲れてしまい、悪循環になることもあります。まずは開始の時期を見極めることが大切です。

■おしっこの感覚をわからせる

おむつはずしの最初のステップは、まずおしっこの感覚を理解させることです。おしっこが出たときに「おしっこ出たね」と繰り返し話しかけて、これがおしっこなんだと理解させせます。小さい赤ちゃんのころから、まめにおむつを替えて、そのたびに「おしっこ出たね」「きれいにしようね」と、話しかけてあげること。じつは、ここからすでにおむつはずしが始まっている、といっても過言ではありません。大脳皮質の発達のためには、たくさん話しかけて、しっかり触れ合うことが大切。そして、最終的に、おむつではなくて、トイレに行っておしっこをして、「ここがおしっこをする場所なんだ」ということを理解させせます。

■おまる、補助便座、どちらでも

おまると補助便座のどちらを使うかを迷うお母さんも多いようですが、どちらがよいかは一長一短です。おまるは部屋の中で使えるので、子どもが気軽に座れるというメリットがあります。また、持ち手などがついていてサイズも小さいので、しっかり踏ん張れるのも魅力。反面、場所をとったり、その後の処理が面倒というデメリットがあります。

その点、補助便座は割安でコンパクト、さらに処理も簡単というメリットがありますが、子どもによっては、いきなりトイレでするということに抵抗を感じる場合もあ

るようです。また、座ったときに足がぶらぶらして安定しないことがあります。そのときは、ステップなどで足台を作ってあげましょう。いずれにせよ、どちらがよいとは言い切れないので、各家庭の事情や親の考え方で決めてかまいません。

　また、おしっこを理解させるために、早めにふつうのパンツに替えて、ぬれる感覚を教える方針の保育園などもありますが、家の畳やカーペットでそれをやられると大変。そこで、床は汚れず、ぬれた感覚がわかるトレーニングパンツを使ってもよいでしょう。また、トイレの雰囲気が暗いと、はいりにくいので、壁に好きなキャラクターのシールを貼《は》ったりして、楽しい雰囲気をつくってあげるのも効果的です。

　おしっこは、朝起きてすぐやお昼寝のあとは膀胱にたまっていることが多いので、おむつに出ていないときは、すぐにおまるやトイレに連れていくと、成功率が上がります。そして、出たときに「おしっこ出たね。じょうずだったね」とほめることが大切です。

■調子をくずしたら、いったん休む

　時には、トイレが怖い経験をしたり、下の子が生まれて赤ちゃん返りをしたり、病気をしてリズムがくずれたり、いろいろなトラブルもあるでしょう。そんなときは、とりあえずお休みしようと割り切りましょう。がんばりすぎたためにこじれてしまうと、逆に時間がかかってしまうことがあります。また、あまり早く始めると、はずれるまでに時間がかかりますが、時期を待って始めると、スムーズに取れることも多いもの。まわりを気にせず、あせらないことが大切です。昼間は成功しても、おねしょだけが残ることもありますが、夜中に起こすのは逆効果。睡眠が引き出すホルモンもあるからです〈↓675ページ〉。

　また、夏のほうがおむつがはずれやすいと、一概にはいえません。夏がよいというのは、洗濯物がよく乾く、薄着なのでぬれたのがわかりやすく脱ぎやすい、汗をかくのでおしっこの間隔があく、などの理由から。冬でも、その子が発達の時期を迎えているようなら、スタートしてよいのです。

おまるで始めるか、最初から補助便座でいくかは、住宅事情やお下がりの有無、経済的なことなど、各家庭の事情で決めてかまいません。

おむつはずしの途中で、いつパンツに替えるかは、親の考え方次第。床は汚れず、ぬれた感覚がわかるトレーニングパンツを使うのも便利。

おむつはずしは楽しくやるのが大事。成功したら、ほめて、本人をその気にさせましょう。トイレに「ごほうびシール」を貼るなど、気分を盛り上げる工夫も大切です。

スモールステップで育っていく子ども

3歳過ぎても遅れが気になるとき

■遅れは遅れとして理解してあげて

２歳代では発達速度の個人差がとても大きいのですが、３歳を過ぎると、遅れははっきり出てきます。３歳半まで待ってみても、ほかの子との差が縮まらない、むしろ大きくなっていくというときには、なんらかの専門的療育が必要な障害があるのだと、お母さんお父さんだけでなく、まわりの大人も理解してあげたいものです。そのほうが、結果的に子どものためになります。

「障害」ということばには、取り払わなければならない重大な欠陥というような印象がありますが、そうではありません。標準どおりの発達速度、発達段階にのっていないために、「標準」をベースに成り立っている世の中にうまく適応できないことが多いという意味です。

生活するうえで困ってしまうことも多いので、なんらかの手助けがあったほうがいい、ということなのです。

■「診断名」「障害名」は理解を深くするためのもの

ことばの遅れや行動上の問題〈↓650ページ〉は、脳の中枢神経系の機能になんらかの不具合があるために表れることがわかってきましたが、以前は、「変な子」とか「やる気がない怠け者」とか「親の育て方が悪いからわがままになった」などといわれることもありました。いまなら「自閉症スペクトラム」「ＬＤ（学習障害）」「ＡＤＨＤ（注意欠陥多動性障害）」という「診断名」「障害名」をつけられる子〈↓680ページ〉も、「診断名」がつかず、「障害児」とは見なされなかった、ともいえます。

でも「障害名」がつかない代わりに、その子の「やむにやまれぬ行動の意味」を理解されずに、「変な子」「怠け者」「わがまま」といわれて育つことが、「障害児」として適切な療育を受けながら育っていくことより幸せなことだったでしょうか。

「障害名」「診断名」をつけるのは、その子をより深く理解するためです。「障害名」「診断名」がついたからといって、いまの社会の基準に追いつくように「訓練」しなければならないわけでは決してありません。

その子ができること、できないことを見極め、できることを伸ばし、できないことは手助けをして、できるようにしていく、それが療育です。療育はある意味では、すべての親にとっての子育ての原点でもあります。ただ、標準より、周囲が手をかけてやらなければならない分野が多いとか、できないことの幅が標準よりは大きいということです。

発達に遅れや気がかりな点があり、はらはらさせられる子どもは、じつは子育ての基本中の基本に気づかせてくれる尊い存在でもあるといえるのです。

■「障害」の境界はあいまい

わが子のことばの遅れなどが、障害と名

のつくものか否か。そこには天と地の差があるように思われるかもしれませんが、その境界線は「白か黒か」というふうに明確ではなく、色のグラデーションのように、境目なく連続したものです。障害、ということ自体、とてもあいまいなもので、人によって、立場によってとらえ方が大きく違うのです。

　その子の状態がよりよく理解でき、手を焼いてしまうような行動を、周囲の人たちが許してあげやすくなるためになら、障害名をはっきりさせるよい時期でしょう。これまでの経過のなかで、信頼できる親切な先生と出会えているなら、「うちの子の発達の遅れは、診断名でいうとなんですか」と聞いてみてもよいでしょう。

　障害によって表れる数々の行動の特徴が、ある日突然、きれいさっぱり消えてなくなることはありません。しかし、それを子どもが授かった「個性」「行動特性」のひとつとして、理解して育てることによって、社会の一員として生活できる、安定した大人に成長していきます。障害があるか否かだけに左右されず、子どもの「いま」を大切にして生活できたら、それが結局、子どもの発達にとっていちばんよいことです。

■療育機関を利用してサポーターづくり

　理屈ではわかっても、実際に毎日の生活で、ふつうより手のかかる子どもに接していくのは大変ですし、どういう接し方をすればよいのか、迷う場面も出てきます。そういう場合、子どもの発達の手助けになるのが療育機関です。療育機関には「子ども発達センター」「母子通所センター」あるいは「○○教室」など、いろいろな名前がありますが、法律上は「児童発達支援センター」「児童発達支援」として位置づけられています。

　療育機関は、子どものペースで少しずつ成長していけるような手立てを考える場所です。たとえば、注意が散りやすいＡＤＨＤの子に対しては、興味があることをとおして注意を向けやすくする、とか、興味の幅の狭い自閉症スペクトラムの子に対しては、楽しめる遊びを工夫して人への注目を育てる、など、子どもの状態に合わせた対応のしかたを見つけ、それによって子どもにも自然に力がついていくことをめざしています。

　療育機関に通うと、子どもの遅れや障害を認めざるを得なくなる、といった親のこころの垣根を取り払い、いまのその子に合った育児方法を考えていくパートナーとして、ぜひ積極的に利用してください。

■同じ悩みをもつ人とつながる

　療育機関には、もうひとつ、お母さんお父さんに対しての大切な役割があります。平均的に発達しているほかの子になんとか追いつかせなければ、と考えてしまうあせりから解放してくれるのです。

　療育の場に行くと、仲間がたくさんいて、同じような悩みを話し合うことができます。遅くてもいいんだ、うちの子だけじゃないんだと、楽になれます。そして、お母さんお父さんが楽になると、子どもの発達にも必ずよい影響が出ます。

　もうひとつの大きなサポーターが「親の会」です。障害名がはっきりすれば、それぞれの障害の親の会があります。こういう会には、現在同じ悩みをもっているお母さんだけでなく、それを乗り越えてきた先輩お母さんもいっぱいいます。

　インターネットでの情報は、いろいろなものが混じっていて、時々混乱させられることもありますが、親の会から発信される情報は確実です。また、親の会以外にも信頼できる相談機関や病院の情報がたくさんあります。

スモールステップで育っていく子ども

遅れのある子の幼稚園選び

■「みんな」の存在が、よい刺激に

幼稚園は、子どもにとって初めての本格的な集団生活の場です。どんな幼稚園がよいのか、わが子が本当に集団のなかでやっていけるのか、心配はつきません。特に、いまの段階でことばや発達に遅れがある子どもをもつお母さんお父さんにとっては、大きな悩みになることも多いようです。

でも、発達がゆっくりな子どもにとって、集団生活のなかで受ける、子どもたちからの刺激は大切なものです。確かに、集団のなかにはいっても、すぐにみんなと同じことはできないこともありますが、こころのどこかで「みんな」の存在を感じているということが大切なのです。

■幼稚園選びの目安

では、具体的には、どのような幼稚園を選べばよいでしょうか。目安になることを、いくつか挙げてみましょう。

1　障害のある子どもを受け入れた経験があり、子どもを喜んで迎えてくれる雰囲気がある園。

2　こぢんまりして、園全体で子ども全員を見ているという感じの園。

3　園長が率先して話を聞いてくれる園。保育者の加配や増員についても相談できる園かどうかもポイント。

4　みんなでそろって見栄えのよいことをする園はやめておく。いろいろな子がいてよいし、ゆっくりな子には手をかけてできるようにしてあげようという教育理念をもっている園。

5　じっとしているのが苦手なタイプの子の場合、男性保育者がいたり、体操の先生がときどき来たり、というように、からだを使う活動をさせてくれる園だと、より楽しい。

あとはお母さんの直感を大事にしましょう。雰囲気が明るくて園児が生き生きしている園を選んでください。

■保育園という選択肢もある

また、幼稚園ではなく、保育園や認定こども園という選択肢も考えられます。保育園は生活が主体で、しかも0～6歳の年齢幅の広い子どもがいるので、保育士は長い目で子どもの変化を見る経験をたくさん積んでいます。成長の個人差も把握できており、子どもの丸ごと全体を、ありのまま受け入れてくれる土壌があります。ただ保育園は、空き待ちの待機児がいたり、母親の就労など入所の条件があるので、はいるのが難しい地域も多いのが現状です。

しかし近年では、各自治体が定める「障害児保育枠」のなかで、保育園に入所することが発達によい影響を与えることが予測され、かつ定員に空きがあれば、一般的な入所条件を満たさなくても、はいれる所も増えています。認定こども園なら就労条件はありません。療育機関などと相談しながら、自分の子どもに合った集団生活の場はどこかを考えていきましょう。

■不安が強いなら、もう1年待っても

集団生活にはいる時期については、いつからがよいという一律の答えはありません。ストレスをためがちな子や、お母さん自身が子どもの発達の遅れ、障害にナイーブになっている場合には、集団生活に入れるのをあせらず、もう1年お母さんの手元で育てたうえで、2年保育ではいるほうが、うまくいくということも考えられます。お母さんは大変でも、「1年長く一緒にいて、私はがんばったんだ」と自分に納得できる気持ちをもっているほうが、入園後に万一何かトラブルがあったときに、「早すぎたのかしら……」というような後悔は少ないかもしれません。

一方、ナイーブで傷つきやすい子だと思っていたら、3年保育で入園してお母さんと離れる時間の体験をとおして、意外にタフなんだとわかることもありますから、最終的には、お母さんの決断次第、受け入れ先の園次第でしょう。

もう1年入園は待ちたい、でもまるまる1年、手元で育てるのは大変だ、という場合は、未就園児クラスとして週1〜2回、3歳児を受け入れている幼稚園を探してみるのもひとつの方法です。

■まずは信頼関係を築く

幼稚園を選ぶにも、入園してからも、何より大切なのは、園とのコミュニケーションです。子どもの状態、様子をありのままに説明しましょう。療育施設やことばの教室に通っているなら、そこの先生からの申し送りなどをもって幼稚園にお願いに行くと、より説明しやすいでしょう。

そして、入園したら今度は、どの園に決めてもよい点、悪い点はあると考え、ある程度は目をつぶって、その園のよいところを見つけるような気持ちでいきましょう。

もっとこうしてほしい、という希望も当然出てくると思いますが、「すぐに園にかけあって改善してもらおう」と気負って考えず、まずは園の行事などに積極的に協力しながら、先生方とフランクに話ができる関係をつくることが先決です。そうしてお互いに信頼関係が築けたところで、改善してほしいことなどを冷静に伝えれば、きっと受け止めてくれるはずです。

■まわりに理解者が見つかる

まわりのお母さんたちに、子どもの状態を、どう説明してわかってもらおうか、という課題も出てきます。でも、あまり無理にわかってもらおうと思わなくても、自然につきあいを深めていくなかで、子どもの状態を話せるようになるときがきます。あるいは、何かトラブルが起こって、どうしても言わなければならない場面にぶつかることもあるでしょう。そのときがきたら、ありのままを話せば、理解してくれる人は必ずいます。

一方で、同じような子どもをもち、同じような悩みを抱えているお母さん友達を別のところで見つけておいて、幼稚園で何かつらいことがあったら、その人に気持ちを聞いてもらえる、という逃げ場もつくっておくとよいでしょう。

■療育機関とのつながりは大事に

そういう意味でも、できれば療育機関ともつながりをもちながら、幼稚園に通えるのがよいでしょう。

集団生活で起きたトラブルや子どもの状態への対処などについて、専門的な視点でアドバイスをもらえますし、お母さん自身、悩みを相談できる人がいることは、精神的な支えにもなります。

何より子どもに、刺激をたくさん受けられる場所と同時に、自分を受け入れてくれる場所、ほっとできる場所を確保しておいてあげることは大きなメリットです。

子どものためのアトピー知識

●幼児期からのアトピー性皮膚炎
「治す」より「コントロールする」気持ちで

厚生労働省の全国疫学調査（２００３年）で、乳幼児のアトピー性皮膚炎が増える年齢に一定の傾向のあることがわかりました。乳児期（生後４か月）に12・８％だったアトピー性皮膚炎が１歳６か月では９・８％に減り、３歳では13・２％と発症率がまた上がってピークを迎えます。

理由は明らかではありませんが、乳児期のアトピー性皮膚炎が幼児期にそのまま移行するとはかぎらないと研究者は考えています。発症するメカニズムの違う可能性があり、発症や再発に影響を与えているいくつかの要素も推測できます。また、一般に乳幼児期よりも小学児童のほうが重症であり、３歳前後での適切な治療・ケアが重要な意味をもってきます。

■スキンケアは一生もの

２〜３歳になると運動量が増えて、汗をたくさんかいてからだを汚すことが多くなります。乳児期にはスキンケアに気をつかっていても、成長とともにおろそかになりがちです。湿疹《しっしん》がよくなったとしても体質は変わらないので、常に火種を抱えているような状態です。スキンケアをぜひ人一倍こころがけてください。特に、外で遊んだら、すぐに汗や汚れを落として保湿をします。幼児期ともなれば、きょうだいだけで入浴することもあるでしょうが、洗い残しがないよう、ときどき一緒にはいって洗い方をチェックしましょう。

子どもが大きくなってくると保湿薬もつい雑な塗り方になりがちですが、それではせっかく治まった湿疹がまた再発してしまいます。肌のケアは炎症が治まってからのほうがむしろ大事。アトピー体質のある子どもにとって、スキンケアは継続に意味があります。親のやり方を見習い、その方法をだんだん自分でも覚えていき、大人になってからも肌に気を遣うようになっていくのです。

また、保育園や幼稚園に行くときは必ず乾いた下着を持たせるようにします。遊んでいて汗をかいたら乾いた下着に着替えさせてくれるよう、先生の協力を仰ぎましょう。さらに、湿疹の出やすい箇所に保湿薬を塗ってもらえればありがたいですね。そのためにも、日ごろから先生とコミュニケーションをとっておくことが大切です。

■集団生活とアトピー性皮膚炎

幼児期になって集団生活が始まると、いろいろな病気に感染することがあります。アトピー性皮膚炎自体が悪化することもあるし、皮膚炎があると特に水いぼ〈↓758ページ〉やとびひ〈↓758ページ〉などの皮膚感染症も合併しやすくなります。湿疹が突然ひどくなり黄色い膿《うみ》のような液が出ているときは、とびひを起こしている可能性があります。その場合は、受診して適切な処置を受けましょう。

感染は集団のなかではある程度やむを得ないことですし、かぜなどに感染することはからだに抵抗力をつけることにもなります。あまり神経質にならないことです。

また、アトピー性皮膚炎があることでひとりだけ特別扱いされると、集団のなかで仲間はずれにされたり、いじめにあったりというマイナス面もないとはいえません。園長や担任の先生と事前にできるだけ話し合っておくようにしたいものです。

食物アレルギー〈↓774ページ〉がある場合は、園の給食が除去食に対応してくれるのかどうかも、保護者としては気になります。明らかな食物アレルギーがあることがわかっている場合は、対応の有無を入園前にチェックしておく必要があるでしょう。

■子どものストレスが悪化要因に

症状を悪化させる最大の原因は、湿疹をひっかく行為です。かくことを完全にやめさせることはできません。でも、かゆくなくてもかいている、あるいは最初はかゆみを感じてかいていたのが習慣になってしまうといった場合があるのです。

最近、大人の重症アトピー性皮膚炎が増えた理由のひとつに、かゆくないのにストレスからからだをかきむしることが日課になってしまう人のいることが指摘されています。これは専門用語で「嗜癖《しへき》的掻破《そうは》行動」とよばれますが、子どもも例外ではないのです。アトピー性皮膚炎があるばかりにお母さんお父さんがあれこれと干渉しすぎたり、少しでもかこうものなら「かいちゃだめ！」と厳しくしかったりする。それが子どものストレスになって自分の皮膚を攻撃するようになることがあります。

子どもがいらいらしてからだをかいているようなときは、ゆったりとした気持ちで子どもに寄り添って、かいている箇所に優しくタッチングしてあげてください。

「かいちゃだめ！」と言われるストレスで、自分の皮膚をかきむしることもあります。

■親のストレスは子どもの成長にも影響

一般に、アトピー性皮膚炎の子に対して、親はどうしても気を遣いすぎる傾向があります。それがかえって子どもの負担になってしまう場合のあることも頭の隅に入れておきましょう。子どもはまだからだとこころが分離していないので、精神状態が、かゆみなどの症状にストレートに反映してしまいます。

また、こうした親子関係が続くと、子どもが大きくなってから親離れ・子離れができなくなることもあります。アトピー性皮膚炎は小さいころに発症するので、大人になっても治療の主導権を母親が握っているケースが少なくありません。現実に、20歳を過ぎても母親に診察室まで付き添ってもらわなければ受診できない患者も増えています。

アトピー性皮膚炎は「治す病気」ではなく、「コントロールする病気」です。日ごろのスキンケアなどを怠らず、「たかがアトピー、されどアトピー」というバランス感覚をもって対処したいものです。

家族で育つ

どんな顔をしていても、どんな体型をしていても、やっぱりうちの子がいちばん。いつもそう思えるとよいのですが、ため息をつきたくなる日もあるでしょう。赤ちゃん時代はうまくいっていたのに、少し大きくなったらなぜかしっくりいかない。では、「家族」のなかを見てください。子どもが大きくなってからのほうがうまくいっている、そういうメンバーがいませんか。

　親子とはいえ、波長が合う時期と合わない時期があります。赤ちゃんをあやすのは苦手だったお父さんが、幼児期にはいったら楽しそうに相手をしている、そんなケースもあるようです。衝突してばかりという時期は、べったり密着せず、しつこく追い回さない。なおかつ、距離をあけすぎない。つかず離れず、穏やかに見守っていられる距離をはかるのです。どうしても聞き入れてほしいことは、うまくいっているメンバーや保育士さんから話してもらうのも一案です。

子育てが不安になるとき

「家族」というチームで一生懸命がんばっていても、社会状況や生活環境が子育てに暗い影を落とす場合があります。教育費が心配だ、体力や根気が続かないなど、経済的な不安や支援の不足感から、子育てをつらく感じるお母さんは大勢います。また、「家事や子育ては女性だけの仕事ではない」という意識は高まっているものの、実際に子どもをみている割合はお母さんのほうがずっと高く、さらに「子育てには母親が適している」という考えが依然として根強いことも問題です。

　そのようなストレスが長く続けば、育児不安やうつ病にもなりかねません。SOSを出して、子どもを預け、自分のための時間をつくってください。「家族」のチーム力が弱っていてあてにならないときは、保健センターや地域子育て支援センター[★1]にSOSを〈↓574ページ〉。電話をしてもよいし、直接出向くのもよいでしょう。手紙やメールで相談するという方法もあります。

　子育ては楽じゃない。子どもをかわいいと思えない。どれも間違った感情ではありません。ただ、「だから育児放棄してもしかたがない」という理由には絶対になりません。苦しいときはだれかに支えてもらうのです。あらゆる手段を使って、援助を受けてください。

家庭の外にも連れ出して

　公園や友達の家へ遊びに行くとなかなか帰りたがらない、よそのお母さんにくっついて離れない、そういう時期があります。それは、子どもの気持ちが外へ向かっているから。お母さんやお父さんが嫌いになったのではありません。手元[★2]から放さないで縛りつけてお

★1――地域子育て支援センターは、子ども自身のことから家庭のことまで相談に応じる自治体の窓口。一時保育・ヘルパーさんなどの支援情報提供のほか、電話や面接による相談、カウンセリングに応じています。子育て仲間の交流の場としても活用されている所もあります。

くと、壁に頭をぶつけるとか性器をいじるとか、少し変わった行動をとることもあります。エネルギーを発散できず、自分をもてあましているからです。

保育園や幼稚園、遊びの会や児童館へ出かけ、家庭以外で遊べる機会をつくってあげましょう。「家族」と一緒に子どもを育てようと考えているスタッフがいる所を、自分の第六感を信じて探してください〈「地元の子育て支援を活用する」➔574ページ〉。

「子どものために」はだれのため？

だれしも親という立場になると、「子どものために」何かしてあげたい気持ちになるものです。子どものために働く、子どものためによい幼稚園へ通わせる、子どものためにしかる、子どものために離婚・再婚する。ところが一生懸命さが高じると、「あなたのためにやったのに」に変わってしまう。声を荒げるほど感情がエスカレートしてしまう場合もあります。子どもにしてみれば、「頼んでないのに。もういやだよ」という気持ちになりかねません。

ほんとうはだれのためなのか。友達が欲しいのは、自分じゃない？　仕事をしたいのは、社会とつながっていたいからでしょ？　再婚したいのは、だれかに支えてほしいからでは？

自分のこころのなかを見つめる方法があります。まず、だれかに対する不満を全部、紙に書き出します。たとえば、子どもに「どうして言うことが聞けないの？」、夫に「なんで私に休みをくれないの？」など不満をいっぱい書く。それから、そのひとつひとつについて、相手に成り代わって反論していくのです。子どもになって「ぼく(私)の気持ちを聞かないで決めつけているじゃないか」、夫になって「最近は愚痴ばっかり。具体的に言ってくれなきゃわからないよ」と。相手の気持ちが少しでもわかれば、自分を取り戻すこともできるでしょう。

「子どものために」と正論を通していても、いつか「こんなにしてあげたのに」と思うようになるかもしれません。けれども、私がやりたかったのだ、私が決めたことだ、そういう自己責任の気持ちがあれば、結果がうまくいかなくても納得できるし、あきらめがつくでしょう。建前を振りかざす前に、こころのなかをのぞいてみてください。あなたがこころから「やってあげたいな」と思ったことは、相手に優しく響くはずです。

（花山美奈子）

★2——母性が強く働くと、子どもを囲いこみ、手放さなくなります。子どもも親に依存し、自立する機会を逃してしまいます。

子どもと家族のSOS

しつけと虐待の境界線

子育ての先頭を歩くのは子ども。大人は付き添いながら、子どもが振り返ったら応《こた》えていきます。ところが、時として子どもの前に立ちふさがり、生きていく力を奪い取ってしまう場合があります。虐待です。

■虐待は心身への決定的なダメージ

虐待といわれる行為〈↓688ページ〉には、身体的なもの、心理的なもの、性的なもの、そして養育の怠慢や拒否（ネグレクト）があります。いずれの場合も虐待する大人の態度には、力で押さえつけようとしている、支配的になっている、命令している、第三者の意見を聞き入れないなどの様子がみられます。虐待されている子どもは、自分の気持ちや考えを言えないでいる、自由がなく、安心して生きる権利が奪われているなどの状況にさらされています。

身体的虐待

殴る、ける、投げ落とす、やけどや骨折をさせるなど、からだを傷つける暴力行為です。顔を水につけておぼれさせる、毒物や異物を飲ませる、長時間屋外に締め出して家に入れないなど、からだへの影響が強い行為も含みます。

心理的虐待

ことばによる暴力です。「生まなければよかった」「だめな子だ」「お兄ちゃんのほうがかわいい」など、存在の否定や差別を子どもに感じさせます。目に見えるけがとは違いますが、子どもに及ぼす影響は非常に大きいといわれています。

性的虐待

年長者の性器を見せる・さわらせる、子どもの性器をさわる、性交を強いる、売買目的で裸の写真を撮るなど、性的な行為による暴力です。

ネグレクト

食べ物や飲み物を与えない、ひどく不潔なままにしておく、重病になっても医師に診《み》せない、自動車や家の中に閉じこめておくなど、放置することでダメージを与えていく行為です。不注意とは異なり、そのままにしておけば悪い結果になると予測できるのに、わざと手をかけないことで、子どもを痛めつけています。

■しつけには子どもへの思いがこもる

子どもをしつける場合、わかってほしい、しっかりしてほしいと願うあまり、語調がきつくなってしまうことがあります。しつけと虐待は、どう違うのでしょうか。

しつけには、「社会人として通用していくためになんとかしてあげたい」という、子どもへの思いがこめられています。ですから、しつけ方について第三者からアドバイスされれば、それを受け入れることができます。また、子どもは自分の考えや気持ちを口にすることができます。

「ちゃんとしなさい」はしつけのときに出やすいことばですが、「言うことを聞かないなら……」は脅しと同じ、力で押さえつけたことになります。エスカレートしないよう、踏みとどまってください。

■なぜ虐待してしまうのか

「虐待された経験のある親は、自分の子どもを虐待する」という説があります。〝虐待の世代間連鎖〟といわれ、そのために「私も虐待されたから、自分の子どもを虐待するに違いない」と不安になっているお母さんお父さんは多いのです。ところが近年の調査では、「親の成育歴と、虐待するかどうかの関連性は低い」という結果が出ています。虐待の世代間連鎖は、虐待に至る決定的な要因ではなかったのです。

ほかにも、発達の遅れが気になる、望まなかった出産だ、若くして親になったなど、虐待に結びつく可能性があるといわれる要因は様々です。けれども、そのどれかひとつでもあれば虐待してしまうのかというと、そうではありません。生活不安や人間関係も引き金になるでしょう。虐待は、複雑に絡み合った要因によって起こります。

■虐待を受けた子どもは

虐待は、赤ちゃんや子どもの発育に大きくダメージを与えます。同じ年ごろの子どもに比べてどこか遅れていたり、育っていなかったり、情緒不安定だったり。こころとからだはセットになっているからです。

よく、「殴ってまで俺《おれ》を育ててくれたおやじには感謝している」と美化する人がいます。「この子はたたかないとわからない」と、あたりまえのように話す人もいます。しかし、子どもは、殴られるのが怖いから、わかったふりをしているだけ。恐怖や苦痛から逃れる方法は考えるかもしれませんが、たたかれて理解できることなどないのです。

心理的な虐待を受け続けた子どもは、大きくなっても人を信じられず、悩みごとをなかなか打ち明けません。あらゆることに自信がもてないため、抑うつ状態が進むと自殺を考える場合もあるようです。

なかには「お父さんはぼくがかわいいから、たたく」と言う子もいます。子どもは自分の親がいちばんだと思っています。その親にひどいことをされると、子どもの理解を超えてしまい、つじつま合わせに「自分が悪いのだ」というストーリーをつくるのです。虐待されても親との同居を望む子が多いのは、そういうわけなのです。

■虐待に陥らないために

親とはいえ人間ですから、感情的になることもあるでしょう。ただ、手が出る、暴言を吐いてしまうという傾向があるなら、すぐに改めるべきです。しつけといいながら、感情を暴発させている、子どもを支配している恐れがあるからです。

子どもの側に虐待を引き起こしかねない要因があるとしたら、ディフィカルト・チャイルド、つまり気むずかしく扱いにくい気質なのでしょう〈→350ページ〉。この場合、「家族」のチームワークやサポーターの力が、赤ちゃんのころから日常的に必要になります。親自身が子どもを理解すると同時に、まわりの人に気づいてもらえるよう、絶えずSOSを出してください。

虐待は許される行為ではありません。けれども、どの家庭にも起こり得るものです。発覚したことで自分を止めることができた、子どもの命を救うことができた、そういうケースもたくさんあるのです。専門家の援助によって、再び「家族」をやり直すこともできます。自分自身が不安になったら、そして「家族」のなかに感情がエスカレートしている気配を感じたら、児童相談所や地域子育て支援センター、虐待110番などに連絡してください。虐待に走らないよう、同じ悩みを抱える親たちが支え合う自助グループもあります。

虐待するかもしれない……そんな状況を知ってもらうことから、援助も始まります。

コミュニケーション

あの小さくて愛らしかった赤ちゃんが、ふた言目には「いや！」「しないよ」を連発する、反抗期真っただ中のベビー・ギャングと化しました。「なぜ？　どうして？」攻撃も始まります。お母さんお父さんは、かっとなる気持ちとうまく折り合いをつけながら、〝いやいやちゃん〟に向き合いましょう。この自己主張も、いずれ自立していくための大事なステップです。

「いやいや」には二択作戦とタイミング重視が効果的

何か言えば、ことごとく「いやだ」で返してくるこのころの子どもには、大人が頭ごなしに方向づけをしないことが大事です。子どもが「自分で決めた」と思うように、じょうずに誘導しましょう。

■「どっちがいい？」で選ばせて

着替えよう、お風呂にはいろう、と言えば「やだ！」。そこで、着替えなら、2枚のTシャツを出して「どっちがいい？」。子どもは自分に決定権があるので、気がすみます。お風呂にはいるときはバスタオルの柄を選ばせ、トイレに行くなら「パンツはここで脱ぐ？　トイレの前で脱ごうか？」という具合です。

■伝えるタイミングを考慮する

何かに夢中になっているときに指図をしても、聞かないか、かんしゃくを引き起こすだけ。子どもの注意がこちらを向いたとき、そのタイミングを逃さずに、すべきことを伝えます。「ご飯だから、お片づけよ」のように。「あと5分でやめようね」と言っても、このときだけを生きている子どもには難しい約束なのです。

■こだわりは成長の一段階と理解する

おもちゃや絵本をきれいに並べる、気に入った物を一日中持ち歩くなど、強いこだわりをみせる場合があります。急激に成長するこの時期、どの子もバランスよく成長するわけではありません。どこか不安定なものを抱え、それを紛らわすためのよりどころがこだわりなのだ、という説もあります。また、ひとつのことにこだわるときには、子どもは何かしら習得しているとも考えられます。こだわる気持ちを発達の一段階として見守っていきましょう。

「なぜ？　どうして？」のあらしがやってくる

「これなに？」の連発に加えて、「なんで？」のあらしも吹き荒れます。反抗期とあいまって、お母さんお父さんには大変な時期かもしれません。肩ひじ張らず、自然体で子ども主体の会話を進めましょう。うるさい、面倒くさいと思うのも、人間として自然な感情です。

■質問も会話の一種。気楽に相手を

「パパ、おくつ、おおきい。どうして?」。子どもの問いだからと一生懸命答えていては、身がもちません。肩の力を抜き、時には「なんでだと思う?」「ママ、わからないなあ」と返しても、子どもは会話が続くことをおもしろがり、真剣に考えてくれるかもしれません。

■問いかけを無視するより、理由を話す

うるさいからと、質問する子どもを完全無視するよりも「いま、新聞を読んでいたいの。ちょっと待って」と、穏やかに言い聞かせるほうがよいでしょう。子どもは腹を立てるかもしれませんが、お母さんにもお母さんの生活や意思があるのですから。

笑いをとる工夫、しかる工夫

引き続き、ことばのやりとりを親子で楽しむ時間が大切です。しかることも避けて通れませんが、やりとり嫌いの子どもにしない工夫を重ねましょう。

■ことば遊びとからだの出す音

リズミカルなことば遊びはまだ喜びます。大きなくしゃみやおならの音、怖がるふりなどを挟むと、それがおかしいことだと知っていて、大いに受けます。

■「罪を憎んで人を憎まず」でしかる

「そんなことをするあなたは嫌い」など、人格を否定するような言い方をしてはいけません。「小さい子をたたくなんて、いけないことだね」と、悪しき振る舞いに焦点をあてて非難し、子ども自身をしからないようにしてください。

ストーリーのある絵本を楽しめるようになる

1歳代は、身近な動物や乗り物などが大きくはっきりと描かれた絵本を好むものです。2歳代になると、[★1]簡単なストーリーのある絵本が好きになる子が増えてきます。これは、記憶力の発達と関係しており、少し前の事柄なら覚えていられるようになるため、前のページからのつながりがわかるようになったからです。また、少しずつ想像力を働かせることがじょうずになるので、いま目の前に見えないことでも、ことばによってイメージをふくらませることができるようになってきます。

★1――記憶力がつき、ストーリー絵本を楽しむことができるのに、特に寝る前になると“赤ちゃん本”をねだる子もいます。子どもにとって何回も聞いてすっかり暗記している本は安心の塊。覚えている文句を何度でもなぞり、納得してこころにしみこませたいのです。「もっと本格的なのを読んであげたい」という気持ちをこらえて、リクエストに応じてください。

2歳6か月ころ からの遊び

この本では、遊びをとおして子どもが身につけていくべき力を五つに分けて考えています。

- 👤 元気なからだをつくりあげる
- ✋ 器用に動かせる手をつくる
- ♪ 見る力・聞く力・話す力を育てる
- ♥ こころが育ち、知力が向上する
- ❀ 人と気持ちを分かち合い、社会の一員になっていく

「○○のつもり」になるままごと遊びやごっこ遊び、代わりばんこの遊びが増え、遊びにつきあう楽しさが増します。

一方、3歳間近の子どもは、いままで完全に依存していたお母さんなどの主たる養育者から離れて自立する時期を控え、何かと不安も高まります。「いったん離れても、最後には受け入れてもらえるのだ」という安心感がもてる遊びを繰り返し行うことが、ほんとうの自立に向けての準備にもなります。この時期の気持ちの安定が、危なげない自立を支えるからです。

遊びが育てる五つの力
- 👤 からだ
- ✋ 手
- ♪ 見る・聞く・話す
- ♥ こころ・知力
- ❀ コミュニケーション

こっちへ ポーン

ボールを目標に向かって投げます。「こっちだよ」と大人が受け取ってもいいし、バスケットや大きな穴のあいた段ボール紙めがけて投げても楽しいでしょう。

ボールを持ち→腕を振り上げつつ→手のひらを開いて→送り出す、という複数の動作が結びつきます。何度も試行錯誤し、目標方向に行くよう力加減を修正できるようになります。 ✋♥

マークは、その遊びをとおして、子どものなかに育つ力のうちの代表的なものを表しています。

握手で こんにちは

歌に合わせて遊びます。大人と子どもでやるのはもちろん、ぬいぐるみや人形を使っても楽しく遊べます。

①てくてく てくてく あるいてきて♪
②あくしゅで♪
③こんにちは♪
④じゃんけん しましょ♪ じゃんけんぽん

目と目を合わせて「こんにちは」と言うことが、人と気持ちを通じ合わせ共感することになります。握手からは視線による共感だけでなく、スキンシップによる共感も生まれます。

ビーズ通し

大きめのビーズとそれを通せるひもを用意します。自由に通したり、色の順や並び方のルールを決めて遊びます。色や形にも注目し、理解を深めます。

ありがとね

左右の手が別の動きをしつつ協力し合い、両手の協応動作が進みます。親指側と小指側の動かし方を使い分ける経験にもなり、鉛筆や箸《はし》の持ち方の基本になっていきます。

おすもう ごっこ

お父さんにお勧めの遊びです。押し合ったり、がっぷり組んだりして、相手を倒したり、押し出したりして遊びます。大人は適度に負けるようにしましょう。

はっけよーい、
のこった
のこった!!
えい!
えい!

足腰にしっかり力がはいり、足腰や腕の力加減や姿勢のつくり方の経験をとおしてボディ・イメージが育ちます。ダイナミックなスキンシップ遊びが躍動的なこころの世界を広げます。

しっぽ取り

ハンカチやタオルをしっぽのようにズボンやスカートに挟み、取り合いっこします。机の脚などに緩く結んでもよいでしょう。追いかけっこでも遊べます。

ぽろりと取れるうれしさが成就感となり、「取れたぁー」と大人が大げさに驚くことで楽しさが増します。「ぎゅっと」や「そうっと」などの力加減を表すことばにも出会えます。

ジャンプで ピョーン

階段の下の段や台の上などから飛び降ります。安全に十分注意して、怖がらないかどうか様子をみながら、最初は低い所から始めます。

「着地したときに手をつかない」「床に描かれた円に着地する」などのルールをつくることで、遊びを発展させていけます。

「ため」をつくり踏み切るリズムをつくって飛びます。力加減や姿勢のバランスを取ることでボディ・イメージが育ちます。両眼で距離感や高さを測る両眼視の力にもつながります。

ほかにおすすめの遊び・おもちゃ

- 複数のお椀《わん》のひとつに宝物を隠し、はいっている椀を当てる「どこかな遊び」
- 動物になりきって遊ぶ「動物体操」
- 歌遊び(『大きなくりの木の下で』『頭・肩・ひざ　ポン』『糸巻きのうた』など)
- ごっこ遊びに使えるおもちゃや衣装
- ジグソーパズル
- 自分で投げられるゴムボール
- またいで足で床をけって走れる乗り物のおもちゃ
- 粘土と粘土用のへらや抜き型、ローラーなど

おすすめの絵本

- 『とこちゃんはどこ』(福音館書店)
- 『いやだいやだ』(福音館書店)
- 『かばくん』(福音館書店)
- 『ぐりとぐら』(福音館書店)
- 『からすのパンやさん』(偕成社)
- 『キャベツくん』(文研出版)
- 『てぶくろ』(福音館書店)
- 『おばけのウー』(小学館)
- 『おひさまアコちゃん　あそびましょ』(小学館)など

「2歳の絵本」については600ページもご覧ください

年少児（3歳〜4歳）

世界は回る、わたしのために

あまのじゃく。へ理屈。自己中心。なんと言われようと、大人の言うなりにはなりません。世界は自分のためにあるって、気づいたんだもの。手ごわいぞ。心配だぞ。あっちの家でこっちの家で、今日も小さな地球が回っています、お母さんたちのため息のせて。

からだの発達

年少児（3歳〜4歳）

この区分では年齢幅がとても広くなっています。保育園や幼稚園の3年保育にはいる子が多いこと、また、地域によって2歳児の未就園児クラスや、児童館のサークルなどでグループ活動に加わるチャンスが増える時期ですので、集団参加を視野に入れたくくり方になっているためです。

3歳児はおむつもとれ、身の回りのことはかなり自立してできる人間になっています。ことばで基本的な意思疎通ができますし、教えなくともたいていの3歳児は自分が男の子か女の子か知っています。つまり社会における自分の位置も少しわかっているのです。

こう書くと、3歳児はもう人間としてはほぼ完成しているのだ、と思われるかもしれません。からだの大きさと、経験のなさを除けば、もう人間としては完成した、と思いたくなります。

からだの構造はほぼ完成、働きは発展途上

歩行やことばの使用という人間としての基本的な能力がついたということで、どうも私たち大人は子どもの能力を過大評価してしまうのかもしれません。でも、この時期の子どものからだはまだまだ大人とは違うのです。

基本的なからだの機能と構造は一応出来上がっているのですが、その働きはまだ発展途上にあります。

まず、からだを支える骨から見てみましょう。大人の骨は、燐酸《りんさん》カルシウムでできた、かたい1本の棒のようなものです。このかたい骨がどうやって伸びるのか不思議に思ったことはないでしょうか。じつは、子どもの骨は両端にある骨端線《こったんせん》とよばれる肉状の組織によって三つの部分に分けられているのです。この骨端線という肉状の部分では、一方で骨が吸収され反対側で新しい骨ができているのです。思春期を過ぎてしばらくすると、この骨端線の肉状の組織は消失し、全部がかたい大人の骨になります。

さすがに乳児期ほどではありませんが、この時期の子どもたちの身長や手足は毎日伸びています。そしてそれはすべて骨端線で起こっていることなのです。この部分は骨ではありませんから、外から力が加わると傷つきやすいのです。また、子どもの骨は大人に比べてやわらかく、変形を受けやすいと

基本的なからだの機能と構造は一応出来上がってきましたが、からだの働きは発展途上にあります。骨もまだ伸びていて、やわらかいのです。

いう性質があります。

内臓に目を転じてみましょう。心臓はだいたい握りこぶしくらいの大きさだといわれますが、それは送り出す血液の量がからだの大きさに比例するからです。子どもの血管は大人に比べて短くやわらかいので、血圧は90前後と低めです。心拍数は乳児期より少なくなっていますが、それでもまだ90前後と、大人に比べて速く打っています。

消化管や肺はすでに大人並みの働き

消化管の働きは大人とあまり変わりません。すでに腸の中には、乳児期の主人公であったビフィズス菌は少なくなり、大腸菌がすんでいます。

肝臓はからだの化学工場として、様々な化学物質をつくったり、体内にはいった栄養素や薬物を解毒したり尿中に出やすいようにしたりと加工をしています。子どもと大人で飲む薬の量が違うのは、からだの大きさが違うことが第一の理由ですが、肝臓での加工の能力が違うことも大きな理由なのです。

肺の働きも大人とはあまり変わりませんが、呼吸のしかたには多少の違いがあります。大人は、肋骨《ろっこつ》をふいごのように動かして呼吸する胸式呼吸で効率よく呼吸することができますが、幼児ではまだ肋骨と背骨の角度が直角に近く、横隔膜の助けなしでは有効な呼吸ができません。

脳からの指令の伝達速度は大人の7～8割

では、発達の立役者である脳をはじめとする神経系の働きはどうでしょうか。経験が少ないだけで、大人並みの機能をもっているのでしょうか。

人間の神経細胞から伸びた突起（軸索）は、その中を電気的な信号が伝わっていき、その結果、手足の筋肉が収縮します。軸索にはミエリンという電線のビニール被覆にあたる絶縁物質がまわりを覆っていますが、これは生まれたばかりの赤ちゃんでは十分に出来上がっていないのです。大人の神経では電気的な信号は秒速60ｍくらいで伝わります。これは時速に直すと２００㎞と新幹線並みの速さです。ところが乳児では秒速20ｍくらいと遅いのです。４歳くらいになるとほぼ大人に近い40～50ｍになります。手先を素早く動かす運動、たとえばピアノを速く弾くようなことは、どんな天才児でも4歳では無理です。大人並みの素早い動きができるようになるのは、数年先の6～7歳まで待たなくてはなりません。オリンピックの体操競技の優勝者の年齢がどんどん下がっていますが、どんなに下がっても6～7歳以下にはならない理由は、ここにあるのです。

バランスが必要な大きな動きができる

脳内部での情報処理のスピードも、この伝達速度が関係しています。ことばを急速に覚えるなど、この時期の子どもの能力はたいしたものですが、こと運動能力についていうと、こうした発達上の限界があるのです。早期教育をどんなに早い時期からやっても、ミエリンがつくられる速度を変化させることはできないのです。

とはいってもこの時期の子どもたちは、バランスを必要とする大きな動き、たとえば階段を2～3段飛び降りたり、片足でけんけんをして跳んだり、あるいはでんぐり返しをすることができるようになります。公園の滑り台ではふつうの滑り方では飽き足りなくなり、あおむけに寝て滑ったりすることもできるようになります。早い子ではスキップをすることも可能になります。砂場では、ただ砂と戯れる時期を過ぎ、砂山やトンネルを作り始めます。積み木も、ただ積み上げるのではなく、建物を作るようになります。はさみを使って紙を切り抜いたりすることができる子どももいます。はさみを扱う手と紙を押さえる手の間で、微妙な共同作業が必要ですが、それを可能にしているのは大脳の左右の半球の間の連絡網が完成してきたからです。大脳左右を結ぶ神経線維は脳《のう》梁《りょう》とよばれる部分を通りますが、脳の中でいちばん最後にミエリンができるのがこの脳梁の部分なのです。

はたから見ていると、特にこれといった変化の少ない（もちろん、ことばや経験の蓄積は明らかです）幼児期中期（3～4歳）ですが、基本的なからだの働きを完成する突貫作業がまだまだ進行中なのです。

（榊原）

年少児（3歳〜4歳）

ことばの発達

保育園、幼稚園の3年保育にはいる場合、3月生まれの子は3歳になったばかりでの入園ですし、クラスでいちばん大きい4月生まれの子は入園のときにすでに3歳11か月です。年齢的な幅も大きいうえ、ことばやコミュニケーションの発達の個人差も相変わらず大きい時期です。

この時期、ことばが早くてもゆっくりでも、賢そうでもぼーっとしていても、あせる必要はありません。

「口答え」も成長のしるし

3歳代前半では、まだまだ自己中心的でまわりが見えませんが、3歳代後半になると、ほかの人の言いぶんや言い聞かせを取り入れることができるようになります。「いやだったら、いやなんだあ」と泣きわめき、かんしゃくを起こしていた子も、「お母さん、嫌い」とか「だって、欲しいんだもん」と口で言えるようになってきます。これを大人は「口答え」とよぶのですが。

秋の入園面接で名前が言えなかった子も、4月の入園のころにはたぶん言えるようになります。もちろん長い名字や「のりあつ」「としひで」「やすあき」といった4文字、5文字の名前だとまだ言いにくかったり間違えたりするかもしれません。そんな場合でも、この年次の終わりまでには言えるようになるでしょう。

3歳代前半では「これ、なあに」に代わって「なぜ」「どうして」という質問が断然増えます。「なぜ」「どうして」と質問する力は同時に「○○だから△△なんだ」と因果関係を結びつける力でもあり、ことばで自分を納得させる力が育っていきます。

約千語のことばを身につけ、記憶力も進歩

「明日」や「あとで」などの未来を表すことばや、赤・青・黄・緑の4色、高い・低いなど、年少組（3歳児クラス）の終わりまでに、わかることの範囲は目覚ましく広がります。3歳代では800〜1000語のことばを身につけるようです。ことばが身につくぶんだけ概念形成も進み、考えることがじょうずにできるようになるわけです。

記憶力も注意を向ける力も格段に進歩し、長い文章を組み

記憶力も注意を向ける力も、格段に進歩します。テレビの中のことが“つくりごと”だとわかるようにもなります。

立て話せるようになります。テレビの中で行われていることが、つくりごとだとわかってきて「怪獣が出てきたら怖いね」と大人が言っても「だいじょうぶだよ、これ、お話のなかのことだもん」などと落ち着いた返事が返ってきてびっくりさせられます。もう、ごまかしはききません。なかなか手ごわい。

「明日、おばあちゃんのうちに行こうね」と言うと、「うん。まず寝てー、起きてー、ご飯食べてー、（弟の）ベビーカー押してー、駅の階段上ってー、切符買ってー、電車ゴトンゴトンって、おばあちゃんとこ行く」といった具合に、自分の未来の行動を予測することだってできるようになります。

ことばを構成している「音韻」への興味も出てきて、「ことば遊び」のようなことを自分でやったりします。お母さんが「かぼちゃ」と言うのを聞いて「かぼちゃがボチャーン」などと言って、ひとりで笑っていたりもします。

この時期の「吃音《きつおん》」は心配無用

「ぼ、ぼ、ぼく」とか「あのね、あのね、あのね」と同じ音やことばを繰り返したり、つっかえたりしがちです。吃音だ！　さあ大変、と思うお母さんお父さんも多いのですが、この時期のこういうことばのつっかえには「正常な非流暢《りゅうちょう》性」という名前があるくらいで、とてもありふれたことです。「言いたいことがたくさんあるのに、口の動きがついていかない」ために起こると考えられます。話をさせる脳の働きが向上すれば、おいおい治まっていくものです。「ゆっくり言ってごらん」とか「もう一度ちゃんと言ってごらん」などと強制するのは最悪。おいしいおやつでも食べ、楽しいことをたくさんやって、さりげなくやり過ごすのがいちばんです。

発音のよい見本になるのが大人の役目

発音（構音）が、まだはっきりしない子がいます。「ちゃんと言ってごらん」「○○だよ、言ってごらん」は禁句です。いつも「ちゃんと」発音しなければならなくて、言い直しをさせられると、だんだん自分に自信がもてなくなったり、人と話をするのが嫌いな子になったりしてしまいます。私たちだって外国に行って精一杯の英語で話しているときに、いちいち発音を注意されたら、ストレスになってしまうでしょう。

発音が少々幼くても、自分の言いたいことを十分に言えるのがいちばん。ことばは、こころを伝えるためにこそあるのです。

大人が発音の「よい見本・正しい手本」に徹し、「ゆっくり・はっきり・わかりやすく」話すように努めることが大事です。聞き取ろうとしても、どうしてもわかってあげられないときには「ごめん、よくわからなかった」と降参するのも手です。

園で、いろいろな友達とのつきあいが生まれます。使ってほしくない「悪いことば」のたぐいも、どんどん覚えてきます。頭ごなしに「言っちゃだめ！」といっても、子どもは必ずどこかで使ってみたいものです。「悪いことばを覚えるから△△くんとは遊ばせない」ではなく、「そのことばを聞くと、お母さん（お父さん）は、いやーな気持ちになる。好きじゃない。使わないでほしい」ということを伝え続けましょう。

「言われた相手の気持ちになってごらん」という教え方をしたいところですが、残念ながら、この年齢では「相手は自分と違った気持ちをもっているのだ」ということが、まだよくわかっていません。それができるのは5歳を過ぎてからです。

（中川）

いろいろなタイプのお友達とつきあうようになります。「悪いことば」も覚えてきますが、「使わないで」という伝え方をしましょう。

年少児（3歳〜4歳）

こころの発達

3歳児のこころの育ちを示唆するこんなエピソードがあります。ある保育園の3歳児クラスで、カード遊びが大変はやりました。『ウノ（UNO）』という遊びです。3歳児は、まだルールがほとんどわからない年齢ですから、「3歳児がウノを？」と驚かれるかもしれません。でも、ほんとうにあった話です。

どうしてできるのだろうと保育士さんは、疑問に思いました。ウノをするには、じゃんけんができなければなりませんし、7枚という数を数えることもできなければなりません。順番も守らなければなりませんし、色による区別もできないといけないのです。3歳児にこんな高度なことができるはずはありません。

自分たちだけに通じるルールをつくり出す

そこで、よく観察すると、リーダー役の子が3人いることがわかりました。この3人は、じゃんけんなどのルールをかなり理解していて、遊び全体を引っ張っています。そのほかの子どもは、あまりルールをわかっていません。でも、全体としては遊びが成立していますし、それも、ウノらしきものをしているのです。不思議なことです。

ここに3歳児のすごさがでています。彼らは、はっきりと説明することは難しいけれども、ともかく全員で共有しているらしいルールをつくって、遊んでいるのです。世間のルールとは異なるかもしれないが、自分たちの間では通じるルールをつくりだそうとする、これが3歳児になった証《あかし》なのです。別のことばでいえば、「秩序への欲求」が目覚めてきたのかもしれません。

まわりの世界を秩序立てて認識し始める

このエピソードの場合、「秩序への欲求」は、一緒に遊ぶために自分たちでルールをつくる、という形で表れました。こうした欲求は、ものごとを認識していく場面でも出てきます。たとえば、過去全体を「この間」、未来全体を「今度」ということばでくくり、時間をふたつに区切って認識するようになってきます。もともと時間というものは、大変つかみにくく混沌《こんとん》としたものです。それを、座標軸のようなものを頭の中につくって、「明日」「昨日」などと区切りをつけて認識することが、この時期に始まるのです。すごいことですね。

同じように空間も、「上」「下」「右」「左」などと分けて認識することが、この時期に始まります。まわりの世界を、すべて秩序立てて認識し始めるのです。

完全を求めるようになる

秩序への欲求は、完全性への欲求という形でも表れます。

ある幼稚園でのことです。砂場でAちゃんが、ケチャップの大きな缶に砂を入れて遊んでいました。ある程度いっぱいになると、缶の砂をスコップでたたいてかたくします。缶いっぱいに砂がはいると、さらに強く力を入れてパンパンとたたきます。そうやって、砂の表面を真っ平らにしようとしました。

しばらくするとAちゃんは、その缶を両手でひっくり返し、砂を全部砂場に戻してしまったのです。気に入らなかったのでしょう。そしてまた、一から砂を缶に入れ始め、同じようにいっぱいになると、パンパンとたたいて平らな面を作ろうとします。しかし、また気に入らないのか全部ひっくり返し、再び一から始めるのです。

このときAちゃんは、一体何をしていたのでしょうか。正確にはわかりませんが、きっと、完全にすべすべの面を作りたかったのだと思います。だから、あんなに強く何度も砂をたたいていたのです。しかし、砂の表面は完全にすべすべにはならない、失敗だ。そう思うと、缶の中の砂はすべて、だめなものなのです。そこで、ひっくり返して一から再挑戦する。要するに、完全性へのあこがれが、あのパンパンなのです。

世界を把握したいから質問攻め

そして、相変わらず自立への模索が続きますが、「ママ、これやって」などと甘えてもくるので、親としては戸惑うことも多くなります。そういうとき、「自分でするって言ったでしょう」と強く突き放さないで、「そう、じゃ次は自分でするのよ」軽くたしなめながら、甘えの感情も満たしてやりたいものです。甘えと自立の共存が3歳児の特徴なのです。

3歳も後半になってきますと、いわゆる質問攻めの習慣が少しずつ出てきます。

「ねえ、お母さん。風ってどうして吹いてくるの？」

「お父さん、丸はどうして丸っていうの？」

こうした質問が出てくるのも、まわりの世界を秩序立てて把握したくなるからです。こういう質問にどう答えればよいのか、それは4歳の項〈↓672ページ〉で考えてみましょう。


（汐見）

育ちのようす

3歳代になると、自分の名前を言えるようになります。さらに、「おなかがすいた」「疲れた」「暑いよ」「寒いよ」といった自分の状態を理解し、ことばにする子どもも出てくるようです。箸《はし》を使って食事をしたり、はさみで紙を切ったり、手先の動きもだいぶ細かくなります。多少手間取ってもシャツやズボンを自分で着られるようになるでしょう。

階段は一段ずつ足を替えて昇り、三輪車もじょうずにこぎます。そして、やっぱりダイナミックな運動が大好き。滑り台を速いスピードで滑ったり、つり橋のように揺れるところを歩いたり。こげないけれど自分からブランコに乗り、揺らしてもらうと喜びます。シーソーやジャングルジムなどの遊具も、お母さんお父さんの手助けによって楽しむようになります。

また、少し前までは、同じ年ごろの子どもと一緒にいてもひとりひとりで遊んでいました。それが、お母さんやお父さん、身近な人と築いてきた愛着関係を発展させて、友達とのかかわり方に応用し始めます。模倣学習の対象は、親や保育所・幼稚園の先生から同年齢の子どもに移り、友達が持っている物、していることが気になり、まねたくなります。そのような交流を重ねるうちに、相手の気持ちを読み取って共感し、譲り合ったり、役割を交替できるようになるのです。連[★1]合遊び、かかわり遊びの始まりです。もちろん、気に入っているおもちゃは渡したくない、自分がやりたいという強い気持ちはあります。それでも次第に、ひとつの物を順番に使ったり、代わりばんこに役を演じたり、一緒に走り回ることがおもしろいと感じるようになるでしょう。

このようなやりとりから子どもたちは、自分を抑えること、主張すること、そして集団内でのルールやマナーを学び、社会性を身につけていくのです。いまはまだぎくしゃくしたつきあい方ですが、社会の一員となる第一歩を踏み出したともいえます。

自己主張は自立の道

「恥ずかしい」「これはいけないことだ」「自分はえらい」といった感情が芽生えてくるので、子どもの自己主張をうまく利用しながら、おむつはずし、着替え、歯磨き、お手伝いなど、身辺の自立を促しましょう。「おしっこはない！」と言い張ることが多いときは、トイレでできたら「えらいね」とほめる。「この服じゃなくちゃ、いや！」とだだをこねたら自分で着替えさせ、「よくできたね、今度は違う服も着てみようか？」と誘導する。口に水を含めるようになったら、歯磨きのとき、「ぶくぶくできるかな？」とうがいを

★1 ――5〜6歳になると、子どもたちは独自のルールをつくったり、オリジナルストーリーを描いて遊ぶようになります。イメージの世界で友達と一緒に遊べるようになるのです。

促す〈「歯磨きのこつ」↓612ページ〉。そう都合よくいくとはかぎりませんが、試してください。

おむつはずしが進んでパンツになった子どもでも、おねしょ★2は、しばらく続きます。原因と考えられる説はいろいろあるものの、決定打といえる解決法はありません。恥ずかしいという感覚をもっている子どもにはすでにプライドが育っています。睡眠中のことで覚えていないため、しかっても効果はありません。むしろ、しなかった日をほめて、夜は水分を取りすぎない、寝る前にはトイレへ行く、といった予防の習慣をつけさせたいものです。布団にはいるときだけおむつをさせる、あるいは睡眠中こっそりおむつをあてておくなど、工夫してみてください。まだおねしょを深刻に悩む時期ではありません〈「おむつはずし」↓618ページ〉。

ちょっと気になるこのころの癖

赤ちゃん時代の名残《なごり》のような癖が続くこともあります。たとえば指しゃぶり。子どもは気持ちを落ち着かせたいとき、退屈なとき、眠いときに指しゃぶりすることが多いのです。指しゃぶりでストレスや不安、寂しさを解消しているのかもしれません。コミュニケーションがとれているか、好奇心が満たされているか、子どもとの生活を振り返ってみてください。

箸《はし》やはさみなど道具を使う手が、右になったり左になったり、気になる場合もあるかもしれません。いわゆる利き手がはっきりしてくる時期ですが、利き手とは何か作業をするときに使いやすい手のことで、生まれつき決まっています。箸を持つときとボールを受け

七五三

江戸時代に子どもの成長の節目に行われたお祝いがその始まりです。男女ともに3歳になると「髪置き」といって髪を伸ばし始め、男の子は5歳になると初めて袴《はかま》を着ける「袴着」、女の子は7歳になると、それまでの付け帯をやめて初めて本式の帯を締める「帯解き」(「帯結い」「帯直し」ともいいます)という儀式を行いました。

現在では、3歳の男女、5歳の男の子、7歳の女の子が神社にお参りし、その成長を感謝して将来の幸福を祈ります。暦の上では11月15日ですが、その近くの休日や天気のよい日にすればよいでしょう。晴れ着は和装、洋装どちらでも。品のよいものであれば礼装でなくてもかまいませんし、レンタルも豊富にあります。

お参りのあとは記念撮影し、そのあと両親の実家や親戚《しんせき》へあいさつに行くのが習わしですが、招いてホームパーティーにしてもよいでしょう。ていねいにしたい場合は、そのとき子どもから千《ち》歳飴《とせあめ》を渡させ、赤飯や祝い菓子、紅白の砂糖などを「内祝」として添えます。

★2――寝入りばなにおねしょをするのは、膀胱《ぼうこう》が小さく、排泄《はいせつ》の自立にはまだ早い子。ひと晩に何回もすることがあります。また、明け方だけにおねしょをする子は、もう少し膀胱が大きくなって、睡眠中につくられる尿量も減れば、おねしょをしなくなるでしょう。

取るときでは利き手が違うということもよくあります〈「左利きをどう考える」↓604ページ〉。

また、夜中になると突然起き上がってぐずったり、興奮して走り回る子どももいます。これは夢《む》問《かん》遊行《ゆうこう》症《しょう》〈↓559ページ〉という睡眠障害の一種で、本人は半分眠っている状態です。家族は驚きますが、子どもによくある症状で、病気でもストレスでもありません。おそらく自分では気がついていないでしょう。睡眠不足にもならず、自然に治まります。

そのほか、うそをつく癖がついたように感じることもあるでしょう。3歳児がつくうそには、人の期待を裏切りたくないためにつくうそと、自分を守るためにつくうそなどがあります。たとえば、あまり欲しくないものをプレゼントされても、贈り主の期待にそむかないよう、うれしそうな表情をつくる。あるいは、禁止されていたことをやってしまったとき、さもやらなかったように報告する。どちらの場合にも、なぜそんな顔をしたのか、うそをついたのか、本人たちは意識していないのです。

幼児期の靴選び

運動量が増え、激しい動き、高度な動きができるようになる幼児期には、しっかりと足にフィットし、運動を制限せず、安全な靴を選ぶことが、子どもの運動発達に重要になります。また、生活習慣が自立する時期、集団生活[★3]にはいる時期でもありますので、脱ぎ履きのしやすさもポイントになります。

しっかりしたかかと

かかとにカウンター（押さえ）のはいった、かたくてしっかりしたもの。

曲がる場所が一定したソール（靴の底）

靴を前後から押さえてみて、ソールが足の指の付け根のあたりで曲がるもの。

ゆとりのあるつま先

足の指を広げて踏ん張れるぐらいの幅のゆとりがあるもの。

足の甲とくるぶしを包みこむデザイン

ぐらつきやすい子どもの足首まで包みこむデザインのもの。

脱ぎ履きも調整もしやすいマジックテープ

子どもの足の甲の高さに合わせて靴をフィットでき、しかも子どもが自分で脱ぎ履きしやすい。靴の右と左もわかりやすい。

＊

以上のポイントを押さえ、さらにキャンバス地など、手入れが楽な布製の靴を選びましょう。

最近では、シューフィッターがいる靴屋さんや、靴の内部での子どもの足の様子がわかる、試着用の透明の靴を置いてある靴屋さんがありますので、そういうところで選ぶのもひとつの方法です。

★3 —— 幼稚園の新入園児で、保育者が誘ってもなかなか教室から園庭に出たがらない子がいます。調べてみると、脱ぎ履きしにくいひも靴だったり、サイズが小さかったりすることが少なくありません。また、靴のべろは中にはいりこみやすく、苦手な子も多いようです。

気がかりなこと

Q 眠る前に、ときどき「足が痛い」と言います。骨や筋肉の病気ですか。

A 成長期に訴える痛み、「成長痛」でしょう。病気ではありません。

けがではないのに足を痛がる様子は、2~6歳ごろの子どもによく見られます。昼間は何事もなく遊び、夜、布団にはいるころ、足首のあたりが痛むと訴えます。成長〝痛〟とよばれるのは、子どもが「痛い」と表現するため。足の骨や筋肉が痛みを伴って伸びているのではありません。

なぜ痛みを訴えるのかは、原因が不明です。確かにこの時期、下肢《かし》は著しく発達するのですが、それで痛みが生じることはないのです。日中に運動した疲れがたまるから、親にかまってほしいから、不安感があるからなど、様々な要因が「痛い」と表現させているのではないかといわれています。足をさすってあげたり、温めてあげたり、湿布を貼《は》るなど大人が手をかけると、痛みは次第に退いていくようです。朝になってもひどく痛がる、足を引きずるときは、医師に相談してください。

Q 3歳児健診で遠視と言われ、眼科を受診することになりました。眼鏡をかけるのでしょうか。

A ほうっておいてはいけません。治療用の眼鏡をかければ数年で矯正されます。

遠くの物にピントが合ってしまい、近くの物が見えにくい目の状態を遠視といいます。目の機能が発達途中にある2~3歳の子どもには遠視が多く、小学生になると近視が増えるようです。

遠視をほうっておくと、見えやすいほうの目だけで物を見たり、よく見えないままで過ごすため、斜視や弱視になる場合があります。遠視用の凸レンズ眼鏡をかけてピントを合わせやすくすると、両眼で見るようになります。視力検査をしながら1~3年眼鏡をかけていると、目の機能も発達し、症状が改善されます。早めに眼科を受診して矯正するようにしましょう〈「視力の発達に大切な時期」→528ページ〉。

また、遠視とは逆に遠くの物が見えにくい近視の場合は、点眼薬で治療したり、左右の視力に大きな差があるときは眼鏡で矯正します。幼児期に近視は少ないのですが、家族に近視の人がいると、なる可能性はあります。

Q 買い物に行くたび「これ買って!」。泣き叫ぶのを無視していると、祖母が買い与えてしまいます。

A 我慢を教えることも大切です。別の提案で気持ちをそらせ、泣いてもだめなんだと理解させましょう。

自己主張するのがおもしろい、自己主張を通すのがおもしろい、3歳くらいは手ごわい年ごろ。「わがまま言わないの」と頭ごなしにしかれば、ますますボルテージが上がります。それでも時間をかけて、我慢する力を育てていかなくてはなりません。

大人でも、「あれが欲しい」「これをやりたい」という欲求で高まったエネルギーをいきなりゼロに戻すのは至難のわざ。「帰ったら○○で遊ぼうよ」「お父さんと一緒のときにやろう」「お誕生日に買ってあげるね」など、別の提案、別の見通しを立ててやると、エネルギーが少し分散されます。じょうずに先延ばしする、「そっちもおもしろそうだな」と考え方を変えさせる。そうするうち、次第に我慢できるようになっていきます。ただし、これはかなり時間がかかることだと覚悟してください。

こうした場面では「泣いてもだめ」「買わない約束だったよ」と、親は一貫した態度を取りましょう。それでも騒ぐようならお店を出て、目の前から欲しい物をなくすのです。そして買い物に行くたび「泣いて騒いでも買わない」という態度を変えず、「こういうときは何回言ってもだめらしい」とわからせていきます。簡単に物が手にはいる、すると次々と新しい物が欲しくなる、欲求不満の連鎖を生むことになります。

誕生日や行事など特別の日に買ってもらえるのを楽しみに待たせましょう。そして物を買い与えるだけでなく、大人も一緒に遊んでください。そうすることによって、いま持っている物への愛着が育ちます。

祖母には「買い癖がついて困っている」と話してみてください。プレゼントはときどきにしてもらいましょう。

Q　幼稚園は2年保育と決めましたが、まわりの子のほとんどが入園し、選択を誤ったかと悩んでいます。

A　考え方は様々です。自分の決断に自信をもちましょう。

全国的に見ると、数字上では2年保育中心の公立幼稚園に通う子どもより、3年保育中心の私立幼稚園に通う子どものほうが多く、こうした現実から、「やっぱり3年保育にしたほうがよかったか」と感じることがあるのかもしれませんが、3年か、2年かは考え方と状況次第です。

3年保育を選択した理由は、近所に子どもの遊び相手や相談できるお母さん仲間がいない、ひとりっ子なので集団にもまれたほうがよいと思った、下の子に手がかかる、介護が必要な家族がいる、仕事を始める、などが多いようです。一方、2年保育を選択した理由には、近所に遊び仲間がいる、もう少し親子一緒の時間を楽しみたい、ことばが遅いようなので1年待つことにした、早生まれでまだ身の回りのことがうまくできない、などが挙がります。

入園を1年遅らせて、その間、自主保育のサークルにはいり、かけがえのない仲間を見つけたという人もいます。

親子がおかれた環境を踏まえたうえで選択したのですから、その決断に自信をもってください。自信をもつと、子育てにゆとりも生まれます。

Q　幼稚園に通っていますが、友達の輪にはいっていけません。家では友達の様子を話してくれるのですが。

A　一緒に遊んでいなくても、じっと見て、頭で参加しています。観察学習しているのです。

新しい能力を獲得し、できるようになっていくのが「縦の発達」。獲得した力を使って自分の世界を広げながら豊かにしていく、深めていくのが、「横の発達」です。

縦の発達がスムーズに進むには、じつは横の発達が大切なのです。日ごろから好奇心いっぱいにいろいろな活動に挑み、様々に学び取って横の活動をどんどん広げてあげてください。

ただ、横の発達のための学習には、実際に手足を動かして行うものと、頭の中でイメージとして参加する観察学習といえるものの2種類があります。引っこみ思案でおとなしい子も、観察学習をいっぱいしている可能性があります。家で友達の様子を「こんなふうにやっていたよ」と話すのは、頭の中で復習しているためでしょう。ひとりになれば、観察したことを繰り返しやってみているはずです。だから、このような子どもは「自発的に学んでいるんだ」と認めてあげたいですね。大人が指導する指示型学習より、本人にはずっと満足感があるでしょう。

自分で動機づけをし、習得していくという主体性を評価してあげたいものです。

幼稚園生活

集団生活で大きく成長する

さあ、幼稚園入園の日がやってきました。園生活への期待と不安で小さな胸がいっぱいになっているかもしれません。お母さんにとっても送り迎え、お弁当作りなど、子どもとの新しいコミュニケーションの形が生まれます。少しずつ、親子で新たな生活リズムをつくっていきましょう。2年保育を選択したおうちでは、1年あとのお楽しみ〈「気がかりなこと」↓648ページ〉。

■入園式・第1回保護者会

入園式では、きちんとあいさつしたり、園長先生のお話を聞いたりするのを見て、お兄さんお姉さんになったことを実感することでしょう。緊張から泣いてしまう子、お母さんお父さんと離れられない子もいますが、それもあとになればよい思い出。「泣いたら恥ずかしい」「先生に怒られる」などと言わず、これからの楽しい毎日のことを話してあげましょう。

4月の保護者会は、担任の先生や保護者同士のコミュニケーションを図るよい機会です。役員・係決めもありますが、子どもはお母さんが園に来るのがうれしいもの。園のことがよくわかるメリットもありますから、積極的に引き受けたいものです。

■幼稚園の一日

9時〜9時45分ころ　徒歩や園バスで登園します。出席ノートにシールを貼《は》り、バッグを所定の位置にしまい、園庭や保育室で遊んで〝ウォーミングアップ〟。

朝、おうちの人と別れがたくて泣いてしまう子もいますが、少しずつ慣れていきます。園によっては、お母さんも一緒にどうぞ、と見守らせてくれることも。

10時ころ〜　一度保育室に集まり、朝の歌とごあいさつ。また外遊びに戻ったり、自然観察、体操、お絵描き、工作、ゲームをしたりと、園によって日によって活動は様々です〈「幼稚園を選ぶ」↓588ページ〉。

先生が誘ってもなかなか室内から外に出ようとしない子のなかに、靴の脱ぎ履きが苦手だからという子がいます。子ども自身で脱ぎ履きできるタイプの靴を履かせましょう〈「幼児期の靴選び」↓646ページ〉。

12時ころ〜　お弁当を広げたり、給食を取り分けたりの昼食タイム。多くの園では、入園したばかりの年少さんはしばらくは午前保育で慣らし期間、4月下旬か5月の連休明けから昼食がスタートします。

おうちで用意するコップ袋は、子どもが楽に出し入れできるサイズに。「先生、手伝って」と言う子が案外多いのです。おうちで実際にやって確認しておきましょう。

13時30分ころ〜　遊びや活動の片づけをして集まり、歌を歌ったり、絵本の読み聞かせをしてもらったり。帰りのごあいさつをして降園です。引き続き預かり保育（延長保育）のある園もあります。

幼稚園は保護者参加の行事も多く、いわば親子で入園する所。親子ともに得るものがたくさんあることでしょう。

スモールステップで育っていく子ども

「感覚」の働きと子どもの発達

人間のからだには、15～23の感覚があるといわれています。その多くは内臓にありますが、内臓の感覚以外では、視角、聴覚、触覚、味覚、嗅覚《きゅうかく》の五感は、人間のからだに備わった感覚として、よく知られています。

そのほか、からだの動きに大きくかかわる感覚に、前庭感覚と固有受容覚があります。前庭感覚とは、いわゆる平衡感覚で、耳の奥のほうにある三半規管などで、頭の位置の変化を感知します。からだの向きや動きを感じて、からだを立ち直らせるために必要な感覚です。

固有受容覚は、関節が伸びたり縮んだりするのを感じる感覚です。私たちが、真っ暗でも電気のスイッチに手を伸ばせるというのは、この働きです。何歩ぐらい歩いて、どのくらいの角度で手を上げたらよいかというのを、過去の経験を覚えておいて、再現できるのです。

人間の行動は、これらの全身の感覚からはいってくる情報を脳に伝えたり、脳からの指令を全身に伝えることによって決まっていきます。

■発達にむらが出るのは

感覚から得た情報を脳に伝える役目をするのが、神経細胞の間を流れる、神経伝達物質です。これらの神経伝達物質が、過剰に流れたり、あるいは少なすぎたりすると、情報が正確に伝わらない、という状態になります。新しい事柄を獲得しにくい子どものなかには、感覚からの情報がうまく伝わらないために、発達にむらができたり、同じ発達段階にとどまってしまう子どもがいます。

これらは、見かけ上の脳の構造の問題ではないため、脳波とかMRIの検査で問題を見つけることは困難です。構造より機能の問題で、たとえば、電線はあるのに、電気が通りにくいために電球がつかない、というイメージで考えるとわかりやすいでしょう。

■子どもの「困った行動」の訳

子どもの発達のむらや、一見わかりにくい行動も、神経伝達の面から理解していくと、だいたいのことがわかります。

たとえば、感覚からの刺激が過剰に伝わってしまう子は、触覚刺激に対して過敏になり、人にさわられるのをいやがります。手をつないだりするのも苦手なので、友達とトラブルになることもあります。

逆に触覚刺激が伝わりにくいタイプの子だと、軽くさわられてもわかりません。そういう子どもは、自分が感じる強さで相手にも接するので、力が強くなり、「乱暴だ」と言われてしまうことがあります。

触覚の例で説明しましたが、ほかの感覚にも、こうした過敏・鈍感が理由になる、一見「困った」行動は出てきます。私たちは自分の背中は見えません。でも、自分のからだをイメージして、幅や高さを見越して行動できます。でも、自分のからだの手がかり（ボディ・イメージ〈→397・582〉）が弱い子は、机に潜っても、出るときにはいつも頭をぶつけてしまう、というように、からだのイメージがなかなかつくれません。すると、おもちゃやスプーンなど、物を操作することができず、結果として不器用な動きになってしまうのです。

■「そうせざるを得ない」子どもたち

感覚が過敏、あるいは鈍感ゆえの一見「困った」行動は、えてして子どもに対する誤解につながってしまいます。たとえば、姿勢がすぐに崩れてしまうために「やる気がない」と受け取られてしまう子のなかには、平衡感覚が弱いために、姿勢が維持できないケースが数多くあります。また極端に怖がりだったり、常に走り回っていたりする子もいます。

そういう子どもと日常生活をともにしているお母さんお父さんは、確かに大変です。でも、子どもにとっては「そうせざるを得ない」行動で、いちばん不便な思いをし、困っているのは、子ども自身なのです。

専門家から生活のヒントを得よう

作業療法士　山田　孝

■行動の意味を知り、許容範囲を広げて

子どもの行動を整理していくと、子どもの苦手な部分が見えてきます。偏食が強く、歯磨きを断固としていやがるのは、触覚が過敏だからなんだとか、物のつかみ方が乱暴で、すぐにコップを倒してしまうのは、固有受容覚が弱く、筋緊張をうまくコントロールできないからなんだというように、まずは子どもの行動の許容範囲を広げてあげたいところです。

そのうえで、苦手な感覚に適度の刺激を与えて、感覚の働きを高め、苦手を軽減する方法を考えていきましょう。療育の現場ではこれを「感覚統合療法」といいます。療法といっても、その基本は遊びや生活の工夫です。具体的には、子どもが好きなもの、楽しめるものを使って、繰り返し遊んでみることで、感覚の働きがよくなるような方法を考えます。

■徐々に慣らしていく、という発想で

たとえば、触覚過敏の子どもと一緒にクッキー作りをして、まずは型抜きだけやってみる、次は生地をのし棒で伸ばしてみるというように、徐々に子どもにやらせる工程を増やしていくとか、布団の上でくすぐりっこをして遊びながら、いろいろな布地の手ざわり、肌ざわり、人との接触に慣れていく、という遊び方もできます。

運動機能や動きの器用さに大きくかかわる前庭感覚についても、感覚が鈍感な子には、ブランコやハンモックで大きな揺れを与えて感覚を刺激してやると、平衡を保ちながら、同時に筋緊張のバランスを取る練習にもなります。

発達的に気になることがある場合、子どもの行動を理解するためにも、小児神経や発達の専門家に相談してみましょう。親も子も楽になる生活のヒントが得られると思います。そして生活を工夫し、いろいろな感覚に少しずつ慣れていくことで、毎日が過ごしやすくなっていきます。

食事

自分の意思を出し始めた2歳児から、はっきりと自己主張のできる3歳児へ。「いま、この絵本がおもしろいから」ご飯は食べたくない、「私のコップの牛乳がお友達より少ない」のはおもしろくない、など自分の存在を意識し、理屈をこね、まわりの人のことを気にかけるようになります。

幼稚園や保育園など、新たに集団生活にはいっていく子どもたち。初めての体験がたくさんありますが、なかでもお弁当を友達と一緒に食べるという〝食生活の革命〟が、様々な変化や影響をもたらします。

「理屈っぽい」食事の勧め

子どもは3歳を過ぎるあたりから「なんで？　どうして？」の質問をどんどん繰り出すようになってきます。大人がちゃんと説明してくれることが、彼らの自尊心をくすぐりますから、食事どきの「どうして？」にもきちんと対応することが肝心です。でも、肝心だからといって、真理を余さず伝えようと気負う必要はまったくありません。

「ほうれん草を食べると、元気になるんだよ」「ご飯をお代わりすると、頭の働きがよくなるんだって」など、子どもの気分が落ち着いているときに、食卓で話題にしてみてください。要は、なんでも食べるとよいことがあるようだ、ということをなんとなく伝えるイメージ戦略です。

合わせて「幼児の分限を守る」必要性を繰り返し伝えます。「脳みそが死んじゃうから、パパのビールやきれいな色のチューハイは、ちょっとなめてもいけないのよ」「甘くて泡のはいっている飲み物は大きくなるまで待とうね。骨が丈夫にならないから、速く走れなくなっちゃうの」「コーヒーは中学生になってからにしようね。苦いんだよ、元気な子どもになれないよ」。これらは、なんだかわからないけど、いまのうちは手を出さないほうがよさそうだというイメージを植えつける作戦です。いつ、だれが、どんな状況でも同じ意味のことを言い聞かせることが大切です。おもしろがってアルコールを子どもに勧める、親類のおじさんは撃退してください。

「好き嫌い」は変わるもの「偏食」は直すもの

このころになると、食べ方や好みに個性がはっきり表れます。3歳過ぎて表面化した好き嫌いは直らないんだ、と頭を抱えることはありません。子連れランチパーティーやピクニックなど、状況が変われば新しい食べ物を口にする例はいくらもあります。きゅうりが苦手な子どもにペティナイフを渡して「食べられるだけ切っていいよ」と言うのもいいですね。「3切れは食べなさい」と強制されるのとはまったく気分が違います。きゅうりにかぎらず、食の細い子どもには、ごく少なめに盛りつけて、器を空っぽにするなんとも気持ちのよい達成感を味わわせてあげましょう。

これを機に、子ども用の「マイ包丁」を用意してあげるのもお勧めです。料理のお手伝いをすると、たとえ豆腐を四つに切っただけでも、「自分で作った」という喜びが自然に食欲につながるものです。本人が興味を示すなら、3歳からでも持たせることができます。大人が見守るなかで、作る喜びを共有してください〈「お手伝いはどんどんさせて大いに感謝して」↓711ページ〉。

ところで、「うちの子は小食で、お肉はフライドチキン、野菜はフライドポテトしか食べないの」と話すお母さんがいました。小食だから、確実に「食べてくれる」ものだけを出しているうちに食の幅が狭くなったのですが、これでは先々の健康状態も心配です。1日や2日何も食べなくてもいいから、と腹をくくって、ふつうの和風の食事を食卓に上らせます。ご飯に豆腐の味《み》噌《そ》汁《しる》、焼き魚、ほうれん草のお浸しといった献立を幼児向けに手を加えて出し続け、フライドチキンはたとえば週1回。「明日もこれにして」と言われたら「そう、食べたいよねえ、どうかなあ」とことばを

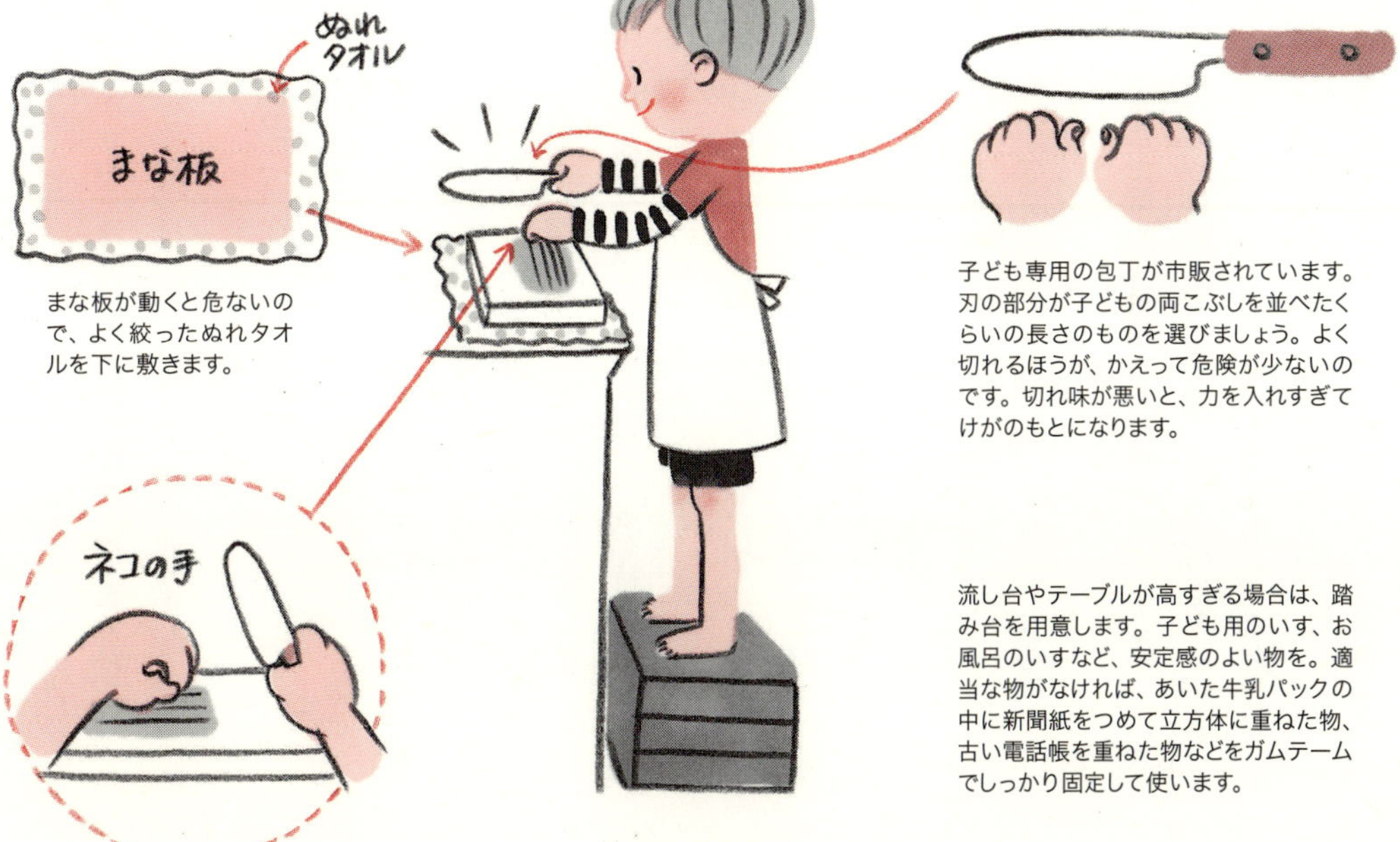

まな板が動くと危ないので、よく絞ったぬれタオルを下に敷きます。

子ども専用の包丁が市販されています。刃の部分が子どもの両こぶしを並べたくらいの長さのものを選びましょう。よく切れるほうが、かえって危険が少ないのです。切れ味が悪いと、力を入れすぎてけがのもとになります。

流し台やテーブルが高すぎる場合は、踏み台を用意します。子ども用のいす、お風呂のいすなど、安定感のよい物を。適当な物がなければ、あいた牛乳パックの中に新聞紙をつめて立方体に重ねた物、古い電話帳を重ねた物などをガムテームでしっかり固定して使います。

材料を押さえる手は、いわゆる“ネコの手”の形。指先を丸め、爪(つめ)を立てるようにして押さえます。

濁し、翌日は煮魚。お母さんが謝ることはありません。そして子どもが何かひと口でも食べたときは、こころの底からほめてあげましょう。

お弁当は「信号カラー」で朝ご飯は子どもと一緒に

幼稚園に行き始めたら、わが家のふつうの食事が1食、外に引っ越しします。これがお弁当です。初めておうちを離れて集団生活を経験する3歳児にとって、お弁当はお母さんと自分をつなげる〝へその緒《お》〟ともいうべきもの。ふたを開ける瞬間に、おうちとつながることができるのです。

最初は量を少なめに、子どもの好む味で、ふたを開けたときに赤・黄色・緑の3色が目に飛びこんでくれば上出来。海苔《のり》で顔を描いたおにぎり、タコのウィンナにお花の形のにんじんは、作れるなら大いにがんばってほしいものですが、器用ではないお母さんには頭痛の種ですから、信号機カラーをそろえるところから始めてみましょう。

子どもが友達のお弁当をうらやましがったり、お母さん同士の見栄の張り合いで、凝ったものを作りたくなるかもしれません。でも、お弁当作りに熱中するあまり、朝ご飯を子どもと一緒に食べないほうがいただけません。この朝ご飯のあと、短時間とはいえ、親子が「離れ離れ」になるのです。子どもだけで食べさせると、キッチンにいるお母さんから「早く食べて」「残さないで」と、一方的な声かけになりがち。前夜にできるかぎりの下準備をしておくなどの工夫でお弁当作りは手早く片づけ、朝の食卓を一緒に囲みましょう。

遊びながら、箸《はし》の練習

子どもは食卓で大人が使っているのを見て、自然と箸に興味を示してきます。「自分もこの棒のような物でごはんを食べる、スプーンやフォークは赤ちゃんぽくていやだ」という意思を尊重しましょう。初めは短い割箸が重宝ですが〈「使いやすい食器を調える」↓592ページ〉、慣れてきたら子ども用の箸を持たせます。角がある、短く軽いものがよいでしょう。

箸にすっぱり切り替わるのは無理で、フォークを併用しながら次第に移行していきますから、まずフォークの持ち方を見ながら、箸を持たせるタイミングを計ります。鉛筆持ちの形になったときが始めどきです。紙飛行機を飛ばすときの手の形からはいるユニークな練習法もありますので、試してみてください〈↓593ページのイラスト〉。

大人が食卓で厳格に箸使いを〝指導〟するとか、大豆を皿から皿へ移動する〝訓練〟をさせるなどは、子どもの興味ややる気を失わせてしまうもの。3歳児には、園の年中・年長さんや先生など「めざしたい人」からの刺激がよい影響を与えます。子ども自身が「ああいうふうにするのね」「ぼくの持ち方はなんだか格好悪いなあ」と気づき、自然に受け入れたり取り組んだりする意欲をこそ、大事にしたいものです。

角切りにしたスポンジを箸でつまむ競争、大皿の煮豆を自分のお皿に取り分ける食事スタイルなどで、楽しみながら身につけていくことができるのです。

食べ力《ちから》のある子に育てたい

料理研究家・管理栄養士　村上祥子

お料理なんてしないまま来た若いお母さんがいっぱいいます。いざ赤ちゃんが生まれて、事の重大さに気づくそうです。「私がこの子のからだをつくっている」と。覚えのある人は、きっといま、がんばってお料理をしていることでしょう。

■ふつうのご飯を食べている?

家庭料理の基本は、自分たちのために、ほんとうによい物、おいしい物をいただくことです。そうしているうちに、子どももじきに大人と同じおうちのご飯をぱくぱく食べるようになるのです。大人がおいしいご飯を食べていないと、食べ物の味や食べ方、食文化やマナーといった「大事」が次の世代に伝わりません。子どもの食事作りだけにいっとき一生懸命になっても、「一生もの」にはならず、しり切れトンボになってしまいます。

いつからか家庭料理が、「たんぱく質重視プラス野菜」のおかずをずらっと並べ、それにビールやワインといった、居酒屋風になってしまいました。その結果、いまや小学生までが生活習慣病を抱えています。

そういうことの反省もあって、「ご飯を、お味噌汁とおかずでおいしくいただく」ごくふつうの日本型食生活のよさが再び見直されるようになってきたのはうれしいことです。人間が生きていくために、脳は様々な指令を出しています。その脳のエネルギー源となるぶどう糖は、ご飯のような炭水化物を分解して生まれます。じつは、私たちは、ご飯やめんやパンといった炭水化物の主食抜きに、食事を考えてはならなかったはずなのです。

■家庭は「いつもご飯がある場所」

ご飯をおいしく食べること。そこを真ん中にして食卓が調って、じょうずにお箸を使ってお茶わんを空っぽにしていく。私はこれを「食べ力」とよんでいます。食べ力をつけた子どもは、頭もからだも健やかに育ち、どこの国の食べ物でも残さずいただく、本物の国際人になるはずです。

電子レンジを活用すると、天然のおだしも簡単に作れることを知ってくださったと思います〈↓302ページ〉。これからもぜひ続けてください。また、子どもが台所にはいってきて邪魔をするようになったら大歓迎し、一緒にそら豆をむいたり、トマトをおろしてジュースにしたりと〝お料理マジック〟で魅了して、「役に立つ子」に育てましょう。

そして、「おなかすいた!」の声に、何はともあれ、おむすびを握って渡してあげる、「いつでもご飯があるおうち」をつくってほしいと思います。

家族で育つ

自分もこの「家族」というチームのメンバーだ、いつでもこの家族が守ってくれるんだ。それがわかってきた子どもの好奇心は、家庭の外へと向かいます。保育園に通っている子は、自己主張のぶつかり合いでもめたり、群れて遊んだりしながら、子どもだけの世界を深めていくでしょう。

なかにはクラス替えや進級など環境の変化から、通園をいやがる子も出るようです。また、初めて[★1]保育園や幼稚園へ通う子は、家庭とは違う空間で過ごしてみたい気持ちがある反面、「家族」から離れたら自分がどうなるか予測できなくて、不安感から泣いたりもするでしょう。

子どもの離れたがらない様子を見ると、気持ちが揺れます。もし、子どもが体調をくずすほどいやがっているなら、しばらく休んで様子を見ることも検討してみてください。また、預けることに後ろめたさを感じている場合は、いまの子どもの立場になってもう一度考えてみましょう〈「職場へ戻るとき」↓418ページ〉。

個性の芽をはぐくむために

「泣き虫だなあ」「マイペースねえ」「リーダータイプかしら」。保育園や幼稚園の年少クラスになると、個性らしきものが目につくようになります。そうなると、無意識のうちにほかの子と比較して「どうしてうちの子はだめなのかしら」と、低く評価してしまうことがあります。子どもの個性が自分の好みと違った場合、短所に見えてしまうのです。

小さな個性の芽を見つけたら、それをできるだけその子の財産にしてやろう、と考えてみてください。「だめだ、だめだ」と言われながら、うまく育つわけがありません。「私（ぼく）はどうせだめな人間だ」「生まれてこなければよかった」と自分を肯定できず、がんばるどころか、どんどん無気力になっていきます。

自分の作業に夢中になってしまい、友達[★2]と協調するのが苦手。そういうマイペースな子には、「凝《こ》り性で、何かを創《つく》り上げる力がすごく豊かなんだ」という見方をしてみる。反対に、人のことが気になって自分の作業がおろそかになるという子のことは、「社交性があって世話好きだな。将来、信望を集める子になるかもしれない」と、イメージしてみるのです。「ここところがだめなところだ」と引き算せずに、「伸びるかもしれない」と足し算して眺めてみるのです。

個性の芽を長所にするのも短所にするのも、接し方次第。見守っていると、子どもはあるとき親から言われなくても、「このままでいいのかな？」と自分の弱点について考えるようになります。それがもっとも顕

★1——同じ年少クラスでも、4月生まれと3月生まれとでは、約1年の年齢差があります。当然、できることや興味の対象にも違いが現れます。

著になるのが思春期のころ。これが自分の個性だと我を張ったり、自己嫌悪に陥ったりしながら、「自分を変えたい」と葛藤《かっとう》します。子どもは一生、3歳児、4歳児のままでいるわけではないのです。

大人としての自立を

私たちは、年齢を重ねただけで大人になった気分になりますし、子どもがそばにいるだけで「自分は大人だ」と感じます。けれども実際、親自身が大人として自立した生活を送っているでしょうか。

祖父母を子育てのサポーターとしてあてにしている、頼り切っている家族もあります。援助の手を差し伸べてくれる親しい人の存在はありがたいものですが、育児から経済的な援助まで全面的に頼り続けているとしたら、自分が親になるチャンスを逃していることと同じです。また、お母さんが実家の世話になりっぱなしでは、お父さんはおもしろくないでしょう。

お父さんにしても、「うちには大きな子どもがもうひとりいるみたい」といわれて喜んでいるようでは困ります。もちろん、妻が夫の母親役を引き受ける夫婦関係があっても悪いとはいえません。ただ、それを妻が負担に感じているとしたら、あとあと問題が起こるでしょう。また、家庭の問題について妻ではなく自分の母親に意見を聞く、妻が相手にしてくれないからと子どもに嫉妬《しっと》する、仕事の忙しさを理由に育児や家事から逃げ回る、そんなことでは頼りになりません。お母さんの不満が高じると、育児ストレスや虐待を引き起こす可能性のあることを忘れないでください。

両親とも仕事をもっている、子どもとふたり暮らしで親が働いている、そういう場合は確かに身近なとこ

絵本で癒《いや》す悲しみの時間

子どもが成長する間には、「家族」のまわりで様々な出来事が起こります。悲しい出来事では、身近な人との死別を経験することがあるかもしれません。小さな子どもでも、お母さんお父さんの悲しみや不安を察して、死というものを感じます。

ただ、子どもはまだ使えることばが少ないため、「死んじゃうの？」「どこへ行っちゃうの？」など、ストレートな表現でたずねてくることもあるでしょう。なんとも説明のしようがないときは、絵本の力を借りてみてください。家族の死に遭遇した子どもの気持ちを表現した絵本もあります。

繰り返しページをめくるうちに、親子という関係を超えて、悼《いた》みや悲しみを癒しあう仲間同士のような空気を感じると思います。（花山美奈子）

★2 —— 友達とのかかわりは、おもちゃを取り合うなど物を介しての偶然のやりとりから始まり、次第に相手を意識する程度の並行遊び、幼児期には役割分担によるごっこ遊び、さらに自分たちでシナリオを描く集団遊びへと変化します。もちろん、ひとり遊びのほうが好きな子もいます。

ろに祖父母がいてくれると助かります。それでも、どこかで一線を引くくらいの覚悟がなければ、この先、子どもの問題に親として向き合うことが難しくなります。大人として自立している姿を見せなくては、子どもに自立を促しても通じないでしょう。

「お父さん、いないの？」と聞かれたら

「家族」のなかには、お母さんと子ども、あるいはお父さんと子ども、兄弟姉妹はいるけれど大人はひとり、そして、祖父母と孫など、さまざまな構成があるでしょう。保育園や幼稚園へ通うようになれば、よその「家族」の姿も子どもの目にはいります。「うちにはお父さんがいないの？」「お母さんはどこにいるの？」、子どもにそう聞かれたら、どう答えましょうか。

様々な事情があって、いまの「家族」の姿があります。それでも、夫婦やパートナーとの愛憎劇は、子どもには関係のないこと。★3事実を言えるのなら、なぜお父さんがいないのか、お母さんがいないのか、正直に事情を話しましょう。雰囲気を察し、我慢してたずねない子もいますが、「お母さんは違う所にいる」など自分なりのストーリーをつくるため、友達にうそつきよばわりされてしまうこともあるようです。

それではどうして「ぼく（私）」がここにいるのか。訳あって別離していても、「そのときは好きで、愛し合っていたからあなたが生まれたのよ」と、うそでもいいから話しましょう。さらに、「生まれてほしくて、生まれたんだよ」「あなたが生まれて、すごくうれしかった」と、子どもに「ここにいてよかったんだ」と確信させてあげてください。子どもなりに事情を飲みこみ、生まれてきてよかったと思えれば、きっとお母さんやお父さんの力となって助けてくれるでしょう。

自分を超えた力を経験することも大切

子どもに自信をもたせる、やればできるという希望を与えることはとても大切ですが、「いまはできなくても我慢する」と自制する力を身につけることも必要です。「世の中には自分の意のままになるものとならないものとがあるんだ」という感覚を、ぜひ体験させてください。

そのためには、子どもに挫折《ざせつ》感や劣等感を経験させればよいのか――そうではありません。人間よりも、自然がよい教材になるでしょう。あっという間に砂のお城を崩してしまう浜辺の波、傘を差してもずぶぬれになるほどの雨風、見上げていると吸いこまれそうな星空。圧倒的な自然を前にすると、大人でも子どもでも、自分を超えた力、かなわない力がこの世にあるのだと感じるのではないでしょうか。

「怖いくらいすごい。自分は小さな存在で何もできな

★3――両親が離婚している場合、子どもは別れた親との親子関係の築き方に悩みます。大人の感情で断ち切らず、気持ちをくんであげましょう。

い。それでもぼくはぼくなんだ」、そんな体験ができればよいのです。主張する力と自制する力、その両方が自分をコントロールする力になっていきます。

お父さんへ

みんなでいいところ探し

大人って勝手です。自分だって子どものころは、寝ても覚めても戦いごっこに夢中だったり、ひとりでぼーっとしているのが好きな子だったり、やりたいようにしてきたはず。なのに親になった途端、自分の子どもには、「みんなと同じような行動をしてほしい」「みんなの輪からはみださないでほしい」と望むのだから。しかもその一方で、「個性的になって」と願うずうずうしさ。「どうしてできないの！」「なんで一緒にやらないの！」、今日も聞こえてきます、お母さんの声。何だかこっちがしかられているみたい……。

■助け船になろう

お母さんは子どもと接する時間が長いぶん、どうしても細かいところに目がいってしまうようです。しかも何か事件が起こるたび、「母親は何をしていたのか」「家庭に問題はなかったのか」と世間は騒ぐ。「よくなってほしい」のはわかるけれど、「自分の好みどおりの子ども像」を押しつけてはいないでしょうか。

「要領が悪くて時間ばかりかかるのよ」とお母さんが思っていたら、「でも、要領だけいいやつより、不器用でも一生懸命やるやつのほうがいいぞ」とお父さんは別の見方を提案する。これが子どもにとってもお母さんにとっても、近づきすぎている距離を広げる助け船になるのです。

■愛されて育つ

個性には、必ず長所と短所があります。たとえば「だれとでも仲良くできる」子には、社交性があるのと同時に、八方美人的な要素もあるでしょう。個性は視点によって180度違って見えるもの。だからこそ、「そこが君らしい、いいところだ」と、ありのままを受け入れる。ふだん子どもに声をかけるときも、「自分でやるの、えらいね」「友達にあげたの、優しいね」など、共感のことばかけをする。そして、親だけでなく、まわりのみんなで子どものいいところを探し、書き残しておくのです。大きくなっても、「君ってこんなに思われていたんだよ」と、“愛されて育った君”を伝えてあげられるように。　（汐見稔幸）

コミュニケーション

3歳を過ぎて、大人や顔見知りの友達とことばのやりとりを楽しめるまでになりました。けれども、赤ちゃんのころと変わらず、子どもの言うことにまず耳を傾ける気遣いを忘れないようにしましょう。子どもがそのときに楽しんでいることを一緒に話題にし、誘われるままに遊ぶことです。いっぱしの口をきくようになってはきても、彼らはまだ人生のキャリアは3年そこそこ。無理をさせていないか、プレッシャーがかかっていないか、配慮することが大切です。

口達者さんでもまだパニック

「ママ嫌い、だってお菓子くれないから」「○○ちゃんなんか、あっちに行け」など、子どもは自分のネガティブな気持ちまで表現し始めます。口答えや屁理屈《へりくつ》のようですが、すぐ手が出たり、道端にひっくり返ったりの代わりにことばで言えるようになったことは、これはこれで驚異的な進歩。とはいえ、まだかんしゃくや大泣きも出てあたりまえです。

■大泣きパニックに「お口で」は無理

わんわん泣き叫んでいるときに「おしゃべりじょうずになったんだから、お口で言ってごらん」は逆効果。言えないから泣いてるんだ、とかたくなな気持ちになり、事態は悪化します。

■抱っこや背中トントンもまだ有効

泣いてパニックに陥っている子どもには、ひょいと抱き上げたり、ぎゅっと抱き締めて背中をトントンしたりするのが、いくつになっても効果的です。皮膚感覚や体温が「大好きだよ」と雄弁に伝えるのです。

■何も言わずに聞いてあげよう

大人がいつも見守って、自分の話を聞いてくれるという安心感は子どものこころの根っこです。まずは口を挟まず、子どもの話を聞きましょう。

ことばのつっかえや赤ちゃん返りはひとつのサイン[★1]

幼稚園に入園する、下の子が生まれるなど、小さい子ながらストレスの卵を抱えることもあります。ことばがつっかえるようになったり、赤ちゃんことばを使うようになっても、決して無理に直さず、温かく受け止めることです。

■言い直させず、受け流して

言いたいことが山ほどあるのにうまく言えず、こと

★1—— ことばを覚えたてのこの時期、特に精神的なストレスがなくても、言いたいことにことばが追いつかず、ことばがなめらかに出ない子どもはたくさんいます。気にせず、言い直さず。「ゆっくり言ってごらん」などの励ましも不要です。

ばを繰り返したり、つっかえたり、「あの、あの……」を連発する子もいます。入園などで環境が変わって緊張していることもあるでしょう。言い直させることは百害あって一利なし。学童期までにほとんどが消失しますから、大人は子どものことばにだけ意識が集中しないように、ピクニックを企画したり、自分が欲しかった物を思い切って買ってみたりと、気分転換を図りましょう。

■赤ちゃん返りにたっぷりつきあう

下の子が生まれたり、何かプレッシャーがかかったりして、子どもなりに「昔はよかった」と思うのでしょう。哺乳《ほにゅう》びんを欲しがる、赤ちゃんことばをわざと言うなどの赤ちゃん返りが出たら「もう大きいのに、おかしいよ」は禁句。少し大仰《おおぎょう》なくらいに、赤ちゃんに見立てて接してください。「ぼくは大きいんだぞ」と、自然にやめるものです。はっと我に返って「ぼくは大きいんだぞ」と、自然にやめるものです。

指示に従うのには時間がかかる

聞く力がずいぶんつき、遊びに夢中になっていても、ほかの音や声に注意を移せるようになります。けれども、まだすぱっと切り替えるまでには至らず、時間がかかります。「この子は言うことを聞かないわ」と怒らないで、ちゃんと手順を踏みましょう。

①名前を呼びかけ、こちらに注意を向けさせる。
②こちらに気が向いたのを確認してから「お出かけするから、遊ぶのをやめてね」などと指示を出す。
③指示は、行動の直前に出す。「あと5分したらね」などは、★2まだ混乱する子どもがいます。

友達遊びが苦手な子

幼稚園や保育園に入園する時期が近づくと、子どもが友達とわいわい楽しく遊べるかどうかが心配になります。なかには、家で絵本を見ていたり、絵を描いているほうが好きな子もいます。大勢の子どもが元気に遊び回っている様子は確かにほほえましいもの。そこにわが子が加わらず、隅っこで砂山など作っていると「将来、不登校や引きこもりにならないかしら」「社会に出て、ちゃんとやっていけなかったらどうしよう」という気になるかもしれません。

けれども、子どもはいまは砂遊びをしたいし、鬼ごっこより工作が何より楽しいのでしょう。それは個性であり、きらきらした可能性の芽なのです。迷惑をかけていないのであれば、親はまず、子どもを丸ごと受け止めましょう。横並びをよしとする親の価値観を押しつけて子どもを友達の輪のなかにほうりこんでも、ほんとうに好きなものを嫌いにはできません。

★2 ―― 3歳でも、すでに保育園などで集団生活を経験している子どもには、この「先の見通し」を伝えるやり方はとても有効です。保育者たちもじょうずに活用します。3年保育の幼稚園にはいった子どもは、年少組の2学期ころから、対応できるようになるでしょう。

年少児のころの遊び

「遊びのなかで育つ力」を次の五つに分けて見てきました。

- 元気なからだをつくりあげる
- 器用に動かせる手をつくる
- 見る力・聞く力・話す力を育てる
- こころが育ち、知力が向上する
- 人と気持ちを分かち合い、社会の一員になっていく

3歳から4歳の時期は、知的な力がぐんぐん伸び、見通しをもち、工夫して遊ぶことができるようになります。手や指が器用になることにも助けられ、はさみやクレヨンなどの道具も使えるようになります。

「ひとりで遊ぶ」「大人と遊ぶ」だけでなく「友達・仲間と一緒に遊ぶ」ことが始まります。「人と人の間で育つから〝人間〟」ということばのとおり、社会的な存在になってくるのです。とはいえ、友達が大好きな活発な子もいれば、引っこみ思案でおとなしい子など、社会性の面での個人差も、まだまだ大きいはずです。

遊びが育てる五つの力

- からだ
- 手
- 見る・聞く・話す
- こころ・知力
- コミュニケーション

はさみ チョキチョキ

初めは1回で切れる3、4cm幅くらいの紙から始めます。慣れてきたら、線に合わせて切ったり、広告紙などのなかから好きな絵や写真を切り抜いて遊びます。

はさみは子どもの手の大きさに合った柄の長さで、先の丸いものを選んでください。切れ味のよいもののほうがけがが少ないので、使う前に確認しましょう。

片手で紙を持ち、もう片方の手ではさみを操作する両手の協応動作が進みます。線や好きな絵や写真に合わせて切ることは、目的のものを注意深く見る力を育てます。

ペタペタ はりはり

色紙を切ったものや、広告紙のなかからお気に入りの写真を切り抜いたものの裏にのりをつけて、白い紙に貼《は》ります。お面づくりなど、簡単な工作も楽しめます。

紙の隅まで注目し、のりを塗り広げるときに、細かい指先や手首の動きが促されます。気に入った写真などを並べて貼るのが楽しく、出来上がりのイメージをもちながら遊べます。

小さな コックさん

クッキーの型抜きや、コロッケ、ハンバーグの形作りなどを一緒にやってみましょう。「○個作ろう」など、数遊びの要素を入れることもできます。

型を抜く、こねる、混ぜる、丸めるなどの微妙な手の動きができます。「おいしい」「片づいたね」などとほめられると、またやろうという気持ちになり、家庭内での役割意識も育ちます。

「おせんべ やけたかな」

両手のひらを上向きにして輪になり、ひとりが「お・せ・ん・べ・や・け・た・か・な」と手のひらを順につつきます。「な」の手を裏返し、みんなのおせんべが焼けるまで続けます。

手のひらを裏返す動きは、スプーンや箸《はし》、鉛筆などをじょうずに持つための基礎。リズミカルな歌で順番を待つ楽しさ、だれのおせんべが焼けるかのドキドキ感を味わえます。

みんなで 遊ぼう

集団生活をスタートする子どもが多いころです。集団遊びには、様々なルールがあり、遊びの楽しさや充実感を手に入れながら、「自然に」ルールを守れるようになります。

①絵のように目隠しした鬼を中心に、輪をつくる。
②みんなで歌を歌いながら鬼のまわりを回る。
③「後ろの正面だーれ」で全員がしゃがみ、鬼の後ろになった子は「だーれだ」と言う。
④鬼はその子の名前をあて、あたったら鬼を交替する。

①鬼をひとり決め、鬼は色を指示して、ほかはその色を探しながら逃げる。
②鬼は、その色にさわっている子はつかまえられない。逃げているときにつかまえられた子が次の鬼になる。
＊つかまえられなかったときは、鬼は次の色を指示するか、色をさわっている時間に制限を与え、だれかつかまるまで続ける。

ほかにおすすめの遊び・おもちゃ

●歌遊び（『茶ちゃつぼ』『カレーライス』『手をたたきましょう』など）
●「○個集める」「○回手をたたく」などの数を意識した数遊び
●井形ブロック ●ゴム跳び（下をくぐる） ●三輪車 ●缶ぽっくり ●小動物や虫の飼育 ●折り紙 ●色や形、順番などを意識したシール貼り遊び
●集団遊び（「なべなべそこぬけ」「かくれんぼ」「だるまさんがころんだ」「丸鬼」「引っ越し鬼」など）

おすすめの絵本

●『みんなうんち』（福音館書店）
●『三びきのやぎのがらがらどん』（福音館書店）
●『どろんこハリー』（福音館書店）
●『もりのなか』（福音館書店）
●『ねずみくんのチョッキ』（ポプラ社）
●『はじめてのおつかい』（福音館書店）
●『ひとまねこざる』（岩波書店）
●『うたえほん』（グランまま社）
●『あおいふうせん』（小学館）
●『キッパーのくまちゃんさがし』（小学館）など

年中児（4歳〜5歳）

「これだけは…」をひとつかふたつ

あれもこれもしてあげたい、だけど一日はあっという間に過ぎていく。「絵本だけは、毎晩読もう」「お砂場だけは、毎日行こう」「お弁当だけは、手作りしよう」、そんなふうにがんばっているものひとつかふたつあれば、それはお母さんの立派な勲章。子どもがくれた、金ぴかメダル。

年中児（4歳〜5歳）

からだの発達

さて、年中組の1年間とはどんな時期でしょうか。誕生日を迎えると5歳になりますが、5歳代の平均身長は105㎝前後と生まれたときの約2倍になり、体重は17㎏前後と約5倍になっています。もし、生まれたばかりの赤ちゃんの体型のまま大きくなったのだとすると、身長が2倍になると体重は単純計算では「2の3乗」の8倍になっているはずです（相似形の物の高さと重さの関係を思い出してください）。ということは、年中児は赤ちゃん時代に比べてほっそりとした体型になってきていることがわかります。

頭囲は生まれたばかりのころは33㎝前後でしたが、5歳児では約50㎝と1・5倍になっています。また、頭の（ということは脳の）体積は、相似形の関係と同じで「1・5の3乗」である3・5倍くらいになっています。頭が3・5倍で体重が5倍ですから、まだ頭でっかちとはいえ、大人の体型に近づいてきています。

すばしこい動きやバランスを取る運動も可能に

生まれたときの3・5倍になった脳では、すでに基本的な神経線維の配線や、ミエリンとよばれる神経線維を絶縁する鞘《さや》がだいぶ完成しています。その証拠にこの時期になると、電気的な信号が神経線維を伝わるスピードがほぼ大人並みになります。スピードが大人並みになったことで、手足のすばしこい運動や、バランスを要する運動も可能になります。ピアノやバイオリン、あるいはバレエといったからだの細かい運動を要求される習いごとをこのくらいの年齢から始めることが多いのには、そうした理由もあるのです。

片足立ちをさせると、10秒ほどですが立っていることができます。つま先とかかとをつけるようにして直線の上を歩かせると、だいぶうまくできるようになります。当然、公園や園庭での遊具を使った遊び方では、遊びのレパートリーが広がります。滑り台なども通常の遊び方ではつまらなくなり、滑走台を下から上ったり頭から滑り降りたりして遊ぶようになります。ジャングルジムでも、ぶら下がったり逆さになってみたりして、見ているほうがはらはらします。ブランコでも動いている状態から飛び降りたりふたり乗りをしたり、やりたい放題です。本来の遊び方と違った遊び方を好んで行うので、まわりの大人は心配しますが、こうした新しい遊び方に挑戦するような本能をもって生まれたのが人間の子どもの特徴です。大人は、子どもの独創性を尊重してやりながら安全性を確保するという、難しい役割を演じなくてはなりません。新しい遊び方を探求するところに、人間の独創性の芽を見ることができます。

丸や四角を描くことやボタンかけも上達

指先の細かい動きも上達します。図形を模写させると、丸や四角をじょうずにまねします。人物画を描かせると、これまでは顔から直接手足が出る絵を描いていましたが、このころには胴体の存在に気づき、首と胴体を描くようになります。日常生活の動作のなかでもっとも難しいもののひとつであるボタンかけも、時間はかかるもののできるようになります。

　こうしたからだの自由な動きができるようになった年中児の多くは、保育園や幼稚園で他の同年齢の子どもと一緒に長い時間を過ごすようになっています。ことばで自分の意思を伝えることができ、排泄《はいせつ》、食事、衣服の着脱といった日常生活における基本的な自立ができたことが、家を離れた集団生活を送ることを可能にしたのです。それまでは一日中、家の中にいて、自分のやりたいように行動していればよかったのですが、集団生活とともに規則正しい生活が始まります。もっと早い時期から通園している子どもも少なくありませんが、このころになってようやく規則正しい生活が送れるようになるのです。

指先の細かい動きも上達します。日常生活の動作のなかでももっとも難しいボタンかけも、時間はかかりますが、できるようになります。

睡眠と食事のリズムが確立する

規則正しい生活の基本は、睡眠と食事のリズムです。すでに1歳前には、昼間に起き夜に寝るという睡眠覚醒《かくせい》のリズムの基本は出来上がっています。脳の松果体《しょうかたい》といわれる部分から、メラトニンとよばれるホルモンが睡眠中に分泌されますが、メラトニンは明るさによってその分泌量が調節されています。人間の睡眠覚醒サイクルは、昼夜の明るさの変化を規則正しく感じ取ることで、メラトニンを介して調節されているのです。

年中児は平均して夜間睡眠を約10時間とり、昼寝を1時間します。保育園や幼稚園に通うことによって、朝の起床時間や昼寝の時間が規則正しくなります。逆に親と一緒に夜遅くまで起きていると、睡眠時間が減少するだけでなく睡眠覚醒のリズムが狂ってしまい、自律神経系などの働きに悪影響が出ることもあります。通園には、社会性を増すだけでなく、こうしたからだのリズムを規則正しくするという副次的な効果があるのです。

この時期に発達した免疫力は一生もの

集団生活はよいことばかりではありません。うつる病気をもらいやすくなる、という欠点もあります。ふつうのかぜはもちろん、インフルエンザ、水ぼうそう（水痘《すいとう》）、ウイルス性の下痢、あるいは中耳炎なども集団生活の場でもらってくる感染症〈↓761ページ〉です。感染症にかかる機会が多くなったことに対応して、からだの中では免疫系とよばれる組織が大活躍をしています。喉《のど》の入り口にある口蓋扁桃《こうがいへんとう》（扁桃腺《せん》）はこの時期、人生で最大の大きさになっています。子どもの口の中を見ると、大きい子どもでは左右の扁桃が両側から張り出して真ん中で接していることもよくあります。リンパ球には、細菌やウイルスを殺す働きのある抗体（免疫グロブリン）をつくったり、炎症を起こす物質をつくったりする働きがありますが、この数が、この時期の子どもは大人よりずっと多くなっています。確かに感染症にかかることは楽しいことではありませんが、この時期に発達した免疫系の働きによって、一生続く抵抗力を身につけていきます。

中耳炎に気をつけよう

中耳炎〈↓769ページ〉は、細菌が喉と中耳をつなげている耳管を伝わって、中耳腔《くう》とよばれる鼓膜の向こう側にある部屋の中で繁殖することで起こりますが、この時期の子どもは罹患《りかん》率がとても高いことがわかっています。中耳炎になると一時的に聴力低下が起こり、ほうっておくとことばの獲得などに影響が出ることがありますので注意しましょう。

「恐るべき2歳代」にはあれほど自己主張の強かった子どもたちも、集団生活を通じて自分を抑えることを少しずつ学んでいきます。社会的な動物である人間として、大きな一歩を踏み出したのです。

（榊原）

年中児（4歳～5歳）
ことばの発達

考えていることを、だいたいことばで言えるようになってきた時期です。

集団生活を嫌う子もいる

早生まれだったり、おむつがまだ取れていなかったり、ことばがおぼつかないため、3年保育を見合わせていた家庭もあるでしょうが、4歳になるとたいていの子が保育園や幼稚園などの集団生活に参加します。

友達と遊ぶのが大好きで、登園が楽しみでたまらない元気な子もいれば、おうちでひっそりひとりで遊ぶほうがよくて、園にはいやいや通っているという子も少なくありません。

園や先生のやり方が子どもにとって負担になっていることもあるかもしれません。はっきりと登園をいやがる場合は、登園を強制する前に「どうしていやなのかな？」と理由をよく探してみましょう。

性格や行動を変えようと強制しないで

多くの場合、集団が好きか好きでないかは、その子の好みや性格によるものです。どっちがよいか悪いか決めつけることなく、「あなたは、いまはそう思うのね（将来はどう変わるかわからないけど……）」と、ちょっと保留した理解のしかたをしてあげましょう。

いちばんいけないのは、まわりの大人が「こんなに引っこみ思案では、将来社会に出たときにうまくやっていけないに違いない」「こんなにわがままでは、会社に勤められない」などと取り越し苦労をして、いまのその子どもの性格や行動を変えようと、あれこれ強制することです。

大人になるまで、いまのままの性格や行動をずっともち続けると決まったわけでもありません。とても人見知りだった子が高校くらいから急にリーダーになったり、腕白だった子が寡黙な青年になったりもします。子どもは世界にふたつとない自分流のやり方で大人になっていくものです。

「親」という漢字を見てください。「木の上に立って見る」と書きます。それが「親」のとるべき態度を表しているのでしょう。とはいえ、わかっていてもなかなかできないのが現実。20年かかって子どもが成人式を迎えるころに、親もやっと親らしくなるのです。それで十分です。人類は、そういうふうに失敗だらけの子育てを繰り返して、子孫を残してきたのですから。

過去にあったことを話せるようになる

年中児ともなると、ことばとコミュニケーションは一段とスムーズになります。日ごろ接している大人とは何不自由なく会話を交わせますし、目の前にないことや、過去にあったことについての話もできるので、園であった出来事なども話してくれます。

だからといって、園から帰ってきた子どもに対して「今日はどうだったの」とか「何をして遊んだの」などと質問ぜめにするのは考えものです。子どもにとっては「いま」がいちばん大事で、昼間に園であったことはすでに終わっていること。細かく聞かれるのはうれしいことではありません。この年齢になるまでに親子でよいコミュニケーションを育てていれば、子どもが「このことは伝えたい」と思う大ニュースは、聞き出さなくても自分から話してくれるはずです。

なかにはまだ会話が苦手な子がいます。そんな場合には、じょうずな質問をして会話を進めましょう。「どうだったの」「何をしたの」といったあいまいな質問ではなく、「滑り台で遊んだの？」とか「そう。だれと滑ったの、ひろちゃんと？」など、焦点の絞られた答えやすい質問形式、できれば「はい」「いいえ」で答えられるような聞き方をしてあげると、子どもは話しやすいものです。

外国語で話をするときを思い浮かべてください。「これから何をやりたいですか」と聞かれると答えにつまってしまうけれど、「スキーに行くの？　それとも食事？」と聞いてもらえれば返事ができます。ことばの遅い子の状態はそれに似ています。

記憶力も高まってきて「山の上に大きな月が出ました」のような、修飾語がいくつもつく文章をまねることができます。「おなかがすいたらどうする」と聞かれて「何か食べる」というふうに問題解決の方法を考えて説明することも、年中組の年度末まではできるようになるでしょう。

会話が苦手な子どもには、「はい」「いいえ」で答えられるような聞き方をしましょう。

ことばの発達の個人差はまだまだ大きい

ことばの発達の個人差は相変わらず続いています。たとえば「火は熱い。では氷は?」とたずねて答えさせる反対類推の問題を三つ出し、そのうちのふたつに答えられるかどうかを見てみると、2歳11か月で25%、3歳9か月ごろには75%の子どもが答えられるようになります。でも4歳2か月でも答えられない子どもも、まだ10%います。

「ボール」「机」「バナナ」などの九つのことばの意味を説明する問題ではもっと差が開いていて、3歳9か月ごろにすでに説明できる子が25%いるのに対して、5歳9か月になってもまだ説明できない子が10%います。

ずいぶん達者になってきたとはいえ、ことばの発達にはまだまだ個人差がつきまとっているのです。

友達と話し合うことができるようになります。協力して砂山を作ったり、じゃんけんで順番を決めたりするようになります。

トラブルは子ども同士で解決させよう

ことばで話し合うことができるようになるので、友達と協力して砂場で山を作ったり、じゃんけんで順番を決め、ルールのある集団遊びに夢中になったりします。自分たちがルールを守れるようになったので、ルールを守らない子に対する批判も厳しくなります。「○○ちゃんと遊ぶのやだ。決まりを守らないんだもん」などと主張するトラブルが起き、大人が間にはいって調整する必要が出てきます。

トラブルなく仲良く遊ぶのも悪くありませんが、トラブルをどう解決していくかを学ぶことにも大きな意味があります。大人の結論を押しつけず、子ども同士で考えさせる仲介をすることが大切です。

手間はかかりますが、そうすることによって、自分の頭で考え自分の力で人生を切り開いていく力が子どものなかに育ちます。

（中川）

年中児（4歳〜5歳）

こころの発達

　4歳児になると、大人との会話がそれなりにできるようになってきます。大人と同じとはいきませんが、会話自体を楽しむこともできるようになってきます。しかし、新たな難問も生まれてきます。この時期特有の「質問攻め」です。

子どもの質問はコミュニケーション遊びのひとつ

「歩くとお月様も一緒に歩いてくるよ、どうして？」

「お父ちゃんは、どうしてお父ちゃんっていうの？」

「お母さんにはどうして、おちんちんがないの？」

　真剣に答えようと思うのだけど、次々出てくる質問に正直うんざり、というお母さんお父さんも多いことでしょう。

　子どもによっては、質問すること自体を楽しんでいることもあります。質問が、コミュニケーション遊びになっているのです。

　こういう質問は、様々な能力やこころが発達してきたからこそ出てくるようになったのです。問うことができるというのは、様々なことがわかってきたという証《あかし》なのです。

自然現象の質問には、童話的に答えて

　こうした質問に答えるのに、決まった対応策があるわけではありませんが、原則はいくつかあります。そのなかでも基本は、「雨はどうして降るの？」と、自然現象について聞いてくる場合。子どもは必ずしも科学的な説明を求めているのではないのです。

　ですから、質問している自然現象を、あたかも生きているものと見立てて童話的な対応をすれば、納得してくれることが多いのです。童話の世界には北風が人間と話すというような場面がたくさん出てきますが、同じような対応を、子どもは求めているのです。

「雨はどうして降るの？」と子どもが質問したとき、「それは、空気の中に、水蒸気という、水が蒸発したものがあってね……」などと説明を始めたらどうなるでしょうか。子どもは「空気って何？」「水蒸気って？」「蒸発って？」と、矢継ぎ早に質問してかえって混乱するだけでしょう。成長してから学校で教えてもらうものを、先取りして教える必要はありませんし、またできるものでもありません。

こういうときは、

「それはね、木や草の喉《のど》が渇かないように、雨の神様が雲の上から水をまいているのよ」

「大きな大きなじょうろで、まいているかもね」

というように説明すればいいのです。子どもが「ふーん」という不思議そうな顔をすればしめたものです。

答えに困ったら、「あなたはどう思う?」と投げ返して、一緒に考えればよいのです。

ユーモアの味つけが大切

自然現象以外の質問については、ケースバイケースですが、ユーモアのある答えが大切だと思います。

「お風呂ってどうしてお風呂っていうの?」

「だってお風呂がもし海だったら、お風呂か海か区別がつかなくなるじゃない」など、臨機応変に工夫してください。

また、少しずつ科学的な説明を入れるのもよいでしょう。

「クモの巣ってどうして張ってるの?」

「あそこに虫さんが来て引っかかったら、クモが食べちゃうんだよ。クモのえさ取り用なのよ」というふうに。

この時期に図鑑が好きになることがあります。関心のある事柄にふさわしい幼児用の本を探してあげてください。

自我のイメージができてくる

4歳の後半になると、自我がさらに育って、まわりの人間に対して、新しい対応が生まれてきます。自分が人にどう見られているのか、気にするようになるのです。

食事中に足をテーブルに上げて、おかあさんにしかられていた子でも、この時期になると「足を上げてご飯を食べてごらん」といってもまずやりません。いや、できません。それは、恥ずかしいという感情が育ってきているからです。

自分は他者に見られているのだから、こんなことをするとどう言われるかわからない、というような自分へのコントロールができるようになります。

こういうことをする子はいけない子だ、といった目標とする自我のイメージも、ある程度できてきます。自分のなかにもうひとりの自分が少しずつ根づいてきたのです。

本格的なしつけを始める時期

自分のなかにもうひとりの自分が育ってくることを、一般的に「社会性が生まれる」といいます。世間の論理で行動することができるようになってきたのです。

これが、4歳後半から5歳にかけての発達の特徴で、このころから本格的なしつけが大切になります。守るべきことを守らないと自分が恥ずかしいという感情が生まれてくる時期なので、しつけの効果は絶大です〈↓684ページ〉。この時期までのしつけは予行演習と割り切り、この時期から本格的なしつけを展開したいものです。


(汐見)

育ちのようす

4歳代になると、人の気持ちや集団内でのルールに気づき、大人の指示に少しずつ従うようになります。

また、時間の流れによって場面がどのように変わっていくかをイメージできるので、騒いではいけない場所で注意を与えると、大人の顔色を見ながら「このままでは雷が落ちるぞ」と素早く判断して、場所を変えたりします。3～5歳くらいでは、とにかく落ち着きがない印象を受けるでしょう。食事中だろうが話の途中だろうが、そわそわ、ふらふら、歩き回ります。けれども、これは本能のようなもの。お母さんやお父さんにとっては見慣れた家の中にも、子どもには毎日新しい発見があるのです。このころの子どもは、あちこちへ移動しながら見たりさわったりして、好奇心を満たし、体験を増やしていきます。

落ち着きのない理由には、子どもならではの原因もあります。そのひとつがワーキング・メモリー（作業記憶）です。私たちは、少し前までしていた作業を思い出すと同時に、次にどのような作業をすればいいかを考えています。これが、自分の行動に連続性を持たせるために脳が用意した、短時間の記憶＝ワーキング・メモリーです〈「記憶できる時間が10秒くらいまで伸びてくる」[★1] ↓467ページ〉。

大人はワーキング・メモリーの容量が大きいので、数十分前からのことも覚えていられます。ところがこのころの子どもには、数分間ぶんの容量しかありません。それで、次々と新しいことに目移りし、からだごと移動してしまうのです。さらに、衝動を自分で抑える力が大人に比べてとても低い、という理由もあります。そのため、衝動的に動いてしまうのです。

これからは、「世の中にはルールがあって、我慢しなくてはいけないこともある」ということを、少しずつでもわかりやすく教えていきましょう。この先子どもたちは、ますます社会とのかかわりを増やしていきます。自分を制御する力を学ぶことも必要でしょう。しかるときには、なぜいけないのかを簡単に伝えてください〈「しつけと虐待の境界線」↓628ページ〉。このように家庭で諭したり、友達とのかかわり合いから学んだりしながら、子どもたちは、社会で自分を発揮する力＝ソーシャルスキル（社会的技能）を身につけていくのです。

表情が豊かになってくる

これまで、泣く・怒る・笑うといったわかりやすい感情の表し方をしていたのが、3～4歳にかけて少し複雑になり、表情をつくるようになります。たとえば、「失敗した」と思ったとたん、だれもとがめていない

★1――トランプゲームの神経衰弱をしてみると、大人より小学生のほうがカードを記憶しているということはよくあります。大人になればなるほどワーキング・メモリーの容量が大きくなるわけでもないのです。

のに、ふくれる、眉《まゆ》をしかめる、口をとがらす。自分自身に対する不満の表情をつくるのです。

また、相手を悲しませないために喜んでいるふりをするなど、状況に応じて表情や受け答えを調節することもします。このことから、3～4歳児でも、それまで得た経験から社会的な表現のルールを感じとり、場面に適した行動をとるのだと考えられるでしょう。

子どものこのような言動は、時には「うそをつくようになった」ととらえられてしまうことがあります。実際このころの子どもは頭のなかで、自分が経験したことや感じたことに主観的な解釈をつけ、物語をつくるようになるといいます。どうして自分はこうなったのか、解釈しようとするのです。けれどもそこはまだ4歳の子ども、淡い記憶や想像が入り混じって、自分に都合のよい物語になる場合もあるでしょう。目くじら立てず、いったい子どもの頭のなかはどうなっているのかと想像する楽しみを見つけてみましょう〈「祖父母との時間」↓420ページ〉。

できることの個人差が大きい時期

片足スキップができて、ブランコを自分でこぐ。3色くらいの色がわかり、十字や四角をまねて描く。自分で顔やからだを洗えるし、うがいもできる……4歳くらいになると、ずいぶん高度なことをするようになります。ただ、それはあくまでも、おおまかな話。体格についてもそうですが、できることにもやはり個人差があります。低出生体重児や、〝おくて〟の子どもは、運動やことばの発達がほかの子より緩やか。大胆な行動を苦手とする臆病《おくびょう》なタイプの子も、遅れをとって

おねしょとつきあう

おねしょのいちばん大きな誤解は、「尿意で目が覚めるようになれば、おねしょが治る」と考え、夜中に起こしてトイレに行かせることです。

しかし、夜中に起こしてしまうことが、おねしょを長引かせる最大の原因なのです。

人間のからだは、ぐっすり寝ると脳下垂体というところから「抗利尿ホルモン」が出て、おしっこをつくらなくなるようにできています。同時に、膀胱《ぼうこう》が発達し、おしっこをたくさんためられるようになることで、朝まで膀胱からおしっこがあふれなくなるのです。

幼児期はその過渡期。4歳代では、まだ3割の子どもがおねしょをしています。とにかくぐっすり朝まで寝かせ、決しておねしょをしからないことです。昼間頻繁にトイレに行く子は膀胱がまだ小さいので、お母さんがトイレを誘いすぎず、ぎりぎりまでおしっこを我慢する経験を積ませましょう。また、ひと晩に2回おねしょをするようなら、水分を取りすぎていないか注意して、夕方以降の水分を少なめにしてみます。

いるように見えるかもしれません。

集団保育を受ける子どもが多くなるこの時期、お母さんお父さんはほかの子と比べて、「どうしてうちの子は」と悩むこともあるでしょう。そのようなときは、自分の子ども時代はどうだったか、何を感じていたか思い出してみてください。案外似たような経験をしているかもしれません〈「個性の芽をはぐくむために」↓656ページ〉。

習いごとの見直し

習いごとは親が主導権を握って始めるケースが多いようです。子どもがほんとうにやりたがっているか、楽しそうに通っているか、よく観察してください。「子どものために」と始めたものの、じつはお母さんがやらせてみたかった、外出したかった、という場合もあるかもしれません。教材やレベルが適正か、生活リズムを損なう原因になっていないかなど、もう一度考えてみましょう。

習ったことが身につくまでには、半年から1年間くらい、繰り返し練習する期間が必要だといわれます。一方、自分でやりたくて始めたことは身につくのも早く、自力で続けられるでしょう。なかには親の顔色をうかがい、我慢して通っている場合もあるようです。

子どもが自発的に練習している、喜んで通っている、それなら大いに結構です。応援してあげましょう。ただ、お母さんやお父さんの勘で「様子が変だな」と感じたときは、何か原因があります。〈「『楽しく通える教室』を選ぼう」↓512ページ〉。

中耳炎《ちゅうじえん》に抗生物質が効かない

最近、子どもの中耳炎〈→769ページ〉が治りにくくなっているといわれます。最大の原因は、抗生物質が効かない細菌が増えたからです。抗生物質が効かない病原菌＝耐性菌は、90年代半ばから急増しました。新しい抗生物質が開発されてもあっという間に耐性菌ができてしまうのです。

こうした耐性菌が増えたのには、必要以上に抗生物質が使われていることを指摘する声があります。中耳炎はかぜに引き続いて起こることが多いのですが、かぜの初期段階で抗生物質がすでに使われすぎている場合もあるといいます。

このままでは、中耳炎にかぎらず重症の感染症にかかったときに抗生物質が効かず、心配な状況になるのではないかと一部の医師たちは危機感をもっています。耐性菌をこれ以上増やさないように、できるだけ抗生物質を使わずに子どもの免疫力が働くのを待つという小児科医もいます。

もし処方された抗生物質を飲むことに納得できなかったら、率直に医師に相談してみましょう。

気がかりなこと

Q 近くの小学校で「頭ジラミ」が集団発生したと聞きました。どのように感染するのでしょうか。

A 入浴やプールでの直接感染はありません。タオル、ヘアブラシ、帽子の貸し借りはやめましょう。

頭ジラミは、ノミや蚊と同じ吸血性の昆虫で、刺されると人によってはかゆみの強い赤い丘疹《きゅうしん》ができます。成虫は1〜3㎜くらいの灰黒色、人に寄生し、髪の毛の根元に約0・5㎜の白いだ円形の卵を1日約300個生みます。一見、ふけのように見えますが、しっかり付着しているので、手ぐしやヘアブラシで簡単には取れません。後頭部や側頭部によく見られます。

頭ジラミは第二次世界大戦後、すっかり消滅したと思われていましたが、再び流行しています。これは、海外旅行によって卵や成虫が国内に持ちこまれ、駆除されないまま繁殖しているためではないかといわれています。

特に小学校や保育園、幼稚園で感染率が高いのは、子ども同士で頭や髪の毛に接触する機会が多いためかもしれません。清潔にしていても感染します。不潔だから感染するのではないので、頭ジラミが見つかった子どもがいじめに合わないよう、十分注意してください。

成虫や卵を見つけたら、皮膚科を受診し、スミスリンなどの駆除剤を使って退治します。卵のついている髪の毛は切り取り、ガムテープにしっかりくるんで捨てます。落ちた卵からも孵化《ふか》するので、慎重に処理しましょう。頭部に触れた物から感染するため、まくらカバーやシーツ、衣類はまめに交換・洗濯し、ヘアブラシやタオル、帽子は、貸し借りしない、家族間でも共有しないようにします。熱に弱いことから、身につける物には熱湯をかけ、布類は洗濯のあと高温のアイロンをかけると安心です。洗髪後はドライヤーの熱で髪の毛を乾かします。

頭ジラミと診断されたら、保育園や幼稚園、学校に連絡してください。病原体を媒介することもあり、一斉駆除しなければなりません。家庭でも、家族全員で駆除に努めましょう。

Q 神経質そうにまばたきをします。やめるように言うのですが、いっこうにやめません。

A チックかもしれません。不安や緊張感から起こるもの、気にしないのがいちばんです。

ストレスや緊張が、子どものからだに無意識の変化を起こすことがあります。始終顔をしかめる、まばたきを繰り返す、頬《ほお》をぴくぴくさせる、肩が上下に動くなど、筋肉が繰り返し動いてしまう「運動チック」、しょっちゅうせきばらいをする、口の中で音を出す、同じことばを繰り返すなど、音や声を伴う「音声チック」が、代表的な症状です。

発表会や運動会といった行事が控えている場合、失敗を恐れたり、不安が高じて、チックが始まることがあります。たいていは一過性のものなので、知らんぷりをしているのがもっともよい対処法です。うるさく注意すると長引く場合もあります。

症状が重くなったと感じたら、できるだけ早く小児科医や児童精神科医に相談してください。

Q 情操教育になると思って、合奏の練習をする園へ入れました。ところが練習日に限って腹痛を起こします。

A からだが発信しているサインかもしれません。我慢させていないでしょうか。

親がよいと思って保育園や幼稚園に通わせたものの、「どうも違うな」と感じることはよくあります。社交的になってほしくて園児数の多い園に通わせていたら、子どもは大人数に圧倒されて居心地の悪さを感じていたとか、自由保育の園に入れたら子どもはほうっておかれるのが嫌いなタイプだったとか、様々なケースが考えられます。ことばでうまく説明できない子どもは、頭痛や腹痛、嘔吐《おうと》などで、からだからサインを出すことがあります（心身症）。

ただし、集団生活に慣れるまでには時間も経験も必要です。子どもの様子を観察してください。登園するとき泣くものの、少しずつ園の楽しさがわかってきたようだ。園にもっといたい、という様子をみせる。それならもうしばらく、無理しない範囲で通ってみましょう。下にきょうだいができたときも、子どもは登園を一時的にいやがることがあります。

そのようなプロセスを経ても、まったく楽しくなさそうだ、「帰る帰る」と言って泣く、しょっちゅう体調不良を訴える、親の勘で「何かおかしい」と感じる場合は、保育中の様子を見学に行ってください。ふだんから先生とコミュニケーションをとり、先生が気になっていることはないか、たずねてみるのもよいでしょう。園が子どもに合っているかどうかも含めて、相談してください。

腹痛で苦しそうだ、顔色が変わるほど痛がる、そのようなときは、念のため受診しましょう。

Q 男同士の兄弟です。毎日けんかですが、上の子の、お兄ちゃんらしくない態度にうんざりしています。

A けんかができるほど仲がよいのです。しかるときは両方一緒に、をこころがけてください。

自分の本音をぶつけられる相手など、世の中にそうたくさんはいません。きょうだいは、人間関係や力関係を身近に学び合う貴重な存在です。ある程度は大目に見ていましょう。

上の子を幼稚に感じてしまうことについてですが、子どもも同年齢の友達と一緒にいるときは、精一杯背伸びしているはず。ほんとうの自分を出せる弟の前では、同じ小さな子ども同士になれるのでしょう。

けんかの場面で介入するときは、しかる前に両方の言い分を聞いて、親から相手に伝えてみてください。「お兄ちゃんは○○したかったんだって。君はどうする？」というように。判断はできるだけ子どもにさせるのです。ただし、きょうだいげんかは、上の子をしかりがちになります。それが積み重なって、上の子は本人も知らず知らずのうちに〝甘えべた〟になっていきます。親のほうで意識して十分甘えさせるなど、フォローを忘れないでください。

Q 夫はしつけに厳しく、私のことを甘すぎると言います。教育方針が異なり困っています。

A 両親で考え方が違ってもよいのです。ただ、しつけと称する暴力を容認してはいけません。

両親で子どもに対する考え方が違っていても、「そういう見方もあるのか」「そんなふうに考えればよいのか」と、お互いはもちろん、子どもも感じることができるので、必ずしも悪いことではないのです。

「言うことを聞かない」のは、子どもにも意見があるからです。4～5歳になると、以前のように床にひっくり返ってだだをこねることは少なくなる代わりに、ことばを使って主張します。ストレートな表現が、口答えしていると受け取られることもあるでしょう。

お母さんは「はっきりものを言う、おもしろい子だな」と思っているけれど、お父さんは「どうして素直に聞けないんだ」と感じている。そのくらいの差はあります。でも、「たたいてでも厳しくしつけて、言うことを聞くようにしなければならない」と考えているとしたら、話はちょっと違ってきます。

たたいて言うことを聞かせようとしているのを、お母さんやほかの家族は容認してはいけません。「それはしつけではなく、子どもへの暴力だ」とはっきり告げてやめさせてください〈↓628・688ページ〉。

Q 離婚した元夫が子どもに会いたがります。拒否しているのですが、子どもの成長に影響が出ますか。

A 離婚しても、子どもにとってはどちらも自分の親です。子どもが会いたいというなら会わせてあげて。

離婚の理由が子どもへの虐待、特に性的虐待であれば、冷却期間をおくとか、ふたりだけで会わせないなど、慎重に事を進めたほうがよいと思われます。そうではなくて、夫婦間の事情で離婚に至ったならば、新しい環境にそれぞれ暮らしながらも親子であるという、親子関係を修復する機会を子どもと元夫の間に設けたほうがよいでしょう。

子どもは、いま一緒に暮らしているお母さんに嫌われたくないために、お母さんの気持ちを察して「会いたくない」と言うかもしれません。けれども、「会いたい」のが本心ならば、我慢を強いていることになるので、こころの健康にとってはよくありません〈「新しい家族を始めるとき」↓685ページ〉。

Q 小学生の姉の影響で、キッズコスメに関心があるよう。子ども用の化粧品なら使わせてだいじょうぶ?

A お母さんお父さんの考え方次第ですね。抵抗感がある親も多いようです。

子ども用化粧品は昭和20年代から販売されていますが、「口紅や、マニキュアは子どもにふさわしくない」という厚生省（当時）の指導で、メーカーが製造を中止した時代もありました。近年はおもちゃを買い与えるような感覚で、子どもにせがまれるまま親が購入する傾向があるようです。

発表会やお誕生日会など、特別な日にだけメイクを許しているという家庭もあります。ただ、「子ども用」と銘打ってあっても、デリケートな子どもの肌に影響がないかどうかは未知数です。

「大人になりたい」という子どもらしいあこがれは、いろいろな経験のなかではぐくまれ、自立を助けるもの。先回りして大人が用意してあげるものではないと思うのですが、いかがでしょう。

Q もうすぐ年長組ですが、文字にまったく興味を示しません。練習に毎日鉛筆を持たせているのですが。

A 読み書きの最終目標は、文章を理解し、自分の考えを文字で表現することです。

文字に興味を示しても、文学作品に興味を示さなければ結局伸びません。文字は文学や手紙、日記などの表現の手段にすぎませんから、文字だけ取り出して教えるのは賢明とはいえません。それよりも、毎日楽しく、子どもの好きそうな絵本をたくさん読んであげてください。学校に行くと、毎日文字の練習が始まるわけですから、文字を使った世界が〝おもしろそう〟と思えるような下地をつくっておけばよいのです〈↓512・693ページ〉。

スモールステップで育っていく子ども

育ちにくさをもった子ども

「発達障害」ということばを聞くことがふえました。中枢神経系になんらかの機能上の問題があるために、発達に遅れが出たり、むらが出たりと、育ちにくさをもった子どもたちのことを指し、行動上の特徴や問題によって、グループに分けられます。

「自閉症スペクトラム」「ADHD（注意欠陥多動性障害）」「LD（学習障害）」そして「知的障害」などです。これらの分類や名称は便宜的なもので、現在大きく変化しつつあります。障害の有無や障害の重さ軽さで判断するのではなく、社会とのかかわりの中で、どの程度の支援が必要なのかを見ていこうとする流れが大きくなっているためです。

発達障害かもしれない子どもの多くは、幼児期には、「多動性」と「ことばの遅れ」が目立ちます。また、触覚や聴覚の過敏、からだの位置やバランスに関係する前庭感覚や固有受容覚の未熟さによる運動機能の遅れ、手先の不器用さなど、感覚の働きの問題〈↓650ページ〉が表れることもよくあります。診断をするためには、親と専門家が協力して、継続的にていねいに、子どもの発達の様子をみていく必要があります。

■ADHD（注意欠陥多動性障害）

どんな障害？

自分の行動のコントロールがうまくいかないため、

1　じっとしていられず動き回る（多動性）
2　目の前の刺激に反応して、あと先考えずに行動する（衝動性）
3　気が散りやすい（注意集中困難）

といったことが、子どもの年齢や発達レベルにふさわしくないほど、際立って強く表れます。どこででもこういう行動が見られることも、診断の基準になります。

いつから診断できる？

発達の過程で、1〜3歳は多くの子が「ちょろちょろと落ち着きがない」時期であるため、確定診断は難しいのが現状です。なぜなら、診断するには、厳密な医学的診断基準を満たすことが必要なのに、幼児はどんどん状況が変わっていくため、「少なくとも6か月以上その状態が続く」という基準を満たすことが少ないからです。

子どもの「動きの多さ」が「好奇心」や「目的」に基づかない過剰な動きであり、しかも衝動的で、気が散りやすく、次々と別の行動に移っていく、というような状態が何か月も続いて変化がないようなら、一度小児神経科、あるいは発達外来のある小児科などに相談に行くとよいでしょう。

多動性は他の障害にも見られる症状なので、その他の障害の可能性も含めて子どもの発達全体を注意深く観察していきます。

今後の成長の見通しは？

ADHDの子どもは、理解力はあるのですが、わかっていてもからだが勝手に動いてしまいます。年齢が高くなるに従って、ひとときもじっとしていられず走り回るといった大きな動きは少なくなりますが、注意力が散漫で、絶えずからだを動かしている、隣の人に手を出すといった落ち着きのなさが残ることがあります。

学童期になると、集団行動や長時間座って授業を受けることが求められますから、授業態度を注意されたり、集中できないために勉強が遅れたりすることも出てきます。このような場合には、学校側にADHDの特性について十分に理解してもらい、必要なら個別指導などの配慮をお願いすることになります。また、ADHDに効果的な薬（コンサータ、ストラテラなど）を服用して多動の症状を抑えることで、学校のような集団生活、集団授業による勉強もできるようになります。

また、成長に伴い、自分自身で「気が散りやすい。注意力がない」ことを意識できるようになると、自分をコントロールする工夫もできるようになります。

どんな育て方をすればいい？

ADHDの子どもの幼児期は、けがに気をつけることが第一です。衝動的に飛び出したりするのを防ぐ工夫、家の中でも危険なものは取り除く工夫が必要です。その一方で、安全な場所で思いきりからだを動かせる時間をつくってあげたいところです。また、つい禁止事項やしかることが多くなってしまいがちですが、どうしても守らせたいことをはっきり決めて、それ以外は大目に見るという、めりはりのある育て方をするとよいでしょう。

■自閉症スペクトラム

どんな障害？

自閉症やその周辺の障害について、分類や名称が大きく変わりつつあります。脳科学による研究が進み、当事者の経験が広く発信されたことが影響しています。

自閉症スペクトラムは「スペクトラム（連続体）」の名のとおり、症状が薄い人から濃い人まで連続した多様な状態像を示すこともわかってきました。ここでは、平成27年時点での大まかな説明をします。

次に挙げるような行動上の特徴が見られ、それが生涯にわたって続くだろうと判断されるとき、「自閉症スペクトラム」という診断名がつきます。

1　人づきあいやコミュニケーションの問題

視線が合わない、指さしや視線で気持ちを伝えることが苦手、呼びかけてもふりむかないなど、人とのかかわりがもちにくいことが、気づきであることが多いようです。

ことばの遅れも目立ちます。ことばが出てもオウム返し（エコラリア）が多く、気持ちの交流になりません。単語の数が増えてからも、自分の興味のあることを一方的に話すのに、相手の話には反応してくれず、会話にならなかったり、独特の言い間違いをする、という質の問題もあります。

相手がどんな気持ちなのか、自分がその場に適した行動をとっているかを認識する力が不十分なための、社会性や対人関係の問題ともいえます。

2　興味の対象が限られ、こだわりが強い

くるくる回るもの、きらきら光るもの、など特定のおもちゃや物に強いこだわりを示します。また、物の場所や順序など、自分なりの「約束事」が守られないと、パニックを起こしてしまったりします。臨機応変に対応することができないため、生活するうえではたくさんの不便なことが起こります。感覚面での困難をもともともっているために起きる行動だと考えることができます〈↓650ページ〉。

自閉症スペクトラムに含まれる状態像のいろいろ

自閉症スペクトラムの状態を示す子どものなかには、知的な遅れを伴う場合と、知的な遅れを伴わない、また、逆に知的能力が非常に高い場合があります。

「アスペルガー症候群」の名称は新しい診断基準からは消えましたが、社会一般ではまだよく聞きます。専門家の間でも見解が分かれています。

アスペルガー症候群とは、知的レベルが高く、自閉症スペクトラムとしての特徴も比較的軽いのですが、相手の気持ちが量れずに話題が合わせられない、人間関係がうまく結べない、無理に自分の意思を通そうとする、こだわりや自分なりの複雑なルールで生活し、そのペースをくずせないなどの行動が、成長してからも残ります。幼児期よりも、むしろ学校生活がうまくいかなくなって気づかれたり、社会人になってから診断されることも少なくない障害です。

しかし、これらの診断名の違いは、子どもの療育、養育を考えるうえでは、それほどの違いをもちません。子どものもつ行動上の特徴に合わせた生活の工夫をする、という方向性は同じだからです。

いつから診断できる？

自閉症スペクトラムの確定診断は、３歳過ぎぐらいから、ある程度の見通しがついてきます。それ以前の、２歳代から医療機関や療育機関で継続的に経過を追ってきた子どもの場合には、３歳前でも、行動の特徴がそろって見られるときには、自閉症スペクトラムである可能性を踏まえて、療育していくことができます。

このような場合、よく使われるのが、「自閉傾向がある」といった表現です。これは医学診断名ではなく、「自閉症に似ているけれど自閉症ではない」という意味でもありません。将来的に、自閉症ではないと判断されるかもしれない、でも自閉症である可能性も同じくらいあると考えて、自閉症の子どもによいといわれている援助や生活の工夫をしながら過ごすとよいでしょう。

今後の成長の見通しは？

自閉症スペクトラムの診断の基準になる二つの行動の特徴は、ひとりひとり、その程度や表れ方には無限の段階があります。また、それと同時に知的なレベルもひとりひとり違うので、今後、小学校、中学校と進むうえでの進路も違ってきます。

知的な遅れもある子や、知的能力が正常と遅れの境界くらいとか、自閉症の特性が強い場合には、特別支援学級（固定制の学級）や特別支援学校で、その子の興味やペースに合わせた教育を選択することが多いようです。知的な遅れがない場合は、通常の学級に通いながら、週に数時間通う通級指導を併用する場合もあります。

知的な能力が高く、成績がよくても、自閉症スペクトラムの特性をもちつつ通常の学校教育のなかにいると、人間関係で孤立してしまったり、思春期にはいるころに自分は皆とは違うようだ、と気づき始め、つらくなってしまうこともあります。まわりの理解はもちろん、本人への十分な説明や、精神面でのケアが必要になります。

特性により進路は違ってきますが、子どもの能力を発揮できるのはどこかを考えて選択することで、将来仕事につき、自立して生活していくことは、十分に可能です。

どんな育て方をすればいい？

自閉症スペクトラムの二つの特徴の生活での生かし方を考えていきましょう。

たとえば、こだわりや柔軟性の不足という「問題」も、いつもどおりだと落ち着ける、パターン化された教材だと覚えやすい、という生かし方ができます。同時に、こだわりが強い子が、何かを「あきらめる」ことができた場合には、ふつうの子があきらめるより何倍も大変なことだということを理解して、「えらかったね」とほめてあげるような育て方ができたらよいでしょう。

自閉症スペクトラムの子どもは、耳からの情報はいりにくいけれど、目からの情報の処理には優れているというように、ふつう以上に優れた能力をもっている場合もあります。子どもの興味やこだわりをうまく生活に生かしていくなかから伸ばせる能力も見つけだせるでしょう。

■LD（学習障害）

どんな障害？

聞く、話す、読む、書く、計算する、推論するといった能力の一部について、それを身につけたり使ったりすることがうまくいかないという問題をもつ場合、「LD」という診断がされます。

ひと口にLDといっても、病気のように同じ症状を示す人たちの集まりではなく、ひとりひとり、もっている困難さ（できにくさ）も違えば、度合いも違うという、漠然とした、大きなくくりです。

また、LDの子どもは、「学習」の範囲以外の部分でも、対人関係がうまく結べなかったり、注意や集中が続かない、前庭感覚の働き〈↓650ページ〉が未発達であるというような問題を併せもっていることがあります。

いつごろから診断できる？

LDは、障害の程度としてはごく軽度のものです。しかも、その子がもつ脳の機能上の問題で学習につまずきが出ているのか、学習意欲や環境など外的な要因なのか、表面に表れた状態だけで判断するのは難しいところです。しかし、しつけや子どものやる気の問題だと、単純に決め付けるのはよくありません。

LDの子どもは幼児のうちから、ことばの遅れ、多動性、運動機能の遅れといった「症状」が表れていることもあります。心配がある場合は、それが「発達遅滞」なのか「ADHD」なのか「自閉症スペクトラム」やその周辺の障害なのかという区別にかかわらず、積極的に経過観察をしていきましょう。

LDは、知能検査や心理検査、子どもとの面談による観察によって、診断することができます。継続してその変化を見ていくと、入学前後の5～6歳の時点で、かなりはっきり、その子のもつ特徴が、LDなのか、ほかの障害なのかがわかります。

今後の成長の見通しは？

LDの特徴は、できることはふつうの子どもと同じようにでき、できないことはどんなに努力してもできない、というアンバランスさです。しかし、子どもが苦手な部分を補ってあげるような指導のしかたをすれば、着実に学習していくことが可能です。

理解のスピードは遅くても、理解できないわけではないので、子どもに合った学習内容をつくり、必要な部分は個別で対応することが大事です。

通常学級のなかで、こうした配慮をどこまでできるかが、その子の学力をどこまで伸ばしていけるかに大きくかかわります。適切な配慮を受けるためにも、LDと診断されたら、学校側にも伝え、学校とともに、子どもへの対応を考えていくことです。

その子のもつ問題を理解して、その部分を援助し、子どものがんばりを認めて育てていけば、社会に出て生きていくために支障が出ることはありません。

どんな育て方をすればいい？

LDの子どもが苦しんでいるのに、親や教師が十分に理解してあげず、「怠けている」などと責めてしまうと、「わかってもらえない」と精神的にダメージを受けてしまいます。すると、本来子どもがもっている問題以外に、二次的な問題行動として、生活が投げやりになり、非行や不登校につながってしまう場合も少なくありません。

子どもを肯定的な目で観察すれば、一生懸命やろうとしている子どもの姿と同時に、思うようにできないときの、悲しい顔も発見できるはずです。そうしたら、その困難をできるだけ取り除く方法を考えてあげる、という育て方ができるでしょう。

家族で育つ

子どものこころの真ん中に、いつも立っていたい。親ならそんなふうに思うかもしれません。反面、子育ては予定どおりに運ばないものだとわかってくると、真ん中に立ち続けることが苦しくもなります。ところがうまい具合に、子どもは成長するにつれ、愛着[★1]の対象を友達や先生、先輩など、家庭の外へと広げていきます。真ん中は親であっても、学童期、青年期には自然と、「家族」と「社会」の両方に愛着のネットワークを張り巡らし、精神的に自立していくのです。

子育ては、子どものたくさんの不思議とつきあっていく作業です。手間も時間もかかるからこそ、「家族」のチームワークや「社会」のネットワーク、支援の力が必要になるのです。効率的に子育てをすませようとしてもできないでしょう。なぜなら、効率のよい愛情などないからです。

「しつけ」と「ほめる」はセットで

子どもに「写真を撮るよ」と言うと、4歳代後半くらいから、いい顔に見せようと表情をつくるようになります。人の目が気になり、恥ずかしい自分を見せたくないという意識が芽生えるからです。その意識を利用するという意味で、大人から見れば、〝しつけ〟をしやすい時期にはいったといえるでしょう。

しつけとは、社会生活で必要となる習慣を教えること。食事は座って、排泄《はいせつ》はトイレで、公共の場では騒がない、交通規則を守るなど、文化的、社会的なルールに沿うものが多いのはそのためです。また、食事のときはテレビを見ないなど、「家族」が決めたルールもあるでしょう。それを守らせることは大切ですが、熱心なあまり感情的にしかっていても、子どもには「怒られた」という気持ちしか残りません。しつけの根底には、「この子をなんとか社会に適応させたい」という子どもへの思いやりがあるはず。守れたらすぐにほめる。そういう、ほめられた達成感が積み重なって、子どものなかにしつけは定着するのです。

「家族」のなかのつらさ

一見平和そうに見える「家族」であっても、内側に複雑な問題を抱えている場合があります。大人メンバーの間の深刻な悩みは、子ども[★2]へも影響します。

たとえば、お母さんがパートナーから暴力を振るわれている、「家族」のだれかが依存症だ、そういう問題がある場合です。子どもは、加害者の大人にはもちろん、犠牲者という立場を受け入れている大人も信用しなくなります。「横暴を許している」「解決しようと

★1―― 愛着関係を結ぶ相手は、赤ちゃんのころは家族や保育士さんでした。成長して社会的なネットワークが広がると、友達や先輩、同僚、恋人、そして夫や妻など、様々な相手へと発展します。そして子どもが親になれば、今度は自分の子どもとの間に愛着をはぐくんでいきます。

しない」「共犯者だ」と感じるからです。

ただ、このように悲観的な状況であっても、第三者に発覚することによって、「家族」をやり直すチャンスをつかむこともできます。保健センターに、「家庭内暴力について相談したいのですが」「アルコール依存症の相談窓口はありますか」と問い合わせてください。状況に応じて専門家を紹介してくれます。さらに事情を聞き、その「家族」に適していると思われる対策を立てます。それは、「家族」を壊すためではなく、立ち直らせるための介入です。

また、わが家のことでなくても、子どもの友達の「家族」に心配事があるかもしれません。「あそこの親はひどい、許せない」と責めるばかりでなく、「何か困っているんじゃない？」「相談にのってくれるらしいよ」と、その「家族」の困りごとにスポットをあててみてください。いまは虐待の気配を感じたら、当事者でなくても児童相談所へ連絡する義務があります。調査の結果、虐待はなかったとしても、それに越したことはないのです。連絡した人が責められることはありません。

新しい家族を始めるとき

親の離婚・再婚によって、新しい「家族」が始まる場合があります。「家族」が変わる、生活が変わるのですから、どうしても子どもは不安になります。また、それまでの夫婦関係は切れても、親子関係は切れません。大人たちは会わせたくなくても、子どもは我慢しているかもしれません。子どもの心情を思いながら、新しい「家族」を始めましょう。

子どもを救う三つのことば

子どもは親がいちばんだと思っているので、虐待を受けていてもなかなか親にやられたとは言いません。言ったとしても「自分が悪いから」と親をかばうような話になるケースが多いのです。ですから、たとえほんのひと言でも子どもがその悩みを告白しているときは、かなり勇気を振り絞っていると思われます。

専門家が相談を受けた場合、話をおしまいまで聞いたあとで必ず子どもに言うことばがあります。「よく話してくれたね、苦しかったね」「あなたは悪くないんだよ」「いままで大変だったね」の三つです。「ほんとうなの？勘違いじゃない?」「あなたが挑発しているんじゃない?」などとは決して言いません。なぜなら、告白しかけたときにそう言われたら、「やっとの思いで打ち明けたのに、言わなければよかった」と、口を閉ざしてしまうからです。虐待に加え､告白した自分を否定され、二重に傷つくのです。

そうなると、次に悩みを打ち明けるまでさらに時間がかかり、その間に子どもが受ける傷が深まる恐れもあります。もし、あなたが自分の子どもから、あるいはよその子どもから悩みを打ち明けられたら、何はさておき抱きしめて、三つのことばを言ってあげてください〈→ 688 ページ〉。

（花山美奈子）

★2 ── 子どもに対する、大人の不適切なかかわりを海外では「マルトリートメント」とよび、「虐待」より広い概念としてとらえられています。おおむね 15 歳以上の子どもおよび大人が、18 歳未満の子どもに対し、身体的暴力や不適切な養育をすることをさします。学校や塾などでの同様な状況も家庭外マルトリートメントと考えられています。

■離婚家族の子育て留意点

離婚する理由を説明しておかないと、子ども★3は自分が原因ではないかと疑い、問題を起こしてふたりの目を自分に向けようとします。また、これから子どもは、「離れていても親子」という変化を受け入れなくてはなりません。子どもが会いたいのなら、元夫婦に葛藤《かっとう》があっても会わせましょう。子どもが親とつながる機会を、大人たちの憎しみで奪ってはいけないのです。

毎日の生活では、必ず会話をする、サポーターの手配をする、緊急時の対応策を打ち合わせておくなど、子どもに不安を抱かせないよう気を配りましょう。

■ステップファミリー（再婚家族）の子育て留意点

お互いに子どもがいる、どちらかにいる、いろいろなケースがありますが、子どもにとって環境が変化することには違いがありません。

子どもへの愛情に差をつけない

子どもたちは親から注がれる愛情の濃淡に敏感です。接し方に気をつけましょう。

子どもの話を聞く

子どもの話に気持ちを添わせます。それが、自分に関心をもってくれているという実感につながります。

子どもの前でけんかをしない

離婚を経験した子どもは、両親の不和に敏感です。また離婚するのではないかと不安になったり、新しい親が自分の親をいじめていると疑い、恨んだりもします。けんかをしたら、仲直りも見せてください。

元の親をライバル視したり嫉妬《しっと》しない

この時期から親子は「電話の関係」へ

親子関係はどんなふうに変化していくのか、ふと考えてみました。

赤ちゃん時代は「抱っこの関係」。触れ合いながら行動し、外の世界を感じていきます。1歳くらいは「滑り台の関係」。一緒に何か体験しながら、感受性や自主性をはぐくみます。2〜3歳の自己主張が強くなるころは、「ブランコの関係」。隣でゆらゆら揺れながら、子どもの気持ちを受け止める。そして幼児期後半からは「電話の関係」。外の世界へ出て行く子どもが、不安があればいつでも救いを求められるところに親はいます。

「電話の関係」期にはいると、子どもが「あのね」と言ってくるまで待つことが多くなるので、親はやきもきします。けれども、その待ち時間が、子どもが精神的に自立するためにはとても大切なのです。どうしても気になるときは、こころのなかで受話器を取り、こちらから「もしもし」と様子をうかがいます。「いま忙しいから」と切られてしまうかもしれませんが、それはそれでしかたない。「信じているよ」と伝えたら、そっと受話器を下ろすのです。

（土谷みち子）

★3——「家族」のメンバーが変わるときは、どんな事情があれ、だれもが一種の喪失感に襲われます。特に子どもは、どこに気持ちをぶつけてよいのかわからないでいます。遠慮なく感情を表せる雰囲気をつくり、子どもからのSOSをしっかりキャッチしてください。

「親として認めてほしい」と願うからこその正直な感情ですが、「自分なりにこの子を愛し、育てればよいのだ」と割り切り、気持ちが鎮まるのを待ちましょう。

*

どんな「家族」にも、ドラマがあります。いろいろあってもやり直せる、人間はそういう力を備えている……子どもたちが育っていく様子は、大人たちに人間本来の力を思い出させてくれるのです。

子育てはいまがすべてではない

臨床心理士　花山美奈子

■フィットするときがくる

　子育てする親の理想は何かといえば、子どもの成長に合わせて、自分も変わっていけること。赤ちゃんのころはあやすのがじょうず、少し大きくなったら遊び相手として最高、もっと大きくなったら話せる親、というように。

　でも、現実はそうもいかなくて、赤ちゃんの相手は苦手、だけど、ことばをしゃべるようになったらすごくフィットしてきた、そういうことがあるものです。なかには思春期になったらうまく対応できるようになったとか、「だよね」と対等に言える年齢になって初めて楽になったという人もいます。いまがすべてではないのです。

　自分と親との関係も振り返ってみてください。昔はよくぶつかったけれど、大人になってから話が合うようになった、そう感じることはありませんか。だから、いま、「うまくいかないな」と思っていてもだいじょうぶ。フィットする時期がきます。その時期がいつなのか、それは子どもが明日のためにとっておいてくれる、楽しみのひとつともいえるでしょう。

■子どもの時間

　現代の子どもを見ていて「いまはなくなったなあ」と思うのは、〝道草〟と〝だれかわからないお客さん〟。道草をすると、まっすぐ帰る道にはない発見があります。また、ひと昔前は遠縁のおじさん、お父さんの知人、町内のおばさんといった、よく知らないお客が訪ねてきては、世間の空気を家の中に送りこんでくれていました。

　子どもは、ぼんやりして、回り道しているように見えるときが、いちばん知的にも情緒的にも活発に活動し、成長しているのです。自分のことを考えたり、気持ちの整理をしていたり。この水面下での作業が人には見えないので、私たちはしばらく待つことになります。

　いつも何かに駆り立てられているような時代にあって、待つ時間はとても長く感じるでしょう。それでも本人は、「大人になったらこんなことしてみたい」などといろいろと考えているのです。子どもがぼんやりと座っていたら、時には隣に並んで、そのまなざしの先を一緒に眺めてみてください。忘れかけていた子どもの時間を、あなた自身がもう一度たどれるかもしれません。

子どもと家族のSOS

子どもの「困難や不安を解決する力」を信じる

NPO法人CAPセンター・JAPAN

「知らない人についていってはだめ」「暗くならないうちに帰ってきなさい」と行動を制限するだけでは、子どもを理不尽な暴力から守るには不十分です。

CAP《キャップ》（Child Assault Prevention＝子どもへの暴力防止）プログラムでは、子ども自身が「生まれながらにもっている権利」に気づき、自分を大切にするこころ（権利意識）を育てることをベースに、「子ども自身が自分のこころとからだを守るスキル」を体験学習します。就学前プログラムの対象は、3歳から。その親や先生は「おとなワークショップ」を受講します。

■自分を生きる力を

「安心・自信・自由」の権利意識は、だれもがもっている「生きる力」や「人間の尊厳」など、人間の「内なる力」を引き出すものだとCAPは考えます。「豊か」な社会は、子どもたちを管理し、競争に駆り立て、消費経済の対象にすることで、この「内なる力」を奪っていないでしょうか。また、友達同士のいじめや大人からの虐待を受けて、無力感に襲われている子どもたちもいます。

そんな子どもたちのこころの声に黙って耳を傾け、「あなたは悪くない」「信じるよ」と言って力づけることができますか。「おとなワークショップ」では、特に子どもに対する「内なる力を引き出す＝エンパワメント」の働きかけについて話します。

■遊ぶ権利、食べる権利、寝る権利

「取られたら、つらくなったり悲しくなったりするもの、それが〝ケンリ〟。

遊ぶ権利、食べる権利、トイレに行く権利……日常生活の実感に「権利」ということばを与えてあげると、子どもたちはその意味をちゃんと理解します。この話し合いのあと、「○○ちゃんが、ぼくの遊ぶケンリを取った」と訴えてくる子が出てきます。こうなってほしいのです。権利を体感していないと、奪われたときにSOSが出せないし、お互いを尊重することもできないからです。

■小さくても無力ではない

「連れ去り」や「性暴力」の加害者は、子どもは抵抗しないものと思って近寄ってくることが多いものです。そこで、おなかの底から太く低く「ウォー」と叫ぶ「特別の声」が有効になります。そして相手のすきをついて「逃げる」、大人に「知らせる」――子どもたちは具体的なスキルをロールプレイで学んでいきます。

もちろん、これですべてが解決するわけではありませんが、子ども自身が「自分には困難や不安を解決する力があるんだ」と信じること、まわりの大人もそれを信じること。私たちはそこから始めたいと考えているのです。

Q いやな目にあっても「秘密だぞ」と言われていたら、親に相談してくれないのでは？

A **「安心な秘密」と「怖い秘密」があることを伝えておきます。**

子どもへの性虐待の加害者は、加害行為を秘密にしようとします。また加害者は、身近な人・友人・知人が47％、知らない人が53％（1993年「日本性教育協会」の調査報告より）というデータがあり、被害にあった子どもの年齢が下がるにつれて、見知った人が加害者となるケースが多くなっていきます。

このために、被害にあった子どもは「だれにも言えない」と思いこんで、こころの傷をますます深めてしまいます〈「3歳から語りかける『性』」→617ページ〉。

ふだんから子どもと、秘密にはふたつあることを話し合っておく必要があります。

友達の誕生日に秘密のプレゼントを用意するのは、「安心な秘密」。けれども、自分が怖くなったり悲しくなったりするなら、それは守らなくてよい秘密。「そういう秘密は、必ずだれかに話をしようね」と伝えておきます。

「ふたつの秘密」の応用として、もう少し大きくなったら、「告げ口」と「相談」は違う、と話しておきましょう。いたずらやいじめなどに直面して、「告げ口はできない」と大人に秘密をもつことが出てきます。「だれかを困らせようとするのは、〝告げ口〟」、けれども「自分が困っているときに、人の力を借りるのは〝相談〟」です。

Q 男の子が、性的暴力や虐待にあうことは多いのですか？

A **性被害にあった男の子は、羞恥《しゅうち》心《しん》から「相談できない」と思いがち。男の子にも知識が必要です。**

性的暴力の被害は、思春期ころの女の子に集中していると思われがちですが、実際には広い年齢層に分散していて、乳児から就学前の子どもにも、また男の子にも、頻発しています。

これは、アメリカで定説になっているデータですが、「女の子の3人または4人にひとり、男の子の6人にひとりが性的被害にあっている」と言われています。

性的な暴力や虐待が被害児にもたらす影響は深刻です。特に男の子は、性被害にあったことをだれにも相談せずに、ひとりで抱えこむ傾向があります。それは「男子も性被害にあう」という事実が社会的にあまり知られていないため、性被害を受けたことへの羞恥心や孤立感が女の子よりもいっそう強く、だれも信じてくれるはずがないと思いこんでしまいがちになるからです。

女子だけでなく男子も性被害にあうという事実は、すべての子どもたちに知らせておきたい大切な知識です。

Q 子どもが加害者である事件が目立ちます。防止策はありますか。

A **攻撃的、性的なことば遣いや行動が見受けられたら、話を聞いてみましょう。**

子どもが、異性の大人に対して執拗《しつよう》に接触を求めてきたり、自分より弱い者、小さい者に対して、暴力的な態度や不適切な性的行為に出たりする——。そのような行動が子どもに見受けられるときは、その子になんらかの〝傷つき体験〟がある場合が少なくありません。

気になる様子や行動があったら、親や周囲の大人が、「怖いことをされたことがある？」「からだにさわられたりして、いやな思いをしたことがある？」と聞いてみてほしいのです。

ただ、そのためには日ごろから、子どもとなんでも話せるような信頼関係がなくてはなりません。特に、性をタブー視しないオープンな会話を大切にしておくことが必要になります。

子どもがありのままの自分を認めてくれる人と出会い、ほんとうの気持ちを聞いてもらえること。それが、子どもを被害者にも加害者にもさせない第一歩です。

Q 子どもを暴力から守るためには、子ども自身の権利意識を育てる……でも、わがままにならないですか。

A 権利とは何かを、子どもはきちんと理解します。自立とわがままは違います。

CAPの「子どもワークショップ」では、「安心、自信、自由」の三つの権利を写真やロールプレイなどを使って、子どもが体験学習します。「権利」という概念は、私たち大人にも実感しにくいもの。たとえば「安心して生きる権利」については、「怖いなとか、いやだなとかいう気持ちは、安心じゃないよね」と、「自信をもって生きる権利」については、「こころもからだも強いんだ、自分には力があるんだ、という気持ちになれること」と説明していきます。「自由の権利」についても、「ほんとうにしたいことを、自分で選べたときの気持ち」と説明すると、子どもたちは、「なんでも

自信をもって生きる権利
人と比較されるのは、いやだ
競争ばかりでは、いやだ
さみしい…
安心して生きる権利
痛いことは、いやだ
不快なことは、いやだ
私は私のままでいい!! 私は私が大切!
ぼくはぼくが好き!
自由に生きる権利
自分で選べないのは、いやだ
「だめ、だめ、だめ」は、いやだ

好き勝手なことをするのは、自由とは違う」ときちんと理解します。

子育てをとおして私たち大人は、子どもが社会的に自立できる人間に育ってほしいと願っています。それは自分で考え、自分で行動を選択し、その結果を引き受けていく人間のことです。家庭や保育の場は、子どもの大切な成長の機会を奪わず、たくさんの選択肢を提供する場であってほしいと思います。

●ＣＡＰは、１９７８年、アメリカ・オハイオ州にあるレイプ救援センターによって開発された子どもへの暴力防止プログラムです。日本には、１９８５年、森田ゆりにより紹介されました。

●大人向けと子ども向け（就学前、小学生、中学生）のプログラムがあり、各都道府県のＣＡＰグループが活動しています。

問い合わせ先

ＣＡＰセンター・ＪＡＰＡＮ

ＴＥＬ０７９８・５７・４１２１

ＦＡＸ０７９８・５７・４１２２

http://www.cap-j.net/

ＣＡＰ障害児向けプログラム、ＣＡＰ児童養護施設向けプログラム、高校生暴力防止プログラムについては、ご相談ください。

（事務局長　桝井喜洋子）

CAP子どもワークショップ
「安心・自信・自由」を
自分で守るスキル
●ロールプレイ 1
友達
こっちに よこせよ！
いやだ！
「いや」と言う
●ロールプレイ 2
知らない人に連れ去られそうになったら
エイ！
相手のすきをついて
逃げる
足の甲を踏む
それ！
向こうずねをける
ひじでみぞおちを突く
ウォー ウォー
まわりの人も、「ウォー」と叫びながら駆けつけよう
特別の声「ウォー」と叫んで逃げる
●ロールプレイ 3
いやなさわられ方、不快な思いをしたら
大人に
話す
「話してくれて、ありがとう」
「よく話してくれたわね」と、
こころの声にも耳を傾けて

コミュニケーション

幼稚園に年少組から通っている子も、もっと前から保育園で友達と過ごしている子も、4歳半くらいでやっと、集団遊びのおもしろさに目覚めます。それと同時に、初めて家庭の外の社会に属して緊張する場面やいやなことも味わい始めた子どもにとって、家庭は元気を回復させてくれる場でありたいものです。彼らが経験した「わくわく」も「しくしく」も全部受け止め、子どもの立場や気持ちに寄り添って聞き役に徹しましょう。これは、小学生、中学生、いえ、子どもが親元から自立するまで続く家庭の役割だといえるでしょう。

園での出来事を根掘り葉掘り質問しない

幼稚園や保育園でいやなことがあったり、「もう行かない！」と言い出したときは、とにかく子どもから話してくれるまで待ちましょう。話しやすい親子関係が築けているかどうかが問われる場面です。

■いやな経験は「すんだこと」

日中離れていただけに、「今日はどんなことをしたの」「けんかしてたあの子とどうなった」とつい聞いてしまいがちです。でも、楽しいことばかりではなかったとしても、子どもなりに気持ちの決着をつけて家に帰ってきて、いまさら蒸し返されたくないときもあるはずです。深刻な様子でないかぎりは、自分から話し出すまで待ちましょう。

ぽつぽつと話し始めたら、時には「〜ってことがいやだったのね」と子どもの気持ちに添って、ことばをふくらましながら、耳を傾けましょう。そのことについて、○○ちゃんのほうが悪いとか、あなたはこうしたほうがよかったのにと、親がジャッジしないことが大事です。

■「行きたくない！」の言い分を聞く

子どもは親の気持ちを鋭敏に察するので、通園させたい意向を感じ取ると、「行きたくない自分は悪い子なんだ」「行かないとお母さんお父さんががっかりするんだ」と自分を責めます。お母さんお父さんは、落ち着いた声音で「そうか、行きたくないのか。わかったけど、どうしてなのかママ（パパ）に教えて」と、子どもを追いつめずに原因を聞きます。しっかり受け止めてもらえたら、気持ちが吹っ切れて、早ければ翌日からでもふだんどおりに通園できることも少なくありません。子どもの言い分がもっともなときは、感情的にならずに解決法を探しましょう。

★1—— 大人が字を書いているのをまねて、○や×、〜〜〜など、「文字もどき」を書いて「おてがみ、はい」と遊ぶ子もいます。それで満足している子どもに、「ほんとうの」字を教えこむ必要はありません。それよりも、子どもあてにお母さんからお手紙を書いて、読んであげると喜びます。

4原則を守り、集団遊びのよきサポーターに

4歳を過ぎ、同じ年ごろの子どもとルールに従って遊ぶという新しい経験に夢中になってきます。楽しく遊ぶためには好き放題にはできないことがわかり、ルールを守らない子は非難されることもあります。もちろんまだ、けんかや能力差によるトラブルもさかんに発生します。お母さんお父さんは、集団に勇躍参加する子どもの最強サポーターになってあげてください。

原則は次の四つです。

①トラブルを回避して丸く収めようとせず、トラブルを経験させ、乗り越える手助けをする。

②子どもの言い分に徹底的に耳を傾ける。

③危険や反社会性がないかぎり、子どもの遊びの内容に踏みこまない。

④家で子どもの友達を批評したり、「○○ちゃんと遊べばいいのに」などと選別したりしない。

ことばや文字を教えこまない 興味があれば遊び感覚で

本やお絵描きよりとにかく外遊びという子もいれば、ひらがなや数字に興味をもち始める子もいます。この違いは個性であり、将来の学力差とは無関係です。幼児期は遊びや生活体験に時間をたっぷり使い、文字を覚えるのは遅いほうがよいという説もあるほどです。

■聞かれた文字だけを答えよう

子どもがさかんに「あれなんて書いてあるの？」と看板や掲示物を指さすときには答えてあげましょう。ただし、うれしさ余って、横の看板まで次々と読み上げるのは、やり過ぎです。たずねられたことだけストレートに答えるようにしてください。

■大きく字を書いて遊ぼう

文字[★1]を書きたがる子もいます。幼児用のひらがなドリルなどを早速買い与えるよりも、ちらしの裏や公園の地面に、お母さんと一緒に楽しく書きなぐることから始めるのがよいでしょう。自分の名前や好きなキャラクターの絵を「でかでかと」描くことは、とても開放的で気持ちのよいものです。

■ことば遊びを楽しめる時期

ことばや文法に、赤ちゃんぽい発音が残っていたり、言い違えることはまだまだあってあたりまえ。あからさまに言い直したり、繰り返させたりすることはやめましょう。この時期、ひとつのことばを音節に分解[★2]して認識できるようになりますので、しりとり、なぞなぞ、逆さことばなどのことば遊びを通じて、自然に正しいことばを身につけていくとよいでしょう。

★2 ―― たとえば「かたつむり」を「か」「た」「つ」「む」「り」と、ひとつずつの音に分解することを「音節分解」といいます。これができることで、ことばの最後の音をとって、「り」→「り・ん・ご」としりとりができたり、「ゆ・う・こ」→「こ・う・ゆ」と自分の名前を逆さにして楽しむようになります。「トイレにいっといれ～」などのだじゃれも大好きです。

年中児のころの遊び

遊びによって育つ力を次の五つに分けて考えてきました。

- 元気なからだをつくりあげる
- 器用に動かせる手をつくる
- 見る力・聞く力・話す力を育てる
- こころが育ち、知力が向上する
- 人と気持ちを分かち合い、社会の一員になっていく

からだはずいぶんしっかりしてきました。敏捷《びんしょう》性や持続力、瞬発力などは、このあと、長い時間をかけて徐々に育っていきますし、手や指の動きや見る力、聞く力、知力なども、生活のなかで自然に育っていくでしょう。

この時期にいちばん経験させてあげたいのは、仲間・友達との自由な遊びです。仲間とともにルールのある遊び、順番のある遊びを重ねることで、ルールを守ること、勝つこともあれば負けることもある、なんでも自分の思いどおりにはならず我慢しなければならない場面もあるんだ、という社会のしくみをからだで学んでいくのです。

遊びが育てる五つの力

- からだ
- 手
- 見る・聞く・話す
- こころ・知力
- コミュニケーション

カードで 遊ぼう

トランプで神経衰弱をしたり、絵かるたやすごろくで遊びます。かるたは字が読めなくても絵でとります。一緒にかるたを手作りしても楽しいでしょう。

カードをつまみ上げたり、めくることで指先の器用さを育てます。マークを「見比べる」「記憶する」などの知力が育ち、遊びながらのルール理解は、社会性につながります。

お寺の和尚さん

ふたりで向かい合って遊びます。歌に合わせて「自分の手」と「相手の手」を交互に打ち合わせ、手でかぼちゃを表現して、最後にじゃんけんをします。

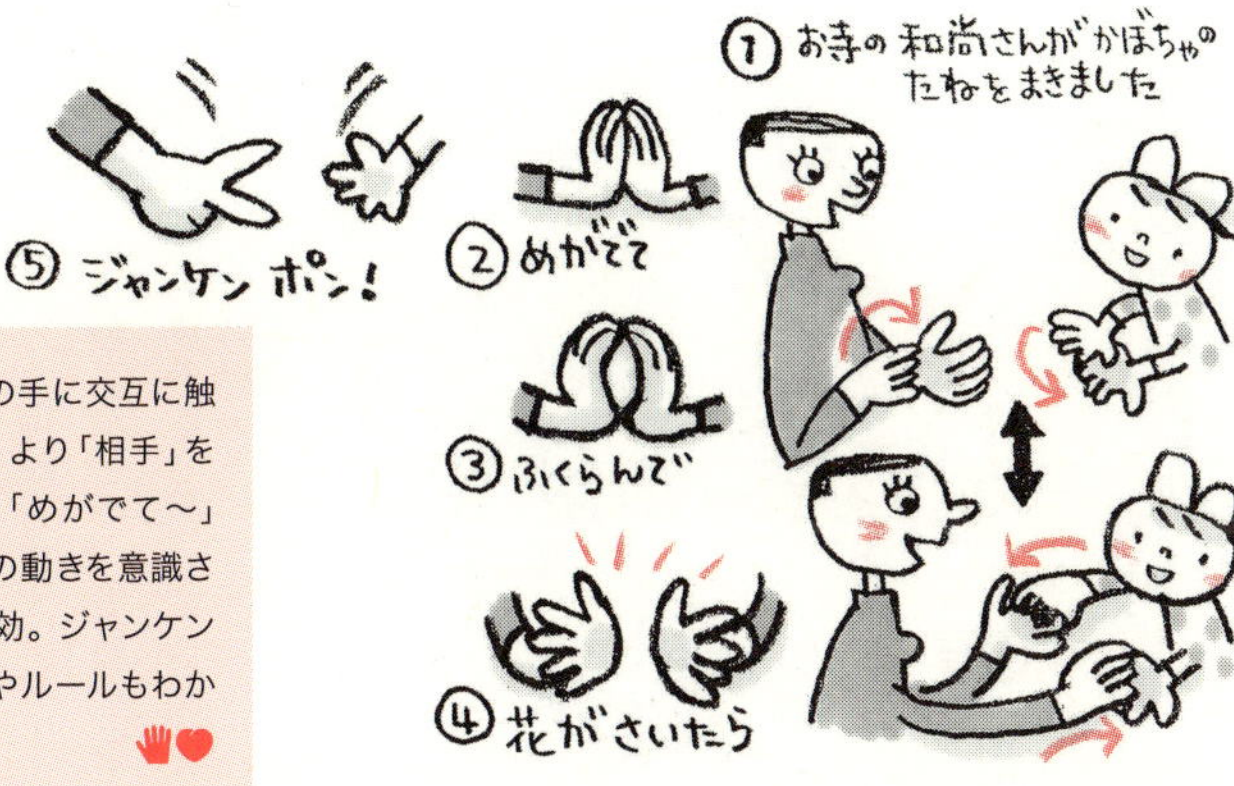
①お寺の和尚さんがかぼちゃのたねをまきました
②めがでて
③ふくらんで
④花がさいたら
⑤ジャンケンポン!

自分と相手の手に交互に触れることで、より「相手」を意識します。「めがでて〜」の部分は手の動きを意識させるのに有効。ジャンケンの勝ち負けやルールもわかり始めます。

しりとり・なぞなぞ

ことばの音韻的要素に興味が生まれ、音節分解〈↓693ページ〉ができるようになります。しりとりや、ごく簡単ななぞなぞ、逆さことばなどを楽しみましょう。

ゴリラ
りんご
らっぱ
ぱ、ぱ、ぱ
パンはパンでもかたくて食べられないパンは?
フライパンでーす!

物がもつ色や形、分類などのイメージをふくらませ、いろいろな側面に分解して物に着目できるようになります。また、ことばをとおして相手と一緒に楽しむことができます。

形集め・色集め

「青いものを集めよう」「長いものを探そう」などと声をかけて、色や形の同じものを集めます。お片づけのときにやってもよいでしょう。

形で集める
丸いもの
色で集める
赤いもの

色や形がわかる「認知」と、大きさや長さなどを見比べて判断する「弁別」の力が育ちます。また、身の回りにあるいろいろな色や形に気づくきっかけになり、視野が広がります。

みんなで 遊ぼう

みんなで楽しく遊ぶには、ルールを守ることが大事なことを理解します。ゲームに負けないよう動くなかで、俊敏な動きや、鬼や仲間の動きを見越して行動する判断力なども育ちます。

①鬼をひとり決め、ほかは逃げる。
②つかまったら「氷」になって動けない。ほかの子にタッチしてもらったら、氷が溶け、また逃げられる。
③全員が氷になったら、最初につかまった子が鬼。
＊鬼を複数にすると、スピードもおもしろさも増す。

①人数より1脚少ないいすを外側に向け丸く並べる。
②歩く方向を決め、音楽やリズムに合わせて歩く。
③音楽が止まったら、近くにあるいすに座る。
④座れなかった子は、ゲームからはずれて待つ。
⑤いすの数を順に減らし、最後に残った子が勝ち。

ほかにおすすめの遊び・おもちゃ

●歌遊び（『おちゃらかホイ』『アルプス一万尺』『アブラハムの子』など）
●すごろく ●お話づくり ●ビーズ通し ●砂遊び・どろんこ遊び
●切り紙・染め絵・工作 ●竹馬・鉄棒
●ブロック・空き箱（立体的に見立てて工作ができる） ●粘土（見立てた物の形がはっきりしてくる）
●集団遊び（「大縄とび」「高鬼《たかおに》」「フルーツ・バスケット」「お店屋さんごっこ」など）

おすすめの絵本

名作絵本・昔話絵本・幼児向け図鑑・科学絵本・ストーリー性のあるものなど
●『めのまどあけろ』（福音館書店）
●『ぼく おかあさんのこと…』（文溪堂）
●『ゆきのひ』（偕成社）
●『せんたくかあちゃん』（福音館書店）
●『ぶたたぬききつねねこ』（こぐま社）
●『だんごむしそらをとぶ』（小学館）
●『おこりんぼママ』（小学館）
●『もものすけのおさんぽ』（小学館）
●『チンプとジィー おおあらしのまき』（小学館）など

年長児（5歳〜6歳）

いまもこれからも、ここにいる

ついこの間まで、お母さんの腕の中で、お父さんの足元で、慕い続けてくれた子どもだけれど。もうお母さんだけを見ていない。お父さんだけを頼らない。ここまでよくがんばった。よく受け止めた。始めていいよ、新しい１ページ。お母さんお父さんは、ページの片隅にいつでもいるから。

年長児（5歳〜6歳）

からだの発達

多少の差はありますが、世界中の子どもたちが集団で教育を受けるようになる年齢は6歳前後です。これはよく考えてみると不思議なことです。歴史や文化が異なれば、教育の内容やシステムが異なるはずなのに、開始時期はほぼ同じなのです。儒教教典のひとつである『礼記《らいき》』には「稚児《ちご》6歳にしては、数と方の名を教ゆべし」ということばがあります。時代と場所によらず、人の子どもは6歳くらいになると、この世界のしくみや決まりごとを学ぶ能力が育ってくるということを人々が経験的に知っていたのです。

日常生活のほとんどをひとりで行える

そうした子どもの知的発達やことばの発達だけではなく、この年齢の子どもたちのからだも、親の元を離れて半ば自立して生きていくことが可能になっています。食事、排泄《はいせつ》、衣服の着脱といった日常生活がほぼ自分だけでできるようになるのがこの時期なのです。

朝、起床して、まず服を着替えます。大部分の子どもが4〜5歳前後までに、衣服の着脱のなかでもっとも困難なボタンかけができるようになっています。歯ブラシを使ったり、顔をタオルでふくといった動作もできるようになっています。箸《はし》はまだじょうずに使えない子どももいますが、スプーンやフォークを使って自分だけで食事をとることができます。食べ物の好き嫌いはあっても、液体、半固形、固形の物を歯でうまくかみ、飲みこむことができます。乳歯はすでに生え終わっているだけでなく、早い子どもでは永久歯に生え変わり始めるのもこの時期です。

階段昇降はもちろんのこと、交通量の多い道を歩いていても、必要に応じて素早く移動することができるようになっています。ドアの取っ手を回しながら、ドアを押したり引いたりすることもできるようになります。

大人並みの正確さを伴うにはもう1年必要

こうしたふつうの大人が日常行っているほとんどの動作が、ほぼ大人並みの正確さでできるようになるのは、だいたい7歳前後だといわれています。大人に運動神経の働きをテストして神経の病気がないかどうか調べる神経診断法というものがありますが、乳幼児期にはその検査方法の多くは使えません。なぜなら、まだ運動神経の働きが成熟していないからです。たとえば手首を軸にして手のひらを「お星様きらきら」のように左右に素早く回す動作は、小脳の働きを調べるためによく診察現場で使われる検査法ですが、3〜4歳の幼児にやってもらうと大人のように素早く行うことはできません。片足立ちもからだのバランス機能を診るための検査ですが、これも3〜4歳の幼児にはできません。でも年長児になると、大人ほどではありませんがだいぶ片足立ちができるようになるので、この検査法が使えます。

前にも書きましたが、オリンピックで女子の体操選手の優勝者の年齢がどんどん下がってきていますが、それも理論的には6〜7歳が下限です。その理由はもうおわかりだと思いますが、運動神経が完成するのがそのころだからです。赤ちゃんのときからどんなに早期英才教育をしても、3歳児でオリンピックのチャンピオンには決してなれません。

そうしたことは、人類の歴史に残る天才たちであっても例外はありません。早熟の天才音楽家モーツァルトが時のオーストリアの女帝マリア・テレジアの前でピアノの腕前を披露したのは、6歳のときです。やはり早熟で知られたバイオリンの名手メニューインが、プロのバイオリニストとしてサンフランシスコでデビューしたのは7歳のときでした。こうしたエピソードは枚挙にいとまがありませんが、みな6歳以上であったということは、どんな天才でも運動神経が成熟するまで6年間は待たなくてはならなかったことを示しているのです。

教育を受ける準備が整ってくる

年長組の子どもたちの運動会に行ってみると、モーツァルトやメニューインではありませんが、みな人としての身のこなしができるようになっていることがよくわかります。途中で転ぶ子どももいますが、ゴールめざしてトラックのカーブをうまく回りながら全速力で走ることができます。まだ失敗も多いのですが、お手玉を高く投げてかごにうまく入れることもできるようになっています。これは単純なことのようですが、方向と距離感を定め、投げる向きと力を調節して初めてできるわざです。

全員で行うダンスでは、他人のからだの動きをまねて音楽に合わせながら自分のからだの動きを細かく制御する必要があります。大人の目から見れば、まだまだスピードと正確さに成長の余地があるのは明らかですが、この時期の子どものからだはその働きにおいて、一応、自立したと見ることができるのです。そして、昔からそのことを大人が認めてきたからこそ、この時期に一人前の大人になるための社会的な訓練である学校教育が本格的に開始されるのです。

自律神経系の発達は未完成。十分な睡眠が大切

基本的な身のこなしと日常生活がかなり自立してできるよ

うになりましたが、まだまだ人間として完成したわけではありません。からだを大きく成長させながら、一応の身のこなしを自由にできるようにするといった成長過程は、一種の突貫工事です。そのために未完成の部分がたくさんあります。

その未完成のもののひとつが自律神経系の働きです。心拍・体温の調節や消化管の働きを調節する自律神経系の働きはまだ十分には出来上がっていません。年長組の子どもたちによく見られる朝起きたときの腹痛や吐き気の症状は、そうした自律神経系の未成熟さからくる症状と考えられています。朝起きてしばらくは消化管の自律神経の働きにスイッチがはいらなかったり、脳への血液の供給が十分になされなかったりします。そのために腹痛や吐き気を訴える年長児がかなりいるのです。

こうした症状は、睡眠時間が短めの子どもに多く見られます。夜遅くまでテレビやビデオを見ていると、睡眠時間がどうしても短くなりがちです。睡眠には自律神経の働きを調整する働きがありますから、十分な睡眠をとらせることが大切です。

ちなみに、朝のこうした症状は、からだの成長が乳幼児期に次いで速い思春期にも見られます。

保育園や幼稚園以上に、小学校生活ではきちんとした生活リズムが重要になってきます。そうした生活にスムーズにはいっていけるように、この時期から少しずつ準備を始めてください〈↓718ページ〉。

（榊原）

十分な睡眠は、自律神経系が未完成の子どもにとても大切です。生活のリズムをつくる準備も始めていきましょう。

年長児（5歳〜6歳）

ことばの発達

小学校入学を控えて、字が読めるかどうかが気になります。まだ文字に興味をもたない子のお母さんお父さんはなおさらです。なにしろ近年では6歳2か月ころ、つまり年長組の後半になると、9割の子がだいたいのひらがなを読めるようになっているのですから。

文字や数は「知りたいときが教えどき」

でも、文字や数や学習的なことを早めに教える必要はありません。不思議なことに、能力が熟してくると子どもが自分から興味をもつからです。ことばの発達には個人差が大きいことを繰り返し書いてきましたが、文字や数などを含めた知的な力の育ちも、子どもによって千差万別なのです。

入学直前になって急激に文字に興味をもち、あっという間に読み書きできるようになることも少なくありませんし、学校にはいってから楽々覚える子もいます。先の心配をするあまりに、いまという時期をつらいものにしないようにこころがけましょう。それがいちばん大事なことです。

文字や数を教えるのは「この字、なんて書いてあるの」と大人にたずねるようになってからが最適期です。「知りたいときが、教えどき」と思ってください。

ボディ・イメージが基礎となって文字を理解

文字は「繰り返し教えれば覚える」という要素も確かにありますが、基礎的能力が育ちさえすれば、苦労なく覚えられるものでもあるのです。

文字を見分けたり書いたりするために必要な能力にはいくつかありますが、上下・左右の概念もそのひとつです。文字の「さ」と「ち」を区別するのは、下半分がくるりと右に曲がっているか左に曲がっているかを見分ける力ですし、「し」を書くときはしっぽが右に曲がるか左に曲がるかがわかっている必要があります。

そして上下や左右がわかるのは、自分のからだの正中線（真ん中の線）を中心にしてからだの右側・からだの左側を感じる力や、自分を基準にして上のほう・下のほうを区別できる力を基礎としています。

この力は、赤ちゃん時代からはいはいしたり、狭い所をくぐり抜けて遊んだりして培ってきた「ボディ・イメージ」、つまり、「自分のからだが重力との関係でどんなふうに存在しているかという感じ」が基礎になっています。この時期になっても右左がまだよくわかっていない子には「箸《はし》を持つほうの手が右よね」とか「右手で握手」などと語りかけ、折に触れて右左を感じさせてあげるとよいでしょう。

指先の細かい動きはお手伝いで育てる

文字を書くには、鉛筆をじょうずに持つことと指先の力の微調整が必要です。指先の細かい動きは、「寝返り——おすわり——はいはい——立っち——あんよ」で鍛えた姿勢を保つ力、背骨をまっすぐに安定させて上半身を支え、腕を自在に動かせる力、手首を内側や外側に回転させる力、腕の動きに支えられた指先の細かい動きなどによって徐々に育てられてきたものです。

細かい手先の動きが苦手な子どもには、毎日の生活のなかで、タオルを絞るとか、ほうきで掃除をするとか、米をとぐとかのお手伝いをとおして、手の生き生きした力が育つようにしてみましょう。

相手の考えを想像できると思いやりの気持ちが

最後にお伝えしたいのは「人の気持ちがわかる」という能力についてです。

心理学の分野で「こころの理論」(theory of mind) と名

「ぼくときみは違う考えをもっているけれど、仲良くやっていける仲間だね」という気持ちをしっかり育てていきたい時期です。

づけられた研究がさかんに行われています。子どもはいつどのようにして自分と他人の考えが同じではないということを知るのだろうか、という研究です。

有名なのは「サリーとアンの課題」とよばれているもので、こんなふうに実験されました。サリーとアンという名前の人形を使って、子どもに短い話を聞かせます。

「サリーとアンという女の子がいます。サリーはかご、アンは箱を持っています。サリーは自分のビー玉をかごにしまって、外に散歩に行きました。サリーがいなくなった間に、アンはサリーのビー玉をかごから取り出して、自分の箱の中に入れました。サリーが散歩から帰ってきて、ビー玉で遊ぼうと思いました。サリーがビー玉を探すのはどこでしょう」

この話に対して、3歳から4歳前半の子どもの多くは「サリーは箱の中を探す」と答えます。アンがビー玉を箱に移し替えたのを自分が知っているので、散歩から帰ってきたサリーも当然知っていると思うのでしょう。「自分の考え」と「相手の考え」とがうまく区別されていない状態です。

ところが4歳後半を過ぎると急に「かご」と正解できる子の数が増えて、5歳になると大半の子が間違えることはなくなるというのです。

「ぼく（私）はこれを知っている。でも相手もこのことを知っているとはかぎらない」ということや、「ぼく（私）はこう思う。でも、相手は違う考えをもっているかもしれない」ということがわかるようになるのです。相手に対する想像力が働くようになるといってもよいでしょう。この能力があって初めて〝共感する〟とか〝思いやる〟という気持ちが出てきます。

ことばの力を信じ、ことばを大切にする子に

年長組の1年間は、こうしたこころの成長を踏まえ、友達との意見のぶつかり合いや、力を合わせての作業をとおして「ぼくときみは違う考えをもっているけれど、仲良くやっていける仲間だね」という気持ちをしっかり育てていくべき時期といえるでしょう。

勉強のたぐいの、あとになってからでも十分身につけられることにエネルギーを割くよりも、5～6歳児のいまだからこそやっておかなくてはならない「仲間と遊ぶ」「仲間と話し合う」「仲間とともに育つ」という経験をたくさんさせましょう。

人との違いを知り、人とわかり合おうとし、暴力ではなく話し合いでもめごとを解決しようとし、それが可能であるという確信をもつ——これらは、「ことば」の力によってできることです。「ことば」の力を信じ、「ことば」を大切にする子になってほしいと願います。

そのためにいちばん大切なのは、私たち大人がそういうよいお手本を子どもたちに見せていくこと。

子育ては親育ち。親子はお互いに育ち育てられの関係です。そのことをいつまでも忘れずにいたいものです。（中川）

こころの発達

年長児（5歳〜6歳）

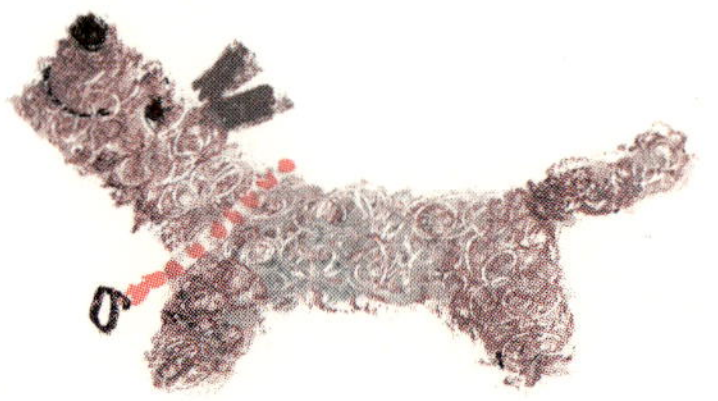

4歳のころは、友達とのトラブルを自分たちだけで解決できないことがよくあります。そんなとき、子どもによっては幼稚園や保育園の先生に「○○くんが悪いんだよ」と言いに行くことがあります。いわゆる告げ口です。告げ口なんかする子は心配と思いがちですが、そうでもありません。

自分たちでトラブルを解決できるように

考えてみれば、自分でトラブルを処理できれば告げ口などしないはずです。いわば他人の手を借りて事態を解決しようとしているわけで、そうした知恵がついてきたと考えることもできます。

そういうときは、「わかったわ。じゃあ、どうしたらいいと思う？」と、できるだけ自分たちで解決策を探らせるようにアドバイスしましょう。

4歳児に比べると、5歳児はもっとしっかりしてきます。トラブルをいくつか体験するうちに、相手がどうして怒ったのかとか、自分が殴ったのが悪かったとか、事態を客観的に見る力が育ってきます。相手を理解する力が伸びてきますから、先生や大人の助けがあれば、自分たちでトラブルを解決することもうまくなります。

ですから、トラブルが起きても、子どもたちの間に立って、うまく伝えきれないところをもう一方に伝えて、仲立ち役をしてあげましょう。きょうだいげんかのときも同じです。大人は、裁判官になるのではなく行司役に徹してください。そうすることで、この時期に育ってきた社会性をさらに大きく伸ばすことができます。

社会性が育つ反面、嫉妬《しっと》の感情が出てくる

このように、5歳児は社会性が育ってきて、ルールなども自覚的に守ることができるようになってきます。反面、友達と自分の違いもよくわかって、嫉妬の感情が前面に出てくることが多くなってきます。

幼稚園や保育園で鉄棒遊びをしているとき、うまくできなかったとしましょう。しばらくはみんなと一緒に練習するのですが、ほかの子ができるようになっても自分はまだできません。やがて、そんな自分が惨めになって、みんなと一緒に

練習したくないという感情が生まれてきます。練習するのは、ひとりでいるときだけ。やがて園では練習しなくなります。先生から「どうしたの？　鉄棒しよう」と誘われても、避けるようになる。こういうことがよくあります。

これは、社会性が育つ反面、嫉妬心も出てくるからです。

子どもの正直な気持ちを尊重して

この時期にはふたつのことが大事になります。ひとつは、同じことをやらせて、結果として競争になるようなことは、原則として避けるということです。したい子はすればよいという雰囲気をつくることが大切です。遊びでも課題でも、選択ができるような働きかけをしましょう。たとえば「これから〝大好きなもの〟について、何か作ってみよう」といった働きかけです。テーマは共通で、具体化は自由という原則です。「ほかの子はもうできているのに、あなたはどうしてできないの」などと軽々しく言わない配慮が大切です。

もうひとつは、常日ごろから子どもの気持ちを素直に表現させてやり、それに共感してあげることです。やりたくないなと思っている子に対して「でも、がんばろうよ」と言いたくなるのが人情ですが、そこをぐっと我慢するのです。「じゃあ、何をやりたいの？」とか「そう、わかった、やりたくなったら言って」というくらいの対応に抑えておきましょう。

そして、子どもが自分の気持ちを正直に言ったと感じたときは、たとえそれが期待していた内容と違っていても、正直に言えたこと自体を評価して、子どもの素直な感情を尊重するという原則を大事にしましょう。

日本の子どもは自尊感が低いと、以前から指摘されてきました。その原因のひとつは、素直な感情を表現することが評価されず、大人の期待している言動を行わなければだめだという風潮のためといわれています。

共感と共苦の感情を素直に伸ばす

この時期には、素直な共感・共苦の能力も伸びていきます。「△△ちゃんって、すごいんだよ。逆上がり連続でできるんだよ！」と言ってきたときは、「そう、でも、友達ができたことを自分のことのように喜んであげられるあなたも、すてきよ」とほめてあげてください。また、兄が痛い思いをして泣いているとき、まだ小さい妹が兄を思って一緒に泣くというのも、共感・共苦のこころが育っているからです。

この共感と共苦の能力こそが、社会を構成している人間にとっていちばん大事で、この感情を素直に伸ばすことが初期の教育の課題だと、有名なフランスの思想家、ルソーが『エミール』の中で書いています。

5歳から6歳の時期に仲間とわいわい遊んで、自分が仲間から必要とされている人間なのだという感情をもてるようになれば、もうお子さんは、児童期の入り口に立っているのです。


（汐見）

育ちのようす

生活習慣の基礎ができて、だいぶ手がかからなくなる5歳代。まわりの世界についてもずいぶん理解が進み、たとえば、10くらいまでの、指を使って数えられる範囲の数については、熱心に教えなくてもわかるようになります。また、人間や動物など生き物は、おもちゃや自動車といった無生物とは違うということも知っています。ただ、花や草などの植物は、動かないために無生物だと思う子どもは多いようです。そして、個人差が大きいのですが、絵本や読み聞かせによって芽生えた文字への興味から、「あいうえお」が読めたり、書いたりする子どももでてきます。

そのような知恵がついた一方で、自我意識が複雑になり、扱い方に悩むことがあるかもしれません。「人に見られている」「恥ずかしい」という気持ちから、「できないところを見られたくない、だからやらない」といった言動が、お母さんやお父さん、保育所や幼稚園の先生に向けられる場合があるからです。ですから、「1年生になるまでに字が書けないと恥ずかしいわよ」などと強制すると、意地でも書かないという態度に出るかもしれません。

永久歯は6歳臼《きゅう》歯《し》から

乳歯が生えそろってから最初に生える永久歯が、6歳臼歯。乳歯の奥歯のその奥に生えてくる永久歯の奥歯です。歯のなかでもいちばん大きく、かむ力も強くて、咀嚼《そしゃく》のかなめになる大事な歯です。6歳前後に生えるためこのような名前がついていますが、5歳過ぎに生えてくる子どももいます。そして、この永久歯が生えきって、上下の奥歯がかみ合うまでに1～2年かかります。生えたては手前の乳歯より背が低くて磨

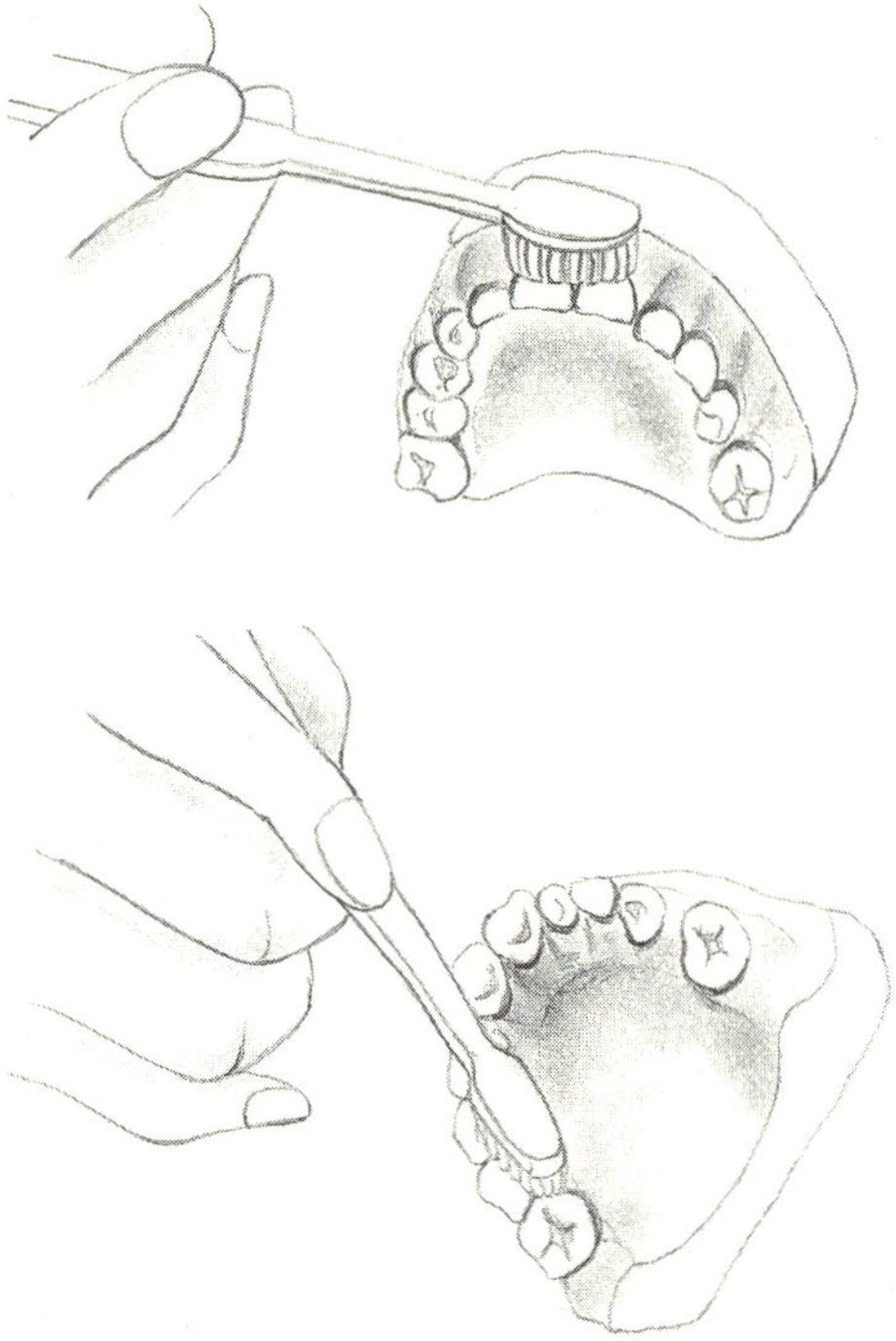

きにくいため、仕上げ磨きをしましょう。また、乳歯に比べて溝が深く複雑で、かすが残りやすいので、これまで以上に仕上げ磨きの重要度が増します。大人が磨き方のお手本を見せましょう。

そのほか、上前歯の裏側、奥歯、歯と歯の間、歯と歯茎《はぐき》の境目も、うまく磨けず、虫歯になりやすい部分です。歯の表面が白くなっているときは、虫歯菌が酸をつくり始めている状態。歯磨きで治せるので、きちんと磨かせてください。また、歯の付け根や溝が茶色くなっていたり、黒くなっている場合は、虫歯の可能性があります。歯科を受診してください。

歯並びを直す歯列矯正は、歯の生え方によって治療時期が異なります。程度が軽い場合は、永久歯が生えそろい、矯正治療への理解度・協力度が高くなる、小学校高学年以降が適切なようです。

長期記憶ができるようになる

「昨日」「今日」「明日」といった時間★1の概念と、それを表すことばがわかるのは、5～6歳前後です。5歳くらいには、脳の海馬《かいば》や大脳皮質が発達するので、長期記憶ができるようになるのではないかと考えられています。長期記憶のひとつ、「エピソード記憶」は、自分の経験やそのときの感情を人生における出来事として記憶するものですが、どんなことが長期記憶として残るかは、子どもの感じ方によるでしょう。穏やかな日常風景はほとんど記憶に残らないのに比べ、初めての経験、とても楽しかった思い出、自分にとってショッキングだった出来事は、長く記憶に残るようです。写真やビデオに保存された記録を繰り返し見たり、

お泊まり保育のおねしょ対策

幼稚園や保育園でも、宿泊を伴う行事があります。おねしょをする場合は、まず先生に率直に相談しましょう。園のなかで、自分の子どもだけがまだおねしょをしている、ということは、たぶんありません。園側でも、お泊まり保育とおねしょ対策はセットのようなものです。先生のほうにも、毎年積み重ねてきたノウハウがあります。

具体的には、寝る前にパンツ型の紙おむつにはき替えるとか、おねしょパンツとパジャマがセットされたものを使うなどして、布団がぬれない工夫をします。また、朝の着替えのときにぬれたパンツやおむつを入れるビニール袋を、リュックの中の、子どもにすぐわかる場所に入れておくとよいでしょう。

また、先生方が寝るときに、一度起こしてトイレに連れていってもらうと、そのぶん尿量が減るので、ぬれ具合が少なくなります。このような特別な日は、夜中に起こしてもらってかまいません。

★1 ――「前」と「後」の間に「いま」がある、「右」と「左」の間に「真ん中」があるというように、「中間」の概念もとらえるようになります。

「あのときはね……」といった、まわりの人からの情報が加わると、その記憶はさらに上塗りされ、実際の経験と混じりあって記憶されます。楽しい思い出をたくさんつくってあげましょう〈「記憶をためて次の段階へ」↓508ページ〉。

春休みにしておきたいこと

卒園の行事やお別れの会などがひと段落すると、いよいよ「もうすぐ小学生」。わが家の子育ての、大きな節目です。さあ、この春休み、入学式までにしておきたいことがあります。

■通学路を歩いて、信号や安全を確認

学校までの往復、学校から学童クラブまで、学童クラブから自宅までの道のりを子どもと一緒に歩いてみます。交差点では、どの信号を見て渡るのか。子どもの視線で、信号はちゃんと見えているでしょうか。木や看板にさえぎられていないかもチェックします。

①信号が青になっても、左右を見て、車が止まってから渡る。
②路地の角では飛び出さない。
③道のどちら側を歩いたらよいか、安全なほうを歩くように教えます。

■何かあったら近所の家に飛びこむ約束

道で何かあったら、迷わず近くの家に飛びこむんだよ、と約束します。「○○ちゃんの家」「お母さんの知り合い」などと、通学路にある家を確認して、子どもの記憶にマークをつけてあげましょう。近所の人と道で会ったら、「おはようございます、こんにちは、のあいさつをしようね」のひと言も。「ウォー」という特別の声を出すことも教えておきましょう〈↓688ページ〉。

■和式トイレのハウツー

家庭のトイレはほとんど洋式便座になっていますが、学校は和式トイレが多いようです。初めての和式で、後ろ向きにしゃがんでしまう子や、どうしてよいかわからずウンチを我慢してしまう子や……そんなトイレ秘話が新学期は続出します。

一度、駅や公園など公共の場の和式トイレに付き添って、使い方を教えておきます。

■早寝・早起き

しばらくは親も早寝早起きにつきあって、新学期までに生活リズムを整えます。

■そして学校が始まったら

①新しい環境で子どもは疲れて帰ってきます。昼寝をしたり、ゆっくりできる時間をつくってあげて。
②クラスの名簿といっても緊急連絡網が発行されるだ

お父さんへ

けのことが多くなっています。学校に慣れたころ、子どもと散歩をして、友達の家を教えてもらい、わが子の行動範囲を知っておきます。

③学校であったことを聞きだそうとしないこと。緊張がとれたころ、自然と自分から言うものです。

④その代わり、「お母さんお父さんになんでも言っていいんだよ。いつだって味方だからね」と。このことを、こころにしっかり根づかせてあげましょう。

水泳、縄跳び、補助輪なし自転車を教えるこつ

水泳、縄跳び、補助輪なし自転車ができるようになると、子どもの世界はぐんと広がります。友達と遊ぶ楽しさも増すし、自信もつく。自分が子どもだったときのことを思い出しながら、子どもにつきあってマスターさせてあげましょう。じょうずに教えるこつを紹介します。

■水が顔にかかっても平気になる

水への恐怖には、水が顔にかかる怖さ、潜る怖さ、浮く怖さがあります。これを順に克服します。まずシャンプーやシャワーのときに、水が顔にかかることに慣れさせます。すると、じきにプールに顔をつけられるようになり、水の中に潜っていられるようになります。

次は浮遊感覚を身につける。最初は子どもの両手を持って水に浮かせ、次に片手、最後は両手を離します。

■縄跳びはぐるぐる回しから

手の回転と跳ぶ動作の連動がこつです。最初は縄をぐるぐる回す練習をします。

次に、縄の持ち手の部分に丸めた新聞紙をつけ、柄を長くします。柄が長いほうが跳びやすいのです。跳べるようになったら新聞紙をはずします。

■自転車はサドルを下げて

補助輪をはずしたら、最初はペダルは使いません。両足がつく位置にサドルを下げて足で地面をけって進む練習をします。

地面をけった勢いで、足をつかずに長く進めるようになったら、初めて足をペダルにのせます。ペダルをこいで10mほど進めるようになったら、「後ろで持ってるから」と、ペダルをこがせましょう。自信がついてきたと思ったら手を離します。転んでも「こんなに乗れたね」とほめれば、いやがりません。

子どものリズム、子どものスピードにつきあっていると、「これが父親の仕事なんだ」と実感できます。

（「あそびの会」主宰　石川由喜夫）

コミュニケーション

子ども同士で問題を解決したり、やってはいけないことを指摘し合ったりして、親の出番は減ってきます。一方で、家庭はますます、子どもがくつろぎ、いやされ、こころのなかをなんでも吐き出せる場であることが求められます。家でも園でも、できる範囲で手伝いをして人の役に立つ喜びを知り、お決まりの絵本を読んでもらって眠りにつき、すこやかな一日が終わります。小さな赤ちゃんが、ここまで大きくなりました。

がんばっている子どもにかけてあげたいことば

友達や弟や妹の手前、我慢するときもあるでしょう。時にはそっと抱っこして「がんばりすぎなくてもいいんだよ」というメッセージを送ってあげてください。

■「ほんとうにやりたいようにやっていいんだよ」

仲間内でうまくやっていくために、不本意ながらほかの子に合わせることもあります。どうしても自分を押し殺しがちな子どもには、「ほんとは○○したくなかったんじゃない？　我慢したの？　すごいね。明日は『△△しよう』って言ってみれば」のひと言を。子どもの主体性を尊重して、ほんとうの気持ちを大事にするのは悪いことじゃないというメッセージを伝えます。

■「お兄ちゃんでも甘えたいよね」

下の子に手がかかるからと、「お兄ちゃんでしょ、我慢してよ」という暗黙の決まりごとをつくってしまっていませんか。たかだか2～3年早く生まれただけの幼児です。それに、家の外でも気を使っているかもしれません。時には大げさに〝大きいほうの赤ちゃん〟扱いをしてあげましょう〈↓184ページ〉。

■「お話できてえらかったね」

ちょっと沈んだ様子で帰ってきて、ぽつぽつ話してくれたとき。「どうして言い返さなかったの？」と詰問せず、「○○って言いたかったんだよね」と、ことばを補いながら気持ちを代弁し、「お話できてえらかったね」とほめましょう。家ではなんでも言っていい、ということを表現を変えて何度でも伝えます。

文字は人とつながる道具

小学校の入学までに、とあわてて文字を教えこむ必要はありませんが〈↓718ページ〉、文字を書くことに興味をもった子には、「ほら、○○ちゃんのお名前はこう書くの。おばあちゃんに書いて送ってあげよう」

とか、「もっと字が読めるようになったら、お母さんがお出かけするときにメモを書いていくからね。よろしくね」と、情報をやりとりするための道具として教えていきましょう。

書き間違いやミミズ文字を「読めない」と指摘したり、何度も直させることは決してしないでください。

お手伝いはどんどんさせて大いに感謝して

家の仕事をやりたがったら、基本的にどんどんさせてください。手先を使うよい機会ですし、家族の一員としての自覚も強まります。任せてみましょう。

■包丁も大工道具も持たせよう

危険な物ではありますが、本格的な道具を渡されたときの満足そうな顔を見てください。一人前扱いが自尊心をくすぐり、がんばる気持ちがわき起こります。大人が見守るなかで扱わせましょう〈↓653ページ〉。

■「手間ひま」と「はらはら」をぐっと我慢

大人がやったほうがずっと効率がよいことが多いのですが、急に子どもの手を止めたり、道具を取り上げたりはプライドを傷つけます。「ちょっとストップ、こうやってみて」とお手本を示します。

■感謝を伝える、ほかの家族に報告する

ひととおりできたら、本人に「よくできたね。すごく助かったよ」とお礼を言います。そして大きな声で「パパ、○○ちゃんがキュウリを切ってくれたのよ」と、わくわくの報告をすることも忘れずに。

おやすみ前の一冊は一生の宝物

このころの子どもは、眠りにつくことに不安を覚えることがあります。意識のなくなる闇《やみ》の何時間かが、知らず知らずのうちに、子どもに“死”を連想させるのだともいいます。そんなとき、布団にはいってからお母さんお父さんが本を読んであげることがお勧めです。

お気に入りの一冊を毎晩でも、その日の気分で子どもがセレクトしてもかまいません。本好きで物語を楽しめる子どもなら、中編や長編を何ページかずつ、毎晩続けていく“連ドラ作戦”も楽しいものです。

眠る前に読んでもらった本を、多くの子どもは忘れないもの。自分が親になったとき、子どもに同じ本を読んであげたいと思うかもしれません。忙しいお母さんも、ほんの5分だけ、読み聞かせの時間をつくってほしいのです。

聞き慣れたお母さんやお父さんの声が脳にしみこんでいくこと、いつもはほかのきょうだいの世話などで忙しいお母さんが、自分のために時間を割いてくれること。本の内容以上に、これが子どもにはこたえられないのかもしれません。

親も子も本にはあまり興味がないという場合は、無理は禁物。みんなが好きなスポーツや、この間の旅行を題材に、しばしおしゃべりするのも、すてきな入眠前の儀式です。

年長児のころの遊び

動きの面も知的な面もいっそうしっかりしてきます。遊びのページで取り上げてきた遊びが育てる五つの力、

- 元気なからだをつくりあげる
- 器用に動かせる手をつくる
- 見る力・聞く力・話す力を育てる
- こころが育ち、知力が向上する
- 人と気持ちを分かち合い、社会の一員になっていく

の基礎づくりの時代をほぼ終え、ひとりずつ、個性的な形で応用していく時期です。

ことばを使って考えたり話し合ったりすることが、楽にできるようになり、社会性も広がります。空想したり、目的に向かって仲間と一緒に協力したり、ほかの子に手を貸してあげたりという姿も見られるようになります。

いままでもひとりずつ個性的だった子どもたちですが、これからも遊びのなかで個性を表現していくでしょう。

遊びが育てる五つの力

- からだ
- 手
- 見る・聞く・話す
- こころ・知力
- コミュニケーション

探検ごっこ

公園や森などの探検に出かけます。そこで見つけた「不思議」（動植物や自然現象など）を家に帰って図鑑などで調べてみましょう。宝物探しも楽しめます。

自然のなかの小さな動きに目をこらし、音に耳を澄ます注意力が育ちます。見つけた「不思議」を共有し、子どもの疑問に答えるだけでなく、「一緒に調べよう」と誘うことも大事です。

ことばで 遊ぼう

なぞなぞやしりとりのほかに、詩やだじゃれを楽しむようになります。ことば遊びの絵本や、少し長めのお話の読み聞かせ絵本、朗読なども喜びます。

ひらがな習得の前段階で、1文字がひとつの音を表し、ことばは「音のつながり」ということを理解します。1文字違うだけで、意味が変わるだじゃれや韻をふむ詩なども楽しめます。

工作遊び

いろいろな大きさの空き箱や牛乳パック、工作用の○△□の木片などを使い、立体的な物を作って遊びましょう。

のりづけ、セロハンテープ、はさみの操作など、これまで育ててきた「手の操作」を総動員できる遊びです。出来上がりの美しさではなく「作りあげる過程での工夫や想像」を大切に。

あやとり・折り紙

毛糸を輪にしたあやとりや、いろいろな色・サイズの折り紙で遊びましょう。雨の日や、静かに過ごしてほしいときにも役立ちます。

指先の細かな協調動作が要求される遊びです。ひもの形や、紙の角、折り目を注意深く見る力も育ちます。出来上がりをイメージしながら、ていねいに作る集中力と持続力も養います。

みんなで 遊ぼう

ルールを守るだけでなく、作戦を立てるために友達と話し合えるようにもなります。みんなで遊ぶ楽しさ、充実感は、今後の社会生活の基礎になります。

ドッジボール

①丸か四角の枠を地面に描く。
②内野と外野の2チームに分かれる。
③外野が内野の子にボールをぶつけ、ぶつかったら外へ。
④全員が外に出たら、内野と外野を交替する。
＊コートで2チームに分かれて互いにぶつけあったり、外からボールをあてた子は中にはいれるルールでも遊べる。
＊雨の日は屋内で、やわらかいビーチボールなどで遊んでも楽しい。

缶けりかくれんぼ

①地面に丸を描いて、中に缶を立て、鬼をひとり決める。
②だれかが缶を遠くにけとばし、鬼が缶を拾いに行っている間に、ほかは隠れる。
③鬼は缶を拾って丸の中に立ててから、隠れた子を探しに行く。見つけたら缶に足をのせ、見つけた子の名前を呼ぶ。
④呼ばれた子は出てくる。鬼がほかの子を探しに行っているすきを見て、だれかが缶をけると、つかまった子もまた逃げることができる。
⑤全員がつかまったら、最初に見つかった子が鬼。

ほかにおすすめの遊び・おもちゃ

●ドミノ ●ブロック ●ぬり絵
●学校ごっこ・お店屋さんごっこ・探検ごっこ ●伝言ゲーム ●簡単な地図を持って宝探し ●紙芝居作り
●あっちむいてホイ ●足じゃんけん
●集団遊び（「開戦ドン」「警泥」「島鬼」など）

おすすめの絵本

●『ことばあそびうた』（福音館書店）
●『あたしもびょうきになりたいな！』（偕成社）
●『海のおばけオーリー』（岩波書店）
●『しんせつなともだち』（福音館書店）
●『エルマーのぼうけん』（福音館書店）
●『だいくとおにろく』（福音館書店）
●『ミッケ！』シリーズ（小学館）
●『たわし』（小学館）
●『あさえとちいさいいもうと』（福音館書店）など

スモールステップで育っていく子ども

これからの育ちをどう支えていくか。すべてのお母さんに読んでほしいこと

■子どもが困っている、だから手助けを

育ちにくさをもった子ども、障害をもった子どもは、どうしても「困った子」と思われてしまいますが、ほんとうは、「困っている子」です。発達するうえでうまくいかないところ、すなわち電線の工事が人より遅い、電線の数がちょっと少ない、電線に電気が通りにくいというような、中枢神経系のなんらかの不具合があって、それが行動として出てしまっているのです。

だから、子どもは困っていて、まわりの人の理解と手助けを必要としています。

理解するということは、英語でいえばアンダースタンド（understand）、つまり、下（under）から支える（stand）ということです。まわりの大人が、その子どもの特性を理解し、ふつうなら2個の飛び石で渡れる川に、倍の4個の飛び石を置いてあげる。そうすれば、子どもは困らずに渡っていけるのです。

■発想を転換して現実を受け止める

とはいえ、いまの時期に、子どもに発達の遅れがある、障害があるという事実と向き合うのは、つらいことでしょう。これからどうやって、この子を育てていけばよいのかと、不安に思うこともたくさんあるかもしれません。

でも、いまの遅れは、これからまだまだ変化していく可能性がある「いま」の状態なのであって、それ以上でも以下でもありません。それならば、「今後起こり得る、もっともつらい可能性」だけを見て、落ちこんだり悲しんだりしないで、「いま」の生活が、どうやったら子どもにとっても親にとっても楽しいものになるかを考えたいものです。

それに、伸び方のスピードがゆっくりで、同じ年齢の子どもたちと比べれば、この先も遅れ気味でいくとしても、比べられるのは、学校教育のなかにいる時だけです。二十歳を過ぎ、社会人になるころには、いわゆる「学校の勉強」ができる・できないは、あまり大きな問題ではなくなります。だいたい9歳から10歳程度の読み書き計算力、生活力（電車を使って目的地へ行く、買い物をする、まわりの人とつきあっていくなど）があれば、社会で自立して生活していくことは可能です。

二十歳になったときに、その人なりに社会に交わって生きていく力があれば、それで十分だという考え方もあってよいと思います。

まずは、お母さんお父さんの価値観の目盛りをそこに合わせて、「じゃあ、ゆっくりやっていこう」と、その子の歩幅でゆっくり歩いていく気持ちに切り替えていくと、将来へのあせりや不安も少なくなっていくのではないでしょうか。

■明るく粘り強い子に育てたい

では、生活者として、社会でやっていくうえで必要になることはなんでしょうか。

知的な遅れをもつ、成人した子どものお母さんが挙げてくれるのは、だいたい次のようなことです。

まずあいさつができること、食事のマナーがよいこと、そして人の話を聞くことができること、手先がしっかり使えること、最後に、もっとも大切なのが、明るさ・誠実さをもっていることです。

性格が明るいということも大事だけれども、言われたことを最後までやり遂げる誠実さ・粘り強さが、社会で仕事をしていくうえで必要になるということです。

ではどうやったら、明るさ・誠実さ・粘り強さは身につくのでしょう。それは、その子のペースを守りながら、その子に合わせて、「ゆっくりでかまわないよ」と言い続けながら育てることです。なんとかまわりに追いつかせようと思って、「早く、ちゃんと、がんばって！」と走らせず、「いま」にじっくりつきあうこと。

幼児期に培われる「自分で確かめ、自分でやっていくことを見守ってもらった経験」は、そのあとの子どもの成長の基礎になっていきます。

■子どもの力を伸ばせるのはどこか

そういう考え方をしていって、これから先の就学のときの進路についても、子どものペースが特別支援学級、あるいは特別支援学校に向いているのなら、そちらを選ぶという考えでいてほしいのです。

通常学級に行くことのほうが、特別支援学級や特別支援学校に行くことよりも「よいこと」なのではありません。通常学級はすべての子に共通の一定の到達点を設定した教育ですが、特別支援学級は、様々なペースの子どもひとりひとりに合わせた特別な教育を提供してくれます。その中でみごとに能力を開花させていく子も多いのです。

現実には、ひと口に特別支援学級といっても、その質や内容は様々なので、しっかりと中身を見て選ぶ必要があります。でも、「ふつう」であろうとする考え方はひとまず捨てて、子どもの能力をいちばん発揮できるのはどの場所かを考えて、選択していきましょう。

■どんな選択にもプラスとマイナスが

学校の進路だけに限らず、これからいろいろな成長の段階ごとに、選択を必要とする場面があるでしょう。子どものためを思って、起こりうる可能性をあれこれ考えれば考えるほど、何を選べばよいか迷ってしまうこともあるかもしれません。

でも、どちらを選択してもプラスとマイナスの両方があり、考えたとおりにすべてがうまくいくことなどありません。思いがけないマイナスが出てくる代わりに、思いがけないプラスも出てくるものです。そんなときには、「えい！」とサイコロを振って、あまり考えすぎずに、流れに任せることも必要だと思います。

そして、とことん考えた末に出した結論であるなら、「やっぱり、あっちを選んでおけば……」と後ろを振り返って後悔しないことです。選ばなかった道の先に何が待っていたかなんて、だれにもわからないのですから。

どんな場所であっても、いろいろ言う人はきっといるでしょう。その代わり、味方になってくれる人も必ずいます。大変なときは「大変なの」と言いながら、子どもが悪いことをしたら「すみません」と謝りながら、「それでも、こんなにかわいい大事なわが子です。だからみんなに大切にしてほしいんです」と、親の姿勢を示していきましょう。

■子どもはみんな「だいじょうぶ」

そもそも障害は、「障り」や「害」ではありません。子どもの育つ道筋は、「障害」

があろうとなかろうと、同じです。子どもひとりひとりが、その子なりの歩幅で歩いていくのですから、障害がなければだいじょうぶで、障害があるとだいじょうぶではないというのは、違うのです。

子どもはみんな「だいじょうぶ」です。遅い、早い、大きい、小さいということではなくて、生まれてきてくれて、私の子どもとして、いまここに生きていること自体が、「だいじょうぶ」なことなのだという思いを、忘れずにいたいものです。

■みんなで一緒に育つ社会に

ここまで、育ちにくさをもった子、障害をもった子の、これからの育ちについてお話ししてきましたが、これらはみな、すべての子どもの育ちにもいえることです。授かった生命の奇跡を忘れ、無理に伸ばしたり引っ張ったりして、一面的な価値観での「すぐれた」子をつくり出そうとしがちな社会になりつつあるからこそ、縁あって「親」になった私たちが、「そうじゃないんだよ。あなたはあなたのままで、価値があるんだよ」と、言い続けていこうではありませんか。

もちろん「親」だって、でこぼこだらけの至らない人間です。虫の居所が悪ければ子どもにあたってしまったり、子どもの「できない」ところが気になって、なんとかならないかと、おしりをたたいてがんばらせてしまうこともあるでしょう。

でも、右往左往しながらも、子どもと一緒に生きていけば、いつの間にか「似た者親子」として、〝よいコンビ〟になっていきます。

そして、「あなたはあなたのままで」をもう少し広げて、まわりの子どもに対しても、ひとりひとり、みんな自分の子どもと同じように、そのままで価値のある子どもなんだと、そんなふうに考えていけたら、せち辛い世の中がきっと、いちばん深い部分から、少しずつ温かいものになっていくような気がします。

（中川信子）

子ども時代の、はじまりに

汐見稔幸

小さな生命を抱きしめるようにして育ててきたお母さんお父さんは、「小学校入学」という子育ての節目を迎えて、漠とした不安を感じているかもしれません。「学校」や「教育」が、必ずしも希望のことばで語られるとはかぎらない状況が続いたからです。

でも、実際の学校はそうでもないのです。試しに一度、近所の学校に足を運んでみてください。いまは、様々な体験を経て学校もずいぶんオープンになり、家庭の思いが届く場になってきています。

学校に通い始めると、子どもたちには、知的な世界との多様な出会いが待っています。どんどん本が読めるようになっていく楽しさ、次々に知識が増えていくおもしろさを体験し、新鮮な好奇心を伸ばしていきます。いろいろな幼稚園や保育園からきた子らとも出会い、放課後の冒険遊びを通じて、一生のつきあいとなるような友達を得たりもします。

親にも子にも、新しいドラマが始まり、いろいろな楽しみが待ち受けていると思ってほしいのです。入学まで、ちょっとずつ家族の雰囲気をつくり変えて、お子さんと一緒に楽しみに待つ、そんな待ち方をぜひしてください。

小学校までを、親子で楽しむ方法

小学校に入学するまでに何か準備は必要なのでしょうか。明日から机の前にきちんと座るための準備なんて、それは無理。徐々に慣れていってくれる、と思っていましょう。お母さんお父さん方だって、そうだったのです。ただ、もしわが子が「大人は折れてくれるもの」「なんでも自分の思いどおりになる」というわがまま傾向が強いかなと感じたら、少しは我慢する練習を。家庭でルールを決めてそれを守る、ということをさせてみてください。

「文字や数は、入学してから学ぶ」が原則ですが、9割を超える子が「あいうえお」が読めて入学しているという現実がありますから、もしわが子がまったく文字に関心がなければ、多少は心配でしょう。そういうときは、お子さんと、ある準備をしてみてください。それは、あわててドリルなどをさせるということではありません。そうではなく、お子さんが興味をもちそうな内容の絵本や図鑑などを、ていねいに読み語ってあげてほしいということです。

ことばは文字である前にまず音ですから、ことばの力の基本は何よりもまず「聞く力」です。それまであまり読み語ってあげていなくても、入学の半年〜1年前くらいから毎日、絵本や図鑑の読み語りをしてください。「ことばでつくられている世界っておもしろいなあ」と感じ取ってくれればよいのです。物語の世界が大好きになれば、「自分で読めるんだ」と知ったとき、あっという間に文字を覚えてしまいます。本は、いきなり難しいものを選ばず、サッカーでも料理でも動物でも、お子さんが好きそうなものを選びましょう。お母さんお父さんにあまり読んであげた体験がなければ、近所の図書館に出かけ、司書さんに「どういう本がいいかしら」と率直に相談してみてください。そうして本に興味が出てくれば、学校にはいっても国語で遅れるということはまずありません。

「いち、に、さん、し……」という数唱は、ぜひ幼児時代にやってください。お風呂で「30数えて、あったまってからあがろうね」、おやつの前に「50まで数えてからだよ」とゲーム感覚で。10、11、12……21、22、23……と数唱するうちに、10単位で繰り返されているという10進法の法則がわかってしまうのです。そして数唱と同時に、「みかんを三つ持ってきて」というように、数と物を対応させ、具体物を数える体験もじょうずに取り入れてください。

もうひとつ、お風呂算数のお勧めです。5本指を立てた片手に2本指を重ねて「5足す2は、7になるんだよ」と、10までの足し算を「手指」を使って遊びます。手指で5という数がイメージできるようになっていると、次に算数という論理の世界へ進んだときにうんと楽になるのです。

「安心な場所」が確立すると、ちゃんと旅に出る

入学式でも運動会でも、1年生がまとっている幼さに、クスクス笑いがあちこちで起こりま

す。発達の専門的立場から言っても、7歳くらいが幼児期の完成期。1〜2年生に園児の名残があることは自然なのですから、入学前にすっかり準備を整えよう、生活を変えようと無理をさせないでください。

2〜3年生になると、新世界へ一歩踏み出そうとする意欲が本格的に出てきます。友達と自転車で、いつもの遊び場のテリトリーをちょっと越えては戻ってくる、それがうれしい。いよいよ子ども時代の始まりです。本格的に集団で遊ばせてやってください。

次にやってくる節目は、11歳ころ。思春期手前です。この時期、児童文学の最大のテーマは「家出」。実際、子どもは遠くに旅したいとあこがれたりします。人間は、「ここへ戻れば安心」という場所がこころのなかに確立すると、今度はそこをホームベースにして未知の世界に旅をしようとします。そしていろいろなエピソードをこしらえては戻ってくる。それが同心円的に拡大していくのが「生きる」ということです。家庭の仕事は、子どもが「ここへ戻れば安心」という世界をつくってあげることではないでしょうか。

学校から帰ってきたら「さあ勉強」ではなく、「外へ行ってみんなと遊んでおいで」と追い出してほしいですね。

自分らしい世界＝「適性」は、小学生のときにすでに傾向が出てくるものです。おしゃれ、料理、音楽、からだを動かすことでもいい、子どもが自分の世界を見つけるのを、既成概念を捨ててあと押ししてやってください。子どもの世界は、そばにいる大人の感性に助けられて豊かになっていくものです。働くお父さんお母さんは、大切なポストについているでしょうが、家庭を忘れるほど仕事に絡めとられてしまわないように。

子ども時代が始まると、お父さんお母さんは子どもたちにとって、新たに大人のモデルにもなります。ですから親が生活を貪欲《どんよく》に楽しむことが大事なのです。いろいろな人に出会い、刺激を受け、それぞれの家庭なりの文化を築いていってください。そうでないと、子どもを広い世界に出していくことはできないでしょう。

子育ては、大人に、自分自身をつくり変えていくことの大切さ・おもしろさを教えてくれているのかもしれません。

子育てを支援する制度とサービス

■三位一体で子育て環境を整える時代

これまでの育児支援は、「母親の子育てと仕事の両立」のための支援が中心でした。しかし現在では、母親が仕事をもっていなくても、また、母親だけでなく父親に対しても、子どもを育てやすい環境を整えるための支援が必要である、という考え方に変わってきました。

そこで、従来の「仕事と子育ての両立支援」だけでなく、

- ●男性を含めた働き方を見直す
- ●地域ぐるみで子育てを支援していく
- ●子どものための社会保障を充実させる
- ●子どもの社会性の向上や自立を促す教育をする

という観点で、行政、そして企業も、具体的な対策を実行に移し始めています。

私たち親も、支援を「待つ」だけの存在ではなく、積極的に地域における子育てに参加する努力や、必要な支援を自分から獲得していく力が求められています。

これからは、行政、企業、市民が三位一体となって、子育て環境を整えていく時代になるでしょう。

■支援情報は積極的に求めていく

子育て支援のなかでも大きな柱の公的援助は、制度として用意されていますが、こちらから求めなければ活用できません。現在、行政の子育て支援のほとんどは、市区町村に委《ゆだ》ねられています。地元でどのような支援を受けられるのかを知ることが、支援活用の第一歩です。

母子手帳、自治体が発行している父子手帳、生活ガイドブックや市区町村の広報紙は、大きな情報源です。また、役所の保健課・児童課、保健所・保健センター、地域子育て支援センターなどに直接たずねて、支援を積極的に利用していきましょう。

●本章リストは、いずれも平成27年11月時点の情報です。法令や制度によっては、改正されている場合があります。

●事業体によって、組織の名称・支援内容・支援条件に相違があります。電話などで確認のうえ、ご活用ください。

21世紀は「社会みんなで子育て」の時代

◆

子育てとは、将来の社会人を育てること。行政だけでなく、企業・市民も力を合わせて、子育てしやすい社会をつくる取り組みが進められています。

行政

母子保健

- 母子健康診査
- 育児学級(子育て講座)
- 発育・発達相談
- 育児訪問指導
- 心身障害児療育指導
- 予防接種

保育

- 保育サービス
- ファミリー・サポート・センター事業
- 子育て支援施設(児童館等)

助成

- 医療費負担制度
- 育児手当制度

行政＆企業

- ファミリー・フレンドリー企業★3の普及促進・表彰
- 企業の育児支援策への資金の援助

行政＆市民

- 公設民営★1の児童館
- 子育て支援事業の民間委託★1
- 障害児福祉サービス事業への支援費制度
- 子育てサークル等への補助金

企業

- ファミリー・フレンドリー企業★3
- 育児中の親を援助する企業独自の制度

市民

- NPO★2による民間児童館運営
- NPOによる電話相談
- 子育てグループ・子育てサロン活動
- 親子イベント
- 病児・障害児の親の会

★1―― **公設民営・民間委託**　都道府県や市区町村が建てた施設の管理・運営を、民間組織に任せる方式が「公設民営」。また、公的な支援業務を民間の業者等に発注する方法を「民間委託」といいます。

★2―― **NPO**　行政や企業から独立して、社会貢献や福祉活動に従事する非営利組織。

★3―― **ファミリー・フレンドリー企業**　仕事と育児・介護とが両立できるような様々な制度を持ち、多様でかつ柔軟な働き方を労働者が選択できるような取り組みを行う企業のこと。

妊娠・出産・子育て全般にかかわる支援

子育て支援には、精神的・経済的なサポートから、母体や子どもの健康を守るものまで、多種多様な制度・サービスがあります。自分に合った支援に出会うために、積極的に利用しましょう。

知っておきたい制度とサービス

- 妊娠届・母子手帳配布 ➡ 53・139・239ページ
- ▼
- 定期健康診査 ➡ 71ページ
- 両親学級 ➡ 73ページ
  - ●妊娠中毒症等の療養援護 ⇨ 726ページ
  - ●妊産婦訪問指導 ⇨ 724ページ
- ▼
- 入院助産制度 ⇨ 726ページ
- ▼
- 出生届
  - ●低出生体重児
  - ●小児慢性特定疾患児
  - ●障害のある子ども
  - ⇨ 727ページ
- ▼
- 出産育児一時金 ➡ 94ページ
- ▼
- 新生児訪問指導 ⇨ 725ページ
- 乳幼児健康診査 ➡ 138・259・345・523・529・534・611ページ
- 育児相談
  - 電話相談・窓口相談 ➡ 351・574・629ページ
  - 保育園開放 ➡ 328ページ
  - （乳幼児健康診査・育児相談）●発育・発達相談 ▼ 療育指導 ⇨ 727ページ
- 育児学級 ⇨ 725ページ
- 予防接種 ➡ 322ページ
- 家庭問題相談 ⇨ 726ページ

＊各種助成金等 ⇨ 726ページ
・医療保険制度
・乳幼児医療費の助成
・医療費控除
・児童手当
＊乳幼児預かり制度 ➡ 489・490ページ
＊育児環境整備：公園・児童館等整備 ➡ 575ページ
育児サークル支援 ➡ 575ページ
＊母子入院できる施設 ⇨ 725ページ

⇨は「子育てを支援する制度とサービス」内で解説
➡は本文中で関連情報のあるページ

妊娠・出産が不安だったら

相談先 市区町村の保健担当窓口、保健所・保健センター、かかりつけの産婦人科医

受けられる支援

妊産婦訪問指導 医師、助産師、保健師などが家庭訪問し、生活指導を行います。定期健康診査の結果、必要と判断された妊婦、特に初産婦、高齢初産婦、過去に出産トラブルがあった人などを対象に行われます。

出産後の育児が不安だったら

相談先 市区町村の保健担当窓口、保健所・保健センター、地域子育て支援センター、かかりつけの産婦人科医

受けられる支援

出生前小児保健指導 育

児不安が強い妊婦および配偶者などの家族に対し、産婦人科医と小児科医が連携し、育児不安解消のための保健指導を行います。出産前から小児科に親しめます。

新生児訪問指導　生後28日以内に、保健師、助産師が訪問し、新生児の発育、栄養、疾病予防などについてアドバイスします。

経済的に入院出産が難しかったら

相談先　市区町村の保健・福祉担当窓口、福祉事務所

受けられる支援　**入院助産制度**（↓726ページ）

●経済上の困難がある所帯が、所得制限つきで受けられる制度、手当があります。

栄養食品の支給　出産前後に、母親に牛乳、乳児に粉ミルクが支給されます。

児童手当（↓726ページ）

●健康保険、国民健康保険に加入している場合は、さらに次のような手当等が受けられます。

出産育児一時金（↓726ページ）

乳幼児医療費の助成（↓726ページ）

医療費控除（↓726ページ）

子育て全般について アドバイスを受けたかったら

相談先　保健所・保健センター、地域子育て支援センター、保育園、民生・児童委員、主任児童委員、児童相談所

受けられる支援　**育児相談**　子育てのなかで出てきた疑問や悩みは、ささいなことでも遠慮せずに相談しましょう。

育児学級　発育、発達、生活習慣やしつけなどについて指導を行います。定期的に行われている場合と、テーマ別（離乳食、歯磨きなど）に行われている場合があります。

保育園開放（↓328ページ）

子どもを預けたかったら

相談先　市区町村の保育担当窓口、地域子育て支援センター、保育園、ファミリー・サポート・センター

受けられる支援　母親の仕事以外でも、用事や息抜きなどで、預けられます。

親の入院で子どもを預けたかったら

相談先　市区町村の福祉・保育担当窓口、福祉事務所、かかりつけの医療機関

預けられる施設　**保育園**　日中のみ預けられる場所です。母親自身の病気以外に、介護を必要とする病人や障害者がいる場合にも、預けることができます。

乳児院　保護者がいない乳児、保護者が病気で養育できない乳児を長期間養育する施設です。入院中、養育する保護者のいない乳児の預け先として、短期・緊急利用もできます。2歳以上の子どもは、「児童養護施設」に預けることができます。

母子入院　保護者が入院の場合、子どもも一緒に入院し、養育できる施設のある病院があります。子どもの入院中に保護者が病院内で生活できるケースもあります。

家庭内の問題（家庭内暴力、虐待、夫婦問題など）を相談したかったら

相談先　市区町村の福祉担当窓口、女性センター、女性相談所、福祉事務所、保健所・保健センター、保育園、児童相談所、民生・児童委員、子どもの虐待防止センター（子どもの虐待１１０番）

受けられる支援　**カウンセリング**　家庭内暴力、アルコール依存、虐待など、それぞれのケースに合わせ、専門家によるカウンセリングを行います。

緊急保護　家庭内暴力から逃れたいとき、安心して身を寄せられる場所がないときに、無料で宿泊できる場所を提供し、今後の相談（裁判所への申し立てなど）にも応じます。子どもも一緒に保護します。地域の女性センター、女性相談所、福祉事務所に相談してください。被虐待児については、保護者からの避難が必要と判断された場合児童養護施設に保護されます。

出産・育児に関する助成・手当・給付金

給付を受けるには、申請が必要です。おのおのの申請先は、特に記載がないものは、各市区町村の福祉担当窓口です。

妊娠中毒症等の療養援護

妊娠中毒症、糖尿病、貧血、産科出血、心疾患合併症で入院治療が必要な人に、21日を限度として、援護費が支給されます。所得制限あり。申請は保健所へ。

入院助産制度

経済的な事情で入院して出産することができない人に、公費で出産を援助する制度です。指定の病院や産院へ入院し、無料または低額な費用で出産できます。

出産育児一時金

健康保険の被保険者または被扶養者（この場合は家族出産育児一時金）が出産した場合に支給され、流産や死産の場合でも、妊娠85日以上であれば対象になります。被保険者期間が1年以上で、資格喪失後6か月以内の被保険者本人の出産であれば、退職後でも受けられます。給付額は1児ごとに42万円（ただし、ごくわずかながら「産科医療補償制度」に加入していない病院などで出産した場合は40万４０００円）。双子なら2倍です。保険組合や自治体によっては付加給付金が加算される場合もあります。

従来は保険組合への申請が必要でしたが、平成21年10月からは、医療機関の窓口で手続きすれば行政から医療機関等へ直接支払われることになり、事前の出産費用の準備が不要になりました。ただし、給付額を上回る費用については自己負担です。逆に給付額を下回る額で収まった場合は、差額を保険組合や自治体に請求できます。また、直接支払制度への対応が遅れている一部の医療機関では従来どおり自己申請が必要ですので確認してください。

医療保険制度

病院の窓口などで支払う医療費の自己負担率は、義務教育就学前までの子どもは2割となり、それ以外は保険が負担します。

また、高額療養費制度（1か月の自己負担額のうち規定額を超えたぶんが保険から払われる）や、加入している健康保険組合の種類により、付加給付（支払った自己負担分の一部が戻る）があります。

乳幼児医療費の助成

前項の子どもの医療費の自己負担分を助成します。対象年齢や金額、所得制限の有無など、市区町村によって異なります。

医療費控除

家族全員が1年間に支払った医療費の合計が10万円を超えた場合、確定申告によって、所得税が戻ってくる場合があります。申請は税務署へ。

児童手当

厚生年金、共済年金または国民年金に加入している、中学3年生までの子ども（15歳到達後の年度末まで）の養育者に、全国一律で、０～3歳未満はひとりにつき月額1万５０００円、3歳～小学校修了までは1万円（ただし第3子以降は1万５０００円）、中学生は1万円が支給されます。支給は年3回、4か月分ずつです。所得制限がありますが、制限以上の所得世帯でも、当分の間の特例給付として子どもひとりにつき月額５０００円が支給されます。

子育て世帯臨時特例給付金

臨時的な給付措置で、平成27年度は子どもひとりにつき年額３０００円。

病気・障害のある子どもへの支援

子どもひとりひとり、また、それぞれの家族で、必要な支援の内容は違います。だれもが子育てしやすい環境のために、支援は欠かせません。その特性を知って活用したいものです。

低出生体重児への支援は

相談先 市区町村の保健・福祉担当窓口、保健所・保健センター、地域子育て支援センター、かかりつけの産婦人科・新生児科

受けられる支援 **低出生体重児訪問指導** 保健師が家庭を訪問し、親の相談にのり、アドバイスを行います。

フォローアップ外来 出産後入院していた新生児科・小児科では、定期的に発育や発達の経過を観察します。

養育医療給付 入院養育が必要な低出生体重児に対し、治療にかかる費用のうち、健康保険の自己負担分を公費で負担する制度です。所得によって負担額が異なります。

小児慢性特定疾患児への支援は

相談先 市区町村の保健・福祉担当窓口、かかりつけの医療機関

受けられる支援 **医療費助成** 対象疾患《しっかん》（11疾患群・514疾病《しっぺい》）にかかっている子どもに必要な、入院・通院治療費用を、18歳に到達するまで公費で負担する制度です。病気によって、内容が異なります。

対象11疾患群／悪性新生物（白血病、脳腫瘍、神経芽腫など）、慢性腎《じん》疾患（ネフローゼ症候群、水腎症など）、慢性呼吸器疾患（気管支ぜんそく、気管支拡張症など）、慢性心疾患（心室中隔欠損症、心房中隔欠損症など）、内分泌疾患（成長ホルモン分泌不全性低身長症など）、膠原病《こうげんびょう》（若年性関節リウマチ、川崎病など）、糖尿病（1型糖尿病、2型糖尿病、その他の糖尿病）、先天性代謝異常（糖原病、ウィルソン病など）、血友病等血液・免疫疾患（血友病A、好中球減少症など）、神経・筋疾患（ウエスト症候群、無痛無汗症など）、慢性消化器疾患（胆道閉鎖症、先天性胆道拡張症など）

障害のある子どもへの支援は

相談先 市区町村の保健・福祉担当窓口、保健所・保健センター、地域子育て支援センター、児童相談所、通所施設、保育園、かかりつけの医療機関、障害児親の会

●障害が心配されるとき

受けられる支援 **発育・発達相談** 乳幼児健康診査や保健所・保健センターなどで相談を受けた子どもについて、小児科医、臨床心理士、言語聴覚士、保健師などが、継続的に子どもの発育相談に応じます。

療育指導 専門的な療育が必要と判断された子どもを、療育機関で療育指導します。

●障害がわかったら

受けられる支援 **生活支援** 身体障害者手帳、療育手帳の交付を受けると、手帳を提示することで、公共交通機関の割引、公営住宅への優先入居など、生活全般についての支援を受けられます。

支援費制度 自宅や外出先での介護や家事のサポート（ホームヘルプ）、障害児のレクリエーション活動や訓練活動への参加（デイサービス）、施設での一時預かり（ショートステイ）などの福祉サービスを、指定事業者と契約して利用し、その費用を自治体が支援する制度です。制度の内容は、自治体によって異なります。

産科医療補償制度 平成21年1月にスタートした制度。27年1月以降の出生児から補償対象基準が変更されました。この制度に

加入している病院、診療所、助産所などの分娩機関において、通常の妊娠・出産にもかかわらず、出産（出生体重１４００g以上かつ妊娠32週以上、または妊娠28週以上で所定の要件に該当した場合）に関連した事故で赤ちゃんが重度脳性麻痺《まひ》となった場合に補償の対象となります。先天性の要因については対象外です。看護・介護のため、一時金６００万円と分割金が20年にわたり総額２４００万円（年額１２０万円）、合計３０００万円が補償金として支払われます。この制度では、重度脳性まひの発症原因を分析し、再発防止に役立てることも目的のひとつで、お産1件ごとに医療機関が１万６０００円の掛金を負担することになっています。補償申請は原則として、正確に診断できる満1歳の誕生日から満5歳の誕生日までの間。認定審査には、分娩機関から交付される「登録証」が必要です。大切に保管してください。

自立支援（育成）医療給付制度　身体障害や内臓の形態異常などで、確実に治療効果が期待できる場合、指定医療機関での治療に対し給付されます。所得により給付額が異なります。

重度心身障害者（児）医療費助成　医療機関で保険診療を受けた場合、自己負担分が助成されます。所得により給付額が異なります。

障害児福祉手当　重度障害をもち、日常生活で常時介護を必要とする20歳未満の在宅児に対して支給されます。所得制限あり。

特別児童扶養手当　精神あるいは身体に中・重度の障害をもつ20歳未満の児童を監護・養育している父母等に対して支給されます。所得により給付額が異なります。

働く親への支援

「仕事と子育ての両立」に対する支援は、母親だけが対象ではありません。父親も、育児休業や勤務時間の短縮等の支援を受けられます。

育児のための時間をとるには

相談先　勤務先、勤務先労働組合、都道府県労働局

受けられる支援　**育児休業**（↓74・87ページ）

専業主婦の配偶者の育児休業　妻が専業主婦であったり産後休業中であっても、配偶者は子どもが1歳になるまで必要に応じていつでも育児休業をとることが育児・介護休業法により保障されています。また、妻が病気や負傷、精神的な疾病などで、「子どもの日常生活の世話ができない」と判断される場合にも、取得できます。（↓74ページ）。

パートタイム労働者・契約社員の育児休業
パートタイム労働者や契約社員であっても、期間の定めのない労働契約の場合、育児・介護休業法などの法律の、すべての規定が適用されます。期間を定めて雇用されている労働者であっても、1年以上継続して働いている、子どもの1歳の誕生日以降も引き続き雇用されることが見込まれるなどの条件を満たす場合は、対象になります。

勤務時間の短縮　3歳未満の子どもを養育する労働者で、育児休業をとっていない人に対して、使用者側は、短時間勤務制度、フレックスタイム制度、始業・終業時間の繰り下げ・繰り上げ、所定外労働の免除、託児施設の設置・運営、育児費用の援助のいずれかの措置を講じる義務があります。

時間外労働の免除　小学校入学までの子どもを養育する労働者は、男女問わず、1か月24時間、1年150時間を超える時間外労働の免除を請求できます。

子どもの看護休暇　子どもの病気・けがの看護のために休暇をとれる制度です。小学

校就学前の子どもひとりにつき、年5日取得できます。小学校就学前の子どもの人数にかかわらず、年10日取得が上限です。

休業・退職の経済的支援を受けるには

相談先 勤務先、加入の社会保険組合、都道府県労働局、公共職業安定所

受けられる支援 **出産手当金**（↓94ページ）

育児休業給付金（↓94ページ） 育児休業をとる父親ももらえます。

社会保険料の免除 育児休業中に給与の支払いがない場合は、社会保険料（健康保険、厚生年金保険）が免除されます。賞与などにかかる特別保険料も免除になり、厚生年金基金についても、被保険者からの申し出があった場合、免除される部分があります。

失業給付金 退職した場合、働きたいと思う意思があり、退職する前の1年間に通算6か月以上雇用保険に加入していた人に支給されます。通常、その資格は退職から1年間ですが、妊婦の場合、特例措置として、最長4年間まで延長されます。特例措置の申し込み手続きは、退職日翌日から数えて30日後から1か月間です。その期間を過ぎると申請できません。もらえる金額や期間は収入や勤務年数によるので、近くの公共職業安定所に問い合わせましょう。なお、健康保険組合によっては、失業保険の延長期間中は夫の扶養家族になれないことがあります。

子どもが病気のときでも預かってくれるところは

相談先 市区町村保育担当窓口、認可外保育園、ファミリー・サポート・センター、ベビーシッター会社

受けられる支援 **病児保育室** 全国でまだ1200か所程度ですが、医療機関、乳児院、保育園などに併設されています。近くにあるかどうか調べておきましょう。医療機関併設型以外では急性期（これから病状がピークになる）の子どもは預からないのが原則です。

ベビーシッター、ファミリー・サポート・センター、保育ママ（↓490ページ） 回復期に向かった子どもなら、預けられる場合があります。少数ながら、シッター代を一部助成する自治体もあります。

ひとり親への支援

ひとり親とは、配偶者との死別、離婚、未婚での出産のほか、配偶者が拘禁や重度障害などで子育てに携われない場合や扶養を受けられない場合も含まれます。

知っておきたい支援とサービス

生活をサポートをする

- 母子生活支援施設
- 介護人派遣サービス

経済的サポートをする

- 児童扶養手当
- 児童育成手当
- 福祉資金・技能習得資金貸与
- ひとり親家庭医療費助成
- 公共料金等の助成制度

生活のサポートを受けるには

相談先 市区町村の福祉担当窓口、福祉事務所、女性センター

受けられる支援 **母子生活支援施設（母子寮）への入所** 子どもの養育が十分にできないと判断された場合、生活支援施設へ、母子ともに入所し、支援を受けられます。

介護人派遣サービス ひとり親家庭で、就職活動や出張・病気などの事情により、介護・保育の援助が必要な世帯に、介護人を派遣する制度です。

経済的な支援を受けるには

相談先　市区町村の福祉担当窓口、福祉事務所、女性センター

受けられる支援　**児童扶養手当**　18歳までの子どもを育てるひとり親家庭に支給される手当です。配偶者からの暴力（ＤＶ）で裁判所からの保護命令が出された場合も該当します。所得制限あり。

児童育成手当　18歳までの子どもを育てるひとり親家庭の養育者に支給される制度のある自治体があります。所得制限あり。

福祉資金・技能習得資金貸与　20歳未満の子どもを育てるひとり親家庭に、用途に応じ、無利子または低利で資金の貸し付けを行います。自治体によっては、指定の教育訓練講座を受講した場合、受講料の一部を免除したり、受講期間中に給付金を支給したりする制度があります。

ひとり親家庭医療費助成　保険医療費の自己負担分などに関して、助成が行われる制度です。自治体によって内容が異なります。

公共料金などの助成　都道府県や市区町村などでは、独自に、公立保育園の保育料の援助、公営住宅への優先入居、公共料金への助成制度などを行っています。

赤ちゃんと子どもの病気

監修　榊原洋一

症状別ホームケアのポイント

病気の重い・軽いはどう判断する？

　一般に乳幼児は症状の変化が激しいものです。経過が早く、悪くなるときもよくなるときもあっという間。急激に高熱が出たかと思ったら数分後には平熱に戻ったり、逆にさっきまで元気に遊んでいたのに急に熱が出てぐったりする、ということがよくあります。症状の激しさに惑わされず、あわてず冷静に対処しましょう。親のいちばんの仕事は、重大な病気なのか、危険な状態なのかを判断することです。

　急いで病院へ連れていくべきかどうかは、個々の症状よりも全身状態で判断します。熱があっても元気でよく動き、食欲もあり、よく眠れていれば、まず重い病気ではありません。

　受診する場合は、なるべく午前中にすませましょう。受診後に症状が悪化した場合、その日のうちに再受診することもあります。そのためにも午前中の受診が望ましいのです。

きげんの善し悪《あ》しが重要な目安

　赤ちゃんの場合、病気の状態をみる第一のチェックポイントはきげんの善し悪しです。実際、「いつもと様子が違う」というお母さんの直感から病気が発見されることが多いものです。

　たとえ熱があってもきげんがよく、元気で遊んでいるようならあまり心配しなくてもだいじょうぶ。泣き方が元気で力強く、あやせば泣きやむようなら病状は悪くないと考えてよいでしょう。でも、抱っこしても笑わない、一日中ぐずぐず泣いてばかりいる、泣き方がいつもと違う、あやしても泣きやまない……そんな様子があれば要注意。また、赤ちゃんは目を覚ましているときは絶えず手足や顔などを動かしています。この動きが少なくなってぐったりしたら、病気が重い可能性があります。急いで医師の診察を受けましょう。

発熱と全身状態をチェック

　発熱は子どもの体調を知らせる重要なシグナルです。ふだんから子どもの平熱を知っておきましょう。基本的には、38度以上の高熱が出たときや、微熱が4～5日も続く場合は医師の診察を受けてください。また、急激に熱が上がるときは熱性けいれん〈↓734ページ〉を起こしやすいので十分に注意しましょう。

　もっとも、単に熱があるだけならあまり心配いりません。熱が高いからといって大変な病気とはかぎらないのです。逆に、熱がなくてもぐったりしているなら重い病気かもしれません。熱の高さだけにとらわれず、きげんの善し悪しや全身状態を合わせてみることが大切です。

　発熱以外の症状では、顔色や顔つき、意識がはっきりしているかどうかもよく観察しましょう。顔色が青白く唇や爪《つめ》が紫色（チアノーゼ）になっている、目に力がなくぼんやりしている、うつらうつらしている、呼んでも揺すっても反応がない、というような場合は重篤な状態です。呼吸の様子も重要な観察ポイントです。息づかいが荒い、あえいでいる、小鼻をふくらませて息をしている（鼻翼呼吸）ようなときは、肺炎〈↓750ページ〉などを起こし呼吸困難になっていることを示しています。すぐに病院へ行かなければなりません。

食欲不振だけで判断しない

食欲も健康状態を知る有力な手がかりです。母乳（ミルク）をあまり飲まなかったり離乳食を食べなかったりすると心配になりますが、食の細い子もいますし、食欲は日によってまちまちなものです。食欲不振のほかに、きげんが悪いとか発熱などの症状がなければ心配ありません。ただし、嘔吐《おうと》が激しくて水分も受けつけないようなときは脱水症になる危険もあるので受診しましょう。

熱が出た

平熱には個人差がありますが、健康な状態のときの体温の目安は、新生児・乳児で36度7分～37度5分、幼児で36度6分～37度3分。一般に午後は少し高めで、大泣きしたあとや運動後、食後も上がります。ただし、38度以上の発熱はなんらかの病気を疑います。

発熱の多くはウイルスや細菌による感染が原因です。ウイルスや細菌がからだの中にはいると、からだに変化が起こって発熱物質をつくります。発熱物質は脳の体温中枢に働いて体温を上げるとともに、免疫抗体をつくって体内でウイルスや細菌が増えるのを抑えます。からだは体温を上げて感染と闘っているので、熱をむやみに下げてはいけません。赤ちゃんは40度近い熱が出ることも珍しくありませんが、熱自体がからだに悪影響を与えることはありません。

■ホームケア　体温調節がまだうまくできない赤ちゃんは、厚着や布団のかけすぎ、室温が高すぎるときなど、病気でなくても体温が上がります。全身状態がよく、熱のほかに症状がないようなら、薄着をさせて部屋の風通しをよくし、水分を与えて様子をみます。夏ならエアコンの効いた部屋に寝かせます。

からだがほてるように熱いときは氷まくらで頭を冷やします。39度以上あるときは、氷を入れたビニール袋をタオルに包み、首筋やわきの下、ももの付け根など動脈の通っている部分にあてて冷やすのも効果的です。

発熱している子どもに厚着をさせ、布団をたくさんかけて汗をかかせて熱を下げようとするのは逆効果。かえって熱がこもり体温が下がりにくくなります。

室温は20度前後、湿度60～70％に調節してください。汗をかいたら、ぬれタオルで手早くからだをふいて着替えさせます。こうすることは、気化熱によって体温を少し下げる効果もあります。

母乳やミルクは食欲があれば与えてかまいません。離乳食や食事は消化のよいものにし、食欲がなければ無理に食べさせないようにします。水、番茶、果汁、乳幼児用イオン飲料など水分を十分に補給し、脱水を防ぎましょう。

■解熱薬の使用　高熱で本人がつらそうなら、応急処置として解熱薬の使用も考えますが、医師に指示された場合に限定して使いましょう。一般に解熱薬を使用する目安は3歳以下なら体温38度5分以上、4～6歳では38度以上です。ただし、解熱薬は一時的に熱を下げるもので、効果は数時間。発熱の原因によっては解熱薬でも熱を十分に下げることはできません。発熱することでからだがウイルスや細菌と闘っていることを理解し、熱を下げることが病気を早く治すことにはつながらないことも知っておきましょう。

■緊急を要する場合　次のようなときは、夜中でも病院に連れていってください。場合によっては救急車を呼びます。

①顔色が真っ青、ぐったりしている、意識がもうろうとしている、呼吸状態がおかしい、小鼻をひくひくさせて息を

しているなど全身状態が悪い場合。
②けいれんが長く(10分以上)続く場合。
③発熱以外に下痢、腹痛、嘔吐《おうと》などの症状が激しい場合。

■こんなときは受診を　急を要するわけではありませんが、以下の場合も受診の必要があります。
①38度以上の発熱がある場合。夜間で、全身状態がよい場合は翌朝まで待ってもだいじょうぶです。
②きげんが悪い、食欲がない、嘔吐や下痢などの症状がある場合。熱があまり高くなくても受診の必要があります。
③高熱が続く場合。かぜのあと高熱が続くときは、肺炎〈↓750ページ〉、腎盂《じんう》炎《えん》、尿路感染症《にょうろかんせんしょう》〈↓775ページ〉、扁桃《へんとう》炎《えん》〈↓751ページ〉なども考えられます。
④熱が3日以上続いたり、熱が上がったり下がったりする場合。尿路感染症、扁桃炎、中耳炎《ちゅうじえん》〈↓769ページ〉などが疑われます。
⑤3か月未満の赤ちゃんの発熱。特に新生児は病気の進行が早く、重症になることが多いので、38度以上の発熱があれば全身状態にかかわらず至急受診しましょう。

けいれんを起こした

　熱が出てきたと思っていると、突然白目をむき、吐いて、手足をつっぱらせて、かくんかくん、ぴくっぴくっと引きつり、意識を失ってしまう。これが熱性けいれんです。けいれんは髄膜炎《ずいまくえん》〈↓779ページ〉や脳炎《のうえん》〈↓779ページ〉、てんかん、熱射病《ねつしゃびょう》などで起こすこともありますが、もっとも多いのが熱性けいれんで、子どもの約7%が経験します。

　その症状の激しさに親は動転してしまいますが、ここは冷静に。熱性けいれんであれば自然に治まりますし、後遺症もありません。ただ、髄膜炎や脳炎なども疑われるので、落ち着いて適切な処置(後述)をしながらすぐに病院に連絡しましょう。なお、明らかなけいれんが見られずに意識がなくなり、手足をだらりとさせる場合もあります。

■応急処置　からだを揺すったり、大声で呼んだりしてはいけません。舌をかまないようにと口を無理に開けて、割箸《わりばし》やタオルなどをくわえさせるのは禁物です。舌をかむことはまずありませんし、逆に窒息したり口の中を傷つけてしまいます。けいれんを起こしたら、なるべく動かさずに静かに寝かせます。頭を低めにし、吐いたときに吐瀉物《としゃぶつ》が気道につまらないよう顔を横向きにして寝かせてください。周囲にあるポットなど危険なものは片づけます。

■観察のポイント　けいれんが始まったら、まず時計を見てください。応急処置をしながら、けいれんが何分ぐらい続いたかを記録しましょう。熱性けいれんであればふつうは数秒から長くても数分で治まります。片手片足だけか両手両足かなどけいれんの様子や、白目をむいたときの瞳《ひとみ》の位置なども確認しておきます。特に持続時間は診断と治療の有力な手がかりになります。けいれんが10分以上続いた場合や、けいれんが治まっても意識が回復しない、顔色が悪い、呼吸がおかしいときはすぐに救急車を呼ばなければなりません。

■原因と再発防止　子どもの脳が発熱に対して敏感に反応することが原因と考えられています。熱性けいれんを起こしやすい年齢は生後3か月から3歳くらいで、6歳を過ぎるとまず見られません。お母さんやお父さん、きょうだいなどが起こした経験があると、その子も起こしやすい傾向があります。

　一度起こすと、3人にひとりがまた繰り返して起こします。再発防止について、かかりつけ医と相談しておくことが必要です。予防には抗けいれん薬の座薬が使われます。1回目の熱性けいれんでは、再発するかどうかまだわからないので必ずしも使用しませんが、2回以上起こした場合はこの座薬が処方されるはずです。38度を超える発熱があった場合は、すみやかに肛門《こうもん》内に挿入します。38度以上の発熱が続く場合は8時間後にもう一度だけ使います。

　解熱薬の使用については医師の間でも見解が統一されていません。解熱薬を使うことで、発作を未然に防ぐことはできないことがわかっています。ただし、いったん発作が起こったあと、2度目のけいれんを抑える効果があるのかどうかについては諸説があります。解熱薬の使用後、再び熱が上がったときにけいれんを起こす可能性もあるので、その使用については様々な意見があるのです。抗けいれん薬や解熱薬の使用については医師によって方針が違うので、かかりつけ医とよく相談しておいてください。

■発熱を伴わないけいれん　熱性けいれんを起こすと、てんかんを心配する人もいますが、関係はないと考えられています。てんかんに見られるけいれんは発熱を伴いません。いままで元気だった子が急に意識をなくし、からだを震わせるような発作を繰り返します。熱がないのにけいれんを起こしたら、てんかんの心配もあるので病院で脳波などの検査を行うことになります。なお熱性けいれんでも、持続時間が長かった場合などは念のため脳波を調べることもあります。
　ほかに発熱を伴わないけいれんとして、赤ちゃんでは「泣き入りひきつけ」（憤怒《ふんぬ》けいれん）があります。驚いたり痛みを感じたり欲求不満などから激しく泣いたために、息を止めたところで意識を失ってしまいます。からだを反らせて手足をつっぱらせ、全身をけいれんさせることもあります。しばらくすると大きな息をひとつして元に戻ります。泣き入りひきつけを起こしたら、背中を軽くたたいたりなでたりして、できるだけ早く呼吸させるようにしましょう。特別な治療は必要ありませんし、4～5歳になれば自然に治ります。

吐いた

■赤ちゃんの嘔吐《おうと》　赤ちゃんはわりあいよく吐きますが、多くは胃の入り口の締まりが不十分なことによるものです。母乳やミルクを飲んだあとに口の端からたらたらと流れるように吐くのは溢乳《いつにゅう》〈「気がかりなこと」↓155ページ〉です。母乳やミルクとともに空気も一緒に飲みこむため、授乳後しばらくしてゲボッともどすこともあります。いずれも、きげんが悪くなく、元気で体重の増え方も順調なら、まったく心配ありません。

■幼児の嘔吐　せきこんだときに吐いたりしますが、これは心配ありません。神経質な子がちょっとしたことで吐くのは心因性の嘔吐です。食が細いのに、食事のたびに食べることを強要したり、嫌いなものを無理に食べさせようとすると、食べ物を見ただけで吐いてしまいます。心因性の嘔吐は「いやなもの」「いやなこと」を吐くことで表現しているのですから、親がそのことを十分に理解してあげることが大切です。
　2歳を過ぎた子に見られるのがアセトン血性《けっせい》嘔吐症《おうとしょう》〈↓756ページ〉です。突然ぐったりして激しい嘔吐を繰り返します。強い腹痛を伴うこともあります。症状が激しいので親は驚きますが、多くは1～3日で治まります。

幼児期以降では、嘔吐以外の症状によって様々な病気が考えられます。発熱、頭痛、けいれん、意識障害を伴うときは髄膜炎〈↓779ページ〉や急性脳症《きゅうせいのうしょう》（ライ症候群《しょうこうぐん》）や脳腫瘍《のうしゅよう》が、激しい腹痛があれば腸閉塞《ちょうへいそく》、食中毒（細菌性胃腸炎《いちょうえん》）〈↓754ページ〉などが疑われます。年齢にかかわらず、頭を強く打ったあとの嘔吐も危険です。頭蓋《ずがい》内出血の疑いもありますので大至急受診してください。

■要注意のサイン　顔色、発熱、下痢など嘔吐以外の症状もチェックします。吐く回数が少なくても全身状態が悪いときはすぐに受診してください。嘔吐と発熱があり、激しく泣き、意識がはっきりせず、けいれんを起こした場合は髄膜炎や急性脳症の危険もあります。ほかに中耳炎〈↓769ページ〉、尿路感染症〈↓775ページ〉、扁桃炎〈↓751ページ〉、咽頭炎《いんとうえん》〈↓751ページ〉なども嘔吐の原因になります。

赤ちゃんが吐く病気のなかで緊急を要するのが腸重積症《ちょうじゅうせきしょう》〈↓755ページ〉です。また、授乳後しばらくしてお乳を口や鼻から噴水状に吐き、体重の増え方が悪い場合は幽門狭窄症《ゆうもんきょうさくしょう》〈↓755ページ〉が疑われます。嘔吐と下痢を繰り返すときは、ウイルス感染による乳幼児嘔吐下痢症《にゅうようじおうとげりしょう》〈↓753ページ〉が考えられます。

■ホームケア　吐いたときにいちばん心配なのは、吐物が気管につまって窒息を起こすこと。寝かせるときは、必ず顔を横に向けてください。吐きそうなときは顔を下向きにし、背中を下から上へさすります。吐いたあとは、吐物を片づけて口のまわりをきれいにします。

吐き気の強いときはすぐに水分を与えてはいけません。落ち着いてからスプーン1杯程度の水、番茶、乳幼児用イオン飲料などを飲ませます。これで吐かなければ15分ごとに同量の水分補給を繰り返していきます。柑橘《かんきつ》系ジュース、ピーチジュース、牛乳は吐き気をひどくすることもあるので避けましょう。水分が取れるようになり、食欲が出てきたら少しずつ離乳食や食事を与えます。

下痢をした

子どもの下痢の原因の多くは、かぜや胃腸炎などウイルス感染、食中毒などです。ただし、便には個人差があり、体質的に下痢をしやすい子もいます。下痢の様子がいつもと違うか、ほかに症状がないかをチェックすることが大切です。

■赤ちゃんの下痢　赤ちゃんの便は水分が多く、水のような便をすることも珍しくありません。回数も新生児期には1日10回以上のこともあります。特に、母乳を飲んでいる赤ちゃんは便の回数が多く、黄色くて水っぽい便が出ます。緑色だったり、白い粒々や透明の粘液がまじることも少なくありません。こうした便をしても、正常です。離乳食が始まると食べ物の色がそのまま便に出ることもあります。

赤ちゃんの下痢を見分けるには、便のやわらかさや回数よりも、便の状態やほかの症状に注目を。下痢をしても、きげんがよく食欲もあり、体重が順調に増えていれば心配ありません。食べ物が原因によるアレルギー性の下痢もあります。

■要注意のサイン　水のような便が1日10回以上出る、便に血が混じっている、真っ黒なコールタールのような便、白や灰白色の便が出るようなときは医師の診察を受けましょう。新生児メレナ〈↓784

ページ〉、ウイルス感染による乳幼児嘔吐下痢症〈↓753ページ〉も疑われます。血便が出たりおむつに血がついているようなときは細菌性胃《い》腸炎《ちょうえん》〈↓754ページ〉、腸重積症〈↓755ページ〉などが心配です。

下痢以外の症状にも注目します。熱がある、顔色が悪い、ぐったりしている、嘔吐がある、激しく泣く、からだを「く」の字に曲げて泣くようなときは至急受診する必要があります。おしっこが少なくなってきて脱水症状が疑われるときもすぐに受診しましょう。

■ホームケア　下痢をすると水分が失われますから、脱水を起こさないよう水分を十分に補給します。水や番茶、乳幼児用イオン飲料を欲しがるだけ与えます。柑橘系のジュースは下痢を悪化させるので避けましょう。ただ、りんごには便を固める作用があるので、果汁にしたり、すりおろして与えてかまいません。

母乳は欲しがるだけ与えてもだいじょうぶです。下痢によって、一時的に腸で母乳やミルクの成分である乳糖を消化できなくなることがあります。そんなときには、乳糖のはいっていない治療用の粉ミルクを使うのもひとつの方法です。かかりつけ医に相談してください。

離乳食は原則中止です。回復してきたら、おもゆやスープの上澄みなど離乳食のスタートに戻して再開します。水分が取れていれば1～2日は食事をしなくてもだいじょうぶです。便の状態と食欲をみながら徐々に戻します。

■幼児の下痢　幼児以降の対応も基本的には乳児と違いはありませんが、特に腹痛がないかどうかを確認する必要があります。痛みが強いと顔色が青ざめてきます。全身症状とともに発熱もチェックしましょう。便の状態は親がトイレに行ってきちんと確認してください。腹痛が強いときは衣服を緩めます。寝かせるときは両ひざを曲げ、左側を下にして横になると楽になることもあります。子どもがからだを「く」の字に曲げて痛がるようなときは要注意です。すぐに病院に連れていきましょう。

便秘をする

便秘というのは便の回数が少ないことではなく、便の水分が少ないことをいいます。便の回数が2～3日に1回のペースでも、スムーズに排便できるなら心配はありません。3～4日おきに水分の少ないころころした便が出るときは習慣性の便秘と考えられます。

■赤ちゃんの便秘とホームケア　〈↓258ページ〉

■幼児の便秘　離乳食が終わってから起こる便秘の原因は、偏食や食事内容の偏りによるものが多くなります。バランスのよい食事を規則正しく食べるようにしましょう。また、トイレ・トレーニングの失敗が便秘の原因になることもあります。排便の兆候があったときに、トイレでの排便を強要するとプレッシャーになり、便秘になりがちです。

■要注意のサイン　まれに先天的な腸の疾患（巨大結腸症／ヒルシュスプルング病）によって便秘をすることがあります。排便時に泣く、前かがみになって泣く、嘔吐《おうと》する、おならが出ない、冷や汗をかいて顔が真っ青になるような症状があれば至急受診しましょう。

■ホームケア　野菜や繊維の多い食品やヨーグルトなどを食べさせます。

4～5日も便が出ない、おなかが張っている、顔色が悪い、元気がない、食欲がないなどは医師と相談を。経口の緩下薬を使用する必要があることもしばしばです。

頭を痛がる

子どもの頭痛は、かぜ〈↓747ページ〉などの発熱性疾患で起こることがもっとも多いのですが、まれに髄膜炎〈↓779ページ〉などの症状として表れることもあるので注意が必要です。頭痛以外の症状と合わせてチェックし、心配な場合は医師に相談しましょう。熱、せき、鼻水などがあれば、かぜによる頭痛と考えられます。

赤ちゃんはことばで痛みを訴えることができないので、大人が察してあげなければなりません。熱があって激しく泣く、ぐったりしている、顔色が悪い、おむつを替えたり抱き上げたときなどに首や足を曲げる、大泉門《だいせんもん》がかたくふくれあがるといった様子があれば、髄膜炎などによる頭痛の可能性があります。すぐに受診してください。

幼児では、元気がなくふきげんで顔色が悪い、首をさわると痛がったりする場合も頭痛によることがあります。

■要注意のサイン　頭痛がなかなか治まらない、繰り返し起こる、日を追ってひどくなる場合は受診してください。顔色が悪く、激しい頭痛、発熱、嘔吐《おうと》がある場合は、脳腫瘍《のうしゅよう》、髄膜炎、脳炎〈↓779ページ〉、急性脳症などが疑われます。頭を強く打ったりして脳の血管から出血したときも激しい頭痛や意識障害が起こります。

■ホームケア　静かな暗めの部屋で寝かせます。部屋の換気にも気をつけます。かぜなどで処方される子ども用の解熱薬には鎮痛効果があるので、それを使用すると頭痛を軽減できます。

おなかを痛がる

赤ちゃんはおなかが痛いときも泣いて訴えます。このとき痛い箇所に手をあてたり、前かがみになって泣く、からだを「く」の字に曲げて泣いたりします。全身状態、便の様子、発熱、嘔吐《おうと》などほかの症状もチェックしましょう。

赤ちゃんが母乳（ミルク）を欲しがらず、足をおなかに引きつけて泣く、おなかをさわると激しく泣く、顔色が青ざめる、といった様子をみせたときは腹痛があることが疑われます。幼児の場合は、ぐったりとして、ふきげんで泣いてばかりいたり、青い顔をして、おなかをかがめて痛がります。

■要注意のサイン　腹痛が治まらない、ひどくなる、嘔吐・発熱・下痢などの症状がある場合は受診しましょう。激しい腹痛があり、顔が青ざめてぐったりし、発熱や激しい嘔吐・下痢があるときは至急病院へ。赤ちゃんであれば腸重積症《ちょうじゅうせきしょう》〈↓755ページ〉など、幼児以降なら腸閉《ちょうへい》塞《そく》、食中毒（細菌性胃腸炎《いちょうえん》）〈↓754ページ〉、虫垂炎《ちゅうすいえん》なども疑われます。

■ホームケア　衣服を緩めて楽な姿勢を取らせ、おなかをさすってあげます。原因がわかるまでは、おなかを冷やしたり温めたりしないでください。

リンパ節がはれた

首の後ろや足の付け根で、皮膚の下にぐりぐりと豆のような感じに触れるのがリンパ節です。このリンパ節がはれます。からだに炎症が起きるとからだにはいってきた細菌が全身に広がらないようにブロックする働きをもっています。子どものリンパ節はその働きが活発なため、かぜをひいたり、けがをしたり、湿疹《しっしん》、口内炎、虫歯などで細菌に感染すると、はれます。耳の後ろのリンパ節は下が骨（頭蓋骨《ずがいこつ》）なので、はれていなくても目立ち、心配する人が多いのですが、まったく無害です。

リンパ節がはれているときは、さわって痛みがあるか、リンパ節が動くかどうかをチェックします。ぐりぐりがよく動くときは、大きさが変化しないか、痛みや熱などほかの症状がないかどうかを注意しながら様子をみます。

■要注意のサイン　はれたリンパ節をさわると痛がったり、熱があるときは、リンパ節が炎症を起こしています。首の前のほうのリンパ節と扁桃《へんとう》がはれている、高熱が続く、白い膜のような分泌物の出る扁桃炎〈↓751ページ〉を起こしているようなときは、化膿《かのう》性扁桃炎やまれに伝染性単核症《たんかくしょう》（後述）が疑われるので受診しましょう。

発熱のほかに、発疹や白目の充血、いちご状舌などの症状があれば川崎病（原因不明の疾患）も疑われます。川崎病は早期発見すれば後遺症が残ることはほとんどなくなりました。リンパ節が大きくはれたまま変化しないようなら、他の疾患の可能性もあるので医療機関を受診しましょう。

■ホームケア　痛むときは冷やしてあげます。はれが続くとき、痛みが強いときは受診しましょう。化膿性リンパ節炎は、抗生物質の飲み薬で治療します。伝染性単核症はウイルス性感染症であるため治療法はありませんが、自然に治ります。

せき（痰《たん》）が出る

せきが出るのは、気温の変化やほこりなどで呼吸器粘膜が刺激されたり、細菌やウイルス感染で喉《のど》や気管支に炎症が起きているのが原因です。大半はかぜ〈↓747ページ〉によるものです。症状がせきだけで、きげんがよく、食欲もあり、せきの回数もだんだん減ってきていれば何もする必要はありません。

なお、生後3～4か月ころには、ときどきむせたような軽いせきをすることがあります。唾液《だえき》の分泌が多くなるので、それが喉にはいってせきが出るのです。朝方や寝るころに起こることが少なくありません。これは自然に治まってきます。

また、体質的にいつも喉をゼロゼロさせている赤ちゃんもいます。たまにゼロゼロしても、いつも元気で順調に発育していれば心配は無用です。

■せきの種類　痰がからんだ湿ったせき、コンコンという乾いたせき、せきは出ないがゼロゼロと喉から音が聞こえるもの（これは厳密にはせきではありませんが）などいろいろな種類があります。どういうせきなのかを確認しておくことが診断の助けになります。夜、朝、昼、一日中、布団にはいったとき、季節、あるいは食べ物を口にすると出るなど、どういう状況でせきが出るかも重要な観察ポイントです。

■要注意のサイン　次のようなせきの症状が見られたら、早めに医師の診察を受けましょう。

声がかれ、呼吸が苦しそうで、呼吸するとイヌがほえるようなボーボーいう音が出るときは急性喉頭炎《こうとうえん》（クループともいいます）〈↓752ページ〉の疑いがあります。乾いたせきが徐々にひどくなり、ゴホンゴホンと湿ったせきに変わっていく場合は急性気管支炎〈↓749ページ〉の可能性があります。細《さい》気管支炎〈↓749ページ〉では、強いせきとヒーヒー、ゼーゼーという音が聞かれ、呼吸が苦しく顔色が悪くなります。

せきが激しく呼吸が苦しそうで、高熱が続き、元気も食欲もないときは細菌性肺炎〈↓750ページ〉の恐れもあります。

突然、ゼーゼー、ヒューヒュー音を出して息が苦しくなる場合は、気管支ぜんそく〈↓772ページ〉の疑いがあります。かぜをひくときにゼーゼーが起こるぜんそく様気管支炎〈↓750ページ〉も似たような状態になります。

鼻水・鼻づまり

〈↓345ページ〉

目やにが出る

生後1か月ごろの赤ちゃんは、朝起きたとき白っぽい目やにがたまっていることがあります。涙が鼻にスムーズに流れないので目にたまってしまうのです。ほとんどは成長とともに落ち着きます。また、生後6か月くらいまでの赤ちゃんには睫毛内反《しょうもうないはん》（さかさまつ毛）が多く、異物感があるためしきりに目に手をやったり目やにが出たりしますが、これも多くは自然に治ります。涙が異常に多かったり、まぶしがるなど、目やに以外に気になることがあれば眼科か小児科で相談してください。

■要注意のサイン　目やにが出るのは必ずしも目の病気ばかりではありません。麻疹《ましん》（はしか）〈↓762ページ〉や川崎病（原因不明の疾患）では、目やにが出たり、白目が充血したりします。ほかの症状もチェックしましょう。

黄色い目やにが出るときは、細菌の感染で結膜炎《けつまくえん》〈↓768ページ〉を起こしている可能性があります。湿疹《しっしん》やかぜ〈↓747ページ〉、インフルエンザ〈↓748ページ〉、麻疹などから結膜炎を起こすこともあります。かゆみや痛みもあります。ひどくなると、まぶたがくっついて目が開けられなくなります。

目が真っ赤になり、目やにがたくさん出るときは、ウイルス感染によって起こる流行性角結膜炎《かくけつまくえん》の疑いもあります。多くは片方の目から始まり、やがてもう一方の目にも症状が表れます。発熱や喉《のど》の痛みも伴います。

頑固な目やにの原因が、先天性鼻涙管《びるいかん》閉塞《へいそく》や狭窄《きょうさく》〈↓768ページ〉である場合もあります。気になる場合は眼科か小児科を受診しましょう。

■ホームケア　赤ちゃんが朝起きたときに白っぽい目やにがたまっていたら、きれいな脱脂綿を湯に浸し、かたく絞ってふいてあげましょう。または、煮沸消毒したガーゼや滅菌ガーゼを指に巻きつけるか、三角に折って、その先端で優しくとってあげます。このとき、必ず目頭から目じりに向かってふくようにします。

耳だれがある

耳だれは、鼓膜から耳の穴の入り口までの外耳道に分泌される粘液です。耳だれが出るだけで、発熱や痛がっている様子がなければ必ずしも病気ではありません。体質的に耳あかがやわらかく、それが流れ出ている場合もあります。

■要注意のサイン　耳だれのほかに、発熱があって耳を痛がり、ぐずるときは急性中耳炎〈↓769ページ〉や外耳炎の可能性があります。滲出《しんしゅつ》性中耳炎〈↓770ページ〉は発熱や痛みがないので気づきにくい病気ですが、耳の聞こえが悪くなるのが特徴です。中耳炎だと、炎症によって鼓膜が破れて黄色い膿《うみ》が出ることがあります。血の混じった悪臭のある耳だれの場合もあります。

いざというときの応急処置

出血、やけど、呼吸停止、心臓停止、誤飲。この五つは子どもの生命にかかわることが多いので、いざというときの応急処置を身につけておきたいものです。

出血した

■出血の種類　出血は、すり傷程度のものから大量の血が流れ出るものまで様々です。出血の種類によって止血法も違ってくるので、まず、動脈からの出血か静脈からのものかを判断します。傷口から鮮紅色の血液が勢いよくほとばしり出るのは動脈性出血、やや暗赤色の血液が傷口からわき出るように流れるのは静脈性出血です。大量出血の場合はどちらもすぐに処置しないと危険です。

■出血性ショック　全身の血液の3分の1が失われると生命の危険があります。これは、体重15kgの子どもなら約400ミリリットル（コップ2杯分）に相当します。脈が弱く1分間に120回以上になる、顔が青白くなって冷や汗をかいている、呼吸が浅くて速い、といった場合は出血性ショックといって大変危険な状態。すぐに救急車を呼びます。

■応急処置

動脈性出血の場合　動脈からの出血は特に危険度が高いので、至急、外科的治療を行う必要があります。それまでの応急処置は、傷口を圧迫し、できるだけ失血を防ぐことです。出血量が多いので清潔なガーゼやタオルなどを多めに用意し、傷口にあてて強く圧迫します。これを直接圧迫止血法といいます。

傷が大きくて間に合わない場合は、傷口の中にガーゼなどをつめて、その上から圧迫します。包帯があればガーゼなどの上から巻きます。あまり強く巻きすぎないようにしましょう。手近に布がないときは、手のひらで直接圧迫します。このとき傷口を心臓より高い位置にすると止血効果が高くなります。

静脈性出血の場合　傷口にガーゼなどをあてて少し強く圧迫し、数分そのままの状態でいます。出血量にかかわらずこの方法が有効です。手足に傷があるときは傷のある部位を高く上げ、傷口を手で強く押さえておきます。ほとんどはこの方法で血は止まります。止血できない場合は圧迫したまま病院へ運びます。

軽い出血の場合　すり傷などのにじみ出るような出血を毛細血管出血といいます。これは自然に止まる出血なので清潔なガーゼなどをあてておきます。圧迫する必要はありません。軽く切った程度の傷の場合は、傷口についた細菌を流すために少し出血させてからガーゼをあてます。傷口が砂や泥などで汚れているときは、きれいな水で洗い流してから止血します。傷が深い場合や浅くても範囲が広い場合は、感染の恐れもあるので必ず病院へ連れていきましょう。

やけど

■やけどの重症度　重症度の判断は、熱に冒された皮膚の程度と面積によります。5歳以下の子どもでは、からだの表面積の5％以上のやけどは重症で、入院しての治療が必要です。やけどが体表面積の10％に及ぶとショックを起こし、生命の危険もあります。本人の手のひら（片手）が体表面積のほぼ1％の目安です。広範囲の場合や目や顔のやけどの場合はただちに救急車を呼びます。

■やけどの深さと応急手当　やけどの程度にかかわらず、まず流水で冷やすことが大切。こうすることで熱傷による皮膚の炎症の進行を食い止めます。広範囲の場合は水を入れた浴槽などにからだごとつけるか、シャワーをかけます。痛がるときは、きれいなタオルなどで覆ってその上から水をかけます。赤ちゃんは冷やしすぎると体温が下がる危険もあるので、様子をみながら冷やします。

第1度　皮膚が赤くなり多少はれる程度で、少しだけひりひり痛みます。これは表皮だけのやけどです。冷たい水で冷やせば痛みはやわらぎますし、治療をしなくても跡は残りません。

第2度　皮膚が赤くはればったくなり、水ぶくれができたり、血がにじむようなやけどです。強い痛みがあります。ただちに流水で十分に冷やします。30分くらい続けると、組織への障害を防ぐことができます。衣服の上から熱湯を浴びたような場合は衣服の上から水をかけながら脱がせるか、はさみで切ってはぎ取ります。皮膚にくっついているときは無理にはがさず、その部分だけ切り残します。水をかけたあとはぬれた布で冷やしながら病院へ向かいます。

第3度　もっとも重症で、やけどが皮下に達してしまったものです。皮膚が乾いて白っぽくなる、あるいは黒こげになるなど変色してかたくなります。痛みはほとんど感じないので、赤ちゃんは泣かないこともあります。赤ちゃんの反応に惑わされず、冷水で十分冷やして、ただちに救急車を呼びます。早急に治療しないと、皮膚のひきつれや運動機能の障害が残ることもあります。

■化学薬品によるやけど　強酸の薬品や乾電池からもれた液などの化学薬品がかかると、熱傷と同じように皮膚がただれた状態になることがあります。第2度、第3度と同様の高熱によるやけどと考えて対応しなければなりません。流水で薬品を十分に洗い流してから病院へ向かいます。薬品が目にはいった場合は、薬品がかからなかったほうの目を閉じて洗います。そのあとすぐに眼科を受診しましょう。

呼吸がない

子どもが問いかけに答えず、目も開けない状態で意識がないと判断したら、近くにいる人に救急車の手配を依頼し、次に呼吸をしているかどうかを確認してください。呼吸の有無を確認するには気道確保（気道の開放）を行います。

方法は、子どもの額に片手を軽くあて、もう一方の手の人さし指と中指をそろえて下顎《したあご》の先端にあて、下顎を持ち上げるようにして頭を後方に反らせます。1歳未満の場合はあまり頭を後ろに反らせすぎないようにしてください。

気道を確保したら、10秒以内に呼吸の有無を確認します。自分の頰《ほお》と耳を子どもの口に近づけて、呼吸音が聞こえなかったり、胸が動いていなかったり、息が頰に感じられなければ呼吸をしていないと判断します。呼吸をしていないときはもう一度気道確保して人工呼吸を行います。

■1歳以上の場合の人工呼吸法　人工呼吸はもっとも確実な蘇生《そせい》法のひとつです。1歳以上の子どもにはマウスツーマウス人工呼吸法（呼気吸入法）を行います。

①子どもをあおむけに寝かせる

あおむけの姿勢で寝かせ、衣服やベルトを緩めて胸やおなかが見えるようにします。肩や首の下に座布団などを入れると、気道確保しやすくなります。

②気道を確保して鼻をつまむ

気道確保を行い、子どもの額にあてたほうの手の親指と人さし指で、子どもの鼻をつまみます。ここで大きく息を吸いこみます。

③十分に息を吹きこむ

子どもの口を覆って、まわりから息がもれないようにし、胸が軽くふくらむ程度に息を吹きこみます。大量の空気を強く吹きこみすぎると肺を傷つけることがあるので要注意。吹きこむ時間は1～1・5秒が目安です。

④胸の動きを見る

息を吹きこみながら胸の動きを観察します。胸が盛り上がり、息がもれるような音が聞こえなければきちんと吹きこまれています。胸が盛り上がらなければ、もう一度気道を確保し直して息を吹きこみます。

⑤口を離して胸の動きを観察

1回息を吹きこんだら、口を離して胸の動きを見ます。子どもの胸がゆっくり沈み、吐き出される息の音が聞こえ、自分の頬に息がかかるならうまく人工呼吸ができています。

⑥2回目の吹きこみを行う

子どもの胸が元の位置まで沈んだら、2回目の吹きこみを行います。

⑦循環のサインを観察する

人工呼吸を2回続けたあと、呼吸、せき、胸の動き、からだの動きなどを観察します。

⑧自発呼吸ができるまで続ける

子どもが、弱くても自分で呼吸するようになったら、子どもが息を吸うのに合わせて空気を吹きこみます。人工呼吸は原則的に自発呼吸できるようになるまで続けます。乳児の場合は約3秒に1回、幼児なら約4秒に1回の割合で息を吹きこみます。

気道確保の方法

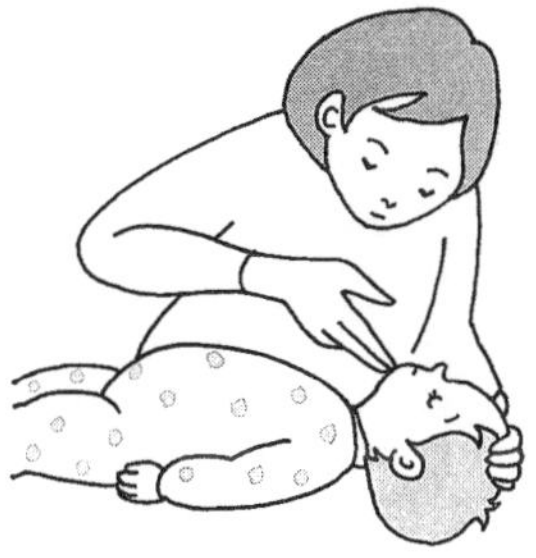

1歳未満なら頭を反らせすぎないよう手の指1～2本で下顎を持ち上げます。

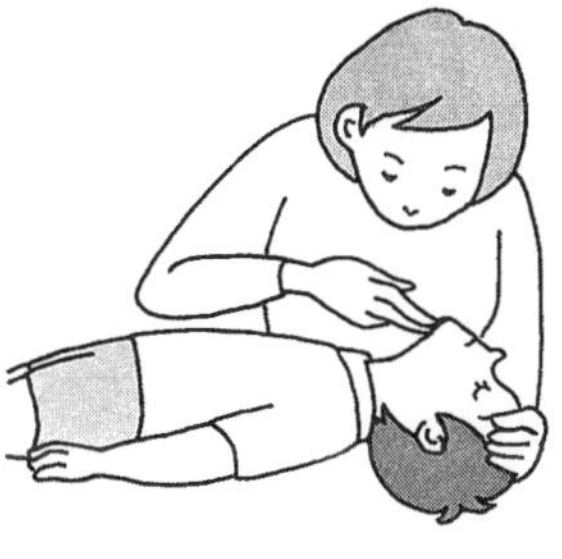

1歳以上なら人さし指と中指を下顎にあて、もう片方の手を子どもの額に軽くあてて頭を反らせます。

1歳以上への人工呼吸

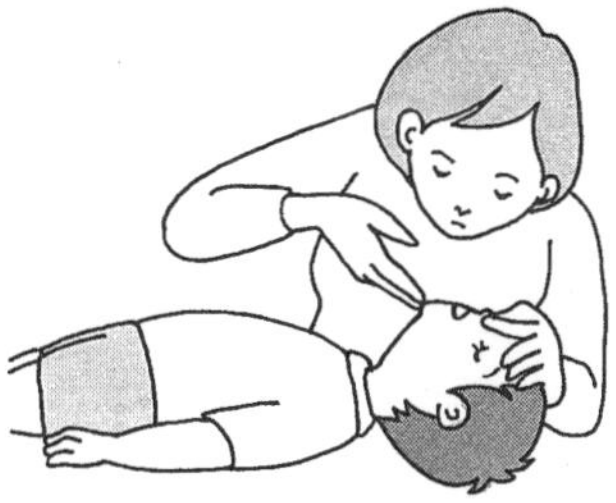

気道を確保しながら、子どもの鼻をつまみます。

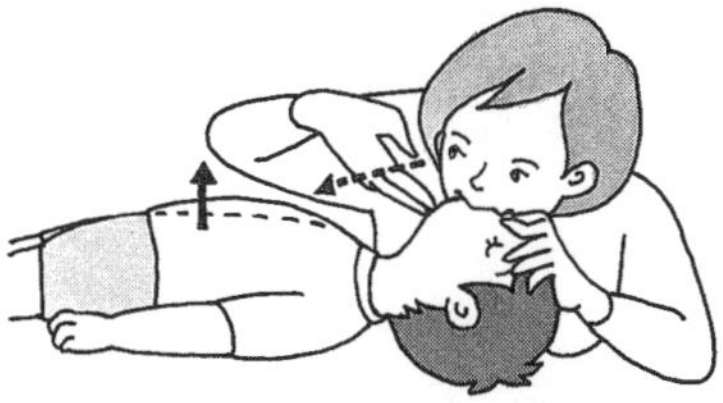

息を吹きこみながら、胸の動きを観察します。

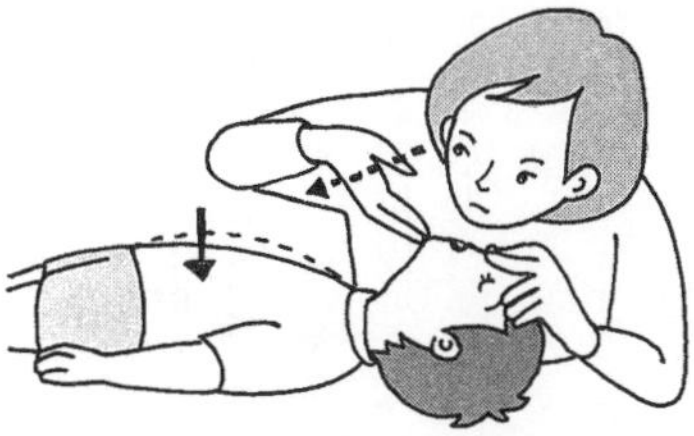

口を離したときも、胸の動きを見て、子どもの胸が元の位置に戻ったら再び息を吹きこみます。

■1歳未満の場合の人工呼吸法　気道確保するときに、顎の先端にあてる指は1～2本です。方法は1歳以上とほぼ同じですが、赤ちゃんの場合は口と鼻の両方を覆って息を吹きこみます。大人の口が小さくて、子どもの口と鼻を一緒に覆えないときは鼻から息を吹きこむようにします（下のイラスト）。吹きこむ息の量の目安は、吹きこんだときにみぞおち部分がふくらまない程度。生後28日未満の新生児では1秒、28日～1歳未満では1～1・5秒かけて息を吹きこみます。みぞおちがふくらんだら、吹きこむ息の量を少し減らしてください。呼吸が回復すると、うめき声をあげたり、泣き出したりします。呼吸が戻ってもまた停止する場合もあるので観察を続けてください。

心臓が停止した

窒息したり全身を強打した場合などに急な心臓停止が起こることがあります。生命にとってこのうえなく危険な状態ですが、正しい蘇生《そせい》術を行うことで、止まっていた心臓が再び動き始めることもあります。ただし、数分以上も心臓が停止した状態だと脳に血液が送られなくなるので、最初の数分間が生死を分けます。

1歳未満への人工呼吸

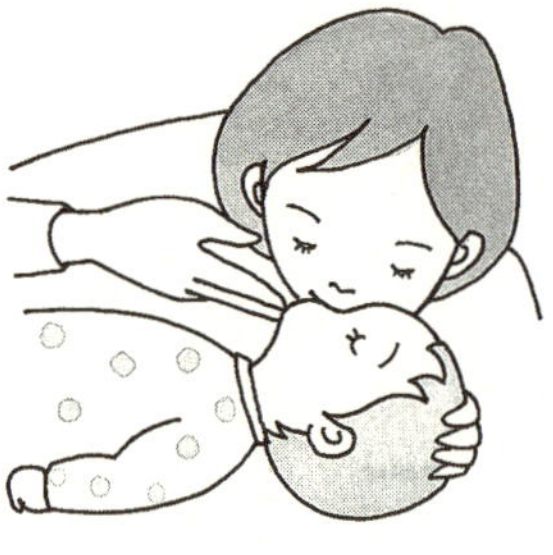

気道を確保（前ページ）したら、口とともに鼻も覆って息を吹きこみます。

■心音のチェック　子どもの胸をはだけ、胸の左側の心臓部に耳をあてて心音を確認します。首の左右にある頸動脈《けいどうみゃく》に手を触れて脈が確認できれば、心臓は動いています。ただ、脈が弱いときはわかりにくいので、直接心音を聞く方法のほうが確実です。心音が確認できなければ、救急車を呼んだうえで、ただちに心臓マッサージをしなければなりません。

■1歳以上の場合の心臓マッサージ法

①子どもの胸のそばにひざまずく

子どもをかたく平らな場所にあおむけに寝かせ、胸のそばにひざまずきます。

②圧迫する部位を探す

右手の人さし指と中指をそろえ、いちばん下の肋骨《ろっこつ》に触れます。いちばん下の肋骨に沿って指をおなかの中央にずらしていくと、人さし指が胸骨の下端に触れます。中指もこの位置に移動すると、人さし指は胸骨の上に置かれた状態になります。この人さし指のすぐ上が、圧迫する部位のいちばん下にあたります。そのすぐ上の部分が圧迫する部位です。

③両手を組み合わせて垂直に置く

両肩が子どもの胸の真上に、両腕が子どものからだに垂直になる位置でひざまずきます。片方の手のひらの肉厚の部分を圧迫部位に置き、その上にもう一方の手のひらを重ねて、指を組み合わせます。組んだ指先は、子どもの胸につかないように少し浮かせます。

④胸の厚さ3分の1の深さに圧迫

ひじを伸ばしたまま体重をかけ、胸の厚さの約3分の1の深さにへこむくらいに押します。ひじが曲がっていたり、力が足りないと効果が上がりません。

⑤1分間に約１００回の速さで繰り返す

手のひらを子どもの胸から離さずに、胸が元の高さに戻るまで力を抜いていき、そのままの位置で、また圧迫する動作を繰り返します。1分間に約１００回の速さで続け、血液を循環させせます。押す時間と力を抜く時間が同じになるようリズミカルに。

⑥呼吸がなければ人工呼吸と交互に

　呼吸が停止している場合は、人工呼吸〈↓742ページ〉と心臓マッサージを交互に行います。人工呼吸を2回、心臓マッサージを5回行い、以後は人工呼吸1回、心臓マッサージ5回の組み合わせを繰り返します。呼吸と心音、脈が回復するまで続けて、救急車の到着を待ちます。

■1歳未満の場合の心臓マッサージ法

　乳児の場合、心臓マッサージを行う部位は、両乳首を結んだ線と胸の中央を縦に通る胸骨が交差するところから、指幅1本分ほど下側の箇所。2〜3本の指で、やはり胸の厚さの約3分の1の深さにくぼむまで圧迫します。マッサージを繰り返す速さは1分間に少なくとも約100回、生後28日未満の新生児の場合は1分間あたり約120回が目安。人工呼吸〈↓744ページ〉も行う場合は心臓マッサージ3回、人工呼吸1回の組み合わせにします。

1歳以上への心臓マッサージ

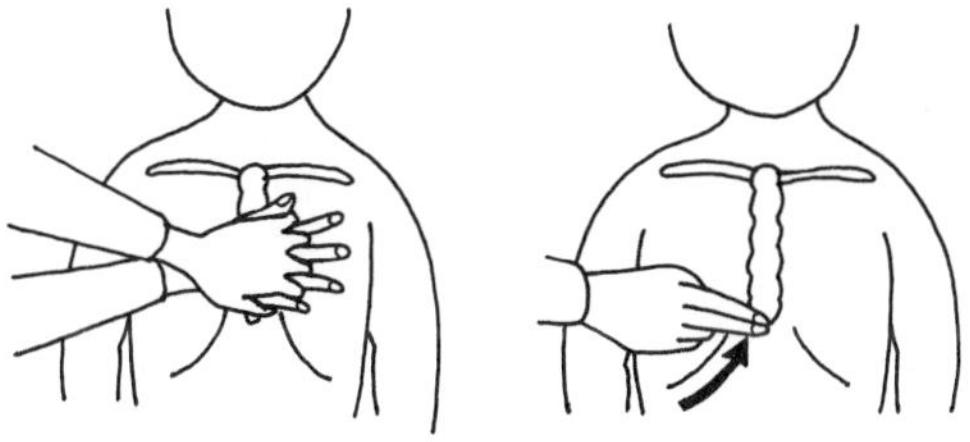

1歳以上の場合は、肋骨のふちに沿って指をおなかのほうに移動したところが胸骨です。

人さし指のすぐ上が、圧迫する部位のいちばん下にあたります。

1歳未満への心臓マッサージ

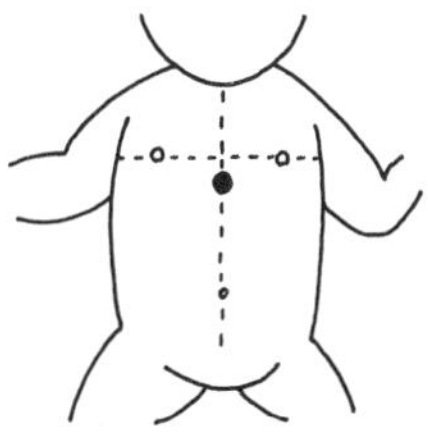

1歳未満なら、両乳首を結んだ線と胸の中央の縦線の交差点から指1本下側が圧迫する部位です。

異物を飲みこんだ

　赤ちゃんはなんでも口に入れるので片時も目が離せません。万が一、誤って異物を飲みこんだときは冷静に対処しましょう。乳幼児が異物を飲みこんだときに心配なのは、①固形の場合には喉《のど》につまって窒息する可能性がある、②飲みこんだ物が消化管を傷つける可能性がある、③吸収されると中毒を起こす危険がある（薬物など）の3点です。誤飲した場合は、まず子どもの意識の有無を観察し、容器や状況を見て「何を」「いつ」「どのくらい」飲んだかを判断します。

　意識がない、もうろうとしている、けいれんや錯乱などの中毒症状を起こしているときは、吐かせずに、ただちに救急車を呼びます。

　意識がある場合は飲んだ物の種類によって、吐かせずに病院へ行くか、すぐに吐かせて病院へ行くか、家で様子をみるかを判断します〈「おもな誤飲の応急手当↓次ページ」〉。なお、吐かせる前に牛乳や水をたくさん飲ませたほうがよい場合もあります。牛乳を飲ませるのは、毒を牛乳に吸着させ、胃腸からの吸収を遅らせるため。水は毒の成分を薄めますし、吐きやすくします。

　吐かせるときは指を喉の奥に入れ、舌の根元を人さし指で強く押します。これを何回か繰り返します。指で赤ちゃんの喉を傷つけたり、吐いた物が気管にはいらないように注意して。2〜3回吐かせたら、すぐに病院へ連れていきます。

■固形物を飲みこんだ場合　物が喉につ

まったときは、まず口の中に指を入れて、つまった物をかき出します。とれないときは、子どもの上半身を低くして背中を強くたたきます（背部叩打《こうだ》法）。または、逆さに抱いて、背中の肩甲骨《けんこうこつ》の間を数回たたいてみます。背中をたたくことで肺から空気が押し出され、その圧力で異物が吐き出されます。どうしてもとれなければ人工呼吸〈「1歳以上の場合」↓742ページ、「1歳未満の場合」↓744ページ〉をして、救急車を呼びます。

アメリカで広く普及しているハイムリック法（上腹部圧迫法）という方法もあります。まず、子どもを座らせ、片手で握りこぶしをつくってみぞおちのやや下の部分にあて、その上をもう一方の手で握ります。そして、素早く上・内側方向に向かって圧迫するように押し上げます。ただ、ハイムリック法は子どもの場合、内臓を傷つける危険性もあるので注意して行う必要があります。

幼児がキャンディなど体内にはいっても問題のない物を喉につまらせたときは、子どもが立って足を伸ばした状態で、わきの下に手を入れて大人の目と同じ高さまで持ち上げ、そのままぱっと手を離して着地させます。ほとんどの場合、これであめ玉が喉を通過します。

物を飲みこんでせきこんだり、苦しがっているときは気管にはいったことが考えられます。上半身を低くさせて背中をたたきながら、せきをさせます。ピーナッツなどの豆類が気管につまっているとせきが長く続きます。こういうときは受診してください。

異物を飲みこんでも気管につまらずに胃にはいってしまうこともあります。毒性のない物ならば、2〜3日のうちに便と一緒に排泄《はいせつ》されることも少なくありません。排泄されたかどうか便を確認することを忘れないでください。

また、赤ちゃんが鼻の穴に豆などをつめてしまったときは、口で赤ちゃんの鼻を吸って、異物を出すようにします。こよりなどで鼻の穴を刺激して、くしゃみをさせるのもよいでしょう。

■化学物質等による急性中毒の場合

「財団法人日本中毒情報センターの中毒１１０番」が茨城県と大阪府で全国からの電話相談に応じています。相談料は無料、通話料は相談者負担です。

大阪中毒１１０番：（３６５日24時間対応）電話０７２・７２７・２４９９

つくば中毒１１０番：（３６５日９〜21時対応）電話０２９・８５２・９９９９

タバコ専用電話：（３６５日24時間テープによる情報提供）電話０７２・７２６・９９２２

おもな誤飲の応急手当

飲んだ物	手当
灯油・ガソリン	なめた程度でもすぐ受診。何も飲ませない。
洗浄剤（トイレ用など）	口の中をよく洗い、牛乳をコップ半分くらい飲ませてすぐ受診。
塩素系漂白剤	口の中をよく洗い、牛乳をコップ半分くらい飲ませてすぐ受診。
マニキュア・除光液	少量でもすぐ受診。何も飲ませない。
タバコ	まず吐かせる。乾いたタバコ2㎝以下の場合、4時間ほど様子をみる。顔色不良、吐き気などがあれば受診。何も飲ませない。
吸いがら入りの水	少量でもすぐ受診。何も飲ませない。
シャンプー	なめた程度なら心配ない。少量の場合は牛乳を飲ませて様子をみる。大量の場合や嘔吐《おうと》の症状があればすぐ受診。

知っておきたい病気

呼吸器の病気

かぜ症候群

いわゆるかぜ。子どもの病気でもっとも多い身近な病気です。いくつかの症状が組み合わさって出ることが多く、それがかぜかどうかを判断する目安にもなります。

■症状　くしゃみ、鼻水、せきから始まるのがふつうですが、鼻づまり、痰《たん》やゼロゼロが出る、喉《のど》の痛み、寒気、頭痛、腹痛、目の充血など症状は多彩です。食欲がなくなることも多く、時には吐いたり下痢をしたりします。

生後6か月くらいまでは、お母さんからもらった免疫があるので、本来かぜをひきにくいものです。生後6か月未満で39度以上の発熱があったときは、別の病気が隠れている可能性もありますし、容体が急変しやすいので、早めに医師の診察を受けます。

かぜ自体は比較的軽い病気ですが、鼻や喉などの粘膜の抵抗力が弱くなり、引き続いて細菌感染が起こることもあるので甘くみないこと。肺炎〈↓750ページ〉、急性気管支炎〈↓749ページ〉、扁桃炎《へんとうえん》〈↓751ページ〉、咽頭炎《いんとうえん》〈↓751ページ〉、中耳炎〈↓769ページ〉、副鼻腔炎《ふくびくうえん》〈↓771ページ〉、リンパ節炎〈↓738ページ〉などの合併症、少し年齢が上の子では扁桃炎から急性腎炎《じんえん》を起こす場合もあるので、注意が必要です。

高熱がなく食欲もあるようなら、2〜3日様子をみてもよいでしょう。ぐったりしている、きげんが悪い、呼吸が苦しそう、3日以上の発熱があるときは、すぐに受診します。夜、突然に38度以上の熱が出ても、こうした症状がなく、よく眠っているようなら、翌朝まで待ってもだいじょうぶでしょう。

■原因　かぜとは、鼻や喉など上気道に急性の炎症が起こった状態です。正しくは急性上気道炎といいます。原因の90%はライノウイルスやコロナウイルスなどのウイルス感染ですが、細菌感染によるものもあります。せきやくしゃみで唾液《だえき》とともに飛び散ったウイルスが、空気によって人から人へ感染します。

かぜのウイルスは４００種類以上あるといわれ、ひとつのウイルスに対する免疫ができても、また別のウイルスに感染すれば何回でもかぜをひきます。多くの場合、ウイルスがからだにはいってから1〜3日後に症状が出始めます。ふつうのかぜは、症状が強いのは最初の2〜3日で、徐々に回復し、長くても1週間ほどでよくなります。

■治療　かぜのウイルス自体に効果のある薬はありません。薬は症状をやわらげるものと考えましょう。おもに使われる薬は、せきを止める鎮咳《ちんがい》薬、痰を抑える去痰薬、鼻水を抑える抗ヒスタミン薬、熱を下げる解熱鎮痛薬です。抗生物質は扁桃炎や中耳炎などの細菌感染症の合併があるときに使用します。

■ホームケア　かぜを治すのは薬ではなく、子どものからだに備わった自然治癒力です。外出は控えます。解熱薬は必ず医師と相談のうえで使うようにしてください。

熱があるときは、厚着や布団のかけすぎは禁物です。汗をかいたらよくふいて、こまめに着替えをします。冬なら加湿器を使い、湿度を50～60％くらいに保ちます。お風呂は、くしゃみや鼻水があっても熱がなくて元気なら入れてもかまいません。

インフルエンザ

インフルエンザウイルスによる重い呼吸器ウイルス感染症です。毎年、秋から冬になると猛威を振るいます。乳幼児は重症になりやすいので、早めの受診が基本となります。

この季節性インフルエンザとは別の新型インフルエンザについては、本項末尾の記述を参照してください。

■症状　発熱と寒気がふつうのかぜよりも強く出ます。熱は39度以上になることもしばしばです。吐き気や嘔吐《おうと》、下痢を伴うこともあります。頭痛や関節痛、筋肉痛が強く、からだ全体がだるくなってきます。ほかに、せき、喉《のど》の痛み、鼻水などの症状を伴います。

発熱は多くの場合、2～4日で治まりますが、2～3日目にいったん下がり、その後また上昇する場合もあります。気道の粘膜細胞が冒されて細菌に感染しやすくなるため、肺炎〈↓750ページ〉、中耳炎〈↓769ページ〉、副鼻腔炎〈↓772ページ〉を起こすこともあります。まれに脳症や脳炎〈↓779ページ〉を併発し、容体があっという間に悪くなる場合もあります。

■原因　インフルエンザウイルス（おもにA型、B型）が原因です。特に最近多いA型は、流行すると規模が広がります。流行のたびにウイルスの形が少しずつ変異していくのが特徴です。

■治療　以前はウイルスに対する特効薬はなかったのですが、現在ではA型に効果のある薬、A型とB型の両方に有効な薬があります。症状が出て48時間以内に飲み始めれば回復が早くなります。

ただし、タミフルやリレンザに代表される抗インフルエンザ薬を含め、インフルエンザ脳症・脳炎を完全に予防する方法はわかっていません。抗生物質は、インフルエンザ自体には効きませんが、肺炎などの二次感染を防ぐために使う場合があります。

■ホームケア　インフルエンザのシーズンに急に高熱が出て、人込みを歩いたなど思い当たることがあるとき、あるいは症状が重いとき（呼吸が速い、顔色が悪い、嘔吐や下痢が続く、落ち着きがない、遊ばないなど）は、早めに受診してください。解熱薬の一部が脳症の引き金になっている可能性があるので、安易に解熱薬を使わないほうが安心です。医師とよく相談してください。

ホームケアは、基本的にはかぜ〈↓747ページ〉のときと同じです。熱や筋肉痛などの症状は3～4日でよくなることが多く、1週間前後でほぼ治ります。熱が下がっても2～3日はウイルスが残っているので、元気さや食欲がすっかり元どおりになるまで幼稚園や保育園は休ませましょう。

インフルエンザは特に予防が大切です。流行中は親もなるべく人込みを避け、ウイルスを家庭にもちこまないよう注意しなければなりません。予防には、ていねいな手洗いやうがいがいちばん効果的です。予防接種(任意接種)を受けておくことも対策のひとつです。有効率は50%前後ですが、もし感染しても症状が軽くすむことを期待できます。予防接種は2回必要で、2回目の接種は初回から2～4週間ほど間を空けます。効果が出るまで4週間ほどかかると考えられます。

■新型インフルエンザ　原因となるウイルスが従来の季節性インフルエンザとは異なり、また、寒い季節に限らずに発症するもので、2009年春から豚に由来する新型が流行しています。1920年以降に生まれた人にとっては未経験の型で免疫がないため、強い伝染性があります。

症状は基本的には季節性インフルエンザと同じです。喉の痛みが強く、下痢や嘔吐《おうと》の症状が多いことが特徴です。乳幼児や妊婦の重症化が目立ちます。潜伏期間は季節性より2日ほど長く7日程度と見られています。

治療法、ホームケアは、季節性と同様です。季節性同様に感染力が強いので、感染した子どもを看護した後は石けんによる手洗い、またはアルコール製剤による消毒をしましょう。

なお、2008年に話題になった鳥インフルエンザは、A/H5N1という型の鳥インフルエンザウイルスが引き起こすものです。鳥から人へウイルスが感染することで発症しますが、人から人へ感染する能力は獲得していないため、現在のところは「新型」とは考えられていません。

急性気管支炎《きゅうせいきかんしえん》

気管支に起こる、急性で一過性の炎症です。多くの場合、かぜをこじらせてかかり、咽頭炎《いんとうえん》〈↓751ページ〉、喉頭炎《こうとうえん》〈↓752ページ〉などを伴います。

■症状　最初はコンコンという乾いたせきが出ますが、だんだんひどくなり、黄色い痰《たん》を伴ったゴホゴホという湿ったせきに変わっていきます。赤ちゃんは痰を吐き出せないので、ゼロゼロと喉《のど》を鳴らすこともあります。重くなるとせきが強くなり、吐いたり呼吸困難になったり、眠っていてもせきこんで何度も目を覚ますことがあります。発熱を伴うこともあります。5～10日ほどで、せきは少なくなってきます。

■原因　かぜのウイルスが気管支の表面について炎症を起こします。まれに細菌感染が加わることもあります。

■治療　特別な治療をしなくとも、1週間程度でほとんどは自然に治ります。ほとんどがウイルスによって起こるので、抗生物質は効きません。症状によっては、せき止め、気管支拡張薬、去痰薬が処方されます。

急性気管支炎と似たような症状が繰り返し起こるようなら、ぜんそく様気管支炎〈↓750ページ〉や、ぜんそく〈↓772ページ〉と診断されることもあります。

■ホームケア　熱があるときはもちろん、痰やせきを出しやすくするためにも、十分な水分補給をこころがけましょう。加湿器で室内の湿度を高くすると、少し呼吸しやすくなります。せきこんだときは、上体を起こして背中をさすってあげると多少楽になります。

細気管支炎《さいきかんしえん》

気管支のいちばん奥の、枝分かれした細気管支に起こる炎症です。冬から春先に、生後まもない赤ちゃんから2歳くらいまでの子どもがよくかかります。生後6か月くらいに発生のピークがあり、月齢が低いほど重症になりやすいので注意が必要です。

■症状　最初はかぜと似た症状で始まります。まず鼻水や微熱が出ることが多く、数日のうちに呼吸が速く、荒くなってきます。重症になると、数時間のうちに急にせきこみ、ゼーゼーとして息ができなくなったり、呼吸するとき胸がぺこぺこへこむ陥没呼吸が見られることもあります。呼吸が浅く速くなり苦しそうな様子をみせたら、夜中でも救急車を呼びます。

■原因　RSウイルス、パラインフルエンザウイルスなどのウイルスの感染でかかります。

■治療　呼吸困難が強いので、多くは入院が必要となります。酸素吸入や輸液、気管支拡張薬などによる治療が行われます。最初は症状が重くても、適切に治療すれば1週間ほどで落ち着きます。

■ホームケア　細気管支炎は喫煙者のいる家庭に多いので、周囲の大人は禁煙をこころがけましょう。加湿器で室内の湿度を上げるのも効果があります。子どもに水分を十分に与えることも重要です。

ぜんそく様《よう》気《き》管《かん》支《し》炎《えん》

かぜなどの上気道感染症にかかったときに、息がゼーゼーするなど、ぜんそく〈↓772ページ〉のような症状が出る気管支炎です。急性気管支炎〈↓749ページ〉とは違う病気です。乳幼児、なかでも年齢の低い子どもに多く見られます。

■症状　息を吐くたびに、ゼーゼー、ヒューヒューという音をたてます。夜中や明け方にひどくなり、せきこんで目を覚ましてしまうこともあります。しかし、日中は元気できげんよく遊び、食欲もあります。

■原因・治療　子どもの気管支は細く、ウイルス感染などで炎症が起きると痰《たん》がその細い気管支から出にくくなり、ますます細くなってしまいます。そのため、呼吸のたびにゼーゼー、ヒューヒューと音をたてます。症状は繰り返し起こりますが、成長とともに気管支が太くなり、自分で痰が出せる年齢になれば自然に治る傾向があります。ただし、なかには、ぜんそくに移行する子もいます。かぜ〈↓747ページ〉をこじらせたり、気温の変化が激しいときにも起こりやすくなります。

かぜの治療に加えて、気管支拡張薬の吸入などを行います。

■ホームケア　急性気管支炎の項を参照してください。

肺《はい》炎《えん》

ウイルスや細菌による炎症が肺の末端（肺胞）にまで進むと肺炎を起こします。かぜ〈↓747ページ〉などをこじらせて、気管や気管支の抵抗力が落ちていると、かかりやすくなります。

■症状　38～40度の高熱と、痰《たん》のからんだゴホゴホというせきがおもな症状です。呼吸が速くなって、ふきげんになり、食欲もなくなります。顔色が悪くなり、ぐったりし、呼吸は速く努力性になり、息を吸うときに胸が陥凹したり、小鼻をぴくぴくさせる動きが見られることもあります。月齢の低い赤ちゃんだと、体温調節や呼吸機能が未熟なため、発熱やせきが見られないこともあります（無熱性肺炎）。かぜをひいたら、慎重に様子を観察してください。呼吸が速く、ぐったりして食欲もないようなら、熱やせきがなくとも至急受診しましょう。

■原因　ウイルスや細菌などが、肺の末端にある肺胞とよばれる部分に感染して起こります。ウイルス性肺炎では、アデノウイルス、インフルエンザウイルスなど、細菌性肺炎では、インフルエンザ菌性肺炎と肺炎球菌性肺炎（2013年11月から予防接種の定期接種〈↓322ページ〉）などが多いものです。ウイルスでも細菌でもない原虫とよばれる微生物であるクラミジア感染で起こる肺炎は、赤ちゃん特有のもので、熱があまり上がらず、目やにやせきが出ます。ウイルスと細菌の中間にあるマイコプラズマによる肺炎もあります。

■治療　赤ちゃんの場合は、呼吸困難や脱水症状を起こしやすいので、入院治療が必要になります。細菌性肺炎の治療には、抗生物質が使われます。全身状態がよければ、入院しなくても経口の抗生物質服用で治ります。

■ホームケア　肺炎は悪化しやすいので、症状が出たら早急に医師の診察を受ける必要があります。初期の場合、聴診器では肺炎を確認できないことも多いので、かぜと診断されても様子がおかしければ再度受診しましょう。

急性咽《いん》頭《とう》炎《えん》 扁《へん》桃《とう》炎《えん》

咽頭炎はかぜの仲間で、喉《のど》の浅い部分（口の中をのぞいたときに見える部分）に炎症を起こしたものです。それが横に広がると、喉の入り口に左右一対になっている扁桃が炎症を起こして、扁桃炎になります。細菌が原因のものは、二次的に急性腎炎《じんえん》やリウマチ熱などを起こしたり、細菌性の気管支炎〈↓749ページ〉や肺炎〈前項〉を合併することもあるので油断できません。

■症状　喉の痛みと発熱から始まります。咽頭炎ではせきや鼻水が出ることもありますが、扁桃炎ではあまり見られません。清潔なスプーンの柄で舌を軽く押さえて喉の奥をのぞくと、扁桃が充血して真っ赤にはれているのがわかります。ひどくなると喉全体に炎症が広がり、痛みが強くなります。細菌性の咽頭炎・扁桃炎ではどちらも高熱が出ます。特に扁桃炎では39度前後の高熱が続きます。細菌性の扁桃炎は、喉が赤くはれるだけでなく、白い膿《うみ》がくっついていることもあります。ひどくなると、首や顎《あご》のリンパ腺《せん》がはれます。

■原因　ほとんどは、かぜのウイルスによるものです。ウイルスの種類によっては扁桃の表面に灰白色の膜が見られ、高熱が5～10日も続きます。溶連菌や肺炎球菌、インフルエンザ菌など、細菌が原因で起こる咽頭炎や扁桃炎は要注意です。細菌性の咽頭炎や扁桃炎が疑われた場合には、咽頭培養検査を行って確認します。溶連菌によるものでは、熱が下がってから2～3週間もたって急性腎炎やリウマチ熱が起こってくることもあります。扁桃炎が治ったと思ったころにまた熱を出し、手や足の関節が痛むときは、心臓に障害を残す可能性のあるリウマチ熱を起こしている可能性もあります。

■治療　ウイルス性の場合、根本的治療法はありません。解熱鎮痛薬が使われることもあります。細菌性のものには、抗生物質が10日ほど投与されます。咽頭炎は2～3日、扁桃炎は1週間以内に症状が消えるのがふつうです。喉の痛みが強く水分を受けつけないときは、入院して点滴治療が必要なこともあります。慢性になると、常にせきをしたり、口で呼吸をし、いびきをかいたりします。初期のうちに適切な治療を受けるようにしましょう。

扁桃の大きさには個人差があり、炎症がなくても肥大している子も少なくありません。一般に扁桃は幼児期～学童期に最大となり、思春期前には大人の2倍くらいになります。免疫機能がまだ発達段階にあるためです。それ以後は大人と同じ大きさになります。以前は、扁桃が肥大していると除去手術もしていましたが、現在ではその効果や必要性が見直され、手術は少なくなりました。

■ホームケア　つばを飲みこむのもつらいほど喉の痛みが強いので、食欲が落ちます。食べられないときは水分補給だけはしっかりと。特に溶連菌による感染の場合は、症状が軽くなってきたと思っても、医師の指示どおりの期間、抗生物質を飲み続けることが必要です。

急性喉頭炎《こうとうえん》（クループ症候群《しょうこうぐん》）

乳幼児に多く、かぜ〈↓747ページ〉に合併して気管の入り口である喉頭に炎症が起き、粘膜がむくんでふくれ、呼吸が困難になります。炎症が進むとクループ症候群という状態になり、さらにひどくなると呼吸困難になることもあります。

■症状　発熱、鼻水、喉《のど》の痛み、せきから始まるのでかぜと見分けがつきませんが、次第に声がかすれてきます。声帯の炎症が強いと、ほとんど声が出なくなることもあります。

さらに炎症が進んでクループとよばれる状態になると、ケーンケーンというイヌの遠ぼえのようなせきをしたり、苦しくて声が出ず、息を吸うときにボーボー、ヒューという音がするようになります。細菌性は重症化しやすく、急に容体が悪化するのが特徴です。息を吸うときにヒーヒー、ゼーゼーするなど呼吸困難の症状がみられたら、ためらわずに救急車を呼びましょう。チアノーゼを起こすこともあります。

■原因　喉頭の急性炎症ですが、喉頭だけに起こることは少なく、かぜに合併して起こり、急性鼻炎や急性咽頭炎《いんとう》〈前項〉などを伴います。パラインフルエンザウイルスなどのかぜのウイルスの一種や細菌感染が原因ですが、細菌感染の場合は重症になります。

■治療　ウイルスが原因の場合、特効薬はありませんが、喉頭の炎症を抑えて、むくみをとるために吸入療法などの治療が行われます。細菌感染による喉頭炎には、抗生物質を使います。ふつう2～3日で治りますが、重症になると入院が必要です。酸素投与や、窒息を防ぐために気管の中に管を入れたりする治療が行われる場合もあります。

■ホームケア　かぜ症候群の項を参照してください。せきがひどいときは、浴室の壁に熱いシャワーをあてて湯気を立て、そこで空気を吸わせると楽になることがあります。水分補給も重要です。

消化器の病気

胃食道逆流《いしょくどうぎゃくりゅう》

授乳後に寝かせると、口から母乳やミルクをだらだらとあふれるように吐きます。胃の内容物が、食道や口の中に逆流するために起こります。乳児に多く見られます。

■原因　食道から胃につながる部分を噴《ふん》門《もん》といい、ふつうは胃の入り口にある括《かつ》約筋《やくきん》という筋肉の働きで、食べ物が通るとき以外は閉じています。ところが、生まれつき括約筋が緩かったり発育が不十分だと、母乳やミルク、胃液が食道に逆流して、口からあふれてきてしまうのです。寝ている間に胃の内容物が誤って気管にはいることもあり、気管支炎〈↓749ページ〉を起こすことがあります。

■治療　ふつうは治療の必要はありません。噴門の括約筋が発達する2歳ごろまでに、ほとんどが治ります。

■ホームケア　生理的な吐乳の場合は、授乳後はしばらく抱っこして、胃からの逆流を防ぎます。1～3時間上体を起こしていると自然に治ります。上体を起こす角度や時間を、症状をみながら約2週間ごとに調整してみましょう。それでも吐乳が続くようなら、1回に飲む量を減らして回数を増やします。体重が減ってきたり、いつも喉をゼコゼコ鳴らしているときは受診しましょう。

ウイルス性《せい》胃《い》腸《ちょう》炎《えん》

「おなかのかぜ」といわれ、ウイルスが胃腸に感染して炎症を起こす病気です。

■症状　嘔吐《おうと》から始まり、次第に水様性の下痢も起こします。通常、発熱も伴います。下痢便はつぶつぶのまじった消化不良便で、血液はふつう、まじりません。ロタウイルス以外のウイルス性胃腸炎の場合は、黄色っぽい下痢便であることが多いようです。嘔吐と下痢が続くので、脱水症状を起こして尿の出が悪くなることもあります。飲むとすぐに吐いてしまうような急性期の嘔吐症状は、だいたい半日～2日くらい続きますが、ふつうは5～6日で治ります。

■原因・治療　アデノウイルス、アストロウイルス、ロタウイルス、ノロウイルスなどのウイルスが原因で起こります。次項のロタウイルス性下痢症もウイルス性胃腸炎のひとつです。脱水症の予防・治療が中心で、食餌《しょくじ》療法や点滴治療も行われます。乳児では下痢止めの薬はあまり使いません。吐き気止めの座薬を使うことがあります。

■ホームケア　脱水症を起こさないように注意します。嘔吐が強い場合は絶食して、水分を少量ずつ補給します。下痢がひどい時期には、乳幼児用のイオン飲料や水、番茶、りんご果汁、野菜スープ、味噌汁《みそしる》の上澄み、母乳や3分の2に薄めたミルクなどを与えます。下痢が治まってきたら、おかゆ、うどんなど消化のよいものを与えます。

乳《にゅう》幼《よう》児《じ》嘔《おう》吐《と》下《げ》痢《り》症《しょう》

感染性胃腸炎〈前項〉の中でも特に多い「ロタウイルス性下痢症（白色便性下痢症）」と、「ノロウイルス胃腸炎」について記述します。ノロウイルスは食中毒の原因にもなります。

■症状　ロタウイルス性下痢症は、突然の激しい嘔吐《おうと》で始まり、発熱します。嘔吐が1～2日続くと、やがて白っぽい水溶性の下痢便を日に何度もします。熱と嘔吐は1～2日で治り、下痢は黄色がかった色に変わってきて、5～7日で治ります。ノロウイルス胃腸炎は、まず微熱が出て、やがて嘔吐、下痢、ちくちく刺すような腹痛などを起こします。2～3日で治ります。

■原因・治療　ロタウイルス性下痢症は

感染力の強いロタウイルスが原因です。ノロウイルス下痢症は小型球形ウイルスのひとつであるノロウイルスが原因です。どちらも症状が強い場合は点滴を行います。ロタウイルスについては予防接種（任意接種）〈↓323ページ〉で防げますが、ノロウイルスについては特効薬はなく、対症療法に限られます。

■ホームケア　嘔吐が強ければ、脱水症状を起こさないよう水分を少しずつ補給します。感染性が非常に高いので、便や嘔吐物、唾液《だえき》などに触れたあと、食事の前、トイレに行ったあとは、石けんできちんと手を洗ってください。白色便はロタウイルス性下痢症の診断の決め手になるので、受診するときは便のついたおむつを持っていきましょう。ノロウイルスは乾燥すると空中に漂い、これが口に入って感染することがあるので、便や嘔吐物は乾燥しないうちに、床などに残らないよう速やかに処理してください。

細菌性胃腸炎《さいきんせいいちょうえん》（食中毒《しょくちゅうどく》）

様々な種類の細菌が原因で起こる食中毒です。食後に腹痛や嘔吐《おうと》、下痢がひどいときは、食中毒を疑います。

■症状　吐き気、嘔吐、腹痛、下痢、発熱、頭痛などです。血便が出る場合もあります。細菌の種類によって、症状や、感染してから症状が出るまでの時間は異なります。ボツリヌス菌食中毒のように、下痢ではなく便秘になるものもあります。時には、けいれんや意識障害などの脳症を起こす場合もあります。

■原因　原因菌には、サルモネラ菌、キャンピロバクター、ビブリオ菌、ボツリヌス菌、ブドウ球菌などがあります。最近、夏になると発生する病原性大腸菌O-157も細菌性胃腸炎のひとつです。菌が付着した食べ物を口にして感染します。

■治療　多くは入院治療が必要です。輸液と抗生物質による治療が行われます。

■ホームケア　受診するときは、便のついたおむつを持って行って調べてもらいましょう。食中毒は、お母さんの気配りで、ある程度は予防することができます。調理器具は清潔にし、調理前にはきちんと手を洗い、食品は必ず加熱することをこころがけます。特に梅雨の時期から9月ころまでは、赤ちゃんには、火を通さずに食べる食品を控えたほうがよいでしょう。

乳糖不耐症《にゅうとうふたいしょう》

母乳やミルクなど乳糖を含む食べ物を取ると下痢を起こします。先天的なものと後天的なものがあります。

■症状　酸っぱいにおいのする水様便が特徴です。ガスが発生して、おなかがゴロゴロ鳴ります。先天的な場合は、母乳やミルクを飲み始めてすぐに、酸っぱいにおいの水様便を頻繁にします。

■原因　乳糖を小腸で分解する酵素が生まれつき欠けていたり、不足することによって起こります。母乳やミルク、牛乳などの乳製品が消化吸収されずに大腸に達すると、細菌が増えて下痢便とガスを発生させます。

先天的なものでは、腸の中にあるラクターゼという乳糖分解酵素が欠けている場合があります。後天的なものとしては、急性胃腸炎のあとに起こることがあります。腸の粘膜が炎症を起こし、ただれるために、乳糖を消化吸収する酵素が出なくなってしまうのです。ほとんどは、この急性胃腸炎のあとに起こる二次的なものです。

■治療　乳製品を取るのをしばらくやめれば、特別な治療をしなくても自然に治ります。不足している乳糖分解酵素を、薬でミルクにまぜて補充する方法もあります。

■ホームケア　乳児には無乳糖乳を、幼児には乳糖を含まない食品を与えます。無乳糖乳に変えた場合は、いつまで続けるかは医師の指示に従ってください。急性胃腸炎が治ってからいつまでも下痢が長引くときや、離乳食を食べているのにかたまったうんちが出ないときは、小児科を受診しましょう。その場合、便のついたおむつを持参しましょう。

腸重積症《ちょうじゅうせきしょう》

突然、腸の一部が同じ腸の中にはいりこんでしまい、血行障害を起こす病気です。早期発見が大切です。

■症状　腹痛、嘔吐《おうと》、血便が三大症状です。元気にしていた子どもが突然、顔面蒼白《そうはく》になり激しく泣きだします。いきなり吐くこともあります。血液がまじったいちごジャム様の便が出ます。腹痛はしばらくすると消えますが、10〜30分間隔で繰り返します。急にきげんが悪くなり、泣きだしたと思ったら数分後には治まり、またしばらくすると激しく泣きだす。この繰り返しが特徴で、だんだんぐったりしてきます。放置すると、はいりこんだ腸が壊死《えし》してしまうこともあるので、大至急病院へ向かいましょう。

■原因　腸管の一部が肛門《こうもん》側の腸の中に潜りこんで二重に重なり合い、はいりこんだ腸が血行障害を起こします。もっとも多いのは、小腸が大腸にはいりこんでしまうタイプです。生後4か月〜2歳に多いのですが、原因はまだはっきりわかっていません。腸のウイルス感染が関係しているとも推測されています。

■治療　程度にもよりますが、発症後24時間以内なら、バリウムなどの造影剤や空気を肛門から腸内に入れて高圧浣腸《かんちょう》をすることで、重なり合った腸を押し戻すことができます。この方法で治らない場合、腸管の壊死が疑われる場合は緊急手術が行われます。

幽門狭窄症《ゆうもんきょうさくしょう》

胃の出口で十二指腸につながる幽門という場所の筋肉が厚くなり、母乳やミルクなどの通りが悪くなって吐く病気です。4対1で男児に多く見られます。

■症状　母乳やミルクの飲みもよく、順調に体重も増えていた乳児が、生後2〜4週ごろから母乳やミルクをよく吐くようになります。最初は1日に1〜2回ほど溢乳《いつにゅう》〈「気がかりなこと」➔155ページ〉のようにだらだらと嘔吐《おうと》していたのが、次第に吐く回数が増え、4〜7日後には飲むたびに口や鼻から噴水のように激しく吐くようになります。吐いたあとはけろっとしており、おなかがすくので母乳やミルクを欲しがりますが、飲むとまた吐いてしまいます。やがて排便も減ってきます。

飲んでは吐くを繰り返すので体重が増えなくなり、時には減少します。脱水症状も起こしやすく、栄養障害が見られるようになります。症状が軽いと生理的な嘔吐と見分けがつきにくいのですが、体重が減ってくるようなら早めに小児科を受診しましょう。

■原因　生後しばらくすると幽門部の筋肉が肥厚してくるのですが、原因は先天的なものではないかと考えられています。日本では1万人あたり5～7人が発症します。

■治療　頻繁に嘔吐し脱水症状や電解質異常を起こすので、輸液を行い、厚くなった幽門部の筋肉を切開する手術が行われます。術後はふつうに母乳やミルクを飲めるようになります。入院期間は1週間程度です。

アセトン血《けつ》性《せい》嘔《おう》吐《と》症《しょう》

2歳～小学生くらいの子どもに起こりやすく、激しい嘔吐を繰り返します。自家中毒症ともよばれます。

■症状　突然元気がなくなって食欲も落ち、嘔吐を繰り返すのが特徴です。吐き気だけのこともあります。ぐったりして顔色が悪くなり、りんごが腐ったようなにおいの息を吐きます。これは、血中に増えたケトン体という物質のにおいです。やがて、嘔吐物の中に血がまじったり、コーヒーの液のようなものを吐くようになります。嘔吐の回数も増えて、1日に数回～数十回も吐くことがあります。腹痛を伴う場合もあります。

■原因　かぜ、疲労、精神的緊張などが引き金になります。血液中にケトン体が増えます。ケトン体は脂肪がエネルギーに変わるときにできる物質ですが、なぜ増えるかはわかっていません。心身のストレスから、自律神経系や内分泌系のバランスが失調をきたすのではないかと考えられています。欧米では片頭痛の一種の周期性嘔吐症とよばれています。

■治療・ホームケア　症状が重い場合は、点滴で水分やブドウ糖、電解質などを補給します。軽症であれば、家庭で水分を少しずつ与えて、脱水症状を防ぎます。

皮膚の病気

乳《にゅう》児《じ》湿《しっ》疹《しん》
乳《にゅう》児《じ》脂《し》漏《ろう》性《せい》湿《しっ》疹《しん》

生後2～3週間以降の赤ちゃんの顔やからだにできる湿疹を総称して、乳児湿疹とよびます。髪の毛の生えている部分にできる脂漏性湿疹も、乳児湿疹のひとつです。

■症状　生後1か月までの赤ちゃんでは、額や頬《ほお》に赤いぶつぶつ（丘疹《きゅうしん》）ができ、ただれてじくじくし、かゆくなります。かきむしるため血がにじむこともあります。小さな水ぶくれや膿《うみ》をもった丘疹がまじったり、薄いかさぶたになることもあります。

脂漏性湿疹は、生後3か月くらいまでの赤ちゃんに多く、髪の毛の生えている部分（有毛部）やまゆ毛などに、黄色いふけや脂っぽいかさぶたのようなものがつきます。湿ってべたべたし、かゆみを伴うこともあります。

■原因　生まれたばかりの赤ちゃんは、お母さんのホルモンの影響もあり、皮脂の分泌がさかんです。そのために皮脂そのものや、それが皮膚にいる細菌によって分解された物質によって皮膚が刺激され、湿疹ができやすいのです。特に有毛部や額は皮脂腺《ひしせん》が発達していて症状が出やすくなります。皮脂とふけが一緒になって固まるためにかさぶたができます。乳児湿疹は一般に、よだれやミルク、食べこぼしなどの汚れや汗によって悪化します。

■治療　かゆみのない軽い湿疹は、皮膚を清潔にしておくだけで治ります。かゆみが強く、湿疹がひどいときは医師から処方された軟膏《なんこう》を塗ります。脂漏性湿疹でかさぶたがついているときは、白色ワセリンや亜鉛華単軟膏でふやかしてから、ベビーオイルやオリーブオイルでふきとり、石けんで洗い流します。まゆ毛のかさぶたは、逆にオイルでふいたあとで白色ワセリンや亜鉛華単軟膏を塗ります。症状が軽ければ、入浴後にオイルを脱脂綿につけてふきとります。

■ホームケア　入浴のときに石けんで優しく洗い、ていねいに流すことが大切です。特に、開いている大泉門《だいせんもん》の辺りはお母さんが怖がって洗わないこともあり、脂漏性湿疹になりやすい箇所です。冬は特に脂漏性湿疹が悪化しやすいので注意してください。なお、生後2〜3か月までは皮脂が十分に分泌されているので、洗ったあとにクリームやローションで保湿する必要はありません。

あせも（汗疹《かんしん》）

文字どおり、汗をかきやすいところに炎症が起きます。乳児湿疹〈前項〉と同じように、赤ちゃんにはよくある皮膚のトラブルです。

■症状　頭、額の髪の毛の生えぎわ、首、わきの下、おむつがあたる下腹部や股《また》の内側など、汗をかきやすく、こすれやすい場所にできます。新生児の場合は、直径1㎜以下の細かく白いぶつぶつ（丘疹《きゅうしん》）ができます。乳幼児になると軽い炎症が加わって赤いぶつぶつになり、この丘疹がくっついて皮膚全体が真っ赤になってきます。かゆみで眠れなくなったりします。

■原因　汗腺《かんせん》（汗の出口）が、汗やほこり、垢《あか》などでつまってしまい、汗が皮膚の中にたまって炎症を起こします。子どもは新陳代謝が活発なので汗をかきやすく、あせもができやすいのです。特に夏、大量の汗をかくようになるとよく起こります。

■治療　軽いものなら、行水やシャワーなどをじょうずに使って、皮膚を清潔に保つようにすればよくなります。炎症が強ければ、医師から処方してもらったステロイド軟膏《なんこう》を薄く塗ります。

■ホームケア　汗をかいたら、ぬれタオルなどでこまめにふきとります。肌着は吸湿性のよい木綿にし、汗をかいたら取り替えるようにします。予防のためには、風通しのよい涼しい環境をつくるようにしましょう。夏の暑い日にはエアコンを効かせることも必要です。入浴も1日1回以上させてあげましょう。最近は、着せすぎ、暖房のかけすぎで、冬のあせもも増えています。赤ちゃんは体温が高く汗っかきなので、大人がやや肌寒いと感じるくらいの室温が、ちょうどよいのです。

カンジダ皮膚炎《ひふえん》

かびの一種であるカンジダ菌が皮膚に感染して炎症を起こす病気です。乳児の場合、おむつかぶれ〈↓204ページ〉やあせも〈前項〉と間違われやすいのですが、治療法はまったく違います。

■症状　ひざやひじの内側やわきの下、股《また》、おしりなど、湿って皮膚がこすれやすいところが赤くなり、薄皮が白くむけたり、水疱《すいほう》や膿《うみ》をもったぶつぶつができます。皮膚のしわの奥まで炎症を起こすのが特徴です。鮮やかな赤い色にただれるため、健康な皮膚との境目がはっきりしています。乳児では、おむつがあたる部分や太もものしわの中も、よく起こる場所です。おむつかぶれの部分にカンジダ菌が感染することもあり、単純なおむつかぶれとの区別は難しいことがあります。

■原因・治療　カンジダ菌は、健康な人の皮膚や口の中、陰部などにふだんからいる常在菌ですが、からだの抵抗力が落ちたり、皮膚の温度や湿度が高くなると、繁殖して炎症を起こします。治療には抗真菌薬の軟膏《なんこう》を使います。

■ホームケア　おむつかぶれと思いこんで手持ちの軟膏を塗ったりすることも多いのですが、それにステロイドがはいっていると悪化するので、気をつけなければなりません。自己判断せずに、必ず皮膚科か小児科を受診しましょう。自宅では、入浴時に石けんを泡立ててよく洗い、こすらないようにタオルで水分をよくふきとって乾燥させます。下痢をしていると悪化しやすいので、おしりの清潔をこころがけます。

水《みず》いぼ（伝《でん》染《せん》性《せい》軟《なん》属《ぞく》腫《しゅ》）

1〜6歳に多く、ウイルス感染で起こります。感染性が強く、肌の接触や、プールのビート板などを介してうつることもあります。アトピー性皮膚炎〈↓264・460・624ページ〉の子は、特に感染しやすいので気をつけたいものです。

■症状　直径1㎜くらいのぶつぶつ（丘疹《きゅうしん》）ができ、次第に大きくなり3〜4㎜くらいになります。かゆみや痛みはありません。色は皮膚と同じ色で赤くはならず、つやつやと光沢があります。丘疹の真ん中は、えくぼのようにへこんでいます。いぼをさわるとかたく、つぶすと白いかゆ状の内容物が出てきます。この中にウイルスがはいっていて、手で別の箇所をさわるとその皮膚にまた丘疹ができて、どんどん増えていきます。

■原因　伝染性軟属腫ウイルスに感染して起こります。皮膚のバリア機能が弱いと、できやすくなります。アトピー性皮膚炎によく合併するのはこのためです。

■治療　ほうっておいても自然治癒することがありますが、数が多かったり、増加傾向があるときには、特殊なピンセットで水いぼをひとつずつつまんで、内容物を絞り出します。特殊な軟膏《なんこう》を使う方法もありますが、つまみ取る方法がいちばん有効です。

■ホームケア　半年から1年くらいたつと抗体ができて、自然に治ります。ただし、その間にかきこわしたりするとまわりに広がったり、人にうつす可能性もあるので早めに治療してください。爪《つめ》は短めに切っておきましょう。

とびひ（伝《でん》染《せん》性《せい》膿《のう》痂《か》疹《しん》）

6歳以下の乳幼児の皮膚病としてはもっとも多く、初夏から夏にかけて流行します。強いかゆみがあり、かきこわすと菌が広がって全身に水疱《すいほう》ができるので「とびひ（飛び火）」とよばれます。

■症状　顔や手足などに膿《うみ》をもった水疱ができます。水疱の大きさは様々で、小さなものから鶏卵大のものまであります。かゆみが強く、かいたり衣服でこすれて水疱はすぐつぶれてただれ、じくじくしてきて、やがて汚いかさぶたができます。かいているうちに水疱が破れ、出てきた汁がほかの皮膚につくと感染して、次々にからだのあちこちに広がります。

■原因　湿疹《しっしん》や虫刺されをかきこわしてできた傷やすり傷などに、表皮ブドウ球菌や溶血性連鎖球菌が感染して起こります。特にアトピー性皮膚炎〈↓264・460・624ページ〉の子は、皮膚のバリア機能が低く、細菌への抵抗力も弱いので、感染しやすい傾向があります。

■治療　消毒して抗生物質入りの軟膏《なんこう》を塗り、同時に抗生物質を内服します。かゆみが強いので表面をガーゼなどで軽く覆い、浸出液がまわりについて広がるのを防ぎます。

■ホームケア　感染力が強く、ほかの子にも接触によってうつります。幼稚園や保育園は完全に治るまで登園できないこともありますので、早めに受診して軽症のうちに治すことが大切です。完全に治さないと再発するので、医師の指示どおり抗生物質を使ってください。

　自宅でのケアとしては、清潔を保つために石けんでよく洗ってシャワーで洗い流します。水疱が乾くまではシャワーだけにとどめ、湯船にははいらないように。感染力が強いので、きょうだいなどに感染する可能性があるからです。あせも、湿疹、虫刺されをつくらないよう、またそれをかきこわさないように注意しましょう。かさぶたがとれて完全にきれいになるまでは、プールもやめておきます。

　症状悪化や伝染を防ぐために、爪《つめ》は短く切り、手や指先をいつも清潔にしておくようにこころがけましょう。

じんま疹《しん》

　突然起こる、強いかゆみを伴う全身性の発疹です。大部分は食べ物や薬などに対するアレルギー反応として出ますが、アレルギーが関係しないものもあります。

■症状　皮膚の盛り上がったピンク色の膨疹《ぼうしん》（盛り上がった発疹のこと）が突然表れます。発疹は全身至る所にでき、正常な皮膚との境界ははっきりしていません。大きさや形は様々で、膨疹同士がくっついて広がることもあります。発疹はふつう短時間に広がり、かゆみを伴い、ふつうは数時間で跡を残さずに消えていきますが、何日も続く慢性のものもあります。症状が強いと、唇、口の中、喉《のど》の奥の粘膜がはれて呼吸困難を起こすことがまれにあります。

■原因　多くは食べ物、薬、細菌やウイルス感染、虫刺されなどによるアレルギー反応として起こります。食物アレルギー〈↓774ページ〉の場合、いままではなんでもなかった食べ物でも、体調などによって突然反応が出ることもあります。温度変化（寒冷じんま疹）、太陽光線（日光じんま疹）、ストレス、運動などアレルギー以外の原因でも起こります。

■治療　アレルゲン（原因物質）がわかれば避けますが、特定できないことも少なくありません。かゆみに対しては、抗ヒスタミン薬や抗アレルギー薬の飲み薬が使われます。

■ホームケア　原因を食品と決めつけて、親が自己判断で食事制限を行ってはいけません。食べ物との関係があると思われるときには、発症前に食べた物の名前をメモしておきましょう。

あざ（母斑《ぼはん》）

　生まれつき、または後天的にできる皮膚の色や形の異常です。原因はわかっていません。成長につれ自然に消えるものと治療が必要なものがあります。

■症状　おもなものを七つ挙げます。

色素性母斑（黒あざ・ほくろ）

大きさや形は様々です。小さいものがほくろで、大きいものが黒あざです。小さいほくろは生まれたときにはなく、2～3歳ころより目立ってきます。生まれつきあり大型で濃い毛が生えているものは、先天性色素性母斑とよばれます。

偏平《へんぺい》母斑（茶あざ・カフェオレ斑）

平らで盛り上がりのない茶褐色のあざです。大きくても手のひら程度です。生まれたときからあるものと、乳幼児期、思春期に出てくるものとがあります。自然には消えません。生まれたとき、あるいは乳児期に、6個以上あるときは、遺伝性のレックリングハウゼン病という疾患である可能性がありますので、皮膚科医に相談してください。

太田母斑（青あざ）

顔の片側の目のまわりから頬《ほお》にかけて見られる、境界のはっきりしない、青色と褐色がまざったあざです。大半は思春期後にできますが、生後1年前後で現れるタイプもあります。どちらも自然には消えません。

単純性血管腫《けっかんしゅ》（赤あざ・ポートワインステイン）

生まれたときから見られ、平らで赤ワインのような色のあざです。大きさや形、できる場所は様々で、自然に消えることはありません。

いちご状血管腫（赤あざ・ストロベリーマーク）

生まれたときにはなく、生後1週間～1か月ぐらいから赤い小さなぶつぶつ（丘疹《きゅうしん》）や斑点が現れて広がり、これが急速に盛り上がって鮮やかな赤色の大きな隆起になります。肌の上にいちごをのせたように見えるため、この名でよばれます。赤い隆起はだんだん小さくなり、小学校に入学するころには消えます。ただし、皮膚のたるみやちりめん状のしわが残ることもあります。

サーモンパッチ（赤あざ）

額の中央や上まぶた、上唇の上などにある淡紅色の平らなあざです。顔ですし、赤ちゃんのときは目立つので心配になりますが、だんだん薄くなり、3歳ころまでにはほとんどが消えます。

ウンナ母斑（赤あざ）

うなじや後頭部にできるサーモンパッチに似たあざです。多くは自然に消えますが、3歳になっても消えなければ大人になっても残る可能性があります。

■治療　治療を必要としないことが多いのですが、美容上問題となる露出部分にある場合は、精神的な影響を避けるために、小学校入学前を目安に治療を検討します。最近は、傷跡を残さずにあざをきれいに治すレーザー治療が普及しているので、気になる場合は専門医に相談してください。

色素性母斑は、大きい場合は切除あるいは植皮術、レーザー治療などが行われます。手術は3歳以降がよいでしょう。偏平母斑の場合は、皮膚を器械で薄く削り、色を薄くする方法があります。太田母斑はレーザー治療が効果的です。単純性血管腫はレーザー治療を行いますが、早期治療ほど効果も高いので早めの受診をお勧めします。

いちご状血管腫は放置しておいても自然に消えるので、特別の治療は必要ありません。ただし、目や口をふさいでしまうような大きなもの、おしりや陰部にできた場合は、早期にレーザー治療、ドライアイス法、ステロイド内服治療などが行われます。

虫《むし》刺《さ》され

赤ちゃんが虫に刺されると、赤く大き

くはれることもあります。かきこわして、とびひ〈↓758ページ〉などを起こす場合もあるので注意しましょう。

■症状 虫によって、あるいは子どもによって、症状には差があります。刺されたときに痛みを感じることもあり、多くははれて、かゆみを伴います。水ぶくれになることもあります。

■原因 蚊、ダニ、ブユ、ノミ、シラミ、ヌカカ、アブなど吸血性の虫や、ハチ、ムカデ、アリなどに刺されたとき、虫の毒液が注入されて皮膚に症状が出ます。

■治療 蚊に刺されたことが明らかにわかっていれば、抗ヒスタミン薬入りの軟《なん》膏《こう》を塗って、数日は様子をみてかまいません。虫の種類や程度によって、副《ふく》腎《じん》皮《ひ》質《しつ》ホルモン薬の軟膏や飲み薬が処方されることもあります。

■ホームケア ふつうの虫刺されならば重症になることはまずありません。ただし、かきこわして、とびひなどを起こさないよう注意が必要です。発熱など皮膚以外の症状があるときは、必ず受診しましょう。ハチやアブに刺された場合は、皮膚に針が残っていることもあるので、とげ抜きなどですぐに毒針を取り、血液とともに毒を押し出してよく洗ってから、かゆみ止めや弱い副腎皮質ホルモン入り軟膏を塗ります。洗い流すとき、強くこすってはいけません。万一、針がまだ残っていると、皮膚の中に押しこむことになってしまいます。痛みやかゆみがひどいときは受診しましょう。

スズメバチ、アシナガバチに刺されると、痛みもかゆみも激しく、時にはアナフィラキシー・ショックを起こすこともあります。刺されたあと、冷や汗が出たり、心拍数が増えたり、顔色が青くなったりしたら、すぐに救急車を呼びましょう。

感染症

突《とつ》発《ぱつ》性《せい》発《ほっ》疹《しん》

生後6か月〜2歳くらいの多くの乳幼児がかかります。突然高熱を出すので親は驚きますが、病気自体は特に心配ありません。気をつけなければならないのは、急激に熱が上がるため熱性けいれん〈↓734ページ〉を起こす場合があることです。

■症状 38〜39度、時には40度近い高熱から始まります。高熱のわりに赤ちゃんは元気できげんもよいのが特徴です。軽い下痢を伴うことがあります。3〜5日して熱が下がると、顔や首、おなかを中心に薄紅色の細かい発疹が出て、やがて全身に広がります。軽いかゆみがあることもあり、発疹は2〜3日で消えます。下痢や食欲不振といった症状がみられることもあります。

■原因 原因はヒトヘルペスウイルス6型または7型です。90%は1歳未満に、遅くとも2歳くらいまでにかかります。同じ型のウイルスには免疫ができますが、別の型には感染しますので、二度かかる子もいます。

■治療 診断が確定すれば特別な治療は必要ありません。薬などを使わなくても自然に治ります。ただ、この病気は、熱が下がって発疹が出てからでないと確定診断ができません。それまではほかの病気の可能性も考えながら、念のために薬を使うこともあります。解熱薬が使われることもあります。

■ホームケア 高熱=突発性発疹と思いこんではいけません。まずは熱が出た時点で小児科を受診しましょう。生後4か月未満の赤ちゃんや、熱が5日以上続く場合は特に注意が必要です。診断が確定してからは、安静と水分補給をこころがければ十分です。熱性けいれんの心配があるので、熱の上がりぎわは注意深く観察するようにしてください。

水《みず》ぼうそう（水痘《すいとう》）

2～6歳にかかることが多い感染症です。かゆみを伴う、中心部に水泡《すいほう》を伴った赤い発疹《ほっしん》が出ます。治るまでに1～2週間かかります。

■症状　最初に、強いかゆみを伴う米粒大の赤い発疹がおなかや胸に出て、数時間から半日後には全身に広がっていきます。髪の毛の間や口の中、まぶた、陰部などの粘膜、まれに眼球結膜や角膜にも見られることがあります。かゆみが強いため赤ちゃんはきげんが悪くなります。熱は出ることも出ないこともあります。

赤い発疹は次第にぷちぷちとした水ぶくれ（水疱）に変化し、1～2日後には膿《うみ》のような白っぽい濁った液を含んだ膿《のう》疱《ほう》に変わっていきます。これが乾くと2～3日で黒いかさぶたになり、かゆみも治まります。かさぶたは7～10日で自然にはがれます。

先天性免疫不全などがあり免疫の低下した子や、副腎《ふくじん》皮質《ひしつ》ホルモン薬を使用している子は重症化しやすいので、注意が必要です。また、まれに急性小脳失調症や脳炎〈↓779ページ〉など、中枢神経系の合併症を起こすことがあります。高熱が続くときは、早めに医師の診察を受けましょう。

■原因　水痘帯状疱疹《たいじょうほうしん》ウイルス（水痘ウイルス）が原因です。感染力が強く、幼稚園や保育園などで集団発生することも少なくありません。潜伏期間は2～3週間、感染期間は発疹が出る前日から発疹がかさぶたになるまでです。一度かかって生涯免疫ができても、水痘ウイルスはからだの中で生き残っています。これが大人になってから帯状疱疹を引き起こすこともあります。

■治療　初期であれば、抗ウイルス薬アシクロビル（市販名ゾビラックス）を服用することで、発疹や発熱を軽くすることができます。発症して約2日以内に服用を始めれば治療期間も短くなります。すべての子が抗ウイルス薬を服用する必要はありません。特に初期には診断がつきにくいこともあり、薬を使うタイミングも難しいのです。強いかゆみを抑えるために、軟膏《なんこう》や内服薬が処方されることもあります。

■ホームケア　かゆみのために水疱をかきこわしてしまうと細菌感染を起こします。化膿しないように清潔をこころがけ、爪《つめ》を短く切ってあげてください。入浴やシャワーは、きれいな湯を使えば清潔を保つためにむしろ勧められます。

水痘ウイルスは飛沫《ひまつ》感染しますし、水疱の中にもウイルスがいて肌の接触により感染することもあります。発疹がかさぶたになるまでは、幼稚園や保育園は休まなければなりません。

予防接種で防ぐことができます。2014年10月から定期接種となりました〈↓322ページ〉。感染者に接触した場合も、ワクチンを3日以内に接種すれば、多くは発症を防ぐことができますし、発症したとしても症状が軽くすみます。

麻疹《ましん》（はしか）

高熱が数日続き、赤い発疹《ほっしん》が全身に広がります。乳幼児に多く、重症になりやすいので注意が必要です。いまでも日本で年間約100人の乳幼児が、麻疹で死亡しています。世界全体では、年間に3000万～4000万人の子どもが麻疹にかかり、約100万人の子どもが命を落としています。予防のためにいちばん有効なのは、予防接種です。勧奨接種で、定められた年齢内であれば無料で接種できます〈↓322ページ〉。1歳になったら、なるべく早めに受けておきましょう。保育園などに通っている子は1歳以前でも受けておいたほうが安心ですが、1歳前の接種は自費となります。また、早い時期に接種した子は、1歳過ぎに追加接種を受けることを勧められます。

■症状　38～39度の発熱、鼻水やせき、目やになど、かぜ〈↓747ページ〉に似た症状で始まります。発熱して3日目ごろから、口の中の頬《ほお》の内側に米粒の半分大の白い水疱《すいほう》が数個～数十個できることがあります。これはコプリック斑《はん》とよばれる特有の症状です。医師はこれを参考にして麻疹と診断します。

　熱は、3～4日続いたのちに一時的に下がりますが、また上がっていき、それとともに淡紅色の発疹が顔や首、胸やおなか、手足に広がっていきます。この時期は39～40度の高熱が出ることも少なくないので、子どもにとってもっともつらく、ぐったりしてしまいます。発疹は時間がたつにつれて増えていき、色も濃く、紫色になってきます。発疹が現れてから3日後くらいには熱が下がって回復していきます。発疹により色素沈着を残すこともありますが、約1か月後には消えます。

■原因　伝染力の強い麻疹ウイルスが病原体です。せき、鼻水、くしゃみなどから感染します。潜伏期間は10～12日で、感染しやすい期間は発熱時から発疹が現れて5日目くらいまでです。中耳炎〈↓769ページ〉や肺炎〈↓750ページ〉、まれに脳炎〈↓779ページ〉を合併することもあり、死亡することもあります。一度感染すると生涯免疫ができます。

■治療　麻疹はいまや治療する病気ではなく、予防接種で予防する病気です。かかってしまったら特効薬はなく、症状に応じた対症療法が中心です。抗生物質も処方されます。中耳炎や肺炎を予防するために、抗生物質も処方されます。全身状態が悪いと入院が必要になります。

■ホームケア　安静、栄養補給をこころがけます。高熱に対して水まくらなどで冷やすとともに、脱水症状を防ぐために十分な水分補給が必要です。口の中が痛み、食欲も落ちるので、スープ、プリンなど刺激が少なく口あたりのよいものを食べさせましょう。多くは完治するまでに10日～2週間ほどかかり、体力も消耗します。ほかの感染症にもかかりやすくなるので、回復してもしばらくは無理をさせないようにします。

　重症化しやすく、致命率の高い合併症を伴う場合もあるので、必ず予防接種を受けてください。

風《ふう》疹《しん》（三日《みっか》ばしか）

　幼児に多く、集団生活をしない乳児がかかることはまれです。麻疹《ましん》（はしか）〈前項〉によく似た症状が出ますが、麻疹ほど重くはありません。

■症状　淡紅色の細かい発疹《ほっしん》が全身に広がりますが、3日ほどで消えます。発熱はないこともありますが、最初の1～2日に熱が出ることもあります。麻疹と違って発熱と同時に発疹が出ます。喉《のど》のはれや痛み、眼球結膜の充血が見られることもあります。特に、耳の後ろのリンパ節が小指大にはれて痛むのが特徴です。発熱や発疹もわずかで、感染に気づかないで終わってしまうことも少なくありません。健康な子であれば怖くない病気ですが、まれに回復期に髄膜炎《ずいまくえん》〈↓779ページ〉や脳炎〈↓779ページ〉、血小板減少性紫斑病《しはんびょう》などを起こすこともあります。

■原因　風疹ウイルスによって起こります。くしゃみやせきなどの飛沫《ひまつ》感染で、潜伏期間は2～3週間です。一度かかれば免疫ができます。子どもの場合は軽症ですむことがほとんどですが、お母さんが妊娠16週ころまでに感染すると、赤ちゃんに白内障や緑内障、難聴、先天性心疾患、発達異常などが出ることがあります。これを先天性風疹症候群といいます。ただし、お母さんに風疹の免疫があれば心配ありませんし、妊娠初期を過ぎれば、病気の子が生まれる危険性は低くなります。多くの病院で、妊娠初期に、風疹の抗体価検査が行われます。風疹の予防接種をぜひ受けましょう。

■治療　特効薬はありません。必要に応じて対症療法が行われます。高熱や頭痛が長く続くときは、入院が必要になる場合もあります。

■ホームケア　幼稚園や保育園は、発疹が完全に消えるまで休まなければなりません。また、子どもを妊婦さんに近づけないようにしてください。

予防接種で防ぐことができます。勧奨接種で、1歳過ぎから定められた年齢内であれば無料で受けられます〈↓322ページ〉。麻疹に続き、早めに受けておきましょう。

おたふくかぜ（流行性《りゅうこうせい》耳下腺炎《じかせんえん》）

3歳以上の幼児がかかりやすい病気で、耳の付け根から顎《あご》にかけてはれて、おたふくのように見えることからこの名がついています。正しくは、流行性耳下腺炎またはムンプスといいます。病気自体は軽くすむことが多いのですが、中枢神経系の合併症が約10％に見られるので、楽観はできません。

■症状　耳の下にある耳下腺がはれて痛み、熱が出て、頭痛や食欲不振があります。食べ物を口に入れると耳が痛いと訴えることもあります。耳下腺のはれは3日目くらいが最大で、続いてもう一方の耳下腺もはれてきます。片側のはれだけで終わる子もいます。はれる期間にも個人差がありますが、多くは1週間で治まります。熱は一時的に40度近くに上がることもありますが、3～4日で回復します。比較的軽い病気ですが、心配なのは合併症で、そのほとんどは髄膜炎《ずいまくえん》〈↓779ページ〉です。耳下腺がはれ出して3～10日後に、激しい頭痛や嘔吐《おうと》などが起こったら至急病院へ。また、まれに膵炎《すいえん》や脳炎〈↓779ページ〉、難聴〈↓771ページ〉を起こす子もいます。

■原因　ムンプスウイルスの感染によって耳下腺が炎症を起こします。潜伏期間は16～18日で、感染期間は発病の数日前から耳下腺のはれがひくまでの7～10日間です。一度かかると生涯免疫ができます。30～40％の子は感染しても発症しません（不顕性感染）。この場合も免疫はできます。なお、繰り返し片側の耳下腺をはらす、反復性耳下腺炎という病気もあります。原因は不明ですが、これはおたふくかぜとは違います。

■治療　特効薬はありません。高熱があったり、耳下腺の痛みがひどい場合は、解熱鎮痛薬が使われることがあります。予防接種（任意接種）〈↓322ページ〉で防ぐことができますので、特別な理由がなければ受けましょう。

■ホームケア　高熱時は水分補給が欠かせません。頬《ほお》や顎がはれて口を開けるのがつらいので、スープや果汁、ヨーグルト、ゼリーなど消化がよく、かまずにすむ食べ物を与えます。頬や顎のはれが痛むときは、冷湿布をして、吸い飲みなどで口の端から水分を注いであげましょう。

溶《よう》連《れん》菌《きん》感《かん》染《せん》症《しょう》

溶連菌感染症は、溶連菌（A群β溶血性連鎖球菌）が感染して起こる病気の総称です。そのひとつに、昔はとても恐れられた法定伝染病の猩紅熱《しょうこうねつ》がありますが、現在では抗生物質により自宅でもケアできるようになったため、猩紅熱という病名は使わず、一般の溶連菌感染症のひとつとして扱われています。

■症状　喉《のど》の痛みが強く、首や胸のあたりから全身にかけて赤く細かい発疹《ほっしん》が見られます。多くは38〜39度の高熱を伴います。数日後には、舌を覆っている舌苔《ぜったい》がはがれ、いちごのようなぶつぶつした赤い舌になります。これはいちご舌《じた》とよばれ、溶連菌感染症の特徴的な症状です。熱や発疹は、ふつう1週間くらいで治まってきます。なお、このような典型的な症状を示さず、咽頭炎《いんとうえん》や扁桃炎《へんとうえん》〈↓751ページ〉だけの症状を呈することもあります。

■原因　溶連菌によって飛沫《ひまつ》感染するほか、傷口などからも感染します。とびひ〈↓758ページ〉はその例です。潜伏期間は2〜7日間です。幼児や学童が感染する病気で、1歳以下にはほとんど見られません。

■治療　抗生物質が使われます。服用すると1〜2日で熱は下がりますが、1週間以上服用するのが原則です。

■ホームケア　全身状態がよければ、生活の制限はありません。

りんご病《びょう》

名前のとおり、両頬《ほお》がりんごのように赤くなるウイルス性の病気です。正しくは伝染性紅斑《こうはん》といいます。2歳以上の子どもで見られ、幼稚園、保育園などで春先に流行します。

■症状　両頬に、チョウの形をしたりんごのように真っ赤な発疹《ほっしん》が出ます。1〜2日後には腕や太もも、おしりにも赤い発疹が現れて、レース模様のように広がります。発疹は3〜4日目がもっとも鮮やかで、ほてりやかゆみを伴うこともあります。体温が上がると発疹はさらに鮮明になります。熱は出ないか、出ても微熱です。顔の発疹は2日ほどで消えますし、腕や足の発疹は1〜2週間ほどで薄くなります。

■原因　ヒトパルボウイルスB19の感染によります。潜伏期間は7〜16日。発症したときはすでに感染力はありません。なお、妊娠初期に感染すると流産の原因になることもあり、妊娠12〜20週で感染すると胎児が胎児水腫《すいしゅ》という重い病気になる危険性もあります。

■治療　特に治療の必要はありません。かゆみ止めが使われることもあります。

■ホームケア　発熱など発疹以外の症状がなければ、ふつうに生活してかまいません。幼稚園や保育園を休ませる必要もありません。ただ、外出して日光に当たったり入浴したりすると発疹が大きくなり、かゆみが強くなります。

ヘルパンギーナ

夏かぜの一種で、初夏から夏にかけて流行します。急な発熱があり、喉《のど》の奥に水疱《すいほう》のできる病気です。発症は乳幼児に多く、5歳以下の子どもが約90%を占めます。

■症状　突然、39～40度の高熱が出て、喉の痛みを訴えます。きげんが悪くなり、食欲が落ちて嘔吐《おうと》することもあります。腹痛や頭痛を伴う場合もあります。喉の奥を見ると、上顎《うわあご》の上や口蓋垂《こうがいすい》（喉ちんこ）の粘膜に直径2㎜前後の赤い小さな水疱が数個～数十個できています。水疱がつぶれて黄色っぽい潰瘍《かいよう》になることもあります。潰瘍はしみて痛むため、唾液《だえき》を飲みこめなくなったり、よだれが増えたりします。熱は2～3日で下がり、潰瘍は1週間程度でよくなります。

■原因・治療　コクサッキーウイルスが原因で、潜伏期間は2～4日です。特効薬はありませんが、喉の痛みに解熱鎮痛薬が使われます。高熱と脱水症状があると入院が必要になることもあります。

■ホームケア　水分補給がもっとも大切です。乳児では哺乳《ほにゅう》障害が起きることがあるので、乳幼児用イオン飲料、果汁などで水分補給をしましょう。最初の数日は喉の痛みで水も飲めないほどですが、脱水症状はなんとしても避けなければなりません。食事は、水疱や潰瘍を刺激しないように酸っぱいものは避けて、口あたりのよいアイスクリームやゼリー、豆腐などを与えます。

手《て》足《あし》口《くち》病《びょう》

夏かぜの一種で、ヘルパンギーナと同じくコクサッキーウイルスやエンテロウイルスの感染で起こります。手足や口の中に水疱《すいほう》のできる病気で、乳幼児に多く見られます。

■症状　手のひら、足の裏、足の甲、時にはひざやおしりに3～5㎜程度の米粒大の皮疹《ひしん》が見られます。周囲が赤くて真ん中が白い発疹です。口の中の粘膜にも発疹ができやすく、しみて痛みます。口内炎ができる場合もあります。赤ちゃんの場合、よだれがたくさん出ることで気づくことも少なくありません。熱は出ても微熱です。ウイルスの種類によっては無菌性髄膜炎《ずいまくえん》〈↓779ページ〉を合併することがあります。

■原因・治療　ウイルスが原因です。くしゃみや唾液《だえき》などの飛沫《ひまつ》感染のほか、便から排泄《はいせつ》されたウイルスが口にはいって感染することもあります。潜伏期間は3～6日です。特効薬はありません。口の中が痛むときは口内炎用の軟膏《なんこう》が使われることもあります。

■ホームケア　口の中の痛みが強いときは、刺激がなく口あたりのよい食べ物を与えます。症状が発疹だけで発熱もなく元気であれば、幼稚園や保育園を休ませる必要はありません。感染していても症状が出ないことも多く、また症状が消えてもしばらくはウイルスは残っています。感染源になる可能性はあるものの、登園を禁止しても流行を防ぐことにはならないのです。感染する可能性はあるけれども登園しても差し支えない病気と理解してください。

咽頭結膜熱《いんとうけつまくねつ》（プール熱《ねつ》）

初夏から秋口に多い夏かぜの一種で、咽頭炎〈↓751ページ〉と結膜炎〈↓768ページ〉が合併した感染症です。プールの水で感染して集団発生することがあり、プール熱ともよばれます。

■症状　急に寒気がして39～40度の高熱が出ます。喉《のど》が赤くはれて痛み、リンパ節もはれます。まぶたの裏側や白目が充血し、結膜炎を起こして全身がだるくなります。関節痛、頭痛、腹痛、下痢を起こす子もいます。赤ちゃんの場合は下痢や嘔吐《おうと》が目立ち、結膜炎は出ないこともあります。目やにの多さから気づく場合もあります。熱は3～4日続き、1週間ほどで症状は治まります。

■原因　感染力の強いアデノウイルスによって起こります。潜伏期間は5～6日です。幼児や学童に多い病気ですが、上の子が感染すると赤ちゃんにうつることもあります。

■治療　有効な薬はないので、対症療法です。高熱には解熱薬、結膜炎には二次感染を防ぐために抗生物質の点眼薬が使われます。

■ホームケア　かぜ症候群〈↓747ページ〉の項を参照してください。感染力が強いので、ほかの家族にうつらないように注意し、タオルや洗面器、洗濯も別にします。症状が消えても2週間ほどは便や唾《だ》液《えき》の中にウイルスが残っています。おむつを替えたあとは、石けんでよく手を洗いましょう。

百《ひゃく》日《にち》ぜき

激しいせきの発作が続く感染症です。四種混合の予防接種〈↓322ページ〉で予防できるので、早めに受けておいてください。

■症状　かぜ〈↓747ページ〉と同じようなせき、くしゃみ、鼻水で始まります。発熱はほとんどありません。次第にせきが増えていき、特に夜にせきこむようになります。これが1～2週間ほど続き、やがて百日ぜき特有のせき（レプリーゼ）が出始めます。立て続けに数十回コンコンとせきをして、最後にヒューと息を吸いこむ音がします。せきとともに食べたものを吐き、よだれを垂らすことがあります。この発作的なせきが4～6週間続き、その後2～3週間かけてゆっくりと治っていきます。乳児がかかると、せきではなく呼吸を止めてしまう無呼吸発作が初発症状であることがあります。6か月未満の乳児がかかると、死亡率の高い疾患です。

■原因　百日ぜき菌が、せきやくしゃみで飛沫《ひまつ》感染して起こります。潜伏期間は7～10日です。百日ぜき菌が肺にはいって、百日ぜき肺炎を合併することもあります。

■治療　初期であれば有効な抗生物質があります。そのほかは対症療法が行われます。乳児では呼吸困難が心配なので、入院して治療を受けることになります。

■ホームケア　せきで吐いてしまうこともあるので、食事は少量ずつ与えるようにします。早期診断のために、予防接種を受けているかどうかを最初に医師に伝えることも大切です。

小児結核《しょうにけっかく》

結核菌感染によって、おもに肺が冒される病気です。しかし乳児の場合には、肺にとどまらず、髄膜炎《ずいまくえん》〈↓779ページ〉や、粟粒結核《ぞくりゅうけっかく》という全身に菌が広がる重篤な症状を起こすことがあります。近年また結核患者が急増して問題になっています。乳児の場合は、ほとんどが家族内感染なので注意が必要です。ＢＣＧ接種〈↓322ページ〉で、ある程度防げます。

■症状　肺に感染する場合（幼児以降に多い）は、せきと熱が続き、やがて呼吸が荒くなります。乳児の全身に菌が広がるタイプの粟粒結核では、進行が速いので気をつけなければなりません。乳児、幼児では熱以外の症状が見られないこともあります。また、髄膜炎を起こすと高熱や意識障害が起こります。

■原因　結核菌の感染で起こります。結核患者のせきなどの飛沫《ひまつ》の中にある菌を吸いこんでうつります。乳幼児の結核のほとんどは家族内感染です。大人の場合は感染しても発病しないことがほとんどですが、赤ちゃんは感染するとすぐ発病する可能性が高いので予防が大切です。乳児期は結核性髄膜炎を起こして死亡したり、一命を取り留めても重い障害を残すことがあります。

■治療　ストレプトマイシンなどの抗生物質で治療します。粟粒結核や髄膜炎は、いまでも死亡率の高い恐ろしい感染症です。

目の病気

先天性鼻涙管閉塞《せんてんせいびるいかんへいそく》
先天性鼻涙管狭窄《せんてんせいびるいかんきょうさく》

目から鼻への管が生まれつきつまっていたり狭くなっているため、涙が目にたまり、外にあふれ出します。これがいわゆる涙目です。生後すぐに現れる病気です。

■症状　多くは片方の目からだけ涙が出ます。ふいてもふいても目やにがたまる、目がはれている、目が赤い、目頭を押すと膿《うみ》のようなものが出るときは、眼科を受診しましょう。

■原因　涙腺《るいせん》でつくられた涙は、目頭にある涙嚢《るいのう》にはいり、鼻涙管を通って鼻に流れます。この鼻涙管と鼻腔《びくう》の間に薄い膜が残って、つまったり狭くなったりしているために起こります。涙が鼻に抜けずに涙嚢にたまっていると、細菌感染も起こしやすく（新生児涙嚢炎）、目やにがさらに多くなります。

■治療　涙嚢炎になっていれば、抗生物質入りの点眼薬を使います。鼻涙管閉塞に対しては目頭をマッサージして自然に治るのを待つケースもありますが、涙嚢炎がなかなかよくならない場合は、生後3か月くらいまでに、鼻涙管に細い針金状の器具を通して開通させる治療を行います。

■ホームケア　赤ちゃんはもともと鼻涙管が細いので、目やにがよくたまります。お湯に浸したガーゼでこまめにふき取ってあげましょう。これで治まるようなら特に心配ありません。

結膜炎《けつまくえん》

細菌やウイルスの感染などで結膜に炎症が起こります。アレルギーが原因になることもあります。

■症状　白目が充血し、目が痛みます。光がまぶしく、涙や目やにが多くなります。痛みできげんが悪くなることもあります。細菌性結膜炎は黄色っぽい目やにが出ます。ウイルス性結膜炎は目やにのほか、目の充血がひどく、まぶたがはれたり、熱が出る場合もあります。3～4歳以降に見られるアレルギー性結膜炎は目やにはなく、目のかゆみと涙が特徴です。

■原因　結膜は目とまぶたの裏側を覆っている粘膜です。結膜炎はここに細菌やウイルスが感染したり、アレルギーが原因で炎症が起こったものです。特に新生児は、目を閉じている時間が長いので細菌が繁殖しやすくなっています。分娩《ぶんべん》時、産道を通るときに菌が付着して発症するクラミジア結膜炎が増えています。

■治療　細菌性結膜炎は、抗生物質入りの点眼薬を2～3日使えばよくなります。ウイルス性には抗生物質が効かないので、炎症を抑える点眼薬を使います。

■ホームケア　きょうだいなどに感染しないよう気をつけます。特にウイルス性結膜炎は感染力が強いので、目やにをふき取ったティッシュペーパーはそのつど捨て、目やにをふいたら手を洗うことをこころがけましょう。

斜視《しゃし》

どちらかの目の視線の向きがずれて、左右の目が別の方向を向いている状態をいいます。眼鏡による矯正か手術が必要ですが、成長とともに自然に治るものもあります。

■症状　正面を向いたときに、一方の目の黒目の部分はまっすぐ前を見ているのに、片方は別の方向を向いています。内側にずれて寄り目になっている内斜視、外側に寄っている外斜視、上下どちらかに寄っている上下斜視があります。さらに、いつも斜視の状態にある恒常性斜視、眠くなったときや寝起きなどに一方の目がずれる間歇《かんけつ》性斜視があります。

　このほか赤ちゃんに多いのが偽内斜視です。赤ちゃんは目と目が離れていたり、黒目の内側の白目が見えにくかったりして内斜視に見えることがあるのです。偽内斜視は成長とともに気にならなくなりますし、目の機能には問題ありません。

■原因　中枢神経の病気、遠視、眼筋の異常、網膜の障害などが原因です。片目の視力が極端に弱いと、その目が使われずに斜視になるケースもあります。斜視があるとその目を使わないので、視力が低下して弱視になることもあります。また、片目しか使わないため、両目で物を見て遠近感や立体感をつかむ両眼視機能の発達も妨げられます。

■治療　遠視が原因の調節性内斜視は、眼鏡で遠視を矯正すると斜視も矯正できます。それ以外の斜視は、基本的に手術が必要です。間歇性斜視では、両眼視機能は正常に発達することも多いので、手術をしばらく待つ場合もあります。片方の目が斜視弱視の場合は、屈折異常を矯正したのちアイパッチなどで弱視を治す訓練を行ってから、手術かプリズム眼鏡で補正します。

耳・鼻の病気

急《きゅう》性《せい》中《ちゅう》耳《じ》炎《えん》

乳幼児の感染症のなかで、かぜ〈↓747ページ〉に次いで多いのが中耳炎です。1歳までに50％の子どもが一度はかかるといわれています。喉《のど》や鼻に感染したウイルスや菌が耳管を通って中耳腔《ちゅうじくう》にはいって炎症を起こし、膿《うみ》などがたまります。かぜがきっかけで起こることがほとんどです。かぜをひいたときには中耳炎の症状がないか注意しましょう。生後6か月～1歳半の子ども、さらに集団保育児がかかりやすいこともよく知られます。頻繁に繰り返す子も少なくありませんが、ほとんどは成長とともに自然治癒していき、6歳を過ぎると少なくなります。

■症状　耳が痛み、聞こえにくくなります。乳児は耳が痛いと訴えることはできませんが、痛みのためにふきげんになる、一定の時間をおいて大泣きしたり泣きやんだりする、耳に手をもっていくなどの様子がみられます。かぜで熱や鼻水があるときにかかりやすく、特に黄色い鼻水を出しているときは要注意です。発熱を伴うこともあります。

鼓膜が破れて膿（耳漏《じろう》）が出てくると、耳の痛みは軽くなり、熱も下がってきますが、これで治ったわけではありません。きちんと治療しないと慢性中耳炎になることがあります。

耳の痛みが激しいため親はあわててしまいますが、急性中耳炎は緊急を要する病気ではありません。夜中に起きた場合でも、翌日まで待って受診してもだいじょうぶです。ふつうは鎮痛薬の座薬などを使えば痛みは軽くなります。

■原因　かぜなど上気道の感染症で、細菌が耳管を通って中耳にはいって発病します。乳幼児は耳管が細くて短いので、鼻や喉のウイルスや細菌が中耳まではいりこみやすいのです。中耳に感染がなくても、喉（咽頭《いんとう》）の炎症によって耳管がつまり、中耳腔に水（滲出液《しんしゅつえき》）がたまるのが滲出性中耳炎〈次項〉です。これは痛みは伴わないことも多いのですが、軽度の難聴〈→771ページ〉を起こします。年齢が上がると、かぜのときに鼓膜炎（鼓膜に強い痛みと充血を伴う）から始まり、そのあとで中耳に分泌液がたまるタイプの中耳炎が多くなります。

■治療　急性期の痛みには鎮痛薬、炎症の治療には抗生物質を5～10日間ほど使います。抗生物質であまり改善しないときは、鼓膜に穴を開ける鼓膜穿刺《せんし》が行われることもあります。

まずは医師の指示に従って抗生物質を正しく飲み、早い時期に治してしまうことが大切です。症状がよくなっても、処方された抗生物質は必ず最後まで飲みきるようにしましょう。

■ホームケア　耳漏が出たときは厚めのガーゼをあてておきます。予防が大事ですから、かぜをきちんと治すことが大切です。たまった鼻水はこまめにとってあげましょう。言ってわかる年齢なら、鼻を正しくかむよう教えます。

滲《しん》出《しゅつ》性《せい》中《ちゅう》耳《じ》炎《えん》

急性中耳炎〈前項〉と違って耳の痛みや発熱などの症状がないので、なかなか気がつきにくい病気です。年間、乳幼児の30～40%がかかり、多くは3歳までに経験します。それ以降は減っていき、小学校入学前にはほとんど見られなくなります。

■症状　唯一の自覚症状は、耳の中が少しつまったような感じになったり、聞こえが悪くなったりする（軽い難聴〈次項〉）程度です。ただし、聴力の低下はごく軽度なので家庭で気づくことは難しいでしょう。かぜで受診したときや健診で偶然見つかることが少なくありません。呼んでもすぐに振り向かない、テレビの音量を大きくしたがるといった様子があれば、耳鼻科を受診しましょう。

■原因　かぜなどをきっかけに耳管の粘膜がはれ、そのために耳管がつまり、中耳に分泌液がたまることにより発症します。特に乳幼児では、分泌液を排出する耳管が細く短いので喉《のど》の炎症が容易に中耳腔《ちゅうじくう》に及ぶため、粘液がたまりやすいと考えられています。急性中耳炎や扁《へん》桃炎《とうえん》〈↓751ページ〉など喉や耳の炎症後にかかりやすい傾向があります。

■治療　滲出性中耳炎そのものは細菌感染による感染症ではないので、抗生物質は効きません。しかし、喉や鼻などの細菌感染症に引き続いて起こることがあるので、抗生物質投与で軽快する例のあることが知られています。本人に熱や傷みがないので気づかれずに治療が行われないことも多く、そうした例では多くは3か月以内に自然治癒しています。

　滲出性中耳炎のいちばんの問題は、軽度とはいえ難聴です。ことばを覚えつつある年代では、この難聴のためにことばの遅れが見られることがあります。こうした例や3か月以上にわたって滲出性中耳炎が続く場合には、鼓膜切開や通気法（喉のほうから耳管に空気を通す）、あるいは鼓膜に小さなチューブを留置する治療法が行われます。

難聴《なんちょう》

　難聴の原因はいろいろありますが、乳幼児期に見られるものの多くは生まれつきのものです。重度の難聴は3か月健診などで発見されることが多いのですが、中等度や軽度の場合はなかなか気づきにくく、特に片側だけの難聴は発見が遅れがちです。放置するとことばの遅れの原因になることがあるので、なるべく早い時期に発見したいものです。

■症状　大きな音に驚かない、呼んでも反応しない、というような場合は重度の難聴です。中等度・軽度なら大きな音には反応します。呼びかけに対して何度も聞き返す、テレビの音を大きくしたがる、テレビに近づいて見るといったことから、初めて気づくことも少なくありません。発音が悪い、ことばの数が増えないといった言語発達の遅れからわかることもあります。

■原因　難聴は、外耳、鼓膜、中耳などに機能障害のある「伝音性難聴」と、内耳や聴神経など音が脳に伝わる経路に障害のある「感音性難聴」に分けられます。

新生児期の難聴はほとんどが感音性難聴で、片耳だけの場合と両耳の場合とがあります。原因は先天的なもの、出産前にお母さんがかかった風疹《ふうしん》やトキソプラズマなどの胎内感染によるもの、新生児仮死〈↓782ページ〉、核黄疸《かくおうだん》〈「新生児黄疸」↓784ページ〉、分娩《ぶんべん》時外傷など出産時のトラブルによるもの、細菌性髄膜炎《ずいまくえん》〈↓779ページ〉や滲出性《しんしゅつせい》中耳炎〈前項〉による後天性のものがあります。まれにおたふくかぜの後遺症による難聴もあります。

■治療　伝音性難聴は手術などの治療で聴力が戻る可能性がありますが、感音性難聴は、人工内耳埋めこみの適応のあるごく一部の疾患以外は、根本療法は残念ながら現時点ではありません。大切なのは早期発見とその後の対応（難聴児の教育）です。できれば1歳前に発見して適切な対応をしたいものです。

　いま日本では、3歳児健診で聴力検査を行うことが、法律で定められています（自治体によっては1歳6か月児健診）。でも、3歳で診断がついたのでは遅い場合もあります。疑わしいと思ったら、できるだけ早く聴力検査を受けておくべきです。最近は、聴性脳幹反応（ＡＢＲ）という電気的な検査が普及し、新生児でも聴力が調べられるようになりました。早期発見できれば、重度の難聴でも早いうちからトレーニングを始めたり、補聴器をつけられます。

■ホームケア　家庭でできる簡単なチェック方法として、６か月以上の子どもの場合は、きげんのよいときに左右の耳元で後ろから軽く指をこすり合わせます。これで反応しない場合は、耳鼻科を受診してください。聴力をチェックするときは、子どもの視野にはいらない所で音を立てるようにします。ただ、何度も試すと子どもは飽きてしまい反応しなくなります。

副鼻腔炎《ふくびくうえん》

急性副鼻腔炎はかぜ〈↓747ページ〉をこじらせてかかることが多く、慢性副鼻腔炎は一般に蓄膿症《ちくのうしょう》といわれるものです。鼻の左右にある骨に囲まれた副鼻腔という空洞に、ウイルスや細菌が感染して炎症を起こし、膿《うみ》のような分泌液がたまった状態です。

■症状　子どもの場合、鼻水がほとんど唯一の症状です。膿のような黄緑色の鼻水がひっきりなしに出て、鼻の穴のまわりがただれたような状態になります。鼻がつまると口で呼吸をするようになります。鼻水が喉《のど》に流れると、夜間の長引くせきや咽頭痛《いんとうつう》を起こす場合もあります。急性副鼻腔炎では、発熱や黄色っぽいどろっとした鼻水が出ます。重症になると、顔面が痛んだり頬《ほお》がはれることもあります。

■原因　急性副鼻腔炎は、ほとんどがかぜによる鼻炎が原因です。慢性副鼻腔炎では、鼻の変形、ポリープ、アデノイド肥大、アレルギー性鼻炎〈↓次ページ〉が、炎症を起こす原因になります。急性副鼻腔炎が長引いたり繰り返すうちに、慢性化します。

■治療　急性副鼻腔炎はかぜが治るとともに自然に治まります。長引いたり重症のときは抗生物質を使います。鼻水が続くときは吸引し、血管収縮作用のある点鼻薬を用いる場合もあります。アレルギー性鼻炎があれば、抗ヒスタミン薬や抗アレルギー薬も有効です。また、慢性副鼻腔炎は自然治癒する傾向があり、現在では手術はほとんどしません。

■ホームケア　急性副鼻腔炎が慢性に移行するのを防ぐため、抗生物質は医師の指示どおり最後まで飲みきりましょう。

アレルギーの病気

気管支《きかんし》ぜんそく（小児《しょうに》ぜんそく）

アレルギーによって呼吸困難の発作（ぜんそく発作）を繰り返す病気です。息を吐くときにゼーゼー、ヒューヒューという音がして呼吸が苦しくなり、せきこむこともあります。発作の程度は軽いものから重いものまで様々です。成長とともに発作の程度も頻度も軽くなっていくことが多いのですが、重症の場合は、発作により生命にかかわる緊急事態になることもあります。

■症状　ゼーゼー、ヒューヒューという苦しそうな呼吸（喘鳴《ぜんめい》）をします。ぜんそくの呼吸困難は、吸うのに比べて、吐くときが苦しいという特徴があります。重症になると吐くのも吸うのも苦しく、からだ全体を使わないと呼吸ができなくなります。夜間や明け方に発作が起こりやすいので注意が必要です。

小発作　軽い喘鳴があります。呼吸困難はそう強くはなく、日常生活にはほとんど影響はありません。

中発作　喘鳴がひどくなり、呼吸が速くなります。息がしにくくなり、肩で呼吸することもあります。鼻翼呼吸や、胸をへこませて息をする陥没呼吸がみられるようになります。赤ちゃんでは、ふきげんになって元気がなく、食欲もなくなり、泣き声が短くなります。苦しくて母乳やミルクを飲めなくなることも少なくありません。嘔吐《おうと》もよく見られます。

大発作　横になって眠ることもできず、前かがみの状態になります。呼吸困難が強く、息を吐き出せない苦しさから、座って呼吸するようになります（起座呼吸）。食事や水分は取れません。唇や爪《つめ》、皮膚が紫色になるチアノーゼを起こし、意識が薄れるようなときは危険です。すぐに救急車を呼んでください。

■原因　気管支が過敏になり、ちょっとした刺激で収縮して狭くなり、気管支内に痰《たん》がたまるために呼吸がしにくくなります。アトピー体質をもっているところに、ほこり、ダニ、かび、花粉、ペットの毛、タバコの煙、大気汚染などアレルギーの原因となる物質（アレルゲン）を吸いこむと、気管支粘膜にある細胞が反応を起こして粘膜の炎症が起こり、発作につながります。

梅雨期や台風前後など気象の変化や、激しい運動によって悪化する子もいます。最初の発作を起こすのは2～5歳が多く、小学校になるころにはよくなってしまう例もあります。

乳児の場合は、一見ぜんそくのような症状でも、ウイルス性のぜんそく様気管支炎〈↓750ページ〉であることが少なくありません。

■治療　発作に対する治療・予防としては、気道を広げる気管支拡張薬の内服や吸入が行われます。軽症の場合は、予防のために抗アレルギー薬を毎日服用する治療が行われることがあります。中等症では、吸入ステロイド薬が使われることもあります。重症ぜんそくでは、入院して気管支拡張薬やステロイドの点滴治療が必要になることもあります。

検査でアレルゲンがはっきり特定できた場合は、その物質を除去したり遠ざけます。アレルギーの起こるメカニズムやアレルゲン対策については、アトピー性皮膚炎の項〈↓264・460・624ページ〉を参考にしてください。

■ホームケア　発作時は上体を起こしたほうが息がしやすいので、服を緩めて抱き起こし、少し前かがみに座らせます。背中をさすったり軽くたたいたりし、冷たい水をコップ1杯飲ませます。このとき、ゆっくりと腹式呼吸をさせると楽になります。それでも発作が治まらない場合は、気管支拡張薬や吸入薬を、医師の指示どおりに使います。寝かせるときは、頭を高くし、上体を多少高くして寄りかからせるようにします。赤ちゃんの場合は立て抱きにします。よく眠れない、食事が取れない、吐くなどの症状があるときは、ホームケアはあきらめて、受診してください。

かぜをひいているときは、発作が起こりやすく悪化することもあるので、早めに受診しましょう。気管支はタバコの煙によってより過敏になるので、ぜんそくの子どもがいる家庭では必ず禁煙しなければなりません。

アレルギー性《せい》鼻《び》炎《えん》

アレルギー体質の子がアレルゲン（原因物質）を吸いこむと、急にくしゃみが出たり、鼻水、鼻づまりが起きます。多くは学童期に始まりますが、近年は発症が低年齢化しています。

■症状　くしゃみと多量の鼻水、鼻づまりがおもな症状です。鼻の中がかゆくなったり、目がかゆくなって涙が出たり、喉《のど》の違和感や頭痛を訴えることもあります。症状は、朝や夕方など温度差があるときやストレスによって悪化します。

■原因　鼻の粘膜がアレルゲンに対してアレルギー反応を起こすために症状が表れます。アレルゲンの違いによって、決まった季節になると表れる季節型（花粉症など）と、一年を通じて症状のある通年型があります。通年型は家の中のほこりやダニ、かび、ペットの毛などがアレルゲンになります。

■治療　アレルゲンがはっきりわかれば除去しますが、それを特定するのは簡単ではありません。多くは、抗ヒスタミン薬や抗アレルギー薬を使って、症状を抑えます。ステロイド薬が使われることもあります。

■ホームケア　ダニなどのアレルゲンが発生しにくくするために、じゅうたんはできるだけやめ、フローリングにします。ペットは室内で飼わないようにしたいものです。寝具を日光にあてることも大切です。

食《しょく》物《もつ》アレルギー

ある特定の食べ物がアレルゲン（原因物質）となって起こるアレルギー反応で、消化器、皮膚、呼吸器、神経など様々な全身症状が表れます。乳幼児は消化管の働きが未熟なので、食物アレルギーを起こしやすいのです。

■症状　一般には、食べた直後に唇や舌、喉《のど》にかゆみを感じて赤くはれる皮膚症状や、急性のじんま疹《しん》が起こります。食事をして数分～2時間以内に胃の痛みや吐き気、嘔吐《おうと》、胃のもたれを起こしたり、下痢や便秘などの消化器症状を呈することも少なくありません。ぜんそく〈↓772ページ〉、鼻炎〈前項〉などのアレルギー症状も起こります。皮膚の発赤《ほっせき》程度の軽いものから、血圧が急激に低下してショック状態（アナフィラキシー・ショック）になる重症のものまであります。

■原因　食べ物に含まれるたんぱく質がアレルゲンになって、アレルギー反応が起こります。日本の子どもの場合は、卵、ミルク、小麦、大豆がおもなアレルゲンで、これらを使った加工食品もアレルギーの原因になります。乳幼児では、消化管が未成熟で、十分にアミノ酸までに分解されていないたんぱく質が吸収されてしまうことがあります。3歳を過ぎるころには消化管も発達して、食物アレルギーは出にくくなっていきます。乳製品で下痢や腹痛を起こす乳糖不耐症〈↓754ページ〉は食物アレルギーではありません。

■治療　アレルゲンが特定された場合は、原因となる食べ物を除く除去食療法が行われますが、特定できないことも少なくありません。アレルゲンを除く処理をした特別食を食べるよう指導されることもあります。

■ホームケア　もっとも重要なのは、親の自己判断で食事制限をしないことです。特に卵、ミルクなどの大切なたんぱく質を制限してしまうと、子どもの成長を妨げることもありますので、専門医も最近は除去食療法は慎重に行います。食物アレルギーが疑われるときは、小児科医に相談してください。アレルゲンをはっきりと同定（特定）する検査を行うこともあります。その場合、２週間くらいの間に食べた食品や調味料と、それらを摂取したときにどんな反応が出たかを詳細にメモした食事日誌をつけておきます。

アトピー性《せい》皮《ひ》膚《ふ》炎《えん》

〈↓264・460・624ページ〉

腎臓・泌尿器・性器の病気

尿《にょう》路《ろ》感《かん》染《せん》症《しょう》

尿の通り道である尿路に細菌が感染して起こる病気の総称です。炎症の起こる場所によって、尿道炎、膀胱炎《ぼうこうえん》、腎盂腎《じんうじん》炎《えん》などとよび方が変わります。赤ちゃんの場合、感染した場所を特定しにくく、また感染すると下部の尿路から上部の尿路まで炎症が及ぶことが多いので、まとめて尿路感染症とよばれます。３歳までの子どもに多い病気です。

■症状　高熱が出たり、発熱を繰り返します。

下部の尿路感染である尿道炎や膀胱炎になると、大人であれば排尿痛や頻尿などで気づきます。でも、赤ちゃんは症状を訴えられないのでこの段階ではなかなか気づきにくく、感染が上部に進んで腎盂腎炎になって初めてわかることも少なくありません。膀胱炎の段階では発熱はありません。かぜをひいたわけでもないのに38度以上の発熱があったときは、この腎盂腎炎が疑われます。顔色やきげんが悪くなったり、食欲不振、嘔吐《おうと》、黄疸《おうだん》が見られることもあります。

■原因　細菌が尿道から膀胱にはいって炎症を起こすと膀胱炎になります。膀胱炎が女の子に多いのは、尿道が男の子に比べて短いためです。細菌が尿管を通り腎盂に達すると腎盂腎炎を起こします。まれに、細菌が血液やリンパ液から腎盂に侵入することもあります。

再発を繰り返すような場合は、尿路の先天的異常も考えられます。多いのは、膀胱から尿管へ尿が逆流してしまう膀胱尿管逆流現象（ＶＵＲ）で、腎盂腎炎を起こした子どもの約40％に見られます。膀胱内の尿が逆流すると尿管や腎盂に菌が侵入しやすくなり、再発を繰り返すのです。

■治療　尿道炎、膀胱炎の治療は１～２週間程度の抗生物質の服用です。腎盂腎炎は入院治療が必要になることがあります。尿路に先天的な異常が認められた場合は、感染予防のために尿路消毒薬が長期間使われます。軽度の逆流であれば、再感染さえなければ３～４年で改善されます。逆流の程度が強い場合は、早い時期に手術を行うこともあります。

■ホームケア　尿道炎、膀胱炎の場合、水分を十分に取って尿量を増やし、細菌を尿と一緒に排出させるようにします。症状が治まっても医師の指示どおりに薬の服用を続けましょう。女の子には、大腸菌などの細菌が尿路にはいらないように、前から後ろにふく習慣をつけさせましょう。

原因不明の高熱が続くときは、腎盂腎炎を疑って早めに受診してください。腎盂腎炎は抗生物質がよく効きます。

鼠《そ》径《けい》ヘルニア

足の付け根（鼠径部）に腸などの腹《ふく》腔《くう》内の臓器の一部が飛び出した状態、いわゆる脱腸です。男の子に多い病気ですが、女の子にも起こります。

■症状　鼠径部にやわらかいこぶ（腫《しゅ》瘤《りゅう》）があります。痛みはありません。特に、泣いたりいきんだときに鼠径部がふくらむ場合は要注意です。男児の場合、陰《いん》嚢《のう》内にこぶが突出することもあります。女児ではかたい卵巣が触れることがあります。子どもの場合、10％は股《また》の両側に見られます。飛び出した臓器は手で押すと元に戻ります。腸管が出口のヘルニアの部分で締めつけられて元に戻らなくなった状態がヘルニア嵌《かん》頓《とん》で、血行障害を起こして、腹痛、吐き気、嘔《おう》吐《と》など腸閉《へい》塞《そく》の症状が表れます。これは緊急手術が必要です。ヘルニアのある子が急に激しく泣き出した場合、このヘルニア嵌頓も疑われます。

■原因　新生児の鼠径部には腹膜鞘《しょう》状《じょう》突起というひも状の下降路があります。腹膜鞘状突起は袋状になっていて、鼠径部にあるチューブ状の筒の中に飛び出しています。男の子の場合、精巣がここを通って陰嚢（精巣がおさまっている袋）に降りていき、その後はこの通り道は自然に閉じます。ところが、腹膜鞘状突起が開いたまま残ることがあります。これをヘルニアサック（ヘルニア嚢）といいます。このヘルニアサックの中に腸が飛び出してきてしまうのが鼠径ヘルニアです。原因ははっきりしていませんが、先天的なものではないかと考えられています。

■治療　乳幼児では自然に治ることもありますが、根治のためにはなるべく早く手術をします。2～3㎝切開して腹壁につながっているヘルニアサックを縛る簡単な手術で、入院も数日ですみます。2～3か月の乳児でも受けられます。

停《てい》留《りゅう》精《せい》巣《そう》（停《てい》留《りゅう》睾《こう》丸《がん》）

男の子の病気で、本来、腹《ふく》腔《くう》から陰《いん》嚢《のう》まで降りてくるべき精巣（睾丸）が途中で止まっている状態です。

■症状　陰嚢に触れても精巣の手ごたえがなく、足の付け根（鼠《そ》径《けい》部）に丸いしこりが触れます。なお、生後すぐの赤ちゃんでは精巣が鼠径部と陰嚢を行ったり来たりする移動性精巣もありますが、これは1歳ごろまでに自然に降りてくることが少なくありません。

■原因　胎児のときは精巣は腹腔内にありますが、徐々に降りてきて、生まれるころには陰嚢におさまります。ところが、これが降りきらずに途中で止まってしまうのが停留精巣で、成熟児の3％、早産児、低出生体重児の30％に見られます。鼠径ヘルニア〈前項〉を合併することもあります。約80％は片側の精巣にだけ起こり、両側に見られるものは約20％です。両側性は早産児、低出生体重児に多く見られますが、大部分は自然に下降してきます。成熟児では自然下降の可能性は低くなります。停留精巣を放置すると、将来、精子をつくる能力が低くなったり、がんなど悪性腫《しゅ》瘍《よう》の発生率が高くなると考えられています。

■治療　生後5～6か月から1年以内に、精巣が自然に陰嚢内に下降してくることも少なくないので、しばらくは経過観察します。1歳を過ぎても精巣が下降しないと、精巣は萎《い》縮《しゅく》してきてしまうので、手術で降ろして固定させます。安全な手術で、入院期間も短くてすみます。

陰《いん》嚢《のう》水《すい》腫《しゅ》

男の子の病気です。腹腔《ふくくう》から降りてきた精巣（睾丸《こうがん》）は陰嚢内で膜に包まれています。この膜に水がたまるのが陰嚢水腫です。

■症状　陰嚢が大きくふくらみ、時には鶏卵大になることもあります。さわるとぶよぶよして、痛みはありません。出生直後か、しばらくして起こることが多いようです。

■原因　精巣が陰嚢に下降したあとに閉じるはずの腹膜鞘状《しょうじょう》突起が開いたままになっていたり、閉じるのが遅かったりすると、腹水がここを通って陰嚢に流れこみ、たまってしまいます。多くは片側だけにできます。

■治療　陰嚢にたまった分泌液は体内に吸収されるので治療は必要なく、ほとんどは1歳ころまでに治ります。ただし、陰嚢が異常に大きいときや、3歳を過ぎてもはれている場合は、腹膜鞘状突起を閉じる手術を行います。

■ホームケア　陰嚢が急に大きくなり痛みを伴うとき、陰嚢が大きくなったり小さくなったりする場合は、鼠径《そけい》ヘルニア〈↓776ページ〉も考えられます。陰嚢に懐中電灯で光をあてると、陰嚢水腫の場合は精巣が透けて見えますが、鼠径ヘルニアの場合は透けて見えません。ただ、判断は難しいので、手術が必要な鼠径ヘルニアでないかどうか受診して確認しましょう。

包《ほう》茎《けい》

おちんちんの先端の亀頭《きとう》がいつも包皮に覆われていて、亀頭が見えない状態をいいます。

■症状　乳幼児では、亀頭は包皮に覆われて見えないのがふつうです。しかし、ほとんどの子は手で包皮を引き下げると亀頭が現れ、これは仮性包茎といってまったく問題ありません。中学生ころになると、自然に包皮がむけて、亀頭が常に見える状態になります。

乳幼児期に、包皮を引き下げても、皮がつっぱって亀頭がまったく見えない場合は、真性包茎が疑われます。この場合は、排尿時に亀頭がふくらんで尿が出にくくなったり、尿が横に飛び散ったりします。

■原因　真性包茎の場合は、包皮口が狭かったり、癒着しているために包皮を引き下げることができません。

■治療　真性包茎で、亀頭包皮炎〈次項〉などの感染を繰り返す場合は、幼稚園入園までに泌尿器科で手術を行うのがよいでしょう。15分ほどの短時間ですむ手術で、日帰りか、入院しても1〜3日程度です。ただし、子どもの場合は全身麻酔が必要です。

■ホームケア　亀頭包皮炎の項を参照してください。

亀《き》頭《とう》包《ほう》皮《ひ》炎《えん》

おちんちんの先の亀頭と包皮の間で炎症が起こった状態です。赤ちゃんのペニスはほとんどが包茎なので汚れがたまりやすく、1〜5歳くらいまでによく見られます。

■症状　包皮が赤くはれて、痛みを伴います。排尿時に痛がったり、かゆがったりします。出血したり、膿《うみ》がおむつやパンツについていることもあります。

■原因　亀頭と包皮の間にたまった恥垢《ちこう》に細菌が感染して炎症を起こしたものです。包茎で恥垢がたまっていると、恥垢が尿で汚染されたり外気に触れにくいために、細菌が繁殖しやすい状態にあります。汚い手でおちんちんをさわることも細菌感染の原因になります。亀頭の先端がまったく出てこない真性包茎の子に、特に多い病気です。

■治療　包皮を広げて消毒し、抗生物質のはいった軟膏《なんこう》を塗ります。炎症が強い場合は抗生物質の内服も行います。

■ホームケア　お風呂にはいるときは、包皮を引き下げて亀頭を出し、お湯をかけて洗ってあげてください。包皮がむけないときはあまり無理をせず、小児科医に相談しましょう。炎症が起きていると痛みのため包皮をむいて洗うことができないので、ますます不潔になり炎症をひどくします。

外《がい》陰《いん》部《ぶ》膣《ちつ》炎《えん》

女の子の外陰部は、尿や便で不潔になりがちです。そこに細菌が感染して、膣の入り口（膣前庭といいます）や膣に炎症を起こしてしまう病気です。

■症状　小陰唇から膣前庭にかけた部分が赤くはれてかゆくなり、痛みを伴うこともあります。悪化すると、下着やおむつに黄色いおりものや血の混じったおりものが見られます。悪臭を伴ったり、時には膿《うみ》が出ることもあります。

■原因　外陰部の皮膚や膣の粘膜に、ブドウ球菌や大腸菌などが感染して、炎症を起こします。成人女性の場合は膣の自浄作用があるのですが、乳幼児にはこれがなく細菌への抵抗力が弱いため、炎症を起こしやすいのです。

■治療　外陰部を清潔にして、炎症の強いときは抗生物質のはいった軟膏《なんこう》を塗ります。

■ホームケア　少し赤くはれている程度なら、入浴時に石けんで優しく洗い、きれいに洗い流せばほとんどがよくなります。おしりのふき方が悪いために起こることがあります。ふくときは必ず「前から後ろへ」をこころがけましょう。言ってわかる年齢なら子どもにも教えましょう。

肛《こう》門《もん》周《しゅう》囲《い》膿《のう》瘍《よう》

細菌感染により、肛門のまわりに膿《うみ》ができます。1〜3歳に多く見られ、放置すると痔瘻《じろう》の原因にもなります。

■症状　肛門のまわりがはれて、おできのようなものができ、痛みます。炎症が進むと、そら豆大にまではれ、表面の一部が破れて膿が出てきます。排便時ばかりでなくいつも痛むので、赤ちゃんはふきげんになります。肛門から深い部分に膿瘍ができると、痛みも強く、発熱する場合もあります。

■原因　下痢や便秘などで肛門にできた傷に、大腸菌などが感染して起こります。赤ちゃんの肛門は、直腸の粘膜との境界が入り組んでいて細菌が繁殖しやすく、皮膚も弱いので、炎症を起こしやすいのです。

■治療　抗生物質を服用します。膿がたまっているときは切開します。

■ホームケア　おむつ交換のたびに温かいお湯でおしりを洗い、肛門を常に清潔にしましょう。生後6か月ころの赤ちゃんは、お母さんからもらった免疫が低くなるため、肛門周囲膿瘍になりやすいので、特に気をつけてください。

脳の病気

髄膜炎《ずいまくえん》

脳の表面や脊髄《せきずい》を覆っている髄膜（脳膜）に、細菌やウイルスが感染して炎症を起こしたものです。それほど多い病気ではありませんが、細菌性の髄膜炎は後遺症を残すこともあります。

■症状　38〜40度の高熱や激しい頭痛、嘔吐《おうと》などが急激に起こります。乳児では、なんとなく元気がなく、ぐったりしてきます。大泉門《だいせんもん》がまだ閉じていない赤ちゃんは、大泉門がはれてふくらんでくることがあります。幼児期以降では、首の後ろがかたく張って、前に曲げると痛みがあるという特有の症状（ケルニッヒ徴候）が見られます。意識が低下したり、けいれんを起こすこともあります。こうした症状が表れたら大至急病院へ行ってください。

■原因　細菌やウイルスなどが髄膜に感染して炎症を起こします。髄膜炎を起こす細菌には、肺炎双球菌、髄膜炎菌、インフルエンザ桿菌《かんきん》、ブドウ球菌、大腸菌、溶連菌、リステリア腸菌、結核菌など様々なものがあります。髄膜に細菌がたどり着く経路ははっきりわかっていませんが、中耳炎〈↓769ページ〉、副鼻腔炎《ふくびくうえん》〈↓772ページ〉、肺炎〈↓750ページ〉、心内膜炎などの初期感染に引き続いて起きることもあり、頭蓋骨《ずがいこつ》骨折などのけがが原因になる場合もあります。ウイルス性の多くはかぜ〈↓747ページ〉に引き続いて起こります。

■治療　症状だけでは細菌性かウイルス性か診断できないため、腰椎《ようつい》の間に針を刺して髄液を取る腰椎穿刺《せんし》が行われ、この液を検査して細菌を特定します。細菌性髄膜炎の治療は、その細菌に合った抗生物質を大量に点滴します。さらに、インフルエンザ菌の場合には、炎症を抑えるためにステロイド薬、脳のふくれを取るために利尿薬の一種を使います。意識障害やけいれんが長く続くと、手足の麻痺《まひ》、てんかん、難聴の後遺症が残ることがあります。ウイルス性髄膜炎の場合は無治療で、ほとんど後遺症を残さずに治ります。いずれも入院が必要です。

急性脳炎《きゅうせいのうえん》

ウイルスが脳内で増殖し、脳に炎症が起きたものです。

■症状　かぜ〈↓747ページ〉、麻疹《ましん》〈↓762ページ〉、風疹《ふうしん》〈↓763ページ〉、水ぼうそう〈↓762ページ〉、ヘルペス感染症などに引き続いて、頭痛や嘔吐《おうと》が起こります。高熱が出て、けいれんや意識障害、手足の麻痺《まひ》や難聴〈↓771ページ〉が見られることもあります。脳のなかでも脳幹が冒されると、呼吸が不規則になったり、瞳孔《どうこう》の異常も見られます。

■原因　ウイルスが血液や神経を介して脳に達するために起こります。

■治療　多くは、脳浮腫《ふしゅ》やけいれんに対する対症療法が行われます。ヘルペスウイルスによる脳炎に対しては、抗ウイルス薬が効果があります。

骨・関節・筋肉の病気

先天性股関節脱臼《せんてんせいこかんせつだっきゅう》

生まれつき股《また》の関節が亜脱臼を起こしている状態です。最近では、分娩《ぶんべん》法や新生児期の育児法が改善されたため減っています。

■症状　おむつを交換するときなどに片方（まれに両方）の股関節が十分に開かないことで気がつきます。開きが悪いほうの足はやや短く、太ももの皮膚のしわが多いなどの症状があります。

■原因　先天的に関節が緩く股関節がはずれやすいことが原因です。胎内でひざ関節を伸ばしていた逆子《さかご》に多く見られます。赤ちゃんの両足をまっすぐに伸ばしておむつをあてることで、関節に無理な力がかかって起こる後天的なケースもありますが、現在はおむつのあて方がよくなり、減りました。股関節脱臼の起こる頻度は、女の子が圧倒的に多いようです。

■治療　軽度の脱臼や、疑いがあるという程度の場合は、おむつのあて方や抱き方に気をつけていれば自然に治ります。完全脱臼の場合は、生後3～6か月の間にリーメンビューゲルというバンドを肩から足にかけてつるし、骨や関節を元の状態に戻す方法があります。それでも治らなければ、足をギプスで固定する治療を行います。それで改善しない場合は手術が行われます。

■ホームケア　赤ちゃんのおむつカバーは、股の部分が広く、股関節を自由に動かせるやわらかいものにします。抱っこするときは、片方の手を赤ちゃんの後ろから股の間に入れて、おしりを支えるようにします。赤ちゃんは、ひざを曲げて股を開いたM字形のスタイルになっているのが自然な状態です。この形を保ち、足を無理に伸ばさないように気をつけましょう。

肘内障《ちゅうないしょう》

俗にいう、ひじが抜けた状態です。親が子どもの手を無理に引っぱって起こることがほとんどです。2歳以下の幼児によく見られます。

■症状　腕を痛がって激しく泣き、ひじを曲げることができないので腕をだらりと伸ばして下げたまま、腕を動かそうとしなくなります。手のひらを後ろに向けてじっとしていることもあります。腕を上げようとするといやがります。

■原因　急に幼児の手を引っ張るのが原因です。特に、肘関節を伸ばした状態で、前腕を内側にして急に引っ張られたときに起こります。これは関節の脱臼《だっきゅう》ではなく、ひじの関節の靭帯《じんたい》がずれた状態になっています。幼児は靭帯が未発達なために肘内障が起こりやすいのです。

■治療　小児科、整形外科を受診して元に戻してもらいます。肘関節を直角に曲げさせて、ひじの外側の橈骨《とうこつ》という部分を手で押さえながら前腕を外側に軽く回します。ひじが元に戻れば、すぐに腕は自由に動かせるようになります。

■ホームケア　肘内障は癖になりやすいので、急に子どもの手を引っ張ることはやめましょう。

心臓の病気

先天性心疾患《せんてんせいしっかん》

心臓は、胎児のときから死ぬまで一生働き続ける丈夫な内臓です。丈夫で働きものの臓器ですから、生まれてまだ日の浅い乳幼児の心臓は元気いっぱいで、生まれつきの形態異常以外の病気は極めてまれです。

胎児期に心臓の原型が出来上がりますが、このとき様々な原因で、きちんと形が出来上がらないことがあります。これが先天性の心臓形態異常で、総称して先天性心疾患とよびます。心臓はもともとは血管だったものが、複雑に変形しながら、四つの部屋と四つの弁からなる複雑な構造になっていきます。先天性心疾患は、その複雑な構造を反映してたくさんの種類がありますが、比較的頻度の高いふたつの病気を以下に説明します。動脈管開存については786ページを参照してください。

心室中隔欠損症《しんしつちゅうかくけっそんしょう》

先天性の心疾患のなかでもっとも多く、全体の約半分を占めます。

■症状・原因　心臓の四つの部屋のうち、左右の心室はポンプの働きをしており、心筋の収縮力で血液を力強く送り出しています。この左右の心室の間にある壁(中隔)に生まれつき穴が開いているのが、この病気です。穴の大きさはいろいろで、針の先のように小さなものから、指が通るくらい大きなものまであります。

左右の心室では全身に血液を送り出す左心室のほうが圧力が高いので、左心室の血液が右心室に漏れてしまいます。穴を血液が勢いよく通るときに「シューシュー」といった雑音が生じます。

ほうっておくと、血液が漏れるために心臓に負担がかかるだけでなく、漏れてきた血液で肺に回る血液量が多くなり、肺の血圧が高くなり、次第に肺の血管がかたくなってしまいます。

穴が大きいと心臓の負担が大きくなり、心臓が弱ってしまう心不全となります。心不全では、むくんだり、心拍が速くなったり、尿量が減ったりします。

通常、乳児健診などで心雑音があるために気づかれます。また哺乳《ほにゅう》不良や多呼吸、頻拍（心拍数が多い）などの症状で気づかれることもあります。心室中隔欠損症が疑われたら、超音波検査で確定診断を行います。また、穴の大きさなどを詳しく知るための検査（心臓カテーテル検査）を行います。

■治療　小さな穴なら自然に閉鎖します。経過を追っても閉鎖しなかったり、心不全の症状があるようなら、早めに根治手術で穴をふさぎます。

■ホームケア　かぜをひいたり、皮膚などに細菌感染を起こしたときは、すぐに抗生物質を内服します。血液中の細菌が、中隔の穴のそばや弁に取り付いて繁殖し、心内膜炎という入院治療が必要な病気になりやすいのです。また、夏は涼しい部屋で体力の消耗を防ぎます。

ファロー四徴症《しちょうしょう》

心室中隔欠損〈前項〉に肺動脈が狭くなる肺動脈狭窄《きょうさく》が合併する先天性の心疾患です。

■症状・原因　右心室から血液が肺動脈に流れても、出口が細くなっているので、血液は心室中隔に開いている穴から、左心室に漏れてしまいます。肺で酸素をもらって鮮やかな赤い色をしている動脈血に、穴から漏れてきた静脈血が混じるので、皮膚の色が紫っぽいチアノーゼを呈します。皮膚のチアノーゼや心雑音などの症状があれば、この疾患を疑います。超音波検査で診断がつきます。

四徴というのは四つの特徴という意味ですが、冒頭に述べたふたつの心臓形態異常に加えて、大動脈が心室中隔の穴の上に馬乗りになったような位置（大動脈騎乗といいます）にあることと、狭い肺動脈から血液を押し出すための右心室肥大があります。この形態異常の最大の問題は、肺を流れる血液が少ないことです。血液は、少ない酸素を効率よく運ぼうとして濃くなり、多血症という状態になります。濃い血液はどろどろしていて脳血管がつまりやすくなり、脳血栓《のうけっせん》を起こすこともあります。

症状でいちばん心配なのは、ただでさえ狭い肺動脈の入り口が何かの拍子に急に収縮してますます狭くなる、無酸素発作です。顔色が真っ青になり、時には意識を失います。

■治療　3歳ころまでに手術を行います。無酸素発作を予防するための薬（プロプラノロール）を服用します。無酸素発作が起こったときには、酸素吸入、モルヒネ注射などを行います。

動《どう》脈《みゃく》管《かん》開《かい》存《ぞん》

〈↓787ページ〉

分娩時・新生児期の病気

新《しん》生《せい》児《じ》仮《か》死《し》

分娩《ぶんべん》の過程で、酸素が胎盤から胎児に十分に行きわたらなかったり、出生直後にうまく呼吸が開始できなかったりして胎児（新生児）が仮死状態で生まれてくるものです。現代の産科医療では、妊娠中の母体や胎児から様々な情報を得られるようになっており、リスクの高い分娩に際しては、分娩時の心音モニター設置、新生児医の立ち会いなどによって、対応できるようになってきています。

■症状　仮死状態とは、呼吸や循環の機能が低く、四肢の動きも鈍い状態をいいます。仮死の程度は、心拍数、呼吸、筋肉の緊張、反射、皮膚の色の状態など、全身症状から総合的に診《み》ます。軽症の仮死では、後遺症が残ることはありませんが、心拍が認められないほどの重症の仮死の場合、生命に危険が及んだり、後遺症が残る確率が高くなります。

■原因　もっとも多いのは、分娩の途中で臍帯《さいたい》がねじれたり圧迫されたりして血液の流れが悪くなり、酸素が胎盤から胎児に十分供給されない場合です。また、胎盤が早く剝離《はくり》してしまい（早期胎盤剝離）、胎盤からのガス交換がうまくいかない、さらに早産〈↓80・786ページ〉の場合には、新生児の肺が未成熟で出生直後に十分に空気が行きわたらず、呼吸がうまくいかないといった原因もあります。

■治療　仮死状態で生まれたときは口や気道の羊水を素早く吸引し、酸素を与えながら背中をさする、足底を軽くたたいて刺激するといった蘇生《そせい》術が行われます。重症の場合は、鼻か口から管を気管に挿入して換気します。仮死で生まれた赤ちゃんは、同時に起きてくる病気も多いので、新生児集中治療室（ＮＩＣＵ〈↓786ページ〉）に入院し、保温、酸素投与、人工換気などの治療を行います。

新生児の呼《こ》吸《きゅう》障《しょう》害《がい》

子宮内で胎児が仮死〈前項〉状態になると、胎児は苦しいために子宮内で便を出し、羊水中に含まれる便を出生時に肺の中に吸いこんでしまう胎便吸引症候群〈次項〉が起こります。新生児の肺は薄いので、一生懸命呼吸しようとして肺に小さな穴が開いてしまうのが気胸《ききょう》〈↓788ページ〉です。帝王切開で生まれた子に多いのが、肺が呼吸の準備ができていない段階で外界に出てきたため一時的に呼吸回数が増える一過性過呼吸です。

また、低出生体重児〈↓786ページ〉に多いものに、肺がうまく開かない呼吸窮迫症候群〈↓786ページ〉があります。

胎《たい》便《べん》吸《きゅう》引《いん》症《しょう》候《こう》群《ぐん》

分娩《ぶんべん》時の呼吸障害で、新生児仮死〈↓本ページ上段〉で生まれた赤ちゃんに起こりやすい病気です。

■症状　気道が胎便によりふさがれてしまい、吸いこんだ空気が肺胞までいくのを妨げられている状態のため、呼吸困難やチアノーゼが表れます。

■原因　子宮内で胎児が低酸素状態になると、胎児は苦しいために子宮内で便を出し、その胎便の混入した羊水を出生時に肺に吸いこんだことで起こります。

■治療　気管や気管支を洗浄し、酸素投与をします。数日間の経過で改善していく例が多いですが、合併症や感染症を予防するために注意深く経過観察します。

GBS感《かん》染《せん》症《しょう》

分娩《ぶんべん》時に産道を通る際、母親からB群溶連菌（Group B Streptococcus）に感染する病気です。

■症状　生後2～3時間から半日で、新生児肺炎の症状である、呼吸数の増加、チアノーゼ、呼吸時にうなるような呻吟《しんぎん》、陥没呼吸などの呼吸困難が認められます。さらに髄膜炎《ずいまくえん》〈↓779ページ〉や敗血症《はいけつしょう》を併発すると、哺乳《ほにゅう》力が低下し、全身の皮膚の色が悪化し、けいれんを起こすこともあります。

■原因　産道を通るときなどに、母親がもっていたB群溶連菌に感染して起こります。B群溶連菌は多くの大人がもっている菌（5人にひとりぐらい）で、この菌が膣《ちつ》にあっても母体には無害です。ところが、赤ちゃんに対しては強い毒性をもち、産道などで感染すると、生後2～3時間から半日以内に肺炎や髄膜炎などを起こします。感染率は、B群溶連菌をもっている母親から生まれた赤ちゃんの250人にひとりぐらいの確率です。

■治療　抗生物質を投与します。さらに、保育器に収容して、保温や気道の清掃、輸液など、症状に合わせた迅速な対応が必要になります。

■予防　B群溶連菌が膣内にあるかどうかは妊娠中に検査できます。菌があることがわかれば、妊娠中に抗生物質を内服するとともに、分娩中にも点滴をして感染を予防することができます。

産《さん》瘤《りゅう》・頭《ず》血《けつ》腫《しゅ》

頭部や皮下の軟部組織にできるこぶが「産瘤」、頭蓋《ずがい》骨から骨膜がはがれ、その間に血液がたまるのが「頭血腫」です。

■症状　頭部にやわらかいこぶができます。産瘤は、指で押すとやわらかく、押したあとにへこみができます。また、頭部以外の、おしりや足にできることもあります。頭血腫は、触れると内部に液体がある感じ（波動性）がし、押しても縮小せず、へこみもできません。

■原因　胎児が産道を通るときに、先頭で進む部分（多くの場合は頭部）が狭い産道に圧迫されるために起こります。

■治療　ほうっておいても自然に治ります。頭血腫も数か月で血液は吸収されますが、そのあとが骨になり、かたいこぶになります。このこぶも数年すれば吸収され、丸い頭になります。

臍《さい》炎《えん》

臍帯（へその緒《お》）は、ふつう生後1週間以内に乾燥して自然にとれます。そのあとの傷口が、細菌で炎症を起こすことがあります。

■症状・原因　臍帯がとれたあとの傷口から細菌がはいり、化膿《かのう》してしまうことで起こり、へそのまわりが赤くじくじくしています。

■治療　炎症部を消毒し、抗生物質（外用、内服、注射）療法が行われます。

新《しん》生《せい》児《じ》メレナ

ビタミンK欠乏症により消化管出血が起こる病気です。現在では、予防的に出生直後、退院時、1か月健診時の3回、ビタミンK_2シロップを投与するようになっており、この病気は減少しています。

■症状　生後5日くらいまでに吐血や下《げ》血《けつ》を起こします。下血の場合、明らかな出血ばかりでなく、便が黒っぽい色になることもあります。皮下出血や臍《さい》出血、まれに頭蓋《ずがい》内出血を起こすこともあります。このように新生児自身の消化管から出血している場合を新生児（真性）メレナとよびます。

また、出生時に母体の血液を飲みこんだり、お母さんの乳首が切れておっぱいとともに飲みこんだ母体の血液が吐物や便に出る場合があります。これは新生児仮性メレナといって心配いりません。

■原因　真性メレナの原因は、血液の凝固に必要なビタミンKの欠乏症です。新生児はビタミンKが少ないうえに、ビタミンKを作る腸内細菌から自力で取りこめず、母乳にもあまり含まれていないからです。

■治療　真性メレナの場合は、ビタミンK_2の投与を行います。出血量が多い場合や出血が止まらない場合には、少量の新鮮血輸血が有効です。

仮性メレナは治療の必要はありませんが、診断するために、検査で血液に含まれるヘモグロビンが成人のものか、新生児のものかを調べる必要があります。

新《しん》生《せい》児《じ》黄《おう》疸《だん》
母《ぼ》乳《にゅう》性《せい》黄《おう》疸《だん》

生まれたばかりの赤ちゃんは、生後2〜3日すると肌が黄色っぽくなります。これは「生理的黄疸」といって新生児の約90％が経験するもので、自然に消えていくので治療の必要はありません。

■症状・原因　胎児は赤血球が多い傾向があります。生まれると赤血球は壊されていきますが、それを処理する肝臓が未成熟なので、ビリルビンという物質が血中に増えて黄疸を起こすのです。ふつう、7〜10日ころには黄色みは自然と薄れてきます。

母乳を飲んでいる赤ちゃんは新生児黄疸が長く続きがちです。母乳には肝臓の酵素の働きを弱くする女性ホルモンがたくさん含まれているからです。これを「母乳性黄疸」といいます。2週間を過ぎても黄疸が残っていることも珍しくありませんが、ビリルビンの値が高くなければ問題はありません。母乳栄養を続けていてもそのうち黄疸は消えます。

■治療を要する黄疸　問題になるのは、まず「新生児溶血性黄疸」です。お母さんと赤ちゃんの間で血液型の不適合があると、胎児の赤血球に対する抗体が母体につくられます。その抗体によって胎児の赤血球が壊されて血中のビリルビンが多くなります。これが急激に起こると、貧血と重症の黄疸になります。

　黄疸が重症になってビリルビンが脳の神経細胞にたまると「核黄疸」を起こします。脳細胞がビリルビンによって障害を受けると、脳性麻痺《まひ》〈↓793ページ〉を残すことがありますので、早めに治療して、核黄疸の発症を未然に防ぎます。

■治療　新生児溶血性黄疸の治療は、からだに光線をあててビリルビンを処理する光線療法が行われます。それでもビリルビンが下がらなければ、全身の血液を交換する交換輸血をします。核黄疸の予防にも光線療法や交換輸血を行います。

新生児集中治療室（ＮＩＣＵ）の赤ちゃん

■きっと、だいじょうぶ

　早産や重症疾患のため、出産後ただちに治療を必要とする赤ちゃんが入院している場所が、新生児集中治療室（ＮＩＣＵ）です。心拍や呼吸の監視装置がたくさん取りつけられ、ものものしい雰囲気が漂っているため、初めて赤ちゃんに会いに来たお母さんお父さんは、「私たちの赤ちゃんは、とんでもない状態なんだ」と感じてしまい、つらい思いをしてしまうかもしれません。

　確かに、予断を許さない状態であることもあるでしょう。しかし、日本の新生児医療は世界でもトップレベル。小さな赤ちゃんも、その命を助けることができるようになってきています。きっと、だいじょうぶ。赤ちゃんの生命力を信じましょう。

　保育器の中は、赤ちゃんの状態にもっともよい環境に保たれています。保育器の中に酸素を流している場合もあります。赤ちゃんのからだには、直接胃に栄養を送るチューブ、人工呼吸器のチューブが貼《は》ってあるかもしれません。胸についているのは、心電図の電極です。

■たくさん会って、たくさんさわって

　お母さんお父さんにとっては、痛々しく悲しい姿でしょう。触れると壊れてしまいそうで怖い、と思うかもしれません。でも赤ちゃんは、そっとさわられるのが好きです。赤ちゃんの状態がよいときに、声をかけて、さわってあげてください。

　赤ちゃんは、毎日どんどん変化していきます。たくさん会いに来てください。赤ちゃんの状態が安定してくれば、抱っこしたり、からだをふいてあげたり、授乳をしたりすることも、できるようになります。

小さく生まれた赤ちゃんの病気

2500g未満で生まれた赤ちゃんを「低出生体重児」とよびます。さらに、1500g未満の赤ちゃんを「極《ごく》低出生体重児」、1000g未満の赤ちゃんを「超《ちょう》低出生体重児」とよんでいます。

一方、在胎37週未満で生まれると「早期産（早産）児」とよばれますが、たとえば36週で生まれた早期産児でも、体重が2500gを超えることもありますし、正期産でも低体重（臓器の機能は成熟していることが多い）で生まれることもあります。また、現在では「未熟児」ということばは、病名には残っているものの、医学的には使われていません。

在胎週数や出生体重、子宮内でのこれまでの環境（たとえば、母体の妊娠中毒症による胎児の血中酸素の不足など）によって、赤ちゃんに必要となる医療的措置はひとりひとり違いますが、共通しているのは、成熟しきれなかった臓器の機能を医学的に補い、可能なかぎり子宮内に近い環境下で育てるということです。

出生直後の病気

小さく生まれた赤ちゃんは、内臓機能が未発達なため、出生直後は胎外の環境に適応していくことが難しい状態にあります。なかでも呼吸は、最初に乗り越えなければならない大きな課題です。

ここでは、出生直後に起こり得る赤ちゃんの病気について説明していきますが、低出生体重児すべてに起こるというわけではありません。

呼《こ》吸《きゅう》窮《きゅう》迫《はく》症《しょう》候《こう》群《ぐん》

出生体重1500g未満で生まれた極低出生体重児の赤ちゃんの半数近くに発症する、呼吸障害です。自分の力で肺を開くことができないために起こります。

生まれたばかりの赤ちゃんの肺が機能できるのは、肺胞上皮細胞から供給される、サーファクタントという肺表面活性物質が存在するからです。肺胞が形成されるのは24週以後、肺胞構造が完成されるのは28週ころで、サーファクタントは33～34週ころにつくられます。そのため、早産で生まれた赤ちゃんは、このサーファクタントが不足するために、肺がしぼみやすくなっているのです。

■症状　生後まもなく呼吸が速くなり、息を吸うとき、肋骨《ろっこつ》の間や胸骨の下がへこみ（陥没呼吸）、息を吐くとき、うなり声を出し、チアノーゼも見られます。生後24～48時間ころにもっとも悪い状態になりますが、これを乗り越えると次第に呼吸状態が改善し、4～5日で症状がなくなるのがふつうです。

■治療　新生児集中治療室（NICU〈前ページ〉）に収容し、人工呼吸管理（人工換気）を行います。また、人工サーファクタントを気管内に投与する方法は有効で、これにより、重症の赤ちゃんも救命できるようになりました。以前は、人工換気療法を行うことによって、気《き》胸《きょう》〈↓788ページ〉や頭蓋《ずがい》内出血〈↓789ページ〉を併発する危険性が高かったのですが、人工サーファクタント投与という治療法が確立したことにより、合併症の危険度はかなり低くなりました。

未《み》熟《じゅく》児《じ》無《む》呼《こ》吸《きゅう》発《ほっ》作《さ》

低出生体重児は、肺の機能が比較的成熟した赤ちゃんでも、脳の呼吸調節中枢が未成熟なため、無呼吸発作を起こすことがあります。

■症状　呼吸停止状態が20秒以上続く、あるいは徐脈（1分間の心拍が１００以下）が認められる状態をいいます。からだへの酸素の供給が悪くなるため、チアノーゼが表れることもあります。

■治療　呼吸モニターで監視しながら、テオフィリンという呼吸中枢刺激薬を投与することで治療しますが、頻繁に起こる場合には、低酸素性脳症、頭蓋《ずがい》内出血〈↓789ページ〉を防ぐためにも、呼吸管理（人工換気）が必要になることがあります。

動《どう》脈《みゃく》管《かん》開《かい》存《ぞん》

動脈管とは、肺動脈と大動脈の間に存在するバイパス管で、胎児では重要な血液の通り道です。胎児の動脈管は満期に近づくにつれて狭くなり、成熟児では、出生後に肺呼吸を始めると、動脈管が収縮し、生後48時間でほぼ90％が機能的に閉鎖します。

一方、低出生体重児では、動脈管は太くて収縮も強くならず、特に呼吸窮迫症候群〈↓786ページ〉の赤ちゃんは、低酸素になる機会が多いため、動脈管も収縮しにくくなっています。

なお、正期産で生まれた赤ちゃんにも動脈管開存はありますが、先天性の疾患で、未熟性によるものとは違います。

■症状　動脈管が閉じないと、肺動脈に

ＮＩＣＵでのカンガルーケアという子育て

予定より早いお産は、赤ちゃんが未成熟で生まれてくるだけでなく、お母さんお父さんも気持ちの準備が整わないうちに「親」になるということです。傷つき動揺する親と、生きるだけで必死な赤ちゃんが、親子として一緒に育つ環境を支えていくケアの方法として「カンガルーケア」があります。

カンガルーケアとは、おむつだけの赤ちゃんをお母さんの胸のなかに入れてあげて、抱っこすることです。カンガルーが自分のおなかの袋の中で子育てする姿に似ているところから、この名がつきました。

■親子をつなぎ、赤ちゃんが安定する

ＮＩＣＵの赤ちゃんとお母さんの接触の時間はかぎられていますが、抱っこという、もっとも原始的なつながりによって、肌と肌で感じ合い、ごく自然に、互いが互いを必要とし合う、「親子」になっていきます。

お母さんに抱っこされることで、赤ちゃんのからだにも、呼吸が安定する、眠りが深くなる、感染症の危険が減少するなどのよい影響が見られるという報告もされています。

カンガルーケアのノウハウを取り入れている病院は、日本ではまだ多くない現状がありますが、治療と管理だけでなく、赤ちゃんのこころや、親子関係の大切さを重視する流れは、広まりつつあります。

ＮＩＣＵでのケアではなく、出産直後の一般の赤ちゃんへのケアの場合は、「早期母子接触」と呼んで区別しています。

血液が流れこみ、肺に行く血液量が増えて未成熟な心臓に負担がかかり、心不全の原因となります。生後数日で、肺のうっ血、換気不全、肺出血の兆候が出ます。

出生体重1000g未満の超低出生体重児では、約20％の赤ちゃんが発症します。血圧モニターで監視することで早期に発見できます。

■治療　インドメタシンなどの薬剤で動脈管を閉じる内科的療法が有効です。また、血圧を維持するための薬剤や、副作用で尿の出が悪くなるため、腎臓《じんぞう》の血流量を保つための薬剤を使用します。まれに、内科的療法に反応せず、急速に心不全が悪化するケースがあり、動脈管を縛る手術が行われることもあります。

壊《え》死《し》性《せい》腸《ちょう》炎《えん》

低出生体重児は、消化管の機能の未熟さから、腸管の蠕動《ぜんどう》運動が不活発で、消化酵素の分泌も不十分です。さらに低酸素状態により腸管壁が傷つき、そこに細菌が感染して炎症を起こして壊死してしまうことがあります。原因の一端として、消化に負担が大きい人工栄養がいわれることがあります。

近年では、超早期哺乳《ほにゅう》といって、生まれたばかりの赤ちゃんに1滴でも母乳を入れることによって、壊死性腸炎が大幅に減少したという研究結果が報告されており、口から栄養が取れない赤ちゃんにも、経腸栄養（チューブを胃の中まで通して注入する方法）によって、積極的に母乳を与えるようになっています。

■症状　消化管の組織が壊死してしまうため、おなかが張ったり、消化管の通過障害から嘔吐《おうと》を起こしたり、血便が出たりします。消化管穿孔《せんこう》（穴があくこと）や腹膜炎、敗血症などを合併すると、生命に危険が及ぶこともあります。

■治療　経口栄養を中止して点滴を行い、抗生物質を投与しますが、消化管穿孔や腹膜炎に対しては、外科的処置が必要になります。

治療を要する黄《おう》疸《だん》

低出生体重児では、黄疸が成熟児よりも強く出ることが多く、黄疸が重症化しないよう早期から光線療法を行います。

■治療　光線療法によって、黄疸の原因となるビリルビンを光エネルギーで変化させ、からだから排出しやすい状態にします。この光線が、未成熟な網膜によくないため、治療の際には目隠しをします。光線療法を行っても黄疸が進行し、核黄疸〈「新生児黄疸」↓784ページ〉による脳細胞の傷害が懸念される場合は交換輸血を行います。

合併症

出生直後には、特に1500g未満の低出生体重児は、NICUで集中的なサポートが必要になります。この時期の赤ちゃんの状態は不安定であり、未熟性からくる病気やその治療過程で、いくつかの合併症を引き起こすことがあります。

気《き》胸《きょう》

呼吸窮迫症候群〈↓786ページ〉の呼吸管理の際に問題となる合併症が、気胸です。しぼみかかっている肺を開かせるためには、気管内チューブを介して、肺に圧力をかける「陽圧人工換気療法」を行いますが、この圧力によって、未成熟な肺が破れてしまい、そこから肺の周囲の胸腔《きょうくう》内にガスがもれ、逆に肺を圧迫してしまうことがあります。これを「緊張性気胸」といいます。近年、人工サーファクタントの注入による、呼吸窮迫症候群の治療が行われるようになってからは、気胸の合併は大きく減少しました。

■症状　急激な呼吸状態の悪化（多呼吸、呼吸困難や心機能低下）が見られます。

■治療　細いチューブを胸腔内に挿入し、持続的に胸腔内のガスを吸引して、肺を再びふくらませます。

頭《ず》蓋《がい》内《ない》出《しゅっ》血《けつ》

低出生体重児の脳の血管はやわらかく、わずかな血圧の変動でも破れやすいのが特徴です。早産で生まれた赤ちゃんは、出生直後から低酸素の状態になりやすく、血圧の調整も難しいために、出血しやすい状態になっています。

出血は、中枢神経系に関与するいくつかの腔《くう》に起こります。多く見られるのは、クモ膜下の少量の出血です。クモ膜下または硬膜下、脳、脳室での大出血はそれほど多くありません。極《ごく》低出生体重児の約20％は頭蓋内出血がある、という調査結果もあります。

■症状

クモ膜下出血

もっともよく見られるタイプの頭蓋内出血です。無呼吸、けいれんのほか、神経学的検査結果で異常が見つかることがあります。大出血があると、それに伴って髄膜に炎症が起き、成長するにつれて水頭症《すいとうしょう》を招くことがあります。

硬膜下出血

産科技術が発達した現在では少なくなりました。初産婦、過大児、出産に時間がかかった赤ちゃんに見られる出血で、出産時の産道での圧迫など、外部から頭部にかかる強い力によって起こります。頭蓋内の血管に異常な圧力がかかるため、けいれん、頭部の急激な拡大、筋緊張低下、網膜出血などがあります。

脳室内出血・脳実質内出血

脳室内または脳実質内の出血は、一般に生後最初の3日間に起こり、頭蓋内出血のなかでもっとも重篤なものです。酸素不足が続きやすく、血管壁も未成熟で破れやすい早産児で起きることがもっとも多く、ほとんどの出血は少量です。出血が脳室内に達して脳室が大きくなると、脳障害の発生が心配されます。脳室内出血のほとんどは無症状ですが、出血量が多いと無呼吸、チアノーゼなどを起こすことがあります。

■治療　保育器に収容し、止血剤の投与、酸素療法などを行います。血小板あるいは凝固因子が欠乏していれば、それを投与します。硬膜下血腫《けっしゅ》は、もし頭部が急速に大きくなっていれば、両側の硬膜下腔から硬膜下液を抜き取る治療を、水頭症が心配される場合には、腰椎《ようつい》から髄液を抜き取る治療を行います。

ほとんどの場合、後遺症なく回復しますが、生後2～3年は、定期的な検診を受ける必要があります。大出血を起こした場合には、脳への影響についても経過観察が必要になります。

細《さい》菌《きん》感《かん》染《せん》症《しょう》

低出生体重児、特に在胎週数が短いほど、免疫能力が低く、細菌感染のリスクが大きくなります。細菌感染は、分娩《ぶんべん》時の母親の産道や羊水からの早期感染（GBS感染症〈↓783ページ〉）と、その後の感染によるものとがあります。

NICUは、可能なかぎり無菌な環境を保つように設計されていますが、完全な無菌状態は不可能といえます。予防には、医療スタッフや医療機器の殺菌の徹底は当然ながら、出入りする両親も十分な手洗いなどのこころがけが重要です。

細菌感染は、肺炎などの局所感染から、さらに重篤な敗血症《はいけつしょう》に進行する場合があります。敗血症は全身の臓器障害を引き起こし、生命の危険を及ぼす病気で、合併症としてもっとも危険なものです。

■症状　早期兆候として、動きが少なくなる、哺乳《ほにゅう》力が低下する、無呼吸、徐脈、体温が不安定になる、けいれん、強い黄疸《おうだん》、嘔吐《おうと》、下痢や腹部膨満などが表れます。肺炎や敗血症特有の症状ではないため、呼吸窮迫症候群〈↓786ページ〉、無呼吸発作〈↓786ページ〉、壊死《えし》性腸炎〈↓788ページ〉など、その他の病気との鑑別が難しいことがあります。

そのため、細菌感染症が疑わしい場合は、もっとも重症である場合を想定して検査・治療を行いますので、お母さんお父さんにも大きな不安を与えてしまう説明がなされることもあるかもしれませんが、赤ちゃんの症状は時として進行が急激なので、早期治療のためには必要なことと理解してください。

■治療　初期療法として抗生物質を投与します。また、状態によっては、免疫を高めるための輸血、ガンマグロブリン製剤の注入などが行われます。

慢《まん》性《せい》肺《はい》障《しょう》害《がい》

呼吸窮迫症候群〈↓786ページ〉など、生後の呼吸困難があったために、高濃度酸素や人工呼吸器などを使って呼吸を補助したさいに、酸素の毒性や人工呼吸器の圧力により、肺が傷害を受けてしまう場合があります。重症の呼吸障害を起こした場合ほど合併のリスクは高く、この病気を併発した赤ちゃんのほとんどが、生後1か月の時点でも、酸素または人工呼吸器を使用していた赤ちゃんです。

肺胞やその周囲の組織、気管支などが傷害を受け、吸った空気と血液の間で酸素と炭酸ガスの交換がうまくいかず、血液の中に酸素が不足したり、炭酸ガスがたまったりした状態になります。

■症状　生後早期の重症呼吸困難を乗り越えたあと、生後28日を過ぎても、呼吸数が多かったり、陥没呼吸、時にチアノーゼなどの呼吸困難の症状が続き、酸素や人工呼吸器を必要とし、胸部X線写真に陰影が見られます。

■治療　肺浮腫《ふしゅ》を防ぐための水分制限や、気管支拡張のための薬剤を使用します。適切な呼吸困難対策、感染防止なども重要です。低濃度の酸素投与は数か月続きますので、長期入院が必要になり、退院してからも在宅酸素療法に移行することがあります。

赤ちゃんの肺の回復力は驚くべきものがありますので、時間をかけて治療していけば、最終的には酸素投与を中止していくことができます。

未《み》熟《じゅく》児《じ》貧《ひん》血《けつ》

赤ちゃんは、生後数週間は赤血球をつくれません。一方で、体重の増加に伴って血液の量は増えるため、血液が希釈されて新生児貧血が起こります。これは多くの新生児に見られる貧血であり、ほとんどが自然に治ります。

ところが早産で生まれた赤ちゃんは、成長速度がきわめて急速で、減少している赤血球質量よりもはるかに速く血液量が拡大するため、貧血状態になることがあります。また、臨床検査用に採血することでいっそう大きく低下し、これは未熟の程度が大きい赤ちゃんほど顕著になります。

■症状　多呼吸、頻脈、無呼吸、体重が増加しないなど、早産児でよく起きる問題の一部は貧血が原因であることが多くなっています。

■治療　もっとも効果的なのは、赤血球の輸血です。重症の心呼吸器疾患をもつ赤ちゃんには通常より多くの輸血を行います。近年、安定した状態の早産児ならば、輸血関連ウイルス感染の危険を抑えるためにも、輸血はあまり行わない方向にあります。加えて赤血球の産成を促進するエリスロポエチンを注射することもありますが、これは効果が表れるまでに数日かかります。

未熟児貧血は大人の貧血の原因でいちばん多い鉄欠乏が原因ではなく、鉄を投与しても反応しませんが、人工乳を与えている赤ちゃんには鉄を補充しないと、早産児は10～14週間で鉄貯蔵が枯渇してしまい、「鉄欠乏性貧血」を起こすことがあります。

脳の発達と療育

胎内にいるときや誕生のときのトラブルで、脳がダメージを受けると、運動や知能、ことばなどの発達が遅れたり、偏りが出たりします。ただし、赤ちゃんの脳は可塑《かそ》性(状態の変化)が高く、傷ついた部分は元には戻りませんが、残った部分や余っている神経細胞が、傷ついた部分の機能を補うことができます。

みずからもっている機能を十二分に生かすために行うのが、療育です。

しかし、脳の神経が活発に働くためには、こころをつかさどる大脳辺縁系が安定した状態にあることが大切です〈↓462ページ〉。子どもを追い立てて訓練するようなリハビリでは、高い効果は期待できません。赤ちゃんが楽しいと感じる遊びのなかで、ひとつひとつの発達の順序を大切にしながら、ゆっくり進む気持ちでいきましょう。

■療育の目的とは

療育の世界では、1歳で首がやっとすわるなど、正常発達ラインの下にたくさんの発達の過程があります。訓練したからといって必ず歩けるわけでもありません。しかし、そもそも私たち自身も、すべてが正常発達のラインを超えているでしょうか。たとえば、じょうずに字が書けるというラインにたどり着いていない大人はいっぱいいます。歌う、文章を書くなどの能力も同様です。私たちの能力はでこぼこがあって当然で、私たちは能力のでこぼこを個性ととらえて生きることが前提になっています。ですから、正常値に近づけることが療育の目的ではありません。

脳にダメージがあると、運動なら運動、姿勢なら姿勢において、赤ちゃんがみずからチャレンジできないことが出てきます。すると、発達のなかで「未学習」（学び忘れたこと）が生まれます。また、一度間違った姿勢を覚えると、それを自己修正できない「誤学習」（学び間違えたこと）も生まれます。それを見いだして、ちょっと手を貸して学ばせてあげるのが、私たち療育にたずさわる職員の役割。赤ちゃんがもって生まれた力に応じた発達をサポートする、という仕事です。

作業療法士　木村　順

未《み》熟《じゅく》児《じ》性《せい》くる病《びょう》

胎児のカルシウムは、全体の3分の2が妊娠後期3か月間に蓄積されます。1500g未満の極《ごく》低出生体重児は、この蓄積期間が不足しているうえ、脂肪に溶けているビタミンDを吸収する力も未発達です。一方では、小さなからだを短期間で2倍3倍にもする成長率のため、骨格へのカルシウム蓄積要求が急増します。

このようにカルシウムとビタミンDが急激に不足するため、早産児はくる病になりやすくなります。

■症状　ふきげん、食欲不振などが挙げられますが、治療せずに放置すると、泉門《せんもん》がいつまでもかたくならなかったり、背骨が曲がってきたりします。また骨折しやすくなり、O脚、X脚、脊柱《せきちゅう》湾曲など骨の形態異常が起こり、身長も伸びなくなります。

■治療　胎盤からカルシウムとリンの供給を十分に受ける前に産まれてしまった低出生体重児の場合、もともと蓄積量が少ないことに加えて、効率の悪い経口摂取によってカルシウムとリンを得るしかありません。

母乳のカルシウムとリンの含有量では十分とはいえないため、この病気の兆候が出た赤ちゃんは、多量のカルシウム、リンを含む未熟児用のミルクで補給するか、ビタミンDを補うという方法でカルシウムとリンの吸収率を高めます。

後遺症

小さな赤ちゃんを助けられるようになるのに従って、障害の残る赤ちゃんが増えるというのは、様々なデータ、統計からも誤解であることがはっきりしています。しかし、低出生体重児として生まれた赤ちゃんに、様々な機能が未発達で生まれてきたゆえの後遺症が残る可能性があるのも事実です。そして、在胎週数が短く、出生体重が小さく生まれてきた赤ちゃんほど、そのリスクは高くなります。

後遺症への不安を抱えて赤ちゃんを見守るのはつらいことです。ここに説明した後遺症は、これからの一日一日の成長の先に、もしかしたらあるかもしれないけれども、いまは赤ちゃんとの毎日を楽しく温かい気持ちで生きていくことで、少しずつ、その子自身の一部として、自然に受け入れていけるものだと考えていただきたいものです。

未《み》熟《じゅく》児《じ》網《もう》膜《まく》症《しょう》

眼球にはカメラのフィルムにあたる網膜という部分があり、この網膜に栄養や酸素を運ぶ血管は、妊娠終盤（32～34週）で完成します。したがって、それ以前に生まれた、極《ごく》・超《ちょう》低出生体重児は、網膜が未完成で生まれてきます。

未成熟な網膜は酸素の影響を受けやすく、救命のために高濃度の酸素を与えたり、人工呼吸器を使用した赤ちゃんは、未熟児網膜症になりやすいといわれています。しかし酸素の使用とは無関係に発症する例もあります。在胎週数が短く、出生体重が少ないほど、発生率は高くなります。生後3～6週ごろに発症します。

■原因　成熟児の網膜の血管は、眼底のほぼ中央にある視神経から網膜のいちばん端まで達しています。しかし、小さく生まれた赤ちゃんは、血管がそこまで達していません。

保育器で酸素を投与されると、末端の細い網膜血管は収縮しており、その後、赤ちゃんが発育して酸素投与が中止されると、周辺部の網膜は血管がないので酸素不足となります。この酸素不足を解消しようと血管は伸びようとしますが、収縮した血管は先端が閉塞《へいそく》してしまっているので、その付近の血管から新生血管という未成熟で異常な血管が周辺に向かって伸びていきます。この血管が増殖して成長し、網膜から出て眼球の内部に出てしまった状態が未熟児網膜症です。

■症状　新生血管は非常にもろく破れやすいので、出血したり、伸びていくときには線維性の組織を伴って伸びていくので、これが収縮して網膜を引っ張り、網膜剝離《はくり》を起こすことがあります。

　発症しても、ほとんどは自然に沈静化し、眼球内に伸びた血管も再び網膜に戻り、やがて網膜血管が正常に完成します。しかし重度の未熟児網膜症では、適切な治療を行っても網膜剝離をきたして失明する場合があります。

■予防　原因を高濃度酸素だけに限定することはできませんが、酸素投与の適正管理による予防効果は高いと考えられます。特に出生直後は救命が最重要ですが、高濃度の酸素投与の、肺機能や網膜への悪影響が指摘されて以来、細心の注意を払って酸素管理が行われるようになり、網膜症の発症も大きく減りました。

　酸素だけでなく輸液の量を調整することも、予防として重要です。輸液量と授乳量の合計が多すぎると、水分の過剰貯留が起こり、網膜が浮腫《ふしゅ》を起こして網膜剝離を起こしやすくなるからです。

■治療　予防がうまくいかなかった場合は、網膜症の進行を妨げるために、光凝固法という眼科手術がもっとも多く行われます。これは患部にレーザー光線をあてて、病気の広がりを止める治療法です。また冷凍凝固法という手術もあり、液体窒素で眼球の外側から、マイナス60〜70度の低温を加える方法です。

　いずれも、未発達の眼の組織をレーザーや液体窒素で固めてしまうことが、将来の眼の機能にどのような影響を及ぼすかは、まだ明確に確認されていません。

　生後半年を経過すると、それ以上の病気の進行は起こりにくいですが、医師の指示に従い、定期的な検診が大切です。

脳性麻痺《のうせいまひ》

　出生前後に低酸素や虚血（循環器官の未熟により血流がうまくいかないこと）などによって脳が傷害を受け、病変は進行しないものの、このために起こる運動障害を主とする症候群を脳性麻痺といいます。その原因疾患には、頭蓋《ずがい》内出血〈↓789ページ〉、新生児仮死〈↓782ページ〉、核黄疸《かくおうだん》〈「新生児黄疸」↓784ページ〉などがあります。

　また、低出生体重児の脳障害の、もっとも大きな原因となるのが、脳室周囲白質軟化症とよばれる状態です。

　脳室周囲には、多くの運動調節に関与する神経線維が通っているため、運動調節障害という後遺症が発生してきます。この障害は、筋の緊張をじょうずにコントロールしてスムーズに運動することが難しいため、手足が緊張しやすくなり、歩行障害などの運動機能障害が見られるようになります。

■対応　脳が傷害を受けた場所やその大きさによって、運動機能の発達の遅れや知的な発達の遅れが出てくることがあります。その表れ方や程度はひとりひとり異なるので、その子どもに合ったリハビリや療育〈「脳の発達と療育」↓791ページ〉をしていく必要があります。

さくいん

●さくいんページ 1 ～ 14 では、本文中に出てきた語句やトピックを五十音順に並べました。
●さくいんページ 15 ～ 18 では、本書で特徴的な語句やトピックをテーマ別にまとめました。テーマさくいんに掲げた項目は、五十音順のさくいんにも収録しましたので、どちらからでも引くことができます。
●日々の生活のなかで何か気になることがあったら、思いつくことばをこの“さくいん”で引いてみてください。そのページの周辺から読み進めることで、疑問や心配がきっと解消されることと思います。

あ

い

か

き

く

け

こ

さ

し

す

せ

そ

た

ち

ひ

ふ

へ

ほ

運動機能の発達

0～12か月発育見守りチャート(巻頭カラー折りこみ口絵)もご覧ください。

あ行

か行

さ行

た行

な・は行

ま・や・ら行

ことばの育ち

0～12か月発育見守りチャート（巻頭カラー折りこみ口絵）もご覧ください。

あ行

か行

さ行

た行

な行

は行

ま行

や・ら行

こころの育ち

0～12か月発育見守りチャート（巻頭カラー折りこみ口絵）もご覧ください。

あ行

か行

さ行

た行

な・は行

ま・や・ら行

アートディレクション
堀渕伸治◎tee graphics

デザイン・アシスタント
井上有紀＋荻原雪◎tee graphics

本文イラスト
おのでらえいこ
セキ・ウサコ
岡本典子、尾形祐子、三橋絵里子

図表作製
Diagramma 杉田尚美（0～12か月発育見守りチャート）
（株）クラップス

取材・構成・文
吉原佐紀子
安里麻理子
赤石美穂、江頭恵子、江口信子、嶋康晃、田中有、中川真寿美

取材協力
田村澄子、中上直子、日向美砂子

校閲
西東桂子
小学館クリエイティブ
長尾純子◎小学館

編集
西東桂子
吉原佐紀子
小川美奈子◎小学館
長尾純子◎小学館
立山誠浩◎小学館
君和田真澄◎小学館

制作
坂野弘明＋太田真由美＋苅谷直子◎小学館

宣伝・販売
庄野樹＋荒井正雄◎小学館

印刷進行
清水正久◎共同印刷

●巻頭詩「こどものころに　みた空は」

工藤直子（くどうなおこ）

詩集『てつがくのライオン』で日本児童文学者協会新人賞、『ともだちは海のにおい』でサンケイ児童出版文化賞受賞。動植物や風景を主人公にした詩や童話が多い。ほかに詩集『のはらうた』Ⅰ～Ⅳ、翻訳絵本など多数。

巻頭掲載詩は、『こどものころに　みた空は』（理論社）に収録されている。

●監修者プロフィール

汐見稔幸（しおみとしゆき）

白梅学園大学学長、東京大学名誉教授。臨床育児・保育研究会主宰。教育学・人間学専攻。教育研究者として、幼児教育関係者の研修や親向けの育児講演など、幅広く活躍。主な著書に『乳児保育の基本』（フレーベル館）『0～3歳　能力を育てる好奇心を引き出す』『3～6歳　能力を伸ばす　個性を光らせる』（主婦の友社）、『父子手帳』（大月書店）などがある。

榊原洋一（さかきはらよういち）

小児科医、お茶の水女子大学理事・副学長。主な著書に『赤ちゃんの体と心の発達24カ月』（主婦の友社）、『集中できない子どもたち』『0～5歳　病院に行く前に読む　子どもの病気の本』（以上、小学館）、『子どもの脳の発達　臨界期・敏感期』（講談社）などがある。

中川信子（なかがわのぶこ）

言語聴覚士、子どもの発達支援を考えるＳＴの会代表。東京都内のいくつかの自治体で、幼児のことばの相談・指導にあたっている。主な著書に『心をことばにのせて』『ことばをはぐくむ』（以上、ぶどう社）『ことばの不自由な子どもたち』（大月書店）『0～3歳　赤ちゃんの発達に合わせて楽しむ　きほんの遊び１４２』『発達障害とことばの相談』（以上、小学館）などがある。

はじめて出会う
育児の百科
［0～6歳］

2003年12月10日　初版第1刷発行
2015年12月20日　　　第4刷発行

監修
汐見稔幸
榊原洋一
中川信子

発行者
伊藤礼子

発行所
株式会社小学館
〒101-8001 東京都千代田区一ツ橋2-3-1

電話
編集 03-3230-5450
制作 0120-336-340
販売 03-5281-3555

印刷所
共同印刷株式会社

製本所
牧製本印刷株式会社

ISBN4-09-303521-0　Printed in Japan

はじめて出会う育児シリーズ

『はじめて出会う育児の百科』から生まれた
テーマ別の育児ブックです。

赤ちゃんがわかる育ちのガイドブック
赤ちゃんはてな
監修　榊原洋一(東京大学付属病院小児科講師)
ISBN4-09-311263-0

0〜3歳　赤ちゃんの発達に合わせて楽しむ
きほんの遊び 142
遊び歌 CD 付き
監修　中川信子(言語聴覚士)
ISBN4-09-311261-4

3〜6歳　キレない子ども　集中力のある子どもに育つ
脳をきたえる「じゃれつき遊び」
正木健雄(日本体育大学名誉教授)
著　井上高光(さつき幼児園理事長)
野尻ヒデ(さつき幼児園園長)
ISBN4-09-311262-2

0〜4歳　赤ちゃんのことばが育つ　場面別に楽しむ「語りかけ」　監修・中川信子
妊娠・出産・産後生活で大切なこと　ペアレンティングブック　監修・竹内正人
子どもにウケるお話し大作戦　絵本であそぼ!　パパ'S 絵本プロジェクト著
0〜3歳　ほめ方・叱り方が見えてくる魔法の日記で悩み解消!「困ったちゃん」の育て方　監修・汐見稔幸
通院・治療・ケアに即お役立ち!　上手におつきあいアトピー/食物アレルギー　監修・鈴木五男
0歳〜5歳　病院に行く前に読む　子どもの病気の本　監修・榊原洋一
A 5判 128 ページ オール2色